व्योमकेश दरवेश

[आचार्य हजारीप्रसाद द्विवेदी का पुण्य स्मरण]

व्योमकेश दरवेश

[आचार्य हजारीप्रसाद द्विवेदी का पुण्य स्मरण]

विश्वनाथ त्रिपाठी

राजकमल प्रकाशन

ISBN : 978-81-267-2050-7

मूल्य : ₹750

पहला संस्करण : 2001
दूसरा संशोधित संस्करण : 2012
तीसरा संस्करण : 2017

प्रकाशक : राजकमल प्रकाशन प्रा. लि.
1-बी, नेताजी सुभाष मार्ग, दरियागंज
नई दिल्ली-110 002

शाखाएँ : अशोक राजपथ, साइंस कॉलेज के सामने, पटना-800 006
पहली मंजिल, दरबारी बिल्डिंग, महात्मा गांधी मार्ग, इलाहाबाद-211 001
36 ए, शेक्सपियर सरणी, कोलकाता-700 017

वेबसाइट : www.rajkamalprakashan.com
ई-मेल : info@rajkamalprakashan.com

मुद्रक : बी.के. ऑफसेट
नवीन शाहदरा, दिल्ली-110 032

VYOMKESH DARVESH
Biography by Vishwanath Tripathi

विक्रमाजीत सिंह सनातन धर्म महाविद्यालय, कानपुर के
संस्कृत अध्यापक
पं. रामसुरेश त्रिपाठी को
जो मुझे आचार्य द्विवेदी के पास ले गए—

अनुक्रम

भूमिका

नाम-रूप

बलरामपुर, ज़िला–गोंडा, डी.ए.वी. हाई स्कूल के अध्यापक पं. शिवशरण पांडे ने दर्जा 8 की क्लास में कहा–"बच्चा! आजकल हिन्दी में एक विद्वान् बहुत आगे जा रहा है–रामचन्द्र सुक्ल के टक्कर का। उसका नाम हजारीप्रसाद द्विवेदी है। कबीर पर काम किया है। गुरुदेब के सान्तिनिकेतन का है।"

बात 1945 की होगी। मैंने रामचन्द्र शुक्ल द्वारा अनूदित राखालदास बन्द्योपाध्याय का उपन्यास 'शशांक' पढ़ा था। पढ़ा क्या था–अम्मा-दादा को पढ़कर सुनाया था। रामचन्द्र शुक्ल का नाम उसी स्कूल के अन्य अध्यापक पं. शिवबख़्श जी से सुना था। शिवबख़्श जी ने काशी विश्वविद्यालय से दर्शनशास्त्र में एम.ए. किया था, लँगड़े थे। मदनमोहन मालवीय, निराला, रामचन्द्र शुक्ल के बारे में तन्मय होकर बातें करते। मदनमोहन मालवीय के नाम की व्याख्या करते–"मद न, मोह न–वह मदनमोहन।" उन्होंने कहा था–"पं. रामचन्द्र शुक्ल जैसा गद्य लेखक और कौन?"

पं. शिवशरण पांडे हमें हिन्दी और अंग्रेज़ी पढ़ाते थे। हिन्दी की क्लास में कविताएँ पहले गाकर पढ़ते, फिर व्याख्या करते। रसखान, देव, पन्त की कविताएँ सस्वर पहले-पहल उन्हीं के मुँह से सुनीं। क्लास में मैंने पूछा था–"पंडिज्जी इस समय हिन्दी में सबसे बड़ा लेखक कौन है? पं. रामचन्द्र शुक्ल न!" उस समय 'सबसे बड़ा' और 'सबसे अव्वल' को जानने की बहुत आतुरता रहती थी।

पांडे जी के मुँह से उसी दिन द्विवेदी जी का नाम सुना।

1949 ई. में विक्रमाजीत सिंह सनातन धर्म कॉलेज, कानपुर में दाखिला लिया। वहाँ से घर लौट रहा था। ट्रेन में नवजीवन का 'होलिकांक' देखा। उसमें कई साहित्यकारों के व्यंग्य-चित्र थे। नीचे उन पर कविता। एक व्यंग्य-चित्र द्विवेदी जी का था। नीचे जो कविता थी उसकी पंक्तियाँ इस प्रकार थीं–

बलिया की मोटी मिट्टी ने यह अशोक का फूल उगाया।
अचरज क्या जब घोर दार्शनिक रस की चरम मूर्ति बन आया॥
अपनी कथा अमर कर डाली बाणभट्ट की गाथा गाकर।

ज्योतिष से क्या जान लिया था निज भविष्य फल गणित लगाकर ॥
शब्द तुम्हारे बने भाव-शर, भाव तुम्हारे यश के केतन।
मन में चिन्तन शान्ति लिए तुम स्वयं बने हो शान्तिनिकेतन ॥

अंक में द्विवेदी जी के अलावा जी.पी. श्रीवास्तव, चन्द्रबली पांडे, राहुल सांकृत्यायन आदि के व्यंग्य-चित्र थे और कविता भी। इस अंक के सम्पादकों में श्री पढ़ीस के पुत्र युक्तिभद्र दीक्षित 'पुतान' थे। अंक में एक लेख अमृतलाल नागर 'तस्लीम लखनवी' का था।

इसी अंक में द्विवेदी जी का एक लेख था–'गीत गोविन्द की विरहिणी राधा।'

बलरामपुर में हिन्दी, संस्कृत के अन्य विद्वान् और कवि थे पं. रामप्रकट मणि त्रिपाठी। ये शिवबख़्श जी के गुरु थे, उनके अध्यापन, उनकी शिष्य-वत्सलता और विद्वत्ता की बहुत धूम थी। वे कवि-सम्मेलनों में कविता जब पढ़ते-सस्वर। कंठ बहुत मधुर था। वे बलरामपुर के दूसरे अधिक प्रसिद्ध स्कूल एल. सी. में पढ़ाते थे। एक बार कवि-सम्मेलन में उनकी जो कविता सुनी उसकी पंक्तियाँ इस प्रकार थीं–

जल से उपजे जलजात बने पर वास्तव में जल के न हुए
जल के बैरी सूरज के ये सूरज नेमी सूरज प्रेमी।
औरों को क्या आशा इनसे जब ये अपने दल के न हुए।

1946 ई. के आसपास स्कूल में इन्स्पेक्टर साहब का दौरा हुआ। इन्स्पेक्टर साहब दर्जे-दर्जे गए, देखा कि कैसी पढ़ाई होती है, कौन कैसा पढ़ाता है। रामप्रकट मणि त्रिपाठी का बहुत नाम था। उनकी क्लास में गए। मणि जी कबीर पढ़ा रहे थे–

"कबीरदास का रास्ता उलटा था। उन्हें सौभाग्यवश सुयोग भी अच्छा मिला था। जितने प्रकार के संस्कार पड़ने के रास्ते हैं, वे प्रायः सभी उनके लिए बन्द थे। वे मुसलमान होकर भी असल में मुसलमान नहीं थे, हिन्दू होकर भी हिन्दू नहीं थे, वे साधु होकर भी साधु (अगृहस्थ) नहीं थे, वे वैष्णव होकर भी वैष्णव नहीं थे, योगी होकर भी योगी नहीं थे। वे कुछ भगवान् की ओर से सबसे न्यारे बनाकर भेजे गए थे। वे भगवान् नृसिंहावतार की मानव-प्रतिमूर्त्ति थे। नृसिंह की भाँति वे नाना असम्भव समझी जानेवाली परिस्थितियों के मिलन-बिन्दु पर अवतीर्ण हुए थे। हिरण्यकशिपु ने वर माँग लिया था कि उसको मार सकनेवाला न पुरुष हो, न पशु; मारे जाने का समय न दिन हो, न रात; मारे जाने का स्थान न पृथ्वी हो, न आकाश, मार सकने वाले का हथियार न धातु का हो, न पाषाण का–इत्यादि। इसीलिए उसे मार सकना एक असम्भव और आश्चर्यजनक व्यापार था। नृसिंह ने इसीलिए नाना कोटियों के मिलन-बिन्दु को चुना था। असम्भव व्यापार के लिए शायद ऐसी ही परस्पर-विरोधी कोटियों का मिलन-बिन्दु भगवान् को अभीष्ट होता है, कबीरदास ऐसे ही मिलन-बिन्दु पर खड़े थे।

जहाँ से एक ओर हिन्दुत्व निकल जाता है और दूसरी ओर मुसलमानत्व; जहाँ एक ओर ज्ञान निकल जाता है दूसरी ओर अशिक्षा; जहाँ पर एक ओर योग-मार्ग निकल जाता है, दूसरी ओर भक्ति मार्ग; जहाँ से एक तरफ़ निर्गुण भावना निकल जाती है, दूसरी ओर सगुण-साधना—उसी प्रशस्त चौराहे पर वे खड़े थे। वे दोनों ओर देख सकते थे और परस्पर-विरुद्ध दिशा में गए हुए मार्गों के दोष-गुण उन्हें स्पष्ट दिखाई दे जाते थे। यह कबीरदास का भगवद्दत्त सौभाग्य था। उन्होंने इसका खूब उपयोग भी किया।" इन्स्पेक्टर बैठकर सुनने लगा, इन्स्पेक्टरी भूल गया। पूरे ज़िले में शोर हुआ कि पं. रामप्रकट मणि जैसा अध्यापक कोई नहीं। इन्स्पेक्टर साहब मणि जी के मुरीद हो गए। पं. रामप्रकट मणि झकाझक पोशाक में घूम-घूमकर महीनों यश-संग्रह में व्यस्त रहे।

पं. रामप्रकट मणि और पं. हजारीप्रसाद द्विवेदी काशी विश्वविद्यालय में संस्कृत साथ-साथ पढ़ते थे, सतीर्थ थे।

1951 ई. में, जब बी.ए. में था, विक्रमाजीत सिंह सनातन धर्म कॉलेज, कानपुर में संस्कृत के नए अध्यापक पं. रामसुरेश त्रिपाठी आए। वे काशी के थे। वे द्विवेदी जी के दूर के रिश्तेदार भी पड़ते थे। बात चलने पर बोले—"हाँ, हाँ मैं द्विवेदी जी को जानता हूँ, उनके भाई पं. रमानाथ द्विवेदी मेरे मित्र हैं। द्विवेदी जी मूलतः संस्कृत के आदमी हैं। 'बाणभट्ट की आत्मकथा' में कौन-सी चीज़ कहाँ से उठाई है, मैं सब बता सकता हूँ। लेखनी-सिद्ध हैं, खूब लिखते हैं।"

रामसुरेश जी व्याकरण-दर्शन के आदमी थे। डॉ. वासुदेवशरण अग्रवाल उनका बहुत सम्मान करते थे। द्विवेदी जी उनकी विद्वत्ता की बहुत क़द्र करते थे। भर्तृहरि के 'वाक्यपदीयम्' के वे मर्मज्ञ थे। त्रिपाठी जी थोड़ा बहरे थे। प्रसन्न, क्रुद्ध जल्दी ही हो जाते थे। उन्होंने सुनाया—

"काशी विश्वविद्यालय में परम्परा है कि जब कोई नया प्रोफेसर आता है तब किसी विषय पर उसका भाषण होता है। द्विवेदी जी का भी भाषण हुआ। भाषण के उपरान्त लोग टिप्पणी करते हैं। मैंने द्विवेदी जी की आलोचना की। मैं तो उनका बहुत आदर करता हूँ, चरण-स्पर्श करता हूँ, लेकिन बोलते-बोलते बहुत उत्तेजित हो गया—मैंने कहा कि भारतीय संस्कृति के वास्तविक प्रतिनिधि रवीन्द्रनाथ नहीं, जयशंकर प्रसाद हैं। दूसरे दिन डॉ. जगन्नाथ शर्मा ने मज़ा लेते हुए मुझसे कहा—'क्यों! सुना कि कल तुमने हमारे अध्यक्ष की बहुत प्रशंसा की!' लेकिन मुझे अपराध-सा लग रहा था। इसके बाद द्विवेदी जी एक समारोह में मिले। मैं नमस्कार करके एक ओर चुपचाप खड़ा हो गया। द्विवेदी जी मेरे पास आए, पीठ थपथपाते हुए बोले—'ठीक हो न, आजकल क्या लिख-पढ़ रहे हो?' मेरे मन की सारी ग्लानि धुल गई। डॉ. जगन्नाथ शर्मा और पं. विश्वनाथ प्रसाद मिश्र को द्विवेदी जी का काशी आना अच्छा नहीं लगा। पं. गोविन्द मालवीय लाए हैं। ये तो शान्तिनिकेतन में थे।"

बी.ए. में मेरी प्रथम श्रेणी नहीं आई। मैं भागकर काशी पहुँचा। काशी में लंका के पास आत्रेय भवन के एक भाग में पं. रामसुरेश त्रिपाठी रहते थे। वे ग्रीष्म-अवकाश में छुट्टी बिताने काशी आ जाते थे। सीधे त्रिपाठी जी के घर पहुँचा। बोले–"तुम्हारा रिज़ल्ट देखकर दुख हुआ। चलो डॉ. वासुदेवशरण अग्रवाल के पास। तुम प्राचीन भारतीय इतिहास एवं संस्कृति में एम.ए. करो।" त्रिपाठी जी मुझे अग्रवाल जी के यहाँ ले गए। उन्होंने पूछा–"अवध के हो। 'माँजा' का मतलब बताओ।" मैं नहीं बता पाया–वे बोले "माँजा मनहुँ मीन कहँ ब्यापा नहीं पढ़ा है?" मैंने कहा–"हाँ, हाँ समझ गया–पहली बारिश होती है तब कभी-कभी मछलियाँ मर जाती हैं। वह माँजा है।" डॉ. अग्रवाल ने कहा–"फर्स्ट क्लास क्यों नहीं आया? फर्स्ट क्लास की फेस वैल्यू होती है। तुम हिन्दी में एम.ए. करो। पं. हजारीप्रसाद द्विवेदी इस समय हिन्दी के सूर्य हैं।" त्रिपाठी जी ने मुझसे उसी समय कहा–"चलो द्विवेदी जी के यहाँ चलते हैं।" द्विवेदी जी का घर अग्रवाल जी के घर के पास ही था। मैं त्रिपाठी जी के साथ चल पड़ा।

द्विवेदी जी का घर अग्रवाल जी के घर से छोटा था। घर से बाहर लॉन की जगह तो थी लेकिन वह जगह ऊबड़खाबड़ पड़ी थी। कायदे से घेरी भी नहीं थी। एक देसी कुत्ता वहाँ बैठा रहता था। उसके आगे करीब पाव भर-आधा सेर भात पड़ा रहता। लॉन की पड़ी हुई जगह गन्दी नहीं थी। लेकिन उसमें घास, गमले, पेड़ वगैरह नहीं थे। बरामदा साफ़-सुथरा था। लगता था उस पर पोंछा रोज़ लगाया जाता है। बरामदे में सीमेंट के दो पायों पर स्लैब डालकर बैठने की जगह बना दी गई थी। इसी तरह सीमेंट के बने हुए दो आसन थे। बरामदे के किनारे से एक गनन-मनन लता उगी थी जो दुमंज़िले मकान की ऊपरी छत पर चली गई थी। द्विवेदी जी के मकान की एक तरफ़ पं. ब्रजमोहन व्यास रहते थे–अकेले। वे बात-बात में शेर, कविता, श्लोक पढ़ते थे। पुरातत्त्व के विशेषज्ञ थे। हुक्का पीते थे। 'चारु चन्द्रलेख' के धीर शर्मा की तरह बात-बात पर झमाझम काव्य-पंक्तियाँ सुनाते थे। दूसरी तरफ़ जलोटा साहब का क्वार्टर था। जलोटा साहब मनोविज्ञान के अध्यापक थे। स्वयं छोटे क़द के थे–बच्चे भी छोटे क़द के।

उस दिन द्विवेदी जी नहीं मिले। किसी मीटिंग में गए थे। 16-17 वर्ष के साँवले रंग के दोहरे बदन के जो युवक केवल हाफ़ पैंट पहने, जनेऊ से पीठ खुजलाते हुए प्रकट हुए, वे द्विवेदी जी के ज्येष्ठ पुत्र जगदीश द्विवेदी थे। उन्हें सब बबुआ कहते थे। त्रिपाठी जी ने दूसरे दिन मुझसे अकेले जाने को कहा।

दूसरे दिन सवेरे आठ बजे के आसपास जब मैं त्रिपाठी जी के निवास 'आत्रेय' भवन से निकला तो हल्की बूँदाबाँदी हो रही थी। पाजामा और कमीज़ चप्पल पहने था। पाजामा पैंताने से फटा हुआ था, कमीज़ अच्छी थी। कानपुर

में बी.ए. के क्लास-फेलो सतीश की थी। काशी विश्वविद्यालय का क्षेत्र उन दिनों बहुत खुला था। विश्वविद्यालय के अन्दर बहुत जगह खाली पड़ी थी। विश्वविद्यालय में प्रवेश करते ही बाईं तरफ़ महिला विद्यालय था, दाईं तरफ़ सर सुन्दरलाल अस्पताल। दोनों ओर छतनार वृक्ष थे। सड़क का आकाश उन वृक्षों से ढका रहता। बनारस के आसपास की ग्रामीण औरतें लाल कत्थई रंग की साड़ियाँ बहुत पहनती हैं। वे घास काटतीं, घास का गट्ठर सर पर रखे, सड़क के किनारे काम करती हुईं अक्सर दिखलाई पड़तीं। ग्रामीण औरतें जब साथ-साथ चलती हैं तब चुप नहीं रहतीं। या तो गाती हैं, या बात करती हैं, हँसी-ठट्ठा करती हैं, या फिर झगड़ा करती हैं। गुस्से में चुप रहना, न बोलना, शहराती लोगों को आता है। बनारस की बोली, वहाँ के लोकगीत कैसे हैं, यह लिखकर नहीं बताया जा सकता। मैंने उन औरतों की बोली सुनी—या गीत सुना तो मुझे वह प्रकृति का ही कोई व्यवहार लगा। घास काटती हुईं औरतों का गाना सुना तो लगा घासें ही गा रही हैं, खेत में काम करती औरतों का गाना खेत के पौधों का संगीत लगा। सड़क पर चलती औरतों की बातचीत नीम, आम, सड़क, अमलताश की बातचीत लगती। खाली पड़ी जगह में खेती होती थी। भैंस, गाय घास चरते हुए चारों ओर दिखलाई पड़े। विश्वविद्यालय की सड़कों पर कार या ट्रक नहीं के बराबर दिखलाई पड़े। रिक्शे बहुत। बनारस में रिक्शे बहुत तेज़ चलते हैं। विश्वविद्यालय में प्रवेश करते ही अमलतास, गुलमुहर, आम, नीम, घासों की मिली-जुली गन्ध प्राणों में बस गई। मालवीय जी द्वारा संस्थापित विश्वविद्यालय, जिसमें पं. रामचन्द्र शुक्ल, बाबू श्यामसुन्दर दास, हरिऔध पढ़ा चुके हैं, जिसमें पं. रामप्रकट मणि त्रिपाठी, पं. शिवबख़्श जी पढ़ चुके हैं, उसमें मैं प्रवेश पाऊँगा। पं. हजारीप्रसाद द्विवेदी पढ़ाएँगे। यह सब सोचकर अपने भविष्य से मैं बहुत प्रभावित और आतंकित था।

यद्यपि मेरी मानसिक हालत बहुत पस्त थी। कानपुर की याद बेहद सता रही थी और बनारस अपनी सारी गरिमा के बावजूद निहायत अनजाना लग रहा था। लेकिन काशी विश्वविद्यालय में द्विवेदी जी का शिष्य बनने की सम्भावना इतनी मोहक थी कि मानो जादू-लोक में चल रहा था।

पंडितजी के घर पहुँच गया। कुछ सम्मान-भावना कुछ संभ्रम के कारण बरामदे में बने सीमेंट के आसनों पर नहीं बैठा। फ़र्श साफ़-सुथरा था। उसी पर बैठ गया। सामने दरवाज़ा बन्द था। वह घर में खुलता था। दाहिने हाथ की तरफ़ कमरा था, कमरे का दरवाज़ा अधखुला था। अन्दर कुछ लोग बैठे थे। एक भारी आवाज़—'प्राणों में पावन स्पन्दन भर' वाली आवाज़ सुनाई पड़ रही थी। समझ गया कि यह स्वर आचार्य हजारीप्रसाद द्विवेदी का ही है।

थोड़ी देर बाद दरवाज़ा खुला। उस बगलवाले कमरे का नहीं जिसमें द्विवेदी जी आगत व्यक्तियों से बात कर रहे थे, सामने का दरवाज़ा। गौरवर्ण की एक

लड़की दस-बारह बरस की—निकली। दोनों हाथ जोड़कर प्रणाम किया। पास में रखे एक मोढ़े को उठाकर मेरे पास रख दिया—'ज़मीन पर क्यों बैठे हैं, इस पर बैठिए।' उसके व्यक्तित्व और वाणी में अद्‌भुत विनम्रता एवं शालीनता थी। द्विवेदी जी की ही पुत्री हो सकती थी वह! बाद में ज्ञात हुआ कि वह द्विवेदी की सबसे छोटी पुत्री भारती अर्थात् मुन्नू थी।

कमरे में बैठे एक-एक आगत चले गए। मुन्नू ने शायद पंडितजी को बता दिया था कि कोई बाहर बैठा है। वे बाहर आए, मैं ससंभ्रम उठा खड़ा हुआ। लम्बी भारी काया, खद्‌दर की सिली हुई बँहकटी, जिसमें जेब होती है, पहने। गौरवर्ण, पैरों की अँगुलियों को स्पर्श करती हुई धोती। दाएँ पैर की पिंडली को बाएँ पैर के पीछे ले जाकर उसे लपेटते हुए उँगलियों से बाएँ पैर के पंजों को खुजलाते हुए पंडितजी मेरे सामने खड़े थे।

मैंने लपककर चरण-स्पर्श किया।

"कैसे आए हो?"

"आपकी शरण में आया हूँ। असहाय हूँ। आपके चरणों का आश्रय पाकर मेरा जीवन बन जाएगा।"

"कोई दूसरा किसी का जीवन नहीं बनाता। तुम अपना जीवन खुद बना-बिगाड़ सकते हो।"

"मैं एम.ए. में प्रवेश पाना चाहता हूँ। आपका शिष्यत्व मुझे प्राप्त हो जाएगा।"

"कैसे नम्बर थे बी.ए. में?"

"लगभग साठ प्रतिशत, तीन अंकों की कमी से फर्स्ट क्लास रह गया। हाई स्कूल, इन्टर में फर्स्ट क्लास था। वी.एस.एस.डी. कॉलेज, कानुपर में अध्यापक आशा करते थे कि यूनिवर्सिटी में टाप करूँगा। प्रथम श्रेणी भी नहीं आई। शर्म के मारे वहाँ से भाग आया हूँ। पं. रामसुरेश त्रिपाठी ने कहा था।"

मैं पता नहीं कैसे यह सब कह गया। बोलते समय घबराहट में मैंने क्या कहा, पंडितजी ने क्या सुना—कह नहीं सकता।

"कुछ आर्थिक कष्ट है?"

"उसका प्रबन्ध मैं कर लूँगा। मुझे बस आपकी कृपा चाहिए।"

"जब तुम मेरे शिष्य हो गए तो गुरु-शिष्य से बढ़कर आत्मीय सम्बन्ध और कौन होता है? विद्यार्थी को मधुकरी वृत्ति का होना चाहिए। जहाँ से भी सम्भव हो, ज्ञान ग्रहण करना चाहिए।"

"आप हिन्दी के सूर्य हैं (उनके बारे में यह बात डॉ. वासुदेवशरण अग्रवाल ने कही थी—मैं कुछ न बोल पाकर वही दुहरा रहा था)। आपके पास रहूँगा तो कुछ सीख लूँगा।"

"तुम्हें क्या पता, मेरे भीतर कितने दोष हैं! किसी पर अन्ध श्रद्धा नहीं करनी चाहिए।" फिर रुककर बोले, "तुम्हें भूख तो नहीं लगी है?"

मैंने 'नहीं' कहा और चरण-स्पर्श करके चला आया। मैं प्रमुदित, प्रफुल्लित डेरे पर—यानी आत्रेय भवन में पं. रामसुरेश त्रिपाठी के डेरे पर लौटा।

उत्साहपूर्वक उनसे सबकुछ बताया।

वे सन्तुष्ट हुए। बोले—"तुम अब गाँव जाओ। प्रवेश लेकर ध्यान से पढ़ो। मैं द्विवेदी जी से मिलकर तुम्हारे बारे में बात कर लूँगा। यहाँ नामवर सिंह से मिल लेना। द्विवेदी जी उन्हें बहुत मानते हैं। प्रतिभाशाली युवक हैं। ऐसे लोगों से मिलते-जुलते रहना चाहिए। मेरा नाम ले लेना।"

पंडितजी के गाँव में

द्विवेदी जी ने एकाध बार कहा—मेरे गाँव चलोगे? मेरे मन में उनका गाँव देखने का बहुत उत्साह था। लेकिन बनारस रहते वे खुद ही गाँव सिर्फ़ एक-दो बार गए होंगे। उनको लगता कि गाँव में हम लोगों को तकलीफ़ होगी इसलिए आग्रह नहीं करते। उनके गाँव में सुविधाएँ नहीं हैं। यह बात वे नहीं जानते थे कि मुझे अपने गाँव-घर में जितनी सुविधाएँ मिली हैं, उससे ज़्यादा आराम मुझे उनके गाँव में मिलेगा। ऊपर से गुरु का जन्म-स्थान, उनके बचपन की क्रीड़ा-भूमि देखने का सौभाग्य मिलेगा। सो उनके जीवन-काल में उनका गाँव नहीं देखा।

उनके जाने के करीब 12 वर्षों बाद उनके गाँव जाने का अवसर आया। द्विवेदी जी पर समारोह का आयोजन किया गया था। त्रिलोचन शास्त्री के साथ मुझे लेकर पत्रकार कृपाशंकर चौबे बलिया पहुँचे। वहाँ नामवर जी और केदारनाथ सिंह पहले ही आ गए थे। बलिया से प्रातः जलपान करके हम लोग चले। कुछ दूरी के बाद सड़क की दाईं ओर जाना पड़ता है। अगस्त का महीना। गंगा बाढ़ पर थीं। सड़क के गाँव के बीच की जगह जल-प्लावित थी। सड़क से खड़े होकर दाईं तरफ़ देखें तो असीम सागर लहराता-उमड़ता दिखलाई और सुनाई पड़ता। नाव से गाँव पहुँचे। बाँस, केले, आम, कटहल, और न जाने कितने ज्ञात-अज्ञात, अल्पज्ञात, लताओं, वनस्पतियों से लदा-फदा छोटा-सा मनोरम गाँव। गाँव के बालक-बालिकाएँ, जवान, युवतियाँ, बुड्ढे-बुढ़िया सभी वर्णों के लोग समारोह में मौजूद। जवार-गाँव के लोग द्विवेदी जी के बारे में समारोह सुनकर आ गए थे। प्रारम्भ में लड़कियों ने भोजपुरी में स्वागत-गान गाया—'रउवाँ पधरलैं हमारे अँगना,' मानो गुरुवर हमारे आने पर प्रसन्न हो रहे हैं।

गाँव में जिससे चाहो, द्विवेदी जी के बारे में बात कर लो। सब उनको व्यक्तिगत रूप से जानते थे, मेल-व्यवहार था। लेकिन सब लोग पराहू नाऊ से पंडितजी की विशेष आत्मीयता की चर्चा करते—"ये का दुबेदी जी बहुत मानत रहलैं। का परोहू चुप काहे बाड़ा।" पराहू पुलकित लेकिन ज़्यादातर चुप। आयोजकों ने सबके भोजन की व्यवस्था की थी। बड़ी-बड़ी पूड़ियाँ, कटहल की रसदार सब्ज़ी, दही-चीनी। स्वाद एवं तोष से युक्त गुरु के गाँव का भोजन। ऐसा

ही भोजन पंडितजी ने अपने गाँव में बचपन के दिनों में कई बार किया होगा। यह बात मन में आती। त्रिलोचन शास्त्री ने किसी के घर में भोजन किया। वहाँ सतपुतिया की सब्ज़ी मिली। सुनकर मुझे ईर्ष्या भी हुई। सतपुतिया पूर्वी उत्तर प्रदेश की विशेष सब्ज़ी है। परवल के आकार की तोरी। अब कम होती जा रही है।

पंडितजी के पुश्तैनी घर के चार खंड एक ही पंक्ति में बने थे। वहाँ द्विवेदी परिवार के एक ही व्यक्ति मिले। वंशानुक्रम में पंडितजी के पौत्र श्री राजेश द्विवेदी। सौम्य, सुशील, कृतविद्य, विनयी। द्विवेदी परिवार के ग्राम उत्तराधिकारी की मर्य्यादा का वहन करते हुए। कई बार कहा–"हम आप लोगों की सेवा नहीं कर पाए।" उन्होंने मुझे द्विवेदी जी के चचेरे बड़े भाई आयुर्वेदाचार्य विश्वनाथ द्विवेदी के सम्मानार्थ प्रकाशित अभिनन्दन ग्रन्थ भेंट किया। वह ग्रन्थ मेरे बहुत काम आया।

दुबारा सन् 2007 में नागरी प्रचारणी सभा, बलिया के निमंत्रण पर जाने का मौक़ा मिला। इस बार अलीगढ़ मुस्लिम विश्वविद्यालय के हिन्दी विभाग के अध्यापक डॉ. वेदप्रकाश साथ थे। गाँव जाने के पहले पं. परशुराम चतुर्वेदी के निवास पर गए। वहाँ जमुना मिले। जमुना आजीवन चतुर्वेदी जी की सेवा में संलग्न रहे। साधक तपस्वी का जीवन जीने वाले। अर्द्धनग्न, गाय-बैलों की सेवा करते, घर की देखभाल करते। छोटे शरीर में गजब की कर्मठता। कोई उन्हें 90 साल का बताता, कोई 80 का, कोई सौ का।

हम डॉ. रघुवंश मणि पाठक के निवास पर ठहरे थे। डॉ. रघुवंश मणि कॉलेज में अध्यापक हैं। बाद में सभा-भवन में चले गए। सभा-भवन उसी स्थल पर बना है जहाँ 1942 में पहली बार भारत की आज़ादी की घोषणा की गई थी। भारतेन्दु ने हिन्दी के महत्त्व पर उद्‌बोधक काव्य-भाषण बलिया में ही दिया था। यह सब देख-सुनकर हमें तीर्थ-यात्रा जैसा लगा।

इसके बाद बसरिकापुर के मिडिल स्कूल गए। वह स्कूल अभी चलता है और प्रतिष्ठित है। बिल्डिंग पुरानी पड़ गई है किन्तु मज़बूत है। सुन्दर और शानदार–सौ साल से भी अधिक समय की बनी हुई। इसी स्कूल से पं. हजारीप्रसाद द्विवेदी ने मिडिल पास किया था। एक पट्ट पर उनका नाम अभी तक अंकित है यशस्वी विद्यार्थी होने के नाते। रजिस्टर में नाम लिखा है हजारी दूबे। प्रिंसिपल ध्रुवपति पांडेय 'ध्रुव' और अन्य अध्यापकों ने हमारा स्वागत किया। जलपान कराया। बिल्डिंग के आसपास कुछ नया निर्माण भी हुआ है। किन्तु सरकार की ओर से उचित ध्यान नहीं दिया जा रहा है।

पूर्वी उत्तर प्रदेश का छोटा-सा अपने-आपमें सिमटा हुआ गाँव। गाँव के बीचों-बीच की कच्ची सड़क को ईंटों के खड़ंजे से पाट दिया गया है। गाँव में कोई विशाल भवन नहीं, जिससे पता चल जाता है कि गाँव में रहने वालों का आर्थिक स्तर लगभग समान है। निम्न मध्यवर्गी। गाँव अभी तक मध्यकालीन

गाँवों जैसा वातावरण प्रस्तुत करता है। दिल्ली से कुछ लोग आए हैं–यह सुनकर बालक, बालिकाएँ, जवान, वृद्ध, महिलाएँ; मैले-कुचैले कपड़े पहने, अधनंगे, सूखे, सघन बिखरे बाल वाले बच्चे-बच्चियाँ शहराती लोगों को देखने आ जुटे। यह बोध और गौरव भरकर कि हमारे गाँव में जन्मे हजारीप्रसाद दूबे का गाँव-घर देखने आए हैं, सो लोगों के चेहरे पर बोलचाल में एक खास तरह की सात्विक ठसक–"यह उनका घर है, इस घर में रहने वाले से द्विवेदी जी अक्सर मिलने आते थे", "पिछली बार वे हमको धोती दे गए थे, कुर्ता सिलवा दिया था", "हमसे कहते थे–हमारे साथ बनारस चलो" प्रायः हर कोई पंडितजी से अपना सम्बन्ध जोड़ता था। पराहू से हजामत बनवाते, मालिश करवाते, हाथ-पैर दबवाते तब नहाते, कहते–"पराहू को सेवा करना आता है।" पराहू 2007 में नहीं रह गये थे।

गाँव के किनारे एक मन्दिर था–शायद वही 'ठाकुर जी की बटोर' वाला मन्दिर। गाँव में प्रवेश करते ही एक जगह पर द्विवेदी जी के नाम से काष्ठ-पट्ट लगा मिला। गाँव वालों ने उनके नाम पर कोई पाठशाला खोली है। बिल्डिंग आधी बनी हुई है, जगह ज़रूर घेर ली गई है। गाँव वालों के बीच कोई संस्कृत का विद्वान् नहीं दिखा। इस बात पर ध्यान गया कि गाँव में ब्राह्मणों की संख्या ज़्यादा नहीं है। ज़्यादा संख्या पिछड़ों या दलितों की है।

हमने गाँव देखा। तीर्थ-यात्रा का फल भी प्राप्त हुआ। किन्तु समझ में वह ज़्यादा आता है द्विवेदी जी के लेखन से। उनके व्यक्तित्व में तो वह समाया ही है।

द्विवेदी जी गाँव में बसने वाली अनेक जातियों का उल्लेख करते हैं–कादू, दुसाध, कलवार, जुलाहा, बनिया। गाँव छोटा है। नक्शे में, इतिहास में कहीं उल्लिखित, लक्षित नहीं। लेकिन इससे क्या हुआ? द्विवेदी जी ने अनेक ज्ञात-अल्पज्ञात की जानकारियों की खोज की है, अपने गाँव की भी जातियों और उनके इतिहास की खोज करते हैं।

बुद्धदेव इस प्रदेश में आए होंगे। कालिदास इस गाँत के मार्ग रो गुज़रे होंगे। इस गाँव के प्रदेशों में लहुरी काशी है। इसमें अनेक संस्कृत विद्वान् हैं। इस गाँव के अध्ययन से प्राच्यविदों के ज्ञान में वृद्धि हो सकती है। यह सामान्य गाँव बड़ों-बड़ों को कुछ सिखाने में समर्थ है।

मानो वे अपने ही निम्न मध्यवर्गीय ब्राह्मण किसानी व्यक्तित्व के बारे में बता रहे हों।

वर्षा-काल में गंगा-सरयू की बाढ़ प्रदेश को जल-थल कर देती है। बुद्धि को चकित कर देने वाली असीम जलराशि–जलौघमग्ना सचराचराधरा का बिम्बाधार रूप। शेष संसार से काटकर अलग कर देने वाला महासागर। बहुत परिश्रम करके ही संसार से जुड़ा जा सकता है। बलिया जिले में सुरहा ताल है जिसका वर्णन 'बाणभट्ट की आत्मकथा' में किया गया है।

गंगा, सरयू और सुरहा से निरन्तर संचित बलिया जनपद शस्यश्यामला है। अन्न-दुग्ध, धन-धान्य और नाना प्रकार की सब्ज़ियों से, वनस्पतियों से हरा-भरा है। ऐसी प्राकृतिक समृद्धि के बावजूद अधिकांश जनता निरन्न-निर्वस्त्र है। इसकी उपेक्षा द्विवेदी जी के लेखन और आचार में नहीं है। बलिया ज़िले के लोग थोड़ा उजड्ड भी समझे जाते हैं। इलाहाबाद, बनारस, लखनऊ में 'बलियाटिक' का मतलब उजड्ड गँवाँर और भदेस होता है। शहरी वातावरण में अपने को जल्दी न ढाल पाने वाले। वस्तुतः स्वाभिमानी स्वभाव तथा खान-पान, रहन-सहन, पोशाक आदि में पारम्परिक क्षेत्रीय विशेषता न छोड़ पाने के कारण उन्हें ऐसा समझा-कहा जाता है।

बलिया जनपद स्वतंत्रता संग्राम में आगे रहा।

1857 के वीर नायक मंगल पांडे को ये लोग बलिया का ही मानते हैं। 1942 के भारत छोड़ो अन्दोलन में बलिया ने बढ़-चढ़कर भाग लिया। 15 अगस्त, 1947 के लगभग पाँच वर्ष पूर्व ही बलिया का एक अंश कुछ समय तक स्वतंत्र घोषित रहा। अपने देस में अपना राज कायम रहा। 1942 के आन्दोलन में जेल से छूटने के बाद जवाहरलाल नेहरू सबसे पहले बलिया गए, वहाँ की जनता का अभिनन्दन करने के लिए। अमरकान्त ने अपने उपन्यास 'इन्हीं हथियारों से' में बलिया में सन् बयालीस की क्रान्ति के वातावरण का जीवन्त वर्णन किया है।

उपन्यास में एक चरित्र ढेला है। ढेला कोठे पर बैठने वाली है, किन्तु स्वाधीनता आन्दोलन के क्रान्तिकारी लोगों की सहायता करती है। पहली बार (चौथे दशक के अन्तिम वर्ष में) कांग्रेस का मंत्रिमंडल बना तो कई प्रतिबन्धित पुस्तकें पढ़ने को मिलने लगीं। उन दिनों बलिया के जागरूक वातावरण का वर्णन–

"शिक्षित नौजवानों में अभूतपूर्व जागरूकता देखने में आई। इन्हीं दिनों वामपक्षीय दलों के मज़दूर किसान आन्दोलन भी ज़ोर-शोर से शुरू हुए थे। इस दिशा में समाजवादी पार्टी और साम्यवादी पार्टी विशेष रूप से सक्रिय थी।...यदि आप खद्दर का पाजामा और खद्दर का कालरवाला कुर्ता और कन्धे पर एक झोला लटकाए किसी नौजवान को देख लें तो समझ जाइए कि वह जयप्रकाश नारायण, राममनोहर लोहिया और आचार्य नरेन्द्र देव में अटूट श्रद्धा तथा विश्वास रखनेवाला समाजवादी है। यदि वह न हुआ तो साम्यवादी अवश्य है, जो भारत में भी रूस की तरह समाजवादी क्रान्ति का स्वप्न देखता है।"[1]

उपन्यास में रामशंकर, नफ़ीस, जगदम्बिका, राममूरत और अनेक पात्रों पर दारुण ज़ुल्म किए गए हैं। एक पात्र प्रेमानन्द हैं जो हवालात में थानेदार की गर्दन चाँप देते हैं।

कहते हैं कि बलिया के नेता चित्तू पांडे से कचहरी में जब मजिस्ट्रेट ने उनका नाम पूछा तो उन्होंने कहा–"ई कैसा बुड़बक आदमी है। हिंया

हज्जारों मनई हमारा जिन्दाबाद बोल रहे हैं और ई हमारा नाम पूछ रहा है।"

बलिया से दूर शान्तिनिकेतन में अध्यापन करनेवाले पं. हजारीप्रसाद द्विवेदी आन्दोलनों में शामिल नहीं थे। लेकिन क्रान्तिकारियों से उनका सम्पर्क था।[2]

बलिया शिक्षा के क्षेत्र में उत्तर प्रदेश के अन्य ज़िलों की अपेक्षा विकसित ही समझा जाएगा। जनपद लहुरी काशी यों ही नहीं कहा जाता था। म.म. पं. काशीनाथ महाराज, उनके पुत्र 'वाक्यपदीयम्' के भाष्यकार पं. रघुनाथ शर्मा, आचार्य परशुराम चतुर्वेदी, पं. बलदेव उपाध्याय, डॉ. भगवतशरण उपाध्याय, डॉ. उदयनारायण तिवारी, डॉ. भोलानाथ तिवारी, डॉ. रवीन्द्रनाथ श्रीवास्तव आदि ज़िले के यशस्वी विद्वान् हैं। विद्याव्यसनी होने के साथ-साथ पं. रघुनाथ शर्मा अदालत व्यसनी भी थे। कहते हैं मिर्ज़ई-धोती पहने मुकदमे की पैरवी में लगे रहते थे। पं. परशुराम चतुर्वेदी वकील थे।

द्विवेदी जी के निबन्धों में उनकी जन्मभूमि के बारे में और भी सूचनाएँ मिलती हैं। गाँव के निरक्षर अन्धविश्वासी भोलेपन में 'प्लेग' को पिलेक मैया के रूप में—उनके कोप को शान्त करने के लिए पूजते हैं। मिथकों में जीवनयापन करते हैं। ठाकुर जी की बाड़ी है। जिसके आधार पर द्विवेदी जी ने 'ठाकुर जी की बटोर' नामक कालजयी निबन्ध लिखा है। गाँव में अनुदार ब्राह्मण पंडित हैं। इस्लाम और मुसलमानों को वे सशंक और द्वेष से देखते हैं। मस्जिद जगमगाती रहती है। ठाकुर जी की बाड़ी उपेक्षित। द्विवेदी जी इसे मुसलमानों की अल्पसंख्यक ग्रन्थि और हिन्दुओं की बहुसंख्यक ग्रन्थि मानते हैं। 'देवदारु' में एक अन्य वृद्ध पंडित हैं।

"हमारे गाँव में एक पंडितजी थे। अपने को महाविद्वान् मानते थे। विद्या उनके मुँह से फचाफच निकला करती थी। शास्त्रार्थ में वे बड़े-बड़े दिग्गजों को हरा देते थे। विद्या के जोर से नहीं। फचफचाहट के आघात से। प्रतिपक्षी मुँह पोंछता हुआ भागता था। अगर कुछ कैंड़े का हुआ तो दैहिक बल से जय-पराजय का निश्चय होता था।"[3]

इन पंडितजी को भूतों को भी पराजित करने में सिद्धि थी। "गायत्री का मंत्र उनके मुँह से आल्हा जैसा सुनाई देता था और देवदारु की लकड़ी—उनके अस्त्र थे..."

निबन्ध लेखक के अनुसार एक बार गाँव के भूत मुड़कटवा (मुड़कट्टा) से इनकी भिड़न्त हो गई—

"एक बार वे बगीचे से गुज़र रहे थे...आगे दनादन ढेले गिर रहे हैं। पंडितजी डरने वाले नहीं थे। पीछे मुड़कर ललकारा—अरे केवन है (केवन—कौन)...पंडित जी ने जूता उतार दिया। गायत्री मंत्र में बाधक था। झमाझम गायत्री मंत्र पढ़ने लगे। देवदारु की लकड़ी से दे रद्दे-पर-रद्दा। बिचारा मुड़कट्टा त्राहि-त्राहि कर उठा।"[4]

आपको अगर इस घटना की सच्चाई पर विश्वास न हो रहा हो तो निबन्ध लेखक की यह टिप्पणी पढ़िए—

"मैंने यह कहानी स्वयं पंडितजी के मुँह से सुनी थी। अविश्वास करने का कोई उपाय नहीं था—फर्स्ट हैंड इनफारमेशन था।"

जब निबन्धकार को ही अविश्वास नहीं हो पाया तो पाठक को कैसे होगा? इन विद्वान् पंडित का एक दूसरा ऐसा ही विश्वसनीय किस्सा द्विवेदी जी सुनाते थे। गाँव की ही भाषा में उन्हीं की (विद्वान् पंडित की) बोली में। मैं उस बोली में और गुरुवर के आरोहावरोह में लिख नहीं सकता। लेकिन किस्सा यह है—

"उनके घर पर जाओ उनसे मिलने, प्रणाम करने तो वह पुरानी बातें सुनाते थे—'भइया सादी तो भइल रहा तोहरे बड़की माईक (उनकी पत्नी की), हज्जार बराती। बीस हाथी, एतनइ ऊँट-घोड़ा। खातिरदारी क का पूछत। गाँव के कुअँन में चीनी कै बोरा परि गए। केवड़ा क खुशबू छाय रही है। सौ बौरा दहिउ।"

लोग पूछते—"और दहेज पंडितजी?"

"दहेज क का बताई। अब हम्मै याद भी नहीं। अतना दहेज रहा होगा। हाथी पर एक पत्ता तमाखू ऐसा बड़ा धरा रहा कि बोझ के मारे हाथी चलिन न पावै। मचर-मचर होय।"

अन्दर जाते, थोड़ा तम्बाकू का पत्ता लाते।

"आज पचास साल हो गए हैं, वहै तम्बाकू का पत्ता चल रहा है। अबहूं एतना बचा है। लेव खाब।"

अपने गाँव-जवार के और लोगों के बारे में पंडितजी बताते—कोई बोदंड़ चौबे थे। उनके बारे में जहाँ तक मुझे स्मरण है पंडितजी बताते थे कि बोदंड़ चौबे का पानी में जहाज चलता था। गंगा में। लड़की की शादी थी। वर के पिता बहुत सरकश थे। नामी थे। बहुत बड़ी बारात लाए। ख़ैर बारातियों की यथासम्भव सेवा की गई। शादी हो गई तो दूल्हे के मामा वगैरह को मार के, डाँट-डपट कर भगा दिया गया। रह गए दूल्हे के बाप, समधी। उनको कमरे में ले जाकर चित कर दिया। तोंद पर भाला खोंपकर पूछा—"क्यों समधी राम, तुम जबरदस्त कि बोदंड़?" समधी ने हाथ जोड़कर कहा—"हम जबरदस्त नहीं, जबरदस्त बोदंड़ चौबे।" बोदंड़ चौबे ने कहा—"लड़की को कोई तकलीफ दिया तो घर में घुसकर भाला घोंप देंगे।" लड़की-लड़का सुखपूर्वक रहे।

पंडित हजारीप्रसाद द्विवेदी बचपन में कुश्ती लड़ते थे। दाँव-पेंच भी जानते थे। दादा (मेरे पिता) उनकी फोटो देखकर कहते—पहलवान रहे होंगे। कुश्ती लड़ने वाले मालिश के शौकीन होते हैं। बनारस में मदन जी उनकी मालिश कभी-कभी करते। मदन जी उनके किसी बाल-सखा के पुत्र थे।

पुण्य स्मरण : यह किताब

द्विवेदी जी के व्यक्तित्व में गाँव-जवार, मिथ, किंवदन्तियाँ, लोकवार्त्ताएँ, आचार-विचार सब समाहित थे लेकिन उनके उदात्त व्यक्तित्व में कुल मिलाकर यह सब सर्जनात्मक हो गया था। देवदारु वाले पंडितजी, उनके व्यक्तित्व में बालू में से भी तेल निकालने का हौसला रखते थे यदि बालू अच्छी लग जाए तो। अतीत, वर्तमान, भविष्य सबमें उनकी कल्पना का रथ अबाध चलता था। उस गप्प में वह अपने काम की चीज़ निकाल लेते थे। अग्रज डॉ. शिवप्रसाद सिंह ने गुरुवर पर उनके जीवन-काल में ही षष्टिपूर्ति के अवसर पर 1967 ई. में एक ग्रन्थ सम्पादित किया था–'शान्तिनिकेतन से शिवालिक'। गाँव उस में लुप्त था। लोप में अनस्तित्व नहीं होता, अदर्शन होता है। 'शान्तिनिकेतन से शिवालिक' स्पृहणीय निष्ठा और परिश्रम से सम्पादित-संकलित किया गया था। गाँव था–सिर्फ़ सुर्ख़ी में नहीं था।

मुझे याद नहीं गुरुवर पर किताब लिखने की बात मेरे मन में कब उठी। भीष्म साहनी जी 1954 में काशी आये थे। उनसे मैंने ऐसी कोई इच्छा प्रकट की होगी। उन्होंने कहा–"बातें ध्यानपूर्वक नोट कर लिया करो। द्विवेदी जी को बताए बिना।"

मैं यह सब कुछ नहीं कर पाया। इच्छा रही होगी, ज्ञान और क्रिया से रहित।

लेकिन पंडितजी की याद बहुत आती रही। उनके जाने के बाद पहले से कहीं ज़्यादा। समय-समय पर जब मन में आया कुछ टाँक लिया। लिख लिया। एक साथ तैयारी करके, योजना बनाकर कोई काम करे तो लेखन में सघनता आती है, दुहराव-तिहराव पुनरुक्तियाँ नहीं होतीं और काम जल्दी पूरा भी हो जाता है। मुझसे यह हो नहीं पाता, हो नहीं पाया। द्विवेदी जी हम लोगों को डाँटते और साथ ही विनोद में कहते–आलस्य प्रतिभा की खाद होती है, लेकिन तुममें खाद कुछ ज़्यादा ही हो रही है।

पं. हजारीप्रसाद द्विवेदी का नाम सबसे पहले बनारस में आठवें दरजे में सुना था। द्विवेदी जी के दर्शन जून 1953 में हुए। इसे नोट कर लिया। विष्णुचन्द्र शर्मा को दिखाया–बोले–"ठीक है लेकिन यह जीवनी नहीं संस्मरण है।" तब से आज तक जो कुछ लिखा है और जो अब छप भी रहा है–समझ में नहीं आया कि जीवनी है या संस्मरण। कुछ भी हो। है यह पुण्य स्मरण। एक बात और, संस्मरण में लेखक अधिकांशतः अपने संदर्भ में बात करता है। किताब में मैंने भी अपने साथ पंडितजी की घटनाएँ लिखी हैं। सभी शिष्य पंडितजी के आत्मीय थे। वस्तुतः अनेक थे जो गुरुवर के मुझसे ज़्यादा निकट एवं आत्मीय थे।

ललित निबन्ध की जो शैली है वह बहुत दूर तक उनके जीवन-यापन की विधि भी है। अपने कागज-पत्रों को वे सँभालकर नहीं रख पाते थे। सांस्थानिक नियमों-उपनियमों का पालन करने या यों कहें कर्मकांड में–दिखावे में आस्था

नहीं थी। इसलिए कार्य-विधि में कानून या शास्त्र की दृष्टि से उनमें गलती ढूँढ़ लेना मुश्किल नहीं था। अपने विषय में लिखित सामग्री को सँभालकर रखना या उसे सुरक्षित रखना उनका स्वभाव नहीं था। हाँ पत्र लिखना और पत्रों का जवाब देने में तत्परता थी। इसलिए उनके जीवन की–विशेषतः प्रारम्भिक काल की थोड़ी-बहुत जानकारी पत्रों से ही मिलती है। उनके बड़े चचेरे भाई आयुर्वेदाचार्य विश्वनाथ द्विवेदी का जो अभिनन्दन-ग्रन्थ छपा है, उसमें उनके जीवन-प्रसंग भी मिल जाते हैं। यत्र-तत्र कई छोटे-बड़े साक्षात्कारों में या टिप्पणियों में अपने गाँव या गुरुजनों के बारे में बताते हुए वे अपने बारे में भी प्रसंगतः कह जाते हैं। 'शान्तिनिकतेन से शिवालिक' में बलराज साहनी और शिवानी के संस्मरणों को छोड़ दें तो उसकी भी अधिकांश सामग्री वैचारिक है। द्विवेदी जी की मृत्यु के बाद 'विश्वभारती' पत्रिका का उन पर केन्द्रित जो अंक, डॉ. रामसिंह तोमर के सम्पादन में निकला है, वह अवश्य इस दृष्टि से बहुत काम का है। उसमें संकलित पत्र भी पंडितजी के जीवनीकार के काम के हैं। श्री उपेन्द्रदास का लेख तो बहुत उपयोगी और मार्मिक है। खुद सम्पादक डॉ. तोमर का लेख भरपूर है। डॉ. तोमर का लेख तो हिन्दी गद्य के सौष्ठव और लेखक के शिष्टाचारी व्यक्तित्व का प्रमाण है।

काशी विश्वविद्यालय के हिन्दी विभाग में मेरा दाखिला 1953 ई. की जुलाई में हुआ। अपनी साधनहीनता के कारण मैं गुरुवर आचार्य हजारीप्रसाद द्विवेदी की निकटता पा सका। द्विवेदी जी के पास मुझे, कानपुर में मेरे संस्कृत अध्यापक पं. रामसुरेश त्रिपाठी ले गए थे। मैं नामवर जी के यहाँ बहुत जाता था। केदारनाथ सिंह से वहीं भेंट हुई। तब से–1953 ई. से पंडितजी के जीवनकाल 1979 ई. तक गुरुवर का स्नेह मुझे मिलता रहा। यह स्नेह-आशीर्वाद मुझे ही नहीं उनके सभी शिष्यों को मिलता रहा। मैंने उन्हें विभिन्न स्थितियों में देखा। ज़्यादातर सहज, प्रसन्न, विनोदी, संकोची, परदुखकातर, उदास, निराश, क्रुद्ध होने के अवसर पर क्रुद्ध नहीं क्षुब्ध या दुखी, कालिदास, रवीन्द्रनाथ की कविताएँ पढ़कर मौन आँसू बहाते हुए। अट्टहास से दिगन्त गुँजाते हुए–चिंतित जिसमें ठुड्डी थोड़ी नीचे लटक जाती। भाषण देकर थककर धम्म से बैठ जाते हुए, बाहर से आकर उत्तरीय, छड़ी फेंककर लेट जाते हुए, माता जी से विनोद-वार्ता करते और झगड़ते...

लेकिन एक बात मैं दृढ़तापूर्वक कह सकता हूँ मैंने उन्हें कभी किसी पराजित, हताश, दुखी प्राणी की उपेक्षा या उसका तिरस्कार करते नहीं देखा। मैंने उनकी आँखों और वाणी में कभी ओछापन या अमर्यादा की छाया तक नहीं देखी। उनके इस मानवीय रूप से मैं सदा अभिभूत ही नहीं, चकित भी रहता हूँ। तच्च संस्मृत्य संस्मृत्य रुपमद्‌भुतं हरेः।

दूसरी बात–मैंने बहुत बड़े-बड़े विद्‌वानों, राजनीतिज्ञों, धनिकों के दर्शन किए हैं, उनसे मिलने का सौभाग्य प्राप्त हुआ है। लेकिन हमारे गुरु

पं. हजारीप्रसाद द्विवेदी जी जैसा परम मानवीय व्यक्तित्व मुझे जीवन में दूसरा नहीं दिखा।

यानी यह किताब चाहे अच्छी हो या बुरी–इसका रूप कुछ भी हो संस्मरण या जीवनी या संस्मरणात्मक जीवनी यह तटस्थतापूर्वक नहीं लिखी गई है। मैं अपने गुरु पर तटस्थ होकर कुछ नहीं लिख पाता, लिख ही नहीं सकता। यह भी जोड़ लीजिए कि मुझे उनके बारे में लिखने की क्षमता का भरोसा कभी नहीं रहा। यह किताब लेखक की निगाह में एक अक्षम व्यक्ति की लिखी हुई है–फिर लिखी क्यों गई–कबीर ने कहा–भाई बोलने को क्यों कहते हो–बोलने से विकार बढ़ता है। लेकिन फिर पलटकर कहा–क्या करें बिना बोले विचार भी तो नहीं हो सकता इसलिए चलो बोलना तो पड़ेगा ही–

बोलना का कहिये रे भाई
बोलत-बोलत तत्त नसाई
बोलत-बोलत बढ़े विकारा
बिन बोले का करइ बिचारा

अक्षमता की बात विनम्रतावश नहीं है। पं. जी अक्सर कहते–तुम लोग इतने अभागे हो कि संस्कृत नहीं पढ़ते। पंडितजी पर कुछ भी काम करते समय मुझे उनका यह कथन याद आता रहता है। जिस आयु में लोग गंभीरतापूर्वक पढ़ना शुरू करते हैं उस समय तक वे आचार्य कहलाने लगे थे, 'सूरदास' और 'हिन्दी साहित्य की भूमिका' जैसी किताबें लिख चुके थे। विद्वत्ता के प्रति उनके मन में बहुत गहरा सम्मान था। उन्हें बहुत आश्चर्य होता जब संस्कृत न जानने वाले किसी व्यक्ति को विद्वान् कहा-समझा जाता।

उन्होंने नाथ-सिद्धों का साहित्य, तंत्र-मंत्र, वेद-पुराण, महाभारत, रामायण, संस्कृत साहित्य, ज्योतिष ग्रन्थ, पालि, प्राकृत, अपभ्रंश, बांग्ला, साहित्य के अतिरिक्त अंग्रेजी में लिखित साहित्य एवं पश्चिमी काव्यशास्त्र की पुस्तकें पढ़ी थीं। फ्रेजर, मेटिरलिंक, एंगेल्स, दूराँ; बाद में कैसीरर, एरिक न्यूटन, आदि उनके प्रिय लेखक थे। अन्तिम समय तक उनकी प्रकृति में ज्ञान के प्रति बालसुलभ चकित हो जाने की क्षमता बनी रही।

मेरी दिक्क़त यहीं तक नहीं थी। दिक्क़त सबसे बड़ी यह थी कि उनका मन सर्जना की अथक कार्यशाला था। वे प्रायः अपने अन्तर्यामी की बात करते हैं। उनके अन्तर्यामी केवल नियन्ता ही नहीं थे वे सर्जक भी थे। और उनके सर्जक अन्तर्यामी नियमों-उपनियमों, शृंखलाओं को तोड़कर यथार्थ और स्वप्न, सीमा और असीम, ऊर्ध्व निम्न समवर्ती को लगातार तोड़ते मिलाते रहते थे। बालू अच्छी लग जाने पर उसमें से भी तेल निकालने का उद्यम करते रहते थे। जीवनीकार बाहृय स्थितियों में उनके मन पर पड़नेवाले प्रभावों को समझने का प्रयास कर सकता है। किन्तु उनके अन्तर्यामी को

समझ-परख पाना मेरे बस में नहीं था—अक्षमता का यह बोध यह किताब लिखते समय मुझे बराबर बना रहा है। 'चारुचन्द्र लेख' उपन्यास में भगवती और गोरखनाथ का विवाद समझ में बहुत कम आता है। प्राचीन साधना-सम्प्रदायों के पारिभाषिक शब्दों का अर्थ परम्परा के ज्ञान से ही बोध्य होता है, उसमें से कुछ ऐसा भी है जो साधनागम्य ही है। इसी तरह 'अनामदास का पोथा' में उपनिषदों के तत्त्व-चिन्तन की शब्दावली का अर्थ भी परम्परा की जानकारी से ही खुलता है। इसके अतिरिक्त मानव-जीवन की जटिलताओं की अनुभवसिद्ध सूक्तियाँ, जिनकी पंडितजी के लेखन में भरमार है, पक्व अनुभव के सहारे बोधगम्य होती हैं। पंडितजी एक बार श्रीचक्र का महत्त्व समझा रहे थे। बहुत कुछ बता रहे थे। समझ में कुछ नहीं आ रहा था। वे भी समझ रहे थे कि इसकी बुद्धि में कुछ नहीं धँस रहा है। गुरुवर की बताई हुई अनेक बातों का अर्थ बाद में समझ आया। 'संदेश रासक' की अनेक काव्य-स्थितियों का मर्म पढ़ाते समय खुला। द्विवेदी जी ने स्त्री-पुरुष के सम्बन्धों पर बहुत अधिक लिखा है, इस विषय पर उनकी सूक्तियाँ भी कम नहीं हैं—एक जगह लिखा है—स्त्री की शक्ति पुरुष को बाँध लेने में है और सार्थकता पुरुष को मुक्त कर देने में—शुरू में समझ में बिल्कुल नहीं आता था। बाद में समझ में आने लगा तो मैं आश्चर्यचकित कि यह बोध निराला द्वारा तुलसीदास में व्यक्त 'बन्ध के बिना कहाँ मुक्ति' के मेल में है। मैंने उत्साह में डॉ. रामविलास शर्मा को बताया तो उन्होंने कहा द्विवेदी जी और निराला के कथन में जहाँ-जहाँ साम्य मिले इकट्ठा कर लो और मुझे दिखा दो।

आचार्य द्विवेदी के पूरे परिवार की छाया मेरे ऊपर रही। पंडितजी और माता जी की बात छोड़ दीजिए उनकी संतानों ने भी मेरा बहुत ध्यान रखा। स्नेह-सम्मान और आत्मीयता दी। उनके मूल्यवान सहयोग के बिना यह किताब नहीं लिखी जा सकती थी। डॉ. मुकुन्द द्विवेदी ने पंडितजी से सम्बन्धित मूल्यवान सामग्री मुझे सौंप दी। विश्वभारती पत्रिका का द्विवेदी केन्द्रित अंक, मुदालियार जाँच-आयोग के दुर्लभ काग़जात, पं. बनारसीदास चतुर्वेदी द्वारा लिखित प्रो. गुर्टू को पत्र जिसमें द्विवेदी जी का अध्यक्ष पद के लिए नाम सुझाया गया है, श्रीमती आशा अधिकारी द्वारा पंडितजी को शान्तिनिकेतन आने का पत्र, पं. केशवप्रसाद मिश्र द्वारा द्विवेदी जी को दिया गया सिफारिशी अनुशंसा-पत्र आदि। द्विवेदी जी पर पुस्तक लिखने में सबसे व्यावहारिक एवं उपादेय सहयोग, सहायता डॉ. मुकुन्द द्विवेदी ने की है। इस समय मुकुन्द द्विवेदी अस्वस्थ हैं। पत्नी के देहान्त के बाद वे अकेले रह गए हैं। उनकी बड़ी लड़की आयुष्मती अपर्णा द्विवेदी उनकी जैसी सेवा, देखभाल कर रही हैं वह अन्यत्र और आज के जमाने में नहीं दिखलाई पड़ता।

डॉ. मुकुन्द द्विवेदी के बड़े भाई पं. जी के ज्येष्ठ पुत्र श्री जगदीश द्विवेदी बबुआ से इस किताब के बारे में कभी कोई बातचीत नहीं हुई। लेकिन वे मेरा कितना ध्यान रखते थे, इसके बाबत एक प्रसंग का उल्लेख करूँगा। बबुआ ने अभावग्रस्तता का जीवन देखा था। उनके मन में साधनहीन लोगों के लिए आत्मीयता एवं करुणा का भाव था। अपने पिता से उन्हें परदुखकातरता और निरहंकारी स्वभाव मिला था।

मैं रुइया में रहता था। कमरे में खाना बनाता था। लोहे की अँगीठी में कोयला दहका कर भिगोना में खिचड़ी उबालता। बबुआ दिन में एक बजे आए। मेरे पास बैठे। 20-25 मिनट बाद उठकर चले गए। आध घंटे बाद लौटे। करीब 10 किलो कोयला और पाँच रुपए का नोट लेकर। तब पंडितजी के यहाँ भी अँगीठी पर खाना बनता था। मैंने पूछा यह सब क्यों ले आए। बोले—देखा कि आपकी अँगीठी नहीं जल रही है। इधर-उधर कोयला नहीं दिखलाई पड़ा। इस वक्त आप अक्सर खाना बनाते या खाते हुए मिलते हैं। मेरे पास पाँच रुपए थे और कोयला घर में था।

पंडितजी की ज्येष्ठ पुत्री श्रीमती इन्दुमति ओझा को हम पुतुल के नाम से ज़्यादा जानते थे। पुतुल के विषय में पंडितजी कालिदास का श्लोक पढ़ते—

प्रभामहत्या शिखयेवदीप त्रिमार्गयेव त्रिदिवस्य मार्गः
संस्कारवत्येव गिरा मनीषी तथा स पूतश्च विभूषितश्च

(जैसे निर्बाध प्रकाशमान लौ शिखा को पाकर दीपक, मन्दाकिनी को पाकर स्वर्ग का मार्ग और व्याकरण से शुद्ध वाणी पाकर मनीषी शोभित होते हैं वैसे ही पार्वती को पाकर पिता हिमवान भी पवित्र और विभूषित हुए।)

वे दिल्ली में हमारे लिए पंडितजी की प्रतिनिधि थीं। अपने पिता के देवत्व और पवित्रता की मूर्ति निराला के शब्दों में पं. हजारीप्रसाद द्विवेदी की शुचिता।

नई दिल्ली में नौकरी मिली तो पत्नी के साथ रहने लगा। नवविवाहित था। अकड़ काफी थी। रोज़ पत्नी के खाना बनाने में नुक्स निकालता। एक दिन थाली सामने आते ही नुक्स निकालने लगा। पत्नी ने थाली उठा ली और कहा—जहाँ खाना अच्छा मिलता हो वहाँ जाकर खाओ। मैं रुआँसा क्या करूँ। भूख लगी थी। पुतुल जी के यहाँ पहुँचा। वे कुछ-न-कुछ खिलाती थीं। कुछ खाने को आया। मैंने सहानुभूति पाने के लिए घर का किस्सा सुना दिया। सुनते ही पुतुल जी ने खाने की थाली उठा ली और कहा—"जाइए पहले भाभी से माफ़ी और खाना माँगिए। घर से झगड़ा करके आएँगे तो यहाँ भी खाना नहीं मिलेगा।"

उनको पता था कि 'बाबू जी' के बारे में कुछ लिख रहा हूँ। अपनी मृत्यु के करीब दो वर्ष पूर्व कहा—"मास्टर साहब किताब जल्दी पूरी कर दीजिए।"

पुतुल जी ने बातों-बातों में पंडितजी, माता जी और परिवार के बारे में अनेक बातें बताई होंगी। पंडितजी और माता जी दिल्ली आते तो उन्हीं के यहाँ रुकते। लाल जी तब दिल्ली में नहीं थे। वे अपने पिता की देखभाल ऐसे करतीं मानो अपने बच्चे की कर रही हों। सर में तेल लगाना, दवा देना। जिस दिन कई सब्जियाँ बन रही हों समझो पंडितजी आ गए हैं।

पंडितजी की तीनों पुत्रियाँ लिवर सिरोसिस से गईं। बाकी दोनों से मेरा मिलना-जुलना कभी-कभी ही हुआ। वे दिल्ली में आतीं तभी।

पंडितजी के और दो पुत्र गिप्पी (सिद्धार्थ), पुट्टू (आनन्द) उम्र में मुझसे इतने छोटे कि उनसे बातचीत नहीं हो पाती थी। आत्मीयता और सम्मान वे सब मुझे देते रहे हैं। गिप्पी और लाल जी को मैं ट्यूशन पढ़ाता था। उनकी बहनें इसी नाते, मुझे मास्टर साहब कहतीं।

इस किताब को लिखने में पंडितजी के परिवार के सभी सदस्यों का विविध प्रकार से योगदान है। यही नहीं, परिवार के कितने स्मृत-विस्मृत मित्रों, परिजनों का भी।

काशी में गुरुवर द्विवेदी के अलावा एक और घर मेरा आना-जाना बहुत था। वह घर भी मेरा शरण्य था। लोलार्क कुण्ड पर डॉ. नामवर सिंह का। नामवर जी ने मुझे पढ़ाया ही नहीं, कलम पकड़ लिखना भी सिखाया है। अनेकविध मेरी सहायता की है। इस पुस्तक को लिखने की प्रेरणा उन्हीं से प्राप्त हुई। जब-जब किसी जानकारी की ज़रूरत हुई, उन्होंने दी। पं. जी के बारे में सबसे ज़्यादा और सबसे देर तक बातें उन्हीं से हुई हैं। सबसे ज़्यादा जानकारी भी उन्होंने ही दी है। गुरुवर द्विवेदी उन्हें अपना ज्येष्ठ शिष्य मानते थे। अपने पुत्र का प्रेम उन्हें देते थे। किसी से अगर साहित्यिक-राजनीतिक मंत्रणा करते थे तो उन्हीं से। नामवर जी की निष्ठा द्विवेदी जी में अटूट रही है। द्विवेदी जी के बारे में जितना उन्होंने लिखा-पढ़ा, पढ़ाया और बोला है—बाक़ी सब लोग मिलकर भी उतना नहीं कर पाए हैं। 'दूसरी परम्परा की खोज' जैसी पुस्तक वही लिख सकते थे। अभी कई दशकों तक गुरुदेव पर वैसी सारगर्भित पुस्तक लिखी जा सकती है, मुझे सन्देह है। सच्ची बात यह है कि द्विवेदी जी की जीवनी या संस्मरणों की पुस्तक लिखने का हक़ किसी को था तो सबसे ज़्यादा पं. हजारीप्रसाद द्विवेदी के ज्येष्ठ शिष्य, मेरे शिक्षक, सतीर्थ डॉ. नामवर सिंह को।

अग्रज डॉ. शिवप्रसाद सिंह ने द्विवेदी जी की षष्टिपूर्ति के अवसर पर 1967 ई. में ही 'शान्तिनिकेतन से शिवालिक' ग्रन्थ निष्ठा और परिश्रम से सम्पादित किया था। वह इस दिशा में पथ प्रवर्तक काम था।

पं. जी की विस्तृत शिष्य-मंडली यानी अपनी सतीर्थ-मडण्ली में द्विवेदी जी के विषय में लम्बी वार्त्ताएँ दशकों तक होती रही हैं। उन बातों का नाना-विध उपयोग इस किताब में हुआ होगा। प्रो. श्रीश कुमार, भूतपूर्व

अध्यक्ष–हिन्दी विभाग, जबलपुर विश्वविद्यालय ने अपने छात्र जीवन के अद्‌भुत संस्मरण सुनाए। श्री शुकदेव सिंह उनके मित्र थे।

आज के यशस्वी कवि और मेरे सतीर्थ केदारनाथ सिंह पंडितजी के प्रिय शिष्य थे। केदार जी बलिया के ही हैं। हम लोगों ने पता नहीं कितनी बातें पंडितजी के बारे में कही-सुनी होंगी।

हिन्दी की अनेक पीढ़ियों को साहित्य-शिक्षा देने वाले कवि त्रिलोचन शास्त्री ने द्विवेदी जी के अनेक अलक्षित गुणों के बारे में बताया। जैसे वे हर आगंतुक को विदा करते समय दरवाज़े तक उसके साथ जाते थे। अपने शिष्यों को अन्य विद्वानों से भी सीखने की प्रेरणा देते थे। द्विवेदी जी, शास्त्री जी से कबीर पर विचार-विमर्श करते थे। जिन मित्रों से इस किताब के बारे में लगातार बात होती रही उनमें नित्यानन्द तिवारी अन्यतम हैं। पुस्तक में अनेक विचार उनके हो सकते हैं, जिसका पता मुझे भी न हो। बहुत अच्छा होता यदि वे द्विवेदी जी पर छोटी ही सही, कोई पुस्तक लिखते। उनकी समझ और द्विवेदी जी के प्रति उनका भाव देखकर मैं यह कह रहा हूँ।

आचार्य हजारीप्रसाद द्विवेदी पर पत्रिकाओं के विशेषांक खूब निकले हैं। 1979 ई. में उनके निधन के समय समाचार-पत्रों ने उन पर विशेष सामग्री भी काफ़ी मात्रा में निकाली थी। ये सब ज़्यादातर उनके विचारों, शोध-कार्यों या निबन्धों या उपन्यासों पर हैं। सबसे अधिक लेखन उनके मानवीय व्यवहार एवं सहज विनम्रता पर हुआ है। उनके प्रारम्भिक जीवन पर बहुत कम सामग्री मिलती है। उनके सामान्य निजी जीवन-प्रसंगों या घटना-स्थितियों पर भी कम सामग्री मिलती है। इस विषय में सबसे विश्वसनीय स्रोत उनके पत्र हैं। वे पत्रों में अपने बारे में खुलकर लिखते हैं। कहना न होगा कि उनके पत्रों की साहित्यिकता पर विचार करने की ज़रूरत बनी हुई है।

इस किताब को लिखने और तैयार करने में मेरे छात्रों ने अमूल्य सहयोग दिया है। यह काम जैसा भी अच्छा-बुरा है, उन छात्र-मित्रों की सहायता के बिना नहीं हो सकता था। आयुष्मान डॉ. वेद प्रकाश ने बहुत सहायता की है। डॉ. नीरज कुमार, डॉ. अनिल कुमार राय, रश्मि सरस, प्रदीप, जीतू ने सामग्री-संकलन में सहायता की। इन सभी ने कई सत्परामर्श दिए और पुनरुक्तियों आदि को छाँटने में मदद की। इन्होंने इस काम में मेरी इतनी सहायता की है, मैं उन्हें आशीर्वाद के सिवा और क्या दे सकता हूँ।

प्रसिद्ध कथाकार शिवानी की पुत्री हिन्दी की प्रसिद्ध पत्रकार और लेखिका श्रीमती मृणाल पांडेय ने शिवानी के लेखों का उपयोग करने की उदारतापूर्वक अनुमति दी।

श्री सुधाकर पांडेय के सुपुत्र श्री पद्‌माकर पांडेय ने पांडेय जी की महत्त्वपूर्ण पुस्तक 'स्मृति गंगा' के प्रासंगिक लेखों का उपयोग करने की स्वीकृति दी।

अग्रज सतीर्थ प्रो. रमेश कुंतल मेघ ने मेरी प्रार्थना पर ध्यान देते हुए द्विवेदी जी के पंजाब-वास के दिनों के सम्बन्ध में लेख लिखकर भेजा जिससे महत्त्वपूर्ण सूचनाएँ प्राप्त हुई हैं।

प्रसिद्ध पत्रकार श्री रामबहादुर राय उन दिनों काशी विश्वविद्यालय के छात्र थे जब वहाँ छात्र-आन्दोलन चल रहा था और द्विवेदी जी रेक्टर थे। उन्होंने कई सूचनाएँ व्यक्तिगत रूप से दीं, जाँच आयोग की रपट के प्रासंगिक अंश सुलभ कराए और विश्वविद्यालय छात्र-आन्दोलनों पर श्री श्यामकृष्ण पांडे की उपयोगी पुस्तक की सूचना दी, उपलब्ध भी कराई। बंधुवर अरुण प्रकाश ने बीच-बीच में भरोसा दिलाया।

संस्कृत भाषा और साहित्य के प्रवीण विद्वान् प्रो. राधावल्लभ त्रिपाठी ने श्लोकों के ठीक पाठ समझने में सहायता दी।

इन उदारमना शुभचिन्तकों और सहायकों के बिना यह पुस्तक नहीं तैयार की जा सकती थी। इन सभी के प्रति हार्दिक आभार व्यक्त करता हूँ।

ग्रन्थ के प्रकाशक श्री अशोक महेश्वरी ने इसके प्रकाशन में बहुत रुचि ली। उनका मृदु व्यवहार मुझे अच्छा लगता है।

–विश्वनाथ त्रिपाठी

7-8-2010

दूसरे संस्करण की भूमिका

'व्योमकेश दरवेश' का दूसरा संस्करण प्रकाशित हो रहा है। यह मेरे लिए हर्ष एवं संतोष की बात है। इस बीच पाठकों और अनेक सुधी समीक्षकों ने पुस्तक पर टिप्पणी की है। उससे आचार्य द्विवेदी की लोकप्रियता का अनुमान लगाया जा सकता है। समीक्षकों ने पुस्तक में पुनरुक्तियों की आलोचना की है, श्री भारत भारद्वाज तथा एकाधिक। पुनः प्रकाशन के लिए ऐसे स्थलों को भरसक सुधार लिया गया है। तथ्यात्मक त्रुटियों को भी ठीक करने का प्रयास किया गया है।

–विश्वनाथ त्रिपाठी

11-11-2011

सन्दर्भ-सूची

1. इन्हीं हथियारों से, प्रथम संस्करण, पृ. 37
2. 'मेरे बाबू जी', जगदीश द्विवेदी, आचार्य हजारीप्रसाद द्विवेदी : कुछ संस्मरण; सं. कमल किशोर गोयनका, किताबघर, दिल्ली; 3. देवदारु; 4. उपरोक्त

बचपन, बसरिकापुर और काशी

बलिया से करीब 15 किलोमीटर दूर, पूरब की ओर बसरिकापुर कस्बा है। सड़क की दूसरी तरफ़, ओझवलिया गाँव है। आरत दुबे का छपरा, गाँव का ही पुरवा है। आरत दुबे का छपरा में अभी तक द्विवेदी परिवार का पुश्तैनी मकान है। सन् 1991 तक, एक ही पंक्ति में, चार हिस्से एक ही मकान के बने हुए थे। छावन लाल रंग के पके खपरैलों की थी। 2007 के 14 सितम्बर तक, एक ही हिस्सा बचा रह गया था, बाकी तीन हिस्से नहीं रह गए थे। तोड़कर हमवार ज़मीन निकाल ली गई। आरत दुबे का छपरा गंगातट पर ही है। गंगाजी द्विवेदी परिवार के इस पुश्तैनी मकान को स्पर्श करती हैं। थोड़ी दूर पर पं. हजारीप्रसाद द्विवेदी ने नया मकान बनवाना शुरू किया था। नींव रखी गई। मकान नहीं बन पाया। कुछ ऐसा हुआ कि नींव की जगह पर पाकड़ का एक पेड़ उग आया। वह पेड़ अब विशाल हो गया है। संयोग ऐसा कि पेड़ नींव की ईंटों को अपने कोटर में लिए हुए अभी खड़ा है। मकान नहीं बन पाया। न सही। लेकिन नींव की ईंटें सुरक्षित हैं। वे ज़मीन में धँसी नहीं हैं। पेड़ के साथ ऊपर उठ आई हैं।

अद्भुत वस्तु-संकेत है। पंडितजी को मकान बनाना कहीं, कभी नहीं फला। मकान बनवाया और वहाँ से स्थानान्तरित, विस्थापित हुए। कुछ ऐसा रह-बच ज़रूर गया जो ऊपर उठ आया है। ऊर्ध्वोन्मुख है। आरत दुबे का छपरा द्विवेदी परिवार के पूर्वज आर्त्तशरण द्विवेदी के नाम पर है। वे ज्योतिष के विद्वान् थे। द्विवेदी परिवार मूलतः अगरवली (अग्रवली) का निवासी था। वहाँ सिंहनुपरा के ओझा लोग ज़मीदार एवं अधिकारी थे। हल्दी के सूर्यवंशी ज़मींदार वहाँ प्रतापी थे। ओझा लोग पंडित आर्त्तशरण द्विवेदी को ओझवलिया में बसाना चाहते थे। पं. आर्त्तशरण द्विवेदी प्रख्यात ज्योतिषी थे। वे ओझा लोगों के गाँव में बसना नहीं चाहते थे। बाद में ओझा लोगों ने कहा कि हम आपके नाम से ग्राम बसा देंगे और आसपास की सैकड़ों बीघा भूमि आपको प्रदान करेंगे। इस पर आर्त्तशरण द्विवेदी राज़ी हो गए। उनके नाम पर ओझवलिया के सीमान्त गंगा तट पर पुरवा बसा—आरत दुबे का छपरा।

द्विवेदी जी का मूल नाम बैजनाथ द्विवेदी था या भोलानाथ द्विवेदी? ज़्यादातर लोग और स्वयं पं. हजारीप्रसाद द्विवेदी, बैजनाथ (वैद्यनाथ) नाम बताते हैं किन्तु उनके अग्रज पं. विश्वनाथ द्विवेदी के अनुसार, उनका मूल नाम भोलानाथ द्विवेदी था।[1]

भोलानाथ या बैजनाथ के हजारी बन जाने के कारण के बारे में लोग एकमत हैं कि यह मुकदमे में हज़ार रुपये की जीत के कारण हुआ। जिस दिन जन्म हुआ उसी दिन गाज़ीपुर की कचहरी में जातक के नाना की मुक़दमे में डिग्री हुई। एक हज़ार रुपये की। तब कचहरी ग़ाज़ीपुर में थी। नाना को जो धन मिलना था वह नवजात को मिला क्योंकि दौहित्र ही वारिस था। नाना का नाम देवनारायण पांडे था। पांडे जी बाँसडीह रोड के पास बम्हनौली ग्राम के निवासी थे।

द्विवेदी जी के पितामह का नाम पं. रामगति द्विवेदी था। पिता पं. अनमोल द्विवेदी छह भाई थे। पं. हजारीप्रसाद द्विवेदी के चचेरे भाई पं. विश्वनाथ द्विवेदी के पिता का नाम पं. राजकिशोर द्विवेदी था। विश्वनाथ द्विवेदी और हजारीप्रसाद द्विवेदी ने साथ-साथ पढ़ाई की। दोनों में सगे भाइयों जैसा प्यार था। विश्वनाथ आयुर्वेदाचार्य हुए। उन्होंने आयुर्वेद के क्षेत्र में बहुत यश प्राप्त किया। जाम नगर विश्वविद्यालय में उच्चपद पर काम किया। इनकी माता का देहान्त 5 वर्ष की अवस्था में ही हो गया था। पालन-पोषण द्विवेदी जी की माँ श्रीमती ज्योतिष्मती द्विवेदी ने अपने पुत्र के साथ ही किया। विश्वनाथ द्विवेदी हजारीप्रसाद द्विवेदी से एक वर्ष बड़े थे। हजारीप्रसाद द्विवेदी का जन्म 19 अगस्त, 1907 को हुआ था। बसरिकापुर मिडिल स्कूल के रजिस्टर में इनकी जन्मतिथि 'एकुम अक्टूबर सन् उन्नीस सौ छः' लिखी है। छात्ररूप में नाम है 'हजारी दूबे'। बसरिकापुर मिडिल स्कूल में प्रवेश तिथि 6.7.17 है। इसके पूर्व पढ़ाई वाले स्कूल का नाम प्राइमरी स्कूल रेपुरा है। जाति ब्राह्मण, पेशा खेती।

हजारी दूबे की शिक्षा-दीक्षा का श्रेय पं. बाँकेप्रसाद द्विवेदी को है। ये द्विवेदी जी के पितामह पं. रामगति द्विवेदी के भाई पं. रामशरण द्विवेदी के पुत्र थे। पद में ये द्विवेदी जी के चाचा या काका हुए। बड़े चाचा या काका को पूरब में 'पित्ती' कहा जाता है। पित्ती संस्कृत पितृव्य का अपभ्रंश है। इन्हीं पितृव्य को द्विवेदी जी ने 'हिन्दी साहित्य की भूमिका' समर्पित की है। द्विवेदी जी ने पं. बाँके द्विवेदी को अपने जीवन का प्रकाश-स्तम्भ कहा है। पं. बाँके द्विवेदी हजारी दूबे के जीवन के वास्तविक निर्माणकर्त्ता थे। वे बसरिकापुर मिडिल स्कूल में अध्यापक थे। उनका मकान ओझवलिया गाँव के आखिरी छोर पर था। वे अपने गाँव-जवार के योग्य, होनहार छात्रों को ढूँढ़कर उन्हें प्रोत्साहित करते और नाना प्रकार से उनकी सहायता करते। उन्होंने विश्वनाथ द्विवेदी और हजारी दूबे, दोनों को शिक्षा प्राप्ति के लिए प्रेरित किया, उनकी देखभाल की। विश्वनाथ द्विवेदी ने एक पत्र में ओझवलिया के ही एक हिन्दी विद्वान् प्रो. गोविन्द जी को लिखा है–

"पं. बाँके दूबे तुम्हारे बड़े चाचा के पिताजी का नाम है। वे हमारे यहाँ तब हेडमास्टर प्राइमरी स्कूल में रहे। उन्होंने हम लोगों को प्रारम्भिक शिक्षा दी। बैठकर रात में भी पढ़ाते। बसरिकापुर मिडिल स्कूल में हम लोग पढ़ते थे। परीक्षा के समय रात को बसरिकापुर स्कूल में जाते थे। वे वहाँ रात को भी हम लोगों को देखने आते और पढ़ाते।"

"बसरिकापुर हजारी दूबे के घर से दो-तीन फर्लांग पर था। सबेरे स्कूल जाते, दोपहर की छुट्टी में घर खाना खाने दौड़ आते। खाना खाकर फिर दौड़ते-दौड़ते स्कूल पहुँच जाते। श्री महेन्द्र पांडे हेडमास्टर थे। उन्हें बच्चों को शिक्षित करने की प्रेरणा देते। उन्हीं के अध्यवसाय से ये लोग कुछ कर पाए।"[2] उन्हें द्विवेदी परिवार की शिक्षा का अग्रदूत समझना चाहिए।

आचार्य हजारीप्रसाद द्विवेदी ने अपने बचपन के बारे में लिखा है कि चाचा बाँके दूबे से पढ़ने की प्रेरणा मिली। सिर्फ़ बालक हजारीप्रसाद को ही नहीं, आसपास के सभी होनहार बालकों को वे प्रेरित करते थे। घर-घर जाकर बच्चों को स्कूल जाने का प्रस्ताव लेकर माँ-बाप के पास जाते थे। बाँके दूबे की काया नीरोग थी। उनकी मृत्यु कालाजार से हुई।

चिकित्सा हुई किन्तु बचाया न जा सका। हजारी दूबे आजीवन उनके प्रति कृतज्ञ रहे। सम्बन्ध बनाए रखा। पं. बाँके द्विवेदी ही सम्भवतः 'पुनर्नवा' के आचार्य देवरात हैं। द्विवेदी जी ने अपने बचपन के बारे में जो बताया है वह मनोरंजक तो है ही, थोड़ा अतिरंजित भी है। अपने को सामान्य से भी कमतर बताने की उनकी शैली सिर्फ़ शैली नहीं, उनका स्वभाव है—"मैं कोई दिव्य प्रतिभा लेकर नहीं उतरा था। साधारण बालकों की तरह मुझमें भी कुछ खूबियाँ, कुछ ख़ामियाँ थीं। जन्म के साथ ही विधाता ने मुझे थोड़ी अवधूती अद्वैत बुद्धि दे दी थी। मैं साफ़ और गन्दे में कोई ख़ास फ़र्क नहीं कर पाता था। कपड़े गन्दे, मुँह में स्याही पुती, कॉपी पर धब्बों के निशान, किताब फटी और गन्दी। मुझे पंडितजी का स्नेह प्राप्त था, पर मेरा गन्दा चेहरा देखते ही वह नाराज़ हो जाते थे। कितनी बार मार खा चुका था, फिर भी अद्वैत बुद्धि यथास्थान थी।"[3]

उन दिनों बच्चों की, विशेषतः प्राइमरी स्कूल के बच्चों की पिटाई प्रायः होती थी। गलती करने पर तो पिटाई होती ही थी, बिना गलती के भी पिटाई होती थी। बच्चों की पिटाई से माँ-बाप आजकल की तरह नाराज़ नहीं होते थे, बल्कि समझते थे कि मास्टर साहब बच्चे की तैयारी ठीक से करा रहे हैं। सवाल के उत्तर की जानकारी ज़बानी याद होनी चाहिए। मद्रास प्रेसीडेंसी के चौबीस ज़िलों के नाम हजारी दूबे एक साँस में नहीं गिना पाए। इस पर पिटाई हुई। दूसरे दिन पूरी तैयारी की। नाम रट लिए। लेकिन मास्टर साहब के सामने पहुँचते-पहुँचते कुर्ते पर स्याही गिर पड़ी। इस पर उस दिन भी पिटाई हुई।

एक अध्यापक थे पं. रामनरेश मिश्र। हजारी दूबे पर विशेष स्नेह था। बीमार पड़ जाएँ, स्कूल न जा पाएँ तो घर आकर बता जाते थे कि क्या-क्या पढ़ाया था। गन्दगी नहीं बर्दाश्त कर पाते थे और हजारी दूबे साफ़-सुथरा रह नहीं पाते थे। सो अकसर स्नेहवश पीटते—साफ़-सुथरा नहीं रहता तो तरक्क़ी कैसे करेगा?

हजारी दूबे 1916 में 9 साल के थे, बसरिकापुर के स्कूल में पढ़ते थे। बड़ी महँगाई थी। एक पैसे का पाँच ताव काग़ज़ मिलता था। छात्र कहते दूकानदार गंगा साव बेईमानी करता है। पैसे के छः ताव देना चाहिए। भूगोल में नक्शा बनाने का काम दिया गया। नक्शे में ब्रिटिश हुकूमत के क्षेत्र को लाल रंग से, देशी रियासतों के क्षेत्र को पीले रंग से, सागर को हरे रंग से भरकर दिखाया जाना था। किसी ने राय दी रंग पर पैसा खर्च करने की क्या ज़रूरत है। चने के फूल से लाल, सरसों के फूल से पीले, तीसी के फूल से हरे रंग का काम चल सकता है। हजारी दूबे ने इसी राय पर अमल करते हुए नक्शा तैयार किया। नक्शा भद्दा हो गया था। गोदगाद ज़्यादा हो गई थी। रंग मुँह पर भी पोता था। काग़ज़ पर भी। उन्हीं दिनों हजारी दूबे के कान भी छिदवाए गए, पके थे। पंडितजी (रामनरेश मिश्र) ने जो कान पकड़कर खींचा और थप्पड़ मारा तो घाव एकदम फूट गया और खून से उनका हाथ लाल हो गया और "मेरी तो कुछ पूछो मत। पं. जी घाव देखकर एकदम घबरा गए। सारे स्कूल में तहलका मच गया।...किसी तरह मुझे घर पहुँचाया गया। पं. जी मन-ही-मन अपने को दोषी समझ रहे थे। हालाँकि घर पर उनका इतना सम्मान था कि सब लोगों ने यही कहा कि उनसे गलती हो गई।" सन् 1966 के आसपास—द्विवेदी जी को दशकों बाद इस महान् गुरु के दर्शन का सौभाग्य मिला। आँखों से कम दिखाई पड़ता था। चरण-स्पर्श कर

नाम बताया तो छाती से लगा लिया। बोले, "तुझे बहुत पीटा था।" 59 वर्षीय हजारी दूबे ने चरण-स्पर्श करके कहा, "उस पिटाई का तो बहुत अच्छा हुआ और पीटते तो और अच्छा होता।"[4]

"घर के बाहर दोनों भाइयों की शिक्षा-दीक्षा की पूरी व्यवस्था पितामही श्री शिव कल्याणी देवी ने समयानुसार की।...पितामही ने दोनों अबोध बालकों की शिक्षा-दीक्षा पर पूरा ध्यान दिया। ग्रामीण विद्यालय रेपुरा ग्राम से प्राइमरी एवं वर्नाकुलर फाइनल (मिडिल) की परीक्षा बसरिकापुर से श्री द्विवेदी ने उत्तीर्ण की।"[5] हजारी दूबे के पिता अनमोल द्विवेदी बंगाल के फरीदपुर जिले में बरहमगंज स्थित श्री राजबिहारी बाबू के जूट के गोदाम में क्रय-विक्रय को नोट करने के लिए अधिकारी नियुक्त थे। जूट गोदाम मालिक का एक निजी हाई स्कूल था; जिसका माध्यम बंगला भाषा थी। अनमोल द्विवेदी ने दोनों बालकों को घर से ले जाकर इसी स्कूल में प्रवेश करा दिया। पं. अनमोल द्विवेदी दोनों बालकों– अपने पुत्र एवं भतीजे को हल्दी ले गए और फिर वहाँ गंगा नदी में स्टीमर से चलनेवाले स्टीमर से बरहमगंज। दोनों बालकों को माध्यम बंगला भाषा का ज्ञान नहीं था। सो तृतीय कक्षा में प्रवेश मिला। उत्तर प्रदेश के इन बालकों ने परिश्रम करके बंगला भाषा का इतना उत्तम ज्ञान प्राप्त कर लिया कि शीघ्र ही प्रधानाचार्य ने इन्हें कक्षा 6 में प्रविष्ट कर लिया। भाषा के अतिरिक्त अन्य विषयों का ज्ञान तो जन्मभूमि के विद्यालय से ही था। पढ़ने में अच्छा होने के कारण संस्कृत और अंग्रेज़ी के सभी अध्यापक इन दोनों को बड़ा प्यार करते थे। दोनों की पूरी फीस भी माफ़ थी। अंग्रेज़ी के अध्यापक श्री निशीकांत बाबू इन्हें विशेष रूप से मानते थे।

सन् 1921 में महात्मा गांधी ने स्कूल छोड़ो आन्दोलन छेड़ दिया तो यह अंग्रेज़ी स्कूल छात्रविहीन होकर बन्द हो गया। लाचार होकर दोनों भाई अपने गाँव (बलिया) में चले आए। बंगाल से लौटने पर दोनों भाई कुछ दिनों तक शिक्षा के लिए भटकते रहे। गाँव के समीपस्थ सिंहाकुंड गाँव में पराशर ब्रह्मचर्याश्रम था। वहाँ संस्कृत की पढ़ाई होती थी। कुछ दिनों दोनों भाई वहीं संस्कृत पढ़ते रहे। पास के भीम पट्टी गाँव में संस्कृत का एक विद्यालय 'तिलक विद्यालय' था। गाँव के ही निवासी चिकित्सक पं. शंकरदयाल जी राष्ट्रीय विचारों के व्यक्ति थे। दोनों भाई इनसे प्रेरणा लेते थे। कुछ दिन वहाँ भी शिक्षा ली।[6] लेकिन अन्ततः दोनों भाइयों को संस्कृत पढ़ने काशी भेजने का निश्चय किया गया। विद्याध्ययन के लिए काशी जाना उन दिनों ब्राह्मणों के पारम्परिक संस्कार का अंग था। यज्ञोपवीत संस्कार में द्विज-बटुक 'बीदा' पढ़ने कासी जाता है। पुरोहित पं. कहते हैं–"आ जाओ, आ जाओ तुम्हारी शादी करा देंगे।" विद्यार्थी बटुक लौट आता है। निर्धन ब्राह्मण बालकों के लिए संस्कृत पढ़ने के वास्ते काशी से बढ़कर कोई जगह उत्तर भारत में नहीं थी। उत्तर भारत में और सम्भवतः पूरे भारतवर्ष में धनिक, धर्मभीरु और सामन्त-शासक संस्कृत पाठशालाओं की स्थापना करते थे, जिसमें ब्राह्मण बालकों के भोजन, रहने की व्यवस्था होती थी। ऐसा करना पुण्य का काम माना जाता था।

हजारी दूबे 14 वर्ष की आयु में अपने से एक साल बड़े चचेरे भाई विश्वनाथ द्विवेदी के साथ काशी विद्याध्ययन के लिए पहुँचे। संरक्षक के रूप में उनके साथ श्री साधुशरण

द्विवेदी थे। साधुशरण जी काशी की संस्कृत पाठशालाओं से परिचित अनुभवी थे। निपट गाँव के किशोर नगर पहुँचकर भौंचक और उल्लसित हो गए। तब बनारस रेलवे स्टेशन को सिकरौल कहा जाता था। उस जगह को अलईपुर कहते थे। उसी से मिला-जुला क्षेत्र आज भी सिगरा कहलाता है। सिगरा में दाऊजी की पाठशाला थी। वहाँ इन लोगों को छोटी-सी कोठरी मिल गई। अगले दिन दशाश्वमेघ घाट पर गंगा-स्नान किया। विश्वनाथ जी का दर्शन किया। घर से लाए सात रुपयों में से राशन-पानी, दाल, आटा, नमक आदि खरीदा। कोठरी में बनाया-खाया। सस्ती का ज़माना, सात रुपये बहुत होते थे।

दाऊजी पाठशाला में क्लास दो बजे से लगती थी। जो आता, पढ़कर चला जाता। क्लास की कोई बात ही नहीं। लड़के मिलकर एक विषय, एक साथ नहीं पढ़ते। दोनों भाइयों को इससे बहुत निराशा हुई। रेपुरा बसरिकापुर और बरहमगंज में इन्होंने विधिवत् नई शिक्षा-व्यवस्था में पढ़ाई की थी। दाऊजी स्कूल से हटकर इन्होंने रणवीर संस्कृत पाठशाला कमच्छा में नाम लिखा लिया। वहाँ ज्योतिष और गणित के अध्यापक पं. रिसालदत्त जी थे। पं. रिसालदत्त बलिया जिले के थे। इन दोनों विद्यार्थियों को देखकर वे बहुत प्रसन्न हुए। दोनों को प्रधानाचार्य श्री अनन्तराम शास्त्री के पास उत्साहपूर्वक ले गए। दूसरे दिन प्रधानाचार्य महोदय ने दोनों बच्चों से सरस्वती-वन्दना सुनाने के लिए कहा–लेकिन दोनों जड़वत् चुप रहे। अनन्तराम जी ने रिसालदत्त जी से दोनों बालकों की शिकायत करते हुए कहा कि ये तो चुप्पा हैं। हजारी दूबे तो बचपन से ही चुप्पा थे। बलिया निवासी पं. रिसालदत्त जी ने प्रधानाचार्य महोदय को आश्वस्त करते हुए कहा कि दोनों बालक परिश्रमी एवं निष्ठावान् हैं। उन्होंने बालकों को सरस्वती-वन्दना सस्वर कंठस्थ करा दी। दूसरे दिन द्विवेदी बालकों ने प्रधानाचार्य को सरस्वती-वन्दना गाकर सुना दी। उन्होंने बच्चों की पीठ ठोंकी। कुछ दिनों बाद ही प्रवेशिका परीक्षा हुई जिसमें हजारी दूबे ने प्रथम स्थान प्राप्त किया, विश्वनाथ द्विवेदी ने द्वितीय। इसके पश्चात् पं. रिसालदत्त जी ने दोनों बन्धुओं को आशीर्वाद देते हुए कहा–अब तुम दोनों काशी विश्वविद्यालय में पढ़ने जाओ। विश्वविद्यालय में बलिया के अनेक विद्वान् व्याकरण, साहित्य, दर्शन आदि विषयों के अध्यापक हैं। तुम ज्योतिष एवं आयुर्वेद की शिक्षा लो। पं. रिसालदत्त जी की आज्ञानुसार हजारी दूबे ने काशी विश्वविद्यालय में ज्योतिष एवं विश्वनाथ द्विवेदी ने आयुर्वेद में प्रवेश लिया। दोनों विषय संस्कृत कॉलेज में ही पढ़ाए जाते थे। उन दिनों संस्कृत कॉलेज 'कॉलेज ऑफ़ ओरियंटल लर्निंग' के नाम से विख्यात था। पढ़ाई रुइया छात्रावास के ऊपर के कमरों में होती थी। ज्योतिष विभाग के अध्यक्ष श्री रामयत्न ओझा थे।

द्विवेदी-बन्धु रुइया छात्रावास में रहते थे। कमरा नं. 48 में। रुइया छात्रावास में संस्कृत के विद्यार्थी रहते। आवास निःशुल्क था। ये छात्र अपना भोजन स्वयं बनाते। भोजन लोहे की अंगीठी पर कोयले से बनाते। रसद गाँव से लाते या खरीदते। बर्तन माँजने और कमरे में झाड़ू के लिए विश्वविद्यालय के कर्मचारी होते। भोजन बनाने और खाने में छात्र काफ़ी रुचि लेते। रुइया छात्रावास के वातावरण पर मैंने बलरामपुर में एक संस्कृत कविता सुनी थी–'इयं पाठशालाऽथवा पाकशाला।' पहले भोजन बनाने की अलग व्यवस्था यानी रसोईघर की व्यवस्था नहीं थी। छात्र भोजन कमरे में ही बनाते थे।

एक-एक कमरे में चार विद्यार्थी रहते। उनके चूल्हे अलग-अलग। सो एक-एक कमरे चार रसोईघरों का काम करते। इससे लाख स्वच्छता करने पर भी कमरे गन्दे रहते—कालिख जमी रहती। बाद में मालवीय जी ने रसोईघर की व्यवस्था करवा दी। बड़े रसोईघर के अतिरिक्त बड़े हाल में एक-एक छात्र को रसोई बनाने के लिए अलग-अलग छोटे-छोटे कोष्ठक बने रहते। रसोई का सामान कमरों में रहता, रसोई बनाते समय उसे ले जाते। नल का पानी नहीं था। विश्वविद्यालय में नियुक्त कहार व मज़दूर दो-दो बाल्टी पानी प्रत्येक छात्र को पहुँचाते। पानी कुएँ से खींचा जाता। शौचालय भी उठौवा था। 'फ्लश' सिस्टम नहीं था। फिर भी उसमें यथोचित स्वच्छता रहती थी। प्रातः विशेष स्वच्छता की व्यवस्था थी।[7]

शुरू में दो ही छात्रावास थे। रुइया और बिड़ला। मालवीय जी महाराज सुबह-शाम विश्वविद्यालय में घूमते। सबकी खोज-खबर लेते। कहते हैं कि विश्वविद्यालय की किसी इमारत की दीवार को गन्दा देखते तो अपने उत्तरीय से उसे साफ़ करने लगते। भावातिरेक में आँसू गिरने लगते। ऐसा वत्सल भाव था उनका विश्वविद्यालय की ईंट-ईंट के प्रति।

दोनों भाई घोर पढ़ाकू थे। एक बार मालवीय जी इनके कमरे में शाम को आए तो दोनों को पढ़ते देखा। डाँटा—शाम को कमरे में क्या कर रहे हो। जाओ व्यायाम करो। मालवीय जी ने विशाल व्यायामशाला बनवाई थी। उसमें गामा की फोटो लगी थी। गामा की वैसी सुन्दर फोटो मैंने अन्यत्र नहीं देखी। फोटो राममूर्ति की भी लगी थी। राममूर्ति के बारे में कहा जाता कि वे चलती मोटर रोक लेते थे।

हिन्दी कविता से प्रेम पं. हजारीप्रसाद द्विवेदी को उन्हीं दिनों हो गया था। एक दिन मालवीय जी ने इनकी मेज़ पर कुछ हिन्दी कविताएँ और एक हस्तलिखित हिन्दी-पत्रिका देखी। उसमें सोहनलाल द्विवेदी की भी कविता थी। मालवीय जी बहुत प्रसन्न हुए। पीठ ठोंकी और कहा, तुम कुशाग्रबुद्धि हो, मुझसे मिला करो।

काशी विश्वविद्यालय के संस्कृत महाविद्यालय में उन्हीं दिनों व्याकरण विभाग के भूतपूर्व अध्यक्ष पं. निरीक्षणपति मिश्र विद्यार्थी थे। वे भी रुइया छात्रावास में रहते थे। लिखा है—

"सन् 1929 में मैंने काशी हिन्दू विश्वविद्यालय के संस्कृत महाविद्यालय में व्याकरण शास्त्री प्रथम वर्ष में प्रवेश लिया तथा चतुर्थ छात्रावास (रुइया छात्रावास) के 50 नंबर के कक्ष में मुझे स्थान मिला। मेरे बगल में 48 नं. के कक्ष में डॉ. श्री हजारीप्रसाद द्विवेदी जी और उनके बड़े भाई श्री पं. विश्वनाथ जी द्विवेदी रहते थे। उस समय के प्रबुद्ध छात्रों में पं. गिरिजादत्त त्रिपाठी और पं. राजबली पांडेय जी और श्री अर्जुन त्रिपाठी जी अपने छोटे भाई श्री गोपाल त्रिपाठी जी के साथ निवास करते थे। द्विवेदी जी दोनों भाई आचार्य कक्षा के अन्तिम वर्ष के छात्र थे, पर इन सभी की मेरे ऊपर अकारण स्नेहपूर्ण दृष्टि सदा रहती थी। एक बार की घटना है कि मेरे यहाँ कुछ छात्र पढ़ने आते थे। बगल के लोगों ने कोलाहल का व्याज बनाकर पाठ बन्द कराना चाहा, परन्तु उपर्युक्त दोनों भाई महानुभाव मेरे पक्ष में डंडा लेकर आए और सबसे कहा कि यदि कोई ज्ञान का दान कर रहा है तो

उसका विरोध समुचित नहीं है। घटना शान्त हो गई। उस वर्ष मैं इन लोगों के सहयोग से वहाँ छात्र समिति का 'शास्त्रार्थ-मंत्री' निर्वाचित हुआ। हजारीप्रसाद द्विवेदी जी का ज्योतिषाचार्य में अन्तिम वर्ष था और उन्होंने शून्यवाद पर अपना शोध-प्रबन्ध लिखा था। बड़े स्नेह से उसे देखने को दिया। वह विद्वत्तापूर्ण शोध प्रबन्ध था।"[8]

व्याकरणाचार्य ने शून्यवाद के शोध-प्रबन्ध को विद्वत्तापूर्ण कहा है। पं. हजारीप्रसाद द्विवेदी ने वह शोध-प्रबन्ध लगभग 20 वर्ष की आयु में लिखा था।

काशी में विद्याध्ययन करने के दौरान द्विवेदी जी के विषय में पर्याप्त जानकारी नहीं मिलती। आज वे स्रोत भी हमारे पास नहीं बचे हैं। फिर भी इधर-उधर से कुछ तो द्विवेदी जी के अपने लेखन से ही उस समय, उनके जीवन के बारे में पता चल जाता है। शिवमंगल सिंह सुमन ने लिखा है—द्विवेदी जी स्वयं निष्कृष्ट दारिद्र्य की विभीषिकाओं को निकट से देख ही नहीं भोग भी चुके थे। उन्होंने मुझे बताया था कि 'आरत दूबे के छपरा' से विद्याध्ययन हेतु काशी के लिए प्रस्थान करते समय वे अपने खर्चे के लिए एक रुमाल में कौड़ियाँ भी बाँधकर लाए थे।[9] उन दिनों तक कौड़ियों का उपयोग मुद्रा के रूप में होता रहा होगा। द्विवेदी जी अपने बाल्यकाल के दारिद्र्य को आजीवन नहीं भूले। वे उसका बार-बार स्मरण करते। हमें बताते भी। मैंने पंडितजी से कई बार सुना है—तुम लोग सोच नहीं सकते अगर कभी एक कुर्ता भी बनवाना होता तो उसके लिए घर में कितना हंगामा मचता। बताते कि एक बार हम दोनों भाई (विश्वनाथ द्विवेदी और हजारीप्रसाद द्विवेदी), खेत में बैठकर रोते रहे कि हम पढ़ाई कैसे चला पाएँगे। बस पढ़ने की ललक थी। सम्भवतः इसी आत्मानुभव के कारण ही अभावग्रस्त व्यक्ति, विशेष रूप से छात्रों को देखकर अनायास करुणा-द्रवित हो जाते। मानो अपना ही पुराना व्यक्तित्व मिल गया, ऐसा अपनापा देते। 'अपने आँसुओं अतः बिम्बित। देखे हैं अपने ही मुख-चित।'

हजारीप्रसाद द्विवेदी मेधावी एवं परिश्रमी विद्यार्थी थे। प्रतिभा और लगन से अध्यापकों और सहपाठियों को प्रभावित करते थे। अपने व्यवहार एवं आचरण से तो और अधिक। परीक्षा के उत्तम प्राप्तांकों के आधार पर इन दोनों को विश्वविद्यालय से 15 तथा 10 रु. मासिक छात्रवृत्ति पूरे अध्ययन काल में मिलती रही। बलिया जिला परिषद से भी 10 रु. मासिक छात्रवृत्ति मिलती रही। कुल मिलाकर प्रत्येक को 35 रु. मासिक छात्रवृत्ति मिलती थी।[10] 35 रु. महीने उन दिनों को देखते हुए बहुत कम नहीं थे। पंडितजी कुछ पैसे नियमित रूप से छात्रावस्था में भी घर भेजते थे। इसीलिए तंगी रहती थी। लगता है कि 35 रु. मासिक का डौल भी काफ़ी बाद में हुआ था क्योंकि छात्रावस्था में कई ऐसी घटनाएँ सविवरण उल्लिखित हैं जिनसे 35 रु. मासिक वाली बात मेल नहीं खाती। छात्रवृत्ति के लिए कोशिश का पता ज़रूर लग जाता है।

सौभाग्यवश डॉ. गोविन्द के पास द्विवेदी बन्धुओं द्वारा पं. बाँकेप्रसाद द्विवेदी को लिखे पत्र सुरक्षित हैं उनसे दोनों की आर्थिक और मानसिक स्थिति ही नहीं, भाषा बरतने की मनोवृत्ति का भी पता चल जाता है। ये पत्र 1922 से 1927 के बीच के है। काशी में रहने से धीरे-धीरे उनकी भाषा में परिवर्तन साफ़ दिखलाई पड़ता है। इससे भी ज़्यादा महत्त्वपूर्ण यह जानना है कि प्रारम्भिक भाषाई प्रवृत्तियाँ पंडितजी के लेखन में अन्त तक

बनी रहीं। खड़ी बोली में खाँटी भोजपुरी तथा संस्कृत की घुलावट और छौंक। पहला पत्र इस प्रकार है–

श्री गणेशाय नमः

काशी
25.10.22[11]

परम पूज्यवर,

कोटिशः प्रणाम के पश्चात् विदित हो कि आपकी चिट्ठी आई, पढ़कर आनन्द हुआ। परन्तु आपने जो आचरण के बारे में लिखा था, सो–

संसर्गेषु दुष्टानां तिष्ठेच्चंदन वृक्षवत्
समावृतोऽपि नागशतैः विषं न व्याप्यते यथा

अलं विद्त्सु किम् बहुना और चाचा जी के यहाँ से चिट्ठी आई थी समाचार बहुत अच्छा है। वे भी लिखे थे कि बाबूजी का आराम हो गया है। वे दोनों आदमी काम कर रहे हैं और भरती होने वाली है तो यहाँ पर लोग अंग्रेज़ी पढ़नेवालों को भरती नहीं करते हैं। इस वजह से हम लोग वहाँ नहीं गए। अभी भरती भी नहीं हुई है, देखें कब होती है और हम लोग पढ़ रहे हैं अभी कॉलेज से वृत्ति नहीं मिली है। और पंडितजी का मालूम जे 3 रु. 4 आने में एक बटलोही लिहली हांजा। विश्वनाथ। आगे पंडितजी का मालूम जे अगहन में आइबि तबे हिन्दुस्तान (के) भूगोल, इतिहास ले आइबि

श्री हजारी शर्मणा प्रेषिता

डॉ. गोविन्द जी ने बताया कि पत्र श्री विश्वनाथ द्विवेदी के हस्तलेख में है। अन्त की दो पंक्तियाँ द्विवेदी जी के हस्तलेख में हैं। पता अंग्रेजी में लिखा है। बाँके द्विवेदी का नाम है– Banka Dobay, Hindi Middle School Basarikapur. P.O. Bharsar (Balia) Dist.

'कॉलेज से वृत्ति नहीं मिली है' से पता चलता है कि ये संस्कृत महाविद्यालय काशी विश्वविद्यालय के छात्र हैं, तब ये रुइया छात्रावास में रहते थे। बटलोही भोजन बनाने के लिए चाहिए थी। बैजनाथ, वैद्यनाथ या भोलानाथ से हजारीप्रसाद हो गए। कभी हजारी दूबे हैं कभी हजारीप्रसाद, कभी हजारी द्विवेदी इस पत्र में 'श्री हजारी शर्मणा प्रेषिता। 'को' परसर्ग के लिए भोजपुरी परसर्ग 'का' प्रयुक्त करते हैं। पत्र खड़ी बोली में लिखते हैं, उसी में संस्कृत और भोजपुरी का धड़ल्ले से प्रयोग करते हैं, विशेषकर जब गाँव के किसी बड़े सम्माननीय व्यक्ति को लिख रहे हों।

अगला पत्र (7.2.23 को) शुरू ही होता है, प्रणाम के पश्चात् 'विदितो भवतु' 'कि हम लोग भवच्चरण सरोज कृपया आनन्दयुक्त है'–खड़ी बोली के वाक्य में संस्कृत के पद मौजूद हैं–'इति वदति तुलसीदास' की याद आती है। 'वे भी लिखे थे' का वाक्य-गठन भोजपुरिया का दुंदुभिनाद नाद कर रहा है। एक पत्र में 'काका के जर' का उल्लेख है। 'जर' यारी 'ज्वर'। 'भरसर ले बीमारी गइल रहल हा'–भरसर तक बीमारी गई थी। भरसर ओझवलिया के पास का गाँव। डॉ. गोविन्द ने टिप्पणी में लिखा है कि 'भरसर वही गाँव है जिसका उल्लेख आचार्य द्विवेदी ने 'बाणभट्ट की आत्मकथा' में भद्रेश्वर दुर्ग के रूप में किया है। 4.8.23 के पत्र में आगरा के प्रसिद्ध हिन्दी प्रोफेसर पं. जगन्नाथ तिवारी का

उल्लेख है। 'आगे जगन्नाथ तिवारी की कोठरी हम लोगों की कोठरी से मिली हुई है।' पं. जगन्नाथ तिवारी काशी विश्वविद्यालय से हिन्दी की एम.ए. परीक्षा देनेवाले प्रथम बैच के विद्यार्थी थे। आचार्य रामचन्द्र शुक्ल के प्रति असीम निष्ठा थी। द्विवेदी जी से उनका आजीवन मैत्री-सम्बन्ध बना रहा। 1.10.23 के पत्र से सूचना मिलती है कि 8 रुपयों की वृत्ति मिलने लगी है और द्विवेदी जी किसी काम से भागलपुर जा रहे हैं। छात्रवृत्ति के अतिरिक्त एक जगह से 'सीधा' भी मिलता है। 'सीधा' यानी खाने का सामान। चावल, दाल, आटा आदि सिद्धअन्न। यह छात्रों को–विशेषतः संस्कृत के ब्राह्मण छात्रों को दान के रूप में दिया जाता था। 23.8.25 के पत्र से पता चलता है कि तत्कालीन यू.पी. यानी युक्त प्रान्त में प्रत्येक जिले के डिस्ट्रिक्ट बोर्ड की ओर से आयुर्वेद के दो विद्यार्थियों को 20 रु. महीने की छात्रवृत्ति की घोषणा हुई है। पत्र के अन्त में है–'गंगा जी इस साल आई हैं या नहीं।' 'आई हैं' अर्थात् गंगा में बाढ़ आई है या नहीं। बाढ़ गाँव तक आती थी। लोग कहते–गंगा जी आई हैं उनको पूजन, अच्छत चढ़ाया जाता है। उनके स्वागत में लोकगान गाए जाते हैं।

डॉ. गोविन्द जी ने इस पत्र के विषय में महत्त्वपूर्ण सूचना यह दी है कि इसमें पं. बाँके प्रसाद दूबे का पता है–अपर प्राइमरी स्कूल सुखपुरा बलिया। पं. हजारीप्रसाद द्विवेदी का विवाह इसी गाँव में 1927 में हुआ था। उपाध्याय परिवार की कन्या भगवती देवी से। द्विवेदी जी की पत्नी (श्रीमती भगवती देवी) के भाई का नाम जमुना उपाध्याय था। ज्ञात होता है कि द्विवेदी जी का सुखपुरा के उपाध्याय परिवार में विवाह कराने में पं. बाँके प्रसाद दूबे की प्रमुख भूमिका थी। अगले पत्र में लिखा है–"उपाध्याय जी तथा अन्य पूज्यों से हमारा प्रणाम़ निवेदन कर दीजिएगा।" यह उपाध्याय परिवार के ही, कोई सदस्य सम्भवतः द्विवेदी जी के श्वसुर रहे होंगे। इस पत्र पर 17 अगस्त, 1927 की तिथि है। डॉ. गोविन्द का अनुमान है कि इसी समय के आसपास द्विवेदी जी का विवाह (20 वर्ष की आयु में) हो गया था। इस पत्र के प्रारम्भ की शैली कुछ नई-सी है।

"पूज्यवर! श्री पंडितजी

सेवा में सहस्र प्रणाम।

दिन आए, बीत गए, रातें आईं और बीत गईं। देखते ही देखते दस लम्बे दिन निकल गए।"

क्या यह गद्य शैली नवविवाहित की है। अलमति विस्तरेण।

कई महत्त्वपूर्ण और शुभसूचनाओं से पत्र भरा है–"हम तीनों भाई आनन्दपूर्वक हैं। फीस मेरी माफ़ हो गई। बिरला वृत्ति के प्राप्त होने की कोई आशा नहीं (किन्तु वह मिल गई थी) कॉलेज में मैंने संस्कृत छोड़कर गणित ले लिया है; अब हमारा कॉलेज का अध्ययन चार विषयों का है–अंग्रेजी, गणित, इतिहास और हिन्दी। संस्कृत की पढ़ाई नियमित रूप से चल रही है।"

यह वर्ष द्विवेदी जी की शास्त्रीय परीक्षा का (अन्तिम वर्ष) था। "इधर अंग्रेज़ी में भी मैंने कठिन विषयों को ही चुना है" पितृव्य बाँके द्विवेदी ने 'अँवरा क गाछ' लाने को कहा।

हजारी शर्मा ने लिखा–"आजकल अँवरा की गाछ तो दुष्प्राप्य है किन्तु मैं पूरा प्रयास करूँगा।" अँवरा की गाछ–आँवला का पौधा। भोजपुरी में गाछ पेड़ को कहते हैं।

कुछ ऐसा हुआ कि शास्त्री की परीक्षा खराब हो गई। परीक्षार्थी हजारीप्रसाद द्विवेदी, पितृव्य को लिखते हैं, "मुझे स्मरण नहीं, आज तक ऐसी खराब परीक्षा मैंने दी है या नहीं, निहायत खराब गई। प्रश्न अच्छी तरह समझ रहा हूँ, उपयुक्त उत्तर कलम की नोंक पर है, पर भाषा की सामग्री नदारद। पर इसके लिए मुझे परिताप भी नहीं हो रहा है। क्योंकि मैं पिछले महीने के अपने परिश्रम को असन्तोषजनक दृष्टि से देखता हूँ। फिर भी सारी परीक्षा खराब नहीं गई है। केवल दो प्रश्न-पत्र अंग्रेज़ी और इतिहास अभिवांछित रूप से नहीं हो सके।"

उसी वर्ष विवाह हुआ था। इसके आगे मैं कुछ नहीं कह सकता। माताजी जीवित होतीं तो पूछ लेता, वे पहले डाँटतीं–बीदारथी होकर ऐसी बात करता है, फिर शरमातीं। शरमाते-शरमाते बहुत कुछ बता जातीं। कहते हैं कि गौने के बाद आचार्य शुक्ल भी इंटर की परीक्षा में लटक गए थे। अपने नामवर जी के साथ भी कुछ ऐसा घटित हुआ बताते हैं। और डॉ. रामविलास शर्मा का तो बाल-विवाह हुआ था। बालिका-वधू और बाल-पति सोलह-गोटी खेलते थे।

जो कुछ हुआ हो, 1927 का पत्र देखकर लगता है कि भाषा बिलकुल बदल गई है। अब भोजपुरी की तरावट ही रह गई है, ग्राम्यता नहीं।

अब हजारीप्रसाद द्विवेदी शास्त्राचार्य होनेवाले हैं। साधु खड़ी बोली लिखने लगे हैं। हिन्दी के भावी अप्रतिम निबन्धकार रचने को सन्नद्ध हैं।

द्विवेदी जी पढ़ते ज्योतिष थे लेकिन खाली घंटों में साहित्य और तर्कशास्त्र की भी क्लास में बैठ लेते। क्लास रुइया हॉस्टल के ऊपर, छत पर, बड़े हॉल में लगती। जहाँ बाद में संगीत की कक्षाएँ लगने लगीं। उन्हें पाठ याद हो जाता। साहित्य, तर्कशास्त्र, ज्योतिष अनेक विषयों में सहपाठी मित्रों से प्रायः तर्क-वितर्क करते। उन्हें ज्योतिष से अधिक आनन्द साहित्य में आता। विश्वनाथ द्विवेदी आयुर्वेद के छात्र.थे, तब आयुर्वेद में भी रघुवंश पढ़ाया जाता था। हजारीप्रसाद द्विवेदी बड़े भाई से कहते–आप भी साहित्य के क्लास में चला चलो। बड़ा आनन्द आता है। एक दिन दोनों आचार्य राधाकृष्ण की क्लास में गए। वे 'किरातार्जुनीय' पढ़ा रहे थे। दोनों भाई मुग्ध होकर उनका व्याख्यान सुनते रहे। इसके बाद विश्वनाथ द्विवेदी भी साहित्य में भरपूर रुचि लेने लगे।

काशी विश्वविद्यालय में तब महामना पं. मदनमोहन मालवीय जी महाराज का भाषण नियमित होता था। सबको छूट थी जाकर भाषण सुनने की। छात्र हजारीप्रसाद द्विवेदी मालवीय जी का प्रत्येक भाषण सुनने जाते। बड़े भाई विश्वनाथ द्विवेदी नहीं जा पाते। हजारीप्रसाद आकर उन्हें मालवीय जी का भाषण सुनाते। कहते "देख तू ना गइल रहल हम मालवीय जी के भाषण के सार तोहरा के सुनावतानी।"

द्विवेदी जी के आर्थिक संघर्ष का पता इन पत्रों से नहीं चलता। उनके संघर्षों और मानसिक स्थितियों को जानने का साधन उनके द्वारा लिखित पत्र हैं। विशेष रूप से पं. बनारसीदास चतुर्वेदी को लिखित। चतुर्वेदी जी को पत्र लिखे गए हैं बाद में। किन्तु कुछ

पत्रों में छात्र-जीवन की स्थितियों का विवरण है। 19.9.45 को चतुर्वेदी जी को लिखे एक पत्र में द्विवेदी जी ने एक घटना की चर्चा की है। इससे छात्रावस्था में उनकी आर्थिक स्थिति और निर्धनता में भी स्वाभिमान, हर स्थिति में बड़ों के प्रति सम्मान बनाए रखने के संस्कार आदि का पता चलता है। घटना काशी विश्वविद्यालय के विख्यात अध्यापक प्रिंसिपल बापू भाई ध्रुव से सम्बन्धित है। प्रिंसिपल ध्रुव सम्मानित, लोकप्रिय एवं उदार अध्यापक और अधिकारी थे। द्विवेदी जी ने लिखा है कि वे स्वभाव से दयालु थे। घटना 1923 ई. के आसपास की होनी चाहिए। क्योंकि पंडितजी ने लिखा है–

"मैंने इधर-उधर से सीखकर थोड़ी अंग्रेजी पढ़ी और एडमिशन की परीक्षा में बैठा। प्रथम श्रेणी में पास हो गया। हिन्दू विश्वविद्यालय के सेंट्रल हिन्दू कॉलेज में मैं बड़े उत्साह से इंटर मीडिएट में पढ़ने लगा।"[12]

अपने घर की आर्थिक स्थिति के बारे में लिखा है कि "उसकी बात न करना ही ठीक है। पिताजी ने बड़ी मुश्किल से गाँव के किसी आदमी से चालीस रुपये उधार लिए और उससे इंटरमीडिएट में एडमिशन हुआ।" एडमिशन तो हो गया लेकिन हर महीने फीस का इन्तजाम नहीं हो सकता था। लिखा है कि उन दिनों ऐसे बहुत निर्धन विद्यार्थी थे जो क्लास में बैठते लेकिन फीस नहीं दे पाते। परीक्षा देने के समय मालवीय जी और प्रिंसिपल ध्रुव की उदारता से उनका उद्धार हो जाता। यानी उनकी फीस माफ़ कर दी जाती। लिखा है, "कई बार फीस देने की चेतावनी मिली लेकिन मेरे पास फीस के पैसे नहीं थे। संस्कृत कॉलेज में 15 रुपये की वृत्ति मिलती थी और पाँच रुपये का ट्यूशन करता था। कुछ खाता था कुछ बचाकर घर भेज देता था।" घर की बात करना ठीक नहीं था लेकिन लिखा भी है, "बड़ी दयनीय थी, आज भी याद करता हूँ तो रोएँ खड़े हो जाते हैं।"

सब लोग कहते थे कि प्रिंसिपल ध्रुव के पास जाने से फीस माफ़ हो जाती है, उदार हैं। द्विवेदी जी भी गए। "मैं डरते-डरते प्रिंसिपल ध्रुव के कमरे में गया। वे कुछ झल्लाए हुए थे, शायद मेरे जैसे और भी लक्ष्मी के त्यक्त पुत्र उनकी सेवा में हाजिर हो चुके थे। मैंने अपनी कहानी सुनाई। बीच में ही झल्लाकर बोल उठे–जाओ, मैं नहीं सुनना चाहता। यूनिवर्सिटी गरीबों के लिए नहीं है। जाओ ईंटा ढोओ।"

ऐसी घटना का वर्णन करते समय भी वे प्रिंसिपल ध्रुव को कोई दोष नहीं देते, बल्कि मानो उनकी ओर से बचाव करते हुए कहते हैं, "मेरा अनुमान है कि वे किसी कारण गुस्से में थे। नहीं तो उनका स्वभाव दयालु था, परन्तु मुझे तो जैसे बाण लग गया। मैंने आधी बात जहाँ-की-तहाँ छोड़ दी और उठकर प्रणाम करके तुरन्त लौट आया। वे दरवाज़े तक मुझे जाते देखते रहे। सम्भवतः मुझे पागल समझा। मैं अपने संस्कृत कॉलेज के होस्टल में (आशय रुइया छात्रावास से होगा) जिसे विश्वविद्यालय के धनीमानी विद्यार्थी अस्तबल कहा करते थे–लौट आया और खूब रोया। मेरी पढ़ाई वहीं रुक गई।"[13]

शुभचिन्तकों ने कहा–चलो ध्रुव जी के पास फिर चलते हैं। गरज़ पड़ती है तो सौ बार जाना पड़ता है। द्विवेदी जी का कहना है–किन्तु मेरी रीढ़ टूट चुकी थी। यहाँ तक कि मालवीय जी के पास भी जाने का साहस नहीं हुआ। छात्र द्विवेदी को–"युनिवर्सिटी गरीबों के लिए नहीं है, जाओ ईंटा ढोओ।" वाक्य लगातार सुनाई पड़ता था। केवल अंग्रेज़ी लेकर

परीक्षा दी। संस्कृत के शास्त्री पास विद्यार्थी केवल अंग्रेजी लेकर बी.ए. तक की परीक्षा दे सकते थे।

लेकिन परीक्षा की फीस तो उसमें भी लगती थी। उतने पैसे भी पास नहीं थे। सुदामा ने कहा था–"बाँभन को धन केवल भिच्छा"–भिक्षा का एक ही ब्राह्मणोचित विकल्प है–कथा-वाचन। थोड़ी बहुत संस्कृत आती हो। संस्कृत न भी आती हो–आने का अभिनय आता हो और भागवत या सत्यनारायण की कथा याद हो तो ब्राह्मण-पुत्र कुछ-न-कुछ जुगाड़ कर लेगा। सो ब्राह्मण और संस्कृत का छात्र होने के कारण द्विवेदी जी इतने असहाय नहीं थे। इस असहाय स्थिति ने उनके जीवन को निर्णायक मोड़ दिया।

छात्र हजारीप्रसाद द्विवेदी के पास न फीस, न ओढ़ने-बिछाने के कपड़े। फीस चाहिए और माँगने का साहस टूट चुका था। भीख माँग नहीं सकते थे। दलित-पुत्र होते तो पता नहीं क्या होता। गाड़ी शायद ही आगे बढ़ पाती। ब्राह्मणत्व काम आया।

"सो मैंने बगल में पोथी दबाई और कथा बाँचने चला गया। मेरे एक मित्र थे। श्री सीताराम द्विवेदी। इस अगस्त आन्दोलन में (1942 के अगस्त आन्दोलन से तात्पर्य होगा) वे गिरफ्तार हुए और जेल में स्वर्ग सिधार गए। उन्होंने कोआथ (आरा) में मेरी कथा बैठा दी। वे खुद आर्यसमाजी थे पर मेरी सहायता के लिए उन्होंने इस बात की परवाह नहीं की। कथा सात दिनों तक हुई।"[14]

आठवें दिन चढ़ावा चढ़ा। चढ़ावा यानी कथा-वाचक को पूजा के नाम पर मिलनेवाला दान। चढ़ावा इसलिए कहा जाता है क्योंकि वह धन, माल मता भगवान को चढ़ाया जाता है, मिलता कथा-वाचक को है। सो कथा सात दिन तक हुई और आठवें दिन चढ़ावा चढ़ा। "35 रुपये, एक रजाई, कुछ साड़ियाँ, कुछ कपड़े, कुछ धोतियाँ और प्रचुर अन्न मुझे मिला। रजाई कोआथ के हकीम बन्धुओं ने दी थी। मेरे जीवन में इससे बड़ी सहायता न कभी मिली और न मिलेगी। आप आसानी से समझ सकते हैं कि साड़ियों और धोतियों का मेरे घर में कैसा स्वागत हुआ होगा। 35 रुपये तो मेरे लिए बहुत बड़ी सिद्धि थी सो मैं इंटरमीडिएट की नदी पार कर गया।"[15]

यहाँ द्विवेदी जी का यह स्मरण करना याद आता है–"तुम कल्पना नहीं कर सकते कि एक कुर्ता बनवाने के लिए घर में कितना कलह होता था। उस घर में अनेक साड़ियाँ, धोतियाँ, प्रचुर मात्रा में अन्न आने पर कैसा उल्लास आया होगा।"

तुलसीदास याद आने से नहीं चूकते, "अन्न दान किं रस पीयूषा"। परसाई का व्यंग्य-निबन्ध भी याद आना चाहिए, 'गेहूँ का सुख'। उससे भी पहले याद आएगा कथागुरु प्रेमचंद का 'सवा सेर गेहूँ'। कथा बाँचने से एक और सिद्धि मिली–इस सिद्धि से कहीं बड़ी सिद्धि। संकोची छात्र द्विवेदी ने उसे छिपा रखा है–हमें उसे मानने के लिए कुछ कल्पना करनी पड़ेगी।

कथा बाँचने से क्या मिला? पत्र में द्विवेदी जी ने जानकारी दी है कि मैंने एक बार और कथा बाँची थी। उसमें 68 रुपये मिले थे।

दूसरी कथा कहाँ बाँची थी? पता नहीं चलता। पहली कथा तो कोआथ में बाँची। कोआथ उपाध्याय परिवार के गाँव सुखपुरा के निकट तो नहीं है? या दूसरी कथा सुखपुरा में तो नहीं बाँची?

पंडितजी की ससुराल सुखपुरा के उपाध्याय परिवार के बारे में हमें कुछ नहीं मालूम। न हमने वहाँ के किसी व्यक्ति को देखा है। विश्वविद्यालय के आवास में प्रो. हजारीप्रसाद द्विवेदी जी किसी बच्चे को खिला रहे थे। यह कौर अम्मा का, यह बाबू जी का। जो बच्चा जल्दी खाना खा लेता है उसका मामा रास्ता नहीं भूलता। यह कहने के बाद पंडितजी धीमे से बोले, "तभी तो तुम्हारे मामा वर्षों बाद भी पहुँच नहीं पाते।" मतलब यह कि वहाँ से किसी के न आने की शिकायत थी। मेरी जानकारी में एक बार माता जी मायके गई थीं। कोई शादी थी। वहाँ से लौटीं तो मगन थीं। काफ़ी सामान लाई थीं। हम लोग पंडितजी के साथ बाहर वाले कमरे में बैठे थे। कई विद्यार्थी थे। माताजी ने दरवाज़े के पास खड़े होकर मुझे बुलाया। अन्दर ले गईं। खाने के लिए गुलगुला जैसी कोई मिठाई, पुआ जैसा कुछ दिया। मैंने खाया। पानी पिया। माताजी ने कहा, मुँह पोंछकर बाहर जाना, किसी को बताना मत। मैं गर्व से उल्लसित हुआ—माताजी मुझे छात्रों में सबसे ज़्यादा मानती हैं। अनुमानतः उन्होंने बहुत छात्रों को ऐसे खिलाया होगा और प्रत्येक से यही कहा होगा। मेरी माँ भी हम भाई-बहनों के बीच यही करती थीं।

द्विवेदी जी के ब्याह के विषय में एक मनोरंजक घटना बहुत बाद में—उनकी मृत्यु के बाद सुनी। अर्थशास्त्र के एक अध्यापक या शोध-छात्र—नाम भूल रहा हूँ, बलिया के ही रहनेवाले थे। द्विवेदी जी के ज्येष्ठ धेवते शशांक शेखर से अपनी लड़की के विवाह का प्रस्ताव लेकर आए। मेरे पास सिफ़ारिश के लिए आए। मैं उनसे परिचित था। मैंने कुटकुट की—हम लोग शशांक शेखर को इसी घरवाले नाम से पुकारते थे, माँ पुतुल जी से कहा। वे हँसने लगीं। बोलीं—"यहाँ भी आए थे। विचित्र हैं—बुद्धि-पवन मंद है क्या? कुटकुट के सामने ही कहने लगे—हमारे परिवार से आपका सम्बन्ध बहुत पुराना है। मेरी बुआ की शादी तो आपके नाना से (द्विवेदी जी) ही होनेवाली थी। किन्तु लोगों ने कहा—लड़के की टाँगें बहुत लम्बी हैं, इसलिए विवाह नहीं हुआ। उनके जाते ही कुटकुट ने कहा—ऐसे आदमी के घर में मैं विवाह नहीं करूँगा।"

जिस गाँव में कथा बाँची उसी के आसपास विवाह हुआ, इस प्रसंग से बाणभट्ट के कथा-वाचन की याद आती है—"उन दिनों मैं वाराणसी के पास जनपद में पुराण-पाठ का अभिनय कर रहा था। मेरे हृदय में कहीं भी भक्ति का लेश भी नहीं था, पर स्वेद, अश्रु और रोमांच का मैंने इतना उत्तम आयोजन (अभिनय) किया था कि सरल-हृदया जनपद वधुएँ और ग्रामवृद्ध मेरी कथा पर मुग्ध बने हुए थे।"[16] इस पुराण-पाठ का उल्लेख बाणभट्ट प्रारम्भ में ही करता है—"कभी नाट्यमंडली संगठित करता और कभी पुराण-वाचक बनकर जनपदों को धोखा देता रहा...भगवान् ने मुझे रूप अच्छा दिया था और बोलने की पटुता भी थोड़ी-सी थी। बस, मेरी किशोरावस्था और जवानी के दिनों में ये ही दो बातें मेरी सहायता करती थीं।"[17]

पुराणवाचक बाणभट्ट के पास एक वृद्धा अपनी पुत्रवधू को लाती है। पुत्रवधू का पति कहीं चला गया है। बाणभट्ट पुत्रवधू का हाथ देखते हैं। पुत्रवधू का हाथ देखकर बाणभट्ट की मानसिक स्थिति—"अहा, कैसा अदनार मुख था उसका! मैंने चकित होकर उस बालिका की ओर देखा था...'मेरा कोई नहीं है—न बिलखनेवाला न सान्त्वना की आशा लगाए रहने

वाला। मैं अकेला हूँ, संगहीन हूँ, हतभाग्य हूँ, रह-रहकर मेरा मन मुझे अवश करने लगा। मुझे यह दुर्निमित्त-सा लगा। अब तक जिसके हृदय पर संसार की हँसी और रुलाई पद्म-पत्र पर के सलिल-बिन्दु के समान आई और गई वह व्यक्ति आज व्याकुल क्यों है? क्या अरुण को देखकर सूर्योदय की सम्भावना नहीं होती? क्या पवन को देखकर जलागम का अनुमान संगत नहीं है। तो क्या मेरे चित्त का यह विकार किसी पूर्व-निदर्शन के उदय के समान है? मैंने सोच्छ्वास कहा–

'अरुण इव पुरः सरो रवि पवन इवातिजवो जलागमम्
शुभमशुभमथापि वा नृणां कथयति पूर्व निदर्शनोदयः "[18]

इस कथा-वाचन का द्विवेदी जी के विवाह से सम्बन्ध इतना ही है कि दोनों देश और वय की दृष्टि से जुड़े हैं। बाणभट्ट के पुराण-वाचन और वृद्धा के पुत्र-वधू का हाथ देखकर पुराण-वाचक की मानसिक-स्थिति इस संयोग से उछाल लेते हैं। इससे ज़्यादा कुछ नहीं।

माताजी काम बहुत करती थीं। सफ़ाईपसन्द थीं। सुन्दर थीं। छोटे क़द की। दोहरे बदन की हो गई थीं। ओंठ पर पान बहुत रचता था। शासन करती थीं। बोलती बहुत थीं, लेकिन झगड़ा नहीं कर पाती थीं। रोने लगती थीं। शायद सास से बहुत पटती नहीं थी। पंडितजी ससुराल बहुत कम जाते थे। जाते भी कभी-कभार तो ठहरते बहुत कम। बबुआ (ज्येष्ठ पुत्र जगदीश द्विवेदी) के अपनी ससुराल में ठहरने पर टिप्पणी करतीं–कैसे इतने दिन ठहरा। बाबूजी तो नहीं रुकते थे। बाबूजी यानी माताजी के पति गुरुवर द्विवेदी।

रुइया छात्रावास में देश के अनेक उद्भट विद्वान् विद्यार्थी रूप में रह चुके हैं। हिन्दी के प्रसिद्ध कवि और दिग्गज संस्कृत आचार्य जानकीवल्लभ शास्त्री भी उसी में थे। उन्होंने पंडितजी पर एक अद्भुत संस्मरण लिखा है–'फटा गगन पट कौन सिलेगा?' द्विवेदी जी पर ऐसा संस्मरण–इतना मार्मिक, रागमय, साथ ही खरा संस्मरण मेरे देखने में दूसरा नहीं। द्विवेदी जी का ऐसा उदात्त मूल्यांकन और ऐसी खरी आलोचना जानकीवल्लभ शास्त्री ही कर सकते थे, जो उनके साहित्य को इतना सराह सकता हो और सीमाएँ भी बताए, लिखा– "हम जिस ओरियंटल कॉलेज की पैदावार हैं, कभी स्वनामधन्य पंडित चंद्रधर शर्मा गुलेरी उसके प्रिंसिपल थे, कभी महामहोपाध्याय पंडित रामावतार शर्मा। दोनों संस्कृत के अगड़धत्त पंडित होते हुए भी हिन्दी पर अपनी गहरी छाप छोड़ गए हैं, कहना न होगा, अपने द्विवेदी जी ने आचार्यों की उस मिट्टी को भी चन्दन बनाया है। यों शोध और गवेषणा के क्षेत्र में भी गुलेरीजी की दिशा में द्विवेदी जी ने एक काफ़ी लम्बी दूरी तय की है।" आगे यह भी लिखा–

"मुझे कहने दीजिए कि द्विवेदी जी संस्कृत के अच्छे जानकार हैं, उन जैसे प्रकांड पंडित नहीं।"[19]

द्विवेदी जी के किसी समझदार शिष्य को शास्त्री जी के अन्तिम वाक्य पर आपत्ति नहीं होगी। किन्तु ऐसा भी कुछ है द्विवेदी जी में, जो महामहोपाध्याय रामावतार शर्मा और गुलेरी जी से अलग है। मेरे विचार से द्विवेदी जी ने अपने लेखन से संस्कृत साहित्य के प्रति हिन्दी पाठकों की रुचि उक्त आचार्यों से अधिक मात्रा में जाग्रत की है।

इस प्रसंग में मुझे एक ऐसी बात याद आ रही है जिस पर बहुत कम लोग विश्वास करना चाहेंगे। और मेरे पास अपनी बात प्रमाणित करने के लिए कोई आधार यानी गवाही नहीं है।

डॉ. रामविलास शर्मा ने मुझसे कहा—"पं. हजारीप्रसाद द्विवेदी संस्कृत साहित्य में जितना रस ले सकते हैं, हिन्दी का कोई दूसरा लेखक नहीं।" मैंने पूछा—पं. रामचंद्र शुक्ल? उन्होंने कहा—"शुक्ल जी बाणभट्ट की आत्मकथा नहीं लिख सकते थे।"

डॉ. रामविलास शर्मा लोक सेवा आयोग के मुख्य परीक्षक थे। वे दिल्ली इसी काम से आए थे। गली डकोतान में (दिल्ली गेट के पास, छोटे भाई मुंशी के यहाँ ठहरे थे। जाड़े के दिन थे, वे कत्थई रंग का गले तक बन्द लम्बा ऊनी कोट पहने थे)।

शास्त्री जी ने 'हंस बलाका' के लेख 'गुरु गोविन्द' में अपने अनेक गुरुओं का चित्रात्मक वर्णन किया है। उनमें से अनेक (वे जो ओरियंटल लर्निंग कॉलेज के अध्यापक थे) द्विवेदी जी के भी गुरु थे।

पंडित वामदेव मिश्र जी, द्विवेदी जी और डॉ. राजबली पांडे दोनों के गुरु थे। उन्हीं के बारे में प्रसिद्ध है कि उनमें पांडित्य के साथ-साथ चांडित्य भी था। शास्त्री जी ने लिखा है—

"पहला पाठ आजमगढ़ (के) पंडित वामेदव मिश्र की कथा से आरम्भ हुआ। ढाई गज़ की गाढ़े की मटमैली लुंगी पहने, घुटे सिर और खुले बदन में वह मुझे पहली नजर में स्वामी श्रद्धानन्द जैसे दिखलाई दिए। बुलन्द आवाज़, पढ़ाने का ढंग बेहद साफ-सुथरा और सबसे बढ़कर खुशमिजाज़ हँसते-हँसाते पढ़ाते।...हज़ारों की भीड़ में उनकी बुलन्द आवाज़ गूँजती थी। खूब तगड़े थे। त्रिकाल सन्ध्या करते थे। इतने पर भी जब किसी ने आयु की अवधि बता दी, नर्वस हो गए। निरन्तर महामृत्युंजय जपने लगे। न बच सके।"[20]

शास्त्री जी ने बताया कि महामहोपाध्याय पं. रामावतार शर्मा और गोस्वामी दामोदर शास्त्री दोनों ही महामहोपाध्याय पं. गंगाधर शास्त्री सी.आई.ई. के महान् साहित्यिक शिष्य थे। पं. रामावतार शर्मा के बारे में हिन्दी पाठकों को थोड़ी-बहुत जानकारी है। डॉ. नन्दकिशोर नवल ने नेशनल बुक ट्रस्ट से प्रकाशित अपनी पुस्तक में अच्छी जानकारी दी है। वैदिक मंत्रों की तरह मंत्र लिख लेते थे। इतिहास-बोध ऐसा कि कह सकते थे—लेकिन मेरे बनाए मंत्र वैदिक मंत्रों का महत्त्व नहीं प्राप्त कर सकते। महत्त्व का निर्धारण देश-काल करता है। नास्तिक थे। 'चतुर्दश निबन्धावली' के लेखक महामहोपाध्याय रामावतार शर्मा हिन्दी के विद्वान् अध्यापक प्रो. नलिनविलोचन शर्मा के पिता थे। उनके बाद उनके स्थान पर पं. चंद्रधर शर्मा गुलेरी की नियुक्ति हुई। द्विवेदी जी उनके बारे में अकसर बातें करते। गुलेरी जी के प्रति भी द्विवेदी जी के मन में बहुत सम्मान था। शास्त्री जी ने पंडित गंगाधर शास्त्री के दूसरे शिष्य गोस्वामी दामोदर शास्त्री के बारे में मन लगाकर लिखा है। लगता है कि वे बहुत सुन्दर और रईस मिज़ाज़ के थे। शास्त्री जी ने लिखा है—

"महामहोपाध्याय पं. बालकृष्ण मिश्र से रस गंगाधर पढ़ता था। मैंने गोस्वामी जी के दर्शनों की चर्चा की तो वह उनके अलौकिक वाग्वैभव के साथ लौकिक वैभव की भी चर्चा करने लगे कि अब तक उन्होंने लगभग दस लाख (20वीं शताब्दी के तीसरे दशक में) का सिर्फ़ सेंट-एसेंस इस्तेमाल किया होगा। ऐसा शौकीन पंडित पहले कभी न हुआ होगा।"[21]

मैंने पं. गोस्वामी दामोदर शास्त्री की कोई चर्चा द्विवेदी जी के मुँह से नहीं सुनी। द्विवेदी जी पं. महादेव शास्त्री की चर्चा बहुत करते थे। सौभाग्यवश हमारे काशी रहते वे जीवित थे। वे सर्वतंत्रस्वतंत्रकवितार्किक चक्रवर्ती पंडित महादेव शास्त्री के रूप में विख्यात थे। काशी में कार्यरत गुरुओं के गुरु। द्विवेदी जी ने उनसे क्लास में शायद पढ़ा नहीं था। लेकिन मानते उन्हें 'गुरुवत्' नहीं गुरु ही थे। हमारे सतीर्थ प्रो. राममूर्ति त्रिपाठी उनके भानजे थे। एक और वयस्क सज्जन हमारे क्लास में थे। वे अपने को उनका अनुज कहते थे। स्वभाव और विद्वत्ता में वे भिन्न थे। कवि तार्किक चक्रवर्ती का द्विवेदी जी ने हिन्दी विभाग में एक भाषण भी कराया था। वे संस्कृत साहित्य की महत्ता पर बोले थे। उनका एक वाक्य याद है–"संस्कृत साहित्य तो अमृत ही है।" जानकीवल्लभ शास्त्री ने उनके बारे में लिखा है–"हाँ, कवि तार्किक चक्रवर्ती पं. महादेव शास्त्री से जिसने प्रदीप-समेत काव्य प्रकाश न पढ़ा, उसने काव्य प्रकाश पढ़ा ही नहीं। निर्मल कीर्ति मंडल ने इनके आर्ष व्यक्तित्व को एक अनोखे आकर्षण से उजागर कर दिया था। साहित्य, व्याकरण, न्याय आदि के अनेक विद्वान् इनसे प्रतिदिन पढ़ने आते थे। इनकी सुधावधीरिणी वाणी और आत्मीयता से ओत-प्रोत व्यवहार जादू का-सा असर रखते थे। इनकी रसनाग्रनर्तकी विद्या और चिर उन्निद्र प्रज्ञा ने अनेक अवसरों पर मुझे चकित चमत्कृत किया था। जीवन के अन्तिम दौर में वे संन्यासी हो गए थे। स्वामी महेश्वरानन्द सरस्वती के नाम से जाने जाते थे।"[22]

शान्तिनिकेतन जाने के बाद अपने गुरु ज्योतिषाचार्य पं. रामयत्न ओझा से ज्योतिषाचार्य पं. हजारीप्रसाद द्विवेदी का एक मनोरंजक, आत्मीय किन्तु नैतिक प्रसंग घटित हुआ। वह चित्रकूट में भरत-मिलाप के समान शील का शील से, संकोच का संकोच से और मर्यादा का मर्यादा से मिलन जैसा था। हालाँकि अंत में इस क्षेत्र में भी गुरु ही गुरु रहा। इस प्रसंग का विवरण द्विवेदी जी ने पं. बनारसीदास चतुर्वेदी को लिखित एक पत्र में दिया है।

द्विवेदी जी ज्योतिष के विद्यार्थी थे। ज्योतिष के गुरु पं. रामयत्न ओझा थे। द्विवेदी जी ने लिखा है, "बड़े उदार और बड़े मस्तमौला। मुझे बहुत प्यार करते थे। हालाँकि मैं कई बातों में उनसे मतभेद रखता था। शान्तिनिकेतन आने के बाद मैंने व्योमकेश शास्त्री इस प्रच्छन्न नाम से एक लेख 'सनातन धर्म' (पत्रिका) में लिखा था। सनातन धर्म मालवीय जी का पत्र था।"[23] कालान्तर में द्विवेदी जी से पं. बनारसदास चतुर्वेदी ने प्रच्छन्न नाम से लिखने को मना कर दिया था। लेकिन पंडितजी का प्रच्छन्न नाम शैलीगत ज़रूरत था। सो बीच-बीच में वे प्रच्छन्न नाम से लिखते थे। इस प्रच्छन्न नाम से लिखे लेख में द्विवेदी जी ने अपने ज्योतिष गुरु के मत का खंडन किया था। अब आगे एक विचित्र, मनोरंजक और गुरु नैतिकता का कांड घटित हुआ। "उन्हीं दिनों इन्दौर में ज्योतिष-सम्मेलन होने जा रहा था। मालवीय जी महाराज सभापति थे। उद्योक्ताओं को मेरा लेख पसन्द आया और व्योमकेश शास्त्री उस सम्मेलन की निर्णायक समिति में बंगाल के प्रतिनिधि के रूप में चुने गए।"[24]

अब व्योमकेश शास्त्री सोचें कि क्या करें। व्योमकेश शास्त्री तेजस्वी कुशाग्र-बुद्धि लेखक थे। हजारीप्रसाद द्विवेदी संकोची गुरुभक्त शिष्य। जाएँ तो उस निर्णायक समिति के

समक्ष गुरुजी अपने पक्ष की स्थापना करते। लेखक व्योमकेश उनका विरोध करते। क्या करें। आखिर में वही हुआ। व्योमकेश शास्त्री सम्मेलन में जाने की हिम्मत नहीं जुटा पाए। गुरु पं. रामयत्न ओझा भी नहीं गए। "यह सारी कहानी गुरु जी को बाद में मालूम हुई। वे बहुत प्रसन्न हुए और मुझे डाँटते हुए कहा कि मैं तो उस दिन अपनी विद्या सफल मान लेता जिस दिन तू मेरे मत की परीक्षा के लिए निर्णायक की गद्‌दी पर बैठता।

सर्वत्र जयमिच्छेत पुत्रात् शिष्यात् पराजयं"[25]

आचार्य हजारीप्रसाद द्विवेदी रामानन्द को आकाशधर्मा गुरु कहते थे। गुरुवर द्विवेदी स्वयं आकाशधर्मा गुरु थे। हमारे दादागुरु आचार्य रामयत्न ओझा भी आकाशधर्मा गुरु थे। द्विवेदी जी ने अपने गुरु से ही आकाशधर्म भी सीखा होगा।

काशी में हम लोगों के छात्र-काल में भी पं. काली प्रसाद शास्त्री की चर्चा थी। वे प्रभावशाली एवं लोकप्रिय अध्यापक रहे थे। जानकीवल्लभ शास्त्री जी के अनुसार वे डीलडौल वाले चन्दन चौबन्दी साफा अंग्रेज़ी जूतों में खूब फबते थे। लगता है द्विवेदी जी पर उनकी कृपा थी। पं. जानकीवल्लभ शास्त्री ने पं. काली प्रसाद शास्त्री के साथ-साथ उनके प्रियदर्शन पुत्र चारुचंद्र की भी चर्चा की है। आचार्य जानकी वल्लभ शास्त्री का उन्हीं दिनों छात्र-काल में ही संस्कृत भाषा में रचित गीतिकाव्य 'काकली' नाम से निकला था। सर्व-प्रशंसित था। अनेक गुरुओं ने भी उसकी प्रशंसा की थी। शास्त्री जी ने लिखा है कि उसी विषय में उन्हें पं. काली प्रसाद शास्त्री ने बुलवाया था। शास्त्री जी रुइया छात्रावास के वार्डन प्रधानाध्यक्ष थे। बुलवाया था अपने पुत्र चारुचंद्र के माध्यम से। वर्णन इस प्रकार है–

"चारुचंद्र मचलता चलता था। होस्टल के बरामदे-बरामदे अपनी ही साँसें बीनते हुए मेरे नील निर्जन की तरफ सरका तो ताज्जुब हुआ। कंधों पर धौल जमाकर बोला, 'चलो पिताजी बुला रहे हैं।' कसी शिराओं वाले उसके सिकन्दरी व्यक्तित्व में अद्‌भुत आकर्षण था। छोटी-मोटी दोस्ती भी थी।"[26]

काकली की पंक्तियाँ हैं–

तिमिर, विलोकय रक्तालोकम्
मधुकरकुलमिव रक्ताशोकम्
इन्दिन्दिर निन्दसि मकरन्दम्

शास्त्री जी ने कहा। (जानकीवल्लभ शास्त्री के शब्दों में) बोले–"हम तीनों जने वैयाकरण हैं, उपाध्याय जी को भट्टि, माघ भी कंठस्थ है, परन्तु इन्दिन्दिर जैसे सुन्दर शब्द से हमारा परिचय न था।"[27] 'इन्दिन्दिर' का अर्थ शास्त्री जी ने उन्हें बताया 'भ्रमर'।

कालीप्रसाद शास्त्री जी भी आकाशधर्मा कोटि के गुरु रहे होंगे। सहज स्वभाव से शिष्य वत्सल, शिष्य को अपने कन्धे पर खड़ा कर अपने से ऊँचा बनाने वाले।

पं. जानकी वल्लभशास्त्री ने चारुचंद्र का उल्लेख द्विवेदी जी के प्रसंग में भी किया है। शास्त्री जी ने द्विवेदी जी से अपनी पहली भेंट का वर्णन किया है। यह घटना भी द्विवेदी जी के शान्तिनिकेतन पहुँच जाने के बाद लगभग उन्हीं दिनों की है। शास्त्री जी से द्विवेदी जी की भेंट भी चारुचंद्र ने कराई थी–

"हाँ, पहली-पहली बार हमारी देखी-देखी सन् तैंतीस-चौंतीस के आसपास हुई थी। चारुचंद्र ने हमें मिलाया था। वह हमारे वार्डन का लड़का था—तेज़-तर्रार, बातूनी और अनिन्द्य सुन्दर। मुझे शब्द से जानता था। द्विवेदी जी को तब मैं निस्तब्ध और निर्निमेष निहार रहा था। जैसे चारुचंद्र के अनर्गल वाक् प्रवाह को संयत करने वाला कोई बालू का किनारा होऊँ—वह छटाछट जल उछालता रहा। हरिऔध जी की अध्यक्षता में इन्होंने कविता पढ़ी", आदि।

"और अब द्विवेदी जी उमड़कर मिले। मैं चारुचंद्र की ओर चकोर की-सी दृष्टि नहीं डाल सकता था।" तब शास्त्री जी ने अपना जो नाम धारण कर रखा था वह था श्री जानकीवल्लभ ललित ललाम शास्त्री। यह नाम उन्होंने इतिहास के प्रो. श्री सीताराम जयराम जोशी और प्रो. वाइस चांसलर श्री आनन्द शंकर बापू भाई ध्रुव के अनुकरण पर धारण किया था। द्विवेदी जी ने नाम पर अट्टहास किया होगा। शास्त्री जी की प्रतिक्रिया, "मगर जब यह जटिल और एकतरफ़ा हँसी न झिली, मैंने तनाव की तनियों को ढील देते हुए कहा, यदि एक देवोपम व्यक्तित्व के महापंडित का मारवाड़ी नाम 'हजारीप्रसाद' हो सकता है तो भला किसी दूसरे व्यक्तित्वविहीन अनगढ़ अनाड़ी का नाम 'ललित ललाम शास्त्री' क्यों नहीं हो सकता।

आगे का हाल—"इस पर जो उन्होंने छतफाड़ ठहाका लगाया और फिर अपने 'हजारीप्रसाद' नाम का इतिहास बताया और 'व्योमकेश शास्त्री' उपनाम का भूगोल, तो मुझसे भी हँसे बिना न रहा गया। बेपनाह हँसी-खुशी के माहौल में हम पहली बार मिले।"[28]

शाम को रुइया छात्रावास स्थित म्यूज़िक हॉल में द्विवेदी जी का संस्कृत साहित्य पर भाषण हुआ। द्विवेदी जी उस समय 24-25 साल के रहे होंगे।

शान्तिनिकेतन में अध्यापन करते हुए भी द्विवेदी जी काशी आते रहते। यहाँ वे अपने गुरुओं एवं आचार्य रामचंद्र शुक्ल तथा पं. केशव प्रसाद मिश्र से मिलते। मिश्र जी उन्हें मानते थे, सहायक थे।

उस समय ओरियंटल लर्निंग कॉलेज के प्रिंसिपल प्राच्य विद्या विभाग के प्राचार्य महामहोपाध्याय पंडित प्रमथनाथ तर्कभूषण भट्टाचार्य थे। इन महोदय ने द्विवेदी जी की जीवन-यात्रा को मोड़ देने में निर्णायक भूमिका अदा की। शास्त्री जी के अनुसार, वे तार्किक से वेदान्ती हुए थे। महामहोपाध्याय प्रमथनाथ भट्टाचार्य उदार, शिष्यवत्सल और पारखी विद्वान् थे। उन्होंने हजारीप्रसाद द्विवेदी को प्रमाण-पत्र दिया। श्री हीरालाल बाछोतिया के अनुसार, उसमें भट्टाचार्य महोदय ने द्विवेदी जी के बारे में लिखा था—

"किसी परीक्षा में द्वितीय स्थान पर नहीं आए—ही नेवेर स्टुड सेकंड इन एनी एक्ज़ामिनेशन।"

द्विवेदी जी का ब्याह हो चुका था। वे अंग्रेज़ी पद्धति से इंटर और संस्कृत में आचार्य ज्योतिषाचार्य की परीक्षा उत्तीर्ण कर चुके थे। ततः किम्!

स्थितियाँ थीं कि वे हाथ पर हाथ धरे बैठे नहीं रह सकते थे। कोई और परीक्षा देने का डौल न हो और कुछ हीला न हो, परिवार की ज़िम्मेदारी का अहसास हो, तब क्या किया जाए? करने को कुछ सूझता नहीं और बिना किए गुज़ारा नहीं। तब आदमी अँधेरे में दौड़

लगाता है, बिना जाने तैरता है। तीसरे-चौथे दशक में आज जैसी निस्संगता नहीं थी। गुरु-शिष्य की परम्परा का आदर्श गुरुकुल था। वह पं. मदनमोहन मालवीय जी की रचना-भूमि काशी विश्वविद्यालय का वातावरण था। मालवीय जी महाराज तब वहीं स्वयं विराजमान थे। उनका नाम लोग यों बोलते–मद न मोह न मालवीय।

डॉ. हीरालाल बाछोतिया की जानकारी के अनुसार, "अंग्रेज़ी पद्धति के माध्यम से इंटर और संस्कृत में आचार्य की परीक्षा उत्तीर्ण करने के बाद आचार्य जी के मन में छटपटाहट होने लगी कि अब क्या करें।"[29] इसी चिन्ता में एक दिन बनारस के इन्स्पेक्टर ऑफ़ स्कूल वाँचू साहब से मिले। अपनी स्थिति उनसे कही। वाँचू साहब ने पंडितजी को राय दी कि वे गाज़ीपुर चले जाएँ, वहाँ संस्कृत के अध्यापक की नौकरी मिल सकती है। गाज़ीपुर जाने का किराया उस समय पंडितजी के पास नहीं था। अँगूठी साढ़े सात रुपये में बेची। अँगूठी विवाह में मिली होगी। अँगूठी बेचकर किराए का जुगाड़ करके गाज़ीपुर पहुँचे तो पता चला कि उस जगह किसी और की नियुक्ति हो चुकी है। द्विवेदी जी उन दिनों बसर-गुज़र के लिए किन्हीं दक्षिण भारतीय सज्जन को हिन्दी पढ़ाते थे। उन्होंने शान्तिनिकेतन की प्रो. आशा अधिकारी को द्विवेदी जी के बारे में बताया। हजारीप्रसाद द्विवेदी आशाजी से मिले। नौकरी पाने की ज़रूरत इतनी थी कि आशा की किरन देखते ही मलेरिया से ग्रस्त स्थिति में भी आशा जी से मिले। आशा जी ने कहा, इसके लिए हिन्दी की जानकारी भी अपेक्षित है। द्विवेदी जी ने हिन्दी की पढ़ाई की थी किन्तु परीक्षाएँ संस्कृत में उत्तीर्ण की थीं। द्विवेदी जी का हिन्दी ज्ञान विकसित हो चुका था। वे पत्र-पत्रिकाओं में लिखने भी लगे थे किन्तु आवश्यकता किसी हिन्दी विद्वान् के प्रमाण-पत्र की थी और वह कार्य सिद्ध हुआ अयोध्यासिंह उपाध्याय 'हरिऔध' की कृपा से। 'प्रियप्रवास' के रचयिता हरिऔध जी उन दिनों काशी विश्वविद्यालय में हिन्दी के अध्यापक थे। वे द्विवेदी जी की प्रतिभा से परिचित थे। द्विवेदी जी ने उनसे सहायता की प्रार्थना की। वे तत्काल तैयार हो गए ओर द्विवेदी जी के साथ आशा जी के घर पहुँचे। वहाँ उन्होंने आशा जी से द्विवेदी जी को शान्तिनिकेतन में काम देने की जोरदार सिफारिश की।

इस विषय में पं. मदनमोहन मालवीय ने रवीन्द्रनाथ ठाकुर क़े नाम द्विवेदी जी की प्रशंसा करते हुए एक पत्र लिखा। द्विवेदी जी उस पत्र को लेकर शान्तिनिकेतन गए।

हजारीप्रसाद द्विवेदी एक अन्य महत्त्वपूर्ण व्यक्ति का भी प्रमाण-पत्र लेकर शान्तिनिकेतन गए थे। उस व्यक्ति के बारे में कहा जाता है कि वह उद्‌भट विद्वान् होने के साथ-साथ हिन्दी का अद्वितीय अध्यापक था–आचार्य केशव प्रसाद मिश्र। काशी विश्वविद्यालय के हिन्दी विभाग में आचार्य रामचंद्र शुक्ल के उत्तराधिकारी आचार्य केशव प्रसाद मिश्र। उनके प्रमाण-पत्र का केवल औपचारिक महत्त्व नहीं है। पं. हजारीप्रसाद द्विवेदी के शब्दों में वे पवित्र ज्ञान-साधक थे। द्विवेदी जी जब काशी जाते (शान्तिनिकेतन से) उनसे अवश्य मिलते। उनमें यशोलिप्सा नहीं थी। उनकी रुचि नाना शास्त्रों में थी। द्विवेदी जी ने लिखा है कि वे भाषाशास्त्र में ज़्यादा रमते थे। पाणिनि की पद्धति से उनका विशेष अनुराग था। काशी के दिनों की याद करते हुए द्विवेदी जी ने उनके विषय में लिखा है–एक बार बातचीत के प्रसंग में मेरे मुँह से 'प्रज्ञापराध' शब्द निकल गया। पंडितजी बहुत प्रसन्न हुए। बोले–

आपको यह शब्द कैसे मालूम हुआ। उनके प्रश्न से मुझे आश्चर्य हुआ। मैंने कहा–मैं तो इस शब्द को बहुत दिनों से जानता हूँ। मेरे परिवार में कई अच्छे वैद्य हैं। उनके मुख से यह शब्द सुना होगा। पंडितजी को बहुत आनन्द आया और वे चरक संहिता में प्रयुक्त हुए अर्थगर्भ शब्दों पर विचार करने लगे।[30] वे प्रशंसा-कृपण व्यक्ति थे। आचार्य केशव प्रसाद मिश्र ने प्रमाण-पत्र में लिखा–

पं. हजारीप्रसाद द्विवेदी को कुछ समय से जानता हूँ। उनकी हिन्दी विषयक योग्यता की पुष्टि करते हुए मुझे अतीव प्रसन्नता हो रही है। मेरा विश्वास है कि यदि उन्हें किसी हाईस्कूल या इंटरमीडियट क्लास में विद्यार्थियों को हिन्दी पढ़ाने का अवसर मिले तो वे छात्रों में विषय के प्रति रुचि एवं मनोयोग जाग्रत करने में निपुण सिद्ध होंगे। मैं उनकी सफलता की कामना करता हूँ।

हस्ताक्षर

केशव प्रसाद मिश्र
लेक्चरर हिन्दी
बी.एच.यू.

12.7.1930

मूल प्रमाण-पत्र अंग्रेज़ी में था।

BENARES HINDU UNIVERSITY
College of Oriental Learning.

I have known Pandit Hazary Prasad Dwivedi for some time. I have great pleasure in being able to attest to his proficiency in Hindi. He, I believe is able to command the attention for interest in students if he gets a chance of being appointed in an intermediate college or high school. I wish his success.

12.7.30

Keshawa Prasad Mishra
Lecturer in Hindi
B.H.U.

प्रो. आशा अधिकारी ने 25.10.1930 को शान्तिनिकेतन से द्विवेदी जी को पत्र लिखा। उसका आशय है–

प्रिय द्विवेदी जी,

मैं यहाँ कल से एक दिन पूर्व (विगत परसों) पहुँची। कल मैंने अधिकारियों से बात की। वे चाहते हैं कि आप छात्रों के साथ उनकी डारमिटरी में टिकें। वे भोजन बनाने के लिए अलग स्थान की व्यवस्था आपके लिए कर देंगे। आप जानते हैं कि हमारी आर्थिक स्थिति बहुत आशाजनक नहीं है। इसीलिए आप शुरू के छः महीने के लिए अस्थाई तौर पर (प्रोबेशन) 40 रुपये प्रतिमास के वेतन पर नियुक्त होंगे। (Rs. 40 per month मानो दुबारा लिखा गया है, पहला लिखित मिटाकर।)

अगर आपको उपर्युक्त शर्तें मंजूर हैं तो कृपया लौटती डाक से मुझे सूचित करने की कृपा करें और शान्तिनिकेतन के लिए फौरन प्रस्थान कर दें। अगर मुझे आने के पूर्व सूचित कर दें तो सभी आवश्यक व्यवस्था कर ली जाएगी और स्टेशन पर आपसे किसी की भेंट भी हो जाएगी–

शुभकामनाओं सहित–

भवदीय
आशा अधिकारी[31]

आशा अधिकारी और द्विवेदी जी के बीच इसके पूर्व पत्र-व्यवहार हुआ होगा। द्विवेदी जी ने प्रार्थना-पत्र जैसा कुछ भेजा होगा। सम्भव है कि हरिऔध ने इसमें भी सहायता की हो। शान्तिनिकेतन में काम पाने के लिए हिन्दी की जानकारी का प्रमाण-पत्र ज़रूरी था। सो इसके लिए द्विवेदी जी ने अनेक व्यक्तियों से हिन्दी योग्यता के प्रमाण-पत्र बटोरे। पं. हजारीप्रसाद द्विवेदी को वहाँ किसलिए बुलाया गया था? हिन्दी पढ़ाने के लिए या वैदिक मंत्रों का शुद्ध पाठ करने के लिए। लगता है दोनों काम के लिए बुलाया गया था। हजारीप्रसाद द्विवेदी ने तत्काल प्रस्थान नहीं किया। सम्भवतः मार्ग व्यय का प्रबन्ध करने में समय लगा। नवविवाहिता पत्नी का आग्रह साथ चलने का रहा हो। उसे समझाने-बुझाने में देर लगी हो।

हजारीप्रसाद द्विवेदी ने 6 नवम्बर, 1930 को शान्तिनिकेतन के लिए प्रस्थान किया। पत्नी गाँव में ही रहीं। वे कुछ समय बाद शान्तिनिकेतन पहुँचीं। नामवर जी का कहना है कि माताजी शान्तिनिकेतन में ज्येष्ठ पुत्र बबुआ जगदीश द्विवेदी को गोद में लेकर गई थीं।

सन्दर्भ-सूची

1. मेरा छोटा भाई, आचार्य विश्वनाथ द्विवेदी अभिनन्दन ग्रन्थ, नगवाँ, वाराणसी।
2. आचार्य हजारीप्रसाद द्विवेदी के पत्र पं. बाँके प्रसाद द्विवेदी के नाम,–डॉ. गोविन्द जी, इस्पात भाषा-भारती, सितम्बर 1996।
3. शान्ति दूत II, 2000 No. 3 Norway
4. ग्रन्थावली, खंड-वैयक्तिक संस्मरण।
5. आचार्य विश्वनाथ द्विवेदी अभिनन्दन-ग्रन्थ।
6. गोविंद जी, आचार्य विश्वनाथ द्विवेदी अभिनन्दन-ग्रन्थ के आधार पर।
7. आचार्य विश्वनाथ द्विवेदी अभिनन्दन-ग्रन्थ।
8. उप., पृ. 80।
9. पृ. 14, दस्तावेज़, सं. डॉ. विश्वनाथ प्रसाद तिवारी 5/6–ये कौड़ियाँ पूर्वउल्लिखित सात रुपयों के अतिरिक्त रही होंगी।
10. आचार्य विश्वनाथ द्विवेदी अभिनन्दन-ग्रन्थ।
11. अंक सर्वत्र अंग्रेज़ी में ही हैं। यदि गोविन्द जी ने मूल सुरक्षित रखा है तो यह आश्चर्य की ही बात है कि पंडितजी इतने पहले से अंग्रेज़ी के अंकों का प्रयोग करते हैं।
12. पत्र, पृ. 72

13. उप.
14. उप.
15. उप.
16. बाणभट्ट की आत्मकथा, ग्रन्थावली, खंड-1, पृ. 73
17. बाणभट्ट की आत्मकथा
18. उप., पृ. 73
19. फटा गगन पट कौन सिलेगा, हंस बलाका, अन्तरा प्रकाशन, नई दिल्ली-2, 1983
20. गुरु गोविन्द, हंस बलाका, पृ. 157
21. उप., पृ. 107
22. उप., पृ. 159
23. पत्र, पृ. 73
24. उप.
25. उप.
26. हंस बलाका, पृ. 175
27. उप., पृ. 176
28. उप.
29. आकाशधर्मा आचार्य हजारी प्रसाद द्विवेदी, ले. हीरालाल बछोतिया, पृ. 12
30. नागरी प्रचारिणी पत्रिका, आचार्य केशव प्रसाद मिश्र संस्मरण-अंक।
31. पत्र विश्वभारती (Viswa Bharti) के पैड पर लिखा गया है। तारीख 25.10.1930 को पैड की बाईं तरफ छपा है–रोमन लिपि में प्रतिष्ठता आचार्य–(फाउंडर प्रेसीडेंट रवीन्द्रनाथ टैगोर)।

अथेयं विश्वभारती

1

द्विवेदी जी ने शान्तिनिकेतन पहुँचने के बारे में बताया है–

"छः, सात, आठ नवम्बर (सन् 1930) मेरी द्विजत्व प्राप्ति का दिन है। छः को चला। छः नवम्बर 1930 को कार्तिकी पूर्णिमा थी। गंगा और छोटी सरयू के संगम पर स्नानार्थियों की भीड़ थी। स्टीमर पर भीड़ कम थी। सात को रास्ते में रहा। और आठ को शान्तिनिकेतन पहुँचा और अपना योगदान दिया।" बाद के विवरण से पता चलता है कि द्विवेदी जी सात को ही पहुँचे थे। "उस समय हिन्दी का कोई अलग विभाग तो था नहीं और न ही यह कोई विश्वविद्यालय था। केवल दो लड़कियाँ थीं जिन्हें हिन्दी पढ़ानी थी। बी.ए. तक के लिए हम लोग तैयारियाँ करवाते थे जिसकी परीक्षा कलकत्ता विश्वविद्यालय से संचालित होती थी।"[1]

द्विवेदी जी 7 नवम्बर को सवेरे शान्तिनिकेतन पहुँचे। उन्होंने अपने आने की सूचना नहीं भेजी थी। स्टेशन पर कोई नहीं मिला। वे सीधे आशा दीदी के घर पहुँचे। वे घर पर नहीं मिलीं। नौकर ने बताया कि वे क्लास लेने गई हैं। द्विवेदी जी ने देखा कि आशा अधिकारी किसी छोटे आसन पर बैठी अध्यापन कर रही हैं। कुछ छात्र-छात्राएँ उनके इर्द-गिर्द आसनों पर बैठे हैं। पास में ही एक वृद्ध अध्यापक भी क्लास ले रहे हैं। थोड़ी देर में घंटा बजा। क्लास ख़त्म हुआ। द्विवेदी जी को देखकर वे प्रसन्न हुईं। बोलीं–कोई सूचना नहीं दी आपने? द्विवेदी जी ने उत्तर दिया–आना तो था ही सूचना क्या देता? आशा देवी ने जलपान कराया और द्विवेदी जी को आश्रम दिखाने ले चलीं। अध्यापकों का स्वभाव इतना सहज, वातावरण इतना सहज कि वे कल्पना नहीं कर सकते थे। विशेष बात कि आशा दीदी ने मार्ग में पड़नेवाले प्रत्येक वृक्ष के बारे में बताया। उसके इतिहास के बारे में बताया। आशा दीदी ने वे सब स्थान दिखाए–जहाँ सिलवाँ लेवी और स्टेनकोनो पढ़ाते थे। सप्तपर्णी का वह निकुंज दिखाया जहाँ महर्षि देवेन्द्रनाथ ठाकुर भी आसीन होते थे। वहीं वे पुत्र रवीन्द्रनाथ को पढ़ाते थे। मूल शान्तिनिकेतन वृक्षों की छाया में ही गठित हुआ था।[2]

शान्तिनिकेतन का आदिरूप यही वृक्ष निकुंज था जो आगे चलकर बोलपुर ब्रह्मचर्याश्रम और अन्ततः विश्वभारती के रूप में विकसित हुआ।

द्विवेदी जी ने लिखा है कि, "आशा दी ने प्रत्येक वृक्ष का कुछ-न-कुछ इतिहास बताया।" ठीक-ठीक तो नहीं कह सकते किन्तु अनुमान या कल्पना तो कर ही सकते हैं कि 'यह वृक्ष का इतिहास' ही अशोक के फूल, शिरीष, आम फिर बौरा गए, कुटज, देवदारु के निबन्धों में फला-फूला। जब मेले-ठेले का, भाषा का, शब्दों का, मिथकों का इतिहास हो सकता है तो वृक्षों का क्यों नहीं।

उस समय छात्रावास के प्रत्येक कमरे में सात छात्रों के साथ एक अध्यापक रहते थे। वहाँ आशा दीदी ने और लोगों से द्विवेदी जी का परिचय कराया। एक-दो विद्यार्थी हिन्दीभाषी भी मिले। 7 नवम्बर को दिनभर द्विवेदी जी आश्रम और वहाँ के वासियों से परिचय में लगे रहे। रात कमरे के विद्यार्थियों के साथ सोए। आश्रम में घंटा बजता रहता था। विद्यार्थियों ने द्विवेदी जी को घंटों का संकेतार्थ समझा दिया। क्लास का घंटा, भोजन का घंटा, विश्राम का घंटा। रात को सड़क पर वैतालिक-संगीत होता। छात्र-छात्राओं का दल गीत गाता हुआ आगे बढ़ता। साथ में दो-तीन अध्यापक भी रहते। 8 तारीख को साढ़े चार बजे उठने का घंटा बजा और फिर प्रातःकालीन वैतालिक-संगीत सुनाई पड़ा। रवीन्द्रनाथ के गीत सस्वर, वाद्य के साथ।

द्विवेदी जी के लिए यह सब अभूतपूर्व प्रभावकारी था। वे थके सोए थे। सवेरे उठने का मन नहीं कर रहा था लेकिन प्रातःकालीन वैतालिक इतना आकर्षक था कि उठ बैठे। शान्तिनिकेतन का वातावरण इतना संगीतमय होगा यह नहीं सोचा था।

बाद में झाड़ू देने का, स्नान का घंटा बजा। तत्पश्चात् आश्रम पुस्तकालय के सामने सभी एकत्र। वेदमंत्र का पाठ हुआ। एक गान हुआ। और दिन का कार्यारम्भ हुआ। पंडित हजारीप्रसाद द्विवेदी ने शान्तिनिकेतन में अपना कार्य प्रारम्भ किया।

शान्तिनिकेतन और बोलपुर के बीच की ज़मीन बिलकुल खाली थी। रास्ते में केवल कब्रिस्तान पड़ता था। लोगों को बोलपुर से शान्तिनिकेतन जाने के लिए या शान्तिनिकेतन से बोलपुर आने के लिए सवारी के नाम पर सिर्फ़ बैलगाड़ी मिलती थी। ज़्यादातर लोग पैदल आते थे। कारण यह कि उस समय बैलगाड़ी पर चढ़कर आने-जाने के लिए जितना किराया चाहिए था उतना भी लोगों के पास (और द्विवेदी जी के पास भी) नहीं होता था। बनारस से शान्तिनिकेतन जाने के लिए अपर इंडिया एक्सप्रेस पकड़नी होती थी जो उस समय बोलपुर रात को बारह बजे के आसपास पहुँचती थी। इतनी रात को बैलगाड़ी तो मिल ही नहीं सकती थी, पैदल आने में बहुत ख़तरा था। वह ख़तरा आज मनोरंजक लगता है, लेकिन तेईस वर्षीय नवागन्तुक द्विवेदी जी के लिए वास्तविक था। द्विवेदी जी ने बताया है कि जिन दिनों वे शान्तिनिकेतन पहुँचे, बोलपुर और शान्तिनिकेतन के बीच एक पुल बन रहा था। पुल बनने के दौरान एक मज़दूर दबकर मर गया था। लोग कहते कि उसकी आत्मा रोज़ रात को उसी पुल पर बैठकर चिलम पीती है। द्विवेदी पंडित ने उस भूत को कभी नहीं देखा, लेकिन जब वे इस स्थान पर पहुँचते तो मज़दूर की आत्मा का पुल पर बैठकर चिलम पीने की बात याद आने लगती। रोमांच हो जाता। पुरबिया लोगों को ऐसे अवसरों पर हनुमान चालीसा का पाठ करने की सीख दी जाती है। पंडित हजारी जी जोर-जोर से हनुमान चालीसा का पाठ करते जाते और भूत के डर से जल्दी-जल्दी भागते जाते।

उस समय द्विवेदी जी की और विश्वभारती के वरिष्ठ अध्यापकों की आर्थिक स्थिति क्या थी, एक-एक पैसे का क्या महत्त्व था, इसका पता इस विवरण से चलता है।

एक बार नन्दलाल बोस, क्षितिमोहन सेन जैसे शिक्षकों ने गुरुदेव से शिकायत की कि 'विश्वभारती समवाय समिति' की दूकान में अन्याय हो रहा है। अन्याय का रूप यह था

कि समिति की दूकान में चावल चार रुपये मन बेचा जा रहा था। जबकि बोलपुर में चावल सिर्फ़ पौने-चार रुपये मन मिलता था। एक मन चावल की खरीद में चवन्नी का फ़र्क नन्दलाल बोस और क्षितिमोहन सेन को इतना अखरा कि वे इसकी शिकायत गुरुदेव से करने पहुँचे। द्विवेदी जी ने टिप्पणी की है, "किन्तु वह ज़माना ऐसा ही था। उस ज़माने में चार आना कोई मामूली राशि नहीं थी। उस समय हम बारह आने की धोती और तेरह आने का कुर्ता पहनते थे। पोशाक ज़रा बेहतर करनी होती तो धोती साढ़े बारह आने की और कुर्ता साढ़े तेरह आने का हो जाता।"[3]

शान्तिनिकेतन में द्विवेदी जी को निकट से जाननेवाले बंगाली अध्यापकों में श्री उपेन्द्र कुमार दास ने शान्तिनिकेतन में द्विवेदी जी के प्रारम्भिक दिनों का विवरण देते हुए लिखा है कि शान्तिनिकेतन में आने के समय द्विवेदी जी तेईस वर्ष तीन महीने के थे। उनका चेहरा बिलकुल विशुद्ध हिन्दुस्तानी पंडित का था। हिन्दुस्तानी यानी मध्यदेशीय पुरबिया पंडित। वे शिखाधारी थे। धोती पहनते थे। शरीर पर 'पंजाबी' या 'फतुआ' की तरह का कुर्ता था और चद्दर ओढ़े रहते थे। 'पंजाबी' या 'फतुआ' पूरबी उत्तर प्रदेश में बँहकटी या सलूका जैसा एक उपरिवस्त्र है जिसके सामने की दोनों तरफ जेबें होती हैं। उस समय शान्तिनिकेतन के परिसर में रहनेवाले छात्र जो प्रार्थना करते थे उसमें वेदमंत्र का पाठ किया जाता था।

गुरुदेव की इच्छा थी कि वेदमंत्र का पाठ शुद्ध उच्चारण के साथ हो और उसके लिए वे सम्भवतः बंग विद्वानों की अपेक्षा काशी के पंडितों पर अधिक भरोसा रखते थे। कहते हैं कि हजारीप्रसाद द्विवेदी को मूलतः शान्तिनिकेतन की समवेत उपासना में शुद्ध उच्चारण से वेदमंत्र का पाठ करने के लिए निमन्त्रित किया गया था। तेईस वर्षीय हजारीप्रसाद द्विवेदी, शुद्ध संस्कारी ब्राह्मण किशोर थे। काशी के छात्र जीवन में एक बार उनका मन बिस्कुट खाने को हुआ। देखते थे कि लोग बिस्कुट खाते थे। मन बस में नहीं रहा और बिस्कुट खाने लगे। बिस्कुट खा तो लिया लेकिन संस्कारी पेट में घुस नहीं पाया। ज़बान पर रखने के बाद ही उसे थूक दिया। पश्चात्ताप भी किया। बड़ी देर तक गंगा में स्नान करके तन-मन को शुद्ध किया।

रूढ़िवादी संस्कारों को लिए हुए हजारीप्रसाद द्विवेदी शान्तिनिकेतन आए तो पहली समस्या भोजन के विषय में उठी। शान्तिनिकेतन में रसोइया तो ब्राह्मण था लेकिन सभी साथ-साथ स्टूल पर बैठकर लम्बी बेंच के ऊपर थाली में भोजन करते थे। जात-पाँत का चक्कर नहीं था। रुइया हॉस्टल में अपने हाथ से चूल्हा-चौका चेता कर भोजन बनाने वाले पंडित को इस तरह भोजन करना ठीक नहीं लगा। यहाँ भी उन्होंने स्वपाकी होने की व्यवस्था की। ऐसा चल नहीं पाया। बाद में व्यवस्था यह की गई कि पाकशाला में भोजन बनाकर अलग से उनके लिए भेज दिया जाए। द्विवेदी जी शान्तिनिकेतन आते ही 'पंडितजी' नाम से विख्यात हो गए। यह नाम उनके साथ ऐसा जुड़ गया कि शान्तिनिकेतन के अनेक विद्यार्थी उनका असली नाम तक नहीं जानते थे। शान्तिनिकेतन के कुछ लोग– वह भी परिचायक-परिचारिकाओं में से कोई-कोई 'पंडितजी बाबू' कहते। श्री दास ने सूचना दी है कि कोई-कोई रवि बाबू को भी 'उत्तर लाइन' (उत्तरायण) के 'गुरुदेव बाबू' कहते थे।

मैंने दिल्ली में कुछ लोगों के मुँह से हजारी बाबू सुना है। खैर, द्विवेदी जी को पंडितजी नाम कैसे मिला, इसका आधार बताते हुए श्री दास ने लिखा है–

"गुरुदेव से लेकर सभी उन्हें पंडितजी कहते थे। पंडितजी की उपाधि भी उन्हें गुरुदेव ने ही दी थी। इस सम्बन्ध में स्वयं पंडितजी ने एक बार कहा था कि शान्तिनिकेतन आने के पश्चात् गुरुदेव से जब पहली बार भेंट हुई, तब उन्होंने हिन्दी में पूछा, 'आप कहाँ शे आया पंडितजी?' उस समय उपस्थित लोगों ने यह सुना, बस इससे ही हजारीप्रसाद द्विवेदी जन्मभर के लिए पंडितजी हो गए।"[4]

द्विवेदी जी ने सम्भवतः 8 नवम्बर को ही गुरुदेव रवीन्द्रनाथ ठाकुर के दर्शन किए। रवीन्द्रनाथ को देखकर उन्हें जैसा लगा उसका वर्णन उन्होंने एक पत्र में किया है। द्विवेदी जी को लगा कि गुरुदेव के दर्शन का अवसर मुझे अनेक जन्मों के पुण्यों के फल से मिला है। गुरुदेव के दर्शन से उन्हें एक नई दृष्टि मिली। और नया विश्वास मिला। रवि ठाकुर के दर्शन के लाभ के साथ-साथ द्विवेदी जी को अपने दोषों का भी स्मरण होता है। लिखा है–"कितनी बातें जानीं फिर भी उन्हें सुधार सकने की क्षमता मुझमें नहीं है। इसीलिए रवीन्द्रनाथ से जितना ग्रहण करना चाहिए उतना ग्रहण नहीं कर पाया। परन्तु निश्चित रूप से उनके दर्शन से मेरे अन्तर में आलोड़न हुआ और कुछ-कुछ मैल ज़रूर गिर गई।"[5]

श्री उपेन्द्र कुमार दास ने लिखा है–"पंडितजी के मधुर स्वभाव एवं निरभिमान पांडित्य के कारण गुरुदेव से लेकर उस समय के सभी वय ज्येष्ठ विद्वान् उन पर स्नेह रखते थे। समवयस्कों के साथ उनका अकृत्रिम प्रीति-सम्बन्ध था। वय कनिष्ठ उनके प्रति आन्तरिक श्रद्धा रखते थे। छोटे बच्चों में वे लोकप्रिय थे। उन दिनों के अध्यापकों में इस प्रकार के और एक ही व्यक्ति को याद किया जाता है। वे थे गोसाईं जी पं. श्री नित्यानन्द विनोद गोस्वामी। सम्भवतः गोसाईं जी ही शान्तिनिकेतन में उनके सबसे अन्तरंग मित्र थे।"[6]

शान्तिनिकेतन में द्विवेदी जी को रूढ़िवादिता से मुक्त होने के गहन संस्कार मिले। गुरुदेव का व्यक्तित्व शान्तिनिकेतन पर छाया रहता था। वे विश्वकवि ही नहीं विश्वमानव भी थे। संकीर्णता की सीमाबन्दी से दूर और उसके विरोधी। स्पर्श मात्र से लोहे को सोना बना देनेवाला पारस-व्यक्तित्व। शान्तिनिकेतन में 8 मई को गुरुदेव रवीन्द्रनाथ का जन्मदिन मनाया जाता था। इसके बाद गर्मी की छुट्टी हो जाती थी। दिक्कत यह थी कि उन दिनों शान्तिनिकेतन में पानी की किल्लत हो जाती थी। इसलिए बंगीय नववर्ष के आसपास पड़नेवाली तिथि 14 अप्रैल को गुरुदेव का जन्मोत्सव मनाया जानें लगा। द्विवेदी जी शुरू से ही इस जन्मोत्सव में उपस्थित ही नहीं रहते, सक्रिय भागीदारी करते। उस दिन गुरुदेव शुभ्र कौशेय वस्त्र की धोती पहनते थे। कौशेय वस्त्र का लम्बा कुर्ता और उसी की सुन्दर चादर। उस देव-मनोहर शरीर पर यह वस्त्र इतने सुन्दर लगते थे कि क्या बताऊँ।"[7]

1931 ई. के जन्मोत्सव यानी वहाँ पहुँचने के बाद पहले जन्मोत्सव में आचार्य क्षितिमोहन सेन की आज्ञानुसार पं. हजारीप्रसाद द्विवेदी ने वेदमंत्र पाठ किया। इसके बाद प्रत्येक वर्ष जन्मोत्सव में वे वेदमंत्रों का पाठ करने लगे।

एक बार गुरुदेव ने उन्हें वेदमंत्रों के चयन का भी काम सौंपा। मंत्रों का चयन प्रतिवर्ष किया जाता था। द्विवेदी जी ने उन दिनों दाढ़ी बढ़ा रखी थी। गुरुदेव ने विनोद में कहा–

"तुम मेरे प्रतिद्वन्द्वी बनना चाहते हो–यह नहीं होगा।" द्विवेदी जी ने दाढ़ी कटा ली। द्विवेदी जी वेद मंत्रों का बंगला-अनुवाद भी करते थे। अनुवाद गुरुदेव स्वयं देख लेते थे। कुछ सुधार भी कर देते थे। जन्मोत्सव के प्रधान पुरोहित आचार्य क्षितिमोहन सेन होते। किसी कारणवश वे अनुपस्थित होते तो प्रधान पौरोहित्य द्विवेदी जी को करना पड़ता।

शान्तिनिकेतन पहुँचने के फौरन बाद से ही द्विवेदी जी ने रवीन्द्रनाथ की कविताओं पर लेख लिखना शुरू कर दिया। कभी-कभी लेख दिखाते तो वे प्रसन्न होते। कहते–"बहुत अच्छा लिखा है। मुझे प्रसन्नता है कि तुम पढ़कर लिखते हो।"[8]

द्विवेदी जी कुल मिलाकर शान्तिनिकेतन बीस वर्षों तक रहे। उन्हें आरम्भिक बारह वर्ष तक गुरुदेव का सान्निध्य मिला। उनका स्नेह और आशीर्वाद मिला। द्विवेदी जी ने गुरुदेवविषयक अपनी पुस्तक 'मृत्युञ्जय रवीन्द्र' में कवि की दिनचर्या पर लिखा है। उनके विनोदी, करुण स्वभाव, चराचर की वेदना को समझ लेने की इच्छा आदि के बारे में लिखा है। कई मनोरंजक प्रसंग भी वर्णित किए हैं।

रवीन्द्रनाथ 4 बजे उठ जाते थे। आराम कुर्सी पर चुपचाप सूर्य की ओर मुँह करके बैठ जाते। लिखा है–

"शुरू-शुरू में मैं जब शान्तिनिकेतन गया था तो स्व. आचार्य क्षितिमोहन सेन के साथ खूब प्रातःकाल टहलने निकल जाता था। सूर्योदय के बाद गुरुदेव को प्रातःकाल अपने बाग में टहलते देखता था। आचार्य क्षितिमोहन के साथ वे थोड़ी देर बातचीत करते और मैं चुपचाप सुना करता। कभी-कभी हम लोग देर से लौटते थे। गुरुदेव उस समय प्रातःकालीन चाय या कॉफी (जाड़ों में) या अन्य कोई पेय लेते थे। सन्देश उन्हें बहुत प्रिय था।... कभी-कभी वे टमाटर का रस भी लेते। कभी-कभी नीम के पत्तों के रस से भरा गिलास।"[9]

द्विवेदी जी हिन्दी क्षेत्र से आनेवाले साहित्यकारों या अन्य दर्शनार्थियों को गुरुदेव के पास ले जाते। एक दिन बड़े सवेरे बुलावा आ गया। कोई महाराष्ट्रीय सज्जन रात भर दुतल्ले पर उनके कमरे के दरवाज़े के सामने सोते रहे। सबेरे उनके बाहर निकलते ही अपनी पुस्तक पर सम्मति लिखवाना चाहते थे। वे मराठी-हिन्दी में और गुरुदेव बंगाली-हिन्दी में बात कर रहे थे। एक-दूसरे को समझ नहीं पा रहे थे। द्विवेदी जी को बुलाया गया तो उन्होंने गुरुदेव के सामने स्थिति स्पष्ट की।

गुरुदेव थक जाते थे, लेकिन मिलने के लिए आनेवाले लोगों को निराश नहीं करते। देखते ही स्वागत वचन बोलते–एशो।

द्विवेदी जी के लेखन में रवीन्द्रनाथ के अनेक प्रसंगों का बहुविध प्रेरणादायक वर्णन है। पंडितजी को दीनबन्धु एंड्रयूज़, नन्दलाल बोस, क्षितिमोहन सेन, विधुशेखर भट्टाचार्य, रामकिंकर, मौलाना आंदामुद्दीन का साथ, साहचर्य मिला। बनारसीदास चतुर्वेदी, सुमित्रानन्दन पंत, जैनेन्द्र कुमार, अज्ञेय, बलराज साहनी जैसे हिन्दी के प्रतिभाशाली रचनाकार शान्तिनिकेतन आने-जाने लगे। शान्तिनिकेतन सरस्वती का ऐसा मंदिर था जहाँ भारत की पारम्परिक संस्कृति भावी का स्वप्न देख रही थी। महामानव सागर की व्यापकता और ऐतिहासिक ज्ञानाग्नि से प्रोज्ज्वल। शान्तिनिकेतन में द्विवेदी जी के व्यक्तित्व का जो निर्माण हुआ उसकी कहानी जानने के लिए हमारे पास जो सामग्री उपलब्ध है, वह अपर्याप्त है। द्विवेदी

जी द्वारा और उनको लिखे गए तत्कालीन पत्र हमारी मदद कर सकते हैं। कुछ झलकियाँ अन्यत्र भी मिल सकती हैं।

द्विवेदी जी, पंडित और विद्याव्यसनी तो थे ही शुरू से। उनके व्यक्तित्व में एक विनोदी नटखट भी छिपा रहता। अन्तिम दिनों तक, संकट-से-संकट के समय में भी वह विनोदी व्यक्तित्व अवसर पाते ही प्रकट हो जाता था। उनके चिन्तक व्यक्तित्व से इस विनोदी व्यक्तित्व का प्रगाढ़ सम्बन्ध था। सारा गम्भीर व्यक्तित्व एक तरफ फेंककर वे नटखट बच्चों की तरह मस्तमौला हो जाते। परेशानी में भी जीवन का रस वे ले सकते थे। गम्भीरता की पाखंडी मुद्रा पर वे व्यंग्य कसते। उनका प्रसिद्ध वाक्य है–"चिपैंजी संसार का सबसे गम्भीर प्राणी है।" शान्तिनिकेतन में विनोद का यह वातावरण भरपूर था। स्वयं गुरुदेव की विनोद-कथाएँ प्रसिद्ध हैं। वहाँ यह वृत्ति संक्रामक रूप में रही होगी। उपेन्द्र कुमार दास ने नवागन्तुक हजारीप्रसाद द्विवेदी से सम्बन्धित एक घटना का उल्लेख किया है–

"अभाव-ग्रस्तता के छोटे-मोटे उपद्रवों के सम्बन्ध में पंडितजी जैसे व्यक्ति रसिकता भी करते थे। उस समय शान्तिनिकेतन में नियमित (वेतन) वृद्धि की कोई व्यवस्था नहीं थी। हठात् एक दिन सुना गया कि उस प्रकार की एक व्यवस्था हुई है। नियमित रूप से दो वर्षों में अध्यापकों के वेतन में तीन रुपये की वृद्धि होगी। यह समाचार सुनकर सभी बहुत प्रसन्न हुए। किन्तु व्यक्ति-विशेष के क्षेत्र में यह कौतुकप्रद रहा।

उस समय सचिव ही शान्तिनिकेतन के प्रशासक थे। उन दिनों सचिव थे सुरेन्द्रनाथकर महाशय। वे अतिशय ठंडे मिजाज़ के विशिष्ट भद्र व्यक्ति थे। एक दिन पंडितजी उनके कार्यालय में जा उपस्थित हुए। पंडितजी को सादर बैठाकर उन्होंने काग़ज़-कलम लेकर कहा, "कहिए पं. जी कितना होने पर चलेगा?"

वे जानते थे कि महीने के अन्तिम दिनों में किसी अध्यापक का उनके पास आने का अर्थ था अग्रिम राशि के लिए आना। और वे यथासम्भव अग्रिम देते भी थे। उन दिनों यह अति साधारण बात थी।

पंडितजी ने सिर खुजलाते हुए कहा, नहीं मास्टर मोशाय, आज अग्रिम लेने नहीं आया।

कर महाशय किंचित् विस्मित हुए। उन्होंने काग़ज़-कलम रख दिया। कहा, अग्रिम नहीं! तब कहिए पं. जी।

पं. जी ने सिर खुजाते हुए कहा, "मेरा एक सामान्य निवेदन है, मेरा वेतन कम कर दीजिए।"

कर महाशय के समक्ष इस प्रकार का अद्भुत अनुरोध पहले किसी ने नहीं किया था। वे पहले तो कुछ विस्मित हुए, लेकिन बाद में समझ जाने पर हँस पड़े। कहा, किसी का वेतन कम कर देने की क्षमता मेरे पास नहीं है, पंडितजी। बढ़ाने की भी नहीं है।

इसका रहस्य यह था–उस समय जिनका वेतन पचास रुपये महीने तक था, उन्हें अपने बच्चों के स्कूल और अस्पताल की फीस के लिए बहुत कम कुछ देना पड़ता था, पचास रुपये महीने से ऊपर वेतन पाने वालों को उससे दुगना देना पड़ता था। तीन रुपया महीना बढ़ जाने से पंडितजी का मासिक वेतन पचास रुपये से अधिक हो गया। फलस्वरूप उनके बच्चों की फीस आदि दुगुनी हो गई। हिसाब करने पर देखा गया कि पंडितजी जो

महीना पाते थे उन्हें उससे दो रुपये कम मिलेंगे। इसीलिए वे वेतन कम करवाने के लिए कहने गए थे।

एक दिन प्राचीन विचारों के कोई रूढ़िवादी ब्राह्मण शान्तिनिकेतन पधारे। उन्होंने सुन रखा था कि शान्तिनिकेतन गुरुदेव रवीन्द्रनाथ द्वारा स्थापित पवित्र आश्रम है। वे भी पूर्वांचल के थे। सो पता लगाते-लगाते द्विवेदी जी के यहाँ पहुँच गए। अनेक प्रकार की चर्चाएँ कीं। चर्चा के उपरान्त द्विवेदी जी उन्हें आश्रम दिखाने ले गए। जब उन्हें एक मन्दिर दिखाया तो उन्होंने पूछा यह कैसा मन्दिर है। बताया गया यह उपासना मन्दिर है। मन्दिर में कोई मूर्ति नहीं थी। द्विवेदी जी ने बताया कि चूँकि इस मन्दिर में ब्रह्म की उपासना होती है इसलिए यहाँ कोई मूर्ति नहीं है। सुनते ही अतिथि ब्राह्मण ने राम-राम कहकर मन्दिर में मूर्ति की अनुपस्थिति पर गहरा रोष व्यक्त किया। दूसरे दिन सवेरे पंडितजी ने जानबूझकर सस्वर गीत गोविंद का पाठ करना शुरू किया। ब्राह्मण देवता ने सरोष पूछा—ये सवेरे-सबेरे आप गीत गोविन्द का पाठ क्यों कर रहे हैं? द्विवेदी जी ने कहा—इतने बड़े कवि का आश्रम है। सिद्ध कवि जयदेव की रचना का पाठ तो सर्वथा उचित ही है। अतिथि गम्भीरतापूर्वक राम-राम जपने लगे। संयोग से उसी समय सामने से कुछ छात्राएँ गुजरीं। अतिथि ने जिज्ञासा प्रकट की कि ये सब कहाँ जा रही हैं? शान्तिनिकेतन के हिन्दी अध्यापक द्विवेदी जी ने बताया कि ये हम लोगों की छात्राएँ हैं और क्लास में जा रही हैं। ब्राह्मण अतिथि ने कई जिज्ञासाएँ प्रकट कीं और जब उन्हें पता चला कि शान्तिनिकेतन में लड़के-लड़कियों की कक्षाएँ एक साथ होती हैं और उनमें से लगभग किसी का ब्याह नहीं हुआ है, यानी विवाह के पूर्व ही वे पुरुषों के साथ उठती-बैठती हैं तो उनके धैर्य का बाँध टूट गया। गुस्से से बड़बड़ाने लगे—ये शान्तिनिकेतन नहीं अशान्तिनिकेतन है। और द्विवेदी जी से बिना कुछ बोले-चाले वहाँ से विदा हो गए।

उन दिनों कोऑपरेटिव भंडार था। हाट के दिन बोलपुर से साक-सब्ज़ी लाकर बेची जाती थी। हाट के पहले दिन गृहस्थ अपनी ज़रूरत के मुताबिक साक-सब्ज़ी का 'आर्डर' भंडार में दे आते थे। पं. जी भी अपना आर्डर दे आए। दूसरे दिन साक-सब्जी लेने नौकरानी गई तो मैनेजर ने कहा—एक बोरा लेकर आओ। पंडितजी ने एक मन साक का आर्डर दिया था, थैले में कैसे ले जाओगी। दौड़े-दौड़े पंडितजी पहुँचे तो मैनेजर ने उनके हाथ की लिखी चिट दिखाई। लिखा था—

लकीर पहले होनी चाहिए थी बाद में लगने से एक सेर का एक मन हो गया।* पं. जी बंगला भाषा में पत्र तो लिखते थे किन्तु लिपि देवनागरी ही रखते थे। दो-चार शब्द बंगला लिपि में लिखने के बाद बाकी देवनागरी में। सतर्क हो गए होंगे।[10]

द्विवेदी जी के चलते शान्तिनिकेतन हिन्दी साहित्यकारों, हिन्दी प्रेमियों और विद्यार्थियों के लिए प्रमुख स्थल बन गया। काव्यतीर्थ तो वह गुरुदेव के चलते था ही। लोग वहाँ रवीन्द्रनाथ ठाकुर का दर्शन करने आते, साथ में द्विवेदी जी का सत्संग लाभ भी करते। बाद में तो द्विवेदी जी के साहित्यिक व्यक्तित्व के कारण हिन्दीवालों का भी कुछ वर्षों तक तीर्थ बना रहा। शान्तिनिकेतन का बहुत बड़ा महत्त्व और आकर्षण यह था कि वह साम्राज्यवादी

---

* देखिए सन्दर्भ-10

पाश्चात्य शिक्षा-पद्धति का विकल्प प्रस्तुत करता था। एक ऐसे महापुरुष की कल्पना का सरस्वती मन्दिर था जिसे पाश्चात्य जगत भी सम्मान दे चुका था। उस समय शान्तिनिकेतन में समस्त भारत के कोने-कोने से छात्र आते थे। हिन्दी प्रदेश के सम्भावनाशील छात्र और युवा साहित्यकार भी वहाँ रहकर मानो एक स्वप्निल वातावरण में रहने का आनन्द लेते थे।

उन दिनों के युवा कवि सच्चिदानन्द हीरानन्द वात्स्यायन 'अज्ञेय' शान्तिनिकेतन पहुँचे, अनेक प्रेम कविताएँ लिखीं। असफल प्रेम विवाह किया। लेकिन द्विवेदी जी से आत्मीयता और स्नेह सम्बन्ध उनका आजीवन बना रहा। अज्ञेय ने एक लेख में अपनी शैली में द्विवेदी जी के आतिथ्य का चित्र खींचा है। उन दिनों का स्मरण करते हुए बताया है कि वे अँधड़ में घूमने निकल पड़े। उसी तूफान में बिजली गिरी। ऐसी बिजली कि बिलकुल पास में ही एक छोटा वृक्ष बीचोबीच दो टुकड़ों में चिर गया। आथितेय द्विवेदी परिवार उनकी सुरक्षा की चिन्ता में अतिशय उद्विग्न रहा।

"लौट कर पहुँचा तो देखा, सब लोग भीतर चले गए थे। किवाड़ बन्द थे। पर हजारीप्रसाद द्विवेदी जी चिन्तित मुद्रा में बरामदे के चक्कर काट रहे थे। सीढ़ी पर मेरी आहट सुनते ही वे भी मुड़े और भीतर चले गए। मुझसे बोले नहीं। यह तो मैं समझा ही कि मुझसे केवल अवज्ञा नहीं अपराध हो गया है। पर तुरन्त आगे बढ़कर क्षमा माँगने की हिम्मत नहीं हुई। वहीं बरामदे में दुबककर बैठ गया।"[11]

प्रसिद्ध अभिनेता बलराज साहनी को शान्तिनिकेतन, द्विवेदी जी के पास, अज्ञेय ही ले गए थे। द्विवेदी जी की एकाध रचनाओं में बलराज नाम का एक पात्र संवादी विवादी के रूप में आता है। सम्भवतः वे बलराज साहनी ही हैं। बलराज साहनी द्विवेदी जी के आत्मीय थे। उनके छोटे भाई भीष्म साहनी भी। साहनी परिवार का द्विवेदी जी बहुत आदर करते थे।

मार्च 1939 के 'हंस' में द्विवेदी जी पर बलराज साहनी का एक लेख छपा है। लेख क्या है, ललित-निबन्ध है। शैली इतनी मोहक है कि पंक्ति-पंक्ति से द्विवेदी जी के प्रति आत्मीयता का रस टपकता है, मानो द्विवेदी जी की कलम से ही बलराज साहनी ने लिखा हो। मेरी जानकारी में द्विवेदी जी के गम्भीर, फक्कड़, विनोदी और स्फटिक के समान पारदर्शी व्यक्तित्व को चित्रित करने वाला यह पहला लेख है। शान्तिनिकेतनी द्विवेदी जी के चरित्र को चित्रित करने वाला पहला और अद्वितीय लेख जो लेखक के बहुक्षेत्रीय सर्जनात्मक व्यक्तित्व की सम्भावनाओं को भी उजागर करता है। शायद शान्तिनिकेतन के वातावरण में ही ऐसा कुछ था जो लेखकों को ऐसी जीवन्त शैली प्रदान करता था। काश! बलराज साहनी ने हिन्दी में प्रचुर साहित्य लिखा होता।

"द्विवेदी जी में एक दोष है, ढीलम-ढालम रहते हैं। हजामत हफ्ते में एक बार से अधिक नहीं करते। तिस पर जो व्यक्ति पहली नज़र में उन्हें जँच जाए उसकी ख़ैर, जो न जँचे उसे सामने बिठाकर उसके मुँह की ओर देखते रहते हैं। इसलिए कई महानुभाव शान्तिनिकेतन से यह धारणा बनाकर लौटते हैं कि द्विवेदी जी बैरागी आदमी हैं।"[12]

बलराज साहनी यह लिखना नहीं भूलते कि द्विवेदी जी के आलोचनात्मक लेखों को पढ़कर लोग अनुमान कर लेते हैं कि शास्त्राचार्य हजारीप्रसाद द्विवेदी 55 और 60 के दरमियान होंगे (1939 में द्विवेदी जी 32 साल के थे)। कहते हैं कि इसी उम्र में प्रेमचन्द

भी उन्हें आचार्य समझते थे। बलराज साहनी ने लिखा कि वास्तव में ये दोनों बातें गलत हैं। और वे खुद उन्हीं सौभाग्यशालियों में से हैं जिनकी ओर वे चुपचाप एकटक देखा करते हैं। 1967 में बलराज साहनी का यह लेख पढ़कर मैंने पंडितजी से पूछा कि आप कुछ लोगों को चुपचाप, बड़ी देर तक एकटक विस्मित-चकित भाव से इस प्रकार क्यों देखा करते हैं? पंडितजी ने कहा कि जब कोई आदमी अतीव आत्मविश्वासपूर्वक बोलता ही चला जाता है तो मैं हैरान होकर सोचने लगता हूँ कि यह ईर्ष्याजनक आत्मविश्वास इसमें कैसे आया और किंकर्त्तव्यविमूढ़ होकर उसे निहारता रहता हूँ। पंडितजी का उत्तर सुनकर हममें से अनेक को याद आया कि वे कभी-कभी हम लोगों को भी ऐसे ही चुपचाप एकटक निहारते रहते हैं।

बलराज साहनी ने द्विवेदी जी के दिगन्तव्यापी अट्टहास की चर्चा की है। शायद यह द्विवेदी जी के अट्टहास का हिन्दी साहित्य में प्रथम उल्लेख है। बलराज साहनी ने लिखा है—पंडितजी विरक्त नहीं हैं। इसका प्रमाण है कि जिस मंडली के साथ शाम को सैर के लिए निकलते हैं उसका अट्टहास मील के घेरे में कान चीरता है। उनके शुभचिन्तक शान्तिनिकेतन से आने वाले बटोहियों से प्रायः यही सवाल-जवाब करके सन्तुष्ट हो जाते हैं—

"पंडितजी हँस रहे हैं ना?"

"हाँ, हँस रहे हैं।"

"मतलब यह कि पंडितजी हँस रहे हैं तो शान्तिनिकेतन में सब-कुछ ठीक-ठाक है।"

बलराज साहनी, द्विवेदी जी के आत्मीय मित्रों में से थे। वे लिखते हैं कि पंडितजी देखने में छह फीट से कम नहीं, साथ ही यह भी कि वे ऐसे महापंडित के शिष्य हैं जो सत्तर वर्ष की अवस्था में भी डेढ़ सौ सपाटा दंड बैठक नियमपूर्वक लगाते थे। इन महापंडित ने डबल निमोनिया में भी सपाटों से निमोनिया को इलाज करना चाहा और भगवान को प्यारे हो गए। यह संकेत अनुमानतः पंडित वामदेव शास्त्री की ओर है। बलराज साहनी के लेख से पता चलता है कि द्विवेदी जी चलती हुई रेलगाड़ी देखने के इतने शौकीन थे कि दूर से आती हुई गाड़ी की हरहराहट सुनते ही मित्रों से बहस-मुबाहिसा करना छोड़ देते थे, चप्पल उतारकर हाथ में ले लेते थे और लाइन की तरफ गाड़ी देखने के लिए दौड़ पड़ते थे।

ऊपर-ऊपर से यानी पहली नज़र में बलराज साहनी का यह लेख परिचयात्मक, संस्मरणात्मक और विनोदपरक लगता है लेकिन यह लेख द्विवेदी जी के बारे में उनके व्यक्तित्व की निजता और साहित्य की समस्याओं के प्रति उनके गहरे सरोकार का भी संकेत करता है। साहनी के अनुसार, द्विवेदी जी जीवन-प्रेमी व्यक्ति हैं और एक जीवन्त व्यक्ति की तरह वे जीवन-स्थितियों को तटस्थ होकर देख सकते हैं। दूसरों पर भी हँस सकते हैं और अपने पर भी।

"उनमें जीवन के चरम उद्देश्य साहित्य-कला की आर्यता के प्रति गहरी श्रद्धा है। ज्ञान और अनुभव के लिए अतोषणीय भूख है। सूई से लेकर सोशलिज़्म तक सभी वस्तुओं का अनुसन्धान करने के लिए उत्सुक रहते हैं। किसी विषय पर उनकी धारणाएँ अचल नहीं होतीं।" बलराज साहनी ने 1939 के आलोचक पंडित हजारीप्रसाद द्विवेदी के आलोचनात्मक लेखन को गम्भीर तथा सारगर्भित कहा है। साथ में यह सूचना भी दी है कि "प्रशंसात्मक

पत्रों को फाड़कर फेंक देते हैं। अखबारों में तस्वीरें छपवाना बुढ़ापे के लिए स्थगित कर रखा है। रुपये-पैसे की परवाह नहीं करते।"

बलराज साहनी ने इतना लिखकर अपनी टिप्पणी जोड़ी है–

"ऐसा आदमी न हँसे तो कौन हँसे!"

लेख के अंत में बलराज साहनी अभिलाषा प्रकट करते हैं कि श्रीहर्ष की तरह द्विवेदी जी को भी कोई उड़द की दाल और बासी भात खिला दे ताकि वे अनुसन्धान-वनुसन्धान त्यागकर लगे हाथ एक नॉवेल लिख डालें। अपनी मोहक भाषा को अपना वास्तविक काम करने दें। नॉवेल न सही तो कोई कटाक्षपूर्ण निबन्ध-संग्रह ही सही। बलराज साहनी ने पंडितजी के विद्वान् रूप को सराहा है लेकिन उनके भावी सर्जक रूप का अचूक संकेत भी किया है। बलराज साहनी के लेख से इस बात का भी संकेत मिलता है कि उन दिनों ही द्विवेदी जी हिन्दी साहित्य का या यों कहें कि भारतीय साहित्य का वास्तविक विकास यूरोप के नवीनतम साहित्यिक आन्दोलनों को आत्मसात् करके अपनी आन्तरिक निजता के आधार पर आगे बढ़ने में मानते थे। बलराज साहनी ने उनकी एक कविता उद्धृत की है जिसे वे सुर्रियलिज़्म के प्रति उनकी उपेक्षा का लक्षण मानते हैं। हमारे विचार से यह सुर्रियलिज़्म की उपेक्षा से अधिक अपनी परम्परा की उपेक्षा पर व्यंग्य है।

1. अथ कविता

(छप छप...)
अनन्त का नर्तन
शंख नीहारिका, पैराबोला, हायपरबोला।
(कौन किसे सुनने देता है)
सुदूर की आवाज़ कानों को खाए जाती है।
(कोई मानो कुंडी खटखटा रहा है)
खरल में पिसा करते हैं मोती।
घिसा करते हैं चन्दन
अशेष फुत्कार
विराट नर्तन!
छप छप
(कौन किसकी सुनता है)
उफ़
सेठों की पगड़ियाँ, सुन्दरियों की साड़ियाँ,
पहलवानों के लंगोट आगरे की दाल-मोठ
छप छप छप...
(कौन किसे सुनने देता है)

शान्तिनिकेतन में कुछ दिनों के लिए 'हार की जीत' कहानी के लेखक सुदर्शन भी थे। लेकिन उनके बारे में कोई विशेष जानकारी नहीं मिलती। उनके फिल्मी लाइन में चले जाने से पं. जी शायद प्रसन्न नहीं थे।

बलराज साहनी तो द्विवेदी जी के मित्र थे। कुछ दिनों के लिए हिन्दी भवन में उनके सहयोगी थे। उन्होंने द्विवेदी जी के अध्यापक रूप को शिष्य के तौर पर नहीं देखा। और द्विवेदी जी हिन्दी भवन के पूर्णकालिक अध्यापक थे। अध्यापक के व्यक्तित्व, चरित्र और गुण-दोष की जानकारी सबसे ज़्यादा (और सबसे प्रामाणिक भी) छात्रों को होती है। हिन्दी की प्रसिद्ध लेखिका शिवानी शान्तिनिकेतन में द्विवेदी जी की शिष्या थीं। वे उच्चपदस्थ अधिकारी के संस्कारी परिवार से थीं। शिवानी उनका लेखिका नाम है।[13] तब वे गौरा पंत थीं। उन्होंने शान्तिनिकेतन में अपने हिन्दी गुरु पं. हजारीप्रसाद द्विवेदी और शान्तिनिकेतन के तत्कालीन वातावरण का आत्मीय चित्र खींचा है। पंडितजी के अध्यापक रूप और उनकी अध्यापन शैली का भी।

आश्रम के 'खैलार मठ' से एक लाल सड़क जाती थी। उस सड़क के किनारे एक धूलि-धूसरित मैदान था और उसी से लगे थे अध्यापकों के लिए रहने के घर। इस क्षेत्र का नाम 'गुरुपल्ली' था। गुरुपल्ली का अर्थ होगा—'गुरु गाँव'। ये मकान कच्ची मिट्टी के बने थे। खपड़ैल से छाए थे। एक ही कतार में थे और वे सब लगभग एक ही आकार-प्रकार के थे। गुरुपल्ली ताड़, खजूर और मालती-लता से आच्छादित थी। कतार का पहला मकान द्विवेदी जी का था जिन्हें छात्र बड़े पंडितजी कहते थे। जहाँ तक मेरी जानकारी है छोटे पंडित, पंडित दुर्गादत्त पांडे को कहा जाता था। जिन्होंने दिल्ली में मानव-स्थली शिक्षा संस्थान की स्थापना की। जितना सादा और सरल द्विवेदी जी का व्यक्तित्व था वैसा ही उनका घर। छोटा-सा बरामदा, उससे लगा एक कमरा, कमरे में बिछा लकड़ी का तख्त। कमरे में रखी अलमारी में अनेक पुस्तकों का 'स्तूपाकार गट्ठर'। बरामदे के बाद एक और बरामदा, आँगन और आँगन में ही छोटी-सी कोठरी। वह कोठरी रसोईघर थी।

शिवानी जी ने लिखा है कि रसोईघर से खाद्य सामग्री की सुगन्ध की लपटें आती थीं। श्रीमती द्विवेदी भोजन बनाने में पटु थीं और अकसर विनोद में कहतीं कि बाबूजी (उनका आशय पति हजारीप्रसाद द्विवेदी से था) तो दुबले-पतले थे मैंने उन्हें खिला-पिलाकर मोटा किया। माताजी (श्रीमती द्विवेदी) पूर्वी उत्तर प्रदेश के व्यंजनों को बनाने में तो पटु थीं ही, उन्होंने बहुत जल्दी बंगाली व्यंजनों को भी बनाने में पटुता हासिल कर ली। बाद में पंजाब गईं तो पंजाबी व्यंजन भी सुस्वादु बनाने लगीं। शिवानी को उनके रसोईघर से खाद्य-सामग्री की जो सुगन्ध-लपटें मिलती थीं उनमें उत्तर प्रदेश के अलावा बंगाल के घंट, चड़चड़ी कोपीर, डालना और आलू-पटल (परवल) की सर्वथा नवीन गंध-लपटें भी होती थीं। फल यह होता कि उत्तर प्रदेश की छात्राएँ शिवानी के साथ द्विवेदी जी के घर भूख और स्वाद की हुटुक मिटाने पहुँच जातीं।

"गोरी बूटे से कद की आनन्दी भाभी कभी मूड़ी का पूरा कनस्तर ही उतारकर हमारे सम्मुख रख देतीं। धोती, ढीला कुर्ता और अंडी के चादरधारी पंडितजी दूर ही से पहुँच जाते। लम्बा कद, न दुर्बल, न स्थूल, प्रशस्त माथा, आँखों में अनूठी चमक और अधरों पर बात-बात पर उतर आनेवाली स्निग्ध हँसी।[14]

और शान्तिनिकेतन में कक्षाएँ कैसी होती थीं? पंडितजी का अध्यापक रूप।

अध्यापक से अपेक्षा की जाती है कि वह पढ़ाने के साथ-साथ क्लास में अनुशासन

बनाए रखने के लिए बच्चों को डाँट-डपट भी सके। ज़रूरत पड़ने पर उन्हें दंड भी दें। लेकिन पंडितजी आजीवन किसी को दंड देना नहीं सीख पाए। वे डाँटते तो थे लेकिन ऐसा लगता था कि क्रुद्ध नहीं दुखी हैं। उनका पढ़ाने का अपना ढंग था। क्लास में कभी-कभी अपने कट्टर गुरुजी की कहानियाँ सुनाते। जरा-सी बूँदा-बाँदी होने पर वर्षा का आनन्द लेने के लिए छुट्टी कर देते। वैसे भी शान्तिनिकेतन में वर्षा में छुट्टी कर देने का प्रचलन था। वे कक्षा के छात्रों से अपने लिए साबुन, ब्लेड आदि लेने कोऑपरेटिव स्टोर भेजते तो उन्हें लेमन जूस, मूँगफली आदि के पैसे भी देते। अनुशासन भंग करने पर छात्रों को दंड नहीं, दंड देने की धमकी मिलती। शिवानी ने अनुशासन भंग करने पर मिलने वाले दंड की एक घटना का विवरण दिया है।

शान्तिनिकेतन में आँवले के पेड़ बहुत थे, जंगली पेड़। उनमें आँवले के छोटे-छोटे फल लगते। छात्र-छात्राएँ क्लास में भी आँवले की गुठलियाँ मुँह में दबाए सुपारी जैसे कुतर रही होतीं। कभी-कभी कुड़क-कुड़क ध्वनि भी आँवले की गुठलियाँ कुतरने से होती। इस पर द्विवेदी जी को अध्यापकीय कर्त्तव्य की याद आती तो धमकी देते–"तुम लोग यहाँ आँवला खाने आते हो या पढ़ने। अब किसी को गुठली कड़काते देखा तो बाहर निकाल दूँगा।" लेकिन गुठली कड़काना बन्द नहीं हुआ। और पकड़ में आ गए शिवानी के क्लास-फेलो शरण प्रसाद। अध्यापक का चेहरा तमतमा उठा। डाँटकर बोले–"मुँह में कितनी दर्जन गुठलियाँ हैं? मुँह खोलो और दिखाओ।" शरण प्रसाद उस्ताद थे। मुँह तो खोल दिया लेकिन गुठलियाँ ज़बान के नीचे दबाकर छिपा लीं, लेकिन द्विवेदी जी दिखने में ही सीधे थे। अध्यापक के रूप में पूरे चुस्त-चौबन्द। "हूँऽऽ! हम क्या समझते नहीं? गुठलियाँ जीभ के नीचे छिपाई गई हैं। खड़े रहो पूरे पीरियड।"

पंडितजी गौरा पंत को गऊ-सी सीधी समझते थे। शरण प्रसाद को सुधारने के लिए गौरा पंत को आदर्श रूप में प्रस्तुत करते हुए बताने लगे–"देखो! पहाड़ से आई है। कैसे सिर झुकाए शान्त, गम्भीर बैठी है और एक तुम हो कि पलभर सीधे बैठ भी नहीं सकते। गुठलियाँ कड़काते रहते हो।" इस सार्वजनिक प्रशंसा से गौरा पंत अपनी आनन्द-विह्वलता रोक नहीं पाईं और खाँसीं कि ज़बान के नीचे बड़े छल-बल से छिपाई गई आँवले की गुठली छिटककर सीधी पंडितजी की गोद में जा गिरी। पहले तो अध्यापक प्रवर चौंके फिर लाचार होकर ठठाकर हँसने के अलावा कोई रास्ता नहीं था। कहाँ का अनुशासन और कहाँ का दंड-विधान।

शान्तिनिकेतन के अध्यापक द्विवेदी जी की रुचि क्लास में बैठकर पढ़ाने में ज़्यादा नहीं थी। वे छात्रों को आकाश के रहस्यमय ग्रहों, नक्षत्रों आदि का परिचय कराने में ज़्यादा रुचि लेते। कक्षाएँ प्रायः खुले आकाश में, वृक्ष की छाया में होतीं। थोड़ी-सी छात्र-छात्राएँ मंडलाकार बैठे होते। शिवानी के शब्दों में, "उन दिनों हमारे पाठ्यक्रम में सुन्दरकांड था। और पढ़ाते थे स्वयं पंडितजी। अपनी अंडी की चादर मुड़ी-मुड़ाकर लपेटे पंडितजी हिल-हिलकर सुन्दरकांड पढ़ाने लगते तो लगता–पूछने को कुछ है ही नहीं। एक-एक दोहा-चौपाई उलझे तागे-सी स्वयं ही सुलझती चली जाती। लगता जैसे अवनीन्द्र ठाकुर की रोचक गल्पेर क्लास का ही पीरियड चल रहा हो।" और मध्यकालीन कविता के बाद आधुनिक कविता, पाठ्यक्रम में किसी कवि की कविता लगी थी जिसकी पंक्तियाँ हैं–

"कोकिल बोलो तो। प्राणों में मधु घोलो तो"

अध्यापक द्विवेदी जी व्याख्या करते—"अब कोकिल है, कव्वा तो है नहीं जो काँव-काँव करे। कुहू-कुहू कर रही होगी। बस घुल गया होगा प्राणों में मधु। जाओ भागो छुट्टी।" व्याकरण की कक्षा गम्भीर होती। पढ़ाने के बीच में गुरुदेव का बुलावा आ जाता या वर्षा हो जाती तो छुट्टी मिल जाती।"

शान्तिनिकेतन में उन दिनों द्विवेदी जी के एक और सहयोगी, श्री नर्मदेश्वर चतुर्वेदी थे। वे समाजवादी विचारधारा के कर्मठ कार्यकर्त्ता थे और स्वाधीनता-आन्दोलन के दौरान जेलयात्री थे। बलिया के ही थे। संत-साहित्य विशेषज्ञ पं. परशुराम चतुर्वेदी के छोटे भाई थे। सन् 1942 के आन्दोलन में अंडरग्राउंड काम किया था। कथाकार अमरकान्त ने स्वतंत्रता-आन्दोलन के दौरान इनकी क्रान्तिकारी शिक्षण-क्लासों को अटेंड किया था। कुछ दिनों के लिए नर्मदेश्वर जी शान्तिनिकेतन, 'हिन्दी भवन' में काम करते थे। उनके अनुसार, शान्तिनिकेतन में लोगों की जीवनचर्या बहुत बँधी-बँधाई और ढर्रे पर चलनेवाली थी। प्रातःकाल सामूहिक प्रार्थना होती थी और उसके बाद पहले से तय कार्यक्रम चलता था। लोगों में अपना काम करने की जिम्मेदारी की भावना थी। किसी प्रकार के बाहरी दबाव का कोई काम नहीं था। सद्भाव और सहयोग के वातावरण में सब लोग एक-दूसरे से मिलकर काम करते थे। किसी भी विपत्ति में सब लोग मिलकर उसे संकट-मुक्त करने में तत्पर हो जाते थे। नौकरी में पद-भेद तो था पर उसके कारण किसी की सुविधा और अधिकार में कमी-बेशी नहीं पड़ती थी। सभी विभाग परिवार की तरह से काम करते थे। चतुर्वेदी जी ने द्विवेदी जी के सायंकालीन भ्रमण, उनके मित्रों और हिन्दी भवन के वातावरण के विषय में लिखते हुए बताया है।

सन्ध्या का समय घूमना-टहलना और गप्प-शप्प करने का समय होता था। हिन्दी के अध्यापक पं. रामपूजन तिवारी, और नर्मदेश्वर चतुर्वेदी के आवास हिन्दी भवन के परिसर में ही थे। प्रोफेसर मोहनलाल वाजपेयी का आवास थोड़ी दूरी पर था। वाजपेयी जी और शिवनाथ जी दूरी पर होने के कारण इन गप्प बैठकों में कम पहुँच पाते थे। कभी-कभी लोग रात में भी बहुत देर तक बैठते थे। रात के निस्तब्ध वातावरण में द्विवेदी जी अपने अतीत-जीवन की स्मृतियाँ सुनाते थे। वे स्मृति-कथाएँ बहुत करुण और कोमल होती थीं। सुनाते-सुनाते द्विवेदी जी अतीत में खो जाते। अपने हमजोलियों, सहपाठियों की चर्चा वे बहुत रोचक ढंग से करते और अपनी कथा सुनाते-सुनाते स्वयं आत्मविस्मृत हो जाते। उन दिनों का शान्तिनिकेतन सचमुच विश्वभारती था। हिन्दी भवन भी हिन्दी का केन्द्र बन गया था। लेकिन हिन्दी भवन का वातावरण ऐसा देशी और पारिवारिक था कि हिन्दी भवन का चपरासी जिसे मुनीश्वर भाई के नाम से बुलाया जाता था, आने में ज़रा भी देर कर देता तो उसका विलम्ब आगमन रोष का नहीं चिन्ता का विषय बन जाता। हिन्दी भवन से उसका समाचार जानने के लिए लोग दौड़ पड़ते कि कहीं उस पर कोई संकट तो नहीं आ पड़ा है। दुर्भाग्यवश अगर ऐसा कभी हो जाता तो नीचे से ऊपर तक का सारा विभाग उसकी सेवा सहायता के लिए उद्यत हो जाता। नर्मदेश्वर चतुर्वेदी ने लिखा है, "आचार्य जी की संवेदनशीलता तो देखते ही बनती थी। मुनीश्वर भाई का कार्यभार वे स्वयं वहन करने लगते थे।[15]

शान्तिनिकेतन में पंडितजी के एक सहयोगी थे श्री दुर्गाप्रसाद पांडे जो छोटे पंडितजी कहलाते थे। बहुत दिनों तक भोजन द्विवेदीजी के यहाँ ही करते थे। रात को आठ बजे के करीब बालक बबुआ उन्हें रात्रि के अन्धकार में भोजन के लिए बुलाने जाता।[16] पंडितजी ने इसके लिए एक लालटेन रख छोड़ी थी।

शान्तिनिकेतन से द्विवेदी जी काशी अकसर आते थे। काशी में वे अपने गुरुओं पं. रामयत्न ओझा, वामदेव जी, स्वतंत्र कवि तार्किक चक्रवर्ती, पं. महादेव शास्त्री आदि का दर्शन एवं चरण-स्पर्श करना नहीं भूलते। पं. केशव प्रसाद मिश्र के यहाँ अवश्य आते। वे अनेक प्रश्नों का समाधान पाने के उद्देश्य से भी केशवजी के यहाँ पहुँचते। श्री शिवमंगल सुमन ने केशवजी के विद्वान् रूप का वर्णन करते हुए लिखा है–

"केशव जी का एकान्तिक निवास आदि शंकराचार्य के पीठ ज्योतिर्मय ज्ञान का अगाध भंडार था। पं. रामचन्द्र शुक्ल उनसे आरण्यक और ब्राह्मण ग्रन्थों के सन्दर्भ पूछते। सुनीति बाबू भाषा विज्ञान के भारतीय मूलों की चर्चा करते। और प्रसाद जी प्रत्येक नई रचना उन्हें सुनाकर सही करवाते। द्विवेदी जी भक्तिभाव से नाट्यशास्त्र, अष्टाध्यायी, प्रातिशाख्य, ब्रह्मसूत्र आदि पर अपनी शंकाएँ प्रस्तुत करने जाते। केशव जी जिस-तिस से ज्ञान चर्चा नहीं करते थे। एक दिन केशव जी ने पूछा, हजारीप्रसाद हमारे विधु शेखर जी के क्या हाल हैं? द्विवेदी जी ने कहा, बहुत वृद्ध हो गए हैं। अब वे बाहर कम आते-जाते हैं। गुरुदेव ने उनके लिए कुटिया बनवा दी है उसी में रहते हैं। और गुरुदेव से प्रायः सन्ध्या समय मिलने जाते हैं। विधुशेखर भट्टाचार्य अपने एकमात्र पुत्र को अपने समान ही विद्वान् बनाना चाहते थे और नाम भी रखा था ब्रह्म, ब्रह्म नाम सुनते ही केशव जी के मुँह से अनायास निकला–तो ब्रह्म निर्गुण ही रह गए।"[17] द्विवेदी जी ने बातचीत में एक बार बताया कि उन्होंने श्री रायकृष्ण दास के साथ एक बार आचार्य रामचन्द्र शुक्ल के भी दर्शन किए थे। सम्भवतः वह भेंट बहुत संक्षिप्त थी। रायकृष्ण दास ने द्विवेदी जी का परिचय कराया तो शुक्ल जी ने कहा, हाँ ये लिखते भी हैं। इसी विषय में द्विवेदी जी अपनी स्थिति एक कहानी सुनाकर प्रकट करते थे। द्विवेदी जी को यह जानने की बहुत उत्सुकता रहती थी कि उनका लेखन पं. रामचन्द्र शुक्ल को कैसा लगता है। द्विवेदी जी को अधिक प्रतीक्षा नहीं करनी पड़ी। उन्हें पता चल गया। लेकिन पता चलने के बाद अपनी मानसिक प्रतिक्रिया को व्यक्त करने के लिए वह कहते थे, "एक गाँव में एक अंग्रेज़ गोरा, चश्मा लगाकर घूमने गया। गाँव के बच्चे बहस करने लगे कि आँखें ढकने के बाद भी यह आदमी देख पाता है कि नहीं। क्योंकि उन्होंने तब तक किसी आदमी को काला चश्मा लगाए नहीं देखा था। एक मनचला लड़का चश्माधारी के सामने खड़े होकर मुँह बिराने लगा और उसकी आँखों के सामने उँगलियाँ नचाने लगा। चश्माधारी गोरे ने लड़के की पीठ पर दो हंटर जमाए। लड़का चोट से बिलबिला कर चीखा! देखता है रे देखता है।"

आचार्य ने नवोदित आलोचक द्विवेदी की कौन-सी आलोचना पढ़ी। 'हिन्दी साहित्य का इतिहास' में गद्य साहित्य की वर्तमान गति में प्रभावाभिव्यंजक समीक्षा के विषय में कहा गया है, "यदि किसी रमणीय अर्थगर्भित पद्य की आलोचना इसी रूप में मिले कि एक बार इस कविता के प्रवाह में पड़कर बहना ही पड़ता है। स्वयं कवि को भी विवशता के साथ

बहना ही पड़ा है। वह एकाधिक बार मयूर की भाँति अपने सौन्दर्य पर आप ही नाच उठा है। तो उसे लेकर कोई क्या करेगा।" उद्धृत पंक्तियाँ नवोदित आलोचक की तो नहीं हैं? और गाँव के लड़के की पीठ पर ये ही पड़ी थीं।

शान्तिनिकेतन रहते हुए जिन दो-तीन लोगों का द्विवेदी जी के अध्ययन और लेखन पर सबसे अधिक प्रभाव पड़ा, उनमें से एक क्षितिमोहन सेन थे। पं. हजारीप्रसाद द्विवेदी की पहली प्रकाशित पुस्तक 'सूरदास' की भूमिका उन्होंने ही लिखी। द्विवेदी जी उन्हें गुरुवत् मानते थे। द्विवेदी जी ने उनसे जितना सीखा उससे कहीं अधिक ज्ञान-साधना की प्रेरणा ली। शान्तिनिकेतन के ये आचार्य सीधे-सादे ही नहीं थे। ज्ञान साधक ही नहीं थे। वे जीवन्त मनुष्य भी थे। और उनमें से अनेक के साथ द्विवेदी जी के इतने मनोरंजक प्रसंग हैं कि उनकी अलग से एक किताब बन सकती है। क्षितिमोहन सेन के साथ एक ऐसे प्रसंग का विवरण द्विवेदी जी ने कई बार सुनाया था। लगता है कि सेन महाशय का अतीव सम्मान करने के साथ वे उनसे कभी-कभी व्यावहारिक छूट भी लेते थे। ओरछा नरेश ने एक बार क्षिति बाबू को अपने यहाँ निमन्त्रित किया। क्षिति बाबू यात्रा-भीरु थे। यात्रा करने से कतराते थे। बहुत मिन्नत आरज़ू के बाद राज़ी हुए कि हमारे साथ हजारीप्रसाद द्विवेदी जी भी चलेंगे। द्विवेदी जी का माथा ठनका, क्योंकि क्षिति बाबू कुली नहीं करते थे। लेकिन अब कुछ हो नहीं सकता था। ख़ैर, द्विवेदी जी ने बड़े साहस और धैर्य के साथ अपना और अपने गुरुवत् का सामान सहेज कर टीकमगढ़ तक की यात्रा सम्पन्न की। वहाँ राजसी खातिरदारी हुई। चलते समय ओरछा नरेश ने सेवा में और कुछ भेंट करने की इच्छा प्रकट की। पर क्षिति बाबू आवभगत से ही गद्‌गद हो गए थे। कुछ और स्वीकार करने के लिए तैयार नहीं हुए। महाराज ने जब अपना आग्रह कई बार दोहराया तब क्षिति बाबू ने कहा, आपके बाग में बेल बहुत अच्छे देखे हैं। क्षिति बाबू को कब्ज़ प्रायः रहता था और बेल के गूदे का सेवन वे निरन्तर करते थे। महाराज ओरछा ने आदेश दिया कि दो-तीन बोरे बड़े-बड़े बेल क्षितिबाबू के साथ रख दिए जाएँ। सुनते ही पं. जी के होश उड़ गए कि अब तो बेल के बोरे भी ढोने पड़ेंगे। रेल तक तो राजा साहब के मुसाहिब सही-सलामत पहुँचा गए पर आगे डब्बे में पहुँचकर कैफियत सोच कर द्विवेदी जी का दिल धड़कने लगा। उनका ध्यान बार-बार उचट-उचटकर बेल के बोरों पर ही मँडराता रहता। जैसे ही क्षिति बाबू फ़ारिग होने के लिए गए कि उन्होंने चट दो बोरे खुले फाटक के पास सरका कर उनकी सुतली काट दी। उधर हिलती गाड़ी में बेल लुढ़क लुढ़क कर नीचे गिरने लगे। उधर द्विवेदी जी ऊँघने का बहाना बनाकर अपनी सीट पर ही झूमने लगे। क्षितिबाबू बाहर निकले तो इन्हें ऊँघते देखकर झल्लाकर बोले कि तुम तो इधर खर्राटे ले रहे हो उधर आधे बेल लापता हो गए। हजारीप्रसाद जी अकबकाए से बेलों को समेटते जाते और बार-बार अफसोस करते जाते कि उनके प्रमाद से ऐसा अनमोल उपहार लुट गया।[18]

लगता है क्षिति बाबू के साथ इस बेल-प्रसंग का द्विवेदी जी की रुचि पर गहरा प्रभाव पड़ा। वे बेल का प्रसंग आते ही या तो भुनभुनाने लगते थे या हँसने लगते थे। मैंने उन्हें बेल का शरबत पीते कभी नहीं देखा। लगता है शान्तिनिकेतन में बेल का अतिरेक उनको जीवनभर साँसत में डालता रहा। विडम्बना ही समझिए कि बेल का ही एक और प्रसंग इस

प्रकार है जिसका वर्णन श्रीमती कपिला वात्स्यायन की माँ सत्यवती मलिक ने शान्तिनिकेतन के दिनों के पंडितजी से अपनी पहली भेंट का विवरण देते हुए किया है। पंडितजी खादी की वेशभूषा—कुर्ता, सफेद धोती, चादर में थे। सत्यवती मलिक और उनके पति बहुत अतिथिपरायण थे। गर्मी के दिन थे। सो उन्होंने ताजे बेल का शरबत प्रस्तुत किया। बेल में थोड़ी भी कड़वाहट न रहे इसलिए अतिथिपरायण एवं सम्पन्न मलिक दम्पती बेल का शरबत केवड़ा, सन्दल, दूध आदि डालकर बनाते थे। वे शरबत के साथ नाना प्रकार की अन्य सामग्री भी रखते थे। जैसे बिस्कुट, बादाम की बर्फी, सन्देश, मीठे परवल आदि। साथ में निवेदन कि आप इतनी गर्मी में कष्ट कर के आए हैं दूर शान्तिनिकेतन से। कृपया ग्रहण कीजिए। और अतिथि पंडित हजारीप्रसाद द्विवेदी दोनों हाथ जोड़े हँस रहे हैं। लेकिन गिलास छू नहीं रहे हैं। बोले शरबत तो पीना ही पड़ेगा। लेकिन पहले एक कहानी सुन लीजिए।

एक जाट किसान घर में अरहर की दाल और बाजरे की खिचड़ी खाते-खाते तंग हो गया। बाजरे की खिचड़ी और अरहर की दाल से बचने के लिए ससुराल पहुँचा। ससुरालवालों ने जामाता का स्वागत बड़े सम्मानपूर्वक किया। भोजन के लिए आसन बिछाया। थाली परोसी। जाट जामाता की निगाह थाली पर गई तो दोनों हाथ जोड़कर खड़ा हुआ—हे बाजरा अरहर की खिचड़ी माई मैं तो नदी पार करके आया, आप किस रास्ते से आईं जो मुझसे पहले ही पहुँच गईं।[19]

सन्दर्भ-सूची

1. विश्वभारती, हिन्दी भवन पर भाषण, अप्रैल-सितंबर, 1979
2. शान्तिनिकेतन की स्मृतियों के आधार पर, पृ. 440, ग्रन्थावली, खण्ड-8
3. विश्वभारती पत्रिका, अप्रैल-सितम्बर, 1979
4. विश्वभारती पत्रिका
5. पत्र, पृ. 74
6. विश्वभारती पत्रिका
7. पृ. 276, ग्रंथावली, खण्ड-8
8. उप.
9. हजारीप्रसाद ग्रंथावली, खण्ड-8।
10. बंगाली लेखन विधि के अनुसार 1S का मतलब एक मन और S1 का मतलब एक सेर हुआ। यह विधि हमारे बचपन में उत्तर प्रदेश में भी प्रचलित थी।
11. आचार्य हजारीप्रसाद द्विवेदी कुछ संस्मरण—सं. कमल किशोर गोयनका।
12. शान्तिनिकेतन से शिवालिक, में बलराज साहनी का लेख।
13. प्रसिद्ध लेखिका व पत्रकार श्रीमती मृणाल पांडे शिवानी की पुत्री हैं।
14. भूली कहाँ हूँ—शान्तिनिकेतन से शिवालिक से
15. दस्तावेज़ 5/6
16. उप.
17. उप.
18. उप.
19. विश्वभारती पत्रिका, 1979

2

शान्तिनिकेतन गुरुदेव के स्वप्नों का आश्रमी विद्यालय था–विश्वनीड़। स्वाधीनता आन्दोलन के संस्कृति-बोध का साकार रूप। वहाँ विश्वविद्यालयों जैसा वेतनमान नहीं था। पं. हजारीप्रसाद द्विवेदी को 40 रुपये मासिक वृत्ति पर हिन्दी पढ़ाने के लिए नियुक्त किया गया था। वे शान्तिनिकेतन में हिन्दी के प्रथम अध्यापक थे। पंडितजी का विवाह 20 वर्ष की आयु में हो गया था। नियुक्ति के कुछ दिनों बाद शान्तिनिकेतन वे माताजी (अपनी पत्नी श्रीमती भगवती देवी) के साथ रहने लगे। पहली बार अकेले गए होंगे बाद में पत्नी को लाए होंगे। परिवार में अनेक वर्षों तक पति-पत्नी बबुआ के साथ रहे होंगे। 1939 में पं. बनारसीदास चतुर्वेदी को लिखा–''बच्चों को सँभालने में इतनी फुरसत भी नहीं मिल पाती कि जमकर पत्र लिख सकूँ।'' अनुमानतः बच्चों से आशय बबुआ (ज्येष्ठ पुत्र जगदीश द्विवेदी) और पुतुल (इन्दुमती) से है। पंडितजी ने इस पत्र में पत्नी के ऑपरेशन की बात की है–कल ऑपरेशन हुआ है। कनोडिया जी की कृपा से मातृ सेवा सदन में प्रबन्ध हो गया है। बनारसीदास चतुर्वेदी और हजारीप्रसाद द्विवेदी की मित्रता साहित्य में विख्यात है। द्विवेदी जी ने उन्हें अपना गुरु माना है। अनुमानतः सबसे अधिक संख्या में पत्र द्विवेदी जी ने उन्हें ही लिखे हैं। साहित्य में लेखक के रूप में द्विवेदी जी को सबसे पहले मान्यता भी उन्हीं से मिली। एक-दूसरे को लिखे हुए पत्रों को पढ़ने से लग जाता है कि चतुर्वेदी जी द्विवेदी जी से कम विनोदी नहीं थे। उनका व्यक्तित्व भी फक्कड़ था। द्विवेदी जी ने एक कविता में जिस फक्कड़ बाबा का चेला होने की बात कही है वे सम्भवतः चतुर्वेदी जी ही हैं। चतुर्वेदी जी गांधी जी के परम भक्त थे। और अराजकतावादी थे। क्रोपाटकिन और इमर्सन को बार-बार उद्धृत करते थे। कहते हैं कि एक बार मैथिलीशरण गुप्त, बनारसीदास चतुर्वेदी, वृन्दावनलाल वर्मा और रामविलास शर्मा एक ही गाड़ी में कहीं जा रहे थे। कुछ देर चलने के बाद दद्दा ने शिकायत भरे लहजे में चतुर्वेदी जी से कहा, "भइया, बनारसीदास इत्ती देर होए गई और तू इमरसन को नांव नाही लियो।"

चतुर्वेदी जी का व्यक्तित्व बहुत सीधा-सादा तथा अनगढ़ था। वे सादा जीवन उच्च विचार की प्रतिमूर्ति थे। विभांशु दिव्याल ने मुझे बताया कि एक बार चतुर्वेदी जी अपने शहर फिरोजाबाद में आलू खरीदने गए। कुँजड़िन से पूछा, "आलू क्या भाव?" कुंजड़िन ने उन्हें देखा और प्रतिप्रश्न किया, "खाबे को कि बेचबे को?" कुंजड़िन ने समझा कि यह कोई सब्जी की दूकान वाला है। बनारसीदास चतुर्वेदी हिन्दी के किंवदन्ती पुरुष हैं। उनकी रसिकता के भी कुछ किस्से प्रचलित हैं।

पं. बनारसीदास चतुर्वेदी परम निष्ठावान्, त्यागी और अनवरत संघर्षशील पत्रकार और लेखक थे। उन्होंने अपने लिए कुछ नहीं किया और आजीवन उपेक्षित और योग्य लोगों को आगे बढ़ाने में तत्पर रहे। 1933 ई. में ही उन्होंने पं. हजारीप्रसाद द्विवेदी का एक लेख पढ़ा। तब से वे द्विवेदी जी के प्रशंसक, उत्साहवर्धक, परामर्शदाता, मित्र और संरक्षक बन गए। आजीवन बने रहे। उन्होंने 'विशाल भारत' के सम्पादन से हिन्दी साहित्य को हजारीप्रसाद द्विवेदी और अज्ञेय जैसे रचनाकार प्रदान किए।

बनारसीदास चतुर्वेदी दृढ़ और निर्भीक पत्रकार थे। सिद्धान्तों का पालन करते समय कोई रू-रियायत नहीं करते थे। निराला और उग्र का उन्होंने घोर विरोध किया। निराला के एक लेख को पागलपन का प्रलाप बताया और उग्र के 'चॉकलेट' को घासलेटी साहित्य।

ज़ाहिर है कि निराला के परम प्रशंसक डॉ. रामविलास शर्मा उनके घोर आलोचक हों लेकिन जब बनारसीदास चतुर्वेदी ने शहीदग्रन्थमाला का सम्पादन करके भगतसिंह, बिस्मिल, आज़ाद, अशफाकुल्ला खाँ आदि पर किताबें निकालीं तब डॉ. शर्मा उनसे इतना प्रभावित हुए कि प्रस्ताव रखा कि आप बोलते जाएँ तो मैं आपका राइटर (लिपिक) बनने को तैयार हूँ। उनके पत्र अत्यन्त महत्त्वपूर्ण हैं और द्विवेदी जी की जीवन-कथा लिखते समय मुझे सबसे ज़्यादा सहायता उन्हीं से मिली है।

पंडितजी का सम्बन्ध गाँव में अपने माता-पिता, भाइयों और मित्रों-सम्बन्धियों से लगातार बना हुआ था। वे यथाशक्ति गाँव में परिवार की आर्थिक सहायता भी करते थे। उनके गाँव के ही एक उच्चाधिकारी श्री नन्दजी राम (आई.ए.एस) ने लिखा है–

"शान्तिनिकेतन से ग्रीष्मावकाश में जब कभी द्विवेदी जी अपने गाँव आते थे, तो प्रायः मेरे घर पर रहते थे। मिडिल स्कूल में वे तथा मेरे पिताजी सहपाठी थे। हमारे परिवार में कुछ पढ़ाई-लिखाई का वातावरण था। अतः द्विवेदी जी का सारा दिन प्रायः मेरे घर पर ही बीतता था। वे नित्यप्रति अपनी चिट्ठियाँ लेने बसरिकापुर स्थित डाकखाना जाते थे और गाँव की सभी चिट्ठियाँ स्वयं लाते थे। फिर अपनी चिट्ठियों को रखकर शेष चिट्ठियों को बाँटने के लिए हम बच्चों को दे देते थे। खादी के दो कुर्ते, दो धोती और दो बनियान मात्र ही उनके पहनने के कपड़े रहते थे, जाड़े में एक लम्बा खद्दर का ऊनी कोट तथा एक चादर वे शरीर पर धारण करते थे। पंडितजी का एक ही व्यसन था और वह था–ताम्बूल-भक्षण। पान की सारी सामग्री वे अपने पास रखते थे और स्वयं पान लगाकर खाते थे तथा दूसरों को खिलाते थे। पान लगाते समय संस्कृत के प्राचीन ग्रन्थों से उदाहरण देकर वे ताम्बूल की महिमा बताते जाते थे।"[1]

नन्दराम जी ओझवलिया के ही रहनेवाले हैं। उनके परिवार से पंडितजी की घनिष्ठता-आत्मीयता थी। नन्दराम जी के छोटे भाई डॉ. गोविन्द जी ने इलाहाबाद विश्वविद्यालय से एम.ए. किया। मेरठ विश्वविद्यालय में हिन्दी के प्रोफेसर हुए। गम्भीर शोधकर्त्ता थे। उनके पास पंडितजी के लिखे हुए अनेक पत्र थे। मैंने उन पत्रों को देखा है। पत्रों से पता चलता है कि द्विवेदी जी के परिवार की आर्थिक स्थिति कैसी थी। नन्दराम जी और गोविन्द जी के पिता पंडितजी के आत्मीय सहपाठी मित्र थे। द्विवेदी जी शान्तिनिकेतन से भी पत्र

द्वारा उन्हें अपने परिवार की आर्थिक सहायता करने के लिए लिखते थे। बाद में वे उधार चुकता करते थे।

21.5.1947 को अपने गाँव ओझवलिया, पो.आ. बसरिकापुर, ज़िला बलिया से पं. बनारसीदास चतुर्वेदी को लिखते हैं–"मैं छुट्टियों में यहाँ घर आया हुआ हूँ। आपका पत्र शान्तिनिकेतन से लौटकर आया है।

इधर बड़ी महँगी है। दारिद्र्य का तो प्रत्यक्ष नृत्य हो रहा है। लोग पूछते हैं कि सचमुच 'सुराज' हो रहा है? जब पूछते हैं तो उनका मतलब बराबर यही होता है कि क्या ढंग से अन्न-वस्त्र मिलने लायक हालत सचमुच आ रही है? सुराज का अर्थ पेट भर मोटा अन्न और तन भर वस्त्र ही हैं।"[2]

29.1.1940 को अभिनव भारती ग्रन्थमाला, कलकत्ता से चतुर्वेदी जी को लिखते हैं–"एक स्वार्थगत बात। मेरे छोटे भाई की परीक्षा फीस के लिए इस माह 35 रुपये के करीब अधिक देना पड़ेगा। वि.भा. (विशाल भारत) कोष से क्या कुछ मिल सकने की आशा है?"[3]

लगता है चतुर्वेदी जी ने आंशिक प्रबन्ध करा दिया। सो 11.2.1940 को शान्तिनिकेतन से लिखते हैं–

"कृपा पत्र मिला। 20 रुपये मनीआर्डर प्रेमीजी के यहाँ से मिल गया है। अत्यन्त उपकृत हुआ हूँ।"

पैसा विशाल भारत कोष से नहीं। प्रकाशक के यहाँ से मिला है। सम्भवतः इसकी व्यवस्था चतुर्वेदी जी ने कराई।

शान्तिनिकेतन से गाँव जाने पर परेशानी होती होगी। लोगों की, परिवार की हालत देखकर और उस पर गाँववालों की संकीर्णता, अन्धविश्वास देखकर। लिखा है–

"दो महीने तक छुट्टियाँ रहीं। घर चला गया और वहाँ गृह-कारज नाना जंजाल में फँस गया। काम कुछ भी नहीं हुआ। पुराना पंडित बड़े दुख और कटु अनुभव के बाद लिख गया था कि "यदि वाञ्छसि मूर्खत्वं ग्रामे वस दिनत्रयम् अर्थात् यदि मूर्खता (प्राप्त करना) चाहते हो तो गाँव में तीन दिन जाकर वास करो।"[4]

1948 में ओझवलिया में भयंकर बाढ़ आई। गाँव का घर बह गया। पंडितजी ने चतुर्वेदी जी को लिखा–मैं बेघर हो गया हूँ। पत्र में यह लिखकर वे हिन्दी भवन की बात करने लगते हैं, लेकिन मन में गाँव का घर अटका है। एक-दो वाक्यों के बाद फिर गाँव का घर याद आता है, "मेरा घर बहुत छोटा था, पर वही एकमात्र स्थान था जिसे मैं अपनी पैतृक सम्पत्ति कह सकता था।"[5] बाद में वह पैतृक सम्पत्ति पंडितजी ने एक दलित परिवार के नाम कर दी थी। अनुमानतः यह वही घर है जिसकी ईंटें बाद में पाकड़ के पेड़ की कोटर में उठी हुई अब तक मौजूद हैं।

द्विवेदी जी की आर्थिक स्थिति शान्तिनिकेतन में अच्छी नहीं थी। उस स्थिति में भी शान्तिनिकेतन का रवीन्द्र-दीप्त वातावरण उन्हें उल्लसित रखता था। शान्तिनिकेतनकालीन पत्रों से लगता है कि उन्हें जैसे सार्थक सकर्मकता का क्षेत्र मिल गया हो। शान्तिनिकेतन के वातावरण के विषय में उन्होंने पं. बनारसीदास चतुर्वेदी को लिखे पत्र में अपना उद्गार इन शब्दों में व्यक्त किया है–

"शान्तिनिकेतन में जहाँ आपको और मुझे द्विजत्व प्राप्त हुआ है और जहाँ गुरुदेव और दीनबन्धु के चरणरज पड़े हैं, जहाँ शास्त्री मोशाय और बड़दादा की पगधूलि मिल जाया करती है, जहाँ आचार्य क्षितिमोहन सेन, आचार्य नन्दलाल की पवित्र हँसी आज भी गूँज रही है।"[6]

वेतन कम मिलने पर भी वे सोचते कि जिस कार्य को मैं कर रहा हूँ, उसके लिए मुझे भारतवर्ष के तीन और बाहर के एक ऐसे महापुरुष का आशीर्वाद प्राप्त है जिनकी तुलना में सब फीके पड़ जाते हैं। इन चारों के नाम आप जानते ही हैं–"रवीन्द्रनाथ, गांधी जी, मालवीय जी, एंड्रयूज। इनके सामने मैं संसार के और किसी को नहीं देख पाता।"[7]

फिर भी आर्थिक स्थिति डाँवाडोल करती थी। 1939 का पत्र–"पिछली छुट्टियों में मैं अपनी पत्नी की चिकित्सा के लिए कलकत्ते गया था। तब से बजट एकदम गड़बड़ा गया है। इस महीने अनेक कोशिश करके भी एक ज़रूरी मद में कुछ रुपये जमा नहीं कर सका। मैंने 1000 रुपये का इन्श्योर कराया है। उसके लिए हर तीसरे महीने 131 रुपये देना पड़ता है। इस बार की अन्तिम तारीख 31 अगस्त बीत गई 30 सितम्बर तक और समय है। क्या वि. भा. (विशाल भारत) से उसके पहले 131 रुपये मिल सकता है।"[8]

कभी-कभी आर्थिक स्थिति का प्रभाव मनःस्थिति पर पड़ता था। वह पत्रों में अभिव्यक्त भी होता था।

"मैं अपने जीवन को क्या कहूँ। केवल किसी प्रकार पेट पालने में ही तो सारी शक्ति खर्च हो गई। और अब दूर तक बढ़ आने के बाद देखता हूँ कि पेट पालने योग्य भी नहीं रह गया हूँ। दिन-रात इसी उधेड़बुन में लगा रहता हूँ कि इस भयंकर महँगी के दिनों में अपना और अपने कहे जानेवालों का पेट कैसे भरूँ।"

द्विवेदी जी की आर्थिक स्थिति अच्छी नहीं थी। फिर भी वे आय का लगभग आधा हिस्सा घर भेज देते थे। बच्चों को पता था कि बाबूजी पैसे वाले, धनी व्यक्ति नहीं हैं। वे मन मारे सन्तुष्ट रहनेवाले थे।

डॉ. रामसिंह तोमर ने लिखा है कि द्विवेदी जी शान्तिनिकेतन से काशी प्रधानतः आर्थिक कारणों से गए। काशी विश्वविद्यालय में नियुक्त हो जाने से उनकी आर्थिक स्थिति बेहतर हुई। लेकिन तब उनका परिवार बड़ा हो गया था। चार पुत्र, तीन पुत्रियाँ। उन्हें प्रोफ़ेसर हजारीप्रसाद द्विवेदी की लड़कियों के लायक वर ढूँढ़ने थे। नौकरी के बाद कहाँ रहेंगे–इसका भी इन्तज़ाम करना था। सो आर्थिक तंगी उन्हें आखिर तक रही। लेकिन इस आर्थिक तंगी–शान्तिनिकेतन वाली आर्थिक तंगी में भी, उनका शील-संकोच (मुँहदुब्बरपन) और ज़रा भी सुधार होने पर उल्लास देखिए–

पहले चतुर्वेदी जी को सहायता के लिए पत्र लिखा फिर ख्याल आया चतुर्वेदी जी ही कौन धन्ना सेठ हैं। किसी से कहेंगे, उनको कोई ज़्यादा परेशानी न हो, सो लिखा–

"बहुत दिन पहले एक पत्र लिखा था, मालूम नहीं वह आपको मिला या नहीं। मैंने उसमें कुछ रुपये एक जगह भेज देने की प्रार्थना की थी, अगर रुपये न भेजे गए हों तो उसके लिए चिन्तित होने की कोई ज़रूरत नहीं। मैं कुछ इन्तज़ाम कर लूँगा। आप अगर शीघ्र बता दें कि रुपयों का इन्तज़ाम हुआ या नहीं तो मैं उपकृत हूँगा।"[9]

1937 में द्विवेदी जी की स्थिति शान्तिनिकेतन में–"मैं आपसे अपने हृदय की बात कह रहा हूँ। शान्तिनिकेतन में रहकर मैं जो कुछ साहित्यिक कार्य कर सकता हूँ, वह नहीं कर सकता। मुझे 30-35 पीरियड प्रति सप्ताह काम करने के बाद भी प्रतिदिन पेट की चिन्ता के लिए कई अनावश्यक यान्त्रिक काम करने पड़ते हैं।"[10]

कहीं से कुछ आमदनी हो गई तो–

"बात यह थी कि मैं इन दिनों विषम चिन्ता का शिकार बन गया था। सौभाग्यवश मुझे एक हल्का-सा काम मिल गया था। मेरी आँखें जहाँ तक काम दे सकती थीं मैं इसी में चिपटा रहा। पत्र लिखना बन्द कर दिया था। कल पूरे सौ रुपये का काम समाप्त कर चुका हूँ। अगले सप्ताह में भगवान की कृपा होगी तो 20 रुपये का और कर लूँगा। इस प्रकार इस जून के भीतर 120 रुपये पा जाऊँगा। और ऋण की एक किश्त जो जेठ की पूर्णिमा को दे देनी चाहिए थी, आषाढ़ में निश्चित रूप से चुका दूँगा। यह रुपया मुझे अप्रत्याशित रूप से मिल गया है। इसके लिए आप लोगों का आशीर्वाद और स्नेह ही कारण है :

"अनुत्सृज्य सतां वर्त्म यद् स्वल्पम् तद्बहु"

इसी तंगहाली में द्विवेदी जी का वह अट्टहास फूटता था जिसकी चर्चा बलराज साहनी ने की है–"पं. जी हँस रहे हैं ना तब सब ठीक है।" अल्प को बहु मानने का एक और उदाहरण। अपनी आर्थिक स्थिति की बेहतरी की सूचना देनेवाले ऐसे उत्साही प्राणी कम मिलेंगे–

"मेरी आर्थिक स्थिति पहले से अच्छी है। बच्चों का स्वास्थ्य ठीक है। यद्यपि सबसे छोटे दो बच्चों को ही थोड़ा-थोड़ा दूध मिल पाता है, पर आपके आशीर्वाद से वे स्वस्थ और प्रसन्न रहते हैं। चतुर्वेदी स्वस्थ हैं। पिछले 8 महीनों से मैं हिन्दी भवन का डिरेक्टर हूँ।"

प्रसन्न होने और आर्थिक स्थिति सुधारने का ठोस प्रमाण दिया गया है–

"मेरी तनख्वाह 100 रुपये की जगह 200 रुपये हो गई है। पुराने कुछ उधार और ऋण हैं। उसको चुका रहा हूँ। पिछले आठ महीनों में ऋण लेने का मौका नहीं आया। यह जगह अभी भी अस्थायी ही है।" (पृ. 21, पत्र)

जिसके पास कुछ नहीं होता उसे कम ही मिल जाए तो वह स्वतः अल्प से बहु हो जाता है। आठ महीनों से ऋण नहीं लिया। यह उसके लिए कितने उल्लास की बात है जिसने नौकरी के बावजूद पिछले 15 वर्षों से लगातार ऋण लिया हो अपना और बच्चों का पेट पालने के लिए।

शान्तिनिकेतन रवीन्द्रनाथ के स्वप्न का विद्या-आश्रम था। भारत के महान् कवि के संकल्प का अनुष्ठान। वह एक विश्वदृष्टि था। मानो नई दुनिया में यह महादेश अपनी जगह बनाने की साधना कर रहा हो–

अथेयं विश्वभारती। यत्र विश्वं भवत्येकनीडम्

भारत की सांस्कृतिक साधना के प्रतीक रवीन्द्रनाथ नोबल पुरस्कार से सम्मानित होकर अपने देश का माथा ऊँचा कर चुके थे। उनके आकर्षण से अनेक विद्वान् साधक

उनके पास आ पहुँचे थे। रवीन्द्रनाथ का व्यक्तित्व ऐसा था जो इस महादेश की सांस्कृतिक विविधता को आत्मीयता देकर उसका नेतृत्व कर सके। उस समय का भारत गांधी, रवीन्द्रनाथ, दीनबन्धु एंड्रयूज़, जवाहरलाल नेहरू, सुभाष, सुब्रह्मण्यम भारती, सुब्बुलक्ष्मी, प्रेमचन्द, निराला आदि का भारत था।

पं. हजारीप्रसाद द्विवेदी को शान्तिनिकेतन में आत्मविस्तार का असीम आकाश मिला। 'हिन्दी साहित्य की भूमिका' में लिखा है कि यह पुस्तक अहिन्दी भाषी छात्रों को हिन्दी साहित्य का परिचय कराने के लिए तैयार नोट्स पर आधारित है। साफ़ है कि हिन्दी साहित्य को अखिल भारतीय परिप्रेक्ष्य में देखा गया है।

कबीर का अध्ययन करते समय पहली बार कबीर की अनन्त तेजस्विता को जुलाहा जाति से जोड़ा गया है और इस प्रकार भक्ति-आन्दोलन के उद्भव और विकास में प्रसिद्ध इतिहासकारों से दशकों पूर्व वर्ण-व्यवस्था की भूमिका को रेखांकित किया गया है।

भक्ति आन्दोलन को इस्लाम के आक्रमण से उत्पन्न निराशा से न जोड़कर समूचे भारत की ऐतिहासिक प्रक्रिया से जोड़ा गया है। निस्संदेह इस दृष्टि को अर्जित करने में क्षितिमोहन सेन जैसे संत काव्य-मर्मज्ञ की संगति एवं प्रेरणा का हाथ रहा होगा।

डॉ. नामवर सिंह ने 'दूसरी परम्परा की खोज' में दिखाया है—"प्रेमा पुमर्थो महान्"—प्रेमा महान् पुरुषार्थ है—का सिद्धान्त द्विवेदी जी के प्रायः समस्त साहित्य में व्याप्त है। यह रवीन्द्रनाथ, क्षितिमोहन सेन एवं अन्य विद्वानों का समग्र प्रभाव होगा। उस समय शान्तिनिकेतन में जो विद्वान् थे उनसे द्विवेदी जी का अन्तरंग परिचय था।

डॉ. रामसिंह तोमर के शब्दों में, "आचार्य क्षितिमोहन सेन, म.म. पं. विधुशेखर भट्टाचार्य, पं. नित्यानन्द गोस्वामी, श्री नन्दलाल वसु, श्रीकृष्ण कृपलानी, श्री रवीन्द्रनाथ ठाकुर, डॉ. प्रबोधचन्द्र बागची तथा इस समय के अनेक शीर्षस्थ विद्वानों और विचारकों से उनका अच्छा अन्तरंग परिचय था।"[11]

शान्तिनिकेतन के विद्या-व्यसनी वातावरण का संकेत श्री उपेन्द्रकुमार दास के इस उल्लेख से मिलता है—

इसी प्रसंग में याद आता है, 'पंडितजी ज्योतिषशास्त्रज्ञ हैं'—ऐसा सुनकर गुरुदेव की इच्छा हुई कि उनसे एक विशुद्ध पञ्जिका तैयार करवाई जाए किन्तु इस कार्य की ओर से पं. जी का उत्साह ठंडा पड़ चुका था। इसलिए अन्त तक यह कार्य पूरा नहीं हो सका। लेकिन उन्होंने भारती-संसद में पंजिका के ऊपर 'पंचांग' शीर्षक तीन विस्तृत व्याख्यान दिए।

इस भारती-संसद की प्रतिष्ठा के सम्बन्ध में संसद के अन्यतम प्रथम सम्पादक अध्यापक नगेन्द्रनाथ चक्रवर्ती ने कहा है—एक बार गुरुदेव की इच्छा हुई कि भारतीय शास्त्र के जो विद्वान् अध्यापक हैं, वे एक विद्यानुशीलन सभा में अपनी-अपनी ज्ञान चर्चा के फलाफल की परस्पर आलोचना करें। इस प्रकार भारती संसद नामक विद्यानुशीलनी सभा की प्रतिष्ठा हुई।

भारती-संसद के प्रथम सम्पादक थे पंडितजी और संस्कृत के अध्यापक नगेन्द्रनाथ चक्रवर्ती। संस्कृत भाषा में भारती संसद का प्रतिवेदन लिखा जाता था। एक बार भारती-संसद की सभा में विद्याभवन के तत्कालीन अध्यापक मौलाना आदामुद्दीन साहब ने हदीस के सम्बन्ध में एक प्रबन्ध-पाठ किया। पं. जी ने इस सम्बन्ध में मन्दाक्रान्ता छन्द में संस्कृत में एक कविता लिखकर उसका विवरण दिया :

सद्यः स्नान-समापनान्तरधूत-प्रोद्भासिकाकांगना-
दीप्तिं चोरणतत्परां नवतरां टोपीं वहन्मूर्ध्न्यसौ
किंचिद्रूढ़वटप्ररोहजटिलां दाढीं समाम्रेढयन्
*मौलानाऽऽदमुद्दीनसाहिब वरो हद्दीसमाख्यातवान्।**

कविता में मौलाना साहब के व्यक्तित्व का जीवन्त चित्रण हुआ। भंडारकर ओरियंटल रिसर्च इन्स्टीट्यूट से जो 'महाभारत' प्रकाशित हुआ है, उसका एक 'पाठान्तर प्रस्तुति केन्द्र' (कलक्शन केन्द्र) विश्वभारती था। पाठान्तर प्रस्तुतीकरण का कार्य विद्याभवन के पोथी घर में होता था।...पंडितजी ने भी इसमें योगदान किया।...हम जहाँ तक जानते हैं शोध कार्य के सम्बन्ध में भी उन्हें गुरुदेव से ही उत्साह और प्रेरणा मिली। गुरुदेव के आग्रह पर ही उन्होंने शोधपरक ग्रन्थ 'कबीर' का प्रणयन किया।[12]

नाना प्रकार के विषयों की ओर पं. जी का आग्रह था। मास्टर मोशाय नन्दलाल वसु ने एक बार उन्हें प्राचीन भारत की कला के सम्बन्ध में कार्य करने के लिए विशेष रूप से उत्साहित किया। पं. जी ने इस सम्बन्ध में कुछ कार्य किया एवं कला भवन में 'प्राचीन भारत के कलात्मक विनोद' शीर्षक दो व्याख्यान दिए।

यह चायचक्र उन दिनों के शान्तिनिकेतन का एक अपूर्व प्रतिष्ठान था। दिन का कार्य समाप्त होने के बाद अनेक अध्यापक और कार्यकर्त्ता आकर चायचक्र में सम्मिलित होते थे। एक प्याली चाय पीते, किसी दिन इसी के साथ रहता था किसी सदस्य द्वारा लाया हुआ अल्पाहार। किन्तु नाना प्रकार की कथा-कहानी से वे जो आनन्द पाते थे, उसकी तुलना नहीं की जा सकती। कितने प्रकार की मज़ेदार बातें होतीं—बीच-बीच में गम्भीर विषयों पर भी चर्चा होती।

पं. जी चायचक्र में नियमित रूप से जाया करते थे। वे भी मज़ेदार बातें कहते। बीच-बीच में सरस मन्तव्यों से सबको आनन्द देते। प्रायः प्रतिदिन चायचक्र के बाद कई लोग मिलकर घूमने निकलते। बन्धु-बान्धवों में से कई लोगों के घुमन्तू दल को अनिल दा कौतुक से 'गोसाईं जी आदि का झुंड' कहते। 'भारती संसद' में गोसाईं जी, पंडितजी, हरिदास दा (हरिदास मित्र) ये सब पंडित लोग ही दल के प्रधान आकर्षण थे।

स्वास्थ्य-रक्षा के लिए भ्रमण होता था किन्तु इससे देह और मन दोनों के स्वास्थ्य की रक्षा होती थी। चलते-चलते कितनी काव्य-चर्चा, शास्त्र-कथा, मज़ेदार गल्प पर

* तुरन्त स्नान समाप्त करने के बाद अपने पंखों को झाड़ देने से उद्भासित कौए की बहू की दीप्ति चुरा लेने में सदा तत्पर टोपी सिर पर धारण किए हुए, थोड़ी-थोड़ी उगी हुई बरगद के बरोह के समान जटिल दाढ़ी को सहलाते हुए मौलाना आदमुद्दीन साहेब हदीस पर बोले। ('दूसरी परम्परा की खोज' से उद्धृत)

चर्चा, यहाँ तक कि राजनीति की चर्चा भी हुआ करती थी। राजनीति की चर्चा चलने पर पंडितजी ही प्रायः मुख्य वक्ता का स्थान ले लेते थे। इसलिए बन्धु-बान्धव कौतुकपूर्वक उन्हें 'पालिटिकल पंडित' कहते थे।[13] इस घुमन्तू चर्चा ने पं. जी के लेखकीय व्यक्तित्व पर दूरगामी प्रभाव डाला।

राजनीति पर चर्चा और राजनीतिक घटनाओं का विश्लेषण द्विवेदी जी का स्वभाव था और वह आजीवन बना रहा। वे राजनीतिक घटनाओं में गहराई से डूबकर चिन्तन करते थे। इतना कि उसका प्रभाव उनके स्वास्थ्य पर पड़ता था। बांग्लादेश के युद्ध के समय घटित होनेवाली स्थितियों पर उनका लेख साप्ताहिक हिन्दुस्तान में छपा था–जिसमें उन्होंने अनुकूल और प्रतिकूल स्थितियों के दबाव में अपने स्वास्थ्य पर पड़नेवाले प्रभाव की चर्चा की है। वे बांग्लादेश बनने के बहुत पहले से कहते आए थे कि अन्ततोगत्वा पूर्वी बंगाल पाकिस्तान से अलग हो जाएगा। वे यह भी सोचते थे कि पूर्वी और पश्चिमी बंगाल मिलकर कभी एक भी हो सकते हैं।

युवक द्विवेदी की प्रतिभा के बीज को शान्तिनिकेतन में फलने-फूलने, विकसित होने का असीम आकाश और अनुकूल वातावरण मिला। लोहे को पारस नहीं, स्वर्ण को चमकानेवाला सत्संग मिला। ऐसा वातावरण जिसमें सृजन की प्रेरणा और विस्तार था। सत्संग और वातावरण की इतनी महिमा गाने का मतलब युवक पंडित द्विवेदी की अपनी व्यक्ति-प्रतिभा को कम आँकना नहीं। शान्तिनिकेतन में अनेक हिन्दीभाषी विद्वान् काम करते थे। किन्तु उनमें से कोई आचार्य हजारीप्रसाद द्विवेदी नहीं बना। शान्तिनिकेतन में उन्होंने सूरदास, हिन्दी साहित्य की भूमिका, कबीर, प्राचीन भारत के कला-विनोद, बाणभट्ट की आत्मकथा, अशोक के फूल, शिरीष, विद्यापति की राधा, ठाकुर जी की बटोर, मेरी जन्मभूमि जैसी कालजयी रचनाएँ कीं। महाभारत का गम्भीर अध्ययन किया। वेद मंत्रों का शुद्ध पाठ करने तो वे वहाँ गए ही थे। ज्योतिष थोड़ी दूर तक साथ रहा फिर छूट गया। यदा-कदा बीच-बीच में झलक मार देता था। पं. जी ने बाद में रवीन्द्रनाथ की जन्म कुंडली पर लेख भी लिखा। वे कहते थे मैं गणित ज्योतिष पर विश्वास करता हूँ, फलित ज्योतिष पर नहीं। कभी-कभी हाथ भी देखते थे। लेकिन वह कौतुक ज़्यादा होता था। उन्होंने 'पुरातन प्रबन्ध संग्रह' का हिन्दी अनुवाद शान्तिनिकेतन में ही किया। अपभ्रंश में रुचि शान्तिनिकेतन में ही जग गई थी। काशी में पृथ्वीराज रासो, सन्देशरासक पर काम किया, विद्यापति और अपभ्रंश पुस्तकों पर काम कराया। हिन्दी साहित्य का आदिकाल पर पाँच व्याख्यान दिए। आदिकाल पर ऐसे उद्घाटक व्याख्यान देना पंडितजी का ही काम था। ये व्याख्यान आदिकाल पर शोध करने का रास्ता तो खोलते ही हैं, अपभ्रंश-काव्य की सरसता का आत्मीय परिचय भी देते हैं। पं.जी. अपभ्रंश का शब्दकोश भी तैयार करना चाहते थे। कहने का आशय यह कि शान्तिनिकेतन के सत्संग-अध्ययन से पं. जी की प्रतिभा को जो आकाश-अवकाश मिला वह जीवनभर काम आया। वह अन्त तक नहीं चुका।

'बाणभट्ट की आत्मकथा' की प्रेरणा रहस्य है। कुछ सूत्र हैं, लेकिन अफ़वाहों के रूप में। बाणभट्ट का पंडितजी ने गम्भीर अध्ययन किया था। सुनाते थे–जब शान्तिनिकेतन

जाने लगा तो गुरुजी के पास गया। किस गुरु के पास गए उन्होंने बताया था—मुझे याद नहीं। शायद पं. वामदेव जी के पास। गुरुजी ने सहारा दिया—"ए बचवा बाणभट्ट् कै जवन कादम्बरी है न तउन सौ बार एहर से और सौ बार वहर से चिखुर जा।" खेत में खर-पतवार दूब को पहले खोदकर उखाड़ा जाता है, फिर उसकी मिट्टी झाड़कर खेत में ही रहने दी जाती है और व्यर्थ या हानिकर पौधों को खेत से बाहर फेंक दिया जाता है। निराई करते समय चिखुरा भी जाता है। मतलब कि कादम्बरी पढ़ डालो और उसके सार-असार को समझ लो, सो पंडितजी ने बाणभट्ट को चिखुरा होगा।

मैंने सुना है, पंडितजी के ही यहाँ कि बंगला में किसी ने अशोक की आत्मकथा लिखी है। लेकिन मुझे इसकी क्षीण-स्मृति है। न लेखक के बारे में जानकारी है न रचना के बारे में। हो सकता है कि सुनने में ही कुछ गलती रह गई हो। इस विषय में मैंने बंगाली साहित्य के जानकारों से कोई बातचीत भी नहीं की है।

बाणभट्ट की भट्टिनी के बारे में लोग तरह-तरह की बातें करते हैं। नामवर जी ने भी कोई विशेष जानकारी नहीं दी। उनका अनुमान है कि शान्तिनिकेतन की कोई विदेशी छात्रा या महिला है, जिसके आधार पर द्विवेदी जी ने भट्टिनी का रूप एवं चरित्र गढ़ा है। मुझे इस अनुमान पर यकीन नहीं होता। रूप में अभारतीय रूप का आधार मान लें तो यह तय है कि रचनाकार ने उस रूप पर भारतीय नारी का शील आरोपित किया है। तुवरमिलिन्द ऐतिहासिक व्यक्ति हैं किन्तु एक तो उनका संकेत मात्र है, चित्रण नहीं, दूसरे ऐतिहासिक तथ्यों की दृष्टि से कालगत साम्य ढूँढ़ पाना मुश्किल है। अस्तु इन सब पर अन्यत्र चर्चा होनी चाहिए। पं. जी शिल्प के मामले में पूरी कारीगरी से काम लेते हैं। यह कभी नहीं भूलना चाहिए कि 'बाणभट्ट की आत्मकथा' 7वीं शताब्दी के संस्कृत गद्यकार, कवि का प्रबन्ध-काव्य है। बीच-बीच में भले ही याद आता रहे कि यह आत्मकथा बाणभट्ट ने नहीं लिखी है, 20वीं सदी के हिन्दी लेखक की है।

'चारुचन्द्रलेख' अधिकांशतः काशी में लिखा गया है। 'अनामदास का पोथा' का प्रारम्भिक अंश 'सब हवा है' शान्तिनिकेतन में ही लिखा गया था। 'चारुचन्द्रलेख' की कथा का आधार 'पुरातन प्रबन्ध संग्रह' में संकलित कुछ प्रबन्ध हैं।

यह सब देखने पर श्री उपेन्द्र कुमार दास से पूरी तरह न सही तो लगभग सहमत होना पड़ेगा कि 'रवीन्द्रनाथ के प्रभाव एवं शान्तिनिकेतन के अनुकूल परिवेश में उनकी साहित्यिक सत्ता का पूर्ण विकास हुआ। जो साहित्य सृष्टा है, वह भी साहित्यिक है और जो समालोचक है, वह भी साहित्यिक है। पं. जी इन दोनों अर्थों में साहित्यिक थे।

"हम लोग कहेंगे कि साहित्यिक हजारीप्रसाद भी शान्तिनिकेतन की ही सृष्टि हैं। उनके जीवन के श्रेष्ठ बीस वर्ष शान्तिनिकेतन में ही कटे हैं। उनकी सभी उत्कृष्ट रचनाएँ इसी समय की हैं। उन्हें कई बार यह कहते सुना है, "महाशय, सचमुच लिखने-पढ़ने का काम किया वह तो शान्तिनिकेतन में ही किया।"[14]

उद्धरण में सभी उत्कृष्ट रचनाएँ वाली बात मानना मुश्किल है। काशी में पंडितजी ने 'मेघदूत : एक पुरानी कहानी' लिखी। 'हिन्दी साहित्य का आदिकाल' और 'सन्देशरासक'

का पाठशोध एवं व्याख्या की। 'चारुचन्द्रलेख' का अधिकांश लिखा। चंडीगढ़ में 'पुनर्नवा', 'कालिदास की लालित्य योजना', 'सहज सम्प्रदाय' लिखा। 'देवदारु' और 'कुटज' निबन्ध लिखे, फिर काशी लौटकर 'अनामदास का पोथा' लिखा। भट्टिनी के शब्दों में बाणभट्ट आर्यावर्त्त के द्वितीय कालिदास थे और हिन्दी के बाणभट्ट की प्राणमयी रसधारा आजीवन अजस्र रही। मानो अपने बहु प्रयुक्त शब्द-बन्धों को सार्थक कर रही हो—दलित द्राक्षा के समान निश्शेष-रस प्रदान कर रही हो।

सन्दर्भ-सूची

1. मेरे गाँव के पंडितजी : रस सुलभ का द्विवेदी अंक, 1991
2. पत्र, पृ. 52
3. उप. पृ. 45
4. उप. पृ. 46
5. उप. पृ. 81
6. उप. पृ. 85
7. उप. पृ. 124
8. उप. पृ. 42
9. उप. पृ. 15
10. उप., पृ. 27
11. विश्वभारती पत्रिका।
12. उप.
13. उप.
14. उप.

रवीन्द्रनाथ ठाकुर की स्नेह-छाया में

आचार्य हजारीप्रसाद द्विवेदी

पैतृक घर : आरत दुबे का छपरा

मकान नहीं बन पाया, नींव क़ी ईंटों को कोटर में सँभाले पाकड़ का पेड़ उग आया : आरत दुबे का छपरा

बसरिकापुर का मिडिल स्कूल ; बायें से तीसरे प्रिंसिपल ध्रुवपति जी

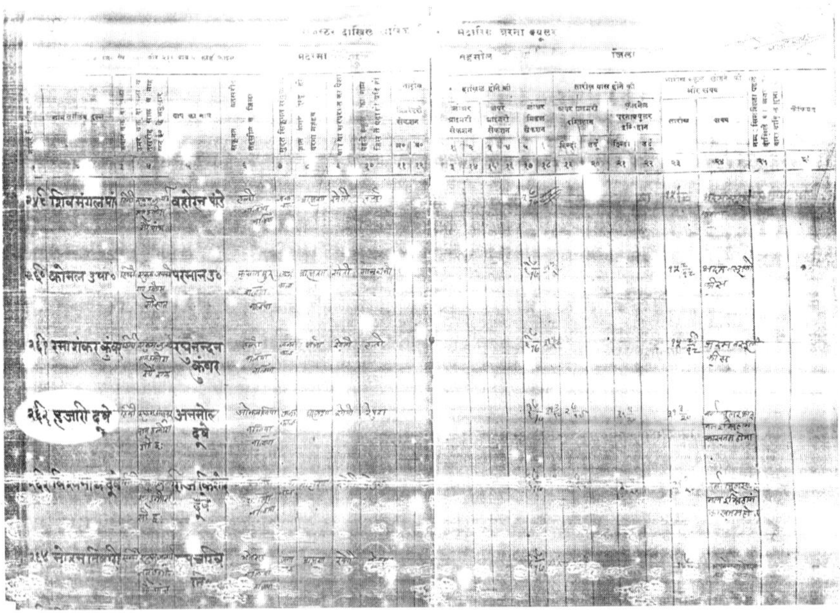

क्रमांक 262 हजारी दूबे - मिडिल स्कूल बसरिकापुर के रजिस्टर में दर्ज हजारी दूबे की कैफ़ियत

पिता पं. अनमोल द्विवेदी के साथ

पत्नी सौ. भगवतीदेवी के साथ

आचार्य द्विवेदी (1965)
बैठे हुए बायें से : गंगाप्रसाद विमल, कैलाशपति ओझा, आचार्य द्विवेदी, नामवर सिंह, नर्मदेश्वर चतुर्वेदी
खड़े हुए : तीन विद्यार्थी, विश्वनाथ त्रिपाठी, नित्यानन्द तिवारी, महेश दत्त (छात्र सचिव), रामदरश मिश्र

भूतपूर्व राष्ट्रपति डॉ. राधाकृष्णन् और आचार्य द्विवेदी : टैगोर पुरस्कार के अवसर पर

डॉ. इन्द्रनाथ मदान के साथ

आगरा विश्वविद्यालय की गोष्ठी में, बायें से : अज्ञेय, हजारीप्रसाद द्विवेदी, रामविलास शर्मा

आचार्य द्विवेदी

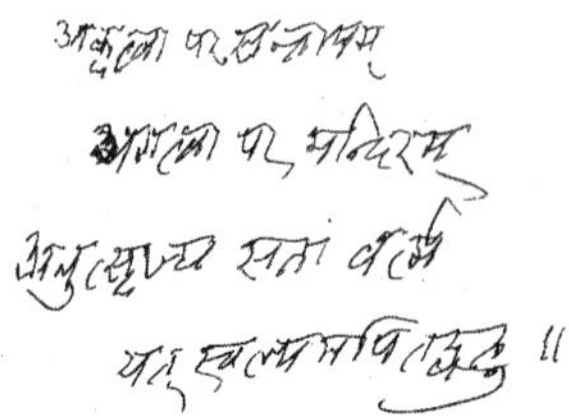

आचार्य हजारीप्रसाद द्विवेदी के हाथ से लिखा हुआ

शोक-सभा में भजन-धुन, सन्निधि राजघाट

शान्तिनिकेतन का प्रभाव

शान्तिनिकेतन के वातावरण का पं. हजारीप्रसाद द्विवेदी पर क्या प्रभाव पड़ा?

द्विवेदी जी पर सबसे अधिक प्रभाव रवीन्द्रनाथ ठाकुर का पड़ा। रवीन्द्रनाथ के प्रभाव में द्विवेदी जी की भावभूमि का अभूतपूर्व विस्तार हुआ। नगण्य तुच्छ अंकुर के गुरुत्वाकर्षण से मुक्त होकर सिर उठाने की जो बात द्विवेदी जी इतना ज़्यादा करते हैं, रक्तशिराओं के झनझनाने की बात करते हैं, मनुष्य की जय यात्रा तो द्विवेदी जी का मानो तकियाकलाम है वह सब रवीन्द्रनाथ से लिया गया है। द्विवेदी जी उसका सर्जनात्मक उपयोग अपने लेखन में करते हैं—यह और बात है। रवीन्द्रनाथ के भौतिक विचारों की जानकारी द्विवेदी जी को उत्तराधिकार में मिली है। रवीन्द्रनाथ के इतिहास चिन्तन का, छन्द लय का द्विवेदी जी पर गहरा असर है। रवीन्द्रनाथ का एक निबन्ध है 'भारतवर्ष में इतिहास की धारा' जिसमें वे कहते हैं कि आलोक और अन्धकार, प्रकाश और आच्छादन, छन्द की रक्षा करते हुए चलते हैं, वे सृष्टि को विच्छिन्न नहीं करते बल्कि उसे ताल के अनुसार आगे बढ़ाते हैं। "सृष्टि के द्वन्द्व दोलक की एक अं.र 'हाँ' है दूसरी ओर नहीं। एक ओर ऐक्य है, दूसरी ओर द्वैत। एक ओर केन्द्राभिमुख शक्ति है दूसरी ओर केन्द्रविमुख शक्ति।"[1]

रवीन्द्रनाथ कहते हैं शक्ति अकेली नहीं है। उसका एक जोड़ा है। अकेली होती तो सीधी लाइन में ही चलती रहती। वर्तुलता से सुन्दर पुष्ट न होती। सृष्टि के लिए सीधापन और वर्तुलता दोनों का योग ज़रूरी है। दो शक्तियों के योग से ही विश्व का छन्द जीवित रहता है।[2]

द्विवेदी जी केन्द्राभिमुख और केन्द्रविमुख के द्वन्द्व को अनेकशः अपने विचार एवं लेखन में व्यक्त और परिभाषित करते हैं। नाथ-सिद्धों की साधना में, नाद-बिन्दु की व्याख्या गें यह द्वन्द्व सटीक बैठता है। द्विवेदी जी इसे गति और यति, स्थानीय और सार्वजनिक, कान्टीनुअम, क्वांटम आदि से प्रकट करते हैं। सच्ची बात यह है कि कबीर की भक्ति साधना और निर्गुण-सगुण साधना में, रूप और अरूप की, सीमा और असीम की, तुलसीदास के राम में सामाजिक-ऐतिहासिकता और कालतीतता की जो द्वन्द्वात्मकता या परस्पर-पूरकता है, वह रवीन्द्रनाथ के काल-विचार का विकास है। हिन्दी साहित्य से उसे द्विवेदी जी ने सन्दर्भित किया है। द्विवेदी जी ने रवीन्द्रनाथ से जो ग्रहण किया है उसे अपने अनुभव और अध्ययन से हिन्दी-पाठकों के लिए जीवन्त और विश्वसनीय बना दिया है। वह केवल रवीन्द्रनाथ का नहीं रह गया है, उसमें बहुत कुछ हजारीप्रसाद द्विवेदी का भी जुड़ गया है—अखंड होकर।

रवीन्द्रनाथ का जययात्रा में अखंड विश्वास है। प्रकृति की चेष्टाओं में वे संकेत पाते हैं। बहुत दूर जाना है। कोई गन्तव्य है ज़रूर। जीवन कुल मिलाकर आनन्द-क्रीड़ा का अनुभव है। चराचर की छोटी-से-छोटी चेष्टा में वे अपने और प्राणियों के लिए आह्वान और सन्देश पाते हैं–

''जब किसी दिन शरत्काल की किरण पके हुए सुनहले खेतों पर पड़ती है, प्रकाश में चमककर नारियल के पत्ते वायु के द्वारा काँप उठते हैं (उस समय) महाव्याकुलता जग पड़ती है। जान पड़ता है उस दिन की बात याद आ जाती है जब मेरा मन सर्वव्यापी होकर जल में, स्थल में, अरण्य के पल्लवों में और आकाश की नीलिमा में व्याप्त था मानो सारा भुवन सैकड़ों बार अव्यक्त आह्वान की पुकार से मुझे बुला रहा है–उस बृहत् खेल-घर से मर्मर की भाँति चिरकाल के संगियों की लाख-लाख भक्ति की आनन्द-क्रीड़ा का परिचित स्वर सुन पाता हूँ।''[3]

द्विवेदी जी के उपन्यास 'पुनर्नवा' का चन्द्रमौलि (कालिदास) प्रकृति को देखकर इसी प्रकार की व्याकुलता का अनुभव करता है।

द्विवेदी जी के चिन्तक व्यक्तित्व में आशंका, निराशा और दुविधा का भाव-बोध (रवीन्द्रनाथ से कहीं ज़्यादा) गहरा है। यथार्थ की विषमता की यातना रवीन्द्रनाथ में है। लेकिन ऐसी नहीं कि उन्हें द्विधाग्रस्त कर दे। द्विवेदी जी तो अतीत के स्वर्णिम युग और वर्तमान की दारुण स्थिति को देखकर अपने को उभयतोभ्रष्ट कहते हैं–

मन में रमे हैं पूर्व युग के स्वर्ण मणिमय
सौध, मरकत खचित क्रीड़ा शैल...
आँखें देखती हैं ठठरियों के ठाठ
चिथड़ों के घृणास्पद ढूह, गन्दे, रेंगते शव-से ठिठुरते प्राणः
मैं हूँ स्वयं निज प्रतिवाद...मैं हूँ उभयतो विभ्रष्ट, अधर-कलंक शंक-त्रिशंकु।[4]

द्विवेदी जी के इतिहास-बोध में 'जययात्रा' की आवृत्ति चाहे जितनी होती हो वह उतना निश्चित और पूर्व निर्धारित नहीं है। द्विवेदी जी के दो प्रसिद्ध उपन्यासों–'बाणभट्ट की आत्मकथा' और 'चारुचन्द्रलेख' की समाप्ति जिस अनिश्चय और लक्ष्यहीनता की मनःस्थिति में होती है वह उनके चिन्तन को प्रकट करती है। मेरे विचार से द्विवेदी जी मानवता के भविष्य के प्रति उतने आशावान् नहीं हैं जितने कि रवीन्द्रनाथ ठाकुर। द्विवेदी जी के लेखन में मानव-जीवन की विसंगतियों–विशेषतः नारी और निर्धनता की दारुणता की विषमता भी तीव्रतर है। रवि बाबू का शान्त स्निग्ध लोकोत्तर आनन्द यहाँ निम्नवर्गीय यातना से लौकिक हो गया है। शायद हिन्दी-जाति की भावभूमि में अलौकिक भावुकता और सर्वसुन्दरता की इच्छा तो है किन्तु वह लक्ष्य या स्वप्निल आदर्श के रूप में ही है। यथार्थ की दारुण विषमता रह-रहकर उसे विकलांग करती है। यह अन्तर हम रवीन्द्रनाथ, शरतचन्द्र और प्रेमचन्द में पाते हैं। यह हिन्दी-जाति के यथार्थ–विषमता का अविस्मरणीय आग्रह ही है जो द्विवेदी जी की भावभूमि में अनिश्चय का स्वर इतना श्रव्य बनाता है।

युवक हजारीप्रसाद द्विवेदी पर शान्तिनिकेतन के विद्वानों के सत्संग का प्रभाव एक और तरह से पड़ा जो बहुत दूरगामी और गम्भीर रूप में फला-फूला।

रवीन्द्रनाथ विश्वकवि और विश्वमानव थे। संकीर्णता के घोर विरोधी थे। शान्तिनिकेतन के चारों ओर सीमा-चिह्न नहीं रखवाए। सब तरह से खुला रहना चाहिए। उन्होंने सभी का सम्मिश्रण योग और सन्तुलन रखना चाहा, वहाँ के ज्ञान-यज्ञ में। भारती-संसद की विद्यानुशीलनी सभा में विभिन्न विषयों के विद्वान् इकट्ठा बैठकर विचार-विमर्श करते थे। आज जिसे अन्तर विद्या अनुशासन या तुलनात्मक अध्ययन कहते हैं वह अपने व्यापकतम एवं स्वतंत्र रूप में वहाँ 20वीं सदी के चौथे दशक में ही था। हमारे विश्वविद्यालयों में विशेषज्ञता के नाम पर जो सीमा बाँध दी जाती है—विशेषतः हिन्दी विभाग में उससे वह वातावरण सर्वथा विपरीत था जो द्विवेदी जी को मिला। वे वेद-मंत्रों का शुद्ध उच्चारण सिखाते थे, हिन्दी पढ़ाते थे। महाभारत के पाठान्तर-संग्रह का काम करते थे। प्राचीन भारत के कलात्मक विनोद पर व्याख्यान देते थे। अध्ययन एवं पठन-पाठन की यह विधि और चर्चा हिन्दी प्रदेश के विश्वविद्यालयों के हिन्दी विभागों से कितना भिन्न थी। महामानव सागर की कल्पना के कवि के विद्यालय में विद्या की धाराओं का भी महासागर था।

कुछ बातें और ध्यान में आती हैं—कहते हैं कि मूर्तिकार रामकिंकर रवि ठाकुर से मिले और कला-साधना की आज्ञा माँगी तो कवि ने कहा—शान्तिनिकेतन में मिट्टी और जगह की कमी नहीं है। तुम चाहे जितनी मूर्तियाँ बनाओ और चाहे जहाँ उन्हें स्थापित करके प्रदर्शित करो।

शान्तिनिकेतन में द्विवेदी जी प्रो. कोलिन्स से पूछने गए—क्या करूँ—मुझे अवज्ञा से देखते हुए प्रोफेसर ने पूछा—तुम्हारे यहाँ तुम्हारे देश, तुम्हारी भाषा, तुम्हारे रस्म-रिवाज, मेले-ठेले, त्यौहार, व्रत, उपवास, रहन-सहन, वस्त्र, किस विषय पर काम हुआ है जो मुझसे काम पूछ रहे हो। तुम्हें अपने देश के बारे में जानने के लिए ही विदेशियों की किताबें पढ़नी पड़ती हैं।

रामकिंकर के लिए शान्तिनिकेतन का विस्तृत मैदान और मिट्टी तथा महादेश के महामानव-सागर की विविध जीवनचर्या के अध्ययन का सुविस्तृत अवकाश दोनों एक ही बात है।

विशेष बात ग्रह है कि यह सुविस्तृत अवकाश निम्नवर्गीय, निम्नवर्णीय, उपेक्षित, हाशिए पर पड़े हुए लोगों के जीवन और उनकी संस्कृति की विविधता से पूरित है। नए प्रकार के खोजियों, अनुसंधित्सुओं की प्रतीक्षा में। शान्तिनिकेतन से द्विवेदी जी ने ज्ञान-साधना के क्षेत्र में यह प्रेरणा और सन्देश ग्रहण किया।

साहित्य का शास्त्रीय अध्ययन करना भी महत्त्वपूर्ण है किन्तु भाषा को बरतने वाले जन-समूह के आचरण को गति और यति देनेवाले विश्वासों, मेले-ठेलों, व्रतों-उपवासों का अध्ययन करना वैसे ही है जैसे राजमार्ग की प्रशस्त पक्की सड़क छोड़कर बस्ती की गलियों में प्रवेश करना। इन गलियों में प्रवेश करके ही जन-जीवन के वास्तविक रूप का पता चल सकता है। द्विवेदी जी के पाठकों को याद आएगा—उनका निबन्ध, 'नाखून क्यों बढ़ते हैं', जो लड़की के निरीह प्रश्न से शुरू होता है, 'आम फिर बौरा गए' जो बच्चों की हथेली पर

आम्र-मंजरी रगड़ने से शुरू होता है। द्विवेदी जी का यह आग्रही कथन कि मैं लोक विश्वासों और रीति-रिवाजों को हँस कर नहीं उड़ा सकता और भारतीय इतिहास में जो ज्ञात है उससे अधिक महत्त्वपूर्ण वह है जो अज्ञात है। आज जिसे निम्नवर्गीय, हाशिए या सबआल्टर्न कहते हैं, हिन्दी-साहित्य में उस अध्ययन के पुरस्कर्त्ता-चिन्तक पं. हजारीप्रसाद द्विवेदी हैं। इस रास्ते पर चलने की प्रेरणा उन्हें शान्तिनिकेतन में मिली। नहीं तो हिन्दी साहित्य का दक़ियानूसी (सिर्फ़ दक़ियानूसी नहीं) अध्यापक आज भी प्राचीन भारत के कलात्मक विनोद में रुचि लेना साहित्यशास्त्री का काम मुश्किल से मानेगा। पंडित हजारीप्रसाद द्विवेदी पर, साहित्य के नाम पर साहित्येतर पर, यानी विषयान्तर पर बल देने का आरोप इसी कारण लगाया जाता है।

उपेक्षणीय समझे जानेवाले विषयों और वस्तुओं का महत्त्व वही है जो रचना के ढाँचे में ब्यौरों यानी डिटेल्स का होता है। वहाँ स्थितियाँ, समकालीनता की गति एवं सम्बन्धता में दृश्य होती है। इसीलिए द्विवेदी जी फूल-पौधों, कविता, व्यक्तित्वों पर लिखते समय उन्हें दृश्य बनाते हैं पाठकों के लिए (रचना-प्रक्रिया में स्वयं के लिए दृश्य होते हैं।) वस्तु, घटनाओं की सन्दर्भ-संकुलता में–इतिहास में प्रवहमानता का रूप बनकर दृश्य होती है। इसमें वह जीवन्त हो जाती है और इसीलिए वह फूल, पौधा, वस्तु, जीवित, ऐतिहासिक बनकर आत्मीय एवं जातीय बनती है। व्यक्तिपरक निबन्ध, निबन्धकार का व्यक्तित्व बन जाता है। उपेक्षित को संजीवित बनाते हुए। वस्तु को इतिहास-प्रवाह में ढालते हुए। आत्मीय बनाकर उपेक्षित भारतीय (विशेषतः हिन्दी जाति के नागरिक को अन्तरंग बनाते हुए)। जिसकी उपेक्षा से ग्लानि हो, जिसको फिर से उसी (गौरवमय अतीत के स्वप्निल) रूप में देखने की हुटुक पैदा हो। और इस तरह द्विवेदी जी की वह वेदना कि मेरा मन कुझ्झटिकाच्छन्न अतीत को देखना चाहता है–लेखन में फलीभूत होती है।

शान्तिनिकेतन का रवीन्द्रमय वातावरण एक ओर खुली विश्वदृष्टि प्रदान करता है दूसरी ओर वह इतिहास और साहित्य में उपेक्षित के महत्त्व पर ध्यान दिलाता है। द्विवेदी जी के कृतित्व में मुख्यधारा से पृथक या छिटक कर अलग पड़े विषयों, काव्यरूपों, जातियों, सम्प्रदायों, साधनाओं पर ध्यान दिया गया है। अशोक का फूल उपेक्षित है, कुटज अदना है। अनुवाद करते हैं तो पुरातन प्रबन्ध संग्रह का। उनकी एक प्रिय पठनीय पुस्तक थी–अल्पस्मृत धार्मिक मत आबसक्योर रिलीजस सेक्टस आफ़ इंडिया। आलोचना के क्षेत्र में उनकी सर्वाधिक यशस्विनी पुस्तक कबीर है। कबीर उनके पूर्व हिन्दी में उपेक्षित थे और अभी हाल तक अनेक विश्वविद्यालयों में एम.ए. में नहीं पढ़ाए जाते थे। उन्हें कवि से अधिक समाज-सुधारक माना जाता था। नाथ-सिद्धों की रचनाओं को गैर साहित्यिक मानकर उन्हें अन्तस्साधनात्मक माना जाता था। वज्रयानी सहज-साधना पर शान्तिनिकेतन में बहुत अच्छा काम करनेवाले विद्वान् थे। इन साधनाओं में ब्राह्मण धर्म और वर्णाश्रम व्यवस्था और वैदिक मतवाद का जो जनवादी और उग्र विरोध है, वह द्विवेदी जी के निबन्धों विशेषतः 'बाणभट्ट की आत्मकथा' 'चारुचंद्रलेख' में एवं 'अनामदास का पोथा' में मुखर है। अनामदास का पोथा के जटिल तापस तो कबीर के पूर्वज साधक लगते हैं। इसी तरह 'चारुचंद्रलेख' के सीदी मौला भी। अघोर भैरव तो सिद्धान्तों का उपहास करते हैं। द्विवेदी

जी के ये अवैदिक मतवादी पात्र जीवन के सहज सम्बन्धों की माँग करते हैं। वे अमर्य्यादा और उच्छृंखलता के निषेधात्मक पात्र नहीं। यह द्विवेदी जी के अपने व्यक्तित्व का दबाव है। शान्तिनिकेतन का प्रभाव उनके व्यक्तित्व का अंतरंग बन गया है।

द्विवेदी जी के उपन्यासों में प्रमुख नारी-पात्रों यानी नायिकाओं से अधिक प्रभाव सहनारीपात्र का पड़ता है। भट्टिनी से अधिक निउनिया का और मृणाल से अधिक चन्द्रा का। भट्टिनी और मृणाल तो ठेठ शान्तिनिकेतनी पात्र हैं। आधा मानवी आधा स्वर्ग लोक की। चारुचंन्द्र लेख की नायिका है तो किसान कन्या किन्तु साधना की साधन बन जाने से पात्र के रूप में असामान्य है, आविष्टा, द्वन्द्व की प्रतीक पात्र कुल मिलाकर इच्छा की प्रतीक-पात्र। वे प्रतीक हैं, जीवन्त सामान्य पात्र नहीं। उनसे कहीं ज़्यादा जीवित मैना और पुनर्नवा की चन्द्रा है। भट्टिनी, शान्तिनिकेतनी पात्र है तो निउनिया और चन्द्रा ठेठ पूर्वी उत्तर प्रदेश की दलित पात्र। शान्तिनिकेतन के सुसंस्कृत पात्र अन्ततः राजसी हैं। पूर्वी उत्तर प्रदेश के पात्र देखे हुए, कथाकार के रक्त में डूबे हुए। सुसंस्कृत पात्र सार्वदेशिक हैं, विज़न हैं, निउनिया, चन्द्रा वास्तविक, विषम-जीवन-यात्री, स्थानीय। क्या यह अन्तर कहीं रवीन्द्र, शरत और प्रेमचन्द्र के पात्रों का अन्तर नहीं है?

बाणभट्ट ने हर्षचरित में अपने जीवन के प्रारम्भिक वर्षों के बारे में अपने पूर्वजों के बारे में काफ़ी कुछ बता दिया है। द्विवेदी जी ने 'आत्मकथा' में उसका उपयोग भी किया है। 'बाण' शब्द का स्थानीय अर्थ भी लगाकर, बाण के यायावरी जीवन का, उसकी नाटकमंडली का वर्णन कर दिया है और उसी के अनुकूल भट्टिनी के उद्धार की चेष्टा की संगत कल्पना भी कर ली है। लेकिन कुमार कृष्णवद्र्धन से उनका जो विवाद होता है, बाण का जो अतीव तेजस्वी रूप प्रकट होता है, 'ब्राह्मण' का जैसा उपयोग दोनों करते हैं वह न बाणभट्टीय है न रवीन्द्रनाथी—

कुमार—"मेरे एक इशारे पर तुम्हारी रक्षणीया देवप्रिया कन्या का और तुम्हारा क्या हाल हो सकता है जानते हो?"

बाण—"जानता हूँ परन्तु कुमार को शायद बाणभट्ट का पूरा परिचय नहीं मालूम। उस इशारे के होने के बहुत पूर्व इशारा करनेवाली आँखें नहीं रहेंगी।"

यह भाषा आचार्य हजारीप्रसाद द्विवेदी की नहीं, शान्तिनिकेतन से अर्जित भी नहीं, यह उस भोजपुरी दरिद्र विद्वान् ब्राह्मण की भाषा है जो हाथी पर बैठे ज़मींदार को आशीर्वाद देने के लिए पेड़ पर बैठ गया है।

रवीन्द्रनाथ ने गरीबी देखी थी, उसकी दारुणता का उन्हें बोध था। अभावग्रस्तता का अनुभव नहीं था। हजारीप्रसाद द्विवेदी को निर्धनता के भौतिक कष्ट का, गरीबी की लज्जा, निर्लज्जता, अपमान, उपेक्षा का अनुभव था। उनके साहित्य में अदबदाकर वह आ ही जाता है। जैसे तुलसीदास के यहाँ भूख, अभावग्रस्तता के अनेकानेक बिम्ब, सादृश्य-विधान व्याप्त हैं, बहुत कुछ उसी तरह द्विवेदी जी के साहित्य में। शान्तिनिकेतन पंडितजी गए थे वेदमंत्रों का शुद्ध पाठ करने और कराने या ज्योतिष के सिलसिले में। किन्तु आसन जमा हिन्दी-अध्यापक के रूप में। अध्यापन किया, किताबें लिखीं, पत्रिका का सम्पादन किया, हिन्दी भवन बनवाया, उसके निदेशक-अध्यापक रहे। शान्तिनिकेतन का हिन्दी भवन हिन्दी

साहित्य का एक सर्जना-शोध पीठ बन गया जहाँ बनारसीदास चतुर्वेदी, राहुल सांकृत्यायन, जैनेन्द्र, यशपाल, चन्द्रगुप्त विद्यालंकार आदि जाकर टिकते थे। अज्ञेय, बलराज साहनी, राम सिंह तोमर, रामपूजन तिवारी, मोहनलाल वाजपेयी जैसे लोग किसी-न-किसी रूप में हिन्दी भवन से जुड़े। रांगेय राघव, धर्मवीर भारती ने वहाँ शोध किया। शिवानी जैसी प्रसिद्ध लेखिका ने वहाँ हिन्दी पढ़ी। महाश्वेता देवी अपने को द्विवेदी जी की शिष्या कहती हैं। इन्दिरा गांधी भी कहती थीं।

सन्दर्भ-सूची

1. रवीन्द्र रचना संचयन, साहित्य अकादमी, दिल्ली।
2. उप.
3. हिन्दी अनुवाद–हजारीप्रसाद द्विवेदी ग्रन्थावली, खंड 8, पृ. 318
4. हजारीप्रसाद द्विवेदी ग्रन्थावली, खंड 9, पृ. 234

हिन्दी भवन

बंगाल में तमिलनाडु जैसा हिन्दी विरोध नहीं लेकिन बंगाल का जातीय स्वाभिमान प्रबल है। मध्यकालीन साहित्य-भाषा युग में हिन्दी कवियों कबीर, तुलसी, सूर, मीरा का बंगला साहित्य और भाषा पर पर्याप्त प्रभाव पड़ा है। जायसी का अनुवाद बंगला में एक शताब्दी बाद ही हो गया था। यह सच है कि आधुनिक युग में बंगला साहित्य का प्रभाव हिन्दी पर ज़्यादा पड़ा है, हिन्दी का बांगला पर नगण्य। आज यह देखकर आश्चर्य होता है कि द्विवेदी जी ने बंगाल में हिन्दी का एक नया केन्द्र खोला, जिसे इतना नाम और सम्मान मिला। नया केन्द्र इसलिए कि कलकत्ता हिन्दी भाषा और साहित्य का केन्द्र पहले से ही था। हिन्दी का पहला समाचार पत्र 'उदन्त मार्त्तंड' वहीं से निकला था। निराला, उग्र और 'मतवाला' (पत्र) वहीं से यशस्वी बने। द्विवेदी जी निराला, उग्र की अपेक्षा बंगाली समाज में अधिक ग्राह्य थे। बंगाली समाज के अतिरिक्त वे कलकत्ते के धनिक मारवाड़ी-समाज में भी अधिक ग्राह्य ही नहीं, बल्कि प्रिय थे। उन दिनों निराला के घोर आलोचक और 'विशाल भारत' के सम्पादक पं. बनारसीदास चतुर्वेदी का कलकत्ता के कई हिन्दी-प्रेमी मारवाड़ी सेठों से अच्छा परिचय था। शान्तिनिकेतन में भी उनका आना-जाना था। रवीन्द्रनाथ के पुत्र रथी बाबू से भी उनका अच्छा परिचय था। लेकिन मुख्य बात थी बंगाली विद्वानों, साहित्यकारों का हिन्दी भाषा और साहित्य के प्रति भाव। द्विवेदी जी ने इस विषय में अपने पत्रों में कहीं-कहीं कुछ बातें कहीं हैं। द्विवेदी जी को बंगाल में लम्बे अरसे तक रहने का अवसर मिला। उन्हें कभी-कभी लोग बंगाली ही समझ लेते थे। वे खाटी बंगाली तो नहीं बन पाए थे लेकिन कम हिन्दी लेखक होंगे जो बंगालियों या बंग जाति के लोगों को उनसे अधिक आत्मीय लगे हों। द्विवेदी जी का विचार था (3.4.38 को चतुर्वेदी जी को लिखे गए पत्र के अनुसार) कि ऐसे बंगाली सज्जन तो हैं जो स्वीकार करते हैं कि बंगाल में हिन्दी का प्रचार होना चाहिए किन्तु वे हिन्दी साहित्य जानना-पढ़ना चाहते हैं। हिन्दी भाषा के प्रति उनके मन में कोई विरोध भाव नहीं है। बंगाली विद्वान् हिन्दी के प्रति अपना अनुराग 'किन्तु' लगाकर ही व्यक्त करते हैं। द्विवेदी जी के शब्दों में, "सही बात यह है कि हिन्दी साहित्य के प्रति उनका अनुराग बढ़ नहीं पाता।"

उसी पत्र में द्विवेदी जी ने 1938 अप्रैल के 'देश' के एक अंक में एक लेख के कथ्य का उल्लेख किया है जिसमें हिन्दी के प्रति बंगाली मनोवृत्ति के एक विशेष रूप का पता चलता है। 'देश' के उस लेख में बताया गया था कि हिन्दीभाषियों की वास्तविक संख्या कुल एक करोड़ साठ लाख है, जबकि बंगलाभाषियों की दस करोड़। लेख में बिहार, पूर्वी

उत्तर प्रदेश, उड़ीसा, असम को बंगला भाषी क्षेत्र माना गया है। द्विवेदी जी के शब्दों में 'देश की टिप्पणी गाली है।'[1]

लेकिन यह बंगाली मनोवृत्ति का केवल एक रूप है। रवीन्द्रनाथ, क्षितिमोहन सेन आदि भारत की भाषाओं के महान् प्रेमी थे। द्विवेदी जी का एक लेख है–'रवीन्द्रनाथ की हिन्दी सेवा'। वस्तुतः हिन्दी भवन की स्थापना शान्तिनिकेतन में रवीन्द्रनाथ के आशीर्वाद से ही सम्भव हुई। द्विवेदी जी हिन्दी साहित्य और हिन्दी-साहित्यकारों से रवीन्द्रनाथ का परिचय कराते थे। प्रेमचन्द के निधन पर रवीन्द्रनाथ ने बड़े दुख के साथ कहा था, "तुम्हें एक आदमी मिला था जो सचमुच तुम्हारी भाषा की शक्ति को पहचानता था, पर दुख है, विधाता ने उसे छीन लिया। तुम्हारी भाषा में बड़ी शक्ति है और बड़ी सम्भावनाएँ हैं।"[2]

रवीन्द्रनाथ भारतीय भाषाओं के पक्षधर थे क्योंकि वे उनकी शक्ति पहचानते थे। किसी एक भाषा के ही नहीं वे भाषा-मात्र के समर्थक और पक्षधर थे। कलकत्ता विश्वविद्यालय के उपाधि वितरणोत्सव पर मातृ-भाषा (ओं) की ओर से कहा था–

"मैं अपनी प्यासी मातृभाषा की तरफ से अपने ही देश के विश्वविद्यालय के द्वार पर खड़ा, चातक की तरह उत्कंठित वेदना के साथ प्रार्थना करता हूँ, तुम्हारे अभ्रभेदी शिखर को घेरे हुए जो पुंज के पुंज श्यामल मेघ घूम रहे हैं, उनका प्रसाद आज फलों और शस्यों पर बरसने दो; पुष्पों और पल्लवों से पृथ्वी सुन्दर हो उठे, मातृभाषा का अपमान दूर हो, युग-शिक्षा की उमड़ती धारा हमारे चिन्तन की सूखी नदी के रेतीले मार्ग से बाढ़ की तरह बह निकले, दोनों तट पूर्ण चेतना से जाग उठें, घाट-घाट पर अचानक आनन्द-ध्वनि मुखरित हो उठे।"[3]

रवीन्द्रनाथ ने उन्हें हिन्दी पर काम करने के लिए कुछ योजनाएँ भी दी थीं। जैसे बोलियों के उन शब्दों को एकत्र करना जो खड़ी बोली में नहीं बोले जाते, प्रयुक्त होने पर साधु भाषा को समृद्ध कर सकते हैं और अहिन्दीभाषियों के लिए हिन्दी सीखने के लिए प्रारम्भिक पोथी।

रवीन्द्रनाथ के बाद शान्तिनिकेतन में दूसरे बंगाली विद्वान् क्षितिमोहन सेन थे, जिनकी प्रेरणा और संगति का द्विवेदी जी पर और हिन्दी साहित्य पर शुभ प्रभाव पड़ा। वे हिन्दी के मौन सेवक थे। हिन्दी-सेवा के कार्य के पक्षों को गहराई से समझते थे। द्विवेदी जी ने एक पत्र में इस विषय में जो ब्यौरा दिया है वह प्रेरणाप्रद होने के साथ ही शिक्षाप्रद है और हमें सचेत भी करता है।

द्विवेदी जी का विचार था कि मुख्य बात संस्कृति एवं साहित्य के प्रचार की है। संस्कृति के साहित्य से पं. जी का आशय उत्कृष्ट मानवीय मूल्यों वाले साहित्य से था। भाषा-प्रचार का काम साहित्य के लोकप्रिय होने से ही सम्भव है। द्विवेदी जी के शब्दों में, "यह काम चुपचाप बहुत दिनों से श्री क्षितिमोहन बाबू कर रहे हैं।"[4] हिन्दी साहित्य-सम्मेलन (वर्धा) ने उनसे सम्मेलन का सदस्य बनने का अनुरोध किया। द्विवेदी जी के अनुसार, क्षितिबाबू ने सदस्यता नहीं ली। क्षितिबाबू का कहना था कि सदस्यता लेने से सब काम चौपट हो जाएगा। लोग समझेंगे कि यह हिन्दी प्रचारक है। यानी (द्विवेदी जी के मत से) बंगाल में हिन्दी प्रचार का कार्य स्वार्थमूलक समझा जाता है। हिन्दी प्रचारकों को अच्छी नज़र से नहीं देखा जाता। द्विवेदी जी का मानना है कि जब तक प्रचार शब्द का प्रचलन

नहीं था बंगाल ने हिन्दी की बहुत सेवा की है। अब प्रचार का फल यह हुआ कि 'देश' पत्रिका में लिखा गया है कि बंगालियों को हिन्दी नहीं बोलना चाहिए।[5]

बंगाल में, विशेषतः कलकत्ता में हिन्दीभाषी लोगों की बहुत बड़ी संख्या बसती है। निम्नवर्गीय, किसान एवं दलित किशोर कलकत्ता मजदूरी करने, पैसा कमाने पहुँचते हैं, वहीं बस जाते हैं—कबीर, रैदास, तुलसी गाते और साल दो साल में गाँव आते हैं। नौकरी के पैसे की तड़क-भड़क दिखाते, पैसा ख़त्म होने पर फिर कलकत्ता जाकर मजदूरी या मामूली नौकरी करने लगते हैं। पुरबिये नौजवान बहुत बड़ी संख्या में सेना में थे। कहते हैं कि बंगाल-आर्मी में सबसे अधिक संख्या में पुरबिए सैनिक थे। इसका प्रभाव कलकत्ता की बाजार-भाषा पर है। सुनीति कुमार चटर्जी ने कलकतिया हिन्दी की चर्चा की है। कलकत्ता हिन्दी फिल्म निर्माण का भी केन्द्र था। न्यू थियेटर्स मशहूर फिल्म कम्पनी थी। कानन बाला, पहाड़ी सान्याल, देविका रानी, हिमांशु राय, के.सी. डे, पंकज मलिक हिन्दी क्षेत्र में घर-घर मशहूर थे। 'दुनिया रंग-रँगीली बाबा', 'पिया मिलन' को जाना जैसे गीत हिन्दीभाषी लोगों की जुबान पर थे।

बंगाल में ज़मीनी तौर पर हिन्दी की उपस्थिति थी। सांस्कृतिक शैक्षणिक जगत में उच्च भ्रू लोगों के बीच नहीं थी। निस्सन्देह बंगाली भद्रलोक के बीच हिन्दी भाषा एवं साहित्य के प्रचार-प्रसार को लेकर एक ख़ास तरह की विरक्ति या हल्का विरोध था। और इस वातावरण में रवीन्द्रनाथ, क्षितिमोहन सेन, एंड्रयूज़ का प्रोत्साहन वरदान का काम करता था।

भाषा और साहित्य के विषय में द्विवेदी जी का मत स्पष्ट था। उनके व्यक्तित्व का एक महत्त्वपूर्ण पक्ष कर्मठ हिन्दी प्रचारक का भी है। यह हमें नहीं भूलना चाहिए। उनके मोहक, विचारोत्तेजक भाषण हिन्दी सीखने वालों, प्रचारकों, साहित्य-प्रेमियों को प्रेरणा देते थे। वे उन्हें हिन्दी साहित्य का अनुरागी बनाते थे। हिन्दी प्रचारक के रूप में द्विवेदी जी के व्यक्तित्व की सबसे बड़ी विशेषता यह थी कि वे अकेली हिन्दी की बात नहीं करते थे, हिन्दी की बात अन्य भारतीय भाषाओं से काटकर नहीं करते थे। वे अन्य भारतीय भाषाओं की स्थिति और उनके भावी रूप की बात करते हुए हिन्दी का पक्ष प्रस्तुत करते थे। 1937 में ही उनकी इच्छा थी कि विंटरनित्स के भारतीय साहित्य के ढंग पर समस्त भारतीय साहित्य का एक परिचयात्मक इतिहास हिन्दी में लिखें। हिन्दी भाषा और हिन्दी साहित्य दोनों के बारे में। यही कारण है कि वे हिन्दीतर भाषाओं के समर्थकों और बुद्धिजीवियों और रचनाकारों के बीच लोकप्रिय एवं स्वीकार्य थे। वे भाषा-प्रचार के प्रबल समर्थक नहीं थे। उनका विचार था कि हिन्दी का प्रचार, उत्कृष्ट हिन्दी साहित्य की रचनाओं से होगा। राष्ट्रभाषा, राजभाषा, सम्पर्क भाषा के विवाद में उनकी रुचि बहुत कम थी। या यों कहें कि इस विवाद को वे हिन्दी के प्रचार और विकास में सहायक या महत्त्वपूर्ण नहीं मानते थे। एक पत्र में वे इस विषय में अज्ञेय के मत का समर्थन करते हुए लिखते हैं—

"हिन्दी एक प्रादेशिक भाषा है। इसका रूप, इसकी प्रगति का अभी लोगों को निर्माण करना चाहिए। राष्ट्रभाषा का नाम देकर इसमें अन्य प्रदेश वालों का अनुचित हस्तक्षेप कभी-कभी असह्य हो उठता है। अगर यह राष्ट्रभाषा है तो दूसरों के लिए है। हमारे लिए तो यह मातृभाषा है और हमारा और इसका जीवन-मरण का सम्बन्ध है। औरों के लिए यह

सवाल प्रयोजन और सुविधा का ही है। यह हमारे हास, अश्रु और मनोस्थितियों की भाषा है। राष्ट्रभाषा मानने या न मानने की जिम्मेदारी हमारी नहीं है।"[6]

सरल होने से सुविधा होगी यह भी वे नहीं मानते। मुख्य बात साहित्य की समृद्धि की है।

आगे अपने इस मत को अधिक दृढ़ता और स्पष्टता से कहते हैं—मेरा दृढ़ विश्वास है कि हिन्दी का प्रचार अच्छे साहित्य के निर्माण से ही हो सकता है। अगर आप इस प्रदेश (बंगाल) में अपने साहित्य और मातृभाषा की मर्यादा रखना चाहते हैं तो अपना साहित्य समृद्ध कीजिए और उसके उत्तम अंगों का परिचय कराइए और कोई भी रास्ता सुगम नहीं जान पड़ता...अपने अन्य भाषा-भाषी मित्रों से हमें साफ़ कह देना चाहिए कि हिन्दी प्रचार का काम हमारे स्वार्थ का नहीं है। इसमें आज आपको कोई फ़ायदा मालूम होता हो तो सीखिए नहीं तो अपने-अपने रास्ते जाइए।[7]

पंडितजी के पत्रों, लेखों, भाषणों से यही बात पुष्ट होती है कि वे उत्तम साहित्य रचना को भाषा-प्रचार का श्रेष्ठ उपाय मानते थे।

द्विवेदी जी बंगाल स्थित शान्तिनिकेतन में हिन्दी भाषा एवं साहित्य के प्रवक्ता के रूप में कम, लेखक एवं मौन कार्यकर्त्ता के तौर पर अधिक सक्रिय थे। सन् 1938 में चतुर्वेदी जी को लिखते हैं—

"इस समय शान्तिनिकेतन में 77 विद्यार्थी हिन्दी शिक्षण पर हैं। 30 सदस्य हिन्दी समाज में हैं। 6 बंगाली अध्यापक हिन्दी में अपने विचार प्रकट करने की चेष्टा करते हैं। यह सब-कुछ करते समय मैंने सदा अपनी नीति चुप रहने की रखी है। प्रचार-प्रचार कहते रहने से काम खराब होता है।"[8]

गुरुदेव और हिन्दी साहित्य से सम्बन्धित एक मनोरंजक किन्तु हतोत्साह करनेवाली घटना का उल्लेख करते हैं—गुरुदेव ने एक सप्ताह पहले हम लोगों को बुलाकर हिन्दी साहित्य के बारे में बातचीत की। उस दिन हम भी पूरे मूड में थे और गुरुदेव भी। वे बहुत प्रसन्न थे। उन्होंने कहा कि तुम्हारी भाषा बड़ी शक्तिशालिनी है, तुम्हें अभी आदमी नहीं मिला है, नहीं तो यह भाषा निस्सन्देह भारतवर्ष की सर्वाधिक सम्पन्न भाषा होती। मैंने प्रेमचन्द की याद दिलाई, उन्होंने अफसोस के साथ कहा कि यह दुख की बात है कि प्रेमचन्द इसी उम्र में चल बसे। उनसे तुम्हें बहुत आशा थी। इसके बाद ही आपकी (पं. बनारसीदास चतुर्वेदी की—वि. त्रि.) दिशा में रहनेवाले एक वृद्ध साहित्यिक ने अपनी संग्रह की हुई हिन्दी की वर्तमान कविताओं का सर्वश्रेष्ठ संग्रह भेंट किया। गुरुदेव ने उसे उलट-पुलटकर देखा और अत्यन्त निराश भाव से दूसरे दिन कहा—तोमादेर एखनो साहित्यिक सेन्स नेई।

चिट्ठी के अनुसार, द्विवेदी जी ने गुरुदेव से कहा कि यह काव्य-संकलन समसामयिक हिन्दी कविता का प्रतिनिधित्व नहीं करता तो गुरुदेव ने कहा—"तो तुम क्यों नहीं एक अच्छा संग्रह करते। ऐसे ही संग्रहों के बल पर तुम हिन्दी साहित्य के प्रति दूसरों का प्रेम आकृष्ट करोगे!"[9]

शान्तिनिकेतन में हिन्दी समाज की स्थापना हुई। हिन्दी के कालजयी साहित्यकारों का स्मृति-दिवस मनाया जाता था—विशेषतः मध्यकालीन भक्त कवियों का। प्रेमचन्द का समादर था। रवीन्द्रनाथ के मन में मध्यकालीन संत कवियों के प्रति गहरा सम्मान था। वे

प्रेमचन्द-साहित्य के प्रशंसक थे। द्विवेदी जी को कबीर पर काम करने की प्रेरणा रवि ठाकुर से मिली थी। इस सबका द्विवेदी जी के चिन्तन पर प्रभाव पड़ रहा था। अन्य भारतीय भाषाओं और उनके साहित्य के प्रति उनमें जो अपनेपन का अविरोध ही नहीं, सकारात्मक सहयोग का भाव मिलता है, उसमें शान्तिनिकेतन के उदार वातावरण का बहुत बड़ा हाथ है। द्विवेदी जी कट्टर हिन्दी वाले कभी नहीं बन पाए। उन्होंने अकेले हिन्दी की उन्नति की बात कभी नहीं की। अन्य भारतीय भाषाएँ उनके दिमाग में हमेशा हिन्दी के साथ आती थीं। वे हिन्दी को भारत की सारी भाषाओं और उनके साहित्यों का सेतु बनाना चाहते थे। बाद में, वे हम लोगों से भी कहते थे–साहित्य, साहित्य होता है–हिन्दी साहित्य, अंग्रेज़ी साहित्य, बंगला साहित्य नहीं होता। वे शुरू में ही हिन्दी में, सभी भारतीय भाषाओं के साहित्यों का परिचयात्मक इतिहास प्रस्तुत करना चाहते थे।

शान्तिनिकेतन में रहते हुए लिखे गए–विशेषतः पं. बनारसीदास चतुर्वेदी को लिखे गए पत्रों से पता चलता है कि उनके मन में हिन्दी के लिए काम करने की रूपरेखा क्या थी!

द्विवेदी जी की देशाटन में रुचि थी। प्रारम्भ में वे भाषण देने में संकोच करते थे, बाद में तो हिन्दी के धुरंधर वक्ता के रूप में प्रसिद्ध हुए। लेकिन कई जगहों पर जाना, वहाँ भाषण देना और हिन्दी-प्रेमी नवयुवकों से बातचीत करके अपने विचारों को सुस्थिर करने की प्रवृत्ति उनमें प्रारम्भ से थी। '39 में लिखा है–

"बारह वर्ष से क़लम चला रहा हूँ। जहाँ-जहाँ जाने का अवसर मिला है वहाँ नई पीढ़ी के विद्यार्थियों ने मेरे लेखों के सम्बन्ध में प्रश्न किए हैं। नई पीढ़ी का विद्यार्थी सावधानी से हमारी बातों पर ग़ौर कर रहा है। वह जिज्ञासु है, संकीर्ण नहीं। वह हिन्दी साहित्य को सारे संसार के साहित्य के सन्दर्भ में देखना-समझना चाहता है। उसकी निगाह में हिन्दी की प्रतिद्वन्द्विता बंगाली या उर्दू से नहीं, अंग्रेज़ी या रूसी साहित्य से है। वह अपने साहित्य को सर्वांग, सम्पूर्ण और समृद्ध देखना चाहता है।[10] द्विवेदी जी इस विचार का समर्थन करते हैं कि 'हिन्दी साहित्य सम्मेलन' को दक्षिणी भाषाओं तथा बंगला आदि के विशेष अध्ययन की व्यवस्था करनी चाहिए। उनका विचार है कि यदि हिन्दी के ज़रिए हम कम-से-कम सारे भारतीयों की आशा-आकांक्षा व्यक्त नहीं कर सकते तो राष्ट्रभाषा का शोर-गुल व्यर्थ का परिश्रम है।

भारतीय भाषाओं के साथ प्राचीन भाषाओं और उनके साहित्य का भी महत्त्व है–"मेरा एक लेख बहुत दिन का लिखा हुआ पड़ा है। बौद्ध और जैन साहित्य में क्या है। यह विषय है। आपने संस्कृत साहित्य वाला लेख पसन्द किया था। यह भी उसी तरह का है।"

17.9.39 को लिखे एक पत्र में वे हिन्दी साहित्य सम्मेलन और अन्य हिन्दी संस्थाओं से क्या अपेक्षा रखते हैं, इस विषय पर जमकर अपने मन की बातें कहते हैं।

पं. बनारसीदास चतुर्वेदी ने उनसे 'हिन्दी साहित्य सम्मेलन' के वास्ते वर्ष भर के प्रोग्राम की बात पूछी। द्विवेदी जी ने हि.सा.सं. के कार्यक्रम पर अपने विचार जमकर लिख भेजे। यहाँ भी उनका बल इस बात पर रहा कि सम्मेलन का प्रधान कार्य साहित्य-निर्माण और साहित्य-प्रचार का रहना चाहिए। उन्होंने सम्मेलन द्वारा संचालित परीक्षा कार्यक्रमों की प्रशंसा की। किन्तु यह भी कहा कि उन्हें सरकारी मान्यता की ज़्यादा परवाह नहीं करनी

चाहिए। परीक्षाओं में भारी कमी यह रह गई है, "आलोचना के नाम पर इन परीक्षाओं में रीतिकालीन ग्रन्थ और लक्षण-ग्रन्थों का इतनी अधिक मात्रा में अभ्यास कराया जाता है कि उस चक्रव्यूह से निकला हुआ महारथी साहित्यिक कन्वेंशन के ऊपर उठने में प्रायः असमर्थ हो जाता है। हमारे साहित्य की आलोचना भी इसीलिए समग्र जगत की उन समस्याओं को दृष्टि में रखकर नहीं होती जो नित्य हमें जूझने को ललकार रही है।"

द्विवेदी जी कहते हैं, "मैं चाहता हूँ कि 'साहित्य की आलोचना' शब्द को कविता या कहानी की आलोचना के रूप में ही व्यवहार न किया जाए, उसे समूचे जीवन की आलोचना के अर्थ में व्यवहार किया जाए। 'साहित्यिक आलोचना' 'समूचे जीवन की आलोचना के अर्थ में व्यवहृत हो।'[11] बाद में मुक्तिबोध ने इसी को 'सभ्यता-समीक्षा' कहा।

द्विवेदी जी साहित्य के अध्ययन को सामाजिक जीवन के व्यापकतर एवं आधुनिक अनुशासनों के सन्दर्भों से जोड़ने का प्रस्ताव रखते हैं—मेरा मतलब है हिन्दुस्तान के भिन्न-भिन्न भागों की भौगोलिक, ऐतिहासिक, सामाजिक, भाषा-शास्त्रीय, नृतत्त्वविषयक धार्मिक परिस्थितियों के वैज्ञानिक अध्ययन से। यह कैसा अंधेर है कि अपने देश के विषय में भी हमें अंग्रेज़ों की लिखी पुस्तकें पढ़कर ज्ञान प्राप्त करना पड़े। गुरुदेव ने चन्दोला जी से स्त्रियों के विवाह आदि सम्बन्धी आचार के विषय में लिखने को कहा था। काका कालेलकर ने कहा—अपने जिले के खेत-खलिहान के शब्दों को इकट्ठा करो। द्विवेदी जी ने पत्र में बताया है कि "गुरुदेव ने कहा—तुम अपनी भाषा में से उन प्रयोगों को ढूँढ़ निकालो जिनका प्रचलन तुम्हारी किताबी भाषा में नहीं हो रहा है और जिनके अभाव में भाषा निश्चय ही कमजोर होती जा रही है।"

वे चाहते थे सम्मेलन, संस्कृत, प्राकृत, अपभ्रंश के महत्त्वपूर्ण ग्रन्थों का अनुवाद कराए और उनके प्रकाशन की व्यवस्था करे। 1939 में लिखा हुआ द्विवेदी जी का एक लेख है 'साहित्यिक संस्थाएँ क्या कर सकती हैं।' यात्रावृत्त की रोचक शैली में लिखा गया यह निबन्ध हिन्दी सेवी संस्थाओं और विश्वविद्यालयों के आदर्श कार्यक्रम का उत्कृष्ट प्रस्ताव है। इसमें प्राचीन और आधुनिक के संयोग से हिन्दी को भावी चुनौतियों का सामना करने और उसे कारगर बनाने के योग्य कार्यक्रम प्रस्तावित किया गया है।

हिन्दी भाषा और साहित्य को लेकर द्विवेदी जी शान्तिनिकेतन में जितने सक्रिय थे, उसे नहीं आँका गया है। वे अध्यापक थे, लेखक थे, वक्ता प्रचारक थे। शान्तिनिकेतन में जो हिन्दी की गतिविधियाँ थीं—उनके संचालक थे, हिन्दी और बंगाली बुद्धिजीवी साहित्यकारों के बीच सेतु का काम करते थे। उनके सामने हिन्दी के वास्ते काम करने के लिए भावी योजनाएँ थीं। इस सिलसिले में वे गांधी जी, जवाहरलाल नेहरू, राजेन्द्र प्रसाद, जयप्रकाश नारायण, आचार्य नरेन्द्र देव आदि से मिलते थे, उनसे प्रेरणा और परामर्श लेते थे। इसी क्रम में हिन्दी भवन की स्थापना हुई।

'विशाल भारत' के सम्पादक पं. बनारसीदास चतुर्वेदी शान्तिनिकेतन आया करते थे। उनके साथ सीताराम सेकसरिया होते थे। सबसे पहले शान्तिनिकेतन में हिन्दी भवन की बात चतुर्वेदी जी के मन में आई। हिन्दी भवन हो तो यहाँ शान्तिनिकेतन देखने के उद्देश्य से आने वाले ठहर सकें। द्विवेदी जी हिन्दी भवन को हिन्दी में शोध करने और संस्कृति के

आदान-प्रदान और काम करने का एक केन्द्र बनाना चाहते थे। द्विवेदी जी के शान्तिनिकेतन पहुँचने के सात वर्ष बाद (1937 में) हिन्दी भवन का शिलान्यास दीनबन्धु एंड्रयूज़ के हाथों हुआ। हिन्दी भवन की स्थापना की कहानी द्विवेदी जी ने एक भाषण में कही है। शान्तिनिकेतन में हिन्दी भवन की स्थापना और उसकी परिकल्पना द्विवेदी जी के हिन्दी-स्वप्न का रूप प्रस्तुत करती है। उनके सांस्कृतिक व्यक्तित्व का भी। पहले कहा जा चुका है कि वे हिन्दी के मातृभाषा रूप और उसकी साहित्यिक समृद्धि पर बल देते थे। साहित्यिक समृद्धि को वे भाषा-प्रचार का सर्वाधिक प्रभावशाली साधन मानते थे। लेकिन उनका व्यक्तित्व संकीर्ण हिन्दीवाला नहीं था। रवीन्द्रनाथ के व्यक्तित्व और शान्तिनिकेतन के खुले सांस्कृतिक वातावरण ने उनके आकाशधर्मा व्यक्तित्व को गढ़ने में निर्णायक भूमिका अदा की। खुले वातावरण के प्रभाव को ग्रहण करने की आन्तरिक क्षमता उनके संस्कार में थी। तभी यह सम्भव हुआ। रवीन्द्रनाथ ने उन्हें हिन्दी भवन की स्थापना के लिए उत्साहित किया।

यह कितना संकेतपूर्ण है कि हिन्दी भवन का शिलान्यास दीनबन्धु एंड्रयूज़ से कराया गया और उद्‌घाटन संस्कृतनिष्ठ हिन्दी के मृदु-विरोधी जवाहरलाल नेहरू से कराया गया। द्विवेदी जी हिन्दी को कितने व्यापक सन्दर्भों में देख रहे थे। इसीलिए वे शान्तिनिकेतन में हिन्दी भवन की स्थापना का स्वप्न देखने का साहस जुटा पाए और पूरा भी कर पाए।

हिन्दी भवन का पहला उल्लेख चतुर्वेदी जी को लिखे गए एक पत्र में मिलता है। 10.12.34 को लिखे गए पत्र में द्विवेदी जी की एक पंक्ति है "क्योंकि यह सब-कुछ आपसे पूछकर करना चाहिए। क्योंकि आपकी इच्छा हिन्दी भवन की स्थापना की थी।"[12] प्रकट है कि शान्तिनिकेतन में हिन्दी भवन की स्थापना का विचार चतुर्वेदी जी के मन में आया था।

द्विवेदी जी के अनुसार, चतुर्वेदी जी के लिए महत्त्वपूर्ण बात थी कि बिल्डिंग अच्छी बने। उनका ध्यान पढ़ाई-लिखाई की ओर कम था। "मेरे मन में पढ़ाई-लिखाई की बात ही प्रमुख थी, बिल्डिंग चाहे जैसी हो।"[13] हिन्दी भवन की स्थापना की कहानी दिलचस्प है। पं. जी के शब्दों में कही जाकर वह काफ़ी मनोरंजक भी हो गई है। अपने साधना-संघर्ष की कहानी कहते समय पं. जी प्रायः अपने परिश्रम और साधना-कठिनता को हास-विनोद के पीछे छिपा देते हैं। व्यंग्य पंडितजी कम करते हैं। कठिन प्रहार करना तो वे शायद जानते ही नहीं, कबीरदास के अध्येता होने के बावजूद। हाँ, आत्म-व्यंग्य में माहिर हैं।

"गुरुदेव से किसी ने कह दिया था कि मिट्टी और अलकतरे से बना मकान ज़्यादा टिकाऊ होता है और उसकी दीवारों पर मूर्तियाँ भी अच्छी बन सकती हैं। इस प्रकार के मकान का प्रथम प्रयोग है—किचन के सामने का चैती और दूसरा है—(उत्तरायण का एक भवन)—शाल्मली। इसी बीच हिन्दी भवन के निर्माण हेतु खर्चादि का भार सीताराम सेकसरिया और पं. बनारसीदास चतुर्वेदी ने ले लिया था। 'विशाल भारत' में हिन्दी भवन के निर्माण हेतु एक टिप्पणी भी छपी थी। गुरुदेव के समक्ष हिन्दी भवन के निर्माण का प्रस्ताव रखने पर वे बहुत खुश हुए और उन्होंने पूछा कि कितने रुपये लगेंगे और ये मिलेंगे कहाँ से? मैंने अब तक की हुई सारी बातें उनसे कह दीं। गुरुदेव ने कहा कि छः-सात सौ रुपये में मिट्टी का भवन तो बन ही जाएगा, जैसाकि शाल्मली बना है किन्तु मेरी इच्छा

पक्के ही कमरे बनवाने की थी। मेरा सौभाग्य था कि उसी साल लगभग 8 इंच तक वर्षा हुई और परिणाम यह हुआ कि दोनों-के-दोनों, शाल्मली और चैती पूर्णतः ढह गए। अब मिट्टी के हिन्दी भवन बनवाने की बात भी मिट गई।"[14]

द्विवेदी जी ने हिन्दी भवन की योजना के बारे में एंड्रयूज़ साहब से बात की। वे प्रसन्न हुए। द्विवेदी जी ने सोचा—कलकत्ते में चंदा माँगने के लिए एंड्रयूज़ साहब को ले चलना चाहिए। इससे चंदा खूब और बड़ी राशि मिलेगी। लेकिन एंड्रयूज़ साहब को ले जाने के लिए भी तो पैसा चाहिए—"मेरे पास इतने पैसे नहीं थे कि उन्हें टैक्सी पर लेकर कलकत्ते की सड़कों का चक्कर लगाऊँ। टैक्सी तो उस समय मैंने देखी भी नहीं थी। मैं उन्हें घोड़ागाड़ी में लेकर कानोडिया जी के घर उतर पड़ा। उन्होंने एंड्रयूज़ साहब को घोड़ागाड़ी पर सवार देखकर हमारे आने का कारण तक नहीं पूछा और तुरन्त अपनी गाड़ी दे दी।"[15] दोनों ने उत्साहपूर्वक घूम-घूमकर चंदा इकट्ठा किया। 6 हज़ार रुपये हलवासिया ट्रस्ट से मिले। बाकी इधर-उधर से 8 हज़ार। एंड्रयूज़ साहब को साथ लाना सार्थक हुआ। वे प्रसन्न और उत्साहित भी अत्यधिक रहे।

अब शिलान्यास होना था। द्विवेदी जी ने शिलान्यास के लिए एंड्रयूज़ साहब का नाम लिया। गुरुदेव सहमत हो गए। शिलान्यास की तिथि स्वयं एंड्रयूज़ साहब ने दी। एंड्रयूज़ साहब मस्तमौला आदमी थे। पं. जी के अनुसार, "एक दिन एंड्रयूज़ साहब बोले कि शिलान्यास की तिथि बदल दो, उस दिन मुझे कहीं जाना है। तिथि-परिवर्तन की सूचना दे दी गई। द्विवेदी जी वगैरह कलकत्ते जा रहे थे। वर्दवान में वे मिले, जैसे ही उनकी नज़र हम लोगों पर पड़ी वे दौड़ते हुए आए और कहा, पहला ही डेट ठीक था। उस दिन मुझे कोई काम नहीं है, मुझे याद ही नहीं था।" अभी सबको पत्र लिख दो। किन्तु वे पत्र ट्रेन में कैसे लिखे जाएँगे? वे भागते हुए सेक्रेटरी के पास गए और पोस्टकार्ड ले आए। पोस्टकार्ड तो उसी समय लिख दिए गए, किन्तु पत्र लिखने के लिए काग़ज़ और लिफाफे की भी ज़रूरत होती है। अतः उसका उपयोग नहीं हो पाया। करीब दस रुपये के 'स्टाम्प' मेरे हाथ लगे और यही हिन्दी भवन की पहली आमदनी है।"

शिलान्यास के ताम्रपत्र पर लिखने के लिए मैथिलीशरण गुप्त से प्रार्थना की गई। वे व्यस्तता के कारण नहीं लिख पाए। तब पंडितजी ने ही शिलान्यास के लिए ये पंक्तियाँ रचीं—

संवत् वेद-ग्रहांक[16] विधु पूनो पौष सुमास
दीनबंधु एंड्ररूज ने किया शिलान्यास
हिन्दी की संस्कृति तथा जो अनुपम रस-वस्तु
उनके उन्नयनार्थ यह निहित शिला, शुभमस्तु।

सुनकर गुरुदेव ने तो कहा—बेस होय छे, भालो होय छे, किन्तु क्षितिमोहन सेन ने कहा—दीनबन्धु शब्द राजनीतिक लगता है। दीनबन्धु को गुरुवर श्री से बदल दिया गया। यह भी तर्क था कि विद्यालय में 'गुरुवर' विशेषण दीनबन्धु से ज़्यादा उचित है।

एंड्रयूज़ साहब शिलान्यास के अवसर पर भाषण भी करना चाहते थे वह भी हिन्दी में। गुरुदेव ने सुना तो बोले, 'यह क्या सर्वनाश कर रहे हो—ए कि सर्वनाश करे छो। कहो कि वे या तो अंग्रेज़ी में बोले या बंगला में। वह अंग्रेज़ कैसे हिन्दी बोल पाएगा?' समाधान यह

हुआ कि द्विवेदी जी ने भाषण रोमन लिपि में लिख दिया और गुरुवर श्री ने हिन्दी में ही भाषण दिया।

हिन्दी भवन के उद्‌घाटन का दृश्य द्विवेदी जी के ही शब्दों में–

"हिन्दी भवन का उद्‌घाटन जनवरी में पंडित जवाहरलाल नेहरू ने किया। यह तिथि 31 जनवरी, 1939 थी। नेहरू जी बड़े उत्साह के साथ उछलकर बरामदे पर आ गए, किन्तु उनसे हाल का दरवाज़ा नहीं खुला। बात यह है कि हाल का दरवाज़ा बाहर की ओर खुलता है और वे अपनी पूरी ताकत से किवाड़ को पीछे की ओर ठेल रहे थे। मैंने इशारा किया, उन्होंने एक जोर का झटका दिया। किन्तु नेहरू जी, गुरुदेव एवं एंड्रयूज़ साहब तीनों के पैर में चोट लगी। इस प्रकार द्वारोद्‌घाटन ही हास्य रस से हुआ है।"

पं. जी ने हिन्दी भवन पर जो भाषण दिया है उसमें एंड्रयूज़ साहब की उदारता, दीनबन्धुता और भुलक्कड़पन पर प्रकाश डाला है। हिन्दी भवन में पं. रामपूजन तिवारी एवं मोहनलाल वाजपेयी थे। बाद में बलराज साहनी और चंदोला जी भी आ गए थे। अज्ञेय, नर्मदेश्वर चतुर्वेदी आदि भी उससे जुड़े थे। हिन्दी भवन का वातावरण कैसा था?

"हिन्दी भवन का कार्यक्रम अपने ढंग से चल रहा था। उस समय मेरे सहयोगी डॉ. रामपूजन तिवारी जी एवं मोहनलाल वाजपेयी जी थे। बलराज साहनी और चंदोला जी यहीं रहते थे। एंड्रयूज़ साहब अकसर आया करते थे और इसके आसपास चारों ओर घूम-घूमकर बड़ी सूक्ष्म दृष्टि से बहुत दूर तक निरीक्षण किया करते थे।" एक दिन सुबह-सुबह ओवरकोट पहने आए और इसके आसपास घूमने लगे। बहुत देर हो गई। धूप चढ़ आई। गर्मी लगने लगी। एंड्रयूज़ साहब द्विवेदी जी के घर आए और माताजी से कहा कि वे इस कोट को रखें और शाम को मेरे ऑफिस पर भेज दें। माता जी ने उन्हें बैठाया और चाय के लिए पूछा। वे चाय के बहुत शौकीन थे। दिन भर में 24-25 कप चाय पीते थे। चाय पीकर वे चले गए। द्विवेदी जी शाम के समय उनका कोट लेकर उत्तरायण पहुँचे। रथीबाबू कुछ उद्विग्न से दिखाई पड़े। द्विवेदी जी ने अपने आने का कारण बताया। उन्होंने कहा–"सर्वनाश करे छे।" ये तब से ही अपने सिर पर आसमान उठाए हुए हैं कि मेरा कोट खो गया है और शाम हो रही है। अब मैं क्या पहनूँगा। मुझे ठंड लग जाएगी। फलतः मैंने बोलपुर से कपड़ा और दर्जी दोनों मँगवाया, नाप ली गई और कपड़े काट कर सिलाई किए जा रहे हैं। साहब ने जैसे ही कोट मिलने की बात सुनी, वे हर्षातिरेक से चिल्ला उठे–"नाउ इट हैज़ बिकम टू कोट्स।"

एंड्रयूज़ साहब करुणा की मूर्ति थे। पंडितजी ने अपने भाषण में एक घटना का विवरण दिया है–

"एक दिन रात को एक लम्बे-चौड़े व्यक्ति को हाथ में लालटेन उठाए हिन्दी भवन की ओर आते देखा। जब वह पास आ गया तो देखा कि वह कोई और नहीं साहब हैं। उनकी आँखों में करुणा थी। उन्होंने आते ही पूछा, 'मुनेश्वर के लड़के की तबीयत कैसी है?' द्विवेदी जी ने कहा, 'अब वह ठीक है।' उन्होंने कहा, 'मुझे उसका घर बता दो, मुझे वहाँ जाना है। पं. जी को आश्चर्य हुआ कि साहब अभी-अभी बाहर से आए हैं और पता लगते ही बीमार बच्चे को देखने दौड़े-दौड़े आए हैं। किसी ने ठीक ही कहा है कि तुमने अगर

जेसस क्राइस्ट को नहीं देखा तो एंड्रयूज़ साहब की आँखों में देखो।' साहब वहाँ गए। डॉक्टर को पत्र लिखा और दवा आदि के लिए चेक भी।"

हिन्दी भवन को द्विवेदी जी हिन्दी-संस्कृति का केन्द्र—सबसे मुख्य स्थान के अर्थ में नहीं, अध्ययन-केन्द्र बनाना चाहते थे। द्विवेदी जी की संस्कृति-अवधारणा में अन्तस्सम्बन्धता का महत्त्वपूर्ण स्थान है। हिन्दी क्षेत्र से बाहर होने के कारण यह अन्तस्सम्बन्धन्ता अधिक आवश्यक और उपादेय भी थी। रवीन्द्रनाथ की छाया में विकसित होनेवाला हिन्दी-अध्ययन का केन्द्र—अपने आपमें ही कितनी उदात्त और अभूतपूर्व कल्पना है। इस कल्पना को द्विवेदी जी तन्मय होकर साकार करने में लगे थे। इस विषय में उनके सबसे आत्मीय मंत्रदाता और सहायक पं. बनारसीदास चतुर्वेदी थे। वे उनसे लगातार राय और निर्देशन लेते।

"हिन्दी भवन बन रहा है। दो महीनों में तैयार हो जाएगा। तैयार हो जाने के बाद आप आवें तो कैसा रहे।"[17]

हिन्दी भवन के साथ हिन्दी-समाज और हिन्दी समाज में तुलसी जयन्ती।

"हिन्दी समाज की ओर से आगामी मंगलवार को तुलसी जयन्ती धूमधाम से मनाई जा रही है। प्रातःकाल तुलसीदास के भजन से ही प्रभात फेरी और वैतालिक गान होंगे। शाम को तुलसीदास के भजन और कविता का पाठ तथा व्याख्यानों का प्रबन्ध किया गया है। एक दिन के लिए आश्रम में गुरुदेव के स्थान पर तुलसीदास विराजेंगे।"

"सन् 1938 में सितम्बर के आसपास हिन्दी भवन में एक नए मित्र और भी आए हैं वे अभी अवैतनिक भाव से कार्य कर रहे हैं। इनको भी आप शायद जानते हैं। इनका नाम है श्री बलराज साहनी जी। पंजाब के एम.ए. हैं। हाल ही में यहाँ आए हैं। बहुत ही मिलनसार आदमी हैं।"

इस समय शान्तिनिकेतन के हिन्दी समाज में 50 विद्यार्थी सदस्य हैं। विद्यार्थी सदस्य यानी जो शान्तिनिकेतन में पढ़ते हैं कोई भी विषय। और हिन्दी भाषा और साहित्य में रुचि रखते हैं। वे सभी उच्चतर शिक्षा के लिए आए हैं।

यह उत्साहजनक बात है। उत्साह जाकर जुड़ जाता है हिन्दी भवन की भावी योजना और कार्यक्रम से।

अब सवाल यह है कि हिन्दी भवन का कार्यक्रम क्या हो?...

"हिन्दी भवन को हम एक क्रियात्मक और जीवनदायी साहित्यिक और सांस्कृतिक केन्द्र के रूप में देखना चाहते हैं। परन्तु हमारे पास साधन बहुत ही कम हैं। हिन्दी में जो दो-चार संस्थाएँ साहित्य-सर्जन का काम कर रही हैं उनमें प्रधान है, काशी नागरी प्रचारिणी सभा और हिन्दुस्तानी एकेडमी। हिन्दी भवन को इनके ऊपर नहीं तो समकक्ष तो होना ही होगा—नवीनता और मौलिकता भी होनी चाहिए। अनुभवी विद्वानों से विचार-विनिमय किया जाए।"[18]

योजना में एक हिन्दी सांस्कृतिक त्रैमासिक निकालना है, कुछ छात्रवृत्तियों का जुगाड़ करना है। नियत लक्ष्य में बँधे रहें, कार्य में जुटे रहें। द्विवेदी जी हिन्दी भवन की योजना के नशे में हैं। चतुर्वेदी जी से अनुरोध करते हैं—"मैं आपसे केवल इतना ही अनुरोध करता हूँ कि आप अपने को थका हुआ न समझिए। जो कुछ करते हैं या कर सकते हैं उसी को भगवान की दी हुई थाती समझकर आनन्दपूर्वक लगन के साथ करते जाइए।"

द्विवेदी जी साधनों के अभाव की बात करते हैं और उत्साह में हैं। साधनों की स्थिति ग़ौर करने लायक है।

"हमें एक बड़ी दरी की (हाल के लिए) बहुत सख्त ज़रूरत है। अलमारियों के साथ ही इसे भी आप ध्यान में रखें। कहीं टिप्पस बैठ जाए तो इसे भी स्वीकार कर लें। मैंने शर्मा जी (शर्मा जी से तात्पर्य सम्भवतः श्रीराम शर्मा से है) के कानों भी बात लगा दी है।"[19]

हिन्दी भवन बन रहा है और शान्तिनिकेतन में नन्दलाल बोस हैं, रामकिंकर हैं, विनोद बिहारी मुखर्जी हैं। हिन्दी का सांस्कृतिक केन्द्र इनके सहयोग से वंचित कैसे रह सकता है।

"नन्दलाल बाबू राजगिरि से लौटकर आए तो कह रहे थे कि आपसे इनकी बातचीत हुई है। हिन्दी भवन के बरामदे में (पर) तो कुछ चित्र बनाने का आयोजन वे कर रहे हैं, पर भीतरी हाल में अच्छी फ्रेस्को के लिए पैसों की ज़रूरत होगी। ऊपर से चार फीट नीचे तक दीवाल पर नए सिरे से पलस्तर करना पड़ेगा और तब उस पर चित्र बनाए जा सकेंगे। मुझसे नन्दबाबू के सहकारी विनोद बाबू कह रहे थे कि फ्रेस्को वैसे तो 100-50 रुपये में भी हो जाएगा लेकिन अच्छे काम के लिए उपयुक्त मसाले और आदमियों (मज़दूरों) आदि के लिए कम-से-कम 100 रुपये की (अतिरिक्त ज़रूरत होगी।)"

द्विवेदी जी को स्वास्थ्य के कारण घूमने-फिरने की मनाही है...वे बैठे-बैठे या लेटे-लेटे विचार कर रहे हैं कि किन रचनाकारों के भित्ति-चित्र बनवाए जाएँ–

"फ्रेस्को में मैं हिन्दी कवियों के साथ जयदेव, चंडीदास और चैतन्य देव के चित्र देना उचित समझता हूँ। जयदेव और चैतन्य देव इसी जिले के रहनेवाले थे। चंडीदास बंगला के सूरदास हैं और चैतन्यदेव समस्त बंगाल की आध्यात्मिक साधना के प्रतिनिधि हैं। आधुनिक साहित्यिकों के चित्रों के बीच में एक गुरुदेव का और एक एंड्रयूज़ साहब का भी चित्र रहे।"

यह उचित है कि उचित होने के साथ उपयोगी, व्यावहारिक भी। "इन तीनों को रखकर हम बंगाल की सहानुभूति पा जाएँगे और अपना जो उदारता का सिद्धान्त, उसे भी पालन कर सकेंगे।"[20]

हिन्दी भवन के भित्ति-चित्रों के विषय में डॉ. राम सिंह तोमर ने महत्त्वपूर्ण सूचना दी है। प्रो. तोमर पं. जी के शिष्य नहीं थे। अपभ्रंश के विद्वान् और वर्षों तक हिन्दी भवन के अध्यक्ष रहे। पं. जी का इतना ध्यान रखते थे कि जब काशी विश्वविद्यालय ने द्विवेदी जी की सेवाएँ समाप्त कर दीं तब उन्होंने प्रस्ताव रखा कि उनके स्थान पर द्विवेदी जी को हिन्दी भवन का फिर अध्यक्ष बना दिया जाए। डॉ. तोमर ने भित्ति-चित्रों के विषय में लिखा है–

कलाओं में पं. जी की बहुत रुचि थी। प्राचीन भारतीय कलाओं का परिचय देते हुए उन्होंने अच्छी पुस्तक लिखी (डॉ. तोमर का आशय 'प्राचीन भारत के कला-विनोद' से है) कलाचार्य नन्दलाल वसु ने कला और साहित्य पर भाषण देने के लिए पं. जी से अनुरोध किया था–उसी प्रसंग में भारतीय प्राचीन कलाओं पर कई भाषण पं. जी ने दिए और उनमें नन्दन तत्त्व या सौन्दर्यशास्त्र पर भी प्रकाश डाला था। जब हिन्दी भवन का अपना मकान बन गया तो उसके बड़े कक्ष को भित्ति-चित्रों से सजाने के लिए पं. जी ने व्यवस्था की। हिन्दी भवन के सभाकक्ष में विनोद बिहारी मुखर्जी और कृपाल सिंह शेखावत द्वारा चित्रित

कला-कृतियाँ अद्वितीय हैं। पं. जी ने कलाचार्य मुखर्जी को सन्तों की जीवनियों से सम्बन्धित सामग्री प्रदान की। सन् 1946 में मुखर्जी ने अपने कुछ शिष्यों की सहायता से सभा कक्ष की तीन भित्तियों को चित्रों से मंडित किया। भारतीय संतों भक्तों का भव्य समारोह चित्रों में दिखाई पड़ता है। पूरी परम्परा अपनी विशेषताओं के साथ जीवन्त हो गई है। प्रवृत्ति-निवृत्ति, जाति-धर्म की सभी संकीर्णताएँ इन चित्रों में विलीन हो गई हैं। आरम्भ में लगता है आदिकाल के संत हिमालय की तुषारमंडित कन्दराओं में तपस्यारत हैं। शंकर और बौद्ध तार्किकों के बीच हुए संवाद का एक कोने में बहुत ही भव्य चित्र अपूर्व प्रतीत होता है। गंगा के प्रवाह के समान ही सन्तों की धारा को प्रवाहयुक्त प्रदर्शित किया गया है। काशी में गंगा तट पर रामानन्द और उनकी शिष्यमंडली का दृश्य अपूर्व है। इस तरह अपनी शिष्यमंडली के साथ भगवद्भजन में तल्लीन कबीर का सत्संग-मंडल चित्रित किया गया है। एक कोने में पालकी में बैठे कोई आचार्य जा रहे हैं, बीच-बीच में सांस्कृतिक धारा के समानान्तर गंगा का प्रवाह दिखाई पड़ता है। भारत में गंगा के प्रति कितनी श्रद्धा है—इसका आभास भी आरती उतारते, स्नान करते चित्रित नर-नारियों के द्वारा कराया गया है। तुलसीदास ने अपना शिष्य-मंडल नहीं बनाया—हनुमान जी से राम दर्शन के लिए आकुल-मन से निवेदन करते हुए इन चित्रों में सबसे ऊँचे निस्संग खड़े हुए वे चित्रित हुए हैं। काशी नगरी का पूरा वैविध्य और माहात्मय हमारे सामने साकार हो गया है। जीवन की व्यापकता और गहराई का अनुभव भित्ति चित्रों में बड़ी कुशलता से प्रस्तुत किया गया है। सूरदास, सिक्ख गुरु और उनका खालसा तथा ग्रामीण जीवन का सहज चित्रण भित्तिचित्रों के अन्य आकर्षक पक्ष हैं। महत्त्वपूर्ण और युग-परिवर्तनकारी व्यक्तियों के चित्रण में अनुपात का ध्यान दर्शक को प्रभावित करता है।

इसके बाद डॉ. तोमर उन भित्ति-चित्रों की छोटी-सी कहानी बताते और उन पर विज्ञों की प्रतिक्रिया या अनुशंसा की बात करते हैं—

"कलाकारों को जब पंडितजी ने हिन्दी भवन में भित्ति-चित्र बनाने की अनुमति दी (अनुरोध किया) तो कुछ लोग प्रसन्न नहीं थे, इसी से एक दीवाल पर अन्य शैली के चित्र अंकित हैं। जब कार्य समाप्त हुआ तो शिल्पाचार्य नन्दलाल बसु चित्र देखने आए; अकेले लगभग एक घंटा बैठे हुए चित्रों को देखते रहे और अन्त में बोले कि विनोद ने बहुत अच्छा काम किया है, देखकर मन भर गया। इन चित्रों की देश और विदेश के कला मर्मज्ञों ने बड़ी प्रशंसा की है। विदेश भ्रमण करके लौटे एक महाशय ने कहा कि प्रसिद्ध कलामर्मज्ञ श्रीमती स्टेला क्रामरिश हिन्दी भवन के भित्ति-चित्रों के विषय में कुछ पूछ रही थीं। प्रसिद्ध चल-चित्र निर्माता के नाम से डॉ. सत्यजीत (राय) ने इन चित्रों का फिल्मांकन किया है। इनर आय (अन्तर की आँख)।[21]

हिन्दी भवन का ऐतिहासिक महत्त्व है। उस महत्त्व को अभी तक नहीं आँका गया है। विश्वकवि का हिन्दी भाषा और साहित्य को; हिन्दी की जातीय संस्कृति को आशीर्वाद एवं वरदान है हिन्दी भवन। और यह आचार्य हजारीप्रसाद द्विवेदी की हिन्दी-सेवा का स्मारक है। रवीन्द्रनाथ के ये शब्द हिन्दीभाषी के लिए चिरस्मरणीय हैं। रवि ठाकुर ने द्विवेदी जी से कहा था—हिन्दी भवन की स्थापना के समय—

"तुम्हारी भाषा परम शक्तिशाली है। बड़े-बड़े पदाधिकारी तुमसे कहेंगे कि हिन्दी में कौन-सा रिसर्च होगा भला। तुम उनकी बातों में कभी न आना। मुझे भी लोगों ने बंगला में न लिखने का उपदेश दिया था। मैंने बहुत दुनिया देखी है। ऐसी भाषाएँ हैं जो हमारी भाषाओं से कहीं कमज़ोर हैं परन्तु उनके बोलने वाले अंग्रेजी विश्वविद्यालय नहीं चलाते। हमारे ही देश में ये लोग परमुखापेक्षी हैं। तुम कभी अपना मन छोटा मत करना; कभी दूसरों की ओर मत ताकना। देखो मैं पके हुए बाँसों पर भरोसा नहीं करता। उन्हें झुकाना कठिन है। देशी भाषाओं को कच्चे युवकों की ज़रूरत है। लग पड़ोगे तो सब हो जाएगा। हिन्दी के माध्यम से तुम्हें ऊँचे से ऊँचे विचारों को प्रकट करने का प्रयत्न करना होगा। क्यों नहीं होगा। मैं कहता हूँ ज़रूर होगा।"

द्विवेदी जी ने इसके बाद जोड़ा है–

ये (भाव) मेरे दिल पर वज्र लेख की तरह अंकित हो गए हैं।[22]

विश्वविद्यालयों में हिन्दी विभागों के विद्वान् ध्यान दें–रवीन्द्रनाथ ठाकुर ने ये शब्द द्विवेदी जी से कहे। और महामहोपाध्याय विधुशेखर भट्टाचार्य ने द्विवेदी जी की पत्रिका 'विश्वभारती' के लिए हिन्दी में लेख लिखने की बात की। द्विवेदी जी को चिट्ठी हिन्दी में लिखने लगे।

द्विवेदी जी का व्यक्तित्व ऐसा उदात्त सांस्कृतिक और शामक था। वे हिन्दी जाति की संस्कृति के प्रतीक पुरुष थे।

हिन्दी भवन को हिन्दी संस्कृति केन्द्र बनाना था। साधन कम थे। लेकिन योजना भरपूर थी। योजना बनाने में देश के हिन्दी विद्वानों का सहयोग-परामर्श लिया जाता था। डॉ. तोमर ने लिखा है–

"हिन्दी भवन को किस दिशा में काम करना चाहिए–इसकी एक सुनिश्चित योजना उन्होंने ही प्रस्तुत की थी जिसका अनुमोदन डॉ. धीरेन्द्र वर्मा, पं. ललिता प्रसाद सुकुल ने किया था। हिन्दी तथा अन्य आधुनिक भारतीय भाषाओं के मूल-स्रोतों तथा आदिकालीन तथा मध्ययुगीन काव्यों का अच्छा अध्ययन केन्द्र बनाने की अच्छी योजना से सभी विद्वान् सहमत थे। इसी योजना के अन्तर्गत महायान, अपभ्रंश भाषा और साहित्य, नाथपंथ, सूफी मत, सांकेतिक शब्दावली के कोश से सम्बन्धित अनेक शब्दों का उन्होंने संकलन किया था तथा टिप्पणियाँ भी तैयार की थीं। हिन्दी भवन की पुस्तकों की सूची तैयार करनी थी, पंडितजी हम लोगों के साथ कई दिन सूची बनाने के काम में लगे रहे। संत साहित्य के प्रकाशित साहित्य का विशेष रूप से संग्रह करना चाहते थे।"[23]

डॉ. तोमर ने द्विवेदी जी पर केन्द्रित वि.भा. पत्रिका में द्विवेदी जी के हस्ताक्षरों सहित उनके द्वारा निर्धारित वार्षिक कार्यक्रम का ब्यौरा छाप दिया है जिसमें भवन के अध्यापकों-सहयोगियों के लिए अवश्यकरणीय कार्यों को निर्धारित कर दिया गया है। पं. जी के दस्तखत के नीचे डाइरेक्टर लिखा है। पुनश्च भी है, "उपस्थिति का रजिस्टर मेरे घर में रखा रहेगा। कृपया नियमित रूप से प्रतिदिन उसमें अपना हस्ताक्षर करना न भूलें। यह आवश्यक कर्त्तव्य है–ह. द्वि।"[24]

लगता है कुछ लोग ऐसे थे जो डाइरेक्टर की वैयक्तिक शिष्टता या शराफत का फायदा उठाकर अपने कर्त्तव्यों के पालन में ढिलाई करते थे। जब यह प्रवृत्ति अनुपेक्षणीय

हो गई होगी तभी डाइरेक्टर द्विवेदी ने ऐसा कार्यक्रम निर्धारित किया होगा। हाज़िरी का रजिस्टर रखवाया होगा। ध्यातव्य है, "उपस्थिति का रजिस्टर मेरे घर में रखा रहेगा।" हिन्दी भवन के कार्यालय में रहे तो सम्भव है कई दिनों की उपस्थिति एक ही दिन दर्ज कर दें हस्ताक्षर के साथ। प्रशासन में डायरेक्टर साहब समझते सब थे। मजबूर अपनी शराफत से थे, किसी का दिल नहीं दुखा पाते थे। यहाँ तक कि अपने बच्चों का मन न हो तो उनसे लेटर बक्स में चिट्टी डालने को भी नहीं कहते थे।

शान्तिनिकेतन अध्ययन-केन्द्र के साथ-साथ साहित्यिक कला-तीर्थ भी बन गया था। रवीन्द्रनाथ के कारण। वह हिन्दी का भी तीर्थ बनता जा रहा था। रवीन्द्रनाथ के साथ हिन्दीवालों के लिए द्विवेदी जी का व्यक्तित्व भी जुड़ गया था। बलराज साहनी जैसे युवक वहाँ इसी आकर्षण से आए होंगे। उनके यहाँ आने-जाने वालों का ताँता लगा रहता था। ऐसे भी लोग आते थे जो सचमुच 'अतिथि' होते थे। न पूर्व-परिचय न आने की कोई सूचना। पं.जी काशी में एक अतिथि-प्रसंग सुनाते थे।

शान्तिनिकेतन में पं. जी का निवास स्थान बहुत दिनों तक एक ही कमरे का था। कई वर्षों के बाद उसमें एक कमरा और बनवाया था। लेकिन उनके यहाँ मेहमान आते ही रहते थे। एक सज्जन ऐसे आए जिनको पं. जी पहचानते नहीं थे। कुछ संकोचवश, कुछ इस आशंका में कि सम्भवतः ये पूर्व परिचित हैं और मैं पहचान नहीं पा रहा हूँ। पं. जी ने उनका परिचय नहीं पूछा। अतिथि मजे से सप्ताह भर रह गए। तब भी पहचान में नहीं आए। विदा होते समय पं. जी ने हिम्मत करके पूछ ही लिया—क्षमा कीजिएगा मेरी अशिष्टता को—मैं आपको पहचान नहीं पा रहा हूँ। अतिथि ने कहा—आपसे परिचय की कोई आवश्यकता नहीं समझी। आपकी पुस्तक 'कबीर' पढ़कर इतना आह्लादित हुआ कि आपके सत्संग का लोभ संवरण नहीं कर पाया। अबकी बार आऊँगा तो ज़्यादा समय तक सत्संग लाभ करूँगा। धन्य है आपकी लेखनी। पंडितजी ने भी माना—धन्य है मेरी लेखनी और धन्य हैं मेरे अतिथि।

अतिथि का यथासम्भव ध्यान रखना पं. जी के व्यक्तित्व की विशेषता थी। खामियाज़ा माताजी को भरना पड़ता था और फिर उनका कोप-भाजन स्वयं माताजी के अतिथिपरायण पति को।

शान्तिनिकेतन में एक विद्वान्, महानुभाव गुरुदयाल मलिक थे। जहाँ तक मुझे स्मरण है उनकी एक पुस्तक (हिन्दी में) की भूमिका द्विवेदी जी ने लिखी है। वे निहायत परोपकारी व्यक्ति थे। लगता है वृद्धावस्था में परिवारविहीन अकेले रह गए थे। उन्होंने हिन्दी भवन में ही रहने की इच्छा प्रकट की होगी। उनकी अन्य व्यवस्था भी करनी थी। पं. जी ने 10.7.44 को चिट्ठी भेजी चतुर्वेदी जी के पास। पत्र में प्रारम्भ में श्री पुरुषोत्तम हलवासिया की प्रशंसा की है। उन्होंने हिन्दी भवन में कुछ ठोस कार्य किए जाने की व्यवस्था की है—यानी धन दिया है। चतुर्वेदी जी से प्रार्थना करते हैं कि वे कानोडिया जी को भी हिन्दी भवन के विषय में लिखा करें तो भवन के लिए हितकर होगा। पत्र के उत्तरार्ध में मलिक जी के बारे में—

"एक और निवेदन है। श्री गुरुदयाल मलिक जी हिन्दी-भवन में ही रहना चाहते हैं। वे इन दिनों यहाँ नहीं हैं। एंड्रयूज़ उन्हें कितना प्यार करते थे, यह आप जानते ही हैं।

गुरुदेव और गांधीजी के वे समान भाव से प्रिय हैं। उनके जैसा आदर्श चरित्र और उच्च आत्मबल का व्यक्ति हिन्दी भवन को मिल रहा है यह हमारा अहोभाग्य है। वे यहाँ रहकर कुछ काम करेंगे...मैं चाहता हूँ कि उनके खर्चे की कोई व्यवस्था हो जाती। इस विषय में क्या टीकमगढ़ के महाराजा साहब से कोई आशा कर सकता हूँ।"[25]

द्विवेदी जी हिन्दी भवन की चिन्ता लगातार करते रहे। हिन्दी भवन के प्रति उनके मन में एक प्रकार का वत्सल-भाव था। दिक्कत यह थी कि भवन साधन-सम्पन्न कभी नहीं बन पाया। द्विवेदी जी की कल्पना में ठोस योजनाएँ आती थीं। उनके मन में हिन्दी को लेकर जो स्वप्न था उसको पूरा करने में हिन्दी भवन साधन बन सकता था। वे हिन्दी भवन को उस दिशा में आगे बढ़ता हुआ देखना चाहते थे। 15 अगस्त 1947 को देश आज़ाद हुआ तो उन्हें आशा जगी होगी कि अब हिन्दी भवन की साधनहीनता दूर होगी। उत्तर प्रदेश हिन्दी का गढ़ माना जाता रहा है। उसके शिक्षा मंत्री बाबू सम्पूर्णानन्द थे जो काशी, वाराणसी के विद्वान् और हिन्दी प्रेमी थे। वे सहायता कर सकते थे। द्विवेदी जी ने उन्हें पत्र लिखा। लगता है हिन्दी भवन की सहायता के लिए द्विवेदी जी ने रथीन्द्रनाथ ठाकुर (रवि ठाकुर के पुत्र) से भी सम्पूर्णानन्द को पत्र लिखवाया था। हिन्दी भवन के लिए राजनेताओं की आवश्यकता से अधिक प्रशंसा भी करनी पड़ी तो कोई बात नहीं, वैसे भी मृदुता उनका स्वभाव था—

"मुझे विशेष रूप से हिन्दी भवन के बारे में आपसे बातें करनी थीं। गुरुदेव के आशीर्वाद से और स्व. दीनबन्धु एंड्रयूज के उद्योग से तथा कलकत्ते के कुछ धनी-मानी सज्जनों की उदारता से यहाँ हिन्दी भवन की इमारत बन गई है। कलकत्ते के हलवासिया ट्रस्ट के पैसों से यह इमारत बनी थी। उसी ट्रस्ट की उदारता से लगभग तीस वर्ष से हिन्दी भवन में शोध और उच्चतर साहित्य के अध्ययन-अध्यापन का प्रबन्ध भी हुआ है। कलकत्ते के सेठ भागीरथ जी कानोडिया जी की उदारता से हम लोग उपकृत हुए हैं। अब वे लोग आगे सहायता नहीं कर सकेंगे।"

द्विवेदी जी बाबू सम्पूर्णानन्द से प्रार्थना करते हैं कि आप एक बार यहाँ पधारकर स्थिति देख लें, यह भी कि मेरे भीतर से बार-बार यह ध्वनि उठती है कि इस प्रकार की सर्वांगीण योजना के सूत्रधार आप ही हो सकते हैं—

और अंत में काम की ठोस बात—

"संक्षेप में मेरा निवेदन है कि

(1) आप व्यक्तिगत रूप से इस संस्था को अपनाएँ, हमें सुझाव दें, उत्साह दें और कर्त्तव्य और अकर्त्तव्य के विषय में सलाह दें। यहाँ आकर देखने का समय कभी-न-कभी अवश्य निकालें।

(2) इसे जीवित रखने के लिए युक्त-प्रान्तीय सरकार से आर्थिक सहायता दिलवाएँ और

(3) यदि यह सम्भव न हो तो और कोई उपाय हमारे लिए अवश्य सोचें।"

द्विवेदी जी ने साथ में विश्वभारती के तत्कालीन खर्चे का ब्यौरा भी दे दिया है—कुल साढ़े तेरह हज़ार रुपये—अध्यापकों, स्कालरों का वेतन 8500/—रुपये, विश्वभारती पत्रिका

का सालाना घाटा 3000/—रुपये और ग्रन्थों के प्रकाशन का खर्च 2000/—रुपये। ब्यौरा वार्षिक है।

बाद में यह भी जोड़ दिया गया कि एक बार काम चालू हो जाएगा तो बिक्री से आमदनी भी होगी और आपसे शायद बार-बार सहायता के लिए न कहना पड़े।

हिन्दी भवन पंडितजी के लिए हिन्दी का—हिन्दी का ही नहीं, भारतीय भाषाओं का, भारतीय संस्कृति का मन्दिर था। भारतीय संस्कृति से पंडितजी का मन्तव्य क्या था—यह उनके भारतीय संस्कृति विषयक निबन्ध से स्पष्ट होता है।

सन्दर्भ-सूची

1. पत्र, पृ. 30
2. ग्रन्थ. 8, पृ. 421
3. ग्रन्थ. 8, पृ. 420
4. पत्र, पृ. 30
5. उप.
6. पत्र, पृ. 19
7. पत्र, पृ. 31
8. उप.
9. पत्र, पृ. 29-30
10. पत्र, पृ. 40-42
11. ग्रन्थावली 11, पृ. 455
12. विश्वभारती पत्रिका, पृ. 13
13. 1979, हिन्दी भवन सम्बन्धी व्याख्यान
14. उप.
15. उप.
16. वेद = 4, ग्रहांक 9 अर्थात् संवत 94 (1994) अंकों का मिलान गिनती करते समय उलटा किया जाता है 49 (49) नहीं, 94
17. उप.
18. पत्र, 30.7.38
19. पत्र, पृ. 34
20. उप., पृ. 44
21. विश्वभारती पत्रिका, 1979
22. ग्रं. 8, पृ. 420-21
23. वि.भा. पत्रिका, 1979
24. उप.
25. विश्वभारती पत्रिका, 1979 में संकलित पत्र

विश्वभारती पत्रिका

शान्तिनिकेतन से द्विवेदी जी ने 'विश्वभारती' पत्रिका निकाली। शान्तिनिकेतन में हिन्दी भवन की स्थापना के अवसर पर स्वर्गीय गुरुदेव ने यह इच्छा प्रकट की थी कि विश्वभारती से एक ऐसी हिन्दी पत्रिका प्रकाशित हो, जिसके द्वारा भारतवर्ष में साहित्यिक और सांस्कृतिक साधना का जो कुछ सर्वोत्तम है, उसका नियमित रूप से प्रचार और उन्नयन होता रहे।

डॉ. रामसिंह तोमर ने द्विवेदी जी केन्द्रित 'विश्वभारती' के प्रवेशांक में सम्पादक का लिखित सम्पादकीय छाप दिया है। सम्पादकीय में हिन्दी के साथ प्रान्तीय भाषाओं में लिखित साहित्य की समृद्धि और परस्पर आदान-प्रदान की आवश्यकता पर जोर दिया गया है। द्विवेदी जी की चेतना में साहित्य और संस्कृति का रूप समान और अन्तस्सम्बन्धित ही उदित होता है। वे सभी भाषाओं और जातीयताओं के उत्कर्ष की बात सोचते हैं सिर्फ़ हिन्दी की नहीं। सभी में हिन्दी भी—या यों कहें सभी में सभी। मुक्तिबोध जैसी अवधारणा—सबमें प्रत्येक।

सम्पादकीय में रवीन्द्रनाथ के हवाले से कहा गया है—"आज तो हिन्दू-मुसलमानों का लज्जाजनक विद्वेष देश को आत्मघात की ओर प्रवृत्त कर रहा है। उसकी जड़ में है सारे देश में फैली हुई अबुद्धि। रवीन्द्रनाथ, विद्वेष का कारण अबुद्धि को और अबुद्धि का कारण अशिक्षा और निर्धनता को मानते हैं। बल्कि निर्धनता को अशिक्षा का भी कारण मानते हैं।...सबसे पहले आवश्यक है शिक्षित मन। विद्यायतनों के बाहर शिक्षा देने का उपाय है—साहित्य। मगर उस साहित्य को सर्वांगीण रूप से शिक्षा का आधार बनाना होगा। देखना होगा कि उसके ग्रहण का मार्ग सर्वत्र सुगम हुआ है या नहीं।"

सम्पादकीय में इस बात पर जोर है कि साहित्य का अध्ययन केवल रसमूलक नहीं होना चाहिए। भौगोलिक, ऐतिहासिक, भाषागत और जातिगत विशेषताएँ हमारे अध्ययन की वस्तु होनी चाहिए। "इस दृष्टि से लोकगाथाएँ, लोक-गीत, पूजा-पार्वण की गतिविधियाँ, रीति-रस्म, लोकोक्तियाँ, व्यवस्थापक निबन्ध, धार्मिक प्रेरणा देने वाले पुराण-ग्रन्थ और शास्त्रीय सिद्धान्तों तथा पौराणिक कथाओं की लोकप्रचलित व्याख्याएँ—आदि विषय बड़े यत्न से अध्ययन किए जाने चाहिए।"

'विश्वभारती' पत्रिका के प्रवेशांक में पहला लेख क्षितिमोहन सेन का था।

द्विवेदी जी एक सांस्कृतिक त्रैमासिक निकालने का संकेत 1938 में (पत्र सं. 18) में देते हैं। त्रैमासिक निकालने से एक लाभ यह भी होगा कि पुस्तक-संग्रह का भी काम होता जाएगा।

14.11.1941 को द्विवेदी जी पं. बनारसीदास चतुर्वेदी को सूचित करते हैं कि, "इधर विश्वभारती की ओर से हिन्दी का एक त्रैमासिक निकलने जा रहा है।" विचार बहुत पहले से था लेकिन अब पक्का हो गया है। बताते हैं कि पहला अंक जनवरी (42) में निकलेगा। उसमें रवीन्द्रनाथ के लेख, एक कहानी, कुछ पहले की दूसरी पत्रिकाओं में अस्वीकृत कविताएँ, क्षितिमोहन सेन, नन्दलाल बाबू के लेख, सिद्धों के जीवन-चरित पर मूल तिब्बती से अनुवाद और 'रस' पर स्वयं सम्पादक यानी द्विवेदी जी का लेख जा रहा है।

अगले पत्र में प्रान्तीय साहित्यों के अध्ययन पर नोट हैं। 'विश्वभारती' पत्रिका की स्थिति के विषय में वे चतुर्वेदी जी को 20.2.42 यानी दूसरा अंक निकालने के फौरन बाद लिखते हैं कि, "पहला अंक करीब-करीब समूचा हमारे हाथों का लिखा हुआ है। दूसरा अंक भी तथैव च...अधिकांश लेख यहाँ बंगला और अंग्रेज़ी में मिलते हैं और सब-कुछ हमीं लोगों को लिखना पड़ता है। इसमें परिश्रम पड़ता है किन्तु एकरूपता आ जाती है।"

और हिन्दी वालों का योगदान कुछ भी नहीं।

पंडितजी पत्र लिख-लिख के हार जाते हैं, न कोई जवाब आता है न लेख। करीब 150 प्रतियाँ लोगों के पास भेज चुके हैं। पहुँच की सूचना तक सिर्फ़ 12 से कम लोगों ने दी है। काग़ज़ की महँगाई है। लोग पता नहीं क्यों उपेक्षा दिखा रहे हैं। पं. जी दूसरों की पत्रिकाओं में लेख भेजते थे लेकिन लोग उनकी पत्रिकाओं में लेख नहीं देते हैं। इस पर वे क्षुब्ध है।[1]

'विश्वभारती पत्रिका' के उद्‌देश्य और उसके रूप के विषय में सम्पादक द्विवेदी स्पष्ट कहते हैं, "विश्वभारती पत्रिका बिलकुल एकेडेमिक पत्रिका नहीं है और उसके सम्पादक के लिए मैं अकेला जवाब दे नहीं सकता हूँ। साथ ही इस पत्रिका की सबसे बड़ी सार्थकता यह है कि वह बंगाल के हृदय में हिन्दी के प्रति सम्मान बढ़ाए...अगर विश्वभारती शान्तिनिकेतन से नहीं निकलकर यह कहीं और स्थान से निकलती और मैं ही सम्पादक होता तो भी इसका रूप ठीक यही नहीं होता।"[2]

सो, हिन्दी भवन और विश्वभारती पत्रिका दोनों का उद्‌देश्य समान था।

सम्पादक द्विवेदी की निराशा जायज़ थी लेकिन स्थिति उतनी ख़राब नहीं थी। 1947 में जो पत्र उन्होंने सम्पूर्णानन्द को लिखा था, उन्होंने उसका सकारात्मक उत्तर दिया था। हिन्दी भवन की जिम्मेदारी तो नहीं ली थी लेकिन सहायता का आश्वासन दिया था। पुरुषोत्तमदास टंडन, डॉ. धीरेन्द्र वर्मा, काका कालेलकर, अमरनाथ झा ने विश्वभारती का स्वागत किया, भावी राष्ट्रपति राजेन्द्र प्रसाद ने लिखने का आश्वासन दिया। पत्रों में सबसे महत्त्वपूर्ण एवं सार्थक पत्र महामहोपाध्याय विधुशेखर भट्टाचार्य का है–

मेरे प्यारे पंडितजी

27. 3. 46

आपका पत्र तो ठीक समय में आया था, लेकिन उत्तर देने में इतनी देर होना का कारण जब आपसे मिलूँगा तब बताऊँगा। आपको यह जानकर आनन्द होगा कि मैं आजकल नियमपूर्वक हिन्दी अभ्यास कर रहा हूँ और यह आपकी विश्व भारती पत्रिका के आधार से होता है। मैं चाहता हूँ कि मैं खुद भी हिन्दी में कुच्छ लिखकर पत्रिका के लिए भेजूँ। लेकिन न तो इतना समय है या न तो तितनी शक्ति है। अस्तु। आत्मवाद पर वह लेख

असम्पूर्ण है। यह ठीक नहीं होगा। यज्ञोपवीत पर लेख का अनुवाद नहीं हुआ है। चाहें तो लीजिए।

विश्वभारती क्वार्टली में–द स्टडीज़ ऑफ द शूद्राज़ इन ऐंशियंट इंडिया (The Studies of the Sudras in Ancient India) यह शीर्षक एक लेख है। अगर पसन्द हो तो यह भी ले सकते हैं। एक दार्शनिक लेख मैं आपको कुच्छ देर में भेजना चाहता हूँ। हिन्दी विश्व भारती पत्रिका अच्छी तरह से चलती है, यह जो कोई कहेंगे। इसकी उन्नति हो, यह मेरा आशीर्वाद, इति।

आपका

विधुशेखर[3]

नोट–पत्र (अनुमानतः काडे) पर तिथि 27.3.36 पड़ी है। पत्रिका 42 में शुरू हुई थी और 47 तक चली। कहीं कुछ गड़बड़ी है। (46 का 36 हो सकता है)

द्विवेदी जी के सम्पादन में 'विश्वभारती' पत्रिका अपना उद्‌देश्य पूर्णरूपेण न सही, लेकिन पूरा कर रही थी। विधु शेखर भट्टाचार्य जैसे बंगाली विद्वान् हिन्दी नियमित रूप से सीख रहे थे। हिन्दी में गम्भीर लेख लिखने की सोचते थे।

डॉ. शिवप्रसाद सिंह द्वारा सम्पादित पुस्तक 'शान्तिनिकेतन से शिवालिक' में कथाकार काशीनाथ सिंह का 'विश्वभारती' के (द्विवेदी जी द्वारा) सम्पादन पर एक लेख है–

'विश्वभारती का सम्पादन, अन्तर के सत्य की बात।'

काशीनाथ सिंह ने पत्रिका के महत्त्व एवं सम्पादन-दृष्टि की ऐतिहासिक भूमिका को आँकते हुए लिखा है–

"बीसवीं सदी के आरम्भिक दशकों में 'सरस्वती' हिन्दी को व्यवस्थित और सुसम्बद्ध भूमिका दे चुकी थी। 'हंस' हिन्दी को 'जनता के हृदय' और 'जनता की आत्मा' के साथ एक कर देने का दायित्व निभा चुका था। ज़रूरत थी अधीन भारत के भाषावार साहित्यों की आन्तरिक एकरूपता पहचानने की और जातीय परम्परा के सन्दर्भ में वर्तमान चिन्ताधारा का मूल्यांकन प्रस्तुत करने की–विश्वभारती पत्रिका इन्हीं प्रयासों का परिणाम रही है।

किसी हिन्दीभाषी क्षेत्र की पत्रिका की तुलना में इस आवश्यकता का अनुभव विश्वभारती को अधिक होना भी चाहिए था। यह मात्र इसलिए नहीं कि वह अहिन्दी भाषी प्रान्त में जन्म ले रही थी बल्कि इसलिए भी कि वह इतिहास के उस दौर में थी जिसमें विदेशी हुकूमत समूचे राष्ट्र का प्रान्तों, जातियों, धर्मों और भाषाओं के स्तर पर टुकड़ों में बाँटने के लिए प्रयत्नशील थी। बंगाल अकाल से गुज़र रहा था, हिन्दू और मुसलमान एक-दूसरे के खून के प्यासे हो रहे थे और बंगाली 'हिन्दुस्तानियों' को हिकारत की निगाह से देख रहे थे। 'विश्वभारती पत्रिका' पर यह ऐतिहासिक जिम्मेवारी थी और कहना न होगा कि आचार्य हजारीप्रसाद द्विवेदी के सम्पादन में वह अपने दायित्व को आरम्भ में ही समझ गई थी।"

लेख में काशीनाथ सिंह ने एक बहुमूल्य और आधुनिक सामान्य पाठक को चौंका देनेवाली सूचना दी है। मुक्तिबोध की कविता के बारे में द्विवेदी जी की राय की। मुक्तिबोध द्विवेदी जी के प्रशंसक थे। पं. जी मध्यप्रदेश से लौटकर बोले–हाँ, वह आया था 'नया खून

वाला।' प्लेटफार्म पर मिठाई का डिब्बा लेकर। आशय मुक्तिबोध से था। लगता है मिलने पर वे द्विवेदी जी से श्रद्धावनत शिष्य की तरह व्यवहार करते थे। 'चाँद का मुँह टेढ़ा है' पर साहित्य अकादमी का पुरस्कार नहीं मिला। डॉ. नगेन्द्र को 'रस सिद्धान्त' पर मिला। बाद में पं. जी ने एक इंटरव्यू में मुक्तिबोध की कविताओं पर राय देते हुए कहा–लगता है मुक्तिबोध जीवन भर एक ही कविता लिखते रहे, 'अँधेरे में'। अन्य कविताओं में वे उलझे हैं। 'अँधेरे में' में वे अपनी बात कह सके हैं। ख़ैर, काशीनाथ ने लिखा है–

सन् 1944 के दूसरे अंक में द्विवेदी जी ने 'तारसप्तक' की समीक्षा की है। 'तार सप्तक' की कविताओं और वक्तव्यों पर अपनी प्रतिक्रिया व्यक्त करते हुए उन्होंने लिखा है, वक्तव्य और काव्य का सबसे अच्छा सामंजस्य गजानन माधव मुक्तिबोध और अज्ञेय की रचनाओं में हुआ है।

विश्वभारती पत्रिका में द्विवेदी जी के सम्पादकीयों से पता चलता है कि वे भावी भारत की कौन-सी रूपरेखा अपने मन में तैयार कर रहे थे और देश की विभिन्न समस्याओं पर किस प्रकार विचार करते थे। द्विवेदी जी के लेखन की तरह इन सम्पादकीयों में भी सबसे ज़्यादा जोर इस बात पर है कि बाह्याचारों से जो भेद उत्पन्न होता है उसका अतिक्रमण करके ही भारत के अन्तर का सत्य समझा जा सकता है। इस भेद-बुद्धि का गहरा सम्बन्ध भारत की स्वाधीनता से है। ऐसा लगता है कि राजनीतिक स्वाधीनता को उचित महत्त्व देते हुए भी द्विवेदी जी विशाल जनसमूह की मुक्ति को अधिक महत्त्वपूर्ण मानते हैं। वे साहित्य का जो लक्ष्य प्रस्तावित करते हैं वह जनसमूह की मुक्ति ही है। उनके यहाँ मुक्ति शब्द बहुत व्यापक अर्थ में प्रयुक्त हुआ है। वह देश की आत्मा का वास्तविक रूप है। और साहित्य को उसके लिए निरन्तर कार्यरत रहना है। साहित्य को राजनीतिक आन्दोलन, सामाजिक सुधार, आर्थिक विकास और धार्मिकता–सब क्षेत्रों में जनचेतना को जगाना है। विश्वभारती पत्रिका के सम्पादक द्विवेदी जी की इच्छा है कि लेखक को प्रान्तीय साहित्य तक ही सीमित नहीं रहना चाहिए। वे शुद्ध साहित्य से अधिक महत्त्व विभिन्न क्षेत्रों की बोलियों, लोकगीतों, रीति-रिवाज, लोकोक्तियों, वार्ताओं इत्यादि को देते हैं। साहित्यकार को इनको महत्त्व देने की सलाह देते हैं और पंडित रामचन्द्र शुक्ल की तरह घोषित करते हैं कि जो लेखक इन्हें नहीं जानता वह इनसे प्यार भी नहीं कर सकता फिर वह देश-प्रेमी कैसे हो सकता है।

भाषा के विषय में द्विवेदी जी के विचार शायद सर्वाधिक स्पष्ट हैं। द्विवेदी जी सरलता और आम फहम के नाम पर बाज़ारू भाषा को राजभाषा बनाए जाने का विरोध करते हैं। उनके विचार में राजभाषा का साधु भाषा होना ज़रूरी है। इस भाषा का निर्माण और विकास केवल विरोध और स्तुति से नहीं हो सकता। अन्ध श्रद्धा में हिन्दी, हिन्दी चिल्लाने से कुछ नहीं होगा। हिन्दी को ऐतिहासिक आवश्यकता और उपयोगिता की कसौटी पर खरा उतरना है। उनके शब्दों में–

"मेरे लिए हिन्दी भाषा और हिन्दी साहित्य कोई देव-प्रतिमा नहीं है जिसका नाम जपकर और आरती उतारकर हम सन्तुष्ट हो जाएँ। यदि हिन्दी अपना दायित्व नहीं निभाती है तो वह श्रद्धा और भक्ति का विषय नहीं बनी रह सकती है।"

सामान्य पाठक शुरू-शुरू में इस बात से चौंक सकता है कि द्विवेदी जी हिन्दी की महत्ता का कारण उसके बोलनेवालों की बड़ी जनसंख्या को नहीं मानते। हिन्दी की वास्तविक शक्ति हिन्दीवालों की जनसंख्या में नहीं बल्कि इस बात में है कि वह इतनी बड़ी जनसंख्या के जीवन-स्तर, बौद्धिक स्तर और आध्यात्मिक स्तर को ऊपर उठाने का साधन बन सकती है। द्विवेदी जी भाषा और साहित्य पर बात करते समय हिन्दी जाति की भौतिक समस्याओं की अनदेखी नहीं करते और सच्ची बात तो यह है कि भाषा और साहित्य को स्थिति सुधारने का महत्त्वपूर्ण साधन मानते हैं। द्विवेदी जी के सम्पादकीयों में यह बात बार-बार आती है। डॉ. काशीनाथ सिंह ने इस बात को बहुत अच्छी तरह प्रस्तुत किया है। विश्वभारती पत्रिका के सम्पादकीयों में एक शब्द-संयोग है—अक्षय निधि। यह अक्षय निधि क्या है? "जो साहित्य अपने आपके लिए लिखा जाता है उसकी क्या कीमत है, मैं नहीं कह सकता। परन्तु जो साहित्य मनुष्य समान को रोग-सोग, दारिद्र्य-अज्ञान तथा परमुखापेक्षिता से बचाकर उसमें आत्मबल का संचार करता है, वह निश्चय ही अक्षय-निधि है।"

सम्पादक पं. हजारीप्रसाद द्विवेदी कला को प्रयोजनातीत मानते हैं लेकिन प्रयोजनातीतता से उनका आशय अतिशय प्रयोजन से है न कि प्रयोजनरहितता से। वे साहित्य के आध्यात्मिक सरोकारों के साथ-साथ सामाजिक सरोकारों में विश्वास रखते हैं। शायद इसी कारण समकालीन साहित्य पर दृष्टिपात करते हुए उन्होंने प्रगतिशील साहित्य पर इतना ध्यान दिया। द्विवेदी जी जड़ विज्ञान के तत्त्ववाद के हिमायती नहीं थे। लेकिन प्रगतिशील साहित्य के प्रशंसक थे। क्योंकि "सिद्धान्त रूप में वह जो भी चाहे क्यों न स्वीकार करता हो, साहित्य में वह मनुष्य को दृढ़-चित्त बनाने का कार्य करता है।"

द्विवेदी जी ने शिक्षा और शोध के विषय में अपने महत्त्वपूर्ण विचार प्रकट किए हैं। काशीनाथ सिंह ने ठीक लिखा है कि द्विवेदी जी ने पत्रिका में समय-समय पर इस प्रकार के शोध सम्बन्धी निबन्ध भी प्रस्तुत किए हैं जिनसे शोध करनेवाले प्रेरणा पा सकते हैं। उदाहरण के लिए—भारतीय संस्कृति के अध्ययन की एक उपेक्षित दिशा (क्षितिमोहन सेन); हिन्दी का भक्ति साहित्य (हजारीप्रसाद द्विवेदी); मध्य एशिया में प्राचीन पोथियाँ (प्रहूलाद प्रधान); हिन्दी में तिब्बती वाङ्मय के उपकरण (शान्ति भिक्षु) नागरी में चीनी ध्वनियों के संकेत (शान्ति भिक्षु); बौद्ध धर्म में तान्त्रिक प्रवृत्तियों का प्रवेश और विकास (शान्ति भिक्षु); चीनी ध्वनिशास्त्र के अध्ययन में भारत की देन (लुओ. छङ् फङ्), मध्ययुग का नाम तत्त्व (क्षितिमोहन सेन); कबीर पंथ और उसके सिद्धान्त (हजारीप्रसाद द्विवेदी); कबीर के मूल वचन (हजारीप्रसाद द्विवेदी); नामदेव और उनकी हिन्दी कविता (विनय मोहन शर्मा); भंजकालीन उड़िया साहित्य (प्रहूलाद प्रधान)। इन शोध-लेखों से जहाँ भारतीय साहित्य के लुप्त और विस्मृत परिच्छेदों का पता चलता है, वहीं संस्कृति की एकता का स्रोत भी खुलता-सा दीखता है। द्विवेदी जी ने विश्वभारती पत्रिका में सन् 1943 में ही प्रस्तावित हिन्दी विश्वविद्यालय नामक लेख लिखा था। उन्होंने विश्वविद्यालय के नियमों-उपनियमों के साँचे में ढलना शिक्षा के लिए अस्वाभाविक और अनुपयोगी बताया था।

काशीनाथ सिंह ने मार्मिक टिप्पणी की है–"किसे मालूम था कि इन्हीं नियमों-उपनियमों के साँचे के कारण उन्हें लगभग 17 वर्ष बाद काशी विश्वविद्यालय से निष्कासित होना पड़ेगा।"

विश्वभारती पत्रिका का प्रकाशन सन् बयालीस से सैंतालीस तक होता रहा। द्विवेदी जी की सम्पादन-यात्रा कठिन परिश्रम से ही नहीं पार लगी बीच में जोखिम भी उठाना पड़ा। और विदेशी सरकार का कोपभाजन भी उठाना पड़ा। एक बार उनकी गिरफ्तारी का फरमान भी जारी किया गया।[4] बंगाल उन दिनों अभूतपूर्व अकाल से ग्रस्त था। समय ऐतिहासिक आन्दोलन का था। और देश मुक्ति के लिए छटपटा रहा था। अन्य अनेक कारणों के साथ-साथ उथल-पुथल का यह ऐतिहासिक दौर भी पत्रिका के लिए रुकावट बना होगा।

जो हो 'विश्वभारती पत्रिका' ने निस्सन्देह साहित्य और भाषा की अक्षय निधि की समृद्धि में अपना योगदान किया।

सन्दर्भ-सूची

1. पत्र, पृ. 55-56
2. उप., 57
3. विश्वभारती पत्रिका 1979 में संकलित
4. खेद है कि इस घटना के बारे में विस्तृत जानकारी नहीं मिल पाई। आचार्य द्विवेदी ने इसकी चर्चा नहीं की। क्रान्तिकारियों की वे सहायता करते थे, इसका उल्लेख ज़रूर मिलता है।

शान्तिनिकेतन का जीवन

शान्तिनिकेतन में पं. हजारीप्रसाद द्विवेदी के खान-पान में कोई ख़ास परिवर्तन नहीं आया। यह ज़रूर हुआ कि माताजी बंगाली, गुजराती, दक्षिण भारतीय व्यंजनों को बनाने में भी पारंगत हो गईं। बच्चे (लड़के) माछ-भात में रुचि लेने लगे। मौजमस्ती में कभी-कभार लुक-छिपकर सिगरेट पीने लगे। काशी में पं. जी ने बबुआ (ज्येष्ठ पुत्र जगदीश द्विवेदी) को सिगरेट पीते देख लिया—या किसी से सुना हो...तो शिक्षा दी—"बबुआ! अपना जातीय नशा करो, खैनी ठोंको, सिगरेट में क्या रखा है।" बबुआ पान-सिगरेट का शौक करते थे। शराब पीते मैंने उन्हें नहीं देखा। सुना भी नहीं।

शान्तिनिकेतन में कैसा रहा होगा पं. जी और उनके परिवार का जीवन। शान्तिनिकेतन में गुरुदेव के साथ पंडितजी का जो फोटो है—पीछे खड़े हुए। चादर लपेटे छोटी मूँछें-दाढ़ी बढ़ी हुई। सिर पर केश (तब काफ़ी थे), लम्बी काया, काया कृश, मुद्रा गम्भीर गुरुदेव की उपस्थिति से सम्भ्रम से शान्त-गम्भीर। छतफोड़ू अट्टहास की कल्पना भी करना मुश्किल। अट्टहास व्यक्तित्व का पता 'शान्तिनिकेतन' के मित्रों, शिष्य, शिष्याओं के विवरण से मिलता है। मित्रों, शिष्यों के साथ घूमने बैठकबाजी और गप्प गोष्ठियों के रसिक, परदुखकातरता और अपना दुख छिपाना यह शान्तिनिकेतन के वातावरण में रहा होगा। जो ज्योतिष्क मंडल वहाँ जगमगा रहा था वह अपनी कालजयी साधना में दत्त-चित्त था। ऐसी साधना आडम्बररहित, अनावश्यक सुविधाओं से विरत जीवन व्यवहार में ही सम्भव है। पं. जी के तत्कालीन पत्रों को देखने से आर्थिक तंगी में उल्लास का जो चित्र मिलता है, उसका रहस्य दलित द्राक्षा के समान किसी महान् उद्देश्य के लिए अपने अन्तरतम का सारा रस उँडेल देने में है।

पं. जी के जीवन-दर्शन में भक्ति और पारिवारिकता का महत्त्व अन्यतम है। भक्ति और पारिवारिकता परस्पर-सम्बद्ध हैं। भक्ति जीवन को महान् उद्देश्य प्रदान करती है। प्रेमा ऐसा भाव है जो व्यक्ति को स्वार्थ से मुक्त करके प्रिय के योग-क्षेम में तल्लीन कर देता है। पारिवारिकता भी यही करती है। माँ-बाप, पति-पत्नी, सहोदर, अकारण, ममत्ववश एक-दूसरे के लिए त्याग-बलिदान करते हैं। पारिवारिकता का दायरा कितना बढ़ता या घटता है यह व्यक्ति-संस्कृति पर निर्भर है। 'वसुधैव कुटुम्बकं' और 'यत्र विश्वं भवत्येकनीड़म' का सिद्धान्त शान्तिनिकेतन में और द्विवेदी जी के जीवन-आचरण और चिन्तन-लेखन में रचा-बसा है। यह उनके व्यक्तित्व और लेखन, भाषण, अभिव्यक्ति के प्रकारों को विशिष्टता प्रदान करता था। उनके व्यक्तित्व को अलौकिकता एवं औदात्य से विभूषित करता था।

मैंने इस औदात्य और करुणा का साक्षात्कार लगभग पचीस वर्षों तक किया है। इस औदात्य और करुणा का मेल उनकी वाणी के मन्द्र, सघन, गुम्फित और रह-रहकर बिखरती हुई गम्भीर स्वर-लहरियों में भी सुनाई पड़ता था। औदात्य और करुणा उनके व्यक्तित्व एवं अभिव्यक्ति की छन्द-लय में गूँजते थे। व्यक्ति में ग्रहण करने की, विकास करने की अपनी क्षमता होती है। लेकिन उनके मूल व्यक्तित्व की भूमि पर इन गुणों की उपज शान्तिनिकेतन के वातावरण में हुई।

माताजी बताती थीं कि पं. जी रात को कभी-कभी सोते से उठकर पढ़ने लगते थे। बिजली रहते भी वे लालटेन जलाकर चुपचाप कहीं एकान्त में पढ़ते। लालटेन इसलिए कि किसी को सोने में विघ्न न पड़े। कोई विचार मन को मथता होगा, कोई जिज्ञासा होती होगी, किसी शब्द का अर्थ या सन्दर्भ सुनिश्चित करना होता होगा, वे उठकर पढ़ने लगते होंगे। कोई रचनात्मक सूत्र कौंधता होगा, उठकर लिखने लगते होंगे। वे रचनाधर्मिता को विलास मानते थे—कर्त्तव्य नहीं। बिना सोचे, पढ़े, लिखे वे रह नहीं सकते थे। उनका लेखन ही कालजयी नहीं है, उनका व्यक्तित्व भी कालजयी था। लिखकर वे अंत तक, काल से जूझकर विजयी होते रहे। 70, 72 की उम्र में 'अनामदास का पोथा' जैसी सरस रचना की। वे आदिम सौन्दर्यानुभव का शब्द-चित्र खींचते रहे। कहते—जिस दिन कुछ न लिखो, कुछ नया न पढ़ो, लगता है कुछ किया ही नहीं। रचनात्मक आचरण उनके जीवन को अव्यर्थता का अहसास कराता था—'विद्ययाऽमृतं अश्नुते।'

यदि अमृत की प्राप्ति विद्या से होती है तो केवल उतने साधन की ज़रूरत है जिससे विद्या की साधना हो सके। बाकी अनावश्यक है। अनावश्यक साधन जंजाल है, बोझ है। यह सभी साधकों के जीवनयापन का लक्षण है—कबीर कहते थे—

साँई इतना दीजिए जामें कुटुम समाय

यही तुलसी का जथालाभ सन्तोष है। निराला, गांधी, प्रेमचन्द ऐसे ही संत थे। आइन्स्टीन वेतन की राशि से अनेक परिवारों का खर्चा चलाते थे। इसराइल का राष्ट्रपति पद कई बार अस्वीकार किया। अनावश्यक था। अमृत के आस्वाद में बाधक होता। पंडित हजारीप्रसाद द्विवेदी का साधना-आचार उसी कोटि का था। निराला जितना नहीं, उससे कम।

लेकिन पंडितजी सिर्फ़ चिन्तक और रचनाकार ही नहीं थे। पिता, पुत्र, पति, भाई भी थे। मुझ जैसे अनेक साधनहीन शिष्यों के वत्सल गुरु भी थे—सो आवश्यक में बहुत कुछ जुड़ जाता था—जुड़ गया था। यह क्रमशः जुड़ता गया कालान्तर में।

1953-54 के ग्रीष्मावकाश में पं. जी सपरिवार शान्तिनिकेतन चले गए थे। बबुआ को काशी छोड़ गए थे। कनिष्ठ पुत्र आनन्द द्विवेदी (पुट्टू) उसी वर्ष दुनिया में आए थे। माताजी की गोद में शान्तिनिकेतन पहली बार गए। स्टेशन पर हम भी बबुआ के साथ छोड़ने गए। गाड़ी आई। सीटी बजी। सीटी का शोर सुनकर कुछ महीनों के पुट्टू चीख पड़े। सब हँसने लगे। सबसे मुखर हँसी बबुआ की थी।

बबुआ ने बताया—शान्तिनिकेतन में हमारे पास दो हाफ पैंट और दो कमीज़ें रहती थीं। एक पहनते थे। एक धोकर सुखा लेते थे। वे दिन हमारे और भाई-बहनों ने नहीं देखा है। हमने और पुतुल (इन्दुमती—पंडितजी की बड़ी लड़की) ने देखा है। बबुआ रसोई-कला में

पारंगत थे। चावल-दाल सब्जी ही नहीं, पोस्तो, मिर्च की चटनी भी निपुणता से बना लेते थे। माई-बाबूजी को देख-देखकर सीख लिया।

शान्तिनिकेतन में पंडितजी का निवास देखा। तीन कमरे का निहायत सादा मकान–पहले एक ही कमरे का था। सामने वही मोटा, ठिगना आम का पेड़ रहा होगा–'आम फिर बौरा गए' वाला। एक नीम का पेड़ विशाल रहा होगा जिसके आँधी में टूटने का विवरण इन्दुमती ओझा ने अपने संस्मरण में दिया है। शायद अशोक का वृक्ष भी रहा होगा। असली 'अशोक के फूल' वाला। पुतुल ने अपने पिता की मृत्यु पर विश्वभारती में (द्विवेदी केन्द्रित अंक में) लेख लिखा 'और! पेड़ फिर गिर गया'। लेख में 1942 में प्रचंड आँधी से नीम के पेड़ को बचाने के उद्योग का शब्द-चित्र है।

"शान्तिनिकेतन का वह छोटा-सा तीन कमरों का मकान। कमरों के आगे, 'टाना बरांडा'। बरांडा एक ओर से खुला, दूसरी ओर से तीन फुट ऊँची रेलिंग से घिरा। बीच-बीच में एक-दो खम्भे-ईंटों के (कांक्रीट के नहीं)। शाम पाँच के आसपास का समय। भयंकर, प्रचंड, बंगाल का साइक्लोन, आँधी वेग। सन् 1942 (बाद में बाबूजी से सुना था) बरांडा के दूसरे खम्भे से प्रायः दो फुट दूर एक नीम का पेड़ है। आँधी का वेग उसे उखाड़ने के लिए कटिबद्ध है। तीन छोटे-छोटे बच्चे और एक वयस्क व्यक्ति, कुएँ से पानी खींचने की रस्सी के सहारे उस नीम वृक्ष को बचाने में लगे हैं।"

तीन छोटे-छोटे बच्चे बबुआ, पुतुल और तितिल (मालती) होंगे। वयस्क व्यक्ति निश्चित तौर पर पं. हजारीप्रसाद द्विवेदी हैं। 'अशोक के फूल', 'देवदारु', 'कुटज', 'आम फिर बौरा गए' का वनस्पति-प्रेमी विद्वान् नीम के पेड़ को प्रचंड आँधी से बचाने में जूझ रहा है। तीन छोटे-छोटे बच्चों में से एक पुतुल ने आगे लिखा है–

"वयस्क व्यक्ति रस्सी का एक छोर तीनों बच्चों को पकड़ा देता है, दूसरे छोर से ताबड़तोड़ नीम के पेड़ और बरांडा के एक खम्भे का तीन-चार चक्कर घुमाकर दूसरा छोर पकड़कर बरांडा के अन्दर जाता है। एक छोर लेकर तीनों बच्चे स्कीइंग की मुद्रा बनाकर इधर-उधर हो रहे हैं। दूसरे छोर को लेकर वह वयस्क व्यक्ति स्कीइंग की मुद्रा में इधर-उधर फिसल रहा है।...तूफान के हर वेग के साथ उनकी मुद्रा में अलग-अलग कोण बनता है। लेकिन कौन बचा सकता है उस नीम के पेड़ को। क्रमशः बच्चों के हाथ का कसाव ढीला पड़ने लगता है। कोमल हथेलियों को काटती हुई नारियल की रस्सी खिसक जाती है। तीनों बच्चे 'बाबूजी' कहकर चीख उठते हैं। हाथ मलने लगते हैं। सबके हाथ लाल हो गए हैं। पेड़ गिर जाता है।"

यह प्रिय की रक्षा का उद्यम है।

काशी में पं. जी शान्तिनिकेतन के दिनों की याद बहुत करते। हम लोगों को अकसर उन दिनों के बारे में बताते रहते। पं. जी ने बताया–जीवन में कुछ ऐसी घटनाएँ हो जाती हैं कि ऐसी अनेक बातों पर विश्वास करने को जी करता है जिन्हें तर्क-बुद्धि स्वीकार नहीं करती। शान्तिनिकेतन में तुम्हारी माताजी को पहुँचे कुछ ही समय हुआ था कि साँप ने काट लिया। वे नई थीं, शर्म-संकोच में ज़्यादा बात भी नहीं करती थीं–बता नहीं पाती थीं। मैं किंकर्त्तव्यविमूढ़। क्या करूँ, कहाँ जाऊँ। तब तक एक साधु टाइप का आदमी आया। उसने

सरसों का तेल मँगाया। उसकी एक बूँद नाखून पर रखी। कहा–देखो इसमें कुछ दिखलाई पड़ रहा है। देखा उसमें इनका मुख था। वे सिर हिला रही थीं। नकार की मुद्रा में। मैंने साधु को यह बताया तो उसने कहा–चिन्ता मत करो, यह स्वस्थ हो जाएँगी। कुछ देर बाद वे सचमुच स्वस्थ हो गईं।

पं. जी की बातों से और उनके उपन्यासों से भी, लगता है कि वे अलौकिक शक्तियों पर विश्वास करते हैं। मेरे विचार से उनका सोचना था कि जीवन-जगत की अनेक बातें हैं जो हम नहीं जानते। कुछ लोग ऐसे मिल जाते हैं जो जानते हैं।

लेकिन रहस्य, जादू, अन्धविश्वास आदि का पर्दाफाश उन्होंने अपने सर्जनात्मक लेखन–विशेषतः 'चारुचन्द्रलेख' में पर्याप्त किया है।

शान्तिनिकेतन में कोई पटल बाबू थे, दिन में भी लालटेन लेकर चलते थे। उन्हें साँप से बहुत भय लगता था–एक दिन उन्होंने लालटेन किसी के सिर पर रख दी थी। पटल दा एम.एस.सी. (प्रथम श्रेणी) में उत्तीर्ण थे। अपने पुत्र की मृत्यु के कारण विक्षिप्त हो गए थे। पंडितजी के पास आकर बैठते, बातें करते। रामायण-महाभारत की कहानियाँ सुनते-सुनाते। जाते समय दो आने पैसे माँगते। बीड़ी के लिए। एक दिन बबुआ ने उन्हें छेड़ा तो उसे पिताजी की सख्त डाँट खानी पड़ी।

कुछ रोचक प्रसंग गुरुदेव को लेकर भी थे। कुत्ता और मैना वाले प्रकरण पर पं. जी ने लेख ही लिखा है। गुरुदेव का व्यक्तित्व भव्य एवं उदात्त तो था ही, आकर्षक भी बहुत था। लोग उनसे मिलना और उनसे बातें भी करना चाहते थे। गुरुदेव को असुविधा न हो इसका ध्यान रखना पड़ता था। दिक्कत तब होती थी जब ऐसे लोग मिलते जो गुरुदेव का स्पर्श भी करने का आग्रह करते। एक सज्जन थे जो गुरुदेव के सचिव पर इसीलिए बिगड़ गए थे कि वे जब-जब सन्ध्या-भ्रमण के दौरान गुरुदेव के वस्त्रों को छूने का उद्योग करते, सचिव उन्हें रोक देता। सचिव ऐसे मनोरंजक दृश्यों और घटनाओं से उन्हें वंचित कर देता और वे सज्जन अपना विक्षोभ सार्वजनिक तौर पर प्रकट करते।

पूरबी उत्तर प्रदेश में लहसुन के हरे पत्तों की चटनी बनती है। ऐसी चटनी सबसे पहले मैंने अपनी ननिहाल गनेसपुर-स्टेशन परसा, सिद्धार्थ नगर में बनते देखी थी। भात के साथ सानकर खाने में बहुत अच्छी लगती है, रोटी के साथ भी। लहसुन में खटाई, मिर्च आदि डालकर कूटते हैं फिर सरसों के तेल का तड़का देते हैं। बहुत दिनों तक खराब नहीं होती। वात रोग की औषध भी है। माताजी यह चटनी बहुत अच्छी बनाती थीं। गुरुदेव के सचिव का काम कर रहे किसी व्यक्ति ने यह पं. जी के यहाँ खाई। दो-तीन दिनों के बाद गुरुदेव का बुलावा आया। गुरुदेव नाराजगी का भाव बनाते हुए बोले–क्यों पंडितजी, जो सुस्वादु वस्तु मेरे सचिव को मिलती है, मुझे क्यों नहीं मिलती? पंडितजी की समझ में कुछ नहीं आया। भेद खुलने पर पंडितजी ने लहसुन की चटनी गुरुदेव के पास भिजवाई। गुरुदेव को यह चटनी पसन्द आई थी–लाभकर भी थी स्वास्थ्य के लिए।

द्विवेदी जी के ज्येष्ठ पुत्र बबुआ ने शान्तिनिकेतन की एक मनोरंजक घटना का विवरण दिया है जो दिलचस्प होने के साथ-साथ यह भी प्रकट करती है कि वहाँ द्विवेदी जी

का सम्बन्ध क्रान्तिकारियों से था और पं. जी भूमिगत आन्दोलनकारियों की विविध प्रकार से सहायता करते थे।

हिन्दी भवन में एक दिन एक मौलवी साहब आए। तुर्की टोपी, छोटी बकराकट दाढ़ी, चूड़ीदार पाजामा, शेरवानी में। हिन्दी फर्राटे से बोलते। एक चिट्ठी दी। पत्र पढ़कर बाबूजी उनसे कुछ नाराज़ हुए। कुछ बातें हुईं। उन्हें भवन के एक कमरे में ठहरा दिया गया। बाबूजी उनसे खूब बातें करते, घुल-मिलकर। हमें बताया बाबूजी ने कि ये तुम्हारे मामा लगते हैं। हमें ताज्जुब हुआ कि ये मुसलमान सज्जन हमारे मामा कैसे लगेंगे? बाबूजी ने बताया, "भाई ये तुम्हारे मामा के गाँव के हैं इसलिए ये भी तुम्हारे मामा लगेंगे।" एक दिन देखा मामा मोटा जनेऊ पहने हैं। बाबूजी से पूछा, "क्या मुसलमान भी जनेऊ पहनते हैं?" उन्होंने गम्भीरतापूर्वक कहा—"कुछ शिया मुसलमान जनेऊ धारण करते हैं।"

लगभग आठ वर्षों बाद मुगलसराय स्टेशन पर मामा पुनः मिले। विशुद्ध बंगाली वैष्णव की पोशाक में। बाबूजी ने बताया इनका असली नाम बनर्जी है। इनको जिन्दा या मुर्दा पकड़कर लाने वाले को 5000 रु. का सरकारी इनाम घोषित था। इसलिए हमारे यहाँ शान्तिनिकेतन में भेष बदलकर आए थे। बाबूजी के पास क्रान्तिकारियों के पत्र बहुत आते थे। वे उन्हें पढ़कर फौरन जला देते थे।

इन्दिरा गांधी द्वारा घोषित आपातकाल में भी उनके पास फरार और सरकार- विरोधी लोगों के बहुत पत्र आते थे।

प्रसिद्ध लेखिका शिवानी शान्तिनिकेतन में द्विवेदी जी की शिष्या थीं। उन्होंने शान्तिनिकेतन में अपने गुरु के परिवार के अविस्मरणीय शब्द-चित्र खींचे हैं। पं. जी पर लिखते समय लोग उन्हीं पर ध्यान देते हैं। शिवानी ने गुरु पत्नी पर ध्यान केन्द्रित किया है—"तब माताजी (शिवानी उन्हें भाभी जी कहती थीं) पच्चीस-छब्बीस वर्ष की रही होंगी। गोरा गोल चेहरा, नाक पर सोने की लौंग, चोटी कसकर बाँधती खुल जाती तो केश पीठ को घेरकर कमर तक उतर आते। सीधे पल्ले की साड़ी, मुँह में पान। बड़ा-सा लाल टीका और माँग भरा सिन्दूर।"

उस समय तक बबुआ, पुतुल और तितिल तीन सन्तानें ही परिवार में आई थीं। मकान की छत फूस की थी, मकान के दूसरे हिस्से में निताई विनोद जी गोसाईं रहते थे। आँगन में सहजन का पेड़ था। अँगीठी पर भोजन बनता था।

छात्राओं का झुंड बड़े पंडितजी के घर पहुँचता। मेजबानी युवा माताजी को करनी पड़ती। प्रेम से बड़बड़ातीं। सावन में मेहँदी लगाई जाती, झूला पड़ता। आश्रम में बुधवार को छुट्टी होती। छात्राएँ बुधवार को ज़रूर पहुँचतीं।

शिवानी ने माताजी की पाक कला पर रस लेकर लिखा है—कढ़ी-चावल, बटाटा, मूँड़ी, हरी मिर्च, पोस्तो आदि का वर्णन किया है, विवरण दिया सर्जनात्मक ढंग से। नाटक होता तो बालिका पुतुल देखते-देखते (शिवानी की गोद में ही) सो जाती।

हिन्दी लेखकों में शान्तिनिकेतन सबसे पहले पं. बनारसीदास चतुर्वेदी पहुँचे थे। दीनबन्धु एंड्रयूज़ से अपनी पुस्तक की भूमिका लिखवाने। एंड्रयूज़ के कहने पर उन्होंने

अपनी पक्की नौकरी छोड़ दी और एक वर्ष शान्तिनिकेतन रहे। द्विवेदी जी के वहाँ पहुँचने पर शान्तिनिकेतन हिन्दी लेखकों का केन्द्र बन गया। गुरुदेव के कारण तीर्थ वह पहले से था। प्रेमचन्द को शान्तिनिकेतन आने का निमंत्रण द्विवेदी जी ने भिजवाया था किन्तु वे नहीं जा सके। पंत जी पहुँचे थे। पं. जी बताते थे कि जब पंत जी ने हिन्दी साहित्यकारों द्वारा अपने प्रति उदासीनता, उपेक्षा और आलोचना की बात चलाई तो गुरुदेव ने कहा—कवि मेरी पीठ पर लगी चोटों और घावों को देखो।

शान्तिनिकेतन में पढ़ने वाले छात्र-छात्राओं की संख्या बहुत बड़ी थी। उनमें से अनेक कालान्तर में विश्रुत, विख्यात हुए। कपिला वात्स्यायन ने शान्तिनिकेतन में शिक्षा पाई या नहीं; नहीं कह सकते। किन्तु इन्दिरा गांधी गुरुदेव के सान्निध्य में कुछ दिन ज़रूर रही थीं। माताजी बताती थीं कि वे उनके घर आकर मूँड़ी, हरी मिर्च कई बार खा चुकी हैं। वे पं. जी को गुरु मानती थीं और वैसा ही व्यवहार करती थीं।

शान्तिनिकेतन में रहते पं. जी का सम्पर्क ऐसे अनेक नेताओं से हुआ जिनकी रुचि हिन्दी साहित्य में या भारतीय भाषाओं और उनके साहित्य में थी। ऐसे कई हिन्दी लेखकों से हुआ जो स्वतंत्रता-संग्राम के सैनिक भी थे और कारागार भोग रहे थे। हिन्दी विश्वभारती के माध्यम से भी द्विवेदी जी का हिन्दी की पुरानी पीढ़ी और नई पीढ़ी के लेखकों-पाठकों से परिचय हुआ। द्विवेदी जी के व्यक्तित्व और लेखन में कुछ ऐसी बात थी कि उनके सम्पर्क में आनेवाला व्यक्ति आत्मीयता का अनुभव करने लगता था। विश्वभारती (हिन्दी) पत्रिका के पूर्वोल्लिखित द्विवेदी केन्द्रित अंक में स्वाधीनता आन्दोलन के कई नेताओं-लेखकों के पत्र छपे हैं। उनसे पता चलता है कि द्विवेदी जी का सम्पर्क लोक व्यापक था और राष्ट्रीय आन्दोलन के अनेक नेताओं से उनके सम्बन्ध प्रगाढ़ थे। जयप्रकाश नारायण और आचार्य नरेन्द्र देव से उनका पत्र-व्यवहार होता था। ये दोनों द्विवेदी जी के पाठक और प्रशंसक थे। आचार्य नरेन्द्र देव ने 1948 में लखनऊ विश्वविद्यालय की रजत जयन्ती के अवसर पर उन्हें व्याख्यान देने के लिए निमन्त्रित किया। ये व्याख्यान बाद में 'साहित्य का मर्म' नाम से प्रकाशित हुए। आचार्य नरेन्द्र देव के उपकुलपति रहते ही उस विश्वविद्यालय में उन्हें डी.लिट् की मानद उपाधि प्रदान की गई। काशी विश्वविद्यालय में वे द्विवेदी जी के आवास पर कभी-कभी आते थे।

श्री लक्ष्मीनारायण सुधांशु ने सेंट्रल जेल भागलपुर से द्विवेदी जी को कई पत्र लिखे। पं. जी उनको पुस्तकें-पत्रिकाएँ जेल में भेजते थे। सुधांशु जी 1942 में जेल में थे और वहीं से पत्र लिखा था। वे काशी विश्वविद्यालय के हिन्दी-छात्र थे। एम.ए. कर चुके थे। स्वतंत्र भारत में बिहार विधानसभा के स्पीकर हुए। रामवृक्ष बेनीपुरी 1942 में हजारीबाग सेंट्रल जेल में थे। तब तक द्विवेदी जी से उनकी भेंट नहीं हुई थी। फिर भी अपने पत्र में उनसे 7 पुस्तकें और विश्वभारती पत्रिका भिजवाने की प्रार्थना की। जिन पुस्तकों को बेनीपुरी जी ने मँगवाया है उनमें मध्यकालीन भारतीय संस्कृति (ले. गौरीशंकर हीराचंद ओझा), मुगल इंडिया (अंग्रेज़ी में डॉ. ईश्वरी प्रसाद) और हिन्दी, अंग्रेज़ी या बंगला अनुवाद में ऋग्वेद हैं। त्रात्स्की की पुस्तक रूसी क्रान्ति का इतिहास (अंग्रेज़ी में) और स्वयं द्विवेदी जी की पुस्तक 'हिन्दी साहित्य की भूमिका' है।

देशरत्न डॉ. राजेन्द्र प्रसाद ने वर्धा से 20.11.41 को लिखा–"आपके दोनों पत्र मिले। इधर काम तो बहुत रहता है और समय निकालना कुछ मुश्किल है, तो भी आपका अनुरोध टाला नहीं जा सकता और दो-तीन दिनों में कुछ लिखकर भेजने का प्रयत्न करूँगा।"[1]

पंडितजी ने राजेन्द्र बाबू से विश्वभारती के लिए कुछ भेजने का अनुरोध किया होगा।

द्विवेदी जी ने विश्वभारती पत्रिका में लिखने के लिए व्यापक स्तर पर सब प्रकार के लेखकों को निमन्त्रित किया। जिन लोगों से उन्होंने लिखने का अनुरोध किया उनमें आचार्य नरेन्द्र देव, सुमित्रानन्दन पंत, उद्योगपति घनश्यामदास बिड़ला, सम्पूर्णानन्द, अमरनाथ झा, धीरेन्द्र वर्मा आदि थे। आचार्य जी से उनकी निकटता बढ़ती गई। वे द्विवेदी जी की विद्वत्ता और लेखन के प्रशंसक थे। द्विवेदी जी को शान्तिनिकेतन से काशी विश्वविद्यालय में लाने में परोक्ष तौर पर उनका सहयोग मूल्यवान था।

सन्दर्भ-सूची

1. विश्वभारती पत्रिका, 1979 में प्रकाशित

मातृ-संस्था का निमंत्रण : मन का बन्धन

पं. हजारीप्रसाद द्विवेदी शान्तिनिकेतन छोड़ना नहीं चाहते थे। लेकिन इस बीच अनेक घटनाएँ घट चुकी थीं। देश में ऐतिहासिक परिवर्तन हो गया था। एंड्रयूज़ और गुरुदेव का निधन हो चुका था। पं. हजारीप्रसाद द्विवेदी डी.लिट हो चुके थे। हिन्दी क्षेत्र ही नहीं पूरे देश में अप्रतिम विद्वान्, लेखक, अध्यापक के रूप में प्रतिष्ठित हो चुके थे। देश स्वतंत्र हुआ तो नए विश्वविद्यालय खुलने लगे, शिक्षा का अभूतपूर्व विस्तार होने लगा। नए अवसर और नई आवश्यकताएँ सामने आने लगीं। विद्वानों की माँग बढ़ी। द्विवेदी जी पर निगाह सबसे पहले टिकती थी। जगह-जगह से उनको निमन्त्रित किया जाने लगा। शान्तिनिकेतन को विश्वविद्यालय का दर्जा मिल गया था। द्विवेदी जी को नई आर्थिक सुविधाएँ भी दी जा रही थीं। द्विवेदी जी के मन में शान्तिनिकेतन के लिए गहरी आत्मीयता थी। लेकिन हिन्दी क्षेत्र, विशेषतः काशी अपनी नगरी थी। माताजी का और अन्य परिवारजनों का, मित्रों का तथा अनेक गण्यमान्य मित्रों का मन था कि वे हिन्दी क्षेत्र में रहकर हिन्दी की अधिक सेवा कर सकते हैं। काशी में माताजी अकसर कहतीं, शान्तिनिकेतन में बीमार बहुत रहते थे, दुबले-पतले थे। भारी-भरकम काशी आकर हुए। माताजी का मानना था–"हम इनको खूब खिलाई-पिलाई तब ये मोटे हुए।"

काशी आने का अवसर बहुत पहले और बाद में भी एकाधिक बार मिल चुका था।

10 मई 1941 को काशी विश्वविद्यालय के प्रो वाइस चांसलर पं. इकबाल नारायण गुर्टू ने श्री बनारसीदास चतुर्वेदी को लिखा–

"आप जानते होंगे कि पं. रामचन्द्र शुक्ल की दुखद मृत्यु के बाद विश्वविद्यालय में हिन्दी विभाग के प्रोफेसर एवं अध्यक्ष का पद खाली हो गया है। पं रामचन्द्र शुक्ल प्रोफेसर नहीं थे। वाइस चांसलर सर एस. राधाकृष्णन और मैं दोनों अनुभव करते हैं कि इस पद पर हमें ऐसे व्यक्ति की ज़रूरत है जो प्रथम श्रेणी का विद्वान् हो। जिसके आने से विश्वविद्यालय की प्रतिष्ठा बढ़े, सुयोग्य छात्र उत्कृष्ट हों। उच्चकोटि का विद्वान् होने के साथ-साथ वह व्यक्ति ऐसा हो जो आधुनिक ढंग से विभाग को संगठित कर सके और योग्यतापूर्वक विभागाध्यक्ष की जिम्मेदारी निभा सके। आप देश के प्रसिद्ध हिन्दी विद्वानों से भली-भाँति परिचित हैं। यदि आप तीन या चार ऐसे सुयोग्य विद्वानों की सूची हमें भेज सकें तो हम आपके कृतज्ञ होंगे। आप जानते हैं कि ऐसी स्थितियों में स्थानीय और वैयक्तिक तत्त्व कैसा दबाव डालते हैं और निष्पक्ष राय देना कितना कठिन बना देते हैं, आपका सुझाव गोपनीय रखा जाएगा।" (अंग्रेज़ी से अनुवाद)

श्री बनारसीदास चतुर्वेदी ने 16 मई 1941 को उत्तर दिया—केवल एक योग्य व्यक्ति का नाम प्रस्तावित कर सकता हूँ और वह व्यक्ति है शान्तिनिकेतन, बोलपुर के पं. हजारीप्रसाद द्विवेदी। आप इस काम के लिए तथाकथित 'डांक्टरों' को नियुक्त कर सकते हैं लेकिन नवयुवक छात्रों को वे द्विवेदी जी जैसी प्रेरणा कदापि नहीं दे सकते। द्विवेदी जी दुर्लभ सर्जनात्मक रचनाकार और गम्भीर विद्वान्—दोनों प्रकार के गुणों से युक्त हैं। वे महामहोपाध्याय विधुशेखर भट्टाचार्य और आचार्य क्षितिमोहन सेन सरीखे विख्यात विद्वानों के साथ शोध-कार्य में संलग्न रहे हैं। कवि रवीन्द्रनाथ ठाकुर उन्हें अपने विश्वविद्यालय की शोभा मानते हैं। द्विवेदी जी की नियुक्ति से सम्पूर्ण हिन्दी-क्षेत्र के लोग प्रसन्नता से झूम उठेंगे।

थ्रिल ऑफ ज्वाय अमंग द एन्टायर हिन्दी स्पीकिंग पीपुल।

क्योंकि वे विवेकवान आलोचक और चिन्तक निबन्धकार के रूप में प्रसिद्ध हैं। वे आपके विश्वविद्यालय के पुराने छात्र, शास्त्राचार्य और ज्योतिषाचार्य हैं। वे संस्कृत और बंगाली में निपुण हैं। दिक़्कत सिर्फ़ कवि (रवि ठाकुर) को इस बात के लिए तैयार करने में है कि उन्हें आपके यहाँ आने दें। (अंग्रेज़ी से अनुवाद)

चतुर्वेदी जी ने अपनी इस ज़ोरदार सिफारिश की सूचना द्विवेदी जी को भी दे दी और शायद अर्ज़ी भेजने को भी कहा।

द्विवेदी जी ने कृतज्ञता का पत्र लिखा और यह भी कि आपके गोपनीय पत्र के पहुँचने के बाद मेरी अर्ज़ी जाना क्या उसकी गोपनीयता (कॉन्फीडेंशियल नेचर) के विषय में सन्देह नहीं उत्पन्न करेगा? आपके इतने ज़ोरदार पत्र के बाद मेरी अर्ज़ी देना क्या ठीक है? चतुर्वेदी जी ने गुर्टू साहब को द्विवेदी जी की उमर के बारे में लिखा था—नाट मोर देन फोर्टी[1] पं. जी की उमर उस समय (21.5.41) को 34 वर्ष में 2 महीने कम थी। द्विवेदी जी ने पत्र में लिखा—

"एक बार बड़ी गद्दी मिलने पर तो अपनी इज्ज़त बचाते ही समय निकल जाता है। तब कुछ पढ़ना-लिखना तैयार होना कहाँ सम्भव होता है। सबका यही इतिहास है। बड़ी गद्दी मिलने पर विरले ही मिहनत कर पाते हैं। ख़ैर इसकी अभी फिलहाल कोई चिन्ता नहीं है।"

काशी विश्वविद्यालय से द्विवेदी जी को एक और ऑफर 1948 के आसपास मिला। सम्भवतः प्रो. अमरनाथ झा के उपकुलपतित्व में। द्विवेदी जी के पत्र से लगता है कि किसी ने चतुर्वेदी जी को ख़बर दे दी थी कि वे हिन्दी भवन छोड़कर काशी जा रहे हैं। पं. जी ने इस ख़बर को गलत बताते हुए 26.9.48 को पत्र लिखा। पत्र में प्रो. गुर्टू को लिखे गए पूर्व सिफ़ारिशी पत्र का उल्लेख भी है।

"आपको किसी ने ग़लत ख़बर दे दी है कि मैं हिन्दी भवन छोड़ रहा हूँ...काशी से निमंत्रण आया था, रुपये का प्रलोभन भी था और अपनी मातृ संस्था की गोद में पहुँचने का आकर्षण भी। पिताजी तथा अन्य गुरुजनों का आग्रह भी था। परन्तु इस बार तो आपके आशीर्वाद से मैं विचलित नहीं हुआ। गुरुदेव की इस पुण्यभूमि का बन्धन ज़्यादा मज़बूत साबित हुआ।"

द्विवेदी जी 1948 के आसपास काशी क्यों नहीं गए—यह बहुत स्पष्ट नहीं है। हो सकता है कि काशी के कुछ लोग—विशेषतः विभाग के लोग, उन्हें अध्यक्ष या प्रोफ़ेसर के

रूप में देखना पसन्द न करते हों। यह भी सम्भव है कि द्विवेदी जी ने कुछ ऐसी शर्तें रखी हों। पहली बात की सम्भावना अधिक है। इसका कुछ संकेत 30.1.49 को नलिन विलोचन शर्मा के पत्र में मिलता है। नलिन जी ने द्विवेदी जी को लखनऊ विश्वविद्यालय से डी.लिट् की मानद उपाधि मिलने पर हार्दिक बधाई दी। यह भी लिखा कि आप काशी नहीं गए इसके पीछे जो बातें हैं, उसकी चर्चा काशी विश्वविद्यालय के कोर्ट के सदस्य डॉ. मिश्रा सुना रहे थे। बातों की चर्चा नहीं है, "सुना था लखनऊ से भी आपको बुलावा आया है, यहाँ की भी चर्चा चल रही है। मुझसे बातें होती हैं तो कह देता हूँ कि द्विवेदी जी नहीं चाहते कि दूसरों के लिए वे सुलभ हों, इसीलिए सुदूर शान्तिनिकेतन में बैठे हुए हैं...कल ही हमारे प्रिंसिपल कह रहे थे कि वे यहाँ सरकार को लिख रहे हैं कि हिन्दी विभाग में आपको बुलाया जाए पर जब आप काशी नहीं गए तो 'मगध' में क्यों आने लगे भला?

1948 तक हिन्दी साहित्य की भूमिका (1940), कबीर (1942), बाणभट्ट की आत्मकथा (1948) के प्रकाशन से पं. हजारीप्रसाद द्विवेदी का यश शिखर पर पहुँच गया था। 1947 में 'कबीर' पर उन्हें उस समय का हिन्दी में सर्वाधिक प्रतिष्ठित सम्मान मंगलाप्रसाद पारितोषिक मिला। वे आचार्य रामचन्द्र शुक्ल के बाद हिन्दी साहित्य के इतिहास का दूसरा दृष्टिकोण प्रस्तुत करनेवाले साहित्य-इतिहासकार और कबीर को हिन्दी साहित्य में प्रतिष्ठित करनेवाले आलोचक के रूप में माने जाने लगे थे। ऐसा यश उन्हें 35, 36 वर्ष की आयु में ही मिल गया था। अब हिन्दी के प्रतिष्ठान उन्हें अपने यहाँ निमन्त्रित करने के लिए मानो स्पर्धा कर रहे थे। सबसे बड़ा आकर्षण उनके व्यक्तित्व में था। लम्बी, नाति गौर वर्ण की काया, जो शायद इकहरी से दोहरी होने लगी थी; मिलते ही बाँध लेनेवाली आत्मीय सहजता; दुर्लभ वाग्मिता जो स्फीत या अतिकथन बिलकुल नहीं लगती थी, दिगन्तव्यापी अट्टहास, मृदु मुस्कान, मर्मवेधी संक्रामक परदुखकातरता जथालाभ सन्तोष, ऐसा व्यक्तित्व जो पांडित्य के बोझ को अनायास उतार, फेंककर सामान्य व्यक्ति की तरह निरक्षर, अभावग्रस्त व्यक्ति की तरह स्थितियों को सुन-समझ सकता था।

द्विवेदी जी के चरित्र पर कभी उनके विरोधियों ने भी अँगुली नहीं उठाई। उनमें अकलंकता थी।

1947-48 के आसपास हिन्दी क्षेत्र में द्विवेदी जी के साहित्यिक व्यक्तित्व का जादू जग गया था। अब उनके लिए शान्तिनिकेतन में रह पाना अनेक कारणों से यत्नसाध्य हो रहा था। अब उन्हें वहाँ रोक रखने के लिए गुरुदेव या दीनबन्धु एंड्रयूज़ नहीं थे। बच्चे बड़े हो रहे थे। उनकी शिक्षा, दीक्षा, शाही, ब्याह, नौकरी की समस्या आनेवाली थी। और नवस्वतंत्र भारत में नई योजनाएँ बन रही थीं, सरकारी समितियाँ गठित हो रही थीं, देश के भावी निर्माण की योजनाओं को कार्यान्वित होना था—नेहरू युग में भावी भारत की नींव रखी जा रही थी। पं. हजारीप्रसाद द्विवेदी खुद योजनाएँ बनाते थे क्योंकि उन्हें भारतीय भाषा, साहित्य, उनके परस्पर सम्बन्ध और लोक-संस्कृति से गहरा सरोकार था।

शान्तिनिकेतन में अध्यापन के लिए किसी उपाधि की ज़रूरत नहीं थी। किन्तु हिन्दी क्षेत्र या अन्य विश्वविद्यालयों में ऐसी स्थिति नहीं थी। काशी के हिन्दी विभाग के अध्यापकों की स्थिति से कुछ समानता थी। का.वि.वि में हिन्दी विभाग के संस्थापक अध्यक्ष

बाबू श्यामसुन्दर दास, बी.ए. पास थे, एम.ए. के छात्रों को पढ़ाते थे, लाला भगवानदीन और हरिऔध जी की भी शैक्षिक उपाधि ऐसी ही कुछ रही होगी। आचार्य रामचन्द्र शुक्ल इंटरमीडिएट पास, ड्राइंग टीचर थे। पं. केशव प्रसाद मिश्र हिन्दी में एम.ए. नहीं थे, पी.एच.डी. होने का सवाल ही नहीं उठता। इस परम्परा में पं. हजारीप्रसाद द्विवेदी अनुकूल थे। फिर भी ज़माना बदल गया था, अब उपाधिधारी विद्वानों की कमी नहीं थी।

स्थिति को ज़्यादा स्पष्ट करने के लिए 16.5.1941 को द्विवेदी जी को लिखा हुआ पं. बनारसीदास चतुर्वेदी का पत्र है। यह पत्र उस पत्र की प्रतिलिपि के साथ संलग्न है जो चतुर्वेदी जी ने प्रो वाइस चांसलर प्रो. गुर्टू को लिखा था। और जिसमें द्विवेदी जी के नाम की ज़ोरदार सिफारिश की थी। प्रो. गुर्टू को ज़ोरदार सिफारिश और द्विवेदी जी को लिखे गए पत्र में यह आशंका–

प्रिय द्विवेदी जी,

सादर प्रणाम! साथ के प्राइवेट पत्र अपना इतिहास स्वयं कह दैंगे (देंगे) यद्यपि कोई 'डॉक्टर' महोदय नियुक्त होंगे, तथापि प्रयत्न करने में कोई हर्ज नहीं...

मैंने सुना है कि श्रीयुत नन्ददुलारे वाजपेयी, श्रीयुत बड़थ्वाल, श्रीयुत सद्गुरुशरण अवस्थी इत्यादि इस पद के लिए प्रयत्न कर रहे हैं और श्रीयुत बाबू गुलाबराय जी भी चक्कर काट आए हैं, पर ईमानदारी की बात यह है कि आप इस पद के लिए सबसे अधिक योग्य हैं।

पत्र के अन्त में आशंका फिर इन शब्दों में–

"पर हमारी संस्थाओं के अधिकारियों में इतनी कल्पनाशक्ति कहाँ कि वे आप जैसों की कद्रदानी करें।

आचार्य नरेन्द्र देव, पं. हजारीप्रसाद द्विवेदी के पाठक, प्रशंसक, शुभचिन्तक थे, सरकार में शामिल न होकर समाजवादी पार्टी के नेता के रूप में उ.प्र. विधानसभा में विरोध-पक्ष में बैठे थे। आदर्शवादी थे। चुनावी हथकंडे न आते थे, न कर सकते थे। अत्यन्त लोकप्रिय होने के बावजूद कांग्रेसी प्रत्याशी बाबा राघवदास से फैज़ाबाद में चुनाव हार गए। अब वे (1949 में) लखनऊ विश्वविद्यालय के उपकुलपति थे। बाद में काशी विश्वविद्यालय के भी उपकुलपति हुए। पूरा वेतन नहीं लेते थे। लखनऊ विश्वविद्यालय के उपकुलपति आचार्य नरेन्द्र देव ने द्विवेदी जी को आधिकारिक पत्र लिखा–

D.O.No. 3-8 V.C. 49

लखनऊ

प्रिय द्विवेदी जी, जनवरी, 2 1949

यदि आप कृपा करके डी.लिट् उपाधि (मानद) स्वीकार कर लें तो विश्वविद्यालय अतीव सम्मानित होगा। विशेष दीक्षांत समारोह 28 जनवरी 1949 को निश्चित हुआ है।

स्वीकृति का सन्देश लिखने का कष्ट करें ताकि हम आश्वस्त अनुभव कर सकें।

पं. हजारीप्रसाद द्विवेदी जी आपका

शान्तिनिकेतन नरेन्द्र देव

बोलपुर
पश्चिम बंगाल (हिन्दी अनुवाद)

1941 में चतुर्वेदी जी ने आशंका प्रकट की थी कि नियुक्ति किसी 'डॉक्टर' की होगी। 1949 में लखनऊ विश्वविद्यालय के रजत जयन्ती वर्ष में द्विवेदी जी को डी.लिट् की मानद उपाधि देकर डॉक्टर बना दिया गया। शायद द्विवेदी जी किसी विश्वविद्यालय में डॉक्टर की मानद उपाधि पानेवाले पहले हिन्दी विद्वान् थे। द्विवेदी जी की नियुक्ति जब काशी विश्वविद्यालय में प्रोफ़ेसर-अध्यक्ष के रूप में हुई तब उनके विरोधियों ने प्रचार किया कि लखनऊ विश्वविद्यालय की यह उपाधि उन्हें प्रोफ़ेसर एवं अध्यक्ष बनाने के लिए ही दी गई थी, योजना बनाकर। यदि आचार्य नरेन्द्र देव जैसा विद्वान्, स्वतंत्रता-सैनिक एवं नेता द्विवेदी जी को प्रोफ़ेसर बनाने की ऐसी योजना बनाता भी है तो उसे निन्दनीय कैसे कहा जा सकता है। हिन्दी क्षेत्र के साहित्यकारों, हिन्दी पाठकों को इससे प्रसन्नता हुई। श्री शिवमंगल सिंह 'सुमन' ने इस अवसर पर एक लम्बा और भावपूर्ण पत्र द्विवेदी जी को लिखा। पत्र से लगता है कि उस समय राज्यपाल होने के नाते कुलपति के रूप में श्रीमती सरोजिनी नायडू ने उपाधि प्रदान की। सुमन जी स्वयं दीक्षांत समारोह में मौजूद थे। पत्र बहुत कुछ आँखों देखा हाल जैसा है। इस समारोह में कविवर रामेश्वर शुक्ल अंचल जी भी उपस्थित थे। उन्होंने एक संस्मरण में इस अवसर का विवरण दिया है।

"द्विवेदी जी से पहली भेंट लखनऊ विश्वविद्यालय के रजत जयन्ती समारोह में सन् 1949 में हुई। द्विवेदी जी को तथा अन्य अनेक राजनेताओं (नेहरू जी सहित) को डी.लिट् की मानद उपाधि दी जानी थी। उन्हीं की अध्यक्षता में कवि सम्मेलन भी था। आचार्य नरेन्द्र देव वायस चांसलर थे–डॉ. हरिकृष्ण अवस्थी (वर्तमान वायस चांसलर संस्मरण लेखन के समय) तब हिन्दी विभाग के प्रभावशाली व्याख्याता, छात्रावास वार्डन संयोजक। बाहर से केवल तीन कवि दिनकर, सुमन और मैं बुलाए गए थे। विशेष दीक्षान्त समारोह का विशाल पंडाल खचाखच भरा था। श्रोता लखनऊ के स्थानीय कवियों को न सुनकर हमीं तीन बाहरवालों को सुनना चाहते थे। द्विवेदी जी कवि, कवि के बीच यह भेदभाव कैसे चलने देते? जो भेद से अभेद की ओर ले जानेवाली जीवन संपोषक दृष्टि लेकर आया हो, वह आचार्य-अध्यक्ष तत्काल छात्रों की हूंटिग शान्त करते हुए अपने उद्‌बोधन में इतना रस-विभोर हो गया कि हमारी ओजपूर्ण जीवन्त कविताओं से अधिक करतल-ध्वनि उन्हें मिली। जब हमसे से प्रत्येक का कवि-परिचय दिया–हमारे काव्य-पाठ के पूर्व तो आचार्य नरेन्द्र देव जैसे धीरोदात्त-मना तक हमारी ओर मुग्ध दृष्टि से देखने लगे। श्रोताओं के अनुरोध पर द्विवेदी जी ने भी अपनी दो मौलिक कविताएँ और रवीन्द्र के काव्यानुवाद सुनाए।"[2]

कुछ ही महीनों बाद 14.6.49 को आचार्य जी ने एक और पत्र लिखा–

प्रिय आचार्य जी,

मैं अगले वर्ष विश्वविद्यालय में प्रतिमास किसी विद्वान् के 3 या 4 व्याख्यान कराना चाहता हूँ। आपसे प्रार्थना है कि अगस्त मास में (यदि सम्भव हो) आप किसी विषय पर

3 या 4 भाषण दें। यह भाषण पुस्तक रूप में प्रकाशित किए जाएँगे। बड़ी कृपा होगी। उत्तर की प्रतीक्षा में रहूँगा।

भवदीय
नरेन्द्र देव

1941 में आचार्य रामचन्द्र शुक्ल के बाद पं. केशवप्रसाद मिश्र ने विभाग सँभाला। 1949 में केशव जी का कार्यकाल समाप्त होनेवाला था। यह समय इस दृष्टि से महत्त्वपूर्ण और नाजुक था। शान्तिनिकेतन को छोड़कर आना द्विवेदी जी के लिए अनेक दृष्टियों से कठिन था। भावनात्मक सम्बन्ध था। लगता है गोविन्द मालवीय के उपकुलपति काल में द्विवेदी जी को लाने का एक प्रयास विफल हो गया था। चतुर्वेदी जी द्विवेदी जी के प्रधान साधन थे। असम्भव नहीं उन्होंने ही आचार्य नरेन्द्र देव को भी डी.लिट् उपाधि प्रदान करके विश्वविद्यालय प्रवेश की बाधा को दूर करने का उद्यम किया हो। लेकिन यह मेरा अनुमान है।

5.6.1950 को बनारस हिन्दू यूनिवर्सिटी के तत्कालीन उपकुलपति श्री गोविन्द मालवीय ने द्विवेदी जी को पत्र लिखा। गोविन्द मालवीय, महामना पं. मदनमोहन मालवीय के पुत्र थे।

प्रियवर आचार्य पं. हजारीप्रसाद जी
सादर नमस्कार,

भाई बनारसीदास जी का एक पत्र आया था जिसके उत्तर की प्रतिलिपि आपके पास भेज रहा हूँ।

इधर बहुत दिनों से आपका कोई पत्र नहीं आया। कृपया अपना (अपाठ्य) समाचार दीजिएगा। आपको मालूम ही होगा कि आचार्य पं. केशव प्रसाद जी मिश्र ने अब यहाँ से अवकाश लिया है। इसलिए अब आप हिन्दी विभाग में इस पद पर आने की कृपा करिए। कृपया अपनी स्वीकृति भेज दीजिए जिससे यूनिवर्सिटी प्रोफेसर तथा हिन्दी विभाग के अध्यक्ष पद पर आपकी नियुक्ति का प्रस्ताव मैं करूँ। यूनिवर्सिटी प्रोफेसर का ग्रेड इस समय 700-50 1000-900/1200 है। यह प्रस्ताव पास हो चुका है कि वह 800-50-1250 कर दिया जाए। आशा है कुछ दिनों में यह कार्यान्वित होगा। अतः अभी आपका पुरस्कार 700 मासिक 700-50-1000-900 1250 के ग्रेड में रहेगा। Revised grade के लागू होते ही 800 मासिक हो जाएगा।

आपके यहाँ आने से सबको बड़ा सन्तोष और आनन्द होगा। पारसाल आपको कुछ लोगों ने सन्देह में डाल दिया था किन्तु पं. डॉ. जगन्नाथ शर्मा और विश्वनाथ प्रसाद मिश्र दोनों को प्रोफेसर का स्थान दे दिया जाए। इससे वे दोनों सन्तुष्ट होकर आपके साथ सहयोग से कार्य करेंगे।

मैं आशा करता हूँ कि आप मेरे ऊपर कृपा करके मेरे इस निमंत्रण को स्वीकार करेंगे और लौटती डाक से मुझे अपनी स्वीकृति भेजकर कृतार्थ करेंगे।

आशा है आप सानन्द होंगे
आपका
विनीत
(हस्ताक्षर) गोविन्द मालवीय

आचार्य पं. हजारीप्रसाद द्विवेदी
शान्तिनिकेतन
पश्चिमी बंगाल

बनारस के पते पर भी सूचनार्थ प्रेषित पत्र में लिखा है कि पारसाल कुछ लोगों ने आपको सन्देह में डाल दिया था किन्तु अब वह समय बीत चुका है। द्विवेदी जी को विश्वविद्यालय की ओर से एक ऑफर भेजा गया था। पं. जी के परिवार के सदस्य और अनेक मित्र, शुभचिन्तक चाहते थे कि वे काशी आ जाएँ किन्तु तब द्विवेदी जी ने वहाँ न जाने का निर्णय लिया। बहुत कशमकश थी। पत्रों से पता चलता है कि निर्णय और अनिर्णय के बीच द्विवेदी जी का मन काफ़ी समय तक झूलता रहा। कारण और भी हो सकते हैं। उस समय तक काशी वि.वि. के हिन्दी विभाग में कोई प्रोफ़ेसर नहीं था। स्वयं अध्यक्ष आचार्य केशव प्रसाद मिश्र रीडर थे। यह ऑफर प्रोफ़ेसरी का नहीं रीडरी का था। कुछ और कारण थे जो खेदजनक तो हैं लेकिन उल्लेखनीय है। 18.8.48 को पं. जी शिवमंगल सिंह 'सुमन' को लिखते हैं–

"काशी से कुछ ऐसे पत्र आए हैं और अब भी आ रहे हैं जो बहुत घृणास्पद हैं। 'घृणास्पद' शब्द मैं बड़ी व्यथा के कारण व्यवहार कर रहा हूँ। इनके लिखनेवालों में कहीं कोई मनुष्योचित भाव है ही नहीं। केवल निरुत्साहित करना, धमकी देना, अखबारी कतरनें भेजना, गाली-गलौज करना, यही क्या साहित्यिकता है? आपको आश्चर्य होगा कि इनमें एक सज्जन ऐसे हैं जो वृद्धावस्था में प्रपंच छोड़ने के उद्देश्य से काशीवास कर रहे हैं। केवल इन पत्रों के कारण मन में आता है कि एक बार स्वीकार कर लूँ। मगर फिर सोचा कि यह भी अमर्ष और क्रोध का निर्णय होगा।"

पं. जी ने काशी जाने का निर्णय नहीं लिया था। वे वहाँ पहुँचे भी नहीं थे। इस सबके बिना ही उनके पास पत्र आने लगे। द्विवेदी जी सुमन को लिखते हैं–

"आपने कोई ऐसा नाटक देखा है जिसमें नायक रंगमंच पर आता ही न हो? केवल प्रतिनायकों के गर्जन-तर्जन और राहगीरों की बातचीत तथा आकाशभाषितों के द्वारा ही नायक का अस्पष्ट आभास पाया जाता हो।"

द्विवेदी जी ने आकाशभाषितों के पत्रों की कुछ पंक्तियों के टुकड़ों के उदाहरण दिए हैं–"क्या कहा–अमुक जी क्या कर रहे हैं...क्या जानना चाहते हो अमुक पत्र ने क्या लिखा है? क्या, अमुक जी क्या करेंगे।"

काशी के नरपुंगवों की भाषा का परिचय जिन लोगों को है वे समझ लेंगे कि पं. जी ने घृणास्पद पंक्तियों को छुपा लिया है। काशी की घृणास्पदता लाजवाब है। सुनाई पड़ जाए तो कान की लवें सुर्ख होकर चटख जाएँ! और शान्तिनिकेतनी पं. जी की चमड़ी बहुत पतली थी।

द्विवेदी जी के पत्र के अनुसार हुआ यह था कि उपकुलपति अमरनाथ झा ने एक व्यक्तिगत पत्र रथीबाबू (रवीन्द्रनाथ के पुत्र और विश्वभारती के सर्वोच्च निर्णायक व्यक्ति) को लिखा कि का.वि.वि. की कौंसिल ने मुझसे कहा है कि मैं आपसे अनुरोध करूँ कि आप द्विवेदी जी को हमारे विश्वविद्यालय की प्रोफेसरी स्वीकार करने की अनुमति दे दें। प्रो. झा

ने इस विषय में द्विवेदी जी से कोई बात नहीं की थी। रथी बाबू नहीं चाहते थे कि वे शान्तिनिकेतन से कहीं अन्यत्र जाएँ। उन्होंने द्विवेदी जी का वेतन आदि बढ़ा देने का वचन भी दिया। रथी बाबू, सुरेन बाबू और अनिल बाबू की राय एक थी। साथ ही क्षिति बाबू, गुसाईं जी कहते थे कि "इस अल्प वेतन में कब तक काम करते रहोगे। तुम्हारा इतना बड़ा परिवार है।"

द्विवेदी जी का वेतन कम था, काशी में पैसे का ही नहीं, अपनी मातृ-संस्था में अध्यापन करने, हिन्दी के प्रतिष्ठितम हिन्दी-केन्द्र में रहकर काम करने का आकर्षण था। लेकिन शान्तिनिकेतन न छोड़ने का निर्णय लिया। पत्र में लिखा है–

"अब अन्तर्यामी भी जागे। बोले–मत जाओ। सब तै हो गया। जो बात स्वार्थ की दृष्टि से देखने से इतनी उलझी हुई लग रही थी, वही कर्त्तव्य की दृष्टि से देखने से एकदम साफ़ हो गई।"

लेकिन दुविधा उथली नहीं थी और इस बार गोविन्द मालवीय का पत्र पाकर काशी जाना है, काशी जो मेरा स्वप्न है जिसके एक-एक कण में आकर्षण है, एक-एक दर्शन में उन्माद है। गंगा की मनोहर ऊर्मियों से धौत वायु है, विश्वनाथ और अन्नपूर्णा की अहैतुकी कृपा का प्रसाद है, उस काशी में जाना है।[3]

द्विवेदी जी के मन में काशी जाने की इच्छा थी और वे शान्तिनिकेतन छोड़ना भी नहीं चाहते थे। विशेष रूप से रथीन्द्रनाथ ठाकुर को और अन्य हितैषियों, शुभचिन्तकों को नाराज़ करके। सो मन दोनों के बीच झूल रहा था। अनुमानतः वे काशी जाने का प्रयास भी करते थे और न जाने का ज़रा-सा बहाना मिलने पर वीतराग हो जाते थे। अपने अन्तर्यामी की राय लेते थे। 'अन्तर्यामी' मौन हो जाते। उन्होंने एक रास्ता निकाला। नौकरी शान्तिनिकेतन में करें और काशी वि.वि.के हिन्दी विभाग में अध्यापन के लिए प्रति सत्र में कुछ समय के लिए पहुँच जाया करें। 28.10.1948 को श्री शिवमंगल सिंह 'सुमन' को लिखे पत्र में यह इच्छा प्रकट होती है–"यदि विश्वविद्यालय की इच्छा होती तो मैं थोड़े-थोड़े समय के लिए प्रति सेशन में पहुँच जाता। इसमें केवल विश्वविद्यालय की सेवा का ही स्थान होता। सबसे बड़ी बात होती–मेरा मन सन्तुष्ट होता और जो लोग असन्तुष्ट हैं, उन्हें कोई शिकायत नहीं होती।"

द्विवेदी जी काशी विश्वविद्यालय को विश्वभारती और उसके हिन्दी विभाग को अपने द्वारा निदेशित हिन्दी-भवन समझते थे। कुछ-कुछ तो समझ भी रहे थे कि "पर यह शायद नियमानुकूल नहीं होता।" वे काशी नहीं आए या नहीं आ पाए। बार-बार कहते-लिखते रहे–मैंने विश्वविद्यालय की सेवा से इनकार नहीं किया है। मन में शंका थी। अब शायद काशी आने का यानी काशी विश्वविद्यालय में सेवा का अवसर कभी नहीं मिलेगा। काशी ही नहीं, किसी विश्वविद्यालय की सेवा का।

शान्तिनिकेतन में दो दशकों तक अध्यापन किया, साधना की। अब वहाँ रवीन्द्रनाथ नहीं थे, दीनबन्धु नहीं थे। पं. जी का यश फैल रहा था, फैल गया था। विश्वविद्यालय के निमंत्रण आ रहे थे। उनके मन में भी बाहर निकलने की इच्छा जगती होगी। सबसे बड़ी इच्छा अपने अंचल के ऐसे विश्वविद्यालय में काम करने की, जो मातृ-संस्था भी है, जहाँ

परिवार के अन्य जन हैं, और उस हिन्दी विभाग की प्रोफ़ेसरी है जहाँ के अध्यक्ष कभी आचार्य रामचन्द्र शुक्ल थे। दो बार जाने का संयोग बनते-बनते रह गया। इस बार फिर संयोग बना तो वे काशी पहुँच गए।

हिन्दी विभाग में बहुत पहले से काम कर रहे अध्यक्षता के दावेदार डॉ. जगन्नाथ प्रसाद शर्मा और पं. विश्वनाथ प्रसाद मिश्र की उपेक्षा करके द्विवेदी जी को काशी विश्वविद्यालय ने प्रोफ़ेसर और अध्यक्ष पद के लिए निमन्त्रित किया था। इसलिए इन दोनों का असन्तुष्ट और क्षुब्ध होना, विरोधी होना, समझ में आता है। वे ठेठ काशी के थे। अयोग्य नहीं थे। पं. विश्वनाथ प्रसाद मिश्र पद के सर्वथा योग्य थे। अधिकांश विश्वविद्यालयों में हिन्दी विभाग में उनसे कहीं कम योग्यता वाले प्रोफेसर और अध्यापक थे। पं. विश्वनाथ प्रसाद मिश्र तो केशव प्रसाद मिश्र के बाद विभाग के सबसे लोकप्रिय अध्यापक थे। उनकी विद्वत्ता की धाक थी। डॉ. जगन्नाथ शर्मा स्वतंत्रता सेनानी होने के साथ-साथ डी.लिट् थे। विभाग के वरिष्ठ अध्यापक थे। डॉ. श्रीकृष्णलाल और डॉ. छैलबिहारी गुप्त राकेश इलाहाबाद विश्वविद्यालय की देन थे। वे बनारसी नहीं थे। द्विवेदी जी के आने से पहले उन्हें कोई सेंटता नहीं था। पं. जी के आने पर वे स्वभावतः द्विवेदी जी के साथ हो लिए। डॉ. श्रीकृष्ण लाल मेहनती अध्यापक थे। उन्होंने आधुनिक काल पर इलाहाबाद विश्वविद्यालय से डी फिल. की उपाधि ली थी। डॉ. छैलबिहारी गुप्त राकेश ने रस में मनोवैज्ञानिक प्रक्रिया पर शोध-प्रबन्ध लिखा था। रसाल ली के निर्देशन में।

द्विवेदी जी के काशी आने के बाद 19 अगस्त को वे अपने घर पर द्विवेदी जी के जन्मदिन का समारोह आयोजित करते। डॉ. श्रीकृष्णलाल, द्विवेदी जी की प्रशासनिक कार्यों में मदद करते। प्रशासकीय आदेशों, विज्ञप्तियों, कार्यालयीय काग़ज़ात पर कार्यवाही करना पं. जी को बहुत कम आता था। प्रशासकीय कार्यालयी मामलों की भाषा ख़ास अंग्रेज़ी होती है। द्विवेदी जी उसमें माहिर नहीं थे। डॉ. लाल की सेवाएँ इन कामों के लिए उपलब्ध रहतीं। विभाग के बनारसी लोग उन्हें 'मीर मुंशी' कहते। डॉ. लाल खद्दर का कुर्ता-धोती पहनते। छोटे कद के साँवले, दुबले, तेज़ी से गंजे होते हुए व्यक्ति थे। डॉ. छैलबिहारी गुप्त राकेश गोरे, लम्बे, मोटे सेठनुमा आदमी थे। डॉ. लाल की कई लड़कियाँ थीं, लड़का एक ही था। माताजी कभी-कभी, डॉ. लाल के घर आती-जाती थीं। ये दोनों अध्यापक पं. विश्वनाथ प्रसाद मिश्र के शब्दों में लैला (डॉ. लाल) और छैला (डॉ. छैलबिहारी गुप्त राकेश), विभाग में द्विवेदी जी के साथी माने जाते थे। विभाग के अन्य सहयोगी पं. पद्मनारायण आचार्य फक्कड़ थे। वे आचार्य केशव प्रसाद मिश्र के प्रशंसक, पूजक थे। केशव स्वाध्याय मन्दिर की स्थापना की थी। वहाँ 'कामायनी' का विशेष अध्ययन होता। जिज्ञासु विद्यार्थी वहाँ जाते। पद्मनारायण जी निराला, प्रसाद, मैथिलीशरण गुप्त के सम्मान आयोजन में सक्रिय रहे थे। विद्यार्थियों की सहायता करते थे। विद्यार्थी कभी-कभी उनकी सहायता का अनुचित लाभ उठाते। उनका घर सबके लिए खुला रहता। विभाग के अन्य सहयोगी पं. करुणापति त्रिपाठी, विजयशंकर मल्ल तटस्थ थे। वे गुटबाज़ नहीं थे। ये दोनों परम सौम्य अपने हित के लिए कोई दौड़-धूप न करनेवाले, उपेक्षा की शिकायत कभी न करने वाले लोग, 'जथा लाभ सन्तोष' वाले थे।

पक्का, अटल और अनवरत विरोध डॉ. जगन्नाथ प्रसाद शर्मा और पं. विश्वनाथ प्रसाद मिश्र की ओर से था। वह ईर्ष्यादग्ध विरोध था लेकिन समझ में आनेवाला और बहुत कुछ स्वाभाविक था। डॉ. जगन्नाथ शर्मा, केशव जी के बाद वरिष्ठतम थे। बाबू श्यामसुन्दर दास के प्रिय और उनके द्वारा नियुक्त थे। डी.लिट् थे। पूरे बनारसी ठाठ के। स्वतंत्रता-संग्राम में पं. कमलापति त्रिपाठी के साथ जेल जा चुके थे। निश्चित रूप से विभाग की गद्दी पर उनका अधिकार बनता था। पं. विश्वनाथ प्रसाद मिश्र, लाला भगवानदीन के शिष्य थे। बिहारी, घनानन्द, बोधा के मर्मज्ञ विद्वान्, मानस के काशिराज संस्करण के सम्पादक, सबसे बड़ी बात विभाग के सर्वाधिक लोकप्रिय एवं प्रतिष्ठा प्राप्त अध्यापक थे। उनकी अध्यापन-श्रेष्ठता का डंका बजता था। पं. हजारीप्रसाद द्विवेदी भले ही काशी के ज्योतिषाचार्य रहे हों, किन्तु हिन्दी वहाँ नहीं पढ़ी थी। उस पर उन्होंने 'हिन्दी साहित्य की भूमिका' में आचार्य शुक्ल का प्रतिवाद किया था। भक्ति-आन्दोलन का सम्बन्ध हिन्दू राजाओं के पराजय और तज्जनित निराशा से नहीं जोड़ते थे। कबीर को मानो शुक्ल जी के तुलसी के सामने खड़ा कर दिया था। डी.लिट् की मानद उपाधि प्राप्त कर ली थी। वे हिन्दी साहित्य के काशी स्कूल–जिसका प्रतिनिधित्व आचार्य रामचन्द्र शुक्ल करते थे, के विरोधी समझे जाते थे। उन्हें आयातित करके काशी विश्वविद्यालय के हिन्दी विभागाध्यक्ष के पद पर बैठा दिया गया था। डॉ. शर्मा और पं. विश्वनाथ प्रसाद मिश्र की दृष्टि में यह सब एक गहरे षड्यंत्र और कुचक्र के तहत हुआ। इन लोगों के प्रच्छन्न और प्रकट सहायक भी काशी में थे। इसीलिए पहले भी जब अमरनाथ झा के समय में द्विवेदी जी को यहाँ लाने की भनक हुई तब इन तत्त्वों ने द्विवेदी जी को धमकी भरे या कुत्सित पत्र लिखे। संवाद प्रेषित किए।

और जब द्विवेदी जी सचमुच आ गए तब यह विरोध और बढ़ गया। द्विवेदी जी को इस विरोध का भान था। वे यह भी महसूस करते थे कि उनके आने से डॉ. शर्मा और मिश्र जी का क्षुब्ध होना स्वाभाविक है। इसी का निराकरण करते हुए उपकुलपति गोविन्द मालवीय ने उन्हें आश्वासन दिया था कि इन दोनों को प्रोफ़ेसर बना दिया जाएगा और वे आपके साथ सन्तुष्ट होकर सहयोग करेंगे। यही नहीं उपकुलपति पं. गोविन्द मालवीय ने विश्वविद्यालय की एक्ज़ीक्यूटिव काउंसिल को एक पत्र में (14.7.50) इस पर प्रकाश डाला और उनके विरोध के सन्दर्भ में अपनी स्थिति स्पष्ट की–

Copy of letter from Pandit Govind Malaviya, vice chanceller. Banaras Hindu University to the Exccutive Council. Banaras Hindu University (at its meeting held on. 14.7.50)

"Before this appointment to the post of the universities professor of Hindi is made by the council, I should like to tell the council the background of it.

When after consulting other persons I thought of suggesting the name of Pandit Hazari Prasad Dwivedi for this post in accordance with their opinion it did not strike me that any member of the present staff of the deptt (department) of Hindi would be offended by it. I was led to this view by a conversation I had with Pandit Vishwanath Prasad Mishra on one occasion in this connection probaly he did not correctly understand my question or probably I did not quite correctly understand his reply. In the result I took it and actually said so to Pandit Hazari Prasad Dwivedi himself that the present members of the staff would heartly welcome this appointment as unversity professor. Pandit Vishwanath Prasad Mishra and Dr. Sharma have subsequently seen me in this connection, and I have realised that my impression stated above was wrong. However indeference to my request, they have both agreed to accept the appointment in a spirit of co operation. I should like to record my appreation of this acts."

लेकिन सहयोग का यह आश्वासन पता नहीं किन कारणों से पूरा नहीं हुआ। हम आगे इसे जानने का प्रयास करेंगे। लगभग 9, 10 वर्षों बाद जब द्विवेदी जी पर जाँच कमीशन मुदालियर बैठा तो डॉ. शर्मा और मिश्र जी; दोनों ने तत्कालीन उपकुलपति को इस सम्बन्ध में लिखा–

Copy of letter dated 11.2.59 from Shri J.P. Sharma, Reader in Hindi Banaras Hindu University to the vice chancellor B.H.U.

with reference to your letter (secret) dated 10th Feb.1959 . I beg to state that prior to the appointment of pt. H. P. Dwivedi as professor of Hindi neither I was consulted nor I ever agreed to allow my claims to be passed over in favour of the appointment of pt. H. P. Dwivedi nor I ever agreed to accept the appointment in a spirit of co operation."

Copy of letter dated the 11th february 1959 from pt. Vishwanath Prasad Mishra, Department of Hindi, to the vice-chancellor, Banaras Hindu University.

In response to your secret letter dated nil received on 10th February enquiring about my consultation prior to the appointment of Shri Hazari Prasad Dwivedi as professor of Hindi in the year 1950 by the then vice chancellor shri Govind Malviya. I beg to state that neither I was consulted as that time nor I had agreed to allow myself to be passed one in favour of the appointment of shri Hazari Prasad Dwivedi nor I had ever agreed to accept the appointment in a spirit of cooperation, In view of the position stated above I beg to inform you the facts stated in your letter are not correct. Hence the question of being any relevant material in this respect with me does not arise."

बनारस हिन्दू विश्वविद्यालय के वाइस चांसलर पंडित गोविन्द मालवीय द्वारा बनारस हिन्दू विश्वविद्यालय की एक्ज़ीक्यूटिव काउंसिल को लिखित, 14.7.50 की मीटिंग में भेजे गए पत्र की प्रतिलिपि (हिन्दी अनुवाद)।

"काउंसिल द्वारा विश्वविद्यालय के हिन्दी विभाग के प्रोफेसर पद की नियुक्ति के पूर्व मैं काउंसिल को इसकी पृष्ठभूमि बताना चाहता हूँ।

अनेक व्यक्तियों से परामर्श करने के बाद उन व्यक्तियों की राय के मुताबिक जब मैंने इस पद के लिए पंडित हजारीप्रसाद द्विवेदी का नाम प्रस्तावित करने की बात सोची तब ये बात मेरे दिमाग में नहीं आई कि विभाग के मौजूदा अध्यापकों में से कोई इससे आहत

होगा। पंडित विश्वनाथ प्रसाद मिश्र से एक बार इस विषय में मेरी जो बात हुई उससे मैंने इस प्रस्ताव का मन बनाया। शायद उन्होंने मेरी बात ठीक से समझी नहीं या उनके उत्तर को मैं ठीक-ठीक समझ नहीं पाया। परिणामतः मैंने पंडित हजारीप्रसाद द्विवेदी से सचमुच कहा कि विभाग के वर्तमान सदस्य विश्वविद्यालय के प्रोफ़ेसर के पद पर आपकी नियुक्ति का हार्दिक स्वागत करेंगे। बाद में पंडित विश्वनाथ प्रसाद मिश्र और डॉ. शर्मा इस मुद्दे पर मुझसे मिले हैं और मुझे पता लगा है कि मेरी उक्त धारणा गलत थी।

जो हो मेरी प्रार्थना के फलस्वरूप सहयोग की भावना में वे दोनों इस नियुक्ति को स्वीकार करने पर राज़ी हो गए। इसके लिए मैं उनकी सराहना का भाव दर्ज कराना चाहूँगा।"

बनारस हिन्दू विश्वविद्यालय के हिन्दी विभाग में रीडर श्री जे.पी. शर्मा के द्वारा बी.एच.यू. के वाइस चांसलर को दिनांक 11.2.59 को लिखित पत्र की प्रतिलिपि (हिन्दी अनुवाद)

10 फरवरी 1959 को आपके द्वारा लिखे गए (गोपनीय पत्र) के सन्दर्भ में मेरा निवेदन है कि हिन्दी में पंडित एच.पी. द्विवेदी की प्रोफ़ेसर पद की नियुक्ति के पूर्व न तो मुझसे सलाह ली गई, न इस नियुक्ति के पक्ष में मैंने अपने अधिकारों की उपेक्षा करने की स्वीकृति दी है। न सहयोग की भावना में उनकी नियुक्ति को स्वीकार करने पर कभी राज़ी हुआ।

11 फरवरी 1959 को पंडित विश्वनाथ प्रसाद मिश्र, हिन्दी विभाग द्वारा वाइस चांसलर, बनारस हिन्दू विश्वविद्यालय को भेजे गए पत्र की प्रतिलिपि (हिन्दी अनुवाद) :

10 फरवरी को प्राप्त दिनांक अलिखित गोपनीय पत्र, जिसमें आपने तत्कालीन वाइस चांसलर श्री गोविन्द मालवीय द्वारा 1950 में श्री हजारीप्रसाद द्विवेदी को हिन्दी के प्रोफ़ेसर के रूप में नियुक्ति के पूर्व मुझसे सलाह लिए जाने के बार में जिज्ञासा प्रकट की है। मेरा निवेदन है कि उस समय न मेरी सलाह ली गई, न मैंने अपने अधिकारों को श्री हजारीप्रसाद द्विवेदी की नियुक्ति के पक्ष में छोड़ देने की स्वीकृति दी, न सहयोग की भावना में उनकी नियुक्ति को स्वीकार करने पर राज़ी हुआ। जो कुछ मैंने बयान किया है उसे ध्यान में रखते हुए मैं सूचित करना चाहता हूँ कि आपके पत्र में उल्लिखित तथ्य ठीक नहीं। अतएव मुझसे सम्बन्धित विषय में उन लेखों के सन्दर्भवान सामग्री होने का कोई सवाल ही नहीं उठता।

इस वातावरण से क्षुब्ध होकर द्विवेदी जी का मन शान्तिनिकेतन की ओर लौटता था। वे काशी विश्वविद्यालय में अनेक कारणों से रहना चाहते थे—आखिर शान्तिनिकेतन को छोड़कर वे यहाँ आए थे। लेकिन उनका व्यक्तित्व और स्वभाव इस वातावरण को झेल नहीं पाता था। दुविधा का सम्बन्ध स्थितियों से था और उनके स्वभाव से भी। वे सामान्य अर्थ में स्पष्ट वक्ता नहीं थे—अनेकानेक कारणों से। इस पर अन्यत्र विस्तार से लिखने की ज़रूरत है। इससे निर्णय लेने में देरी होती और अनिश्चय पैदा होता था। सम्बद्ध अधिकारी उनका सम्मान करता था—लेकिन इससे झुंझलाता भी था। द्विवेदी जी के जीवन के प्रायः हर मोड़ पर यह दुविधा, अनिश्चय और निर्णय में देरी—दिखलाई पड़ती है। शान्तिनिकेतन छोड़ने में बहुत हीला-हवाला किया—अब आ गए काशी तो एक मन शान्तिनिकेतन लौटने का कर रहा था। चारों तरफ बात होती, अफ़वाह फैलती कि द्विवेदी जी शान्तिनिकेतन लौट रहे हैं, विरोधी खेमा इसका फ़ायदा उठाता। 1 नवम्बर 1950 में काशी आने के 4 महीने

बाद ही अपने परम शुभचिन्तक पं. बनारसीदास चतुर्वेदी को लिखा कि विद्यार्थी प्रेम से मिल रहे हैं किन्तु उनका चालन नहीं कर पा रहा हूँ। शान्तिनिकेतन में स्वच्छन्द जीवन के संस्कार मिले हैं। पद मर्यादा बोध हो नहीं पा रहा है। गुरुदेव और दीनबन्धु एंड्रयूज़ का अभाव मन को ग्लानि से भर देता है। तप और संयम का अभाव मन को बेचैन रखता है। इसके बाद विभाग की स्थिति–

मेरे विभाग में जो पुराने अध्यापक हैं, उनके चित्त में मेरे आने से बड़ा क्षोभ है। पहले मुझे बताया गया था कि वे लोग मेरे आने से सन्तुष्ट होंगे, पर वे हुए नहीं। नित्य उनका विरोध और विक्षोभ स्पष्ट हो उठता है। मैं भरसक सबका सम्मान करता हूँ। परन्तु उन लोगों के मन में सन्देह है। मेरे प्रयत्न व्यर्थ होते हैं, उलटा फल देते हैं। मेरे मित्र कहते हैं– यह सब तो होता ही रहता है, संघर्ष ही जीवन है। लेकिन मैं सोचता हूँ, संघर्ष किस बिरते।[4]

'संघर्ष' प्रचलित शब्द है। संघर्ष स्वार्थ के लिए भी होता है। निस्स्वार्थ, किसी बड़े लक्ष्य की प्राप्ति के लिए भी होता है। द्विवेदी जी का विवेक, साधक मन, संघर्ष और 'संघर्ष' में फ़र्क़ करता है। शान्तिनिकेतन में गढ़े हुए व्यक्तित्व का विवेक जाग्रत है और वही दुविधा में डाल भी रहा है। चलो पं. हजारीप्रसाद द्विवेदी कहाँ फँस गए हो 'पंडितों' के बीच में। चलो वहीं दो कमरों के मकान में जहाँ अपने मोटेराम (आम का पेड़) हैं।

लेकिन अब वहाँ न गुरुदेव हैं, न दीनबन्धु एंड्रयूज़। मालवीय जी महाराज भी यहाँ नहीं हैं, लेकिन यह मातृ-विद्यालय है, भाई, रिश्तेदार हैं, ओझवलिया निकट है और प्रतिभाशाली विद्यार्थी हैं, देश स्वतंत्र है। हिन्दी को नए क्षेत्रों में विकसित होना है। हिन्दी साहित्य और उसके इतिहास को नए ढंग से समझने-समझाने का अवकाश है। लड़कियाँ बड़ी हो रही हैं। उनकी शिक्षा, उनके विवाह की ज़िम्मेदारी है। यहाँ इस सबकी थोड़ी अधिक सुविधा है। लेकिन जब यहाँ रहने पाएँ तब न? तो शान्तिनिकेतन की ओर देखते रहो।

लगता है काशी आते ही उनका जो विरोध हुआ, प्रत्याशित वातावरण नहीं मिला, शान्तिनिकेतन और विश्वविद्यालयी सहयोगियों और अधिकारियों के व्यवहार में जो अन्तर दिखलाई पड़ा उससे उनका मन शान्तिनिकेतन जाने का हो गया। पंडितजी का परिवार बढ़ गया था, पारिवारिक ज़िम्मेदारियाँ बढ़ गई थीं। सात सन्तानें थीं। (1950 में 6 ही थीं) तीन लड़कियाँ थीं, उनको ब्याहना था। बच्चों को शिक्षा देनी थी और अभी तक उनके पास अपना मकान भी नहीं था। शान्तिनिकेतन की अपेक्षा काशी में आर्थिक सुविधाएँ अधिक थीं। शायद उन्होंने इस विषय में रथी बाबू को कुछ लिखा। क्या लिखा, अज्ञात है। लेकिन मोहनलाल वाजपेयी जी को लिखे पत्र से संकेत मिलता है कि कुछ आर्थिक यानी वेतन आदि की बात थी। शान्तिनिकेतन यथासम्भव पंडितजी को शक्तिभर आर्थिक सुविधाएँ दे चुका था। लगता है रथी बाबू को द्विवेदी जी का रुख पसन्द नहीं आया और उन्होंने कुछ ऐसा लिखा कि पं. जी का मन बैठ गया और उन्होंने शान्तिनिकेतन लौटने का इरादा त्याग दिया। लेकिन यह सब मेरा अनुमान मात्र है। ठीक बात का पता नहीं चलता है। अनुमान का आधार द्विवेदी जी के पत्र हैं जो उन्होंने मोहनलाल वाजपेयी को 21.6.51 और 3.7.51 को लिखे।

"आपका पत्र मिला। इसके पूर्व ही एक पत्र उसमें रथी बाबू के लिए भेजा था।

मिला होगा। सच पूछिए तो यहाँ से हटना कठिन हो गया है। यदि वे लोग काफ़ी इन्क्लोज़मेंट शुरू में ही नहीं दे देंगे तो व्यर्थ की परेशानी अब नहीं उठाऊँगा। घाटा ही घाटा है। आने में 1000 एक सहस्र का घाटा हुआ। जाने में भी होगा।"

ऐसे अवसरों पर संस्थान बाकी-बकाया का हिसाब करते हैं। आवास खाली करने को कहते हैं। द्विवेदी जी से भी कहा–लिखा गया होगा। यह अनुभव उनके लिए नया था।

"सचिव के तगादों से घबरा उठा हूँ। शायद उन्होंने समझा है कि अब यह हाथ नहीं आएगा। आज घर दखल कर लेने को लिख दिया है। जो चाहें, करें। एक अलमारी है, कुछ और थोड़ी-सी चीज़ें हैं, उठवाकर एक तरफ़ रख दीजिए।"

इस बीच रथी बाबू ने द्विवेदी जी को कोई उत्तर नहीं दिया किन्तु उनके रुख का पता वाजपेयी जी के पत्र से मिल गया। जाहिर है कि रथी बाबू ने वाजपेयी जी से इस विषय में कुछ बात की होगी जिसका उल्लेख उन्होंने पत्र में किया। कुछ ऐसा था कि द्विवेदी जी को (उन्हीं के शब्दों में) ग्लानि हुई। उस ओर रथी बाबू क्षुब्ध थे।

"सच पूछिए तो मैं आने की मानसिक तैयारी कर चुका था। सब लोगों से कह चुका था, यद्यपि कोई भी यह सलाह नहीं देता था कि मैं लौट जाऊँ पर कह मैंने सबसे दिया था। फिर भी मन में लोभ था और वह रथी बाबू के नाम लिखे पत्र में...यद्यपि बहुत हलके ढंग से...प्रकट हो गया। उनका कोई उत्तर नहीं आया। सम्भवतः आपका पत्र ही उनका उत्तर है...मैं ऐसी व्यवस्था कर रहा था कि पहली अक्टूबर को शान्तिनिकेतन पहुँच सकूँ। अब यह तो मेरे मुँह से नहीं निकल सकता कि रथी बाबू असमर्थ होते हुए भी मुझे अधिक दें और मारे लज्जा के मैं और भी कुछ कह नहीं सकता। मुझे ग्लानि हो रही है।...मेरे पत्र में क्षुब्ध होने की कौन-सी बात थी?

कृपया लिखिए कि मैं छुट्टी बढ़ाने के लिए दरख़्वास्त दूँ या त्यागपत्र भेज दूँ।

लगता है कि पं.जी ने रथी बाबू से शान्तिनिकेतन में आने के लिए वेतन आदि की बात की। रथी बाबू उस समय शान्तिनिकेतन की स्थिति देखते हुए कुछ कर नहीं सकते थे, वे क्षुब्ध हुए और असमर्थता व्यक्त की। असमर्थता उन्होंने मोहनलाल वाजपेयी से व्यक्त की। (पं. जी ने रथी बाबू को पत्र उन्हीं के द्वारा भिजवाया था)। रथी बाबू की असमर्थता और क्षोभ से वाजपेयी जी ने द्विवेदी जी को अवगत करा दिया।

द्विवेदी जी का निर्माण शान्तिनिकेतन में हुआ था। वे रवि ठाकुर, दीनबन्धु एंड्रयूज़, क्षितिमोहन सेन, नन्दलाल बोस, उपेन दा, रामकिंकर जैसे लोगों के आत्मीय और स्नेह भाजन बने थे। वहाँ बाणभट्ट की आत्मकथा, हिन्दी साहित्य की भूमिका, कबीर, नाथ सम्प्रदाय जैसी पुस्तकों की रचना हुई थी। शान्तिनिकेतन के वातावरण ने उन्हें ऐसा गुणी बनाया कि हिन्दी क्षेत्र में उनकी इतनी माँग बढ़ी। वह शान्तिनिकेतन उनका शरण्य था–काशी विश्वविद्यालय से जी उचटने की बात वहाँ लौटने की बात सोचना स्वाभाविक था। काशी से लौटना भी आसान नहीं था। अनेक भौतिक सरूप, अरूप बाधाएँ थीं। द्विवेदी जी का एक मन इन सबको लाँघकर फिर से शान्तिनिकेतन लौटना चाहता था। वहाँ कम-से-कम ऐसे विरोधी विद्वान् तो नहीं हैं। समय ने शान्तिनिकेतन को भी बदल दिया था। और काशी

में प्रोफ़ेसरी थी। केन्द्रीय विश्वविद्यालय की। प्रोफ़ेसरी से जुड़ा एक मायाजाल भी होता है। पं. जी को मद नहीं होता था। उन्हें मद छू गया था ऐसा सोचना भी पाप है किन्तु प्रोफ़ेसरी का मायाजाल होता है। मायाजाल ही सही उससे छात्रों का लाभ भी होता था, उनका जीवन भी बनता था। काशी में पं. जी 10 साल के लिए ही रहे लेकिन उनके रहने से नामवर सिंह, शिवप्रसाद सिंह, केदार नाथ सिंह, रामदरश मिश्र, राममूर्ति त्रिपाठी, रमेशकुंतल मेघ, रवीन्द्रनाथ श्रीवास्तव, राजदेव सिंह, नागेन्द्रनाथ उपाध्याय, शुकदेव सिंह, हिरण्यमय, गणेशन, बी.वी. कारन्त जैसे यशस्वी निर्मित हुए।

शान्तिनिकेतन छूटा, इसका क्षोभ और पं. जी के द्वारा रथी बाबू को लिखे गए ऐसे पत्र के कारण छूटा–लौटने का रास्ता बन्द हो गया–इसका क्षोभ उन्हें पीड़ित करता था।

शान्तिनिकेतन लौटने, वहाँ रहने की लालसा पं. जी को आजीवन बनी रही। घर छोड़ने वाले तुलसीदास राम नाम को अपना 'घर' कहते थे। जिसका अपना भौतिक घर नष्ट हो गया है वही नाम को घर बनाएगा। तुलसी के 'घर' को ग़ालिब के शेरों में आए हुए 'घर' से मिलाइए। घर मनुष्य का शरण्य होता है। बाहर से त्रस्त होकर अपमानित होकर, थककर, आदमी घर लौटता है। ग़ालिब का घर वीरान सही, लेकिन था। शान्तिनिकेतन पं. हजारीप्रसाद द्विवेदी के मन का घर था। अब टूट चुका था। लेकिन यादों में था और वे वहीं लौटते थे, जीवन में थकान, अपमान कम नहीं थे।

शान्तिनिकेतन में किसी प्रिय, आत्मीय व्यक्ति को पत्र लिखते समय पं. जी की शान्तिनिकेतन में रहने, बसने की इच्छा प्रकट होती थी। शान्तिनिकेतन उनके व्यक्तित्व में रचा-बसा था। युक्तिभद्र दीक्षित की पंक्ति सार्थक थी–

मन में चिन्तन शान्ति लिए तुम स्वयं बने हो शान्तिनिकेतन!

ख़ासतौर पर जब किसी अनावश्यक संकट में फँसते थे, अपमान होता था या स्वयं कोई ऐसा कार्य करना पड़ता जो उन्हें उचित न लगता। एकाध बार यह कहते हुए सुना है कि जब सोचता हूँ कि मैं गुरुदेव रवीन्द्रनाथ के साथ रहा हूँ और कोई ग़लत काम हो जाता है, तब ग्लानि से भर जाता हूँ। हिन्दी में कम लोग ऐसे होंगे जिन्होंने 'विनय पत्रिका' में व्यक्त आत्म-ग्लानि विषयक पंक्तियों को पत्रों, निबन्धों, भाषणों में इतनी बार इतनी मार्मिकता से उद्धृत किया हो। अस्तु!

बात शान्तिनिकेतन लौटने की है। उन्हें हिन्दी भवन से विशेष प्रेम था। वे बनारस में भी हिन्दी भवन बनवाना चाहते थे। हिन्दी भवन के भविष्य को लेकर वे बार-बार चिन्तित होते थे।

वाजपेयी जी को '52 मार्च में लिखा–

आप कहते हैं शान्तिनिकेतन क्यों नहीं आता? मेरी चले तो मैं शान्तिनिकेतन को घर बना लूँ।

बरु भल बास नरक कर ताता। दुष्ट संग जनि देइ बिधाता।

यह दुष्ट संग काशी में था–यह भी लिखा–

रथी बाबू को मारे लज्जा के उत्तर नहीं दे सका।

24.11.52 को एक पत्र से पता चलता है कि आचार्य नरेन्द्र देव ने रथी बाबू से प्रार्थना

की थी कि वे द्विवेदी जी को दो साल काशी में और रहने (यानी सन् 54 तक) की छुट्टी दे दें। अगर यह बात सच है तो ऐसा सुझाव पं. जी ने ही आचार्य जी को दिया होगा। दो वर्ष इसलिए कि तब तक आचार्य जी का.वि.वि. के उपकुलपति पद पर रहेंगे। पं. जी यह भी अनुभव करते थे, शान्तिनिकेतन-स्वप्न का शान्तिनिकेतन भंग हो गया। फिर भी शान्तिनिकेतन का मोह है—बँदरिया मरे हुए बच्चे को भी चिपटाए रहती थी। गुरुदेव की याद आती थी। शान्तिनिकेतन के साथ। सोचते थे हमने क्या किया शान्तिनिकेतन के लिए। आत्मग्लानि में 'विनय पत्रिका' की पंक्ति पढ़ते थे—

एतेहुँ पर तुम्हरो कहावत लाज अँचई घोरि!

(पृ. 107, वि.भा.प)

'मई-जून' 54 में शान्तिनिकेतन सपरिवार गए। आँखें खराब हो गई थीं। वहाँ गए आराम करने के लिए। पहुँचकर लगा सब सूना-सूना लग रहा है।

(पृ. 111, वि.भा.प)

काशी में मनाते थे—"विश्वभारती पर गुरुदेव के आशीर्वाद से संकट के बादल न घिरें।

(पृ. 118, वि.भा.प.)

"कल ही गुरुदेव के स्वर्गवास का दिन था। दिन भर वहीं की बात सोचता रहा।"

(पृ. 123, वि.भा.प)

मलिक जी आए थे। शान्तिनिकेतन की चर्चा करते रहे। शान्तिनिकेतन का अर्थ हम लोगों के लिए अब दो-चार मनुष्य ही रह गए हैं।

(उप., पृ. 123)

1975 ई. में शान्तिनिकेतन में एक सहयोगी को पत्र लिखा—"वे दिन याद आते हैं जब हिन्दी भवन में बैठकर हम लोग विश्वभारती का सम्पादन करते थे। अब वे दिन कहाँ, कितना आनन्द था उन दिनों। वे स्वर्णकाल के दिन थे। जीवन-यात्रा कठिन थी लेकिन आनन्द की कमी नहीं थी।" पत्र के अंत में लिखा—

"लेकिन एक बात कभी नहीं भूलती। हमें महान् मनीषी के चरणों के स्पर्श करने का सौभाग्य मिला था और कठिनाई के समय, दुर्दिन में, अन्धकार में, आँधी-तूफान में वह दीप-ज्योति निरन्तर सामने रहती है। जीवन में अगर कुछ मिला है तो यही। और शायद यह मिलना सैकड़ों और कुछ मिलने से अधिक मूल्यवान है।"[5]

51 में काशी पहुँचते ही आत्मीय पं. रामपूजन तिवारी को लिखा—आइए, एक 'हिन्दी भवन' यहीं बनाया जाए।[6]

छठे दशक के अन्त में द्विवेदी जी को काशी से हटाने की योजना मुकम्मिल हो चुकी थी। पं. जी को इसका आभास मिल चुका था। वे फिर विस्थापित होने जा रहे थे। ऐसी स्थिति में डॉ. रामसिंह तोमर ने उन्हें शान्तिनिकेतन आने का निमंत्रण दिया—हिन्दी भवन के अध्यक्ष (या निदेशक) के रूप में—मतलब यह कि वे पं. जी के लिए यह पद त्यागकर उन्हें शान्तिनिकेतन आने का, काशी की व्यथा से बचने का निमंत्रण दे रहे थे। पं. जी ने स्वीकार नहीं किया। इस रूप में वे शान्तिनिकेतन लौटना भी नहीं चाहते थे। किसी का हक़ मारकर। लेकिन शान्तिनिकेतन आना ज़रूर चाहते थे। उनका इच्छित रूप

यह था–

मैं शान्तिनिकेतन में रिटायर्ड होकर रहना चाहता था। पर रिटायरमेंट इतनी जल्दी आ जाएगा, यह नहीं सोच पाया था।...एक छोटा-सा घर और कुछ थोड़ी-सी वृत्ति या आनरेरियम। कोई पद लेकर वहाँ नहीं रहना चाहता।

शान्तिनिकेतन में रथी बाबू वाइस चांसलर थे तो उन्होंने दो बार मुझे लौट आने के लिए कहा पर यहाँ के वाइस चांसलरों ने नहीं जाने दिया। तीसरी बार उन्होंने मौखिक रूप से कहा कि आपके लिए मेरा स्टैंडिग इनविटेशन है। अब तो वे हैं नहीं।

शान्तिनिकेतन में लौटने की इच्छा लगभग उसी रूप में–जिस रूप में वे 1930 में आए थे–थोड़ी-सी वृत्ति। ऐसा शान्तिनिकेतन उन्होंने छोड़ दिया था। रथी बाबू को बिना बताए चले गए थे। प्रोफ़ेसर होकर इसका दंश भी उन्हें ज़रूर रहा होगा। उनके मन का घर शान्तिनिकेतन ही था। वह मन-मन्दिर आजीवन बना रहा। संकट के समय उसकी कचोट दोहरी हो जाती होगी। जो हो अब रहना तो काशी ही में था।

सन्दर्भ-सूची

1. पं. बनारसीदास चतुर्वेदी का प्रो. गुर्टू को पत्र (अप्रकाशित)
2. रस-सुलभ, वर्ष-3, अंक-1, जुलाई-अगस्त, 1991, सं. नरेन्द्र शास्त्री, जगदीश, अंबेडकर नगर, बलिया।
3. पत्र, पृ. 131
4. पत्र, पृ. 82
5. वि.भा., पृ. 127
6. उप., पृ. 127

काशी विश्वविद्यालय : देखी तुम्हरी कासी

द्विवेदी जी ने 1950 ई. में सत्र प्रारम्भ होने–15 जुलाई के आस-पास काशी विश्वविद्यालय के हिन्दी विभाग में प्रोफ़ेसर अध्यक्ष का पद सँभाला। डॉ. नामवर सिंह ने उस वर्ष एम.ए. पूर्वार्द्ध की परीक्षा दी थी। उन्होंने बताया–

यह पता नहीं कि द्विवेदी जी को लेने कोई स्टेशन गया था या नहीं। वे अपने अनुज रमानाथ द्विवेदी के यहाँ रुके थे। रमानाथ द्विवेदी सर सुन्दरलाल अस्पताल में आयुर्वेद के चिकित्सक थे। वीमेन्स कॉलेज के पास, आज जहाँ अरविन्द कॉलोनी है, रहते थे। निवास के आगे लॉन के लिए छूटी जगह में उन्होंने फूस की मड़िया छवा ली थी। शाम के धुँधलके में लालटेन जल रही थी, जब मैं उनसे मिलने पहुँचा। वे निखरहरी (आच्छादन-विहीन) खाट पर बैठे थे। मुझसे कहा–चलो वह क्वार्टर देख लें जो मुझे मिलने वाला है।

काशी विश्वविद्यालय में प्रोफ़ेसर अध्यक्ष पं. हजारीप्रसाद द्विवेदी का पहला क्लास बुधवार को हुआ। संयोग से उस दिन उनका चश्मा टूट गया। नामवर सिंह से कहा–बुध दिन अशुभ है।

द्विवेदी जी 1950 की जुलाई में सत्र प्रारम्भ होने के कुछ दिन लगभग एक सप्ताह बाद पहुँचे थे। टाइम-टेबुल बन चुका था। टाइम-टेबुल डॉ. श्रीकृष्णलाल बनाते थे। पं. जी पहुँचे तो उन्हें बना-बनाया टाइम-टेबुल मिला। जो टाइम-टेबुल पं. केशवप्रसाद मिश्र का था वही उन्हें दे दिया गया। जिस दिन उन्होंने पदभार ग्रहण किया उस दिन डॉ. जगन्नाथ प्रसाद शर्मा और पं. विश्वनाथ प्रसाद मिश्र ने छुट्टी ले ली। पं. जी के विभाग में पहुँचने के दिन ये लोग विभाग नहीं आए। द्विवेदी जी को अपभ्रंश, कबीर और शायद जायसी पढ़ाने को मिला। अपभ्रंश-काव्य के अध्यापन को लेकर एक छोटी-सी घटना हुई जिसे कुल मिलाकर मनोरंजक ही कहा जाएगा, लेकिन पर्याप्त संकेतपूर्ण है।

पाठ्यक्रम में 'प्राकृत व्याकरण' में से हेमचन्द्र के अनेक दोहे लगे थे। एक दोहा है–

जइ तहे तुट्टउ नेहड़ा मइँ सहुँ नवि तिलतार
तं किहें बङ्कहि लोअणोहिं जोइज्जउँ सय बार

अर्थ सामान्यतः होगा–यदि उसका मेरे प्रति स्नेह पूरी तरह टूट गया है कुछ भी तार (सम्बन्ध) नहीं रह गया है तो उसके बाँके लोचनों से सैकड़ों बार मैं क्यों देखा जा रहा हूँ। (वह बार-बार मुझे तिरछी नज़रों से क्यों देख रही है।)

अब पं. जी की पढ़ाने की अपनी शैली। उन्होंने यह अर्थ तो बताया ही, साथ ही यह भी कहा कि अपभ्रंश की एक उपभाषा में घोष का अघोष हो जाने की प्रवृत्ति है–भिंडी का पिंडी, घर का कर। इस हिसाब से तिलतार 'दिलदार' भी हो सकता है। यह बात विनोद में कही होगी उन्होंने। लेकिन जब पं. केशव प्रसाद मिश्र के पास पहुँची तो उन्होंने सूचना देने वाले छात्र के सामने ही अपना माथा पीटते हुए कहा–

अब हिन्दी विभाग में ऐसा अध्यापन होगा।

अन्तर केवल भाव-बोध में ही नहीं था काशी और शांतिनिकेतन का अन्तर– अभिव्यक्ति-शैली में भी था।

पं. हजारीप्रसाद द्विवेदी आने को तो आ गए, मन दौड़-दौड़कर शान्तिनिकेतन भागता था, फिर भी उनके मन में काशी हिन्दू विश्वविद्यालय के हिन्दी विभाग में कुछ रचनात्मक नया करने का संकल्प था। शान्तिनिकेतन का अनुभव उन्हें बल और प्रेरणा प्रदान करता था। वह स्वतंत्र भारत का प्रारम्भिक दौर था। नेहरू युग का उदय था। आधुनिक भारत की रूपरेखा तैयार की जा रही थी। उसकी नींव रखी जा रही थी। पंचवर्षीय योजना तैयार की जा रही थी। राष्ट्रीय आय का हिसाब-किताब पहली बार लगाया जा रहा था। खाद्य, इस्पात, बिजली, सड़कें, रक्षा, शिक्षा, लघु-उद्योग, ग्रामीण भारत की योजना, आदिवासी, दलित, अल्पसंख्यक, नारी के अधिकारों आदि के विषय में गंभीरता से विचार करके, कार्यक्रमों को क्रियान्वित किया जाना था। देश के सर्वाधिक लोकप्रिय जन-नेता और प्रथम प्रधानमंत्री का झुकाव समाजवाद की ओर था। वे वामपन्थ के समर्थक और अल्पसंख्यकों के संरक्षक माने जाते थे। कुल मिलाकर देश में आशा, उल्लास और सकर्मकता का वातावरण था। तेलंगाना-संघर्ष समाप्त हो रहा था और कम्युनिस्ट चुनाव लड़ने की तैयारी कर रहे थे।

द्विवेदी जी समाजवाद से आकृष्ट थे। उन पर गांधी जी के साथ-साथ आचार्य नरेंद्र देव के विचारों का भी प्रभाव था। मार्क्स से ज़्यादा एंगेल्स को पढ़ा था। रवीन्द्र नाथ के विश्व प्रेम के साथ-साथ गांधी के अन्त्योदय और हिन्द-स्वराज का भी प्रभाव था। लेकिन शुद्ध वैचारिक। राजनीतिक सक्रियता से रहित। सक्रियता के अभाव का बोध उन्हें ज़रूर था और उसकी यथासम्भव क्षति-पूर्ति वे अपने परदुखकातर जीवन-आचरण से करते थे।

अपनी मातृ-संस्था में शान्तिनिकेतनी मनोवृत्ति लेकर पं. हजारीप्रसाद द्विवेदी काशी आ तो गए लेकिन काशी उनके लिए कर्मस्थली की अपेक्षा रणस्थली ज़्यादा बनी रही। काशी के लोग किसी को सम्मानित करना कम जानते हैं, सम्मानित होने में उनकी रुचि अधिक होती है–काशी में ही तुलसीदास ने लिखा था–

बहुत प्रीति पुजाइबे की पूजिबे की थोर।

काशी में विद्वत्ता और कुटिल दबंगई का अद्भुत मेल दिखलाई पड़ता है। कुटिलता, कूटनीति, ओछापन, स्वार्थ–आदि का समावेश विद्वत्ता में हो जाता है। काशी में प्रतिभा के साथ परदुखकातरता, स्वाभिमान और अनंत तेजस्विता का भी मेल है जो कबीर, तुलसी, प्रसाद और भारतेंदु, प्रेमचन्द आदि में दिखलाई पड़ता है। काशी में प्रायः उत्तर भारत, विशेषतः हिन्दी क्षेत्र के सभी तीर्थ स्थलों पर परान्न भोजी, पाखंडी पंडों की भी संस्कृति है जो विदग्ध, चालू, बुद्धिमान और अवसरवादी कुटिलता की मूर्ति होते हैं। काशी के वातावरण में इस पंडा-संस्कृति का भी प्रकट प्रभाव है। वह किसी जाति-सम्प्रदाय, मुहल्ला तक सीमित नहीं। वह ब्रह्म की तरह सर्वत्र व्याप्त है। पता नहीं कब किसमें झलक मारने लगे। तुलसीदास की विश्वप्रसिद्ध बेजोड़ खल-वन्दना के पात्र काशी के ऐसे ही लोग रहे होंगे–

उजरें हरष, बिसाद बसेरें
जउ काहू की सुनैं बड़ाई, साँस लेहिं जनु जूड़ी आई।
तेज कृसानु रोस महिसेसा।

काशी के विद्वान् कब कौन-सा रूप धारण कर लें इसका कोई ठिकाना नहीं। हिन्दी के तपस्वी साधक पं. चन्द्रबली पांडेय विश्वविद्यालय परिसर में ही, महिला विद्यालय की अध्यापिका ज्ञानवती जी के फ्लैट में रहते थे। पं. रामचन्द्र शुक्ल के शिष्य थे। शुक्ल जी के यहाँ ही रहते थे। भिगोया हुआ अन्न ग्रहण करते थे और कुछ नहीं। मौलवी महेश प्रसाद जी से फ़ारसी पढ़कर सूफ़ीमत और तसव्वुफ़ पर हिन्दी में अग्रगण्य काम किया था। कोई भी शुक्ल जी की आलोचना करे या उनसे भिन्न मत प्रकट करे तो डंडा भाँज देते थे। पं. केशव प्रसाद मिश्र पर 'समागताः कुकुट्टमिश्र पादाः' लेख लिखकर उनकी मरम्मत की थी। द्विवेदी जी काशी आए तो उनसे आशीर्वाद लेने गए। प्रणाम किया—अपनी व्यथा निवेदित की—आपके आशीर्वाद की ज़रूरत है, आ गया हूँ लेकिन लोग ऐसा वातावरण बना रहे हैं कि शान्तिनिकेतन लौट जाना चाहता हूँ। पांडे जी ने आशीर्वाद दिया इन शब्दों में—

"आ गए हो तो कहाँ जाओगे? ऐसा पद कर्म से नहीं भाग्य से मिला है। हाँ एक काम ज़रूर करो—अब थोड़ा हिन्दी पढ़ लो।'

वे आजीवन द्विवेदी जी पर प्रहार करते रहे। पं. जी उनसे कुछ नहीं कहते। मिलने पर दोनों हाथ जोड़कर झुककर प्रणाम करते। पांडे जी अविवाहित थे। एक बार क्षुब्ध होकर द्विवेदी जी ने कहा—उनका नाम लिए बग़ैर—

कुपित ब्रह्मचर्य का प्रताप ऐसा ही होता है।

ब्रह्मचारी रात में खुद से लड़ता है, दिन में दूसरों से।

कुपित आयुर्वेद का शब्द है। जैसे कुपित पित्त, कुपित वात। वैसे ही कुपित ब्रह्मचर्य। सामान्य जन बोलते हैं—पित्त बिगड़ गया है।

काशी विश्वविद्यालय का हिन्दी विभाग, देश का सर्वाधिक प्रतिष्ठित मान्य हिन्दी विभाग था। एम.ए. हिन्दी की उपाधि तो सबसे पहले कलकत्ता विश्वविद्यालय ने देनी शुरू की थी और हिन्दी के प्रथम एम.ए. श्री नलिनीमोहन सान्याल थे। किन्तु बाबू श्यामसुन्दर दास, पं. रामचन्द्र शुक्ल एवं पं. केशवप्रसाद मिश्र जैसे योग्य आचार्यों के विशेषतः आचार्य रामचन्द्र शुक्ल के कारण काशी विश्वविद्यालय के हिन्दी विभाग को जो सम्मान मिला वह देश के किसी अन्य हिन्दी विभाग को नहीं।

इलाहाबाद विश्वविद्यालय का हिन्दी विभाग भी प्रतिष्ठित था और कहीं-न-कहीं काशी से उसकी प्रतिद्वन्द्विता भी चलती थी। उस विभाग की प्रतिष्ठा का आधार भाषाविद् कुशल व्यवस्थापक डॉ. धीरेन्द्र वर्मा का गम्भीर व्यक्तित्व था। उनके यशस्वी शिष्यों की परम्परा है।

पं. केशवप्रसाद मिश्र की सेवानिवृत्ति के समय विभाग में वरिष्ठ अध्यापक डॉ. जगन्नाथ प्रसाद शर्मा और पं. विश्वनाथ प्रसाद मिश्र थे। इन दोनों का विस्तृत परिचय अपने अलग-अलग लेख में नागरी प्रचारिणी सभा, काशी के दिवंगत सचिव सुधाकर पांडे ने दिया है। श्री सुधाकर पांडे काशी विश्वविद्यालय की राजनीति में आकण्ठ मग्न थे, काशी की संस्कृति के ध्वजवाहक व्यक्तित्व थे, हरिश्चन्द्र कॉलेज में पं. कान्तानाथ पांडे 'चोंच', 'राजहंस' के सहयोगी थे। बाद में संसद सदस्य हुए। उनके अनुज रत्नाकर पांडेय भी स्वतंत्र भारत की अनेक हिन्दी संस्थाओं के अधिकारी, संसद सदस्य और राजीव गांधी परिवार के निकट माने जाने वाले व्यक्ति। मोतीलाल नेहरू कॉलेज, दिल्ली विश्वविद्यालय के प्राचार्य

रूप में सेवा-निवृत्त हुए। पं. सुधाकर पांडे का उल्लेख हमें अनेकशः आगे भी करना पड़ेगा। बहरहाल पांडे जी ने डॉ. जगन्नाथ शर्मा और पं. विश्वनाथ प्रसाद मिश्र का आत्मीय परिचय दिया है। यह जानना संकेतपूर्ण है कि पांडे जी विश्वविद्यालय की राजनीति में कुछ दिनों के लिए द्विवेदी जी के विरोधी और डॉ. जगन्नाथ शर्मा और मिश्र जी के समर्थक थे।

डॉ. जगन्नाथ प्रसाद शर्मा मूलतः मध्यप्रदेश में नागौद (रीवांचल) के थे। चार-पाँच वर्ष की अवस्था में ही काशी आ गए। सेन्ट्रल हिन्दू स्कूल में पढ़ने लगे। पांडेय बेचन शर्मा उग्र, विनोदशंकर व्यास, कमलापति त्रिपाठी, लक्ष्मीनारायण मिश्र, रामनाथ सुमन के संगी-साथी बन गए। लाला भगवानदीन के साहित्यिक विद्यालय में भी प्रविष्ट हो गए और नागरी प्रचारिणी सभा में भी जाने लगे। सम्पर्क पं. गोविन्द नारायण मिश्र, किशोरीलाल गोस्वामी, बालकृष्ण भट्ट, चन्द्रधर शर्मा गुलेरी, रामचन्द्र शुक्ल जैसे उद्‌भट विद्वानों से हुआ किन्तु मूलतः शिष्य लालाजी के थे। सभा के माध्यम से इन्होंने डॉ. श्यामसुन्दर दास और पं. रामचन्द्र शुक्ल को अपना आराध्य बनाया। नागरी नाटक मंडली के नाटक में भाग लेते थे। डॉ. शर्मा बड़े भाग्यशाली नक्षत्र में पैदा हुए थे, उन पर डॉ. श्यामसुन्दर दास और आचार्य रामचन्द्र शुक्ल दोनों की कृपा थी। 1931 के कांग्रेस आन्दोलन में कमलापति जी के साथ शर्मा जी भी सत्याग्रही रूप में जेल चले गए और इस सत्याग्रह का पुरस्कार उन्हें जेल में ही मिला। ये एम.ए. की परीक्षा दे चुके थे किन्तु अच्छी श्रेणी में पास नहीं थे। एम. ए. का लघु शोध प्रबन्ध 'हिन्दी गद्य शैली का विकास' जब ये जेल में ही थे उसी समय प्रकाशित हो गया और उसे डॉ. श्यामसुन्दरदास और आचार्य शुक्ल ने इनकी अनुपस्थिति में सँवारा और सम्पादित किया।[1]

पांडेय जी डॉ. शर्मा की नियुक्ति के बारे में लिखते हैं–"वे भाग्यशाली इस अर्थ में भी थे कि काशी विश्वविद्यालय में डॉ. श्यामसुन्दर दास, पं. नन्ददुलारे वाजपेयी की नियुक्ति प्राध्यापक के रूप में चाहते थे किन्तु नियुक्ति इनकी हो गई। आचार्य शुक्ल को इन्होंने रिझा लिया था और मालवीय जी के मन में यह बैठ गया था कि यह सत्याग्रह में जेल गया है इसलिए इसकी ज़िन्दगी बेकार हो जाएगी, केवल हिन्दू विश्वविद्यालय ही उसे शरण दे सकता है।"[2]

सुधाकर जी डॉ. शर्मा के स्वभाव और रहन-सहन, वेशभूषा के बारे में बताते हैं–

"डॉ. जगन्नाथ प्रसाद शर्मा साहित्य और साहित्यकारों में उतनी रुचि नहीं रखते थे जितनी रुचि उनकी रईसों और राजों की संगति में थी। अपने स्वभाव को उन्होंने राजसी बना लिया था। यद्यपि वे रसिक थे और प्रारम्भिक कविताओं में अपना नाम रसिकेश रखे हुए थे किन्तु उन्हें प्रायः लोग...के नाम से पुकारते थे। दो कछिया धोती, सफ़ेद लम्बा कोट, कुछ तिरछी टोपी वे जाड़े में पहनते थे और गरमी के दिनों में कन्धे पर बटनवाला कुर्ता, सदरी और धोती पहनते थे। वे सर्वथा खादीधारी थे। मध्यम कद में गेहुए रंग के थे, लेकिन चालढाल और वाणी में ऐसी गठन थी जो उन्हें औरों से और विशेषकर हिन्दी वालों से अलग करती थी। वे कमलापति जी के सहयात्री थे और उन्हीं के मोहल्ले में रहते थे। प्रायः रोज वे काशी में रहने पर कमलापति से मिलते। कमलापति जी को कमला कहकर पुकारते थे। हिन्दी विभाग की अध्यक्षता जब उन्हें नहीं मिली तो वे कमलापति जी से खिंच गए थे

क्योंकि वचन देकर भी उन्होंने इनकी सहायता नहीं की थी।"[3] मंगलवार के दिन वे ब्राह्मण का जीवन जीते थे। मांस-मदिरा से दूर रहते थे। शेष दिनों के बारे में पांडेय जी ने कुछ नहीं लिखा है।

पं. हजारीप्रसाद द्विवेदी के प्रोफेसर और विभागाध्यक्ष बन जाने पर उनकी मनःस्थिति का चित्र खींचते हुए पांडेय जी कहते हैं–

"हिन्दी विभाग के अध्यक्ष नहीं बनने पर उन्हें बड़ी ग्लानि थी। पं. केशवप्रसाद मिश्र (के बाद) वरीयता क्रम में इनका ही स्थान था। उस समय सभा में ये कुछ नहीं थे, लेकिन द्विवेदी जी के प्रति कुभाव के कारण मेरे संघर्ष के वे सवाक् पोषक हो गए क्योंकि उन्हें यह आशा थी कि इस युद्ध में यदि विजय मेरी होती है तो हजारीप्रसाद जी का स्थान रिक्त हो जाएगा और उन्हें अवसर मिल जाएगा।"[4]

श्री सुधाकर पांडेय ने पं. विश्वनाथ प्रसाद मिश्र के विषय में भी लिखा है। उल्लेख किया है कि उनसे और मिश्र जी से अनबन हो गई थी। इस अनबन का प्रभाव पं. विश्वनाथ प्रसाद मिश्र पर उनके लेखन में साफ़ झलकता है–पांडेय जी विश्वनाथ जी के पाण्डित्य और दबंग व्यक्तित्व की सराहना करते हुए लिखते हैं–

"पं. विश्वनाथ प्रसाद मिश्र एक ऐसे ख्यातिलब्ध हिन्दी के शास्त्रज्ञ महापंडित थे जिनका तपाक ज्ञान के कानन में वनराज की भाँति विराजता था। वे काशी हिन्दू विश्वविद्यालय में रीडर थे और मगध और सागर (उज्जैन) विश्वविद्यालय में हिन्दी विभाग के प्रोफेसर और अध्यक्ष रहे। मानस के काशिराज संस्करण का सम्पादन किया। प्रेस में कभी कम्पोजिंग का काम करते थे। लाला भगवानदीन की कृपा से हिन्दी के विद्वान् हो गए। विश्वनाथ जी का मन्दिर लालाजी की नींव पर पड़ा था।"[5]

"अब पं. हजारीप्रसाद द्विवेदी हिन्दू विश्वविद्यालय में हिन्दी विभाग के अध्यक्ष हो गए तो इन्होंने धुआँधार इस बात प्रचार किया कि द्विवेदी जी को कुछ नहीं आता। वे राजनीतिज्ञ हैं, ज्योतिषी हैं, कथावाचक हैं, पर हिन्दी के विद्वान् नहीं। ऐसी ही बातें डॉ. जगन्नाथ प्रसाद शर्मा के सम्बन्ध में प्रचारित और प्रसारित करते रहे कि वे तो...हैं। पढ़ाई-लिखाई से उनका क्या रिश्ता। वास्तव में उन्होंने अपने अहंकार को सहज सत्य मान लिया था। पंडित हजारीप्रसाद द्विवेदी से प्रारम्भ में मेरी पटती थी, बाद में विरोध हुआ और अन्त में हम परस्पर पुनः एक-दूसरे के बहुत नज़दीक आ गए हैं।"[6]

सुधाकर पांडेय ने लिखा है, "जब किसी से उनका झगड़ा होता था तो वे नीचे-से-नीचे स्तर तक पहुँच जाते थे और कभी-कभी उनके उस रूप से भंडरपन मुखरित हो उठता था। जब हजारीप्रसाद जी से इनका झगड़ा बढ़ा तो इन्होंने अपने एक नौकर का नाम हजारी रख दिया था और हजारी शब्द का अर्थ क्या होता है, यह लोगों को बतलाकर मगन होते थे।"[7]

विश्वनाथ जी के इस व्यवहार और स्वभाव से काशी के विदग्ध जनों का मनोरंजन भी होता था। "यद्यपि उन्होंने अपने घर का नाम वाणी-वितान रखा था तो भी बेढब जी उसे वनिता-उतान कहा करते थे और कुछ लोग उसे वाणी-विनाश कहा करते थे।"[8]

पं. विश्वनाथ प्रसाद मिश्र परम वाग्विदग्ध, व्युत्पन्नमति व्यक्ति थे। उनके समय में उनके जैसा वाक्विलासी विद्वान् शायद ही कोई अन्य हो। उनकी वाक्कला जब प्रसन्न

होती तो अलौकिक हो उठती। द्विवेदी जी के काशी से जाने के बाद विभागाध्यक्ष डॉ. जगन्नाथ शर्मा हुए। पं. जी इससे क्षुब्ध थे। सुधाकर जी ने लिखा है–

"उन्होंने कहा कि विश्वनाथ जी के मस्तक पर सुधाकर तो विराज सकता है लँगड़ा-लूला काठ का पुतला नहीं। यह समझने में मुझे देर नहीं लगी कि वे किसको कह रहे हैं।...यह प्रयोग जगन्नाथ प्रसाद शर्मा के लिए था। पुरी की जो मूर्ति जगन्नाथ भगवान की पूज्य है वह मूर्ति काठ की है।"[9]

कुछ दिनों बाद पं. जी मगध विश्वविद्यालय के प्रोफ़ेसर अध्यक्ष होकर गया चले गए। लोग पूछते तो कहते–जगन्नाथी से श्रेष्ठता प्रमाणित करने के लिए मगही बनना पड़ा।

सुधाकर जी ने लेख के अन्त में लिखा है–

"वे सौभाग्यशाली नहीं थे। उनकी सन्तानें असमय उनका साथ छोड़कर चली गईं। बाद में अवकाश प्राप्ति के उपरान्त उस व्यक्ति को जो पं. हजारीप्रसाद द्विवेदी जैसे यशी पंडित तथा डॉ. जगन्नाथ प्रसाद शर्मा जैसे अग्रज की छाया में काम करने पर अपमान का अनुभव करता था, काशी हिन्दू विश्वविद्यालय और काशी विद्यापीठ में डॉ. विजयपाल सिंह और केशव प्रसाद सिंह की अध्यक्षता में ससम्मान सेवा करनी पड़ी, भले ही उनका मान कितना ही ऊँचा क्यों न रहा हो।"

काशी विश्वविद्यालय के हिन्दी विभाग की राजनीति नागरी प्रचारिणी सभा, काशी की राजनीति के साथ-साथ चलती थी। स्वाधीनता-पूर्व भारत के हिन्दी साहित्य की अविस्मरणीय सेवा की थी नागरी प्रचारिणी सभा, काशी ने।

शोध की खोज रिपोर्टें, एकाधिक ग्रन्थमालाएँ, व्याकरण, शब्दकोश, साहित्य-इतिहास, अनुवाद, समाज-शास्त्र, इतिहास, विज्ञान आदि से सम्बन्धित पुस्तकों का हिन्दी में मौलिक लेखन का सभा ने अद्वितीय कार्य किया। लेकिन अब भारत स्वतंत्र था, अब सेवा के भुगतान का समय आ गया था। अब वहाँ उखाड़-पछाड़ होती थी। पं. सुधाकर पांडे विद्वान्, कर्मठ होने के साथ-साथ साहित्य की राजनीति के लासानी उस्ताद थे। उन्होंने डॉ. जगन्नाथ प्रसाद शर्मा और पं. विश्वनाथ प्रसाद मिश्र पर जो लिखा उसे आप पढ़ चुके हैं। काशी नागरी प्रचारिणी सभा और काशी विश्वविद्यालय के हिन्दी विभाग से सम्बद्ध और बनारसी संस्कृति के रंगबाज प्रतिनिधि साहित्यकार शिवप्रसाद मिश्र 'रुद्र काशिकेय' पर भी पांडे जी ने लिखा है। रुद्र काशिकेय ने 'बहती गंगा' जैसे उत्तम ग्रन्थ की रचना की है। सुधाकर जी ने उनका परिचय इन शब्दों में दिया है–

"लंबा-चौड़ा, मोटा, कद-काठी, श्याम रंग, चमाचम रिक्शे पर अकेले बैठने का बादशाही अंदाज़ और बनारसी चाल-ढाल रुद्र जी की पहचान थी। बारीक मर्सराइज़्ड धोती, खुली बाँह का कुर्ता और उस पर वे जवाहर कट पहनते थे। बहुत जाड़ा पड़ने पर लम्बा कोट डाल लेते थे। सफेद रंग की किनारीदार चादर जाड़े में वे लगाते थे और जहाँ चले जाते थे, मालूम पड़ता था कोई आया है। सीधे-सरल थे किन्तु ज़रा-सा भी कोई टेढ़ा हुआ तो उसके बाँके दामाद बन जाते थे। आवाज़ लगाते थे तो बड़े-बड़े रपटी साहित्यकार डर जाते थे।"[10]

रुद्र जी हरिश्चन्द्र कॉलेज में हिन्दी के अध्यापक थे। भंग भवानी के त्रिकाल उपासक थे। वे भाँग-पकौड़ी भी बनाते तो सबको खिलाते थे। सुधाकर पांडेय जी के अनुसार–

उनकी बहुत बड़ी अभिलाषा थी कि वे काशी हिन्दू विश्वविद्यालय के हिन्दी विभाग में अध्यापक हो जाएँ और इसकी पूर्ति के लिए उन्होंने पंडित केशवप्रसाद मिश्र, डॉ. जगन्नाथ शर्मा और विश्वनाथ प्रसाद मिश्र का पल्ला पकड़ा। पांडेय जी ने काशी में द्विवेदी जी की नियुक्ति के विषय में राय देते हुए लिखा है–आचार्य केशवप्रसाद मिश्र के बाद जब अध्यक्ष का पद रिक्त हुआ तब विश्वनाथ जी और जगन्नाथ शर्मा में विकट युद्ध होने लगा। और इस विकट युद्ध का लाभ उठाकर कुछ लोगों ने पंडित हजारीप्रसाद द्विवेदी को प्रतिष्ठित करा दिया। पांडेय जी के शब्दों में–

"इस प्रतिष्ठा में समाजवादी राजनीति की भूमिका का अंश तो था ही, श्री रायकृष्णदास का कौशल और हजारीप्रसाद जी की व्यवहारकुशलता तथा ख्याति ने भी योगदान किया। परिणामतः यह हुआ कि ये दोनों पुराने अखाड़िए अपदस्थ हो गए। और इनमें परस्पर मेल हो गया। ये दोनों एक किनारे लग गए। दूसरी ओर द्विवेदी जी के माधुर्य ने सबको प्रभावित कर लिया। अधिकांश का आकर्षण श्रद्धाजनित नहीं था, स्वार्थजनित था। विश्वनाथ और जगन्नाथ अपने को अनाथ अनुभव करने लगे क्योंकि किसी ने इनका साथ नहीं दिया। यहाँ तक कि विभाग में पढ़ाए गए इनके छात्र, जो अब अध्यापक हो गए थे, इन्होंने भी किनारा कर लिया। बाहर के लोग भी, जो स्वार्थपरक थे उन्होंने भी द्विवेदी जी को अपना देवता मान लिया, ऐसा देवता जिससे प्रसाद पाने की अभिलाषा सभी को थी।"

उन दिनों सुधाकर जी, जगन्नाथ जी और विश्वनाथ जी की अपेक्षा द्विवेदी जी के निकट थे। सुधाकर जी ने सूचना दी है कि मेरी पहली पुस्तक 'नीहारिका' की प्रस्तावना द्विवेदी जी ने सन् 53 के आस-पास लिखी थी। लेकिन नागरी प्रचारिणी सभा की राजनीति में सुधाकर जी कालांतर में द्विवेदी जी के विरोधी हो गए। सुधाकर जी ने सभा की कार्यकारिणी में ग्रन्थमाला सम्पादक के लिए रुद्रजी का नाम प्रस्तावित किया। बैठक में रुद्र जी के विरुद्ध भी नाम प्रस्तावित हुआ। सुधाकर पांडेय ने रुद्र जी के विरुद्ध उल्लेख नहीं किया है। लेकिन विवरण में जो संकेत दिया है उससे अनुमान लगाया जा सकता है कि रुद्र और सुधाकर मिलकर किसी का कैसा सम्मान कर सकते थे। जिसने प्रस्ताव किया था उससे रुद्र जी ने कहा–'अबे, प्रस्ताव वापस लेता है कि नहीं? और जिसका नाम था उससे पूछा–'वाह! खसूची गुरु वाह। मार रुद्र करें, मलाई तुम लोग खाओ?" उसके पहले ही जिसका नाम प्रस्तानित हुआ था उसने कहा कि "मैं रुद्र जी का समर्थन करता हूँ और अपनी स्वीकृति नहीं देता।"[11] ये खसूची गुरु कौन थे? कहीं पंडित हजारीप्रसाद द्विवेदी ही तो नहीं थे? 'ख' मानी आकाश और पंडितजी का एक और नाम व्योमकेश था। सुधाकर पांडेय ने कम-से-कम इतना ध्यान तो रखा कि ऐसी शर्मनाक घटना का विवरण देते समय द्विवेदी जी का स्पष्ट नाम नहीं लिया है।

अन्ततोगत्वा रुद्र जी डॉ. जगन्नाथ शर्मा के अध्यक्षता काल में काशी विश्वविद्यालय में अध्यापक हुए। लेकिन उनकी और डॉ. जगन्नाथ शर्मा की पटरी नहीं बैठी। सुधाकर और रुद्र की मिलीभगत से सभा में डॉ. जगन्नाथ शर्मा की जो स्थिति हुई उसका विवरण सुधाकर जी ने ही इस प्रकार दिया है–

"इसी बीच सम्पूर्णानन्द जी काशी आ गए थे। नागरी प्रचारिणी सभा की बैठक थी। बैठक में सम्पूर्णानन्द जी ने त्यागपत्र दे दिया। और कहा कि मुझमें इतनी सामर्थ्य नहीं है कि घर के लोगों की पंचायत करूँ। जगन्नाथ जी ने झट कहा कि मेरे लिए भी यहाँ की गुण्डई बर्दाश्त के बाहर हो गई है। इसलिए दुनिया जान ले कि मैं डॉ. सम्पूर्णानन्द जी के साथ सभा छोड़ता हूँ।" सुधाकर जी ने लिखा है, "रुद्र जी ने उस दिन जगन्नाथ जी के सारे पोल खोल दिए।"[12]

1956 या 57 में जाड़े की एक शाम मैंने रुद्र जी को द्विवेदी जी के घर देखा। वे अपनी काव्य-पुस्तक 'गज़लिका' पंडितजी को देने आए थे। उनके साथ दो-तीन लोग और थे। रुद्र जी लम्बा ऊनी कोट पहने थे। उन्होंने पंडितजी को पुस्तक दी और चरण-स्पर्श किया।

सम्भवतः जिस ग्रन्थमाला के प्रधान सम्पादक के पद को लेकर नागरी प्रचारिणी सभा की कार्यकारिणी में विवाद हुआ था वह राजा बलदेव दास बिड़ला ग्रन्थमाला थी। उस ग्रन्थमाला में सबसे पहले 'नाथसिद्धों की बानियाँ' प्रकाशित हुई। इसके सम्पादक पंडित हजारीप्रसाद द्विवेदी थे। प्रधान सम्पादक रुद्र काशिकेय ने परिचय में लिखा–

"आचार्य हजारीप्रसाद द्विवेदी साहित्य की इस शाखा के प्रसिद्ध अधिकारी विद्वानों में गिने जाते हैं। अतः उनके द्वारा सम्पादित प्रस्तुत ग्रन्थ सभी दृष्टियों से उपादेय होना ही चाहिए। मैं आचार्य द्विवेदी जी का कृतज्ञ हूँ कि उन्होंने स्वयं ही ग्रन्थ की भूमिका में सभी ज्ञातव्य बातें दे दी हैं और इस प्रकार मुझे अधिक पिष्टपेषण से बचा दिया है। वस्तुतः प्रस्तुत ग्रन्थ पर लेखनी चलाना ही मेरी अनधिकार चेष्टा है क्योंकि इसका मुद्रण उसी समय हो चुका था जिस समय आचार्य हजारीप्रसाद जी ही प्रस्तुत ग्रन्थमाला के प्रधान सम्पादक थे परन्तु इसका प्रकाशन अब हो रहा है। इसलिए विवशतः हाथ में आटा लगाकर मैं भण्डारी बन रहा हूँ। निष्ठापूर्ण सहायता के लिए मैं अपने सहायक श्री कल्पनाथ सिंह का भी कृतज्ञ हूँ। हमें आशा है कि आचार्य जी के इस कार्य से प्रेरणा पाकर सिद्ध साहित्य में शोधकार्य अग्रसर करने की ओर अन्य विद्वान् भी उन्मुख होंगे और प्रस्तुत ग्रन्थ से अंजन का काम लेते हुए जीर्ण पृष्ठभूमि में छिपे रत्नों का पता लगाकर गोस्वामी जी का यह दोहा सार्थक करेंगे कि–

यथा सु अंजन आँजि दृग साधक सिद्ध सुजान।
कौतुक देखत फिरहिं वन भूतन भूरि निधान॥"

(नाथसिद्धों की बानियाँ, काशी नागरी प्रचारिणी सभा, बनारस)

स्वर्गीय सुधाकर पांडेय प्रसिद्ध हिन्दी सेवक, अध्यापक, संगठनकर्ता, प्रबन्धक, लेखक, सम्पादक आदि थे। वे दशकों तक नागरी प्रचारिणी सभा काशी के प्रधानमंत्री रहे। सभा और देश के विश्वविद्यालयों के हिन्दी विभागों की राजनीति में उनका वर्चस्व रहा। नई दिल्ली में उन्होंने सभा की सक्रियता में अभूतपूर्व वृद्धि की। अपने मनपसन्द राजनीतिज्ञों और लेखकों को सभा की साहित्य गोष्ठियों में निमन्त्रित करते थे। अनुज श्री रत्नाकर पांडेय भी तेजस्वी हैं। लम्बे समय तक पांडेय-बन्धुओं की हिन्दी साहित्य में तूती बोलती रही। अभी भी उनका प्रभाव है। सुधाकर जी अब नहीं हैं, उनके सुपुत्र श्री पद्‌माकर जी

इस समय सभा के प्रधानमंत्री हैं। उनके अनुज कुसुमाकर पांडेय और पद्माकर जी मेरा सम्मान करते हैं। रत्नाकर जी भी मुझे पहचानते हैं। श्री सुधाकर पांडेय ने तुलसी-जयन्ती के अवसर पर एक बार मुझे भी वक्ता के रूप में निमन्त्रित किया था। श्री के.सी. पन्त और रामानन्द सागर भी वक्ताओं में थे। आते समय मुझे मार्ग-व्यय देने लगे तो मैंने कहा—सभा के लिए आने पर मार्ग-व्यय लेना अच्छा नहीं लगता। इससे वे प्रसन्न हुए और बोले—आप सभा के लिए पुस्तक लिखिए। लेकिन कुछ ही दिनों बाद उनका देहान्त हो गया। वे बहुत विवादास्पद व्यक्ति थे। लेकिन समर्थन और विरोध खुलकर करते थे। कार्यसिद्धि के लिए बहुत कुछ कर सकते थे लेकिन विश्वसनीय थे। उन्होंने द्विवेदी जी का खुलकर विरोध किया। रुद्र काशिकेय को द्विवेदी जी के विरुद्ध उन्होंने ही खड़ा किया था। लेकिन बाद में वे द्विवेदी जी के प्रशंसक-समर्थक बन गए थे। दिल्ली से पंडितजी ने काशी की जो अन्तिम-यात्रा की उसमें सुधाकर जी ने पंडितजी की बहुत देखभाल की, जिसका उल्लेख द्विवेदी जी ने अपनी ज्येष्ठ कन्या पुतुल को लिखे अन्तिम पत्र में किया है।

उन्होंने मुझे बताया था कि उनके पूर्वज बस्ती जिले से आकर काशी में बसे थे। जिस गाँव से उनके पूर्वज आए थे (कोंहड़ौरा) वह मेरे गाँव बिस्कोहर से लगभग दो किलोमीटर पर है।

छठे दशक के प्रारम्भ में एक काशी और भी थी उस काशी ने पं. हजारीप्रसाद द्विवेदी का उल्लासपूर्वक स्वागत किया। छात्र-वर्ग और नगर के वृहत्तर साहित्यकार, पत्रकार, बुद्धिजीवी समाज ने उनके आने से उल्लास का अनुभव किया। द्विवेदी जी का पाण्डित्य, उनकी वाग्मिता और सबसे बढ़कर उनका सहज सामान्य निरभिमानी व्यक्तित्व प्रभावित-चमत्कृत ही नहीं, मोहित करता था। उनके व्यक्तित्व में कुछ ऐसा था जिससे काशी की चिरपरिचित पंडिताई में रवीन्द्रनाथी विश्वबन्धुत्व और विशालता का मेल था। हिन्दी क्षेत्र के विद्यार्थी, हिन्दी के पाठक, बुद्धिजीवी और सामान्य हिन्दी अध्यापक-समाज ने द्विवेदी जी को अपने बीच पाकर नए जीवन-स्पन्दन का अनुभव किया। द्विवेदी जी काशी के ही थे। काशी के विद्वान् उनसे सुपरिचित थे। काशी विश्वविद्यालय को काशी नगरी की संस्कृत परम्परा की गरिमा प्राप्त थी। महामहोपाध्याय रामावतार शर्मा, पं. चन्द्रधर शर्मा गुलेरी, पं. काली प्रसाद शास्त्री, पं. महादेव शास्त्री उस विश्वविद्यालय से जुड़े थे। विज्ञान के विषयों में विश्वविद्यालय की ख्याति शिखर पर थी। विभागों में अपने-अपने क्षेत्र के शिखर विद्वान् विराजमान थे। गोविन्द मालवीय के उपरान्त आचार्य नरेन्द्रदेव उपकुलपति होकर आ गए थे। प्रो. मुकुटबिहारी लाल जैसे तपस्वी समाजवादी पार्टी से सम्बद्ध अध्यापक उस समय राजनीतिशास्त्र के अध्यक्ष थे। जहाँ तक मेरी जानकारी है भूतपूर्व प्रधानमंत्री चन्द्रशेखर ने उनके निर्देशन में शोधकार्य प्रारम्भ किया था या योजना बनाई थी। हरिकिशोर सिंह जो बाद में विदेश मंत्री भी हुए बिड़ला छात्रावास में रहते थे। आप लंका से प्रवेश करें और रुइया छात्रावास से होते हुए बिड़ला छात्रावास की ओर बढ़ें तो पं. ओंकारनाथ ठाकुर दिखलाई पड़ जाते या उनका कंठ-स्वर सुनाई पड़ता। वे म्यूजिक कॉलेज के प्रिंसिपल थे। म्यूजिक कॉलेज रुइया छात्रावास के ऊपरी हॉल में था।

काशी विश्वविद्यालय का परिसर सचमुच विश्वविद्यालय का परिसर लगता था। अखिल भारतीय और अन्तर्राष्ट्रीय, दक्षिण, पूर्वी, पश्चिमी भारत के छात्रों की बहुत बड़ी

संख्या होती थी उस समय। स्याम, तिब्बत, चीन, जापान तथा सोवियत-यूनियन, जर्मनी, फ्रांस आदि के छात्र और अध्यापक अक्सर घूमते और स्थानीय छात्रों-अध्यापकों से मिलते-जुलते दिखलाई पड़ते थे। पर्यावरण इतना हरा-भरा समृद्ध और खुला कि पूरा परिसर कोई विशाल आधुनिक गाँव लगता था। विश्वविद्यालय के वातावरण में कुछ बात थी कि बाहर से आने वाला वहाँ पहुँचकर अनचीन्ह नहीं मानता था। वातावरण में अजनबीपन था ही नहीं। यह बात बनारस नगर में भी है। वह आपको फौरन अपना लगता है। अपना बनाकर फिर वह आपके साथ क्या सलूक करता है, यह बिल्कुल अलग बात है।

तब बनारस में आनन्दमयी माँ का निवास था, महामहोपाध्याय गोपीनाथ कविराज, पं. महादेव शास्त्री, सम्पूर्णानन्द, बेढब बनारसी, विनोद शंकर व्यास, नज़ीर बनारसी, त्रिलोचन शास्त्री, विष्णुचन्द्र शर्मा, चन्द्रबली सिंह, शम्भुनाथ सिंह, सुधाकर पांडे, मोती बी. ए. कुशवाहा कान्त, ठाकुर प्रसाद सिंह थे, नामवर सिंह, शिव प्रसाद सिंह होनहार प्रतिभाशाली छात्र के रूप में विख्यात थे, केदारनाथ सिंह नवोदित थे। रामदरश मिश्र वहीं थे। रवीन्द्र भ्रमर जौनपुर से पढ़ने आए थे। कान्तानाथ पांडेय 'चोंच' हरिश्चन्द्र कॉलेज में हिन्दी के अध्यापक थे, पं. सुधाकर पांडेय उनके सहयोगी थे। छायावादी आलोचक शान्तिप्रिय द्विवेदी लोलार्क कुंड पर नामवर सिंह के पड़ोस में रहते थे। राजनीतिज्ञों में कमलापति त्रिपाठी, सम्पूर्णानन्द, रुस्तम सैटीन विख्यात थे।

विश्वविद्यालय परिसर में अनेक विद्यार्थी घुमन्तू छुट्टा घूमते थे। वे परिसर के सनातन विद्यार्थी थे। पढ़ते-पढ़ाते नहीं/रहते-रहते अधेड़ हो गए थे। न वे फ़ीस देते थे न परीक्षा, मेस के भोजन का पैसा भी नहीं, बस रहते थे, दादागिरी करते थे। एक नाम भूल रहा हूँ, शायद हरिहर गुरु। लोग कहते थे कि एक बार उन्होंने छात्र-जीवन में गाय की कसाई से रक्षा की थी—मालवीय जी ने फीस, हॉस्टल का किराया तो माफ़ कर ही दिया था, भोजन के खर्चे से भी मुक्त कर दिया था। संस्कृत छात्रों का रुइया हॉस्टल ऐसे सनातनी छात्रों का अड्डा था। एम.ए. फाइनल के अन्तिम दिनों में मैं भी वहीं रहता था। कमरे का किराया फ्री था, भोजन कमरे में बनाओ, मेस में खाओ। छुट्टियों में भी रहो—कोई कुछ कहने वाला नहीं। मुझे याद है आज के प्रसिद्ध संस्कृत विद्वान् अध्यापक रेवा प्रसाद द्विवेदी इसी छात्रावास में रहते थे, शुकदेव सिंह भी वहीं थे। शुकदेव सिंह तो हमारे रूम पार्टनर थे। इसके पहले वे विद्या-भवन में रहते थे। जहाँ मैं उनके साथ फ्री रहता था—मैं खर्चा दे ही नहीं सकता था। 1957-58 में मुदालियर कमिटी की रिपोर्ट पर छात्रों का जो आन्दोलन हुआ उसमें छात्र-नेताओं का एक प्रतिनिधिमंडल प्रधानमंत्री से मिलने गया।

प्रतिनिधिमंडल के एक वयस्क लोकप्रिय छात्र-नेता ने नेहरू जी से कहा—मेरे ऊपर उद्दंडता का आरोप ग़लत है। मैंने डॉ. राधाकृष्णन के समय में कुछ नहीं किया, पं. गोविन्द मालवीय के समय में कुछ नहीं किया, पं. अमरनाथ झा के उपकुलपति रहते हुए नहीं किया, आचार्य नरेन्द्र देव के काल में मेरे ऊपर कोई आरोप नहीं लगा। सर सी.पी. रामास्वामी अय्यर ने तो मुझे कई बार विदेश भेजा—जवाहरलाल नेहरू ने उनकी बात काटते हुए पूछा—आप कितने वर्षों से विश्वविद्यालय में पढ़ रहे हैं—'सिंस हाउ लांग यू हैव बीन इन द यूनिवर्सिटी बाइ द वे'। छात्र नेता को याद नहीं था कि वे कितने वर्षों से पढ़ रहे हैं।

दूसरी तरफ़ काशी विश्वविद्यालय में अध्ययन करना तपस्या करने के समान मानने वाले छात्रों की परम्परा थी। कहते हैं दर्शन के स्वनामधन्य प्रोफेसर टी.आर. वी. मूर्ति दक्षिण से पैदल चलकर काशी पढ़ने पहुँचे थे और इतने सम्मानित हुए कि सर सर्वपल्ली राधाकृष्णन के बाद ऑक्सफोर्ड या कैम्ब्रिज में उनके स्थान पर अध्यापन करने निमन्त्रित हुए। हिन्दी में नामवर सिंह प्रतिभाशाली माने जाने वालों में सबसे ऊपर थे। डॉ. शिवप्रसाद सिंह उनके प्रतिद्वन्द्वी, गिरीश चन्द्र तिवारी एक वर्ष सीनियर थे। राममूर्ति त्रिपाठी यद्यपि संस्कृत कॉलेज में अध्यापक के रूप में विश्रुत थे किन्तु वे हमारे क्लासफेलो थे। केदारनाथ सिंह, रवीन्द्रनाथ श्रीवास्तव, जितेन्द्र पाठक, श्यामसुन्दर शुक्ल हमारे साथ थे। दक्षिण भारतीय विद्यार्थी बी.वी. कारन्त (कालान्तर के प्रसिद्ध रंगमंच निर्देशक) हिन्दी में एम.ए. कर रहे थे और म्युज़िक कॉलेज के छात्र थे। उनके साथ एक उर्सु नामक विद्यार्थी था। हिरण्यमय जी, कोतामिरे, गनेशन, नरसिंहाचारी हम लोगों से सीनियर थे। दक्षिण भारत के एक और विद्यार्थी एम.पी. एलकांत जिन्होंने अनेक वर्षों बाद अपने विवाह का निमंत्रण मुझे गाँव के पते पर भेजा। छात्राओं में, बी. सरोजा, चन्द्रकान्ता, चन्द्रा, त्रिशला, मनोरमा, लक्ष्म्मा नाम याद पड़ते हैं। नाम से ज़्यादा उनके चेहरे। अन्य सहपाठियों में गोरखपुर के सुरेश चन्द्र त्रिपाठी, बिहार के जमादार सिंह, शिवलाल मलिक, शालग्राम उपाध्याय, जौनपुर के मुदमंगल सिंह, बनारस से ब्रजभूषण पांडे, गोविन्द उपाध्याय, विश्वनाथ प्रसाद मिश्र के ज्येष्ठ पुत्र चन्द्रशेखर। हनुमान सिंह बघेल जिन्होंने मेरे साथ ही एम.ए. प्रीवियस की परीक्षा छोड़ दी थी।

सन्दर्भ-सूची

1. नागरी पत्रिका, 15 सितंबर, 98
2. उप.
3. उप.
4. उप.
5. नागरी पत्रिका, 14 नवंबर 1997
6. उप.
7. उप.
8. उप.
9. उप.
10. स्मृति गंगा
11. उप.
12. उप.

अध्यापक-मंडल

हिन्दी विभाग के अधिकांश अध्यापकों का कंठ गंभीर मधुर था। उनका उच्चारण आकर्षक और भाषा-प्रवाह संयत, व्याकरणसम्मत था। डॉ. श्रीकृष्णलाल की आवाज़ थोड़ी पतली और डॉ. छैलबिहारी गुप्त की आवाज़ थोड़ा ज़्यादा भारी थी मानो आवाज़ तोंदवाली हो। पं. करुणापति त्रिपाठी, विद्वान्, देखने-सुनने में सौम्य और सुन्दर थे। मेरे सहपाठी सुरेशचन्द्र त्रिपाठी, करुणापति जी के यहाँ आते-जाते थे। विभाग के कमरे में झाँककर करुणापति जी को देखते और धीरे-से मुझसे फुसफुसाते–'करुणापति तौ बहुतै हसीन लौंकत बाँड़े'। (करुणापति तो बहुत हसीन लग रहे हैं) करुणापति जी के कपड़े अक्सर साफ़ नहीं रहते। पढ़ाने में रुचि विशेष नहीं थी। विद्वान् थे। हमें राजशेखर की 'कर्पूरमंजरी' पढ़ाते थे।

श्री विजय शंकर मल्ल अतीव सौम्य, अल्पभाषी, लम्बे-छरहरे, तीखे नाक-नक्श के अध्यापक थे। विद्यार्थी के रूप में मेधावी थे। सुना था कि आचार्य केशव प्रसाद मिश्र के अध्यक्ष-काल में केवल वे प्रथम श्रेणी में उत्तीर्ण हुए थे। अतएव एम.ए. करते ही अध्यापक नियुक्त हो गए। मुझ पर उनकी कृपा थी। विद्यार्थी-रिझाऊ प्रकृति नहीं थी। क्लास में लोकप्रिय नहीं थे। 'उद्धव शतक' और पन्त काव्य पढ़ाते थे। पन्त जी की पंक्ति है–'देखूँ सबके उर की डाली।' 'डाली' शब्द की व्याख्या करते। डाली, डाली नहीं, डाली। वह डाली नहीं जो समझते हो, डाली। मतलब था कि डाली का मतलब शाखा नहीं, अफ़सरों को या किसी प्रिय को उपहार में दी जाने वाली वस्तु-राशि है। मल्ल जी का गद्य-लेखन अद्‌भुत था। उतना संयत, सटीक गद्य उस समय शायद ही कोई और लिखता हो। लमछर सुंदर हस्तलिपि। लेकिन वे लिखते बहुत कम थे। उनका अंतिम लेख आलोचना में 'भारतेंदु युग का हँसमुख गद्य' नाम से छपा था। 'हँसमुख गद्य' के नाम से ही आप उनके गद्य-लेखन की क्षमता का अन्दाज़ा लगा सकते हैं।

द्विवेदी जी क्लास में, क्लास के बाहर एक ही जैसा बोलते। वे शास्त्रज्ञ तो थे लेकिन उनकी शास्त्रज्ञता लोकोन्मुख थी। किताब की बातें ज़्यादातर वे जीवन से जोड़ते। साहित्य की व्याख्या वे जीवन-सन्दर्भों में करते। साथ ही यह भी बताते कि साहित्य में रूढ़ियों का कितना बड़ा महत्त्व है। कथानक-रूढ़ियों, काव्य-रूढ़ियों पर हिन्दी में किसी और ने उतना ध्यान नहीं दिया है। वे किंवदंतियों, लोकवार्त्ताओं, मिथकों, लोक-विश्वास आदि का उपयोग करते हुए साहित्य समझाते। उनके क्लास में हम साहित्य के मायालोक में पहुँच जाते और वहाँ से अपना जीवन-अनुभव पहचानते। पढ़ाते समय, सभाओं, गोष्ठियों में भाषण देते हुए

जैसा ही उनका स्वर या शरीर छंदमय हो जाता। उनकी बाँहें उत्ताल तरंगें बनातीं। दो श्लोक वे प्रायः उद्धृत करते थे।

ऊर्ध्वबाहुविरौम्येष न च कश्चिच्छृणोतिमे।
धर्मादर्थश्च कामश्च सधर्मः किं न सेव्यते॥

और

तच्च संस्मृत्य संस्मृत्य रूपम्तयद्भुतं हरेः
विस्मयो मे महान् राजन् हृष्यामिव पुनः पुनः

इन श्लोकों का उच्चारण जब वे अपने मन्द्र स्वर में करते तो प्राचीन साहित्य की गरिमा साक्षात् हो जाती।

पं.जी की आवाज़ में अनेक स्वर शाखाएँ सुनाई पड़तीं। सब परस्पर सघन-सम्बद्ध जैसे कई धाराओं का जल मिलकर कोई गंभीर प्रवाह सुनाई पड़ रहा हो। उनकी आवाज़ में आकाश जैसा अवकाश होता। बादल जैसी गम्भीरता और सागर जैसी गहराई होती। भोजपुरी की लय, शब्दों के उच्चारण और वाक्य के अनुतान में साफ़ सुनाई पड़ती। भोजपुरी की लय, उनके कथन और भाषण को और आत्मीय बनाती। लेकिन यह सब सहज, अकृत्रिम था, आयासपूर्ण नहीं। आयास की गन्ध भी मिले तो सहज-सौन्दर्य नष्ट ही नहीं हो जाता, उल्टे वितृष्णा पैदा करता है।

तुलसी की एक अर्धाली है—बिधु बदनी सब भाँति सँवारी। सोह न वसन बिना वर नारी।। इसका अर्थ सामान्यतः यही किया जाता है कि चन्द्रमुखी सुन्दरी सब प्रकार से सँवारी हो, लेकिन वह वस्त्र के बिना सुशोभित नहीं होती। वसन का अर्थ आमतौर पर वस्त्र समझा जाता है। द्विवेदी जी इस अर्थ को स्वीकार नहीं करते थे, वे 'वसन' का अर्थ 'भद्रवासना' या 'प्रेम' करते थे। उनके अनुसार अर्धाली का अर्थ है—कोई चन्द्रमुखी चाहे जितना शृंगार करे, सुसज्जित हो; लेकिन अगर उसके हृदय में प्रेमी या पति के प्रति अनन्य राग नहीं है, तो वह शोभित नहीं होती। पंडितजी यह भी बताते थे कि भोजपुरी में 'वसन' शब्द का प्रयोग 'प्रेम' के अर्थ में होता है। बांग्ला में प्रेम को भद्रवासना कहते भी हैं। भालोबाशी में बाशी वासना से ही जुड़ा है। बात सिर्फ़ इतनी ही नहीं है। भक्ति काव्य-परम्परा से परिचित व्यक्ति ही समझ पाएगा कि पंडितजी का अर्थ क्यों ठीक है, और वे इस अर्थ का आग्रह क्यों कर रहे हैं। उनके समर्थन में उदाहरणों की कमी नहीं है, लेकिन मेरी समझ में एक ही उदाहरण से बात साफ़ हो जाएगी। यह उदाहरण जानबूझकर यों भी दर्ज़ कर रहा हूँ, कि इसमें पंडितजी के सर्वाधिक प्रिय कवि कालिदास भी संदर्भित हो जाते हैं। कबीरदास का एक पद है :

राम भगति अनियाले तीर
जेहि लागै सो जानै पीर
तन मँह खोजों चोट न पावौं
ओषदि मूर कहाँ घँसी लावौं
एक भाँति दीसै सब नारी
का जानौं को पियहि पियारी

कहै कबीर जाके मस्तक भाग
सब परिहरि ताको मिलै सोहाग

कविता में कर्मकांड का विरोध है, प्रेम पर बल है। रूप तो सबका एक जैसा है, सभी नारियाँ एक जैसी दिखती हैं, प्रिय को प्यारी कौन होगी? राम की भक्ति पैने तीर के समान है, जिसको लगता है, उसी को पीड़ा होती है। बाहर से आन्तरिक पीड़ा का कोई लक्षण प्रकट नहीं होता। कबीर कहते हैं, जिसके माथे में भाग्य होगा, सभी को छोड़कर उसे 'सोहाग' मिलेगा। आशय यह कि जिसके हृदय में भक्ति होगी, राम उसी पर रीझेंगे। रूप दिखलाई पड़ता है, पीड़ा (प्रेम) आन्तरिक है, दिखलाई नहीं पड़ती। लेकिन राम उसी हृदय-स्थित प्रेम-पीड़ा से रीझते हैं। लेकिन, यह 'सोहाग' क्या है? 'सोहाग' यानी पति (राम) की प्रिया होने की गरिमा। पंडितजी यहीं नहीं रुकते। वे 'सोहाग' का ठीक अर्थ समझाने के लिए कालिदास द्वारा प्रयुक्त शब्द का अर्थ समझाते। कालिदास ने लिखा है :

तथा समक्षं दहता मनोभवं पिनाकिना भग्न मनोरथा सती
निनिन्दरूपं हृदयेन पार्वती प्रियेषु सौभाग्यफला हि चारुता

पिनाकी शिव के द्वारा अपनी आँखों के सामने कामदेव को दग्ध होते देखने के बाद भग्नमनोरथा सती ने हृदय में अपने रूप की निंदा की, क्योंकि चारुता यानी सौन्दर्य का फल प्रिय के हृदय में सौभाग्य जगाना है। पार्वती को सौभाग्य नहीं मिला, यद्यपि रूप था। सौभाग्य न मिलने के कारण रूप निंदनीय हुआ। रूप बाहरी चीज़ है, सौभाग्य आन्तरिक वस्तु है। यह सौभाग्य क्या है? द्विवेदी जी बताते–"राजानक रुय्यक ने दस शोभा विधायक धर्मों में प्रथम को रूप कहा है और अन्तिम को 'सौभाग्य'। सुभग उस व्यक्ति को कहते हैं, जिसके अन्दर प्रकृत्या वह रंजक गुण होता है, जिसमें सहृदय लोग उसी प्रकार स्वयमेव आकृष्ट होते हैं, जिस प्रकार पुष्प के परिमल से भ्रमर। ऐसे सुभग व्यक्ति के आन्तरिक वशीकरण धर्म को 'सौभाग्य' कहते हैं। कालिदास के अनुसार यह आन्तरिक वशीकरण धर्म ही रूप का फल है।

पंडितजी और प्रमाण देते कालिदास से ही। कालिदास ने 'मेघदूत' में भी सौभाग्य शब्द का प्रयोग किया है :

सौभाग्यं ते सुभग विरहावस्थया व्यंजयन्ती
कार्श्यं येन त्यजति विधिना स त्वयैवोपपाद्यः

(पूर्वमेघ। 29)

निर्विंध्या नदी विरह में क्षीण, कृश हो गई हैं। उसकी विरहावस्था से हे सुभग मेघ, तुम्हारे प्रति उसका सौभाग्य व्यंजित हो रहा है।

वह तुम्हारे वशीभूत है, इसीलिए तुम्हारे विरह में कृश हो गई है। तुम उसकी क्षीणता को दूर करने का उपाय करना।

अब सौभाग्यफला हि चारुता का अर्थ खुला। चारुता का फल यह है कि जो प्रिय है यानी जिसे आप चाहते हैं वह आपसे आकृष्ट हो जाए। सौभाग्य सौन्दर्य की वह क्षमता है

जो प्रिय को आकृष्ट करती है, जो प्रिय नहीं उसे आकृष्ट करे तो मुसीबत है। और अब कबीरदास की इस पंक्ति पर विचार कीजिए :

कहै कबीर जाके मस्तक भाग
सब परिहरि ताको मिलै सोहाग।

रूप तो सभी नारियों का एक जैसा है, लेकिन सोहाग उसे मिलेगा जिसके हृदय में भक्ति होगी। जो स्वयं अनुरक्त है सुभग राम उसके वशीकृत, आकृष्ट होंगे।

भगवान, भगत के वश में होते आए हैं। इस भाव एवं शब्दार्थ परम्परा में द्विवेदी जी कहते थे कि 'सोह न वसन बिना वर नारी' में वसन का अर्थ वस्त्र नहीं, भद्र वासना, प्रिय में अनुराग है। शब्दार्थ के काव्यार्थ बनने की एक प्रक्रिया होती है। इस प्रक्रिया में दुनिया भर की चीज़ें शामिल हो सकती हैं। जीवन और जगत के असीम अथाह रूप-समुद्र की कोई तरंग शामिल हो सकती है।

द्विवेदी जी की क्लास की हम उत्सुकता से प्रतीक्षा करते। वे पाठ्य-पुस्तक को बैग में लाते। अपने कक्ष से क्लास रूम की ओर धीरे-धीरे बढ़ते। कुर्ता-धोती साफ़-सुथरे लेकिन गुचुर-मुचुर। इस्त्री नहीं मालूम पड़ती। कन्धे पर उत्तरीय। क्लास में कोट पहने नहीं देखा। कुर्ता ऊनी। ज़्यादा जाड़ा में कुर्ते के ऊपर कुर्ता। यों बाहर कोट बन्द गले का लम्बा पहनते थे। सर ऊपर उठाए मानो आसमान की ओर ताक रहे हों। बैठकर पढ़ाते। कुर्सी में बैठ जाते तो क्लास भरा-भरा लगता। तन्मयता से पढ़ाते। पाठ्यांश-काव्य-पंक्तियाँ–सुस्पष्ट यथोचित लय से बाँचते। शशिकला विवाह (रासो) में–

'मानो कि लता कंचन लहरि मत्तबीर गज राज गहि' पढ़ाते तो बिम्ब साक्षात् हो जाता। संयुक्त द्वित्त्व घोष ध्वनियाँ उनके उच्चारण-लय में अनहदनाद जैसी लगतीं। पढ़ाते समय तन्मयता में दोनों पैर हिलते। जितना ही तन्मय होते उतनी द्रुति से पैर हिलते। कभी-कभी पैर हिलते, साथ में दोनों हाथों से उत्तरीय उसी द्रुति और लय में इधर-से-उधर खींचते। कबीर का कोई दोहा कभी-कभी दो-तीन दिन ले लेता। पाठ्य बहुत ध्यान से भरपूर पढ़ाते। टेक्स्ट पढ़ो ठीक से तो आलोचना अपने आप कर लोगे।

यह भी लगता कि यद्यपि वे बहुत बता रहे हैं किन्तु और ज़्यादा बताना चाहते हैं जितना बताना चाहते हैं उतना हो नहीं पा रहा है और इसकी व्याकुलता भी उन्हें है–

सबद मिलावा होइ रहा देह मिलावा नाहिं
कवल कुआँ में प्रेम रसु पीवै बारम्बार

वातावरण की व्याकुलता और साथ में तोष भी।

जिज्ञासा और समाधान की मानो प्रतिस्पर्धा

स्वाधीनता-आन्दोलन ने अनेक उत्कृष्ट भाषणकर्त्ता पैदा किए थे। मैंने आचार्य नरेन्द्र देव, माखनलाल चतुर्वेदी, महादेवी वर्मा के धाराप्रवाही भाषण सुने हैं। राजनीतिज्ञों में भारतीय कम्युनिस्ट पार्टी के श्रीपाद अमृत डांगे जैसा प्रभावशाली भाषण देने वाला मुझे और कोई नहीं लगा। द्विवेदी जी के भाषण में भी अद्भुत धारा-प्रवाह होता था, लेकिन खास बात यह थी, जो शायद और किसी के भाषण में नहीं थी कि प्रवाह रह-रहकर मौन या किसी अन्य देह भाषाप्रकार से टूट जाता था। जैसे बोलने वाले की

संवेदन-तीव्रता से भाषा हार जाती हो, पंडितजी बोलते-बोलते थके से लगते, यह लगता कि भाषा उनकी संवेदना का साथ नहीं दे पा रही है। भाषण कविता का यह तेवर अख्तियार कर लेता–

गिरा अनयन नयन बिनु बानी।

और पं. जी का भाषा-प्रवाह टूटकर ऐसा प्रभाव डालता कि श्रोता, वक्ता का मर्म पा लेते। अकथनीय मानो कह दिया गया। उनका भाषण श्रोताओं की अनुभूति बन जाता।

यों तो वे अनेक विषयों पर अद्वितीय भाषण देते थे किन्तु कालिदास और कबीर पर उनके जैसा बोलने वाला हमारे समय में कोई नहीं। मैं सिर्फ़ हिन्दी-क्षेत्र की बात कर रहा हूँ और अपनी सीमित जानकारी से। वे अपनी बात विद्वानों और अल्पाक्षरों दोनों की सभा में कहकर अभूतपूर्व प्रभाव पैदा कर सकते थे। वे काव्य-रचना की गाँठों या पोरों को खोलकर कवि का मन्तव्य (या कविता के माध्यम से अपना मन्तव्य) लोगों तक प्रेषित कर देते। कविता की व्याख्या करते समय पं. जी क्लास में कहते–कवि यहाँ मीन (mean) यह कर रहा है। कवि का आशय यह है। यह वे तब प्रायः कहते जब उन्हें विवेच्य रचना में कोई नई बात कहनी होती। भाव यह कि लोग कवि को ठीक-ठीक समझ नहीं पाए हैं, कवि का आशय यह है (जो मैं बता रहा हूँ) कवि मीन यह कर रहा है। 'अभिज्ञान शाकुंतलम्' का प्रसिद्ध श्लोक है–

कार्या सैकत लीन हंस मिथुना स्रोतो वहा मालिनी
पादास्तामभितो निषण्ण हरिणा गौरी गुरोः पावनाः
शाखालम्बित वल्कलस्य च तरोनिर्मातुमिच्छाभ्यधः
शृंगे कृष्णमृगस्य वामनयनं कण्डूयमानां मृगीम्॥

[अभी मालिनी नदी बनानी है जिसकी रेती में हंस के जोड़े बैठे हों। पावन हिमालय की तलहटी में हिरण बैठे हों। एक पेड़ जिसकी शाखाओं पर मुनियों के कल्कल वस्त्र टंगे हों। कृष्णमृग की सींग से मृगी अपनी बाईं आँस घिस रही हो।][1]

दुष्यन्त ने शकुन्ता का जो चित्र बनाया था वह पंडितजी के शब्दों में रस-चित्र नहीं था। वह बिद्ध-चित्र या हू-ब-हू चित्र था। दुष्यन्त का मन उससे सन्तुष्ट नहीं था। स्वयं दुष्यन्त उस चित्र में नहीं था। उत्तम चित्र बनाकर वह निपुण कारीगर तो बन गया था पर सहृदय कलाकार नहीं बन पाया था।

कारीगर-सहृदय कलाकार कैसे बनता है? कृति में रच-बसकर। शायद ऐसे कि उसे पता भी न रहे कि वह कितनी ईमानदारी से अपनी रचना में उतर रहा है। उसका रचनावतार हो रहा है। वह अपने को भूलकर आत्माभिव्यक्ति कर रहा है। दुष्यन्त सन्तुष्ट नहीं था क्योंकि कहीं कुछ रह गया था। दुष्यन्त की अपनी मनोदशा उसमें नहीं उभर पाई थी। आलम्बन उभर आया था, आश्रय अस्पष्ट रह गया था। द्विसंश्रयाप्रीति चाहने वाली सौन्दर्य-लक्ष्मी फिर भी ठिठककर खड़ी रह गई थी। मालिनी का वह शान्त मनोरम तट जिसके सैकत पुलिनों में हंस के जोड़े विश्रब्ध भाव से विश्राम कर रहे थे, बनाना ज़रूरी था। वह स्थान पार्वती के पिता नगाधिराज की उस तलहटी में था जहाँ सहज भीरु,

निसर्ग सुन्दर हरिण निरन्तर विहार करते रहते थे। मुनि कन्याओं में निश्छल, निसर्ग, सुकुमार, सहज भाव था। पर सबसे आवश्यक था–(क्योंकि इसी चित्रण से दुष्यन्त की आत्माभिव्यक्ति, उसके अन्तस्थ अपराध-बोध की ग्रन्थि खुलनी थी) उस कृष्ण मृग का चित्रण जिसकी नुकीली सींगों में मृगी अपनी बाईं आँख खुजला रही थी। कितना विश्वास है उस मृगी के मन में कृष्ण मृग के प्रति। मृगी का मृग के प्रति यही विश्वास चित्रकार रचनाकार दुष्यन्त का प्रवेश चित्र में कराता है। ऐसा ही विश्वास, या इससे कहीं अधिक विश्वास शकुन्तला ने अज्ञात कुल शील दुष्यन्त पर किया था। उसने अपना सर्वस्व दुष्यन्त को समर्पित कर दिया था और दुष्यन्त ने क्या किया। इतना बड़ा विश्वासघात, अपमान। दुष्यन्त का अपराध-बोध रचना में प्रच्छन्न तौर पर आ गया। और दुष्यन्त इसे व्यक्त किए बिना सच्ची रचना नहीं कर सकता था। उसने उस निश्छल तपोभूमि में, गौरी-गुरु हिमालय की तलहटी में, मुनियों के आश्रम में, निसर्ग कन्या शकुन्तला से विश्वासघात किया। राजा दुष्यन्त का यह अपराध-बोध कलाकार दुष्यन्त का वेदना-सर्वस्व था।

यह कहकर पं. जी एक बार वह श्लोक फिर पढ़ते। कंठ में प्राण-वेदना का स्पन्दन लहराता।

कार्या सैकत लीन हंस मिथुना स्रोतो वहा मालिनी
पादास्तामभितो निषण्ण हरिणा गौरी गुरोः पावनाः
शाखालम्बित वल्कलस्य च तरो निर्मातुमिच्छाम्यधः
शृंगे कृष्णमृगस्य वामनयनं कण्डूयमानां मृगीम्॥

पं. जी कहते–अब जाकर चित्र में रस आया। वह रस-चित्र बना। पहले सबीह था।

कालिदास पर पंडितजी का पहला भाषण मैंने काशी विश्वविद्यालय में सुना था। संस्कृत महाविद्यालय में। पंडितजी ने भाषण के शुरू में कहा कि यह जानकर मुझे बहुत अच्छा लगता है कि मुझे अभी भी संस्कृत वाला समझा जाता है। दूसरा भाषण दिल्ली में सुना जिसमें चाँदनी चौक और शक्तिनगर के व्यापारियों, विद्यार्थियों, अध्यापकों की अच्छी संख्या थी। 'शृंगे कृष्णमृगस्य' वाले श्लोक की व्यवस्था के अन्तिम अंश पर एक श्रोता बोल उठे–'कहाँ मारा है पंडितजी ने।' यानी कृष्णमृग पर मृगी के विश्वास को शकुन्तला और दुष्यन्त पर कैसा भिड़ाया है।

लेकिन 'किञ्चिदन्वयन' क्या है?

दुष्यन्त ने शकुन्तला को जो चित्र बनाया था, उसे देखकर कहा कि जो कुछ साधु नहीं होता, जैसा बनना चाहिए वैसा नहीं बन पाया उसे अन्यथा कर दिया गया। फिर भी उसमें शकुन्तला का लावण्य कुछ-कुछ उभर आया है।

यद्‌यत् साधु न चित्रे स्यात् क्रियते तत्तदन्यथा
तथापि तस्या लावण्यं रेखया किंचिदन्वितम्।

पं. जी दूसरी पंक्ति का अर्थ करते थे–फिर भी शकुन्तला का लावण्य रेखाओं से कुछ निखर ही गया है उसमें लगातार प्रभावित करते रहने की क्षमता जुड़ गई है।

इस दूसरे अर्थ का तर्क क्या है?

रचनाकार का काम बाह्य जगत को जस-का-तस चित्रित, शब्दबद्ध कर देना मात्र नहीं। अगर वह हू-ब-हू ही बनाता है तो उसका योगदान क्या है? इसके लिए उसे अन्यथाकरण करना पड़ता है। सामग्री वही रहती है, किन्तु वह उन्हें नए ढंग से गठित करता है, नए अन्तस्सम्बन्ध रचता है। इस नए अन्तस्सम्बन्धीकरण से पहले की सामग्री नया रूप धारण करके अन्तर्वस्तु में भी समृद्धि करती है। यह काम आसान नहीं। आप बाह्य जगत के यथार्थ को मानने पर किसी को जल्दी मना सकते हैं। लेकिन जो उसका मन कहता है, उससे भिन्न मनवा लेना मुश्किल है। द्विवेदी जी उदाहरण देते हैं–"मैं यह तो मान लेने को तैयार हो सकता हूँ कि जो चीज़ मुझे पीली दिखाई दे रही है वह वास्तव में सफेद है और मुझे अपनी आँखों की दवा करानी चाहिए पर यह मानने में बड़ी कठिनाई है कि सेंहुड़ का काँटा जो मुझे अच्छा नहीं लगता वह वास्तव में अच्छा ही लगने योग्य है।"

रचनाकार श्रोता-पाठक के आस्वाद, रुचि में परिवर्तन परिष्कार करता है, रचना में अपनी ओर से कुछ जोड़कर। यह कुछ जोड़ना ही अन्वयन है। अन्वयन का यह अर्थ हम क्यों मानें। द्विवेदी जी कहते हैं–कालिदास ही प्रमाण हैं–

'रघूणांमन्वयं वक्ष्ये' अर्थात् मैं रघु की सन्तान परम्परा का वर्णन करूँगा। 'सन्तान' यानी माँ-बाप से आगे का जीव–उसी का विकास, लावण्य का विकास–अन्वय। रचनाकार के इस कौशल को अन्वयन कहना चाहिए।

द्विवेदी जी क्लास में भी अनौपचारिक रहते। शांतिनिकेतन में आम्रकुंज की छाया में कक्षा का वातावरण स्वभाव में बैठ गया होगा। एकाध बार ऐसा भी हुआ जब पं. जी ने कहा–यह अर्थ खींच-खाँचकर लगा रहा हूँ। अर्थ मुझे स्पष्ट नहीं है। तुम लोग प्रयास करो। कोई विद्यार्थी कभी क्लास में ही उनसे भिन्न दूसरा अर्थ सुझा दे और वह अर्थ पं. जी को ठीक लगे तो उसकी प्रशंसा करते, यह भी कहते–अरे यह अर्थ तो मुझे सूझा नहीं था। दस-पाँच मिनट बाद फिर प्रशंसा करते। बाकी छात्रों का वह ईर्ष्या-भाजन बनता। अपने सहयोगी अध्यापकों का नाम विशेषतः डॉ. शर्मा और पं. विश्वनाथ प्रसाद मिश्र का नाम बहुत आदर से लेते। विभाग के बाहर दीर्घा में भेंट होती तो दोनों हाथ जोड़कर काफ़ी झुककर प्रणाम करते। अट्टहास क्लास में भी गूँजता। पं. जी का सप्ताह में एक क्लास ऐसा होता था जिसमें कुछ पाठ्य निर्धारित नहीं होता। जिसके मन में जो आए पूछे। कोई न पूछे तो पं. जी ही जो मन में आए बोलते। वह उनका सबसे लोकप्रिय, रंजक और ज्ञानवर्धक क्लास होता।

विश्वनाथ जी (पं. विश्वनाथ प्रसाद मिश्र) काव्य-शास्त्र और घनानन्द इतना अच्छा पढ़ाते कि छात्र स्तब्ध-मुग्ध हो रहते। वे ललकारती लय और मुद्रा में सूत्रों का विश्लेषण करते। अन्तर्ध्वनि यह–और छात्र उसे सगर्व आत्मीयता से अनुभव करते कि ऐसा और कोई नहीं पढ़ा पाएगा। हम विषय के सर्वज्ञ, श्रेष्ठ गुरु से पढ़ रहे हैं–गिरीश का अर्थ शंकर नहीं हिमालय-गिरीणाम् ईशः गिरीशः। शंकर का अर्थबोधक शब्द है गिरिश गिरौ शयते स गिर में शयन या निवास करने वाला शंकर। घनानन्द की पंक्ति में आस-पास का अर्थ आस-पास, इधर-उधर निकट नहीं...आस-पास का अर्थ है आशा का पाश। आँखें आशा के

पाश यानी जाल में उलझी रहीं। बायस पलिअहि अति अनुरागा। कबहुँ निरामिष होहिं कागा। में वे 'बायस' नहीं 'पायस' पाठ मानते थे। पायस–खीर खिला-खिलाकर पालो अति अनुराग से तो भी कौवा निरामिष नहीं होगा। बायस मानने में अर्धाली में 'कागा' की पुनरुक्ति होती है। तब नहीं लेकिन अब मुझे तुलसी के वर्णानुप्रास-प्रेम के कारण भी मिश्र जी का पाठ ठीक लगता है। मिश्र जी ने तुलसी का गहरा अध्ययन किया था। बिहारी, भूषण, बोधा का सम्यक् सम्पादन किया था। घनानन्द के तो वह आचार्य शुक्ल के बाद सबसे बड़े ज्ञाता थे ही। तुलसी पर वे बहुत प्रभावशाली एवं ज्ञानवर्धक भाषण देते। भाषण प्रारंभ करने के पूर्व रामू द्विवेदी रचित तुलसीदास विषयक श्लोक पढ़ते–

भरत मे ठाढ़े इतिपदं

उनसे ही सुना तुलसी ने 'डर', 'डरपत', 'अपडर' का प्रयोग भिन्न-भिन्न अर्थ में किया है। 'डर'–सामान्य है।

तुम्ह पूछउ मैं कहत डराऊँ

डरपत–डर का कारण मौजूद है और डर लग रहा है। सब नहीं डरते लेकिन मैं डरता हूँ–

प्रिया-हीन डरपत मन मोरा।

अपडर–डर का कारण मौजूद नहीं तो भी डर लग रहा है। अपडर का उदाहरण देना है।–

उमा कहउं मैं अपडर अपना।

मिश्र जी शब्द-क्रीड़ा के अद्वितीय कौतुकी थी। वे शब्द-विलासी थे। सुरेश त्रिपाठी पं. जी से क्लास में उलझते। पं. जी से क्लास में बहस करते। कबीर और प्रगतिशीलता को लेकर ख़ासतौर पर। एक दिन वे क्लास में नहीं दिखे। पं. जी ने इधर-उधर देखा–"कहा सुरेश कहाँ हैं, रूस तो नहीं गए"। रूस पर श्लेष–रूस मुल्क और रूठ।

किसी ने पं. जी को केले दिए। पं. जी ने कहा–"तुम भी खाओ, मैं अकेले, केले नहीं खाता।"

लालजी (मुकुन्द द्विवेदी) के यज्ञोपवीत संस्कार में मिश्र जी, द्विवेदी जी के यहाँ आए। मिश्र जी बाहर भोजन या जलपान प्रायः नहीं करते थे। द्विवेदी जी ने कहा–पं. जी फल तो ले लीजिए। मिश्र जी ने फल लेते हुए कहा–"मेरा आना निष्फल नहीं होगा।"

क्लास में कोई सूत्र समझाते हुए कहते–अन्तरं महदन्तरम् आकाश-पृथ्वी का अन्तर नहीं, आकाश पाताल का अन्तर। उन्हें किसी समारोह में विद्यार्थियों ने हार पहनाया बोले–"यह हार नहीं, जयमाल है। हार (पराजय) और जय का मज़ा लेते हुए।"

कभी-कभी उन्हें इस कौशल में कोई किनारे लगा दे तो भी मुदित होते। एक बार छात्रों के समारोह में द्विवेजी जी की मौजूदगी में उन्होंने भाषण में कहा–अब शुक्ल पक्ष कहाँ, अब तो कृष्ण पक्ष है। (अब विभाग में रामचन्द्र शुक्ल जैसों का वर्चस्व नहीं। द्विवेदी जी अध्यक्ष हैं तो कृष्ण पक्ष है।)

पं. जी ने अन्त में भाषण करते हुए कहा–"क्या किया जाए। शुक्ल पक्ष के बाद कृष्ण पक्ष ही आता है, दुर्भाग्य से मिश्र पक्ष तो कभी आता नहीं।" पं. विश्वनाथ प्रसाद मिश्र

आहत तो हुए होंगे, किन्तु मैंने देखा वे सहज भाव से ठठाकर हँसे। शब्द-क्रीड़ा से आहत कम, पुलकित अधिक हुए।

गुरुवर पं. विश्वनाथ प्रसाद मिश्र से अन्तिम भेंट 1975 के आस-पास हुई। किरोड़ीमल कॉलेज में मेरे बाल-सखा और ज़ाकिर हुसैन कॉलेज में हिन्दी के अध्यापक डॉ. राम जी मिश्र आए। बोले–'मिश्र जी बाहर खड़े हैं, आपको बुलाया है।' मैं ससंभ्रम उनके साथ हो लिया। वे कॉलेज के बाहर, बंगलो रोड के चौराहे पर (कमलानगर की साइड) दिखे। चरण-स्पर्श किया। प्रसन्न हुए। हिन्दी-आलोचना पुस्तक में मैंने उन पर जो कुछ लिखा था, उससे वे तुष्ट दिखे। बोले–"आपने कुछ लिखा है?" मैंने डरते-डरते पूछा–पं. जी कोका कोला तो आप पिएँगे नहीं। मुझे सुखद आश्चर्य हुआ–उन्होंने कहा–"पी लूँगा।" उसके बाद मैंने कहा–'पं. जी मगही तो यहाँ मिलेगी नहीं, लेकिन यह दुकान अच्छी है।' पं. जी ने कहा–"पान छोड़ दिया है।" मुझे घोर आश्चर्य हुआ। मिश्र जी का शोभाधायक दीप्त ताम्बूल रागरंजित मुखमंडल याद आया–चुप रहा। पं. जी खुद बोले–"चन्द्रशेखर की मृत्यु के बाद रात का भोजन छोड़ दिया था। चन्द्रभूषण के जाने पर पान त्याग दिया।" चन्द्रशेखर मेरे क्लासफेलो थे। चन्द्रभूषण केदार की चाय-दूकान पर मिलते थे। दोनों सहज सहृदय, मिलनसार भावुक थे। पं. जी वाली ज्ञान-गरिमा नहीं थी। लेकिन कुलीन संस्कारों से भूषित थे।

पं. जी के साथ रामजी मिश्र के घर गया। पं. जी ने भोजन नहीं किया। मिश्री, मखाना खाकर पानी पिया। बातें होने लगीं। पं. जी ने द्विवेदी जी का प्रसंग उठाया। उनका मन सहज नहीं हुआ था। वे अभी दग्ध थे। मैंने चरण छूकर कहा–"पं. जी आप दोनों मेरे गुरु। मुझे द्विवेदी जी के बारे में आपसे ऐसी बातें सुनना अच्छा नहीं लग रहा है।" पं. विश्वनाथ प्रसाद मिश्र ने तत्काल प्रसंग बदल दिया। मुझे इतना अच्छा लगा कि फिर चरण-स्पर्श करके बोला–"क्षमा कीजिएगा गुरुवर।" पं. जी मुस्कुराए। शान्त।

पं. विश्वनाथ प्रसाद मिश्र का भव्य अभिनन्दन समारोह दिल्ली के सप्रू हाउस में हुआ। वक्ताओं में बच्चन जी भी थे। उन्होंने कहा–पं. जी टीका सम्प्रदाय के हैं। टीका पर श्लेष समझाया–टीका यानी मस्तक पर तिलक (रचना के माथे पर) और टीका यानी रोग निवारक (दोष उद्‌घाटक) इंजेक्शन। पं. जी इस प्रकार टीका करते हैं।

आचार्य पं. विश्वनाथ प्रसाद मिश्र ने अतीव सारगर्भित विनम्र भाषण किया। गुरुवर आचार्य रामचन्द्र शुक्ल का स्मरण करते हुए। कहा–'हम उनका अभिनन्दन करना चाहते थे। उन्होंने स्वीकार नहीं किया। हम अभिनन्दन दिल्ली आकर करा रहे हैं।'

श्रोता गम्भीर-अभिभूत हो उठे। मन-ही-मन मैं गर्व से फूल उठा–तो गुरु के ज्ञान-गर्व का आधार यह विनयी संस्कार है। अपने अभिनन्दन के अवसर पर ऐसा स्वीकार अन्यत्र नहीं।

डॉ. जगन्नाथ प्रसाद शर्मा का क्लास अधिकांशतः अध्ययन-अध्यापन के लिए कम उनकी व्यक्तित्व-गरिमा और देहभाषा के लिए अधिक स्मरणीय है। डॉ. शर्मा चुस्त स्वास्थ्य, चुस्त पोशाक और चुस्त भाषा वाले व्यक्ति थे। काशी विश्वविद्यालय के हिन्दी विभाग की महिमा का विज्ञापन करता हुआ उनका व्यक्तित्व अनूठा था। क्लास में लगभग

दस मिनट बाद आते और लगभग उतनी ही देर पहले क्लास छोड़ देते। तरह-तरह की अँगूठियाँ पहनते थे। कभी-कभी क्लास में बताते भी कि ये अँगूठी हिज़ हाइनेस द्रतिया ने दी थी या ऐसे ही किसी और व्यक्ति का नाम लेते। वे चलते समय दाहिने पैर के साथ दाहिना हाथ उठाते और बाएँ पैर के साथ बायाँ हाथ। ऐसी चाल शेर या बिल्ली की होती है। उनकी चाल की ऐक्टिंग नामवर जी बहुत अच्छी करते। पढ़ाते समय उनकी भाषा संस्कृतगर्भित और तत्समी होती थी। समीक्षायण का कुंडलन एवं आनयन जैसी। एक बार क्लास में उन्होंने 'अतिशयिनी ध्वनि' शब्द-संयोग का व्यवहार किया। मैंने पूछा—डॉक्टर साहब यह अतिशयिनी ध्वनि क्या है? उन्होंने मुस्कुराकर कहा—"हाँ प्रश्न संगत है। यह शब्द प्रयोग अग्निपुराण का है। बात यह है कि अन्य विश्वविद्यालयों के हिन्दी विभाग परीक्षार्थी तैयार करते हैं, काशी विश्वविद्यालय का हिन्दी विभाग विद्वान् तैयार करता है। इसी से हम कहते हैं कि देश के अन्य विश्वविद्यालयों के हिन्दी विभाग के अध्यापकों को आकर हमारी कक्षाओं में बैठकर ज्ञान-लाभ करना चाहिए और समझना चाहिए कि अध्यापन की उच्चस्तरीय विधि क्या है। यही धीरेन्द्र वर्मा थे जो बाबू साहेब से आकर हिन्दी में प्रश्न-पत्र बनाने की पद्धति पूछते थे। तब बाबू साहब हमसे कहते थे कि बता दो।" कभी-कभी बताते कि, "भोजन में क्लास में आने के पहले केवल थोड़ा-सा बासमती का भात और दाल के दालत्व की हीक को नष्ट करने के लिए थोड़ा-सा घृत, हाँ दधि अवश्य लेकर आता हूँ। रात्रि में केवल मलाई-पूरी।"

इससे यह न समझना चाहिए कि डॉ. शर्मा विद्वान् नहीं थे और अच्छे अध्यापक नहीं थे। 'हिन्दी कहानी का रचना-विधान' हिन्दी-कहानी पर लिखी हुई पहली गम्भीर कहानी-आलोचना की पुस्तक है। उनका यह कथन मुझे आज ठीक लगता है कि मैं 'शेखर : एक जीवनी' को उपन्यास नहीं मानता, शेखर कोई असाधारण नहीं, असामान्य पात्र है। डॉ. शर्मा कभी-कभी इतना अच्छा पढ़ाते कि सुखद आश्चर्य होता और विद्यार्थी पूर्ण सन्तुष्ट होते। डॉ. जगन्नाथ शर्मा शिष्य-वत्सल, उदार व्यक्ति थे। वे स्वतंत्रता-सेनानी भी थे। अनेक उच्च अधिकारियों, नेताओं और अनेक देशी रियासतों के राजाओं-महाराजाओं से उनकी अच्छी मित्रता थी जिसका उपयोग उन्होंने पं. हजारीप्रसाद द्विवेदी के काशी से हटाने में सफलतापूर्वक किया। वे विभागीय राजनीति के सिद्धहस्त और अचूक खिलाड़ी थे।

1965 ई. में दिल्ली, हिन्दी साहित्य सम्मेलन ने हिन्दी को राजभाषा घोषित किए जाने के अवसर पर एक भव्य समारोह किया। उसके समापन अवसर पर देश के मूर्धन्य हिन्दी विद्वान् मौजूद थे। दोपहर के सत्र में डॉ. शर्मा भी थे। उसी में आचार्य जानकीवल्लभ शास्त्री ने आचार्य हजारीप्रसाद द्विवेदी की प्रशंसा करते हुए उन्हें समकालीन हिन्दी का श्रेष्ठ आलोचक-इतिहासकार और विद्वान् बताया। मैंने देखा कि डॉ. शर्मा ने शास्त्री जी के इस कथन को स्वीकार ही नहीं किया बल्कि स्वीकृति में सिर भी हिलाया। शाम को द्विवेदी जी जब समापन समारोह की अध्यक्षता करने आए तो द्विवेदी जी और डॉ. शर्मा ने एक-दूसरे का आलिंगन किया। पंडित हजारीप्रसाद द्विवेदी की मृत्यु के बाद डॉ. जगन्नाथ शर्मा ने लिखा कि वे विभाग के हर पेचीदा मामले में मुझसे राय लेते थे और मेरी राय

मानते थे। इस कथन की सत्यता पर कुछ नहीं कहा जा सकता। कुछ लोग डॉ. शर्मा को विभाग में पीठ पीछे अभद्र विशेषण देते और द्विवेदी जी के उपन्यास 'चारुचन्द्रलेख' में एक पात्र है घुण्डकेश्वर जो दिल्ली के सुल्तान से मिलकर नायक के विरुद्ध षड्यंत्र करता है। 'कुटज' के बारे में पंडितजी ने लिखा है वह हीरे और पन्ने की अंगूठियाँ नहीं पहनता, किसी के विरुद्ध षड्यंत्र नहीं करता। इस तरह से देखें तो डॉ. जगन्नाथ शर्मा ऐसे दुर्लभ व्यक्तित्व हैं जिनका प्रभाव पंडितजी के व्यक्तित्व-कृतित्व दोनों पर है।

सन्दर्भ-सूची

1. अनुवाद आचार्य सीताराम चतुर्वेदी।

सतीर्थ-मंडल

1955-56 के आस-पास विश्वविद्यालय का गुर्टू छात्रावास हिन्दी के कई नवोदित साहित्यकार छात्रों, रिसर्च स्कॉलरों का केन्द्र था। गुर्टू हॉस्टेल में शिवप्रसाद सिंह, केदारनाथ सिंह, रवीन्द्र भ्रमर ऐसे छात्र थे जो प्रसिद्ध हो चले थे। इसके अलावा अजित सिंह, जमादार सिंह, गिरिजाशंकर सिंह आदि थे। वहाँ त्रिलोचन शास्त्री, नामवर सिंह, रामदरश मिश्र, विद्यासागर नौटियाल अक्सर दिखाई पड़ते। कभी-कभी शमशेरबहादुर सिंह, नागार्जुन भी आते। एक बार सुबह-सुबह दुष्यन्त कुमार, केदारनाथ सिंह को खोजते-खोजते पहुँचे। मेरे कमरे में बैठे। युवा कवि पारसनाथ सिंह की और मेरी कविताएँ सुनीं। त्रिलोचन शास्त्री की ग़ज़लों का संकलन 'गुलाब और बुलबुल' प्रकाशित हुआ था। उसका मनोरंजक मज़ाक उड़ाया।

केदारनाथ सिंह को अज्ञेय ने खोज निकाला था। वे ससम्मान प्रतिष्ठित पत्रिकाओं में छपते थे। सुदर्शन और सुकंठ, सुशील, मृदुभाषी, संस्कारी, फलतः लोकप्रिय। उनकी लोकप्रियता से ईर्ष्या होती। मैं भी कविता करने का प्रयास करता। वे मुझे प्रोत्साहित करते। मेरी एकाध कविताएँ सुधारीं। एक कविता राष्ट्रवाणी में छपने को भेजी। शिवप्रसाद सिंह की कहानी 'तस्वीरें', 'दादी माँ' भी अज्ञेय ने छापी थीं। वे नई कहानी के ग्राम कथाकार के रूप में प्रतिष्ठित हो चले थे। द्विवेदी जी के प्रिय शोधछात्र थे। विद्यापति की 'कीर्तिलता' पर एम.ए. में शोध-पत्र लिखा था। पी.एच.डी. सूरपूर्व ब्रजभाषा पर कर रहे थे। कुर्ता-धोती में जँचते। जाड़े में बंद गले का लम्बा ऊनी कोट और धोती, मफलर। बड़ी-बड़ी आँखें, गौरवर्ण, थोड़ा दोहरे बदन के। हँसोड़ नहीं, लेकिन बैठकबाज़, भावुक, आत्म-सजग, ज़रा-सी बात पर उत्तेजित हो जाने वाले। शाम को पोशाक पहनकर अपने कमरे के सामने खड़े होकर इधर-उधर निहारते। हम लोग कहते—'केहरि-ठवनि' में हैं। 'टाइम्स ऑफ़ इंडिया' मँगाते। लैंग्वेज को लांग्वेज बोलते। नामवर जी से प्रतिस्पर्धा उसी समय थी। वह लगभग आजीवन चलती रही। मुझ पर स्नेह था। मैं केदारनाथ सिंह के साथ रहता। वे मेरे क्लास-फेलो भी हो गए थे। वे केदारनाथ सिंह को नापसन्द नहीं करते थे। लेकिन नामवर जी उन्हें असह्य थे। एक बार मुझसे विशेष प्रसन्न हुए तो बोले—"मैं समझ नहीं पाता था कि व्हाई दिस ब्वाय विश्वनाथ त्रिपाठी इज़ ए स्टूज ऑफ़ नामवर सिंह।" उनके भी अपने प्रिय चहेते थे। शुकदेव सिंह उनसे काफ़ी मिलते-जुलते थे। शुकदेव सिंह की और मेरी पटती थी। मेरा ठिकाना नहीं था तो मैं उनके कमरे में रहता था।

नामवरजी और शिवप्रसाद सिंह के लगभग अपने गुट बन गए थे। केदारनाथ सिंह का स्वभाव गुटबाज़ी का नहीं था लेकिन वे शिवप्रसाद जी से बचते थे। शिवप्रसाद जी

प्रगतिशील लेखक संघ की गोष्ठियों में भी जाते थे लेकिन उनकी आत्मीयता परिमल गुट, भारती, जगदीश गुप्त आदि से थी। कुछ कारण भी जुट गए थे। 'सूर पूर्व ब्रजभाषा और साहित्य' की ध्वंसात्मक समीक्षा डॉ. रामविलास शर्मा ने 'समालोचक' में की। उनके साथ विजयदेवनारायण साही ने 'अलग-अलग वैतरणी' की सम्यक् प्रशंसात्मक समीक्षा की। नामवर जी के प्रिय ग्राम-कथाकार मार्कण्डेय थे, शिवप्रसाद जी नहीं।

शिवप्रसाद जी विद्याव्यसनी, संस्कारी, सहृदय, साहित्यकार थे। द्विवेदी जी उन्हें बहुत मानते थे। बाद में शिवप्रसाद जी अस्वस्थ हुए तो द्विवेदी जी उनके स्वास्थ्य लाभ के लिए व्रत रखते थे, पूजा करते थे। पुत्री मंजुश्री के निधन के बाद शिवप्रसाद जी मानसिक रूप से क्षीण हो गए थे। बहुत देर में सँभले। लेकिन वे आजीवन सरस्वती की साधना में लगे रहे। दिल्ली में मेरे घर आते थे। एक बार ठहरे भी थे। छोटी पुत्री सीमा को पत्र में आशीर्वाद भी भेजा था। असमय चले गए। अन्तिम जन्मदिन पर दिल्ली में—राममनोहर लोहिया अस्पताल में भेंट हुई। थोड़ी देर चुप रहे फिर जैसे उत्साह भरकर बोले—लेखन चलता रहे। रुके नहीं। उनके शिष्यों, पाठकों, प्रशंसकों, शुभचिन्तकों की बहुत बड़ी संख्या है।

रवीन्द्र भ्रमर मस्तमौला थे। कवि सम्मेलनों में खूब जमते थे। पंडितजी को 'बाबू जी' कहते। माता जी को गाँव का गीत—हिरनी वाला लोकगीत सुनाते। माता जी नामवर जी को 'नानौर' कहतीं तो भ्रमर जी को 'भँवर जी'। भ्रमर जी परिमल गुट के थे। नामवर, केदार का त्रिलोचनी गुट उन्हें महत्त्व न देता, शिवप्रसाद जी भी नहीं सेंटते। भ्रमर जी ऐसा भाव दिखाते—हम भी किसी को कुछ नहीं समझते। वे शम्भूनाथ सिंह और परिमलियों से राब्ता बढ़ाते। जौनपुर के थे। वहाँ के क्षेम जी (श्रीपाल सिंह क्षेम) की परम्परा के थे। एम.ए. परीक्षा में प्रथम स्थान उनका भी आया था। सिगरेट बहुत पीते थे। भ्रमर जी राजनीति से दूर गीतकार थे। एक बार विश्वविद्यालय में एक जुलूस निकला—स्पेन के तानाशाह 'सालाज़ार' के विरोध में नारे लगाते हुए। भ्रमर जी और शिवप्रसाद सिंह साथ-साथ खड़े थे। नारे सुनकर भ्रमर जी ने टिप्पणी की—"कम्युनिस्टों को देखिए—ज़ार को कितना पहले मार डाला अब भी उसे गाली दे रहे हैं (साला + ज़ार)।" शिवप्रसाद जी कम्युनिस्टों को पसन्द नहीं करते थे। लेकिन भ्रमर जी के अज्ञान पर बोल उठे—(जरा मुँह टेढ़ा करके) "हमारे बीच ऐसे-ऐसे गधे भी हैं जो ज़ार और सालाज़ार को एक समझते हैं।" भ्रमर जी ने ताड़ लिया कि कुछ गड़बड़ी हुई है—"बोले जाइए, जाइए मैं नहीं जानता तो क्या हुआ? भाई साहब मेरी भी फर्स्ट पोज़ीशन आई है।" शिवप्रसाद जी ने और मुँह बिचकाकर मेरी ओर देखकर कहा—'छछूँदर के सिर पर चमेली का तेल' होते तुम किसी और बैच में तब आती फर्स्ट पोज़ीशन—'कोई योग्य था ही नहीं तो कोई-न-कोई फर्स्ट पोज़ीशन तो हर साल आनी ही है।'

भ्रमर जी चुप हो गए।

रवीन्द्र भ्रमर हम लोगों को गीत सुनाते, अनेक साहित्यकारों और अध्यापकों की नकल उतारते, बहस करते, प्रेम दिखाते और निन्दारस का पान कराते। मेरे जैसे दब्बू व्यक्ति की कभी-कभी सहायता करते। मेरी कविताएँ रेडियो स्टेशन पर भेजते कि मुझे भी रेडियो पर बुलाया जाए।

द्विवेदी जी के यहाँ उनके किसी पूर्व परिचित के पुत्र मदन जी जाते थे। वे पंडितजी के निकट थे। लेकिन मुझ जैसे लोगों पर बहुत रोब जमाते थे। विद्यार्थियों के बीच यह भाव प्रकट करते कि द्विवेदी जी मुझे बहुत मानते हैं क्योंकि वे भी बलिया के हैं। मदन जी संस्कृत के विद्यार्थी थे, रुइया हॉस्टल में रहते थे, सस्वर काव्य-पाठ करते थे। ब्राह्मण थे और श्याम रंग के थे। बबुआ उन्हें करिया बाँभन कहते। एक बार रवीन्द्र भ्रमर और मदन जी के साथ मैं कहीं जा रहा था। रास्ते में कोई बहस हुई और मदन जी मुझसे नाराज़ हो गए। मुझे डाँटने लगे और अंग्रेज़ी में मुझे चेतावनी भी देने लगे। उनकी अंग्रेज़ी का अर्थ यह था कि मैं पंडितजी से कहकर तुम्हारा भविष्य ख़राब कर दूँगा। 'रेमेम्बर फार योर फ्यूचर।' इस प्रकरण में भ्रमर जी पहले तो चुप रहे। बाद में बात बढ़ती देखकर उन्होंने मदन जी को ललकारते हुए कहा–"जाइए, जाइए हम भी बाबू जी को जानते हैं। विश्वनाथ को आप बेमतलब हड़का रहे हैं। मैं बाबू जी से कह दूँगा कि आप इसे तंग करते हैं। क्या वे हम लोगों को नहीं मानते?" मदन जी चुप हो गए।

मदन जी पंडितजी की मालिश करते थे। पंडितजी उनसे भी लिखवाते थे। इससे मेरी तरह उनकी भी कुछ सहायता हो जाती थी। आज के प्रसिद्ध विद्वान् और कालिदास के मर्मज्ञ पं. रेवा प्रसाद द्विवेदी भी रुइया छात्रावास में रहते थे और मदन जी को अच्छी तरह जानते थे। वे मुझसे अक्सर पूछते कि, "आचार्य द्विवेदी, मदन जैसे व्यक्ति को अपने आस-पास क्यों रहने देते हैं? यह हिन्दी के विद्यार्थियों को बहुत पीड़ित करता है।" मदन जी भी गीतकार थे और सुकण्ठ थे। कुछ दिनों बाद कलकत्ता चले गए।

रवीन्द्र भ्रमर के साथ अनेक मनोरंजक घटनाएँ याद आती हैं। गुर्टू में उनके कारण बहुत चहल-पहल रहती। एक विचार-गोष्ठी में उन्होंने काव्य-पाठ किया। थोड़ी देर बाद वे सम्भवतः लघुशंका निवारण के लिए बाहर गए। थोड़ी देर बाद ही नामवर जी भी उनके पीछे गए। इधर गोष्ठी का कार्यक्रम चल रहा था और उधर लगभग दस मिनट के बाद भ्रमर जी अपने से लम्बे और बलिष्ठ नामवर जी को लगभग घसीटते हुए गोष्ठी कक्ष में लाते हुए दिखलाई पड़े। कहते जाते थे, "जो आपने वहाँ कहा है, वह यहाँ सबके सामने कहिए।" बात यह थी कि नामवर जी ने हस्बमामूल अकेले में रवीन्द्र भ्रमर की कविता की प्रशंसा कर दी थी। रवीन्द्र भ्रमर नामवर जी की ऐसी प्रशंसा कई बार झेल चुके थे। अकेले में। न लिखते थे, न सबके सामने कहते थे।

भ्रमर जी के पास एक बढ़िया साइकिल थी। भ्रमर जी अपनी वेशभूषा का ध्यान रखते थे और कवियोचित सज्जा में बाहर निकलते थे। उस साइकिल में लाइट भी थी। हरहराती हुई साइकिल चलाते ख़ास तौर पर जब शिवप्रसाद सिंह या केदारनाथ सिंह सड़क के किनारे पैदल चल रहे होते। साइकिल की हरहराहट से सुनाई पड़ता कि हम भी तुमसे कम नहीं हैं। ऐसे अवसर पर शिवप्रसाद जी प्रायः टिप्पणी करते–"अरे भाई! चाहें तो हम भी साइकिल चला सकते हैं।"

रवीन्द्र भ्रमर, अलीगढ़ मुस्लिम यूनिवर्सिटी में हिन्दी विभाग के प्रोफ़ेसर-अध्यक्ष बने। गीतकार, अच्छे अध्यापक और सफल मंचीय कवि के रूप में प्रसिद्ध हुए।

रवीन्द्रनाथ श्रीवास्तव और इतिहास के छात्र शिवाजी सिंह, भगवान दास छात्रावास में रहते थे। रवीन्द्रनाथ श्रीवास्तव ने कई बार मेरी सहायता की है। बाद में वे दिल्ली विश्वविद्यालय में भाषाशास्त्र के प्रोफ़ेसर और विभागाध्यक्ष बने। यहाँ मेरी-उनकी खूब पटरी बैठती। उन्होंने भाषाविद् के रूप में अप्रत्याशित ख्याति कमाई। हिन्दी में शैली-विज्ञान पर सबसे पहली चर्चा उन्होंने ही 'आलोचना' पत्रिका में की। असमय चले गए। मुझे गहरा आघात लगा।

विद्यासागर नौटियाल के बारे में हमें अब तक नहीं पता कि वे किस विषय के छात्र थे। हम उन्हें कम्युनिस्ट छात्र नेता के रूप में ही जानते थे। हाफ़ बाँह की बुश्शर्ट पैंट। चप्पल। सदा सदैव रात-दिन इसी पोशाक में। हम जाड़ा, गर्मी, बरसात किसी भी मौसम में उनकी किसी और पोशाक में कल्पना ही नहीं कर सकते थे। पोशाक का रंग खाकी जो पहनते-पहनते सफ़ेद हो चला हो। एक बार इस विषय पर बात चली तो नामवर जी ने गंभीरतापूर्वक कहा—'कुछ लोगों का तो यह मानना है कि यह उनकी पैदाइशी पोशाक है।'

लेकिन वे ऐसे सक्रिय राजनीतिकर्मी थे जो कहानीकार भी थे। उनकी कहानी 'भैंस का कट्या' ने धूम मचा दी थी। मैं तब उनके इस कहानीकार रूप से प्रभावित- परिचित नहीं था। बाद में 'टिहरी की कहानियाँ' प्रकाशित होने पर उनकी कहानियों का प्रशंसक-पाठक बना। केदारनाथ सिंह उस समय भी उनकी कहानियों की—विशेषतः उनकी भाषा की प्रशंसा करते। 'सोने की नथ' या 'नथ' कहानी की बात करते हुए कहते—लिखा है, 'लड़की पत्ती पत्ती बढ़ती जा रही थी'—फिर टिप्पणी करते—ऐसी भाषा शिवप्रसाद सिंह नहीं लिख सकते।

नौटियाल का मिलना ज़्यादा नामवर सिंह, विष्णुचन्द्र शर्मा, त्रिलोचन शास्त्री से होता। उनके बारे में सुनाई पड़ता आज अरेस्ट हो गए हैं, आज धरने पर बैठे हैं, आज किसी से तगड़ी बहस हो गई है। उनका एक मित्र था 'सुमन'। गुर्टू हॉस्टल में केदारनाथ सिंह के कमरे के पास वाले कमरे में रहता था। नौटियाल वहाँ आते। हम सबसे भेंट हो जाती। नामवर जी नौटियाल की कहानियों की तारीफ़ करते। शिवप्रसाद सिंह की कहानियों की नहीं। वे रामदरश मिश्र की रचनाओं की भी प्रशंसा कम करते। रामदरश जी के यहाँ, मैं सबसे पहले गया केदारनाथ सिंह के साथ। रामदरश जी हम लोगों के सीनियर सतीर्थ थे। मेरा उनसे तब तक क्षीण परिचय था। उनका सम्मान करता था। उनके घर नहीं गया था। दुर्गा कुंड के पास भिनगा कोठी थी, वहीं एक छोटे-से कमरे में सरस्वती भाभी जी खाना बना रही थीं। पता नहीं तब तक उनका ज्येष्ठ पुत्र हेमन्त हुआ था या नहीं। सरस्वती जी सीधी-सादी टिपिकल पुरबिया लड़की लगीं। हम लोगों से भोजन करने के लिए कहा। वह हमारे भोजन का वक्त था नहीं। तब रामदरश जी का यह छोटा-सा परिवार कठिन संघर्ष के दौर से गुज़र रहा था। रामदरश जी सुन्दर कविताएँ, विशेषतः गीत लिखते थे। बहुत अच्छा कंठ था। कहानियाँ भी लिखते थे। वे अध्यापक होकर गुजरात चले गए। वहाँ प्रसिद्ध साहित्यकार रघुवीर चौधरी उनके शिष्य हुए। कुछ बरसों बाद परेशान होकर दिल्ली चले आए।

गुर्टू छात्रावास में नामी-गिरामी साहित्यकार आते। उसमें अपने विषयों के तीव्र-बुद्धि शोध-छात्र होते थे। एक छात्र पी.के. गांगुली था। अंग्रेज़ी वक्तृता में लासानी। सुन्दर बाडी बिल्डर। शरीर-गठन में अव्वल। मिस्टर बी.एच.यू. होने का आकांक्षी। अखिल भारतीय

वाद-विवाद प्रतियोगिता में पुरस्कार-सम्मान पाने वाला। वामपन्थी विचारों का। छात्र राजनीति में सक्रिय। अंग्रेज़ी में आनर्स का छात्र। काशी विश्वविद्यालय में अंग्रेज़ी में बी.ए. आनर्स करना दुष्कर था। गांगुली को देखकर-सुनकर नामवर जी कहते–यह तुर्गनेव के 'रुदिन' जैसा लगता है। गांगुली का कंठ भी बहुत अच्छा था–'जाने वो कैसे लोग थे जिनके प्यार को प्यार मिला' तथा हेमन्त के अन्य गाने बहुत रुचि से गाता। गांगुली को हिन्दी साहित्य से भी प्रेम था। हम लोगों में घुलता-मिलता। केदारनाथ सिंह ने मुझे बादलेर की कविता का प्रेमी बना दिया था। मैं उसे बादलेर की कविताएँ (अंग्रेज़ी अनुवाद में) सुनाता। मैं ठीक से उच्चारण न कर पाता। वह मुझसे 'ल फ्लार द माल' छीनकर आदर्श उच्चारण में कविताएँ पढ़कर सुनाता।

मैं भी चाहता कि गांगुली जैसी अंग्रेज़ी फर्राटे से बोलूँ। पूछा–"यार, गांगुली, मेरी अंग्रेज़ी तुम्हारी जैसी कैसे हो सकती है। मुझे बता दो।" उसने तपाक से कहा–

"अनफारचुनेटली, दियर इज़ नो मिस्ट्री अबाउट इट–पढ़ो, लिखो और बोलो। अंग्रेज़ी क्या कोई भी भाषा अच्छी हो जाएगी।" मैं निराश हो गया।

बी.ए. में अंग्रेज़ी ऑनर्स करने या न कर पाने के बाद गांगुली लखनऊ विश्वविद्यालय, नृतत्वशास्त्र अन्थ्रोपोलोजी में एम.ए. करने चले गए। अनेक वर्षों के बाद उनका एक लेख पढ़ा किसी अंग्रेज़ी पत्रिका में अन्थ्रोपोलोजी पर ही–कैन्बरा विश्वविद्यालय में आयोजित सेमीनार में पढ़ा गया था।

गुर्टू में त्रिलोचन शास्त्री अक्सर आते। केदारनाथ सिंह के कमरे में प्रायः मिलते। गुर्टू में ही त्रिलोचन शास्त्री के ज्येष्ठ पुत्र जयप्रकाश रहते थे। वे प्राचीन इतिहास और संस्कृति विषय के शोध-छात्र थे। एक बार छात्रावास में शमशेर जी आए। एक छात्र के कमरे में कई लोग एकत्र हुए। शमशेर, केदारनाथ सिंह, नामवर जी, शिवप्रसाद सिंह, नौटियाल तो रहे ही होंगे। वहाँ त्रिलोचन शास्त्री ने नागार्जुन द्वारा केदारनाथ अग्रवाल पर लिखी गई कविता पढ़ी–

'तुम धरती के पूत गगन के तुम जामाता' का अर्थ खोला–शब्द आकाश का गुण है–सो वाणी आकाश कन्या हुई। कवि धरती का पुत्र वाणी का वरण करता है। इसलिए वह आकाश का जामाता हुआ। कविता ने हम सबको विभोर कर दिया। प्रशंसा के बीच शमशेर ने कहा–"साहब! ज़रा रुक जाइए। अब केदारनाथ अग्रवाल की वह कविता तो सुनिए जो उन्होंने नागार्जुन पर लिखी है। दिल थाम कर बैठिए।" और सचमुच केदारनाथ अग्रवाल की कविता ने जादू कर दिया। दोनों कवि-मित्रों ने एक-दूसरे पर जैसी कविताएँ लिखी हैं, दो मित्र कवियों ने शायद ही किसी और भाषा में ऐसी मार्मिक कविताएँ लिखी हों। इंद्रियबोधात्मकता, भाव और विचारधारा का अद्भुत संश्लेष है कि प्रभावान्विति!

वह हमारे संस्कारों का निर्माण करने वाला ऐतिहासिक स्मरणीय दिन था।

एम.ए. में हमारे साथ जमादार सिंह थे। वे केदार जी के उदयप्रताप कॉलेज से साथी थे। केदार जी से उनकी आत्मीयता थी। बहुत सीधे-सादे सरल थे। केदार जी उनकी बातें खूब करते। एक साथी (हॉस्टल के) थे अजित कुमार सिंह। केदार जी उन्हें मज़ाक में 'पुलकित' कहते। जमादार सिंह की क्लास में हाज़िरी ली जाती। कभी क्लास में न होते

तो अंग्रेज़ी के अध्यापक प्रो. साहनी टिप्पणी करते—ही मस्ट बी आन ड्यूटी समव्हेर! केदारनाथ सिंह सुनाते—जमादार सिंह हाथी पर घी का कनस्तर ला रहे थे। गिर पड़ा। ग़लती से या जानबूझकर हाथी ने उस पर पाँव रख दिया। पात्र पिचक गया। घी कीचड़ में फैल गया। यह घटना सुनाकर लोग उन्हें चिढ़ाने की कोशिश करते लेकिन जमादार सिंह न चिढ़ते। मैंने उनके साथ ज़रूर एक ऐसी हरकत की जिसका उन्होंने बुरा माना होगा। मेरी भी गलती नहीं थी। मुझे 'संदेशरासक' की ज़रूरत थी। मैं उस पर लघु शोध-प्रबन्ध कर रहा था और पुस्तक मेरे पास नहीं थी। जमादार सिंह ने भलमनसाहत में किताब मुझे दे दी। लघु शोध-प्रबन्ध लिखकर जमा करने के बाद मैं बहुत थक गया। पैसे पास थे नहीं। टंकण करने वाले उपाध्याय तक का पैसा बाकी था। कुछ अच्छा खाने—यानी मसाला दोसा लंका के अय्यर काफ़ी हाउस का और राजकपूर नरगिस की कोई फ़िल्म देखने की हुड़ुक उठ रही थी। आर.के. स्टूडियो के आरचेकर ने नरगिस का जो चित्र बनाया था वह पेज मैंने 'फ़िल्म फेयर' से काट लिया था। वह मेरे कमरे में टँगा रहता था। विवशतः मैंने बंधुवर जमादार सिंह द्वारा प्रदत्त 'संदेशरासक' स्टूडेंट्स फेर शॉप में बेचा—राजकपूर नरगिस की फ़िल्म 'जान पहचान' देखी, जिसका द्वन्द्व-गान मुझे बेहद पसन्द है। 'अरमान भरे दिल की लगन तेरे लिए है। ये चाँद ये धरती ये गगन हो सजन तेरे लिए है तेरे लिए है।' यह तो बाद में पता चला कि संगीत खेमचन्द प्रकाश का है। वही खेमचन्द प्रकाश जिन्होंने 'महल' का संगीत दिया है। निर्मला गर्ग और शरददत्त ने बताया कि खेमचन्द प्रकाश की लड़की की शादी रामगोपाल बजाज से हुई। अय्यर काफ़ी हाउस में मसाला-दोसा खाया। जमादार सिंह किताब वापस माँगते रहे, मैं टरकाता रहा। किताब कहाँ से वापस करता। वे शरीफ़ आदमी थे। केदार जी ने बताया कि वे कभी दिल्ली आए थे। इलाज के सिलसिले में। अपनी 'कामायनी' बेचकर भी मैंने सिनेमा देखा था।

एक वर्ष की परीक्षा छोड़ने के बाद मैं केदारनाथ सिंह का क्लास-फेलो हो गया था। मैं उनके साथ-साथ रहता। उनका कवि रूप में यश बढ़ रहा था। मैं भी कवियशः प्रार्थी हो गया। वे मुझे सलाह देते। उनसे मेरी बहुत पटरी बैठती। सच पूछिए तो समकालीन कविता में उत्सुकता उन्होंने ही मुझमें पैदा की। वे फिराक़ और फ़ैज़ की कविताओं के भी शौकीन थे। फिराक़ की कविताओं का एक संकलन हिन्दी में छपा था—'इन्द्रधनुष'। उनके पास था। पूरी पुस्तक हम दोनों ने मिलकर कई बार पढ़ी होगी। वे कविताएँ सुनाते समय दरवाज़ा उढ़का लेते। निर्विघ्नता और निर्मक्षिकत्व की खातिर। लंका पर ग्लोब बुक सेन्टर खुला। उसके मालिक राजेन्द्र सिंह थे। वे हम लोगों को किताबें उधार दे देते। हम वहाँ अक्सर जाते। वे हमें चाय पिलाते। एक दिन केदार जी ने फ्रेंच कवि बादलेर का काव्य-संकलन (अंग्रेज़ी अनुवाद) 'ल फ्लार द माल' देखा। 'ल फ्लार द माल' की एक कापी खरीदी। मुझसे कहा—"विश्वनाथ जी कविता आगे करते रहना हो तो आप भी खरीद लीजिए। यह कवि, इमेजेज़ का जंगल है।" उन्होंने मुझे रेम्बो, (त्रिलोचन जी ने ठीक किया—रेम्बो नहीं राम्बो) वर्लेन, मलार्मे की कविताओं से परिचित कराया। केदार जी कविता में आकंठ डूबे रहते। उनके साथ रहो तो सबसे ज़्यादा बातचीत कविता पर ही होती। देशी-विदेशी कवियों पर समान रूप से। कभी-कभी उनकी कोई कविता मैं उनसे ही अपनी डायरी पर लिखवा लेता।

'अनागत', 'रात कहीं' जैसी कविताएँ उनसे सबसे पहले शायद मैंने सुनी हैं। और वे मेरी डायरी में आज भी लिखी सुरक्षित हैं। केदारनाथ सिंह के व्यक्तित्व में साहित्यकारों के प्रति ऊष्मा, आत्मीयता थी। साहित्य उनकी ऐसी ज़रूरत था मानो रोटी, कपड़ा, मकान, ऑक्सीजन, जल–महाभूत। उनका व्यक्तित्व साहित्य-संक्रामक और मोहक था।

लेकिन हमारी उनकी पटरी और भी कारणों से बैठती थी–मैं अभावग्रस्त था। घर के बाहर छात्रावासों या डेरों पर शायद ही किसी दिन दोनों समय भोजन किया हो। 1956 तक। बाद में जब स्कॉलरशिप मिलने लगी तब ठीक हो गया। केदारनाथ सिंह मेरे जैसे नहीं थे, किन्तु सम्पन्न वे भी नहीं थे। नामवर जी की भी आर्थिक स्थिति केदारनाथ सिंह जैसी। त्रिलोचन शास्त्री फ़ाकेमस्त–तो हालत यह कि–'मस्ती का आलम साथ चला हम धूल उड़ाते जहाँ चले।' तब शराब नहीं कॉफ़ी पीना साहित्यकारोचित माना जाता था। केदारनाथ सिंह बहुत एकाग्र होकर बताते इलाहाबाद रेडियो स्टेशन पर कवि-सम्मेलन के अवसर पर पन्त जी कैसे काफ़ी पीते हैं–हल्की-सी घूँट। कैसे केदारनाथ सिंह की कविता पर खुश होकर उनकी पीठ पर हाथ रखा। धर्मवीर भारती 'तुम' कहकर सम्बोधन करते, उँगली पर पहनी हुई अँगूठी घुमाते, दुष्यन्त ने कैसे धर्मवीर भारती को धमकाया–साले छुरा मार दूँगा। केदारनाथ सिंह मार्कण्डेय के यहाँ ठहरते। तब केदारनाथ सिंह अपने गीतों के लिए प्रसिद्ध थे–सुकंठ-सुदर्शन थे। 'रात पिया पिछवारे पहरू ठनका किया', धुन बाबुल फ़िल्म के गीत–'पंछी बन में पिया-पिया गाने लगा' सुनकर उपजी थी। त्रिलोचन शास्त्री केदारनाथ सिंह को बहुत मानते थे। मुझे भी त्रिलोचन जी मानते थे। उनके और विष्णुचन्द्र शर्मा के बारे में अलग से।

ऐसे भी मौके आए जब हमने–केदार जी और मैंने साथ-साथ फ़ाके किए। वह भी ऐन इम्तहान और लघु शोध-प्रबन्ध लिखते समय। एक तो बड़ी मार्मिक घटना है। खुद्दारी के मारे दो किशोर-मित्र भटक रहे हैं कि कहीं कोई मिल जाए सादर निमन्त्रित करे। कह सकते नहीं कहीं अपनी ओर से। दोनों इस स्थिति पर हँसते हैं, व्यंग्य करते हैं और भूखे हैं। ऐसे में एक रोचक, मनोरंजक और करुण प्रसंग हो गया नामवर जी के साथ।

ऐसे में केदार जी का परिचित कोई-न-कोई मिल जाता। एक थे सुदामा सिंह, विश्वविद्यालय क्षेत्र में डबलरोटी बेचते थे; हमें डेरे पर ले गए। पराँठा और लुटपुटार आलू-टमाटर की सब्जी का भोजन कराया। केदार जी ने बताया है कि ऐसे दौर में एक चपरासी के यहाँ भी हमने खाना खाया है। (यानी उसने खिलाया है) बेस्वाद खाना।

नामवर जी केदारनाथ सिंह और मेरा ध्यान बहुत रखते थे। मेरी तो वे उस समय भी आर्थिक सहायता करते थे जब उनकी नौकरी पक्की नहीं थी। मैं उनके यहाँ हफ्तों रहा भी हूँ।

मैं इलाहाबाद जाया करता था। कानपुर में वी.एस.एस.डी. कॉलेज के मेरे सहपाठी सतीश वहाँ पढ़ते थे। एक बार इलाहाबाद केदार जी के साथ गया। उनके साथ शमशेर बहादुर सिंह से मिलने के लोभ में। केदार जी मुझे लिए हुए शमशेर जी के यहाँ पहुँचे–बहादुरगंज के मकान में। ऊपरी मंजिल में एकाध कमरे थे। एक छोटी कोठरी थी जिसमें शमशेर, काव्य और चित्र साधना करते थे। काग़ज़ इधर-उधर बिखरे पड़े थे किताबें, अख़बार भी। शमशेर ने खुलकर स्वागत किया। मेरी ओर भी ध्यान दिया। खाना खुद बनाया। बोले–स्मोक्ड फूड, भाप से पकाया हुआ खाना खाइए। पता नहीं क्या खिलाया–याद नहीं लेकिन स्वादिष्ट था। शमशेर

ने रात को 'टूटी हुई बिखरी हुई' कविता सुनाई। ताज़ा लिखी थी। तब तक हो सकता है, कहीं छपी न हो। उनसे कविता सुनना अभूतपूर्व अनुभव था। कविता जैसे मनोजगत में घटित हो रही हो। ऐसा प्रभावशाली काव्य-वाचन न पहले सुना था न बाद में। शमशेर ने मुझसे बात भी की। साहित्य में रुचि कैसी है? कौन कवि, या लेखक पसन्द है? साहित्य का उद्‌देश्य क्या मानते हैं? आदि। वे धर्मवीर भारती को और उनकी रचनाओं को ज़्यादा तरजीह नहीं देते थे। परिमल वालों की आलोचना भी करते थे।

रात को केदारनाथ सिंह और मैं–अख़बार बिछाकर फर्श पर सोए। जाड़े के दिन थे। लेकिन तब जाड़ा कम लगता था। ओढ़ने को कुछ ले गए होंगे या शमशेर ने दिया होगा।

सुबह उन्होंने चाय पिलाई ख़ुद बनाकर। मैं अपने मित्र के यहाँ चला गया। केदार जी रह गए।

एम.ए. फाइनल की परीक्षा के ठीक पहले। क्लास के कुछ छात्र-छात्राओं की पिकनिक-यात्रा हुई। कहीं से एक जीप का जुगाड़ किया। एम.पी.एल. कान्त, रवीन्द्रनाथ श्रीवास्तव, केदारनाथ सिंह, छात्राओं में चन्द्रा, त्रिशला, वी. सरोजा और शायद मनोरमा भी। मुझे भी ये लोग ले गए। साथ में अध्यापक-मित्र नामवर सिंह। मैंने तब तक सारनाथ नहीं देखा था। सारनाथ में मृगदाव देखा। तथागत की मूर्ति देखी। विनोद-वार्ता होती रही। वसन्त के दिन थे। आम के पेड़ों में टिकोरे आ रहे थे। उन्हें तोड़-तोड़कर खाए। तालाब के पास मिलकर बैठे। चन्द्रा ने शिकस्त का गाना सुनाया। 'जब-जब फूल खिले मैंने याद किया तुझको'–तलत का गाया हुआ। यह गाना मुझे बहुत पसन्द है। नामवर जी जानते थे, हो सकता है चन्द्रा जी से कहकर यह मुझे सुनवाया हो। केदारनाथ सिंह ने काव्य-पाठ किया। लोगों ने ज़िद की नामवर जी भी कुछ सुनाएँ–नामवर जी ने गाकर, रसखान का सवैया सुनाया–'ताहि अहीर की छोहरियाँ छछिया भर छाछ पे नाच नचावैं।' नामवर जी का कंठ बहुत सधा है, बँधा हुआ स्वर। कुछ रवीन्द्रनाथ श्रीवास्तव, एम.पी.एल. कान्त ने भी सुनाया। सब पर फबतियाँ कसी जा रही थीं। नामवर जी लोगों की नक़ल बोलने, चलने की, बहुत अच्छी उतारते हैं। कौन कैसा चलता है, हाथी की तरह, शेर की तरह, स्त्रैण चाल है। पता नहीं क्या सूझा उन्होंने त्रिशला से पूछा 'और मैं कैसे चलता हूँ?' त्रिशला ने, मानो जवाब पहले से तैयार था, कहा–'कटार की तरह।'

लौटते समय शाम हो गई। चाँदनी छा गई। सड़क पर दौड़ती जीप में चाँदनी की छाया पड़ रही थी। नामवर जी ने बिना अनुरोध के गाना शुरू किया–

कुछ अँधेरा कुछ उजाला क्या समा है
जो करो इस चाँदनी में सब क्षमा है।

जीप सरस्वती प्रेस के सामने रुकी। सब लोग उतरकर अपने-अपने डेरे पहुँचे–इस अहसास के साथ कि अब हम लोगों का साथ छूट रहा है। अभी कुछ वर्षों पहले नामवर जी ने बताया चन्द्रा ने आत्महत्या कर ली।

काशी में सघन साहित्यिक वातावरण था। हालाँकि मुझे नगरीय साहित्यिक वातावरण या साहित्यिक राजनीति की कोई जानकारी नहीं थी। वह मेरे बस की बात नहीं थी। हमें जानकारी तभी होती जब उसकी छाया विश्वविद्यालय या विभाग पर पड़ती थी। हम इतना

ज़रूर जानते थे कि काशी में हिन्दी के दो दल हैं। शम्भुनाथ सिंह के और त्रिलोचन शास्त्री के। ये एक-दूसरे के विरोधी नहीं थे, वे षड्यंत्र-सक्रिय भी नहीं थे। एक-दूसरे का सम्मान करते थे, आपस में मिलते-जुलते। एक मंच पर आते। मानने की बात थी।

बात यह थी कि नामवर जी, केदारनाथ सिंह आदि मूलतः शम्भुनाथ सिंह की मंडली के थे। शम्भुनाथ सिंह जब–

'समय की शिला पर मधुर चित्र
कितने किसी ने बनाए, किसी ने मिटाए'

गाते थे तो कैसा समा बँधता था, इसे दूसरे के मुँह से सुनकर नहीं जाना जा सकता। जादू का समाँ होता था। रेशम के छल्लों जैसी स्वर-लहरी–शम्भुनाथ जी झूम-झूमकर नहीं लहराकर पढ़ते। आँखें किंचित् खुली, किंचित् बन्द। भारत नया स्वतंत्र हुआ था। लोकजीवन, बोलियों, लय, धुनों का शिष्ट साहित्य, यानी किताबी साहित्य पर नया प्रभाव पड़ रहा था। यह प्रभाव गीत और कहानी कथा-साहित्य पर सबसे ज़्यादा दिखाई देता था। काशी और उसके आस-पास के सांस्कृतिक केन्द्रों पर नए गीतकार उभर रहे थे–नामवर सिंह, केदारनाथ सिंह, ठाकुर प्रसाद सिंह, रामदरश मिश्र, रवीन्द्र भ्रमर, श्रीपाल सिंह क्षेम, रूपनारायण त्रिपाठी, ब्रजराज तिवारी, अधीर, परमानन्द श्रीवास्तव, राहगीर आदि। इन सबका नेतृत्व शम्भुनाथ सिंह कर रहे थे।

फिर बीच में 5-6वें दशक के शुरू में या उससे कुछ पहले ही काशी में त्रिलोचन शास्त्री आ गए। बनारस आए तो वहीं के हो गए। सुलतानपुर जिले में चिरानपट्टी गाँव के। मूल नाम वासुदेव सिंह, 1917 ई. का जन्म। रहन-सहन वेष-भूषा विचित्र। लेकिन स्वस्थ शरीर, लमछर कसरती बदन। आवाज़ थोड़ी-सी बैठी हुई। गोरा होते-होते साँवला हो गया वर्ण। खड़ी बोली सतर्क होकर बोलने वाले। व्याकरण- सम्मत वाक्य-विन्यास का ध्यान बोलते समय भी। मानो बोलना शुरू करते ही बता देते कि मैं खड़ी बोली का नहीं अवधी-भाषी हूँ। सहज तौर पर अवधी ही बोलते। प्राचीन, मध्यकालीन और आधुनिक हिन्दी साहित्य के सचल विश्वकोश। बातें सुनने में विचित्र लगतीं किन्तु प्रायः सत्य निकलतीं। भाषा-पूजक। भाषा को इष्ट देवता के समान आचरण-साधना से पूजने वाले मैंने चार व्यक्ति देखे–किशोरीदास वाजपेयी, राहुल, रामविलास शर्मा और त्रिलोचन शास्त्री। नामवर जी ने उनका बहुत सत्संग किया। उनसे बहुत कुछ सीखा। त्रिलोचन जी हमारे सतीर्थ नहीं थे। लेकिन उनके बिना सतीर्थों पर बात नहीं हो सकती।

त्रिलोचन बहुत सामान्य लगते थे। अभावग्रस्त स्वाभिमानी। धीरे-धीरे उनकी क्षमताओं से लोग परिचित होने लगे। ललित, मनोहर, सुकुमार ग्रामगीतों की तर्ज पर लोकप्रिय गीतों से–'मिलकर ये दोनों प्रानी दे रहे खेत में पानी', 'मुझे जगत जीवन का प्रेमी बना रहा है प्यार तुम्हारा, 'धूप में जगरूप सुन्दर' पंक्तियों में सौन्दर्य से परिचित होने लगे। यह आकर्षण एवं सौन्दर्य-परिचय प्रगतिशील-सौन्दर्यबोध और वामपन्थी-साहित्य-रुचि की ओर स्वाभाविक तौर पर था।

चन्द्रबली सिंह, ठाकुर प्रसाद सिंह, नामवर सिंह, विष्णुचन्द्र शर्मा, नौटियाल वामपन्थी साहित्यकार थे। वामपंथी कमोबेश रामदरश मिश्र और केदारनाथ सिंह भी थे । त्रिलोचन शास्त्री के बारे में मुझे सबसे ज़्यादा केदारनाथ सिंह ने बताया है। केदारनाथ सिंह की रोचक कथन-शैली काव्योचित और बतरस में पगी होती है–तथ्य और कल्पना का मणि-कांचन योग करती हुई।

त्रिलोचन जी संन्यासी लगते थे। गोष्ठियों में जाते तो परिचय कराया जाता कि इन्होंने लाख-सवा लाख सानेट लिखे हैं। केदारनाथ सिंह ने बताया–"रानी भवानी गली में ऐसे मकान में रहते हैं जिसके नीचे सड़क है।" मकान के नीचे सड़क–मैं समझ ही नहीं पाया। "बाढ़ में भी गंगा सीधे तैरते हैं। लम्बा कुरता पहनते हैं, पैजामा नहीं, सिर्फ़ लँगोट की ज़रूरत रहती है। एक बार जिज्ञासावश किसी ने कुर्ता उठाकर देख लिया। संयोगवश उस दिन लंगोट पहनना भी शास्त्री जी ने अनावश्यक समझा था। त्रिलोचन शास्त्री केदारनाथ सिंह के काव्य-गुरु भी थे। (अगर मैं कवि माना जाऊँ तो मेरे भी)।"

केदारनाथ सिंह से भी पहले त्रिलोचन शास्त्री के बारे में मुझे काशीनाथ सिंह ने बताया–1953 में ही–पहली बार जब मैं नामवर जी से मिलने लोलार्क कुंड पर उनके घर गया तो काशी मिले। बातों-बातों में उन्होंने शास्त्री जी का उल्लेख किया–भइया शास्त्री जी का बहुत सम्मान करते हैं। आते हैं तो भोजन यहीं करते हैं। जिस दिन उन्हें भोजन करना होता है। भइया भाभी से कहते हैं–आज चार-पाँच लोग आ रहे हैं भोजन करने। शास्त्री जी शेर-शिकम हैं। (शेर-शिकम मेरा शब्द है, काशी ने नहीं कहा था)। काशी ने बताया शास्त्री जी सोते-सोते गंगा नहा आते हैं। पता ही नहीं चलता। सवेरे उठकर देखते और धोती गीली कैसे हो गई। यह तो कहो कि गंगा में डूबे नहीं। एक दिन नहाते ही नींद उचट गई तब पता चला–यह कोई रोग है–सोते में ही जगते जैसा काम करना। किसी फ्रेंच महिला को भी यही रोग था। भारत में यह और किसी को नहीं सुना गया।

त्रिलोचन जी के भोजन-सम्बन्धी कई प्रसंग हैं। 8वें दशक में दिल्ली विश्वविद्यालय में पत्राचार विभाग में सेमिनार था। बहुत लोग थे। नागार्जुन भी थे, त्रिलोचन भी। दोपहर को लंच के समय त्रिलोचन गायब। ढूँढ़ हुई। नहीं मिले! बाबा ने कहा–"शाम को खिलाऊँगा त्रिलोचन को। तुम लोग उनको खिलाना नहीं जानते।" शाम को नागार्जुन ने त्रिलोचन को जाने नहीं दिया। अपने साथ बिठलाया। वेटर से कहा–"पाँच लोगों का इकट्ठे खाना–तदनुसार सब्जी, चटनी, स्वीटडिश ले आओ।" त्रिलोचन ने खाना खाया।

त्रिलोचन कसरती आदमी थे। भोजन नियमित नहीं मिलता था। जब मिलता था, ऊँट की तरह कई समय का इन्तज़ाम कर लेते होंगे। धीरे-धीरे आयुर्वेद के अनुसार चबा-चबाकर खाते थे। जल्दी खाने के बाद लोग उठ जाते थे, वे बैठे रहते चबा-चबाकर खाते हुए। लोग समझते वे बहुत ज़्यादा–जितना ज़्यादा वे खाते थे, उससे कहीं ज़्यादा खाते हैं।

वे सीधे-सादे साफगो–चिकनी-चुपड़ी न खाने वाले, न बोलने वाले, तंगदस्त रहते। माँगते मैंने उन्हें कभी नहीं पाया। अपनी तरफ़ से कुछ भी दो तो अस्वीकार करते भी कभी नहीं देखा। अपनी ज़ेब से खर्च करते भी कभी नहीं देखा। सुना एक बार गुर्टू छात्रावास में भोजन करने के बाद उन्होंने 90 (शब्दशः नब्बे) गुलाब जामुन खाए।

और शरीर ताँत की तरह चीमर। कहते हैं एक बार रामविलास जी से पंजा लड़ौवन हो गया (यह प्रसंग शास्त्री जी ने ही मुझे बताया है)–

"रामविलास जी पंजा लड़ाने में बेईमानी करने लगे। इसी बेईमानी से वे निराला जी से भी पंजा नहीं हारते थे। त्रिलोचन से चाल की तो त्रिलोचन ने कहा–'मुझसे गड़बड़ किया तो पंजे की पूरी चमड़ी उधड़ जाएगी।'

बहरहाल त्रिलोचन शास्त्री किंवदन्ती पुरुष हैं। काशीनाथ सिंह ने उन पर एक संस्मरण लिखा भी है।

1953-54 में शास्त्री जी काशी में सम्मानित थे। साहित्यिक संघ की बैठकों में वे आते थे। अध्यक्षता को लेकर एक घटना है। लेकिन वह बाद में।

त्रिलोचन शास्त्री आधुनिक हिन्दी साहित्य की एकाधिक पीढ़ियों के काव्य-गुरु थे। वे हिन्दी भाषा और साहित्य के सचल, सवाक् विश्वकोश थे। हिन्दी जातीयता के प्रतीक-व्यक्तित्व। वे नए लोगों से खुल जाकर मिलते, सहज साहित्य शिक्षा देते, उनकी निहित क्षमता पहचानते, प्रोत्साहित करते। अभावग्रस्तता, सहजता, ग्रामीण भदेसपन उनका स्वभाव था। मौकाशनास, अवसरवादी, सुविधाजीवी माहौल में वे अवसर को नकारने और उसकी उपेक्षा ही नहीं तिरस्कार करने वाले मध्यकालीन सन्तों की तरह थे। आप उन्हें आधुनिक सन्त कह सकते हैं।

वे हिन्दी भाषा, उसकी बोलियों और उनमें रचित साहित्य की प्रकृति पहचानने वाले हमारे समय के श्रेष्ठ काव्य-मीमांसक थे। वे बहक में बहुत आते थे। खाने-पीने–विशेषतः पीने में असंयमी और शायद लालची थे। इसका खामियाज़ा उन्हें और उनके परिवार को भुगतना पड़ा है। भाभी जी, श्रीमती त्रिलोचन शास्त्री उनसे इसीलिए बिगड़ी रहती थीं। अन्दर से प्रेम में पति-चिन्ता में डूबी हुईं। अवध प्रदेश की ठेठ पत्नियों की तरह–व्यंग्य, क्रोध, क्षोभ ही उनके रक्षा कवच। आलोचक इससे अनजान होते हैं कि पति की हरकतों से पत्नी को कितना अपमान झेलना पड़ता है, उसके स्वाभिमान को कितनी चोट पहुँचती है जब लोग कहते हैं–हँसते हैं कि तुम्हारा पति गरीब, पेटू है।

सच्ची बात यह है कि नामवर सिंह से लेकर धूमिल की और धूमिल के बाद की भी काशी-साहित्यकारों की पीढ़ियाँ त्रिलोचन शास्त्री के प्रभाव में आकर आधुनिक हुई हैं, उन्हें यथार्थ ज्ञान हुआ है। त्रिलोचन शास्त्री की कविता और उनका व्यक्तित्व भी श्रोता-पाठक रिझाऊ नहीं है। इसलिए उनकी उक्तियों पर वे ही लोग ध्यान दे पाते हैं जो जिज्ञासु होते हैं और जिनके पास बातों की तह तक जाने की क्षमता है। कहते हैं कि नामवर जी के पहले निबन्ध-संकलन 'बकलम खुद' का नामकरण त्रिलोचन जी ने ही किया था। काशी में कोई भी आदमी त्रिलोचन शास्त्री से मिल सकता था, त्रिलोचन शास्त्री किसी के भी यहाँ जा सकते थे, किसी से भी मिल सकते थे, कोई उनसे सीख सकता था और कोई उनका मज़ाक उड़ा सकता था। मेरे जानने में उनके सबसे बड़े संगी विष्णुचन्द्र शर्मा थे। कहते हैं कि त्रिलोचन शास्त्री ने अनेक बार काशी विश्वविद्यालय से अंग्रेज़ी विषय में एम.ए. करने के लिए फार्म भरा लेकिन इम्तहान नहीं दिया। कुछ तो यह भी कहते हैं कि एक बार जब दिया तो प्राप्तांक काफ़ी निराशाजनक थे। जिन लोगों ने नशे की हालत में त्रिलोचन शास्त्री को अंग्रेज़ी बोलते सुना होगा वे इसकी तस्दीक कर सकते हैं।

काशी की प्रगतिशील लोगों की साहित्यिक गोष्ठियों में अध्यक्ष वही होते थे। एक बार की बात है कि गोष्ठी होने के एक घण्टे पूर्व से ही त्रिलोचन शास्त्री ने घोषणा कर दी कि इस बार अध्यक्ष मैं नहीं बनूँगा। सबको आगाह कर दिया कि अगर किसी ने मेरा नाम अध्यक्षता के लिए प्रस्तावित किया तो मुझसे बुरा कोई नहीं होगा और उससे सदा-सर्वदा के लिए मेरा सम्बन्ध-विच्छेद हो जाएगा। मैं अन्तिम बार सबको सावधान कर रहा हूँ। देखें

आज मुझे कौन अध्यक्ष बनाता है। पूरी मंडली गोष्ठी-स्थल पर पहुँची। सब लोग यथास्थान बैठ गए कि विष्णुचन्द्र शर्मा कहीं से प्रकट हुए। वे शास्त्री जी की घोषणा से अनजान थे। गोष्ठी शुरू होने के ठीक पहले बोले, "प्रत्येक गोष्ठी के लिए एक अध्यक्ष की आवश्यकता होती है। हमारा सौभाग्य है कि हमारे बीच शास्त्री जी जैसे वरिष्ठ साहित्यकार उपस्थित हैं। मैं प्रस्ताव करता हूँ कि इस गोष्ठी की अध्यक्षता शास्त्री जी करें।" सभा में सन्नाटा छा गया। सब सिर नीचा करके आने वाली स्थिति की कल्पना में डूब गए। शास्त्री जी लगभग एक मिनट तक विष्णुचन्द्र को घूरते रहे। फिर गंभीरता से बोले, "विष्णु, तुमसे मुझे ऐसी आशा न थी। आज यह दुष्टता नामवर ने की होती, शिवप्रसाद ने की होती, ठाकुर प्रसाद ने की होती तो मैं समझ सकता था। लेकिन तुम मेरे साथ यह विश्वासघात करोगे इसकी मुझे कल्पना न थी। आज से तुम्हारा-हमारा सम्बन्ध समाप्त। मैं इसकी घोषणा पहले ही कर चुका हूँ और मेरा निर्णय अटल है।" विष्णु जी पहले तो थोड़ा सकपकाए फिर अतीव उत्तेजित होकर बोलने लगे–"आपको पूछता कौन है? अरे हम लोग आपका सम्मान करते हैं। चले जाइए चेतना की गोष्ठी में, चले जाइए परिमल की गोष्ठी में। कौन आपको पूछता है और कौन आपको अध्यक्ष बनाएगा।" विष्णुचन्द्र शर्मा लगभग दस मिनट तक त्रिलोचन शास्त्री को झाड़ते रहे। त्रिलोचन शास्त्री चुप। आखिर में वही हुआ जो हमेशा होता था। गोष्ठी की अध्यक्षता त्रिलोचन शास्त्री ने ही की।

साहित्यिक संघ की एक गोष्ठी सरस्वती प्रेस में हो रही थी। गोष्ठी में शमशेर की कविता 'आओ' पहली बार पढ़ी जा रही थी। कविता पढ़ी गई। विचार-विमर्श प्रारम्भ हुआ। नामवर सिंह, चन्द्रबली सिंह, बच्चन सिंह, विजयशंकर मल्ल आदि ने विचार किया। अध्यक्षता सदैव की भाँति त्रिलोचन शास्त्री कर रहे थे। अन्त में बोले, "कविता में परिकरांकुर अलंकार की छटा विशेष ध्यातव्य है। विशेषण–विच्छित्तिमूलक अलंकारों का उपयोग भी देखा जा सकता है।" इसी तरह की बातें पाँच मिनट तक बोलते रहे। अन्त में जगत शंखधर ने टोका, "शास्त्री क्या आँय-बाएँ बक रहे हो?" शास्त्री जी चुप हो गए। एक गोष्ठी डॉ. राम अवध द्विवेदी के यहाँ हो रही थी। डॉ. रामअवध द्विवेदी अंग्रेज़ी के विख्यात अध्यापक और मन्नन द्विवेदी गजपुरी के छोटे भाई, प्रज्ञाचक्षु, गौरवर्ण के, अतीव स्वाभिमानी अध्यापक। मुझे याद है उस गोष्ठी में पं. हजारीप्रसाद द्विवेदी भी उपस्थित थे। लोगों ने काव्य-पाठ किया। त्रिलोचन शास्त्री ने 'गुलाब और बुलबुल' में से एक क़ता सुनाया जिसकी कुछ पंक्तियाँ इस प्रकार हैं–

पद्म भूषण जी हँसे हँसते रहे,
बाघ बूढ़ा और कड़ा सोने का
लोग फँसते थे और फँसते रहे।

कुछ ही समय पूर्व पं. हजारीप्रसाद द्विवेदी पद्मभूषण से सम्मानित हुए थे।

त्रिलोचन शास्त्री प्रगतिशील सबके प्रिय, आदरणीय एवं आत्मीय थे। नामवर जी उनके सबसे निकट थे। नामवर जी ने उन दिनों उनकी देखभाल भी बहुत की। इतना निकट रहने से कभी-कभी कुछ उलझनें भी पैदा हो जाती हैं लेकिन त्रिलोचन के व्यक्तित्व में उलझनों की गुंजाइश नहीं के बराबर थी। त्रिलोचन शास्त्री के सदा संगी विष्णुचन्द्र शर्मा थे। आत्मीयता के ही कारण लोग त्रिलोचन जी को विनोद का लक्ष्य भी बनाते थे। लेकिन इसके

लिए खुद उनका व्यक्तित्व और आचरण भी जिम्मेदार था। एक बार वे घर से आटा पिसाने निकले। कनस्तर में गेहूँ लिए हुए। गेहूँ आटा-चक्की पर रखा। कुछ साहित्यकार मिल गए। उनसे बात करते-करते स्टेशन चले गए। वे लोग कवि सम्मेलन में भाग लेने कहीं जा रहे थे। गाड़ी छूटने में देर थी। डिब्बे में बैठकर बात करने लगे। इतने तल्लीन हुए कि गाड़ी चल निकली। अन्ततः त्रिलोचन शास्त्री भी कवि-सम्मेलन में हिस्सा लेने के बाद, चार दिन पश्चात् आटे का कनस्तर लेकर घर वापस आए। इस स्थिति में श्रीमती त्रिलोचन शास्त्री ने कैसा स्वागत किया होगा—कल्पना करने की चीज़ है।

शास्त्री जी अक्सर चिढ़ जाते। कभी-कभी बहुत दिनों तक रूठे रहते। मुश्किल से मनते। जिद्दी प्रेमिका की तरह। उनको मानाना भी आसान काम नहीं था। नामवर जी को आता था। कहीं चाय पीने गए। रेस्त्राँ में पहुँचते ही वेटर से कहा—देखो शास्त्री जी कप में चाय नहीं पीते। कुल्हड़ लाओ या ठीक से माँज कर गिलास। देखना ठीक से माँजना गिलास। कुल्हड़ तो धो के लाना। शास्त्री जी समोसा तो खाएँगे नहीं। ताज़ा रसगुल्ला है? ताज़ा हो तभी देना, नहीं तो रहने दो। साफ़-सुथरा होना चाहिए। शास्त्री जी के चेहरे पर आश्वस्ति-पुलक का भाव उदित होता।

अक्सर होता यह कि धीरे-धीरे शास्त्री जी के लिए समोसा भी आता। समोसा नहीं समोसे। और शास्त्री जी मान जाते।

अस्सी पर एक चाय की दुकान थी। चाय बनाने वाले का नाम केदार। हाथ की मुट्ठी कुछ टेढ़ी-मेढ़ी। वह साहित्यकारों का अड्डा था। वहाँ नागरी प्रचारिणी सभा में काम करने वाले विद्वान् मेरे नामराशि पं. विश्वनाथ त्रिपाठी, नामवर जी, केदारनाथ सिंह, आनन्द भैरवशाही, आनन्द बहादुर, पं. विश्वनाथ प्रसाद मिश्र के द्वितीय पुत्र चन्द्रभूषण प्रायः रोज़ आते। कभी-कभी चित्रकार रामचन्द्र शुक्ल, शिवप्रसाद सिंह (बहुत कम)। बाद में वहाँ धूमिल, काशीनाथ सिंह, नागानन्द मुक्तिकंठ, गोविन्द उपाध्याय, वाचस्पति आदि भी आने लगे। लेकिन दूसरी टोली हमारे काशी छोड़ने के बाद आई। वर्ष 2008 में जब काशी गया तो पाया कि वहाँ अभी भी अड्डा जमा है। गया सिंह ने काफ़ी का पुट देकर जो चाय पिलाई वह लासानी थी। केदार अब नहीं हैं। उनके पुत्र पोई काम देखते हैं। पोई ने मेरा चरण-स्पर्श किया।

अस्सी की वह चाय की दुकान ऐतिहासिक महत्त्व की है। वहाँ साहित्य-गोष्ठी का ऐसा अनौपचारिक वातावरण होता जिसमें गंभीरता, विद्वत्ता, जोकरी, व्यंग्य-विनोद, निन्दा-रस, प्रेम-रस मनोविकारों का संश्लेष होता। कभी-कभी मारपीट की भी नौबत आती—लेकिन मेरी जानकारी में वाक्-द्वन्द्व ही हुआ, शरीर-स्पर्श की नौबत नहीं आई। हम लोगों के बोध में उस दुकान का अविस्मरणीय महत्त्व है। चाय अच्छी और सस्ती मिलती। हम लोगों की—(मेरी और केदारनाथ सिंह की) चाय का पैसा प्रायः नामवर जी देते। कभी-कभी हम तीन ही होते तो मूँग की दाल भी मिलती। नामवर जी को चाय के साथ मूँग की दाल शायद अच्छी लगती है।

आनन्द भैरवशाही वहाँ के सबसे नियमित और वाग्मी सदस्य थे। आनन्द बहादुर थुलथुल और लम्बे थे। वे अपने को तुलसीदास या उनके मित्र टोडरमल से सम्बन्धित मानते थे। देस-दुनिया की बातों में एक बार जिज्ञासा हुई कि त्रिलोचन शास्त्री कहाँ के और किस विषय के शास्त्री हैं। आधे घण्टे तक विमर्श चला। निर्णय न हो सका। अन्त में

निष्कर्ष निकला–शास्त्री जी उसी प्रकार के, उसी विषय के और वहीं से शास्त्री जी हैं जहाँ से डॉ. महादेव साहा डॉक्टर हैं। वहाँ शब्दों का वालीबॉल और काव्य-निर्माण होता।

शिवप्रसाद जी कहानी लिखने में प्रसिद्ध थे, कुछ कविताएँ भी लिखीं और भारत-चीन विवाद के दौरान ड्रामा लिखा। काव्य रचना हुई–

कहानी से कविता, कविता से ड्रामा, हरे राम कृष्णा
हरे कृष्ण रामा।

शोध-छात्र हरिमोहन श्रीवास्तव और रवीन्द्र भ्रमर ने मिलकर पत्रिका निकाली 'अभिजात'। रचना हुई संस्कृत में–

हरिमोहनकृतं कार्यं भ्रमरेण प्रचोदितं।
अभिजातः समुत्पन्नः किमाश्चर्यमतः परम्॥

विभाग में नाराजगी हुई। हरिमोहन और भ्रमर बिगड़े। नामवर जी ने चिन्तापूर्वक कहा–ऐसी ओछी हरकत कौन कर सकता है। विभाग में संस्कृतज्ञ जो हैं वे सब गुरुजन हैं? क्या वे ऐसा करेंगे?

ग़ालिब प्रिय कवि थे। सो पैरोडी भी ज़्यादातर उन्हीं की होती थी। शमशेर काव्य-भाषा में रोजमर्रा का महत्त्व बताते हुए शेर उद्धृत करते–

दिया है ख़ल्क को भी ता वाँ नज़र न लगे
बना है ऐश तजम्मुल हुसैन ख़ाँ के लिए।

तजम्मुल हुसैन खाँ के लिए। वाह! तजम्मुल हुसैन खाँ शेर में कैसा फिट है।

काशी विश्वविद्यालय में सबसे आदरणीय पारम्परिक पोशाक बन्द गले का घुटनों के नीचे तक का कोट, धोती और बिना फीते का जूता था। डॉ. सर सर्वपल्ली राधाकृष्णन वाला। हिन्दी विभाग में इस पोशाक-परम्परा का पालन केवल मल्ल जी–विजयशंकर मल्ल करते थे। उनको किसी अन्य पोशाक में शायद ही किसी ने देखा हो। अब देखिए कि लगभग उसी तरह का कोट केदारनाथ सिंह भी पहनते थे–जाड़े में। पाजामा के ऊपर। कोट हममें से वही पहनते थे–या यों कहिए कि उन्हीं के पास था। कोटों की चर्चा चली चाय-चक्र में। शेर बना–

यूँ तो हैं मल्ल जी जैसे भी पहनने वाले
बना है कोट तो केदारनाथ सिंह के लिए।

शेर नामवर जी ने कहा था। संगीत का ज्ञान उन्हें था ही। चाय की दुकान की मेज़ पर तबले का ठेका लगाते हुए शेर यूँ फिट होता कि वाह! बना है कोट तो केदारनाथ सिंह के लिए।

केदारनाथ सिंह थोड़ा नफ़ीस थे। कभी-कभी नाक पर रूमाल रखते देखे जाते। हमें यह नापसन्द था। वे बहुत जल्द बोर होने लगते। किसी बोरकर को देखते और हम बतरस में होते तो कहते–ज़ायका आ रहा है। माने–चाय अच्छी है, बातों में मज़ा आ रहा है, इसके आने से रस-भंग हो जाएगा, ज़ायका बिगड़ जाएगा। स्पष्टता के लिए ऐसे लोगों की पूरी उपाधि थी ज़ायका-बिगाड़। फिर श्रेष्ठ ज़ायका-बिगाड़ हुआ ज़ायका बिगाड़ाधीश–फिर ज़ायका सम्राट, ज़ायका चक्रवर्ती।

शब्द-परिज्ञान से काव्यार्थ-मीमांसा में चमत्कार पैदा होता है। ज़ायका चक्रवर्ती को ध्यान में रखते–किसी को देखकर तुलसी की पंक्ति पढ़ते–

चक्रवर्ति के लच्छन तोरें–तो अर्थ-विस्तार होता। अर्थ का आधुनिक संदर्भ खुलता।

पता नहीं क्यों और कैसे यह माना जाने लगा कि यूँ कोई भी व्यक्ति कभी भी ज़ायका हो सकता है किन्तु ज़ायका प्रतिमान शिवप्रसाद जी ही हैं। लेकिन हमारे नेता तो नामवर जी हैं, उन्हें हेठा कैसे रखें। यह सच भी था क्योंकि कई अवसरों पर नामवर जी प्रमाणित कर चुके थे कि अगर वे ठान लें तो शिवप्रसाद जी से कहीं बड़े बोरकर, ज़ायका बिगाड़ाधीश होने की क्षमता रखते हैं। अतः शेर नाजिल हुआ–

ज़ायके के तुम्हीं उस्ताद नहीं शिवपरसाद
कहते हैं अगले ज़माने में नामवर भी थे।

मैं नामवर जी से कहता–आख़िर ज़ायकाप्रतिमान ठाकुर ही निकला। नामवर जी ने शेर कहा–

मिले आपको एक ठाकुर बमुश्किल
हमें तो हमेशा तेवारी मिले हैं।

शब्दों का वालीबाल यों होता–

केदार जी ने कहा–वहाँ कव्वाली हो रही है। नामवर जी कहेंगे कव्वाली तो मवाली लोग गाते हैं। मैं कहता–मवाली तो बवाली होते हैं–नामवर जी कहेंगे–मैं तो अभी सिर्फ़ एक कप चाय का सवाली हूँ। केदार जी बोले–चाय पीने के लिए एक मड़िया छवा ली है। यह इतनी देर तक चलता कि कम-से-कम मुझे कभी-कभी अपनी ही क्षमता पर आश्चर्य होने लगता। बीहड़ तुक लगाना पड़ता। 'रायता' का तुक नहीं मिल रहा था। आखिर में विद्वान् सतीर्थ चंडीगढ़ वाले 'गुरुमायता' का नाम काम आया। अस्सी स्थित केदारवाली चाय की दुकान, जहाँ साहित्य और वाग्मिता के चाकू की धार पर सान चढ़ती थी।

हम एम.ए. में थे। तब बी.ए. में अक्षोभ्येश्वरी प्रताप नाम के बी.ए. के छात्र से परिचय हुआ। वे गोरखपुर के थे। उनके साथ में शालिग्राम, सिद्धनाथ और डी.एन. (जातिनाम भूल रहा हूँ) शायद द्विवेदी रहते थे। बाद में अक्षोभ्येश्वरी दूरदर्शन के उपमहाप्रबन्धक हुए। वे साहित्यिक व्यक्तियों से मिलने और समारोहों में पेश-पेश रहते थे। अमरकान्त, शेखर जोशी और नरेश मेहता को सबसे पहले मैंने बिड़ला छात्रावास में उनके रूम में देखा। वे अपने कमरे में साहित्यिक गोष्ठियाँ कराते थे और भोजन भी। शाहखर्च थे, सम्पन्न घर के थे, हमेशा तंगी में रहते थे, खर्चीले स्वभाव के कारण। मेरा एक आपरेशन होनेवाला था– अस्पताल में भर्ती होने की पहली शाम को अपने कमरे में शराब पिलाई। अस्पताल में कभी नहीं मिले। एक दिन मेरे कमरे में आए। मेरी रजाई ओढ़कर बैठ गए। रजाई ससुराल वालों दे दी थी। नई-नई शादी हुई थी। रजाई में अभी पत्नी के देह की गन्ध बसी हुई थी। मैंने सख़्ती से कहा–'रजाई छोड़कर कुर्सी पर बैठो।' वे मान गए।

भैरवप्रसाद गुप्त से मेरा परिचय उन्होंने ही कराया। इलाहाबाद से आते तो इलाहाबाद का ऐसा वर्णन करते मानो पेरिस से लौटे हों।

दिल्ली में नौकरी ढूँढ़ने आए तो साथ कुछ दिन रुके। नौकरी मिल गई थी तब भी पैसे माँगने की ज़रूरत पड़ती थी। एक बार पैसे माँगे, मैं दे नहीं पाया तो नाराज़ हो गए।

आखिरी बार उनसे भेंट मेरी बड़ी लड़की रेखा की शादी में हुई। वे दूरदर्शन के उपमहाप्रबन्धक थे। निमंत्रण-पत्र मिला तो सपत्नीक आए। पीते बहुत थे। असमय ही मृत्यु हो गई। उनके छोटे भाई का नाम चामुंडेश्वरी प्रताप था। काशी में अक्षोभ्येश्वरी के साथ एक घटना हो गई। विश्वविद्यालय के वातावरण को समझने में उससे थोड़ी सहायता ही मिलेगी।

अक्षोभ्येश्वरी कहानियाँ लिखते थे। 'युगचेतना' में छपती थी। अवहित्था का भाव कम था, शेखी बघारते थे। बनारसी लोगों को ऐसों को ठीक करना आता है। उन दिनों काशी नगर और विश्वविद्यालय में भी वामपन्थ का अच्छा असर था। रुस्तम सैटिन जैसे लोकप्रिय, सुसंस्कृत नेता थे। साहित्यिक जगत में प्रगतिशील लेखकों का वर्चस्व था। विद्यासागर नौटियाल, विष्णुचन्द्र शर्मा, केदारनाथ सिंह, पारसनाथ सिंह, गिरिजेश राय आदि सक्रिय थे। एक दिन कोई नामवर जी से फुसफुसाया—अक्षोभ्येश्वरी से बच के रहिएगा—सी.आई.डी. का आदमी है। हर जगह सूँघता रहता है—देखते नहीं कितने ठाठ से रहता है—आमदनी है न। तब वामपन्थी सी.आई.डी. और सी.आई.ए. के एजेण्टों से अतिरिक्त सावधान रहते थे। अब स्थिति यह है कि अक्षोभ्येश्वरी जहाँ-जहाँ काला चश्मा लगाकर पहुँचते हैं, सब चौकन्ने एक-दूसरे को देखकर गुप-चुप, कानाफूसी, नज़रें बचा-बचाकर बातें, सहमे। अक्षोभ्येश्वरी लाख उकसें, उचकें, बड़बड़ाएँ कोई टसक ही नहीं रहा है। न कोई चाय को पूछ रहा है, न पानी को। अक्षोभ्येश्वरी बौचक—माजरा क्या है। अकेले में सब शेखी मारें कि हमने पता लगाया—हम तो पहले ही कहते थे—सर्वमान्य सेहरा उदीयमान कहानीकार और उदित वामपन्थी छात्र नेता नौटियाल के सर बँधता—न आगाह करते तो पता नहीं क्या हो जाता।

एक दिन सवेरे द्विवेदी जी के यहाँ पहुँचा तो पं. जी ने एक पत्र दिखाया—चिन्तित थे। बोले—'यह सब क्या हो रहा है। कुछ समझ में नहीं आता।' पत्र अक्षोभ्येश्वरी का था। अक्षोभ्येश्वरी ने लिखा था—कई लोगों ने मेरे विरुद्ध षड्यंत्र करके प्रचारित कर दिया है कि मैं सरकार का खुफ़िया जासूस हूँ और छात्र-आन्दोलन के नेताओं की गतिविधियों की रपट सरकार को देता हूँ। मैं दुखित हूँ, आत्महत्या करने जा रहा हूँ। किसी से बात नहीं करना चाहता। केवल विश्वनाथ त्रिपाठी पर मेरा विश्वास है।

पं. जी ने रिक्शे का पैसा दिया और कहा—तत्काल जाओ, उसे किसी तरह मेरे पास ले आओ।

अक्षोभ्येश्वरी कमच्छा में रहते थे। जाकर देखा अकेले उदास बैठे हैं। चुपचाप मेरे साथ चले आए। पं. जी से मिले। उन्हें पं. जी ने समझा-बुझाकर प्रकृतिस्थ किया।

अक्षोभ्येश्वरी प्रताप और आज के प्रखर कथा-आलोचक विजयमोहन सिंह इलाहाबाद से बनारस साथ-साथ आए थे। दोनों ने इलाहाबाद में इंटर किया। विजयमोहन सिंह शांत-गम्भीर स्वभाव के थे। सम्पन्न जमींदार परिवार के। केदारनाथ सिंह से पटरी बैठती थी। ए.ए. फाइनल में छायावादी कवियों की आलोचना दृष्टि पर लघु शोध-प्रबन्ध लिखा। 'कवि' में कविता छपी देखी थी। सिनेमा देखने और फिल्मी गीतों के मर्मज्ञ जानकार हैं। जानकार क्या अभिलेखागार

हैं। एक बार ऐसा संयोग हुआ कि केदारनाथ सिंह, विजयमोहन सिंह और मैंने साथ-साथ फिल्म देखी 'कवि'। भारत भूषण कवि थे, गीता बाली कविप्रिया। सोचा था कि गालिब के टक्कर की होगी। लेकिन कुछ खास नहीं थी। मेरी पटरी दिल्ली में आकर ज्यादा बैठने लगी। कम लिखते, कम बोलते हैं। मित्रों से ही खुलते हैं।

कवि, आलोचक, 'कृति ओर' के सम्पादक विजेन्द्र अंग्रेजी के विद्यार्थी थे। साहित्य में गहरी रुचि थी। वह आज परवान चढ़ी है। त्रिलोचन शास्त्री के पास खूब आना-जाना था। कम बोलने वाले और स्वाभिमानी, संस्कारी तब भी थे।

पं. जी के पास देश-विदेश से बड़ी संख्या में पत्र आते थे। पत्रों का उत्तर देते थे। अजीब-अजीब पत्र होते थे। साहित्यिक विषयों पर तो होते ही थे, लोग दूरदराज़ से अत्यन्त व्यक्तिगत और गोपनीय विषयों पर उनसे राय, उपदेश माँगते थे। मानो लोग उन्हें अध्यापक, विद्वान् कम सन्त—कभी-कभी चमत्कारी योगी मानते हों, हर विपत्ति से रक्षा कर सकते हैं। कभी-कभी पं. जी पत्र मुझसे पढ़वाते, उत्तर भी लिखवाते। एकाध बार ऐसा हुआ कि पत्र का विषय और विवरण ऐसा था कि पढ़कर सुनाने का साहस नहीं जुटा पाया—पं. जी को पत्र दे दिया—पत्र पढ़कर पं. जी कहते—संसार विचित्र है और गंभीर हो जाते।

विद्यार्थी द्विवेदी जी का सम्मान करते थे, साथ ही उनसे आत्मीयता पाते। आत्मीयता पं. जी का स्वभाव था। इसका परिणाम यह भी होता कि छात्र (अध्यापक भी) अपनी व्यक्तिगत परेशानियाँ लेकर भी पहुँचते। और जगह जाने में उन्हें संकोच होता और परेशानियाँ-समस्याएँ विशिष्ट होती हैं, अपनी गंभीरता में और अपनी मनोरंजकता में भी।

सुरेश चन्द्र त्रिपाठी हमारे क्लासफेलो थे, गोरखपुर से पढ़ने आए थे। प्रगतिशील विचारों के—साहित्यिक संस्कार—सामंती प्रवृत्ति के। उनके मित्र शिवलाल मलिक थे। कुछ और छात्र भी। ये सागर से आए गोपालशरण त्रिपाठी के कमरे में जाते। गोपाल शरण त्रिपाठी हमारे क्लासफेलो, रोमांटिक अंग्रेज़ी कविता—शेली, बायरन के प्रशंसक थे। सुरेश चन्द्र त्रिपाठी उनके कमरे में जाते—शेली, बायरन की कविता सुनाते-सुनाते—त्रिपाठी जी शरबत पिलाते, रूहअफ़जा या कुछ और। जब शरबत पीने का मन करता सुरेश, गोपाल त्रिपाठी के कमरे में पहुँच जाते।

सुरेश त्रिपाठी कामरेड गोपालन को उद्धृत करते—नेहरू इज़ ए रनिंग डाग ऑफ़ अमेरिकन इम्पीरियलिज़्म। यशपाल के साहित्य पर एग.ए. फाइनल में शोध-प्रबन्ध लिखा। 'ला' पढ़ने लगे। सवेरे-सवेरे हाफ़ पैंट, किरमिच का जूता पहनकर मॉर्निंग वाक पर निकलते। वाइस चांसलर सर सी.पी. रामास्वामी अय्यर को उद्धृत करते—फार बिइंग ए गुड लाइयर वन मस्ट हैव दि स्ट्रेंथ ऑफ़ ए बुल एण्ड पेशेन्स ऑफ़ एन ऐस।

मनमौजी, तरंगी, रसिक थे। कभी-कभी सकर्मक रसिकता करते, मुझ पर स्नेह था। उनकी स्नेहपात्रता संकटग्रस्त कर देती। मुझे जीवन-रहस्य समझाने का प्रयास करते। एक बार बोले—चलो तुम्हें काशी विश्वनाथ की गली में ले चलें। गली सँकरी है—चहल-पहल खूब रहती है। ठेलमठेल, भीड़भाड़। मैं पसीना-पसीना। हाथ छुड़ाकर मैं भगा और हफ़्तों उनके दर्शन से वंचित रहा। मिलने पर शिवलाल मलिक से बोले—नाबालिग है, मंडली में शामिल

करने लायक नहीं है। एक मित्र-मंडली के साथ कुम्भ मेले 1954 में गए। लौट रहे थे। गाड़ी रामबाग स्टेशन पर खड़ी थी। बोगी में अँधेरा था। मित्र ने कुछ हरकत की। पिटाई होने लगी। सुरेश भाग निकले। बनारस में मिलने पर मित्र ने कहा—यही दोस्ती है, मेरी पिटाई हो रही थी और तुम भाग निकले। सुरेश त्रिपाठी ने समझाया—अमित्र आचरण तुम कर रहे हो। अँधेरे में मज़ा अकेले ले रहे थे। मैं उनको पीटने से रोकता तो मेरी भी पिटाई होती। तुम्हें तो प्रसन्न होना चाहिए कि तुम्हारे सन्मित्र को चोट नहीं आई।

वे पं. विश्वनाथ प्रसाद मिश्र से कभी-कभी क्लास में उलझते भी। सुरेश त्रिपाठी पढ़ने में तेज़, प्रतिभाशाली और संस्कारी व्यक्ति थे। यह सब तो मौज़ में करते। विश्वनाथ जी जब कबीर या द्विवेदी जी की आलोचना करते तो सुरेश त्रिपाठी उनसे प्रश्न पूछते। मिश्र जी कबीर को महान् कवि नहीं मानते। सुरेश ने खड़े होकर कहा—तब तुलसी और सूर भी महान् कवि नहीं हैं।

विश्वनाथ जी से शेष विद्यार्थी ऐसा नहीं उलझ सकते थे। सुरेश खुशामदी नहीं थे। वे मुझे लेकर करुणापति जी के यहाँ एक बार गए थे। करुणापति जी उनकी रिश्तेदारी में थे।

सुरेश चन्द्र त्रिपाठी से प्रगतिवाद, यशपाल को लेकर गोपाल शरण त्रिपाठी से झगड़ा हो गया। सुरेश त्रिपाठी ने पीट दिया। छात्रों की पंचायत बैठी। त्रिभुवन सिंह ने मुझसे कहा—आओ तुम भी, 'नथिंग विल बी डिसाइडेड विदाउड योर कमिंग'। फैसला हुआ—मामला पंडितजी के पास ले जाया जाए। पं. जी ने दोनों को समझाया—'यशपाल बड़े रचनाकार हैं। लेकिन कौन कह सकता है कि सुरेश चन्द्र त्रिपाठी और गोपालशरण त्रिपाठी भविष्य में उनसे बड़े रचनाकार नहीं हो सकते?' इस पर वादी-प्रतिवादी दोनों सहमत हो गए।

सुरेश चन्द्र त्रिपाठी के अभिन्न शिवलाल मलिक की प्रतिक्रिया अलग थी। तुम लोग समझते तो हो नहीं, बतंगड़ बनाते हो। तह की बात मैं जानता हूँ। सुरेश और गोपाल का झगड़ा क्या है? होने दो मारपीट, हमसे क्या मतलब? और मैं तो जौलैवै (जुलाई से ही) से सिद्धान्त प्रतिपादित कर रहा हूँ कि अगर वे सुन्दरियाँ हैं तो हम भी सुन्दर हैं। हम उनके पीछे क्यों पड़ें। आपस में जूतमपैजार क्यों करें। इस जौलौवै वाले सिद्धान्त की सर्वोत्तम व्याख्या कवि केदारनाथ सिंह करते हैं।

शिवलाल मलिक विजयशंकर मल्ल जी के यहाँ लिखा हुआ दिखाने जाते थे। पहली बार ही मल्ल जी ने कापी में देखा। लिखा था—हजारीप्रसाद दुबेदी। मल्ल जी आश्वस्त हो गए।

गोरखपुर में सुरेश चन्द्र त्रिपाठी की वकालत चल निकली थी। आत्म-व्यंग्य में उन्होंने मुझे चिट्ठी लिखी—केस मिलता नहीं। लेकिन मैं लोगों में झगड़ा करवाता हूँ, फिर उनका केस करता हूँ। उनकी आदत थी बुखार आने पर भरदम माँस खाना या चिउड़ा-दही खाना। जश्ने फ़िराक में गोरखपुर गया—मन में था सुरेश चन्द्र त्रिपाठी से मिलने का। पता लगा—बुखार आया, भरपेट चिउड़ा-दही खाया। उसी से मृत्यु हो गई।

जबलपुर में हिन्दी विभाग के भूतपूर्व अध्यक्ष श्रीश कुमार ने काशी विश्वविद्यालय से हिन्दी में एम.ए. किया। मुझसे एक साल, दो साल जूनियर रहे होंगे। शुकदेव सिंह के मित्र थे। श्रीश कुमार प्रसिद्ध कथाकार और 'पहल' सम्पादक ज्ञानरंजन के भाई (मौसेरे या

चचेरे) लगते हैं। एक दिन देखा—श्रीश कुमार बौद्ध भिक्षु की पोशाक, चीवर में क्लास में जा रहे हैं। दो-तीन दिन के बाद फिर सामान्य पोशाक में थे। श्रीश कुमार तुलसीदास के मर्मज्ञ विद्वान् हैं। बालकांड के स्रोतों पर काम किया है। एक बार मुझे—विधु बदनी सब भाँति सँवारी, सोह न बसन बिना बरनारी, में 'बसन' शब्द का अर्थ बहुत अच्छी तरह समझाया। विद्वान् हैं तो क्या बिगड़ गया/ हैं तो बनारसी। सो एक घटना उन्हीं दिनों की। उन्होंने ही बताई है—

उनके कोई क्लासफेलो घर से घी लाते थे। गाँव में घर का निकाला हुआ घी। मटका भरके। श्रीश कुमार मित्र थे। पता चल गया। श्रीश जी पहुँचे। बोले—यार तुम्हारी तबियत तो ख़राब है, पीले क्यों लग रहे हो, हाथ दिखाना तो, तुम्हारे नाखून देखूँ तो। मित्र ने हड़बड़ाकर हाथ आगे कर दिया। श्रीश कुमार ने गंभीरतापूर्वक हाथ देखा—नाखून दबा-दबाकर परीक्षण किया। माथे पर बल पड़ गए—एक ही बात पूछी—घर से घी तो नहीं ले आए इस बार भी। खबरदार घृत तुम्हारे लिए विष है। तुम्हारा लीवर ख़राब हो गया है। मित्र ताड़ गया। बोला—नहीं घी तो नहीं लाया हूँ। श्रीशकुमार ने चिन्तित होते हुए कहा—मैं तुम्हारे ऊपर भरोसा नहीं करूँगा। मित्र के जीवन-मरण का प्रश्न है। मैं खुद तलाशी लूँगा। मित्र परेशान—रोके, रोके, कहता जाए घी नहीं लाया हूँ। श्रीशकुमार—'जे न मित्र दुख होहि दुखारी—तिन्हहिं बिलोकत पातक भारी' पढ़ते जाएँ। मटका ढूँढ़ा और लेकर भगे। पीछे-पीछे मित्र। हाथ में मटका घी का लिए मित्र चिन्ता में भगते श्रीशकुमार, पीछे-पीछे दौड़ता हुआ मित्र। संयोग कि रास्ते में ऊँट जा रहा था। श्रीशकुमार ने ऊँट रुकवाया। मटका लेकर उस पर बैठ गए। अब मित्र की पकड़ से बाहर थे और मित्र के स्वास्थ्य के प्रति आश्वस्त।

श्रीशकुमार की शिकायत पं. जी के पास पहुँची तो उन्होंने श्रीशकुमार को तलब करके कहा—श्रीश! मित्रों के स्वास्थ्य की इतनी चिन्ता मत करो—कुछ ध्यान अपने स्वास्थ्य का भी रखा करो।

और यह घटना केदारनाथ सिंह ने सुनाई जिसकी तसदीक बी.वी. कारंत ने की। काशी विश्वविद्यालय के हिन्दी विभाग में दक्षिण भारतीय विद्यार्थियों की संख्या काफ़ी होती थी। हिन्दीतर प्रदेश की एक छात्रा जो किसी बहुत बड़े अफसर की बेटी थी, रूप में भी सुरूप ही कही जा सकती थी, हिन्दी में एम.ए. कर रही थी। नई-नई शादी हुई थी। शृंगार करके आती—काजल लगाकर रंगीन वस्त्र पहनकर, नूपुर भी पहनती। चलती तो रुन-झुन की ध्वनि होती। निहायत गम्भीर और शालीन नव-वधू का व्यक्तित्व। क्लास में एक दक्षिण भारतीय मलयाली या कन्नड़ छात्र। अतीव शालीन, सलोना, बड़ी-बड़ी आँखें, निरीह मुख-भाव। एक दिन क्लास चल रहा था। काशी विश्वविद्यालय के हिन्दी विभाग में क्लास का वातावरण सदैव गम्भीर एवं शान्त रहता। अकस्मात् नव-वधू छात्रा उठ खड़ी हुई और उस सलोने दक्षिण भारतीय छात्र की ओर उँगली उठाकर चीखी—यह लड़का मुझे घूरता रहता है। इसे रोकिए। नहीं तो मैं पढ़ना छोड़ दूँगी। सब स्तब्ध। क्लास उस दिन हो नहीं पाई। छात्र हतप्रभ, रोने लगा। सब हैरान, माज़रा क्या है? यह सच था कि लड़का उस छात्रा को देखता रहता था। कहते हैं छात्र ने पढ़ाई छोड़कर अपने राज्य क्षेत्र में चले जाने का निर्णय ले लिया। मामला द्विवेदी जी के पास पहुँचा। पं. जी ने नव-वधू छात्रा से

बातचीत की। उसे समझाया। उसके पति के बारे में पूछा। फिर उस छात्र को समझाया–बेटा, छात्रा पर क्रोध मत करो। उसकी मानसिक स्थिति समझो। उसने स्वेच्छा से विवाह किया है अपने प्रज्ञा चक्षु संगीत अध्यापक से। और तुम जानते नहीं कि तुम्हारी आँखें कितनी सुन्दर हैं। तुम बड़ी-बड़ी आँखें फैलाकर उसे श्रद्धा-सम्मान से देखते हो कि इस लड़की ने कितना त्याग किया है प्रेम में और वह विक्षुब्ध होती है मानसिक जगत में।

कारन्त ने बताया वह लड़का मलयालम में फ़िल्म जगत का यशस्वी अभिनेता है।

ऐसी एक घटना प्रस्तुत लेखक की भी है, जिसे मैं डॉ. नामवर सिंह पर लिखित लेख 'हक़ अदा न हुआ' में दर्ज कर चुका हूँ। यहाँ भी पढ़ लीजिए।

एम.ए. प्रीवियस की परीक्षा का पहला पर्चा पूरा नहीं कर पाया। बहुत चिन्तित हुआ। एक और विद्यार्थी हनुमान सिंह बघेल का भी पर्चा छूट गया था। दोनों ने निश्चित किया इम्तहान छोड़ दें। इम्तहान छोड़ दिया। बघेल ने राय दी–प्याज़ काँख में दबाकर लेट जाओ, बुखार आ जाएगा। साधा लेकिन बुखार नहीं आया। रोता हुआ द्विवेदी जी के पास पहुँचा–तार आया है–माँ जल गई है। अब इम्तमान कैसे दूँ। हाय! हाय! अब क्या होगा?

द्विवेदी जी ऐसे चिन्तित हो गए मानो मेरी बात पर विश्वास ही कर लिया हो। ('मानो' तो अब लिख रहा हूँ। उस समय तो लगता ही था कि विश्वास कर लिया है और मैदान फ़तह है) दुखित होकर बोले–यह तो बड़ा बुरा हुआ। ख़ैर चिन्ता मत करो। अगले वर्ष परीक्षा देना। मैं तो आशा कर रहा था कि तुम्हारी प्रथम श्रेणी ज़रूर आएगी। माताजी आईं। बच्चे आए। सबने सांत्वना दी। मेरे आँसू पोंछे। घर जाने का किराया दिया।

नामवर जी शाम को बोले–इम्तहान छोड़ दिया आपने। प्रतिभा के बल पर परीक्षा देने से यही होता है। ख़ैर जो हुआ सो हुआ। अब अगले वर्ष होस्टल में रहिए। खर्चे की चिन्ता मत करिए। कहीं-न-कहीं से इन्तज़ाम हो जाएगा।

द्विवेदी जी छोटे अपराधों पर डाँटते थे। बड़े अपराध क्षमा करते थे। वे अपराधी की मनःस्थिति समझ कर उपचार करते थे। लोग विद्वान् होंगे, तेजस्वी होंगे, विश्वस्तरीय सिद्धान्तकार होंगे, किन्तु उस देवतुल्य गुरु के समान मनुष्य नहीं हैं। बहुत दिनों बाद, लगभग 20-25 वर्ष बाद, गुरु के चले जाने के बाद, पुतुल जी ने बताया–"मास्टर साहब! आपके आँसू पोंछकर, घर के लिए 15 रुपए किराए के देकर, बिदा करने के बाद, अन्दर जाकर बाबू जी अट्टहास करके हँसे थे–खुद बच्चा है और मुझे भी बच्चा समझ रहा है।" यह सुना तो मैं फिर रोया। पहले की तरह बनकर नहीं, असल में। ऐसे थे हमारे गुरु! आचार्य और प्रोफ़ेसर आचार्य हजारीप्रसाद द्विवेदी।

परीक्षा छोड़ने के कारण एम.ए. अन्तिम वर्ष की परीक्षा मैंने 1956 में दी। उस वर्ष 5 विद्यार्थी प्रथम श्रेणी में आए। राममूर्ति त्रिपाठी, श्यामसुन्दर शुक्ल, जितेन्द्रनाथ पाठक, केदारनाथ सिंह और विश्वनाथ (प्रसाद) त्रिपाठी। मेरा स्थान पाँचवाँ था। शुद्ध साठ प्रतिशत अंक थे। राममूर्ति त्रिपाठी शीर्षस्थ थे। प्रथम वर्ष में मैं द्वितीय स्थान पर था। भाषाविज्ञान में बहुत कम अंक थे।

'संदेश रासक' प्रकरण

'संदेश रासक' पंडितजी को बहुत प्रिय था। लगभग पूरा काव्य उन्हें कंठस्थ था। अपभ्रंश काव्य से उन्हें गहरा लगाव था। वे अपभ्रंश का कोष भी तैयार करना चाहते थे। मुझसे कई बार कहा—पाँच-पाँच शब्द भी एक दिन में कर लो तो कुछ दिन में पूरा हो जाएगा। किन्तु मुझमें इतनी बुद्धि नहीं थी कि इस काम के महत्त्व को समझ पाता।

काशी विश्वविद्यालय के हिन्दी विभाग में एम.ए. (उत्तराधं) में लघु-शोध प्रबन्ध प्रस्तुत करने का विकल्प था। मैं विकल्प के लिए विषय ढूँढ़ने लगा तो पंडितजी ने कहा—'तुम संदेश रासक पर काम करो।' नामवर जी ने 'हिन्दी के विकास में अपभ्रंश का योग' पर, शिवप्रसाद जी ने 'कीर्तिलता और अवहट्ट भाषा' पर यशस्वी काम किया था।

तब नामवर जी हमारे हीरो थे (अब भी हैं) लेकिन तब तरंग नई थी। हमने फौरन उन्हें सूचना दी। पता नहीं क्या सोचकर नामवर जी ने कहा—यह कोई विषय हुआ? आप प्राकृतपैंगलम् की ऐतिहासिकता पर काम कीजिए। 'संदेश रासक' तो बहुत सामान्य विषय है।

हमारे मन में अटल विश्वास था कि (एक) पं. हजारीप्रसाद द्विवेदी, नामवर जी को इतना अधिक मानते हैं कि उनकी किसी बात पर नाराज़ नहीं होंगे। (दो) चूँकि नामवर जी हम लोगों को द्विवेदी जी की अपेक्षा ज़्यादा जानते हैं इसलिए वे हमारा हित किस बात में है, यह भी ज़्यादा समझते हैं। सो मन में यह बांत बैठ गई कि 'संदेश रासक' साधारण विषय है अगर असाधारण लघु-शोध प्रबन्ध लिखना है तो प्राकृतपैंगलम् की ऐतिहासिकता पर काम करना है।

नामवर जी ने यह भी संकेत दे दिय। था कि प्राकृतपैंगलम् की कुछ बातों पर चन्द्रबली पांडेय ने द्विवेदी जी का विरोध किया है। आप अपने शोध-प्रबन्ध में पांडेय जी का खंडन करने का अवसर पाएँगे।

पंडितजी ने पूछा, 'तुमने विषय सोच लिया संदेश रासक, ठीक है न?'

मैंने कहा—'पंडितजी ठीक है, विषय बहुत साधारण है।'

उन्होंने हँसकर कहा—'तुम नहीं समझते हो। संदेश रासक महत्त्वपूर्ण काव्य है। तुम इसी पर काम करो।'

मैं पंडितजी का चरण-स्पर्श कर हॉस्टल आ गया।

एक रात गुर्टू हॉस्टल में मित्रों ने माँस पकवाया चोरी से। कृष्णजन्माष्टमी के 2, 3 दिन बाद की बात है। मैं सवेरे पंडितजी के यहाँ गया तो उन्होंने एक दोने में मिठाई दी प्रसाद

के रूप में। मैं मिठाई खा गया। खाते ही लगा कि ज़्यादा हो रहा है लेकिन प्रसाद था फेंक नहीं सकता था, जूठा हो गया था, इसलिए किसी को दे भी नहीं सकता था।

रात को साढ़े आठ-नौ बजे केदारनाथ सिंह के कमरे के बगल वाले कमरे में बैठा था। उसमें गिरिजाशंकर सिंह नामक विद्यार्थी रहते थे—उम्र में हम लोगों से छोटे—विनम्र और हँसमुख। कमरे में अजित कुमार सिंह जिन्हें केदार जी 'पुलकित' कहते थे, रामप्रताप बहादुर सिंह—भूतपूर्व सांसद हरिकेश बहादुर सिंह के बड़े भाई—आ गए। उन्होंने आग्रह किया—शिकार बना है खाइए। बनारस में माँस को शिकार कहते हैं। पेट भरा था। लेकिन मन नहीं माना, खाने बैठ गया। खाते समय लग रहा था कि नहीं खाना चाहिए। लेकिन भात के साथ माँस खाया। माँस और भात दोनों ठण्डे थे। वस्तुतः यह मित्रों के खाने से बच गया था।

रात 11 बजे के लगभग मेरे पेट में दर्द उठा। हम सब उसी कमरे में गप्प लगा रहे थे। शुरू में मैंने सोचा दर्द है, ठीक हो जाएगा। लेकिन दर्द क्रमशः बढ़ता ही गया। करीब 12 बजे शौच गया। वहाँ पेट-पैर ऐसे तन गए कि उठा ही नहीं गया। जब देर हो गई तो केदारनाथ सिंह वग़ैरह चिन्तित हुए। वहाँ से उठाकर वे लोग सीधे अस्पताल ले गए। डॉक्टर ने कहा कुछ देर और हो जाती तो मामला बहुत बिगड़ जाता। पेट साफ किया गया, कै हुई। 1, 2, 3 दिनों तक बेहोश रहा। पास में फूटी कौड़ी नहीं। मित्रों ने सहायता की।

मेरे जन्म के करीब 8-10 वर्ष पूर्व मेरे बड़े भाई रामलखन की मृत्यु, रात का रखा हुआ माँस खाने से हुई थी। गाँव के ठाकुर के यहाँ। माँ को आजीवन शक रहा कि उसे ज़हर दिया गया था।

माँस खाने से इसी तरह की एक और घटना ससुराल में घटी।

पंडितजी को सारी बातों की ख़बर लगी। केदारनाथ सिंह ने मुझे बता दिया था कि पंडितजी के पूछने पर मैंने सब सच-सच कह दिया है।

पंडितजी ने बीमारी में घर पर तार दिलवाया। मेरे छोटे काका देखने आए। पंडितजी तो नहीं, माताजी देखने आईं। मुसम्मी वग़ैरह भी लाईं। बुखार में मुझे चटक प्यास लगी। मैं प्यास से तड़पता रहा करीब 2 घण्टे। साथ वाले मरीज़ के पास सुराही थी। उसके गिलास में पानी लेकर पीना चाहा तो उसने गिलास छीन लिया। उसने सोचा होगा कि जूठा नहीं पीना चाहिए। मेरे पास गिलास नहीं था।

बलरामपुर के श्री रामबदल श्रीवास्तव ने मुझे पानी पिलाया। वे अस्पताल में किसी को देखने आए थे। मेरा उनसे परिचय नहीं था। मुझे बीमार देखकर वे आए। सुराही में पानी और गिलास रख गए। वे मेरे अंतरंग मित्र बन गए।

बीमार पड़ने के इस प्रकरण को घसीटने का मकसद है। पंडितजी ने जब यह सब सुना तो मेरे ऊपर गुस्सा हुए। वे रुइया हॉस्टेल में रहकर पढ़ने वाले संस्कृत विद्यार्थी थे। पंडितजी आजीवन ब्रह्म मुहूर्त में उठकर चाय बनाते, निवृत्त होकर पढ़ने-लिखने बैठ जाते थे। घर के किसी सदस्य को जगाते नहीं थे। भोजन उन्हें भी रुचिकर लगता था। किन्तु वे अपने शिष्यों से परिश्रम एवं संयमी होने की आशा रखते थे। मेरे जैसे अभावग्रस्त विद्यार्थी से तो ख़ासतौर पर। अधिक माँस खाकर मरणासन्न हो गया—इस समाचार से वे

दुखी हुए होंगे—मेरी मूर्खता, असंयम पर क्रुद्ध हुए होंगे। वह सब दबा रहा होगा मन-ही-मन। झुँझलाहट और क्रोध को प्रकट होने का अवसर आ गया 'संदेश रासक' के कारण।

बीमारी के बाद ठीक होकर नवम्बर महीने की किसी तारीख को बिल्कुल सवेरे पंडितजी ने घर बुलाया—'संदेश रासक' के बारे में बात करने—कहा रूपरेखा तैयार कर लो।

मैं यथासमय पहुँचा, सूरज निकल रहा था। पंडितजी की और अपनी कुर्सियाँ बाहर लाया। पंडितजी बैठे। मैं भी बैठ गया। मुझसे पूछा—'तुमने 'संदेश रासक' पूरा पढ़ तो लिया है न?' 'पंडितजी संदेश रासक बहुत साधारण है। प्राकृतपैंगलम् पर काम करना चाहता हूँ।' पंडितजी चुप! घाव घुप्प। जैसे मुँह के अन्दर-ही-अन्दर कोई चीज़ घूम रही हो। ठुड्डी ढीली कुछ नीचे लटक गई।

''ठीक है। 'प्राकृतपैंगलम्' पर काम करना चाहते हो? करो, लेकिन यह बताओ हिन्दी विभाग का अध्यक्ष कौन है?''

"पंडितजी आप और कौन।"

'तो मैं तो इस विषय पर काम करने की अनुमति नहीं दूँगा।' पंडितजी का स्वर सामान्य था, किन्तु चेहरा ऐसा हो गया था जैसा मैंने पहले कभी नहीं देखा था—रूख बदन कर मृदु वचन बोले श्री भगवान्—जैसा कुछ-कुछ।

मैं अवाक्, किंकर्त्तव्यविमूढ़।

"तुम समझते हो कि मैं तुम्हें चक्कर में डाल रहा हूँ? 'संदेश रासक' मेरे बाप ने लिखा है? मेरा कोई स्वार्थ है तुमसे 'संदेश रासक' पर काम कराने में। तुम्हें किसने कहा कि 'संदेश रासक' सामान्य विषय है? 'प्राकृतपैंगलम्' पर काम करने के लिए किसने तुमसे कहा?"

पंडितजी गरज रहे थे। मैं सूली पर लटका था। मैं छिपा न पाया। बोला—नामवर जी ने।

'नामवर ने? यह तो बुरी बात है। कुछ अपभ्रंश जानता भी है वह। 'संदेश रासक' पढ़ा है उसने? कुछ आता-जाता है नहीं। विद्वान् समझता है अपने-आपको। इसी तरह उसने जितेन्द्र नाथ पाठक को भी समझा रखा था—यह तो बहुत बुरी बात है।'

इस घनघोर दारुण संकट में भी पंडितजी से नामवर जी के विषय में ऐसी अप्रत्याशित बातें सुनकर अच्छा लगा कि नामवर जी के बारे में ऐसी बात पंडितजी से और किसी ने न सुनी होगी।

'तो पंडितजी, 'संदेश रासक' पर ही काम करूँगा।'

'नहीं। तुमको 'संदेश रासक' पर काम नहीं करना है। मैं अपने बच्चों से उनकी इच्छा के विरुद्ध लेटर बाक्स में चिट्ठी डालने के लिए भी नहीं कहता। तुम जाओ ठीक से अपनी इच्छा का विषय सोचकर आओ। और विद्यार्थियों ने कई अध्याय लिख लिए हैं। तुम अभी विषय ही नहीं तय कर पाए। तुम कुछ नहीं कर पाओगे।'

मेरे धैर्य का बाँध टूट गया था। मैं हिचकियाँ ले रहा था। पंडितजी यह कहकर उठ रहे थे कि आज तो तुम चले ही जाओ। फिर किसी दिन आना तब बात करेंगे।

इसी समय माता जी का प्रवेश हुआ। पंडितजी जब मुझे डाँट रहे थे, तब उनकी कोई पुत्री या पुत्र झाँककर यह सब देख-सुन रहा था। मैं उनका 'मास्टर साहब' था। जब मैं रोने

लगा तब उन्होंने माता जी से कहा होगा–"माई-रे-माई मास्टर साहब रोबत बाड़ै।" माता जी मन्द-मन्द मुस्कराती हुई बाहर निकलीं।

"रउवाँ का सबेरे-सबेरे बीदारथी का डाँटत बाड़ी।"

मेरे पास आकर मेरे सिर पर हाथ रखा। चुमकारा, आँसू पोंछे। अन्दर ले गईं। कुछ खाने को दिया।

अब गुरु मुस्कराए। बोले–'मूर्ख है। प्राकृतपैंगलम् पर काम करना कठिन है। मैं इसे इतना अच्छा विषय दे रहा हूँ यह समझता नहीं। मैं इसका शुभचिन्तक हूँ कि शत्रु?'

मैं फिर रोने-रोने को हुआ। पंडितजी ने ताड़ लिया। बोले–

"जाओ कल सवेरे चले आना। इसकी रूप-रेखा बना दूँगा। मैं साँस थामकर भगा। जल्दी-जल्दी दोनों पैर छूकर। माताजी के पैर पहले छुए। गुरु के बाद में।"

'मास्टर साहब' की साँसत-मुक्ति देखकर लालजी, बबुआ, शिल्पी मुस्कराने लगे।

'संदेश रासक' के विषय में पंडितजी ने 'हिन्दी साहित्य का आदिकाल' में लिखा था। राहुलजी ने 'काव्यधारा' में। पढ़ना तो अच्छा लगता था–लिखना आता नहीं था। 'संदेश रासक' की खोज करने वाले और उसे पाठकों के सम्मुख पहली बार लाने वाले आचार्य मुनि जिनविजय एवं भायाणी की पुस्तक पढ़ता। लिखना कैसे शुरू हो?

एक दिन रुइया छात्रावास में कमरे के सामने तख़्त पर आसन मारकर बैठा–रात भर लिखता रहा। सवेरा हुआ तो प्रथम अध्याय लिखा जा चुका था। मन पुलकित। किन्तु पंडितजी को लिखा हुआ दिखाना! लाना है जूएशीर का।

उन दिनों पंडितजी राजभाषा आयोग के सदस्य थे। बाहर ज़्यादा रहते थे। कक्षाएँ भी पूरी नहीं हो पाई थीं। फुर्सत मिली तो जो काम इकट्ठा हो गया था, निपटाने लगे। इन्हीं कामों में लघु शोध-प्रबन्ध प्रस्तुत कर रहे छात्रों के प्रबन्धों की जाँच भी था।

एक दिन केदारनाथ सिंह ने बताया–"पंडितजी बड़ी लम्बी पेन्सिल लेकर शोध-प्रबन्ध जाँच रहे हैं। याद तो उन्हें है नहीं कि कौन उनके साथ काम कर रहा है, कौन नहीं। एक दिन रवीन्द्र भ्रमर को डाँटने लगे कि लघु शोध-प्रबन्ध में देरी क्यों कर रहे हो? भ्रमर जी ने बताया–पंडितजी मैं तो एम.ए. कर चुका हूँ। गल्तियाँ बहुत निकालते हैं। नामवर जी को भी लताड़ा कि डायलिक्टिकल नहीं लगाते हो। आपको बुलाया है।"

मेरी बुरी हालत। किसी तरह लिखा हुआ लेकर अगले दिन सुबह पहुँचा उनके छोटे से अध्ययन-कक्ष में। बोले–'सुनाओ!' मैं सुनाने लगा। थोड़ी देर बाद पंडितजी बोले–'हाथ से बार-बार मुँह क्यों पोंछ रहे हो? काग़ज ठीक से सँभालो।'

मैं सुना गया। पंडितजी बोले–'अरे वाह! विश्वनाथ तुम तो बहुत अच्छा लिखते हो। राजकमल वाले कह रहे थे। तुम्हारा शोध-प्रबन्ध वहीं से छप जाएगा।'

मेरे अविश्वास पर आचार्य की गम्भीर वाणी का विश्वास छाया रहा। मैं उन्हें देख नहीं पाया। हड़बड़ी में पैर छुए।

एम.ए. अन्तिम वर्ष में 'संदेश रासक' लघु शोध-प्रबन्ध प्रस्तुत किया। परीक्षक दो होते थे–बाह्य और आन्तरिक। आन्तरिक परीक्षक, निदेशक ही होता था। निदेशक, द्विवेदी जी ही थे। उन दिनों मेरी साधन-हीनता चरमावस्था पर थी।

परीक्षण के लिए पंडितजी के पास प्रति आई तो वे कई शोध-प्रबन्धों को दिखाकर बोले–इसी में तुम्हारा शोध-प्रबन्ध भी फँसा होगा। लेकिन बकौल नामवर जी–'गुरुवर्य्य की महिमा अपरम्पार' अंक बाह्य परीक्षक ने अधिक दिए थे, आन्तरिक परीक्षक एवं निदेशक ने कम। असम्भव नहीं कि यह भी नामवर जी ने ही मुझे बताया हो। स्नेह-वात्सल्य अपनी जगह मूल्यांकन अपनी जगह।

गुरुदेव उत्तर-पुस्तिकाओं का मूल्यांकन किस प्रकार करते थे–इस बारे में एक घटना नामवर जी ने बताई–

पंडित जी के एक मित्र के यहाँ अमरूद के पेड़ थे। वे बड़ी मात्रा में अमरूद भेंट करते। माता जी अमरूद का जैम बनातीं। एक बार आँधी आई। अमरूद बहुत गिरे। वे रिक्शे में दो बोरे अमरूद लिए हुए पंडितजी के यहाँ पहुँचे। माता जी ने उन्हें तत्काल घर के अन्दर रखवा लिया। ऐसे मौकों पर पंडितजी कुछ लाने वाले व्यक्ति के साथ चाय पीते और अच्छी बातें करके उसे तुष्ट भेजते। लेकिन इस बार अमरूद लाने वाले मित्र ने ऐसा क्या कुछ कहा कि पंडितजी का चेहरा लाल हो गया। हाथ जोड़कर प्रणाम किया और तेजी से अन्दर चले गए। यह कहते हुए कि–"आपने मुझे इस योग्य समझा?"

अमरूद के बोरों को बाहर लाकर पटक दिया।

उन सज्जन ने पंडितजी से किसी का नम्बर बढ़ाने के लिए कहा था।

उत्तर-पुस्तिकाओं से सम्बन्धित एक और घटना याद आ रही है। लोक सेवा आयोग की उत्तर-पुस्तिकाएँ थीं। पंडितजी की आँखें ख़राब चल रही थीं। डॉक्टरों ने पढ़ना मना कर दिया था। वे गर्म पानी में कोई दवाई डालकर रुई के फाहे से आँखें सेंकते। मुझसे कहते–तुमने यह परीक्षा तो नहीं दी है? मैंने कहा–नहीं।

'तुम उत्तर पढ़कर सुना दिया करो। मैं जितना कहूँ नम्बर दे दिया करना।'

इस तरह उत्तर पुस्तिकाएँ जँच गईं। अंक जोड़ने का और अंक-तालिका भरने वग़ैरह का काम भी मैंने ही किया। लालजी, मुन्नू वग़ैरह ने मेरे जोड़-घटा में कई ग़ल्तियाँ निकालीं। तीन-चार महीने बाद एक दिन पंडितजी ज़रा रूखे बोले–

'तुमने जो अंक जोड़े उसमें बहुत गल्तियाँ निकलीं। 200 उत्तर-पुस्तिकाओं में से 20 कापियों में ग़लती।'

मेरा मन उस काम में नहीं लगता था। पंडितजी को सुनाना तो मुझे अच्छा लगता था। लेकिन जोड़ना-घटाना मुझे अरुचिकर लगता था। मैंने ज़रा तेजी में कहा–

'पंडितजी मुझे जोड़ना-घटाना नहीं आता। जब तक मैं इसके योग्य नहीं हो जाता मुझसे यह काम मत कराइए।'

पता नहीं ऐसी अशिष्ट भाषा में आचार्य श्री से कैसे बोल गया। बोलने के तत्काल बाद भयानक अपराध-बोध से ग्रस्त हो गया।

"भाई! मैं तुम्हें अयोग्य नहीं, असावधान कह रहा हूँ।" कह कर वे हँसने लगे। ऐसे देवतुल्य गुरु का स्मरण बार-बार अश्रुविगलित कर देता है।

'संदेश रासक' की बात अभी बाकी है।

परीक्षा-फल निकल आने और पी-एच.डी. के लिए उनके निर्देशन में पंजीकृत होने के बाद 'संदेश रासक' के पाठालोचन और हिन्दी-अनुवाद का काम शुरू हुआ। पंडितजी ने कहा–'सवेरे 7 बजे चले आया करो।' मैं उनके साथ 4, 5 घंटे काम करता। यह क्रम लगभग साल भर चला। यह मेरे विद्यार्थी-जीवन ही नहीं जीवन-भर का सर्वोत्तम काल-खंड था।

मुझे कुछ नहीं आता-जाता था। अपभ्रंश में मेरी कोई गति नहीं थी। यह उनकी केवल कृपा थी कि उन्होंने पाठालोचन और अनुवाद में अपने साथ मुझे लगा लिया।

हुआ यों कि ग्रीष्मावकाश के बाद जब विश्वविद्यालय पहुँचा तो डॉ. शिवप्रसाद सिंह ने कहा–

"पंडितजी ने तो 'संदेश रासक' का काम कर लिया। उनकी तो ज़बान अपभ्रंश प्राकृत रचनाओं को पढ़ते-पढ़ते ऐंठ-बैंठ गई है न–

आएहिं जम्मेहिं अण्णवेहिं गोरि सु दिज्जइकंत गयमत्तहं चत्तुंकसह जो अब्भिडइ हँसत" कह रहे थे–विश्वनाथ काम कर नहीं पाएगा ठीक से। बच्चा है।

मैं जानता था–पंडितजी का तात्पर्य ('बच्चा' से क्या है?) बच्चा–यानी अयोग्य। मैं बुझ गया। बोला कुछ नहीं।

दूसरे दिन पंडितजी के यहाँ बुझे मन से गया। पैर छुए। बैठ गया। उदास दिखा हूँगा। बोले–"संदेश रासक पर काम करने का इरादा है कि नहीं? प्रेमी जी का पत्र आया था। वे इसे छापने का आग्रह कर रहे हैं। तुम पांडुलिपि उनके पास भेज दो। थोड़ा और काम करके।"

"आप जो 'संदेश रासक' पर लिख रहे हैं वह कहाँ छपेगा?"

"वह अलग से छप जाएगा।"–फिर कुछ सोचकर बोले–"वह तुम्हारी पुस्तक की भूमिका के रूप में भी छप सकता है। जैसा तुम ठीक समझो।"

"यदि आप मुझे इस लायक समझते हैं कि मेरा लिखा आपके लेखन के साथ छप सकता है तो," मैंने भाव स्खलित वाणी में कहा–"यह मेरे जीवन की सार्थकता होगी।"

"ठीक है। कल से आ जाया करो। काम करेंगे।"

मैं सवेरे नहा-धोकर पहुँच जाता। उस समय पंडितजी प्रो. मुकुटबिहारी लाल के अवकाश ग्रहण करने से खाली होने वाले मकान में आ गए थे। यह अध्ययन-कक्ष पहले वाले से बड़ा था। पहली मंज़िल पर। पंडितजी प्रायः 'संदेश रासक' पढ़ते हुए या पाइय सद्द महण्णव खोले हुए–पालथी मारे बैठे हुए मिलते। सामने भीगे कपड़े में रखे पान के पत्ते। बाँस की छोटी-सी डलिया में। पनडब्बे में कत्था, चूना, सुपारी, तम्बाकू। तब दीपक छाप तम्बाकू की पत्ती चलती थी। पंडितजी प्रायः वही खाते या ठेठ बनारसी हाथ से उपचारित सादी पत्ती जो अब दिल्ली में रवि छाप नाम से बिकती है।

पंडितजी की पद्धति यह थी कि वे जिस विषय पर काम करते उससे सम्बन्धित सारी किताबें और सामग्री पास रख लेते। पास रख लेते यानी अपने आसन के पास हाथ से उठा लेने की दूरी के अन्दर रख लेते। गड्डमड्ड, बिखरी खुली-मुँदी अलग-अलग, एक के ऊपर एक किताबें रखी रहतीं।

शब्दों की अर्थ-परम्परा होती है। एक अर्थ से अन्य अर्थछाया जुड़ी रहती है। पंडितजी अर्थ की परतें खोलने में तन्मय हो जाते। बोलकर लिखाते-लिखाते, बड़ी देर तक चुप रहते। मेरा अनुमान है कि वे मेरे पहुँचने के पहले काफ़ी पढ़ लेते थे। अपने मन में अर्थ की परतें खोलकर उन्हें व्यवस्थित कर लेते थे। मेरे पहुँचने पर वे बोलकर लिखाने का काम शुरू करते थे। 'संदेश रासक' के रचयिता का नाम अब्दुल रहमान है। टीकाकारों ने अपभ्रंश का नाम दिया है—अद्‌दहमाण। पंडितजी अद्‌दहमाण में अर्थ की अन्य छाया ढूँढ़ते—

अदहन की तरह खौलते हुए मान का कवि।

अब्दुल रहमान मानी कवि था। हम लोग सामान्यतः कहते—बहुत खींचतान करते हैं पंडितजी। हम नहीं जानते थे कि प्राचीन साहित्य में विनय के साथ स्वाभिमान की परम्परा है। संस्कृत, प्राकृत, अपभ्रंश और आज के भी अनेक कवियों में भी। अपभ्रंश के दुर्दान्त कवि पुष्पदन्त ने अपने को 'अभिमान-मेरु' कहा है। परम्परा को न जानने से हम वे अर्थ-सूत्र जोड़ ही नहीं सकते थे। एक अर्थ-स्मृति से, शब्द-स्मृति से, भाव-स्मृति से चेतना में दूसरा अर्थ, शब्द, भाव उदित होता है, इसकी समझ नहीं थी और हम गुरु में खींचतान ढूँढ़ते।

अद्‌दहमाण को श्लेष, यमक बहुत प्रिय हैं। एक अर्थ के साथ दूसरा अर्थ-रूपक समाया रहता है। पंडितजी दूसरे अर्थ-रूपक को पहचानते। हम उनके बताने पर भी नहीं पहचान पाते। एक छन्द है—

गिंभ तवणि खर ताविय बहु किरणुक्करिहिं
पउ पडंतु पुक्खरहुणमाबहि पुक्खरिहि
पयहत्थिण किय पहिय पयहि पवहंतियह
पइ पइ पेसइ करलउ गयणि खिवंतियह

हम लोग इन पंक्तियों का यह अर्थ समझ लेते थे। टीकाकारों ने यही अर्थ दिया भी था—

ग्रीष्म-तपन की खर उत्तप्त किरणों के उत्कर्ष से सम्बन्धित जल पुष्कर से गिरता हुआ पुष्करियों में नहीं अँटता और मार्ग में प्रवसित पथिक जलधार से पदत्राण हस्त (हाथ में जूता लिए) बना दिए गए हैं। आकाश में बिजली से ही करल (पगडंडी) दिखाई देते हैं।

पंडितजी इन पंक्तियों के अर्थ पर इस तरह विचार करते थे—

जान पड़ता है कि टीकाकारों ने दूसरी पंक्ति के पुष्कर का अर्थ 'बादल' किया है। अवचूरिका (टीका) में पुष्करावर्त कहकर इसी तथ्य की ओर संकेत किया गया है। मेघदूत में कालिदास ने मेघ को पुष्करावर्त का वंशज बताया था।...'पयहत्थिण' शब्द का अर्थ है—हाथ में पैर वाले। 'पवहंतयह' का अर्थ 'प्रवाह करते हुए' किया गया है। किन्तु किसी पाठ से यह अर्थ समर्थित नहीं होता। यह पवहंतियइ या पवहंतियहि पाठ था जो अधिकांश प्रतियों में प्राप्त होता है। पेसइ का अर्थ टीकाकारों ने 'प्रेक्षति' किया है। प्राकृत और अपभ्रंश में इसका बहुप्रचलित अर्थ है 'भेजता है'।

पाठशोधन के बाद पंडितजी ने जो अर्थ किया वह टीकाकारों के अर्थ से भिन्न होते हुए भी आधारतः समान था, शब्दार्थ में कहीं-कहीं अन्तर था। लेकिन उन्होंने एक अन्य अर्थ भी किया—यह अर्थ नया था।

पंडितजी के ही शब्दों में–

“समासोक्ति द्वारा व्यंजित दूसरा अर्थ–प्रथम पंक्ति का पूर्ववत् ही होगा। दूसरी पंक्ति का प्रत्येक शब्द अर्थ-गर्भ है। ‘पउ पडत’ का दूसरा अर्थ होगा–पैर पड़ता हुआ। ‘णमावइ’ का दूसरा अर्थ होगा–नवाती हैं, झुकाती हैं। कवि यहाँ कहना चाहता है कि इस वर्षाकाल में प्रेमियों की बड़ी दारुण अवस्था है। पैर पड़ते हुए बादलों को पोखरियाँ और भी झुका रही हैं या नहीं मान रही हैं। इसी प्रकार तीसरी पंक्ति से भी एक दूसरा अर्थ भी ध्वनित होता है। अर्थ यह है–रास्ते में बहती हुई (निचली श्रेणी की स्त्रियाँ) पथिकों को पैर हाथ में लेनेवाला बना रही हैं यानी पैर पड़वा रही हैं।”

अवधी में ऐसे व्यक्तियों को ‘बहेतू’ कहते हैं।

अपभ्रंश पंक्तियों का ऐसा अर्थ करना तो दूर, तब समझना भी मेरे वश में नहीं था। नामवर जी, शिवप्रसाद जी के बारे में मैं नहीं कह सकता–समझने की बात कर रहा हूँ। अपभ्रंश साहित्य के अर्थ की परतें हिन्दी का एक और विद्वान् ही खोल सकता था–चन्द्रधर शर्मा गुलेरी। गुलेरी जी ने एक निबन्ध में संस्कृत के श्लोक का भाव समझाते हुए कुछ खीझकर लिखा है–“‘हाय! जो संस्कृत नहीं जानते, उन्हें इसका मर्म कैसे समझाऊँ!”

द्विवेदी जी ने मेरे बारे में कहा–बच्चा है। हम लोगों की अयोग्यता पर खीझकर वे कहते–कुछ पढ़ा-लिखा करो भाई! तुम इतने अभागे हो कि संस्कृत नहीं पढ़ते।

एक-एक शब्द का अर्थ निश्चित करने में कभी-कभी कई दिन लग जाते। ‘सिंगत्थि गइय बाडब्बड़ी’ में ‘बाडब्बड़ी’ वाडव्य (खच्चरी) है यह बहुत छानबीन के बाद पता चला। कहीं-कहीं, कभी-कभी वे मेरा सुझाया अर्थ भी मान लेते। कोई बीच में आ जाता तो कहते–‘विश्वनाथ परिश्रम कर रहा है।’ काम करते समय पंडितजी घंटे-घंटे बाद चाय पीते। पान खाते। पान खुद लगाते। पान मुँह में झोंक लेने के बाद तम्बाकू चुटकी-भर अलग से लेते। तब तक मैं पान नहीं खाता था। पंडितजी मुझे भी पान देते–मैं प्रसाद समझकर खा लेता। वे तम्बाकू भी अनजाने ही दे देते। मैं तम्बाकू भी खा लेता। पंडितजी पान बड़ी विधि से लगाते। उनके हाथ से लगे पान में बड़ा स्वाद आता। लगता जैसे देवता का प्रसाद पा रहा हूँ। चाय बिना कहे माता जी या पुतुल, तितिल, मुन्नू में से कोई दे जाता। चाय में दूध का सोंधापन महकता। वैसी खुशबू वाली चाय मैंने और कहीं नहीं पी। दूध की मात्रा ज़्यादा नहीं होती। लेकिन खुशबू होती। सुबह या दोपहर की चाय में चाय के साथ नमकीन, चिउड़ा आदि अक्सर नहीं होता। यह सब तीसरे पहर की चाय में मिलता। कोई उत्सव-त्योहार हो तो अलग बात है। ‘संदेश रासक’ पर काम करने के दिनों में दोपहर का भोजन मैं प्रायः पंडितजी के साथ ही करता। वहाँ न करता तो रोज़ा रखता। अनुवाद भाषाबद्ध मैं करता था। इस विषय में मैं राहुल जी की ‘काव्यधारा’ को आदर्श मानता था। गद्य यथासम्भव मूल के हिन्दी पाठ के प्रति शब्दों का अन्वय होना चाहिए। वाक्य यथासम्भव मूल की शब्दावली में ही बनाया जाए। पांडुलिपि प्रकाशनार्थ भेजी गई तो पं. नाथूराम प्रेमी का पत्र आया कि अनुवाद की भाषा थोड़ी जकड़ी है। साथ में पांडुलिपि भी थी। मैंने अनुवाद को थोड़ा ढीला करके भेज दिया। पंडितजी को दिखाने के बाद।

'संदेश रासक' जब छप रहा था, मैं डी.एस.बी. डिग्री कॉलेज नैनीताल में था। प्रूफ़ वहीं जाता। मैं प्रूफ़ देखकर प्रिण्ट आर्डर देता। एक दिन पंडितजी का पत्र आया—अधिकांश फर्मे छप गए हैं लेकिन 'संदेश रासक' की पहली पंक्ति का एक शब्द छूट गया है—'रयणायर धर' में सिर्फ़ रयणायर ही छपा है। 'धर' छूट गया। अब प्रूफ़ मैं ही देख लिया करूँगा। यह फर्मा दुबारा छपेगा। एक वाक्य और था—"विद्वान् बनने के लिए गदहे का धैर्य्य चाहिए।"

'संदेश रासक' छप गया। पंडितजी के जिन अर्थों को मैं 'खींचतान' समझता था, उन्हें नहीं दिया। आचार्य ने संदेश रासक की भूमिका में लिखा—

"मूल का हिन्दी अनुवाद आयुष्मान् विश्वनाथ त्रिपाठी ने किया है। कई स्थानों पर वे मेरे सुझाए पाठों का उपयोग नहीं कर सके हैं। मैं उनके स्वतंत्र विचारों का आदर करता हूँ।"

शिष्य की अयोग्यता को ढकनेवाली यह वत्सलता उस महान गुरु में थी।

अपभ्रंश पर शोध करनेवाले विद्वान् डॉ. हरवंश कोछड़ ने 'संदेश रासक' की समीक्षा करते हुए लिखा—"जब डॉ. द्विवेदी के सुझाए अर्थ को उनके शिष्य एवं सह-सम्पादक विश्वनाथ त्रिपाठी ने ही नहीं माना तो दूसरों से मानने की आशा कैसे की जाए?"

पंडितजी 1979 ई. की फरवरी या मार्च में बीमार पड़े। पक्षाघात था, स्मृति चली जाती थी। मूर्च्छित हो जाते थे। मैं उन्हें देखने बनारस पहुँचा सर सुन्दरलाल अस्पताल। पुतुल जी ने कहा—मास्टर साहब, इन्हें कुछ पुरानी बातें याद दिलाइए। डॉक्टर कहते हैं इससे स्मृति लौटने और मूर्च्छा दूर होने में सहायता मिलेगी। मैंने कहा—"पंडितजी, 'संदेश रासक' का प्रूफ़ देख रहा हूँ। राजकमल से उसका अगला संस्करण छपनेवाला है।"

पंडितजी कुछ बोले नहीं। देखते रहे। मैं दिल्ली वापस चला आया।

एक-डेढ़ महीने बाद पुतुल जी दिल्ली लौटीं। कहने लगीं—"मास्टर साहब आपने बाबू जी से क्या कह दिया था?" वे बार-बार बुदबुदाते थे—"वह प्रूफ़ ठीक से देख नहीं पाता है। ग़लती कर देगा।"

1990 ई. के आसपास प्रो. सुरेशचन्द्र गुप्त के अध्यक्ष-काल में 'संदेश रासक' दिल्ली विश्वविद्यालय में एम.ए. हिन्दी के पाठ्यक्रम में लगा। मुझे पढ़ाने को कहा गया। एक बार 'संदेश रासक' के अर्थ पर फिर विचार करने का अवसर मिला। अब पता चला कि पंडितजी कितनी गहराई में जाकर अर्थ खोलते थे। प्राचीन साहित्य की परम्परा और प्रवृत्तियों के आलोक में परखनेवाला ही उन अर्थों को पहचान सकता था। पंडितजी होते तो कहता कि मुझे अर्थ अब खुल रहा है। मैं पढ़ाते समय क्लास में विद्यार्थियों को अपनी व्यथा सुनाकर राहत महसूस करता।

बना रहे बनारस*

काशी में दो कवि-सम्मेलन याद हैं। एक काशी विश्वविद्यालय में हुआ। सम्भवतः 1954 के दिसम्बर में। आचार्य नरेन्द्र देव थे। भोजपुरी और अवधी के लोकप्रिय कवि भी थे। पन्त, जानकीवल्लभ शास्त्री, बच्चन, सोहनलाल द्विवेदी, शम्भुनाथ सिंह, केदारनाथ सिंह, रवीन्द्र भ्रमर, श्रीपाल सिंह क्षेम, रूपनारायण त्रिपाठी आदि। अवधी के वंशीधर शुक्ल प्रथम कोटि के कवि थे। कविता गाकर नहीं पढ़ते थे। आचार्य नरेन्द्र देव के प्रिय कवि थे। लेकिन उस दिन जम नहीं रहे थे। भोजपुरी का कवि जम रहा था। द्विवेदी जी ने संचालक की भूमिका से कहा–श्रोताओं से–'आप लोग भोजपुरी कवि को ज़्यादा दाद दे रहे हैं, आचार्य जी यह न समझते हों कि आप अपनी बोली के कवि की जानबूझकर ज़्यादा प्रशंसा कर रहे हैं।'

वह कवि सम्मेलन स्मरणीय था। पन्त जी ने अपनी बारीक कोमल आवाज़ में–'बाँध दिए क्यों प्राण प्राणों से' सुनाई। पन्त जी अनुरोध करने पर कविता अकुंठ होकर सुनाते थे। नखरे नहीं बघारते थे। पन्त जी से एक बार और काव्य-पाठ सुना है राजकमल के समारोह में, सरदार जाफरी के साथ। जब पन्त जी को सोवियत लैंड नेहरू सम्मान मिला था। उन्होंने 'आह! धरती कितना देती है' का पाठ किया था और कविता खूब सराही गई थी।

ख़ैर विश्वविद्यालय के उस कवि-सम्मेलन में बच्चन जी की मधुशाला जम रही थी। बच्चन ने कविता के पहले वक्तव्य भी दिया–कायस्थ हूँ। और द्विवेदी जी विद्वान मानते हैं कि पृथ्वीराज रासो में लिखा है–कायत्थ पिएंतों, तो मदिरा कायस्थ पीते खूब हैं। मैं पीता नहीं हूँ, फिर भी मधुशाला लिखी। बच्चन जी, पं. जी पर व्यंग्य कर रहे थे। पंडितजी ने 'हिन्दी साहित्य : उद्‌भव और विकास' में लिख दिया था कि बच्चन की मधुशाला का जादू अब उतर गया है। एक अन्य स्थान पर बच्चन ने नामोल्लेख के बिना इस कवि-सम्मेलन में अपने जमने का बयान किया है और लिखा है कि मैं जब वाहवाही लूट रहा था श्रोताओं से, तब मंच पर बैठे एक विद्वान् कुछ ऐसा मुँह बना रहे थे मानो रबर चबा रहे हों–अनुमानतः बच्चन, पं. जी के बारे में ऐसा सोच रहे थे। पं. श्याम नारायण पांडे से जौहर की पंक्तियाँ–आज तुम बढ़े चलो, आज तुम बढ़े चलो, सुना। शब्द मुँह से गोली की तरह निकलते थे। सोहनलाल द्विवेदी कविता पढ़ रहे थे, पं. जी से भ्रमर ने कुछ बात करना चाहा तो पं. जी ने उनसे चुप रहने का संकेत किया। मुझे जानकीवल्लभ शास्त्री का सस्वर गीत पाठ बहुत अच्छा लगा–प्यास तुम्हारी कंठ-कंठ में रूप तुम्हारा नयन-नयन में–स्वर-लहरी

---

* श्री विश्वनाथ मुखर्जी की प्रसिद्ध पुस्तक का शीर्षक–साभार

जादू की तरह मूर्च्छित कर देती थी। शास्त्रीजी ने इस कवि सम्मेलन का उल्लेख द्विवेदी जी पर लिखित लेख 'फटा गगन पर कौन सिएगा' में किया है–

"मैं तब धर्म समाज संस्कृत कॉलेज में साहित्य का विभागाध्यक्ष था। जब अबके प्रख्यात कवि केदारनाथ सिंह, आचार्य हजारीप्रसाद द्विवेदी का पत्र और सौष्ठव एवं औदार्य भरा संदेश लेकर एक दिन मुझे बुलाने आए। पहले भी द्विवेदी जी ने कई बार बुलाया था। मगर मैं जाते-जाते रह गया था। इस बार गया। काशी विश्वविद्यालय में कवि सम्मेलन था। कितने ही नए-पुराने चेहरों की मीठी मुस्कान के बीच पहुँचा तो द्विवेदी जी ने धड़ाधड़ बीसियों सीढ़ियाँ उतरकर सदा की भाँति गले लगाया और स्नेहिल हास्य के उच्छल प्रवाह में बहकर आपाद मस्तक नहलाकर सम्मेलन में ला बिठाया। बच्चन जी आए हुए थे। ज्योति-ज्वार उमड़ रहा था। कमसिन श्रोताओं की चेतना धुलकर निखर रही थी। ऐसे में सांस्कृतिक शुभ्रता के निभृत शिखर में मैंने हल्के-हल्के टेरा–

प्यास तुम्हारी कंठ-कंठ में
रूप तुम्हारा नयन-नयन में

मेरे आसपास आचार्य द्विवेदी, केदारनाथ सिंह, शिवप्रसाद सिंह और रवीन्द्र भ्रमर थे। हौसला बुलन्द रहा। घड़ी की सुइयाँ बड़ी तेजी से घूम रही थीं। बच्चन जी शिफ्टों में सुने जाने वाले लोकप्रिय कवि, मैं बँधे-बँधे वातावरण में मुक्त धारा प्रवाहित करने के पक्ष में नहीं। मैंने एक-दो फ्लाइट के बाद मन को आहिस्ता-आहिस्ता उतारना शुरू किया। जो कान से रिसीवर लगाए बैठे थे और सिर्फ़ मधुशाला सुनना चाहते थे; उन्हें जैसे नशे में अपना नशेमन उड़ता नज़र आ रहा था। अवश्य द्विवेदी जी मेरे दिव्य तपस को अपने निर्मल दर्पण की विभा में तैराते रहे। स्वतः स्फुरित हर्ष भी विद्युत से चुंधियाकर बैठा तो केदारनाथ सिंह ने बुझे हुए सर्द दिल को गरमाने वाली एक ऐसी बात कही जो द्विवेदी जी के ही अन्तर्मन की प्रेरणा-सी प्रतीत हुई–

गागर भरने की बेला हौले बीती जाती है
शास्त्री जी का यह गीत आज के कवि सम्मेलन की एक उपलब्धि है।"

हंस-बलाका, पृष्ठ 349

एक और कवि सम्मेलन याद है, काशी नागरी प्रचारिणाी सभा के प्रांगण मे। हीरक जयन्ती समारोह का, 1954 या 55 में हुआ था। दिनकर, सुमन के काव्य-पाठ की याद है– दिनकर काव्य पाठ को उठे तो पं. विश्वनाथ प्रसाद मिश्र ने कहा–राघौ दिनकरः। दिनकर ने कविता सुनाई थी, गीत नहीं काँटे ले आओ। सुमन ने 'कुछ आज न दुनिया पहले-पहले छली गई'–अंत में 'वह कल-कल करती चली गई' कवि सम्मेलन का वातावरण गंभीर, शांत और स्तरीय था। बाज़ारू या हल्ला-हुल्लड़वाला नहीं था। द्विवेदी जी सभा में विराजमान थे। द्विवेदी जी ने नागरी प्रचारिणी सभा के एक और दृश्य का वर्णन किया है, निराला विषयक लेख (खंड-10) में। इस घटना का सम्बन्ध निराला जी से है। यह भी किसी विशिष्ट काव्य समारोह का ही प्रसंग होना चाहिए।

द्विवेदी जी ने लिखा है–"नागरी प्रचारिणी सभा के पीछे एक मंडप में लगभग तीस हज़ार (30000) से भी अधिक लोग उपस्थित थे। अचानक बिजली चली गई। सभा में

बालक, वृद्ध, नारियाँ थीं। सब किंकर्त्तव्यविमूढ़। कुछ भी हो सकता था। तभी एक ओर से अन्धकार को चीरता हुआ एक ओजस्वी स्वर सुनाई दिया और सबने एक घन-गंभीर गर्जना सुनी, जिसके कारण सभा में सन्नाटा छा गया। उन्होंने ऊँचे स्वर से 'राम की शक्ति-पूजा' सुनाना प्रारम्भ किया और तब तक सुनाते रहे जब तक बिजली का प्रकाश न हो गया। सभा का हाल यह था कि अर्थों को न समझते हुए भी एकदम मंत्रमुग्ध स्तब्ध। केवल उनके ओजस्वी स्वर से ही इनकी धारा बह रही थी उसी का लोग रसपान कर रहे थे। उनका प्रवाह अद्‌भुत था, वाणी अत्यन्त तेजस्वी। लग रहा था कि श्रोता, बुद्धि की आँख से उनका शरीर स्पष्ट देख पा रहे हैं।"

काशी रहते ही पं. जी की निराला जी से कई बार भेंट हुई होगी। द्विवेदी जी ने उन प्रसंगों का उल्लेख किया है–

पं. जी को देखकर निराला जी ने कहा–'लगते तो ऐसे हो जैसे कसरत किया करते हो।' पं. जी ने कहा 'हाँ करता हूँ'। निराला जी बोले फिर क्या गंगा पार कर सकते हो? पं. जी ने कहा 'कर सकता हूँ'। निराला जी वस्त्र समेत गंगा में कूद पड़े और बात-की-बात में कहीं-के-कहीं जा पहुँचे...मैंने भी तैरना शुरू किया लेकिन उनका क्या मुकाबला था। मैंने थोड़ी दूर जाकर कहा मैं हार मानता हूँ। वे लौट आए और मुझे साथ नाव में बिठाकर ले आए और बड़े स्नेह से बातें करते हुए हम महादेवी के यहाँ पहुँचे।'

निराला जी द्विवेदी जी की खातिरदारी के लिए महादेवी जी से बार-बार कहते– "मेहमान आया है खातिर अच्छी होनी चाहिए। जब वह यह देखते थे कि किसी का सम्मान ठीक से नहीं हो रहा है तो वे स्वयं आगे आते थे। एक बार जब उन्हें अनुभव हुआ कि मेरा (द्विवेदी जी का) सम्मान ठीक से नहीं हुआ तो स्वयं अपने हाथ से बनाकर खाना खिलाया।"

काशी के संगीत-समारोह अद्‌भुत होते हैं। काशी वास्तविक महोत्सवा है। बुढ़वा मंगल, रामलीला, गहरेबाज़ी वहाँ के प्रिय उत्सव हैं। संगीत-समारोह मैंने कोई नहीं सुना। तब शास्त्रीय संगीत में मेरी कोई रुचि नहीं थी। अनोखे कंठे, सितारा देवी, गोदई महाराज (शान्ता प्रसाद) का नाम सुनता था। संकटमोचन का संगीत-समारोह सर्वाधिक विख्यात था। पं. ओंकारनाथ ठाकुर को कई बार सुना। संगीत-संस्कार के बिना भी उनका कंठ-स्वर अपनी गम्भीरता से प्रभावित करता था। बलवन्त भट्ट और वी.वी. जोग को सुना। गुरु पूर्णिमा के अवसर पर संगीत महाविद्यालय में गुरुपूजा का उत्सव होता था। उसमें मैंने पहली बार ओंकारनाथ ठाकुर से 'ओम जय जगदीश हरे' का गायन सुना। जय जगदीश हरे बहुत बार सुना-गाया था प्रार्थना में। किन्तु ओंकारनाथ ठाकुर दूसरे ढंग से गा रहे थे। अभूतपूर्व आकर्षण था। उसी सभा में उन्होंने 'जोगी मत जा, मत जा' भी गाया, 'हरि तुम हरो जन की पीर' तो मानो विश्व के अस्तित्व को करुणामय नाद में रूपान्तरित कर देता था। एक बार उनका गायन विश्वविद्यालय के दीक्षान्त समारोह के अवसर पर हुआ। विद्यार्थियों से खचाखच भरे एम्फ़ीथियेटर में। छात्र सबको हूट कर रहे थे। ओंकारनाथ जी ने आते ही प्रार्थना की–'बच्चो मेरे धौले (सफेद केशों) पर धूर मत डालना।' उन्होंने मन से गाया और पूरी सभा ने मन से सुना। गाते समय उनको पसीना बहुत आता था। कई

छोटे-छोटे तौलिए रखे रहते थे। वे उनसे शरीर पोंछते रहते। गाते समय साथ गा रहे शिष्यों को उत्साहित करते रहे। व्याख्या भी करते जाते। केदारनाथ सिंह ने बताया—उन्होंने 'कामायनी' का नृत्य रूपक तैयार किया था—रुक जा, रुक जा ओ निर्मोही का गायन समझाते—एक 'रुक जा' के बाद दूसरा 'रुक जा' और ज़ोर से होना चाहिए, क्योंकि सुननेवाला तब तक और दूर चला गया होगा।

'मइया मोरी मैं नहिं माखन खायो' तो बिल्कुल अध्यापक की तरह समझाते। माखन मुँह पर लिपटा, हाथ पीछे करके यशोदा से छिपा रहे हैं और समझते हैं कि सब मान लेंगे कि माखन नहीं खाया है—पूरा दृश्य समझाते और अपनी मन्द-गंभीर वाणी में गाते। वाणी क्या थी—नाद-गंगा की विश्वप्लाविनी धारा थी। अभी मैंने (2007 में) राग पट मंजरी का रिकॉर्ड सुनते समय आकाशवाणी से उनका गायन सुना—महादेवी का गीत...'विस्तृत नभ का कोई कोना मेरा न कभी अपना होना' सुना। काश! उन्होंने निराला जी के भी गीत गाए होते।

ओंकारनाथ ठाकुर का कंठ स्वर न भूतो न भविष्यति था। उनका स्वर, स्वर-संसार निर्मित करता था। द्विवेदी जी की वाणी ने और उनके कंठ-स्वर ने मेरा जीवन धन्य-सार्थक कर दिया।

द्विवेदी जी शाम को घूमने निकलते। रास्ते में पान खाते। विविध विषयों पर बातें करते। कोई-न-कोई मिल जाता। कभी-कभी मनोरंजक व्यक्तित्व भी मिलते। एक विद्‌वान मिले। वे हटते ही नहीं थे। रास्ता रोककर खड़े होकर देर तक किसी विषय पर बात करते गए। पं. जी ऐसे लोगों को मज़ाक में नाहटा कहते थे। वैसे इस नाम से अपभ्रंश के विद्वान् अगर चन्द नाहटा का पंडितजी काफ़ी सम्मान करते थे। तब तक बीच में एक विचित्र व्यक्ति लंगोटी पहने, सर पर मोर-पंख धारण किए, कूदता हुआ आया और नाहटा विद्वान् को कसकर पकड़ लिया। पंडितजी को मुक्ति मिली। वे टहलने के लिए निकले। बोले—भगवान भक्तों की रक्षा के लिए ऐसा रूप भी धारण करता है। अब मैं कभी-कभी कुछ-कुछ पं. जी से बतियाने लगा था—पूछा—'पं. जी आपके चरणों में रहते साल-भर के करीब हो गया। मुझे लग रहा है कि मैं आपसे कुछ नहीं सीख पा रहा हूँ।' पं. जी ने सुनकर गंभीरता से मेरी ओर देखा—कुछ देर बाद बोले, अब तुमने सीखना शुरू कर दिया है। अभाव का बोध, भाव का लक्षण है। जब तुम्हें लगने लगा कि तुम कुछ नहीं सीख रहे हो, तब समझो कि सीखना शुरू कर दिया है।

मैंने पूछा—'हिन्दी साहित्य का इतिहास पढ़ना कैसे शुरू करें?' पं. जी ने कहा—शुरू से ही शुक्ल जी को मत पढ़ो। उन्हें चबा-चबाकर पढ़ना पड़ता है। फिर पागुर भी करना पड़ेगा। उन्हें बाद में पढ़ना। पहले तुम पं. रामनरेश त्रिपाठी की 'कविता-कौमुदी' पढ़ो। सब खंड ध्यान से पढ़ जाओ।

संयोग से उसी दिन तीसरे पहर पं. रामनरेश त्रिपाठी, पं. जी के यहाँ आकर ठहरे। दो-तीन दिन के लिए। दूसरे दिन वे नगर में कुछ काम के लिए जाना चाहते थे। पं. जी से कहा—इस लड़के को मेरे साथ कर दीजिए। पं. जी ने मुझसे कहा—जाओ विश्वनाथ! पं. जी की सेवा करो। मैं प्रसन्न मन त्रिपाठी जी के साथ हो लिया। मन में इतने बड़े साहित्यकार

के साथ रहने का अवसर मिला इसका उल्लास था। सड़क पर आए तो त्रिपाठी जी की चप्पल में कील निकलकर पैर में चुभने लगी। उन्होंने कहा—चलो किसी मोची से ठीक करवा लें। मैंने एक ईंट के टुकड़े से ठोंककर ठीक कर दिया।

त्रिपाठी जी बनारस में मास्टर खेलाड़ी लाल एण्ड सन्स की दुकान पर गए। मुझे बताया कि यह किताबों की पुरानी दुकान है। वहाँ दिव्य जलपान मिला। त्रिपाठी जी को तो ऐसा मिलता ही रहता होगा। मुझे अभूतपूर्व आनन्द आया। त्रिपाठी जी को एक हारमोनियम खरीदनी थी। लड़की को शादी में देने के लिए। खेलाड़ी लाल जी की दुकान के मालिक ने विनम्रतापूर्वक कहा—इसका दाम मैं दे दूँगा। मेरी ओर से उपहार समझिए। द्विवेदी जी ने स्मरणीय उत्तर दिया—'धन्यवाद! रहने दीजिए। लड़की मैंने अपने बलबूते पर पैदा की है और मैं इसके लिए समर्थ हूँ।' मुझे बहुत अच्छा लगा।

वहाँ से त्रिपाठी जी मुरलीधर केडिया के यहाँ गए। वे नागरी प्रचारिणी सभा के कोषाध्यक्ष थे। उनके पास साहित्यकारों से सम्बन्धित अनेक वस्तुएँ संग्रहीत थीं। उन्होंने भोजन कराया। भोजन कराने के पहले मेरी ओर संकेत करके त्रिपाठी जी से पूछा—'ये भी भोजन करेंगे?' मुझे यह अच्छा नहीं लगा। लेकिन भोजन का दृश्य अद्भुत था। पारंपरिक पद्धति पर वैसा भव्य भोजन मैंने फिर कभी नहीं देखा, किया। कम्बल का बिछावन बैठने के लिए। काठ का पीढ़ा थोड़ा-सा ऊँचा और विस्तृत थाल रखने के लिए। चाँदी का विशाल थाल, जिसमें लगभग बीस प्रकार के थोड़े-थोड़े व्यंजन। कटोरियों में, शुद्ध देसी घी की तरावट और गमक, घृतसिक्त गरमा-गरम रोटियाँ, पराँठे—रखी हुई नहीं, एक-एक करके आतीं। चावल बहुत कम गिनने में आ सकें। बाद में अनेक प्रकार की ठेठ बनारसी मिठाइयाँ, पापड़ आया फिर उसी तरह की एक ओर चीज़ आई, केडिया जी ने कहा—इसे लापड कहते हैं।

केडिया जी के यहाँ का भोजन मुझे इतना याद है कि उनके बारे में और कुछ भी नहीं याद है।

लौटते हुए रास्ते में त्रिपाठी जी ने दो बातें कहीं—एक तो श्वेत रक्त की रक्षा करो—श्वेत रक्त का मतलब समझने में थोड़ी दिक्क़त आई। लेकिन तब तक उसे समझने लायक अनुभव मुझे प्राप्त हो चुका था। दूसरी बात यह कि एम.ए. करने के बाद मुझसे मिल लेना। मैं बिड़ला से कहकर तुम्हें विदेश अध्ययन के लिए भिजवा दूँगा। यह भी बताया कि हे प्रभो आनन्ददाता ज्ञान हमको दीजिए, शीघ्र सारे दुगुर्णों को दूर हमसे कीजिए' उन्हीं की रचना है।

टेवटिया जी के बच्चों के लिए हिन्दी में यह प्रार्थना-कविता लिखी थी। मैंने कहा—मैंने आपका नाटक 'वफ़ाती चाचा' और आपकी किताब 'दिमाग़ी ऐयाशी' पढ़ी है। उन्होंने कहा—वफ़ाती चाचा तुम्हारे पास हो तो मेरे पास भिजवा देना। दुबारा छपवानी है। मेरे पास उसकी प्रति नहीं है। मैंने गाँव से उसे भिजवा दिया। त्रिपाठी जी ने छपने के बाद उसकी नई प्रति मेरे पास भिजवा दी, साथ में आशीर्वाद का पत्र भी।

दूसरे दिन पं. जी के यहाँ गया तो उन्होंने कहा—त्रिपाठी जी तुम्हारे ऊपर प्रसन्न हैं। प्रशंसा कर रहे थे।

रात में पं. जी ने उन्हें प्रेम से भोजन कराया। स्वयं चौके से थाली लाकर। त्रिपाठी जी से पं. जी की बेटियों–पुतुल, तितिल, मुन्नू ने लोकगीत सुनाने को कहा–त्रिपाठी जी ने सुनाया कविता की तरह, गाकर नहीं।

1955 या 56 में महापंडित राहुल सांकृत्यायन काशी आए। मैंने उनका नाम इन्टरमीडियट क्लास में अपने अध्यापक त्रिलोकीनाथ श्रीवास्तव से सुना था। वे मेरे लिए मिथक पुरुष थे। उनका काशी आगमन एकाधिक कारणों से स्मरणीय बन गया। उन दिनों काशी विश्वविद्यालय छात्र संघ में शंकर दयाल सिंह किसी पद पर थे। वही शंकर दयाल सिंह जो बाद में प्रसिद्ध हिन्दी-सेवी सांसद हुए। वे छात्र-जीवन में ही बहुत सक्रिय थे। छात्र नेता विद्यासागर नौटियाल आदि के प्रयास के चलते राहुल जी से छात्र-संघ के वार्षिक समारोह को सम्बोधित करने की प्रार्थना की गई। बहुत बड़ी संख्या में छात्र और अध्यापक आर्ट्स कॉलेज के सामने वाले मैदान में जमा हुए। विशाल पंडाल बना। राहुल जी यथासमय पधारे। मंच पर जो कुर्सियाँ रखी थीं उनमें से किनारे की कुर्सी पर बैठ गए। भाषण देने खड़े हुए। नागपुरी धोती, कुर्ता खद्दर का। सदरी सिर पर छोटे-छोटे बाल, लम्बी काया। कैमरा लटकाए हुए। मामूली चप्पलें। ठेठ पूर्वी उत्तर प्रदेश वाले निम्न-मध्यवर्गीय किसान, मानो अभी खेत में हल चलाके आ रहे हैं। किसी प्रकार का कोई आडम्बर-दिखावा नहीं। भाषण में कहा–

आज से हज़ारों वर्ष पूर्व भारत में एक दार्शनिक हुआ था धर्मकीर्ति। उसने मूर्खों के तीन लक्षण बताए थे–पहला जो यह माने कि संसार को बनानेवाली कोई चेतन सत्ता है, जो कृपालु है। दुनिया कौन बहुत अच्छी बनी-बनाई मनुष्य को मिल गई है। हर चीज़ के लिए उसे खून-पसीना बहाना पड़ा है। इस दुनिया में साँप, बिच्छू, घड़ियाल, मलेरिया, हैजा भी तो हैं। आदमी को उनसे बचना, लड़ना पड़ता है। दूसरा लक्षण है–ज्योतिष पर विश्वास करना; तीसरा है–स्नान को धर्म से जोड़ना। राहुल जी ने कहा–विद्यार्थियों को सादगी से रहना चाहिए। यहाँ आकर अपने को निरक्षर जनता से विशिष्ट या अलग-थलग नहीं समझना चाहिए। लेनिनग्राड विश्वविद्यालय में जलाने की लकड़ी की कमी थी, सो वहाँ के प्रोफ़ेसर लकड़ी काटकर जलावन जुटाते थे। अन्त में यह राय भी दी कि जो लड़के, लड़कियों को छेड़ें उन्हें मिलकर पीटना चाहिए।

मुश्किल से 15 मिनट बोले होंगे। फिर चुपचाप कुर्सी पर बैठ गए। लोग और भी सुनना चाहते थे। उपकुलपति सर सी.वी. रामास्वामी अय्यर सभा में नहीं आए। लड़के उनके पास आए तो कहा–हू इज़ राहुल सांकृत्यायन–ए बुद्धिस्ट मांक एंड हैव मैरिड अ रशन गर्ल। यह राहुल सांकृत्यायन कौन हैं, बौद्ध भिक्षु जिसने रूसी लड़की से शादी की है।

रात को हम लोग जुलूस में अय्यर के निवास पर गए। नारा लगाया उनके विरोध में–'सी.वी. अय्यर होश में आओ।' विद्यासागर नौटियाल ने बताया है कि राहुल जी के सभा-स्थल पर आते ही सर सी.वी. रामास्वामी अय्यर उठकर चले गए। द्विवेदी जी और राजबली जी पांडे को छोड़कर सभी प्रोफ़ेसर भी उठकर चले गए।

दूसरे दिन प्राचीन भारतीय इतिहास और संस्कृति विभाग के हाल में राहुल जी का मध्यएशिया का इतिहास पर भाषण हुआ। हाल खचाखच भरा था लोग खड़े थे। राहुल जी

लगभग डेढ़ घंटा अबाध गति से बोले—पिन ड्राप साइलेंस। भाषण सुनने के बाद मानो ज्ञान की ज्योति नेत्रों में आ गई हो। किसी इतिहासविद् का ऐसा प्रभावशाली भाषण हिन्दी क्या मैंने अंग्रेज़ी में भी नहीं सुना।

अगले दिन एक गोष्ठी हुई। साहित्य-संघ की ओर से। राहुल जी ऐतिहासिक उपन्यासों पर बोले। गोष्ठी अंग्रेज़ी विभाग के रीडर, मन्नन द्विवेदी के अनुज, डॉ. राम अवध द्विवेदी के घर पर हुई। वे विश्वविद्यालय परिसर में ही रहते थे।

राहुल जी ने कहा—इतिहास रस जैसी कोई चीज़ नहीं होती। ऐतिहासिक उपन्यासकार को तथ्यों की उपेक्षा नहीं करनी चाहिए। उन्होंने चतुरसेन शास्त्री के ऐतिहासिक उपन्यासों की इस दृष्टि से आलोचना की। 'बाणभट्ट की आत्मकथा' को निर्दोष बताया। डॉ. रामअवध द्विवेदी ने राहुल जी के विचारों से असहमति जताई। राहुल जी ने उनका विनम्रता से समाधान करना चाहा, किन्तु डॉ. द्विवेदी उखड़े रहे।

गोष्ठी की समाप्ति पर हम लोग राहुल जी के पीछे-पीछे चल दिए। उन्हें चन्द्रबली पांडे से मिलना था। करीब दो फर्लांग तक आने के बाद वे लौटकर फिर डॉ. रामअवध द्विवेदी के यहाँ गए। हमने सोचा कोई वस्तु भूल गए होंगे उसी को लेने आए हैं। राहुल जी सचमुच कुछ भूल गए थे लेकिन वह कोई वस्तु नहीं थी। वे चलते समय डॉ. रामअवध द्विवेदी को प्रणाम करना भूल गए थे। ऐसे कम्युनिस्ट बुद्धिजीवी थे।

और राहुल जी चन्द्रबली पांडे से मिलने गए तो उनके निवास से काफ़ी दूर पहले कार से उतर पड़े। कार से उनके दरवाज़े तक नहीं जाना चाहते थे। काशी आने पर शिवप्रसाद गुप्ता का परिवार उन्हें गाड़ी का सुभीता मुहैया कर देता था। राहुल जी काशी में चन्द्रबली पांडे और शान्तिप्रिय द्विवेदी से उनके निवास पर जाकर मिलते थे। राहुल जी आचार्य किशोरदास वाजपेयी के सहपाठी और प्रशंसक थे। वे डॉ. भोलाशंकर व्यास के भी अध्ययन-प्रेम के प्रशंसक थे।

नामवर जी ने बताया कि मार्क्स क्लब में राहुल जी का भाषण हुआ। उसमें अधिकांशतः कम्युनिस्ट पार्टी के सदस्य थे। राहुल जी ने ठेठ भोजपुरी लहजे में कहा मार्क्स ने जो किताबें लिखी हैं, उनका सम्बन्ध आप लोगों से कम, उन लोगों से ज़्यादा है, जो इस सभा में नहीं हैं—रिक्शा चलाते हैं, बोझा उठाते हैं। आप लोग मार्क्स की किताबें ही न पढ़िए, उन्हें पढ़कर उन लोगों के बीच जाया कीजिए, उनसे मिला कीजिए जो मार्क्स की किताबें नहीं पढ़ पाते।

1954 की मई में भीष्म साहनी बनारस आए, अपने शोध-कार्य के सिलसिले में। बलराज साहनी ने पंडितजी से उनका मार्ग-निर्देश करने का अनुरोध किया था। भीष्म जी बलराज साहनी के छोटे भाई थे। मैं बहुत उल्लसित था। पं. जी ने मुझे और बबुआ को स्टेशन भेजा उन्हें घर लाने के लिए। पं. जी ने कहा—बहुत सुसंस्कृत-शिष्ट और संकोची परिवार है इन लोगों का। भीष्म 1954 में 39 वर्ष के रहे होंगे। भारतीय कम्युनिस्ट पार्टी के सदस्य रहे होंगे। इप्टा से जुड़े थे। नई-नई शादी हुई थी। उतनी नई भी नहीं कह सकते। क्योंकि कल्पना (भीष्म की लड़की) किसी पब्लिक स्कूल, पहाड़ी जगह पर पढ़ती थी। उसकी चिट्ठी आती थी। वह बच्चों जैसी चिट्ठी लिखती थी। काग़ज़ पर लाइनें खींचकर।

पत्र अंग्रेज़ी में होते थे। भीष्म जी मुझे दिखाते थे। भीष्म साहनी खद्दर के कुर्ते और अलीगढ़ी पाजामे में रहते थे। सादे, किसी राजनैतिक पार्टी के कार्यकर्त्ता लगते। चेहरा बलराज साहनी से मिलता हुआ, कद में उनसे थोड़े छोटे, उलटे बाल काढ़े, थोड़ा झुककर चलते। मृदु अल्पभाषी। अपनी बातें समझाते हुए धीरे-धीरे बोलते। बोलने से पहले थोड़ा मुस्कराते। बीच-बीच में मज़ाक करते। ज़्यादा नहीं, लेकिन यथावसर पंजाबी के अश्लील शब्दों का प्रयोग जमकर करते।

स्टेशन से आकर पं. जी के घर में चाय पी। पुतुल, तितिल, मुन्नू, गिप्पी, लालजी ने घेर लिया। भीष्म मन्द-मन्द मुस्कराते हुए उन सबका जवाब देते रहे।

दूसरे दिन भीष्म साहनी गुर्टू हॉस्टल के एक डारमिटरी में चले गए। उसमें स्नानागार और शौचालय कमरे के अन्दर ही था। पं. जी की आँखें खराब हो गई थीं। एक-दो दिन बाद ही नवजात पुट्टू (आनन्द), गिप्पी (सिद्धार्थ) और लालजी तथा लड़कियाँ, माता जी के साथ शान्तिनिकेतन चले गए। घर पर सिर्फ़ बबुआ (जगदीश द्विवेदी), ज्येष्ठ-पुत्र रह गए। मैं स्टेशन छोड़ने भी गया। वहाँ गाड़ी की सीटी की तेज़ आवाज़ सुनकर गोद का पुट्टू चीख उठा। सब हँसने लगे। पं. जी ने मुझसे भीष्म का ख्याल रखने को कहा—माता जी ने बबुआ से मेरा। मैं बबुआ के साथ पंडितजी के घर में ही रहने लगा।

तब मैं नरगिस का फ़ैन था—अब भी हूँ। नरगिस मुझे अभी भी संसार की सबसे सुन्दर अभिनेत्री लगती है। मैंने अपने कमरे में आर.के. स्टूडियो के चित्रकार आर्चेकर द्वारा बनाया नरगिस का चित्र 'फिल्मफ़ेयर' से फाड़कर मढ़ाकर टाँग रखा था। भीष्म जी से पूछा आप नरगिस को जानते हैं? उन्होंने कहा—वह बलराज के घर के सामने ही रहती हैं। मैंने बहुत दबी ज़बान से कहा—आपके साथ बम्बई चलूँ तो आप मुझे नरगिस दिखा देंगे? भीष्म जी ने कहा—मैं तुम्हें उसके साथ चाय पिलवा दूँगा—मेरा हृदय उछलने लगा मानो नरगिस के सामने खड़ा हूँ।

फिर मैंने शर्माते हुए कहा—नहीं, कुछ ऐसा-वैसा मत समझिएगा—मैं नरगिस को किसी और रूप में...भीष्म जी ने हँसते हुए कहा—यही कहना चाहते हो कि तुम उसे बहन के रूप में प्यार करते हो। मुझे लगा—उन्होंने मेरे मन की चोरी पकड़ी ली और मेरा चेहरा लाल हो गया।

भीष्म जी रोज शाम को रेडियो से पंजाबी समाचार सुनते। शीला जी पंजाबी में समाचार बाँचतीं थीं। उन्हें पत्नी का समाचार मिल जाता। वे दूध लेकर कगरे में दही जमाते। लस्सी बनाकर पीते। खाना मेस में खाते। सवेरे नागरी प्रचारिणी सभा भवन में जाते। शोध-कार्य के सिलसिले में। शाम को लौटते। एक बार मैं उनके साथ 'औलाद' पिक्चर देखने गया। उसमें बलराज जी ने मुख्य पात्र के रूप में अभिनय किया था। सिनेमा हाऊस का मालिक भीष्म जी को पहचानता था। उसने टिकट नहीं लेने दिया। एक और पिक्चर लगी थी बलराज जी की। हीरोइन कुमुकुम थी। मैंने कहा—बलराज साहनी हीरो के रूप में नहीं जँचते। चरित्र अभिनेता ज़्यादा अच्छे लगते हैं। भीष्म जी ने कहा—तुम समझते हो कि रूपवान् व्यक्ति ही प्रेम करता है, मुझे भीष्म की बात बहुत ठीक लगी। बाद में मेरी समझ पर इसका गहरा असर पड़ा। 'तीसरी' कसम के हिरामन को मैंने इसी से समझा।

मैं पंडितजी के यहाँ रहता तो उनके पुस्तक-भंडार की पुस्तकों को उलटता-पुलटता रहता। एक पतली किताब मिली–'उर्दू कविता पर बातचीत'–फिराक गोरखपुरी की। इस किताब को पढ़ने के बाद मैं उर्दू कविता का प्रेमी हो गया, एक और किताब मिली, वह पंडितजी की चारपाई पर पड़ी थी–'लस्ट फार लाइफ़', इरविंग स्टोन की। संयोग से वह किताब बगल में दबाए मैं भीष्म जी के कमरे में पहुँचा। भीष्म जी ने कहा–यह किताब बहुत अच्छी है पढ़ लो। दुबारा गया तो उन्होंने पूछा–तुमने वह किताब पढ़ी कि नहीं, मैंने कहा–नहीं, अभी शुरू नहीं की है, उन्होंने कहा–बहुत अच्छी किताब है उसे ज़रूर पढ़ डालो। तीसरी बार गया, उन्होंने फिर पूछा, मेरे न कहने पर उन्होंने कड़ाई से कहा–अब जब तक तुम वह किताब पढ़ नहीं डालते, मेरे पास मत आना। मैं थोड़ा चकित हुआ।

लेकिन किताब पढ़ना शुरू किया तो पढ़ता ही चला गया। 2-3 बैठक में किताब खतम कर दी। उस किताब ने मेरी दुनिया बदल दी। मैं महानतम चित्रकार वान गाग के आन्तरिक व्यक्तित्व और कला की सहजता से परिचित हुआ। बाद में मैंने पाल गोगाँ, सेजाँ, लात्रेक आदि पर लिखी किताबें भी पढ़ीं। इरविंग स्टोन की 'एसेंट' और 'अगोनी एण्ड एक्सटेसी' से भी परिचित हुआ। कला का प्रतिमान मैंने 'पोटैटो ईटर्स' में पाया। बहुत दिनों के बाद दिल्ली से भोपाल जाते हुए ट्रेन में भीष्म जी ने मुझे मारख़ेज की कृति 'हन्ड्रेड इयर्स ऑफ़ सोलीट्यूड' पढ़ने का अनुरोध किया। भीष्म जी साहित्य एवं संगठन-शिष्टाचार के कुशल प्रशिक्षक थे। अस्तु!

भीष्म जी के साथ सारनाथ जाने का प्रोग्राम कई बार बना, किन्तु मैं सवेरे सो जाता। आखिरकार वे किसी और के साथ सारनाथ गए। एक बार भाँग पीने का प्रोग्राम बना। बबुआ ने सामग्री जुटाई। भाँग पी गई। लेकिन भीष्म जी ने कहा–मुझे नशा नहीं आया। बबुआ ने फिर प्रोग्राम बनाया। सामग्री जुटा ली गई। किन्तु ऐन उसी दिन पंडितजी शान्तिनिकेतन से वापस आ गए। पानी में भिगोई हुई भाँग मैंने कहीं फेंक दी।

एक दिन गुर्टू हास्टल में भीष्म जी से मिलने गया तो हाजत महसूस हुई। मैंने कहा–आपके टायलट का उपयोग कर लूँ? यह मेरी अनजान बेअदबी और मूर्खता थी क्योंकि छात्रावास में सार्वजनिक शौचालय की अच्छी व्यवस्था थी। भीष्म जी ने कहा–बिल्कुल कीजिए। हाँ बाद में पानी डालना मत भूलिएगा। यदि आपको ध्वनित कार्य-सम्पादन की आदत है तो मैं बाहर बैठ जाता हूँ। उन्होंने अंग्रेज़ी में कहा था–इफ़ योर परफोर्मेंस इज़ न्वायज़ी।

वे रात में जल्दी सो जाते। एक बार 9 बजे रात को पहुँचा तो बोले–इसको पंजाबी में कहते हैं–क्या नाड़ा खोलने के बाद आया है।

भीष्म जी, काशी में त्रिलोचन शास्त्री, नामवर जी, चन्द्रबली सिंह से मिलते। कैथरीन मीन्सफील्ड की कहानियों की चर्चा करते। मुझसे 'बूढ़ी काकी' कहानी की चर्चा एक दिन देर तक तन्मय होकर करते रहे। बाद में उन्होंने 'चीफ़ की दावत' कहानी लिखी, जो बूढ़ी काकी का विस्तार है। भीष्म जी की उत्कृष्ट कोटि की कहानी है। वे अंग्रेजी-साहित्य–विशेषतः कीट्स की खूब चर्चा करते। अंग्रेज़ी के बुजुर्ग़ हिन्दी-प्रेमी अध्यापक बी.एल. साहनी से भेंट हुई। साहनी ने कामायनी का अंग्रेज़ी में अनुवाद किया था। उन्होंने भीष्म

जी को खाने पर बुलाया। भीष्म जी खाने पर नहीं गए। मुझसे कहा—कह दो आज मेरी तबीयत नहीं ठीक है। बुड्ढे को बातों-बातों में बता देना कि भीष्म साहनी की शादी हो चुकी है।

विश्वविद्यालय के परिसर में अन्तर्राष्ट्रीय छात्रावास था। उसमें विदेशी छात्र रहते थे। चीन के दो विद्यार्थी और वियतनाम का एक विद्यार्थी हिन्दी पढ़ने आए थे। एक छात्र इतिहास पढ़ने। दोनों चीनी विद्यार्थी मुझसे ट्यूशन पढ़ने लगे। सत्तर रुपए प्रतिमास देते थे। रुपए वे महीने के शुरू में ही दे देते। एक का नाम ल्यूकान यू दूसरे का ल्यूकान ली था। नाम स्मृति के आधार पर लिख रहा हूँ। चीनी नाम का सही उच्चारण, लेखन दुष्कर है। ल्यू कान यू गोलमटोल चेहरे के स्वस्थ थे, ली चिपटे-चौड़े चेहरे के अपेक्षाकृत पतले थे। हम लोग सुविधा के लिए ल्यू कान यू को माओवत और ली को चाउएनलाइवत् कहते थे। ल्यू कान यू कम बोलते, थोड़ा कट्टरपन्थी थे। ली खुला हुआ थोड़ा गप्पी। वियतनामी छात्र से ल्यू कान यू की खूब पटरी बैठती। आता तो देखता, दोनों बतिया रहे हैं। मुझे देखकर ल्यू कान यू वियतनामी छात्र की ओर संकेत करके कहते—गुरु जी ये नरकाँ बहुत खनाब हैं, अच्छा नईं ऐं (यह लड़का बहुत खराब है, अच्छा नहीं है)। यह उनकी प्रेमाभिव्यक्ति थी। मैं पूछता—लू शुन और प्रेमचन्द में कौन ज़्यादा अच्छा लगता है आप लोगों को? वे साफ़ उत्तर नहीं देते। सही उत्तर देकर मुझे निराश नहीं करना चाहते थे। मैं प्रेमचन्द की कहानी 'गुल्ली डंडा' पढ़ा रहा था। उसमें पदाना क्रिया बार-बार आती है। मुझे इसका मतलब बताने में बड़ी दिक़्क़त हुई। अंग्रेज़ी शब्दकोश की सहायता से (अंग्रेज़ी-चीनी) से बताया। पता लगने पर दोनों पुट्ठे पीट-पीटकर उछलने लगे। आं-आं अमारे यहाँ भी होता है।

मुझे उनकी हिन्दी सुनने में बड़ा आनन्द आता। पूछता—आपके यहाँ दो दोस्त मिलते हैं तो क्या कहते हैं—वे बताते—अमारे याँ जब दो दोसत मिलते हैं तो कहते हैं—टिन पाओ चीं कुछ ची छिम् (मैं यह सब अपने मन से लिख रहा हूँ वे इसी तरह की कुछ ध्वनियाँ निकालते थे)। मैं पूछता आपके यहाँ शादी कैसे होती है। वे बताते—"हमारे यहाँ जब कोई नरका किसी नरकी से प्यार करता है तब सादी हो जाती है।"

तब 1962 का हिन्द-चीन झगड़ा नहीं हुआ था। ते चीनी, वियतनामी छात्र संयुक्त राष्ट्र दिवस समारोह का बहिष्कार करते। एक दिन मैंने पूछा—आपको प्रतिमास कितनी छात्रवृत्ति मिलती है? उन्होंने कहा था—पहले 200 रुपया प्रतिमास मिलता था। वह हमारी ज़रूरत से ज़्यादा था। हमने अपने दूतावास से 50 रुपए कम कर देने को कहा। देश में यह रुपया निर्माण कार्य में काम आएगा। इसका मेरे ऊपर बहुत गहरा प्रभाव पड़ा। यह उलटी रीति थी। समाजवादी व्यवस्था की उत्कृष्टता-मानवीयता का बोध हुआ।

मेरी शादी हो चुकी थी। पहली होली मनाने के लिए सालियों ने बुलाया था। पैसे नहीं थे। मैंने समस्या उन छात्रों के सामने रखी। ली ने कहा—मेरा लेदर कोट पहनकर ससुराल जाइए। लालच तो बहुत हुआ। लेकिन मन को लपकने से रोका। तय यह हुआ कि वे मुझे 70 रुपए अग्रिम दे देंगे। मैं नया कोट बनवाऊँगा। कोई अनुभवी छात्र मेरे साथ कोट का कपड़ा खरीदने गया। लंका के किसी दर्ज़ी (शायद दीपक टेलर्स) से सिलवाया।

कुल 50 रुपए में कोट तैयार हो गया। पहनकर गुर्टू में घूमा तो त्रिलोचन-पुत्र जयप्रकाश के मित्र नवीन पन्त ने कहा–त्रिपाठी जी सचमुच कपड़े से पर्सनिलिटी बदल जाती है। होली में कोट लायक जाड़ा नहीं पड़ता, लेकिन कोट पहनने के लिए नहीं, ससुराल के लिए बनाया। पहनकर गया।

चीनी छात्रों की परीक्षा निकट थी। मैं हफ़्ते भर के लिए गया था। ससुराल एक महीने टिक गया। चीनी छात्र ने कहा–'तिरपाठी जी ने हमारे सात धोका दिया।'

ली से दुबारा मेरी भेंट 1983 में हुई। वह भारत किसी सांस्कृतिक दौरे पर आया था। विभाग में आया। प्रो. मनोरंजन महंती चीनी विभाग के प्रोफेसर की देखरेख में। मुझसे कहा–"आपसे लगभग बीस साल बाद भेंट हो रही है।" उसने कुछ चीनी चाय-कप मुझे उपहार में दिए। वह संस्कृति-विभाग का अधिकारी हो गया था। मुझे बताया–चार गैंग ग्रुप के हटने से हमारे देश के लोगों के सीने पर बहुत बड़ा पत्थर हट गया।" वह मेरी किताब इतिहास वाली (हिन्दी साहित्य का संक्षिप्त इतिहास–एन.सी.आर.टी. द्वारा प्रकाशित) चाहता था। मेरे पास थी नहीं।

विष्णुचन्द्र शर्मा मुझसे एक-दो साल जूनियर थे। त्रिलोचन शास्त्री के अनन्य सहचर। काशी विद्यापीठ से बी.ए. किया था। नागरी प्रचारिणी सभा के संस्थापकों में से एक थे रामनारायण मिश्र (शर्मा) के दौहित्र। प्रसिद्ध स्वतंत्रता सेनानी कृष्णचन्द्र शर्मा के पुत्र। उनके पिता लालबहादुर शास्त्री, सम्पूर्णानन्द, टी.एन. सिंह आदि के साथी थे। दिवंगत हो चुके थे। विष्णुचन्द्र शर्मा तब तक भारतीय कम्युनिस्ट पार्टी के सदस्य और सक्रिय कार्यकर्त्ता थे। परिसर में नामवर जी के यहाँ कभी-कभी और विद्यासागर नौटियाल के साथ अक्सर दिखते। वय में कम थे किन्तु 'तेजवन्त लघु गनिय न रानी' की मूर्ति थे। किसी को कुछ न समझने की बात व्यक्तित्व में तब से थी और आज तक है।

एक दिन रात को 10 बजे गुर्टू हॉस्टल में मेरे कमरे में आए। तेज़ी में थे। मेरा उनसे तब तक परिचय तो था लेकिन बस परिचय ही था। तपाक से बोले–तुमने कोई कविता लिखी है 'परिवार'। नामवर तारीफ़ कर रहे थे। लाओ 'कवि' निकालने जा रहे हैं, छापेंगे। इतने अधिकार से उन्होंने यह सब कहा कि मैं भाव-विभोर हो गया। कविता छपी। कविता की कुंडली अच्छी थी। अयाचित यश मिला। मैं आज तक चकित हूँ कि इस कविता में ऐसा क्या है? इसका विवरण मैंने काव्य-संकलन 'जैसा कह सका' के प्राक्कथन 'बिसनाथ कवि बन गए' में दिया है।

'कवि' दो आने में मिलता था। इतने कम दाम की कोई पत्रिका न उसके पहले, न बाद में हुई। एक फर्मे की। सारा काम--पैसा, सामग्री जुटाना, छपाई, वितरण, प्रूफ़–विष्णुचन्द्र शर्मा ही करते थे। नामवर जी उसके हर अंक में लिखते थे। मुक्तिबोध, केदारनाथ अग्रवाल, त्रिलोचन, भवानीप्रसाद मिश्र, नामवर सिंह, केदारनाथ सिंह, कीर्ति चौधरी, रघुवीर सहाय विशिष्ट कवि के रूप में प्रस्तुत किए गए। इन पर त्रिलोचन शास्त्री, नामवर सिंह, केदारनाथ सिंह, डॉ. रामअवध द्विवेदी ने लिखा। भवानीप्रसाद मिश्र पर पं. हजारीप्रसाद द्विवेदी ने आलोचना लिखी–देखने में गद्य, पढ़ने में कविता, बिल्कुल भवानीप्रसाद मिश्र की शैली में–'जैसा बोलता है लिख और मुझसे भी बड़ा तू दिख'।

'कवि' सच्ची लघु पत्रिका थी। लघु पत्रिका का आदर्श, एक देशभक्त, जीवन-प्रेमी कवि द्वारा सम्पादित। निहायत सीमित साधनों से–विष्णुचन्द्र शर्मा को नौकरी नहीं थी। वे तो पढ़ रहे थे। 'कवि' में कोई विज्ञापन नहीं छपता था। आज जिनको लघुपत्रिकाएँ कहा जाता है, उनमें से अधिकांश विज्ञापन बटोरू हैं। 'कवि' उन लघु-पत्रिकाओं की आदि पत्रिका थी, जिन्होंने इस देश में ऐतिहासिक ज़िम्मेदारियों को निभाया है। मेरी जानकारी में मुक्तिबोध की लम्बी कविताओं पर 'कवि' में पहली बार विचार किया गया। विचारक नामवर सिंह थे। रघुवीर सहाय उन दिनों तक नामवर जी के प्रिय कवि हो गए थे। केदारनाथ अग्रवाल की जनवादिता में सौन्दर्य के तत्त्व ढूँढ़ने का उपक्रम केदारनाथ सिंह ने किया।

उन दिनों प्रगतिशील साहित्यकारों के पास शायद ही कोई पत्रिका रही हो। कल्पना धर्मयुग, ज्ञानोदय, सबको–प्रगतिशीलों को भी छापती थीं। किन्तु उनमें प्रगतिशील एवं वामपन्थी विचारधारा का प्रच्छन्न विरोध भी चलता था। शिवदान सिंह चौहान के हाथ से 'आलोचना' निकल गई थी। इस वातावरण में दुअन्नी की काव्य-पत्रिका 'कवि' ने अपनी गम्भीरता और तारीफ़ से साहित्यकारों का ध्यान अपनी ओर खींचा। कहने में अतिशयोक्ति न होगी कि प्रगतिशील आन्दोलन में नई जान फूँक दी और आज की लघु-पत्रिका 'लहर' का प्रवर्तन किया। कम पैसे से अच्छी साहित्यिक पत्रिका निकाली जा सकती है–इसका रास्ता सुझाया। हिन्दी के कवियों की नई पीढ़ी ने इसमें विशिष्ट सहयोग दिया। सुखद आश्चर्य यह कि पुरानी पीढ़ी और विश्वविद्यालय के आचार्यों ने इसकी सराहना ही नहीं कि इसमें सकमर्क योगदान किया। 'कवि' ने अनेक नए रचनाकारों को रचनात्मकता की शिक्षा-दीक्षा भी दी। 'कवि' जैसी एक फर्मे की पत्रिका में नेरुदा, नाज़िम हिकमत, वाल्ट व्हिट्मैन, आस्कर वाइल्ड आदि कवियों के उत्कृष्ट काव्यानुवाद प्रकाशित हुए।

मैंने डायरी लिखनी शुरू की थी। एक दिन मैं बहुत निराश-हताश था, माँ-बाप, भाई, छोटी बहन की याद आ रही थी। मेस के महाराज का बकाया बहुत हो गया था। वह इतना शरीफ़ था कि खाना कमरे में ही पहुँचा देता, जानता था कि शर्म के मारे खाने मेस में नहीं जा रहा हूँ। मुझे दिलासा भी देता, हिम्मत बँधाता। इन्हीं सब बातों की पृष्ठभूमि में मैंने डायरी लिखी। मुझे लगा अरे, यह तो कविता हो गई। नामवर जी को सुनाया। नामवर जी ने केदारनाथ सिंह से कहा–यह पहली कविता है इनकी। और कुछ नहीं कहा। लेकिन बाद में पता चला कि त्रिलोचन शास्त्री और विष्णुचन्द्र शर्मा से कविता की तारीफ़ की। कविता भी है और नई भी है। इसी कविता को विष्णुचन्द शर्मा गुर्टू हॉस्टल में मुझसे माँगने आए थे।

'परिवार' शीर्षक से यह कविता 'कवि' के प्रवेशांक में छपी। नामवर जी उसे अश्क द्वारा सम्पादित 'संकेत' में छपाना चाहते थे। वहाँ नहीं छपी। 1982 में वह अमेरिका के बेलियो जर्नल ऑफ़ पोयट्री में और यूनेस्को से प्रकाशित हिन्दी-कविता के संकलन में छपी। सम्पादक अज्ञेय और विद्यानिवास मिश्र। कविता का अनुवाद जोसेफिन मील्स ने किया था। कुछ समय बाद हिन्दी के जर्मन विद्वान लोथार लुत्से ने उस कविता का जर्मन भाषा में अनुवाद किया था और उस पर हिन्दी और जर्मन तथा अंग्रेज़ी में लेख लिखा।

तब से नामवर जी और विष्णुचन्द्र शर्मा मेरे साहित्यिक संरक्षक या गार्ज़ियन बन गए। नामवर जी तो बहुधंधी हैं, उन्हें ग़ैरों से कब फुर्सत, लेकिन विष्णुचन्द्र शर्मा मेरी उपेक्षा कभी नहीं करते। मेरा काव्य-संकलन त्रिलोचन जी ने छपवाया, उसकी भूमिका लिखी। संकलन विष्णुचन्द्र शर्मा को समर्पित है।

'कवि' के बहाने अपनी एक कविता के बारे में मुझे इतना कुछ लिखना चाहिए या नहीं?

'कवि' के केवल 11 अंक निकले। अन्तिम अंक संयुक्तांक था।

कवि में जगत शंखधर के काव्यानुवाद तो छपते ही थे। वे काशी में प्रगतिशील सांस्कृतिक मोर्चे के सर्वमान्य नेता थे। अविवाहित, अधेड़, गोरे सुन्दर-पंजाबी। जगत शंखधर के पिता बर्मा में चले गए थे। जगत शंखधर का जन्म वहीं हुआ। बचपन का कुछ समय वहीं बीता। विष्णुचन्द्र शर्मा ने मुझे बताया कि वे इलाहाबाद से बनारस आए थे। प्रेमचन्द के अन्तिम समय से ही सरस्वती प्रेस का काम देखते थे। श्रीपतराय से उनकी गहरी पटती थी। नेहरू परिवार से भी उनके सम्बन्ध थे। कपिला वात्स्यायन जिन दिनों काशी में शोधकार्य कर रही थीं, उन्हीं के निवास पर रहती थीं। वे पंजाबी, हिन्दी, अंग्रेज़ी, बंगला, संस्कृत के जानकार थे। बर्मी भी कुछ-न-कुछ जानते ही रहे होंगे।

कहते हैं कि शिवरानी देवी द्वारा लिखित 'प्रेमचन्द घर में' के वास्तविक लेखक वे और शमशेर हैं। सभी महत्त्वपूर्ण लोगों के बीच उनका सम्मान था। सरस्वती प्रेस में काम देखते थे। बहुत पहले से। श्रीपतराय, अमृतराय, शिवदान सिंह चौहान, त्रिलोचन शास्त्री–सबके साथ काम किया था। पार्टी के सदस्य थे या नहीं, मैं नहीं कह सकता, लेकिन पार्टी के लोगों के बहुत नज़दीक थे। प्रायः सभी विषयों पर साधिकार बात करते। शास्त्री जी, नामवर जी के बारे में ऐसी बातें करते कि मानो वे बच्चे हों, तो हमें बड़ा ताज्जुब होता। प्रायः लोगों के विषय में अन्य पुरुष एकवचन में बोलते। इस मुद्‌दे पर केदारनाथ सिंह कहते–विष्णुचन्द्र शर्मा के ऊपर त्रिलोचन शास्त्री, त्रिलोचन शास्त्री के ऊपर जगत शंखधर और उनके भी क्या सबके ऊपर महादेव साहा। मैंने महादेव साहा को कभी किसी के बारे में आदरास्पद विशेषण लगाकर बोलते नहीं सुना। हजारीप्रसाद द्विवेदी को हजरिया, रामविलास शर्मा को रामविलास बेटा, राहुल जी के बारे में हाँ-हाँ, पढ़ने-लिखने का थोड़ा बहुत शौक था उसको, रामचन्द्र शुक्ल के बारे में कहते–पढ़ा-लिखा तो खास था नहीं, हाँ वाक्य लिख लेता था। एक बार फ़िराक के बारे में कहा–मार साले को पचास जूता। साहित्य-संघ 1954 के अधिवेशन में बांग्ला में बोले। तो जगत शंखधर भी उसी जाति के जीव थे। वे भी विधुर थे महादेव साहब की भाँति। पं. हजारीप्रसाद द्विवेदी के अनुसार ब्रह्मचारी थे–जो रात में खुद से और दिन में दूसरों से लड़ते हैं। परम विश्वसनीय, सहृदय, समझदार, सदाशयी थे। ब्रह्मचर्य्य वाचा में उतर आता था, यही बात थी।

शमशेर-काव्य के प्रशंसक और मर्मज्ञ थे। शमशेर का अतीव सुरुचिसम्पन्न संकलन 'कुछ कविताएँ' नाम से निकाला। कविताओं का चयन खुद किया था, जिससे उनकी कविता पहचान का पता चलता है। वह अब तक शमशेर का उत्कृष्ट काव्य-संकलन है। उनकी कविताओं पर पत्र लिखा था। शमशेर की कविता में गहरी पैठ का प्रमाण है।

त्रिलोचन का 'दिगन्त' भी उन्होंने ही प्रकाशित किया था। वे हिन्दी में फेबर एण्ड फेबर, जिसके साहित्यिक सम्पादक टी. एस. इलियट थे, की तरह का प्रकाशन-गृह स्थापित करना चाहते थे। नामवर जी का 'छायावाद' उन्हीं के समय में सरस्वती प्रेस में छपा था। नामवर जी की पी.एच.डी. का शोध-प्रबन्ध 'पृथ्वीराज रासो की भाषा' मुद्रित होकर उन्हीं के स्नेह के कारण प्रकाशित रूप में प्रस्तुत हुआ था।

वे दिल्लीवासी चौधरी कर्नल शेरजंग के परम मित्र थे। दिल्ली उन्हीं के साथ प्रायः रुकते थे। मैं दिल्ली आया ही था—उन्होंने किरोड़ीमल कॉलेज के अंग्रेज़ी अध्यापक जी.जे. रामाराव से कहकर मुझे बुलवाया। मैं कर्नल शेरजंग के निवास पर उनसे मिला। मुझे लिखने-पढ़ने की प्रेरणा दी। मैं उन दिनों वान गाग के उन्माद में था। अब भी हूँ। कहा मैं वान गाग की जीवनी लिखना चाहता हूँ या उसके भाई थियो के पत्रों का अनुवाद करना चाहता हूँ। उन्हों कहा—तुम वान गाग नहीं, प्रेमचन्द, प्रसाद, रामचन्द्र शुक्ल या किसी हिन्दी लेखक या भारतीय कलाकार की जीवनी लिखो। विदेशी लेखकों को इतना नहीं जान पाओगे कि उनकी जीवनी लिख सको।

इसके बाद शायद मैं उनसे कभी नहीं मिल सका। उनसे और ज़्यादा सीखने का सौभाग्य नहीं मिला। विष्णुचन्द्र शर्मा का कहना है कि द्विवेदी जी भी उन्हें बहुत मानते-जानते थे। मैंने उन्हें द्विवेदी जी के साथ कभी नहीं देखा।

'कवि' के प्रमुख अनुवादक चन्द्रबली सिंह थे। चन्द्रबली सिंह, इलाहाबाद विश्वविद्यालय के एम.ए. (अंग्रेज़ी), आगरा में डॉ. रामविलास शर्मा के सहयोगी, मित्र, तब उदयप्रताप कॉलेज वाराणसी में अंग्रेज़ी पढ़ाते थे। पार्टी के कर्मठ सदस्य। मैं उनसे काशी में बहुत कम मिला। द्विवेदी जी उन्हें बहुत मानते थे। हिन्दी की उपाधि दिलाकर उन्हें विभाग में लाना भी चाहते थे। भारतीय ज्ञानपीठ पुरस्कार के लिए सुमित्रानन्दन पन्त की जो प्रशस्ति द्विवेदी जी ने लिखी थी उसका अंग्रेज़ी अनुवाद चन्द्रबली सिंह ने ही किया था।

चन्द्रबली सिंह की छवि मेरे मन में दो रूपों में है। एक तो निस्वार्थ, ग़ैर-दुनियादार, प्रतिष्ठा से बचते रहने वाले ईमानदार वामपन्थी लेखक के रूप में और दूसरे डॉ. रामविलास शर्मा के घनिष्ठ आत्मीय मित्र के रूप में। बाद में उनसे कई बार मिला हूँ। मुझे उनका स्नेह प्राप्त है। ऐसी कोई भेंट नहीं याद है जिसके दौरान उन्होंने डॉ. शर्मा की बात न की हो—प्रशंसा में ज़्यादा, असहमति में कभी-कभी ही। डॉ. शर्मा उन्हें बहुत मानते थे। कहते हैं डॉ. शर्मा की पत्नी का देहान्त हुआ और उन्होंने किसी से मिलना-जुलना बोलना बन्द कर दिया तो चन्द्रबली सिंह को उनसे मिलने की प्रार्थना की गई। और वे डॉ. शर्मा से उस स्थिति में मिले। वे इस समय अंग्रेज़ी से हिन्दी के श्रेष्ठ काव्यानुवादक हैं। नेरूदा का उन्होंने हिन्दी में मान्य अनुवाद किया है। उन दिनों काशी में उनके घर प्रगतिशील लेखक संघ की बैठकें हुआ करती थीं।

विश्वविद्यालय परिसर में नज़ीर बनारसी का नाम सुना करता था। नज़ीर बनारसी बनारस के अपने शायर थे। कलाम निहायत साफ़, उस्तादाना। हिकमत की दुकान थी—अस्सी से चौक जाओ तो मदनपुरा में बाएँ तरफ़। हमेशा दुकान पर मिलते। मैं उन दिनों ढूँढ़-ढूँढ़कर उर्दू काव्य-रसिकों और शायरों से मिला करता था। इसी तुफ़ैल में फ़िराक साहब से मिल चुका था। नज़ीर बनारसी अधेड़, कद में मुझसे भी छोटे। पाँच फीट के। मोटे थे।

उनकी अजमत से वाकिफ़ न हों तो देखकर हँस पड़ें—शायर के रूप में उनकी बहुत इज्ज़त थी। बनारसी संस्कृति के उर्दू प्रवक्ता की थी उनकी शायरी—

नज़ीर आए थे पीने आबेज़म ज़म
लिए थे हाथ में गंगाजली भी

गंगा नहीं गंगा जल का पवित्र पात्र। गांधी जी की हत्या पर काशी में जो भारी शोकसभा हुई थी उसमें यह शेर पढ़कर नज़ीर ने भीड़ को रुला दिया था—

ज़मी वालों ने तेरी क़द्र जब कम की मेरे बापू
ज़मीं से ले गए तुझको उठाकर आस्माँ वाले।

पहली मुलाक़ात में ही उन्होंने मुझे घंटों शेर सुनाए। अपने बारे में बताया—मैं नज़ीर अकबराबादी के शजरे में आता हूँ—आत्मीयता देने वाले, पुरखुलूस शाख्सियत। वामपन्थियों से चिढ़े हुए—उन्हें 'सुर्ख़ लकीरों के फ़क़ीर' लिखने वाले।

उनके मित्रों, शिष्यों, प्रशंसकों, ईर्ष्या-द्वेष रखने वालों की संख्या बहुत बड़ी थी। उनके साथ हम किसी रेस्त्राँ में पीने गए। रात को ठहरे। सवेरे उन्होंने तवे की रोटी और कलेजी का लज़ीज नाश्ता कराया। ऐसा नाश्ता कभी-कभी ही मिलता है। घर की औरतों के लिए सख़्त पर्दा था। उनका बेटा बहुत शिष्ट और मिलनसार था। नज़ीर साहब गाहकों को पर्ची बनाकर दवाएँ देते रहते। इस काम में उन्हें मज़ा आता।

उनके यहाँ एक किशोर कवि आता था फ़ना। जोकि -'बशीर (नाम स्मृति से लिख रहा हूँ) नामक नौजवान का एक बहुत अच्छा शेर सुनाता—

नज़र मिलने पे उनसे देर तक महसूस होता है
कि दुनिया हो रही है ग़र्क़ेजाम आहिस्ता-आहिस्ता

बाद में इन फ़ना साहब को मैंने फ़िराक साहब के यहाँ देखा।

नज़ीर साहब की शायरी में बनारसी रंग और स्थानीय संस्कृति की झलक थी। खासतौर पर उनकी भाषा में। शम्भुनाथ सिंह से उनकी अच्छी पटती थी। काशी में उन दिनों ऐसे अनेक उपन्यासकार थे जो हर महीने कम-से-कम एक उपन्यास ज़रूर लिखते। वही उनकी आय का स्रोत था। वे कुशवाहा कान्त की परम्परा में थे—गोविन्द सिंह, केसर आदि। मधुर नाम के एक चित्रकार भी थे। वे नज़ीर साहब के मिलने-जुलने वालों में थे। बनारस के दूसरे मशहूर बनारसी शायर क़ैस थे। वे सम्भवतः हिन्दू थे। शराब में डूबे रहते। उनका यह शेर लोगों की ज़ुबान पर था—

'क़ैस' मस्ताना चला। झूमता मैखाना चला

एक दिन क़ैस साहब आए। नज़ीर साहब से बड़ी देर तक बताते रहे कि तुलसीदास की इस अर्धाली का अनुवाद उन्होंने किस तरह किया है—

दामिनि चमक रही नभ माँही। खल की प्रीति जथा थिर नाहीं

मुझे क़ैस साहब का शेरानुवाद याद नहीं रह गया है। नज़ीर साहब के कहे अशआर मुझे याद हैं। जैसे यह शेर—

ये हाय तुमने ग़ज़ब किया कि उसको कह दिया बेवफ़ा
वो नज़ीर नाम का आदमी जो वफाकी ज़िन्दा मिसाल है।

एक ग़ज़ल उन्होंने मोमिन की ज़मीन 'तुम्हें याद हो कि न याद हो' पर कही थी। सिर्फ़ इतना कह सकता हूँ कि सहगल के गाने की तर्ज पर गाने वाले का जो हाल होता है, वही हाल गालिब या मोमिन की ज़मीन पर कहने वाले का होना तय है। नज़ीर साहब ने तुलसी पर एक नज़्म कही थी। उसकी दो पंक्तियाँ याद हैं–

तुलसी पे लिखने का आया जो ख़याल
कुछ देर तक तो ख़यालों को पसीना आया

काशी की संस्कृति के इस प्रतीक कवि को काशी के साम्प्रदायिक तत्त्वों ने एक दंगे में मार दिया। उनका घरबार तोड़ दिया। कहते हैं कि एक पुलिसवाले ने उनको पीटा और वे यह सदमा नहीं झेल पाए। कहते थे कि एक ख्वाब है अपने जीते जी बुढ़वा मंगल का उत्सव फिर रायज (प्रचलित) हो जाए।

एक दिन वे अल्लामा ख़ैर बहोरवी के साथ द्विवेदी जी के यहाँ आए। बहोर पूर्वी उत्तर प्रदेश–सम्भवतः बलिया ज़िले का प्रसिद्ध कस्बा है। ख़ैर साहब स्वतंत्रता सेनानी थे। वे काशी में ग़ालिब अकादमी बनाने का प्रस्ताव लेकर आए थे। द्विवेदी जी ने सम्मानपूर्वक उनके आयोजन में सहयोग करने का आश्वासन दिया।

ख़ैर साहब और नज़ीर बनारसी द्विवेदी जी से बात कर रहे थे। कमरे में 13, 14 वर्षीय लालजी थे। नज़ीर बनारसी ने दीवाल पर टँगी रवीन्द्रनाथ ठाकुर की फोटो देखी–फोटो में रवीन्द्रनाथ काश्मीरी टोपी लगाए थे, दाढ़ी थी ही, पूरे सूफ़ी सन्त लग रहे थे। नज़ीर बनारसी बोले–मुहब्बत हर सूरत अख़्तियार कर लेती है और हर हालत में ख़ूबसूरत लगती है।

लालजी के हाथ में कोई बाल-पत्रिका थी। उसमें एक कहानी थी–'और वह बौना हो गया।' वही पेज खोलकर मेज़ पर रख दिया था और मुझे दिखाने का इशारा कर रहे थे। मैं दूसरी तरफ देखने लगा, गनीमत थी नज़ीर बनारसी हिन्दी नहीं जानते थे।

हिन्दी विभागाध्यक्ष : आचार्य हजारीप्रसाद द्विवेदी

काशी में पं. हजारीप्रसाद द्विवेदी के समर्थ मित्रों, शुभचिन्तकों की कमी नहीं थी। श्री रायकृष्ण दास उनके सन्मित्रों में थे। ठेठ बनारसी रईस। कलाविद्, जयशंकर 'प्रसाद' के आत्मीय, काशी की सर्जना और कला-परम्परा के प्रतीक। उनका घर संस्कृति-क्षेत्र के चर्चित व्यक्तियों की मौजूदगी से भरा रहता। शायद ही कोई ख्यातिलब्ध संस्कृति-कर्मी हो जिसने उनका आतिथ्य ग्रहण न किया हो। वे कलामर्मज्ञ थे। उन्होंने कला-भवन की स्थापना की, जो अब काशी विश्वविद्यालय से जुड़ गई थी। कला-भवन में अनेक भारतीय भाषाओं, विशेषतः हिन्दी-उर्दू की दुर्लभ पांडुलिपियाँ सुरक्षित हैं। रायकृष्ण दास जी, जीवित समकालीन रचनाकारों के भी हस्तलेखों का संग्रह कर लेते। द्विवेदी जी के यहाँ प्रायः आते। एक बार उन्होंने पं. जी को कोई प्राचीन नारी-चित्र दिखाया। एक नारी वर्षा में कहीं दौड़ी चली जा रही थी—पं. जी ने देखते ही उल्लसित होकर कहा—बिल्कुल वसंतसेना का चित्र है। मैंने पंडितजी को रायकृष्ण दास से यह कहते सुना—आपने साहित्य से प्रारम्भ किया था, कला के क्षेत्र में चले गए। मैंने कला के क्षेत्र से प्रारम्भ किया था, साहित्य में चला गया। कला के क्षेत्र में प्रारम्भ करने का प्रमाण पं. जी की प्रारम्भिक पुस्तक 'प्राचीन भारत के कलात्मक विनोद' है।

स्वतंत्र कवि तार्किक चक्रवर्ती पं. महादेव शास्त्री को द्विवेदी जी गुरु का स्थान देते थे। उनकी द्विवेदी जी पर कृपा थी। पं. कमलापति त्रिपाठी यद्यपि डॉ. जगन्नाथ शर्मा के मित्र थे, किन्तु द्विवेदी जी के विरोधी नहीं थे। काशी की संस्कृत-मंडली में द्विवेदी जी के कई पुराने-नए परिचित मित्र एवं शुभचिन्तक थे। सबसे बड़ी बात—साहित्यकारों की नई पीढ़ी द्विवेदी जी के साथ थी। द्विवेदी जी की विद्वत्ता, उनका स्वभाव, उनका यश—उनके सबसे बड़े सहायक और मित्र थे। यानी कुल मिलाकर विभाग के कई दबंग अध्यापकों के विरोध के बावजूद द्विवेदी जी काशी में रह सकते थे—यशस्वी विद्वान् अध्यापक की भाँति, हिन्दी के शिखर आचार्य के रूप में।

द्विवेदी जी के लिए विश्वविद्यालय के विभाग में सबसे बड़ा आकर्षण होनहार छात्रों से सम्पर्क, उनकी सम्भावनाओं को विकसित करने का अवसर था। अच्छे छात्रों के प्रति पं. जी को एक प्रकार का मोह हो जाता था। शान्तिनिकेतन की अपेक्षा काशी में हिन्दी छात्रों की योग्यता बेहतर थी। यहाँ नामवर सिंह, शिवप्रसाद सिंह, रामदरश मिश्र, राममूर्ति त्रिपाठी, रवीन्द्रनाथ श्रीवास्तव, केदारनाथ सिंह, बी.वी. कारन्त जैसे शिष्य थे। पं. जी इन्हें शिक्षित-निर्देशित करके हिन्दी साहित्य में कुछ कहने-सुनने लायक करना चाहते थे।

शान्तिनिकेतन में उनकी अनुसंधित्सु-वृत्ति, रचनाधर्मिता, ज्ञान-साधना फलीभूत हुई थी। यहाँ उनका अध्यापन एवं शोध-निर्देशन फलीभूत होने की सम्भावना थी। वे महसूस करते थे कि वे हिन्दी की उदीयमान साहित्यकारों की पीढ़ी के बीच आ गए हैं। इसलिए काशी में रहना है।

काशी में द्विवेदी जी का निरन्तर विरोध हुआ। अन्ततोगत्वा पं. जी को काशी छोड़ना भी पड़ा। वे लगभग दस वर्ष काशी विश्वविद्यालय में रहे। इन दस वर्षों में ही विश्वविद्यालय के हिन्दी विभाग के यश का अभूतपूर्व विस्तार हुआ। और उनके छोड़ते ही वह क्षीण होता गया। आप आचार्य हजारीप्रसाद द्विवेदी की कृतियों, उनके प्रभाव, उनकी शिष्य-मंडली और उनसे अध्यक्षता की गद्दी छीन लेने वालों की कृतियों, उनके शिष्यों और उनके प्रभाव की तुलना करें तो सब-कुछ स्पष्ट हो जाएगा। द्विवेदी जी ने हिन्दी बी.ए. और एम.ए. के पाठ्यक्रम में सुधार किया। उनके पूर्व पाठ्यक्रम में सर्वत्र प्रसाद थे। बी.ए. और एम.ए. दोनों में। प्रसाद की महानता, उनके साहित्य का मूल्यांकन एक बात है और हर जगह उन्हीं को विराजमान पाना बिल्कुल दूसरी बात है। द्विवेदी जी ने पाठ्यक्रम में उपेक्षितप्राय प्रेमचन्द को उचित जगह दिलवाई। एम.ए. में 'गोदान' निर्धारित किया गया। अन्य उपन्यासों में 'दिव्या' और 'शेखर एक जीवनी', जैनेन्द्र कुमार का उपन्यास 'परख'।

काशी में उनके आने के पूर्व केवल डी.लिट उपाधि प्रदान की जाती थी। डॉ. पीताम्बरदत्त बड़थ्वाल को निर्गुण काव्य, डॉ. जगन्नाथ प्रसाद शर्मा को प्रसाद के नाटकों का शास्त्रीय अध्ययन पर डी.लिट प्रदान किया गया था। पं. जी के आगमन के बाद डी.लिट उपाधि श्री शिवमंगलन सिंह सुमन को गीति काव्य पर प्रदान की गई। पं. रामपूजन तिवारी को सूफ़ी साहित्य पर। पी-एच.डी. की उपाधि डॉ. बच्चन सिंह, डॉ. नामवर सिंह, डॉ. शिवप्रसाद सिंह को प्रदान की गई। जहाँ तक मुझे याद पड़ता है डॉ. शम्भुनाथ सिंह ने भी द्विवेदी जी के निर्देशन में ही हिन्दी के महाकाव्यों पर पी.एच.डी. की उपाधि प्राप्त की। डॉ. रामदरश मिश्र ने डॉ. जगन्नाथ शर्मा और डॉ. रवीन्द्रनाथ श्रीवास्तव और डॉ. केदारनाथ सिंह ने डॉ. श्रीकृष्णलाल के निर्देशन में।

द्विवेदी जी स्वतंत्रता प्राप्ति के 3 वर्ष बाद ही काशी आ गए थे। स्वाधीन भारत में हिन्दी पढ़ने-पढ़ाने का विस्तार हुआ। विश्वविद्यालयों में हिन्दी विभागों के विद्यार्थियों की और अध्यापकों की संख्या भी बढ़ने लगी। हिन्दी अध्यापकों का सम्मान बढ़ने लगा। इसका सर्वाधिक फल दिल्ली विश्वविद्यालय के हिन्दी विभाग को मिला, जहाँ डॉ. नगेन्द्र जैसा विख्यात आलोचक एवं योग्य प्रशासक अध्यक्ष था। इसलिए काशी विश्वविद्यालय के हिन्दी विभाग में अधिक शोधार्थियों को उपाधि मिलना अपने-आपमें कोई उल्लेखनीय बात नहीं है। उल्लेखनीय बात है उन शोध-निबन्धों, प्रबन्धों की गुणवत्ता। आचार्य हजारीप्रसाद द्विवेदी के समय में प्रस्तुत शोध-प्रबन्धों की गुणवत्ता अतुलनीय है। वहाँ एम.ए. उत्तरार्ध के दो प्रश्न-पत्रों के स्थान पर एक लघु शोध-प्रबन्ध लिखने का विधान था। द्विवेदी जी के समय में उन्हीं के द्वारा निर्देशित लघु शोध-प्रबन्धों में कुछ हैं—हिन्दी के विकास में अपभ्रंश का योग (नामवर सिंह), कीर्तिलता और अवहट्ट की भाषा (शिवप्रसाद सिंह), कल्पना और छायावाद (केदारनाथ सिंह), पृथ्वीराजरासो की कथानक रूढ़ियाँ (ब्रजविलास श्रीवास्तव),

पद्मावत में कथानक रूढ़ियाँ (रवीन्द्र भ्रमर), अपभ्रंश मुक्तक काव्य (जितेन्द्रनाथ पाठक), संदेश रासक (पाठ-सम्पादन, अर्थ)।

डॉ. उदयनारायण तिवारी इन लघु शोध-प्रबन्धों की प्रशंसा करते हुए कहते थे कि अन्य विश्वविद्यालयों के पी-एच.डी. शोध-प्रबन्धों से भी अधिक परिश्रम से प्रस्तुत, अतः अधिक महत्त्वपूर्ण ये लघु शोध-प्रबन्ध हैं। ये शोध-प्रबन्ध प्रस्तुत होते ही प्रकाशित हो जाते थे। और कई विश्वविद्यालयों के एम.ए. पाठ्यक्रमों में निर्धारित हो जाते थे। लघु शोध-प्रबन्ध को प्रस्तुत करनेवाला छात्र होता–शोधकर्त्ता और पाता कि उसकी पुस्तक अमुक विश्वविद्यालय की उच्च कक्षाओं में लगी हुई है। ये शोध- छात्र बाहर की दुनिया में विद्वान् माने जाते। पं. हजारीप्रसाद द्विवेदी की अध्यक्षता के दौरान काशी विश्वविद्यालय के हिन्दी विभाग में ऐसा वातावरण था, उसकी ऐसी ख्याति बनी।

विभाग के अधिकांश अध्यापक विद्वान् वक्ता, स्वाभिमानी, सौम्य एवं छात्र-वत्सल थे। उनका पारस्परिक कलह छात्रों के हित या अध्यापन में आड़े नहीं आता था। पं. विश्वनाथ प्रसाद मिश्र की कक्षाएँ सबसे अधिक गम्भीर होतीं। वे विभाग के–शायद भारत के सभी विश्वविद्यालयों में हिन्दी विभागों के श्रेष्ठ अध्यापक माने जाते थे। वे हमें बिहारी, घनानन्द, तुलसी और भारतीय काव्यशास्त्र पढ़ाते थे। नामवर जी तब नए-नए अस्थायी अध्यापक थे। वे हमें अपभ्रंश पढ़ाते थे। बी.ए. की कक्षाओं में वे अधिक लोकप्रिय हो चले थे। डॉ. जगन्नाथ शर्मा पाश्चात्य काव्यशास्त्र पढ़ाते थे। उपन्यास, कहानी, निबन्ध। वे इधर-उधर की बातें करते लेकिन विषय पर उनका अधिकार था और कभी-कभी इतना अच्छा पढ़ाते कि छात्र चकित हो जाते। श्री पद्मनारायण आचार्य, विजयशंकर मल्ल विश्वसनीय अध्यापक थे। मल्ल जी वक्ता बहुत अच्छे नहीं थे। करुणापति जी शास्त्रज्ञ, संस्कृत के उद्भट विद्वान् किन्तु अन्यमनस्क रहते।

आचार्य हजारीप्रसाद द्विवेदी क्लास में वैसा ही पढ़ाते जैसा सभाओं में भाषण देते थे। वे हमें कबीर, पद्मावत, कीर्तिलता और रासो पढ़ाते। विश्वनाथ जी के क्लास में हम प्रबुद्ध, सजग बने रहते, धरती पर ही रहते, द्विवेदी जी के क्लास में साहित्य-लोक में पहुँच जाते। ज्ञान, रस बन जाता। ज्ञान की साधना और सेवा–दोनों की प्रेरणा मिलती।

छात्रों की रुचियाँ और संस्कार भिन्न-भिन्न होते हैं, किंतु सभी छात्र अध्यापकों का अतीव आदर करते। एक बार एक छात्र ने कुछ अवांछित व्यवहार किया। पद्मनारायण आचार्य ने कहा–'तुम संस्कृत कॉलेज से आए हो, हिन्दी के विद्यार्थी नहीं हो, मैं यह समझ के तुम्हें क्षमा करता हूँ।' किसी अध्यापक को क्लास में क्रुद्ध होते नहीं देखा। विश्वनाथ जी आवेश में उत्तर तो देते लेकिन किसी छात्र पर कुद्ध नहीं होते। विभाग में कृपांक, कोपांक देने की परम्परा नहीं थी। पद्मनारायण जी कृपांक देने में विख्यात थे, कोपांक नहीं।

पं. हजारीप्रसाद द्विवेदी के अध्यक्ष रहते बाबू श्यामसुन्दर दास, आचार्य रामचन्द्र शुक्ल, पं. केशवप्रसाद मिश्र की सारस्वत परम्परा अक्षुण्ण ही नहीं थी, उसका विकास हो रहा था। उसके यश का विस्तार हो रहा था। समस्त भारत में और विदेश में भी।

विभाग में पहुँचते ही विभाग की गरिमा की मन पर छाया पड़ती। बाहर उद्दडंता के लिए विख्यात छात्र क्लास में अतिरिक्त अनुशासित रहते। अध्यापकों से प्रश्नोत्तर की–

कभी-कभी तेज़ प्रश्नोत्तर की परम्परा तो थी। लेकिन सम्मान या वत्सल-भाव क्षतिग्रस्त नहीं होता। न कोई मन में गाँठ बँधती।

छात्र अनुभव करते कि वे उस हिन्दी विभाग के छात्र हैं जिसे बाबू श्यामसुंदर दास ने स्थापित किया था। जहाँ आचार्य रामचन्द्र शुक्ल पढ़ाते थे। जहाँ 'हिन्दी शब्द सागर', 'हिन्दी साहित्य का इतिहास', 'तुलसीदास', 'सूरदास', 'जायसी ग्रन्थावली' की भूमिका, 'रसमीमांसा' रची गई थी।

पं. केशव प्रसाद मिश्र ने अध्यापन किया था। पं. नन्ददुलारे वाजपेयी ने। और अब उन्हें 'हिन्दी साहित्य की भूमिका', 'कबीर' और 'बाणभट्ट की आत्मकथा' के लेखक द्विवेदी जी तथा पं. विश्वनाथ प्रसाद मिश्र पढ़ा रहे हैं। डॉ. जगन्नाथ शर्मा विभाग की बात करते। कहते—हमारा विभाग परीक्षार्थी नहीं, विद्वान् तैयार करता है।

सम्भावना और साधना का वातावरण था। द्विवेदी जी और शर्मा जी एवं विश्वनाथ जी में तनातनी की चर्चा, फुसफुसाहट होती। लेकिन उससे वातावरण में कोई क्षति नहीं होती। अवसरवादी और चतुर छात्र उससे कुछ अतिरिक्त साधने का प्रयास भी करते। लेकिन उससे वातावरण की शालीनता भंग नहीं होती।

द्विवेदी जी का यश शिखर पर था। उनके व्यक्तित्व और वाग्मिता का जादू छाया था। काशी विश्वविद्यालय में विद्वानों की कमी नहीं थी। यशस्वी भी थे। डॉ. वासुदेवशरण अग्रवाल, डॉ. राजबली पांडेय, ओंकारनाथ ठाकुर, प्रो. मुकुटबिहारी लाल, टी.आर.वी. मूर्ति, प्रो. एन.के. मेनन, डॉ. गोपाल त्रिपाठी, डॉ. सूर्यकान्त, प्रो. जोशी (रसायन शास्त्री) जैसे धुरन्धर थे, किंतु विश्वविद्यालय और उसके बाहर इतना लोकप्रिय कोई नहीं था।

पं. जी का यश हिन्दी-जगत में सीमित नहीं था। शान्तिनिकेतन के कारण बंगाली साहित्यकार और विद्वान् भी उनके मित्र और प्रशंसक थे। विश्वविद्यालय के प्रोफ़ेसरों को समकालीन सर्जक-साहित्यकार प्रायः बहुमान नहीं देते। उनकी उपेक्षा या आलोचना करते हैं। हिन्दी वालों की दुनिया प्रायः बन्द और संकीर्ण होती है। पं. जी इसके महान् अपवाद थे। वे मैथिलीशरण गुप्त, बनारसीदास चतुर्वेदी, जैनेन्द्र कुमार, सुमित्रानन्दन पन्त, अज्ञेय, दिनकर, भवानीप्रसाद मिश्र, शिवमंगल सिंह 'सुमन', लक्ष्मीनारायण मिश्र के निकटस्थ और आत्मीय थे। यही नहीं, राजनीतिज्ञों में राष्ट्रपति राजेन्द्र प्रसाद, प्रधानमंत्री जवाहरलाल नेहरू, आचार्य नरेन्द्र देव उन्हें जानते-मानते थे। नेहरू जी ने उन्हें शान्तिनिकेतन की कोर्ट में अपना प्रतिनिधि नामांकित किया। पं. नेहरू ने उन्हें जो पत्र भेजा वह हिन्दी में था और उस पर पता उन्होंने अपने हाथ से लिखा था। मैंने सुना तो पूछा "नेहरू जी की हिन्दी कैसी है?" पं. जी ने जवाब दिया—"हम लोगों से अच्छी है।" इन्दिरा गांधी तो उन्हें गुरुवत् ही मानती थीं। शान्तिनिकेतन में शिक्षा प्राप्त करने के कारण। जयप्रकाश नारायण, द्विवेदी जी की रचनाओं के प्रशंसक पाठक थे। डॉ. तोमर ने एक घटना का उल्लेख किया है—

पं. जी को 'पद्मभूषण' उपाधि से विभूषित किया जा रहा था। उच्चतम न्यायालय के प्रधान विचारपति श्री सुधीर रंजन दास, पं. नेहरू जी के पास बैठे थे—वे अपने आसन से उठे और द्विवेदी जी को गले लगा लिया। बड़े लोग ऐसे मिलन को देखकर चौंके होंगे—"सुप्रीम कोर्ट का चीफ़ जस्टिस हिन्दी वाले से गले मिल रहा है।"[1]

और पं. हजारीप्रसाद द्विवेदी उच्चतर समाज में ही स्वीकृत सम्मानित नहीं थे। परदुखकातरता केवल भाषणों और लेखन में ही नहीं, उनके जीवन-आचरण में भी थी। वे ज़रूरतमन्द छात्र-छात्राओं की निरन्तर सहायता करते रहते थे।

उनके यश का कारण उनकी विद्वत्ता, वाग्मिता एवं सहजता ही नहीं थी। उनका व्यक्तित्व शामक था। वे प्रायः सभी पत्रों का जवाब देते थे। किसी को अपमानित या उपेक्षित करना उनके स्वभाव में नहीं था। मैंने उनके मुँह से कभी गाली नहीं सुनी। निस्सन्देह उनमें व्यावहारिकता भी थी। लेकिन वह किसी का हक़ मार लेने या स्वयं आगे बढ़ जाने के लिए नहीं थी। पं. जी की लोकप्रियता का एक कारण उनकी व्यावहारिकता भी थी।

वे अतीव शिष्यवत्सल गुरु थे। अपने शिष्यों का इतना ध्यान रखनेवाला गुरु मैंने और नहीं देखा। वे विद्यादान के साथ-साथ अभावग्रस्त शिष्यों के अन्न-वस्त्र की भी चिन्ता करते थे। कोई आ जाए तो उसे कुछ-न-कुछ ज़रूर खिलाते-पिलाते थे। अपने किए की चर्चा करते उन्हें कभी नहीं पाया। क्रोध उन्हें भी आता था लेकिन क्रोध में दुखी ज़्यादा दिखलाई पड़ते थे, क्रुद्ध कम। छोटे-से-छोटा व्यक्ति भी उनके सम्पर्क में आकर अपने को बड़ा समझता था। उसमें आत्मविश्वास जगता था। डॉ. नित्यानन्द तिवारी ने मुझे बताया कि वे इन्टरमीडिएट में थे तभी आचार्य हजारीप्रसाद द्विवेदी को पत्र लिखते थे। उनको अपने पत्रों का उत्तर मिलता था। इसीलिए उनके पास अनेक ऐसे पत्र आते थे, जिनमें पत्र-लेखक उन्हें अपनी व्यथा या निजी समस्याएँ लिख भेजते थे, राय माँगते थे, समाधान के लिए। पं. जी उन सबका न समाधान कर सकते थे, न दुख दूर कर सकते थे, लेकिन उन्हें सहानुभूति देते और हिम्मत ज़रूर बँधाते थे। यहाँ यह सब लिखने का उद्देश्य यह है कि काशी विश्वविद्यालय और अन्यत्र भी पं. जी के व्यक्तित्व में जादू कतिपय गुणों और उनके शील-स्वभाव के कारण भी था; विद्वत्ता, लेखक, अध्यापन के अलावा। शिष्यों को आगे बढ़ा देख वे बहुत उल्लसित होते। उनके योग्य शिष्यों को प्रकाशक की समस्या सामने नहीं आती। नामवर जी का शोध-प्रबन्ध प्रकाशित हुआ था। शिवप्रसाद जी, केदारनाथ सिंह, रवीन्द्रनाथ श्रीवास्तव, राममूर्ति जी, त्रिभुवन सिंह आदि की पुस्तकें शोध-छात्र रहते ही प्रकाशित हो गई थीं। आचार्य द्विवेदी के यश के कारण शिष्यों की नियुक्तियाँ भी होतीं। उनका यश और नाम सहायक होता, अन्यथा वे समिति-पुरुष (कमिटी-मैन) बिल्कुल नहीं थे। अपनी बात को दृढ़तापूर्वक कहकर, दूसरों को काटना उन्हें आता ही नहीं था, उनके स्वभाव में नहीं था। इसीलिए उन्हें ढुलमुल भी कहा जाता। नामवर जी की बात अलग थी। उन्हें इतर कारणों से कठिन जीवन-संघर्ष करना पड़ा। उनके अनेक शिष्यों की नियुक्तियाँ करने, करवाने में डॉ. नगेन्द्र और डॉ. हरवंशलाल शर्मा का हाथ था। पं. जी न झगड़ा कर सकते थे, न उद्योग। वे फाइटर नहीं थे। उन्हें रास्ते से हटा देना, पराजित कर देना मुश्किल नहीं था। वे षड्यंत्र भी नहीं कर सकते थे, किसी को हानि पहुँचाने के लिए अपने विरोधी के भी विरुद्ध योजना नहीं बना सकते थे।

कहते थे–विद्यार्थी में मधुकरी वृत्ति होनी चाहिए। जहाँ-जहाँ से ज्ञान मिल सके, अर्जित करना चाहिए। वे शिष्यों को अपनी छाया में सीमित नहीं करते थे। अन्य विद्वानों से भी मिलने को, उनसे सीखने को प्रेरित, उत्साहित करते थे। इस विषय में उनका स्वभाव अपने विरोधियों से भिन्न था। वे पं. विश्वनाथ प्रसाद मिश्र की विद्वत्ता का आदर करते थे और

अपने शिष्यों से कहते–उनके यहाँ जाकर उनका भी आशीर्वाद ले आया करो। कभी-कभी तो यह भी कहते–मैं उतना परिश्रम नहीं कर पाता। तुम लोग युवक हो–डैश कर सकते हो। पढ़ाई के लिए परिश्रम करने में वे राहुल जी और महादेव साहा की बहुत प्रशंसा करते। अभावग्रस्त विद्यार्थियों की ही तरह उन विद्यार्थियों की वे विशेष चिन्ता करते जो पढ़ने में बहुत तेज़ नहीं होते। अपने निजी पुस्तकालय की किताबें उदारतापूर्वक देते। कभी कोई महत्त्वपूर्ण पुस्तक गायब हो जाती, नहीं मिलती तो क्षुब्ध होते। एकाध शिष्यों से पूछते–नहीं मिलती तो हँसकर कहते–चलो कोई गुण-ग्राहक ही ले गया होगा। किताबों की चोरी करने वाले दुर्लभ होते हैं। गुरु की विद्या पर शिष्य का अधिकार होता है तो उसकी पुस्तकों पर भी उसका अधिकार है।

फिर भी शान्तिनिकेतन के द्विवेदी जी और काशी विश्वविद्यालय में हिन्दी विभागाध्यक्ष द्विवेदी जी में अन्तर था। शान्तिनिकेतन में कुल मिलाकर आश्रमी, आत्मीय, अनौपचारिक वातावरण था। व्यवस्था-तंत्र भी आत्मीय और अनौपचारिक था। मतलब कि नियम, उपनियम थे, लेकिन वे स्थिति-विशेष की उपेक्षा नहीं करते थे। नौकरशाही नहीं थी। काशी विश्वविद्यालय, केन्द्रीय विश्वविद्यालय था। यानी सीधे भारत सरकार के केन्द्रीय शिक्षा मंत्रालय, विश्वविद्यालय अनुदान आयोग के नियमों से अनुशासित। नियमों, उपनियमों का कड़ाई से पालन करने में ही कुशलता। नियमों, उपनियमों का पालन हुआ कि नहीं। परस्पर-विरोधी पक्ष, गुट, व्यक्ति, छिद्रान्वेषणों में निरन्तर तत्पर। शिकायती-पत्र, अधिकारियों से शिकायती मुलाकातें, निन्दा, चुगली, कानाफूसी, अदालत, कोर्ट, सबमें तर्क, वितर्क, आत्मरक्षा और विरोधी पर प्रहार की हलचल। छात्रों के गुट, उनकी पीठ पर हाथ। उनको बरगलाकर, फुसलाकर, लालच देकर विरोधियों के विरुद्ध उभारने, आन्दोलन करवाने का चक्र। और हिन्दी क्षेत्र का सर्वाधिक भयंकर अभिशाप, जातिवाद–ब्राहमण, भूमिहार, ठाकुर-कायस्थ। फिर ब्राह्मणों में भी सरयूपारीण, कान्यकुब्ज, जुजौतिया, सनाढ्य। उत्तरी भारत-दक्षिणी भारत का टंटा। इन सबसे बजबजाता हुआ भी बी.एच.यू. सर्वविद्या की राजधानी।

यह सामान्य वातावरण था। लेकिन पं. जी का शामक लोकप्रिय व्यक्तित्व इनकी टक्कर में बहुत कम आता था। परेशानियाँ दूसरी तरह की पैदा हुईं और वे ज़्यादा गहरी और जटिल थीं। नियमों, उपनियमों के पालन में ढिलाई ने पं. जी की नौकरी पर निर्णायक हानिकर प्रभाव डाला। लेकिन वह बाद की और अलग बात है। जब विभाग में ही अनुभवी एवं वरिष्ठ, प्रभावशाली और नियमों, उपनियमों की जानकारी में परमकुशल अध्यापकों का एक गुट निरन्तर आपके विरुद्ध छिद्रान्वेषण में तत्पर, प्रतिबद्ध है, वह अपनी आकांक्षाओं से वंचित होकर, पीड़ित अनुभव करता है, तब आप कब तक सुरक्षित रह सकते हैं। लेकिन पं. जी लगभग एक दशक तक सुरक्षित रहे, अपने संस्कारी, संयमी और शामक व्यक्तित्व के कारण, लेकिन इसकी चर्चा हमें बाद में करनी है। पंडितजी के आने पर काशी में जो दूसरी बातें उनसे जुड़ीं, उनकी चर्चा यहाँ ज़रूरी है।

सन्दर्भ-सूची

1. विश्वभारती पत्रिका, 1979, पृ. 240

काशी नागरी प्रचारिणी सभा

पं. हजारीप्रसाद द्विवेदी जैसे व्यक्ति का प्रभाव काशी के साहित्यिक वातावरण और वहाँ की साहित्यिक संस्थाओं पर पड़ना अनिवार्य था। काशी की नागरी प्रचारिणी सभा नगर की ही नहीं, देश की प्रमुख हिन्दी संस्था थी।

"संवत् 1950 में कई उत्साही छात्रों के उद्योग से, जिनमें बाबू श्यामसुन्दर दास, पं. रामनारायण मिश्र और ठाकुर शिवकुमार मिश्र मुख्य थे, नागरी प्रचारिणी सभा की स्थापना हुई...इसके प्रथम सभापति भारतेन्दु के सहयोगियों में से कई सज्जन थे, जैसे रायबहादुर पं. लक्ष्मीशंकर मिश्र एम.ए., खड्ग विलास प्रेस के स्वामी बाबू गदाधर सिंह, बाबू कार्तिक प्रसाद खत्री आदि।" (हिन्दी साहित्य का इतिहास, गद्य साहित्य का प्रवर्तन)। नागरी प्रचारिणी सभा ने खड़ी बोली हिन्दी भाषा, व्याकरण, साहित्य और अन्य अनुशासनों के क्षेत्र में हिन्दी की नींव रखी है और उसे खड़ा किया है। उसके प्रारम्भिक प्रकाशनों को देखें तो पता चलता है कि सभा की दृष्टि केवल भाषा, व्याकरण और सर्जनात्मक साहित्य पर ही नहीं, इतिहास, समाजशास्त्र, अन्य भाषाओं में लिखित महत्त्वपूर्ण ग्रन्थों के अनुवाद पर भी थी। वह हिन्दी-जाति की चिन्तन-परम्परा और चिन्तन-स्तर को समृद्ध करना चाहती थी। वह स्वाधीनता-आन्दोलन का ही एक रूप थी। किन्तु अब वह पहले जैसी नहीं रह गई थी। गुटबाज़ी और स्वार्थपरता का अड्डा बन गई थी। द्विवेदी जी सभा में जाकर कुछ ठोस साहित्य-सेवा करना चाहते थे। वे सभा के उपाध्यक्ष बने। अध्यक्ष पं. कमलापति त्रिपाठी। द्विवेदी जी कुछ समय तक सभा की ग्रन्थमाला के सम्पादक भी रहे। बाद में उनके स्थान पर ग्रन्थमाला का सम्पादक रुद्र जी को बनाया गया। इसी प्रकार सभा से प्रकाशित होने वाले 'हिन्दी साहित्य के वृहद् इतिहास' की योजना और 'हिन्दी विश्वकोश' की योजना में द्विवेदी जी की सक्रिय भूमिका थी। किन्तु सभा की दलगत राजनीति इतनी भयंकर हो गई थी कि द्विवेदी जी का मन वहाँ से उचट गया। शब्दकोश में काम करने के लिए श्री हेमचन्द्र जोशी और पं. किशोरीदास वाजपेयी नियुक्त किए गए थे। आचार्य किशोरीदास वाजपेयी से पं. जी की बहुत पटती थी। दोनों एक-दूसरे का आदर करते थे। काशी के द्विवेदी-विरोधी वासियों का गुट वाजपेयी जी का भी विरोध करता था। मैंने साप्ताहिक हिन्दुस्तान में छठे दशक के अन्तिम वर्षों या सातवें दशक के प्रारम्भ में वाजपेयी जी का लेख पढ़ा था–'बासी कासी खास के।' लेख में उन्होंने बताया था कि अपने को काशी का खास वासी कहनेवालों ने उनके साथ अभद्र व्यवहार किया। उन दिनों अस्सी में चाय की दुकान पर जोशी जी और वाजपेयी जी की नोंक-झोंक के

किस्से मेरे समाननामा विद्वान् मित्र विश्वनाथ त्रिपाठी सुनाया करते थे। पं. विश्वनाथ त्रिपाठी अस्सी से लोलार्क कुंड जानेवाली गली में रहते थे—जो नामवर जी के घर जाती है। नामवर जी लोलार्क कुंड के सामने किराए के घर में रहते थे। वहीं शान्तिप्रिय द्विवेदी भी रहते थे। विश्वनाथ त्रिपाठी भाँग-भवानी के उपासक थे। रासो के पारंगत जानकार थे। सभा में काम करते थे। 'हिन्दी साहित्य के वृहद् इतिहास' के अनेक खंडों पर सहायक-सम्पादक के रूप में उनका नाम छपा है। कभी-कभी लोग ग़लती से मेरा नाम समझ लेते हैं। नाम तो मेरा भी वही है किन्तु नामी वे हैं। त्रिलोचन शास्त्री उन दिनों सभा में काम करते थे और विष्णुचन्द्र शर्मा भी। आए दिन सभा के विवादों, झगड़ों, ओछी हरकतों और मनोरंजक, हास्यास्पद नोंक-झोंक की अफ़वाह सुनाई पड़ती। पं. सुधाकर पांडे ने सभा के सम्बद्ध अनेक लोगों पर जो संस्मरण लिखे हैं, उन्हें पढ़ने पर उन दिनों सभा की स्थिति का पता लग जाता है। मतलब यह कि काशी विश्वविद्यालय में हजारीप्रसाद द्विवेदी जी की विभागीय स्थिति डाँवाडोल हुई तो उनकी स्थिति सभा में भी गड़बड़ा गई। फिर भी पं. जी के कारण सभा से 'नाथ-सिद्धों की बानियाँ,' 'हक़ायके हिन्दी' प्रकाशित हुईं जिनका सम्पादन द्विवेदी जी ने किया, विस्तृत महत्त्वपूर्ण भूमिका भी लिखी। द्विवेदी जी के उद्योग से वाजपेयी जी का ऐतिहासिक महत्त्व का हिन्दी व्याकरण-ग्रन्थ 'हिन्दी शब्दानुशासन' भी प्रकाशित हुआ। इसकी भूमिका भी द्विवेदी जी ने लिखी थी।

'हिन्दी शब्दानुशासन' वाजपेयी जी की सर्वाधिक यशस्विनी कृति है। यह हिन्दी का व्याकरण मात्र नहीं है। हिन्दी भाषा का वैज्ञानिक इतिहास है। इसमें ऐसी अनेक मौलिक स्थापनाएँ हैं, जिनमें से कोई एक भी किसी को कालजयी चिन्तक के रूप में विख्यात करने में सक्षम है। वाजपेयी जी व्यक्तिगत जीवन में परम्परावादी थे, भारतीय जनसंघ के टिकट पर चुनाव लड़कर हारे थे। किन्तु भाषा-चिन्तन में आश्चर्यजनक तौर पर प्रगतिशील। उन्होंने हिन्दी को संस्कृत व्याकरण की जकड़न से मुक्त करने का प्रयास किया। साहसपूर्वक प्रस्तावित किया कि खड़ी बोली हिन्दी की आधार बोली लुप्त हो गई है। नदियाँ ही नहीं लुप्त होतीं, सूखती, बोलियाँ भी लुप्त होती हैं। परम स्वाभिमानी थे, निर्मम आक्रामक थे, विचारों के क्षेत्र में वैयक्तिक द्वेष-भाव नहीं था। कहते थे—मेरे दोनों प्रशंसक विद्वान् कम्युनिस्ट हैं, राहुल सांकृत्यायन और डॉ. रामविलास शर्मा। डॉ. रामविलास शर्मा ने अपनी प्रसिद्ध कृति 'भाषा और समाज' में उनकी उच्छ्वसित प्रशंसा की है। डॉ. शर्मा उन्हें विश्वस्तर का भाषा-चिन्तक मानते थे। 'हिन्दी शब्दानुशारान' की भूमिका द्विवेदी जी ने लिखी। पंडितजी उनका बहुत आदर करते थे। द्विवेदी जी की छोटी लड़की मुन्नी (भारती) के विवाह में वे चंडीगढ़ आए थे। वहाँ अपने तेज से विश्वविद्यालय के अनेक प्रोफ़ेसरों को आतंकित कर रखा था। उनका तेज मैंने किरोड़ीमल कॉलेज की एक गोष्ठी में देखा था। डॉ. भोलानाथ तिवारी उज़्बेकिस्तान की बोली—जिसे वे हिन्दी का ही कोई रूप कहते थे, खोजकर लाए थे। वाजपेयी जी उन पर किसी मुद्दे पर क्रुद्ध हो गए और उन्हें बोलने नहीं दिया। सभा के अन्त में मैंने पूछा—स्वातंत्र्योत्तर प्रयोग ठीक है कि ग़लत। मुझे डाँटते हुए बोले—प्रयोग में चल रहा है तो ठीक है। व्याकरण, प्रयोग का अनुसरण करके व्यवस्था करता है, व्यवस्था प्रयोग नहीं करवाता। वह शासन नहीं, अनुशासन है।

'हक़ायके हिन्दी' की भूमिका का महत्त्व हिन्दी, उर्दू, फ़ारसी, अरबी, संस्कृत भाषाओं के आदान-प्रदान से निर्मित भारतीय संस्कृति के संश्लेषक तत्त्वों को उजागर करने में है। द्विवेदी जी संकीर्णमना हिन्दी वाले नहीं थे। उन्होंने रवीन्द्रनाथ के महामानव समुद्र की धारणा को हृदयंगम किया था। हिन्दी साहित्य में उनकी प्रगतिशील वैचारिक प्रवृत्तियों को अभी तक पूरी तरह आँका नहीं गया है। उन्होंने प्राचीन हिन्दी साहित्य के भी पूर्व अपभ्रंश साहित्य में इहलौकिक प्रवृत्ति का सन्धान बहुत पहले किया था। हिन्दी की इस विशिष्ट प्रवृत्ति की खोज किस प्रविधि से करते हैं यह द्रष्टव्य है। 5.7.49 को सुमन जी को पत्र में लिखते हैं–"अपभ्रंश कविता के भीतर चली आती हुई पश्चिमी सेक्युलर प्रवृत्ति। यह ध्यान में रखें कि फारसी के प्रभाव से बाद में अतिशयोक्ति और गूढ़ोक्तिबहुल जो कविता उर्दू में आई वह जिस क्षेत्र के कवियों के प्रभाव से पनपी थी उसी क्षेत्र की मुस्लिम पूर्व जातियाँ भारत में पहले भी आई थीं। मेरा मतलब शकों, गूजरों और आभीर आदि लोगों से है। जिनके वंशज बाद में मुसलमान हो गए। हाफिज़ और फिरदौसी आदि में उनका योगदान था। अपभ्रंश कविता पर इन मुस्लिम पूर्व जातियों का प्रभाव था।...मेरा मत यह है कि रीतिकाल मध्ययुग का वह काल है जब श्रम का विभाजन पूर्ण रूप से हो गया था और प्रिमिटिव लोगों में जो श्रम विभाजन पूर्व का कलेक्टिव इमोशन वाला स्टेज है। वह दूर हो चुका था। इस अवस्था में समाजशास्त्री लोग बताते हैं कि कविता यद्यपि सामाजिक अभिव्यक्ति ही रहती है तथापि कवि समाज से दूर होकर ऐकान्तिक हो जाता है।"[1]

द्विवेदी जी का दृष्टिकोण अखिल भारतीय और अन्तर प्रान्तीय ही नहीं था, वे सभी धर्मों के प्रति समान आदर का भाव रखते थे। सभी भाषाओं और उनमें रचित साहित्य के प्रति भी। शान्तिनिकेतन में उनका भाव-बोध ही इसी ढाँचे पर निर्मित हुआ था। काशी विश्वविद्यालय के हिन्दी विभाग में भी वे इसी दृष्टिकोण और भाव-बोध की प्रतिष्ठा करना चाहते थे। लेकिन काशी के तथाकथित पंडितों का दृष्टिकोण इतना उदार नहीं था। काशी विश्वविद्यालय के हिन्दी विभाग में आचार्य शुक्ल के चिन्तन और लेखन में वैसी उदारता थी भाषा और साहित्य के विश्लेषण में। द्विवेदी जी का भाव-बोध उनसे अधिक उदार था, कम-से-कम निर्गुण साहित्य के विषय में। काशी के रूढ़िवादी हिन्दी विद्वान् शुक्ल जी का नाम लेकर द्विवेदी जी का विरोध करते थे, किन्तु वे वस्तुतः शुक्ल जी के समान न युगद्रष्टा विश्लेषक थे, न वैसे प्रतिभाशाली साहित्य-चिन्तक। वे शुक्ल जी के रूढ़िग्रस्त अनुकर्ता थे, उनके काम को आगे बढ़ाने वाले नहीं। हिन्दी साहित्य का बोध आगे बढ़ रहा था, नई जानकारियाँ सामने आ रही थीं, वे शुक्ल जी का नाम लेकर हिन्दी साहित्य और हिन्दी साहित्य की नई-नई व्याख्या न कर सकते थे। न करना चाहते थे।

नागरी प्रचारिणी सभा की राजनीति पर काशी विश्वविद्यालय के हिन्दी विभाग और हिन्दी विभाग की राजनीति पर सभा का प्रभाव पड़ता था। द्विवेदी जी के बावजूद कलह कभी नहीं खतम हुआ, न विभाग में और न सभा में। द्विवेदी जी के ही समय में सभा से हिन्दी साहित्य का वृहद् इतिहास लिखने की योजना बनी। कुछ दिनों बाद द्विवेदी जी योजना से अलग हो गए या कर दिए गए। 'हिन्दी साहित्य का वृहद् इतिहास' प्रकाशित हुआ। किंतु द्विवेदी जी से वह अछूता रहा। यही हाल सभा की हिन्दी विश्वकोश योजना

का हुआ। योजना बनाने और उसके कार्यान्वित होने के प्रारम्भ तक द्विवेदी जी उससे जुड़े रहे। इसके प्रधान सम्पादक की नियुक्ति को लेकर काफ़ी विचार-विमर्श हुआ। उसके लिए राहुल सांकृत्यायन का नाम सुनाई पड़ा। मैंने सुना है कि तत्कालीन गृहमंत्री गोविन्दवल्लभ पन्त को कम्युनिस्ट होने के नाते उनका नाम स्वीकार्य नहीं था। पन्त जी की आपत्ति की बात मैंने द्विवेदी जी के मुँह से तब सुनी जब वे इस विषय पर काशी विश्वविद्यालय के अंग्रेज़ी विभाग के रीडर और हिन्दी के विद्वान् डॉ. रामअवध द्विवेदी से बात कर रहे थे। कई लोगों के मुँह से सुना है कि स्वयं द्विवेदी जी को राहुल जी के नाम पर आपत्ति थी। लोगों ने यह भी कहा कि द्विवेदी जी स्वयं प्रधान सम्पादक होना चाहते थे। राहुल जी के प्रधान सम्पादक न बनाए जाने का कारण हमें नहीं मालूम। हिन्दी राजभाषा का काम गृह मंत्रालय के ही अन्तर्गत आता है। पन्त जी नागरी प्रचारिणी सभा में आते थे। गोविन्दवल्लभ पन्त और द्विवेदी जी में वैयक्तिक स्तर पर परिचय नहीं था। एक बार पन्त जी सभा में आए थे। द्विवेदी जी अध्यक्ष या उपाध्यक्ष थे। उन्होंने पन्त जी का स्वागत किया। गोविन्दवल्लभ पन्त ने स्वागत के लिए उनका धन्यवाद करते हुए और भाषण में अनेक बार उन्हें हजारीलाल नाम से सम्बोधित किया।

इस विषय में स्मरण रखने की बात है कि पन्त जी ने उत्तर प्रदेश के मुख्यमन्त्रित्व काल में निराला की कोई आर्थिक सहायता नहीं की थी, उन्हें कम्युनिस्ट समझकर।

विश्वकोश के विषय में एक घटना का मैं साक्षी हूँ। 1957 या 58 की गर्मियों में एक दिन द्विवेदी जी ने मुझसे कहा—कल दस बजे विश्वकोश के दफ्तर पहुँचना है। वह नगर में, किसी किराए के मकान में था। सुबह वहाँ के लिए प्रस्थान करते हुए पं. जी ने माता जी से कहा—दो मूर्तियों का भोजन भिजवा देना। जब मैं चलने लगा तब माता जी ने मुझसे कहा—"विश्वनाथ नई नौकरी पर जा रहे हो" मैं कुछ समझ नहीं पाया। विश्वकोश के दफ्तर में डॉ. भगवतशरण उपाध्याय बैठे थे, किताबों की अनेक अलमारियाँ, स्टेशनरी की प्रचुर सामग्री। पं. जी और भगवतशरण उपाध्याय में विश्वकोश में प्रविष्टियों के तरीक़े पर देर तक बात होती रही। पं. जी कहते थे—हमें प्रविष्टियों का चयन करते समय अपने देश के वातावरण का ध्यान रखना है। मैंने महसूस किया उपाध्याय जी कुछ उखड़े-से थे। थोड़ी देर बाद वे चले गए। पंडितजी के साथ मैंने भी भोजन किया। माता जी ने भिजवा दिया था। पंडितजी यह कहकर ऑफिस में सो गए कि 3 बजे मुझे जगा देना। और बाज़ार से कोई भी फल मेरे लिए ला रखना। दोपहर में सोकर उठने के बाद कोई फल खाना मुझे अच्छा लगता है। कुछ न मिले तो खरबूजा ही ले आना। धूप तेज़ थी। मैं खरबूजा ही ले आया। जगकर उन्होंने वह खाया।

बस उसके बाद विश्वकोश जाना नहीं हुआ। मैंने पंडितजी से इस विषय में न कुछ पूछा और न उन्होंने कुछ बताया। स्पष्ट है कि उन्हें विश्वकोश से अलग रहने की सूचना मिल गई होगी।

इस विषय में कई बातें कही जाती हैं। मेरा विचार है पं. जी पसन्द करते कि वे विभाग और विश्वकोश दोनों जगहों पर काम करते रहें। अनुमानतः विश्वकोश में अवैतनिक। और इसे विश्वविद्यालय के अधिकारियों ने माना नहीं होगा। कहा यह भी जाता है कि

द्विवेदी जी विभाग से कुछ वर्षों की छुट्टी लेकर वहाँ काम करना चाहते थे। नामवर जी ने इस विषय में सुनाया वह आश्चर्यजनक और मनोरंजक है। द्विवेदी जी ने डॉ. जगन्नाथ प्रसाद शर्मा से राय माँगी। डॉ. शर्मा उन दिनों द्विवेदी जी को हटाकर अध्यक्ष की कुर्सी पर बैठने के लिए पूरा ज़ोर लगा रहे थे। लेकिन उन्होंने द्विवेदी जी को राय दी—मत जाइए। और जाइए तो यह बात मन से निकाल दीजिए कि आप कुछ वर्षों बाद यहाँ लौट कर आने पाएँगे। हम आपकी अनुपस्थिति में ऐसी स्थिति पैदा कर देंगे कि आप यहाँ लौटकर नहीं आ पाएँगे।

द्विवेदी जी की मृत्यु के बाद डॉ. जगन्नाथ शर्मा ने यह लिखा भी है कि वे संकट के समय मुझसे राय माँगते थे। जो लोग डॉ. जगन्नाथ शर्मा और काशी के उन जैसे व्यक्तियों का जानते हैं, वे इस कहानी पर विश्वास कर लेंगे।

बहरहाल! हजारीप्रसाद द्विवेदी नागरी प्रचारिणी सभा के विश्वकोश में काम नहीं कर पाए।

सन्दर्भ-सूची

1. हजारीप्रसाद द्विवेदी ग्रन्थावली, खंड-11, पृ. 512-13

साहित्य अकादेमी

स्वतंत्र भारत के प्रथम प्रधानमंत्री जवाहरलाल नेहरू की रुचि साहित्य-संस्कृति के क्षेत्र में थी। वे अंग्रेज़ी के लेखक थे ही। फ्रेंच, उर्दू और हिन्दी भी जानते थे। मैंने उर्दू (फ़ारसी लिपि) में लिखा हुआ उनका कुछ नहीं देखा है। लेकिन वे सलीस उर्दू बोलते थे और उर्दू कविता के प्रशंसक थे, जोश मलीहाबादी, फ़ैज़ के प्रशंसक थे। फ़िराक गोरखपुरी से अच्छा परिचय था। उनकी कविता के बारे में क्या राय थी, नहीं मालूम। हिन्दी, अपनी माँ स्वरूपरानी से पत्र-व्यवहार कर पाने के लिए सीखनी पड़ी। कहते हैं सेठ गोविन्ददास के ललकारने पर उन्होंने हिन्दी में एक किताब लिखना शुरू की थी। सेठ गोविन्ददास ने कहा था—आप उस भारत के प्रधानमंत्री हैं जिसकी राजभाषा हिन्दी है और आपने उस भाषा में कुछ नहीं लिखा। मैंने किरोड़ीमल कॉलेज की लाइब्रेरी में सेठ गोविन्ददास की एक ऐसी किताब देखी है जिसमें नेहरू जी के हाथ की लिखावट में हिन्दी के कुछ पृष्ठों की फोटो प्रति थी। नेहरू जी का परिचय और उनकी निकटता अनेक हिन्दी लेखकों से थी खास तौर पर उनसे जो स्वतंत्रता-संग्राम में उनके सहयोगी थे—पं. बालकृष्ण शर्मा नवीन उनमें प्रमुख थे। राहुल सांकृत्यायन, मैथिलीशरण गुप्त, आचार्य नरेन्द्रदेव, बच्चन से बहुत अच्छा परिचय था। नवीन और आचार्य नरेन्द्रदेव से तो मित्रता थी। बाद में दिनकर और शिवमंगल सिंह सुमन से भी परिचय हो गया था। द्विवेदी जी को वे शान्तिनिकेतन काल से ही जानते-पहचानते थे।

उन्होंने भारत के स्वतंत्र होते ही, कुछ ही वर्षों बाद 1954 ई. में साहित्य अकादेमी की स्थापना करवाई। उसके प्रथम अध्यक्ष बने। प्रधानमंत्री रहते हुए साहित्य अकादेमी का पुरस्कार वही प्रदान करते थे। साहित्य अकादेमी का मॉडल उन्होंने फ्रांस की साहित्य अकादेमी से लिया था। कहते हैं कि फ्रेंच अकादमी के सदस्यों को चालीस कालजयी (फोर्टी इममारटल्स) अकादमी के सदस्यों की संख्या चालीस होती है, कहा जाता है। साहित्य अकादेमी स्वायत्त संस्था है। सरकार पैसा देती है किन्तु उसका कोई हस्तक्षेप नहीं होता। उसके सदस्यों और पदाधिकारियों का चुनाव होता है। चुनाव की प्रक्रिया बहुत जनतान्त्रिक बनाई गई है।

पं. हजारीप्रसाद द्विवेदी साहित्य अकादेमी के हिंदी अनुभाग की संचालन समिति के संयोजक बनाए गए। वे लगभग सत्रह वर्षों तक संयोजक रहे। साहित्य अकादेमी में हिन्दी का प्रथम पुरस्कार माखनलाल चतुर्वेदी को 'हिमतरंगिणी' पर मिला। दूसरा डॉ. वासुदेवशरण अग्रवाल को 'पद्मावत' की संजीवनी टीका पर। पं. जी के संयोजक रहते अकादमी

पुरस्कार आचार्य नरेन्द्रदेव, राहुल सांकृत्यायन, दिनकर, सुमित्रानन्दन पन्त, डॉ. नगेन्द्र, बच्चन, जैनेन्द्र कुमार, भगवतीचरण वर्मा, भवानीप्रसाद मिश्र, रामविलास शर्मा, श्रीलाल शुक्ल, नामवर सिंह को मिला।

यशपाल के विषय में विवाद हुआ। कहते हैं कि आपत्ति दर्ज की गई कि 'झूठा-सच' के लेखक ने किताब में जवाहरलाल नेहरू के लिए अपशब्दों का प्रयोग किया है। नेहरू भारत के प्रधानमंत्री होने के साथ-साथ अकादमी के अध्यक्ष भी थे। नेहरू तक बात पहुँची हो या न पहुँची हो, द्विवेदी जी पर जिम्मेदारी है। भारत के सर्वाधिक लोकतान्त्रिक नेता की अध्यक्षता और पं. हजारीप्रसाद द्विवेदी के संयोजकत्व में यह हुआ। अगर यह सच है तो अकादमी के अध्यक्ष और हिन्दी के संयोजक दोनों पर धब्बा है यह घटना। जिस वर्ष का पुरस्कार डॉ. नगेन्द्र को मिला, उसी वर्ष मुक्तिबोध का प्रथम काव्य-संकलन 'चाँद का मुँह टेढ़ा है', प्रकाशित हुआ था। डॉ. नामवर सिंह की बड़ी इच्छा थी कि पुरस्कार मुक्तिबोध को मिले। लेकिन तब डॉ. नगेन्द्र विभागाध्यक्ष थे। पं. हजारीप्रसाद द्विवेदी उनके मित्र थे। अनेक सरकारी विश्वविद्यालयी समितियों में साथ-साथ रहते थे। डॉ. नगेन्द्र के हिन्दी विभाग में पं. जी के अनेक सम्बन्धियों, शिष्यों को नौकरी मिली थी। खुद पंडितजी के चंडीगढ़ में नियुक्त होने में डॉ. नगेन्द्र महत्त्वपूर्ण सहायक थे। डॉ. नगेन्द्र ने 'रस-सिद्धान्त' ग्रन्थ स्वर्गीय राष्ट्रपति डॉ. राजेन्द्र प्रसाद को समर्पित किया था। कुछ ही समय पूर्व उनकी मृत्यु हो चुकी थी। ग्रन्थ-प्रकाशन के अवसर पर ग्रन्थ-विमोचन हुआ। यह मेरी जानकारी में हिन्दी का पहला ग्रन्थ-विमोचन समारोह था। आज के लोक-अपर्ण समारोहों का पूर्वज। जिसमें मैथिलीशरण गुप्त, सेठ गोविन्ददास, हजारीप्रसाद द्विवेदी आदि मौजूद थे। यह आज के लोकार्पण युग (2010 ई.) की प्रधान साहित्यिक प्रवर्तन की घटना थी। तब आज के सर्वाधिक व्यस्त लोकार्पक साहित्यकार डॉ. नामवर सिंह ने इसका (ग्रन्थ विमोचन) बहुत मज़ाक उड़ाया था। ख़ैर डॉ. नगेन्द्र केवल योजनाविलासी नहीं थे वे दृढ़ योजना-कार्यान्वियक भी थे। नामवर जी ने बहुत कोशिश की। कई तरह की कोशिशें कीं। खुद पं. जी पर दबाव डालने का प्रयास किया। लेकिन पुरस्कार डॉ. नगेन्द्र को ही मिला। उससे सम्बन्धित भव्य बधाई समारोह आर्ट्स फैकल्टी, दिल्ली विश्वविद्यालय के विशाल सभागार में हुआ। बधाई देने वालों में दिल्ली स्थित हिन्दी के अनेक विख्यात साहित्यकार थे। लोगों ने सच्ची-झूठी प्रशंसा का पुल बाँध दिया।

ग्रन्थ विमोचन इतना भव्य और नगेन्द्र-निष्ठ था कि इस पर डॉ. नागेश्वर लाल की एक तेज टिप्पणी 'कल्पना' (अप्रैल/65) में छपी। वह टिप्पणी अनेक कारणों से आज भी पठनीय है, विचारणीय भी। डॉ. नागेश्वर लाल पहली दिसम्बर, 1965 को दिल्ली में ही थे। उसी दिन 'रस-सिद्धान्त' का विमोचन हुआ। समारोह में संसद-सदस्य थे, सरकारी अफसर थे, कुछ अध्यापक और पत्रकार भी थे। नई पीढ़ी का कोई लेखक नहीं दिखलाई पड़ा। डॉ. नागेश्वर को लगा कि नई और पुरानी पीढ़ियाँ बिल्कुल छिनगा गई हैं। ग्रन्थ-विमोचन की भूमिका के रूप में बुफ़े का ढंग का जलपान था। मिठाइयों और नमकीनों भरी लम्बी मेज़। बाज़ार में न गेहूँ मिलता है, न अनाज। डॉ. नागेश्वर को यह पता नहीं कैसा लगा। डॉ. गोविन्ददास ने, डॉ. नगेन्द्र को हिन्दी का मूर्धन्य आलोचक कहा। डॉ. बारलिंगे ने

कहा–अभिनव गुप्त के बाद, इसके सम्बन्ध में किसी ने मौलिक चिन्तन किया तो डॉ. नगेन्द्र ने। डॉ. नगेन्द्र को 'अभिनव गुप्त द्वितीय' की उपाधि दी जानी चाहिए। इस पर कई व्यक्ति मुस्करा पड़े। डॉ. गोपाल शर्मा–जो किसी दफ्तर में हैं, प्रशस्ति लिखकर लाए थे। उन्होंने पाँच-छः बार इलियट का नाम लिया था। श्री नरेन्द्र शर्मा भी बोले। जैनेन्द्र कुमार 'खाँस-खाँस कर बोले–'यह जो रस है न बस रस ही है।' ग्रंथ-विमोचन दद्दा ने किया। वे सरगम से अलग रहे। बोले–'विमोचन की बात समझ में नहीं आती। डॉ. नगेन्द्र से कहा–नगेन्द्र यह ग्रन्थ-विमोचन है या ग्रन्थि-विमोचन।' डॉ. नागेश्वर लाल ने पं. हजारीप्रसाद द्विवेदी के बोलने के बारे में लिखा है–वैसे श्रीनारायण चतुर्वेदी भी बोले, पर उस समारोह में सबसे अलग और संयत स्वर डॉ. हजारीप्रसाद द्विवेदी का था। उन्होंने उच्चरित चिन्तन के लहजे में धीरे-धीरे कुछ अर्थपूर्ण बातें कहीं और प्रभावित किया। लगा कि वे रस्मी तौर पर नहीं खड़े हैं। डॉ. सेठ गोविन्ददास ने यह कहते हुए उन्हें न्यौता दिया था कि–"आचार्य द्विवेदी भी हिन्दी के एक आलोचक हैं", पर इससे बेअसर रहते हुए उन्होंने रस सम्प्रदाय की चर्चा के बाद विमोचन के सम्बन्ध में दद्दा के असमंजस का सूत्र पकड़ा। कहा–"मंजन की बात थी। ताड़ व भोज के पत्तों पर ग्रन्थ लिखा जाता था। कभी किसी पत्ते को हवा उड़ा ले गई या दीमकों ने चाट लिया तो उसकी जगह पर सादा पत्ता लगा दिया जाता था। उस सादे पत्ते पर कुंडलिनी का चिह्न बना दिया जाता था। उस कुंडलिनी चिह्न सामग्री का मंजन होता था जिसका अभिप्राय यह है कि खोई हुई चिन्तन-सामग्री की पुनरुद्भावना भी की जाती थी। गुरु उठ जाते थे तो शिष्य मंजन करते थे। फिर अर्थपूर्ण स्थिति के साथ आचार्य ने बात आगे बढ़ाई–अगर डॉ. नगेन्द्र के ग्रंथ में कहीं वैसी कुंडलिनी हो तो उसका मंजन वे स्वयं करेंगे, या नहीं तो उनके शिष्य करेंगे। मैंने 'रस सिद्धान्त' ग्रन्थ पढ़ा नहीं है उसके प्रणयन के लिए लेखक को बधाई देता हूँ और विश्वास दिलाता हूँ कि उसे पढ़ूँगा।"

डॉ. नागेश्वर लाल ने देखा कि जब यह कहा जा रहा था तब समारोह का वातावरण बिल्कुल गंभीर हो गया। मुझे झुँझलाहट हुई, आचार्य द्विवेदी क्यों बोले। नहीं बोलते तो समारोह आद्यान्त एक प्रकृति का रहता। उन्होंने कुछ अर्थ ला दिया।

जैनेन्द्र कुमार को 'मुक्तिबोध' नामक उपन्यास पर अकादमी सम्मान मिला। मुक्तिबोध की हाल ही में मृत्यु हुई थी। जैनेन्द्र का कहना था उपन्यास का नाम नहीं सूझ रहा था। मुक्तिबोध नाम के एक साहित्यकार की मृत्यु हुई थी। हमने सोचा उसी के नाम पर किताब का नाम रख दो। मुझे भली-भाँति याद है पुरस्कार का निर्णय होने के कुछ दिन पूर्व जैनेन्द्र एक वयस्क एवं अतीव सुन्दरी महिला के साथ द्विवेदी जी से मिलने श्रीराम कॉलेज ऑफ कामर्स के स्टाफ क्वार्टर में (जिसमें उनकी ज्येष्ठ पुत्री श्रीमती इन्दुमती ओझा रहती थीं) आए थे। सम्मान मिल जाने पर पुरस्कार प्रदान समारोह में नहीं आए। दिनकर ने पं. जी से कहा–'देखा हम लोगों ने नाक बन्द करके इसे पुरस्कार दे दिया और यह बाज़ नहीं आया।'

आचार्य नरेन्द्रदेव और राहुल सांकृत्यायन को नेहरू जी स्वयं सम्मानित करना चाहते थे। लेकिन वे उनका नाम प्रस्तावित नहीं कर सकते थे। राहुल जी की पुस्तक 'मध्य एशिया

का इतिहास' की द्विवेदी जी बहुत प्रशंसा करते थे। 'चारुचन्द्रलेख' उपन्यास में उसकी सामग्री का उपयोग भी किया है। राहुल जी को सम्मानित करते हुए नेहरू जी ने कहा–'अरे आप तो अभी जवान हैं।' कुछ ही दिन पूर्व राहुल जी ने कमला जी से अपनी तीसरी शादी की थी। सम्मानित करते समय नेहरू जी सम्मानित लेखक से कुछ-न-कुछ कहते–परिचितों से आत्मीयता परिचायक कुछ जुमले फेंकते। फ़िराक गोरखपुरी को कहा–'अरे आप इतने बड़े शायर हो गए?'

शिवप्रसाद सिंह का उपन्यास 'अलग-अलग वैतरणी' को सम्मान नहीं मिल पाया। शिवप्रसाद जी पं. जी के अत्यन्त प्रिय शिष्यों में से थे। शायद उस वर्ष का पुरस्कार श्रीलाल शुक्ल को मिला। शिवप्रसाद जी बहुत क्षुब्ध हुए। उनको सन्देह था कि नामवर जी ने भाँजी मारी है। अनेक वर्षों बाद 'नीला चाँद' पर उन्हें यह सम्मान मिला। दिनकर की 'संस्कृति के चार अध्याय' की भूमिका तो जवाहरलाल नेहरू ने ही लिखी थी–यद्यपि यह लिख दिया था कि पूरी किताब मैंने नहीं पढ़ी है। दिनकर, द्विवेदी जी के अन्तरंग मित्र थे। लोगों का विचार था कि साहित्य अकादमी पुरस्कार 'नवीन' की कृति 'उर्मिला' को भी मिलना चाहिए था। द्विवेदी जी के संयोजक-काल में राष्ट्रकवि मैथिलीशरण गुप्त को 'जयभारत' पर सम्मान नहीं मिला। रेणु के 'मैला आँचल' को भी नहीं मिला। और निराला को नहीं–इस बीच उनकी कोई रचना प्रकाशित हुई थी या नहीं, यह पता लगाने की बात है।

निराला को साहित्य-अकादमी सम्मान न मिला हो किन्तु निराला पर लिखी पुस्तक, उनकी जीवनी, 'निराला की साहित्य साधना' प्रथम खंड पर डॉ. रामविलास शर्मा को यह सम्मान मिला। और उसके बारे में कुछ जानने लायक है।

'निराला की साहित्य साधना' (प्र. खंड) निराला की जीवनी है। खंड पर सम्मान देने का विधान नहीं है, किन्तु इसका समाधान 'तारसप्तक' के सहयोगी और अकादमी के तत्कालीन सचिव भारत भूषण अग्रवाल ने किया। निर्णायक-मंडल के दो सदस्य थे–सुमित्रानन्दन पन्त और बालकृष्ण राव। 'साधना' में इन दोनों के बारे में ऐसे उल्लेख हैं कि दोनों नाराज़ हो जाएँ, विशेषतः सुमित्रानन्दन पन्त। यों भी डॉ.शर्मा की पन्तविषयक आलोचना पर्याप्त कुख्यात एवं निद्रानाशक है। वह ध्वंसकारी (मत्सरी) आलोचना का प्रतिमान माना जाता है। लेकिन दोनों ने इसी पुस्तक की सिफ़ारिश की। बालकृष्ण राव और पन्त जी ने अद्‌भुत उदारता का परिचय देते हुए 'निराला की साहित्य-साधना' को पुरस्कार के लिए प्रस्तावित किया। द्विवेदी जी इस पुस्तक के विशेष हिमायती नहीं थे। उनका विचार था कि सभी समकालीनों को छोटा दिखाकर निराला को ही महान् बनाने से निराला महान् नहीं बनाए जा सकते। पं. जी का तर्क कमज़ोर नहीं है। बाद में वे कहते–जो हो पुस्तक जीवन्त है। पुरस्कार मिल जाने पर, बाद में डॉ. भगवत शरण उपाध्याय और नेमिचन्द्र जैन की जो समीक्षाएँ छपीं वे भी ऐसी ही थीं, किन्तु निस्सन्देह इस कृति का अभूतपूर्व स्वागत हुआ। अकादमी के पुरस्कार निर्णय का भी। डॉ. रामविलास शर्मा ने पुरस्कार समारोह का विवरण मित्र केदारनाथ अग्रवाल को दिया–

''यह कैसे हो सकता था कि निराला पर किताब लिखने के लिए मुझे सम्मान मिले और मैं उस अवसर पर भाषण अंग्रेज़ी में करूँ। हम ज़रा तैश में थे, बगल में अजित कुमार

थे जिनके अनुसार प्रकाशकों ने निराला का शोषण न किया था। सामने दो-चार प्रकाशक थे। साहित्य अकादमी का माहौल, दिन के चार बजे हाल में बिजली, हमने भी दाएँ-बाएँ देखे बिना दो-चार हाथ झाड़ दिए। उस शाम को आँखों में निराला थे। मैं अपने मन में उन्हें याद करता हुआ सारा सम्मान उन्हें अर्पित करता जाता था। काफ़ी जनता इकट्ठा हुई थी। बधाई देने, हाथ मिलाने, हाथ जोड़नेवालों का अन्त न था। बाकी पुरस्कार विजेता एक तरफ खड़े थे, लगता था सारा मजमा हमारे लिए इकट्ठा हुआ है। मैंने कहा—लो गुरु तुमने अपने कवि कर्मों से कन्या का तर्पण किया था, मैं हिन्दी जनता के इस स्नेह और सम्मान से तुम्हारा तर्पण करता हूँ।"

मित्र संवाद, पत्र, दिनांक 17-3-71

द्विवेदी जी : परिवार में

1953 ई. में पं. जी के परिवार में–पं. जी के पिता, माता जी, ज्येष्ठ पुत्र बबुआ (जगदीश द्विवेदी), लालजी (मुकुन्द द्विवेदी), गिप्पी (सिद्धार्थ द्विवेदी), पुत्रियाँ–पुतुल जी (इन्दुमती), तितिल (मालती), मुन्नू (भारती) थे। विश्वविद्यालय के परिसर के मकान में रहते थे। पंडितजी की माँ काशी में ही उनके अनुज पं. रमानाथ द्विवेदी के साथ रहती थीं। तीसरे भाई पं. पृथ्वीनाथ द्विवेदी भी काशी में ही रहते थे और पंडितजी के सबसे छोटे भाई रवीन्द्रनाथ द्विवेदी बी.ए. में पढ़ते थे। रवीन्द्रनाथ द्विवेदी आज की कथाकार अल्पना मिश्र के पिता हैं। वे शान्तिनिकेतन में पढ़ने गए थे कुछ दिनों के लिए। पं. रमानाथ द्विवेदी दीर्घजीवी, अभी 2010 तक जीवित हैं। अचूक औषध देनेवाले व औघड़ दानी वैद्य के रूप में प्रसिद्ध हैं। वैद्य के रूप में वे किंवदन्ती पुरुष हैं। पंडितजी के भाइयों में वे सबसे सुन्दर। लम्बी काया, गौरवर्ण, सुघर मुखाकृति, संस्कृत भाषा के प्रेमी एवं जानकार, अटूट कर्मकांडी, परम्परा का प्राणपण से पालन करनेवाले। सौम्य।

कहा जाता था कि चार भाइयों में पहले, दूसरे, अर्थात् पं. जी और रमानाथ जी सौम्य, शान्त हैं। तीसरे और चौथे भाई पृथ्वीनाथ द्विवेदी और रवीन्द्रनाथ के बारे में ऐसी बात नहीं थी। ये विपरीत प्रकृति के कहे जाते थे। सभी भाई बड़े भाई पंडितजी का अतीव सम्मान करते थे।

एक दिन रवीन्द्रनाथ द्विवेदी आए। पं. जी का चरण-स्पर्श करके चुपचाप बैठ गए। पंडितजी भी चुप रहे। यह असामान्य बात थी। कोई बहुत दिनों के बाद आए और पंडितजी उससे कुछ न बोलें। गुप्प-चुप्प रहे। 3, 4 मिनट के बाद पं. जी क्रोध में बोले–का दंगा-फसाद कइ कै आइल है–क्या दंगा फसाद करके आए हो? रवीन्द्रनाथ जी बोले–हम कछु नाहीं कइलै हई–हमने कुछ नहीं किया है।

तौ तू दंगा-फसाद करै के बदे हुआ गइल हउवा के पढै वरे। फिर गरज–जो अन्दर जो–तो तुम दंगा-फसाद करने वहाँ गए थे कि पढ़ने, जाओ अन्दर जाओ।

रवीन्द्रनाथ जी चुपचाप मुँह लटकाए अन्दर अपनी भौजी के पास चले गए।

रवीन्द्रनाथ द्विवेदी शान्तिनिकेतन से आए थे। कुछ गड़बड़ हो गया। डॉ. राम सिंह तोमर ने शिकायत की। शान्तिनिकेतन के किसी परिचित ने भी पं. जी को पत्र लिखकर उनकी शिकायत की थी। ज़ाहिर है कि अनुज के आने के पहले ही शिकायत पहुँच चुकी थी।

वार्तालाप-रस का आनन्द सबसे ज़्यादा बाबा से मिलता था। वे, लम्बी-पतली काया, गौर वर्ण, नुकीली नाक वाले थे। नित्य गंगा-स्नान करते। बात धीरे-धीरे करते भोजपुरी में।

उनकी शिक्षा-दीक्षा के बारे में मेरी कोई जानकारी नहीं है। काशी में 1953-54 ई. के ग्रीष्मावकाश में जब पं. जी बबुआ को छोड़कर सपरिवार शान्तिनिकेतन गए थे, एक शाम बबुआ से 'बाणभट्ट की आत्मकथा' सुन रहे थे। बबुआ बाँच रहे थे, बाबा सुन रहे थे। 15, 20 मिनट तक सुनने के बाद बोले–बस करा। एनकै तौ औपमै नहीं ओरात (बस करो इनकी (लेखक पं. जी की) तो उपमाएँ ही नहीं ख़तम होतीं।

मैं जनेऊ नहीं पहनता था। टूट जाने पर नई जनेऊ पहनने में आलस के कारण। जब उन्हें पता चला कि ब्राह्मण हूँ तो एक दिन बोले–का जनेव में रुपया-पइसा नाहीं खरच भइल रहा?

(क्या जनेऊ-संस्कार में माँ-बाप का पैसा नहीं खर्च हुआ था?)

पूजा बड़ी देर तक करते। पंडितजी की माँ रमानाथ जी के साथ रहती थीं। मैंने उन्हें पंडितजी के घर कभी नहीं देखा। मकान बनाते समय भूमि-पूजन के अवसर पर ही देखा है। वे भी लम्बी काया की महिला थीं। बाबा की अपेक्षा किंचित् स्थूल।

बाबा धोती-मिर्जई पहनते थे। आने-जाने वालों से बहुत कम बोलते थे। जो लोग ज़्यादा आते-जाते, थे उन्हीं से कभी-कभी बोल लेते थे। प्रायः कमरे में पूजा-पाठ करते। आराम करते रहते। 'रामचरित मानस' पढ़ते रहते। ओझवलिया जाने का आग्रह प्रायः करते। माता जी विरोध करतीं। कहतीं–"अकेले जाएँगे बुड्ढ़े आदमी हैं, कहीं कुछ हो जाए तो?"

बाबा विनोदी, मोहगर साथ ही गुस्सैल प्रकृति के व्यक्ति थे। उनका गुस्सा मैंने नहीं देखा। लेकिन लोग कहते थे। एक बार उन्होंने अपने किसी पूर्वज का किस्सा सुनाया।

वे एक या दो पीढ़ी पहले के थे। विधवा माँ के अकेले पूत थे। मिनमिनाकर बोलते थे। किसी से नहीं डरते थे। डरते थे तो सिर्फ़ अपनी माँ की पिटाई से। घर से निकले बहुत देर हो गई, लौटकर आए नहीं। मइया परेशान। बचवा कहाँ निकल गइलें। भूखा-पियासा। बहुत हलकान परेसान माई। तब तक किसी ने बताया–"अरे महाराज तौ बीच गाँव में पालथी मारे बइठे हैं। चारों ओर भीड़ खड़ी है।"

माई जल्दी से सोंटा लेकर चलीं अपने मिनमिनहे पूत को घर लाने–देखा कि पूत बीच गाँव में पलथी मारे बइठे हैं सामने एक भारी-भरकम पका कटहल धरा है। मूँड झमझा-झमकाकर कह रहे थे–

हँमँ तौं पूराँ कँटँहँलँ अँकँलै खाँइ जाएँगे

माई ने पीठ पर तड़ातड़ सोटे जमाए और चुरकी (चोटी) पकड़कर पीटते-घसीटते घर ले आईं।

पंडितजी के परिवार में विद्वानों की परम्परा रही हो, ऐसा मुझे कभी नहीं लगा। लेकिन यह मेरी भूल थी। पंडित जी के पूर्वज सम्मान्य ज्योतिषी थे। पुरोहिताई शायद नहीं थी। वे किसान ब्राह्मण लगते थे। परिवार, धार्मिक कर्मकांड में विश्वास करनेवाला, ऊँच-नीच को माननेवाला था।

बाबा दीर्घजीवी हुए। वे नब्बे वर्ष से कुछ अधिक ही रहे होंगे, जब दिवंगत हुए। पंडितजी से कुछ ही वर्षों पूर्व गए। जब द्विवेदी जी को चंडीगढ़ जाना पड़ा तो वे काशी में

ही रहे। सम्भवतः चंडीगढ़ सिर्फ़ दो बार गए। अपने ज्येष्ठ पुत्र की बीमारी में और तितिल (मालती) या मुन्नू (भारती) की शादी में।

अपने ज्येष्ठ पुत्र की बीमारी की ख़बर उन्हें नहीं दी गई थी। लेकिन लोगों की गतिविधियों से या किसी और तरह से वे ताड़ गए कि मामला कुछ गम्भीर है।

लगभग 80 वर्ष की उमिर में वे अपने ज्येठ पुत्र हजारीप्रसाद का हाल-चाल लेने बनारस से चंडीगढ़ अकेले आए। कहते थे–

"हमका केउ कुच्छ ना बतवलें। इहै कहैं–सब ठीक बाड़ै, कौनउ चिन्ता का बात नाहीं। लेकिन हमरे मन माँ हौल-दौल होत रहल। ना बड़का पूत ठीक नाहीं बाड़ै न कुछ गड़बड़ हइ। हम चला अइलीं।"

पंडितजी का कोई ऑपरेशन हुआ था। जो अंश निकाला गया उसके बारे में हँसकर कहते थे–षड्चक्र है। किसी भिन्न ग्रुप का रक्त चढ़ा दिया गया था। इसी से केस बिगड़ गया था।

इस ऑपरेशन के बाद पं. जी पूर्णरूपेण स्वस्थ हो गए थे। सामान्य स्थिति में पं. जी को देखकर पता लगाना मुश्किल होता कि वे स्वस्थ हैं या अस्वस्थ। कोई प्रिय व्यक्ति आ जाता, कुछ अच्छा पढ़ लेते, कोई अच्छा समाचार मिल जाता, प्रसन्न हो जाते। खुश होते तो बहुत खुश होते। कुछ अप्रिय हो जाए तो बेहद उदास, दुखी। अस्वस्थवत्। भाषण देने के बाद–भाषण उनके प्रायः झकझोर होते थे, पस्त होकर बैठ जाते। कभी-कभी कराहने लगते। ऐसे अवसर पर पान खाना पसन्द करते। बाहर से आने पर चश्मा, घड़ी, उतारकर धम्म से चारपाई पर लेट जाते। आँखें प्रायः सूजी ही रहतीं। जाड़े में बाद के दिनों में कंटोप लगाने लगे थे। उनकी सामान्य पोशाक कुर्ता-धोती थी। घर पर कुर्ता भी नहीं। खद्दर की बँहकटी। बनयाइन पहने मैंने उन्हें नहीं देखा। या केवल धोती। कभी ऊपर से उत्तरीय-ठेठ पुरबिया पंडित की पोशाक। जाड़े में ऊनी कुर्ता। ज़्यादा जाड़ा पड़े तो ऊनी कुर्ते के ऊपर दूसरा ऊनी कुर्ता, ऊनी नेहरू कट और शाल। वूलन मोज़ा और जूता। जाड़े की इन्तिहा में ऊपर से ओवरकोटनुमा लम्बा कोट। ओवरकोट बहुत दिन चला। इतना कि लालजी (मुकुन्द) उसे रेनकोट की तरह इस्तेमाल करते।

जाड़े में ऊनी स्वेटर भी पहनते। माता जी स्वेटर बुनतीं। एक बार मुझे बताया–"बाबू जी का स्वेटर हर साल बढ़ाना पड़ता है, (धीरे से) तोंद हर साल बढ़ जाती है।"

गुर्टू हॉस्टेल में एक छात्र थे–डी.एन. द्विवेदी। प्राचीन इतिहास के। वे द्विवेदी जी की एक्टिंग करते। नकल उतारते। द्विवेदी जी रिक्शे पर बैठे क्लास लेने जा रहे हैं। आर्ट्स कॉलेज के सामने पान की दुकान पर रिक्शा रुका। पंडितजी ने पान दबाया। मुँह में पान दबाए मुँह ऊपर उठाकर बनारसी शैली में किसी से अपभ्रंश-साहित्य पर बात करने लगे। तल्लीन थे कि–"ओरे ओरे, ई का, कुरतवा खराब होइ गइल"–पानवाले से पानी लेकर पीक से लाल हो गए अंश को धो-धाकर फिर रिक्शे पर बैठकर क्लास लेने चले।

कुर्ता-धोती और उत्तरीय में पंडितजी बहुत जँचते। बाल अस्त-व्यस्त रहते। कंघी उँगलियों से ही करते। शेव बिना साबुन-शीशे के ही अन्दाज़ से कर लेते। ब्रश टूथपेस्ट का इस्तेमाल करते कभी नहीं देखा। मॉस्को जाते समय पैंट-कोट में देखा, टोपी में भी। बिल्कुल नहीं जँचते थे। मानो पंडितजी हों ही नहीं कोई और हों।

पं. जी बहुत सबेरे उठते थे। उठकर अपने लिए और माता जी के लिए चाय बनाते थे। वे चाय बनाकर माता जी को जगाते रहे होंगे या तब तक माता जी खुद जग जाती होंगी। जगते ही माता जी सक्रिय हो जाती थीं। काम-काज, चौका-बासन, बच्चों को जगाना, नौकर या घर का काम करनेवाली से परिवार के किसी सदस्य से डाँट-डपट। कई बार पढ़ते-लिखते हुए पंडितजी के मुँह से सुना—तुम्हारी माता जी जग गईं, उनका कारखाना चालू हो गया, 'निराकार तम सहसा मानो धरकर रूप-नाम नाना।'

बच्चों का शोर-शराबा पंडितजी को बुरा नहीं लगता। वे किसी बच्चे को गोद में लिए लिखते-पढ़ते रहते। बच्चों को खिलाने में वे उस्ताद थे। अपने सबसे छोटे पुत्र आनन्द को खिलाते हुए मैंने देखा है। पंडितजी अपनी मूँछें उसके गाल पर रगड़ते। थोड़ी देर बाद बोले—देखो यह अब खुद अपना गाल मेरी मूँछों से रगड़ेगा। रोते हुए बच्चों को चुप कराने में वे अपने को निष्णात मानते थे। किस्से भी सुनाते—"उस बार ट्रेन में जा रहा था। एक दम्पती, साथ में बच्चा। बच्चा रोए कि रोता ही जाए। मैंने कहा—आप बुरा न मानें तो मैं बच्चे को चुप कराने की कोशिश करूँ। मुझसे चिपटकर बच्चा चुप हो गया। उसे तुम्हारी माता जी ने पानी भी पिला दिया। वह थोड़ी देर बाद सो गया।"

इसके पहले कि हमारे चेहरे पर प्रभावित होने का भाव आता वे ठठाकर हँसते—"सब मूँछ और तोंद की महिमा है। जिसके पास ये चीजें नहीं हैं, उनसे बच्चे चुप नहीं हो सकते।"

बताते—"बच्चे पक्के स्वार्थी होते हैं। वे बैठे हुए से खड़े हुए को, खड़े हुए से चलने वाले को, चलने वाले से बाहर बाज़ार जानेवाले को प्रेफर करते हैं।"

इसके बाद वे कोई किस्सा, चुटकुला, रवीन्द्रनाथ की कोई लघुकथा या कोई काव्य पंक्ति सुनाते।

परिवार में ज़्यादा लोगों का होना (जिसे वे 'जनसंकुलता' कहते) उन्हें अच्छा लगता था। एक बार वे शाम को घूमकर लौटे तो घर में हंगामा मचा था। संयोगवश लालजी को छोड़कर सभी भाई-बहन आपस में झगड़ रहे थे। चिल्ल-पों मची थी। माता जी पंडितजी को देखते ही शिकायत भरे लहजे में रोकर झगड़ने लगीं—रँउवै संभाली इनका। हमरे बस के नाहीं ई सब। पंडितजी खड़े रहे। फिर लालजी को हल्की-सी चपत लगाके बोले—'तुम क्यों नहीं रो रहे हो, तुम भी रोओ।' सब हँसने लगे।

घर भरा-पूरा हो। लड़के-बच्चों का कोलाहल हो, यह सब उन्हें प्रिय था। मुझे याद है अपने समधी (पं. जीवनाथ उपाध्याय) के सबसे छोटे पुत्र महान को गोद में लेकर खेलाते हुए वे 'मेघदूत—एक पुरानी कहानी' लिखवाते थे। समधिन अस्पताल में थीं। शिशु एक-डेढ़ वर्ष के महान, जिसे वे महान पंडित कहते—गोद में बड़े प्रेम से खिलाते। महान पंडित मूत्र-त्याग भी कभी-कभी उनकी गोदी में ही कर देते। इस कारण पं. जी उन्हें मुतू स्वामी दीक्षित कहते। एक बार समधी से विनोद में कहा—कामशास्त्र में पर-नारी को अनुकूल करने की विधि बताई गई है। उसके बच्चे को प्यार करो, गोदी में खिलाओ। सो वही प्रयोग समधिन पर कर रहा हूँ।

पेड़-पौधे लगाने का बेहद शौक था। वनस्पतियों की इतनी जानकारी—जानकारी ही नहीं उनसे इतना अपनापा आचार्य रामचन्द्र शुक्ल को छोड़कर शायद ही किसी और को

रहा हो। इस विषय में यहाँ विस्तार करना उचित नहीं। उनके निबन्ध जग-जाहिर हैं। बाल-बच्चों से भरा-पूरा परिवार। केले, आम, रातरानी, हरसिंगार, गनन-मनन लताओं से हरित आच्छादित घर। पंडितजी अपने घर को देखते तो खुश हो जाते। एक बार बोले– 'कैसा हँस रहा है मेरा घर।'

किसी के बीमार पड़ने पर पंडितजी बहुत अधीर हो जाते। माता जी को तीव्र कालिक पीड़ा उठती थी। बीमारी में सभी बच्चे उन्हीं के साथ रहना पसन्द करते। पंडितजी बीमार माता जी की तीमारदारी में रात-रात भर जागते रहते। बबुआ (ज्येष्ठ पुत्र श्री जगदीश द्विवेदी) को एक बार 'मीज़िल' निकल आए। पंडितजी उन्हें गोदी में लिए रात-भर बैठे रहे। माता जी के अस्वस्थ होने पर उनका चेहरा सूख जाता। बहुत चिंतित, अधीर, आशंकित हो जाते, बात-बात पर चिड़चिड़ा उठते। उनकी मँझली लड़की तितिल (श्रीमती मालती तिवारी) के शब्दों में–

'शान्तिनिकेतन में हम लोगों को प्रायः ही मलेरिया हो जाया करता था। उस बीमारी में औरों को चाहे जो भी दवाई लगे, हम लोगों के लिए तो निश्चित रूप से बाबू जी रामबाण दवा थे। रात-रातभर जागना, दवाई देना, प्यार से सिर में तेल लगाना और सब तरह की गन्दगी निर्विकार होकर साफ़ करना। उन दिनों ये काम माँ नहीं कर पाती थीं, क्योंकि वे खुद ही बीमार रहती थीं।

तीमारदारी करना ही नहीं बल्कि ऑपरेशन करना भी बाबू जी को खूब आता है (यह लेख 1967 ई. का है, जब पं. जी जीवित थे) जहाँ किसी को फोड़ा हुआ नहीं कि बाबू जी झट स्पिरिट, रुई, ब्लेड और मलहम लेकर तैयार हो जाते।"[1]

पंडितजी ने रवीन्द्रपुरी (दुर्गा कुंड के क्षेत्र का आधुनिक नाम) में घर मन लगाकर बनवाया था। उन्हें चिन्ता थी कि विश्वविद्यालय से सेवानिवृत्त होने के बाद कहाँ रहेंगे। उसका नक्शा उन्होंने खुद तैयार किया था। संयोग से इसी क्षेत्र में पं. रामचन्द्र शुक्ल द्वारा बनवाया अपना घर भी है। शुक्ल जी ने भी अपने घर का नक्शा ख़ुद बनाया था। घर अधूरा-सा है। पूरा नहीं बनवा पाए थे। द्विवेदी जी शाम को टहलने निकलते तो रास्ते में शुक्ल जी का घर पड़ता। बड़े ग़ौर से देखते रहते। शुक्ल जी के घर का नक्शा उन्हें पसन्द नहीं था। कहते–"साफ़ लगता है कि ड्राइंग मास्टर का बनवाया हुआ घर है।" एक शाम द्विवेदी जी के साथ पं. कृष्णशंकर शुक्ल थे। द्विवेदी जी ने यह वाक्य कहा तो पं. कृष्णशंकर बोले–"पं. जी इस घर के नक्शे की विशेषता यह है कि सभी कमरों में हवा आती है और धुआँ कमरों में फैलता नहीं ऊपर उड़ जाता है।" पं. कृष्णशंकर शुक्ल आचार्य शुक्ल के शिष्य थे। रवीन्द्रपुरी वाला मकान बनाने में चिंतामणि जी–तमिलभाषी हिन्दी अध्यापक और मदन जी ने बड़ी दौड़धूप की।

पं. जी आने-जाने वालों का ध्यान रखते थे। जो आए उसकी सुख-सुविधा का बहुत ध्यान रखते। शान्तिनिकेतन का जीवन काशी की अपेक्षा ज़्यादा खुला और सादा था। उस समय पं. जी की आय भी बहुत कम थी। तिस पर वे अपनी पारिवारिक और संयुक्त पारिवारिक जिम्मेदारियों को पूरा करने का उद्योग करते थे। बनारसीदास चतुर्वेदी को लिखे गए पत्रों में वे प्रायः आर्थिक अभावों और ज़रूरतों की बात करते हैं। पैसों का इन्तज़ाम करने की

प्रार्थना करते हैं। अतीव स्वाभिमान, संकोच एवं विनय के साथ। वह भी बनारसीदास चतुर्वेदी से आत्मीय सम्बन्धों के कारण। लेकिन अर्थाभाव में भी जीवन का सहज उल्लास शान्तिनिकेतन में काशी से कम नहीं ज़्यादा ही रहा होगा।

लड़कों को सीधे किचन में जाने की छूट नहीं थी। लेकिन खाना-पीना धड़ल्ले से होता था। यूँ भी पंडितजी को बार-बार चाय पीने की आदत थी। चाय में सोंधा दूध–ज़रा-सा और गर्म हो तो जल जाए–ऐसा होता। चाय के साथ कुछ वाय ज़रूर होता। मूँड़ी, चिउड़ा, पकौड़ी, मठरी, मटर की घुँघनी या कोई और चीज़। पंडितजी पकौड़ी प्रेम से खाते। खाकर हाथ में लगा तेल बालों से पोंछ लेते। जाड़ों में चाय के साथ प्रायः चिउड़ा-मटर होता। मिठाई बहुत कम–कभी-कभी ही होती।

खाने-पीने के बेहद शौकीन। ठेठ पुरबिया स्वादलिप्सा। प्रसिद्ध है कि अन्तिम दिनों में डाक्टर ने सलाह दी–'पं. जी दीर्घजीवी होना है तो आलू-चावल छोड़ दीजिए।' पंडितजी ने कहा–'जब आलू-चावल ही नहीं खाना है तो जीकर क्या करेंगे।' खाने के मामले में प्रयोगशील। सब्जी के आलू को थाली में अलग करके चोखा बनाकर खाते। मैंने उन्हें सत्तू घोलकर दाल की तरह भात में सानकर खाते हुए कई बार देखा है। अच्छे किस्म का चावल पसन्द करते थे। उनके लिए अच्छे चावल का भात अलग भी बनता था। भात में ज़ीरे का छौंक बहुत पसन्द था। मसूर की दाल में सरसों के तेल का लहसुन वाला तड़का रुचिकर था। रोटी पसन्द नहीं थी। यों खा लेते थे। मटर की सब्जी नहीं पसन्द थी। सम्भवतः वात के कारण। सवेरे नाश्ते में तला हुआ चिउड़ा या छेना पनीर प्रायः लेते थे। मिठाई खाते हुए मैंने उन्हें बहुत कम देखा है। सेंवई या खीर ज़रूर प्रेम से खाते थे।

माता जी पाककला में निष्णात थीं। उन्हें नए-नए व्यंजनों को बनाने का चाव था। वे शान्तिनिकेतन में थीं तो बंगाली भोजन भी बनाने में माहिर थीं। वे झोल, चडचडी, सुत्तो घंट भी कभी-कभी बनाती थीं। पोस्तो दाना सबसे पहले मैंने पंडितजी के यहाँ ही खाया। पूरा परिवार पोस्तो दाना पर जान देता था। माता जी कभी-कभी चुप-छिपकर मछली-माँस भी खा लेती थीं। पंडितजी निरामिष थे। लड़कियाँ शाकाहार ही करती थीं। लड़के ज़रूर माँस-मछली खाते थे। पं. जी के परिवार के विषय में राहुल जी ने लिखा है–

"द्विवेदी जी स्वयं सरयूपारी कुल कुलंक हैं, बाँह उठा-उठाकर जिनके लिए ऋषियों ने कहा था 'तुम्हें मछली माँस खाना चाहिए' और वह आज ऋषि-वाक्य के विरुद्ध जाएँ, यह कोई अच्छी बात है? पर अगली पीढ़ी ऋषियों के रास्ते पर चली आई है, यह देखकर बड़ी प्रसन्नता हुई। बिना माँस के पूज्य अतिथि की सेवा नहीं की जा सकती। ऋषियों की इस बात से द्विवेदी जी सहमत थे। बंगाल में माँस से ज़्यादा बंगाली ढंग से बनाई मछली अच्छी लगती है। मैं उसी को तर्जीह दे रहा था। ऐसे समानधर्मा बन्धुओं के साथ इतना कम रहने का मौका मिलता है, मुझे तो यही शिकायत थी।"[2]

यात्रा में पंडितजी प्रायः मीठे पुए ले जाते। अरुई के पत्ते की रिकवँच उन्हें बहुत प्रिय थी। माता जी एक सब्जी और भी विशेष उत्साह से बनातीं। बहुत छोटी (बतिया) कटहल की रसदार सब्जी जो बंगाली ढंग से बनातीं। पंडितजी बनारस से माता जी द्वारा बनाई विशेष सब्जी तरकारी दिल्ली अक्सर लाते लड़कियों-बच्चों के लिए। पत्तों वाले साग मैंने

पंडितजी के यहाँ बनते नहीं देखे। चना का साग ज़रूर माता जी बनाती थीं। इतना अच्छा कि कभी-कभी मैं दिल्ली से चंडीगढ़ ले जाता। वहाँ वे बनाकर खिलातीं।

घर के बाहर सड़क पर रेस्त्राँ में किसी दुकान पर कुछ खाते-पीते मैंने पंडितजी को कभी नहीं देखा। हाँ पान खाते थे। बाहर किसी के घर खाना हो तो भोजन की प्रशंसा ज़रूर करते। क्या दिव्य भोजन है। अरे इतनी चीज़ें क्यों बनवा डालीं? दो दिनों से यही करते रहे क्या?

भोजन रुचिकर बना है या नहीं इसका पता उनकी प्रशंसा से नहीं चल सकता था।

भोजन रुचिकर न हो तो घर में ज़रूर भुनभुनाते थे। बड़ी देर तक और बार-बार भुनभुनाते थे। लेकिन माता जी पर ही और किसी पर नहीं। मन उदास हो, किसी चिन्ता में डूबे हों तो भोजन चुपचाप करते। चेहरे पर दुश्चिन्ता अंकित हो जाती। ऐसे समय वे एकदम चुपचाप धीरे-धीरे खाते। मानो आसपास कोई है ही नहीं। सभा में कोई अप्रिय बात कहे और उसका उत्तर देने की स्थिति में न हों तो चेहरा घाऊ-घप्प हो जाता।

खाना बनाने का पर्याप्त समय न हो, माता जी की तबीयत ठीक न हो, वे कहीं गई हों, हड़बड़ी में खाना बनाना हो तो कोयले वाली बड़ी कुकर में चावल-दाल, आलू रख दिया जाता। माता जी कुकर को कूकुर कहती थीं। कुकर पंडितजी की पारिवारिक संस्कृति का अंग था। बड़े उत्साह से बताते—एक बार दद्दा (मैथिलीशरण गुप्त) आए। मुझे उनके आने की पूर्व सूचना मिल गई थी। तुम्हारी माता जी ने कुकर में चावल-दाल, आलू चढ़ा दिया। दद्दा आते ही ज़ोर से बोले—चूल्हा तो नहीं जला है अगर जला है तो पानी डाल देंगे। मैंने कहा—दद्दा चूल्हा नहीं जला है, इतनी जल्दी खाना थोड़े बनना शुरू होता है। दद्दा आश्वस्त होकर बातें करने लगे। ठीक समय से भात-दाल-आलू का चोखा आदि सबके सामने परोस दिया गया। वे चकित। उन्हें कुकर की महिमा का ज्ञान नहीं था।

पंडितजी अपने घर में आए हुए व्यक्तियों या अतिथियों के सम्मान, उनकी सुविधा-असुविधा का बहुत ध्यान रखते थे। जो सम्पर्क में रहे उसे सुखी रखने का पूरा प्रयास करते थे। शिष्यों, मित्रों और आगंतुकों के लिए उनका सत्संग ही सुखकारी था। ऊपर से द्विवेदी जी उनकी रुचि, अरुचि का ध्यान रखने में अतीव सतर्क एवं प्रमादहीन थे। उनके यहाँ आने वाले को क्या अच्छा लगता है, क्या बुरा वे बहुत जल्द जान लेते थे। एक बार उनके यहाँ पं. रामनरेश त्रिपाठी पधारे। संयोग से कुछ देर पहले वे त्रिपाठी जी की 'कविता-कौमुदी' की प्रशंसा कर रहे थे। त्रिपाठी जी नगर में काम से जाने लगे तो द्विवेदी जी ने मुझे उनके साथ कर दिया—'जाओ विश्वनाथ, पंडितजी की सेवा करो।' मैंने त्रिपाठी जी का कर्मठ, स्वाभिमानी एवं आह्लादकारी व्यक्तित्व का यत्किंचित परिचय प्राप्त किया। मैंने देखा पं. जी भी उनकी सेवा में छोटे भाई की तरह लगे रहते थे। भोजन करते समय वे त्रिपाठी जी के सामने बैठे रहते। त्रिपाठी जी ने पं. जी की लड़कियों को लोक-गीत सुनाए। मुझे पता चला कि 'हे प्रभो आनन्द दाता ज्ञान हमको दीजिए' कविता त्रिपाठी जी की रचना है। उनके यहाँ राहुल जी, अमरनाथ झा, क्षितिमोहन सेन, शिवपूजन सहाय, नलिन विलोचन शर्मा, डॉ. नगेन्द्र, पं. कृष्णशंकर शुक्ल आदि मेरे देखने में आए। आचार्य नरेन्द्रदेव, प्रो. मुकुटबिहारी लाल, डॉ. गणेशप्रसाद उनियाल कभी-कभार आते। आने वालों का ताँता लगा रहता। माता जी तंग हो जातीं। लोग आते ही रहते। मंडली जमी रहती।

चाय-पान का दौर चलता रहता। घर में लड़कियाँ–शाम सवेरे घूमने-निकलने में संकोच करें। अक्सर शाम को पंडितजी आने वालों से बातचीत में मग्न रहते कि सहसा माता जी उनका कुर्ता या कोट, छड़ी, जूता लेकर प्रकट होतीं–रउवाँ जाइ न कहूँ घूम-घाम आईं (जाइए कहीं घूम-घाम आइए।) माता जी आदेश के स्वर में कहतीं।

चंडीगढ़ में पं. जी कभी-कभी विनोद में कहते–"जब कोई अतिथि अधिक दिन रुक जाता है तब तुम्हारी माता जी उसे तन्दूर की रोटियाँ खिलाने लगती है। जब तुम्हें तन्दूर की रोटियाँ मिलने लगें तब समझो कि तुम्हें चल देना चाहिए।"

पता नहीं किस मूड में, कुछ विनोद कुछ गंभीरता में नामवर जी बोले–'विश्वनाथ जी एक बार तो मुझे पहले ही दिन तन्दूर की रोटी मिल गई थी।'

पं. जी ने सुन लिया। उनके चेहरे पर गंभीरता वाली घाऊघप्प की पर्त आने वाली ही थी कि मैंने विनोद में कहा–"माता जी को मैंने बता दिया था कि नामवर जी इस बार सप्ताह भर रुकने वाले हैं।"

माता जी अन्दर से ममतामयी थीं। सम्भवतः दर्जा 2 तक पढ़ी थीं। खड़ी बोली बोलतीं तो उसमें भोजपुरी, बंगाली दोनों झलकतीं–"मैं तो कही रही कि ऊ पक्का चालाक है।" भोजपुरी में कहतीं–'माथा बथात बाड़े, सर दर्द कर रहा है'। कभी-कभी हिन्दी विद्वान् की पत्नी का व्यक्तित्व उभरता–"रक्त-शिराएँ झनझना रही हैं।" तितिल (मालती) टोकती–"माई बाबू जी की किताबी भाषा जिन बोल'–'माँ बाबू जी की किताबी भाषा मत बोलो।' वे नामवर जी को आजीवन 'नानौर' बोलती रहीं। नामवर जी उनसे बड़ी आत्मीयता से खुसर-पुसर करते। एक बार भरी सभा में बोलीं–'नानौर तू है चापलोस।' चापलोस यानी चापलूस। मुझसे बिगड़तीं तो कहतीं–'तू है डरपोंक बेकूफ।' पंडितजी की ओर से किसी के भी आने पर कोई रोक-टोक नहीं थी। माता जी को ही सब देखना पड़ता था। घर में लड़के-लड़कियाँ थे। घर की मालकिन को बहुत बातों का ध्यान रखना पड़ता है। सबकी निगाहों पर निगाह रखनी पड़ती है। इसलिए माता जी को काफ़ी लोग कड़ा मिजाज़ का समझते–कहते थे।

पं. जी दोपहर के भोजन के उपरान्त सोते थे। कभी कोई ख़ास व्यस्तता हो या काम तभी इसमें नागा होता था। क्लास भी इसीलिए करीब दो बजे लेते थे। यानी दोपहर के भोजन और शयन के उपरान्त। काम-काज वाले दिन जल्दी उठ पड़ते थे। छुट्टी के दिन आराम से उठते थे। विशेष रूप से गर्मियों में। तीसरे पहर सोकर उठने के बाद उन्हें फल खाना अच्छा लगता था। फल का मतलब अंगूर, अनार, सेब, नारंगी ही नहीं। खरबूज-तरबूज, बेर, फालसा, जामुन, अमरूद, आम कुछ भी। गर्मी की दोपहर में सोकर उठने पर उन्हें कच्चे आम का पना अतिशय पसन्द था। एक वैद्य ने मुझे बताया कि आयुर्वेद के अनुसार फल तीसरे पहर खाना उचित है। पं. जी आयुर्वेद के अच्छे जानकार थे। उनके चचेरे, बड़े भाई पं. विश्वनाथ द्विवेदी और अनुज पं. रमानाथ द्विवेदी प्रख्यात वैद्य। खुद भी आयुर्वेद के जानकार। दोपहर में सोते समय विघ्न पड़ जाए तो वे बहुत बिगड़ते थे। माता जी दोपहर में नहीं सोती थीं। वे शान्ति का वातावरण बनाए रखने में तत्पर रहतीं। बच्चों को शोर न मचाने और अप्रत्याशित आगंतुकों को बताने के लिए कि पं. जी सो रहे हैं, अभी नहीं मिलेंगे। पं. जी

जगने के पहले दाहिने पैर का पंजा हिलाते। दाहिने पैर का पंजा हिलाने का मतलब कि वे अब जगने वाले हैं। जगने पर मिल जाए तो फल या पना या चाय या पान या पानी कुछ भी।

शामत आई थी। एक बार शिवप्रसाद सिंह और रवीन्द्र भ्रमर साथ-साथ पंडितजी के यहाँ पहुँचे। पं. जी सो रहे थे। इन्होंने नीचे से आवाज़ लगाई होगी या घंटी बजाई होगी। माता जी जब तक इन्हें मना करें तब तक पं. जी जग गए। गुस्से और हड़बड़ी में ऊपर पहली मंज़िल से (उस समय पं. जी प्रो. मुकुटबिहारीलाल वाले क्वार्टर में रहते थे) नीचे देखा तो दोनों शोध-छात्र साक्षात्। कमरे में गए। रवीन्द्र भ्रमर की थीसिस का लिखा हुआ अंश ऊपर से नीचे फेंका—ले जाओ! कोट करेंगे, संस्कृत, प्राकृत, अपभ्रंश सब। आता-जाता कुछ नहीं। जाओ फिर आना—कहकर कमरे में सो गए।

भ्रमर जी लिखा हुआ अंश वापस लेने और नया लिखित दिखाने आए थे। शिवप्रसाद जी ने बताया कि भ्रमर जी ने चुपचाप काग़ज़ बटोरा। दोनों एक फर्लांग तक चुपचाप लौटे चले आए। फिर भ्रमर जी बोले—

"मन में आया कहूँ कि पं. जी थैंक यू।"

"तो बोले क्यों नहीं, अब लौटकर बोल आओ।" शिवप्रसाद जी ने कहा।

रात को भी किसी कारण उनकी नींद ख़ासतौर पर पहली नींद टूट जाए तो बहुत देर तक नींद नहीं आती थी।

पं. जी के बीमार पड़ने पर माता जी सारा काम-धाम छोड़कर पं. जी के ही पास बैठी रहतीं। चंडीगढ़ में पंडितजी का ऑपरेशन हुआ तो समधी पं. विनयमोहन शर्मा देखने आए। शर्मा जी प्राकृतिक चिकित्सा वाले व्यक्ति थे। किशमिश-छुहारा तक उबालकर खाते थे। माता जी उनकी इस प्रवृत्ति से तंग और चिढ़ी रहतीं। गिप्पी शर्मा जी का टूँगा उतारने में रस लेते थे। आकर बोले—शर्मा जी पपीते की सब्जी खाएँगे। माता जी पंडितजी के लिए मुसम्मी का रस तैयार कर रही थीं। झनककर बोलीं—"हिंया हम अपना रोगी देखें कि उनके लिए पपीता बनाएँ।" हम लोगों की ओर देखकर बोलीं, "घर पर आलू-बैंगन सब खा लेते हैं। हम गई रहीं देखकर आई। हिंया ही नखड़ा करते हैं।"

पं. जी की शादी 20 वर्ष की आयु में हुई थी। माता जी 15 की रही होंगी। माता जी देखने में पंडितजी से कम उमिर की लगती थीं। माता जी, मेरी जानकारी में मायके एकाध बार गई थीं। वहाँ से गुलगुला, चिउड़ा भी लाई थीं। मुझे खिलाया भी था। यह बताया कि बबुआ की ननिहाल की है। एक बार सुना कि बबुआ के मामा आए हैं। पंडितजी ससुराल गए हों ऐसा नहीं सुना।

घर में सभी सदस्यों पर माता जी का वर्चस्व था, शासन उन्हीं का चलता था। माता जी झगड़ालू नहीं थीं। कड़क थीं। सब देखना पड़ता था। पंडितजी उदार थे। लेकिन घर उदारता से नहीं चल सकता। पंडितजी, विद्यार्थियों की सहायता माता जी से छुपाकर भी करते थे। एकाध बार मुझे भी लिफाफे में बन्द करके रुपए दिए हैं। माता जी से मत बताना—यह कहा भी है। घर में आने वालों का ताँता लगा रहता था। जो आए उसको कुछ चाय-पानी मिलना चाहिए। अतिथि को आवास-भोजन, सम्मान। पंडितजी की उदारता का कार्यान्वयन माता जी को करना पड़ता था। अपना परिवार ही जन-संकुल था। भाई-भतीजे

रिश्तेदार थे। माता जी को बहुत व्यस्त रहना पड़ता था, बहुत सक्रिय, बहुत डाँटना-डपटना, लोगों को रोकना, समझाना। घर बिना दीवारों या सीमाओं के नहीं चल सकता। सीमाएँ वही निर्धारित करती थीं। इसलिए लोग समझते पंडितजी तो उदार हैं माता जी सख़्त। वस्तुतः उदारता और सख़्ती में दोनों समान भागीदार थे। घर पर आने वाले सभी लोग समान नहीं होते। इसका भी ध्यान माता जी को ही रखना पड़ता था।

माता जी का सबसे बड़ा अस्त्र पंडितजी के सामने रोना था। बहस, ज़िद से काम नहीं चलता तो रोने लगतीं। पंडितजी भुनभुनाकर मान जाते।

पढ़ी-लिखीं बहुत कम थीं। पति-यश-गर्विता थीं। लड़कियों की शादी की बात चलती तो कहतीं—"अरे सब चरणों में झुक जाएँगे।" कहतीं—"अरे गोविन्द मालवीय जी का काम तुम्हारे बाबू जी ने ही तो नेहरू जी से कहकर ठीक कराया।"

"इन्दिरा गांधी, इन्दिरा गांधी बनी घूमती हैं। अरे हम जाएँगी कहेंगी अरे ऊ दिन भूल गई जब शान्तिनिकेतन में कनस्तर से मूँडी चुराकर खाती थी?"

लड़के-लड़कियाँ ज़्यादा तंग करते, कहना नहीं मानते तो पंडितजी से गर्व, शिकायत, उपालम्भ, अभियोग को घोलकर रोते हुए कहतीं—"रँउवै सँभाली अपने बच्चन का, हमसे ना होई।"

जिन लोगों ने कभी पंडितजी की कोई सहायता की है, या जिनसे पंडितजी का कोई काम सध सकता है, या जो बड़े लोग हैं—उनका विशेष ध्यान रखतीं।

शिष्यों की पत्नियों को अपनापे से बहुत डाँटती-डँपटतीं। एक बार मेरी पत्नी को डाँटा—"तू रोटी पतली नहीं बना पाती।" डॉ. रामदरश मिश्र की पत्नी सरस्वती भाभी को बहुत मानती थीं। सरस्वती जी उनकी बहुत सेवा करती थीं। अन्तिम बीमारी में ख़ास तौर।

माता जी मौका मिलने पर सिनेमा देखतीं। दिल्ली और बनारस में मौके निकाल लेती थीं। बड़ी समधिन—डॉ. कैलाशपति ओझा की माँ के साथ एक ही दिन में दो शो देखा। लालजी ने कहा—"माई तू बाबू जी कै नाक कटइबौ।" माता जी ने लालजी को डाँटा—डाँटते-डाँटते रोने लगीं। पंडितजी को घर से बाहर खाना बिल्कुल पसन्द नहीं था। माता जी अवसर मिलते ही घर के बाहर रेस्त्राँ में खातीं।

पंडितजी के घर में कलह नहीं होता। या बहुत कम होता। कभी-कभी पंडितजी के भाइयों को लेकर शायद कुछ होता हो।

एक बार मैं पहुँचा तो लालजी ने कहा—मास्टर साहब, इस समय घर का वातावरण आपके जाने योग्य नहीं है।

मैंने सुना है छोटे भाई रवीन्द्रनाथ और माताजी से कभी-कभी झगड़ा होता था।

एक दिन दिल्ली में पुतुल जी के यहाँ पहुँचा तो वातावरण गंभीर था। माता जी कह रही थीं—"नहीं जाना मुझे। टिकट वापस करवा दीजिए।"

पंडितजी कहते—"भाई! गुस्से से मत बोलो। जो कुछ कहना हो साफ कहो। जाना चाहती हो तो जाओ।"

माता जी लखनऊ जाना चाहती थीं। वहाँ से बनारस। विवाद जाने पर नहीं, जाने की तिथि पर था। पंडितजी चाहते थे दो दिन बाद जाएँ, माता जी उसी दिन। माता जी अपना ब्रह्मास्त्र चला चुकी थीं—यानी रोकर गुस्से में कह रही थीं—टिकट वापस करा देईं—नाहीं जाए क।

दस मिनट के बाद पंडितजी ने मुस्कराकर कहा–पहले क्यों जा रही हैं आप, जानता हूँ। डोमकच्च में शामिल होने।

माता जी के गाल पर आँसू थे। पान मुँह में रखने जा रही थीं। मुस्कराकर पंडितजी की ओर कनखियों से देखा–वही माँ तो मजा है।

पूर्वी उत्तर प्रदेश में रिवाज है। वर वालों के घर से जिस दिन बारात लड़की वालों के यहाँ चल देती है, उसके दूसरे दिन डोमकच्च होता है। पंडितजी के अनुसार 'डोम कृत्य' यानी इसमें औरतें रात भर जागरण करती हैं। उस रात वे परम स्वतंत्र आचरण करती हैं। मानो वे उच्छृंखल हों, पुरुष हों। बहुत छोटी वय में मैं इस आयोजन में शामिल रहा हूँ। ऐसे अश्लील संवाद, गीत मैंने पुरुषों के मुँह से भी कम सुने होंगे।

आखिर में हुआ वही। द्विवेदी जी आग्रह नहीं कर पाते थे। वे मना करते तो भी कहते जाते–भाई, जैसा ठीक समझो, करो। ना! ना कहती हुई भी माता जी लखनऊ चली गईं।

माता जी नाना प्रकार के अचार डालती थीं। आम, मिर्च, आँवला, कमलककड़ी, नींबू, गाजर के। मुझे करेले का अचार बहुत प्रिय है। करेला का अचार छोटे-छोटे करेलों का डाला जाए तो ज़्यादा अच्छा होता है। नीचे आँगन में अचार के मटके रखे रहते। पंडितजी का परिवार ऊपर सोता। यह बात उन दिनों की है जब पं. जी काशी विश्वविद्यालय में प्रो. मुकुटबिहारी लाल के बाद उसी मकान में रहते थे। अनुमानतः 57, 58 की गर्मी की छुट्टी के दिन की बात है। लालजी और मैं नीचे सोते। पता नहीं क्यों, उन दिनों मुझे रात को 2 बजे के आस-पास ज़ोर की भूख लगती। घर में तो मैं माँ से कहकर कुछ रखवा लेता लेकिन यहाँ क्या करूँ? छुट्टियाँ थीं। मैं पंडितजी के ही यहाँ खाता। विशेषतः रात का खाना। एक रात उठकर अचार के मटकों से निकाल-निकालकर अचार खाया। भूख भी मिटी और तृप्ति मिली। फिर भूख लगती तो रात को सभी मटकों में से थोड़ा-थोड़ा निकालकर खा लेता। इतना अचार तो रोज खाया ही जाता है। किसी को क्या पता चलेगा। तृप्ति से नींद भी अच्छी आती।

एक रात उठा कि ऊपर से पंडितजी की आवाज़ आई–'विश्वनाथ! सिरहाने कुछ रखा है। उसे खाने के बाद अचार खाना।' और ऊपर से सबकी हँसी। सिरहाने पराँठा, सब्जी रखी थी। पं. जी ने रात को उठकर देखा होगा। या लालजी ने बताया होगा। चंडीगढ़ जाता तो सतीर्थ हँसकर पूछते–'रात को अचार की व्यवस्था करवा देंगे।'

दिल्ली इंटरव्यू देने जाने लगा तो माता जी ने कहा–'बिसनाथ नर्वस मत होना। तुम नर्वस हो जाते हो। थोड़ा-सा अचार लेते जाना। नर्वस होने लगो तो वहीं खा लेना।'

उस मकान के आँगन में आम का पुराना पेड़ था। उस साल खूब आम आए। बौरों से और फिर कच्चे आमों से पेड़ गदबदा उठा। डालें दीवाल के बाहर भी थीं। रात को चोर उन्हें तोड़ने के चक्कर में रहते। एक रात खटका हुआ। लालजी और हम सोए थे। लाल जी चौंककर उठे। ज़ोर से चिल्लाए–बाबू जी चोर। सब जाग पड़े। पं. जी ने हड़बड़ी में एक ढेला उठाकर फेंका–"कौन है साला?"

जीवन में पहली बार और आखिरी बार पं. जी के मुँह से यही गाली सुनी है।

सबसे छोटे पुत्र आनन्द (पुट्टु) 3-4 वर्ष के रहे होंगे। जगकर बोले–'मेरे मुँह से बूँद-बूँद आवाज़ निकल रही थी।'

पंडितजी अगाध अपनापा एवं स्नेह देते थे। परिवार के प्रति उनकी ममता तो असीम थी। लेकिन उनका अनाग्रही व्यवहार परिवार के लिए और कभी-कभी शिष्यों के लिए भी लाभदायक नहीं होता। वे यदि कुछ मामलों में ज़्यादा दृढ़ता एवं अनुशासन बरतते तो यह उनकी संतानों के लिए अच्छा ही होता। वे क्रुद्ध होते तो असहाय ज़्यादा लगते। डराऊ नहीं। एकाध बार मैंने उन्हें गिप्पी (सिद्धार्थ) पर बिगड़ते देखा है। बिगड़ते थे, न पढ़ने के लिए। कहते थे—ये न खुद पढ़ते हैं न मुझे पढ़ने देते हैं। क्रुद्ध वे अपनी पढ़ाई में 'व्याघात' पहुँचने पर हुए होंगे।

संकोच उनमें दोष की हद तक था। बच्चों से भी कोई काम कहने में ख्याल रखते थे कि इसका मन इस काम को करना चाहेगा या नहीं। संकोच के कारण आग्रह न कर पाते तो मन में खीझते भी। भुनभुनाते—जनम भर यही ध्यान रखता गया कि मेरी किसी बात से किसी को कोई तकलीफ़ न हो। मुझे लगता है कि वे पारिवारिक व्यवहार में भी संकोची थे।

उनके मन में कभी-कभी एक अजीब तरह का अलगाव या विरक्ति का भाव आता। एक बार बोले—कभी-कभी लगता है कि कहीं कोई मेरा नहीं है। मित्र, शिष्य, परिवार का कोई व्यक्ति। परिवार में तो मेरी स्थिति वैसे ही है जैसे रेंड के बीच बरगद।

तुलसीदास ने इसी मनोदशा में लिखा होगा—'हौं काहू के न काम को।' और आइन्स्टीन ने इसी को एक अजीब तरह की असम्पृक्तता वेग—अलूफ़नेस कहा है।

लेकिन यह अस्पष्ट असम्पृक्तता जिस आन्तरिक मानसिकता की प्रवृत्ति थी वह उदात्त थी।

चंडीगढ़ की बात है। पंडितजी को जो निवास मिला था, विशाल था। जाड़े की शाम थी। बहुत ठंड थी। तापने के लिए पंडितजी बोरसी सुलगा रहे थे। उँकड़ू बैठकर फूँकते। रुक जाते फिर फूँकते। बोरसी के कोयले में आग पकड़ नहीं रही थी। धुआँ घर भर में फैल गया था। माता जी निकलीं। गुस्से में बोलीं—धुआँ फैल गया है। बोरसी नहीं जला पाते तो क्यों जला रहे हैं।

पंडितजी ने धीमे से कहा—"सोचली कि तू थकल होइबा, हमही जलाइ लेई।"

माता जी ने अपनी बात झनझना कर कही थी। पंडितजी की धीमी आवाज़ में उत्तर सुनकर जैसे उन्हें ही लगा कि उनका स्वर ज़्यादा तेज़ था।

पंडितजी हटे तो मैंने पूछा—"पंडितजी शुरू से ही ऐसे थे कि आपके साथ रहते-रहते बाद में हुए।"

"ये शुरू से ही ऐसे थे"—माता जी ने स्खलित वाणी में कहा—उनकी ठोढ़ी थरथरा रही थी और आँखें छलछला रही थीं।

1997 ई. को अक्टूबर में मेरे प्रिय शिष्य वेदप्रकाश की नियुक्ति अलीगढ़ विश्वविद्यालय के हिन्दी विभाग में हुई। उन्हें 9 बजे पदभार ग्रहण करना था। दिल्ली से पूर्व की ओर बसें आनन्द विहार बस अड्डे से चलती हैं। यदि वे 4 बजे सवेरे बस पकड़ लें तो आराम से अलीगढ़ समय रहते पहुँच सकते थे। घर उनका इन्दिरा पार्क में है। तय हुआ कि रात को मेरे यहाँ रहेंगे। सवेरे 3 बजे उठकर मैं उनके साथ 4 बजे बस अड्डे गया। उन्होंने बस ठीक समय पकड़ी।

वेदप्रकाश ने यह बात अपने मित्रों—नीरज, जसवीर त्यागी से कही। ये भी मेरे विद्यार्थी रहे हैं। इन्हें यह बात डॉ. रामविलास शर्मा को बताने लायक लगी। सुनकर उन्होंने कहा—विश्वनाथ त्रिपाठी ने यह व्यवहार अपने गुरु से पाया होगा।

डॉ. रामविलास शर्मा ने पं. हजारीप्रसाद द्विवेदी का विरोध जमकर किया है। इस विषय में एकाध बार उनसे मेरी उत्तेजित बातचीत भी हुई है। लेकिन वे द्विवेदी जी के प्रशंसक भी हैं—यह बात मैं व्यक्तिगत रूप से जानता हूँ। यथावसर इस विषय पर निवेदन भी करूँगा।

डॉ. शर्मा ने जो कहा, वह मुझ तक इन्हीं विद्यार्थियों के जरिए पहुँचा फिर मुझे कई बातें याद आईं। बातें इतनी हैं कि सब नहीं याद आएँगी। उन्हें काल-क्रमानुसार नहीं लिख पा रहा हूँ। जैसे स्मृति में उभर रही हैं वैसे कुछ को बयान कर रहा हूँ।

सबसे पहले सबेरे उठने की बात। मैं चंडीगढ़ गया था। सबेरे बस छः बजे छूटती थी दिल्ली के लिए। दिसम्बर-जनवरी का महीना था। छः बजे अँधेरा होता है। रात को पंडितजी यह कहकर ऊपर सोने गए कि "आराम से सोओ। मैं जगा दूँगा।"

ठीक चार बजे सीढ़ी की लाइट जली। मैं आँखें मलता हुआ उठा। देखता हूँ कि पंडितजी ट्रे में चाय लिए भरसक बिना आवाज़ किए उतर रहे हैं। दो कप और केतली भर चाय। चाय पीते हुए पूछा—पंडित जी, सुबह की पहली चाय रोज़ आप ही बनाते हैं?

साक्षात् देख नहीं रहे हो। तुम्हारी माता जी उठते ही काम करने लगती हैं। सो उनका थोड़ी और देर तक सोते रहना ठीक है। वे जग जाएँगी तो मुझे चाय नहीं बनाने देंगी।

पंडितजी ने चाय पीकर केतली हीटर के सामने रख दी। माता जी उठें तो उन्हें गर्म चाय मिले।

मुन्नू (कनिष्ठा पुत्री भारती मिश्र) ने माता जी के कुछ दिनों के लिए बनारस चले जाने के दौरान पंडितजी की गतिविधियों के बारे में लिखा है—

"माँ की अनुपस्थिति में मैं ही घर की देखभाल करती थी (ज़ाहिर है बड़ी दो बहनों की शादी हो जाने के बाद)। ऐसे समय में बाबू जी के साथ मेरी तगड़ी प्रतिद्वन्द्विता होती थी।...कभी तो मेरे उठने से पहले ही सुबह पाँच बजे वे आधा खाना बनाकर रख देते थे। एक दिन बुद्धिमानी करके मैंने भण्डार वाले कमरे में ताला लगा दिया। और अपने सिरहाने चाबी रखकर सो गई। दूसरे दिन उठकर देखा तो चाबी अपनी जगह थी और बाबू जी अपनी खाट पर गहरी नींद में सोए थे। खुश-खुश मैं सीधे रसोई में पहुँची। लेकिन यह क्या? एक ओर पराँठे बने पड़े हैं और दूसरी ओर प्रेशर कुकर में साग—आलू, मूली, प्याज के पत्ते और न जाने क्या-क्या सब्ज़ियाँ एकसाथ मिलाकर बनी रखी हैं। बाबू जी ने उठने पर बताया कि मेरे तकिए के नीचे से चाबी लेकर उन्होंने रोटी बना ली और जब कोई सब्ज़ी नहीं दिखी तो अँधेरे में ही बगीचे में जाकर जो भी सब्ज़ी दिखी तोड़कर ले आए।"[3]

मेरे बारे में उन्हें पता चल गया था कि मैं उपवास करता हूँ यानी अर्थाभाव में करना पड़ता है। आज तक पता नहीं चल पाया कि पंडितजी को यह किसने बताया। ख़ैर, मुझे नहीं पता था कि गुरुवर को मेरी स्थिति की जानकारी है। जानकारी यों मिली—

उस शाम को भी मैं दोपहर को बिना खाए नहा-धोकर टन्नन-मन्नन होकर पं. जी के यहाँ पहुँचा। चाय-वाय हुई। पेट में कुछ गया। दम आया। शाम को पंडितजी काशी विश्वविद्यालय के परिसर में घूमते थे, पान खाते थे। कभी-कभी आर्ट्स कॉलेज के मैदान में बैठकर हम लोगों से बातें भी करते थे। लौटते हुए पं. जी ने मुझसे कहा—"सेकसरिया

जी ने विद्यार्थियों की सहायता के लिए कुछ धन-राशि भेजी है, तुम मुझसे कुछ रुपए ले लेना।" मैंने कहा—"पंडितजी आप दिल्ली कब जा रहे हैं?"

द्विवेदी जी चलते-चलते रुक गए। क्रोध से बोले—"तुम बहुत स्वाभिमानी बन रहे हो। मैं जानता हूँ कि तुम दोनों समय खाना नहीं खाते हो। मैं तुमसे रुपए लेने की बात कर रहा हूँ और तुम बात काट रहे हो। मैंने तुमसे कम स्वाभिमानी जीवन नहीं जिया है। कोई किसी पर अहसान नहीं करता। तुम्हें इस समय सहायता की आवश्यकता है। जीवन में अगर कभी इस लायक हुए तो तुम भी अभावग्रस्त व्यक्ति की सहायता कर देना। यही ऋण चुकाना है। सहायता करने लायक बनना सामाजिक उत्तरदायित्व और आवश्यकता है। सहायता करने के लिए सहायता ली जाती है। इसमें अहसान या स्वाभिमान की बात कहाँ उठती है। तुम्हारी बुद्धि निर्मल नहीं है। इसीलिए तुम व्यर्थ की बातें सोच रहे हो।"

मैं रुद्ध कंठ चुप रहा। पंडितजी के घर जाकर पचास रुपए ले लिए। यह 1954 या 55 की बात होगी।

किसी को कुछ देते समय वे न खुद सहायता की बात सोचते थे न लेने वाले को लगता था कि उसकी सहायता की जा रही है।

पं. जी ने अपने शिष्यों-विद्यार्थियों की बहुत सहायता की है। यह उनका निरन्तर कार्यक्रम था।

दिल्ली में पंडितजी अपनी ज्येष्ठ पुत्री श्रीमती इन्दुमती ओझा के यहाँ रुकते थे। ओझा दम्पती का निवास मोरिस नगर में श्रीराम कॉलेज ऑफ़ कॉमर्स के स्टाफ क्वार्टर्स में था। बाद में लालजी (डॉ. मुकुन्द द्विवेदी) की नियुक्ति दिल्ली में हो जाने पर कभी-कभी वहाँ भी रुकते।

एक बार ऐसा संयोग घटित हुआ कि पंडितजी को दिल्ली आना था और उस समय दिल्ली में न ओझा-दम्पति थे न मुकुन्द द्विवेदी। पंडितजी ने चिट्ठी लिखी कि तुम स्टेशन पर आ जाना, इस बार मुझे तुम्हारे यहाँ ठहरना है। मैं पत्नी से भोजन आदि की व्यवस्था करने को कहकर यथासमय स्टेशन पहुँचा। वहाँ एक सज्जन पंडितजी के स्वागत में और मिले। उन्होंने बताया कि पंडितजी किसी और गाड़ी से आकर किसी और के यहाँ ठहरे हैं। मुझे बहुत बुरा लगा।

हुआ यह होगा। यह सोचकर कि कौन जाने मैं पहुँचूँ या नहीं। उन्होंने कई लोगों के यहाँ अपने को निमन्त्रित कर लिया होगा। पं. जी ऐसी गड़बड़ी कभी-कभी, कभी-कभी नहीं प्रायः करते थे। लेकिन उसके बाद कुछ और अप्रत्याशित घटा।

उस दिन मैं मन को मारकर स्टेशन से निराश लौट आया। पत्नी से भुनभुनाता रहा। बात आई-गई, ख़त्म हुई।

दूसरे दिन तीसरे पहर मैं पान खाने दुकान पर गया। अपने में मगन लौट रहा था कि गली के चौराहे पर पंडितजी जैसा एक आदमी किसी से मेरे घर का पता पूछ रहा था। देखा तो पंडितजी ही थे। लम्बे-तड़ंगे वे दूर से ही पहचान में आ रहे थे। मुझे इस समय उनके अकेले आने से हैरानी हुई। मुझे बताया भी नहीं। दौड़कर चरण-स्पर्श किया। घर ले आया।

सोचने पर बात समझ में आ गई। उनके स्वभाव से परिचित आदमी को समझने में दिक़्क़त नहीं पड़ती। जिस आदमी के घर रुके होंगे वहाँ रहते हुए बार-बार कचोट उठती

होगी कि विश्वनाथ से स्टेशन आने के लिए कह दिया था। आया होगा। मुझे न पाकर निराश हुआ होगा। जब यह पता चलेगा कि मैं किसी और के यहाँ रुक गया हूँ तब दुखी होगा। यह भी पता चलने पर कि जहाँ रुका हूँ वह घर सम्पन्न सुविधाजनक है, तब तो क्षुब्ध भी होगा। यह बोध उन्हें इतना हुआ होगा कि किसी तरह मेरे यहाँ के लिए चल दिए होंगे।

उनके व्यवहार से कोई आहत हो, यह उन्हें सह्य नहीं था। वैसे जीवन-जगत् में हमेशा इससे बचे रहना असम्भव है। लेकिन गुरुदेव का यह स्वभाव था। वे सबको, विशेष रूप से आस-पास के लोगों को अपने व्यवहार से सन्तुष्ट रखते थे। उनके व्यवहार से किसी को कोई दुख पहुँचे तो वे अपराध-बोध से बहुत पीड़ित होते थे। प्रायः कहते—तुम लोगों को क्या पता। कई अनुचित काम करने पड़ते हैं। बाद में यह सोचकर कि गुरुदेव रवीन्द्रनाथ के साथ रहा हूँ और ऐस काम करना पड़ा—बहुत क्लेश पहुँचता है। फिर ठठाकर हँसते—यह हँसी पीड़ा-असहायता की होती। उनका अट्टहास हमेशा उल्लास का नहीं होता था। प्रायः नहीं होता था—जीवन-जगत् की विसंगति—ऐब्सर्डिटी-बोध उनके अट्टहास का स्रोत था।

रात को वे मेरे निवास पर रुके। वे नैनीताल भी आने के लिए कहते थे—जब मैं वहाँ डी.एस.बी. गवर्नमेंट कॉलेज में लगभग एक वर्ष के लिए अध्यापक था लेकिन आए नहीं। संकोच किया होगा। जाने से दौड़-धूप करेगा। यह उसके बस का नहीं है, परेशान होगा। नहीं आए।

ख़ैर पंडितजी रात को छत पर सोए। उन दिनों 1970 तक दिल्ली के मॉडल टाउन जैसे इलाकों की रातें ठंडी हो जाती थीं। गर्मी में भी मच्छर नहीं लगते थे। पंडितजी की चारपाई के पास मेरी भी चारपाई थी। रात को करीब दो बजे मुझे पैरों के तलवे में गुदगुदी महसूस हुई। उठा तो देखा पंडितजी खड़े हैं—फुसफुसाते हुए पूछा—'छत पर कोई टायलेट है? टायलेट था।

सोते हुए आदमी को जगाने का यह उनका तरीका था। मैं उनका ऐसा शिष्य था जिसे उन्होंने विद्या ही नहीं दी थी। खाने-पीने का इन्तज़ाम भी किया था। मुझे नैनीताल और दिल्ली में नौकरी उन्हीं के कहने से मिली थी। मुझ तक को उन्होंने ज़ोर से बोलकर नहीं जगाया। कच्ची नींद में जगाने से सोने वाले को तकलीफ़ होती है। यह उनका सहज जीवन-व्यापार था। इसमें कोई आरोपित भद्रता, बड़प्पन या परोपकार का भाव नहीं था।

पंडितजी का पारिवारिक जीवन सुखी था। वे अपने परिवार को जनसंकुल कहते थे। परिवार उनके भाव-बोध में मूल्यपरक विचार था। एक बार किसी पत्रिका (शायद कादम्बिनी) ने अनेक प्रख्यात लेखकों से प्रश्न पूछा—आपको पता चले कि दुनिया कुछ ही समय में नष्ट हो जाने वाली है तो आप क्या करेंगे?

लोगों ने लम्बे-चौड़े गंभीर दार्शनिक उत्तर दिए थे। पंडितजी ने एकाध पंक्तियों में उत्तर दिया था—

"अपने परिवार को बाँहों में बटोरकर घर में बैठ जाऊँगा।"

वे अवसरोचित मर्यादा और शिष्टता का बहुत ध्यान रखते थे। डॉ. देवीशंकर अवस्थी की मृत्यु दुर्घटना में हुई। चण्डीगढ़ से मुझे चिट्ठी लिखी—"भगवान करे यह समाचार झूठा हो।" माताजी के साथ अवस्थी जी की पत्नी को दिलासा देने, उनके निवास की ओर चले। माताजी ने पान खा रखा था। चलने के पहले पण्डितजी ने खुद अपना मुँह धोया—उन्होंने भी पान खा रखा था। माताजी से भी धीमे से कहा—"मुँह धो लो।" बात बहुत छोटी-सी

है, लेकिन अवसर की संवेदनशीलता को देखते हुए, महत्त्वपूर्ण है। डॉ. देवीशंकर अवस्थी ने पण्डितजी के साथ ही पी-एच.डी. का शोध-प्रबंध लिखा था। कुछ ही दिनों पूर्व द्विवेदी जी के उपन्यास 'चारुचन्द्रलेख' का बिना किसी रू-रियात के निर्मम आलोचना की थी। 'टूटा हुआ दर्पण' कहा था।

पंडितजी का परिवार संरक्षणशील था। उन्होंने मँझली बेटी तितिल (मालती) का विवाह कान्यकुब्ज ब्राह्मण परिवार में किया—प्रोफेसर विनयमोहन शर्मा के पुत्र शिरीष तिवारी से। ज्येष्ठ पुत्री पुतुल (इन्दुमती) का विवाह डॉ. दशरथ ओझा के भाई पं. जीवनाथ ओझा के पुत्र कैलाशपति से। और छोटी कन्या मुन्नू (भारती) का विवाह जटाशंकर मिश्र से हुआ। ये दोनों सरयूपारीण ब्राह्मण परिवार से थे।

दो पुत्रों बबुआ (जगदीश द्विवेदी) और लाल जी का विवाह भी सरयूपारीण ब्राह्मण परिवार में हुआ। सबसे छोटे पुत्र पुट्टू (आनन्द) का विवाह त्यागी परिवार में हुआ।

मामला फँसा तीसरे पुत्र गिप्पी (सिद्धार्थ) के विवाह में। आयुष्मान ने प्रसिद्ध अंग्रेज़ी पत्रकार पैट्रियट के सम्पादक श्री वी.डी. चोपड़ा की पुत्री से प्रेम-विवाह का प्रस्ताव रखा। चोपड़ा जी पत्रकार जगत् में प्रसिद्ध तो थे, वामपन्थी विचारकों में भी प्रसिद्ध थे। पंडितजी जनम-भर जात-पाँत का विरोध करते रहे थे। उनके भाइयों के परिवार, सगे-सम्बन्धी इसे स्वीकार नहीं कर सकते थे। पंडितजी ने अपने संस्कारों को दबाकर अपने विचारों का कहना माना। विवाह हँसी-खुशी से सम्पन्न हुआ।

लेकिन इस विवाह में उनके संस्कारी मन को सगे-सम्बन्धियों ने आहत किया। मैंने पंडितजी की ही किसी संतान से सुना है कि इस विवाह के उपरान्त कुछ रक्त-सम्बन्धियों ने पंडितजी के यहाँ खाना-पीना छोड़ दिया।

पंडितजी को आहत करने के लिए इतना बहुत था। आत्मीय सम्बन्धों के विषय में वे अतीव संवेदनशील थे। अपने अनुज रमानाथ द्विवेदी से बातचीत करते समय कोई समझता कि दो मित्रों में बातचीत हो रही है। लेकिन रमानाथ जी कर्मकांडी और छूत-अछूत का विचार करने में अतीव कठोर थे।

संस्कारों से जूझने के लिए पंडितजी को मानसिक सहारे की ज़रूरत महसूस हुई होगी। विचारों में प्रगतिशील होना एक बात है, किन्तु उसे व्यवहार में उतारना बिल्कुल अलग बात है। मैं पंडितजी की तीनों लड़कियों के विवाह में मौजूद था। पुत्रों की शादी में शामिल होना ज़रूरी नहीं समझा था। लडकी की शादी में काम-काज की ज़रूरत पड़ती है। विवाह में ज़्यादा ज़ोर कन्या पक्ष पर पड़ता है। हालाँकि पंडितजी की पुत्रियों के विवाह में कामकाज देखने वालो की कमी नहीं थी। प्रत्येक पुत्री के विवाह में हिन्दी के दिग्गज एकत्र होते थे। लेकिन गिप्पी के विवाह में अन्तर्जातीय विवाह करके पंडितजी प्रगतिशील होने का व्यावहारिक परिचय दे रहे थे। उनके शिष्यों में डॉ. नामवर सिंह सबसे विख्यात प्रगतिशील थे। उस समय तक मैं भी प्रगतिशील कहलाने लगा था। लाल जी ने मुझे पत्र लिखा कि बाबू जी की इच्छा है कि आप विवाह में शामिल हों। लाल जी का व्यक्तित्व हम लोगों के नज़दीक ऐसा रहा है कि उनकी रुलाई हँसी वाली होती है, हँसी रुलाई वाली। उनकी कौन-सी गंभीर बात मज़ाक और कौन मज़ाक गंभीर इसका फैसला दुष्कर है।

मैंने सोचा लालजी ने ऐसे ही लिख दिया होगा।

विवाह हो गया। पंडितजी दिल्ली आए। मैं मिलने गया तो थोड़ी देर बाद बोले—तुम लोग प्रगतिशील बनते हो। प्रगतिशील विवाह में आए नहीं।

मैंने हँसी-हँसी में कहा—वाह पंडितजी आप प्रगतिशील हैं? अन्तर्जातीय विवाह कर लिया तो हम लोगों से अधिक प्रगतिशील हो गए? पंडितजी चुप हो गए। अगली बार आए तक भी उन्होंने वही बात कही—'तुम सब नकली प्रगतिशील हो। गिप्पी के विवाह तक में नहीं आए।'

मैंने फिर हँसी में जवाब दिया—'बहुत बड़ी प्रगतिशीलता कर दी आपने।'

इस बार वे चुप नहीं हुए—

'तुम नहीं आए नामवर भी नहीं आया।' मैं चौंक पड़ा, स्वर भारी था। चेहरा थरथरा रहा था। मैं इस भावावेग के सामने आत्मग्लानि से भर उठा। इतना जानता तो विवाह में सर के बल चलकर पहुँचता।

पंडितजी की वह भावविह्वल वाणी और मुद्रा अब भी नहीं भूली है।

उनके सगे-सम्बन्धियों ने जो-जो व्यवहार किया था, उनके संस्कारों ने ही उन्हें मथा होगा। उसकी थोड़ी-बहुत रोक हम लोग कर सकते थे। उन्हें भी सहारे की ज़रूरत पड़ती थी। यह सुनकर कि वे घोर कर्मकांडी उच्चकुल के ब्राह्मण होकर भी पुत्र का विवाह अन्तर्जातीय कर रहे हैं। चोपड़ा महोदय को दिखाते कि हमारे शिष्य कम्युनिस्ट भी हैं, उन्हें थोड़ा-बहुत सहारा मिलता। पंडितजी को पारम्परिक पारिवारिक कट्टरपन से अकेले जूझना पड़ा। हम जो वामपन्थी कहलाते थे, बात-बात में सोवियत संघ, कम्युनिस्ट पार्टी, वर्णाश्रम व्यवस्था, आदि पर उनसे बहस करते थे, उनके साथ नहीं हुए।

यह सब उन्हें खल गया होगा। वे माख गए।

हम उनसे सहारा लेना ही जानते थे। उन्हें हम सहारा दे सकते हैं, यह कल्पनातीत था।

पं. जी के सम्पर्क में मैं 1953 ई. से 1979 ई. तक रहा। उन्हें कई रूपों में देखने का सौभाग्य मुझे मिला। छोटे लोगों से, बच्चों, शिष्यों, नौकर-चाकरों, पड़ोसियों से दोष छिपा नहीं रह सकता। मैंने उनकी आँखों में ओछेपन की लहर कभी नहीं देखी। दूसरों—शत्रु या अपकारी निन्दक की भी अशुभ-कामना करते हुए या उसका बुरा चाहते हुए मैंने कभी नहीं जाना-सुना। लड़कियाँ, महिलाएँ उनसे आत्मीय अकुंठ होकर बात करती थीं। उनकी आँखों में वासना की लहर कभी नहीं देखी।

उनके पाठक जानते हैं कि वे नारी-सौन्दर्य से परम प्रभावित लेखक-चिन्तक हैं। व्यक्ति रूप में भी सौन्दर्य से प्रभावित होने की उनमें अतीव क्षमता थी। वे रम्भा, उर्वशी के माथे पर हाथ रखकर आशीर्वाद दे सकते थे। महिलाएँ उन पर बहुत विश्वास करती थीं। वे उनसे अपनी बहुत बातें, समस्याएँ बतातीं। वे धैर्यपूर्वक सुनते और परामर्श देते। सुन्दर महिलाओं से आँखें चुराकर, पवित्रता की रक्षा के लिए, दूसरी तरफ देखते हुए भी उन्हें कभी नहीं पाया। वे गुरु, बाबा, पिता, भाई के समान उनसे व्यवहार करते।

निश्चय ही जीवन में कभी उनका साक्षात्कार किसी अपूर्व सुन्दर व्यक्तित्व से हुआ होगा। जिसने उनके हृदय को सौन्दर्य के उदात्ततम अनुभव से आपूरित कर दिया होगा।

सुन्दरी नारी-पात्रों के लिए उनके उपन्यासों में पार्वती की उपमा प्रायः आती है। जीवन में भी ऐसा था। अपनी बड़ी लड़की पुतुल (इन्दुमती) के बारे में कहते–कहते क्या कालिदास की पंक्ति पढ़ते, जिसमें कहा गया है कि हिमाचल का कुल पार्वती से पवित्र हुआ–

प्रभामहत्या शिखयेव दीपस्त्रिमार्गयेव त्रिदिवस्य मार्गः
संस्कारवत्येव गिरा मनीषी तया स पूतश्च विभूषितश्च

राजभाषा आयोग के सदस्य के रूप में द्विवेदी जी कई स्थानों पर गए। कश्मीर भी। कश्मीर की प्राकृतिक शोभा से तो प्रभावित हुए ही वहाँ के नारी-सौन्दर्य से भी अत्यधिक प्रभावित हुए। बहुत दिनों तक कश्मीर-सौन्दर्य की चर्चा करते।

"लड़कियाँ इतनी सुन्दर, इतनी सुन्दर कि क्या कहूँ।"

हम लोग साँस रोककर सोचते 'गुरु जी का यह रूप पहले नहीं देखा था–लड़कियों की सुन्दरता की इतनी तारीफ़ करते। 'इतनी सुन्दर किशोरियाँ–इतनी सुन्दर! साक्षात् पार्वती।' हम लोग अपने मानसिक ओछेपन से उबरकर ऊपर उठ जाते। हमारा गुरु है कि उसे सुन्दर लड़कियाँ देखकर पार्वती याद आती हैं।

भट्टिनी को पं. जी ने कहाँ देखा होगा?

नामवर जी की अध्यक्षता में हमारी जो चिन्तन-गोष्ठी होती उसमें कुछ पता नहीं चल पाता। नामवर जी अनुमान करते कोई ईरान की छात्रा न हो जो शान्तिनिकेतन में रही हो। उपन्यास के अन्त में आचार्य भर्वुपाद बाण को पुरुषपुर जाने की आज्ञा देते हैं। भट्टिनी से बाण का साथ छूट जाता है। 'लेकिन फिर क्या मिलना होगा?'

नामवर जी कहते–भर्वुपाद गुरुदेव रवीन्द्र न हों।

हम सब जानते कि अनुमान अनुमान ही है। द्विवेदी जी से कौन पूछता? वे कहते थे–रचना में सर्वत्र रचनाकार के जीवन को ढूँढ़ना भोंडा प्रयास है।

लेकिन सत्त्वस्थ कर देने वाले लोकोत्तर सौन्दर्य के अधिष्ठान का कोई लौकिक आधार तो रहा होगा।

अलमति विस्तरेण।

7वें दशक में अज्ञेय को हृदयाघात हुआ। श्रीमती कपिला वात्स्यायन ने बड़ी देखभाल की। उन्हें डॉ. राममनोहर लोहिया अस्पताल में भर्ती कराया। सेवा-टहल के लिए चौबीसों घंटें नर्सें रहतीं। द्विवेदी जी को समाचार मिला तो चिन्तित हुए। अस्पताल जाकर देखने का प्रोग्राम बनाया। डॉ. नगेन्द्र भी साथ जाना चाहते थे। वे भी अज्ञेय जी के 'प्रतीक' में सहयोगी थे। पता नहीं क्यों द्विवेदी जी उनके साथ अज्ञेय को देखने नहीं जाना चाहते थे। मेरा अनुमान है कि द्विवेदी जी अज्ञेय के अन्तरंग थे और वे उनसे अकेले ही मिलना चाहते थे। संयोग से मैं अजित कुमार के साथ पंडितजी से मिलने आया था। द्विवेदी जी ने टैक्सी मँगाई और हम दोनों को लेकर अस्पताल चल दिए। अजित के पास स्कूटर था। उन्होंने स्कूटर वहीं छोड़ दिया कि लौटकर ले लेंगे। अस्पताल में कपिला जी मिलीं। द्विवेदी जी और कपिला वात्स्यायन बाप-बेटी की तरह अँकवार भरकर मिलते थे। द्विवेदी जी ने हम दोनों से कहा–वात्स्यायन के पास देर तक मत रुकना। एक-दो मिनट में चले आना। ख़ुद अन्दर जाकर उनके पास बैठ गए। देखा वात्स्यायन जी लेटे हैं। लेटे हुए अज्ञेय जी से द्विवेदी जी

कंठ लगा कर मिले। द्विवेदी जी उनके दोनों हाथ सहलाने लगे। अज्ञेय ने मुझे देखा। स्निग्ध मुस्कान से देखा। मुझे बहुत सुन्दर और अच्छे लगे। इसके कई वर्ष पूर्व कमलेश मुझे उनके यहाँ ले गए थे। मुझे यह देखकर बहुत अच्छा लगा कि वे मुझे पहचान गए। हम थोड़ी ही देर में एक-दो मिनट में वापस आकर बाहर बैठ गए।

थोड़ी देर बाद कपिला जी और द्विवेदी जी दोनों बाहर निकले। कपिला जी कहने लगीं—बहुत लोग आते हैं। इतने लोग आते हैं कि हम तंग आ जाते हैं।

द्विवेदी जी ने कहा—लोग वात्स्यायन जी का सम्मान करते हैं, और चिन्ता है इसलिए आते हैं।

कपिला जी ने कहा—"मैं जानती हूँ लोग 'देश-काल' में नौकरी पाने की जुगाड़ में आते हैं।" (दिनमान पहले इसी नाम से निकलने वाला था।)

द्विवेदी जी—''नहीं, वे वात्स्यायन जी से प्रेम करते हैं। इसलिए आते हैं।''

"जाने दीजिए, मैंने ऐसा प्रेम बहुत देखा है।"

पंडितजी ठठाकर हँसे—''कपिला तुम तो यथार्थ के स्तर पर उतर आईं।'' हम लोगों के मन में इस बातचीत से थोड़ा तनाव आ गया था। वह बह गया।

पता नहीं क्यों सहसा द्विवेदी जी गम्भीर हो गए, बोले—''कपिला मैं तुमसे एक बात गंभीरता से कहना चाहता हूँ कि अब तुमको एक सन्तान होनी चाहिए।''

कपिला जी चुप रहीं।

रास्ते में लौटते हुए द्विवेदी जी पति-पत्नी के सम्बन्ध पर ही बात करते रहे—जहाँ सम्बन्धों में बड़ी शान्ति, कर्त्तव्यपरायणता का दिखावा नज़र आता है, मैं चिन्तित हो उठता हूँ। पति-पत्नी में झगड़ा हो तो समझना चाहिए सब ठीक है। झगड़े के बिना आत्मीयता की मैं कल्पना नहीं कर सकता। मुझे लगा वे अपने ही पारिवारिक जीवन की बात कर रहे हैं।

पंडितजी ने कपिला को अपनी बेटी की ही तरह यह उपदेश दिया था। माँ-बाप सहज रूप से बच्चों की सन्तान की इच्छा रखते हैं। बाद में नामवर जी ने एक प्रसंग में बताया कि गुरुवर सम्बन्धों को ताड़ लेने में माहिर हैं।

सन्दर्भ-सूची

1. शान्तिनिकेतन से शिवालिक में संकलित
2. मेरी जीवन यात्रा, खंड-4
3. दीये की लौ, शान्तिनिकेतन से शिवालिक

आकाशधर्मा का विस्थापन

पं. जी जुलाई 1950 में काशी विश्वविद्यालय में आए थे, 1960 की जून में वहाँ से उनकी सेवा समाप्त कर दी गई। पूरे दस वर्ष वे काशी विश्वविद्यालय में हिन्दी विभाग के अध्यक्ष रहे। इस दौर में काशी विश्वविद्यालय का हिन्दी विभाग, हिन्दी साहित्य का केन्द्र रहा। वह एक प्रकार से साहित्य का तीर्थ बन गया। इलाहाबाद, निराला, पन्त, महादेवी, फ़िराक के कारण हिन्दी-उर्दू साहित्य-सर्जना का केन्द्र एवं तीर्थ था, तो काशी महामहोपाध्याय गोपीनाथ कविराज, पं. महादेव शास्त्री, द्विवेदी जी, रायकृष्णदास, डॉ. मोतीचन्द्र, डॉ. वासुदेवशरण अग्रवाल, प्रो. टी.आर.वी. मूर्ति, ओंकारनाथ ठाकुर के कारण विद्या और साहित्य-आलोचना का। द्विवेदी जी का यश इस समय व्याप्त था। 1953 में जब मैं गुरुवर पं. रामसुरेश त्रिपाठी के साथ डॉ. वासुदेवशरण अग्रवाल के पास प्राचीन इतिहास तथा संस्कृति विभाग में प्रवेश लेने गया तो उन्होंने मुझसे हिन्दी में प्रवेश लेने के लिए कहा–'पं. हजारीप्रसाद द्विवेदी इस समय हिन्दी साहित्य के सूर्य हैं।' राजकमल से प्रकाशित ग्रन्थावली में जो संक्षिप्त परिचयात्मक जीवन-वृत्त फ्लैप पर छपा है, उसके अनुसार इस दौरान वे (सन् 1950 में) काशी हिन्दू विश्वविद्यालय में हिन्दी प्रोफ़ेसर और हिन्दी विभागाध्यक्ष के पद पर नियुक्त। विश्वभारती विश्वविद्यालय की एक्जीक्यूटिव काउंसिल के सदस्य (1950-1953)। काशी नागरी प्रचारिणी सभा के अध्यक्ष (1952-53)। साहित्य अकादमी दिल्ली की साधारण सभा और प्रबन्ध समिति के सदस्य सम्भवतः प्रारम्भ से ही अर्थात् 1954 से 1970 तक, नागरी प्रचारिणी सभा काशी के हस्तलेखों की खोज के संचालक (1952)। साहित्य अकादमी से प्रकाशित नेशनल बिब्लियोग्रैफी (1954) के निरीक्षक, राजभाषा आयोग के राष्ट्रपति द्वारा मनोनीत सदस्य (1955)। सन् 1957 में राष्ट्रपति द्वारा पद्मभूषण उपाधि से सम्मानित। इसमें सैकड़ों समितियों की अध्यक्षता, सदस्यता, विश्वविद्यालयों, लोकसेवा आयोग की नियुक्तियों, भाषणों आदि का उल्लेख, जैसे बिहार राष्ट्रभाषा परिषद् के पाँच व्याख्यानों का उल्लेख नहीं है। इससे उनके यश, उनकी लोकप्रियता का अनुमान किया जा सकता है।

लेकिन उनके यश का वास्तविक आधार उनकी अनवरत सर्जना-साधना थी। द्विवेदी जी के अनुसन्धानात्मक शोध-लेख भी सर्जनात्मक साहित्य लगते हैं। इसीलिए सर्जना-साधना कहा।

काशी में उन्होंने हिन्दी साहित्य का आदिकाल, हिन्दी साहित्य : उद्भव और विकास, मध्यकालीन साधना, सहज-साधना, मेघूदत एक पुरानी कहानी, आलोकपर्व, नाथ-सिद्धों की बानियाँ (सम्पादित), संदेश रासक (सं.), चारुचन्द्रलेख की रचना की। हक़ायके हिन्दी, हिन्दी शब्दानुशासन जैसे श्रेष्ठ ग्रन्थों की भूमिका और अनेक निबन्ध लिखे।

कहते हैं कि एक इंटरव्यू में हिन्दी के यशस्वी अध्यापक काशी विश्वविद्यालय, हिन्दी विभाग के प्रथम बैच के एम.ए., जगन्नाथ तिवारी से उनकी रचनाओं का नाम पूछा गया।

उन्होंने प्रश्नकर्त्ता से कहा–मेरे साथ यात्रा करो तब तुम्हें मेरी रचनाओं का पता चलेगा–कोई रेलवे स्टेशन नहीं होगा जहाँ मेरी रचनाएँ मुझसे मिलने न आएँ। तिवारी जी का आशय अपने शिष्यों से था।

कैसे शिष्य? आचार्य हजारीप्रसाद द्विवेदी के ऐसे शिष्य जो इतने यशस्वी हों कि उनके शिष्य कहला सकें। आज के हिन्दी साहित्य में सम्मानित साहित्यकारों की प्रथम पंक्ति के अनेक शिष्य, जो अपने गुरु की परम्परा को पहचान सकें, उसे आगे बढ़ा सकें। जिनसे उस महान् गुरु को गर्व का अनुभव हो और समूचा हिन्दी साहित्य उस शिष्यमंडली की चर्चा करते समय उनका सम्बन्ध गुरु से जोड़े–नामवर सिंह, शिवप्रसाद सिंह, रामदरश मिश्र, बी. वी. कारन्त, रवीन्द्रनाथ श्रीवास्तव, केदारनाथ सिंह, राममूर्ति त्रिपाठी, रमेश कुन्तल मेघ, हिरण्मय, रवीन्द्र भ्रमर, गणेशन और कृष्णबिहारी मिश्र, त्रिभुवन सिंह, गंगाप्रसाद विमल, धर्मपाल मैनी, लल्लनराय, परेश, राजदेव सिंह, मैथिली प्रसाद भारद्वाज आदि। अनेक नाम जिनके नाम याद नहीं आ रहे।

उन दिनों काशी विश्वविद्यालय का हिन्दी विभाग देश का सर्वाधिक प्रतिष्ठित हिन्दी विभाग था। आचार्य हजारीप्रसाद द्विवेदी के रहते आचार्य रामचन्द्र शुक्ल के पीठ की मान-मर्यादा सुरक्षित थी। उसका विकास भी हो रहा था। कहा जाता कि काशी विश्वविद्यालय के हिन्दी विभाग के जितने अध्यक्ष हुए हैं उनमें से हिन्दी का कोई नहीं था। हिन्दी में एम. ए. किसी ने नहीं किया था और ऐसे ही आचार्य अध्यक्षों ने हिन्दी की प्रतिष्ठा अक्षुण्ण रखी है–बाबू श्यामसुन्दर दास तो बी.ए. थे। राष्ट्रकवि ने उन्हें विमल बी.ए. पास कहा था। कई लोग विमल बी.ए. पास की व्याख्या करते हैं–फेरली थर्ड डिवीज़न में पास। आचार्य रामचन्द्र शुक्ल ड्राइंग टीचर थे। आचार्य केशवप्रसाद मिश्र संस्कृत के विद्वान् थे। हिन्दी की कोई उपाधि नहीं थी उनके पास। और आचार्य हजारीप्रसाद द्विवेदी ज्योतिषाचार्य थे।

इन ग़ैर हिन्दी वालों के बाद हिन्दी में डी.लिट् डॉ., जगन्नाथ प्रसाद शर्मा अध्यक्ष हुए। आचार्य द्विवेदी काशी विश्वविद्यालय के पहले अध्यक्ष थे जो वहाँ से रिटायर नहीं हुए, हटाए गए। उनको हटाने के प्रयास उनकी नियुक्ति यानी उनके आने से पहले से ही हो रहे थे। इसका संकेत पहले मिल चुका है। उनका बढ़ता हुआ यश उनके विरोधियों की ईर्ष्याग्नि में घी का काम करता था।

काशी में उनके विरोधी उन्हें रामचन्द्र शुक्ल का विरोधी घोषित करके उन पर प्रहार करते थे। कुछ ऐसा हुआ कि छठवें दशक के प्रारम्भ में कई क्षेत्रों से आचार्य शुक्ल के साहित्य के इतिहास-विषयक दृष्टिकोण और लेखन पर विरोध का स्वर उठा। विरोध का यह स्वर अधिकांशतः प्रगतिशील खेमे से उठा। श्री शिवदान सिंह चौहान ने 'आलोचना' (अक्टूबर 1952) में शुक्ल जी के दृष्टिकोण को एकांगी समाजशास्त्रीय कहा। उसी अंक में श्री रांगेय राघव ने लिखा कि आचार्य शुक्ल ने इतिहास को शुद्ध ब्राह्मण दृष्टिकोण से देखा है। अक्टूबर 1953 की 'आलोचना' में श्री शिवनाथ ने आचार्य शुक्ल की सीमाएँ बताईं।

इस सारे शुक्ल-विरोध या असहमति को आचार्य द्विवेदी के लेखन से जोड़ देने का प्रयास किया गया। डॉ. रामविलास शर्मा ने स्पष्ट लिखा, "आलोचना के एक ही अंक में

ऐसे लेखों का छपना आकस्मिक नहीं कहा जा सकता।" विडम्बना ही थी कि यह शुक्ल-विरोध पं. हजारीप्रसाद द्विवेदी से जोड़ दिया गया। और वह भी डॉ. रामविलास शर्मा द्वारा। डॉ. शर्मा ने द्विवेदी जी की पुस्तक 'विचार और वितर्क' की समीक्षा करते हुए लिखा था, "उनके (द्विवेदी जी) चिन्तन को देखते हुए यह मानना पड़ता है कि उनका मानसिक विकास शास्त्र और प्राचीन रूढ़ियों की चहारदीवारी को तोड़ता हुआ नवीन समाज-हितकर लक्ष्य की ओर बढ़ता गया है।" डा. शर्मा ने स्पष्ट लिखा था, "यद्यपि द्विवेदी जी समाजवाद के साथ नहीं हैं या यों कहें कि वे उसे इतना सुन्दर मानते हैं कि उन्हें विश्वास नहीं होता कि ऐसा सुन्दर फूल धरती पर भी खिल सकता है, फिर भी साहित्य और संस्कृति के बारे में उनका दृष्टिकोण उदार है। और प्राचीनपन्थी आलोचकों से भिन्न है।"[1] यह लेख पहले का लिखा होगा।

पं. हजारीप्रसाद द्विवेदी के साहित्य-इतिहास सम्बन्धी विचारों के विरुद्ध डॉ. रामविलास शर्मा ने खुलकर लिखा। ('आचार्य रामचन्द्र शुक्ल और हिन्दी आलोचना', प्रकाशन 1955 ई.) हिन्दी साहित्य के इतिहास में द्विवेदी जी का प्रमुख योगदान नाथ-सिद्धों और कबीर के विषय में माना जाता था। सो उन्होंने इसी ज़मीन पर द्विवेदी जी का विरोध किया। डॉ. शर्मा द्विवेदी जी का विरोध थोड़ा हल्के मूड में करते हैं, मानो वह किसी नवसिखुवे के लेखन पर कलम चला रहे हों। एक जगह उद्धृत किया है, "द्विवेदी जी कहते हैं, 'मुस्लिम धर्म साधना से उनका सम्बन्ध' नाममात्र को ही था पर मुसलमान वंश में प्रतिपालित होने के कारण उनमें एक प्रकार का साहसिक भाव आ गया था", इस पर डॉ. शर्मा की टिप्पणी, "कबीर की साहसिकता की दाद दीजिए। कबीर के सहृदय समालोचक द्विवेदी जी की साहसिकता की दाद और भी दिल खोलकर दीजिए। क्या यही अच्छा हो कि साहसिकता का विकास करने के लिए उस तरह के लालन-पालन की व्यवस्था कर दी जाए।" डॉ. शर्मा द्विवेदी जी के बड़े प्रशंसक कभी नहीं रहे। उनके द्वारा शुक्ल जी के पक्ष में खड़े होकर द्विवेदी जी का विरोध थोड़ा-बहुत समझ में आता है लेकिन शान्तिनिकेतन जाकर पं. हजारीप्रसाद द्विवेदी से अपने शोध-प्रबन्ध 'सिद्ध साहित्य' का निर्देशन लेने वाले डॉ. धर्मवीर भारती का विरोध–वैचारिक और सृजनात्मक दोनों स्तरों पर समझ में आना आसान नहीं है। नेहरू युग में समाजवादी विचारों के समर्थक प्रधानमंत्री जवाहरलाल नेहरू की नीतियाँ अमेरिका को पसन्द नहीं आती थीं। भारत में फोर्ड फाउंडेशंस अपना प्रभाव विस्तार कर रहा था और व्यक्ति-स्वातंत्र्य और साहित्य की स्वायत्तता का सवाल साहित्य और राजनीति में जोर से उठाया जा रहा था। हिन्दी साहित्य में इसका प्रतिनिधित्व इलाहाबाद की संस्था परिमल कर रही थी। इस बीच पं. हजारीप्रसाद द्विवेदी कई सरकारी कमेटियों में आ गए थे। साहित्य अकादमी में भी हिन्दी-खंड के संयोजक हो गए थे। शायद इसीलिए उन्हें राज्याश्रयी साहित्यकार मानकर उनका विरोध किया जाने लगा। धर्मवीर भारती ने 'धुरीहीनता' नाम से एक लेख राष्ट्रवाणी में लिखा जिसमें महादेवी वर्मा, दिनकर और हजारीप्रसाद को धुरीहीन साहित्यकार घोषित किया। 'धुरीहीन' का अर्थ जो अपने आधारभूत सिद्धान्तों पर कायम न रहे, अवसरवादी हो अर्थात् राज्यसत्ता का समर्थक हो। राज्यसत्ता का समर्थक होना भारतीय राजनीति के ऐतिहासिक संदर्भ में जवाहरलाल नेहरू की नीतियों का समर्थक होना साहित्यकारोचित नहीं है। यहाँ यह स्मरण रखना ज़रूरी है कि जवाहरलाल नेहरू ने

अपने नेतृत्व वाली सरकार का लक्ष्य समाजवादी व्यवस्था घोषित किया था। धर्मवीर भारती ने द्विवेदी जी पर एक कविता भी लिखी—'बाणभट्ट।' जो 'सात गीत वर्ष' में संकलित है। जिसकी अन्तिम पंक्तियाँ हैं—

सत्य है राजा हर्षवर्धन के हाथों से मिला हुआ
पान का सुगन्धित एक लघु बीड़ा
[चाहे वह जूठा हो
पर उस पर लगा हुआ वर्क दार सोना था।
हाय बाणभट्ट! हाय!
तुमको भी, तुमको भी, आखिर यही होना था!]

डॉ. रामविलास शर्मा और परिमल गुट का यह सम्मिलित विरोध काशी विश्वविद्यालय और नागरी प्रचारिणी सभा के विरोध में मानो मिल गया। डॉ. शर्मा और धर्मवीर भारती से द्विवेदी जी का विरोध साहित्यिक था। किन्तु वह विभागीय राजनीति का समसामयिक था। डॉ. शर्मा ने यह भी लिखा—ये आचार्य (हजारीप्रसाद द्विवेदी जैसे) आचार्य शुक्ल जैसा यश न पाकर उनसे ईर्ष्या करते हैं। इस पर क्या टिप्पणी की जाए। काश डॉ. शर्मा ने द्विवेदी जी को कुछ अधिक समझा होता। काशी विश्वविद्यालय के हिन्दी विभाग में द्विवेदी जी का जो विरोध हुआ उसका ऐतिहासिक नेपथ्य है।

काशी विश्वविद्यालय की स्थापना पं. मदनमोहन मालवीय ने महान् उद्देश्य से प्रेरित होकर की थी। देश के धनिकों, रईसों, राजा-महाराजाओं से चन्दा इकट्ठा किया। कहीं-कहीं ब्राह्मण होने का लाभ उठाते हुए इसके लिए भिक्षा माँगी। निज़ाम हैदराबाद ने भी दान दिया। सातवें दशक के अन्त में डॉ. राममनोहर लोहिया से जन (पत्रिका) की गोष्ठी में सुना कि काशी विश्वविद्यालय के मूल नाम में हिन्दू शब्द नहीं है। उस गोष्ठी में डॉ. नामवर सिंह ने जब बी.एच.यू. कहा तो डॉ. लोहिया ने बताया कि वे विश्वविद्यालय के शिलान्यास के अवसर पर वहाँ थे और नींव के पत्थर पर काशी विश्वविद्यालय है काशी हिन्दू विश्वविद्यालय नहीं। सेन्ट्रल आर्ट्स कॉलेज में सीढ़ियों के रेलिंग पर काशी विश्वविद्यालय खुदा है (का. वि.वि.) जो इसकी पुष्टि करता है।

विश्वविद्यालय का परिसर, स्थापत्य अद्वितीय है। परिसर शब्द को सार्थक करता हुआ, सुविस्तृत अवकाशमय, सुव्यवस्थित, हरित-भरित। नगर के कोलाहल से दूर। गंगा के तट से सटा नहीं लेकिन निकट। अनेक विद्वानों ने वहाँ अपनी सेवाएँ वेतन की चिन्ता न करते हुए अर्पित कीं। मालवीय जी महाराज तो विश्वविद्यालय की देखभाल वत्सल भाव से, संतान की तरह करते थे। 1953 में वहाँ प्रो. डे थे जिन्हें 'डे बाबा' कहा जाता था। वे एक रुपया प्रतिमास वेतन लेते थे। प्रो. मुकुट बिहारीलाल को प्रोफ़ेसर के वेतनमान के मुताबिक बारह सौ मिलना चाहिए था, वे केवल रु. (100) महीना लेते थे। उपकुलपति आचार्य नरेन्द्रदेव भी पूरा वेतन नहीं लेते थे।

विश्वविद्यालय में हिन्दी अध्यापन प्रारम्भ होने पर पं. अयोध्या सिंह उपाध्याय 'हरिऔध' और लाला भगवानदीन ऐसी ही सेवा-भाव से काम करते थे। बाबू श्यामसुन्दर दास को जब वेतन दिया जाने लगा तो उन्होंने कहा—मैं या तो अंग्रेज़ी के प्रोफ़ेसर नाग चौधरी जितना वेतन (चार सौ रुपए प्रति मास) लूँगा या केवल एक रुपया। कहते हैं कि बहुत दिनों तक वे एक रुपया महीना वेतन लेते रहे।

बाबू श्यामसुन्दर दास प्रतापी विभागाध्यक्ष थे। वे काशी विश्वविद्यालय में ही नहीं समूचे हिन्दी जगत् में सर्वाधिक प्रतापी हिन्दी व्यक्तित्व थे। रायबहादुर थे। नागरी प्रचारिणी सभा के भी कर्त्ताधर्त्ता थे। हिन्दी विभागाध्यक्ष की दो परम्पराएँ हैं। एक बाबू श्यामसुन्दर दास की, जिसका विकास डॉ. धीरेन्द्र वर्मा और डॉ. नगेन्द्र ने किया। ये प्रतापी, व्यवस्थापक योजना विलासी, समन्वयक और नियामक थे। दूसरी परम्परा आचार्य शुक्ल की थी जिसमें केशव प्रसाद मिश्र और पं. हजारीप्रसाद द्विवेदी और आचार्य नलिन विलोचन शर्मा को रखा जा सकता है। अध्यापन, लेखन तक ही सीमित। पं. नन्ददुलारे वाजपेयी विद्वान्, शिष्यवत्सल थे। किन्तु वे प्रखर नियामक और अनुशासक भी थे।

कुछ दिनों बाद बाबू साहब और शुक्ल जी में खटक गई थी। लेकिन शुक्ल जी को इस बात का स्मरण अन्त तक रहा कि शब्द-सागर में बाबू साहब ने ही उन्हें काम दिलाया था। और बाबू साहब के शब्दों में, "शब्द-सागर को शुक्ल जी ने बनाया और शुक्ल जी को शब्द-सागर ने।" बाद में शुक्ल जी ने, "फरमायशी काम करना बन्द कर दिया था।" 'हिन्दी शब्द-सागर' की भूमिका, जो बाद में 'हिन्दी साहित्य का इतिहास' के नाम से प्रकाशित हुई, शुक्ल जी की कीर्ति का अक्षय स्रोत बनी। उस पर बाबू साहब अपना नाम देना चाहते थे। इस विवाद का ब्योरा श्री चन्द्रशेखर शुक्ल द्वारा लिखित शुक्ल जी की जीवनी में दिया गया है।

कहते हैं बाबू साहब अपना उत्तराधिकारी अध्यक्ष श्री पीताम्बरदत्त बड़थ्वाल को बनाना चाहते थे। विश्वविद्यालय के तंत्र में चलती बाबू साहब की थी। और तंत्र का निर्णय पीताम्बरदत्त बड़थ्वाल के पक्ष में था। वे हिन्दी के प्रथम डी.लिट् थे। सुनते हैं कि पं. रामचन्द्र शुक्ल इस मामले में अपने पुत्र केशवचन्द्र शुक्ल की गाड़ी में बैठकर मालवीय जी महाराज से मिलने गए किन्तु अन्त तक कुछ कह नहीं पाए। मालवीय जी उनके आने का उद्देश्य बिना कहे समझ गए। वे शुक्ल जी को बहुत मानते थे। यह भी कहा जाता है कि मालवीय जी ने उपकुलपति के रूप में अपने विशेषाधिकार का प्रयोग करके तंत्र का निर्णय पं. रामचन्द्र शुक्ल को अध्यक्ष बनाने के पक्ष में कराया।

पं. नन्ददुलारे वाजपेयी, बाबू साहब के पक्षधर थे। उन्होंने शुक्ल जी के जीवनकाल में ही उनकी मान्यताओं का विरोध करते हुए दो तेज़ लेख लिखे। वाजपेयी जी प्रतिभाशाली आलोचक, छायावाद और निराला के प्रशंसक, 'भारत' हिन्दी दैनिक के सम्पादक। गीता प्रेस गोरखपुर से प्रकाशित 'रामचरित मानस' का सम्पादन किया और अर्थ लिखा। सम्भवतः विभाग की आन्तरिक राजनीति का भी हाथ है उनके सागर चले जाने में।

पं. हजारीप्रसाद द्विवेदी का विरोध गुणात्मक स्तर पर भिन्न था। आर-पार की लड़ाई थी। वे मूलतः काशी विश्वविद्यालय के ही छात्र थे लेकिन शान्तिनिकेतन से आए थे। इस बात का विशेष प्रचार किया जाता था कि वे आचार्य रामचन्द्र शुक्ल की मान्यताओं का विरोध करते हैं। यह भुला दिया जाता था कि मान्यताओं में परस्पर-विरोध तो आचार्य रामचन्द्र शुक्ल और श्यामसुन्दर दास में भी था, केशव जी से भी था। बाहर से तो डॉ. श्रीकृष्णलाल और डॉ. छैलबिहारी गुप्त राकेश भी आए थे। द्विवेदी जी का अपराध यह था कि वे प्रोफ़ेसर और अध्यक्ष होकर आए थे।

द्विवेदी-विरोध को सबसे ज़्यादा बल काशी विश्वविद्यालय की अव्यवस्था और अनुशासनहीनता से मिला। इसमें कोई शक नहीं कि वहाँ पुरबियों का एक प्रभावी गुट था। इसके अधिकांश सदस्य ब्राह्मण, सरयूपारीण ब्राह्मण थे। यद्यपि इसमें डॉ. अक्षयबर लाल कायस्थ थे। इस गुट के प्रमुख थे—डॉ. गोपाल त्रिपाठी, डॉ. राजबली पांडेय, डॉ. रामअवध द्विवेदी। द्विवेदी जी इस गुट में नहीं थे। वे तो गोविन्द मालवीय, आचार्य नरेन्द्रदेव के स्नेहभाजन साथी थे। वे या तो तटस्थ रहते या आचार्य नरेन्द्र देव का साथ देते। पुरबिया और बलिया का सरयूपरीण ब्राह्मण होने के नाते उन्हें भी इस गुट का सदस्य घोषित किया जाता या प्रचारित किया जाता। हाँ, इस पुरबिया गुट के अधिकांश सदस्य द्विवेदी जी के मित्र थे। वस्तुस्थिति भिन्न थी। ब्राह्मण-गुट उन्हें ब्राह्मण-विरोधी मानता। उनके प्रिय शिष्य नामवर सिंह, शिवप्रसाद सिंह, केदारनाथ सिंह और रवीन्द्र भ्रमर थे। नागरी प्रचारिणी सभा में एक बार द्विवेदी जी को सभा-भवन में प्रवेश पर बल-प्रयोग की धमकी दी गई तो उदय प्रताप क्षत्रिय कॉलेज के छात्रों और अध्यापकों ने उनकी सहायता की। विभाग में उनका साथ या तो विद्यार्थी देते थे या डॉ. श्रीकृष्णलाल या डॉ. छैलबिहारी गुप्त 'राकेश'। अन्य विश्वविद्यालयों में इलाहाबाद विश्वविद्यालय के अध्यक्ष डॉ. धीरेन्द्र वर्मा उन्हें बहुत मानते थे। वस्तुतः द्विवेदी जी ब्राह्मण-विरोधी नहीं थे, लेकिन उनका दोष यह था कि वे ब्राह्मणवादी भी नहीं थे।

काशी विश्वविद्यालय की स्थिति पं. मदनमोहन मालवीय जी महाराज के दिवंगत होने के बाद बिगड़ गई। प्रच्छन्न विरोध डॉ. राधाकृष्णन का भी होता था। उनके जाने के बाद इलाहाबाद विश्वविद्यालय के यशस्वी उपकुलपति प्रो. अमरनाथ झा को काशी विश्वविद्यालय का उपकुलपति बनाया गया। वे वर्ष भर के अन्दर ही हट गए—इस टिप्पणी के साथ—मैंने यहाँ आकर मूर्खता की। यहाँ और दिन रहकर और मूर्खता करूँगा—'आई वाज़ ए फूल टु कम हियर विल बी ए ग्रेटर फूल टु स्टे आन।' अमरनाथ झा के उपरान्त मालवीय जी महाराज के पुत्र गोविन्द मालवीय उपकुलपति हुए। यह समझना स्वाभाविक था कि मालवीय जी के पुत्र के वाइस चांसलर बनने से विश्वविद्यालय के वातावरण में सुधार होगा। वे ही द्विवेदी जी को शान्तिनिकेतन से लाए। किन्तु उनके विरुद्ध भी आन्दोलन हुआ। वे हटाए गए या हटे निश्चयपूर्वक नहीं कहा जा सकता। किन्तु 1953-54 में मैं जब काशी विश्वविद्यालय में था तो उनके बारे में भीषण अफवाहें फैली हुई थीं। ऐसी स्थिति में आचार्य नरेन्द्रदेव को काशी विश्वविद्यालय का उपकुलपति नियुक्त किया गया। उनके आने से वातावरण कुछ शान्त हुआ। द्विवेदी जी को वे बहुत मानते थे। लेकिन काशी विश्वविद्यालय का पुरबिया गुट शायद उनसे सन्तुष्ट नहीं था। उनके उपकुलपति काल के अन्तिम दौर में कोर्ट की मीटिंग में उनके विरुद्ध कुछ बातें बनारसी लहजे में कही गईं। उन्होंने कहा—मेरा जीवन खुली किताब रहा है। मैं ऐसी बातें सुनने का अभ्यस्त नहीं हूँ और उन्होंने इस्तीफ़ा दे दिया। आचार्य जी को मैंने पंडितजी के घर पर एकाधिक बार देखा है। कानपुर के विक्रमाजीत सनातन धर्म कॉलेज में मैंने उनका भाषण सुना। ऐसा सारगर्भी धाराप्रवाह भाषण हिन्दी में कम सुना है। काशी विश्वविद्यालय में उनका भाषण अंग्रेज़ी में सुना है। कहते हैं कि उपकुलपति रहते वे लखनऊ विश्वविद्यालय में पाली पढ़ाते थे। बौद्ध दर्शन के विद्वान् थे। उनके ग्रन्थ 'बौद्ध दर्शन' पर उन्हें द्विवेदी जी के संयोजन काल में साहित्य

अकादमी पुरस्कार (मरणोपरान्त) दिया गया। द्विवेदी जी बतलाते थे कि पं. जवाहरलाल नेहरू ही उन्हें सम्मानित करना चाहते थे। काशी विश्वविद्यालय में लंका गेट पर फोटोग्राफी का गोरस स्टूडियो था, उसमें नेहरू जी और आचार्य नरेन्द्रदेव का एक आलिंगनबद्ध फोटो था। दो मित्रों की राजनीति में एक-दूसरे का विरोधी होते हुए भी ऐसा सहज, प्रसन्न, आत्मीय मुद्रा का चित्र कोई दूसरा देखा हो—याद नहीं पड़ता। भूतपूर्व प्रधानमंत्री चन्द्रशेखर दिल्ली के थियेटर कम्युनिकेशन बिल्डिंग के एक कमरे में अख़बार निकालते थे 'यंग इंडिया'। वह चित्र मैंने वहाँ भी लगा देखा था।

पता नहीं यह कैसे हुआ कि पं. हजारीप्रसाद द्विवेदी का नाम उस गुट से जुड़ गया जो आचार्य नरेन्द्रदेव का विरोधी था। द्विवेजी जी आचार्य नरेन्द्रदेव के विरोधी हो ही नहीं सकते थे। कोर्ट की जब कोई मीटिंग होती तो प्रो. मुकुटबिहारी लाल उन्हें अपने साथ ले जाते। मैंने पंडितजी को यह कहते सुना है—उन लोगों (पुरबिया गुट) की पंक्ति छोड़कर आचार्य जी के समर्थकों के साथ बैठता था और उनके पक्ष में दोनों हाथ उठाकर मतदान करता था।

अन्दर की बात यह थी कि इस गुट के लोग पूरब के थे। उनमें अधिकांशतः सरयूपरीण ब्राह्मण थे। आपस में मिलते-जुलते थे। व्यक्तिगत स्तर पर द्विवेदी जी से भी मिलते-जुलते, हँसी-ठट्ठा करते थे। रिश्तेदारी भी थी—लेकिन अन्दर-अन्दर द्विवेदी जी को ढुलमुल समझते थे, उन पर विश्वास नहीं करते थे। पं. जी खुलकर कुछ कह नहीं पाते होंगे। सरयूपरीण ब्राह्मण तो सुधाकर पांडे भी थे जो कुछ दिनों तक द्विवेदी जी के परम, घोषित प्रतिबद्ध विरोधी थे। इस तथाकथित पुरबिया ब्राह्मण गुट में डॉ. गोपाल त्रिपाठी जैसे खनिजशास्त्र के विशेषज्ञ थे। उन्होंने चौथे दशक में एम.आई.टी से उपाधि प्राप्त की। डॉ. राजबली पांडे जैसे प्राचीन इतिहास के विशेषज्ञ थे। डॉ. रामअवध द्विवेदी जैसे अंग्रेज़ी के यशस्वी अध्यापक थे। डॉ. रामअवध द्विवेदी, मन्नन द्विवेदी गजपुरी के छोटे भाई थे। पं. नन्ददुलारे वाजपेयी काशी आने पर उन्हीं के यहाँ रुकते थे। उनके सम्पादन में नागरी प्रचारिणी सभा से अंग्रेज़ी में एक पत्रिका निकली थी 'हिन्दी'। ये लोग पूर्वी उत्तर प्रदेश के थे। अतएव इनमें एक खास तरह का सांस्कृतिक मिलाप था। जो स्वाभाविक था। लेकिन विद्वान् होने के बावजूद एक खास तरह का पुरबिया उजड्डपन भी था। जो अक्सर दबंगई और क्षेत्रीय एवं वैयक्तिक अवसर आने पर वर्णीय अहंकार में भी प्रकट होता। यह अन्य लोगों को खटकता और खलता था। उस समय ये लोग विख्यात थे, लोकप्रिय थे और उच्चपदस्थ (प्रोफ़ेसर) भी थे। इसलिए अकुतोभयता का भी भाव था। यह भाव सिर्फ़ इस गुट में ही नहीं था। काशी विश्वविद्यालय के वातावरण में व्याप्त था। विश्वविद्यालय के बाहर नगर की साहित्य-मंडली में और भी ज़्यादा था। द्विवेदी जी के शब्दों में काशी के विद्वानों में पांडित्य के साथ चांडित्य भी होता है—चांडित्य स्वभाव बन गया था। वे आपस में भी परस्पर इसे बरतते थे।

काशी विश्वविद्यालय की ऐसी एकाधिक घटनाएँ मुझे याद आ रही हैं। 1953 के अन्त या 1954 के प्रारम्भ की बात होगी। प्रसिद्ध भाषाशास्त्री प्रो. पी.बी. पंडित, जो बाद में दिल्ली विश्वविद्यालय में भाषा-विज्ञान विभाग के प्रोफ़ेसर और अध्यक्ष हुए, काशी विश्वविद्यालय में प्राकृत महाकाव्यों पर भाषण देने आए। प्रोफ़ेसर पंडित प्रसिद्ध प्राकृत विद्वान् श्री बेचर जोशी के पुत्र थे। उन्होंने अपना लिखित व्याख्यान हिन्दी में दिया। बाद में प्रश्नोत्तर हुआ।

सभा में पं. बलदेव उपाध्याय मौजूद थे। उन्होंने वक्ता की स्थापनाओं पर आपत्ति प्रकट की। वक्ता ने विनम्रतापूर्वक उपाध्याय जी की कई बातें मान लीं। लेकिन उपाध्याय जी इससे सन्तुष्ट नहीं हुए, बोले–"पहले आप भ्रमित थे, मेरी बात मानने के बाद आपको समझ आई है। 'यू वेर कन्फ्यूज़्ड नाउ यू आर क्लीयर।' प्रोफेसर पंडित सहमकर बैठ गए।

प्रोफ़ेसर सूर्यकान्त संस्कृत के विभागाध्यक्ष होकर आए थे। वे वेदों पर भाषण दे रहे थे। अध्यक्षता डॉ. वासुदेवशरण अग्रवाल कर रहे थे। मेरा अनुमान है कि प्रो. राजबली पांडेय के शिष्यों ने उनकी बहुत खिंचाई की। एक प्रश्न के उत्तर में प्रोफ़ेसर सूर्यकान्त ने टिप्पणी की कि, "मैं विनम्रता में केवल अध्यक्ष यानी डॉ. वासुदेवशरण अग्रवाल से कम हूँ। इतना संकोची न होता तो आज पता नहीं कहाँ होता।" सभा में भूगोल विभाग के अध्यक्ष प्रो. छिब्बर बैठे थे। उन्होंने तत्काल कहा, "आज आप भारत के प्रधानमंत्री होते।"

सुश्री लक्षम्मा केन्द्रीय सरकार की विदेश मंत्री थीं। उन्होंने विश्वविद्यालय की किसी सभा में हिन्दी के बारे में कुछ कह दिया। सभा में डॉ. रामअवध द्विवेदी बैठे थे, उन्होंने विदेश मंत्री को लगभग डाँटते हुए कहा–"आदरणीया, अपने वक्तव्य को प्रमाण पुष्ट कीजिए/करने की कृपा कीजिए। 'मैडम प्लीज़ क्वालीफाई योर स्टेटमैंट।'" इन्हीं डॉ. रामअवध द्विवेदी ने अपने ही घर पर एक गोष्ठी में राहुल जी का भाषण सुनकर कुछ कड़ी टिप्पणी की थी और राहुल जी विदा होने के काफ़ी देर बाद इन्हें प्रणाम करने लौटे थे, क्योंकि चलते समय वे इन्हें प्रणाम करना भूल गए थे।

द्विवेदी जी का स्वभाव इन लोगों से बिल्कुल विपरीत था। समानता सिर्फ़ यह थी कि इस पुरबिया गुट के अधिकांश सदस्य ब्राह्मण थे और उनमें क्षेत्रीय सादृश्य था। यह द्विवेदी जी के लिए अशुभ साबित हुआ और उनके विरोधी गुट ने इसका पूरा फायदा उठाया। इस मंडली को और हिन्दी विभाग की राजनीति को विश्वविद्यालय की बड़ी राजनीति में शामिल कर लिया गया।

आचार्य नरेन्द्रदेव के बाद काशी विश्वविद्यालय के उपकुलपति श्री सी.पी. रामास्वामी अय्यर हुए। सर सी.पी. रामास्वामी अय्यर को जवाहरलाल नेहरू भारतीय रजवाड़ों के मुकुट का रत्न कहते थे। उन्होंने त्रावनकोर राज्य में विद्रोहियों को गोलियों से भुनवाया था। वे अंग्रेज़ी वक्तृता में सरसर्वपल्ली राधाकृष्णन के प्रतिद्वन्द्वी माने जाते थे। वायसराय की एक्ज़ीक्यूटिव के सदस्य थे। संस्कृतज्ञ। काशी के विद्वानों की मंडली में बैठकर वैदिक मंत्रों का पाठ करने वाले। हिन्दी-उर्दू बिल्कुल नहीं आती थी। अंग्रेजी में इक़बाल पर एक पतली किताब या लेख लिखा था।

बुढ़ापे में भी परम स्वस्थ, सुन्दर। आइ.ए. रिचर्ड्स का भाषण सुनने आए। सभा के मध्य श्रोताओं के बीच बैठकर भाषण सुना। राहुल सांकृत्यायन ने काशी विश्वविद्यालय के छात्रसंघ का उद्घाटन किया। नहीं आए। छात्रों ने विरोध प्रदर्शन किया तो तपाक से पूछा–कौन है ये राहुल सांकृत्यायन? एक बौद्ध भिक्षु और रूसी लड़की से शादी की है और क्या किया है इन्होंने? हू इज़ दिस राहुल सांकृत्यायन? अ बुद्धिस्ट मॉक ऐंड हैज़ मैरिड अ रशियन गर्ल? लेकिन उन्होंने अपना समय लगभग शान्तिपूर्वक बिताया। वे छात्र-नेताओं के साथ मिलकर रहते थे। उनके समय में विद्यार्थियों का एक दल सोवियत संघ की यात्रा पर गया, जिसके नेता प्रो. मुकुट बिहारी लाल थे। दल में अंग्रेज़ी के कुशल वक्ता छात्र

श्री के.पी. मिश्र थे। वे लौटकर आए तो हिन्दी में भाषण देते हुए बोले–'सोवियत संघ से लौटकर मैं अब हिन्दी में ही बोलना पसन्द करता हूँ।'

उनके बाद श्री वेणीशंकर झा उपकुलपति हुए। वे शिक्षाविद् श्री लज्जाशंकर झा के सुपुत्र थे। द्विवेदी जी से मामूली परिचय पहले था। उनकी न्यायप्रियता के बारे में कोई सन्देह नहीं उठाया जा रहा, लेकिन यह हुआ कि विभाग से द्विवेदी जी को खदेड़ने में प्रतिबद्ध डॉ. जगन्नाथ शर्मा से उनकी बहुत पटती थी। डॉ. शर्मा मूलतः मध्य प्रदेश के थे। उनके समय में मुदालियर कमेटी बैठी, उसकी रपट आई और काशी विश्वविद्यालय में अभूतपूर्व छात्र-आन्दोलन छिड़ा। छात्र-विश्वविद्यालय के मुख्य गेट पर चौकसी करने लगे। वे उपकुलपति वेणीशंकर को विश्वविद्यालय में प्रवेश करने से रोकते थे। इस आन्दोलन के छात्र-नेताओं में सतीश कुमार, विद्यासागर नौटियाल, डी.एन. द्विवेदी और हीरालाल चौबे प्रमुख थे। हीरालाल चौबे 'वासंती' नाम की पत्रिका के सम्पादक भी थे। वे सन्मार्ग के सम्पादक-मंडल में भी थे। छात्रों की सभाओं को स्थानीय नेता सम्बोधित करते। एक भूतपूर्व छात्र-नेता का भाषण सुनने बहुत लोग आते–आनन्द बहादुर सिंह, समाजवादी पार्टी के थे। राजनारायण के साथी। मेरा ख्याल है राजनारायण भी भाषण देने कई बार आए। वे काशी विश्वविद्यालय के ही छात्र थे। राजनीतिशास्त्र में एम.ए.। 1942 के आन्दोलन में विश्वविद्यालय के गोपुर पर तिरंगा फहराया था।

लेकिन विश्वविद्यालय छात्र-यूनियन के अध्यक्ष गंगाराम आन्दोलनकारियों के विरुद्ध थे। वे वाइस चांसलर के समर्थक थे। आन्दोलनकारी छात्र उन्हें भी विश्वविद्यालय में प्रविष्ट नहीं होने देते थे। एक बार उन्होंने आने की कोशिश की तो छात्रों ने उनका मुँह काला करके खदेड़ दिया। गंगाराय भूमिहार थे। कुछ भूमिहार लड़के उनकी रक्षा कर रहे थे। लेकिन अधिकांश भूमिहार छात्र उनका विरोध कर रहे थे। राजनारायण तो छात्र-आन्दोलन के घोर समर्थक थे।

नगर में–मेरी याद में, टाउन हाल में, मुदालियर कमेटी की रपट पर विचार करने के लिए काशी के नागरिकों की एक सभा बुलाई गई। सभा की अध्यक्षता पी.एन. सिंह नाम के कोई प्रतिष्ठित न्यायविद् वकील कर रहे थे। उसमें प्रमुख भाषण, छात्र-नेता देवेन्द्र नाथ द्विवेदी के पिता श्री एस.पी. द्विवेदी, राजनारायण और आनन्द बहादुर का हुआ। सभी नेता मुदालियर रपट के विरोध में बोले। जब कोई वक्ता मुदालियर रपट को झूठों का पुलिन्दा कह रहा था तो सभा में बैठे सुधाकर पांडे ने कहा–नहीं साहब! रपट की बातें ठीक हैं। ऐसा बोलने वाले सिर्फ़ वही थे। मैंने श्री सुधाकर पांडे को पहली बार देखा। वे चुपचाप अकेले लेकिन निर्भीक थे। तब तक वे द्विवेदी जी के पक्के विरोधी हो चुके थे। प्रस्ताव पास होते समय किसी मुद्दे पर मतभेद हो गया। सभापति पी.एन. सिंह उठकर चले गए। राजनारायण और आनन्द बहादुर में बहुत झगड़ा हुआ। दोनों में गुरु-शिष्य जैसा सम्बन्ध था। लेकिन दोनों ने बाँहें चढ़ा लीं। मंच पर ही ऐसा मुखर विरोध कम देखा है।

बनारस में मुदालियर कमेटी की रपट का व्यापक विरोध था। जाँच कमेटी में अधिकांश सदस्य हिन्दीतर क्षेत्र के थे। उन्होंने काशी विश्वविद्यालय के वातावरण पर जो टिप्पणियाँ की थीं वे आन्दोलनकारियों की दृष्टि में आपत्तिजनक थीं। जिन अध्यापकों को दोषी ठहराया गया था वे सब हिन्दी क्षेत्र के, अधिकांश पूर्वी उत्तर प्रदेश के थे। बनारस पूर्वी

उत्तर प्रदेश क्षेत्र में है। इसलिए विरोध में स्थानीयता का तत्त्व ज़रूर था। लेकिन मुदालियर रपट का स्वागत करने वालों में सबसे मुखर भी स्थानीय लोग ही थे। अपने-अपने हितों का प्रश्न था।

1958 की छुट्टियों में छात्र-आन्दोलन ने बहुत ज़ोर पकड़ा। छात्रों ने गेट पर अपना पहरा बिठला दिया। सुनाई पड़ा उपकुलपति वेणीशंकर झा मोती झील में ठहरे हैं और किसी भी अनुकूल समय में मौका पाकर चुपके से विश्वविद्यालय में घुस आएँगे। उन्होंने ज्योतिषी से मुहूर्त निकलवा लिया है। छात्रों की चौकसी बढ़ गई।

विश्वविद्यालय अनिश्चित काल के लिए बन्द कर दिया गया था। मेस वग़ैरह बन्द थे। मैं गूर्टू में रहता था। याद नहीं किस कमरे में, किसके साथ। क्योंकि वहाँ खाने-पीने का ठिकाना नहीं था। एक दिन अलस्सुबह करीब पाँच-छह बजे बिजली की तरह समाचार फैला कि बहुत बड़ी तादाद में पी.ए.सी. आ गई है। गेट पर मौजूद छात्रों को पकड़कर पीटा जा रहा है और गिरफ्तार किया जा रहा है। शहर के छात्र जुलूस बनाकर गेट पर जमा हो गए हैं। विश्वविद्यालय के छात्रों की और शहर की भीड़ पुलिस की नाकेबन्दी तोड़कर आपस में मिल जाना चाह रही है। छात्र गेट की तरफ़ दौड़े। मैं भी दौड़ता हुआ पहुँचा। गेट और सर सुन्दरलाल अस्पताल के पीछे खाली जगह में खेत थे या कच्ची मिट्टी थी। रात में पानी बरसा था। देखा छात्र और पुलिस आमने-सामने खड़े हैं। एक अधिकारी के हाथ में भोंपू है और वह छात्रों को लौट जाने के लिए कह रहे हैं। छात्र आगे बढ़ रहे हैं। छात्रों की भीड़ में छात्र नेता सतीश कुमार दिखलाई पड़ रहे थे। सहसा छात्रों पर लाठीचार्ज होने लगा। मैंने देखा पुलिस के पीछे, छोटे-छोटे कद वाले पुलिसवालों ने बैठकर बन्दूकें तान लीं। छात्र भगे। मिट्टी गीली थी। यकायक मुझे लगा कि मेरे दाहिने कन्धे पर अंगारे रख दिए गए हैं, फिर बाएँ कन्धे पर भी। फिर दो-दो लाठियाँ और। गीली मिट्टी में जूता फँस गया। मैं दौड़ नहीं पा रहा था—आवाज़ सुनाई पड़ी—अरे पुलिस सतीश दादा को पीट रही है। सतीश दादा पिट रहे थे और दोनों हाथ उठाकर हमें समझा रहे थे—वापस जाओ। वापस जाओ, शान्ति से काम लो। यह वही सतीश थे जिनसे नेहरू जी ने पूछा था—आप विश्वदिद्यालय में कब से पढ़ रहे हैं कि आपने इतने वाइस चांसलरों को देखा।

छात्र लौट पड़े। जुलूस बनाकर अध्यापकों के यहाँ गए। द्विवेदी जी के यहाँ नारा लगाते हुए पहुँचे—हम पर लाठीचार्ज हुआ है, गुरु हमारा साथ दें। द्विवेदी जी घर से बाहर निकले। धोती-बनियाइन पहने थे। कुछ नहीं बोल पाए। आँखें सूज गई थीं, थोड़ी देर बैठे रहे, फिर चुपचाप अन्दर चले गए। मुझे चोट लगी थी। कन्धे टूट गए थे। मलहम-पट्टी करवाने अस्पताल नहीं गए। अफ़वाह थी कि मरहम-पट्टी के बाद अस्पताल में पुलिस पकड़ लेती है।

मुदालियर कमेटी, काशी विश्वविद्यालय की स्थिति का जायजा लेने के लिए, उसे सुधारने के लिए, अव्यवस्था और अनियमितताओं की जाँच के लिए नियुक्त की गई थी। इसके दायरे में हिन्दी विभाग भी आता था। इसमें अनेक उच्चपदस्थ विख्यात व्यक्ति सदस्य के रूप में मनोनीत किए गए थे। यह पता नहीं कैसे हुआ कि इसमें हिन्दी क्षेत्र का कोई व्यक्ति नहीं था। पतंजलि शास्त्री जैसे प्रसिद्ध न्यायविद् थे। कमेटी ने जो रिपोर्ट दी उसके अनुसार दोषी पाए गए व्यक्तियों को नोटिस दी गई। उन पर लगाए गए आरोपों की परीक्षा

की गई। उनसे जवाब-तलब किया गया और बाद में विश्वविद्यालय की कार्यकारिणी की सिफारिशों के अनुसार उन पर कार्रवाई की गई। इसी क्रम में पं. हजारीप्रसाद द्विवेदी को काशी विश्वविद्यालय से हटाया गया। अंग्रेज़ी विभाग के रीडर डॉ. रामअवध द्विवेदी को अन्धा होने के कारण पहले ही निकाल दिया गया था। द्विवेदी जी के साथ प्रो. राजबली पांडे, प्रो. गोपाल त्रिपाठी, डॉ. अक्षयबर लाल आदि को भी हटाया गया। अन्य लोगों ने विश्वविद्यालय के इस निर्णय के विरुद्ध अदालत का दरवाज़ा खटखटाया। प्रो. राजबली पांडेय इसी बीच जबलपुर विश्वविद्यालय के उपकुलपति नियुक्त हुए। गोपाल त्रिपाठी अन्ततः विश्वविद्यालय में पुनर्नियुक्त हुए। द्विवेदी जी अदालत नहीं गए। उनका तर्क था–विश्वविद्यालय ने बुलाया था, आया था, विश्वविद्यालय जाने के लिए कह रहा है, जा रहा हूँ। द्विवेदी जी एकेडेमिक लड़ाई, शोध, आलोचना के क्षेत्र में लड़ सकते थे, तर्क-वितर्क कर सकते थे, अदालती लड़ाई से डरते थे। इस मामले में वे ठेठ देहाती थे जो साहब के चपरासी से भी डरता है, शास्त्रार्थ वह सम्राट के राजगुरु से भी कर सकता है।

वैधानिक दृष्टि से द्विवेदी जी का पक्ष कमज़ोर भी था। वे शान्तिनिकेतन के जीव थे। आम्रकुंज में आँवले की गुठली मुँह में दबाए छात्र-छात्राओं को पढ़ाने वाले, जड़ से ही कान उखाड़ लेने की धमकी देने वाले गुरु, नियम-उपनियमों को ध्यान में रखकर फूँक-फूँककर कदम रखने वाले चतुर प्रोफ़ेसर नहीं, परीक्षा में कृपांक और कोपांक देकर उत्तर-पुस्तिका जाँचने वाले अध्यापक नहीं। इस संदर्भ में प्राप्त दस्तावेज़ जो प्रकाश डालते हैं वे विचारणीय हैं–

बनारस हिन्दू यूनिवर्सिटी की रिव्यूइंग आरोप पत्र कमेटी, 101 न्यू अलीपुर, ब्लॉक एफ, कलकत्ता-33 रिफरेन्स RC/B.H.U./7H.P./NSI/दिनांक 13 सितंबर, 1959 को लिखित-पत्र–

पंडित हजारीप्रसाद द्विवेदी,
शास्त्राचार्य (ज्योतिष)
प्रोफेसर ऑफ हिन्दी, सेन्ट्रल हिन्दू कॉलेज
एवं हिन्दू विभागाध्यक्ष,
बनारस हिन्दू यूनिवर्सिटी, वाराणसी-5 को

रिव्यूइंग कमेटी ने सोलीसिटर जनरल द्वारा संदर्भित मामलों को देखने के बाद यूनिवर्सिटी की इक्जीक्यूटिव काउंसिल के आरोपों की जाँच करने का फैसला किया है। आपसे सम्बन्धित आरोपों को आपके पास संलग्न लिफाफ़े में भेजा जा रहा है। आपसे प्रार्थना है कि आपको इन मामलों में जो कुछ कहना हो वह लिखित रूप में 11 अक्टूबर, 1959 तक प्रत्येक आरोप के विषय में लिखित रूप में कमेटी को बताएँ। यह भी बताने की कृपा करें कि क्या आप इन आरोपों के बारे में कमेटी के सामने उपस्थित होकर बताना चाहेंगे। अपना उत्तर मोहरबन्द लिफाफे में भेजें। कमेटी के संयोजक श्री राधेश्याम सिन्हा के पास।

आरोपों की संख्या 4 थी।

पहला–हिन्दी विभाग के बोर्ड ऑफ़ स्टडीज़ ने श्रीमती पद्मावती शबनम द्वारा सम्पादित 'मीरा वृहद् पद संग्रह' प्रकाशक लोकसेवक प्रकाशन, वाराणसी को एम.ए. परीक्षा के पाठ्यक्रम

में 5 मार्च, 1952 की मीटिंग में निर्धारित किया था। द्विवेदी जी ने अपने मन से उसकी जगह पं. परशुराम चतुर्वेदी द्वारा (आरोप-पत्र में परश, राम चतुर्वेदी रोमन लिपि में लिखा है।) सम्पादित मीराबाई की पदावली, हिन्दी साहित्य सम्मेलन द्वारा प्रकाशित, को पाठ्यक्रम में लगा दिया।

दूसरा—उसी मीटिंग में हिन्दी की बोर्ड ऑफ़ स्टडीज़ ने पं. हजारीप्रसाद द्विवेदी और डॉ. श्रीकृष्णलाल द्वारा सम्पादित निबन्ध संग्रह पाठ्यक्रम में निर्धारित किया गया। पुस्तक का प्रकाशन बाद में हुआ।

तीसरा—इसी प्रकार संक्षिप्त पृथ्वीराज रासो।

चौथा—पं. हजारीप्रसाद द्विवेदी वाराणसी से प्रकाशित वासन्ती पत्रिका के सम्पादक मंडल में हैं। हीरालाल चौबे, पं. सीताराम चतुर्वेदी इसके प्रधान सम्पादक हैं। सम्पादक मंडल में और भी लोग हैं जो दबाव बनाने वाली मंडली के (प्रेशर ग्रुप) सदस्य हैं। पत्रिका में विश्वविद्यालय अधिकारियों और रिपोर्ट (मुदालियर) के विरुद्ध लेख छापती है।

पाँचवाँ—काशी विश्वविद्यालय की एकेडेमिक काउंसिल ने विश्वविद्यालय पूर्व परीक्षा के विषय में जो प्रस्ताव पास किया है, उसका नागरी प्रचारिणी सभा ने एक प्रस्ताव के जरिए विरोध किया है। पं. हजारीप्रसाद द्विवेदी डीन ऑफ़ फैकल्डी ऑफ़ आर्ट्स हैं और नागरी प्रचारिणी सभा के उपाध्यक्ष भी। ऐसी स्थिति में उन्हें सभा में विश्वविद्यालय के प्रस्ताव का बचाव करना चाहिए था कि ऐसा न करके उन्होंने अनुशासन भंग किया है।

ये ही वे 'गंभीर' अपराध हैं जिनके आधार पर आचार्य हजारीप्रसाद द्विवेदी को काशी विश्वविद्यालय से हटाया गया। मीराबाई पर परशुराम चतुर्वेदी और पद्मावती शबनम के कार्यों में द्विवेदी जी परशुराम चतुर्वेदी के कार्य को बेहतर समझते थे। असम्भव नहीं कि बोर्ड ऑफ़ स्टडीज़ में पद्मावती शबनम को परशुराम चतुर्वेदी से बड़ा विद्वान् मानने वाले लोग रहे हों।

द्विवेदी जी गुणवत्ता को नियम-उपनियम से ज़्यादा महत्त्वपूर्ण मानते थे। वे न जानते रहे होंगे कि परशुराम चतुर्वेदी की किताब को पद्मावती शबनम की किताब से बेहतर मानना भी अपराध माना जा सकता है। आचार्य रामचन्द्र शुक्ल के शिष्यों, विद्वानों द्वारा।

निस्संदेह तकनीकी और नियमावली की दृष्टि से द्विवेदी जी के काम को नियमानुसार नहीं ठहराया जा सकता।

निबन्ध-संग्रह और संक्षिप्त पृथ्वीराज रासो से सम्बद्ध आरोप भी पाठ्यक्रम में निर्धारित पुस्तकों के हैं। इन पर प्रक्रिया-विधि के उल्लंघन का आरोप नहीं है। ये पुस्तकें प्रकाशित बाद में हुईं। यह प्रमाणित किया गया। द्विवेदी जी के मन में कुछ महत्त्वपूर्ण निबन्धों को पाठ्यक्रम में निर्धारित करना था। रासो पर उन दिनों वे काम कर रहे थे। आदिकाल सम्बन्धी पाँच व्याख्यान उन्हीं दिनों बिहार राष्ट्रभाषा परिषद् में दिए थे—जो बाद में परिषद् से ही 'हिन्दी साहित्य का आदिकाल' के रूप में प्रकाशित हुए। इन्हें पाठ्यक्रम में निर्धारित करने से द्विवेदी जी को कितना आर्थिक लाभ हो सकता था? पाठ्यक्रम में निर्धारित ये पुस्तकें आचार्य द्विवेदी के यश को बढ़ाने में कोई विशेष सहायता नहीं कर सकती थीं। वह पहले से ही पर्याप्त था। यह बात ध्यान में रखने की है कि पाठ्यक्रम की इन दोनों पुस्तकों का संकलन-सम्पादन अकेले द्विवेदी जी ने नहीं किया था। निबन्ध-संग्रह के सह-सम्पादक डॉ. श्रीकृष्णलाल और संक्षिप्त पृथ्वीराज रासो के सह-सम्पादक शोध-छात्र नामवर सिंह थे।

नामवर सिंह पृथ्वीराज रासो की भाषा पर काम कर रहे थे। विभाग के अनेक अध्यापकों द्वारा संकलित-सम्पादित पुस्तकें काशी विश्वविद्यायल के हिन्दी विभाग में लगी हुई थीं।

अन्तिम आरोप को तो आरोप कहना भी अतिकथन है। लेकिन विरोधियों द्वारा ढूँढ़-ढूँढ़कर, अनुसन्धान करके, आरोपों को इकट्ठा करना था। 'वासन्ती' पत्रिका को जगत बेला साधु आश्रम के लोग निकालते थे। हिन्दी नवयुवक रचनाकार महेन्द्र शंकर जो अच्छे गीतकार हैं, इसके सम्पादन का काम-काज देखते थे। पत्रिका धार्मिक संस्थान की ओर से निकलती थी जिसका उद्‌देश्य धार्मिक प्रचार था, लेकिन महेन्द्र शंकर के कारण या धर्मशील चतुर्वेदी या हीरालाल चौबे के कारण कुछ साहित्यिक सामग्री भी छप जाती थी। उसमें मेरा भी एक लेख आस्कर वाइल्ड पर और एक कविता 'अस्वस्थ राहुल' छपी थी। बाद में पत्रिका ने शान्तिप्रिय द्विवेदी विशेषांक निकाला जो कम-से-कम मेरे देखने में नहीं आया। पं. हजारीप्रसाद द्विवेदी को उस पत्रिका से कुछ लेना-देना नहीं था। पत्रिका के कुछ लोग द्विवेदी जी के पास आए होंगे। 'कृपया आप अपना नाम पत्रिका के सम्पादक मंडल में डाल देने की कृपा कीजिए। इससे पत्रिका का गौरव बढ़ेगा' पंडितजी ने स्वीकृति दे दी होगी।

सामान्य पत्रिकाओं में भी लिखा रहता है कि प्रकाशित सामग्री से सम्पादक का सहमत होना अनिवार्य नहीं है। फिर द्विवेदी जी सम्पादक नहीं थे, शोभा के लिए सम्पादक-मंडली में उनका नाम था। पत्रिका में विश्वविद्यालय के अधिकारियों यानी वाइस चांसलर और मुदालियर समिति की रपट का विरोध छपा था। इसके लिए द्विवेदी जी को आरोपी बनाया गया।

इसी तरह यह आरोप कि नागरी प्रचारिणी सभा ने विश्वविद्यालय के एकेडेमिक काउन्सिल के प्रस्ताव का विरोध किया। द्विवेदी जी विश्वविद्यालय की एकेडेमिक काउन्सिल के सदस्य हैं और नागरी प्रचारिणी सभा के उपाध्यक्ष भी। विश्वविद्यालय के परीक्षा-पूर्व प्रस्ताव का विरोध नागरी प्रचारिणी सभा ने किया—इसके लिए भी उन्हें ज़िम्मेदार बनाकर उन पर आरोप थोपा गया। द्विवेदी जी की नागरी प्रचारिणी सभा में कितनी चलती थी यह सर्वविदित था।

1960 ई. के अप्रैल या मई की बात होगी। राष्ट्रपति भवन के अशोक हॉल में डॉ. राजेन्द्र प्रसाद द्वारा राष्ट्रकवि मैथिलीशरण गुप्त का सम्मान हुआ। सम्मान समिति में डॉ. नगेन्द्र और डॉ. कल्याणमल लोढ़ा की भूमिका थी। प्रास्ताविक भाषण द्विवेदी जी ने दिया। हाल खचाखच भरा था। तब दिल्ली में विख्यात साहित्यकारों की भीड़ थी। जैनेन्द्र, दिनकर, बनारसीदास चतुर्वेदी, नरेन्द्र शर्मा, अज्ञेय, प्रभाकर माचवे, गिरिजा कुमार, भारतभूषण अग्रवाल, नेमिचन्द्र जैन, प्रयाग नारायण त्रिपाठी, मन्मथ नाथ गुप्त, रघुवीर सहाय, सर्वेश्वरदयाल सक्सेना, दुष्यन्त कुमार आदि।

सर्वेश्वर जी ने मुझसे कहा—आज देखना तुम अपने गुरु का प्रताप! द्विवेदी जी आए। मंच पर श्रोताओं के बैठने की जगह में घूमने लगे। लोग आ-आकर उनसे मिलते, चरण-स्पर्श करते और एक तरफ हो जाते। निश्चित समय पर राष्ट्रपति और मैथिलीशरण गुप्त पधारे। द्विवेदी जी ने प्रभावशाली भाषण दिया। राष्ट्रपति ने कहा—मैं जेल में गुप्त जी की कविताएँ पढ़-पढ़कर प्रेरणा लेता था। मुझे अभी भी 'भारत-भारती' की पंक्तियाँ याद हैं। गुप्त जी ने छन्दबद्ध भाषण दिया। हिन्दी के महत्त्व पर—उसकी आधी पंक्ति थी—इंग्लिश आया हो सकती, यानी मालकिन नहीं, बच्चों की देखभाल करनेवाली आया ही हो सकती है हमारे देश में। अभूतपूर्व गरिमामय भव्य समारोह था। समारोह के बाद जलपान था।

जलपान यानी शरबत-पान। मैंने राष्ट्रपति भवन पहली बार देखा था। अनानास का जूस था। जूस के लिए भीड़ थी। दिनकर अलग खड़े थे। मानो समारोह से अलग हों। धीमे स्वर में पंक्ति उन्होंने पढ़ी–एती ब्रजबाला मृगछाला कहाँ पावैंगी। बाद में विदित हुआ कि उनसे और गुप्त जी से खटपट चल रही है।

समारोह के अन्त में एक दृश्य देखा। स्वाधीनता संग्राम के सैनिक हिन्दी पत्रकार बनारसीदास चतुर्वेदी की शिष्टता का। वे राष्ट्रपति राजेन्द्र प्रसाद से कुछ कहना चाहते थे। राजेन्द्र बाबू हाल से राष्ट्रपति भवन के निजी निवास कक्ष में जा रहे थे। सफेद कोट, धोती, टोपी पहने, छड़ी लिए हुए। चतुर्वेदी जी पीछे-पीछे कि राष्ट्रपति आहट पाकर पीछे मुड़कर देख लें मुझे। राजेन्द्र बाबू अपनी धुन में चलते गए। चतुर्वेदी जी उनके पीछे बहुत निकट थे। लेकिन उन्होंने पीछे से आवाज़ देकर नहीं बुलाया। राजेन्द्र बाबू अन्दर चले गए। चतुर्वेदी जी लौट आए।

समारोह के बाद दुष्यन्त कुमार पं. जी को आकाशवाणी ले गए। वहाँ पंडितजी का भाषण हुआ। शायद लाइव रिले किया गया। श्रोताओं के बीच आकाशवाणी का कार्यक्रम। दुष्यन्त कुमार ने मुझे भी पहचान लिया–गुर्टू छात्रावास, बी.एच.यू. में आपकी कविता सुनी थी। केदारनाथ सिंह के कमरे में। मुझे बहुत अच्छा लगा।

वहाँ से प्रयाग नारायण त्रिपाठी ने अपनी कार में द्विवेदी जी को श्रीराम कॉलेज के स्टाफ़ क्वार्टर में पहुँचाया। त्रिपाठी जी ने मुझे वी.एस.एस.डी. कॉलेज, कानपुर में एक साल पढ़ाया था। रास्ते में दो-तीन बार द्विवेदी जी से कहा–पं. जी, विश्वनाथ मेरा शिष्य है।

तीसरी बार द्विवेदी जी ने कहा–त्रिपाठी जी, शिष्य तो वह मेरा भी है।

त्रिपाठी जी सम्भवतः पहले से पंडितजी से परिचित थे। वे बनारसीदास जी से सुपरिचित थे।

बनारस से लौटते हुए पं. जी को स्टेशन छोड़ने गया तो पूछा–पं. जी मुदालियर कमिटी की रिपोर्ट से आप तो परेशान नहीं हैं? पं. जी ने कहा–नहीं, लेकिन तुम अपनी थीसिस जल्दी जमा कर दो। तब उस समय नहीं समझ पाया था संकेत।

और 1960 के ग्रीष्मावकाश में ही डॉ. राजबली पांडेय, डॉ. गोपाल त्रिपाठी आदि के साथ पं. हजारीप्रसाद द्विवेदी भी काशी विश्वविद्यालय से निष्कासित कर दिए गए। उनकी सेवाएँ समाप्त कर दी गईं। मेरी छोटी बहन की शादी थी। समाचार मैंने गाँव में पढ़ा। दैनिक पत्र 'आज' में मुखपृष्ठ के ऊपर बाएँ कोने में बाक्स में समाचार था। द्विवेदी जी को यह समाचार काशी में नहीं, दिल्ली में मिला। वे दिल्ली में हिन्दी अध्यापकों के सम्मेलन में शामिल होने आए थे। अपने जामाता कैलाशपति ओझा के यहाँ श्रीराम कॉलेज ऑफ़ कामर्स के स्टाफ़ क्वार्टर में ठहरे थे। वहीं उन्हें काग़ज़ मिला। पढ़कर किनारे रख दिया। काग़ज़ पढ़कर चेहरा गंभीर हो गया। पुतुल ने पूछा होगा–बाबू जी क्या बात है? बाबू जी ने काग़ज़ ज्येष्ठ पुत्री को पकड़ा दिया होगा। जिस समारोह में भाग लेने पंडितजी आए थे, उसमें राष्ट्रपति डॉ. राजेन्द्र प्रसाद आने वाले थे। राजेन्द्र बाबू से पंडितजी का पुराना परिचय था। जब राजेन्द्र बाबू देशरत्न थे, राष्ट्रपति नहीं और पं. जी विश्वभारती (हिन्दी) के सम्पादक। कहते हैं कि राजेन्द्र बाबू ने अपनी आत्मकथा छपने के पहले देखने-सुधारने के लिए द्विवेदी जी के पास भेजी थी। 'आजकल' में मैंने पं. जी द्वारा आकाशवाणी से प्रसारित दो पुस्तकों की समीक्षा

को लेख रूप में छपा देखा था। राजेन्द्र प्रसाद की आत्मकथा की और डॉ. वासुदेवशरण अग्रवाल की पुस्तक की। राजेन्द्र प्रसाद की समीक्षा विस्तृत थी और अग्रवाल जी की किताब की छोटी-सी। मुझे अच्छा नहीं लगा। पं. जी से मैंने पूछा तो उन्होंने कहा–'आजकल' वालों ने अग्रवाल जी की पुस्तक की समीक्षा को छोटा कर दिया। ख़ैर, पं. जी का मन डूबा हुआ था, वे सभा में नहीं जाना चाहते थे। पं. जी ने मुझे बताया कि डॉ. नगेन्द्र बहुत ज़िद करके उन्हें सभा में ले गए। पं. जी का कहना था कि मुझे सभा में न कुछ दिखाई पड़ा, न सुनाई। लेकिन लोग कहते हैं कि पूरे समय राजेन्द्र बाबू द्विवेदी जी की ओर देखते रहे।

राजकमल प्रकाशन के तत्कालीन प्रबन्धक ओमप्रकाश ने मुझसे कहा–मैंने हिन्दी अध्यापकों की ओर से काशी विश्वविद्यालय की कार्रवाई की निन्दा का प्रस्ताव पारित करने का सुझाव दिया। लेकिन डॉ. नगेन्द्र ने ऐसा करना उचित नहीं समझा। उनके दिमाग़ में पं. हजारीप्रसाद द्विवेदी को जल्दी-से-जल्दी कहीं पुनर्स्थापित करने की चिन्ता थी।

डॉ. राजबली पांडे, डॉ. गोपाल त्रिपाठी आदि ने विश्वविद्यालय के विरुद्ध हाईकोर्ट में याचिका दायर की। डॉ. रामअवध द्विवेदी की याचिका खारिज़ हो चुकी थी। इन लोगों की याचिका भी खारिज़ हो गईं। इसी बीच डॉ. राजबली पांडे जबलपुर विश्वविद्यालय के कुलपति, वाइस चांसलर होकर चले गए। डॉ. गोपाल त्रिपाठी ने सुप्रीम कोर्ट में अपील की। कई वर्षों तक लड़ते रहे। अन्त में तत्कालीन शिक्षा मंत्री श्री छागला के समय में वे काशी विश्वविद्यालय के अपने पद पर पुनः प्रतिष्ठित हुए।

पं. हजारीप्रसाद द्विवेदी ने याचिका नहीं दायर की। उनका कहना था कि विश्वविद्यालय ने उन्हें बुलाया था, वे चले आए थे। अब कहते हैं–चले जाओ, तो चला जाऊँगा। कुछ लोगों का विचार है कि पं. जी का केस कमज़ोर था। उनके पद को विज्ञापित करके इन्टरव्यू द्वारा उन्हें स्थायी रूप से नियुक्त नहीं किया गया था। यह कथन लचर है। पं. जी लगभग दस वर्षों तक विभागाध्यक्ष और प्रोफ़ेसर रहे। इतने दिनों तक काम करनेवाला व्यक्ति किसी भी तर्क से अस्थायी नहीं माना जा सकता।

इसी बीच में घटनाएँ तेज़ी से घटीं। पं. हजारीप्रसाद द्विवेदी जैसे व्यक्ति का काशी विश्वविद्यालय से निष्कासन स्तब्धकारी घटना थी। उनके अधिकांश विरोधी भी इसे अनुचित मान रहे थे।

काशी विश्वविद्यालीय के हिन्दी विभाग का विक्रमादित्यीय सिंहासन खिसक गया था। हिन्दी में बिना एम.ए. किए, साहित्य-इतिहास के दिशा-निर्देशक विभागाध्यक्षों–श्यामसुन्दर दास, रामचन्द्र शुक्ल, केशवप्रसाद मिश्र, हजारीप्रसाद द्विवेदी की परम्परा टूट गई थी–अब कुशल विभाग-प्रशासक अध्यक्षों की परम्परा का प्रवर्तन हुआ–जो अध्यापक, विद्वान्, साहित्यकार से अधिक नियम-उपनियमों के जानकार थे। समर्थ शुभचिन्तकों की बैठकी में उखाड़-पछाड़ में माहिर थे।

किसी ने फिर न सुना दर्द के फ़साने को
मेरे न होने से राहत मिली ज़माने को।

एकाधिक वर्षों के बाद–एक दिन पं. जी बहुत प्रसन्न थे–जैसे किसी आन्तरिक तोष से हल्के हो गए हैं। भाव-सान्द्रवाणी में धीमे स्वर में बोले–

सोचता तो था कि कभी-न-कभी लोग समझेंगे–लेकिन मेरे जीवन में ही यह सुनने को मिल जाएगा–यह आशा नहीं की थी। हुआ यह था–

वेणीशंकर झा के बाद जस्टिस भगवती काशी हिन्दू विश्वविद्यालय के वाइस चांसलर हुए। निष्कासन इन्हीं के समय में हुआ था। हिन्दी विभाग के किसी समारोह में वे निमन्त्रित किए गए। ऐसे अवसर पर सम्माननीय अतिथि प्रायः अपने आतिथेय वर्तमान विभागाध्यक्ष की प्रशंसा करता है, धन्यवाद देता है। समारोह भव्य था और विभाग के अलावा विश्वविद्यालय के प्रतिष्ठित अन्य विभागों के विद्वान् भी थे। वाइस चांसलर भगवती ने कहा–

"हम सुन रहे हैं कि विभाग की स्थिति ठीक नहीं है। पहले जैसा इसका नाम नहीं रह गया है। सुनते हैं कि यहाँ प्रो. हजारीप्रसाद द्विवेदी के समय में विभाग का बहुत नाम था। उन्हें लोगों ने निकालकर बहुत गलत काम किया। अब विभाग का नाम पहले जैसा नहीं है।"

यह घटना डॉ. गोपाल त्रिपाठी ने पं. जी को सुनाई। पं. जी को यह सब सुनकर संतोष हुआ–सुनकर गंभीर हो गए।

लेकिन सच्ची बात यह है कि क्षतिग्रस्त काशी विश्वविद्यालय का हिन्दी विभाग ही नहीं हुआ था। पंडितजी का व्यक्तित्व भी हुआ था। और घाव पुरनेवाला नहीं था। वह पुरा भी नहीं।

एकाध महीने में ही पं. हजारीप्रसाद द्विवेदी को पंजाब विश्वविद्यालय ने हिन्दी प्रोफ़ेसर एवं विभागाध्यक्ष के रूप में निमन्त्रित किया।

मैंने यह ख़बर इलाहाबाद में फिराक़ साहब को सुनाई तो वे बोले–बड़ा अक़बालमन्द आदमी है!

यह अक़बालमंदी महँगी थी। इन्हीं दिनों का, निष्कासन के कुछ ही महीने पहले, लगभग साल-भर पहले का एक पत्र पं. हजारीप्रसाद द्विवेदी ने अपने शिष्यवत् प्रिय मित्र रामपूजन तिवारी जी को लिखा था–काशी विश्वविद्यालय वाराणसी से दिनांक 25.2.59 को–

सारा संचित धन समाप्त हो गया (मकान बनाने में–मकान पूरा नहीं हुआ है–वि.त्रि.) "मेरे बिल का भुगतान हो गया हो तो तुरन्त भेज दें। सम्भव हो तो कुछ और मिलाकर भेज दें...दो-चार महीने में लौटा दूँगा।"

पर वही रक्त में घुला हुआ संकोची स्वभाव–रामपूजन तिवारी जी कौन धन्ना सेठ हैं। फौरन जोड़ा–

"पर न हो तो चिन्तित होने की कोई बात नहीं।"

यह चिन्तित न होने का आश्वासन रामपूजन तिवारी को दिया जा रहा था। नहीं, हजारीप्रसाद द्विवेदी अपने को आश्वासन दे रहे थे।

इधर मकान बना–पूरा बन भी नहीं पाया कि मकान ही नहीं काशी ही छूटी–शान्तिनिकेतन से आए थे शिवालिक चले। शान्तिनिकेतन से चले आने का कैसा पछतावा मन में उठा होगा?

सन्दर्भ-सूची

1. कथा विवेचन और गद्य शिल्प, पृ. 102

गाढ़े का साथी : पंजाब

घटनाओं का चक्र और तेज़ी से चला। 1960 में ही पं. हजारीप्रसाद द्विवेदी चंडीगढ़ विश्वविद्यालय के हिन्दी विभाग के अध्यक्ष और प्रोफ़ेसर नियुक्त हो गए। यह सब इतनी जल्दी कैसे हुआ? इसका कोई लिखित या प्रामाणिक ब्यौरा किसी के पास नहीं है। मैं 1959 के अक्टूबर में नैनीताल से दिल्ली आकर किरोड़ीमल कालेज, दिल्ली में पढ़ाने लगा था। पं. जी की बड़ी पुत्री पुतुल (इन्दुमती) का विवाह डॉ. दशरथ ओझा के भतीजे कैलाशपति ओझा से 1957 में हो गया था। कैलाशपति ओझा दिल्ली विश्वविद्यालय के श्रीराम कालेज आफ कामर्स में पढ़ाते थे। पत्नी इन्दुमती ओझा सहित दिल्ली में श्रीराम कालेज आफ कामर्स के स्टाफ क्वार्टर में रहते थे। कुछ दिनों बाद इन्दुमती ओझा की नियुक्ति दौलतराम कालेज में हो गई। दोनों कालेज, किरोड़ीमल कालेज के पास, मौरिसनगर में ही थे, मैं कालेज से अक्सर वहाँ जाता। शुरू में उनके यहाँ करीब एक महीने रहा था। पं. जी दिल्ली आते तो वहीं पुतुल (इन्दुमती ओझा) के पास रुकते, माताजी, पं. जी की अन्य सन्तानें भी वहीं आए दिन आती रहतीं। पं. जी के पंजाब आ जाने के बाद यह क्रम और बढ़ गया।

पं. जी चंडीगढ़ कैसे आए? इसमें साधन कौन बना? हम निश्चयपूर्वक नहीं जानते। जो बात तय है वह यह कि पंजाब विश्वविद्यालय में हिन्दी विभाग के तत्कालीन रीडर अध्यक्ष डॉ. इन्द्रनाथ मदान और वहाँ के वाइस चांसलर ए.सी. जोशी की इच्छा और प्रयत्न के बिना यह सम्भव नहीं था।

द्विवेदी जी के हटाए जाने से हिन्दी साहित्य स्तब्ध एवं क्षुब्ध था। उनकी विद्वत्ता, उनके चारित्र्य और स्वभाव के प्रति हिन्दी समाज, हिन्दी समाज के बाहर, पूरे भारतवर्ष के विद्वानों और लेखकों के मन में सम्मान था। कुछ लोग ऐसे अवश्य थे जिनके हित पर द्विवेदी जी के काशी आने से चोट लगी थी। लेकिन उनके प्रति अपनी ओर से पंडितजी अतिशय विनम्र थे। द्विवेदी जी के प्रति हुए विश्वविद्यालयी व्यवहार से उत्पन्न क्षोभ एवं द्विवेदी जी के प्रति व्यापक सहानुभूति से उत्पन्न वातावरण ने उन्हें इतना जल्दी पुनर्नियुक्त होने में सहायता की। द्विवेदी जी की सबसे बड़ी शक्ति उनकी लेखनी, वाक्क्षमता और उनका शील स्वभाव था।

लेकिन द्विवेदी जी के चंडीगढ़ पहुँचने में निर्णायक भूमिका राजेन्द्र बाबू की थी। यह जानकारी मुझे नामवर जी ने दी है। उन्हें यह बात खुद पं. जी ने बताई थी। पहले इस बात का उल्लेख हो चुका है कि काशी विश्वविद्यालय से हटाए जाने की सूचना पं. जी को दिल्ली में मिली। उन्हीं दिनों दिल्ली में विश्वविद्यालयों में काम करने वाले हिन्दी अध्यापकों की संस्था हिन्दी परिषद् का अधिवेशन हो रहा था। पं. जी उसमें भाग लेने आए थे। अधिवेशन का उद्‌घाटन राजेन्द्र बाबू ने किया। पं. जी का मन उसमें आने को नहीं था, उनका मन बैठ गया था। सभा कक्ष में राजेन्द्र बाबू उन्हें निहारते रहे। अनुमानतः वहीं उन्होंने द्विवेदी

जी की सहायता करने का संकल्प लिया। शायद उन्होंने ही–अपने किसी विश्वस्त व्यक्ति द्वारा पंजाब के तत्कालीन वाइस चांसलर से द्विवेदी जी को प्रोफ़ेसर पद के लिए निमन्त्रित करने का संकेत दिया। उन दिनों तक पंजाब विश्वविद्यालय के हिन्दी विभाग में कोई प्रोफ़ेसर नहीं नियुक्त हुआ था। निश्चय ही इसमें किसी विधिवेत्ता या विशेषज्ञ से राय ली गई होगी। इसीलिए काशी विश्वविद्यालय वाली ग़लती दुहराई नहीं गई। निर्णायक-समिति गठित की गई। जिसने सर्व-सम्मति से द्विवेदी जी का नाम प्रस्तावित किया। और वाइस चांसलर जोशी ने पं. हजारीप्रसाद द्विवेदी को आचार्य एवं अध्यक्ष पद ग्रहण करने के लिए निमन्त्रित किया। इस पूरी प्रक्रिया में दो व्यक्तियों की महत्त्वपूर्ण भूमिका रही। डॉ. नगेन्द्र की और डॉ. इन्द्रनाथ मदान की।

डॉ. नगेन्द्र ने अपनी आत्मकथा 'अर्द्धकथा' में द्विवेदी जी के चंडीगढ़ आगमन का विवरण इस प्रकार दिया है–

"1960 में द्विवेदी जी को काशी छोड़कर पंजाब विश्वविद्यालय, चंडीगढ़ जाना पड़ा।...काशी की इस क्षति का पंजाब विश्वविद्यालय को अनायास ही लाभ मिल गया।"–डॉ. साहब ने बताया है कि मई 1960 में दिल्ली विश्वविद्यालय में भारतीय हिन्दी परिषद् का अधिवेशन चल रहा था, द्विवेदी जी को पदमुक्ति का समाचार वहीं मिला था। "संयोगवश तभी पंजाब वि.वि. से टेलीफोन पर मुझे हिन्दी-विभाग के रीडर-पद की चयन-समिति में भाग लेने के लिए निमंत्रण मिला।...तत्काल ही मेरे मन में एक नया विचार कौंध गया और मैंने प्रस्ताव कर दिया कि आचार्य हजारीप्रसाद द्विवेदी को प्रोफ़ेसर के रूप में आमन्त्रित कर लिया जाए। डॉ. इन्द्रनाथ मदान ने, जो रीडर-अध्यक्ष के रूप में कार्य कर रहे थे, उदारतापूर्वक मेरे इस प्रस्ताव का अनुमोदन किया...केन्द्रीय शिक्षामंत्री भी इससे खुश नहीं थे; उनका कहना था कि काशी के घटना चक्र को देखते हुए इस प्रकार के निर्णय के पूर्व सरकार की अनुमति लेना आवश्यक था। यथासमय मैं और वे (कुलपति जोशी-वि.वि.) डॉ. श्रीमाली से मिले और उनका परितोष करने के बाद द्विवेदी जी को नियुक्ति-पत्र भेज दिया गया।" काशी वाली गलती यहाँ नहीं दुहराई गई। "नियमानुसार चयन-समिति गठित की गई और डॉ. धीरेन्द्र वर्मा और मैं विशेषज्ञ सदस्यों के रूप में नामित किए गए।" डॉ. नगेन्द्र ने लिखा है, "चयन समिति ने द्विवेदी जी के गौरव के अनुरूप, उनकी अनुपस्थिति में सम्मानपूर्वक उनके नाम की संस्तुति कर दी। इस प्रकार शान्तिनिकेतन से काशी होते हुए वे शिवालिक की घाटी में पहुँच गए।"

इस प्रसंग के साथ द्विवेदी-नगेन्द्र से सम्बन्धित एक और प्रसंग को जोड़ें। उसका विवरण भी डॉ. नगेन्द्र ने अपनी आत्मकथा में दिया है। 1970 में डॉ. नगेन्द्र को दिल्ली विश्वविद्यालय के हिन्दी विभाग का अध्यक्ष पद छोड़ना पड़ा। परीक्षा-फल में किसी अनियमितता को लेकर। डॉ. नगेन्द्र जैसे प्रतापी अध्यक्ष के लिए यह सचमुच हृदय-विदारक था। ऐसे समय में उन्हें काशी से पंडित हजारीप्रसाद द्विवेदी का एक दोहरा मोहरबंद लिफ़ाफ़ा मिला, जिसमें काशी हिन्दू विश्वविद्यालय के तत्कालीन कुलपति डॉ. श्रीमती का उनके लिए विश्वविद्यालय में आने का निमंत्रण था। "लेकिन प्रियजन-परिजन के प्रति मोह-ममता के बन्धनों में जकड़ा हुआ मेरा मन दिल्ली छोड़कर जाने की कल्पना भी नहीं कर सकता था।"[1]

पं. हजारीप्रसाद द्विवेदी और डॉ. राजेन्द्र बाबू से पहले से ही बहुत अच्छे सम्बन्ध थे। सम्बन्ध तो द्विवेदी जी के नेहरू जी से भी अच्छे थे, इन्दिरा जी के तो वे गुरु ही थे। कहते हैं कि राजेन्द्र बाबू, काशी विश्वविद्यालय अधिनियम पर, जिसके तहत द्विवेदी जी और अन्य अध्यापक हटाए गए, हस्ताक्षर करने में आनाकानी कर रहे थे। सम्बन्धों का इस्तेमाल करने की कला द्विवेदी जी को नहीं डॉ. नगेन्द्र को आती थी। डॉ. नगेन्द्र लगभग प्रति सप्ताह राष्ट्रपति-भवन जाते थे। राजेन्द्र बाबू के यहाँ कथा होती थी, उसमें शामिल होते थे। डॉ. नगेन्द्र को रीतिकाव्य और देव पर और राजेन्द्र बाबू को मानद डी.लिट् उपाधि आगरा विश्वविद्यालय में एक ही दीक्षान्त समारोह में मिली थी। तभी से दोनों में सुपरिचय हो गया था।

निस्सन्देह डॉ. नगेन्द्र द्विवेदी जी के हटाए जाने से क्षुब्ध थे। उन्होंने एक बार मुझे बताया कि मैंने (डॉ. नगेन्द्र ने) पं. जी को हटाए जाने के बाद काशी विश्वविद्यालय की उस चयन-समिति का सदस्य बनने की कोशश की जिसमें डॉ. जगन्नाथ शर्मा को द्विवेदी जी के स्थान पर नियुक्त किया जाना था। मेरा उद्देश्य डॉ. शर्मा को वहाँ असफल पाना था। यह स्मरण करें कि द्विवेदी जी ने दिल्ली विश्वविद्यालय की चयन-समित के सदस्य की हैसियत से डॉ. नगेन्द्र के नाम का, रीडर पद के लिए विरोध किया था, तो डॉ. नगेन्द्र के इस काम की गरिमा और बढ़ जाती है। डॉ. नगेन्द्र उस चयन-समिति के सदस्य थे जिसने पं. जी को इस पद के लिए निमन्त्रित करने का प्रस्ताव पारित किया था। डॉ. नगेन्द्र के सम्बन्ध तत्कालीन केन्द्रीय शिक्षामंत्री कालू लाल श्रीमाली से भी अच्छे थे। अनुमानतः पं. जी में और उनमें सुलह-सफाई का काम भी डॉ. साहब ने किया।

और इसके बाद दिल्ली विश्वविद्यालय की चयन-समिति में पं. हजारीप्रसाद द्विवेदी बराबर बने रहे और वही करते रहे—आँख मूँद कर, जो डॉ. नगेन्द्र कहते रहे। डॉ. नगेन्द्र के सम्मान में एक पुस्तक निकली। पं. जी ने उन पर लेख लिखा, जिसमें उनकी दृढ़ता की तुलना कबीर से की गई। मैंने क्षुब्ध होकर कहा—पं. जी अमुक प्रोफ़ेसर पर लेख लिखिएगा तो उसे तुलसीदास कह दीजिएगा।

हम लोग बहुत बातें भूल जाते हैं—विशेषतः दूसरों की आलोचना करते समय।

द्विवेदी जी की बड़ी लड़की, इन्दुमती ओझा, उनके पति कैलाशपति ओझा, पुत्र मुकुन्द द्विवेदी को विभिन्न कालेजों में डॉ. नगेन्द्र ने नियुक्त किया। उनके कहने पर उनके शिष्यों—मेरे समेत, को नियुक्त किया। और खुद सम्मानपूर्वक उन्हें चंडीगढ़ में आचार्य, अध्यक्ष पद के लिए निमन्त्रित करवाने की योजना कार्यान्वित कराई। दूसरे डॉ. इन्द्रनाथ मदान। डॉ. इन्द्रनाथ मदान पंजाब विश्वविद्यालय में रीडर थे। वे विश्वविद्यालय में प्रोफ़ेसर और अध्यक्ष नियुक्त होने के सर्वाधिक योग्य और अधिकारी थे। उन्होंने अंग्रेजी में एम.ए. किया था लेकिन डी.लिट् की उपाधि प्रेमचन्द पर प्राप्त की थी। सम्भवतः प्रेमचन्द पर शोध करने वाले वे प्रथम विद्वान् थे। कहते हैं कि वाइस-चांसलर जोशी ने जब उनसे द्विवेदी जी को निमन्त्रित करने की बात की तो उन्होंने उत्साहपूर्वक कहा—मैं प्रोफ़ेसर बनने की अपेक्षा आचार्य हजारीप्रसाद द्विवेदी के साथ रीडर के रूप में काम करना ज़्यादा पसन्द करूँगा। निस्सन्देह उन्होंने हिन्दी विभागों के इतिहास में अभूतपूर्व त्याग और उदारता का परिचय दिया। उनका व्यवहार काशी वि.वि. के हिन्दी अध्यापकों से बिलकुल विपरीत था।

डॉ. इन्द्रनाथ मदान का यह व्यवहार द्विवेदी जी जन्म भर नहीं भूले। बाद में द्विवेदी जी के चंडीगढ़ रहते ही वे प्रोफेसर बने। विभाग का प्रशासन और व्यवस्था का सारा काम द्विवेदी जी के रहते भी, वे ही देखते थे।

26.6.61 को द्विवेदी जी ने डॉ. मदान को जो पत्र लिखा है, उससे डॉ. मदान के प्रति पं. जी का भाव प्रकट होता है। द्विवेदी जी कृतज्ञता को बहुत बड़ा जीवन-मूल्य मानते थे। इन्द्रनाथ मदान ने उनकी विपत्ति में सहायता की थी। उन्होंने पत्र में लिखा–

"मैं चंडीगढ़ से लौटकर अभी बनारस पहुँचा हूँ। चंडीगढ़ में सदा आपकी याद आती रही। आपकी कृपा से ही मेरा चंडीगढ़ आना सम्भव हुआ है। कभी-कभी विपत्ति में अद्भुत सम्पत्ति के दर्शन होते हैं। आपके समान अगर विशाल हृदय मित्र जिसे प्राप्त हो उसे किस बात की चिंता हो सकती है।"[2]

मुझे लगता है कि यह पत्र 20.6.61 का नहीं, बल्कि 26.6.60 का है। इसमें आगे लिखा है–मैं पहली जुलाई से वहाँ (चंडीगढ़ वि.वि.) स्थायी रूप से रहने जा रहा हूँ। पर आपके दर्शन जब तक नहीं होते, तब तक बहुत-सी बातें अस्पष्ट रहेंगी।

पं. जी जुलाई 60 में चंडीगढ़ पहुँच गए थे। पं. रामपूजन तिवारी को 3.12.60 को लिखा है–

तितिल और लालजी मजे में हैं, पिताजी भी आ गए हैं। एक भृत्य भी मिल गया है।

डॉ. रमेश कुंतल मेघ ने एक लेख का प्रारम्भ यों किया है–"अन्ततोगत्वा जुलाई 1960 के पहले पखवाड़े में, वाराणसी की बनारस हिन्दू यूनिवर्सिटी से उजड़े-उखड़े जाने के बाद, आचार्य हजारीप्रसाद द्विवेदी पंजाब यूनिवर्सिटी चंडीगढ़ में प्रोफेसर एवं अध्यक्ष के पद का 'आफर' स्वीकार करते हुए आ गए।[3]"

डॉ. मेघ ने बताया है कि उस समय पंजाब विश्वविद्यालय के विभिन्न विभाग शिमला, सोलन, होश्यारपुर, लुधियाना, जालन्धर में छितरे हुए थे। चंडीगढ़ के सेक्टर-14 में कैम्पस बनने पर हिन्दी विभाग भी जालन्धर के डी.ए.वी. कालेज से यहाँ (चंडीगढ़) स्थानान्तरित हुआ था। वहाँ के प्रभारी डॉ. इन्द्रनाथ मदान भी कुछ दिनों बाद विभाग में आ गए। डॉ. मदान ने ही तत्कालीन वाइस चांसलर डॉ. अमरचन्द जोशी को सुझाया था कि हिन्दी के विख्यात विद्वान् डॉ. हजारीप्रसाद द्विवेदी की सेवाएँ बनारस हिन्दू यूनिवर्सिटी में समाप्त कर दी गई हैं। अतः उन्हें चंडीगढ़ में बाइज़्ज़त बुला लिया जाए। ऐसा ही हुआ। क्या आजकल के घटियापन के दुर्दिनों में ऐसा हो सकता है?[4]

ऐसा प्रस्ताव शान्तिनिकेतन में हिन्दी भवन के तत्कालीन अध्यक्ष डॉ. रामसिंह तोमर ने भी द्विवेदी जी से किया था। मेरे अनुमान का आधार द्विवेदी जी का डॉ. तोमर को लिखित एक पत्र है। यह पत्र द्विवेदी जी ने डॉ. तोमर को 30.6.58 को लिखा था। यह द्विवेदी जी के काशी छोड़ने के ठीक पहले का समय है।

प्रिय भाई तोमर जी,

आपका कृपा-पत्र मिल गया। मेरे मन की व्यथा आपने ठीक ही समझी है, पर अब यह कैसे हो सकता है कि आपके स्थान पर आऊँ? यह तो मैं स्वप्न में भी नहीं सोच सकता।

मैं तो आप लोगों को सुप्रतिष्ठित देखकर ही आनन्द पाता हूँ। और तो मुझसे कुछ हो नहीं सका...पर आप लोगों को देखता हूँ तो लगता है कि कुछ कर सका हूँ। आपकी उदारता के अनेक उदाहरण मुझे मिले हैं। यह तो चरम है।[5]

पं. जी का जीवन विस्थापनों की शृंखला रही है। किन्तु उन्हें सम्मानित स्थापित करने वालों की भी कमी नहीं थी।

डॉ. रमेश कुन्तल मेघ के अनुसार, "तो आचार्य द्विवेदी अपने बेटे लालजी (मुकुन्द) मँझली बेटी तितिल (मालती) को लिवाकर एक सोन्टी, एक बाल्टी, एक लालटेन के साथ ले काबूजिए के सपनों के इस खूबसूरत शहर चंडीगढ़ में प्रतिष्ठापित हो गए। केवल कुछ दिनों के लिए ई-11/1 क्वार्टर में फिर एफ टाइप के बंगले की लॉबी में गोदरेज अलमारी के ऊपर एक धवल गइया पर कुहनी टिकाए नटखट किशोर कृष्ण की तस्वीर प्रतिष्ठित हुई जिसे आचार्य जी हर सुबह बाहर जाते वक्त प्रणाम किया करते थे। सप्ताहों बाद माता जी, बेटी भारती (मुन्नी), दोनों छोटे बेटे गिप्पी और पुट्टू भी आ गए। सभी ने यहाँ के स्कूल, कालेज, विश्वविद्यालय में दाखिले ले लिए। यह थी नए परिवेश में, नई गृहस्थी, संक्षिप्त थी।"[6]

पं. जी चंडीगढ़ आकर प्रसन्न हुए। उन्होंने पंजाब में नौकरी करने की कभी सोची भी न होगी। वे प्रसन्न एकाधिक बातों से हुए होंगे। एक तो पंजाब ने उनका अभूतपूर्व, अप्रत्याशित स्वागत किया। पं. जी ने अपने अनुभव में पाया कि पंजाबियत कितनी अकुंठ जीवनदायिनी और निश्छल है। पुरबियापन में एक खास तरह का घुन्नापन होता है, वह पंजाब में कम है। लोग परिश्रमी हैं, सीधे बात करते हैं और जीवन का आनन्द लेते हैं। शान्तिनिकेतन से बनारस आने पर जैसा व्यवहार उनके अपने क्षेत्र के लोगों–पुरबियों ने किया था–पंजाब का व्यवहार उससे भिन्न-भिन्न नहीं विपरीत था। एक बनारसी डॉ. जगन्नाथ शर्मा, पं. विश्वनाथ प्रसाद मिश्र थे, जिन्होंने द्विवेजी को निकलवाकर ही दम लिया, और एक डॉ. इन्द्रनाथ मदान थे। प्रेमचन्द पर अंग्रेजी में शोध करने वाले, पंजाब में हिन्दी के प्रतिनिधि, प्रतिष्ठित हिन्दी अध्यापक, जिन्होंने स्वेच्छा से आचार्य हजारीप्रसाद द्विवेदी को निमन्त्रित करवाया, उनके अधीन; उनके साथ काम करने में गौरव का अनुभव किया। खास बात यह थी कि पं. जी का स्वागत सिर्फ़ हिन्दी के ही अध्यापकों-विद्वानों ने नहीं किया। पंजाब के विद्वानों, विश्वविद्यालय के अन्य विभागों के विद्वानों और प्रतिष्ठित जनों का आदर उन्हें मिला। डॉ. मेघ ने लिखा है कि उन दिनों भारत के वर्तमान प्रधानमंत्री मनमोहन सिंह चंडीगढ़ विश्वविद्यालय में अर्थशास्त्र के अध्यापक थे। उनके और द्विवेदी जी के ठहाके परिसर में गूँजते थे। द्विवेदी जी के व्यक्तित्व और पांडित्य की यह विशेषता सर्वत्र बनी रही कि वे हिन्दी संसार के अलावा, शायद हिन्दी संसार से अधिक अन्य विद्या-अनुशासनों के क्षेत्र में स्वीकार्य और सम्माननीय रहे।

पंजाब के लोग द्विवेदी जी का स्वागत-सम्मान कर रहे थे लेकिन विश्वविद्यालय अनुदान आयोग के अध्यक्ष चिन्तामणि द्वारिकानाथ देशमुख प्रसन्न नहीं थे। उन्होंने चेयरमैन की हैसियत से विश्वविद्यालयों को पत्र लिखा कि काशी विश्वविद्यालय से निष्कासित अध्यापकों को नियुक्त न किया जाए। उनके इस निर्देश के बावजूद प्रायः सभी अध्यापकों को विश्वविद्यालयों में उच्च पदों पर रखा गया। डॉ. राजबली पाण्डे को जबलपुर

में कुलपति बनाया गया। प्रो. गोपाल त्रिपाठी तो का.वि.वि. में ही मुकदमा जीतकर पुनर्नियुक्त हुए।

कुछ ही दिनों बाद डॉ. देशमुख आयोग के अध्यक्ष नहीं रह गए। वे दुबारा अध्यक्ष की कालावधि चाहते थे, किन्तु तत्कालीन शिक्षामंत्री श्रीमाली उन्हें नहीं चाहते थे। देशमुख ने बयान तक दिया कि मेरे जैसे व्यक्ति को अध्यक्ष पद से अलग कर देंगे तो आयोग को योग्य अध्यक्ष नहीं मिलेंगे। डॉ. श्रीमाली ने प्रसिद्ध भौतिकशास्त्री कोठारी को अध्यक्ष नियुक्त किया। इस प्रकरण में एक मनोरंजक घटना याद आ रही है।

डॉ. देशमुख रिजर्व बैंक के गवर्नर हुए। वित्त मंत्री भी हुए। विश्वविद्यालय अनुदान आयोग के अध्यक्ष हुए। इसके बाद वे दिल्ली विश्वविद्यालय के कुलपति हुए। हिन्दी और पालि साहित्य के विद्वान् डॉ. भरत सिंह उपाध्याय ने बताया—लोग कहते हैं कि देशमुख लेक्चरर के रूप में रिटायर होंगे—ही विल रिटायर ऐज ए लेक्चरर आफ सम कालेज। एक शाम द्विवेदी जी मोरिस नगर क्षेत्र में घूम रहे थे, सैर पर निकले थे। स्वास्थ्य लाभार्थ पान खाया। घूमते-घूमते कुलपति-निवास के सामने जा पहुँचे। गेट पर कुलपति डॉ. देशमुख खड़े थे। पूछा—आजकल कहाँ हैं डॉ. द्विवेदी? ह्वेर आर यू दीज़ डेज़ डॉ. द्विवेदी? पं.जी ने क्षोभ से भरे स्वर में हस्तावलेप की मुद्रा में हाथ फटकारते हुए कहा—मैं पंजाब विश्वविद्यालय में प्रोफ़ेसर हूँ—आप अपनी बताइए इन दिनों कहाँ हैं? आई एम प्रोफ़ेसर इन पंजाब युनिवर्सिटी, एण्ड योर सेल्फ व्हाट अबाउट यू एंड ह्वेर आर यू दीज़ डेज़। द्विवेदी जी को ऐसी अवज्ञा-मुद्रा में जवाब देते हुए मैंने पहली और आखिरी बार देखा।

पंजाब की नियुक्ति को पक्का करने के लिए केन्द्रीय शिक्षा मंत्री कालू लाल श्रीमाली का समर्थन सहयोग ज़रूरी था। द्विवेदी जी से उनके सम्बन्ध अच्छे नहीं थे। कहते हैं कि काशी विश्वविद्यालय के अध्यापकों को जिसमें द्विवेदी जी भी थे, हटाने के निर्णय पर राष्ट्रपति राजेन्द्र बाबू ने हस्ताक्षर करने से मना कर दिया था। नेहरू जी के अनुरोध पर उन्होंने हस्ताक्षर किया। श्रीमाली को अनुकूल करने में डॉ. नगेन्द्र की भूमिका भी रही होगी। कहते हैं कि श्रीमाली की लड़की दिल्ली विश्वविद्यालय के हिन्दी विभाग में छात्रा थी।

एक दिन शाम को द्विवेदी जी ने टैक्सी मँगाई। मुझे अपने साथ लिया। नई दिल्ली पहुँचे। एक पार्क में मुझे बैठने को कहा—"मैं अभी थोड़ी देर में आता हूँ। अकेले एक राजकीय निवास में गए। जुलाई या अगस्त का महीना रहा होगा। शाम 8 बजे की बात है। करीब आधे घंटे में लौटे। बोले—श्रीमाली जी के यहाँ गया था। उन्होंने कहा—बीती बातें भूल जाइए और नए काम में जुट जाइए। हमें आपकी बहुत ज़रूरत है।"

थोड़े दिनों बाद कामराज योजना के तहत श्रीमाली जी मन्त्रिमंडल से बाहर हो गए। कुल छह मंत्री बाहर हुए थे। मोरारजी देसाई और कई वरिष्ठ मंत्री। कहा गया कि ऐसे महत्त्वपूर्ण व्यक्तियों को सरकार से अधिक ज़रूरत जनता को है, कांग्रेस संगठन को है। पत्रकारों ने जवाहरलाल नेहरू से पूछा—श्रीमाली जी तो संगठन के लिए इतने अधिक उपयोगी नहीं हैं, उन्हें बाहर क्यों किया? जवाहरलाल नेहरू ने उत्तर दिया—मेरे मन में आया कि छह की संख्या ठीक होगी।

आई थाट—द नम्बर आफ सिक्स इज़ राइट।

केन्द्रीय मन्त्रिमंडल से बाहर आने पर श्रीमाली जी ने कुछ निराश मनःस्थिति में बयान दिया।

पं. जी बोले--कुछ लोग न सम्पत्ति में सन्तुलित रह पाते हैं, न विपत्ति में। कालान्तर में श्रीमाली काशी विश्वविद्यालय के उप-कुलपति रहे। उन दिनों द्विवेदी जी ने कुछ दिन उनके समय में काम किया।

काशी से राजदेव सिंह और लल्लन राय पंडितजी के पास चण्डीगढ़ आ गए। लल्लन राय और राजदेव सिंह ने पंडितजी के निर्देशन में उत्तम कोटि का शोध किया। पंडितजी के मनोनुकूल विषय पर। लल्लन राय ने रीतिकाल पर और राजदेव सिंह ने निर्गुण काव्य पर। दोनों गुरुनिष्ठ शोधकर्त्ता प्रोफेसर अध्यक्ष हुए। लल्लन राय सम्पन्न परिवार के थे। राजदेव सिंह और लल्लन राय छात्र-जीवन से ही मित्र थे।

मैथिली प्रसाद भारद्वाज, श्रीकृष्ण स्वामी, गोविन्द नाथ, राजगुरु, ज्ञानचन्द शर्मा, इन्दु बाली, कैलाश जैन आ गए। कालान्तर में गंगाप्रसाद विमल, परेश आए जो आधुनिक काल के परिचित नाम हैं। धर्मपाल मैनी ने निर्गुण साहित्य पर काशी में पंडितजी के निर्देशन में काम किया था। वे चण्डीगढ़ आ गए। डॉ. भणोत, डॉ. संसारचन्द्र, डॉ. गणपतिचन्द्र गुप्त आए। रमेश कुन्तल मेघ तो थे ही। डॉ. कुन्तल मेघ की नियुक्ति द्विवेदी जी के आने के पूर्व ही हो गई थी।

पं. जी के आने से पंजाब-हरियाणा की राजधानी चण्डीगढ़ हिन्दी साहित्य का नवीनतम तीर्थ बन गया। पंजाब में हिन्दी की जड़ें थीं। विशेषतः आर्य समाज के कारण। पं. जी के चण्डीगढ़ आने से हिन्दी प्रेमियों, अध्यापकों और विद्वानों के बीच उल्लास और सक्रियता की लहर दौड़ गई। इस उल्लास की विशेषता यह थी कि हिन्दी का एक ऐसा ख्यातिलब्ध आचार्य उनके बीच आ गया था जो हिन्दी के साथ-साथ पंजाबी तथा अन्य भारतीय भाषा-साहित्य और अन्य अनुशासनों के शीर्षस्थ विद्वानों में भी सम्मानित था। हिन्दी में ऐसे विद्वानों की कमी रही है, आज भी है।

पंजाब के लोग कहते थे—काशी विश्वविद्यालय ने आचार्य द्विवेदी को अपने यहाँ से हटाकर अपना नुकसान और हमारा फायदा किया। कुलपति डॉ. जोशी पंडितजी को बहुत मानते थे। वे उन्हें हर तरह की सुविधा देने की अपने आप चिन्ता करते थे। उन्हें जहाँ तक सम्भव था, उच्च से उच्चतर पद भी प्रदान करते रहे। विश्वविद्यालय के प्रशासनिक विभागों में भी पंडितजी का प्रभाव था—कुलपति से आत्मीयता के कारण। पंजाब विश्वविद्यालय में भी हिन्दी विभाग का गौरव बढ़ा।

पंडितजी धोती-कुर्ता पहनते थे। पंजाब में धोती न के बराबर है, कुर्ता ज़रूर है। धोती पहनने वालों के लिए पंजाब में प्रायः उपेक्षा या अवज्ञा का भाव रहता है। एक सभा में पंडितजी भाषण देने खड़े हुए। एक सिक्ख छात्र ने धीरे-से अपने मित्र छात्र से कहा—यह धोतीवाला बहुत अच्छा भाषण देता है।

शेष भारत के नामी-गिरामी विद्वान् प्रोफ़ेसर भी चंडीगढ़ आने लगे। इस सबसे आकृष्ट होकर विभाग में अच्छे विद्यार्थियों, शोध-छात्रों और अध्यापन के स्तर में भी अभूतपूर्व ऊँचाई आई।

डॉ. इन्द्रनाथ मदान की रुचि आधुनिक साहित्य में थी। उनकी साहित्यिक सक्रियता में अभूतपूर्व तेज़ी आई। उन्होंने कहानी और कहानी, निबन्ध और निबन्ध, कविता और कविता नाम से संकलन निकाले। आलोचना में 'कृति की राह से गुज़रने' का नारा दिया। पंजाब में जगह-जगह काव्यगोष्ठियाँ, सेमीनार आयोजित होने लगे। इनमें हिन्दी के अलावा, पंजाबी और उर्दू के साहित्यकार भी शामिल होते। डॉ. इन्द्रनाथ मदान के सान्निध्य और संरक्षण में इनका आयोजन होता। डॉ. मदान अविवाहित थे। उन्होंने सेक्टर 18 में एक विशाल खूबसूरत बंगला बनवा रखा था। उनका घर साहित्यकार अतिथियों-मित्रों, नए रचनाकारों के लिए चौबीस घंटे खुला रहता। बाहर लॉन पर गोष्ठी जमती। घास की ही कालीन होती। डॉ. मदान की दिनचर्या में मद्यपान भी था। प्रतिभाशाली तेजस्वी वामपन्थी कवि कुमार विकल की प्रतिभा को सबसे पहले डॉ. मदान ने ही पहचाना।

चण्डीगढ़ शान्तिनिकेतन नहीं था। लेकिन वह बनारस भी नहीं था। यहाँ आकर पं. जी को जो स्वागत और सम्मान मिला उससे उन्हें खुद अपने व्यक्तित्व का पता चला। उन्होंने पंजाब की प्रकृति और हिमालय की महत्ता का एक बार फिर से अँकन किया। अब हिमालय उनका पड़ोसी था। नित्य सामने होता था। एक बहुत अच्छी बात हुई कि नवप्रकाशित साहित्यिक पत्रिका कादम्बिनी के सम्पादक हिन्दी के सुपरिचित कवि भूतपूर्व आई.सी.एस. अधिकारी बालकृष्ण राव ने उनसे निबन्ध लिखवाए। पंडितजी ने 'देवदारु' के साथ-साथ 'कुटज' लिखा। 'अशोक के फूल', 'आम फिर बौरा गए', 'शिरीष' वाली प्रतिभा मानो लौट आई। कहीं गई नहीं थी अदृष्ट हो गई थी बनारस में। बनारस रचनात्मकता की भी मणिकर्णिका बन जाती है।

"शिवालिक की सूखी नीरस पहाड़ियों पर मुस्कराते हुए ये वृक्ष द्वन्द्वातीत हैं, अलमस्त हैं, मैं किसी का नाम नहीं जानता, कुल नहीं जानता, शील नहीं जानता, पर लगता है, ये जैसे मुझे अनादि काल से जानते हैं। इन्हीं में एक छोटा-सा बहुत ही ठिंगना–पेड़ है, पत्ते चौड़े भी हैं, बड़े भी हैं। फूलों से तो ऐसा लदा है कि कुछ पूछिए नहीं। अजीब-सी अदा है, मुस्कराता जान पड़ता है। लगता है पूछ रहा है कि क्या तुम मुझे भी नहीं पहचानते! पहचानता तो हूँ, अवश्य पहचानता हूँ। लगता है बहुत बार देख चुका हूँ। पहचानता हूँ उजाड़ के साथी, तुम्हें अच्छी तरह पहचानता हूँ।"

"बार-बार मन विश्वास करने को उतारू हो जाता है कि यक्ष बहाना मात्र है, कालिदास ही कभी 'शागेनास्तंगमितमहिमा' होकर रामगिरि पहुँचे थे, अपने ही हाथों इस कुटज पुष्प का अर्घ्य देकर उन्होंने मेघ की अभ्यर्थना की थी। शिवालिक की इस अनत्युच्च पर्वत-शृंखला की भाँति रामगिरि पर भी उस समय और कोई फूल नहीं मिला होगा...सुदूर तक ऊँची काली पर्वत-शृंखला छायी हुई है और एकाध सफेद बादल के बच्चे उससे लिपटे खेल रहे हैं। मैं भी इन पुष्पों का अर्घ्य उन्हें चढ़ा दूँ, पर काहे वास्ते, लेकिन बुरा भी क्या है?" (कुटज)

काशी विश्वविद्यालय से लांछित निष्कासित हजारीप्रसाद द्विवेदी का यह उल्लास! जहाँ हिमालय हो, कालिदास, कालिदास का पुष्प हो, और परदेस में अभूतपूर्व सम्मान मिला हो

वहाँ ही यह उल्लास शोभित है। रचनाधर्मिता का सहोदर है। विस्थापित का स्थापन ही नहीं–उसकी महत्ता का नवोन्मेष। विद्वान् सर्वत्र पूज्यते। वह विद्वान् तो और भी जो स्वदेश से निष्कासित किया गया हो। प्रतिभा द्विवेदी जी को स्थापित करती थी, वही विस्थापित करती थी और फिर स्थापित करती थी, श्रीवृद्धि करके–'रजनी दिन नित्य चला ही किया' की यह प्रक्रिया थी।

कहते हैं निबन्ध में रचनाकार का व्यक्तित्व सबसे ज़्यादा खुलता है, तो यह गाढ़े का साथी कुटज है–डॉ. नामवर सिंह के शब्दों में काशी से निकाले जाने की पीड़ा की मनः स्थिति की पहली अभिव्यक्ति हुई कुटज में, जिसके प्रथम दर्शन उसी पावस की 'कादम्बिनी' में हुए। चंडीगढ़ के नए ठिकाने पर पहुँचने के बाद ही उस भाव को वाणी मिली। अन्तर भी कितना! कहाँ अशोक के फूल और कहाँ कुटज; शापेनास्तंगमित महिमा वाले यक्ष का अदना अर्घ्य। फिर भी हेकड़ी ऐसी कि कुटज क्या केवल जी रहा है? वह दूसरे के द्वार पर भीख माँगने नहीं जाता, अपनी उन्नति के लिए अफसरों का जूता नहीं चाटता, आत्मोन्नति के हेतु नीलम नहीं धारण करता, अंगूठियों की लड़ी नहीं पहनता, दाँत नहीं निपोरता, बगलें नहीं झाँकता।

इन्हीं दिनों का लिखा हुआ (आंशिक अंश) उपन्यास 'चारुचन्द्रलेख' है। इसमें एक खल सम्प्रदाय गुरु धुंडकेश्वर है। वह दिल्ली के सुलतान से षड्यन्त्र करके सीदीमौला को हाथी तले कुचलवा देना चाहता है।

शापेनास्तंगमित महिमा वाले यक्ष, निबन्ध-लेखक आचार्य हैं। अंगूठियों की लड़ी पहनने वाले को जानकार ठीक पहचानते हैं। कुछ कसर रह जाए तो 'धुंडकेश्वर' का कृति में समावेश पहचान को निश्चित कर देता है। द्विवेदी जी के सम्पूर्ण लेखन में उनका वैयक्तिक विक्षोभ शायद ही कहीं ऐसा प्रकट हुआ हो। इस तरह प्रकट न हुआ होता तो बुरा न होता। वह रूप कैसा था जब इस विक्षोभ को सँभाले द्विवेदी जी 1965 में कांस्टीट्यूशन क्लब की सभा में डॉ. जगन्नाथ शर्मा से आलिंगनबद्ध होकर मिले थे। डॉ. जगन्नाथ शर्मा पर ऐसा विक्षोभपूर्ण संकेत उचित था, लेकिन द्विवेदी जी के प्रशंसक और पाठक इसके अभ्यस्त नहीं हैं।

डॉ. मेघ ने बलपूर्वक बताया है कि चंडीगढ़ आने पर आचार्य जी का सांस्कृतिक-वैचारिक कायाकल्प ऐसी घटना है जो शान्तिनिकेतन के बाद स्तब्ध-सी हो गई थी। उन्होंने सूसान के लैंगर, अर्नस्ट कैसाइरर, ग्रोम्बिच मार्गेट मीड, हर्बर्ट रीड, टागरा मुनरो आदि को भी पढ़ा। पढ़ना, गुनना शुरू कर दिया। अतः उनका समकालीन (वैचारिक) आधुनिकीकरण भी होता चला। वे पुनर्नवा एवं आधुनिक होते चले।

निस्सन्देह द्विवेदी जी ने उपयुक्त विचारकों को पहली बार पढ़ा। अन्यत्र कुंतल जी ने संकेत दिया है कि इनको पढ़ने की ओर उन्हें कुंतल जी ने ही उन्मुख किया। यह बात भी आंशिक तौर पर ही सही सच हो सकती है। इन पुस्तकों से उनकी जानकारी बढ़ी होगी। नए ढंग से सोचने की राह भी मिली होगी। किन्तु आधुनिक वे बहुत पहले से थे। असल में द्विवेदी जी की जीवन-कथा का कोई ऐसा अंश नहीं है जब वे पुरानपन्थी रहे हों। डॉ. मेघ ने चंडीगढ़ में द्विवेदी जी के आचार्य रूप का चित्र खींचते हुए लिखा है–

"वे मूलतः आचार्य थे। शाम को बहुधा वे या तो छात्रों-अध्यापकों के साथ सांध्य-अटन को निकलकर हमारा सामान्य ज्ञान बढ़ाते थे या फिर अपने बंगले के एक घने पेड़ की छाँह तले चारपाई बिछवाकर, पनडब्बा सजाकर, चारों ओर कुर्सियों का वृत्त-सा लगवाकर, कालिदास पर, गुरुदेव रवीन्द्र पर, अभिनवगुप्त पर, गुणाढ्य पर, भरतमुनि पर, चर्चा की शुरुआत करते हुए समकालीनता (या) अन्य अनामलिखित बाणभट्टीय संगोष्ठियों का समापन होता था।[7] (करते थे)

पंडितजी का निवास, आगन्तुकों, जिज्ञासुओं, भद्रजनों से भरा रहता। बड़े-से-बड़े और सामान्य-से-सामान्य जन उनके यहाँ आते। डॉ. मेघ के अनुसार तत्कालीन मुख्यमंत्री प्रताप सिंह कैरो और तत्कालीन राज्यपाल नरहरि विष्णु गाडगिल भी आते। द्विवेदी जी का सम्मान काशी से चंडीगढ़ में कम नहीं था—शायद कुछ बेसी ही था। यह अनुभव करके पंडितजी प्रसन्न, सन्तुष्ट होते।

पं. जी बिना लिखे-पढ़े, ज्ञान और सर्जना की साधना के सन्तोष का अनुभव नहीं करते थे। 'कुटज' और 'देवदारु' लिखकर उन्हें सन्तोष हुआ होगा।

'अहह प्रथम बल मम भुज नाहीं' का भाव छँट गया होगा। सर्जना उन्हें सार्थकता का अनुभव कराती थी। सार्थकता के अनुभव से क्लेश पुनर्नवता को प्राप्त करता था। उन दिनों द्विवेदी जी मानो सत्त्वस्थ हों। प्रसन्न दिखते थे। चंडीगढ़ आकर ही वे सोवियत संघ की यात्रा पर गए। कृष्ण कृपलानी और प्रभात कुमार मुकर्जी के साथ। पालम हवाई अड्डे पर उनके साथ मैं भी गया था। हवाई अड्डे पर उन्हें विदाई देने प्रभाकर माचवे आए थे। प्रभाकर माचवे ने कहा—द्विवेदी जी जैसे लेखक को तो सोवियत यूनियन बहुत पहले हो आना चाहिए था। लौटते समय मैं काशी विश्वविद्यालय के परिचित, इतिहास के विद्वान् डॉ. मंगलनाथ सिंह के साथ आया, उनके स्कूटर पर पीछे बैठकर।

सोवियत संघ से लौटे तो वहाँ के बारे में खूब बातें करते थे। नेपोलियन के साथ लड़ाई से सम्बन्धित—पहले राष्ट्रीय युद्ध, तोल्स्तोय की अमर कृति 'युद्ध और शान्ति' के आधार पर निर्मित दृश्यावली 'पनोरमा' की बहुत बात करते। व्यवस्था की, लोगों के मुक्त स्वभाव की प्रशंसा करते। जैनेन्द्र जी से कह रहे थे कि सुबह उठा लौटते समय हवाई अड्डे पर आने के लिए तो सामान कुली ने उठाया। जैनेन्द्र जी मौका नहीं चूके बोले—तो पंडितजी! आखिर कुली वहाँ भी होते हैं? पंडितजी ने कहा—हाँ, जैनेन्द्र जी। ऐसे कुली जिन्हें देखकर हम आप उठकर नमस्ते करने लगें। हमारे कुलियों जैसे मोहताज-लालची नहीं।

एक गड़बड़ी हुई। पं. जी काफ़ी तैयारी करके गए थे। वहाँ भाषण करने के लिए किसी ने कहा ही नहीं। वे अपना देश दिखाने ले गए थे। भाषण कराने नहीं। लेनिनग्राद विश्वविद्यालय में संस्कृत के विद्वान् मिले। धाराप्रवाह संस्कृत बोले। मैंने उनसे अपभ्रंश-साहित्य के बारे में बात की। पं. जी मूँछों में मुस्कराकर बोले।

भारत लौटते समय रास्ते में सूचना मिली कि चीन भारत में सीमा पर लड़ाई शुरू हो गई है। पं. जी को आघात लगा।

वे दिल्ली से चंडीगढ़ अपनी एम्बेसडर में बैठकर गए। ड्राइव कौन कर रहा था—मुझे नहीं याद। शायद कोई ड्राइवर। पं. जी पीछे वाली सीट पर पूरी पोशाक में—झूलता हुआ

कोट पहने, उत्तरीय कंधों पर डाले। गरिमामयी मुद्रा में सोवियत यूनियन की यात्रा करके चंडीगढ़ लौटे।

1963 ई. में पं. जी की पुस्तक 'सहज-साधना' प्रकाशित हुई। मध्यप्रदेश शासन परिषद् ने पुस्तक में संग्रहीत व्याख्यानों का आयोजन भी किया और प्रकाशन का भी। पुस्तक में चार व्याख्यान हैं। साधना-केन्द्र, शब्द-साधना, सुरति और निरति और मधुरोपासना। भूमिका मध्यप्रदेश के भूतपूर्व मुख्यमंत्री द्वारिका प्रसाद मिश्र ने लिखी है। ये व्याख्यान नागपुर में दिए गए थे। उस समय पं. रविशंकर शुक्ल विद्यमान थे। डॉ. नामवर सिंह के अनुसार ये व्याख्यान पं. जी ने शान्तिनिकेतन रहते ही दिए थे। 'निवेदन' की तिथि 5-5-1963 है।

यानी सोवियत संघ की यात्रा से लौटने के लगभग एक वर्ष बाद। ग्रन्थावली में चारों खंडों के शीर्षक के साथ एक उपशीर्षक लिखा है जिससे खंड की विषयवस्तु का पता चलता है। जैसे 'साधना केन्द्र' के साथ लिखा है–"मनुष्य का शरीर ही सब साधनाओं का केन्द्र है।"

पुस्तक में हठयोग, जप, तंत्र, सहज योग के पारिभाषिक शब्दों को अभूतपूर्व तर्कसंगत ढंग से व्याख्यायित किया गया है। हमारे समय के बोध में मानो उसका समावेश किया गया है। सम्प्रदाय-साधना के जिन पारिभाषिक शब्दों से आज का पाठक घबड़ा उठता है, उन्हें दुस्साध्य अथवा उपेक्षणीय या गतकालिक समझता है, उनका महत्त्व प्रकट कर दिया गया है। पुस्तक पढ़ने के बाद लगता है कि इसको न पढ़ा होता तो हमें आज के ऐतिहासिक संकट का बोध ही न हो पाता। निवेदन में व्याख्यान का सार इन शब्दों में प्रस्तुत कर दिया गया है–

"'ह' और 'ज' में दोनों अक्षर हठयोग और जपयोग के लिए प्रतीक रूप में व्यवहृत बताए गए हैं और जो साधना 'ह' और 'ज' को साथ-साथ लेकर चले उसे 'सहज-साधना' कहा गया है।...परन्तु सहज वास्तव में 'सहज' ही है। 'जिन सहजै विषया तजी, सहज कहीजै सोय' विषयों का त्याग करना एक बात है और सहज भाव से विषयों का त्याग करना बिल्कुल दूसरी बात है। उत्तर मध्यकाल के सगुणमार्गी और निर्गुणमार्गी भक्तों ने इसी सहज मार्ग का अपने-अपने ढंग से निर्देशन किया था।"

'मध्यकालीन बोध का स्वरूप' में मध्यकालीन साहित्य और उसके स्रोतों का परिचय है। इसमें जो बातें कही गई हैं, वे पं. जी की लिखी हुई पहले की किताबों में भी आ चुकी थीं। पं. जी टैगोर प्रोफेसर हो गए थे। उन्हें इस रूप में व्याख्यान देने थे, जो पाँच व्याख्यान उन्होंने दिये, उनका संकलन है।

पं. जी के चंडीगढ़ जीवन-खंड की दो उपलब्धियाँ कही जा सकती हैं। एक तो कुटज-देवदारु निबन्ध, दूसरे 'कालिदास की लालित्य-योजना' की रचना। 'चारुचन्द्रलेख' का नाम मैं जानबूझकर नहीं ले रहा हूँ। हालाँकि अनेक कारणों से यह उपन्यास मुझे बहुत प्रिय है। यह जादुई यथार्थ के शिल्प का प्रयोग करने वाला हिन्दी का पहला उपन्यास है। किन्तु इस रचना का नक्शा पंडितजी के दिमाग में पहले से ही था। पहले का मतलब पंजाब आने से पूर्व।

'कालिदास की लालित्य-योजना' द्विवेदी की श्रेष्ठ आलोचनात्मक कृति है। निस्सन्देह 'कबीर' उनके यश का आधार है और उनका सर्वाधिक लोकप्रिय ग्रन्थ है। किन्तु वह आलोचना से अधिक शोध-ग्रन्थ है। उसमें हिन्दी आलोचना में कबीर की उपेक्षा के प्रति क्षोभ का भी भाव है–मानो एक सात्विक आग्रह है। वह जितना महत्त्वपूर्ण कबीर को समझने के लिए है, उससे कम महत्त्वपूर्ण निर्गुण साहित्य-धारा को समझने के लिए नहीं है। वह कबीर ही नहीं पूरी निर्गुण धारा को भक्ति की मुख्य-धारा के रूप में घोषित करने का ऐतिहासिक कार्य करता है। वह हिन्दी साहित्य के शोध-इतिहास और आलोचना में एक नए युग का द्वार खोलता है।

वे 'कालिदास की लालित्य-योजना' में शोध से बहुत-कुछ मुक्त हैं। वह आचार्य हजारीप्रसाद द्विवेदी का उत्कृष्ट आलोचना-ग्रन्थ है। खास बात यह है कि कालिदास द्वारा अनेक प्रयुक्त पदों की ऐसी व्याख्या की गई है कि उनका रचना-मानस और काव्य-रचना की प्रक्रिया प्रकट हो जाती है। द्विवेदी जी सौन्दर्य प्रकृति-रचना को कहते हैं। मानवरचित सौन्दर्य को वे लालित्य कहते हैं। करण-विगम, भावानुप्रवेश, यथालिखिताभाव, द्विसंश्रयाप्रीति, अपूर्वस्मृति-बोध कालिदास के ही प्रयुक्त शब्द हैं। इनमें महाकवि का रचना-मानस निहित है। द्विवेदी जी उसे विकसित ज्ञान-विज्ञान के आलोक में व्याख्यायित करते हैं। मेरे विचार से हिन्दी में सौदर्न्यशास्त्र, द्विवेदी जी के शब्दों में लालित्य-शास्त्र निर्मित करने की यह पहली कृति है। मैं प्रयास शब्द का प्रयोग जानबूझकर नहीं कर रहा हूँ। यह सौदर्न्य-बोध निर्मित करने का प्रयास नहीं। हिन्दी आलोचना में सौन्दर्य-बोध या निर्मित की उपलब्धि है। यह लिखते समय मुझे डॉ. रामविलास शर्मा का स्मारक-ग्रन्थ 'निराला की साहित्य-साधना', खंड-2 याद आ रहा है और उनका यह कथन कि द्विवेदी जी पर काम करना चाहते हो तो समूचे कालिदास-काव्य को ध्यानपूर्वक कई बार पढ़ जाओ। आचार्य रामचन्द्र शुक्ल ने तुलसी को लोक-मंगल का कवि कहा। ध्यातव्य है कि ये दोनों शब्द तुलसी के यहाँ–अनेक स्थलों पर, रचनाधर्म के प्रसंगों में, प्रायः प्रयुक्त शब्द हैं–'मंगलानां च कर्त्तारौ', 'लोक-वेद' आचार्य की तुलसी के पदों की व्याख्या की प्रक्रिया में लोक-मंगल का पद-बन्ध स्वतः प्रस्तुत हो गया है। यह आलोचना-विवेक की प्रामाणिकता है। काव्यास्वाद, काव्यानुभव को परखने की प्रक्रिया यही है। 'कालिदास की लालित्य योजना' आलोचना-विवेक की प्रतिमान-कृति है। यह चंडीगढ़-प्रवास का फल है। बीज-वपन शान्तिनिकेतन और काशी में हुआ हो, फलागम पंजाब में हुआ। इस परिपक्वता की प्रक्रिया में आधुनिक पाश्चात्य सौन्दर्यशास्त्रियों की पुस्तकों के अवलोकन का सहयोग है। द्विवेदी जी का वैशिष्ट्य है कि आधुनिक पाश्चात्य या अन्य विदेशी विचारकों का वे उपयोग करते हैं। उन्हें पढ़कर वे भारतीय मनीषियों को पहले से अधिक समझते और समझाते हैं। उनका उद्देश्य पाश्चात्य विचारकों की आधुनिकता को सिर्फ़ जानना-पहचानना नहीं, वे उन्हें कमाकर फिर अपने क्षेत्र में लौटते हैं। वे भारतीय भाषा-प्रवाह में–जिसे हिन्दी आलोचना का अपना मुहावरा कहें, आलोचना करते हैं। अन्य लोग अपनी परम्परा के सन्दर्भ में यह नहीं कर पाते, विदेशी विचारों को विदेशी मुहावरों में ही उगलते हैं। कैसे करें! 'अनामदास का पोथा' में रैक्व कहता है–

'तुम कैसे समझोगे–शुभा को देखा हो तब समझोगे न!' अनामदास का पोथा की शुभा सौन्दर्यानुभव की प्रतीक है। वह सौन्दर्यानुभूति की मूर्ति है।

'चारुचन्द्रलेख' की योजना पुरानी थी। यह उपन्यास अनेक दृष्टियों से विशिष्ट है। द्विवेदी जी के शेष उपन्यास हिन्दी (10वीं शती) के पूर्व की कथा कहते हैं। एक यही उपन्यास हिन्दी साहित्य के आदिकालीन कथानक पर आधारित है। उनकी कथाकृतियों में संभवतः यह भारतीय पारम्परिक कथाशिल्प के ढर्रे को सबसे ज़्यादा अपनाता है। ऐतिहासिक विडम्बना शिल्प में मानो उतर आई है। पूरी कथा जादू, चमत्कार, अविश्वसनीय घटनाओं से भरी है और उपन्यास का उद्देश्य अन्धविश्वास, तंत्र-मंत्र की माया को तोड़ना है। आजकल का बहुचर्चित जादुई यथार्थ यदि किसी हिन्दी उपन्यास (भारतीय?) में सबसे ज़्यादा दिखलाई पड़ता है तो 'चारुचन्द्रलेख' में। यह जादुई यथार्थ तो मध्यकालीन रोमांच आख्यान में रचा-बसा है। मध्यकालीन कथा-शिल्प द्विवेदी जी की लेखनी में आधुनिक कथाशिल्प बन गया है। जादुई यथार्थ का दूसरा महत्त्वपूर्ण उपन्यास भीष्म साहनी का 'मय्या दास की माड़ी' है।

'पुनर्नवा' भी पंजाब में ही लिखा गया है। इसमें गोपाल आर्थक की कथा को कालिदास की जीवन-कथा से मिला दिया गया है। कालिदास और समुद्रगुप्त समकालीन हैं। कालिदास की जीवन-कथा लिखना द्विवेदी जी की आकांक्षा थी। वस्तुतः वे अपने प्रिय रचनाकारों के कृतित्व को ही नहीं, कृतित्व की पृष्ठभूमि, जीवन-कथा को भी देखना-दिखाना-चित्रित करना चाहते थे। बाणभट्ट पर लिखा, तुलसी पर, कालिदास पर लिखने का प्रयास किया। तुलसी पर सबसे कम लिख पाए। तुलसी ने उनकी सबसे कठिन परीक्षा ली। लिखते थे–छोड़ देते थे। सन्तोष नहीं होता था। कहते थे–बाणभट्ट पर लिखना उतना मुश्किल नहीं था। बाणभट्ट की रचना और उनका व्यक्तित्व हिन्दी भाषी पाठक-जन में इतना रचा-बसा नहीं है। वहाँ उपलब्ध जानकारी पर कल्पना तानी जा सकती थी। यहाँ पग-पग पर जन-हृदय में प्रतिष्ठित तुलसी और उनकी कविता आ खड़ी होती है।

यह कहना (मेरे विचार से) मुश्किल है कि पं. जी का सबसे अच्छा उपन्यास कौन-सा है। मुझे 'चारुचन्द्रलेख' या 'अनामदास का पोथा', 'बाणभट्ट की आत्मकथा' से उन्नीस नहीं लगता। 'बाणभट्ट की आत्मकथा' को सबसे पहले लिखे जाने और पढ़े जाने का लाभ मिला। इन तीन उपन्यासों में कोई भी सबसे पहले छपता तो उसे 'बाणभट्ट की आत्मकथा' का ही यश प्राप्त होता। मेरा मन कहता है कुछ ज़्यादा भी प्राप्त हो सकता था।

लेकिन 'पुनर्नवा' द्विवेदी जी के उपन्यासों में सबसे कम अच्छा उपन्यास है। विडम्बना! सबसे प्रिय कवि कालिदास पर लिखा हुआ उपन्यास सबसे कम सफल। पता नहीं किस रचनात्मक मोह में उन्होंने गोपाल-आर्यक, समुद्रगुप्त और कालिदास तीनों को एक ही रचना में रख दिया। समुद्रगुप्त और कालिदास तो साथ रह लेते किन्तु गोपाल आर्यक! वहाँ वसन्तसेना थी। और 'मृच्छकटिक' के वे परम प्रशंसक थे। सो एक ही में दोनों प्रियों को साथ-साथ निपटा दिया–शिथिल-समाधि के उदाहरणस्वरूप रचना प्रस्तुत कर दी।

चंडीगढ़ रहते द्विवेदी जी ने अपनी दो लड़कियों–तितिल (मालती) और मुन्नू (भारती) का विवाह सम्पन्न किया। ये दोनों विवाह-समारोह भव्य सम्पन्न हुए। हिन्दी के अनेक दिग्गज उसमें शामिल हुए। मालती का विवाह पं. विनयमोहन शर्मा के पुत्र शिरीष से हुआ। इस समारोह में पं. नन्ददुलारे वाजपेयी, आचार्य किशोरीदास वाजपेयी, डॉ. नगेन्द्र, डॉ. हरवंशलाल शर्मा, डॉ. नामवर सिंह आदि थे। मैं गाँव जा रहा था। बनारस पहुँचा तो नामवर जी से पता चला कि तितिल की शादी है। बनारस से दिल्ली आया। चंडीगढ़ विवाह में शामिल हुआ। मुन्नू का विवाह बस्ती जिले के श्री जटाशंकर मिश्र से हुआ। उनके बड़े भाई गिरिजाशंकर मिश्र पुलिस विभाग में उच्चपदस्थ थे। वे सुरेश अवस्थी के मित्र थे। गिरिजाशंकर मिश्र के अनेक मित्र, पत्रकार थे। इन विवाहों में कुछ जटिलता आ गई थी। कहते हैं कि जटाशंकर का विवाह तितिल से होना था। बीच में कुछ ऐसा घटित हुआ कि उनकी शादी मुन्नू से हुई। इस विवाह में मुझे भनक मिली कि गिरिजाशंकर मिश्र बहुत प्रसन्न नहीं थे। दोनों भाई सुन्दर और कुलीन लगते थे। गिरिजाशंकर जी मुझे ज़्यादा खुले लगे। जटाशंकर जी साहब आदमी थे। मर्चेंट नेवी में थे। इंग्लैंड में ही बस गए थे। विवाह में ही कुछ गड़बड़–यानी किसी बात पर कुछ हुआ होगा। मुझे इसका भान एक कारण से हुआ। विवाह के बाद पंडितजी के साथ कई लोग (घराती) भोजन कर रहे थे। दोपहर का समय था। किसी ने आकर पं. जी के कान में कुछ कहा–पं. जी सहसा गम्भीर हो गए। भोजन करते पूरे समय वे चिन्तामग्न रहे। मानो आस-पास कोई भी न हो। ऐसा चिन्तामग्न उन्हें मैंने कम देखा था। बाद में भी कम देखा। बाद में पुतुल जी ने बताया कि वर पक्ष की कोई नाराजगी थी–किसी बहुत मामूली रस्मी बात पर। पुरबिया बाँभन लड़के की शादी में कलह न करें–यह सम्भव नहीं।

जटाशंकर जी की दो सन्तानें हुईं। एक लड़का और एक लड़की। लड़की ने इंग्लैंड में ही किसी गैर हिन्दू से विवाह किया। जटाशंकर जी की मृत्यु असमय में ही हो गई। मुन्नू भी जल्दी ही चली गई। पुतुल जी के पहले ही। मुन्नू की मृत्यु के समय पुतुल जी लीवर सिरोसिस से ग्रस्त थीं। उसके बाद वे भी बहुत समय जीवित नहीं रहीं।

शिरीष तिवारी राजनीतिशास्त्र के अध्यापक रहे। वे जबलपुर विश्वविद्यालय में राजनीतिशास्त्र के विभागाध्यक्ष के रूप में सेवा-निवृत्त हुए। सन्तान केवल एक लड़की। घर का नाम छोनू। उसने अंग्रेजी में एम.ए. किया। आस्ट्रेलिया में अध्यापिका हैं–वहीं विवाह किया और सम्भवतः वहीं बस गई हैं। शिरीष जी उदार प्रकृति के मिलनसार, साहित्यिक रुचि के संस्कारी जीव हैं। अपनी पत्नी तितिल (मालती) के रोगग्रस्त होने पर उन्होंने अद्भुत प्रेम, उत्तरदायित्व से धैर्य्यपूर्वक सेवा-सुश्रूषा की। तितिल अनेक रोगों से ग्रस्त थी। घोर गठिया के साथ-साथ सम्भवतः लीवर सिरोसिस से भी। उसने भयंकर यातना सही। उससे अधिक यातना शिरीष ने। वे कभी-कभार हम लोगों के लेख आदि पर पत्र भी लिखते हैं। एक बार उन्होंने अपना एक लेख भी (अंग्रेजी में) मेरे पास भेजने की कृपा की।

विनयमोहन शर्मा का वास्तविक नाम शुकदेव तिवारी था। द्विवेदी जी से, शान्तिनिकेतन के समय से ही उनकी बहुत अच्छी जान-पहचान थी। उन्होंने 'मराठी सन्त कवियों की

हिन्दी में देन' विषय पर महत्त्वपूर्ण कार्य किया। अच्छे आलोचनात्मक निबन्ध लिखे थे। जयदेव के 'गीत-गोविन्द' का पद्यबद्ध हिन्दी-अनुवाद किया था। यह सम्बन्ध दो विद्वान् परिवारों का सम्बन्ध था। विनयमोहन जी दुबली-पतली काया के थे। डॉ. दशरथ ओझा भी वैसे ही थे। पं. जी विनोद में कहते—दुबले-पतले समधी इसलिए बनाए हैं कि झगड़ा-झंझट होने पर भारी पड़ें। विनयमोहन जी प्राकृतिक चिकित्सा के कायल थे। किशमिश भी उबाल कर खाते। पपीता के प्रेमी थे। द्विवेदी जी के तीसरे पुत्र गिप्पी अकेले में मुझे सुनाते—विनयमोहन जी यहाँ पतीते के पेड़ देखते हैं तो कहते हैं—सिद्धार्थ पपीते की खुसबू आ रही है। गिप्पी मिन-मिनाकर बोलते हुए नकल उतारते। एक बार विनयमोहन जी को दिल्ली में कैलाशपति ओझा के यहाँ भोजन करना था। छोटी बहन के ससुर को भोजन कराना था। नई-नई शादी हुई थी। पुतुल जी ने पूरी तैयारी के साथ अनेकविध व्यंजन बनाए। ठीक खाने के समय पता चला कि विनयमोहन जी उबली हुई सब्जी ही खाते हैं। इतनी जल्दी क्या हो? पुतुल जी आखिर पंडितजी की पुत्री थीं। सरस्वती ने कृपा की। सारी सब्जियाँ पानी से धोकर परोस दीं।

माता जी समधिन मुद्रा में शिकायत करतीं—'झुट्ठे हैं। अपने घर में आलू की मसालेदार सब्जी खाते हैं—यहाँ नखरा बनाते हैं।' कुछ भी हो, विनयमोहन जी खाने-पीने में संयमी और सिद्धान्तों के कायल थे। सहज स्नेही थे। मुझे पहचानते थे। किसी सभा, गोष्ठी में देखते तो प्रणाम स्वीकार करते—कभी-कभी अपने पास बुला लेते।

पं. विनयमोहन शर्मा अन्ततः कुरुक्षेत्र विश्वविद्यालय में प्रोफ़ेसर नियुक्त हुए और वहीं से सेवा-निवृत्त हुए। इस पद पर प्रो. विजयेन्द्र स्नातक और डॉ. हरदेव बाहरी भी जाना चाहते थे। कुरुक्षेत्र विश्वविद्यालय के तत्कालीन वाइस चांसलर हरद्वारी लाल और डीन डॉ. सरूप सिंह, डॉ. स्नातक को चाहते थे। इस पद के लिए निमन्त्रित तो अज्ञेय और जैनेन्द्र कुमार को भी किया गया था। उन्होंने विशेष रुचि नहीं दिखाई। शेष काम डॉ. नगेन्द्र ने सँभाल लिया, द्विवेदी जी के समधी के हित में।

पं. जी के रहते चंडीगढ़ साहित्य का तीर्थ बन गया था। डॉ. शिवप्रसाद सिंह ने साठ वर्ष पूरे होने पर द्विवेदी जी पर जो किताब निकाली थी उसका नाम है 'शान्तिनिकेतन से शिवालिक'। चंडीगढ़ में पं. जी थे सो मैं वहाँ मौका मिलने पर पहुँच जाता। पं. जी दिन-रात शिष्यों से घिरे रहते। अधिकांश अध्यापक भी उनसे शिष्यवत् व्यवहार करते। मदान जी, गणपतिचन्द्र गुप्त, धर्मपाल मैनी, रमेश कुंतल मेघ। रमेश कुंतल मेघ की द्विवेदी जी तारीफ़ करते। गंगाप्रसाद विमल, परेश, विमल की भावी पत्नी अनामिका। वहाँ साहित्य-मंडल अपने आप बन गया था। उसमें अन्य विषयों के विद्वान् भी आते। एक शिष्य ऐसा था जो पंडितजी के साथ ही लगा रहता। मानो घर का ही सदस्य हो। पुरुषोत्तम। मनोहरश्याम जोशी ने पंडितजी का जो इंटरव्यू लिया है, उसमें उसका उल्लेख करते हुए लिखा है कि मैं उसे पं. जी का मँझला पुत्र समझता रहा। वह लालजी (मुकुन्द द्विवेदी) का मित्र था। उसकी असमय मृत्यु हो गई। एक बार मैंने उसके विषय में पंडितजी से बात करनी चाही तो लालजी ने रोक दिया—पुरुषोत्तम की बात मत चलाइए, बाबू जी को बहुत दुख होता है। कुछ अन्य विषयों के छात्र—जितेन्द्र कुमार, विजयरंजन, कुमार विकल, राजकुमार शर्मा जी

दिखलाई पड़ते। एक साहित्यिक संस्था बन गई थी–'संवेदना'। उसमें नामवर जी का भाषण हुआ। एक भाषण देने के लिए मुझे भी बुलाया गया। भाषण देने से मैं घबड़ाता था। मौके पर सब भूल जाता था। मैंने आलेख पढ़ा। गिरिजा कुमार माथुर अध्यक्ष थे। लोगों ने कहा–पर्चा अच्छा था लेकिन विश्वनाथ त्रिपाठी प्रश्नों का उत्तर नहीं दे पाते।

गिरिजा कुमार माथुर, मदान जी के यहाँ रुके थे। उन दिनों गिरिजा कुमार माथुर जालंधर रेडियो स्टेशन के डायरेक्टर या प्रोग्राम एक्जीक्यूटिव थे। लोग सवेरे उनसे मिलने मदान जी के घर गए। मदान जी का घर रुचिपूर्वक बनाया गया था। माथुर अन्दर, मिलने वाले बाहर। एक-एक करके लोग जाते। मुझे बड़ा अजीब लगा। कुमार विकल उखड़ गए–बोले, यह क्या? हम लोग इन्टरव्यू देने आए हैं क्या? मेरा नम्बर आया तो मैंने कहा–मैं अन्दर नहीं जाऊँगा। माथुर साहब से कहो–यहीं आ जाएँ। और वे सचमुच नाइट गाउन पहने बाहर आ गए। बात यह थी कि रात को उनकी तबियत खराब हो गई थी। मदान जी के साथ उनके घर पर रात बितानेवालों की तबियत अक्सर खराब हो जाती थी। ज़्यादा पी लेने से। और मदान जी के अथक निरन्तर बोलते-सुनने से। मदान जी ने बताया–रात को माथुर कह रहे थे–शंकुत मेरी श्रद्धा है।

प्रतियोगिता में मुक्तिबोध का तब तक का एक मात्र काव्य-संकलन 'चाँद का मुँह टेढ़ा है' था। नामवर जी ने मुझसे कहा–पं. जी से कहिएगा–मुक्तिबोध को मिलना चाहिए! तब मैं नामवर जी का कहा नहीं टाल सकता था। मैंने पं. जी से कहा–वे थोड़ा क्षुब्ध हुए। मानो उन्हें मेरा कहना अच्छा नहीं लगा। 'नामवर ऐसे ही कहता रहता है'। पता चला डॉ. मदान ने अपना मत डॉ. नगेन्द्र के पक्ष में दिया है। डॉ. मदान तो आधुनिक कविता के प्रचंड पक्षधर थे। ऐसा उन्होंने क्यों किया? मुझे बड़ा अजीब लगा। मुझे 'साहित्य में भारतीयता' पर लेख पढ़ना था। मैंने पढ़ते हुए किसी प्रसंग में कहा–फ्रिज में ठंढी व्हिस्की पीकर हवाई यात्रा से साहित्य अकादमी पुरस्कार का निर्णय देते हैं आज के प्रतिष्ठित साहित्यकार। डॉ. मदान मौजूद थे। पं. जी ने दाँतों तले ज़बान काटी। डॉ. मदान बोले–'मैं अभी उत्तेजित नहीं हुआ हूँ।'

डॉ. मदान स्वाभिमानी और उदार व्यक्ति थे। या तो वे मुक्तिबोध को इतना बड़ा कवि नहीं मानते रहे होंगे या फिर डॉ. नगेन्द्र से कभी उपकृत रहे होंगे। सम्भावना दूसरी स्थिति की ज़्यादा है। बहरहाल वे मुझसे नाराज नहीं हुए। उलटे मेरी निर्भीकता से प्रभावित हुए। राजकमल प्रकाशन द्वारा प्रकाशित होने वाली और उनसे संपादित होने वाली कृति 'हिन्दी आलोचना' को लिखने का काम मुझे सौंपा।

मुन्नू (सबसे छोटी लड़की, भारती) के विवाह में आचार्य किशोरीदास वाजपेयी आए। डॉ. नगेन्द्र, डॉ. हरबंशलाल शर्मा भी। संयोग से कानपुर में मेरे गुरु पं. राम सुरेश त्रिपाठी भी आए। वाजपेयी जी का आतंक छा गया। वे घूम-घूमकर विश्वविद्यालयी दिग्गजों को पछाड़ते और विजयी भाव से मूँछों पर ताव देते हुए भुवनमोहिनी मुद्रा में मुस्कराते। वे निस्स्वार्थ थे। सरल, उदार। संयोग से उनकी भेंट पं. रामसुरेश त्रिपाठी से हो गई। व्याकरण पर कुछ बातचीत हुई। बस वाजपेयी जी डॉ. हरवंशलाल शर्मा की खबर लेने लगे–'कैसा मूर्ख है, मैं तीन-चार दिन अलीगढ़ इसके घर रहा। इसने मुझे बताया तक नहीं कि अलीगढ़

में व्याकरण का इतना बड़ा विद्वान् रहता है।' त्रिपाठी जी ने व्याकरण-दर्शन पर काम किया था। महिमभट्ट और 'वाक्यपदीयम्' के अधिकारी विद्वान् थे। वाजपेयी जी उनसे प्रभावित हो गए थे। उनकी निगाह में इतने बड़े विद्वान् के विषय में उन्हें जानकारी न देकर हरवंशलाल शर्मा ने अक्षम्य अपराध किया।

जिस कमरे में त्रिपाठी जी को टिकाया गया था, उसका पंखा चलना बंद हो गया। त्रिपाठी जी कहीं से डंडा ले आए और उससे पंखे को घुमाकर चलाने लगे। वाजपेयी जी ने देख लिया। बड़ी देर तक हँसते रहे। हँसते जाएँ और कहते जाएँ–'संस्कृत का विद्वान् है, लाठी से पंखा चलाता है।'

तितिल की शादी के दूसरे दिन की एक घटना बार-बार याद आती है। शाम को 8 बजे होंगे। तितिल आई। बड़ी देर तक अपने बाबू जी को चिपटाए सिसकती रही। पं. जी कुछ नहीं बोले। तितिल चली गई। करीब एक घंटे बाद बबुआ आए। पं. जी ने पूछा–खइलिसि (खाना खाया), बबुआ बोले–ना खाब बाबू जी। (नहीं खाऊँगा।) काहे? बबुआ चुप–आँसू पोंछे, कुछ बोले नहीं! मैंने सोचा तितिल की विदाई की आशंका से रो रहे हैं। पंडितजी ने कहा–किसी ने कुछ कहा है? किसने कुछ कहा होगा? लालजी ने, मुन्नू ने, माताजी ने? मैंने कहा–पुतुलजी ने तो कुछ कहा नहीं होगा। माताजी ने ही कुछ बोल दिया होगा। पं. जी धीरे-से बोले–कहा कुछ पुतुल ने ही होगा और पता चला कि पुतुल ने ही कुछ बोल दिया था।

पं. जी चंडीगढ़ आ गए तो मैं फिर काशी विश्वविद्यालय उनकी अनुपस्थिति में नहीं गया। फिर मैं 1967 में उन्हीं के साथ गाड़ी में बैठकर गया। वाइस चांसलर जोशी के वहाँ जाने पर उनकी षष्टि पूर्ति मनाई जा रही थी। मैं पीएच. डी. के लिए काशी विश्वविद्यालय में ही रजिस्टर्ड था। लेकिन मेरा मन वहाँ से हट गया था। पंडितजी के बिना वहाँ जाना भी मुझे अजीब लगता था। फिर पं. जी को तो वहाँ से हटाया गया था। उन्हें हटाने वाले वहाँ का कारोबार देख रहे थे। मैंने पीएच.डी. अन्ततोगत्वा पंजाब विश्वविद्यालय से की। पूरी बात बताने के लिए थोड़ा इधर-उधर विस्तार में जाना पड़ेगा। और यह सब मुझसे जुड़ा है। अन्ततोगत्वा गुरुवर से।

डॉ. नगेन्द्र अक्सर डाँटते, पूछते–पी-एच.डी. कब होगी तुम्हारी? उनकी सदाशयता और उदारता से मैं स्थायी हो गया था। नौकरी मिल गई थी, शादी हो गई थी। कविता छप जाती थी। गोष्ठियों में जाता। मॉडल टाउन में पं. कृष्णशंकर शुक्ल, भरतसिंह उपाध्याय, देवीशंकर अवस्थी, डॉ. सावित्री सिन्हा, डॉ. सत्यदेव चौधरी, अजित कुमार, रवीन्द्रनाथ श्रीवास्तव, रमेश गौड़, रामदरश मिश्र, उदयभानु मिश्र, कमलेश जी (मेरे घर पर ही थे), डॉ. मोहम्मद हसन, कमर रईस, आरिफी साहब, शारिब रूदौलवी, मुरली बाबू, अर्श माल्सियानी, नसीम अंसारी और इससे दुगुनी तादात में विश्वविद्यालय के अध्यापक थे। दुनिया भर के साहित्य, राजनीति की बातें होतीं। 'कल्पना' में कविता छपाता, भाषा-विज्ञान पर पी-एच.डी. करना था। हम सब लगभग सहमत थे पी-एच.डी मास्टरी पाने के लिए है। हमें मिल गई, अब क्या करना है। पं. जी का स्वभाव विद्यार्थियों से या किसी से, किसी बात को दुबारा-तिबारा कहना नहीं था।

फिर कहाँ से पी-एच.डी. करें? एक बार विभाग के रीडर डॉ. ओमप्रकाश ने मुझसे डॉ. टीकमसिंह तोमर के साथ पी-एच.डी करने का प्रस्ताव किया। मन नहीं माना। पं. जी से कहा—कुछ नहीं बोले, गम्भीर हो गए।

निस्सन्देह डॉ. नगेन्द्र मुझे पीएच.डी. देखना चाहते थे। उनके मन में कोई योजना रही होगी। एक दिन उनकी चिट मिली। डॉ. जगन्नाथ शर्मा दिल्ली आ रहे हैं अपर इंडिया एक्सप्रेस से। उन्हें जाकर रिसीव करो। वे मेरे यहाँ ठहरेंगे।

यानी मैं डॉ. जगन्नाथ शर्मा को लेने स्टेशन जाऊँ। वे मेरे अध्यापक थे। मुझे मानते थे। एक बार पूरे क्लास के सामने मेरी तारीफ़ की थी। लेकिन वे पंडितजी को काशी से हटाने में प्रमुख कारण थे। सीधा डॉ. नगेन्द्र के पास पहुँचा।

तुम्हें चिट मिली?

जी! मैं उन्हें लेने स्टेशन नहीं जाऊँगा। उन्होंने पं. जी को काशी से हटाने में सबसे बड़ी भूमिका अदा की है।

डॉ. नगेन्द्र तेज़ स्वर में बोले—उस स्वर में जो तत्कालीन हिन्दी संसार को आतंकित कर देता था। उनका अधिकार भी था, मुझे डाँटने का। उन्होंने मुझे शानदार तरीके से नौकरी दी थी। वे मेरे अन्नदाता थे। (यह मैं अन्तःकरण से आज भी मानता हूँ)। वे अंग्रेजी में डाँटते थे—

'डु यू थिंक दैट यू आर क्लोजर टू डॉ. द्विवेदी दैन आइ हिज सनइन ला वुड हैव नाट रिफ्यूज्ड मी। यू हैव बीन रांटिंग सिन्स यू केम टू डेल्ही। सम वन हू नोज़ यू टोल्ड मी दैट विश्वनाथ वाज ए लेज़ी ब्वाय। बट इनस्पाइट आफ दैट आइ गाट यू अपाँवइटेड।

(क्या तुम समझते हो कि तुम मेरी अपेक्षा द्विवेदी जी से अधिक निकट हो? मेरी बात द्विवेदी जी के जामाता भी नहीं टाल सकते थे। तुम्हें जानने वाले एक आदमी ने मुझसे कहा था कि विश्वनाथ आलसी है। फिर भी मैंने तुम्हें नियुक्त किया। अभी तक तुमने कुछ नहीं किया है, यहाँ सिर्फ़ पड़े हो विभाग में।)

'डॉक्टर साहब, डॉक्टर साहब, मैं, मैं कैसे जाऊँ मेरा मन नहीं कहता।

जब तुम इतनी अश्रद्धा रखते हो डॉ. शर्मा के लिए तब मैं उनसे तुम्हारी पी-एच.डी. के लिए नहीं कहूँगा।

इतनी अश्रद्धा रखते हो।

तुम बुद्धिमान हो, मैं चाहता हूँ मेरे साथ काम करने वाले बुद्धिमान लोग आगे बढ़ें। मैं तुम्हें विश्वविद्यालय में देखना चाहता हूँ।

'यू आर ऐन इंटिलीजेंट ब्वाय आई वांट इंटिलीजेंट पीपुल अंडर मी शुड प्रासपर, आई वांट टु ब्रिंग यू टू द यूनिवर्सिटी', तुम जाओ डॉ. शर्मा को रिसीव करो। पंडितजी से कह देना कि मैंने तुम्हें भेजा था। क्या तुम कैलाशपति ओझा (पं. जी के ज्येष्ठ जामाता, श्रीराम कालेज आफ़ कामर्स में अध्यापक) के पास गए थे?'

'मैं उनके पास क्यों जाऊँगा इसके लिए?'

'जाओ।'

संयोग कि डॉ. शर्मा मुझे स्टेशन पर नहीं मिले। वे फर्स्ट क्लास में आए थे। मैं फर्स्ट क्लास के यात्री को रिसीव करने की सोच भी नहीं सकता था। सीधे डॉ. नगेन्द्र के यहाँ पहुँचा। वहाँ डॉ. शर्मा भोजन कर रहे थे।

सीधे फर्स्ट क्लास में जाना चाहिए था। चलो कोई बात नहीं, अरे डॉ. शर्मा यह आपका शिष्य स्टेशन गया था। बेचारा परेशान हो गया। आओ विश्वनाथ त्रिपाठी बैठो—डॉ. साहब ने मुझे देखते ही कहा।

आश्चर्य कि डॉ. साहब नाराज बिल्कुल नहीं हुए। मेरा काम था सो डॉ. जगन्नाथ शर्मा को पटा रहे थे। 'यह आपका शिष्य।'

'वाह भाई नगेन्द्र। तुमने भी हजारीप्रसाद के शिष्य को किरोड़ीमल में रखवाया है।'

बहुत बुरा लगा, हँसी भी आई। मैंने डॉ. शर्मा का चरण-स्पर्श किया। वे सिगार पी रहे थे। भोजन के बाद। मैंने कहा—''डॉ. साहब यहाँ पान नहीं खाते?'' ''न, न यहाँ मगही नहीं मिलती। यहाँ तो सिगार ही भकाभक्क उड़ती है।''

''तुम कभी डिपार्टमेंट आए? आना चाहिए था न! नाउ द डिपार्टमेंट वर्क्स एज़ ए टीम। तुम्हारा काम हो जाएगा भाई। नगेन्द्र कह रहे हैं। इनका तो राज है।''

डॉ. साहब ने भोजन के लिए कहा। जीवन में पहली बार और आखिरी बार डॉ. नगेन्द्र के यहाँ भोजन मिला। वे बार-बार लड़के (नौकर) से चटनी लाने के लिए कह रहे थे। खाने में चीकू था। डॉ. शर्मा से बोले, ''हम लोग चावल तभी बनवाते हैं जब किसी बनारसी को भोजन कराना होता है।''

मैंने डॉ. शर्मा के पैर छुए और राहत की साँस लेते हुए भगा। काशी विश्वविद्यालय के हिन्दी विभाग का अध्यक्ष, मेरा कोई गुरु ऐसा प्रभावहीन हो सकता है! डॉ. नगेन्द्र के सामने।

कुछ दिनों के बाद पंडितजी दिल्ली आए। मैं उनसे मिलने पुतुल जी के यहाँ श्रीराम कॉलेज के स्टाफ क्वार्टस गया। पंडितजी ने नहाकर कपड़े पहने। अपनी गीली धोती हाथ में लिए बाथरूम से बाहर निकले। मैं जब उनके साथ गंगा नहाने जाता था तो कोशिश करता था कि उनकी गीली धोती मैं ही छाँटू। सो यहाँ भी उनके हाथ से गीली धोती मैंने लेनी चाही। पंडितजी ने मुझसे कहा—नहीं, आप रहने दीजिए। मैंने उनके हाथ से धोती लगभग छीन ली। और पीछे बाड़ी में फैला दी। मुझे अजीब लगा। पंडितजी मुझे 'आप' कहकर सम्बोधित नहीं करते थे। मेरा मुँह लटक गया। पुतुल जी ने ताड़ लिया। मुझे अलग ले जाकर कहा कि क्या आपने डॉ. नगेन्द्र से ये कहा है कि मैं डॉ. जगन्नाथ शर्मा को लेने स्टेशन जाऊँगा तो पंडितजी मुझसे नाराज हो जाएँगे। मैं कुछ नहीं बोला। पंडितजी को बनारस जाना था। और मैं उन्हें स्टेशन पहुँचाने गया। रास्ते में मैंने पंडितजी से कहा कि डॉ. नगेन्द्र से कभी आप यह पूछिएगा कि मैंने क्या कहा था, जिसके जवाब में उन्होंने कहा कि, जब तुम डॉ. जगन्नाथ शर्मा के प्रति इतनी अश्रद्धा रखते हो तब मैं उनसे तुम्हारे काम के लिए नहीं कहूँगा।

पंडितजी ने जवाब दिया। "तुम क्या कह सकते हो और क्या नहीं कह सकते। यह मैं जानता हूँ। कोई गंगा में खड़े होकर भी कहे तब भी मैं नहीं मान सकता कि तुमने ये

कहा होगा कि मैं डॉ. शर्मा को लेने स्टेशन जाऊँगा तो पंडितजी मुझसे नाराज़ हो जाएँगे।" मैं अवाक्। वाक्रुद्ध।

करीब चार महीने बाद नामवर जी ने मुझे बताया। पंडितजी आपका नाम ले रहे थे और कह रहे थे। मेरे शिष्य मेरे सम्मान का ध्यान मुझसे भी ज़्यादा रखते हैं।

पंडितजी के मन में आ गया होगा कि पी-एच.डी. नहीं कर पाऊँगा। उन्होंने वाइस चांसलर ए.सी. जोशी से कहकर विश्वविद्यालय के नियम में ऐसा परिवर्तन कराया कि दूसरे विश्वविद्यालयों से यहाँ आने वाले अध्यापकों के शोध-छात्र भी इस विश्वविद्यालय में शोध-छात्र मान लिए जाएँ। और इस तरह मैं पंजाब विश्वविद्यालय से पी-एच.डी. करने का रास्ता पा गया।

संयोगवश रुग्णावस्था में अपने जीवन के अंतिम दौर में हिन्दी की पहली महिला प्रोफ़ेसर डा. सावित्री सिन्हा ने मुझे बताया—इन दिनों (सन् 1973) तो डॉ. नगेन्द्र तुमसे इतना खुश हैं कि हर पाँच मिनट बाद कहते हैं, त्रिपाठी ने विश्वविद्यालय बदल दिया। अपना सुपरवाइज़र नहीं बदला। मिसेज सिन्हा ने इसके बाद ये भी बताया कि वे फिर अपने अनेक शिष्यों का नाम भी लेते हैं। अनेक अकथनीय विशेषणों के साथ।

सन्दर्भ-सूची

1. अर्धकथा, डॉ. नगेन्द्र, नेशनल पब्लिशिंग हाउस, दिल्ली
2. हजारीप्रसाद द्विवेदी ग्रन्थावली, खंड-11 पृ. 512
3. तब चंडीगढ़ में दीपित था एक अनिकेत सहस्रदीप
4. उप.
5. पत्र
6. तब चंडीगढ़ में दीपित था एक अनिकेत सहस्रदीप
7. उप.

काशी विश्वविद्यालय का एक और निमंत्रण

द्विवेदी जी 53 वर्ष की आयु में, 1960 ई में चंडीगढ़ आए थे। अब वे 1967 में 60 वर्ष के हो गए थे। अभी तक उन पर कोई स्वतंत्र पुस्तक नहीं आई थी। लोग इसके लिए उकसा रहे थे। एक योजना डॉ. रमेश कुन्तल मेघ ने बनाई, वह पूरी नहीं हो पाई। डॉ. गणपतिचन्द्र गुप्त ने उन पर अनेक लोगों द्वारा लिखे लेखों का संकलन किया। वह द्विवेदी जी पर पहली किताब है। 'कल्पना' में उस किताब की समीक्षा करते हुए बदरी विशाल पित्ति ने लिखा–

"आचारिया जी सावधान! प्रकाशकों की निगाहें आपके टेक्स्ट बुकी महत्त्व को पहचानने लगी हैं।"

1967 में द्विवेदी जी की षष्टिपूर्ति काशी, चंडीगढ़ और दिल्ली में मनाई गई। इस अवसर पर डॉ. शिवप्रसाद सिंह ने पं. जी पर लिखे गये और नए लेखों का एक अभूतपूर्व संकलन 'शान्तिनिकेतन से शिवालिक' सम्पादित किया। इसे भारतीय ज्ञानपीठ ने प्रकाशित किया। समारोह काशी विश्वविद्यालय के आर्ट्स कॉलेज के सभागार में हुआ। मैं इस अवसर पर काशी पहुँचा। पं. जी के साथ ही गाड़ी में बैठकर विश्वविद्यालय में प्रवेश किया। समारोह, वाइस चांसलर अमीरचन्द्र जोशी की अध्यक्षता में हुआ। पं. महादेव शास्त्री, क्षितीशचन्द्र चट्टोपाध्याय, पं. पद्‌मनारायण आचार्य, आचार्य बलदेव उपाध्याय और सैकड़ों लोग मौजूद थे। चट्टोपाध्याय जी ने कहा–मैं आहूत नहीं रवाहूत हूँ। द्विवेदी जी के सम्मान के समारोह का समाचार सुनकर रुक नहीं सका। गौर वर्ण, लम्बी काया, निरभिमानी सहज व्यक्तित्व। मुझे उनका भाषण बहुत अच्छा लगा। पद्‌मनारायण आचार्य जी ने कहा– "आपकी गद्‌दी है आप आइए और इसे संभालिए।" आचार्य जी अस्वस्थ थे लेकिन वाणी का तेज अक्षत था। वाइस चांसलर ने कहा–"एक विद्वान् एवं योग्य व्यक्ति के आने से किसी संस्था का जितना लाभ हो सकता है, उतना लाभ सौ अयोग्य व्यक्तियों के आने से नहीं होता।" लोगों ने साफ़ समझ लिया कि अब पं. हजारीप्रसाद द्विवेदी ज़्यादा दिन पंजाब में नहीं रहने पाएँगे।

पं. जी ने आयोजकों का, वाइस-चांसलर का, वक्ताओं का और सभा में उपस्थित व्यक्तियों का आभार प्रकट किया। बताया–"मैंने प्रतिज्ञा की थी कि अब विश्वविद्यालय में कभी प्रवेश नहीं करूँगा। भगवान ने मेरी वह प्रतिज्ञा और उसे निभाने का अहंकार भी तोड़ दिया।"

दोपहर का भोजन ज्ञानपीठ की ओर से था। अनेक सहपाठियों से भेंट हुई। जितेन्द्रनाथ पाठक का नाम याद पड़ रहा है। समारोह का संचालन डॉ. शिवप्रसाद सिंह ने किया।

बात इतनी सीधी नहीं थी। प्रतिज्ञा एक बार नहीं टूटी थी। वाइस चांसलर त्रिगुणा सेन ने भी पंडितजी को बुलाना चाहा। पं. जी ने साफ़ मना कर दिया। कहते हैं त्रिगुणा सेन आश्चर्य में बोले—कैसा पंडित है, हम बुलाता है और नहीं आता है?

संयोग से त्रिगुणा सेन केन्द्रीय शिक्षा मंत्री हुए। दिल्ली में राजकमल प्रकाशन ने द्विवेदी जी की षष्टिपूर्ति के अवसर पर नामवर जी के सम्पादन में 'आलोचना' का विशेषांक निकाला और त्रिगुणा सेन को इस अवसर पर आयोजित समारोह की अध्यक्षता के लिए निमन्त्रित किया। त्रिगुणा सेन आए। द्विवेदी जी को शाल ओढ़ाया, नारिकेल समर्पित किया और बिना कुछ बोले, थोड़ी देर बाद उठकर चले गए। आयोजन में अज्ञेय और डॉ. नगेन्द्र आदि के भाषण हुए। हाल भरा था। पं. जी ने इस अवसर पर 'लालित्य तत्त्व' पर भाषण दिया। यह भाषण ही बाद में कालिदास की लालित्य-योजना के रूप में फलीभूत हुआ। उन दिनों वे मिथक तत्त्व पर अनेक पाश्चात्य विचारकों को पढ़ रहे थे और प्राचीन भारतीय चिन्तकों और भारतीय साहित्य के आलोक में उसका आकलन कर रहे थे।

इस समारोह का संचालन डॉ. नामवर सिंह कर रहे थे।

षष्टिपूर्ति का तीसरा और शायद अन्तिम समारोह चंडीगढ़ में हुआ। तीसरे पहर षष्टिपूर्ति पर सम्मान-समारोह और रात में कवि-सम्मेलन। काशी और दिल्ली के समारोहों से कोई तुलना नहीं। इस सम्मान-समारोह की सबसे उल्लेखनीय बात थी—केन्द्रीय शासित क्षेत्र चंड़ीगढ़ के प्रशासक एम. एस. रंधावा की अध्यक्षता। रंधावा साहित्य-प्रेमी थे। हिन्दी साहित्य में उनकी रुचि थी। उन्होंने एक संस्मरण सुनाया। वे तुलसी की जन्मभूमि कहे जाने वाले कस्बे राजापुर में जिलाधीश थे। राजापुर में किसी के पास 'रामचरित मानस' की ऐसी हस्तलिखित प्रति थी जिसके बारे में कुछ लोगों की राय थी कि वह तुलसीदास के हाथ की लिखी हुई मानस की मूल प्रति है। उस आदमी से बहुत अनुरोध किया गया कि वह मुँहमाँगी राशि लेकर, प्रति सरकार को दे दे ताकि ऐसा महत्त्वपूर्ण दस्तावेज़ सुरक्षित रहे। लेकिन वे टस-से-मस नहीं हुए। सब हार गए। रंधावा ने मुस्कराते हुए बताया कि आखिरकार उनके घर सरकारी चोरी हुई और प्रति का उद्‌धार हुआ। रंधावा द्विवेदी जी के परम प्रशंसक थे। प्रो. गोस्वामी (पूरा नाम याद नहीं पड़ रहा—वे ललित कला विभाग के विद्वान् थे) का भाषण बहुत अच्छा। पं. जी की गरिमा के अनुकूल। डॉ. इन्दुबाली ने एक भजन गाया। बाकी वक्ताओं में संसारचन्द्र, मदान आदि। सोच सकते हैं कैसे भाषण हुए होंगे। कुन्तल मेघ, राजदेव सिंह, मैथिली प्रसाद भारद्वाज, पुरुषोत्तम आदि मगन थे। इस अवसर पर नामवर सिंह, रवीन्द्र भ्रमर भी तो आए ही थे, अजित कुमार, कैलाश वाजपेयी भी कवि-सम्मेलन में भाग लेने पहुँचे थे।

शाम को करीब 8 बजे कवि-सममेलन शुरू हुआ। संचालक भाषण नामवर जी ने दिया। पंडितजी की सेवाओं और उनके शिष्यों की मंडली का उल्लेख किया। षष्टिपूर्ति के अवसर पर 'आलोचना' का 'द्विवेदी केन्द्रित अंक' लोकार्पित हो चुका था, जिसमें मनोहरश्याम जोशी द्वारा लिया गया साक्षात्कार प्रकाशित हुआ था। लेकिन डॉ. रमेश कुन्तल मेघ ने नामवर जी को कवि सम्मेलन का संचालन नहीं करने दिया। ठीक मौके पर उनके सामने से माइक हटाकर संचालन खुद करने लगे। उनका सोचना यह था कि समारोह चंडीगढ़ के

लोग कर रहे हैं, संचालन यहीं के आदमी को करना चाहिए। रवीन्द्र भ्रमर ने 'मेरे आँगन के अशोक लहराओ' कविता पढ़ी। कुन्तल मेघ ने अपने पुत्र की मृत्यु पर लिखी गई कविता, अजित कुमार ने 'फिर से बहो शोभावाही मेघ'। कैलाश वाजपेयी बहुत जमे। कुमार विकल धुत्त थे। उनका नाम घोषित किया गया तो डॉ. मदान ने कहा—इस पर विशेष ध्यान दीजिए। बहुत अच्छी कविताएँ लिखता है। कुमार विकल निस्सन्देह बहुत अच्छे कवि थे। बोले—भाई कैलाश वाजपेयी के सामने मैं क्या पढ़ूँ—एक-दो पंक्ति बोले। नशे में ज़बान ऐंठी थी। पढ़ नहीं पाए। मंच से उठकर चले गए। मदान ने कहा—उखड़ गया। हिन्दी नए कवि का यह रूप भी है, जिसे हम जानते हैं। पिए मदान साहब भी थे। पंडितजी, माताजी, पुतुल आदि शुरू से प्रसन्न थे। बाद में स्थिति से गम्भीर हो गए।

नामवर जी ने कहा—आज रवीन्द्र भ्रमर बाजी मार ले गए और विश्वनाथ जी—यह मेघ जी ने कौन-सी कविता पढ़ दी।

डॉ. इन्द्रनाथ मदान नई कविता के पक्षधर थे। नए साहित्य को प्रतिष्ठित कराने की प्रक्रिया में उन्होंने पंजाब के अनेक नवोदित रचनाकारों को प्रोत्साहित किया। कुमार विकल की कविताओं के विशेष प्रशंसक थे। बाद में कुमार विकल को जो सफलता मिली उससे साबित होता है कि डॉ. मदान में अच्छी कविता पहचानने की क्षमता थी। गंगाप्रसाद विमल और अनामिका भी उनके प्रिय थे। डॉ. मदान के कारण पंजाब विश्ववद्यालय में नई कविता और नई कहानी के रचनाकारों के कार्यक्रम खूब आयोजित होने लगे। ऐसे अनेक कार्यक्रमों में सौमित्र मोहन, माणिका मोहिनी, बलराज पंडित, जगदीश चतुर्वेदी, नरेन्द्र धीर आदि शामिल होते। अकविता के कवि अक्सर बुलाए जाते। इनमें रमेश कुंतल मेघ और उस समय के उभरे आलोचक राजकुमार शर्मा भी भाग लेते।

आचार्य हजारीप्रसाद द्विवेदी पंजाब को भा गए थे। उन्हें इसका गहरा अहसास था। पंजाब ने संकट में उनका साथ दिया था। लेकिन पं. जी अब 60 के हो रहे थे। सेवा-निवृत्ति का समय आ रहा था। लड़कियों की शादी हो गई थी। लेकिन तीन लड़कों का कुछ नहीं हुआ था। ज्येष्ठ पुत्र जगदीश द्विवेदी को बिड़ला जी से कहकर रेणुकूट में फोरमैन की नौकरी दिलवा दी थी। बिड़ला जी से (सम्भवतः बी. के. बिड़ला) कहने की घटना का मैं साक्षी हूँ। वह द्विवेदी जी को समझने में सहायक है। पुतुल जी के घर पर पंडितजी ने एक छोटी-सी काग़ज़-चिट थमाकर कहा—देखो ठीक है?

क्या होगा जो मुझे पढ़ा रहे हैं? छोटे से काग़ज़ पर छोटा-सा पत्र बिड़ला जी के नाम था। ज्येष्ठ पुत्र बबुआ की नौकरी के लिए। क्वालिफिकेशन फिर, ''लड़का सुशील एवं चरित्रवान् है। आपकी कृपा हो तो मेरी बहुत बड़ी चिन्ता दूर हो जाए।''

मैंने कहा—''आप बबुआ के लिए बिड़ला जी को पत्र इतने छोटे काग़ज़ पर लिख रहे हैं? बड़े कागज पर लिखिए।" उन्होंने पूछा—"तुम ऐसा सोचते हो तो लाओ बड़े काग़ज़ पर लिख देते हैं।'' उन्होंने बड़े काग़ज़ पर लगभग पूर्ववत् लिखकर पत्र मुझे दे दिया। पता लिख कर पत्र लेटर बॉक्स में डाल देना। तब तक बबुआ की शादी हो गई थी।

पं. जी श्रीमन्तों से व्यवहार करने में असावधान नहीं थे। कलकत्ता के एकाधिक समृद्ध मारवाड़ी व्यापारियों से उनके बहुत अच्छे-मधुर सम्बन्ध थे। हिन्दी भवन की स्थापना में उन

लोगों की निर्णायक भूमिका थी। सेक्सरिया जी और कनौडिया जी से उनके पारिवारिक सम्बन्ध थे। तो बिड़ला को पुत्रों की नौकरी के लिए सिफ़ारिशी पत्र में संकोच क्यों कर रहे थे? वे बिड़ला-समूह के प्रबन्धक रामनिवास जाजू के यहाँ अकसर जाते थे। महादेवी वर्मा, डॉ. नगेन्द्र, बच्चन आदि भी वहाँ जाते थे। हिन्दी भवन के लिए राशि माँगना सामाजिक सेवा का काम था। पुत्र के लिए नौकरी माँगना व्यक्तिगत काम था। और इस मामले में वे घोर मुँहदुब्बर थे। उनके इस स्वभाव के लिए मेरे गाँव का मुँहदुब्बर विशेषण ही उचित है। ज़रूरत है, कहने की, माँगने की। जिससे कहना है वह भी मित्र, प्रिय या अपना ध्यान रखने वाला है, सम्मान करता है, उसके लिए वह काम कर देना आसान भी है, उसे कोई असुविधा भी नहीं होगी। लेकिन कहते हुए बेहद हिचकिचाना उसे बुरा न लगे, असुविधा न हो–गोया

तमाम उम्र इसी एहतियात में गुज़री
कि आशियाँ किसी शाखेचमन पे बार न हो।

1967 में पं. हजारीप्रसाद द्विवेदी 60 वर्ष के हो गए थे और तब 60 वर्ष में ही सेवा-निवृत्ति का नियम था। इसके पहले ही डॉ. इन्द्रनाथ मदान हिन्दी विभाग के प्रोफ़ेसर हो चुके थे। उपकुलपति जोशी ने द्विवेदी जी को टैगोर प्रोफेसर नियुक्त कर दिया था। यह एक प्रकार से अन्तर्विद्या अध्ययन (इन्टरडिस्पिलिनरी स्टडीज़) की शुरूआत थी। पं. जी 60 के हो गए थे और प्रो. जोशी चंडीगढ़ से काशी विश्वविद्यालय के उपकुलपति होकर चले गए थे। नए उपकुलपति डॉ. सूरजभान थे। पं. जी का सब लोग सम्मान करते थे। लेकिन प्रो. जोशी जैसी आत्मीयता अन्यत्र नहीं थी। प्रो. जोशी के चंडीगढ़ से हटते ही मानो द्विवेदी जी का भी आसन उखड़ गया। प्रो. जोशी अन्ततोगत्वा द्विवेदी जी को काशी विश्वविद्यालय में ले जाने में सफल हुए। इसका सबसे बड़ा कारण यह था कि उन्होंने काशी की सेवा समाप्ति पर द्विवेदी जी को आदरपूर्वक–उच्च अधिकारियों की इच्छा के विरुद्ध–चंडीगढ़ में प्रतिष्ठित किया था। द्विवेदी जी उनका यह अहसान आजीवन चुकाते रहे। अनेक प्रकार के यश-अपयश सहकर भी।

कुलपति जोशी ने द्विवेदी जी को विश्वविद्यालय में यथेच्छ सम्मान दिया। उनकी इच्छा उनको कुलपति रूप में देखने की थी। उन्होंने द्विवेदी जी को डीन आफ यूनिवर्सिटी इन्स्ट्रक्शन के पद पर बैठाया। वे चंडीगढ़ से बाहर जाते तो कुलपति का कार्य द्विवेदी जी ही देखते। एक बार 15 अगस्त को मैं चंडीगढ़ में था तो 15 अगस्त का ध्वजारोहण विश्वविद्यालय में पंडितजी के ही हाथों हुआ। उन्होंने विश्वविद्यालय से किश्तों पर पंडितजी के लिए कार की भी व्यवस्था करा दी। कहते थे कि आपको कार पर ही चलना अच्छा लगता है। अब आप रिक्शे पर मत चला कीजिए।

पं. हजारीप्रसाद द्विवेदी ने कार चलाना सीखने का प्रयास किया। द्विवेदी जी का कार चलाना–विषय को लेकर हिन्दी जगत् में कहानियाँ फैल गईं। कोई कहता 'पंडितजी कार चलाते-चलाते पेड़ पर पहुँच गए।' कोई कहता–'चंडीगढ़ की सड़कों पर अब कार कोई नहीं चलाता–न जाने कब कहाँ से द्विवेदी जी कार चलाते आ जाएँ।' खैर एक स्थिति का साक्षी मैं भी हूँ–पं. जी बाहर जा रहे थे। किसी प्रोफ़ेसर के यहाँ या विभाग में। मुझसे पूछा–

'अपना बीमा करा रखा है?' मैंने कहा–हाँ; 'तब आओ तुम्हें कार में ले चलते हैं।' बहुत धीरे, बहुत सावधानी से चलाते थे। देखा दूर सड़क पर इतिहास के प्रोफ़ेसर सेठी अपनी कार को सड़क के किनारे लगाए अकेले खड़े हैं। पंडितजी की कार नज़दीक आई तो हाथ से ट्राफिक गार्ड की तरह इशारा करके मुस्कराए। यानी आप निकल जाएँ तब मैं गाड़ी चलाऊँगा। कहते हैं कि कोई अन्य शिक्षक रास्ते में मिले। पैदल जा रहे थे। पं. जी ने बुलाया आइए, गाड़ी से पहुँचा दूँगा, मैं भी वहीं जा रहा हूँ। पैदल शिक्षक ने कहा–पं. जी क्षमा कीजिएगा, मुझे ज़रा जल्दी पहुँचना है। पैदल ही ठीक रहेगा।

डॉ. नगेन्द्र की गाड़ी नीली थी, मुझे नम्बर याद है, 6880। पं. जी की गाड़ी सिल्वर ग्रे थी। लालजी रोब से कहते–सिल्वर ग्रे। एक-दो वर्ष में रंग उतरने लगा। डॉ. नगेन्द्र कहते–पं. जी अब ग्रे ही रह गया–सिल्वर तो उतर गया। पं. जी के न रहने पर वह गाड़ी बबुआ (जगदीश) के पास रही।

पं. जवाहरलाल नेहरू कभी चंडीगढ़ गए होंगे। सम्भवतः उन दिनों कुलपति का कार्य द्विवेदी जी ही देख रहे थे। नेहरू जी को एन.सी.सी. के कैडेट गार्ड ऑफ आनर दे रहे हैं। चूड़ीदार पाजामा, शेरवानी, टोपी की परिचित चुस्त मुद्रा में नेहरू। धोती कुर्ता, उत्तरीय में सज्जित आचार्य भारत के प्रधानमंत्री के साथ प्रसन्न मुद्रा में। छवि देखकर चित्त आश्वस्त हो जाए। फोटो मैंने लाल जी के पास देखी थी।

पं. जी की षष्टिपूर्ति के अवसर पर राजकमल की ओर से उनका अभिनन्दन समारोह हुआ। समारोह में दिनकर, अज्ञेय, डॉ. नगेन्द्र आदि आए। पंडितजी के व्यक्तित्व एवं कृतित्व पर संक्षेप में वक्तव्य दिया।

उन्होंने इस अवसर पर लालित्य-तत्त्व पर लगभग सवा घंटे का भाषण दिया। पं. जी का भाषण विद्वत्तापूर्ण तो था ही, हिन्दी आलोचना में सौन्दर्यशास्त्र में नया आयाम जोड़ रहा था। अधुनातन पाश्चात्य सौन्दर्यशास्त्रियों के भाषण-चिन्तन को भारतीय भाषा-चिन्तन में सन्दर्भित किया गया था। भाषण हो रहा था, बीच में दिल्ली विश्वविद्यालय के अंग्रेजी विभाग के प्रोफेसर राजीव वर्मा मुझसे पुलकित होकर बोले–द्विवेदी जी ने सास्यूर और कैसिरर आदि को गहराई से पढ़ा है। पं. जी ने एरिक न्यूटन, सास्यूर, कैसिरर को गहराई से पढ़ा ही नहीं था, भर्तृहरि, महिम भट्ट आदि के आलोक में उनकी व्याख्या भी की थी और सौन्दर्यशास्त्र के सिद्धान्तों को–जिसे वे लालित्य-तत्त्व कहते थे, प्रमुखतः कालिदास पर घटित किया था। बाद में उनका एतद्विषयक चिन्तन 'कालिदास की लालित्य योजना' के रूप में सामने आया।

नेहरू जी की मृत्यु 1964 में हुई। द्विवेदी जी सेवा-निवृत्त 1967 में हुए। काशी में द्विवेदी जी का सम्मान 1967 में हुआ। तब जोशी वहाँ आ गए थे। डॉ. मेघ ने लिखा है–

"बाद में वाइस चांसलर अमरचन्द जोशी बनारस हिन्दू यूनिवर्सिटी के उपकुलपति होकर चले गए। यहाँ जो नए उपकुलपति लाला सूरजभान आए वे आचार्य जी को डॉ. जोशी का आदमी मान बैठे। इसके अलावा मुकाबले में आचार्य जी का तेज-बिम्ब वे झेल नहीं पाए। इसी मध्यान्तर में डॉ. जोशी ने हमारे आचार्य जी को वाराणसी बुला लिया। वे वहाँ रेक्टर नियुक्त होकर चले गए। 1967-68 के अंतिम वर्षों में पंजाब युनिवर्सिटी की

समग्र अकादीमियों ने उनकी षष्टिपूर्ति मनाकर उन्हें विदाई दी जिसकी अध्यक्षता एम.एस. रंधावा ने की थी।[1]

लगता है कुछ और भी हुआ जिससे पं. जी का मन चंडीगढ़ से उचट गया। उनके प्रिय शिष्य पुरुषोत्तम की लिवर के रोग से मृत्यु हो गई। पं. जी पुरुषोत्तम को बहुत मानते थे। जोशी के जाने के बाद विश्वविद्यालय के नए कुलपति से उन्हें वैसी आत्मीयता नहीं मिल सकती थी। मैंने उड़ती हुई खबर सुनी थी कि पंडितजी को विश्वविद्यालय की किसी संस्था में चुने जाने के लिए उम्मीदवार के रूप में खड़ा किया गया। पंडितजी अपने लिए वोट माँगने नहीं निकले। कहते हैं कि वे नहीं चुने जा सके। मैंने इस विषय पर पंडितजी से कोई बात नहीं की है। विश्वविद्यालय की अपनी राजनीति थी। कोई दीवानचन्द थे। सांसद थे और विश्वविद्यालय की राजनीति में ज़ोरदार। उनके यहाँ पंडितजी मिलने गए थे। भेंट नहीं हुई थी। उन दिनों पंडितजी प्रायः एक कविता सुनाते–जिसकी पंक्तियाँ थीं–

पढ़ा पढ़ाया लिखा लिखाया, अब क्या करना बाकी
व्योमकेश दरवेश चलो गंगा के तट एकाकी

कविता स्वरचित थी। संकट को विनोद बनाकर हँसते-हँसते सहने का स्वभाव था। शुगर बढ़ गया था और हिन्दी विभागाध्यक्ष पद से हटकर टैगोर चेयर के प्रोफेसर हो गए थे।

लोग कहते–चाय में चीनी लेंगे? कहते–नहीं, हिन्दी-चीनी दोनों छोड़ दी है। हिन्दी-चीनी भाई-भाई का नारा था। उन्हीं दिनों भारत-चीन लड़ाई हो चुकी थी।

बनारस में मकान था जिसे पैसा और मेहनत से बनवाया था। उसमें घर का कोई नहीं रहता था। ऊपरी हिस्सा शायद किराए पर था। वहाँ अभी कई शिष्य, मित्र, कुछ गुरुजन और मित्र थे। पंडितजी ज्योतिष का भी सहारा लेते। यद्यपि विनोद भाव से। साढ़े साती लगी थी। अब खतम हो रही है। 1960 में आए थे, अब 1967-68 में खतम हो रही है।

सबसे बड़ा कारण था काशी वि.वि. के उपकुलपति अमरचन्द जोशी का आग्रह। वही विश्वविद्यालय जिसने निकाल दिया, उसी में? डॉ. जगन्नाथ शर्मा और पं. विश्वनाथ प्रसाद मिश्र के देखते, वहीं फिर लौटना-प्रतिष्ठित होना? और हिन्दी विभाग के अध्यक्ष रूप में लौटें तो? लेकिन हिन्दी विभाग के अध्यक्ष के रूप में लौटने का मनोविकार लेखक द्वारा कल्पित, अनुमानित है। षष्टिपूर्ति के सम्मान-समारोह के अवसर पर हिन्दी विभाग के तत्कालीन कार्यवाहक अध्यक्ष आचार्य पद्मनारायण ने पंडितजी से कहा था–

आइए आपकी गद्दी है, छोड़ गए थे, सँभालिए। पं. जी काशी विश्वविद्यालय पहुँचे।

बाद में डॉ. इन्द्रनाथ मदान ने अपने घर पर एक रात नशे में मुझे बताया–"दबेदी, दबेदी, संकट में पंजाब ने बुलाया और बिना किसी से पूछे चला गया।"

सन्दर्भ-सूची

1. तब चंडीगढ़ में दीपित था...

फिर बैतलवा उसी डार पर

द्विवेदी जी ने शिवप्रसाद सिंह को चिट्ठी लिखी–'मैं 26-27/12/67 को किसी समय काशी पहुँच जाऊँगा', और डॉ. विनयमोहन शर्मा को लिखा–"पहली जनवरी 1968 को मैंने काशी विश्वविद्यालय का कार्य सम्हाल लिया है।" उन्हीं को दिनांक 25.2.70 को लिखा–"आज मैंने रेक्टर का चार्ज़ दे दिया। अब मुक्त हो गया हूँ।"[1] उसी पत्र में लिखा–"यहाँ एक और कार्य मुझे दिया गया है जो शोध से सम्बन्धित है।" शोध-कार्य से तात्पर्य हिन्दी के व्याकरण का काम था जो पूरा हो नहीं पाया। वे 1972 में उत्तर प्रदेश हिन्दी संस्थान के उपाध्यक्ष नियुक्त हुए। इस पद पर रहते ही उनका देहान्त हुआ। चंडीगढ़ में चाहे जैसी साढ़े साती रही हो, वहाँ वे पूरे सात साल से कुछ ज़्यादा ही रहे। पंजाब छोड़ने के बाद वे ग्यारह वर्ष जीवित रहे। 4 पदों पर थोड़ी-थोड़ी देर तक रहे। पंजाब छोड़ना पंडितजी के लिए अच्छा नहीं रहा।

मार्क्स पर एक कविता है जिसमें कहा गया है–मार्क्स तुम्हारे मित्र और प्रशंसक बदल गए। नहीं बदले तो तुम्हारे शत्रु नहीं बदले। काशीनाथ सिंह ने कितनी सटीक बात लिखी–"चंडीगढ़ में पंडितजी चाहे जितना बदल गए हों। बनारस ज्यों-का-त्यों था।"*

द्विवेदी जी के काशी आने के ठीक पहले, डॉ. श्रीकृष्णलाल की आकस्मिक मृत्यु हो गई। डॉ. श्रीकृष्णलाल द्विवेदी जी के विभागीय सहयोगी और विश्वस्त मित्र थे। बनारस में संकट के दिनों में, द्विवेदी जी का साथ दिया था। अंग्रेज़ी में खतोकिताबत का काम वही करते थे। वे विभाग में अध्यक्ष और प्रोफ़ेसर पद के उम्मीदवार थे और प्रयास में दिल्ली आये भी थे। डॉ. सावित्री सिन्हा की लड़की की शादी में उनसे आखिरी भेंट हुई। उनकी मृत्यु से पंडितजी का मन उखड़ गया।

ठीक-ठीक नहीं मालूम कि पहली जनवरी को उन्होंने कौन-सा कार्य भार सम्हाला। हिन्दी विभागाध्यक्ष का? मालूम यही पड़ता है। 9.2.1968 को पं. बनारसीदास चतुर्वेदी को लिखित पत्र से पता चलता है कि–

"काशी विश्वविद्यालय की एक्जीक्यूटिव कौंसल ने सर्वसम्मति से मुझे यहाँ बुलाने का निश्चय किया और पुराने प्रस्ताव को रद्द कर दिया।[2]

इस पर विरोधी खेमे में तीव्र प्रतिक्रिया होनी स्वाभाविक थी। विद्यार्थी और बनारस के सामान्य लोग द्विवेदी जी के पुनरागमन पर उल्लसित थे। लेकिन प्रतिष्ठान, यानी 'पंडित प्रतिष्ठान' इसे हज़म नहीं कर पा रहा था। कुटिल मन कहता है कि जिन समर्थ शुभचिन्तकों ने चंडीगढ़ में उन्हें स्थापित करने का श्रेय लूटा था, उनमें भी अनेक पंडितजी के काशी वि.वि. में, हिन्दी विभागाध्यक्ष बनने से मन-ही-मन मलिन हो रहे थे। पं. जी के

* काशीनाथ सिंह के उद्धरण उनके लेख–'होल्कर हाउस में द्विवेदी जी' से लिए गए हैं।

काशी से हटने के कारण काशी विश्वविद्यालय के हिन्दी विभाग की मिथकीय गरिमा ध्वस्त हो गई थी और उसका काफ़ी हिस्सा अन्य विश्वविद्यालयों के हिन्दी विभागों को मिला था।

दलित द्राक्षा के समान अशेषरस अर्पित कर देने की बात करने वाले द्विवेदी जी को कानून या वैधानिकता समझ में नहीं आती थी। न वैसी ट्रेनिंग थी न रुचि। अमराई के नीचे पढ़ाने का संस्कार जकड़े रहा। विरोधी कानूनी दाँव-पेंच में माहिर थे। विद्या, यश में नहीं पछाड़ पाओगे, वैधानिकता की बात करो। काशीनाथ सिंह ने इस पक्ष के तर्कों को सूत्रित किया है। वे इस नाटक के दर्शक, विचारक और टिप्पणीकार हैं। शत-प्रतिशत दुर्लभ निष्पक्ष टिप्पणीकार। लिखते हैं–

"पंडितजी अभी ठीक से कुर्सी पर बैठ भी नहीं पाए थे कि चर्चा शुरू हो गई– नियुक्ति अवैध है।" यह हिन्दी विभागाध्यक्ष के पद पर नियुक्ति की बात होगी।

पंडितजी ने विश्वविद्यालय से निष्कासन के विरुद्ध मुकदमा भी नहीं लड़ा था–जीतने की बात कौन करे। वे 60 वर्ष के हो गए थे। चंडीगढ़ से सेवानिवृत्त हुए थे। जोशी ने विशेषाधिकार से उनकी नियुक्ति की थी। एक बार ऑफर से हुई नियुक्ति का परिणाम पं. जी भोग चुके थे। इसलिए इस विशेषाधिकार से नियुक्ति को वैधानिक बनाना ज़रूरी था। जोशी ने चयन-समिति बुलाई। चयन-समिति ने द्विवेदी जी को ऑफ़र दिया और साथ में पैनल भी बनाया। क्यों? कोई नहीं जानता।

अध्यक्ष हुए प्रो. विजयपाल सिंह। द्विवेदी जी अध्यक्ष नहीं हुए। काशी विश्वविद्यालय के प्रतिष्ठान-मंडल को विभाग की गरिमा की चिन्ता नहीं थी। चिन्ता थी कि उनकी मर्ज़ी के बग़ैर हजारीप्रसाद द्विवेदी सारे नियमों-उपनियमों को ताक पर रख केवल वाइस चांसलर की इच्छा से उस गद्दी पर पुनः प्रतिष्ठित कैसे हो सकते हैं। चांसलर काशी नरेश थे। जिनके अनुरोध पर पं. विश्वनाथ प्रसाद मिश्र ने रामचरित मानस के काशिराज संस्करण का सम्पादन किया था। मिश्र जी उन्हें हिन्दी पढ़ाने राजभवन जाते थे। उन्हें ले जाने के लिए गाड़ी आती थी। मेरे सहपाठी, हिन्दी विभाग के भूतपूर्व अध्यक्ष डॉ. त्रिभुवन सिंह ने बताया–कोर्ट के प्रभावशाली सदस्य हृदय-नारायण सिंह का कहना था–''पंडितजी हमसे कह देते कि हम फिर अध्यक्ष बनना चाहते हैं।'' प्रतिष्ठान मंडल ने जमकर विरोध किया। इस बार बनारस ने पहुँचते ही झटका दिया।

द्विवेदी जी अध्यक्ष नहीं बन पाए। उपकुलपति जोशी ने उन्हें रेक्टर बना दिया। ज्योतिषाचार्य पं. हजारीप्रसाद द्विवेदी काशी विश्वविद्यालय के रेक्टर हो गए।

पं. जी, जोशी के प्रति कृतज्ञ थे। काशी हिन्दू विश्वविद्यालय से हटाए जाने पर जोशी ने उन्हें सत्ता के विरोध के बावजूद अपने यहाँ सम्मानपूर्वक प्रतिष्ठित किया था। 60 वर्ष का होने पर टैगोर प्रोफेसर बनाया था, डीन ऑफ युनिवर्सिटी इन्स्ट्रक्शन नियुक्त किया था, काशी आने पर फिर से उन्हें अध्यक्ष पद पर आसीन करने का उद्योग किया था। विरोध के कारण यह न कर पाए तो रेक्टर बना दिया। रेक्टर यानी सत्ता की दृष्टि से वाइस चांसलर के बाद। वाइस चांसलर न रहे तो कार्यकारी वाइस चांसलर। हजारीप्रसाद द्विवेदी, जोशी के हाथ बिक गए। स्वार्थवश नहीं, कृतज्ञतावश। इसे न समझें तो कुछ भी

कहें–द्विवेदी जी गिर गए, साम्प्रदायिक हो गए, अधिकारियों के साथ हो गए। ब्राह्मण पुरोहित तो थे ही। द्विवेदी जी ने आर्थिक तंगी में कथा-वाचन तो किया था, पुरोहिती नहीं की थी।

इस कृतज्ञता ने द्विवेदी जी को अपयश का भाजन बनाया। जो कुछ जोशी करें उसका फल द्विवेदी जी भोगें।

कहते हैं न। हाय रे! मानव-हृदय। पं. जी के विरोधी तो उनके रेक्टर बनने से कैसे खुश होते। प्रोफ़ेसर अध्यक्ष पद से हटाया तो पंजाब में प्रोफ़ेसर अध्यक्ष हो गए। जो उनके जाने के बाद अध्यक्ष बने थे उनकी मौजूदगी में द्विवेदी जी पर श्रोतासमूह सम्मान-वर्षा करता था। उन्हें कोई पूछता नहीं था। यहाँ अध्यक्ष नहीं होने दिया तो रेक्टर बन गए। रेक्टर तो काशी में कोई हिन्दी विभागाध्यक्ष नहीं बन पाया था। लेकिन अपना समझे जाने वाले लोगों की मनःस्थिति क्या थी?

प्रवृत्ति सब जगह की होगी लेकिन मैं पुरबियों को जानता हूँ। कहते हैं पट्टीदार और अरहर की दाल जितना गले ठीक। तुलसी ने यहीं के लोगों के बारे में लिखा है–'उजरे हरष विषाद बसेरे, जौ काहू की सुनैं बड़ाई, साँस लेंइ जनु जूड़ी आई।' यह विरोधियों की करनी नहीं अपनों की करतूत होगी।

जब निकाले गए थे हजारीप्रसाद द्विवेदी विश्वविद्यालय से, तब इन लोगों ने कोई सहानुभूति नहीं दिखाई दी थी। जब रेक्टर बन गए तब काशीनाथ सिंह की प्रतिक्रिया–(बाई द वे–काशीनाथ जी नामवर सिंह के अनुज हैं। डॉ. जगन्नाथ शर्मा ने नियुक्त किया था विभाग में। नियुक्ति की प्रक्रिया कभी उन्हीं से सुनिएगा।)

"कुलपति निवास के ठीक सामने होल्कर हाउस (रेक्टर का बंगला)।

अन्दर माता जी होंगी। वे और कुछ न करें, सिर्फ़ कमरे और अल्मारियाँ ही देखती और गिनती रहें तो दिन बीत जाए। ढेर सारे नौकर-चाकर होंगे। माली अलग, मेहतर अलग, रसोइया अलग, नौकरानी और झाड़ू-पोंछा करने वाले अलग, नीम के टूसों के साग–जिसकी आदत शान्तिनिकेतन में पड़ी थी, जब चाहे तब मँगा सकती हैं और खा सकती हैं।"

और पंडितजी...

"का रजा कासी, अब नहीं जाओगे। पंडितजी के हियाँ, पहले जब पूछो, तभी चप्पल फटकारते हुए चल देते थे। किधर भाई तो जरा पंडितजी के हियाँ।

गेट पर सुरक्षा सैनिक। किससे मिलना है? क्या काम है? अभी-अभी किसी मीटिंग में गए हैं। व्यस्त हैं। अभी एक प्रतिनिधि-मंडल से बातें कर रहे हैं। इस हफ्ते तो खाली होने की उम्मीद नहीं। आपकी ज़िद ही है तो ठीक, उनके पी.ए. से बात कर लें।

और पी.ए. एक घुटा हुआ आदमी।

इन्हीं मुलाकातियों में वे बूढ़े सज्जन भी रहे होंगे जिनसे समयाभाव के कारण पंडितजी नहीं मिल सके थे। वे सड़क से जाते हुए बोले–"क्या ठाठ हैं, सतुआ-नून लेकर बनारस पढ़ने आए बलिया के बाभन हजारीप्रसाद के।"

काशीनाथ सिंह कथाकार हैं। नूतन प्रसंगोद्भावना में सिद्धहस्त। पात्र रचनाकार के मन की गाँठें खोलते हैं।

काशीनाथ ही नहीं काशीनाथ के अभिन्न मित्र की टिप्पणी–

"हम गोदौलिया से रिक्शे से आ रहे थे और सामने से पैदल आचार्य हजारीप्रसाद द्विवेदी चले आ रहे थे। शिवाला पोस्ट आफिस के पास। वे मेरे गुरु थे। बगैर उन्हें पढ़े, उन्हें जाने, उनसे मिले, धूमिल बोला–इतना अकेला आदमी इस शहर में अब तक मैंने नहीं देखा था और यह अकेलापन भी ऐसा जिससे नफ़रत पैदा हो, दया नहीं।"

यह सब काशीनाथ ने नहीं, धूमिल ने कहा। काशीनाथ ने सुना, उसे लिख दिया, अमर रचना में। उसे जन-जन में फैला दिया। लेकिन यह काशीनाथ ने थोड़े कहा है। काशी के अभिन्न धूमिल ने कहा है–'वादे वादे जायते तत्त्वबोधः।'

भैरवप्रसाद गुप्त और समाजवादी पार्टी के कार्यकर्त्ता, नेता विचारक विनोद प्रसाद सिंह से बहस होने लगी। एक बिन्दु पर विनोद प्रसाद सिंह ने कहा–"लोग कहते हैं कि के.जी. बी. के एजेन्ट हैं कम्युनिस्ट नेता"। भैरवजी ने डाँटकर पूछा–"लोग तो कहते हैं, यह बताओ कि तुम क्या कहते हो? यह तुम लोगों की सुपरिचित शैली है अपने मन की भड़ास दूसरों की जबानी बयान करते हो।"

कुछ देवदत्त प्रच्छन्न होते हैं।

पं. जी रेक्टर हो गए। नौकरी छोड़ देते। इस्तीफा दे देते तो कुछ दिन लोगों के मन में उनके प्रति वीर भाव जगता। कुछ लोग तब भी कहते–"इस्तीफा न देते तो निकाल दिए जाते। डर के मारे इस्तीफा दे दिया। बुढ़ापे में क्या करते?" बैंक-बैलेन्स कितना था? दो लड़कों की शादी होनी थी, नौकरी नहीं लगी थी। बड़ा लड़का फोरमैन था। लालजी की नौकरी लगने वाली थी। श्रीमती द्विवेदी, डॉ. नगेन्द्र से उनकी नौकरी के लिए कहती थीं। प्रोफ़ेसर हजारीप्रसाद द्विवेदी हिन्दी के अद्वितीय प्रोफेसर कम-से-कम एक बात में रहे कि पुत्र ने उन्हीं के विभाग–यानी हिन्दी में एम.ए. किया और प्रथम श्रेणी नहीं आई। एक विभागाध्यक्ष साँसत में पड़ गए थे। दोनों लड़कियों को साथ ही फाइनल में परीक्षा देनी पड़ी। यक्ष-प्रश्न आ खड़ा हुआ। कौन 'टौप' करे। दोनों बेटियाँ समान प्यारी। बड़ी भारी समस्या। तब एक शुभचिन्तक विभाग अध्यापक ने जो रीडरशिप का उम्मीदवार था, सुझाया–जिसकी शादी नहीं हुई है वह टौप करे और जो विवाहिता है वह द्वितीय स्थान पर रहे।

हजारीप्रसाद द्विवेदी 'बाणभट्ट की आत्मकथा' लिख लेते थे, यह सब नहीं कर पाते थे। हालाँकि गाँव से सतुआ-नून की गठरी लादे बनारस आने वाले बाँभनों और ठाकुरों, बनियों, पिछड़ों, दलितों, मुसलमानों ने भी स्वतंत्र भारत में यह क्षमता अर्जित कर ली थी।

काशी विश्वविद्यालय में रहते, भोजपुरी के लोकप्रिय कवि राहगीर ने क्षुब्ध होते हुए पंडित हजारीप्रसाद द्विवेदी से कहा–'पं. जी आपको अध्यक्षता से इस्तीफा दे देना चाहिए।'

द्विवेदी ज़ी ने असहाय निरीहता से कहा–"ए बचवा इस्तीफा देइ क हमहूँ कभू-कभू सोचत बानी। लेकिन ई सात बचवन के और बूढ़े माँ-बाप का लइके कहाँ जाई ई नाहीं बुझात।"

काशीनाथ सिंह अगर एक संस्मरण–'सहारा ऑफिस में नामवर सिंह' लिखने का प्रयास करते तो ये सब बातें उन्हें सूझतीं। 'होल्कर हाउस में द्विवेदी जी' तटस्थ और निष्पक्ष है, यह तो पहले लिख चुका हूँ। दिल्ली के 'राहगीर' उसी तरह नामवर जी को भी इस्तीफ़ा देने की राय देते रहते थे।

त्याग बलिदान की सलाह अच्छे लोग देते हैं। किन्तु त्यागी बलिदानियों के साथ खड़े कितने लोग होते हैं? पं. जी को इसका अनुभव अभावग्रस्त दिनों में रहा होगा। नामवर जी को भी है। स्वयं काशी ने गरबीली गरीबी में यही लिखा है।

काशी विश्वविद्यालय से हटाए गए तो एक सेठाश्रित पीठ की ओर से डायरेक्टरी का आफर आया। अनेक लोगों ने पं. जी को सलाह दी–'ज्वाइन कर लीजिए'। पं. जी चुप रहे। डायरेक्टर नहीं बने।

बोले, "सेठ सम्मान अभी करता है, पैसा देने लगेगा तब नौकर की तरह रखेगा।"

अगर इन सब बातों पर ध्यान न दें तो काशीनाथ सिंह की यह टिप्पणी सटीक है–

'फेर दिया न पानी अपने सारे किए-कराए पर। रेक्टर न बनते तो क्या मर गए होते? जीने के लिए किसी-न-किसी पद पर बने रहना ज़रूरी था क्या? तुम्हें कमी किस चीज़ की थी? प्रतिष्ठा की? दौलत की? पद की? चाहते क्या हो तुम?'

ये कालदेवता द्विवेदी जी के नहीं, संस्मरण लेखक के हैं। क्योंकि नहीं जानते कि रिटायर्ड द्विवेदी जी को 'दौलत की कमी थी'। पं. जी लक्ष्मी का तिरस्कार नहीं करते थे। कलकत्ते के अनेक बड़े मारवाड़ी उद्योगपतियों से उनके अच्छे सम्बन्ध थे लेकिन वे लक्ष्मी-साधक नहीं थे।

जोशी से अपने सम्बन्धों का पूरा पता उन्हें था। अपनी स्थिति से वे अवगत भी थे। तभी उन्होंने सिर के ऊपर दीवार में टँगी दफ़्ती पर लिख कर टाँग रखा था–

का मउज से धूनत रहलीं कवन कुमुरखी जागल
धुनकी छोड़ के धुनका लेहलीं पहिलै गोली लागल

काशीनाथ सिंह के अनुसार छात्र संघ के चुनाव में प्रगतिशील छात्रों की जीत हुई। राष्ट्रीय स्वयंसेवक संघ के छात्रों की पराजय। इस पर रा.स्व.संघ के छात्र भड़क उठे। उन्होंने गुंडागर्दी शुरू की। कुलपति जोशी ने रा.स्व.संघ के छात्रों का समर्थन किया। द्विवेदी जी ने भी। इससे द्विवेदी जी के प्रगतिशील समर्थक छात्रों को गहरी निराशा हुई। उन्होंने द्विवेदी जी का विरोध करना शुरू किया। द्विवेदी जी अपयश के भाजन हुए। काशीनाथ सिंह ने बीच-बीच में व्यक्तिगत टिप्पणियाँ की हैं। यह भी बताया है कि पंडितजी की रेक्टरी के दौरान उन्हें अन्य कई अध्यापकों के साथ, नौकरी से निकाल देने की धमकी दी गई। पं. जी ने उन्हें बुलाकर समझाया। सन्देश एक कथाकार शिष्य (शिवप्रसाद सिंह?) के माध्यम से भिजवाया। पंडितजी ने बहुत फुसफुसाकर धीमे बातचीत की। काशीनाथ सिंह ने देखा कि उनके कमरे में शान्ति सैनिक घूम रहे हैं। शान्ति सैनिक यानी रा.स्व. संघ के समर्थक गुंडे छात्र। काशीनाथ सिंह ने कहा–पंडितजी, अब बहुत हो चुका, पंडितजी अब भी देर नहीं हुई है, घर लौट चलिए?

जवाब में पंडितजी ने एक ठहाका लगाया और बस!

गजेन्द्र गडकर कमीशन बिठाया गया। जोशी को कुलपति पद से हटना पड़ा। पंडितजी तब भी बने रहे। "पंडितजी तब भी बने रहे" की व्यंजना तगड़ी है। पंडितजी पद छोड़ना ही नहीं चाहते थे। शायद वे ही कुलपति बना दिए जाएँ। यह नहीं पता लगाया काशी ने कि जोशी विश्वविद्यालय का चार्ज किसे देकर गए थे। रेक्टर का चार्ज़ उन्होंने 25.2.70 को दिया।[3] त्यागपत्र पहले ही दिया था।

त्यागपत्र स्वीकृत 1.1.70 को हुआ। लेकिन 'कुछ दिन और काम करते रहने को कहा गया'।[4]

काशीनाथ सिंह ने अपने गुरु, अपने भैया के भी गुरु, पं. हजारीप्रसाद द्विवेदी के विश्वविद्यालय से जाने पर अतीव सम्मान, श्रद्धा और व्यथा की अभिव्यक्ति की है–चिल्ला-चिल्लाकर।

"पंडितजी जा रहे हैं और मैं लोगों से चिल्ला-चिल्लाकर कह रहा हूँ–

भाई रे, ज्ञान का हाथी चला जा रहा है...सहज का दुलीचा डाले। स्वभाव से अक्खड़, आदत से फक्कड़, सूँड से पूँछ तक मस्तमौला।"

ऐसी सहानुभूतिपूर्ण विदाई उन्हें नामवर जी नहीं दे सकते थे। न पं. चन्द्रबली पांडे ने दी थी, न डॉ. जगन्नाथ शर्मा ने, न पं. विश्वनाथ प्रसाद मिश्र ने, न सुधाकर पाण्डे ने, न किसी देवदत्त ने। ऐसी सहानुभूति डॉ. रामविलास शर्मा भी नहीं दे सकते थे।

क्या रूपक है आचार्य द्विवेदी का–'सूँड से पूँछ तक' सांगोपांग!

हिन्दी के प्रसिद्ध पत्रकार रामबहादुर राय उन दिनों का.वि.वि के छात्र थे। इतिहास में एम.ए. कर रहे थे। छात्र-आन्दोलन में सक्रिय थे। इस विषय पर उन्होंने किताब भी लिखी है। चन्द्रशेखर और विश्वनाथ प्रताप सिंह की जीवनी लिखी है। शरीफ, प्रतिष्ठित, भाजपाई विचारों के पत्रकार माने जाते हैं।

उन्होंने बताया कि द्विवेदी जी को सब मानते थे। दीपक मलिक...भी लेकिन जोशी को भाजपाई माना जाता था, इसलिए उनके समर्थक द्विवेदी जी को भी तब मान लिया गया जब जोशी ने वामपन्थी छात्रों की माँगें नहीं मानीं। वामपन्थी अपने ग़ैर समर्थक को बहुत जल्दी अपना विरोधी मान लेते हैं। वही उन्होंने द्विवेदी जी के साथ किया। द्विवेदी जी भाजपाई या भाजपा-विरोधी या वामपन्थी अथवा वामपन्थ-विराधी नहीं थे। जोशी उन्हें लाए थे। पंजाब में भी उन्हें प्रतिष्ठित किया था, इसलिए वे कृतज्ञतावश जोशी के साथ बने रहे। रामबहादुर राय का कहना है कि द्विवेदी जी की प्रतिष्ठा छात्र-समुदाय में बनी रही। उन्होंने बताया–

होली के अवसर पर विश्वविद्यालय में क्या होता है। विशेषतः रात को होली जलने पर बिड़ला-बरोचा के चौराहे पर। वैसा अश्लील हुड़दंगक्रम। परम्परा पालन की भावना से। वाचिक थोड़ा बहुत सकर्मक भी। हुड़दंग में शामिल प्रत्येक छात्र उस समय बी.एच.यू. की होली परम्परा के विकास में उन्मत्त रहता है, कहीं कमी न आने पाए।

विश्वविद्यालय के छात्रावासों के वार्डेन अपने बाल-बच्चों समेत शहर में चले जाते हैं। अध्यापक दूर से नज़ारा लेने का भी साहस नहीं करते। समारोह करीब रात भर चलता है।

कहते हैं कि एक बार इतिहास के अध्यापक त्रिलोचन पन्त ने छात्रों को समझाने की कोशिश की थी। त्रिलोचन पन्त मालवीय जी महाराज के प्रिय थे। छात्र उनका बहुत सम्मान करते। कोर्ट-मीटिंग में छात्र अन्दर घुसने न पावें इसके लिए गेट पर उनकी ड्यूटी लगाई जाती। छात्र ज़्यादा उपद्रव करते तो वे गेट के पास ज़मीन पर लेट जाते। पेट इतना मोटा और बड़ा था कि छात्र उसे लाँघकर नहीं, छलाँग मारकर ही हाल में प्रवेश कर सकते थे। उत्तेजित छात्र मुलाहिजे में बाहर ही खड़े रहते। ऐसे त्रिलोचन पन्त होली के अवसर पर बिड़ला-बरोचा के चौराहे पर जुटे छात्रों को समझाने गए।

और कहा जाता है और सुना भी कि लोगों ने देखा कि छात्रों ने उन्हें घेर लिया। चरण-स्पर्श करना शुरू किया—कि

सहसा पन्तजी की भारी काया एक-दो फिट उछल पड़ी। आवाज आ रही थी—

"दिसिज बेरी बैड, व्हाट यू आर डुइंग। बिहैविंग लाइक दिस विद एन ओल्ड टीचर।"

रामबहादुरराय का कहना है कि का.वि.वि. के इतिहास में पहली बार हुआ और शायद अन्तिम बार भी कि छात्रों ने हुड़दंग बन्द कर दिया। और रेक्टर वक्ता आचार्य हजारीप्रसाद द्विवेदी का, "भारतीय संस्कृति में होली का महत्त्व" विषय पर शान्तिपूर्वक भाषण सुनते रहे। पं. जी अवसरवादी या पक्षधर कुछ छात्रों, अध्यापकों के लिए थे, जो उनके अनुकूल या प्रतिकूल थे—किन्तु बहुसंख्यक सामान्य छात्र-छात्रों के हृदय में उनके प्रति सम्मान और श्रद्धा की भावना में कमी नहीं आई थी।

पं. जी की रेक्टरी के दौरान का. वि. वि. में जो छात्र-आन्दोलन हुआ उसका ब्यौरा श्रीश्यामकृष्ण पांडेय द्वारा लिखित पुस्तक 'भारतीय छात्र आन्दोलन का इतिहास'—भाग-दो में मिलता है। पढ़कर लगता है कि श्री पाण्डेय ने आन्दोलन का ब्यौरा निष्पक्ष ढंग से दिया है।

उनके अनुसार 1968 के सत्रारम्भ में समाजवादी, साम्यवादी और राष्ट्रीय स्वयं सेवक संघ—सभी के समर्थक छात्रों ने उपकुलपति जोशी का विरोध किया और उन पर वि.वि. को अमेरिकी गतिविधियों का केन्द्र बनाने का आरोप लगाया।

उपकुलपति पर आर.एस.एस. का समर्थक होने का आरोप तब लगा, जब उन्होंने विश्वविद्यालय के अहाते में सायंकाल की शाखा लगाने की स्वीकृति प्रदान कर दी और उसके कार्यालय के लिए विश्वविद्यालय के दो कमरों का कक्ष भी आवंटित कर दिया। कहा गया कि जोशी और गोलवलकर विश्वविद्यालय में एक ही कमरे में रहते थे।

डॉ. जोशी ने इन बातों को गलत बताते हुए कहा कि उनकी शिक्षा काशी में नहीं लाहौर में हुई। गोलवलकर के साथ एक कमरे में रहने का सवाल ही नहीं उठता।

आन्दोलन इतना उग्र और भीषण हो गया कि राजनीतिक पार्टियाँ इसमें शामिल हो गईं। वामपन्थी छात्र-नेताओं देवव्रत मजूमदार, नरेन्द्रप्रसाद सिन्हा और हर्षवर्धन को गिरफ़्तार कर लिया गया। विश्वविद्यालय में पुलिस, पी.ए.सी. तैनात कर दी गई। अन्ततः विश्वविद्यालय के विज़िटर की हैसियत से राष्ट्रपति डॉ. जाकिर हुसैन ने जाँच आयोग बैठा

दिया। जिसके अध्यक्ष भारत के पूर्व प्रधान न्यायाधीश डॉ. पी.बी. गजेन्द्र गडकर और बी. एम. देसाई, एस के. बोरा और के.सी. मेहरोत्रा सदस्य थे।

गजेन्द्रगडकर समिति ने उपकुलपति जोशी पर उचित कारवाई न करने, निष्पक्षता न बरतने और आयोग को सहयोग न देने का आरोप लगाया।

इस पूरे घटना-क्रम में पं. हजारीप्रसाद द्विवेदी का नाम तीन बार आता है। वह द्रष्टव्य है, उससे पं. जी की स्थिति भी समझ में आती है—

1. "23 अक्टूबर, 1968 को छात्रसंघ की ओर से एक सभा आयोजित की गई। उक्त सभा में राष्ट्रीय स्वयंसेवक संघ के छात्रों ने उनके (द्विवेदी जी के) भाषण का विरोध किया और नारे लगाए। विश्वविद्यालय के रेक्टर ने माइक पर कब्जा करने का प्रयास किया और सभास्थल पर मारपीट हो गई।
   रेक्टर का नाम नहीं है। लेकिन उस समय रेक्टर द्विवेदी जी ही थे। उन्होंने 'माइक पर कब्जा करने का प्रयास किया' थोड़ा विचित्र लगता है। उनकी उपस्थिति में मारपीट हुई हो यह भी विचित्र लगता है। लेकिन इसे मान लेने के अलावा और कोई चारा नहीं। हो सकता है उन्मत्त छात्रों (दक्षिण-पन्थी और वामपन्थी दोनों) ने उनकी अनसुनी की हो। उन्हें बोलने तक न दिया हो।
2. जाँच सीमित ने काशी विश्वविद्यालय के छात्र—नेता-द्वय देवव्रत मजूमदार तथा नरेन्द्रप्रसाद सिन्हा द्वारा उपकुलपति तथा अन्य विश्वविद्यालय अधिकारियों पर लगाए गए आरोपों के सम्बन्ध में कहा—"उनके आरोपों को सारहीन कहकर खारिज नहीं किया जा सकता। छात्रों के विरुद्ध लगाए गए आरोप साबित नहीं हो पाए। कहा गया था कि उन्होंने उपकुलपति पर हमला किया, उन्हें अपमानिंत किया। उपकुलपति ने घटना के मुख्य साक्षी के रूप में विश्वविद्यालय के रेक्टर आचार्य हजारीप्रसाद द्विवेदी का नाम दिया था जिन्होंने इस घटना की तथ्यता की पुष्टि नहीं की।" आयोग का यह उल्लेख द्विवेदी जी के व्यक्तित्व को उद्‍घाटित करता है। उपकुलपति जोशी के वे कृतज्ञ थे लेकिन वे कृतज्ञता का इतना बड़ा मूल्य नहीं चुका सकते थे कि छात्रों के विरुद्ध गवाही दें।
3. समिति के अनुसार, "दुर्भाग्यपूर्ण बात यह है कि जब विश्वविद्यालय में ऐसी तमाम घटनाएँ घट रही थीं और अन्य घटनाएँ घटनीं सम्भावित भी थीं, उपकुलपति महोदय दिल्ली के लिए प्रस्थान कर गए और 5 दिसम्बर 1968 को रेक्टर महोदय ने भी उनका अनुकरण किया।"

पं. हजारीप्रसाद द्विवेदी कृतज्ञता की डोर में बँधे, बहुत दूर तक जा सकते थे। उन पर दबाव डालकर अनुचित-उचित भी कराया जा सकता था। लेकिन वे छात्रों का अहित करने के लिए किसी के भी सामने झूठ नहीं बोल सकते थे। छात्रों का अहित होने वाला हो तो ऐसा सच भी बोलने, लिखने से इनकार कर देते। पं. जी ने वही किया। उपकुलपति के मुख्य गवाह होने पर भी उन्होंने उपकुलपति के पक्ष में गवाही नहीं दी।

पं. हजारीप्रसाद द्विवेदी प्रशासन-कुशल नहीं हो सकते थे। काशीनाथ सिंह तथा अन्य लोगों की इतनी बात बिल्कुल ठीक है कि उन्हें रेक्टर नहीं बनना चाहिए था। और दीवाल पर टँगी हुई उक्ति व्यंग्य ही नहीं थी स्थिति का वक्तव्य थी।

काशी विश्वविद्यालय के कुलगीत में विश्वविद्यालय को 'सर्व विद्या की राजधानी' कहा गया है। विश्वविद्यालय के छात्र और कुछ अध्यापक भी उद्दंडता के लिए विख्यात हैं। वहाँ द्विवेदी जी रेक्टर बने। मनुष्य की जय-यात्रा में विश्वास था। मनुष्य की मौलिक मूल्यवत्ता में विश्वास था। अद्भुत वाक्शक्ति थी। अपने विद्यालय को ही ठीक करने का अवसर विधाता ने दिया था। सो प्राणपण से जुट गए। लेकिन परस्पर-विरोध, उभयतो भ्रष्ट का यथार्थ और उससे फलीभूत मानसिकता ही हाथ आती थी। मनसाराम, अन्तर्यामी स्थिर नहीं हो पाते थे। फिर भी वे जल्दी हारते नहीं थे। जो लोग पं. जी को निकट से जानते हैं वे जानते हैं कि ऊपर-ऊपर से सभी को सन्तुष्ट करके चलने वाले या कोशिश करने वाले और अपने को सदा पीछे रखने वाले पं. जी अन्दर से यानी अपनी जमीन पर जिद्दी भी थे। वे अन्दर से कई बार टूटते थे, निराशा थकन, व्यर्थता बोध के शिकार होते थे, लेकिन उठ खड़े भी होते थे और जूझते भी थे। उनके लेखन में संघर्ष, जूझना, प्रयोग का बार-बार आना यों ही नहीं था। बार-बार की निराशा, थकान और जूझना– उनके जीवनानुभव से उपजे शब्द थे।

सो विश्वविद्यालय के वातावरण से क्षुब्ध रेक्टर आचार्य हजारीप्रसाद द्विवेदी ने वातावरण को शुद्ध बनाने का संकल्प किया। संकल्प मात्र से कुछ नहीं होता। रचनात्मक कार्य होना चाहिए। विश्वविद्यालय को ठीक करने के लिए आचार्य अनशन पर बैठे। गांधीजी का रास्ता अपनाया। पं. जी 30 जनवरी और रवीन्द्रनाथ ठाकुर की निधन तिथि 8.8 को मौन व्रत रखते थे। यह अनशन और मौन-व्रत दोनों था। मौन का व्रत था, लेखन का नहीं। लिखा–'विश्वविद्यालय-प्रसंग'–

"अभी मुझे रेक्टर पद संभाले सिर्फ़ पाँच महीने और पाँच ही दिन बीते हैं। रहना पाँच वर्ष है।"

द्विवेदी जी ने 4.3.68 को विनयमोहनजी को लिखा था–आज से ही काम शुरू कर रहा हूँ। 1.1.68 को हिन्दी विभाग का अध्यक्ष होने के निमंत्रण पर आए थे। वह नहीं हो पाया। रेक्टर का काम मिला, 4.3.68 को। यानी अनशन, मौन व्रत 8.68 का अगस्त महीने का है। असंभव नहीं यह गुरुदेव के निधन का दिवस भी हो। मेरा अनुमान सच है। निबन्ध में लिखा है–

'प्रायश्चित करना होगा। महामना मालवीयजी के अत्यन्त प्रिय पर्व इस श्रावणी के दिन, गुरुदेव की इस पुण्य तिथि को, रक्षाबन्धन के इस पवित्र त्यौहार के दिन कुछ अवश्य करना होगा।"

यह संकल्प विश्वास के साथ लिया गया है। पूरी आस्था से। शुरू में ही पता चल जाता है।

'रहना अभी पाँच वर्ष है' और 'अभी तक विद्यार्थियों ने मुझे धोखा नहीं दिया है।' 'अभी तक' संकल्प में सेंध लगा रहा है। यह शैली, शैली मात्र नहीं। 'स्टाइल इज दि मैन

हिमसेल्फ'। पं. जी के चिन्तन में, विपक्ष, सन्देह, सर्वत्र–(पं. जी की शैली में) प्रायः सर्वत्र मौजूद रहता है।

विश्वविद्यालय-प्रसंग में पं. जी ने लिखा है कि विद्यार्थी कई प्रकार के राजनीतिक दलों के हैं। उनमें कई पास आते हैं। दूसरी टोली की शिकायतें अतिरंजित रूप से करते हैं। समझाने पर मान भी जाते हैं। कई धमकी भी दे जाते हैं। भाव यह होता है कि आपके कारण हम विध्वंस नहीं करते हैं, नहीं तो ईंट से ईंट बजा देते, सच या झूठ मैं मानने लगा हूँ कि विद्यार्थी अब भी मुझे अपना हिताकांक्षी मानते हैं। मैं उनसे प्रेम करता हूँ। मुझे अब भी विश्वास है कि विद्यार्थी मुझसे प्रेम करते हैं। आगे फ़ौरन जोड़ा–'कब तक करेंगे यह मैं नहीं कह सकता। उनकी सारी माँगें पूरी करने की क्षमता मुझमें नहीं है, क्योंकि बहुत बँधा हुआ हूँ।'

स्पष्ट करते हैं कि–कानून से बँधा हूँ, मन शान्तिनिकेतन का अनौपचारिक अनुशासन चाहता है किन्तु "विश्वविद्यालय गुरुकुल न रहकर कानून-कुल बन गया है।"

यह निबन्ध नहीं है, यह अपील है, आत्मस्वीकार है, संकल्प-पत्र है यह रेक्टर की ओर से। की गई ऐसी अपील है जो रेक्टर की नहीं, शान्तिनिकेतन के अध्यापक की ओर से की गई है।

पं. जी रैगिंग की निन्दा करते हैं–"पुलिस का विश्वविद्यालय में प्रवेश नहीं होना चाहिए। पुलिस का विश्वविद्यालय में आना बुरा है। कई गुमराह बने या बनाए गए विद्यार्थी ऐसी स्थिति पैदा कर देते हैं कि लोग पुलिस को बुलाना आवश्यक समझने लगे हैं। मैं मर्माहत हो उठता हूँ। किस पर लाठियाँ, गोली चलाने के लिए पुलिस बुलाई जाए। विद्यार्थियों पर? शिव-शिव!"

किसी राजनीतिक पार्टी से सम्बन्धित अध्यापकों ने रेक्टर को दिए गए वचन को भंग किया। पं. जी का मन इससे बहुत क्षुब्ध हुआ। क्योंकि इससे विश्वविद्यालय बदनाम हुआ। पं. जी उन अध्यापकों के विरुद्ध कुछ नहीं करना चाहते। वे सब दोष अपने ऊपर लेते हैं और प्रायश्चित करते हैं और साथ ही साथ अनुभव करते हैं–"विश्वास ही नहीं होता कि मेरे प्रायश्चित से कुछ सुधर जाएगा।"

अन्त में प्रार्थना–

"मैं प्रायश्चित करूँगा। तुम्हारे ही चरणों में अपने आपको उत्सर्ग करके। महा उदार, इतनी बड़ी शक्ति देने में तुम्हें क्या आनन्द नहीं आएगा? मेरे लिए यह बड़ी है, तुम्हारे लिए क्या है?"[5]

'विश्वविद्यालय-प्रसंग' रेक्टर पंडितजी की ओर से प्रतिवेदित एक रपट भी है। वर्णन; ब्यौरा भी है। इसमें किसी राजनीतिक दल पर, विद्यार्थियों पर कोई आक्षेप नहीं है। अध्यापकों पर क्षुब्ध मन से किया गया थोड़ा व्यंग्य अवश्य है। लेकिन दोष अपने ही सिर लिया गया है।

इन्हीं सब बातों से उन्हें दक्षिणपन्थी प्रभाव में, अवसरवादी कहा गया और काशी के नवोदित यशस्वी कवि 'धूमिल' इन्हें 'दयनीय' समझते हुए भी उनसे 'नफ़रत' करते थे।

जाहिर है कि ऐसी अपील रवीन्द्रनाथ, एंड्रयूज़, नन्दलाल बोस के शान्तिनिकेतन में कारगर हो सकती थी। अब बी.एच.यू. कौन कहे, खुद शान्तिनिकेतन में कारगर नहीं हो सकती थी। पं. जी के प्रायश्चित, अनशन करने से छात्र-आन्दोलन की उग्रता नहीं रुकी।

पंडितजी के पत्रों से और उनके व्यवहार से भी छात्रों के असन्तोष का पता चलता है। 2.5.68 को विनयमोहन शर्मा को लिखते हैं–

"विश्वविद्यालय में कुछ छात्रों ने परीक्षा का बहिष्कार कर दिया है। कुलपति महोदय यहाँ नहीं हैं। ऐसी स्थिति में शायद बनारस से बाहर निकल पाना सम्भव न हो पाए।"

छात्रों के आन्दोलन और विश्वविद्यालय के अधिकारियों (जिनमें रेक्टर हजारीप्रसाद द्विवेदी प्रमुख थे) के बीच कुछ ऐसा ज़रूर हुआ जिससे वामपन्थी छात्र और संगठन पं. जी से नाराज हो गए। वामपन्थी छात्र और संगठन या उनके नेताओं के बीच द्विवेदी जी की प्रतिष्ठा थी। वे क्षुब्ध हुए होंगे। काशीनाथ सिंह का संस्मरण चाहे जैसा हो, है उसी के परिणामस्वरूप। उन दिनों नामवरजी दिल्ली में ही थे। वे क्षुब्ध भी थे दुखी भी। पं. जी दिल्ली आते थे। वे आन्दोलन के बारे में बातें कम करते थे। लेकिन उनके व्यवहार और गतिविधियों से पता चलता था कि परेशान हैं।

छात्र-आन्दोलन के दौरान (जोशी-द्विवेदी के विरुद्ध) केन्द्र में सरकार इन्दिरा गांधी की थी। इन्दिराजी पंडितजी को गुरुवत् मानती थीं। इसका एक प्रमाण 1971 में पंडितजी द्वारा उन्हें लिखा गया एक पत्र है। किसी ने इन्दिरा जी से कह दिया कि द्विवेदी जी को आपने पत्र का उत्तर नहीं दिया। इन्दिरा जी ने पंडितजी को पत्र लिखकर कहा कि मैंने आपके सभी पत्रों का उत्तर दिया है।

गजेन्द्र गडकर समिति ने प्रतिवेदन में लिखना ज़रूरी समझा था कि उपकुलपति जोशी ने छात्रों के नेता देवव्रत मजूमदार और नरेन्द्रप्रसाद सिन्हा के विरुद्ध जो आरोप लगाए थे उसमें रेक्टर पं. हजारीप्रसाद द्विवेदी को मुख्य गवाह बनाया था। रेक्टर पं. हजारीप्रसाद द्विवेदी ने उपकुलपति जोशी के आरोपों की पुष्टि नहीं की।

काशीनाथ सिंह ने 'होल्कर हाउस में द्विवेदी जी' में का इसका कोई उल्लेख करना ज़रूरी नहीं समझा। हो सकता है काशी को इसकी जानकारी न हो, होती भी तो इसका उल्लेख करने से निष्पक्षता की रचनात्मक लय टूट जाती।

पं. जी दिल्ली आते और समर्थ सत्ताधारियों–विशेषतः शिक्षा-संस्कृति मंत्रालय के लोगों से मिलते। मेरी जानकारी में वे डॉ. कर्णसिंह और वी. के. आर. वी. राव से मिले थे। निश्चय ही कुछ और लोगों से भी मिले होंगे। किसलिए? मेरा अनुमान है कि वे वाइस चांसलर जोशी के कहने पर प्रभावशाली लोगों से मिलकर उनका पक्ष समझाते और उनकी स्थिति बताते रहे होंगे। यह कार्य उनकी रुचि के सर्वथा विरुद्ध था। लेकिन वे जोशी का ऋण उतारने में लगे हुए थे। पंडितजी दिल्ली आए हुए थे। मैं किरोड़ीमल कालेज में था। कालेज के ज्येष्ठ सहयोगी डॉ. तारकनाथ बाली ने पंडितजी से मिलने की इच्छा प्रकट की। मैं डॉ. बाली को लेकर पंडितजी के पास, श्रीराम कॉलेज

के स्टाफ क्वार्टर में पुतुल जी के घर गया। पता नहीं कैसे बातचीत काशी विश्वविद्यालय के छात्र-आन्दोलन पर चल पड़ी। पंडितजी ने क्षोभ और किंचित रोष से कहा–''डॉ. साहब हम अध्यापक लोग कुटिल राजनीति करेंगे। और वे जिनका दिन-रात का काम कुटिल राजनीति ही करना है। सत्य न्याय के मार्ग पर चल रहे हैं?'' भेंट यहीं खत्म हो गई।

मुझे आश्चर्य हुआ, क्योंकि पंडितजी प्रायः इस मुद्रा में बातचीत नहीं करते थे। डॉ. तारकनाथ बाली के जाने पर मुझसे पूछा–क्या ये कम्युनिस्ट हैं?

यह भी पंडितजी का स्वभाव नहीं था। पंडितजी कम्युनिस्ट-विरोधी नहीं थे। लेकिन साफ़ था कि वे काशी हिन्दू विश्वविद्यालय के वामपन्थी आन्दोलन से व्यथित और त्रस्त थे।

डॉ. तारकनाथ बाली कम्युनिस्ट नहीं थे। कांग्रेसी थे। उन्हें अगर कहीं रखा जाएगा तो कम्युनिस्ट-विरोधी खेमे में ही, नरम कम्युनिस्ट विरोधी खेमे में।

कम्युनिस्ट पत्र 'जनयुग' ने काशी हिन्दू विश्वविद्यालय के छात्र-आन्दोलन पर टिप्पणी करते हुए जोशी-द्विवेदी को संघ का समर्थक घोषित किया।

विख्यात समाजवादी नेता राजनारायण, जोशी के विरुद्ध आन्दोलन के नेताओं में थे। वे विश्वविद्यालय कोर्ट के मेम्बर भी थे। वहाँ द्विवेदी जी के विरुद्ध आग उगलते थे। बाहर निकले। एक चपरासी पंडितजी के लिए पाँच जोड़े पान लिए जा रहा था। राजनारायण ने कहा–''पान इधर लाओ।" चपरासी ने कहा–"द्विवेदी जी के हैं।'' राजनारायण ने पाँचों जोड़े मुँह में भकोस लिए। बनारसी स्टाइल में मुँह उँचायकर कहा–''दूबे जी से कह देना राजनारायण ने सब खा लिया।" पंडितजी ने घटना उल्लसित भाव से सुनाई। डॉ. मैनेजर पांडे तब वहाँ विद्यार्थी थे। आन्दोलन में किसी-न-किसी रूप में रहे ही होंगे। पंडितजी के बारे में कभी-कभी बताते हैं। रेक्टर के रूप में उनकी आलोचना करते हैं।

अन्ततः गजेन्द्र गडकर समिति ने जो रपट पेश की उसमें जोशी दोषी थे। जोशी ने इस्तीफ़ा दिया। कुछ दिनों के बाद द्विवेदी जी रेक्टर पद से भी हट गए। वाइस चांसलर द्वारा नियुक्त लोग वाइस चांसलर के जाते ही सेवा-निवृत्त मान लिए जाते हैं। नए वाइस चांसलर के आने तक। नया वाइस चांसलर उन्हें रखना चाहे तो फिर से अपनी टीम में नियुक्त कर सकता है। नए वाइस चांसलर भूतपूर्व शिक्षा मंत्री के. एल. श्रीमाली ने उन्हें रेक्टर नहीं बनाया। विभाग से सम्बद्ध हिन्दी भाषा का व्याकरण बनाने की योजना में निदेशक पद पर नियुक्त कर दिया। वेतन प्रोफ़ेसर का रहा होगा। जहाँ तक मेरी जानकारी है, व्याकरण-योजना का निदेशक हिन्दी विभागाध्यक्ष की निगरानी में यानी अधीन काम करता होगा। यानी प्रो. विजयपाल सिंह, पं. हजारीप्रसाद द्विवेदी के भी अध्यक्ष। डॉ. नामवर सिंह ने इस स्थिति के विषय में लिखा है–

"संयोग से हिन्दी का ऐतिहासिक व्याकरण-योजना के निदेशक की कुर्सी खाली थी–बहुत दिनों से। सन्तोष पारितोषिक के लिए इससे उपयुक्त जगह क्या हो सकती थी। दो साल की महन्ती (नामवर जी का संकेत रेक्टर-पद से है) से मुक्त होकर रेक्टर द्विवेदी

व्याकरण योजना के निदेशक बने–एक ऐसी योजना जो सुनने में तो बहुत बड़ी लगती है और उसमें पाँच-छह शोध-सहायक भी कार्यरत थे, लेकिन था वह वस्तुतः हिन्दी विभाग का एक अनुभाग ही, और हिन्दी विभाग के भूतपूर्व आचार्य और अध्यक्ष जब इस अनुभाग के पूर्णकालिक निदेशक बनकर आए तो वहाँ उनकी सहायता के लिए शायद एक लिपिक अथवा आशुलिपिक मात्र सुलभ था।"[6]

और जो इस हालत में पंडितजी को नहीं देख सकते थे, उन्होंने एक दिन सहसा देखा कि वे अब काशी विश्वविद्यालय के व्याकरण विभाग को छोड़कर उत्तर प्रदेश सरकार की 'हिन्दी ग्रन्थ अकादमी' सँभालने लखनऊ पहुँच गए। काशी छुटा तीसरी बार।

18.12.69 को पं.जी ने सुमन जी को लिखा–"मैंने रेक्टर पद से त्यागपत्र दे दिया था। अगस्त में। वह स्वीकार हो गया नवंबर में। मगर अभी छुट्टी नहीं मिली है।"

पंडितजी व्याकरण योजना के निदेशक बनाए गए तो इसका भी विरोध हुआ। दबा-दबा। अखबारों में एकाध पत्र छपे कि पं. हजारीप्रसाद द्विव्रदी व्याकरण के विशेषज्ञ कब से हो गए। कुछ लोगों ने सुझाव भी दिया। पं. किशोरीदास वाजपेयी अधिक उपयुक्त निदेशक होते। पं. किशोरीदास वाजपेयी और द्विवेदी जी दोनों एक-दूसरे के प्रशंसक थे। 'हिन्दी शब्दानुशासन' की भूमिका द्विवेदी जी ने लिखी थी। मैंने वाजपेयी जी का एक लेख 'साप्ताहिक हिन्दुस्तान' में पढ़ा था जिसमें बताया गया था कि किस प्रकार द्विवेदी जी के विरोधियों ने उन्हें तंग किया, अभद्र व्यवहार किया। लेख का शीर्षक था–'बासी कासी खास के'।

नामवर जी ने व्याकरण योजना के निदेशक द्विवेदी जी के बारे में बड़े आत्मीय ढंग से चुटकी लेते हुए लिखा है कि यह योजना सुनने में बहुत बड़ी लगती थी। लेकिन वस्तुतः वह हिन्दी विभाग का एक अनुभाग था। किसी ज़माने में उसमें पाँच-छह शोध सहायक थे। पंडितजी जब निदेशक बनकर आए, तब अनुभाग में केवल एक लिपिक या आशुलिपिक था। इस स्थिति को पंडितजी अपने घटाटोपपूर्ण कथन-अनुकथन से ढकते थे। हिन्दी के ऐतिहासिक व्याकरण रचना के महत्त्व पर खूब बातें करते थे। यह अनुभाग की स्थिति को ढकने का प्रयास नहीं था। पंडितजी का स्वभाव था, जिस विषय पर काम कर रहे होते उसकी जिस-तिस, सबसे चर्चा करते। जो कुछ हो नामवर जी ने लिखा है–"उन दिनों यदि चेखव का कोई पाठक पंडितजी से मिला होगा तो उसे डार्लिंग कहानी ज़रूर याद आई होगी। व्याकरण के अलावा कोई बात नहीं करते थे। साहित्य का व्याकरण लिखने वाला अब भाषा के व्याकरण में सिर खपा रहा था।"[7]

पं. जी उन दिनों दिल्ली आते तो हिन्दी की प्रयोग-भंगिमाओं पर खूब बातें करते। 'जी आ गया।' में 'आ गया' भूतकालिक प्रयोग भविष्यवाची है। 'दाल-चीनी' न दाल है न चीनी। 'दारु चीनी' चीन की लकड़ी है। सर्वनाम प्रोनाउन नहीं। 'हम आज इस विषय पर बात करेंगे'–इस वाक्य में हम के पहले किसी संज्ञापद की ज़रूरत नहीं। 'उन्होंने इस कार्य में भाग लिया'। 'भाग लिया' का मतलब तो होगा 'भग गए' आदि।

दिल्ली विश्वविद्यालय के हिन्दी विभाग की ओर से मैथिलीशरण गुप्त भाषण-माला का आयोजन होता था। इसके अन्तर्गत श्रीमती महादेवी वर्मा, दिनकर, अज्ञेय आदि का

भाषण हुआ था। द्विवेदी जी का भाषण हिन्दी व्याकरण पर हुआ। दो दिन। हाल भरा था। लोगों ने भाषण रुचिपूर्वक सुना। व्याकरण जैसे नीरस विषय पर सरस भाषण था। एकाध लोगों ने कहा–कोई खास बात नहीं कही पंडितजी ने। कुछ लोगों ने भाषण के बाद प्रश्न भी करना चाहा। किन्तु डॉ. नगेन्द्र ने कहा–इस भाषण-माला में प्रश्नोत्तर की व्यवस्था नहीं है।

किसी ने बताया है कि उस योजना का काम तो पूरा हो गया लेकिन प्रकाशित नहीं हो पाया।

पंडितजी रेक्टर के पद से 25.2.70 को मुक्त हुए थे। तभी से व्याकरण योजना के निदेशक थे। 24.4.72 को डॉ. दशरथ ओझा को लिखते हैं कि "मैंने उत्तर प्रदेश ग्रन्थ अकादमी का चार्ज ले लिया है।" 72 के प्रारम्भ में वे लखनऊ पहुँच गए। सम्भवतः उन दिनों उत्तर प्रदेश के मुख्यमंत्री पं. कमलापति त्रिपाठी थे। त्रिपाठी जी से उनका परिचय शान्तिनिकेतन के दिनों से ही था। पं. जी, कमलापति त्रिपाठी के अभिनन्दन-ग्रन्थ का सम्पादन भी करने वाले थे। यह 1958-59 या कुछ पहले की बात होगी। एक विकलांग युवक-लेखक–भटनागर इस काम में उनके सहायक थे। वे पंडितजी के यहाँ इस सिलसिले में आते। उन्होंने मुझे 'पाल गोगाँ' की जीवनी पर आधारित उपन्यास 'द गोल्ड आफ दिअर बाडीज' पढ़ने को दी थी। तब तक मैंने मून एण्ड सिक्स पेंस नहीं पढ़ा था। किसी ने पंडितजी से भटनागर की शिकायत की। बड़ा चालू है, तिकड़म करता है, बच के रहिएगा। पंडितजी ने गम्भीरता से कहा–"विकलांग है, तिकड़म भी न करे तो जीवित कैसे रहेगा आज के ज़माने में?"

लखनऊ जाने के समय ही उनके आगरा और शिमला में भी जाने की बात थी। शिमला वाली बात को उन्होंने आगरा वाली बात से टाला। ओझाजी को पत्र में बताया कि घुटनों में दर्द है, शिमला के पहाड़ पर चलने की कल्पना भी नहीं कर सकता हूँ। अनुमानतः हिमाचल विश्वविद्यालय के तत्कालीन कुलपति डॉ. आर. के. सिंह ने पंडितजी को बुलाने की बात की। इसीलिए लिखा है 'डॉ. आर. के. सिंह ने जो मुझे इस प्रकार स्मरण किया है उसके लिए मैं उनका अत्यन्त अनुगृहीत हूँ।' इसी पत्र से यह भी पता चलता है कि वे आगरा जाने का मन बना रहे थे–यद्यपि मन पूरी तरह बना नहीं था–

फिर आगरे में बात बहुत आगे बढ़ चुकी है, कहीं जाने में कठिनाई अनुभव कर रहा हूँ। आगरे का एक ही बड़ा अकर्षण है–वृन्दावन का सामीप्य।

आगरा में कन्हैयालाल माणिकलाल मुंशी संस्थान है। निदेशक का पद रिक्त था। कुलपति किसी योग्य व्यक्ति को लाना चाहते थे। डॉ. रामविलास शर्मा से प्रोफ़ेसर-निदेशक के लिए बात हो गई थी या चल रही थी। दिल्ली विश्वविद्यालय में भाषा-विज्ञान विभाग के अध्यक्ष प्रो. प्रबोध पंडित ने डॉ. रामविलास शर्मा से बातचीत की। आयोजित भोजन में भोज पर इंटरव्यू का यही रूप था। यह बातचीत मनोरंजक रही होगी। लेकिन क्या हुआ इसका पता नहीं चला। पं. हजारीप्रसाद द्विवेदी व्याकरण की योजना में निदेशक थे। कुछ ऐसा हुआ कि वाइस चांसलर ने उन्हें निदेशक रूप में निमन्त्रित किया। नामवर जी ने मुझे बताया कि डॉ. शर्मा से पूछा गया तो उन्होंने कहा द्विवेदी जी अगर निदेशक रूप में आते

हैं तो मुझे प्रोफेसर के रूप में काम करने में कोई परेशानी नहीं है। क.मु. संस्थान में द्विवेदी जी एकाध बार, इन्हीं दिनों कई कामों से गए। एक बार वे पाठ्यक्रम बनाने की मीटिंग में भी गए। द्विवेदी जी ने बताया—मेरे मुँह से निकला—रूसी भाषा वैज्ञानिक तो डॉ. शर्मा ने कहा—सोवियत भाषा वैज्ञानिक।

17.1.71 को डॉ. रामविलास शर्मा ने केदारनाथ अग्रवाल को पत्र में लिखा—''यहाँ एक खबर जोरों से फैली हुई है कि डॉ. हजारीप्रसाद द्विवेदी कन्हैयालाल माणिकलाल मुंशी विद्यापीठ के निदेशक के रूप में आ रहे हैं और मेरी नियुक्ति प्रोफेसर के रूप में हो रही है। अभी लिखित सूचना नहीं मिली। सम्भव है अगले कुछ दिन हिन्दी पढ़ावें। लेकिन लोगों का कहना है कि द्विवेदी जी की उम्र ज़्यादा है और रामविलास के पास बेसिक क्वालिफिकेशन नहीं है। यह विद्यापीठ गंदी राजनीति का दलदल है और यहाँ सफल निदेशक वह माना जाता है जो इधर-उधर से पैसा ले आए, खाए और खिलाए।

कुछ ऐसा हुआ कि द्विवेदी जी आगरा नहीं गए। क्यों नहीं गए—ठीक-ठीक नहीं पता। मुझे सन्देह था कि डॉ. शर्मा ने उनकी नियुक्ति का विरोध न किया हो। मैंने पंडितजी से कई बार पूछा—डॉ. शर्मा ने तो आपके नाम का विरोध नहीं किया, पंडितजी ने हर बार उत्तर दिया—नहीं। सुना तो यह गया कि खुद डॉ. शर्मा की नियुक्ति का विरोध आगरा विश्वविद्यालय की समिति में कुछ लोगों ने किया। कहा गया कि डॉ. शर्मा के पास हिन्दी की कोई डिग्री नहीं है, वे हिन्दी संस्थान के निदेशक कैसे हो सकते हैं?

राजकमल प्रकाशन में पुस्तक-विक्रय का काम देखने वाले जगदीश शर्मा ने कहा—गर्मी के दिनों भरी दोपहरी में द्विवेदी जी, श्रीमती शीला संधू और मैं, (जगदीश शर्मा) डॉ. शर्मा के घर पहुँचे। डॉ. साहब बनियाइन और पाजामा पहने थे। निकलते ही कहा—पंडितजी आपके और शीला जी के ठहरने की व्यवस्था विश्वविद्यालय के भवन में है।

बाद में पता चला कि डॉ. शर्मा की पत्नी की तबीयत ख़राब थी। घर में उन्हें छोड़कर कोई और था नहीं। उन्हीं दिनों मैं अपने एक विद्यार्थी—बाद में सी.पी.एम. के नेता जोगेन्दर शर्मा के शोध-कार्य के सिलसिले में, उनसे मिलने आगरा जाना चाहता था। उन्होंने लिखा, ''दोपहर का खाना अपने साथ ले आना। मेरी पत्नी का स्वास्थ्य ठीक नहीं रहता।''

डॉ. शर्मा ने कहा—''जब पंडितजी की पुत्र-वधू का नाम स्थानीय विद्यालय में लिख गया तो मुझे यकीन हो गया कि पं. जी सचमुच आगरा आने वाले हैं।''

एक नौकरी छोड़कर दूसरी नौकरी पकड़ने के बीच पं. हजारीप्रसाद द्विवेदी प्रायः दुविधा में झूलते रहते थे। जब-जब एक जगह से दूसरी जगह गए यह मनःस्थिति बनी। कई कारण थे। मेरे विचार से उसका प्रधान कारण जन-संकुल परिवार, उसकी जिम्मेदारियाँ, यश के कारण चारों तरफ से आमंत्रण और भीतर आर्थिक असुरक्षा की गहरी भावना। जो है वही बना रहे—यह कवच। जिसे वे बड़ी मुश्किल से तोड़ पाते थे। यह दुविधा सबसे ज़्यादा दिखलाई पड़ती है, शान्तिनिकेतन छोड़ते समय।

डॉ. रामविलास शर्मा द्विवेदी जी की दुविधाग्रस्त मानसिकता पर व्यंग्य करते थे, उसे आगे भी बढ़ाते थे। उन दिनों प्रायः कहते—'द्विवेदी जी के शिष्य कभी साफ बात नहीं

करते। द्विवेदी जी के शिष्य का मतलब हुआ द्विवेदी जी भी। डॉ. शर्मा जैसा दृढ़ चरित्र का व्यक्ति दुर्लभ है, लेकिन कान के थोड़े कच्चे तो थे ही। मार्क्स के इस सिद्धान्त का पालन भी करते पाए जाते थे–"सब पर सन्देह करो। डाउट एवरीथिंग!"

सन्दर्भ-सूची

1. वि.भा.प., पृ. 155
2. पत्र, पृ. 96
3. वि.भा.प., पृ. 155
4. उप., पृ. 154
5. विश्वविद्यालय प्रसंग, ग्रं. 11
6. दूसरी परम्परा की खोज, पृ. 36-37
7. उप.।

हिन्दी-ग्रन्थ-अकादमी, उत्तर प्रदेश

काशी विश्वविद्यालय में व्याकरण-योजना के निदेशक और उत्तर प्रदेश की हिन्दी-ग्रन्थ-एकेदमी के निदेशक—दोनों पद आचार्य द्विवेदी की गरिमा के अनुकूल नहीं थे। विडम्बना थी कि जिस वय में उन्हें यश के अनुकूल सर्वाधिक सम्मान मिलना चाहिए था, उस समय वे अपनी गरिमा से नीचे पद पर काम कर रहे थे। आचार्य द्विवेदी को हिन्दी-क्षेत्र में उतना सम्मान नहीं मिला जितना हिन्दी-क्षेत्र के बाहर। इस विषय पर अन्यत्र भी लिखा जा सकता है। एक बार दिल्ली में श्रीमती शीला संधू ने धीमे से यह बात कही—पंडितजी का लखनऊ में काम करना ठीक नहीं हुआ। कोई ऐसा पीठ होता जहाँ वे अपनी इच्छा से अपने मनचाहे लोगों से इच्छित विषय—सौन्दर्यशास्त्र, भक्ति-साहित्य, मिथक, अपभ्रंश-कोश पर काम करा सकते तो कहीं भी रहते—प्रसन्न रहते। ऐसा कहीं भी कोई संस्थान उनकी इच्छा एवं गरिमा के अनुकूल होता, किन्तु 70 वर्ष की आयु में प्रशासकीय सरकारी सेवा—उनकी रुचि और व्यक्तित्व के मेल में नहीं थी।

ग्रन्थ-अकादमी में अध्यापन का काम नहीं हो सकता था, शोध का भी नहीं। शिष्यमंडली नहीं थी। प्रधान काम पुस्तकों का प्रकाशन, विक्रय की व्यवस्था, पुरस्कार-किताबों की खरीद। अकादमी का अध्यक्ष मुर्ख्यमंत्री होता था। उपाध्यक्ष ही सर्वेसर्वा होता था। निदेशक होता था। अधिकांशतः लोगों की दिलचस्पी पुरस्कार और पुस्तक खरीद में होती थी। उत्तर प्रदेश हिन्दी-अकादमी ने अनेक दुर्लभ ग्रन्थों का प्रकाशन किया था, उनका अनुवाद कराया था। यह काम द्विवेदी जी के समय में बहुत अच्छी तरह हुआ। अनेक योग्य लोगों को सम्मानित-पुरस्कृत किया गया। खरीद के लिए अच्छी किताबों का चयन किया गया। द्विवेदी जी ने हिन्दी भाषा और साहित्य के लिए योजनाएँ भी बनाईं, किन्तु उन योजनाओं को कार्यान्वित कराने के लिए दौड़-धूप करना उनके बस में नहीं था। जहाँ तक किताबों की ख़रीदारी का सवाल था—वे निर्णायक पद पर रहते हुए भी कुछ नहीं कर सकते थे। इतनी आपाधापी होती थी कि हिम्मत हारकर मीटिंग में जाते ही नहीं थे। मुलाहिजा और शर्माशर्मी में किसी का पक्ष लेकर उस पर अड़े रहना उनके स्वभाव में नहीं था। उनके शीर्ष स्थान पर रहते भी, अन्य लोग अपना उल्टा-सीधा काम करा लेते थे। यह उनके साथ हर जगह होता रहा। शान्तिनिकेतन में ऐसा नहीं हुआ होगा, क्योंकि वहाँ उलटा-सीधा काम कराने वालों की कमी थी। वातावरण ही ऐसा था। परिमल प्रकाशन, इलाहाबाद के स्वामी शिवकुमार सहाय शुरू में फोरमैन थे। केदारनाथ अग्रवाल की कविता—'एक हथौड़े वाला घर में और हुआ', पढ़ी, इतनी अच्छी लगी कि केदारनाथ अग्रवाल की कविताएँ छापने के

लिए प्रकाशक बन गए। पूँजी नहीं थी लेकिन उत्साह था। केदारनाथ अग्रवाल कविताएँ नहीं दे रहे थे, समझाते कि कविता छापोगे, कविताएँ बिकती नहीं, घाटा होगा—शिवकुमार सहाय ने कविताएँ छापीं। केदार-साहित्य के प्रकाशन के साथ-साथ नवोदित, उदीयमान प्रगतिशील रचनाकारों को भी छापते। केदारनाथ अग्रवाल के जन्मदिन पर बांदा में हर वर्ष समारोह करते। हिन्दी क्या, शायद ही किसी साहित्यकार का जन्मदिन कोई प्रकाशक हर वर्ष इतने समारोहपूर्वक मनाता हो।

सो, शिवकुमार सहाय भी बलिया के थे, यानी 'दुबेदी जी' के जिले के। व्यक्तिगत परिचय था। किताबें अच्छी थीं। प्रकाशक महोदय आश्वस्त थे। उनकी किताबें खरीदी जाएँगी। द्विवेदी जी के रहते अच्छी किताबें न खरीदी जाएँ?

बाद में शिवकुमार सहाय ने मुझसे एक पुस्तक विक्रय-कांड पर बात करते हुए बताया—सब साले पैसा खाते हैं। मैं भी पैसा देता हूँ। सिर्फ़ दुबेदी जी पैसा नहीं खाते थे।

मीटिंग में बीच में ही चले आए। घर आकर दाल-भात चोखा खाया, सो रहे। मिलने पर बताया—मैं घबराकर मीटिंग से भाग आया। मीटिंग की अध्यक्षता वही कर रहे थे।

लखनऊ में प्रसिद्ध गीतकार और गद्यकार ठाकुर प्रसाद सिंह उनके साथ काम करते थे। ठाकुर प्रसाद सिंह पंडितजी के प्रशंसकों में से थे। वे निराला, रायकृष्णदास, नन्ददुलारे वाजपेयी आदि के भी प्रशंसक, सहृदय साहित्यकार थे। बहुत अच्छे आयोजक और कार्यकर्त्ता भी थे। रामदरश मिश्र, केदारनाथ सिंह, विष्णुचन्द्र शर्मा को स्नेह देते थे। त्रिलोचन शास्त्री को आत्मीयतावश तंग करते थे। द्विवेदी जी से उनको शिकायतें भी थीं। मन में यह बात बसी थी कि पं. जी चाहते तो उनकी सहायता कर सकते थे। यानी पं. जी ने उन्हें प्रोमोट करने के लिए कुछ नहीं किया। इस मनोभाव के बावजूद वे पंडितजी के प्रति आस्थावान् बने रहे। उन्होंने अपनी पुस्तक 'मोरपंख' में पंडितजी पर दो लेख लिखे हैं। वे पठनीय लेख हैं और द्विवेदी जी के अन्तिम दिनों में उनकी मनःस्थिति के बारे में प्रकाश डालते हैं। एक प्रसंग का वर्णन उन्होंने इस प्रकार किया है—

"एक बार लखनऊ से आगरा जाते समय हमारी गाड़ी के ड्राइवर ने (गाड़ी सरकारी, ड्राइवर भी) हुड पर लगा तिरंगा खोलकर फहरा दिया, जिसकी ओर हम लोगों ने ध्यान नहीं दिया। हम लोग बातचीत के नशे में डूबे थे, तभी लगा कि रास्ते में, जहाँ कहीं भी पुलिस के जवान खड़े हैं, वे हमें देखते ही सावधान की मुद्रा में आकर सैल्यूट दाग रहे हैं। मैंने द्विवेदी जी का ध्यान इस ओर दिलाया तो भी बिना बातचीत से हटे वे अपनी कहानी सुनाते रहे। आगे चलकर इटावा में हम लोगों ने चाय पीने के लिए गाड़ी रोकी, तो भेद खुला। द्विवेदी जी जोर से हँसे और बोले, लखनऊ से इटावा तक हम लोगों का राजयोग था, सारथी महोदय, अब कृपा कर झंडा लपेट लें, जिससे हम लोग सीधे-सादे आदमी की तरह धरती पर चलने लायक बन सकें।"

द्विवेदी जी के चंडीगढ़-वास तक तीनों लड़कियों की शादी हो चुकी थी। पुतुल (इन्दुमती) का डॉ. दशरथ ओझा के छोटे भाई पं. जीवनाथ ओझा के ज्येष्ठ पुत्र कैलाशपति

ओझा के साथ, तितिल (मालती) का पं. विनयमोहन शर्मा के पुत्र शिरीष तिवारी के साथ और मुन्नू (भारती) का श्री जटाशंकर मिश्र के साथ।

पुतुल का विवाह काशी में और शेष दोनों का चंडीगढ़ में हुआ था। पुत्रों में सिर्फ़ बबुआ (जगदीश द्विवेदी) का काशी में हुआ था। लखनऊ के ब्राह्मण परिवार में। सम्भवतः वे सरयूपारीण ब्राह्मण ही थे। विनयमोहनजी कान्यकुब्ज थे।

सबसे छोटे पुत्र पुट्टू (आनन्द) अभी वयस्क नहीं थे। गिप्पी (सिद्धार्थ) से पहले लाल जी की शादी होनी थी। पं. जी कभी-कभी कहते–लालजी का जन्म उसी वर्ष हुआ था जिस वर्ष 'कबीर' प्रकाशित हुआ था। कहते–संवत् 2000 विक्रमी था। नामकरण कबीर या विक्रम' भी हो सकता था। हुआ मुकुन्द।

26.4.68 को पं. जी ने विनयमोहनजी को जो पत्र लिखा उसमें लालजी के विवाह की चर्चा है। "लाल जी का विवाह निश्चित हो गया है। लखनऊ के भूतपूर्व रजिस्ट्रार पं. के.डी. तिवारी की पोती से विवाह सम्बन्ध निश्चित हुआ है। कठिनाई यह पड़ रही है कि 8 मई को ही वह लोग तिलक का और 9 मई को विवाह का आग्रह कर रहे हैं। और भी कठिनाई यह है कि 13 मई के बाद कोई लगन नहीं मिल रही है। मैंने खींच-खींचकर 9 मई को तिलक और 13 मई को विवाह करने के लिए लगभग राजी कर लिया है परन्तु उनकी भी कठिनाइयाँ हैं।" गिप्पी का विवाह प्रेम-विवाह हुआ। इसीलिए थोड़ा नाटकीय भी था। विवाह 1974 के जून के अन्तिम सप्ताह में हुआ। गिप्पी और अनुराधा का परिचय-प्रेम चंडीगढ़ में पढ़ते समय हो गया था। अनुराधा प्रसिद्ध वामपन्थी पत्रकार बी.डी. चोपड़ा की लड़की हैं। पं. जी कुलीन सरयूपारीण ब्राह्मण। पंडितजी के रिश्तेदार भाई-बन्द इसे कभी स्वीकार नहीं कर सकते। सम्भवतः पंडितजी और पंडितजी से ज़्यादा माताजी का मन पिछड़ रहा होगा। यद्यपि दोनों पुत्र की इच्छा को टालना नहीं चाहते थे। कहते हैं कि गिप्पी ने एक नहीं सुनी, अड़े रहे और विवाह होकर रहा।

संयोग ही कहेंगे कि मैं पुतुल, तितिल, मुन्नू तीनों की शादियों में शामिल था। तीनों पुत्रों की शादियों में नहीं। पुट्टू का विवाह पं. जी के देहान्त के बाद दौलतराम कालेज में हिन्दी की अध्यापिका और स्वतंत्रता सेनानी, भूतपूर्व केन्द्रीय मंत्री–महावीर त्यागी की पुत्री उषा पुरी की भतीजी से हुआ। विवाह दिल्ली में कॉलेज परिसर में हुआ। उसमें शामिल था।

30 जून 1974 को पं. जी ने श्री चोपड़ा को पत्र लिखा–

"आपने हमारे लिए जो सुन्दर व्यवस्था की थी उससे हम सभी बहुत प्रसन्न और प्रभावित हुए।...श्रीमती द्विवेदी अपनी नयी बहू को देखकर प्रसन्न हैं। वे आपको और श्रीमती चोपड़ा को अपना आनन्द पहुँचा देने को कह रही हैं और आप दोनों को हार्दिक नमस्कार निवेदन कर रही हैं।

अनुराधा प्रसन्न और स्वस्थ है। लम्बी यात्रा और बेहद गर्मी से कल थोड़ा मुरझा अवश्य गई थी परन्तु आज प्रसन्न है।..आप कोई चिन्ता न करें। एक माँ-बाप की गोद से उठकर वह दूसरी माँ-बाप की गोद में आ गई है।"

पं. जी का कार्यस्थल लखनऊ हो गया था। वे आधा समय, यानी महीने में 15 दिन काशी भी रह सकते थे। माताजी और पुट्टू प्रायः काशी ही रहते थे। जगदीश द्विवेदी

सपरिवार रेणुकूट, मिर्जापुर में नौकरी के सिलसिले में रहते थे। वे बिड़ला की मिल में फोरमैन थे।

द्विवेदी जी का दिल्ली आना बराबर बना रहता था। ज्येष्ठ पुत्री पुतुल के यहाँ ही प्रायः ठहरते। माताजी भी पुतुल के ही यहाँ ठहरतीं। लालजी भी दिल्ली विश्वविद्यालय के भगतसिंह कॉलेज में प्रवक्ता नियुक्त होकर जनकपुरी में रहने लगे थे। पं. जी वहाँ भी जाते और ठहरते। पुत्र, पुत्री और नाती-पोतियों का आकर्षण तो था ही, गिप्पी भी दिल्ली में कुछ काम करने लगे थे। कुल मिलाकर पं. जी के साथ माताजी के आलावा कनिष्ठ सन्तान पुट्टू ही रह गए थे, जो उन दिनों पढ़ रहे थे और अविवाहित थे।

दिल्ली में पं. जी का आना अनेक कारणों से बना रहता था। विभिन्न समितियों की बैठकों में शामिल होने के लिए, विभिन्न समारोहों में भाषण देने के लिए। दिल्ली आने का कोई अवसर पंडितजी इस वजह से भी नहीं छोड़ते थे क्योंकि पुतुल, उनके पति, बच्चों से भेंट हो जाती थी। बाद में लालजी के दिल्ली में बस जाने के कारण यह और भी बढ़ गया। दिल्ली में उनके अनेक अविस्मरणीय भाषण हुए। कालिदास पर उनका भाषण एक बार शरदोत्सव में हुआ। आयोजन मंडन मिश्र ने कराया। मंडन मिश्र जो बाद में संस्कृत विद्यापीठ के निदेशक हुए। शक्तिनगर के चौराहे पर तीन दिन पंडितजी कालिदास के विभिन्न पक्षों पर बोले। अध्यक्षता तत्कालीन केन्द्रीय मंत्री श्री विद्याचरण शुक्ल ने की। मैंने और किसी विद्वान् का भाषण सार्वजनिक स्थान पर खुले चौराहे पर होते न देखा है, न सुना है। सामान्य लोग भी कालिदास में इतनी रुचि ले सकते हैं, अगर वक्ता द्विवेदी जी जैसा हो तो—यह देखा। उस सभा में नित्यानंद तिवारी तो थे ही, स्वर्गीय भगवत प्रसाद दुबे और राजधानी कॉलेज में संस्कृत के अध्यापक डॉ. सुरेश पाण्डे भी थे।

1970 में मैं किरोड़ीमल कॉलेज की हिन्दी साहित्य सभा का अध्यापक सलाहकार था। तब तक पं.जी किरोड़ीमल कॉलेज में नहीं आए थे। उनके भाषण का आयोजन हुआ। कोई विषय नहीं दिया गया। अपनी इच्छा से जो चाहें बोलें। कॉलेज का हाल खचाखच भरा था। लोग दर्शकदीर्घा में भी अँट नहीं रहे थे। पंडितजी ने मिथक और लालित्य-तत्त्व पर भाषण दिया। लगभग डेढ़ घंटे बोले। हाल में पिन ड्राप निःशब्दता। श्रोता मंत्रमुग्ध। मानो शास्त्रीय संगीत के श्रोता हों। धन्यवाद देते हुए प्रिंसिपल मंगतराम ने कहा—पंडितजी ने तो मानो जादू कर दिया। बच्चे ऐसा गम्भीर भाषण इतना चुपचाप सुन रहे थे। प्रसिद्ध वामपन्थी नेता और अर्थशास्त्री अरुण बोस ने कहा—हिन्दी में ऐसा विद्वान् भी है!

कुछ दिनों बाद पंडितजी ने इसी विषय पर दिल्ली विश्वविद्यालय की आर्ट्स फैकल्टी में भी भाषण दिया। दूर-दूर से विद्यार्थी भाषण सुनने आए थे। बी.ए. के एक छात्र ने कहा—'इस अवस्था में भी पंडितजी ऐसा सरस भाषण देते हैं।''

मानस चतुरशती वर्ष में तुलसी जयन्ती पर पंडितजी का दिल्ली के कमानी सभागार में जो भाषण हुआ उसका आयोजन बिरला-समूह की ओर से हुआ था। आयोजन भव्य था और भाषण भी। बहुत बड़ी संख्या में लोग भाषण सुनने आए थे। पं. जी ने तुलसी की रचना-प्रक्रिया का उद्‌घाटन करते हुए—'रचि महेस निज मानस-राखा', 'रामचरित मानस

कवि तुलसी', एवं 'रस-विशेष पावा तिन्ह नाहीं' की अभूतपूर्व व्याख्या की। तुलसी-विषयक उनका चिन्तन रामचन्द्र शुक्ल से भिन्न था।

तुलसी-जयन्ती पर पं. जी का एक ऐसा भी भाषण सुना जिसमें वे श्रोताओं की रुचिविहीनता के कारण ठीक से बोल नहीं पाए। और वह भी किरोड़ीमल कॉलेज में ही। पं.जी का भाषण भी ऐसा सामान्य और श्रोताओं द्वारा बाधित हो सकता है, यह मेरे लिए कल्पनातीत था। और शायद इसीलिए इस दुर्घटना का उल्लेख ज़रूरी है। कॉलेज में हिन्दी विभाग के वरिष्ठ अध्यापक डॉ. सत्यपाल चुघ ने, पं. जी को तुलसीदास पर भाषण के लिए आमन्त्रित किया। मुझे पता ही नहीं चल पाया। सुना तो लगा ज़रूर कि मुझे किसी ने खबर नहीं की। उसके कुछ ही महीनों पहले पं. जी का इतना अधिक प्रभावशाली भाषण कॉलेज में हो चुका था। सभागार में उपस्थिति कम थी—यानी वह भरा नहीं था। पं. जी आए, बोलना शुरू किया। शुरू से ही लग गया कि वे मन से नहीं बोल रहे हैं, अनुमानतः स्वास्थ्य ढीला था। बोलना शुरू करते ही वे प्रायः स्वस्थ दीखने लगते थे। लेकिन आज वे तन्मय होकर नहीं बोल रहे थे। बुरी बात यह हुई कि विद्यार्थी श्रोता पं. जी को सुन नहीं रहे थे, फुसफुसा रहे थे। यह मेरे लिए अप्रत्याशित था और यातनाप्रद भी। 10 मिनट बाद पं. जी ने ही कहा—मैं खुद बोलना नहीं चाहता हूँ, आप लोगों को सुनने का कष्ट नहीं देना चाहता। इसके पाँच-छह मिनट बाद पं. जी ने भाषण समाप्त कर दिया। बोलना बन्द करके तेजी से गेट की ओर गए। प्रिंसिपल मंगतराम ने चाय के लिए कहा तो बोले—नहीं, और टैक्सी में चले गए।

पं. जी के जाने के बाद मैंने देखा कि छात्रों की भीड़ में एक छात्र की पीठ के पीछे एक पोस्टर चिपका है—पोस्टर पर लिखा है—आइ ऐम दि चीफ गेस्ट—मैं मुख्य अतिथि हूँ। मेरा सिर दुखने लगा। विद्यार्थी मेरा परिचित था। राजनीतिशास्त्र (बी.ए. आनर्स) का छात्र था। भंडारी नाम था।

मुझे अब लगता है कि पं. जी को हूट करने का कोई षड्यंन्त्र रचा गया था। इसका सम्बन्ध काशी विश्वविद्यालय के छात्र-आन्दोलन से हो सकता है। या उन हिन्दी विरोधी अध्यापकों से जो हिन्दी के प्रभावशाली वातावरण से व्यथित हो रहे थे।

इस प्रसंग में उल्लेखनीय बात यह भी है कि डॉ. सत्यपाल चुघ राष्ट्रीय स्वयं सेवक संघ के सदस्य और दिल्ली महानगर परिषद् में भारतीय जनसंघ के सदस्य थे। तब एम. एल.ए. नहीं कहलाते थे क्योंकि दिल्ली राज्य नहीं था। महानगर परिषद् पर भारतीय जनसंघ का अधिकार था। और विजयकुमार मल्होत्रा मुख्य कार्यकारी पार्षद थे—मुख्य कार्यकारी पार्षद मुख्यमंत्री की तरह का पद था। अनुमानतः द्विवेदी जी को अपना पक्षधर मानकर डॉ. सत्यपाल चुघ ने उन्हें आमन्त्रित किया। द्विवेदी जी निमन्त्रित होने पर सब जगह चले जाते थे। वे ब्रह्मकुमारियों की सभा में भी भाषण करते थे।

पं. जी के महत्त्वपूर्ण भाषणों में गुरुनानक देव की जन्मशती के अवसर पर विज्ञान भवन में दिया गया भाषण है। गुरुनानक का जन्म शरद पूर्णिमा के अवसर पर हुआ था। भाषण रात में था। अन्दर हाल खचाखच भरा था। और भाषण को सुनने के लिए उत्सुकतामयी अपूर्व शान्ति का वातावरण था और बाहर चाँदनी 'मानहु जगत छीर

सागर मगन है'—जैसी उज्ज्वलता। द्विवेदी जी ने गुरु जी के व्यक्तित्व की शामकता को सर्वाधिक रेखांकित किया। गुरुनानक के व्यक्तित्व और उपदेश की शामकता और चाँदनी घुलमिलकर अखंड होकर श्रोताओं के मन पर छा गई। समारोह में तत्कालीन केन्द्रीय सूचना प्रसारण मंत्री सत्यनारायण प्रसाद सिंह कुछ देर के लिए आए फिर चले गए। उनका चले जाना उनकी विख्यात रईसमिजाजी की संगति में था। उस भाषण में पंजाबी के विख्यात कवि और आलोचक प्रो. हरभजनसिंह मौजूद थे। वे पंडितजी का भाषण सुनकर मगन थे।

सूरदास की जन्मशती आपातकाल में पड़ी। पंडितजी हिन्दी संस्थान, लखनऊ में थे। जनता पार्टी हुकूमत में थी। कवि और लासानी ओजस्वी वक्ता अटलबिहारी वाजपेयी विदेश मंत्री थे। पंडितजी स्वस्थ नहीं थे। अटल जी ने उनसे आने का आग्रह किया। वे चले आए। जवाहरलाल नेहरू विश्वविद्यालय में नामवर जी भारतीय भाषा के केन्द्र के अध्यक्ष थे। पं. जी को सूरदास पर भाषण देने के लिए वहाँ भी निमन्त्रित किया गया। जवाहरलाल नेहरू विश्वविद्यालय में द्विवेदी जी का प्रथम और अन्तिम भाषण हुआ। श्रोताओं में प्रायः छात्र ही थे। अध्यक्षता उपकुलपति प्रो. नाग ने की। पंडितजी लगभग एक घंटा बोले। उनकी शारीरिक दुर्बलता का प्रभाव उनकी आवाज़ पर पड़ रहा था। भाषण वैसा ही था, लेकिन भाषण की पूरक और सहचर शारीरिक मुद्राएँ कम हो गई थीं। आवाज में घोषत्व और महाप्राणत्व क्षीण हो गया था। बाहुओं का उत्तोलन भी कम हो रहा था। और उनका सूरदास पर भाषण दिल्ली विश्वविद्यालय में भी हुआ। कला-संकाय के सभागार में भाषण बहुत कम होते हैं, क्योंकि हाल बहुत बड़ा है और उपस्थिति उतनी हो नहीं पाती। पंडितजी का भाषण उसी विशाल हाल में हुआ। अध्यक्षता सम कुलपति प्रो. उदित नारायण सिंह ने की। वे प्रोफेसर गणित के थे, लेकिन हिन्दी साहित्य में गहरी रुचि रखते थे। तुलसीदास और प्रसाद उनके प्रिय कवि थे। हाल भरा ही नहीं था। भीड़ बाहर भी खड़ी थी। पंडितजी की आवाज़ सभागार के आखिरी छोर तक नहीं पहुँच रही थी। माइक था तो भी।

पं. हजारीप्रसाद द्विवेदी का प्राण-स्पंदनकारी मेघमन्द्र स्वर क्षीण हो गया था। तन्मय होकर बोलते समय छंदोबद्ध अंग परिचालन नहीं हो रहा था। वक्ता खुद यह अन्तर समझ रहा था। पं. जी पहले जैसा नहीं बोल रहे थे। उन्होंने पहली पुस्तक 'सूरदास' पर ही लिखी थी। सूरदास उनके प्रिय, प्रिय से अधिक आत्मीय कवि थे।

मुझे बहुत डर लगा और दुर्भाग्यवश मेरा डर सच निकला। वह पंडितजी का दिल्ली में अन्तिम भाषण था। शायद वह उनके जीवन का अन्तिम भाषण था। बाद में कहीं बोले भी, नहीं पता। क्षीण स्वर में उनको सुनना अकल्पनीय यातना भोगना था—'जानत हौं बिधि दीन्ह मोहि जम-जातना सरीर' का अनुभव करना था।

वह यात्रा शुभ नहीं थी। घटनाएँ भी कुछ अजब तौर पर घटीं। पंडितजी को काशी वापस जाने के लिए दो टिकट आरक्षित मिले। एक टिकट सरकारी, जिसे उन्होंने वापस कर दिया। राजकमल प्रकाशन का टिकट अपने पास रख लिया। स्टेशन जाने पर पता चला कि वह प्रथम श्रेणी का आरक्षण टिकट नहीं, द्वितीय शयनयान सेकण्ड

स्लीपर का है। पंडितजी का भारी शरीर सेकंड स्लीपर की यात्रा नहीं कर सकता था। उन्हें दिसम्बर की घोर शीत लहर वाली रात में स्टेशन से लौटना पड़ा। दूसरे दिन विदा किया।

दिल्ली से काशी की पंडितजी की यह अन्तिम यात्रा थी। इसके बाद वे काशी से अचेतावस्था में आयुर्विज्ञान संस्थान में भर्ती होने के लिए आए। मई 1979 में। यानी यहाँ से जाने के बाद वे केवल पाँच महीने जीवित रहे। बीच में पक्षाघात का अटैक हुआ। और अधिकांश समय अस्पताल में गुजरा।

उत्तर प्रदेश हिन्दी संस्थान में पं. जी के रहने से संस्थान की गरिमा तो थी, लेकिन वहाँ काम करने का कोई वातावरण नहीं था। पंडितजी अच्छे लेखक थे, वक्ता थे, सम्पादक थे, योजनाएँ बना सकते थे, लेकिन अच्छे प्रशासक नहीं थे, हो ही नहीं सकते थे। संस्थानों में गुटबन्दी ज़रूर होती है। पंडितजी किसी से न कड़ी बात कर सकते थे, न किसी का अहित कर सकते थे। प्रशासक में लाभ-हानि करने की क्षमता होनी चाहिए। अपने लोगों को लाभ पहुँचाने और विरोधियों को दंडित करने के लिए तिकड़मी होना चाहिए। वह पंडितजी के स्वभाव में न था। संस्थान में रहकर उन्होंने कुछ योजनाएँ बनाईं, अच्छे लेखकों को सम्मानित किया और भरसक ईमानदारी से पुस्तकों की खरीद करवाई। 72 से 79 तक जो मुख्यमंत्री हुए वे सब उनका सम्मान करते थे। हेमवतीनन्दन बहुगुणा को उन्होंने एक पत्र लिखा जिसमें संस्थान और अकादमी और समिति सबको मिलाकर एक संस्थान बनाने की राय दी। इस दौरान उनका स्वास्थ्य तेजी से गिरता गया। पं. जी अपने स्वास्थ्य के बारे में बहुत कम बात करते थे। उनकी चेष्टाओं से थकान, कमज़ोरी आदि का संकेत मिलता था। वे यथासम्भव बाहर निकलते थे, निमंत्रण स्वीकार कर लेते थे। बाद में धीरे-धीरे निमंत्रण अस्वीकार और यात्रा करने में विवशता का क्रम बढ़ता गया। इस दौर के पत्रों से साफ पता चलता है, 'मन बहुत है आने का लेकिन स्वास्थ्य साथ नहीं दे रहा है'। रिज़र्वेशन करा लिया था, आज उसे कैंसिल कराने स्टेशन जा रहा हूँ, या 'किसी को भेज रहा हूँ'। पंडितजी का स्वास्थ्य बहुत अच्छा कभी नहीं रहा। वे ज़्यादातर अपने को घसीटते रहते थे। अपने को 'बातुल' कहते थे, वातरोगी। साइटिका थी फ्लैट फूटेड थे, एक पैर थोड़ा-सा घसीटकर चलते थे जिसका सामान्यतः पता नहीं चलता था। निरन्तर पढ़ने-लिखने से आँखें प्रायः सूजी रहती थीं। किसी मीटिंग से, विभाग से, भाषण देकर आते तो उत्तरीय फेंककर धम्म से लेट जाते। भाषण देने के बाद पानी पीने की नहीं, चाय पीने और पान खाने की आदत थी। चाय और पान शारीरिक आवश्यकता बन गयी थी। चाय न मिले तो पान ही से काम चल जाता। 'आलोक पर्व' निबन्ध-संग्रह पर 1973 ई. में साहित्य अकादमी पुरस्कार मिला (हिन्दी समिति के संयोजक डॉ. नामवर सिंह थे) सम्मान समारोह के वक्त सभागार में अमृतलाल नागर मौजूद थे। पंडितजी का वक्तव्य समाप्त हुआ तो नागर जी ने मुझसे कहा—लो, यह पान का बीड़ा पंडितजी को दे आओ। पंडितजी मंच पर थे। मैं झिझका, वहाँ कैसे जाऊँ? नागर जी ने गुस्से में पान का बीड़ा मुझसे छीना और जाकर मंच पर बैठे द्विवेदी जी को दे आए। उन्हें अपने लिए पान लाते देख पंडितजी संभ्रम से उठ खड़े हुए। और इधर मैं पानी-पानी हो गया।

बाबा–पंडितजी के पिता पं. अनमोल द्विवेदी का देहान्त 93 वर्ष की आयु में 1972 ई. में हुआ। पंडितजी उनके ज्येष्ठ पुत्र थे। बाबा सनातनी ब्राह्मण, कर्मकांड के विधि-निषेध में विश्वास करने वाले थे। उनकी पत्नी ज्योतिष्मती देवी दूसरे पुत्र डॉ. रमानाथ द्विवेदी के साथ रहती थीं। वे अपने ज्येष्ठ-पुत्र के साथ रहते थे। वृद्धावस्था में शरीर जर्जर हो जाने पर भी वे नित्य गंगा-स्नान करने जाते थे। पैतृक गाँव ओझवलिया, आरतपुर दूबे जाने की भी ज़िद करते। माताजी लड़-झगड़कर जाने नहीं देतीं। वृद्धावस्था में कुछ हो जाए तो।

अन्तिम बीमारी में पं. जी ने उनकी बड़ी सेवा-सुश्रूषा की। बाबा की अन्तिम बीमारी से जुड़ा एक प्रसंग। मैं उन दिनों तुलसीदास पर किताब लिख रहा था। पं. जी से तुलसीदास पर खूब सुनता। मैं भी उनकी सामाजिक चेतना पर कुछ-न-कुछ बुदबुदाता। एक बार पंडितजी ने कहा–'तुम लोग तुलसीदास की सामाजिक चेतना पर ज़रूरत से ज़्यादा बल देते हो। भाई! तुलसीदास भक्त थे। उनके मूल्य राम थे।' मैं चुप हो गया। पंडितजी तुलसी की भक्ति-भावना पर बोलते रहे। उनका तुलसी विषयक ज्ञान अद्‌भुत था। पता नहीं कैसे बात बाबा की बीमारी पर आ गई। बोले–'क्या बताऊँ विश्वनाथ, बाबा की स्थिति बहुत खराब है। मुझे छोड़कर और कोई उनके पास जाता नहीं। मल-मूत्र बिस्तर पर ही हो जाता है। अब तो भगवान उन्हें उठा लेते तो ही अच्छा था'। मुझे कुछ याद आ गया। मैंने कहा–पंडितजी तुलसीदास ने इस पर भी लिखा है–

दीरघ रोगी दारिदी कटु बच लोलुप लोग
तुलसी प्रान-समान तउ होहिं निरादर जोग।

पं. जी तेजी से उठे। अन्दर से, जल्दी में, अखबार का एक टुकड़ा और बाल-पेन ले आए। बोले–फिर से पढ़ो–उसे लिख लिया। बोले–दोहावली का है न? मैंने कहा–हाँ पंडितजी।

बाबा की मृत्यु के बाद द्विवेदी जी की मनःस्थिति की चर्चा सुप्रसिद्ध गीतकार और द्विवेदी जी के साथ हिन्दी संस्थान में काम करने वाले अधिकारी ठाकुर प्रसाद सिंह ने अपने संस्मरण-ग्रन्थ 'मोरपंख' में की है। श्री ठाकुर प्रसाद सिंह बाबा की मृत्यु के बाद मिलने उनके घर गए तो वे बाहर टहल रहे थे। उदास मन से उन्होंने देखा और वैसे ही बात करते रहे।

–तभी उनकी निगाह घर के सामने के छोटे लॉन पर पड़ी,' जहाँ थोड़ी दूर तक घास का रंग कुछ अधिक गहरा लग रहा था। उन्होंने कहा, "ठाकुर प्रसाद जी इतनी दूर की घास ध्यान से देखिए तो आपको एक आकार दिखाई पड़ेगा।"[1]

इसके बाद पंडितजी घास के किनारे बैठ गए और गहरे हरे रंग वाली घास को हाथ से सहलाने लगे। ठाकुर प्रसाद सिंह से बोले–"आपको इस घास में कोई आकार नहीं दिखाई पड़ता? ध्यान से देखिए–ये हैं दो पैर, ये हैं दो हाथ, ये है बीच में धड़ और ये रहा सर।"

ठाकुरप्रसाद सिंह आश्चर्य से उनकी ओर देखते रहे। उन्होंने सचमुच उतनी दूर की घास में एक व्यक्ति की आकृति झलकती हुई देखी और पंडितजी ने कहना जारी रखा–

यहीं पर मृत्यु के बाद पिताजी को मैंने लिटाया था। यहीं उनको स्नान कराया गया, यहीं से उनको उठाकर ले जाया गया। देखिए न! उनकी पूरी-पूरी आकृति घास के इस टुकड़े पर अलग दिखायी पड़ रही है।''

इस विषय पर ठाकुर प्रसाद सिंह की पंडितजी से कुछ और बातें होती रहीं, पंडितजी बोले–

"पंचतत्त्वों का अपसरण मृत्यु के उपरांत तेज़ी से होता है। इसलिए मात्र जल से जितनी हरियाली हो सकती है, उसकी दूनी हरियाली पिताजी के शवस्थान के जल से दिखाई पड़ती है। अवश्य ही इसमें कोई रासायनिक प्रक्रिया काम कर रही है। पिताजी अपना अंश यहीं छोड़ गए हैं।''

ठाकुर प्रसाद सिंह ने लिखा है कि, ''बातचीत के बाद खड़े होते हुए पंडितजी ने कहा मुझे भी यहीं लेटना है।'' ठाकुरप्रसाद सिंह ने सोचा कि उनके भीतर का दुखी पुत्र बोल रहा था, या कोई थका आदमी बोल रहा था।

पंडितजी को आत्मीय व्यक्तियों से सम्बन्धित स्वप्न प्रायः आते थे, उनका मार्मिक प्रभाव पड़ता। बाबा की मृत्यु के बाद स्वप्न आया। 'तर्पण किया करो', बाबा ने स्वप्न में आदेश दिया। वे तर्पणविधि नहीं जानते थे। संयोग से उन दिनों बड़े भाई विश्वनाथ द्विवेदी काशी में थे। बहुत प्रातःकाल उनके पास पहुँचे। बोले, 'भैया, हमने आज स्वप्न देखा। हमें तर्पण करना सिखा दीजिए। आज से मैं करूँगा। आप पितृ वर्ग का नाम बता दें।' पं. हजारीप्रसाद द्विवेदी ने पितृ वर्ग का तर्पण किया।[2]

बाबा की मृत्यु के कुछ ही दिनों बाद पं. जी की माँ का भी देहान्त हो गया। पंडितजी बताते थे कि माँ को उनके पति की मृत्यु की ख़बर नहीं दी गई। द्विवेदी जी कहते थे, 'मैंने सपना देखा माँ की हथेली पर लिखा था–3-4। और माँ 3 की रात गईं। माँ श्रीमती ज्योतिष्मती देवी भी 90 वर्ष की रही होंगी। वे द्वितीय पुत्र, सर सुन्दरलाल अस्पताल के यशस्वी वैद्य श्री रमानाथ द्विवेदी के यहाँ रहती थीं। बाबा की मृत्यु के कुछ ही दिनों पूर्व उनके किसी ऐसे सम्बन्धी की मृत्यु हुई थी जो बड़े भाई लगते थे। बाबा कहते थे–बड़े भाई चले गए, अब मेरे लिए भी दरवाजा खुल गया।

आपात्काल में इंदिरा गांधी ने उन्हें एकाध बार निमन्त्रित किया था। पं. जी इन्दिरा गांधी को शान्तिनिकेतन से जानते थे। माता जी (श्रीमती हजारीप्रसाद द्विवेदी) इन्दिरा जी के बारे में ऐसे बात करतीं मानो वे उनकी घर की लड़की हों। कहतीं–इन्दिरा आती, मूँड़ी हरी मिर्च के साथ खाकर सफा चट कर जाती (हरी मिर्च के साथ कनस्तर भर मूँड़ी खाने की बात शिवानी ने भी अपने संस्मरण में लिखी है) आपात्काल में पंडितजी आश्वस्त नहीं थे। खुलकर विरोध करना उनका स्वभाव नहीं था। उनके पास ऐसे पत्र भी आते थे जिनमें आपात्काल की ज्यादतियों, जबरन नसबन्दी, जेल आदि की शिकायत होती। लोग उनसे आशा रखते कि वे इन्दिराजी से इन सब बातों की चर्चा करेंगे। एक बार संजय गांधी आपात्काल में बनारस या लखनऊ गए। पंडितजी ने रोष के साथ

किन्तु धीमे स्वर में बताया—सैकड़ों पेड़ काट दिए गए, उनके स्वागत में रास्ता बनाने के लिए।

77 के चुनाव में इन्दिरा हारीं। पं. जी ने बताया—वे ट्रेन से यात्रा कर रहे थे—लखनऊ से बनारस जा रहे थे। साथ में कोई सूचना अधिकारी था। चुनाव निकट था। पंडितजी ने पूछा—चुनाव में क्या होने जा रहा है? सूचना अधिकारी भरा बैठा था। गुस्से में कहा—"संजय का उत्पात जारी रहा तो वे हार जाएँगी।" जनसंचार माध्यमों पर नियन्त्रण और उनसे केवल संजय गांधी की प्रशंसा ने इन्दिरा गांधी और उनकी सरकार को सबसे ज़्यादा नुकसान पहुँचाया। उनके चारों तरफ खुशामदी अवसरवादियों, प्रच्छन्न विश्वासघातियों की भीड़ लग गई। और इन्दिरा गांधी असहाय और अकेली हो गईं, जैसा कि निरंकुश हो जाता है। इन्दिरा गांधी का स्वभाव जनतांत्रिक था। निरंकुश असहाय होता है। निरंकुश उन्हें बना दिया गया था। इन्दिरा गांधी के चुनाव हारने के बाद पं. हजारीप्रसाद द्विवेदी उनसे मिलने दिल्ली गए। ऐसे संकट की घड़ी में उन्होंने अपनी शिष्या से मिलना ज़रूरी समझा—इन्दिरा जी से मिलने वालों की लम्बी कतार खड़ी थी। पंडितजी भी उसी में खड़े हो गए। इन्दिरा जी आईं। पं. जी को देखकर बोलीं—आप इधर चले आइए, आपसे कुछ देर अलग बात करना चाहती हूँ। पं. जी उनसे एक कमरे में मिले। सांत्वना दी, सर पर हाथ रखा—महाभारत का भीष्म द्वारा उपदिष्ट एक श्लोक पढ़ा और उसका अर्थ भी समझा दिया। श्लोक पं. हजारीप्रसाद द्विवेदी ने विद्यार्थी-जीवन में मालवीय जी महाराज से सुना था—

सुखं वा यदि वादुखं, प्रियं वा यदि वाऽप्रियम्
प्राप्तं प्राप्तमुपासीत हृदयेनापराजितः

(सुख हो या दुख, प्रिय हो या अप्रिय, जो मिल जाए उसे प्रसाद रूप में ग्रहण कर लेना चाहिए लेकिन सदा हृदय या मन से अपराजित रहकर)

आपात्काल में मैं प्रगतिशील लेखक संघ, दिल्ली का सचिव था। प्रगतिशील लेखक संघ ने आपात्काल का समर्थन किया था। हम एक शिष्टमंडल में—गुरुमुख सिंह मुसाफिर, भीष्म साहनी, प्र. ले. स. के राष्ट्रीय महासचिव, प्रलेस का नामकरण राष्ट्रीय प्रगतिशील लेखक महासंघ, फेडरेशन आफ नेशनल प्रोग्रोसिव राइटर्स) हो गया था। रज़िया सज्जाद ज़हीर, विजय चौहान, शिवदान सिंह चौहान (साथ में बूटा सिंह भी थे) इन्दिरा जी से मिले थे। इन्दिरा गांधी का आवास पहली बार देखा। बेहद सादगी का मन पर बहुत गहरा असर पड़ा। लॉन पर घास तक हरी-भरी नहीं थी। एक गाय बैठी जुगाली कर रही थी। इन्दिरा जी ने केशसज्जा भी ठीक से नहीं कर रखी थी। बाल अस्त-व्यस्त उड़ रहे थे। बेहद थकी हुई लग रही थीं। ज़ुकाम हो गया था, नाक बार-बार सुड़क रही थीं। विनम्रता से लेखकों के सामने बैठी मुस्करा रही थीं। उन्होंने बताया कि विदेश में बहुत मिथ्या प्रचार हो रहा है। इसके विरुद्ध आप लोगों को कुछ करना चाहिए। लेखकों ने साम्प्रदायिक तत्त्वों से सावधान रहने की सलाह दी। इन्दिरा जी ने रजिया सज्जाद ज़हीर की कमर में हाथ डाल कर उनसे अलग से थोड़ी देर बात की। मेरा मन उनसे बात करने का हो रहा था लेकिन हिम्मत नहीं कर पाया।

बाहर आकर रज़िया आपा ने कहा—देखा! इस औरत को इमरजैंसी लगा देने का कोई अफसोस नहीं, अपनी किसी ग़लती का कोई अहसास नहीं।

पं. जी आपात्काल में एक बार दिल्ली आए तो मुझसे बोले–"तुम लोगों का (उनका मतलब कम्युनिस्टों से था) और सरकार से प्रेम बहुत दिनों तक नहीं चलेगा।" सरकारी क्षेत्रों से कोई भनक उन्हें मिली होगी।

अनुमानतः इन्दिरा जी, पंडितजी से समय-समय पर, विशेषतः सांस्कृतिक विषयों पर सलाह-मशविरा कर लिया करती थीं। मैंने एक बार किसी लेखक से पंडितजी को यह कहते हुए सुना–आपकी बात सबसे ऊपर तक पहुँचा दी जाएगी–इट विल बी कनवेड टु द हायस्ट क्वार्टर्स।

अगस्त, 1975 में लिखी या छपी--एक टिप्पणी है–'मैं सोचता हूँ'।[3] वह आपात् काल पर की गई टिप्पणी है। पं. जी ने आपात् काल का विरोध नहीं किया। अनुशासन की प्रशंसा भी है उस टिप्पणी में। वे भी दूसरे शब्दों में आपात्काल को अनुशासन पर्व मानते हैं। "इन दिनों देश में बहुत अनुशासन का वातावरण बनने लगा है। विश्वविद्यालयों में और अन्य विद्यालयों में पढ़ाई-लिखाई ठीक चल रही है। गाड़ियाँ ठीक समय से चलने लगी हैं। बिना टिकट यात्रा कम हुई है। बाजार में सामान मिलने लगे हैं। कीमतें कुछ घटी हैं। सुनने में आता है कि दफ्तरों में भी कामकाज होने लगा है। प्रधानमंत्री की प्रशंसा है–प्रधानमंत्री ने सच्चे नेता के अनुरूप ही कार्य किया है। आपात्स्थिति के साथ ही उन्होंने जनता को रचनात्मक आर्थिक कार्यक्रमों की ओर मोड़ दिया है।"

लेकिन इस सन्तोष और प्रशंसा के साथ एक ऐसी चिन्ता जो इस प्रशंसा और सन्तोष पर भारी पड़ती है–

"यह सब सुखद समाचार है पर चिन्ताजनक भी है। यह सब क्या भय के कारण हो रहा है।"

पं. जी ने जो देखा है, वही कहा है। आपात्काल में निम्न वर्ग और निम्नमध्यवर्ग को राहत मिली थी। लोग–मध्यवर्ग, उच्च मध्यवर्ग के लोग ज़्यादा भयाक्रान्त थे। सूचना तंत्र और अभिव्यक्ति पर अंकुश था। लेकिन अफ़वाहों का बाजार गर्म था। ऐसे में चापलूसों, अवसरवादियों की बन गई थी।

द्विवेदी जी, इन्दिरा गांधी की उच्छल प्रशंसा बांङ्लादेश की स्थापना के दिनों में भी करते थे।

बाङ्लादेश की स्थापना की प्रक्रिया में भारत-पाकिस्तान युद्ध हुआ। अमरीका के राष्ट्रपति निक्सन ने भारत के विरुद्ध कठोर रवैया अपनाया। इन्दिरा जी ने निर्भीकतापूर्वक निक्सन की धमकियों का उत्तर दिया। निक्सन ने कहला भेजा कि हम भारत की कार्रवाइयों को पसन्द नहीं करते। कहते हैं कि इस पर इन्दिरा गांधी ने दूत से कहा–गो टु हेल। जहन्नुम में जाओ। तुम्हारी मुझे परवाह नहीं। इन्दिरा जी में नेतृत्व की क्षमता थी उन्हें अपने और अपने देश की जनता पर विश्वास था। द्विवेदी जी कहते इन्दिरा में शक्तिपात हुआ है। शक्तिपात यानी दैवी शक्ति का समावेश हो गया है।

1972, 23 अप्रैल को साप्ताहिक हिन्दुस्तान में पंडितजी का लेख छपा 'लड़ाई खत्म हो गई'। रूप निबन्ध का है–ललित निबन्ध, व्यक्तिपरक शैली में। इसमें इन्दिरा गांधी की उच्छ्वसित प्रशंसा है। बाङ्लादेश की स्थापना के समय उन्होंने जो निर्भीकता दिखाई थी,

संयुक्त राष्ट्र अमरीका की धमकियों के सामने—सातवें बेड़े के आगमन की आशंका के बावजूद, उसकी द्विवेदी जी ने जमकर प्रशंसा की। इसी आलोक में इसके थोड़ा पहले हुए आम चुनावों में इन्दिरा गांधी की विजय का स्वागत-उल्लेख करते हुए कहा—भारत के इतिहास में इन्दिरा महाशक्ति के रूप में उदित हुईं—सामूहिक मंगलेच्छा की मूर्ति के रूप में, उद्धत विशृंखलता पर कशाघात के रूप में।

पं. जी राजनीति पर रुचिपूर्वक बात करते थे। वे कम्युनिस्ट नहीं थे, कम्युनिस्टों की कई नीतियों का विरोध करते थे। लेकिन राजनीति में थोड़ा-थोड़ा वामपन्थी विचारों के थे। समाजवादी पार्टी, कांग्रेस और कम्युनिस्टों का मानो घाल-मेल हो। ऐसी उनकी विचारधारा थी। अमरीका का प्रायः हमेशा विरोध करते। वे बाङ्लादेश की स्थापना के वर्षों पहले कहते थे—पूर्वी बंगाल पाकिस्तान में नहीं रहेगा। वे कहते—स्थितियाँ अनुकूल हुईं तो पश्चिमी बंगाल भारत से और पूर्वी बंगाल पाकिस्तान से स्वतंत्र होकर एक अलग राष्ट्र बन सकते हैं। बांगला देश के लिए संघर्ष में पूरे देश ने इन्दिरा गांधी का साथ दिया। अटलबिहारी बाजपेयी ने तो उन्हें 'दुर्गा का अवतार' कहा। इन्दिरा के नेतृत्व में मानो भारत-विभाजन से आहत देश ने साम्प्रदायिकता के आधार पर बने पाकिस्तान से प्रतिशोध लिया। बाङ्ला देश की स्थापना मूलतः पूर्वी बंगाल के मुसलमानों के संघर्ष और उनकी आकांक्षाओं की विजय थी। ऐतिहासिक महत्त्व इस बात में था कि संस्कृति मजहब नहीं है। मुसलमान होते हुए भी बंगाली जातीयता ने भाषा-संस्कृति के आधार पर अलग राष्ट्र की स्थापना की। कवि और महाभारत (धारावाहिक) के पटकथा लेखक राही मासूम रज़ा ने इस अवसर पर स्मरणीय कविता 'ज़ुबान' लिखी—बंगलाभाषियों पर पाकिस्तानी अत्याचार के विरुद्ध। दो पंक्तियाँ इस प्रकार हैं—

झुकाना चाहे जो टैगोर के अदब की जबीं (माथा)
वो मीर ग़ालिबो इक़बाल का भी दोस्त नहीं

ऐसी पंक्तियाँ प्रगतिशील लेखकों के यहाँ भी कम मिलती हैं। यह भाषा-प्रेम की वास्तविक अभिव्यक्ति है।

निस्सन्देह सोवियत संघ ने इस संघर्ष में भारत-बाङ्ला देश की अविस्मरणीय सहायता की। लड़ाई खतम हो गई—लिखते समय द्विवेदी जी के ध्यान में ये सब बातें थीं। लड़ाई के दौरान द्विवेदी जी अतीव उद्वेलित हो जाते थे। राजनीतिक घटनाओं का वे गहराई से अन्वेक्षण करते। उनका प्रभाव उनके मन पर गहरा पड़ता था। वे बेहद संवेदनशील थे और घटनाएँ उनके रक्तचाप को प्रभावित करती थीं। रक्तचाप को लेकर वे विनोद करते। समधी, डॉ. दशरथ ओझा की पत्नी को भी रक्तचाप की दिक्कत होती। दोनों का रक्तचाप बराबर होता तो समधिन के बारे में समधी से कहते—श्रीमती ओझा और मेरा हृदय अभिन्न है। बांगला देश की घटनाओं से रक्तचाप के उतार-चढ़ाव का उन्होंने रचनात्मक उपयोग इस निबन्ध में किया है—

"न जाने मेरे स्वास्थ्य और इतिहास में क्या सम्बन्ध है कि जब इतिहास जरा वेग पकड़ता है तभी मेरे शरीर के नाना जाति के कीटाणुओं में भी हलचल पैदा हो जाती है—लगता है कि जब इतिहास विधाता का रथ जरा तेज होता है, तब उसकी घरघराहट मेरे

रक्त को प्रभावित अवश्य करती है—हाय रे भाग्य, इतिहास विधाता की सड़क क्या मेरी धमनियों में ही गुजरती है? जब उनकी भवें तनती हैं, तभी मेरी आँखें लाल हो जाती हैं, जब उनके मन में रोष की ऊष्मा उदित होती, तभी मेरा तापमान बढ़ जाता है।"

रक्तचाप और लोगों का भी बढ़ता है। अनेक कारणों से। एक कारण मानसिक तनाव होता है। मानसिक तनाव व्यक्तिगत लाभ-हानि, यश-अपयश, राग-द्वेष आदि से बढ़ता-घटता है। लेकिन द्विवेदी जी का रक्तचाप बढ़ता (या घटता) है, इतिहास की सड़क उनकी धमनियों में से गुजरने के कारण। व्यक्तित्व इतिहास का प्रतीक बन जाए, इतिहास की चिन्ता, एक व्यक्ति की चिन्ता बन जाए तभी ऐसा सम्भव है। रवीन्द्रनाथ की ये (अनूदित) पंक्तियाँ उनके लिए काव्यलोक की वस्तु नहीं, अनुभव में आ गई हैं—

नाचती हैं रक्त में मेरे उदधि की लोल लहरें
काँपती है आज मन में विकल व्याकुलता जनों की

(अनुवाद—द्विवेदी जी)

"महाकाल देवता का रथ—ठप्प हो गया तो मेरे चिकित्सकों ने बताया कि मेरा रक्तचाप बहुत कम हो गया है।"

कमजोर समझे जाने वाले बंगालियों ने विद्रोह किया। नई पीढ़ी विशेष रूप से सामने आई। " 'इतिहास विधाता का रथ' जड़ता से टकरा गया है। मेरे चिकित्सक कहते हैं रक्तचाप ठीक हो रहा है।" निबन्ध में दुर्गा-सप्तशती का श्लोक उद्धृत है, मातृशक्ति का जागरण है। इन्दिरा गांधी की सक्रियता भारत की शक्ति बन गई है। वह विजयिनी है। शिवप्रसादसिंह ज्योतिष थोड़ा-थोड़ा मानते हैं, थोड़ा-थोड़ा जानते हैं, निबन्ध-लेखक ज्योतिष जानता है, मानता नहीं। (द्विवेदी जी गणित ज्योषित मानते थे, फलित पर विश्वास नहीं था।) निबन्ध में कई जगह नकसूनों का ज़िक्र आता है। 'नकसून' यानी जिसकी नाक सुन्न हो गई हो। गन्ध, दुर्गन्ध का बोध नष्ट हो गया है, अच्छे-बुरे की पहचान नहीं है। पं. जी शब्द-क्रीड़ा कौतुक में माहिर थे। बिल्कुल गाँव वालों की तरह शब्दों के रूप को अपने आशय में ढाल लेते थे। भोजपुरी और संस्कृत की भूमि पर किसी भाषण के शब्दों को उछाल कर वे मनोनुकूल अर्थ में लोक्क (कैच कर) लेते थे। नकसून वस्तुतः अमरीका के तत्कालीन राष्ट्रपति निक्सन हैं। एक पंक्ति हैं—"हिन्दी के चोटी के विद्वान् और पत्रकार बांगलादेश से क्या-क्या देखकर लौटे हैं"। चोटी के विद्वान् विष्णुकांत शास्त्री हैं। वे लम्बी चुटिया रखते थे। 'चोटी के विद्वान्' 'शीर्षस्थ' और 'चुंटियाधारी' दोनों अर्थ दे रहा है।

किसी तात्कालिक अन्तर्राष्ट्रीय राजनीतिक घटना पर साहित्य कैसे लिखा जाता है, इसका प्रतिमान है—द्विवेदी जी का यह निबन्ध। यह प्रतिबद्ध और पक्षधर साहित्य का उदाहरण है। जो लोग द्विवेदी जी को इन्दिरा गांधी का प्रशंसक और राजनीतिज्ञ (यानी राजनीतिज्ञों का सहारा लेकर ऊपर आनेवाला) कहते थे, उनकी दृष्टि में यह लेख ज़रूर रहा होगा। राजनीतिज्ञों में द्विवेदी जी के आलोचक-निन्दक राजनारायण थे और विद्वानों में गुरुवर पं. विश्वनाथ प्रसाद मिश्र।

1973 में, हिन्दी संस्थान से लगभग 100 पुस्तकें छपने के लिए प्रेस में जा चुकी थीं। 40 प्रकाशित हो चुकी थीं, शेष 60 शीघ्र ही प्रकाशित होने वाली थीं। लगता है, पं. जी वहाँ जमकर काम कर रहे थे। पं. जी अच्छे लेखकों से लिखवाने और उन्हें सम्मानपूर्वक प्रकाशित करवाने में रुचि लेते थे। वे इस कार्य को काफ़ी महत्त्वपूर्ण मानते थे। शान्तिनिकेतन में पुस्तकों के लेखन, संग्रह, प्रकाशन आदि की उन्होंने विधिवत् योजना बनाई थी। उन्हें यथाशक्ति कार्यान्वित कराने की ओर कदम बढ़ाया था। वे इसे हिन्दी-प्रचार का महत्त्वपूर्ण काम मानते थे। वस्तुतः हिन्दी भवन की स्थापना का एक उद्देश्य यह भी था। हिन्दी संस्थान का काम सँभालते समय, अवसर मिलने पर, शान्तिनिकेतन के दिनों का उत्साह फिर लौट आया। लेकिन उत्तर प्रदेश की राजनीति और लालफीताशाही बाधक थी।... शान्तिनिकेतन में साधनों की कमी थी। वातावरण था। यहाँ साधन थे, वातावरण नहीं था; वैसे सहयोगी नहीं थे। उत्तर प्रदेश सांस्कृतिक दृष्टि से परम सम्पन्न प्रदेश है। उसका अतीत इतना गौरवमय है; बोलियाँ, उनका साहित्य, लोककलाएँ; बहुविधि प्रचुर और सम्पन्न हैं, वे क्रमशः परिवर्तन और उपेक्षा से विलीन हो रही हैं। उत्तर प्रदेश की किसी सरकार ने इस ओर कोई ध्यान नहीं दिया कि कितना काम करने की ज़रूरत है, कितना काम हो सकता है या और कितना काम हुआ। मध्यप्रदेश में अशोक वाजपेयी ने भारत-भवन की स्थापना करवाई, इससे कला, संस्कृति की गतिविधियों में अभूतपूर्व तेज़ी आई। वैसा या उससे भी बेहतर काम उत्तर प्रदेश में हो सकता था। नहीं हो पाया। आचार्य हजारीप्रसाद द्विवेदी जैसे व्यक्ति का इस क्षेत्र में कितना उपयोग हो सकता था, लेकिन उन्हें न वैसा वातावरण मिला, न सुविधा। कुल मिलाकर उन्हें निराशा ही हाथ लगी।

पं. जी ने बताया—पुरस्कार राशि कम थी। मैंने मुख्यमंत्री जी से कहा—पुरस्कार इतना तो कर दीजिए कि सम्माानित रचनाकार अपने लिए एक मकान बनवा सके। तब एक लाख में छोटा-सा मकान बन सकता था। सम्मान-राशि बढ़ाकर एक लाख कर दी गई। अब वह कई लाख तक पहुँच गई है। लेकिन मकान बनाने का खर्चा बहुत ज़्यादा हो गया है। पं. जी ने बुढ़ौती में मकान बनवाया था। जानते थे कि लेखक के लिए मकान बनवा पाने का क्या मतलब होता है। लड़कियों की शादी करने का क्या मतलब होता है। कहते हैं, 'उर्वशी' पर भारतीय ज्ञानपीठ पुरस्कार मिलने पर दिनकर से पूछा गया—आपके जीवन की सर्वाधिक उल्लेखनीय उपलब्धि क्या है? दिनकर ने जवाब दिया—"बेटियों की शादी करना"। प्रश्नकर्त्ता को किसी साहित्यिक उपलब्धि बताने की आशा रही होगी। दिनकर और पं. हजारीप्रसाद द्विवेदी अन्तरंग थे। रचनाकार बड़े थे। ज़मीनी हकीकत से वाकिफ थे। साहित्यकारों की असमर्थता के क्षेत्रों का भी अनुभव था।

1973 ई. में ही उन्हें रवीन्द्र भारती का रवीन्द्र पुरस्कार मिला। द्विवेदी जी प्रसन्न थे इस सम्मान से। विशेष रूप से इस कारण कि बंगाल के बाहर किसी रचनाकार को अब तक यह सम्मान नहीं मिला था। इन दिनों उनका स्वास्थ्य भी ठीक था। थोड़ा-बहुत तो आना-जाना लगा ही रहता था, लेकिन उन्होंने स्वास्थ्य और संस्थान के काम को देखते हुए यात्राएँ कम कर दी थीं।

मार्च 73 में पंडितजी का स्वास्थ्य भी ठीक था और संस्थान के काम में उनका मन भी लग गया था। द्विवेदी जी का स्वास्थ्य दो बातों पर विशेष निर्भर था–आयुर्वेदीय कारणों के अतिरिक्त। देश की राजनीति ठीक हो, देश की स्थिति ठीक लगे। शिष्य, मित्र अच्छा काम करें। कोई अच्छी स्थिति या दृश्य दिखलाई पड़ जाए तो वे पुलकित हो जाते थे। पुलकित होते समय बच्चों जैसा प्रसन्न-मुख हो जाते थे। शरीर छन्दमय गतिशील हो उठता था। दूसरे, जब उन्हें पढ़ने-लिखने का और मनचाहा काम करने का वातावरण मिले। कोई अच्छी किताब; अच्छा लेख पढ़ने को मिल जाए तो सप्ताह, महीनों जहाँ-तहाँ उसी की बात करते। इसका उल्टा होने पर व्यथित हो जाते बोलना कम कर देते, चिड़चिड़े हो जाते। ठुड्डी नीचे लटक जाती। मानो मुँह में कुछ अटक गया हो। थके लगने लगते।

उत्तर प्रदेश संस्थान, लखनऊ में कुछ दिनों तक काम करने का अवसर मनोनुकूल मिला तो स्वास्थ्य ठीक हो गया। प्रसन्न हुए–समधी पं. विनयमोहन शर्मा को लिखते हैं–

"पिताजी भी ठीक हैं; लेकिन अब पहले जैसे नहीं हैं–मैं इधर काफ़ी काम कर रहा हूँ–वैसे आप लोगों के आशीर्वाद से ठीक ही हूँ, कोई स्वास्थ्य सम्बन्धी शिकायत नहीं है।

स्वास्थ्य को लेकर द्विवेदी जी के प्रसन्न होने का कारण शारीरिक से अधिक मनोवैज्ञानिक है। 72 से उनका स्वास्थ्य काफ़ी बिगड़ता जा रहा था। पंडितजी वात रोग से तकलीफ पहले भी पाते रहे थे। शान्तिनिकेतन की जलवायु से उनकी और माताजी की तो विशेष शिकायत रहती थी। 72 में ही काशी विश्वविद्यालय से उन्हें दुबारा हटना पड़ा। काशी विश्वविद्यालय में हिन्दी विभाग का दुबारा अध्यक्ष बनने की आकांक्षा पूरी नहीं हुई थी–रेक्टरी छूट गई थी। हिन्दी के व्याकरणिक इतिहास की योजना अच्छी थी–लेकिन बेदम थी। ऐसे में भी कुछ अच्छा होता तो वे प्रसन्न हो जाते। साधना में तपा हुआ, गुरुदेव से प्रेरित, हिन्दी साहित्य की भूमिका, बाणभट्ट की आत्मकथा, कबीर, अशोक के फूल, कुटज, कालिदास की लालित्य योजना के रचनाकार का मन जल्दी थक तो जाता था, लेकिन ज़रा-सा ही सहारा पाकर खड़ा हो जाता था। कुछ भी अच्छा हो जाए या दिख जाए तो सत्त्वस्थ हो जाता था। अच्छा स्वास्थ्य और अच्छा वातावरण पंडितजी की निरी भौतिक आवश्यकता ही नहीं थी यह उनके रचनाकार और आन्तरिक व्यक्तित्व की बहुत बड़ी ज़रूरत थी–लेकिन न पुराना स्वास्थ्य लौट सकता था, न शान्तिनिकेतन का वातावरण। उनका स्वास्थ्य गिर रहा था और वे कहकर भी विभिन्न विश्वविद्यालयों और समितियों में जा नहीं पाते थे। अक्सर आयोजकों से क्षमा माँगनी पड़ती थी। और लिखे बग़ैर और खराब स्वास्थ्य में भी मोहक, मुग्धकारी भाषण वे देते थे।

दूसरा विश्व हिन्दी सम्मेलन आपात्काल में हुआ। सन् 1976 में। पंडितजी उसमें गए। डॉ. कर्णसिंह भारतीय प्रतिनिधि मंडल के नेता थे। उसका कुछ ब्यौरा ठाकुर प्रसाद सिंह ने दिया है। द्विवेदी जी सम्बन्धी संस्मरण में। 'भोरपंख' में संकलित है।

"मुझे मारीशस में सम्पन्न हुए द्वितीय विश्व हिन्दी सम्मेलन में एक सत्र के अध्यक्ष पद से दिए गए द्विवेदी जी के एक रोमांचक व्याख्यान की याद इस समय आ रही है। उस व्याख्यान में पूर्व अधिवेशन के मंच पर जोड़-तोड़ की राजनीति का बोलबाला था। तृतीय कोटि की जुगाड़ प्रतिभाएँ विश्व मंच को अपनी इतनी हैसियत का बनाने पर तुली हुई थीं... अत्यन्त बनावटी वातावरण में बड़े प्रयत्न के बाद हम लोग द्विवेदी जी को उस सत्र की अध्यक्षता करने के लिए तैयार कर सके। बड़ी मुश्किल से वे अपनी सिर की सिल्क की चादर से बाहर निकले जिसे सर पर रखे वे पीछे की कुर्सी पर लेटे ऊँघते रहे थे। मैंने उनसे हँसी में कहा—पंडितजी आपके सुहृद और विद्यार्थी यहाँ कई हैं, लेकिन आप उनका बिल्कुल ख्याल न करके उन सभी उद्धरणों का प्रयोग अपने भाषण में करें जिन्हें सुनकर आपके श्रोता स्वयं को भूल जाते हैं। द्विवेदी जी मुस्करा कर बोले—तुम्हारा मतलब है कि मैं अपने पुराने लटके काम में लाऊँ? हम लोग हँस पड़े। दूसरे दिन द्विवेदी जी ने लगभग एक घंटे का जो भाषण अधिवेशन में दिया, वह लगता है, जैसे आज भी मैं सुन-देख रहा हूँ। वह भाषण मारीशस के हिन्दी-प्रेमियों के लिए तो अद्‌भुत था ही, लेकिन हम लोग जो उनके पुराने प्रशंसक थे, कम चकित नहीं थे।

पंडितजी ने भाषण के प्रारम्भ में तुलसी की एक अर्धाली सुनाई—

रविमंडल देखत लघु लागा
उदय तासु त्रिभुवन तम भागा।

पंक्तियाँ रामचरित मानस में धनुष यज्ञ, सीता-स्वयंवर प्रसंग की हैं, द्विवेदी जी ने मारीशस की उपमा लघु रविमंडल से की। मारीशस में होने वाले विश्व हिन्दी-सम्मेलन को उदयकालीन फैलता हुआ आकाश-व्याप्त प्रकाश कहा। ठाकुर प्रसाद सिंह ने पंडितजी के भाषण के प्रभाव का वर्णन किया है—

"द्विवेदी जी के भाषण के बाद हजारों दर्शकों-श्रोताओं के बैठने के निमित्त बने भरे सभामंडप में जो अविस्मरणीय दृश्य उपस्थित हुआ, वह चाहकर भी कोई भुला नहीं सकता। उस सभामंडल में बैठे श्रोताओं ने द्विवेदी जी के कथन को खड़े होकर सहारा—यानी उन्होंने खड़े ही खड़े तीन बार करतल ध्वनि की। इस बीच द्विवेदी जी सामने की मेज पर हाथ की उँगलियाँ टिकाए, आँख मूँदे चुपचाप खड़े रहे।[4]

पं. जी मानते थे कि भारत भविष्य में शक्तिशाली देश के रूप में उभरेगा और ऐसा होने पर हिन्दी, तीसरी दुनिया की सर्वप्रमुख भाषा होगी। ये विचार उन्होंने मारीशस में प्रकट किए।

द्विवेदी जी के जादुई प्रभाव वाले एक भाषण के बारे में अलीगढ़ मुस्लिम विश्वविद्यालय में हिन्दी विभाग के पूर्व अध्यक्ष प्रो. कुँवरपाल सिंह ने चर्चा की है। प्रो. सिंह 2009 में दिवंगत हुए हैं। वे दृढ़ वामपन्थी ऐक्टिविस्ट भी थे मार्क्सवादी कम्युनिस्ट पार्टी के। अलीगढ़ विश्वविद्यालय में द्विवेदी जी के भाषण का विख्यात मुस्लिम विद्वानों पर जो प्रभाव पड़ा उसका उल्लेख किया है। सौभाग्यवश प्रो. कुँवरपाल सिंह ने इसका विवरण रुचिपूर्वक ब्यौरे के साथ दिया है। सभाकक्ष में इस्लामिक स्टडीज़ और अरबी विभाग के निदेशक, प्रगतिशील लेखक संघ के लेखक नेता प्रो. अब्दुल अलीम, विख्यात इतिहासविद्

प्रो. मोहम्मद हबीब (प्रो. इरफान हबीब के पिता) विश्वविद्यालय के वाइस चांसलर कर्नल बी. एच. ज़ैदी, उनकी कलाप्रेमी पत्नी कुदुसिया बेगम मौजूद थीं। सभा में संस्कृत भाषा और कालिदास के मर्मज्ञ विद्वान् प्रो. हादी हसन भी थे। प्रो. मुजीब रिज़वी ने उन्हीं से द्विवेदी जी को निमंत्रण भिजवाया था। मंच पर प्रो. हबीब, प्रो. हादी हसन, प्रो. हरवंशलाल शर्मा (हिन्दी विभागाध्यक्ष) बैठे। कुलपति ज़ैदी ने कहा—हम सुनने आए हैं, श्रोताओं के बीच बैठेंगे। प्रो. कुँवरपाल सिंह ने लिखा है कि यह व्याख्यान स्ट्रेची हाल के सबसे बड़े कक्ष आसमान मंज़िल में था। द्विवेदी जी धोती, कुर्ता और सदरी पहने थे। यह मुख्यतः विश्वविद्यालय के लोगों के लिए आश्चर्यजनक लग रहा था। लोग सोच रहे थे ये क्या बोलेंगे—पंडित हैं, ऊपर से हिन्दी वाले। चलो आ ही गये हैं तो सुन लेते हैं।

द्विवेदी जी ने कालिदास पर अपना व्याख्यान शुरू किया...दस मिनट में पूरा हाल मंत्रमुग्ध हो गया। द्विवेदी जी एक घंटा बोले। व्याख्यान के बीच एक बार भी कोई न तो उठकर गया, न ही कोई आहट हुई। ऐसा लग रहा था कि वहाँ कोई है ही नहीं! बोलते समय द्विवेदी का चेहरा ओजस्वी हो जाता था। आवाज प्रभावशाली हो जाती थी। उनकी सहजता से भी लोग आकर्षित हुए। व्याख्यान समाप्त हुआ तो लोगों ने जिस तरह तालियाँ बजाईं वह विस्मयकारी था। सब खड़े हो गए और उनके सम्मान में तालियाँ बजाने लगे।

प्रो. हबीब ने कहा—'मेरा यह भ्रम दूर हो गया कि हिन्दी में बड़े विद्वान् नहीं हैं—आज मेरी दुनिया बड़ी हुई है और हिन्दी के बारे में मेरी राय बदल गई है'। वाइस चांसलर कर्नल जैदी ने कहा—'हम चाहेंगे कि द्विवेदी साहब अलीगढ़ बार-बार आयें, बल्कि जब उनकी इच्छा हो वे हमें बता दें। वे आएँगे तो हमें रोशनी मिलेगी।'

प्रो. कुँवरपाल सिंह ने आगे टिप्पणी की है—"उसके बाद द्विवेदी जी का सिक्का वामपंथियों के बीच जम गया। हम लोग भी उनके मुरीद हो गये।" (द्विवेदी जी का अलीगढ़ में एक व्याख्यान अप्रकाशित लेख।)

यह घटना 1958 की है। काशी विश्वविद्यालय से निष्कासन के ठीक पहले। इसी समय वे मुदालियर कमेटी में अपने ऊपर लगाए गए आरोपों पर सफाई दे रहे थे।

वामपन्थी प्रोफेसर कुँवरपाल सिंह ने द्विवेदी जी के व्यक्तित्व के एक ऐसे पक्ष का उद्‌घाटन भी किया है जो सच तो है, लेकिन अनुकरणीय नहीं—प्रो. नूरुल हसन, शिक्षामंत्री थे। नेहरू फेलोशिप किसे दिया जाए, इसका निर्णय कौन हिन्दी विद्वान् कर सकता है, निष्पक्ष तौर पर? अलीगढ़ के वामपन्थी विद्वानों ने द्विवेदी जी का नाम सुझाया। शिक्षा मंत्री ने उन्हें निर्णायक नामजद किया। सभी काग़ज़ उनके पास भेज दिये गये। हिन्दी के एक प्रोफ़ेसर साहब को यह बात मालूम हो गई। वे बनारस पहुँच गये और निर्णय उन्हीं के पक्ष में हुआ। हम लोगों ने बाद में शिकायत की—आपसे हम सही फैसले की उम्मीद करते थे। आचार्य द्विवेदी ने उत्तर दिया—"मैं जानता था कि वे प्रोफ़ेसर इस लायक नहीं हैं लेकिन क्या बताऊँ। उन्होंने मेरे यहाँ धरना दे दिया। मेरे घर, सुबह आ जाएँ और जमे रहें। चुपचाप। बोलें कुछ नहीं। आठ-दस दिन तक यह चलता रहा। अब मैंने लिख दिया कि ये योग्य व्यक्ति हैं।"

प्रो. सिंह ने अकाट्य टिप्पणी की है—यह उनकी सहृदयता थी या कुछ और? आप जो चाहें कहें। यह "या कुछ और" समझने वालों में उनके प्रशंसक भी थे। द्विवेदी जी की सहृदयता का अतिव्याप्ति दोष कभी-कभी विचलित कर देता था।

सन्दर्भ-सूची

1. मोरपंख
2. मेरा छोटा भाई, आचार्य हजारीप्रसाद द्विवेदी : कुछ सं. संस्मरण—डॉ. कमल किशोर गोयनका
3. हजारीप्रसाद द्विवेदी रचनावली, खंड-10, पृ. 445
4. मोरपंख, पृ. 71-72

व्योमकेश दरवेश चलो अब

पं. जी का स्वास्थ्य बिगड़ रहा था। पता नहीं चलता था कि क्या रोग है। अन्त तक यही समझा जाता रहा कि थकान है, पढ़ने-लिखने, भाषण देने, यात्रा करने और समितियों की बैठकों में शामिल होने से जो थकान होती है, उसी से वे श्लथ हो जाते हैं। पं. जी को नाना प्रकार के–देशी, ग्रामीण, पुरबिया खाद्य-प्रकारों का शौक था, बढ़िया चावल, दाल, आलू का चोखा, पोस्तो, पकौड़ियाँ, अचार, चिउड़ा, खीर, सत्तू वगैरह शौक से खाते थे। वात कुपित रहता था। लेकिन चावल, आलू छोड़ना उनके लिए दुष्कर था। शिवानी ने उनके देहान्त के बाद एक लेख में लिखा है कि लखनऊ में मैं उनके लिए चावल, बैंगन-भाजा और लहसुन छौंकी मसूर की दाल बनाकर ले जाती थी, वे प्रेम से खाते थे। अन्तिम बार वे खाने के लिए उत्साहित नहीं दिखे। सम्भवतः एसीडिटी या किसी और शिकायत के कारण। यह उनके स्वास्थ्य के खराब होने का लक्षण था। माता जी की तबीयत उनसे ज़्यादा खराब रहती थी। बहुत पहले गालब्लाडर में पथरी का आपरेशन हुआ था। क्रॉनिक पेन से तड़पड़ाती थीं। सरदर्द अक्सर रहता। रक्त की कमी थी। पं. जी ने एक दिन गम्भीर भाव से धीरे से कहा–मालूम पड़ता है तुम्हारी माता जी ही पहले जाएँगी। कहते समय उनका मुख़ व्यथा से थरथरा रहा था।

लेकिन गए पहले पंडितजी। माता जी उनके जाने के साल भर के अन्दर ही गईं।

बीच-बीच में सुनाई पड़ता पं. जी की तबीयत खराब हो गई। बड़े जामाता कैलाशपति ओझा ने एक बार फुसफसाकर कहा–हार्ट अटैक था। पं. जी अपनी बीमारी के बारे में बात नहीं करते थे। लेकिन पता नहीं क्यों हम सबको बहुत घबराहट होने लगी थी।

इसी दौरान, 1978 की बात है। मैं इलाहाबाद से बनारस गया। पं. जी स्वस्थ थे। माताजी भी स्वस्थ दिखलाई पड़ रही थीं। पं. जी थके बिल्कुल नहीं दिख रहे थे। घर में गाय थी। उसका नाम रखा था–'नन्दिनी'। केदारनाथ सिंह इन्हीं दिनों पंडितजी से मिले। पंडितजी ने कहा–गाय की सेवा करता रहूँगा, तो स्वस्थ रहूँगा। उन्होंने केदारनाथ सिंह से सुरहा ताल के बारे में बात की और किसी मेले में बारे में पूछा–क्या यह मेला अब भी लगता है? केदारनाथ सिंह ने बताया कि–वह मेला अब भी लगता है।

मैं पंडितजी के घर रवीन्द्रपुरी पहुँचा, वे प्रसन्न दिखे। चाय पिलाई। बोले अच्छे मौके पर आए हो। आज तुम्हारी माता जी ने रिकँवच बनाई है। अरुई का पत्ता इतना बड़ा-बड़ा होता है। यहीं घर होता तो दे देता। अपने घर भी बनवाते रिकँवच। मैंने कहा–यहीं घर होता तो भी यहीं खाता। घर पत्ता क्यों ले जाता। पं. जी स्वाभाविक रूप से ठठाकर हँसे। फिर धीरे से बोले–क्या बताऊँ, मैं मना करता रहता हूँ। मानती ही नहीं हैं। काम करती रहती हैं। इतना सारा बनाकर रख दिया है। ये तो कहो तुम आ गए। फिर इस डर से कि माता जी सुन न लें, चुप हो गए। माताजी खाना ज़रूरत से ज़्यादा बना लेती हैं–यह

शिकायत पंडितजी अक्सर करते। माताजी खाना बहुत बनाती थीं। उनकी बनाई हर चीज का सोंधापन और उसकी सुगन्धि अलग होती थी। मैंने देखा—पं. जी बैठकर भोजन नहीं कर रहे हैं। खाने की मेज पर खाने के लिए बैठे हैं। शायद बैठने में दिक्कत होती हो या ज़माने का चलन देखकर, मेज पर खाने वालों के आने-जाने से डायनिंग टेबुल पर खाना शुरू कर दिया हो। औंटाया हुआ दूध पतीले में रखा था। एक डंडी के सिरे पर नारियल की कुप्पी लगी थी। उसी से पंडितजी ने कटोरे में दूध मेरे लिए परोसा। खुद भी लिया। चावल, दाल, रिकँवच खाने लगा। लहसुन का अचार का डिब्बा रखा था। मुझे दिया। कहा—लहसुन रसायन है। आयुर्वेद में रसायन पारिभाषिक शब्द है। औषध से अलग, शरीर को स्वस्थ रखने का साधन।

हम खा ही रहे थे कि पं. जी के यहाँ काम करने वाला आदमी—बहादुर, एक टोकरा लिए हुए अन्दर आया। बोला—एक साहब ने भेजा है। नाम श्यामनन्दन किशोर है। टोकरे में आम थे। पं. जी ने कहा—'पानी पिलाओ और बैठने के लिए कहो। मैं आया।'

जाहिर था भोजन में विघ्न पड़ा। खाना तो पूरा खाया, लेकिन तदगतेन मनसा नहीं। डॉ. श्यामनन्दन किशोर आज की जानी-मानी कवयित्री अनामिका के पिता थे। अनामिका की माँ श्रीमती आशा किशोर भी साहित्यकार और विदुषी हैं। श्यामनन्दन जी हिन्दी के प्रोफ़ेसर और जवाहरलाल नेहरू फ़ेलोशिप के प्राप्तकर्ता थे। आपात्काल था। उन्होंने 'आंजनेय' महाकाव्य रचा था। गलदश्रु भाव-मुद्रा में कह रहे थे—जयप्रकाश जी को जसलोक अस्पताल, बम्बई में सुना कर आ रहा हूँ। जयप्रकाश बाबू बोले—'श्यामनन्दन काव्य सुना दो, पता नहीं अब भेंट हो पाए कि नहीं। उन्हें सुनाया। बम्बई से काशी आकर संकटमोचन में हनुमान को सुनाया है पूरा काव्य।' अपने काषाय-कुर्त्ते की बाँह दिखाते हुए बोले—'देखिए संकटमोचन के देवता का प्रसाद भी बाँह में है।' लगा कुर्ते की बाँह में सिन्दूर लगा था। पंडितजी गम्भीर, प्रभावित। भोजन को पूछा—वे व्रत पर थे। जलपान किया। अनुरोध किया कि काव्य सुन लीजिए और कुछ लिख दीजिए। पं. जी की एक कमज़ोरी थी। दोपहर को भोजन के बाद सोने की। पं. जी ने कहा—'काव्य मेरे पास छोड़ जाइए। मैं पढ़ लूँगा। फिर कुछ लिख दूँगा'। वे मन मारकर चले गए। पंडितजी सोने चले गए। शाम को सोकर बाहर निकले तो एक पृष्ठ की सम्मति लिख दी थी।

दिल्ली आने पर पं. जी निराश नहीं, थके लगते। एक बार शाम को घूम रहे थे। बोले—'मन में इतनी बातें लिखने की आ रहीं है कि—इतनी बातें सूझ रही हैं—पता नहीं क्या लिख पाऊँगा, क्या नहीं।' एक बार शाम को ही घूमते हुए बोले—"कितना लिखा, कौन पढ़ता है? क्या होता है, लिखने-पढ़ने से? कौन पूछता है लेखक को?"

मैंने कहा—"पं. जी आपको हिन्दी समाज ने जो सम्मान दिया है, उसे आप इतना कम समझते हैं! आप जहाँ जाते हैं, पाठकों-श्रोताओं की भीड़ लग जाती है। आप इसे कुछ पाना नहीं समझते? मंत्री के साथ फोटो खिंच जाए, चाय-समोसा खाने को मिल जाए, वह इतना बड़ा है और सामान्य लोगों का सम्मान कुछ नहीं?"

पंडितजी रुक गए। प्रसन्न होकर बोले—"तुम ठीक कहते हो। तुम लोगों से बात करके अपना भी पता चलता है।"

संयोग की बात कि उसी दिन थोड़ी देर बाद रामजस कॉलेज के सामने, सड़क की दूसरी ओर की दूकान पर पान लगवाने पहुँचा तो मैंने पान वाले पंडितजी से कहा—"पान ज़रा जल्दी लगा दो। पं. हजारीप्रसाद द्विवेदी जी खड़े हैं, सड़क की दूसरी ओर।" पान वाले पंडितजी 40 साल के रहे होंगे। खसखसी दाढ़ी थी। बोले—कौन द्विवेदी जी 'बाणभट्ट की आत्मकथा' वाले। मैंने कहा, हाँ। उसने दो जोड़ा पान लगाया। दौड़ते हुए सड़क पार की। पं. जी का चरण-स्पर्श किया और चुपचाप एक मिनट खड़े रह कर दुकान पर लौट आया। मैंने पंडितजी को देखा—उनके चेहरे पर दीप्ति थी। दीप्ति मेरे चेहरे पर भी रही होगी। मेरी बात ठीक थी न!

पं. जी खाली नहीं बैठ सकते थे। भाषण देने के लिए समितियों की बैठकों, निर्णायक-मंडल में शामिल होने, विश्वविद्यालयों में अतिथि प्रोफ़ेसर के रूप में भाषण-अध्यापन के लिए निमंत्रणों के ढेर लगे रहते। शान्तिनिकेतन में रहने की इच्छा बराबर बनी रहती। किन्तु यह भी ध्यान आता कि अब वह शान्तिनिकेतन कहाँ है। पं. बनारसीदास चतुर्वेदी से मिलने फ़ीरोज़ाबाद जाने की इच्छा कई बार प्रकट की। नहीं जा पाए। अपने शिष्यों, विद्यार्थियों के साथ बैठने, चाय पीने, गप्प लगाने की तीव्र इच्छा निरन्तर रहती। न आएँ तो शिकायत करते, भुनभुनाते, मानो रूठे रहते। मैं अपने शिष्यों—द्वारिकाप्रसाद चारुमित्र अजय तिवारी आदि को लेकर उनसे मिलने जाता। प्रसन्न होते। मेरे शिष्यों से कहते—मैं तुम लोगों का दादागुरु हूँ। पुत्र से अधिक प्रिय पौत्र है। शिष्य से अधिक प्रिय, शिष्य का शिष्य। एक बार हम और नित्यानन्द तिवारी मिलने गए। पं. जी नाना विषयों पर बातें करते रहे। अँधेरा हो गया। चलने लगे तो तेज़ पानी बरसने लगा। वे मिथक पर बात कर रहे थे। नित्यानन्द तिवारी मौरिस नगर से दूर न्यू मुल्ताननगर में रहते हैं। पं. जी मानो छोड़ना ही नहीं चाहते थे और हम घर लौटना भूल गए थे। बड़ी देर तक बैठे रहे। वह भेंट हम दोनों भूल नहीं पाते। अक्सर पं. जी के उस मूड की चर्चा हम करते हैं। पं. जी को यात्रा करने में, नए-नए स्थानों को देखने में गहरी रुचि थी। यात्रा के दौरान वे मित्रों और सन्तानों को लम्बे-लम्बे पत्र लिखते, उनमें यात्रा-विवरण होता। ऐसे पत्र अलग से छपने चाहिएँ, जिनमें उन्होंने विभिन्न दर्शनीय या अन्य स्थानों का चित्रात्मक विवरण ब्यौरे से दिया है। लेकिन अब शरीर साथ नहीं देता था, यद्यपि मन करता था। कहकर न जा पाते तो क्षमा माँगनी पड़ती। अब स्वास्थ्य के कारण आए दिन ऐसा करना पड़ता। शान्तिनिकेतन, उज्जैन, कलकत्ता, पटना, चंडीगढ़ आदि भी नहीं जा पाते। बेटियों-दामादों के यहाँ जाना भी दुष्कर हो गया। लेकिन वे अपनी ओर से जाने का मन भी बनाते रहते और उपक्रम भी करते।

हम लोगों से अपने स्वास्थ्य के बारे में बहुत कम बातें करते। चश्मा, दाँतों का नमूना, छड़ी आदि को लेकर कविता बना रखी थी। वे सुनाते। एक बार भृत्य बहादुर में बोले—'ए बहादुर। अँखियक जवानी तो घरइ मा रहि गइल'—आँखों की जवानी तो घर में ही रह गई आँखों की जवानी यानी चश्मा। डाक्टरों ने चावल आलू छोड़ने के लिए कहा तो हँस कर

बोले—डॉ. साहब चावल-आलू नहीं खाएँगे तो जीकर ही क्या करेंगे। फिर किसलिए ज़िन्दा रहेंगे। चीनी खाना छोड़ दिया मधुमेह के कारण। हिन्दी विभाग के अध्यक्ष पद से हटकर चंडीगढ़ में टैगोर प्रोफ़ेसर हो गए तो कहने लगे—हिन्दी-चीनी दोनों को छोड़ दिया। उन दिनों भारत-चीन युद्ध हुआ था। लोग व्यंग्य में हिन्दी-चीनी भाई-भाई के नारे की याद दिलाते। वे शब्दों का कौतुक बनारसी लहजे में करते। दाल-चीनी (मसाला)—न दाल है, न चीनी। अखबारों में पढ़ते—उस लेखक ने कार्यक्रम में भाग लिया। कहते—भाग लिया का मतलब हुआ कार्यक्रम छोड़कर भग गया। भाग लेना (अंग्रेजी के टेक पार्ट) का अनुवाद है। लेकिन यह शब्द-कौतुक पं. जी के लिए खेल-मात्र नहीं था। वह इस विनोद से अपनी व्यथा और आशंका छिपाते। किसी आशंका को विनोद बनाकर वे राहत का रास्ता (कम-से-कम मन की राहत का रास्ता) बना लेते। पेट में बड़ा ट्यूमर निकला तो बोले अनाहत चक्र है। चक्र-भेदन की साधना की उपलब्धि है। विभिन्न जाँच-आयोगों का ब्यौरा विनोदपूर्वक देते। पतंजलि शास्त्री ने यह कहा—शिक्षा मंत्री ने यह कहा—हँसते, ठठाते। हम लोग समझते पं. जी अपने को बिल्कुल निरापद महसूस कर रहे हैं। सिर्फ़ नामवर जी कहते—नहीं, पं. जी स्थिति नहीं समझ रहे हैं। मामला गम्भीर है। अब यह लगता है कि पं. जी अन्दर से जितना ही शंकित होते, बाह्य रूप में उतना ही विनोद-कौतुक करके उसे उड़ाते या हल्का बनाते। उनकी हँसी और उस समय हल्की-फुलकी, मनोरंजक लगनेवाली बातों में आशंका और व्यथा छिपी होती। यह हम अब समझ पा रहे हैं। खुलकर अपनी परेशानी नहीं कहते। परेशानी को विनोद में मानो फुसलाते। मुदालियार कमेटी की जाँच चल रही थी। गहरे आशंका थी, ऊपर से कुछ नहीं मालूम पड़ता। कहते—विश्वनाथ तुम्हारे कॉलेज में नौकरी मिलेगी मुझे? हम सब हँसने लगते।

"सोचता हूँ फिर से कथा बाँचना शुरू करूँ। प्रोफेसरी से अच्छी है।"

1960 में का.वि.वि से निष्कासन के दो-तीन महीने पहले स्टेशन पर मुझसे कहा—मेरा कुछ अहित नहीं होने वाला है। परम आश्वस्त थे। लेकिन कुछ ही समय पूर्व कह चुके थे—'थीसिस जल्दी जमा कर दो, पता नहीं मुझे कब तक यहाँ रहना है।'

'सिक्ख गुरुओं का पुण्य स्मरण' उनके जीवन-काल में नहीं छप पाई थी। बीमार थे। पूर्वाभास हो चला था। पुस्तक की पाण्डुलिपि टाइप के लिए श्रीमती शीला संधू को देते हुए पत्र में लिखा। अनुमानतः यह अपनी सन्तानों को छोड़कर परिवार के बाहर के किसी आत्मीय को लिखा गया अन्तिम पत्र है। (दिसम्बर 1978 का पत्र है) यह अन्तिम पत्र पंडितजी के स्वभाव के बारे में बहुत कुछ बताता है।

प्रिय शीला बहन,

'सिक्ख गुरुओं का पुण्य स्मरण' भेज रहा हूँ। इसे कृपा करके टाइप करा लें, कम से कम दो प्रति। तीन प्रति हो तो और अच्छा पर यह किसी जानकार से दिखाने के लिए देने योग्य नहीं है...मैं दस वर्षों के व्यवधान में ही, गुरुमुखी लिपि प्रायः भूल गया था। फिर से मेहनत की है।...मुझे ज्ञान कम है।...कष्ट के लिए क्षमा!

विघ्न बहुत आ रहे हैं। जरा जल्दी करा दें।

अप्रैल में अपने पुत्र मुकुन्द द्विवेदी से कहा–'देखो मैं इसे प्रकाशित देख भी पाऊँगा या नहीं।'

पंडितजी 19 मई को चले गए। शीलाजी से सिर्फ़ विघ्न-बाधा की बात कही। 'दो प्रति चाहिए तीन हो तो और अच्छा'–सीधे तीन प्रति के लिए नहीं कहा। किसी जानकार से दिखाने के योग्य नहीं है–इसलिए टाइप करवाने के लिए कह रहे हैं, नहीं तो यह न कहते। टाइप कराने का श्रीमती शीला संधू को कष्ट दे रहे हैं। इसके लिए, कष्ट के लिए क्षमा माँगना नहीं भूले।

यह हिन्दी का जातीय सांस्कृतिक शील-संकोच है। पंडितजी अपने लिए किसी से खुलकर बात नहीं कर सकते थे–कहीं अगले को परेशानी न हो। शील-संकोच तो एक मनोभाव है–यह मनोविकारों और संस्कार के अगणित अणु-परमाणु से बनता है। विघ्न आ रहे थे।

अन्तिम बीमारी के पहले के ही दिनों में पं. जी की निराश मनःस्थिति के बारे में ठाकुर प्रसाद सिंह ने 'मोरपंख' में लिखा है। ठाकुर प्रसाद सिंह के विवरण से लगता है कि सन् 1977 में सत्तासीन होने वाली जनता पार्टी की सरकार से पंडितजी के सम्बन्ध अच्छे नहीं थे। लखनऊ में केन्द्रीय सरकार नहीं राज्य सरकार थी। उन्होंने लिखा है–सन् 77 और 78 और 79 में हिन्दी संस्थान के निदेशक के रूप में जो अवसर हमें मिला, उसे देश में और प्रदेश में हुए सत्ता परिवर्तन ने कदम-कदम पर उलझनें ही दीं। द्विवेदी जी के साथ हम सभी लोगों ने बड़े ही गहरे मानसिक संघर्ष के बीच वे कुछ दिन काटे।[1] 'जनता पार्टी की सरकार को न तो इन्दिरा गाँधी के अध्यापक रह चुके हजारीप्रसाद द्विवेदी पर विश्वास था और न वे मेरे जैसे पुराने सरकारी कर्मचारी को ही बर्दाश्त कर पा रहे थे।[2]

ठाकुर प्रसाद सिंह द्वारा दिया गया यह विवरण 1978 के वर्ष के उत्तरार्ध या 79 के प्रारम्भ का होना चाहिए। लिखा है–

''पक्षाघात के पहले धक्के से वे सँभले थे तभी मैं उन्हें देखने रवीन्द्रपुरी के उस भवन में पहुँचा। वे उस दिन एक टूटी हुई मूर्ति की तरह प्रभावहीन और विवर्ण लग रहे थे। उन्होंने मुझे देखकर अत्यन्त उच्छ्वास भरे स्वरों में अपना दुख बताना शुरू किया कि कैसे वे बिल्कुल टूट गए हैं। कैसे उनके चारों ओर अंधकार घिर आया है। मैंने उन्हें अधिक नहीं बोलने दिया।'

ठाकुर प्रसाद सिंह का विवरण थोड़ा अतिरंजित हो सकता है। वे पंडितजी के अध्यक्ष (हिन्दी संस्थान, उत्तर प्रदेश के) रहते हुए भी संस्थान के निदेशक पद से हटा दिए गए थे। उनके विवरण को पढ़ने से लगता है कि उन्हें इस बात की गहरी शिकायत थी कि इतने दीर्घकालीन परिचय के बावजूद न उन्हें हिन्दी विभाग में कोई स्थान मिला और अब पं. जी के रहते उन्हें संस्थान से हटना पड़ रहा है। ठाकुर प्रसाद सिंह को अपने दुख का ख्याल ज़्यादा मालूम पड़ता है। पं. जी के दो-दो बार हटाए जाने की बात वे नहीं करते। यह उनका क्षणिक भावावेग था। वे पंडितजी के प्रशंसक और समर्थक थे। यह भी सच है कि जीवन में उनकी योग्यता के अनुकूल पद उन्हें नहीं मिला।

उत्तर प्रदेश हिन्दी संस्थान के निदेशक डॉ. हजारीप्रसाद द्विवेदी और तत्कालीन राज्य सरकार के प्रशासन के सम्बन्ध के बारे में डॉ. शंकर दयाल सिंह द्वारा लिखित एक विवरण से पता चलता है। शंकर दयाल सिंह का.वि.वि. के छात्र थे। साहित्यिक संस्कारों के व्यक्ति थे। उन्होंने शिवानी के हवाले से बताया है। शिवानी जी ने परेशान होकर उन्हें बताया–आज आचार्य हजारीप्रसाद द्विवेदी हिन्दी संस्थान की बैठक में भाग लेने आए तो रिक्शा से उन्हें वापस जाना पड़ा और कल मुख्यमंत्री ने उन्हें मिलने का समय दिया और जब वे मिलने गए तो मुख्यमंत्री गायब थे।

पं. जी के उत्तर प्रदेश हिन्दी संस्थान में जाने पर श्रीमती शीला संधू ने मुझसे कहा था।

'पं. जी जैसे अखिल भारतीय व्यक्तित्व को उत्तर प्रदेश सरकार की सेवा में नहीं जाना चाहिए था, खैर।''

द्विवेदी जी नौकरी छूट जाने की आशंका से डरते थे। पारिवारिक ज़िम्मेदारियाँ खतम नहीं हुई थीं और शायद कई बार विस्थापित किए जाने से असुरक्षा की मानसिकता बन गई थी।

लखनऊ में (उत्तर प्रदेश हिन्दी संस्थान) सेवारत द्विवेदी जी के अन्तिम वर्षों, रुग्ण वृद्धावस्था के दिनों का थोड़ा-बहुत विवरण शिवानी के एक संस्मरण में मिलता है। शिवानी शान्तिनिकेतन में द्विवेदी जी की शिष्या थीं। वे माताजी की स्नेहभाजन थीं। घर में खूब आना-जाना था। शिवानी के उस संस्मरण में युवती गुरु-पत्नी की स्मृति की हूक मौजूद है। रुग्ण वृद्धावस्था में उन दिनों की छात्रा के मिलने से जो मार्मिकता व्यवहार में आ जाती है वह अनुभव से ही अनुमेय है।

शिवानी ने लिखा है–पं. जी शारीरिक एवं मानसिक झटकों से टूट चुके थे। भाभी जी (शिवानी माताजी को भाभी जी कहती थीं) पंडितजी को अकेले कहीं नहीं जाने देतीं। साथ रहतीं। पंडितजी मुसीबत को भी विनोद का विषय बनाने की कला में माहिर थे। कहते–जैसे-जैसे बुढ़ा रही हैं, शहर कोतवाल बनती जा रही हैं। माता जी शिकायत करतीं–देखूँ न तो ये दोनों वक्त भात ही खाएँ, मुट्ठी-मुट्ठी भर चीनी चाय में डालें। चारों ओर निमंत्रण स्वीकार करके भाषण देने जाएँ।

शिवानी ने लिखा–

पंडितजी के निरन्तर टूट रहे स्वास्थ्य को मैं देख रही थी। सीढ़ियाँ चढ़ने में वे बार-बार हाँफने लगते...हिन्दी संस्थान ने उनके लिए ऐसी चिन्ताओं का जाल बुनकर फैला दिया था जिनसे आज तक उनका सरल भोला निष्कपट हृदय कभी नहीं टकराया था। ऑडिट की दुरूह भूल-भुलैया में व्यर्थ भटक कर...''[3]

शिवानी गुरु के लिए पहले जैसा भोजन बनाकर खिलाना चाहतीं। पंडितजी को शुगर, ब्लडप्रेशर था। न खीर खा सकते थे न कचौड़ी-पकौड़ी। शिवानी जानती थीं पंडितजी को लहसुन की छौंकी मसूर की दाल-भात के साथ बहुत पसन्द है। पंडितजी वह भी खाते, या न खा पाते।

लेकिन शिवानी को असह्य मानसिक वेदना तब हुई जब पंडितजी को उत्तर प्रदेश हिन्दी संस्थान में निदेशक रहते हुए रिक्शे से यात्रा करनी पड़ती। शिवानी ने क्षुब्ध होकर 'वातायन' (पत्रिका) में इसकी शिकायत की।[4]

माताजी ने कहा इन्दिरा होती तो नहीं होने पाता (यह जनता पार्टी के शासन का दौर था और उत्तर प्रदेश का मुख्यमंत्री उसी पार्टी का था)।

लेकिन यह क्षोभ और पंडितजी की चिन्ता देर तक नहीं रह सकती थी।

27 जनवरी 1979 को मैं पंडितजी को पुरानी दिल्ली रेलवे स्टेशन छोड़ने गया। स्वास्थ्य ठीक नहीं था। भयंकर शीत लहर चल रही थी। कैलाशपति ओझा के पिता पं. जीवनाथ ओझा–द्विवेदी जी के समधी भी उन दिनों आ गए थे। पता नहीं क्यों, पं. जी का इस बार का आना मुझे अच्छा नहीं लग रहा था। जब स्वास्थ्य इतना खराब है, तब क्यों आएँ? एक कारण शायद यह भी हो कि जनता पार्टी, इन्दिरा जी को काफ़ी तंग कर रही थी। इन्दिरा जी पं. जी की छात्रा थीं। यह सोचकर मुझे उनका आना अच्छा नहीं लग रहा था। आज मैं पंडितजी के आने को ग़लत नहीं मानता। आयोजन तो सूरदास पर था और पं. जी ने आलोचना की पहली किताब सूरदास पर ही लिखी थी। लेकिन मैं अपनी तत्कालीन मनःस्थिति की बात कर रहा हूँ। आज खुद बीमारी में भाषण देने दूर-दूर चला जाता हूँ। पं. जी का आरक्षण दो माध्यमों से हुआ। एक तो सूरदास जन्मशताब्दी समारोह की ओर से दूसरा राजकमल प्रकाशन की ओर से। पं. जी ने शताब्दी-समारोह वाला आरक्षण टिकट वापस कर दिया।

अपर इंडिया 10 बजे के आसपास पुरानी दिल्ली रेलवे स्टेशन से चलती थी। मैंने दो छात्रों–प्रेमसिंह और राकेश पांडे से पं. जी को स्टेशन छोड़ आने के लिए कहा। वे पुतुल जी के घर आ गए। टैक्सी आई। मैं स्टेशन नहीं जा रहा था। सोचा दो छात्र हैं सँभाल लेंगे। टैक्सी चलने लगी तो पता नहीं क्या सोचकर पुतुल जी ने कहा–'मास्टर साहब आप भी चले जाइए।' मैं भी टैक्सी में बैठ गया। हम स्टेशन यथासमय पहुँचे। पं. जी के साथ होल्डआल था। लड़कों ने कुली नहीं किया। होल्डआल कंधे पर रखकर प्लेटफार्म पर पहुँचे। दोनों फर्स्ट क्लास में पं. जी की आरक्षित बर्थ ढूँढ़ने और बिस्तर जमाने निकल गए। मैं पंडितजी से बातें करता रहा। छात्रों के लौटने में देर हो रही थी। मैं ऐसे अवसरों पर जल्दी घबड़ा उठता हूँ। प्रेमसिंह परेशान आए, बोले–सर टिकट तो सेकंड क्लास का है। फर्स्ट क्लास में जब आरक्षित सूची में नाम नहीं मिला तब देखा। हम सब आकाश से गिरे। यह कैसे हो सकता है! पं. जी की दशा विचित्र थी। वे सहायता-बूथ की ओर चले। उस समय उनको चलते देखना अभूतपूर्व यातना का अनुभव था। पाँच-छह गज की दूरी वे तय ही नहीं कर पा रहे थे। टिकट को उलट-पलटकर बार-बार देख रहे थे। उन्हें यकीन ही नहीं हो रहा था कि यह कर्स्ट क्लास का नहीं, सेकंड क्लास का टिकट है। सहायता-बूथ पर तैनात व्यक्ति से पं. जी कह रहे थे–भाई कुछ करो। मेरी तबियत ठीक नहीं है। मुझे तो फर्स्ट क्लास का टिकट दिया गया था। अब इसे फर्स्ट क्लास में कर दो। जो पैसा अतिरिक्त लगता हो ले लो। वह कह रहा था–'मैं कुछ नहीं कर सकता।' हम उसे बता रहे थे–'ये आचार्य हजारीप्रसाद द्विवेदी हैं, हिन्दी के इतने बड़े लेखक हमारे गुरु ' वह अपनी लाचारी बता रहा था। बाणभट्ट की आत्मकथा, अनामदास का पोथा, कालिदास की लालित्य योजना, कबीर, हिन्दी साहित्य की भूमिका, अशोक के फूल, हिन्दी साहित्य का आदिकाल के लेखक, पद्मभूषण, इन्दिरा गांधी के गुरु–हजारीप्रसाद द्विवेदी कातर

अनुरोध कर रहे थे। वह दृश्य मेरी चेतना में अमिट है। मेरी जीवन-यात्रा का सर्वाधिक यातना-प्रद अनुभव है।

कुछ नहीं हो पाया। पं. जी की स्थिति द्वितीय श्रेणी में यात्रा करने की नहीं थी। टी.टी. ने कहा–कानपुर तक बर्थ खाली है, इसके बाद खाली करनी पड़ेगी। पं. जी को इस खतरे में नहीं डाला जा सकता था। अपर इंडिया एक्सप्रेस सीटी देकर चल दी। हम उसी शीतलहर में रात को 10 बजे के लगभग पं. जी को वापस ले आए पुतुल जी के यहाँ। छात्र चले गए। ड्राइंग रूम में पं. जीवनाथ जी लेटे थे। पंडितजी भी वहीं जैसे भहरा गए। मेरे मुँह से निकला– सम समधी देखे हम आजू। आज मैं समझ ही नहीं पा रहा हूँ कि ऐसी मनःस्थिति में मेरे मुँह से यह अर्धाली क्यों निकली। शायद मैं अपने को और पं. जी को भी कोसना चाहता था–पं. जी आए क्यों! और खुद को पता नहीं क्यों।

पं. जी ने कहा–'कल आकर आरक्षण करा देना स्टेशन जाकर।' पुतुल जी ने कहा–'नहीं मास्टर साहब हम करा लेंगे।' पं. जी ने कई बार कहा–'नहीं! तुम चले आना।' पुतुल जी ने हर बार कहा–'नहीं हम करा लेंगे।' मैंने सुबह आने के लिए कहकर विदा ली।

सुबह पानी बरसा। मेरी नींद नहीं खुली। नींद खुली तो सोचा शाम को रिज़र्वेशन कराने स्टेशन चला जाऊँगा। पं. जी थके हैं। एक दिन यहाँ और रुक जाएँ तो अच्छा है। शाम को पहुँचा तो पं. जी स्टेशन जा चुके थे। पुतुल जी और कुटकुट (कैलाशपति ओझा के ज्येष्ठ पुत्र) ने रिजर्वेशन भी करा दिया था और उन्हें स्टेशन भी छोड़ आए थे।

बनारस से पंडितजी ने पुतुल को पत्र लिखा। लिखा कि रास्ते में सुधाकरजी (सुधाकर पाण्डे) मिल गए। उन्होंने बड़ी सहायता की। यह पं. जी की दिल्ली से बनारस की अन्तिम यात्रा थी। इसके बाद वे बीमारी में अचेत स्थिति में बनारस से दिल्ली लाए गए। स्टेशन पर उन्हें लेने जो लोग गए, उनमें नामवर जी भी थे। बताते हैं कि स्टेशन से एम्स लाए जाते समय रास्ते में पूछा–'कहाँ लिए जा रहे हो?' सर सुन्दरलाल अस्पताल का.वि.वि. के भूतपूर्व चिकित्सक और इन दिनों (2010 ई.) गुरु तेगबहादुर अस्पताल, पूर्वी दिल्ली में मेडिसिन के प्रोफ़ेसर, डॉ. श्रीधर द्विवेदी ने बताया कि पंडितजी मुख के कैंसर से पीड़ित थे। ब्रेन ट्यूमर उन्हें सेकेंडरीज के रूप में हुआ था। वे ब्लडप्रेशर के मरीज थे। शुगर भी बढ़ा था। अन्तिम दिनों में उन्हें पक्षाघात (बाएँ तरफ) हो गया था। मस्तिष्क के स्नायु कमज़ोर पड़ते हैं तब शरीर की प्राकृतिक क्रियाओं का बोध कमज़ोर पड़ जाता है। काशी में उनकी चिकित्सा में कोई कमी या उपेक्षा नहीं हुई थी। वस्तुतः डॉ. हरिशंकर वाजपेयी, जो पंडितजी के प्रधान चिकित्सक थे, उन्हीं के आशीर्वाद से विभाग प्रमुख बने थे। पं. जी की उपेक्षा का कोई सवाल ही नहीं पैदा होता। बाद में पंडितजी की चिकित्सा के लिए एक मंडल (पैनल) बनाया गया था। उसमें कई प्रसिद्ध एवं अनुभवी डाक्टर थे। तब पंडितजी की चिकित्सा का उत्तरदायित्व सिर्फ़ डॉ. वाजपेयी पर नहीं रह गया। रोगी के सम्बन्धी या परिचारक

डाक्टरों की मजबूरी नहीं समझते। उन्हें एक ही रोगी नहीं देखना होता। डाक्टरी की नैतिकता होती है, उन्हें किसी रोगी की उपेक्षा नहीं करनी होती। इसमें रोगी या उनके सम्बन्धी शिकायत करने लगते हैं।

प्रो. श्रीधर द्विवेदी पंडितजी के परम प्रशंसक हैं। कहते हैं कि मैंने रायकृष्ण दास और पं. विश्वनाथ प्रसाद मिश्र की भी चिकित्सा की थी। वे जोर देकर कहते हैं–"पं जी दिल्ली नहीं आना चाहते थे। हमसे कहते थे–

'ई देखा। सारी दुनिया तो मरै बदे काशी आवत बाड़े अउर ई सब हमका मरै बेला दिल्ली भेजत हउवें।'"

मैंने पूछा–'सर सुन्दरलाल अस्पताल में उनके ब्रेन ट्यूमर का पता क्यों नहीं चल पाया?' डॉ. द्विवेदी का उत्तर था कि तब तक अस्पताल में कैट स्कैनिंग की मशीन नहीं थी।

पुतुल जी और लालजी का कहना है कि बाबू जी ने मुँह में या ज़बान में दर्द की शिकायत कभी नहीं की। मुझे याद पड़ता है कि पंडितजी ने एक बार कुछ दिनों के लिए पान खाना छोड़ दिया था। उसकी जगह आँवले की गोलियाँ खाते। लेकिन कुछ ही दिनों बाद उन्होंने पान खाना फिर शुरू कर दिया था। "पान छोड़ देने से पढ़ना-लिखना भी छूट जाता है। किसी बात का मन ही नहीं करता।"

पंडितजी का स्वास्थ्य बंगाल में अक्सर खराब रहता था। पंडितजी वात प्रकृति के थे। वे प्रायः वात-पीड़ित रहते। फ्लैट फूटेड थे! ग़ौर से देखने पर ही पता चलता कि दर्द के कारण वे दाहिना पैर थोड़ा घसीट कर चलते हैं। उन्हें साइटिका भी था जिसे वे विनोद में साहित्यिका यानी साहित्यकारों का रोग कहते थे। 'हनुमान बाहुक' में जिस बाहु-पीड़ा की व्यथा है, उसके आधार पर पंडितजी का अनुमान था कि वह साइटिका ही था। पेट उनका ज़रूर खराब रहता था। हालाँकि वे पेट के बारे में बड़ी सावधानी बरतते। त्रिफला का सेवन प्रायः करते। अंजुरी भर त्रिफला फाँककर पानी पी लेते। आँखें उनकी प्रायः सूजी रहतीं। एक बार होली में आँखों में रंग या अबीर पड़ गया। यह 1953 ई. की बात है। आँखें बहुत खराब हो गईं। डाक्टरों ने पढ़ना-लिखना बन्द कर देने की सलाह दी। हाल ही में कोई दवा ईजाद हुई थी जिससे उनकी आँखें बच गईं। उन दिनों वे बोलकर लिखाते। 'मेघदूत-एक पुरानी कहानी' उन्हीं दिनों बोलकर लिखाई गई थी। पंडितजी ने पुस्तक की भूमिका में (1957 ई.) लिखा है–"आज से तीन वर्ष पूर्व मेरी आँखें बहुत खराब हो गईं। तीन-चार महीने तक असह्य पीड़ा थी और पढ़ना-लिखना तो दूर दिन में आँख खोलकर ताकना भी मना था। जब पीड़ा की मात्रा कुछ कम हुई तो विश्राम के लिए शान्तिनिकेतन के अपने पुराने आवास में एक महीने के लिए चला गया। दिन भर आँख बन्द किए रहता था और निश्चेष्ट पड़ा रहता था। पर मन में लिख-पढ़ न सकने के कारण एक प्रकार का विचित्र उद्वेग बना रहता था। एक दिन मेरे मित्र और अग्रज समान पूज्य पं. निताई विनोद गोस्वामी ने कहा कि आप भी बैठे-बैठे मेघदूत की एक व्याख्या क्यों न लिख दें। गोस्वामी जी बहुत ही उच्च कोटि के विद्वान् और सहृदय व्यक्ति हैं। उनके इस इंगित ने मुझे प्रेरणा दी।"

पं. जी की कुश्ती-पहलवानी में रुचि थी। 'पुनर्नवा' में छबीला पंडित (शार्वलिक) पहलवान है। उसमें कुश्ती के कई दाँवों का उल्लेख हैं। पंडितजी की फोटो देखकर मेरे पिता जी कहा करते थे–यह कभी कुश्ती ज़रूर लड़ते रहे होंगे। पंडितजी का स्वास्थ्य इस अर्थ में कभी बहुत अच्छा नहीं रहा। वे फुर्तीले नहीं थे। थक बहुत जल्दी जाते थे। भाषण देते-देते थक जाते और बोलना बन्द कर देते। भाषण देकर घर लौटकर देर तक निश्चेष्ट लेते रहते।

बीमारी बढ़ रही थी। शरीर अशक्त हो रहा था। भाषण देने में असमर्थता इसका अचूक लक्षण था।

पंडितजी की मृत्यु 19 मई 1979 ई. को लगभग 5.30 बजे शाम हुई। उसके बाद माता जी (पं.जी की पत्नी श्रीमती भगवती देवी) एक वर्ष के भीतर ही अगले जाड़े में चल बसीं। पं. जी ने जब अन्तिम साँस ली तब वे उसी कमरे में थीं। उनके साथ श्रीमती शीला संधू थीं। शव को रात भर रखने के लिए जब स्ट्रेचर से शवगृह में ले जाया जा रहा था, तब उन्हें अस्पताल की उसी मंजिल के एक कमरे में बन्द कर दिया गया था। स्ट्रेचर की खड़खड़ाहट से वे समझ गईं कि उनके पति को कहाँ ले जा रहे हैं। मैंने उनकी एक चीख सुनी–कोई शब्द नहीं बस एक चीख–जैसे कोई बच्चा कोई दुस्वप्न देखकर सोते में चीखता है।

इसके बाद मैंने कभी माताजी को रोते नहीं देखा। वे शान्त रहतीं। उनका तेजस्वी, डाँटने-फटकारने, छेड़ने वाला स्वभाव पता नहीं कहाँ चला गया?

वे रक्त कैंसर की मरीज थीं। सब लोग–पं. जी भी सोचते थे–पहले वे ही जाएँगी। कहते–लगता है तुम्हारी माता जी ही पहले जाएँगी'। हम लोग माताजी के बगैर पं. जी की कल्पना से भी सिहर जाते।

माताजी को हर पन्द्रहवें दिन रक्त चढ़ाया जाता था। इससे कुछ दिन वे ठीक रहतीं। शरीर में रक्त नहीं बनता था। पुतुल जी के निवास श्रीराम कॉलेज आफ कॉमर्स के स्टाफ क्वांटर में उनका देहान्त हुआ।

पं. जी के द्वितीय पुत्र लालजी (मुकुन्द द्विवेदी) गम्भीर अवसरों पर गम्भीर अभिव्यक्ति करते हैं। माता जी जाड़े में गईं और पं. जी मई में दिवंगत हुए थे। इस पर बोले–

'बाबू जी ठंडे स्वभाव के थे–सो गर्मी में गए। माई गर्म सुभाव के रहलीं ऊ जाड़े में गइलीं।''

ऐसा ही वाक्य वे द्विवेदी जी के दिवंगत होने पर बोले थे। सब शोकाभिभूत अवाक् थे। लालजी रोते हुए बोले–''मास्टर साहब, अब एस्थिटिक्स के एनसाई-क्लोपीडिया की योजना का क्या होगा।'

मैं देखता माताजी शान्त हैं। वे खुद क्रमशः मौत की ओर बढ़ रही थीं। उनके लिए गिनती के दिन बचे थे। वे चिन्तित सिर्फ़ अपने सबसे छोटे बेटे पुट्टू (आनन्द द्विवेदी) के विवाह के लिए थीं। वह विवाह माता जी की मृत्यु के बाद ही हुआ। उनके लिए रक्तदान में सराहनीय कार्य दिल्ली विश्वविद्यालय में हंसराज कॉलेज के अध्यापक भारतभूषण सरोज के पुत्र डॉ. प्रभात ने किया।

पुतुल जी ने बताया—माताजी सपने में बड़बड़ाती हैं—"अबहिने कइसे चली आईं रउवाँ के पास। पुट्टू का बिहाउ करै क न बोड़े" (अभी कैसे चली आऊँ आपके पास, पुट्टू का ब्याह करना है न)

मानो सपने में पंडितजी उन्हें बुला रहे हों और वे पुट्टू का विवाह करने के बाद ही उनके पास जाना चाहती हों।

माताजी की तबियत खराब हो तो पंडितजी उनका साथ नहीं छोड़ते थे। परिवार का कोई सदस्य अस्वस्थ हो तो सबसे ज़्यादा परिचर्या वही करते थे। एक बार किसी को बता रहे थे—"बड़े लड़के (बबुवा) की तबीयत ठीक नहीं थी। वह रात भर सो नहीं पाया। मैं उसे गोदी में लिए रातभर बैठा रहा।"

और वे अपनी बीमारी में भी माताजी को आँखों से ओझल नहीं होने देते थे। संयोग कि पंडितजी की अन्तिम बीमारी के समय माताजी की भी अन्तिम बीमारी का समय था।

काशी विश्वविद्यालय के सर सुंन्दरलाल अस्पताल में मैंने देखा कि कमरे के बीच में पर्दा कर दिया गया है। सामने पंडितजी की बेड है। पर्दे के पीछे माताजी की। मैंने जब माता जी से मिलना चाहा तो बताया गया कि माताजी हैं नहीं, घर गई हैं। ज़रूरी कामों के लिए। होश में आने पर पंडितजी फौरन माताजी को पूछते हैं। उनसे कह दिया जाता है कि इसी कमरे में माता जी सो रही हैं। तब वे आश्वस्त हो जाते हैं। पता चल जाए कि नहीं हैं तो बड़बड़ाने लगते हैं—

तुहूँ छोड़ गयलिउ हमका—'तुम भी छोड़ गईं हमें।'

पंडितजी के जाने के बाद मैं पुतुल जी से पूछता कि माता जी पंडितजी के बारे में आपसे क्या बातें करती हैं। वे बतातीं—कुछ खास नहीं, अक्सर शान्त ही रहती हैं। हाँ यह बात कई बार पूछ चुकी हैं कि क्या तुम्हारे बाबू जी को दिल्ली पहले ही ले आते तो बच जाते?

पंडितजी की मृत्यु के करीब चार-पाँच महीने बाद माताजी ने संयत स्वर में बताया—

रेलवे मंत्रालय से संबद्ध कोई मीटिंग थी। पंडितजी वहीं गए थे। शाम को लौटे। रात में खाना खाकर सोए। रात में मेरी नींद खुली तो चारपाई पर नहीं थे। सोचा बाथरूम गए होंगे। आ जाएँगे। मुझे नींद नहीं आई। जब बहुत देर हो गई, नहीं आए, तब मैं बाथरूम में देखने गई। देखा गिरे पड़े हैं—धोती खराब हो गई है। मुझे देखकर किसी तरह उठे। सफाई की। चले तो चल ही नहीं पा रहे थे, एक गज़ चलने में एक मिनट लगे। मैंने जोर से कहा—कैसा चल रहे हैं जीऽऽ । लेकिन वे चल नहीं पा रहे थे। बिस्तर पर धम्म से गिर पड़े। मैं क्या करती। मैं अकेले उन्हें उठाकर नहीं ले आ सकती थी।

4 फरवरी, 1979 को उन्हें बाईं तरफ पक्षाघात हुआ। 5 को डाक्टरों को बुलाया गया तो पता चला। उनके साथ सहचर भृत्य बहादुर ही था, कनिष्ठ पुत्र आनन्द काफ़ी छोटे थे। बबुआ की पत्नी बनारस में थीं। वे तत्काल रेणकूट गईं और वहाँ से बबुआ को बनारस भेजा। पंडितजी को 7 फरवरी को सर सुन्दरलाल अस्पताल में भर्ती कराया गया। तब से

बबुआ लगातार उनकी सेवा में रहे। बबुआ के अनुसार 'बाबू जी की सबसे ज़्यादा सेवा बहादुर (नरेन्द्र बहादुर) भृत्य ने की।'

बबुआ ने अन्तिम बीमारी में द्विवेदी जी की चेष्टाओं का जो विवरण दिया है, उससे लगता है कि उनका मन हार चला था और वे स्वास्थ्य के प्रति आश्वस्त नहीं थे। बाबू जी सदा ही हम लोगों से पूछते रहते थे 'बबुआ, मैं ठीक हो जाऊँगा?'

'हाँ बाबू जी आप ठीक हो जाएँगे।'

बाबू जी सबसे कहते, 'बबुआ कहता है मैं ठीक हो जाऊँगा।' जीवन के प्रति ललक इतनी बढ़ गई थी कि किसी भी प्रकार उन्हें ठीक कर दिया जाए।[5]

पक्षाघात और वृद्धावस्था के कारण उनका एक ही पैर उठता था। लेकिन वे समझते और कहते कि मेरे दोनों पैर उठ रहे हैं।

पंडितजी चाय-पान के शौकीन थे। शान्तिनिकेतन में चाय का शौक बढ़ गया था और बनारस में पान का। बीमारी में चाय और पान की ललक पहले से अधिक हो गई थी। अतिथि की सेवा वे सदैव करते थे। अस्पताल में जो लोग देखने आते उनकी सेवा भी अतिथि समझ कर ही करना चाहते। घर के लोगों से कहते–'खाना खिलाओ, चाय पिलाओ। खाना खिला दिया है तो पान खिलाओ।'

एक दिन कहने लगे, ''बबुआ देख, डॉ. वाजपेयी (चिकित्सक हरिशंकर वाजपेयी) कितने भले हैं और मुझे कितना मानते हैं। देख मैं जयपुर में भर्ती हूँ और डॉ. साहब बनारस से रोज मुझे देखने जयपुर तक चले आते हैं।' जब मैंने कहा, ''बाबू जी आप तो बनारस में ही हैं।'' बोले 'नईं रे! तुझे गलतफहमी है, यह जयपुर है।' कई दिनों तक उनके मस्तिष्क में यही बात बसी रही।[6]

कहते–'मालवीय जी की महानता देखो अस्पताल गंगा तट पर बनवाया। मृत्यु हो जाए तो रोगी को सीधे गंगा-लाभ से मुक्ति मिले।''

उनके सिरहाने चपल बालक कृष्ण का चित्र लगा रहता। पं. जी के मन में कृष्ण के प्रति विशेष अनुराग था।

मंडन का यह सवैया उन्हें अतीव प्रिय था। इसका संस्कृत-अनुवाद भी किया था–

मंडन का सवैया–

अलि हौं तो गई जमुना जल को सो कहा कहौं वीर विपत्ति परी।
घहराय कै कारी घटा उनई इतनेई में गागर सीस धरी॥
रपट्यो पग, घाट, चढ्यो न गयो कवि मंडन ह्वै कै बिहाल गिरी।
चिर जीवहु नन्द को बारो अरी गहि, बाँह गरीब ने ठाढ़ी करी॥

श्रीरायकृष्ण दास के ज्येष्ठ पुत्र राजा भइया प्रतिदिन संध्या समय पुष्प लेकर अस्पताल आते। उनसे साहित्यिक चर्चा होती। इस प्रकार चार महीने बीत गए। स्वास्थ्य बिगड़ता जा रहा था। उन्हें बनारस से दिल्ली लाया गया। वहाँ ब्रेन ट्यूमर का पता चला।

आखिर भारतीय आयुर्वेद संस्थान दिल्ली में चिकित्सा के समय पूरा परिवार दिल्ली आ गया। 16 मई को पुतुल जी ने न्यूरो सर्जन डॉ. बनर्जी से पूछा–''क्या बाबू जी ठीक नहीं हो सकते?''

डॉ. ने बताया 'ब्रेन में क्रिकेट-बाल जैसा ट्यूमर हो गया है। इस उम्र में पंडितजी का आपरेशन नहीं हो सकता।' 'क्या टाटा इन्स्टीट्यूट में या और किसी हिम्मती डाक्टर से आपरेशन कराया जा सकता है?' डाक्टर बनर्जी हँसे। हँसी करुण थी।

18 मई को डाक्टर कहते हैं—देखिए आप नए वस्त्र आदि मँगा लीजिए। फोन नम्बर नोट कर लीजिए। रात को शायद ज़रूरत पड़े।[7]

19 मई को करीब 5 बजे मैं पत्नी के साथ एम्स पहुँचा। दूसरी तरफ से नामवर जी आते दिखाई पड़े। कमरे में गया तो माताजी, श्रीमती शीला संधू, लालजी इत्यादि बैठे थे, निश्शब्द। पंडित ऐसे लेटे थे मानो गहरी नींद में हों। शरीर में तेज था, बाल सँवरे, घनी मूँछों में, मानो मुस्करा रहे हों।

शान्त सहज मानो अभी पैर का तलुआ हिलाकर जग जाने का संकेत करेंगे।

ठीक 5.50 पर कमरे के बाहर की लाल बत्ती जल उठी।

केदारनाथ सिंह ने मेरा हाथ जोर से पकड़ लिया और मैंने उनका हाथ।

19 मई की शाम को अखिल भारतीय आयुर्वेद संस्थान में बहुत लोग आ गए। दिवंगत द्विवेदी जी की देह ऐसी लग रही थी मानो वे दिवंगत न हुए हों। उनकी देह के पास से हटने का मन ही नहीं कर रहा था। उन्हें उनकी स्वाभाविक पोशाक खद्दर की धोती, कुर्ता, सदरी में लिटा दिया गया था। मूँछें वैसे ही सघन मोहाविष्ट कर देने वाली। मानो मुस्करा कर किसी संतान या शिष्य का नाम लेकर पुकारेंगे—चिढ़ाने वाली खिलंदड़ी मुद्रा में। जनता पार्टी के तत्कालीन अध्यक्ष और बलियावासी चन्द्रशेखर, कई घंटे देर रात तक काठ की बेंच पर सबके साथ बैठे-बैठे इन्तजाम कराते रहे।

नामवर जी लगातार बने रहे। माता जी, पं.जी की सन्तानों, पुत्र-वधुओं के साथ दो दामाद कैलाशपति ओझा और प्रो. शिरीष तिवारी, डॉ. रामदरश मिश्र की पत्नी सरस्वती भाभी, मेरी पत्नी भी रात को लालजी के यहाँ जनकपुरी में रहीं।

सवेरे सन्निधि राजघाट में बहुत बड़ी संख्या में लोग द्विवेदी जी को श्रद्धांजलि देने आए। भक्ति-संगीत धीमे-धीमे बज रहा था। तत्कालीन प्रधानमंत्री मोरार जी देसाई, जगजीवनराम, बहुगुणा, चन्द्रशेखर, अज्ञेय, डॉ. नगेन्द्र, कपिला वात्स्यायन, भवानीप्रसाद मिश्र, गोपालप्रसाद व्यास, मनोहरश्याम जोशी, राजेन्द्र यादव, रघुवीर सहाय, सर्वेश्वरदयाल सक्सेना पं. जी के दिल्ली स्थित शिष्य, नई और पुरानी पीढ़ी का शायद ही कोई साहित्यकार हो जो न आया हो। साहित्य-क्षेत्र के बाहर भी अनेक परिचित-अपरिचित चेहरे, साधु, संन्यासी, पंडित, मौलवी, पादरी, जैन, बौद्ध भिक्षु—सब दिखलाई पड़ रहे थे।

20 मई को उन्हें साढ़े साठ से साढ़े दस तक सन्निधि राजघाट में सार्वजनिक दर्शन के लिए रखा गया। राजधानी में आज तक किसी साहित्यकार की मृत्यु पर इतने लोग एकत्र नहीं हुए। अन्तिम यात्रा में हज़ारों लोग थे। दिल्ली का शायद ही कोई लेखक हो जो वहाँ न दीख रहा हो। इसी प्रकार राजनीतिज्ञ भी।

उसी समय आँधी आई, हल्की-सी बौछार भी पड़ी, प्रकृति ने भी अपनी श्रद्धांजलि दी।

डॉ. गोपाल त्रिपाठी तिलांजलि देते समय रोने लगे। बोले–"पंडितजी ने आज मिलने को कहा था सो ये मिल रहे हैं दुबेदी जी!"

सन्दर्भ-सूची

1. मोरपंख, पृ. 77
2. उप.
3. सीमंतेर सिन्दूर, आ.ह.प्र.द्वि. : कुछ संस्मरण, सं. डॉ. कमल किशोर गोयनका
4. उप.
5. मेरे बाबूजी–हजारीप्रसाद द्विवेदी, कुछ संस्मरण–सं. कमल किशोर गोयनका
6. उप.
7. पुतुल जी का लेख, नीम का पेड़ वाला, विश्वभारती पत्रिका, 1979

सूर्य अस्त हो गया!

हिन्दी की पत्र-पत्रिकाओं ने द्विवेदी-केन्द्रित अंक निकाले। द्विवेदी जी की बीमारी से लेकर उनकी मृत्यु के और अगणित शोकसभाओं के समाचारों से देश के हिन्दी के समाचार-पत्र अनेक दिनों तक भरे रहे। आकाशवाणी से द्विवेदी जी की बीमारी और अन्त में उनकी मृत्यु का समाचार विस्तार से प्रसारित किए जाते रहे। मुद्रित संचार-माध्यमों में 'दिनमान' ने पंडितजी पर विशेष सामग्री विशेष रूप से प्रकाशित की। प्रसिद्ध हिन्दी कवि सर्वेश्वरदयाल सक्सेना ने सामग्री प्रकाशित करने में अभूतपूर्व कर्मठता दिखाई। उन्होंने इस मौक़े पर डॉ. नामवर सिंह से और अगले हफ़्ते मुझसे द्विवेदी जी पर लेख लिखवाकर प्रकाशित किया। मेरा अनुमान है कि नामवरजी का इसी तरह का एक लेख 'साप्ताहिक हिन्दुस्तान' में भी प्रकाशित हुआ। उन्होंने कुछ वर्षों पूर्व मार्क्स की तर्ज़ पर पं. जी से भी दस व्यक्तिगत प्रश्न पूछे और प्रश्नों के साथ उनके उत्तर प्रकाशित कराए।

'दिनमान' ने 27 मई–2 जून 1979 ई, अंक 21, भाग 15 में हजारीप्रसाद द्विवेदी पर सम्पादकीय लिखा–'सूर्य अस्त हो गया।'

"द्विवेदी जी जैसा व्यक्तित्व हिन्दी जगत में न कोई था, न है, न होगा। विद्वत्ता और पांडित्य (में) उनसे आँख मिलाने का साहस किसी में नहीं था। पर उनकी विद्वत्तों आतंककारी नहीं थी। बातचीत में या भाषण में रसमय हो दूसरे में विलय हो जाती थी। अपने सहज आत्मीय मस्तमौला फक्कड़ स्वभाव के कारण वह सिद्ध पुरुषों की याद दिलाते थे। वह वाणी के धनी थे, बोलते थे तो मंत्रमुग्ध सा हम घंटों सुनते थे और अधिक सुनते जाने का मन होता था। उनकी हँसी दूसरे को (के) कलुष को भी निर्मल कर देती थी। वह अजातशत्रु थे, ईर्ष्या करने वाले तो हो सकते थे और शायद रहे भी हों पर उनसे शत्रुता रखने वाला शायद ही कोई हो।

उनके उपन्यास हिन्दी गद्य शैली की अनूठी गिसाल हैं। उनके पास शब्दों का अथाह भंडार था। हर शब्द पढ़ते समय कली की तरह खिलता और अपने अन्तर रूप की सुगंधि से पाठकों को भर देता। उन्हें बार-बार पढ़ा जा सकता है और हर बार कुछ और नया पाया जा सकता है। उनकी दृष्टि समग्रता की दृष्टि थी पर साधारण जन-विमुख नहीं थी। पांडित्य में प्रगतिशीलता की दमक हर जगह दीखती थी। पशु-पक्षी, फूल-पौधे, पुराणशास्त्र, धर्म इतिहास कोई भी चर्चा कीजिए एक ज्ञान का सागर लहराने लगता था और हम खुद को उसके तट पर विमुग्ध बैठे पाते थे। बड़ी-से-बड़ी जटिल चीज को आसान बना कर इस तरह कह देना कि दूसरा जटिलता के भ्रम से मुक्त हो जाए उनका मौलिक गुण था। यह गुण

किसी दूसरे में नहीं है। न भाषा की वह चमक है जिसका सहारा ले दूसरा किसी भी अथाह जल को तैर कर पार कर जाए। उनको देखकर पिता का बोध होता था और उनको खोकर एक विचित्र-सा अनाथ होने का भाव है। उसे तो अवश्य ही जिसके हाथ में कलम है। हिन्दी साहित्य की आने वाली पीढ़ियाँ उनके ऋण से ऋणी रहेंगी और उनके सहारे चिन्तन तथा रचना के क्षेत्र में अरसे तक नए-नए अंकुर प्रस्फुटित करती रहेगी। ऐसा था वह सूर्य जिसकी स्मृति में आज हम कृतज्ञ भाव से श्रद्धानत हैं।

मध्यकालीन भारतीय साहित्य साधना के ही नहीं वह समस्त भारतीय चिन्तन के बेज़ोड़ विद्वान् थे और संस्कृत, पालि, अपभ्रंश, बंगला, गुजराती ही नहीं, आज के शोषित-इंसान के मन की भाषा के सिद्धहस्त मर्मज्ञ थे। उनकी स्मृति अरसे तक हमें समृद्ध करती रहेगी।*

---

* दिनमान से साभार

हजारीप्रसाद द्विवेदी का निधन

नई दिल्ली, 19 मई–हिन्दुस्तान

सुप्रसिद्ध हिन्दी साहित्यकार आचार्य हजारीप्रसाद द्विवेदी का आज शाम 5.30 बजे निधन हो गया।

उनका अन्तिम संस्कार कल सुबह 10.10 बजे निगम बोध घाट पर किया जाएगा। इससे पूर्व 8 से 10 बजे तक राजघाट के निकट गाँधी स्मारक निधि पर इनका पार्थिव शरीर अन्तिम दर्शन के लिए रखा जाएगा।

मस्तिष्क से पीड़ित 71 वर्षीय आचार्य द्विवेदी गत 5 मई से बेहोश थे। अखिल भारतीय आयुर्विज्ञान संस्थान के डॉक्टर उन्हें ऑक्सीजन पर रखे हुए थे। कल से उनकी दशा निरन्तर बिगड़ती जा रही थी।

ज्ञातव्य है कि गत 11 मई को आचार्य द्विवेदी को बनारस से यहाँ इलाज के लिए लाया गया था। जाँच के बाद डॉक्टरों ने उनके मस्तिष्क में फोड़ा पाया।

शोकसन्तप्त परिवार में आचार्य द्विवेदी की पत्नी, चार पुत्र व तीन पुत्रियाँ हैं।

अन्तिम समय आचार्य की पत्नी, चारों पुत्र व तीनों पुत्रियाँ, पुत्रवधुएँ, दामाद, नाती-पोते तथा अनेक साहित्यकार व शुभचिन्तक उनके निकट उपस्थित थे। मृत्यु की सूचना मिलते ही भारी संख्या में परिचितों व शुभचिन्तकों का अस्पताल में ताँता लग गया।

21 मई, हिन्दुस्तान

हजारीप्रसाद द्विवेदी की अंत्येष्टि

नई दिल्ली, 20 मई। हिन्दी के लब्धप्रतिष्ठित साहित्यकार और यशस्वी लेखक डॉ. हजारीप्रसाद द्विवेदी का पार्थिव शरीर आज पूर्वाह्न 11 बजे वैदिक मंत्रोच्चार के बीच यहाँ निगम बोध घाट पर अग्नि को समर्पित कर दिया गया।

उल्लेखनीय है कि डॉ. द्विवेदी का कल साढ़े पाँच बजे अखिल भारतीय आयुर्विज्ञान संस्थान में निधन हो गया था। वह पिछले कुछ दिनों से मस्तिष्क रोग से पीड़ित थे।

डॉ. द्विवेदी के सबसे बड़े पुत्र श्री जगदीश नारायण ने चिता में अग्नि प्रज्ज्वलित की।

अंत्येष्टि के समय उपस्थित परिजनों में डॉ. द्विवेदी की पत्नी के अलावा (पं. जी की पत्नी अंत्येष्टि में निगम बोध घाट पर नहीं थीं। वे लगभग बेहोश स्थिति में जनकपुरी में

थीं) उनके दोनों भाई, चारों पुत्र और तीनों पुत्रियाँ शामिल थीं। चिता में अग्नि प्रज्ज्वलित किए जाने से पूर्व विदेश मंत्री श्री अटलबिहारी वाजपेयी, आर्य समाज दीवान हॉल, दिल्ली प्रदेश हिन्दी साहित्य सम्मेलन, अखिल भारतीय संस्कृत साहित्य सम्मेलन, हिन्दी सभा तथा कई अन्य संस्थाओं की ओर से उन पर फूलमालाएँ अर्पित की गईं।

जो अनेक साहित्यकार एवं पत्रकार इस अवसर पर उपस्थित थे, उनमें प्रमुख हैं सर्वश्री जैनेंद्र कुमार, भवानीप्रसाद मिश्र, सच्चिदानन्द हीरानन्द वात्स्यायन अज्ञेय, गिरिजाकुमार माथुर, डॉ. नगेन्द्र, विजयेंद्र स्नातक, नामवर सिंह, विष्णु प्रभाकर, गोपालप्रसाद व्यास, वियोगी हरि और क्षेमचन्द्र सुमन। श्री चन्द्रशेखर, श्री लाडिली मोहन निगम उपस्थित राजनेताओं में श्री कृष्णकान्त और श्री रामधन के नाम उल्लेखनीय हैं।

उनके शव को कल रात संस्थान से उनके पुत्र के जनकपुरी स्थित निवास स्थान में ले जाया गया था। आज सुबह शवयात्रा प्रारम्भ होने से पूर्व उनके शव को अपनी श्रद्धांजलि अर्पित की। गांधी स्मारक निधि हाल में दर्शनार्थ रखा गया। जहाँ पूर्व प्रधानमंत्री इंदिरा गांधी ने उन्हें अपनी श्रद्धांजलि अर्पित की। जैसे ही शवयात्रा शुरू हुई तेज धूल भरी आँधी आई।

आचार्य द्विवेदी को श्रद्धांजलि देने के लिए 22 मई को एक सार्वजनिक सभा आयोजित की गई है।

हिन्दुस्तान

हिन्दी साहित्य की अपूरणीय क्षति

नई दिल्ली, 19 मई। हिन्दी के लब्धप्रतिष्ठ साहित्यकारों, प्रधानमंत्री सहित विभिन्न राजनीतिक नेताओं और संसद सदस्यों ने आचार्य हजारीप्रसाद द्विवेदी को महान साहित्यकार और शिक्षाविद् बताते हुए भावभीनी श्रद्धांजलि अर्पित की।

प्रधानमंत्री श्री मोरारजी देसाई ने कहा कि आचार्य द्विवेदी प्रमुख शिक्षाविद् और विद्वान् थे। उनकी मृत्यु पर पूरा देश शोकग्रस्त होगा। सुप्रसिद्ध कथाकार जैनेंद्र कुमार ने कहा कि आचार्य द्विवेदी का अभाव सहन करना हिन्दी जगत के लिए कठिन होगा। इसकी पूर्ति तो सम्भव ही नहीं है। इतनी गहरी विद्वत्ता और उसके साथ ऐसी सहजता एक स्थान पर मिलना दुर्लभ है। विद्वत्ता उनके ऊपर भारी नहीं पड़ती थी बल्कि फूल के समान प्रफुल्लित और सुशोभित होती थी।

डॉ. नगेन्द्र ने कहा कि साहित्य, निबन्ध और आलोचना तीनों ही क्षेत्रों में आचार्य द्विवेदी का शीर्ष स्थान था। वह भारतीय साहित्य के प्रकांड विद्वान् थे। लेकिन अपने गम्भीर पांडित्य को उन्होंने सदा अत्यंत सौम्य भाव से वहन किया। उनके निधन से केवल हिन्दी साहित्य ही नहीं बल्कि भारतीय साहित्य की अपूरणीय क्षति हुई है।

श्री भगवतीचरण वर्मा ने कहा कि आचार्य हजारीप्रसाद द्विवेदी के निधन से हिन्दी संसार में एक तरह की रिक्तता आ गई है।

प्रख्यात कवि एवं कथाकार श्री सच्चिदानन्द हीरानन्द वात्स्यायन अज्ञेय ने कहा कि आचार्य द्विवेदी संस्कृत, हिन्दी और बंगला के प्रकांड विद्वान् थे। उनमें सर्जक कथाकार की

प्रतिभा थी और एक तत्पर विनोद भाव था जिसके कारण उनके विद्यार्थी और उनके पाठक सहज भाव से ज्ञान ग्रहण करते रहते थे।

उनके जाने से भारतीय शिक्षा जगत् की जितनी क्षति हुई है उससे कहीं अधिक हिन्दी के रचना संसार की हुई है।

राज्यसभा में विपक्ष के नेता श्री कमलापति त्रिपाठी ने कहा कि आचार्य द्विवेदी भारतीय संस्कृति और राष्ट्रीयता के परम पोषक थे। हिन्दी के उत्थान में, अपनी सेवा में उन्होंने अपना सारा समय लगा दिया। उनके निधन से न केवल हिन्दी की बल्कि सम्पूर्ण राष्ट्र की भारी क्षति हुई है।

जनता पार्टी के अध्यक्ष श्री चन्द्रशेखर, केन्द्रीय पेट्रोलियम एवं रसायन मंत्री श्री हेमवतीनन्दन बहुगुणा, जनता सांसद श्री महामाया प्रसाद सिंह ने भी आचार्य द्विवेदी की साहित्यिक सेवाओं की सराहना करते हुए उनके निधन पर गहरा शोक प्रकट किया।

जनता संसदीय दल ने भी आचार्य हजारीप्रसाद द्विवेदी के निधन का शोक प्रकट किया। दल की आज की बैठक के दौरान श्री द्विवेदी के निधन का समाचार मिला। बैठक में उन्हें श्रद्धांजलि अर्पित की गई।

श्रीमती गौरा पन्त शिवानी, उत्तर प्रदेश संस्थान के भूतपूर्व निदेशक श्री ठाकुर प्रसाद सिंह, बिहार हिन्दी ग्रन्थ अकादमी के अध्यक्ष प्रो. देवेंद्र नाथ, पटना बिहार विश्वविद्यालय के हिन्दी विभागाध्यक्ष प्रो. केशरी आदि ने भी आचार्य द्विवेदी को श्रद्धांजलि अर्पित की। बिहार लोकसेवा आयोग के अध्यक्ष डॉ. कुमार विकल ने कहा कि आचार्य द्विवेदी हिन्दी आलोचना के शलाका पुरुष थे। भूतपूर्व सांसद श्री शंकर दयाल सिंह ने कहा कि एक साहित्यिक कालखंड समाप्त हो गया। उत्तर प्रदेश के उच्च शिक्षा मंत्री डॉ. शिवानन्द नौटियाल ने कहा कि आचार्य द्विवेदी हिन्दी जगत के भीष्म पितामह थे। उत्तर प्रदेश के उपमुख्यमंत्री श्री यादव ने गहरा शोक प्रकट किया।

अपूरणीय क्षति (संपादकीय, 21 मई)

हिन्दी जगत के प्रकांड विद्वान् तथा भारतीय संस्कृति और राष्ट्रीयता के परम पोषक, अप्रतिम उपन्यासकार व निबन्धकार, सन्त साहित्य के परम भक्त, उत्कृष्ट कथालोचक, सरल व्यक्तित्व व बहुमुखी प्रतिभा के धनी आचार्य हजारीप्रसाद द्विवेदी अब हमारे बीच नहीं रहे और उनका अन्तिम संस्कार भी कर दिया गया। सहसा विश्वास नहीं होता, मन यह मानने को तैयार नहीं होता। अभी 11 मई को ही तो उन्हें वाराणसी से दिल्ली इलाज के लिए लाया गया था और 19 मई को–इतने अल्प समय में ही वह अपना पार्थिव शरीर छोड़ कर अनन्त यात्रा पर कूच कर गए। उनके मस्तिष्क की रसौली उनके लिए प्राणघातक सिद्ध हुई। और उनकी प्राण-रक्षा के लिए की गई साहित्य जगत की सभी प्रार्थनाएँ निष्फल रहीं।

आचार्य द्विवेदी हिन्दी जगत नहीं–भारतीय सांस्कृतिक जगत की उन विभूतियों में से थे जिन्होंने अपने समय में आने वाले लोगों पर अपने गहन अध्ययन, विद्वत्ता, सहजता,

राष्ट्रीयता और स्नेहिल व्यक्तित्व की छाप डाली है। हिन्दी साहित्य की प्रायः सभी विधाओं पर उनके रचनात्मक व्यक्तित्व की छाप है। उनका दृष्टिकोण बड़ा प्रगतिशील, उदार और मानवतावादी रहा। द्विवेदी जी एक लेखक होने के साथ-साथ एक सफल वक्ता भी थे।

आचार्य द्विवेदी के निधन से सम्पूर्ण हिन्दी जगत में ही नहीं, सम्पूर्ण साहित्यिक जगत में शोक व्याप्त हो गया है। हिन्दी संसार के लिए तो द्विवेदी जी का अभाव सहन करना अत्यंत दुष्कर होगा। उनके निधन से हिन्दी जगत को जो क्षति पहुँची है, वह अपूरणीय है—उसमें एक प्रकार की रिक्तता आ गई है।

गुरुदेव श्री रवीन्द्रनाथ के शान्तिनिकेतन में अध्यापक के पद से आरम्भ करने वाले द्विवेदी जी वहीं से एक प्रतिभाशाली साहित्यकार के रूप में हिन्दी जगत के सामने आए।

अध्ययन, अध्यापन, अन्वेषण, लेखन और समालोचन का उनका यह क्रम लगभग 20 वर्ष तक चलता रहा।

इसके बाद काशी हिन्दू विश्वविद्यालय में रेक्टर के पद से सेवानिवृत्त होने के बाद उन्होंने हिन्दी व्याकरण पर शोधकार्य का निर्देशन किया। वह उत्तर प्रदेश हिन्दी ग्रन्थ अकादमी के अध्यक्ष भी रहे। हिन्दी जगत अपने इस प्रतिभासम्पन्न सपूत को खोकर आज अत्यन्त दुखी है। जैसे उस पर वज्रपात हुआ हो। प्रकृति का नियम है कि जीवन में रिक्तता कहीं नहीं रहती। लेकिन आचार्य जी के निधन से ऐसा मालूम पड़ता है कि प्रकृति को भी कम से कम एक बार अपना नियम तोड़ना पड़ा है। यह रिक्तता ऐसी है जो युग-युगों तक अनुभव की जाती रहेगी। सबसे दुखी करने वाली यह बात है कि जिस व्यक्ति ने अपना अधिकांश जीवन वाराणसी में बिताया हो वह अन्तिम समय गंगा मैया की गोद न पा सका।

पं. विश्वनाथ प्रसाद मिश्र की प्रतिक्रिया

अभी हाल ही में अक्टूबर 2009 में 'सरयूधारा' का हजारीप्रसाद द्विवेदी विशेषांक निकला है।* गुरुवर पं. विश्वनाथ प्रसाद मिश्र का द्विवेदी जी पर एक लेख छपा है। सूचना के अनुसार लेख काशी के प्रसिद्ध दैनिक 'आज' में 26 मई, 1979 को प्रकाशित हुआ था। मतलब द्विवेदी जी की मृत्यु के ठीक एक सप्ताह बाद। विश्वनाथ जी और द्विवेदी जी का पारस्परिक मनमुटाव सर्वविदित था/है। दस्तावेज़ के 5/6 हजारीप्रसाद द्विवेदी स्मृति अंक में मिश्र जी का जो इन्टरव्यू श्रीरामसुधार सिंह ने लिया है, उसके अनुसार द्विवेदी जी राजनैतिक थे। राजनीति रजोगुण है। साहित्य सात्त्विक वृत्ति को उजागर करता है। "अगर वे राजनैतिक नहीं होते तो जितना उत्सव उनके दिवंगत होने पर हुआ उतना नहीं होता। गैर राजनीतिक व्यक्ति का कोई नाम नहीं होता। वे राजनीतिक थे, इसलिए लोग उन्हें ज़्यादा जानते हैं। उनके राजनीतिक होने के नाते उनके साहित्य को क्षति पहुँची है।

---

* सरयूधारा के सम्पादक डॉ. शैलेन्द्र कुमार त्रिपाठी, विश्वभारती में हिन्दी के अध्यापक हैं।

आचार्य शुक्ल के मरने के बाद कोई उत्सव नहीं हुआ। रामसुधार सिंह ने पूछा, क्या विभागाध्यक्ष होने पर भी उनकी राजनीतिक गतिविधियाँ जगी रहीं?

विश्वनाथ प्रसाद मिश्र का उत्तर था–"वे ठठाकर हँस पड़े और रुद्राक्ष के माले पर हाथ फेरते हुए बोले, विभाग में आने के बाद उन्होंने बड़ी राजनीति की। तब तक आचार्य नरेन्द्र देव उपकुलपति के रूप में आ चुके थे। मैंने नरेन्द्र देव को पत्र लिख कर शिकायत की। आचार्य नरेन्द्र देव ने मुझे और द्विवेदी जी को चाय पर बुलाया और द्विवेदी जी से कहा कि यह व्यक्ति आपसे भी पुराना है अतः आप इसकी शिकायत दूर करें।"

'सरयूधारा' के हजारीप्रसाद द्विवेदी अंक में विश्वनाथ जी का स्वर बिलकुल भिन्न है। लगता है यह अन्तर इन्टरव्यूकर्ता के कारण आया है। या विश्वनाथ जी की मनःस्थिति के अन्तर के कारण आया। वैसे श्री रामसुधार सिंह से जो बातें मिश्र जी ने कही हैं वे पहले भी कहते थे। (केवल मृत्यु के बाद उत्सव वाली बात छोड़कर) लेकिन 26 मई, 1979 को 'आज' में जो लेख है वह तो एक विद्वान् द्वारा एक दूसरे सहयोगी विद्वान् पर लिखा हुआ उत्कृष्ट लेख है और गुरुवर आचार्य विश्वनाथ प्रसाद मिश्र की गरिमा की संगति में है। शिकायत उसमें भी है लेकिन वह मुख्य स्वर नहीं है। श्रद्धांजलि पूरे दो पृष्ठों की है। शीर्षक है–मनीषी आचार्य को समानधर्मा सहकर्मी आचार्य की श्रद्धांजलि। श्रद्धांजलि लेख के पाँच खंड हैं। प्रत्येक में से कुछ पंक्तियाँ यहाँ उद्धृत की जा रही है।

हिन्दी भवन की स्थापना...

इन्होंने परीक्षा तो ज्योतिषाचार्य में उत्तीर्ण की किन्तु प्रबल इच्छा हिन्दी में काम करने की थी। विश्वभारती शान्तिनिकेतन में अध्यापन का कार्य मिलने पर वे वहाँ गये। वहाँ हिन्दी भवन की स्थापना करके हिन्दी के अध्ययन-अध्यापन का मार्ग प्रशस्त किया। फिर तो ये हिन्दी के अनुसन्धान करने में ऐसे दत्तचित हो गए कि इसी के होकर रहे।

रहस्यों का उद्घाटन–

द्विवेदी जी बहुश्रुत थे और भारतीय चिन्तनधारा में अवगाहन करते-करते उन्होंने उसके बहुत से मार्गों रहस्यों का अच्छा उद्घाटन किया है। शब्दों के निर्माण के उत्स तक पहुँचने का उनका प्रयास अद्वितीय था।

द्विवेदी जी की मनीषा–

"मुझे तुलसीदास की भाषा पर व्याख्यान देने को आहूत किया गया था। उस सभा की अध्यक्षता द्विवेदी जी ने की थी। मैंने अपने भाषण में कहा कि तुलसीदास ने समाधिस्थ होकर लिखा है।...जब द्विवेदी जी बोलने उठे तो और बहुत-सी बातों के अतिरिक्त समाधि भाषा पर विचार करते हुए श्री वल्लभाचार्य की एक पंक्ति सुनायी–

समाधिभाषा व्यासस्य प्रमाणं तं चतुष्टयम्।

श्रीभद्भागवत को आचार्य वल्लभ ने 'समाधि भाषा' अभिधा से स्मरण किया है। इसी प्रसंग में उन्होंने यहाँ कहा कि मेरे मन से हिन्दी के सिद्धों की भाषा जो संध्या भाषा कहलाती है वह समाधि भाषा है। इस प्रकार स्पष्ट है कि शब्दों की अनुसन्धानात्मक विश्लेषण में द्विवेदी जी की मनीषा का अच्छा संस्कार था।

मैं कभी-कभी उन्हें उपदेश या परामर्श भी दे दिया करता था। मैंने बताया कि दिन में सोना तो आयुर्वेद की दृष्टि से अस्वास्थ्यकर है। इस पर उन्होंने हँसते हुए उत्तर दिया कि दिन में सोने की आदत के कारण तो मैंने मंत्री पद का आकर्षण छोड़ दिया।

विशिष्ट प्रतिभा

द्विवेदी जी विशिष्ट प्रतिभा थे। उनमें कारयित्री और भावयित्री दोनों ही प्रतिभाएँ थीं। उनकी प्रतिभा बहुवस्तुस्पर्शिणी थी। वे जिस विषय पर बोलते थे लगता उसके तह तक इनका प्रवेश है। लिखित निबन्धों में उनके अध्ययन-चिन्तन का निष्कर्ष अत्यन्त लालित्य के साथ प्रस्तुत हुआ है। वे ललित निबन्ध हिन्दी में बेजोड़ हैं।...उनके ग्रन्थों का निचोड़ वस्तुतः मानव के समग्र और विश्वरूप की झाँकियों में मिलता है।

पारंगत मनीषी

उनके दिवंगत हो जाने से हिन्दी भाषा और साहित्य का ही नहीं भारतीय चिन्तनधारा का एक पारंगत मनीषी उठ गया और हमारे विद्या भंडार को विशेष रूप से रिक्त कर गया इसमें सन्देह नहीं।...हाँ उनके अन्तिम समय स्वतंत्र भारत के शासन में उनके प्रति वांछित कर्तव्य के निर्वाह की जो सजगता दिखायी उससे भारतीय साहित्य की आत्मतोष का अनुभव कर रही होगी।

डॉ. जगन्नाथ शर्मा

श्रीराम सुधार सिंह ने डॉ. जगन्नाथ प्रसाद शर्मा से भी द्विवेदी जी के बारे में बातचीत की है। उन्होंने भी द्विवेदी जी के स्वभाव की प्रशंसा की है और अपनी निकटता प्रकट की है। यह भी कहा है कि संकट के समय वे मुझसे परामर्श करते थे। डॉ. शर्मा ने एक जगह कहा है, "इस पर द्विवेदी जी थोड़े उखड़े और ऐसे अवसर पर वे गद्गद हो जाते थे इसके आगे उनसे बात करने की इच्छा नहीं होती थी...।" डॉ. शर्मा ने बताया है कि उनसे गलतियाँ हुईं (विभागाध्यक्ष के रूप में) लेकिन उनमें कोई दुर्बलता नहीं थी। वे दूसरों की बात मान लेते थे। शासन सम्बन्धी ज्ञान कम था। इसी वजह से परेशानी हुई।

हजारीप्रसाद द्विवेदी की आत्म-स्वीकृतियाँ*

आपका अभीष्ट गुण	सामाजिक ईमानदारी
पुरुषों के लिए	पौरुष
स्त्रियों के लिए	मिठास और मातृत्व
आपकी मुख्य चारित्रिक विशेषता	निर्णय दुर्बलता
आपकी सुख की परिकल्पना	अरहर की दाल, जड़हन का भात, गलगल निंबुआ और घिउ तात,...बाँके नैन परोसै जोए। कहैं घाघ ऊ सब-कुछ झूठा। उहाँ छोड़ इहवै बैंकुठा।।
आपके दुख की परिकल्पना	आत्मविश्वास खोना
आपके निकट क्षम्य दोष	प्रतारणा
आपके निकट घृण्य दोष	यौन अपराध
आपके लिए असह्य	(जवाब न दूँगा)
प्रिय काम	लेखन
प्रिय कवि	कालिदास, रवीन्द्रनाथ ठाकुर
प्रिय गद्यकार	विल ड्यूराँ
प्रिय नायक	'रंगभूमि' का सूरदास
प्रिय नायिका	भट्टिनी
प्रिय फूल	गुलाब
प्रिय रंग	गहरा पीला (कसमस)
प्रिय नाम	सिद्धार्थ, चारुस्मिता
प्रिय खाद्य	पकौड़ी
प्रिय सूक्ति	चढ़िए हाथी ज्ञान को सहज दुलीचा डार
प्रिय आदर्श वाक्य	उद्धरेत आत्मनात्मनम्

* 1953 की पहली जनवरी। पंडितजी को मैंने 'लिटरेचर एण्ड आर्ट कार्ल मार्क्स ऐंड फ्रेडरिक एंगेल्स' नामक पुस्तक भेंट की। पन्ने उलटते-पलटते उनकी दृष्टि उस पृष्ठ पर रुक गई जिस पर मार्क्स की आत्मस्वीकृतियाँ अंकित थीं। उनका कुतूहल देख हँसी-हँसी में मैंने उनसे भी वही सवाल कर डाले। प्राप्त उत्तर मैंने उसी समय नोट कर लिए। आज यहाँ पहली बार उनका प्रकाशन हो रहा है।

—नामवर सिंह

रचना और रचनाकार

बलिया जिले में, विशेषतः देहाती क्षेत्र में पं. हजारीप्रसाद द्विवेदी के डील-डौल, आकृति के लोग आपको अक्सर दिखलाई पड़ेंगे। लम्बे, जवानी में दुबले-पतले, खाना-पीना मिल जाए तो अधेड़ होने पर मोटे, अर्ध खल्वाट, आगे के दो-तीन दाँत टूटे, हँसोड़, तम्बाकू खैनी मलते या पान खाते। चाल और चेष्टाओं में एक खास तरह का उजबकपना, उजड्डता और ग्रामीणता। लम्बी टाँगों पर भारी शरीर को मानो ढकेलते हुए चल रहे हैं। उनमें कौन विद्वान् हैं, कौन अँगूठाछाप—इसका फैसला आप उनकी बातचीत और पोशाक से नहीं कर पाएँगे। आप जिसे अनपढ़ समझ रहे हैं, वह किसी विश्वविद्यालय का वाइस चांसलर हो सकता है और आप जिसे प्रोफेसर समझ रहे हैं, वह खेत गोड़ने वाला बाँभन, ठाकुर या यादव, अब दलित भी। बलिया में विशेष और लगभग पूरे पूर्वांचल में—क्षेत्रीय वेशभूषा, बोलचाल, खानपान में एक खास तरह की स्थानीय लय तथा परिपाटी है। इसी की बदौलत बलियाटिक स्थानीय ग्राम्यता का बोधक बना हुआ है। इसी तरह का अनुभव मुझे बैसवाड़े में हुआ था। वहाँ मुझे निराला जी की तरह की आकृतियाँ जगह-जगह दिखलाई पड़तीं। पं. हजारीप्रसाद द्विवेदी बलिया के थे। वे बलिया के ही लगते रहे। उससे अलग, और तरह से दिखने की उन्होंने कभी कोशिश नहीं की। बलिया का ऊपरी भदेसपन उनका आन्तरिक एवं बाह्य रूप ही नहीं, कवच भी था। जिसने उन्हें एक बार भी देखा है, वह किसी और रूप में उनकी कल्पना भी नहीं कर सकता। स्थानीयता के इस अभेद्य में जनपदीय संस्कृति, प्रकृति, पंचमहाभूत, उत्सव-पर्व, मेले-ठेले, नदियाँ, सरोवर, मिथक, किंवदन्तियाँ, सौन्दर्य, विषमता, दारुण अभाव, निरन्न-निर्वस्त्र जन, हृदयद्रावक विपत्तियों में उनका धैर्य, निराशा और उसमें भी रस ढूँढ़ लेने की क्षमता—जिजीविषा है। बलिया की मोटी मिट्टी में अशोक का फूल भी है। 'मेरी जन्मभूमि' में पं. जी ने इसका मनोयोग से वर्णन किया है। बलिया गंगातट पर है। द्विवेदी जी का पुश्तैनी घर गंगा के कगार को स्पर्श करता है। बरसात में गंगा का रूप असीमवत् हो जाता है। चारों तरफ पानी ही पानी। यह दुर्दम्य जलराशि जनपद के जनों को विस्थापित करती है। निबन्ध में पंडितजी ने 'छपरा' और 'बलिया' शब्दों को इस विस्थापन से जोड़ा है। विस्थापित होकर फिर स्थापित होने के संघर्ष की मनोवृत्ति के सूत्र का संधान भी किया है। मैं बलिया में पैदा हुए सभी विद्वानों के बारे में तो यह बात नहीं कह सकता, किन्तु पंडितजी के बारे में तो कहा ही जा सकता है कि उनका जीवन भी स्थितियों के प्रवाह-वेग से निरन्तर विस्थापित और फिर स्थापित होता रहा। घटना-प्रवाह का वेग उन्हें भटकाता, उखाड़ता, उजाड़ता रहा और फिर वही वेग मानो उन्हें कहीं टिका देता। वे वहाँ भी जम जाते, फिर उखाड़ दिए जाते। हिन्दी के कम अध्यापक इतनी बार विस्थापित और फिर स्थापित होते रहे होंगे—आजीवन। बलिया की गंगा की बाढ़ का असीम जल-सागर 'बाणभट्ट की आत्मकथा' का श्लोक (जलौघमग्ना

सचराचरा धरा) वस्तु निर्देश ही नहीं है (और जो सम्भवतः उन्हीं की रचना है), वह 'बाणभट्ट की आत्मकथा' में अन्यत्र और इतर रचनाओं में भी व्याप्त है। भट्टिनी गंगा में कूद पड़ती है, उसी में महावराह की प्रतिमा विसर्जित होती है। अनामदास में रैक्व को नदी की गरजती हुई धारा बहा ले जाती है। जलौघमंग्ना सचराचराधरा का मूल बिम्ब बलिया आरत दुबे का छपरा और ओझवलिया की प्लावित गंगा का है। बलिया के भूगोल से परिचित पाठक जानते हैं कि उपन्यासों के अनेक स्थल बलिया जनपद के हैं।

पं. जी के रचनाकार—व्यक्तित्व में एक गप्पी बलियाटिकी है। अगाध पांडित्य, वाराणसी, शान्तिनिकेतन और रवीन्द्रनाथ के व्यक्तित्व ने उसे विकसित किया है। किन्तु है वह पूर्वांचल का अभावग्रस्त, कथावाचक ही जो मोहक कथा में ज़मीन-आसमान के कुलाबे मिलाकर पाठक-श्रोता को मंत्रमुग्ध कर सकता है। अभावग्रस्तता का अनुभव और पाण्डित्य उसकी विश्वसनीयता का आधार है। एक वाग्मी निम्नमध्यवर्गीय किसान ब्राह्मण पंडितजी के व्यक्तित्व का मूल ढाँचा है। चंडीगढ़ पहुँच कर लिखा गया उनका एक कालजयी निबन्ध है—देवदारु। पाण्डित्य और जीवनानुभव की तिक्तता में सिंका एंक ऐसा निबन्ध जो उनके अन्य उत्कृष्ट निबन्धों में भी विशिष्ट है। उसमें गाँव के एक पंडितजी हैं जो मुँड़कटवा को दे रद्दा दे रद्दा देते हैं। मुझे लगता है कि पंडितजी के रचनाकार में 'देवदारु के वे लट्ठधारी पंडितजी समाविष्ट हैं। स्मरणीय है कि गुरुवर लोकवादी आचार्य थे तो आकाशधर्मा गुरु भी थे। देवदारु वाले ओझवलियावासी पं. जी हास्यास्पद हैं लेकिन हास्यास्पद से ज़्यादा वे निबन्ध-लेखक के आत्मीय हैं। और गुरुदेव अपने पर ही कितना हँसते थे यह उनके निबन्ध-पाठक को बताने की ज़रूरत नहीं, वे अपने पर हँसने का कोई मौका चूकते ही नहीं। यह गुण उनके आदरणीय मित्र बनारसीदास चतुर्वेदी और स्वयं गुरुदेव रवीन्द्रनाथ में भी था। निबन्धकारों में इस दृष्टि से उनकी समानता केवल हरिशंकर परसाई से की जा सकती है। हास्य का आलम्बन, किन्तु तेजस्वी, आत्मविश्वासी और दृप्त। इसमें तेज और निर्भीकता अभावग्रस्त होने पर भी अयाचकत्व में है। दरिद्रता को चिपकाए, विद्वान् ब्राह्मण का तेज। दरिद्रता विद्वान् ब्राह्मण का सबसे बड़ा दुर्ग है। एक सुरक्षित, नैतिक, लौकिक बल सांसारिक सफलता से मायाग्रस्त जनों पर हँसते हुए सन्तुष्ट रहने का आधार—

अकृत्वा परसन्तापं, अगत्वा परमन्दिरम्
अनुत्सृज्य सतांवर्त्म यत् स्वल्पंतद्बहु

कबीर और तुलसी दरिद्रता को गुण नहीं मानते थे। कबीर 'साईं इतना दीजिए जामें कुटुम समाइ' और तुलसी 'जथालाभ सन्तोष' के कायल थे। द्विवेदी जी के व्यक्तित्व में आधुनिक व्याप्ति और उदारता घुल-मिल गई थी। कर्मकांडी दरिद्र ब्राह्मण की संकीर्णता पीछे छूट गई थी। अभावग्रस्तता का आन्तरिक तेज, सरस्वती-साधना रह गई थी। लेकिन जो कुछ जानना है जान चुके, काशी की सर्वज्ञता की यह खोखली हुंकार पीछे छूट गई थी। उनमें क्षमता थी कि वे गुरुदेव के व्यक्तित्व से प्रभावित हो सकें और शान्तिनिकेतन के विश्वबन्धुत्व का हिन्दी जातीयता में समावेश करा सकें। सच पूछिए तो यह आचार्य शुक्ल से उनके प्रस्थान-भेद की भूमि थी। नामवर जी की यह स्थापना कि द्विवेदी जी के लेखक व्यक्तित्व पर काशी की अपेक्षा शान्तिनिकेतन के वातावरण का प्रभाव अधिक है, सुसंगत

है। उन दिनों काशी के वातावरण में जो कुछ अच्छा था वह द्विवेदी जी के व्यक्तित्व में अनायास मौजूद रहा। घोर अध्ययन-वृत्ति उन्होंने काशी में पाई होगी लेकिन शान्तिनिकेतन में वह पूरे तौर पर फली-फूली। पंडितजी की सुनाई हुई एक घटना याद आती है। काशी से शान्तिनिकेतन जाने लगे तो अपने गुरुओं में से एक पं. वामदेव जी के पास गए। चरण-स्पर्श करके बोले–'गुरुजी बंगाल जा रहा हूँ। यहाँ आप लोगों की छत्र-छाया थी। वहाँ क्या करूँगा। आशीर्वाद दीजिए।' गुरुजी ने कहा–'ए बचवा! ई जौन बाणभट्ट के कादम्बिनी बाड़े न वोका सौ बार एहर से वोहर और सौ बार वोहर से एहर चिखुरि जा।' बार-बार चिखुरिने की प्रेरणा काशी थी लेकिन उसका रचनात्मक उपयोग 'बाणभट्ट की आत्मकथा' के रूप में शान्तिनिकेतन के वातावरण में ही सम्भव था।

वह स्वाधीनता-संग्राम का दौर था। चौथे दशक में स्वाधीनता संग्राम नए दौर में प्रविष्ट हुआ। जलियाँवाला बाग, भगतसिंह को फाँसी जैसी घटनाओं के दबाव में राष्ट्रीय कांग्रेस ने पूर्ण स्वराज्य के लक्ष्य की घोषणा की। सुभाषचन्द्र बोस की गरम राजनीति और अम्बेडकर की दलित चेतना, भारतीय कम्युनिस्ट पार्टी की स्थापना–ये सब देश का एक प्रकार से जीर्णोद्धार कर रहे थे। शान्तिनिकेतन के वातावरण पर देश की राजनीति का वैसा प्रभाव नहीं पड़ रहा था जैसा काशी विश्वविद्यालय, अलीगढ़ विश्वविद्यालय या इलाहाबाद विश्वविद्यालय पर। शान्तिनिकेतन राजनैतिक साधना की अपेक्षा सांस्कृतिक साधना में तल्लीन था। यद्यपि यह सांस्कृतिक साधना गहरी राजनीतिक चेतना का विकास करने की भी साधना थी। इसीलिए महात्मा गांधी, जवाहरलाल नेहरू, मदनमोहन मालवीय आदि नेता शान्तिनिकेतन की यात्रा करते थे। इस संस्कृति-साधना की प्रमुख प्रवृत्ति थी वर्तमान की दृष्टि से अतीत को देखना यानी भारत की खोज। यह छठी शताब्दी से छठी शताब्दी के भारत को देखना नहीं था, यह बीसवीं शताब्दी से छठी शताब्दी के भारत को देखना था। 19वीं शताब्दी के अन्तिम दशकों और बीसवीं शताब्दी के प्रारम्भिक अनेक दशकों की हमारी ज्ञान-साधना वस्तुतः भारत की खोज की साधना है–ज्ञान, इच्छा और कर्म का ऐसा समानुपात, भक्ति आन्दोलन में रहा हो तो रहा हो। स्वाधीनता संग्राम सरस्वती-साधना भी था। मेरे विचार से वह साधना निराला की 'वीणावादिनी' में उत्कृष्ट रूप में व्यक्त हुई है–

प्रिय स्वतंत्र रव अमृत मंत्र नव भारत में भर दे।

स्वतंत्रता और सरस्वती दोनों भारतमाता–भारती के रूप हैं। मैथिलीशरण गुप्त की 'भारत-भारती' और प्रसाद की 'प्रबुद्ध शुद्ध भारती स्वतंत्रता पुकारती' में यही भाव है। 'भारत की खोज' जवाहरलाल नेहरू की एक किताब का ही नाम नहीं वह तत्कालीन कर्मठ भारतीय मनीषा की समेकित ज्ञान-इच्छा और कर्म का शीर्षक भी है। यह स्वर अखिल भारतीय है। सबसे समर्थ स्वर रवि ठाकुर का है। यह अकारण नहीं कि तिलक जैसे उग्र राजनीतिकर्मी ने गीता की नई व्याख्या की–उसे कर्मयोग रहस्य कहा। और गांधीजी की गीता-व्याख्या–अनासक्त-योग भी कर्मयोग ही है। अनासक्ति दूर कर कर्म करने का योग। हिन्दी साहित्य में इस ऐतिहासिक साधना का प्रतिफलन द्विवेदी युग में हुआ जिसमें साहित्य को 'ज्ञान राशि का संचित कोश' कहा गया। यहाँ पं. महामहोपाध्याय रामावतार शर्मा, पं. चन्द्रधर शर्मा गुलेरी, आचार्य महावीर प्रसाद द्विवेदी एवं आचार्य रामचन्द्र शुक्ल इस युग के

प्रतीक लेखक हैं। वर्तमान के लिए अतीत की खोज की धुन हमारे नवजागरण की प्रवृत्ति है। इसके पहले अतीत आदर्श था, वह प्राप्य था। उसे लौटाएगा कोई अवतारी जो कलियुग के बाद सतयुग लायेगा। नवजागरण में वह राष्ट्रीय प्रगति एवं स्वाधीनता-प्राप्ति की प्रेरणा बन गया। इसमें योरोप के प्राच्यविदों ने अविस्मरणीय योगदान किया। सच पूछिए तो जोत उन्होंने ही जगाई। और यह कि अतीत का एक अंश केंचुल की तरह छोड़ देने योग्य है। अतीत प्राप्य नहीं है। वह शक्ति है लेकिन उससे चिपके रहें तो अशक्ति है। लेकिन अतीत के प्रेरक व्यक्तित्व का वास्तविक निर्माण स्वाधीनता-संग्राम की प्रक्रिया में हुआ। आज जिसे देशज आधुनिकता कहते हैं, उसके प्रतीक-पुरुष गांधी हैं–ज्ञान, इच्छा और क्रिया के एकीभूत रूप, जिसे भारतीय जनता ने उचित ही अवतारी पुरुष का मान दिया। यह देशज आधुनिकता फलीभूत होती है अम्बेडकर के संयोग से। नारी और दलित चेतना स्वातंत्र्य-चेतना का सर्वाधिक विश्वसनीय प्रमाण है।

शान्तिनिकेतन का वातावरण इस प्रेरणा का अद्वितीय स्रोत एवं कार्यक्षेत्र था। वहाँ अतीत, खोज का विषय तो था ही, विश्वबन्धुत्व के साथ-साथ स्थानीयता की उदार मानवीय दृष्टि और उसका वातावरण भी था। अतीत पूर्णतः विलुप्त नहीं हो गया है, वह हमारी भाषा, संस्कार, पर्व, उत्सव, भोजन, परिधान, बच्चों की क्रीड़ा में–व्यवहार में जीवित भी है। इस जीवन-नैरन्तर्य का सूत्र-संधान अतीत की खोज है। हमारी स्थानीयता, सार्वभौमिकता के ताल-मेल में है। क्षेत्रीयता और अखिल भारतीयता, आगे बढ़कर अन्तर्राष्ट्रीयता एवं वैश्विकता–सभी एक संगति में है। विश्वभारती की विश्वनीड़ता का सन्देश वहाँ के ज्ञान और व्यवहार में विद्यमान था। आचार्य हजारीप्रसाद द्विवेदी का व्यक्तित्व और लेखन, चिन्तन, भाव-बोध एवं अन्य व्यावहारिक जीवन–सबमें यह रचा-बसा है। द्विवेदी जी संकीर्णता और साम्प्रदायिकता से अछूते थे। उनके चिन्तन और व्यवहार में इनके लिए कोई जगह नहीं थी।

अतीत को जीवित देखने की ललक अपने और अपने युग के जीवन से पैदा होती है। रवीन्द्रनाथ और द्विवेदी जी–दोनों सुदूर तक पहुँचने के लिए पंख न होने की शिकायत करते थे। द्विवेदी जी के चिन्तन में इस अतीत-दर्शन ने जिज्ञासा की पीड़ा पैदा की है। वह जिज्ञासा वर्तमान की भी है, क्योंकि वह जीवनानुभव की है। इसकी भी शिकायत वे प्रायः सर्वत्र करते हैं। इसने उनके व्यक्तित्व को द्विधा-विभक्त कर दिया है। इसकी अभिव्यक्ति उन्होंने एक कविता में की है–कल्पित अतीत और दृष्ट वर्तमान में तालमेल नहीं है–

मन में पूर्व युग के स्वर्ण-मणिमय सौध, मरकतखचित क्रीड़ा शैल बसे हैं और "आँखें देखती हैं ठठरियों के ठाठ, चिथड़ों के घृणास्पद ढूह"। परिणामतः इस द्विधा-यातना में "मैं बन गया धोबी के जुगुप्सित जन्तु-सा घर-घाट से विच्छिन्न, मैं हूँ उभयतो विभ्रष्ट। अधर कलंक रंक त्रिशंकु।" द्वन्द्व का सूत्र मूलतः द्विवेदी जी कल्पित स्वर्णयुग सतयुग यानी अतीत और कलियुग यानी पराधीन, अपमानित, दरिद्र भारत के परस्पर-विरोध में पाते हैं। यह द्वन्द्व आगे चलकर अन्य क्षेत्रों में भी दिखलाई पड़ता है। आगे वे अतीत और वर्तमान में ही नहीं, अतीत और अतीत तथा वर्तमान और वर्तमान में भी देखते हैं। उनके चिन्तन और संवेदना की महत्त्वपूर्ण प्रवृत्ति है–विपक्ष में भी जाकर या उसकी ओर से भी सोचने और

देखने की क्षमता। वे कोई वक्तव्य देते हैं, उसके समर्थन में दुनिया भर के तर्क जुटाते हैं, फिर थोड़ी दूर जाकर उसके विमर्थन में या विपक्ष में भी जाते हैं। यह संयम और मूलतः जनतान्त्रिक मानसिकता की क्षमता है। प्राचीन भारतीय चिन्तक पूर्वपक्ष और उत्तरपक्ष की योजना करते थे। द्विवेदी जी समस्याओं या प्रश्नों का कोई निर्णायक या अन्तिम उत्तर भी नहीं देते। प्रश्न उपस्थित करने में उनकी रुचि ज़्यादा दिखलाई पड़ती है। उनके लेखन में आशा, विश्वास, मानवता आदि के वक्तव्य, चित्र बार-बार आते हैं। मनुष्य की जययात्रा, वैश्विक छन्द, लय की पुनरुक्तियों से उनका साहित्य भरा है। लेकिन बीच बहस में निराशा, हताशा, पराजय, अनिश्चय भी आद्यन्त झाँकते रहते हैं। उत्तर न दे पाना, निर्णायक निष्कर्षों तक न पहुँच पाना उनकी चिन्तन-प्रक्रिया में यों ही नहीं है। द्विवेदी जी के इतिहास-विधाता काफ़ी क्रूर हैं, क्रूर न कहें तो लगभग भाव-निरपेक्ष हैं, लिहाज-रियायत बिलकुल नहीं करते। उनका कुंठ-नृत्य सबको ध्वस्त कर देता है। अशोक का फूल बहुत सुन्दर है, लेकिन इतिहासविधाता निबन्धकार को उदास बना देते हैं। और उसके बाद की भी त्रासदी है–उदास होना भी बेकार है। उदास होना भी बेकार है–यह निष्कर्ष कितनी गहरी हताशा की व्यंजना करता है। यह पंडितजी का रचना-छल है कि वे पाठक को मनुष्य की जययात्रा, मांगल्य, छन्द, लय से मोहित कर देते हैं। उदास होना भी बेकार है, सो उन्हें कबीरदास याद आते हैं। वे भी उदास होते थे। उस उदासी में गहरी यातना थी। क्या यातना थी कबीर की हम ठीक-ठीक कैसे कह सकते हैं? कबीर की वेदना को समझने का दावा करना बड़बोलापन भी है और मूर्खता भी। लेकिन उसको समझने का प्रयास न करना अक्षम्य है। वे द्विवेदी जी के प्रिय कवि हैं। उनकी उदासी और कबीर की उदासी में कोई साम्य है? इस समानता से उनकी वेदना और फिर उसके उपचार की विधि को भी समझने का प्रयास तो किया ही जा सकता है।

कबीरदास अतीत की यात्रा करने के लिए पंख न होने की शिकायत नहीं करते। वे काल-बोध से उत्पन्न संवेदन से व्याकुल और फिर उस व्याकुलता के शमन के लिए भक्ति की साधना और उसकी अनुभूति के सन्त कवि हैं। संसार नश्वर है, माया है। माया महाठगिनी ने सबको नचा रखा है। काल सबको खा जाता है, ब्रह्मा-विष्णु-महेश कोई नहीं बचता। 'ब्रह्मा का आसन खिसा सुनत काल की गाज'। काल से बचाने वाले सिर्फ़ अकाल पुरुष राम हैं। दशरथ सुत नहीं, निर्गुण-निराकार राम। हिन्दी में दूसरा ऐसा कोई कवि नहीं है जिसकी कविता में काल के सर्वग्रासी रूप का ऐसा विशद वर्णन हो। कबीर के भाव-बोध का बहुत बड़ा आधार–काल का सर्वग्रासी रूप है। उनके काल-वर्णन को पढ़कर हैमलेट के कब्रगाह का दृश्य याद आता है।

काल के अतिरिक्त कबीर-चिन्तन का एक और पक्ष ध्यातव्य है। वह है कबीर का दुःख। कबीर के दुख का विश्लेषण करें तो उनकी संवेदना को समझने में सहायता मिलेगी। कबीर की दुख से आत्मीयता है–दुखिया दास कबीर है जागै औ रोवै। जागने वाला रोता है लेकिन सच्चा सुख भी रोनेवाले को ही मिलता है। यह भक्तिभावना का मूल मंत्र है। मानवीयता के इतिहास की भित्ति की नींव है यह सूत्र इस दृष्टि से आधुनिक मानवतावाद भक्ति का विकास है। हमारे दौर में इसके प्रतिनिधि गांधी हैं। हमारे समय

की संस्कृति इसी सूत्र के सहारे भक्ति से जुड़ी है। दुख के विषय में कबीर का एक और दोहा याद आता है–

कबीर अपने रास्ते चले जा रहे थे कि दुख मिल गया। उन्होंने सुख से कहा–अब तुम अपने घर जाओ। अब हम हैं और हमारा दुख है, उसी का साथ रहेगा।

यह दुख केवल व्यक्तिगत नहीं हो सकता। यह सर्वजन का ही नहीं, प्राणि मात्र और चराचर का दुख है जिसे कबीर ने अपना सहचर बना लिया है। है वह प्राणिमात्र और चराचर का। और वही कबीर का व्यक्तिगत भी हो गया हो। इसी प्रक्रिया से व्यक्ति विश्वमानव, परमहंस या सन्त हो जाता है–एक रहते भी अनेक हो जाता है। यह सच्चा सुख पाने का रास्ता है।

द्विवेदी जी ने कबीर का एक और दोहा उद्धृत किया है–

बिरह जलाई मैं जलौं, जलती जलहरि जाउँ।
मो देखा जलहरि जलै सन्तो कहाँ बुझाउँ॥

जलने पर लोग जलाशय जाते हैं। सन्तों मैं क्या करूँ, मैं जलाशय की ओर जाता हूँ तो मुझे देखकर वह खुद जलने लगता है।–'जल में अगिन उठी अधिकाय' वाली बात है। यह तपन सर्वशक्तिमान ही दूर कर सकता है और कबीर का सर्वशक्तिमान वही होगा जो सबके दुख दूर कर सके, दुख दूर करने का सर्वसुलभ साधन बन सके। कबीर के लिए वह रास्ता भक्ति का मार्ग है वैष्णव भक्ति का मार्ग जो अमरपद तक पहुँचाता है। वह साकत मार्ग से विपरीत है। उसमें हिंसा नहीं। सबके लिए और अपने लिए सुखद है। काल और काल से ऊपर अकाल यह कबीर का द्वन्द्व है। काल माया का रूप है। माया जहाँ बेबस है वह अकाल, अमरपद भक्ति के मार्ग से मिलता है। वहाँ रवि, ससि का प्रवेश नहीं। वहाँ गगन से अमृत झरता है। वह हद से अनहद्‌दी में पहुँच जाना है। जीवित ही मरकर मरजीवा हो जाना है। काल की सर्वग्रासिता का उत्तर है भक्ति। भक्ति जो कबीर के यहाँ हठयोग से होती हुई आई है। इस भक्ति में ही सदाचार और मानव-मूल्य, मानव-मूल्य यानी चराचर का हित-चिन्तन निहित है। मूल्य इतिहास से लिए गए हैं। वे देश-काल सापेक्ष होते हैं।

द्विवेदी जी के यहाँ मानवता, मंगल, जययात्रा का इतना प्रयोग है कि उनका काल-बोध छिप-सा जाता है। लेकिन द्वन्द्व उनके यहाँ भी भरपूर है और वह उनकी रचनाओं में व्याप्त है। उनके विशाल साहित्य में शायद ही कोई ऐसी स्थापना मिले, जिसका विरोध या विकल्प वे स्वयं ही प्रस्तुत न करते हों। महाकाल के प्रत्येक पदाघात से धरती खिसकेगी। उसके कुण्ठ नृत्य की प्रत्येक चारिका कुछ-न-कुछ लपेटकर ले जायेगी। सब बदलेगा, सब विकृत होगा–सब नवीन होगा। (अशोक के फूल)

अगर बनने और बदलने–पुरातन होने और नवीन होते रहने, विकृत और संस्कृत होते रहने की प्रक्रिया अमिट है, तो आशा, उल्लास का अवकाश कहाँ है?–नित्य बनने, नवीन होने, संस्कृत होने की आशा में। लेकिन बदलने, पुरातन होते जाने और विकृत होते जाने की पीड़ा क्या मिट गई? वह किसी मानवीय चिन्तक-दार्शनिक, रचनाकार, मनुष्य में मिट नहीं सकती। इसीलिए बदलते रहने के साथ-साथ विकृत होते रहना भी यथार्थ है और नवीन, संस्कृत होते रहने की आशा आदर्श। इसीलिए विषमता का स्वर अधिक परिचित

और गहरा है। आशा, उल्लास अधिकांशतः प्रभावशाली, प्रेरक होते हुए भी स्वप्निल हैं। स्वप्न संघर्ष की प्रेरणा देता है वह यथार्थ से ही उपजता है किन्तु वह यथार्थ का स्थानापन्न नहीं होता है। वह मोहक, प्रेरक और प्रगति के लिए आवश्यक होता है, किन्तु क्या इससे विकृत विषमता की पीड़ा, यातना मिट जाती है? विस्मृत की जा सकती है?

उसे झेलने के अलावा और कोई चारा नहीं। उसे झेलते रहना और उसके बावजूद अगली पीढ़ियों के लिए बेहतर जीवन के लिए संघर्षरत रहना—मनुष्य यही करता आया है। इस संघर्ष के लिए एक स्वप्न की आवश्यकता होती है। मनुष्य की जययात्रा, सतयुग वही स्वप्न हैं। कहते हैं कि हारता वह है जो अपने लिए लड़ता है। अपने को किसी महान स्वप्न, विचार या आदर्श में विलीन कर देना, जो नहीं है किन्तु जो इतना इच्छित है कि यथार्थ न होते हुए भी सत्य है, वह हमारे वर्तमान का न सही हमारे भावी का यथार्थ, सम्भव है। उसमें अपने को भूलकर खो जाना ही सत्त्वस्थ हो जाना है, ऊपर उठ जाना है। द्विवेदी जी के यहाँ दलित द्राक्षा के समान अपने को निश्शेष उँड़ेल देना इसी सत्त्वस्थ स्थिति के लिए आता है। वह मानवीय करुणा की उच्चतम अवस्था है, समवर्ती लोक में व्याप्त भी और उच्चतम भी। यह सत्त्व साधक के लिए यथार्थ न होते हुए भी यथार्थ से अधिक है। पंडितजी का विचार है कि परिवार का गृहस्थ-धर्म इस स्थिति को अनायास पा लेता है। यह वस्तुतः भक्ति ही है। प्रेम इसी रास्ते काल पर विजय प्राप्त करता है। मन कहीं लग जाए तो मन में प्रिय ही रहेगा, जगत प्रियमय हो जाएगा। जगत नहीं रहेगा, मैं नहीं रहेगा तो काल, माया भी नहीं रहेंगे। स्मृति सेतु है, स्मृत तक पहुँचने का। स्मृत में लीन होने पर स्मृति सेतु अनावश्यक होकर—वह भी प्रिय में लीन हो जाता है। सुरति निरति में मिल गई, निरति रही निराधार। यह मध्यकालीन सन्त-साधना है। नवजागरण इसे नव-मानवतावाद में रूपान्तरित करता है। पं. हजारीप्रसाद द्विवेदी का चिन्तन और लेखन उसी का प्रवक्ता है। यह ठेठ देसी रास्ता है। आप इसे देशज आधुनिकता भी समझिए। इसमें राष्ट्रीयता की संकीर्णता नहीं है।

इतिहास परिवर्तन का प्रतिनिधित्व करता है। परिवर्तन विकास या बेहतरी का समानार्थक नहीं है। इतिहास का दौर विषमता, विसंगति की यातना के अनुभव से गुजर कर उससे आपेक्षिक मुक्ति पाकर विकास का दौर कहलाता है। अस्तित्ववाद का यह विचार कि सच का साक्षात्कार हम पीड़ा के क्षणों में ही करते हैं—इतिहास पर कम लागू नहीं होता। इस यातना का अनुभव करने वाला व्यक्ति क्या करे। वह इस यातना को अपने आचरण में ढोता है। वस्तुतः यह यातना ही आत्मलोप का साधन है। दूसरे का दुख मनुष्य के लिए इतना असह्य हो सकता है कि एक राजकुमार सारे सुख को छोड़कर किसी सर्वसुखद औषध की तलाश में निकल जाए। बुद्ध को महाभिषग्, महान चिकित्सक यों ही नहीं कहा जाता। ईसा भी मसीह हैं। जो लोग इतना बड़ा अनुष्ठान, जीवन-होम नहीं कर सकते वे सामान्य जीवन व्यतीत करते हुए भी अपने निरहंकार और आत्मलोप के द्वारा इस यातना को अपने आचरण में ढोने का प्रयास करते हैं। जीवन-होम करनेवाले लोग इतिहास की यातना के वाहक और महाभिषग् होते हैं। ये लोग दुर्लभ, कई युगों में एकाध होते हैं। लेकिन ऐसे लोगों की संख्या काफ़ी होती है जो सामान्य मनोविकारों से ग्रस्त जीवन बिताते हुए भी ऐतिहासिक यातना के बोध का दबाव अपने आचरण में हमेशा

महसूस करते हैं। गांधी युग-पुरुष थे। उन्होंने चराचर के उद्धार के निमित्त अपना जीवन होम कर दिया। स्वाधीनता आन्दोलन ने अपने दौर में भारतवर्ष के हर क्षेत्र में ऐसे व्यक्ति पैदा किए थे जो गांधी नहीं थे लेकिन उनके रास्ते पर चलने का यथाशक्ति प्रयास करते थे। हिन्दी लेखकों में पं. बनारसीदास चतुर्वेदी और हजारीप्रसाद द्विवेदी ऐसे ही लोगों में थे जिन्होंने गांधी और रवीन्द्रनाथ के भाव-बोध को अपने जीवन-आचरण में हमेशा महसूस किया है। पं. हजारीप्रसाद द्विवेदी सब-कुछ कर सकते थे, किसी को अपने आचरण से शारीरिक या मानसिक कष्ट नहीं पहुँचा सकते थे। जाने-अनजाने में कभी कुछ ऐसा हो जाए तो उनका अपना पश्चात्ताप ऐसा होता था कि अगले के दुख से ज़्यादा हो जाता था। द्विवेदी जी संघर्ष नहीं कर सकते थे, केवल मानसिक संघर्ष का अनुभव कर सकते थे, वे ऐतिहासिक यातनावाही युगीन संघर्ष नहीं कर सकते थे। वे खुद मानते थे कि साहित्य-रचना उस महान संघर्ष से अपने को बचाए रखने का रास्ता भी है, लेकिन वे मन से उस संघर्ष से जुड़े थे, अपने युग के अनेक चिन्तकों और संस्कृतिकर्मियों की तरह। इतना उनके बस में था।

ऐतिहासिक संघर्ष से मनसा जुड़ाव उनके चिन्तन, लेखन एवं आचरण में रचा-बसा है। द्विवेदी जी का विनयी आत्मलोप ओढ़ा हुआ नहीं है। वह मानसिक सच्चाई है। साहित्य में यशस्वी होने के बावजूद वे अपने को लेखन-अध्ययन के क्षेत्र में भी विस्थापित मानते थे। बनने चले थे ज्योतिषी बन गए लेखक, अध्यापक। रायकृष्णदास से कहते—आपने शुरू किया था गद्य काव्य के लेखन से बन गए कलाविद्। मैंने शुरू किया प्राचीन भारत के कला-विनोद से बन गया गद्य लेखक। कोई किसी किताब की बहुत तारीफ करता या लेख लिखता तो अवसर पाते ही प्रशंसित पुस्तक का या लेख को एकान्त में गम्भीरतापूर्वक पढ़ते। 'बाणभट्ट की आत्मकथा' में ऐसा क्या है जो इतनी तारीफ होती है। गप्प मारा है बस! और यह छिपा अहंकार नहीं होता। मानो अपने को बार-बार आश्वस्त करते कि बाणभट्ट की प्रशंसा जो हो रही है, वह ठीक है और सचमुच उनसे एक अच्छी किताब लिख गई है। जब आश्वस्त होते तो कहते, 'पता नहीं कैसे लिख गई—कोई है जो लिखवा लेता है।' मैंने हिन्दी आलोचना किताब में उनके आलोचक पर जो लिखा था, हिम्मत करके उन्हें सुनाया। चुपचाप सुनते रहे। न अहा न अहो! बोले—'जब तुम सुना रहे थे तो मैं याद कर रहा था यह सब मैंने कब और कैसे लिखा।' एक बार फिराक गोरखपुरी ने उनके गद्य की प्रशंसा करते हुए मुझसे कहा—'उनके जैसा गद्य-लेखक इस समय हिन्दी में कोई दूसरा नहीं है।' मैंने उनसे कहा तो वे आश्चर्य से बोले—'अच्छा फिराक साहब ऐसा सचमुच कह रहे थे।' जिन लोगों को उनका सम्पर्क मिला है वे जानते हैं कि वे विद्वानों का कितना आदर करते थे। एक दिन जाड़े में शाम के 8 बजे बोले—'गंगा-स्नान करने चलोगे!' मैं कुछ समझ नहीं पाया। वे चद्दर-शाल लपेट कर चले तो मैं भी उनके साथ हो लिया। वे विश्वविद्यालय परिसर में प्रज्ञाचक्षु पं. सुखलाल जी के यहाँ गये। जैन-दर्शन पर उनसे कुछ पूछा, जैसे कोई शिक्षक गुरु से पूछता है। लौटे तो पूछा—'हो गया न गंगा-स्नान।' राहुल जी के बारे में कहा—'कोई मुझसे कहे—राहुल जी 24 घंटे में 25 घंटे पढ़ते हैं तो मैं अविश्वास नहीं करूँगा।' माताजी बताती थीं कि वे भी एक एक दिन में 16 घंटे पढ़ते थे। लेकिन उनकी

पढ़ाई का एक तरीका था। रात को बिजली जलाकर पढ़ो। कोई बात नहीं थी अगर अपना कमरा अलग होता। रात को बिजली जलते रहने से परिवार के सदस्यों को नींद नहीं आती। पं. जी कमरे से बाहर या कमरे में ही लालटेन जलाकर पढ़ते–बिजली गुल रखते। बात अपने में बहुत क्रान्तिकारी नहीं है किन्तु चरित्र की उस विशेषता को प्रकट करती है जो अपने कारण किसी को कष्ट नहीं देना चाहती। यह संकोच उनके व्यक्तित्व में जम गया था। इसके अनेक रूप दिखलाई पड़ते। मुँहदुब्बरपन तो था ही, ज़रूरी बात भी कहने में संकोच करते। कुछ कहने में हिचकिचाहट और दुविधा बनी रहती। लोग समझते पंडितजी मुझे आत्मीय नहीं समझते। कुछ लोगों को खीझ भी होती। दिल्ली के भूतपूर्व उपराज्यपाल मार्कण्डेय सिंह पं. जी को बहुत मानते थे। उन दिनों वे रेलवे में सुरक्षा अधिकारी थे। पं. जी को रिजर्वेशन कराना था। मुझसे कहा–'मार्कण्डेय जी से प्रार्थना करना मेरी ओर से कि अगर कोई असुविधा न हो और परेशानी न हो तो रिजर्वेशन करा दें।' मैंने ज्यों-का-त्यों कह दिया। मार्कण्डेय जी खीझ कर बोले–'पं. जी का चरण-स्पर्श करके कह दीजिएगा–असुविधा हो रही है, परेशानी भी, लेकिन रिजर्वेशन हो जाएगा।' सम्मान, संकोच, दुविधा, हिचक–यानी विनम्रता के ये रूप उनकी निबन्ध-शैली की भी विशेषताएँ बन गए हैं।

II

द्विवेदी जी मूलतः निबन्धकार हैं। उनकी अपनी खास विधा निबन्ध ही है। ऐतिहासिक, उपन्यास यहाँ तक कि आलोचना लिखते समय भी वे मूलरूप से निबन्ध ही लिखते हैं। विचित्र संयोग है कि पं. रामचन्द्र शुक्ल भी निबन्धकार ही हैं मूलरूप से। यहाँ तक कि वे कविता में भी निबन्ध लिखते हैं। अन्तर केवल निबन्ध के रूपों में है। शुक्ल जी गम्भीर शैली के निबन्धकार हैं, द्विवेदी जी व्यक्तिपरक निबन्धकार। पं. रामचन्द्र शुक्ल ने 'हिन्दी साहित्य का इतिहास' में निबन्ध के रूप का जो विश्लेषण किया है उसके आलोक में हम द्विवेदी जी के निबन्धों पर विचार करें।

"संसार की हर एक बात और सब बातों से सम्बद्ध है। अपने-अपने मानसिक संघटन के अनुसार किसी का मन किसी सम्बद्ध-सूत्र पर दौड़ता है, किसी का किसी पर। ये सम्बन्ध-सूत्र एक दूसरे से ऐसे नथे हुए, पत्ते के भीतर की नसों के समान, चारों ओर एक जाल के रूप में फैले हैं। तत्त्वचिन्तक या दार्शनिक केवल अपने व्यापक सिद्धान्तों के प्रतिपादन के लिए उपयोगी कुछ सम्बन्ध-सूत्रों को पकड़कर किसी ओर सीधा चलता है और बीच के ब्यौरों में कहीं नहीं फँसता। पर निबन्ध-लेखक अपने मन की प्रवृत्ति के अनुसार स्वच्छन्द गति से इधर-उधर फूटी हुई सूत्र-शाखाओं पर विचरता चलता है। यही उसकी अर्थ सम्बन्धी व्यक्तिगत विशेषता है। अर्थ सम्बन्धी सूत्रों की टेढ़ी-मेढ़ी रेखाएँ ही भिन्न-भिन्न लेखकों का दृष्टि-पथ निर्दिष्ट करती हैं। एक ही बात को लेकर किसी का मन किसी सम्बन्ध सूत्र पर दौड़ता है, किसी का किसी पर। इसी का नाम है एक ही बात को भिन्न-भिन्न दृष्टियों से देखना। व्यक्तिगत विशेषता का मूल आधार यही है।"[1]

यह 'बीच के ब्यौरों' शब्द-बन्ध अतीव महत्त्व का है।

मनुष्य के पास जो स्मृति-कोष है, वह सक्रिय होकर एक बात को संचित स्मृति से जोड़ता है। कोई एक बात देखकर या सुनकर उसे कौन-सी बात याद आ जाती है, देखकर उसे पिछला क्या देखा-सुना याद आता है, यह उसके आन्तरिक व्यक्तित्व को प्रकट कर देता है। उसके संस्कार, वासना का पता देता है। द्विवेदी जी भाषा-आयोग के सिलसिले में कश्मीर गये। वहाँ से आये तो बहुत उल्लसित थे। वहाँ की प्रकृति के सौन्दर्य से विशेष, वहाँ की किशोरियों के सौन्दर्य से भी। कहते–ऐसी सुन्दर लड़कियाँ ऐसी सुन्दर किशोरियाँ– हम लोग साँस रोककर सुनते, सोचते–आचार्य द्विवेदी क्या कहने वाले हैं। वे उल्लसित होकर कहते ऐसी सुन्दर लड़कियाँ, किशोरियाँ, कन्याएँ साक्षात् पार्वती। कश्मीर की किशोरियाँ, अधिकांशतः मुस्लिम लड़कियाँ, पं.जी को साक्षात् पार्वती लगतीं। सब लोगों को पार्वती नहीं लगतीं। यह उनकी मानसिक प्रवृत्ति थी। कालिदास ने लिखा–शाप के दिन काटने के लिए यक्ष रामगिरि के आश्रम में जाकर रहने लगा, जहाँ के जलाशयों का जल सीता के स्नान करने से पवित्र हो गया था–

यक्षश्चक्रे जनक तनयास्नानपुण्योदकेषु।
स्निग्धच्छायातरुषु वसतिं रामगिर्याश्रमेषु। **(मेघदूतम् पूर्वमेघ)**

कालिदास ने यहाँ सीता के लिए, राम की पत्नी सम्बन्ध को नहीं याद किया, जल पवित्र हुआ जनक-तनया के स्नान करने से। वही बात है कश्मीर की किशोरियाँ पार्वती हैं। निराला ने पुत्री सरोज को सम्बोधित किया–'शुचिते मेरी'। कन्या के साथ पवित्रता का यह भाव मनुष्य की सांस्कृतिक यात्रा का जय स्तम्भ है। पशु-पक्षियों में नर मादा का सम्बन्ध होता है। सो सांस्कृतिक चेतना लेखन में विविध रूपों में प्रकट होती है। वह रचना में आद्यन्त रची-बसी होती है, शब्द-चयन, सादृश्य-विधान, शिल्प, पात्रों के चरित्र-चित्रण– सबमें। पं. जी उपन्यासों में खलनायक नहीं चित्रित कर पाते। मनुष्य को वे इतना बुरा नहीं पेश कर पाते। यह उनकी रचनात्मक कमजोरी मानी जाती है। वे 'कफ़न' को बहुत अच्छी रचना नहीं मानते। घीसू-माधव क्या इतने बुरे हो सकते हैं कि प्रसव-वेदना से पीड़ित–पत्नी, वधू की चिन्ता छोड़ भुने आलू के लिए दाँव-पेंच करें–यह द्विवेदी जी की आलोचनात्मक क्षमता में कमी होगी। लेकिन इसका सम्बन्ध उनके संस्कारों, आन्तरिक व्यक्तित्व और रुचियों से है। उनका आन्तरिक व्यक्तित्व उनके निबन्धों में विशेष रूप से और अन्य साहित्य-रूपों में भी प्रकट हुआ है।

पारिवारिकता सामाजिकता का आधार है। संयम, सहिष्णुता के बग़ैर परिवार बन ही नहीं सकता, चल भी नहीं सकता। द्विवेदी जी पारिवारिक व्यक्ति थे। पारिवारिक का मतलब परिवारवादी नहीं। पारिवारिकता उनके लेखन में मूल्य के रूप में है। एक बार हिन्दी की एक पत्रिका में, शायद बालकृष्ण राव के सम्पादन-काल में, हिन्दी के अनेक लेखकों से पूछा गया–यदि आपको पता लगे कि दुनिया दो मिनट में खतम होने वाली है तो आप क्या करेंगे? लोगों ने गम्भीर उत्तर दिये। पं. जी ने कहा–'मैं अपने बाल-बच्चों को बाँहों में समेटकर चुपचाप कहीं बैठ जाऊँगा।' पारिवारिकता-मूल्य का सूत्र भक्ति काव्य से जुड़ता

है, जहाँ परमसत्ता को पारिवारिक सम्बन्धों में (वैयक्तिक भी) रूपायित किया गया है। सगुण भक्ति में ही नहीं निर्गुण साधना में भी। राम कबीर के पति हैं, पिता हैं, जननी हैं। पारिवारिक सम्बन्ध सीमित होते हैं किन्तु वे अपने निःशेष आत्मदान, द्विवेदी जी के शब्दों में दलित द्राक्षा के समान निःशेष निचोड़कर अपने को उलीच कर समर्पित कर देने के साधन बन जाते हैं। माँ पुत्र को, पत्नी पति को, पिता सन्तानों का निस्वार्थ भाव से निरन्तर हित-चिन्तन करता है और उनके लिए त्याग, बलिदान करता है। परिवार महाराग को इतना सुगम बना देता है। भक्त कवियों के यहाँ ऐसी उक्ति बार-बार आती है कि जो सुख बड़े-बड़े योगियों, साधकों को दुर्लभ है वह भक्त को अनायास मिल जाता है। द्विवेदी जी इस उक्ति की व्याख्या इसी पारिवारिक एवं अन्य मानवीय सम्बन्धों के रूप में करते थे। उनके निबन्धों और काव्य-साहित्य में भारतीय पारिवारिकता के अनेकानेक रूप भरे पड़े हैं। वस्तुतः द्विवेदी जी के लेखन में और भारतीय जीवन-आचरण में भी, आत्मीयता पारिवारिकता का ही कोई रूप ले लेती है। भक्ति-आन्दोलन इसका सर्वाधिक प्रामाणिक निदर्शन है। यह आत्मीयता भी विचारणीय है।

मध्यकालीन साधना में आत्म ब्रह्म का वाचक है। आत्मीय अपना ही रूप है। जैसे जीव ब्रह्म ही है, जो बीच में कुछ आ जाने से भिन्न जैसा लगता है। ब्रह्मैव नापरः। जो आत्मीय है उसके अलग हो जाने—जैसे से वस्तु की सकलता नहीं रह जाती। विकलता आ जाती है। विकलांग शब्द उसी का द्योतक है। विकलता आत्मीय के वास्तविक स्वरूप के खंडित हो जाने का भाव है। आत्मीयता-बोध से मनुष्य पूर्णता, सकलता का अनुभव करता है, आत्माराम होता है। हमारे समय में मुक्तिबोध ने आत्म शब्द को ऐतिहासिक बोध से रचनात्मक स्तर पर संयुक्त कर दिया है। 'अँधेरे में' कविता का वाचक 'मैं' रक्तालोक 'वह' से वियुक्त होकर विकल हो जाता है। लेकिन कमजोरियों से ही लगाव होने के कारण उससे मिलकर अभिन्न, पूर्ण नहीं हो पाता। उससे अलग रहकर भी बेचैन रहता है—वह पूर्णतम व्यक्ति है। उसे पाना है। मुक्तिबोध ने उसे सड़क की भीड़, जनता, सामान्य जनता का रूप दे दिया है। यह दार्शनिक जनवाद हमारे युग-बोध का फल है। विकलता का द्योतक मुक्तिबोध का शब्द-संयोग—सत्+चित्+वेदना है। यहाँ सत्+चित्+आनन्द के संयोग आनन्द का स्थान वेदना ने ले लिया है। वेदना अब वैयक्तिक पीड़ा ही न रहकर ऐतिहासिक-सामाजिक भी हो गई है। द्विवेदी जी के यहाँ पारिवारिकता, आत्मीयता की समानार्थकता सिर्फ़ परिवार तक सीमित नहीं है वह चराचर में व्याप्त है। इसी व्याप्ति से उनकी विश्व व्याप्त छन्द-धारा सूचित है। यह व्याप्ति छन्द से संचालित है। यह छन्द की चराचर में व्याप्त मंगलेच्छा का ही एक रूप है। इच्छा-ज्ञान-क्रिया के संश्लेष की एकरूपा देवी त्रिपुर सुन्दरी है। त्रिपुर सुन्दरी जो कुछ करे अच्छा ही है—मंगलरूपा ही है। द्विवेदी जी के काव्य-चिन्तन को अगर आप इस मंगलेच्छा, छन्दोधारा के मेल में बिठाना ही चाहें तो कहें कि जो कुछ होता है वह शुभ ही है, अशुभ कुछ नहीं है। महाकाल इस अशुभ, अमंगल को भी अन्ततोगत्वा शुभ बना देते हैं। पंडितजी के कालदेवता—शिव को आप इस सबका प्रतीक देवता कहें तो किसी-न-किसी रूप में महानाश, 'सब-कुछ अस्थिर, ध्वंसोन्मुख है' से राहत भी मिल जाएगी। पंडितजी से राहत की बात कहते तो पसन्द नहीं करते, कहते—चलो ऐसा सोचते

हो तो ठीक ही कहते हो। ज़्यादा खीझते तो कहते—थोड़ा पढ़ा-लिखा भी करो फिर अट्टहास करते। दिल को खुश रखने को ग़ालिब ये ख़्याल अच्छा है।

पं. जी की विनम्रता, निरहंकार, सबको अपना लेने की सहज उत्सुकता इस वैश्विक मंगलेच्छा का मानो व्यावहारिक, यानी असीम को साधने का ससीम रूप था। जहाँ कोई खल नहीं था, न जीवन में न चिन्तन में न सर्जना में। वे किसी को आहत कर ही नहीं सकते थे। क्रुद्ध नहीं हो सकते थे। सिर्फ़ क्षुब्ध और दुखी हो सकते थे।

उनके यहाँ इस पारिवारिकता-आत्मीयता का प्रभाव व्यावहारिक जीवन-आचरण, सामान्य चेष्टाओं, भाषा पर अनेक रूपों में पड़ता है। जीवन-आचरण और उसकी व्यावहारिक भाषा के कम-से-कम हिन्दी क्षेत्र के प्रतिमान रामचरितमानस के सन्त पात्र हैं। एक बात और ध्यान रखने की है कि जहाँ तक जीवन के आचरण, चेष्टाओं और भाषा का सवाल है—कबीर-नानक-तुलसी-मीरा, सूर, रैदास, जायसी, रहीम, नामदेव, नरसी में भेद बहुत कम है, समानता अधिक है। रामचरितमानस का प्रतिमानत्व उसकी विशद प्रबन्धात्मकता के कारण है। प्रबन्धात्मकता यानी जीवन स्थितियों की विविधता का द्वन्द्व-सम्बन्ध। कई क्षेत्रों में—विशेषतः गोधन की चेष्टाओं, प्रकृति-चित्रण और वात्सल्य, वियोग-संयोग के क्षेत्रों में सूरसागर रामचरितमानस में ज़्यादा व्यापक है। कबीर के यहाँ विसंगति-बोध की तीव्र संवेदना विशिष्ट है।

आत्मीय से अपना सम्बन्ध प्रकट करने में संकोच, भाषा को विचित्र भंगिमा से लचका देता है। जो सबसे आत्मीय है वह अप्रकटित रह जाता है भाषा में। व्यावहारिक चेष्टा में भी। प्रबन्ध-काव्यों में यह बाह्य या प्रकट दुराव अभी तक लोगों के व्यवहार और अच्छी रचनाओं में भी पाया जाता है। अनुमानतः यह प्रवृत्ति अखिल भारतीय है। मुझे पूर्वी उत्तर प्रदेश का ही पता है। थोड़ा-बहुत पंजाब का भी। हिन्दी प्रदेश के आचरण की संहिता मध्यकालीन भक्तों की कविता है—सर्वाधिक रूप में तुलसी का रामचरितमानस। राम वन-गमन-प्रसंग में ग्राम-वधुएँ सीता से राम का सम्बन्ध पूछती हैं। सीता उनका परिचय शब्दों में नहीं, संकेत से देती हैं। उनके पूर्व लक्ष्मण से अपना सम्बन्ध प्रकट करती हैं—नाम लखन लघु देवर मोरे। जो आत्मीय है वह प्रकट नहीं किया जाता, अपने गुप्त खजाने की तरह। यह प्रवृत्ति आज तक कायम है। इसका मार्मिक प्रमाण अमरकान्त की कालजयी रचना 'डिप्टी कलक्टरी' में मिलता है। सकलदीप बाबू अपने पुत्र को डिप्टी कलक्टरी के इन्टरव्यू के लिए जाते हुए विदा करने स्टेशन आए। सकलदीप बाबू की मानसिक स्थिति क्या थी यह बताने का यहाँ अवसर नहीं है। वर्णन-चित्रण देखिए—

"नारायण को विदा करने के लिए उसके चार-पाँच मित्र भी स्टेशन पर पहुँचे थे। जब तक गाड़ी नहीं आई थी, नारायण प्लेटफार्म पर उन मित्रों से बातें करता रहा। शकलदीप बाबू अलग खड़े, इधर-उधर इस तरह देखते रहे जैसे नारायण से उनका कोई परिचय न हो। और जब गाड़ी आई और नारायण अपने पिता तथा मित्रों के सहयोग से गाड़ी में पूरे सामान के साथ चढ़ गया तो शकलदीप बाबू वहाँ से धीरे से खिसक गये और व्हीलर के बुक-स्टाल पर जा खड़े हुए।"

एक जातीय आचरण-संहिता होती है जो अलिखित होती है, लेकिन जिसका दबाव किसी भी लिखित कानून से ज़्यादा प्रभावी होता है। व्यक्ति की मानसिकता के निर्माण में

उस संहिता का शुरू से हाथ रहता है। यहाँ तक कि वह सहजात संवेग की तरह काम करती है। पं. हजारीप्रसाद द्विवेदी का संकोच, आत्मलोप, अपने को दबाकर, छिपाकर या पीछे रखना, इसी सहजात जातीय आचरण-संहिता के कारण था। वह गहरे उनके रक्त-मज्जा में दबा था। उनके अगाध पांडित्य के सन्दर्भ में उनकी आत्मलोपी विनम्रता मोहक होती थी। प्रायः पंडितजी अपनी इस मोहकता से स्वयं चकित होते थे। डॉ. रामविलास शर्मा इसे कथावाचक हजारीप्रसाद द्विवेदी का अपने भाषण या कथन पर स्वयं प्रसन्न होना समझते थे। मैं यह समझा नहीं सकता कि द्विवेदी जी को स्वयं अपने व्यक्तित्व की ऐसी व्यापक स्वीकृति पर सचमुच आश्चर्य होता था। मैंने किया क्या है, ऐसा क्या लिखा है कि लोग ऐसा अच्छा समझें—इसी का एक और रूप था। कोई आलोचना, निन्दा करे तो अक्सर गम्भीर होकर कहते—ठीक ही तो कह रहा है। प्रगतिशील लेखक संघ, गया सम्मेलन, 1975 में पंजाब के प्रतिनिधियों ने अखिल भारतीय अध्यक्ष पद के लिए द्विवेदी जी का नाम प्रस्तावित किया। बंगाल से विष्णु दे का नाम था। कामरेड एच. के. व्यास ने कहा—'विष्णु दे इज मोर पॉपुलर एंड मोर कमिटेड।' मुझे अच्छा नहीं लगा। मैंने जब यह पं. जी को बताया तो उन्होंने सहजता से कहा—'ठीक ही तो कह रहे थे व्यास जी।' मैंने उन्हें विरोधी की बातें सुनकर उत्तेजित होते नहीं देखा। उत्तेजित न होना परम चालाकी और कूटनीति भी होती थी। लेकिन पं. जी उसका जवाब भी देते थे तो विरोधी को पूरा (हमारी समझ में उचित से अधिक) सम्मान देते हुए। विभाग के कुछ चतुर चालाक विद्यार्थी पं. जी से डॉ. जगन्नाथ शर्मा या आचार्य विश्वनाथप्रसाद मिश्र के बारे में बताते—उन्होंने आपके बारे में ऐसा कहा, वैसा कहा, कबीर के बारे में आपके मत का खंडन किया। पं. जी कहते—डॉ. शर्मा पं. विश्वनाथप्रसाद मिश्र विद्वान् हैं, उनकी बातें ध्यानपूर्वक सुना करो और अगले मुद्दे पर आ जाते। चतुर चालाक विद्यार्थी निराश होते। प्रिंसिपल ध्रुव ने छात्र हजारीप्रसाद को डाँट कर भगा दिया—''युनिवर्सिटी गरीबों के लिए नहीं है, जाओ ईंटा ढोओ। इस घटना का वर्णन करते हुए द्विवेदी जी उनकी आलोचना नहीं करते। उलटे उनकी सफाई देते हुए कहते हैं, "मेरा अनुमान है कि वे किसी कारण गुस्से में थे। नहीं तो उनका स्वभाव दयालु था।'' किसी आहत कर देने वाले व्यक्ति की तरफ से भी घटना की समीक्षा करना—राजनीतिक जनतंत्र से ज़्यादा सांस्कृतिक जनतान्त्रिक मानसिकता की पहचान है। उनकी यही क्षमता रचनाकार के रूप में परकाय प्रवेश की क्षमता बन जाती है। जब किसी आत्मीय पर क्रुद्ध होते तो अनजाने में ही वे अपने संकोची स्वभाव की बात खीझ कर कह जाते थे। 'सन्देश रासक' वाले प्रकरण में मुझसे कहा—'जो तुम्हारा मन करे वही करो—मैं अपने बच्चों से भी चिट्ठी लेटरबॉक्स में छोड़ने के लिए नहीं कहता (उनकी अनिच्छा हो तो)।' कहीं, कोई व्यक्ति दबाव या मुरव्वत में तो अपने मन को दबा कर मेरा काम नहीं कर रहा है। अपना काम और दूसरे की इच्छा का द्वन्द्व कभी-कभी अनिच्छित स्थिति भी पैदा करता था। चाहते कि यह व्यक्ति काम कर दे, ज़रूरी होता वह काम, करने के लिए ऐसे कहते कि रहने दो, कोई ज़रूरी नहीं, तुम्हें तकलीफ होगी। बेकार परेशान होगे। अपनी दुविधा से उस व्यक्ति को दुविधा में डाल देते। यह गुण या अवगुण पं. जी की सन्तानों और कई शिष्यों में भी आ गया है। सिर्फ़ माताजी साफ़-साफ़ जोर देकर काम के लिए

कहतीं। आहत होने पर अपने को सँभालना और किसी और को आहत न होने देने की बात वस्तुतः एक ही स्वभाव के रूप हैं। अपने को पीछे रखने और दूसरे पर ध्यान देने की प्रवृत्ति। जो सभ्यता और संस्कृति की मापक प्रवृत्ति है। आत्मव्यंग्य की क्षमता भी इसी से जुड़ी है। लेकिन आत्मव्यंग्य और कई चीजों से जुड़ा है। दूसरों पर व्यंग्य करने से बचने और अपनी कमियों को खुद ही देखने और प्रकट करने की ताकत से ही आत्मव्यंग्य पैदा होता है। सच पूछिए तो आत्मव्यंग्य आत्मविश्वास का एक आयाम है। सिर्फ़ दूसरों पर व्यंग्य करने वाला, न सभ्य व्यक्ति होता है, न अच्छा रचनाकार। आत्मौचित्य की प्रवृत्ति शायद आत्मविश्वास की कमी से पैदा होती है। आत्मविश्वासी व्यक्ति और रचनाकार न अपनी प्रशंसा खुद करता है न अपने लेखन की प्रशंसा। द्विवेदी जी को मैंने कभी अपनी तारीफ़ करते, किसी भी स्थिति में आत्मौचित्य प्रकट करते या अपनी रचनाओं की तारीफ़ करते नहीं पाया। प्रशंसा में बोलना, उसकी जुगाड़ करना तो दूर, वे अपनी रचनाओं का उल्लेख भी नहीं करते थे। यह आत्मविश्वासी व्यवहार था। यह आत्मविश्वास कहाँ से आता है।

आत्मविश्वास सत्याग्रह से या सच को पहचान लेने और उस पर टिके रहने से आता है। मूल सत्य तो रहस्य के गर्भ में छिपा है। लेकिन एक सच सब पर प्रकट है—वह सच है काल। सब नश्वर है, मिट जाने वाला और परिवर्तित होने वाला है। हम असीम अतीत और असीम भविष्य में क्षणिक अस्तित्व वाले हैं। हमारा अस्तित्व हमारे लिए सर्वस्व है, किन्तु निहायत सीमित है। अब इसके बल पर कोई अहंकार करे तो वह हास्य-व्यंग्य का पात्र है। अपनी सीमा न भूलकर दूसरों का आदर करना, प्रत्येक को उचित सम्मान, स्नेह देना; बुद्धिमत्ता है, विवेक भी और विनम्रता भी। लेकिन अहंकारी के सामने झुकना विनम्रता नहीं, कायरता है या रणनीति है। सत्याग्रही का एक और रूप होता है जिसे भ्रमवश अहंकार समझ लिया जाता है। जैसे कबीर के अक्खड़पन को गर्वोक्ति समझा गया है। मीर, ग़ालिब के कलाम को भी 'सारे आलम पर हूँ मैं छाया हुआ, मुस्तनद है मेरा फ़रमाया हुआ'—मीर। 'कहते हैं कि ग़ालिब का है अन्दाजेबयाँ और', 'अन्यथा जहाँ है भाव शुद्ध, हैं दिये हुए मेरे प्रमाण। गद्य में पद्य में समभ्यस्त' या उग्र के आत्मकथन। इन उक्तियों के बारे में हरिशंकर परसाई ने लिखा है—यह अक्खड़पन अहंकार को बहुत गलाकर पैदा होता है।' मुझे मार्क्स का अतिरिक्त मूल्य का सिद्धान्त आचरण पर भी लागू होता दिखाई पड़ता है। अतिरिक्त, सरप्लस को छाँटते रहना सौन्दर्य का लक्षण है, वाल्टर पेटर का यह कथन मैंने डॉ. रामविलास शर्मा के मुँह से सुना था। जहाँ सरप्लस है—शरीर और मन दोनों में, वहाँ सौन्दर्य नहीं रह सकता। तेन त्यक्तेन भुंजीथाः यहाँ अपरिग्रह की धारणा मुझे मार्क्सीय चिन्तन के अनुकूल लगती है। मैं मार्क्सवाद की पूरी संहिता के बारे में नहीं कह रहा हूँ। अहंकार मन का अतिरिक्त (सरप्लस) है। इस दृष्टि से मध्यकालीन सन्त कवि पूर्ण रचनाकार थे। लेखन, चिन्तन, सिद्धान्तों की संगति में जीवन-आचरण करने वाले। इस चिन्तन और जीवन-प्रक्रिया में अहंकार की कोई जगह नहीं। यहाँ अहंकार नहीं, विनम्रता रूप है, आन्तरिक भाव तो सहजता है। सहज बाह्य आचरण नहीं, वह चेतनागत स्थिति है। सहजता विनम्रता में ही नहीं, क्रोध, आवेश में भी प्रकट हो सकती है। मैं गुरुवर आचार्य

हजारीप्रसाद द्विवेदी को कबीर, तुलसी, सूर, रैदास, मीरा नहीं कह रहा। यह बात कई बार आगे भी कही जा सकती है कि द्विवेदी जी लड़ैत या संघर्ष करने वाले नहीं थे। वे प्रतिरोध नहीं कर सकते थे, करते भी थे तो धीमे स्वर में। लेकिन उन्हें देखकर उनकी संगत में रहकर, उनसे पढ़कर हमने, उनके शिष्यों में से अधिकांश ने यह अनुभव किया है कि मध्यकाल के सन्त, भक्त बहुत-कुछ ऐसे ही रहे होंगे। पं. जी में कबीर, तुलसी, मीरा की स्पष्टवादिता नहीं थी। परिवार और शिष्यों का मोह उन्हें कभी-कभी झुकने पर, समझौता करने पर विवश करता था, निस्सन्देह यह विनम्रता या सहजता नहीं थी। या तो मोह था या दुनियादारी थी। पं. जी में काम भर की दुनियादारी थी। ज़रूरत पड़ने पर वे प्रथम कोटि के दुनियादार हो सकते थे। किसी का अहित करने के लिए नहीं अपना अनुकूल करने के लिए।

द्विवेदी जी ने जो मूल्य और आदर्श ग्रहण किये उनका पालन करते थे आचरण-व्यवहार में। द्विवेदी जी के व्यवहार में एक विशिष्ट औदात्य था, जिसके कारण वे देवतुल्य लगते थे। मिलने पर लगता किसी ऐसे व्यक्ति से मिल रहे हैं जो सामान्य लोगों से अलग है। इससे अपना मन खोला जा सकता है, यह सहायता करेगा। इसके सरोकार सिर्फ़ अपने तक ही सीमित नहीं। जो सिर्फ़ विद्वान्, अध्यापक नहीं है, जिस स्थिति में या पद पर है, उससे कहीं ऊपर और कहीं अधिक है।

'धन्वी काम नदी पुनि गंगा'...कामदेव धनुर्धर है। लेकिन क्या वह सामान्य धनुर्धर है। धनुर्धर मात्र कह देने से उसका सब-कुछ प्रकट हो सकता है? गंगा नदी हैं लेकिन क्या नदी मात्र हैं? उसमें कुछ ऐसा है जो कहा नहीं जा सकता। कहने को पं. हजारीप्रसाद द्विवेदी भी हिन्दी विभागाध्यक्ष, विद्वान् प्रोफेसर थे। किन्तु उनके व्यक्तित्व में कुछ और भी था जो सिर्फ़ हिन्दी विभागाध्यक्षता प्रोफेसरत्व और विद्वत्ता में ही नहीं अटता। व्यक्तित्व, वाणी, आचरण में एक औदात्य, देवत्व था लोकात्तर!

यह औदात्य चिन्तन की व्याप्ति और परदुखकातरता से उपजा था। कबीर पर लिखते समय उन्होंने सीमा और असीम, रूप और अरूप पर बहुत विचार किया है। गुरुदेव रवीन्द्र ने शान्तिनिकेतन के परिसर को चारदीवारी से नहीं घेराया था। द्विवेदी जी भाव-बोध और चिन्तन में असीम का साक्षात्कार करते थे। सीमा में बँधना उन्हें मानो आता ही नहीं था। समस्या पर विचार करते हुए चिन्तन के एक छोर पर पहुँच कर वे अकसर सोचते 'ततः किम्', उसके बाद क्या? सीमा पर न रुकने की प्रवृत्ति का ही परिणाम वह वेग है जो अतीत के आकाश में चील की तरह मँडराने के लिए पंख चाहता है, कहीं कुछ दिखलाई पड़े तो झपट्टा मारकर उठा ले, पहचान ले। यह पंख 'सुदूरेर पियाशी' सुदूर के प्यासे रवीन्द्रनाथ भी चाहते थे। इसी से द्विवेदी जी के चिन्तन में संकीर्णता का लेशमात्र भी नहीं आ पाता। हिन्दी के अनेक विद्वान् संकीर्णता के लिए कुख्यात हैं। साम्प्रदायिक, भाषायी, क्षेत्रीय, कर्मकाण्डीय, वर्ण-व्यवस्थात्मक आदि। पं. जी इससे अछूते ही नहीं, वे आजीवन लेखन, भाषण, व्यवहार में इसका तीव्र विरोध करते रहे। वे हिन्दी क्षेत्र में, विशेषतः काशी की पंडित-मंडली के इसीलिए कोपभाजन बने। हिन्दी-क्षेत्र की अपेक्षा हिन्दीतर क्षेत्र में उन्हें अधिक आत्मीयता मिली। डॉ. नामवर सिंह की, उनके विषय में निराला की इस पंक्ति

'ब्राह्मण समाज में ज्यों अछूत' का स्मरण होता है। वे इस्लाम की सभी बातों के समर्थक नहीं। विशेष कर पूरी धरती को एक रंग में देखने के आग्रह का। लेकिन इस्लाम की मानवीयता का ऐसा निर्भ्रान्त उद्घोष किस अन्य हिन्दी लेखक ने किया है?–'हजारों को दास बनाकर, लाखों को दलित और अस्पृश्य बनाकर जिस संस्कृति का जन्म होता है वहाँ कुफ़्र का प्राबल्य होता है। मैं उसे साफ़ करने आया हूँ। इस असम व्यवस्था के साथ मेरा समझौता नहीं हो सकता। जिस सैकड़ों कच्चे-पक्के रंग के बेमेल पट को तुम कला का श्रेष्ठ निदर्शन मानते हो मैं उसे भद्दे रंगों का एक हास्यास्पद प्रदर्शन समझता हूँ...आज इस्लाम की ध्वजा से धरती काँप रही है क्योंकि उसमें भीरुता है, उसमें भेदभाव है, उसमें भ्रान्ति और त्रुटि है। इस्लाम का विजयतूर्य इस भीरुता, इस भेद-भाव और भ्रान्त त्रुटि को दूर करके ही चुप होगा।'[2]

अस्पृश्य के लिए दलित विशेषण का हिन्दी में शायद यह पहला प्रयोग है जो अब रूढ़ हो गया है।

"हाय हिन्दू और हाय मुसलमान! आठ सौ वर्ष के निरन्तर संघर्ष के बाद एक दूसरे से इतने नजदीक रहकर भी तुमने अपनी एक संस्कृति न बनायी। अभी कुछ ही क्षण पहले सभा में बैठे हुए एक क्षत्रिय अध्यापक को अभिवादन करते हुए एक वैश्य शिक्षक ने कहा था–सलाम बाबू साहब। शास्त्रनिष्ठ पंडितजी ने डपटकर बताया–यह मुसलमानी कायदा है..."

"आज हम प्रत्येक बात को हिन्दू दृष्टिकोण और मुसलमान दृष्टिकोण से देखने के आदी हो गये हैं, मानो ऐसा कोई दृष्टिकोण ही नहीं है जिससे हिन्दू और मुसलमान साथ ही देख सकें। मैंने फिर एक बार दीर्घ श्वास के साथ मन-ही-मन कहा–हाय रे हिन्दू और हाय रे मुसलमान!!"[3]

संकीर्णता द्विवेदी जी को विक्षुब्ध करती है, वे प्रायः उत्तेजित नहीं होते थे। उत्तेजित होने के अवसरों पर वे विनम्र गम्भीर या खिन्न हो जाते थे। किन्तु संकीर्णता उन्हें उत्तेजित भी करती थी। ठाकुर जी की बटोर में कर्मकांडी पंडितजी संकीर्णता से उत्तेजित होते हैं। उत्तेजित होने पर उनकी प्रतिक्रिया दृष्टव्य है–

"और मैं अपनी सहज-सहचरी कल्पना के साथ ऊपर उठने लगा। मैं सभास्थल से कुछ ऊपर उठा, ठाकुर जी के मन्दिर के ऊपर गया। उसकी निष्कम्प ध्वजा से भी ऊपर उठा। उठते-उठते मैं आविल आकाश का प्रत्येक स्तर लाँघ गया। अब मैं ऐसी जगह आ गया जहाँ से दुनिया का कोई रहस्य देखने से बाकी नहीं था।"[4]

यह भारहीन अर्थात सत्त्वस्थ होना है। 'ऊर्ध्वं' गच्छन्ति सत्त्वस्थाः। यह द्विवेदी जी की रचनाधर्मिता की भूमि है, यह उनकी चिन्तन-भूमि भी है जो संकीर्णता में देश-काल से बहुत ऊपर उठी है। यहीं स्थित होकर वे अतीत के आकाश में चील की तरह मँडराते हैं, अपने देश-काल की समस्याओं को देखते हैं–ये समस्याएँ एक साथ एक वृहद् परिप्रेक्ष्य में परस्पर गुँथी, अन्तस्सम्बद्ध दिखलाई पड़ती हैं। यहीं से हिन्दी साहित्य–भारतीय साहित्य आपस में ऐसा सिला-बुना दिखलाई पड़ता है कि एक टाँका वाराणसी में मिलता है, दूसरा कश्मीर में, तीसरा उड़ीसा में तो चौथा केरल में। भाव-बोध की इसी

भूमि से वे मुस्लिम, दलित, जैन, बौद्ध, सिक्ख, ईसाई, अल्पज्ञात अन्य पंथियों को भी देखते हैं और उन पर विचार करते हैं। हिन्दी के प्रोफेसरों, विद्वानों, साहित्यकारों में वे इस दृष्टि से विशिष्ट हैं। निबन्ध में चूँकि आन्तरिक व्यक्तित्व का उद्‌घाटन सबसे अधिक होता है इसलिए उनकी यह विशिष्टता (क्षमता) सर्वाधिक रूप में निबन्धों में प्रकट होती है। द्विवेदी जी देखते हैं–

"मैंने दक्षिण की ओर देखा। सूचीभेद्य अन्धकार के साथ चिता की आग जूझ रही थी, उसी प्रकाश में कल-कल निनादिनी नदी चाँदी की लकीर-सी चमक रही थी। वातावरण के चित्र में आचार्य रामानन्द चांडाल से, उसका चरण पकड़कर प्रार्थना करते हुए दिखलाई पड़ता है। आचार्य रामानन्द कहते हैं, "मेरा स्वाभिमान आज धूल में लोट रहा है, मेरा वर्ण और आश्रम का अभिमान आज ध्वस्त हो गया है। तुम भक्त हो, तुम नारायण के रूप हो, मेरे ऊपर कृपा करो।"

और अन्त में यह कि जिस मन्दिर में दलित और मुसलमान का प्रवेश निषिद्ध माना जाता है उसमें से "मेरे गाँव के मन्दिर से भी ठाकुर जी निकले जा रहे हैं। उनकी मुखाकृति गम्भीर है। जिस चटुल-चपल आनन्दमयी मूर्ति की कल्पना मैंने आज तक की है उसका कोई चिह्न उस चेहरे पर नहीं है। सारा आसमान अणु-परमाणुओं के साथ धिक्-धिक् कर उठा।....लज्जा और ग्लानि से मेरा चेहरा काला पड़ गया।"[5]

द्विवेदी जी का यह स्वर सामान्य हिन्दी वालों के स्वर से भिन्न है। यह स्वर हिन्दुत्ववादियों से ही नहीं, वामपंथी बुद्धिजीवियों से भी भिन्न है। यह स्वर न वर्णाश्रमवादियों को सुनाई पड़ता है, न डॉ. धर्मवीर को। द्विवेदी जी का विरोध, संकीर्णता के प्रति असह्यता के कारण है, दलित और मुसलमानों के प्रति आत्मीयता के कारण है। वे हिन्दू-संस्कृति के विरोधी नहीं, वे हिन्दू होने में शर्म का नहीं, गौरव का अनुभव करते हैं। बस हिन्दू संस्कृति को भारतीय संस्कृति का अंग मानते हैं। उसी तरह जैसे मुस्लिम, सिक्ख, यहूदी, ईसाई, बौद्ध, जैन, आदिवासी, गिरजन आदि ज्ञात, अज्ञात, अल्पज्ञात संस्कृतियाँ। और ये सब संस्कृतियाँ उसी सीमा तक सार्थक हैं जिस सीमा तक वे भारतीय संस्कृति और अन्ततोगत्वा विश्व-संस्कृति में योगदान करती हैं, स्वयं उसका अंग बन सकती हैं।

और दलितों में भी दलित-नारी, इतिहास की प्रत्येक शोषक व्यवस्था में सर्वाधिक शोषित-नारी द्विवेदी जी के यहाँ एक ओर सौन्दर्य-समृद्धि का प्रतीक है दूसरी ओर करुणा की मूर्ति। गरीब तो पुरुष भी होते हें और नारी भी। रोग भी दोनों के हिस्से में हैं। लेकिन काया का विधान ऐसा है कि शरीर-सम्पर्क का परिणाम नारी को भोगना पड़ता है। इस भेद का नाजायज फायदा उठाकर पितृसत्तात्मक व्यवस्था ने भिन्नता को असमानता में परिवर्तित कर दिया है। इस विषय में एक सोवियत समाजशास्त्री ने मार्के की बात कही थी– गर्भ-निरोधक उपकरणों के कारण यह सम्भव हुआ है कि नारी इतिहास में पहली बार काम-क्रीड़ा में समतुल्य भाग ले सकती है। हरिशंकर परसाई ने यहाँ तक कहा कि नारियों को संकल्प लेकर दिनों के लिए पुरुष-सम्पर्क बन्द कर देना चाहिए। फिर प्रजनन के लिए प्रकृति को कोई अन्य रास्ता बनाना पड़ेगा। ठेठ नारीवादी बात, ऐसी नारीवादी बात कि कोई नारीवादी ऐसा अब तक नहीं कर सका है।

नारी-पराधीनता की चर्चा द्विवेदी जी के निबन्धों में कम मिलती है। इस विषय में उनके विचार उपन्यासों में, नारी-पात्रों के चित्रण के माध्यम से ज़्यादा अच्छी तरह मिलते हैं। द्विवेदी जी के विचार उनकी आँखिन देखी कहते हैं। पंडित हजारीप्रसाद द्विवेदी के विचारों को हम केवल पढ़ते नहीं, उन्हें हम देखते, छूते हैं। वे विचार संक्रामक होते हैं। अपनी यथार्थसारता के कारण। नारी केवल आर्थिक दृष्टि से ही पराधीन नहीं, वह अपने कलेवर और संस्कारों से भी वशीभूत है। द्विवेदी जी के उपन्यासों में अधिकांशतः नारी का संयमी, सहनशील, समर्पणशील रूप मिलता है किन्तु मैना, चन्द्रा और चन्द्रलेखा, निपुणिका जैसे चरित्र भी उनके यहाँ हैं जो नारी विद्रोह के अनेक आयाम प्रस्तुत करते हैं। निपुणिका, मैना एवं चन्द्रा बहुत गहरे अर्थ में विद्रोही नारी-पात्र हैं। चन्द्रा तो कृष्णा सोबती की मित्रो मरजानी की सहेली लगती है। वे नारी जीवन के सामाजिक एवं मनोवैज्ञानिक यथार्थ को हिन्दी कथा-साहित्य में अभूतपूर्व ढंग से व्यक्त करने वाले पात्र हैं। वे ज्ञान के किसी अनुशासन की शोधशाला या आधुनिक सिद्धान्तों से निकले हुए पात्र नहीं। वे परदुखकातर व्यक्ति के देखे हुए ऐसे व्यक्ति पात्र हैं जो समाज में थे तो लेकिन साहित्य में जिनका अंकन नहीं हुआ था। नारी-पराधीनता की मानसिकता जटिल और अनेकानेक पर्तों वाली है। जैसे दलितों की व्यथा गैर-दलितों के लिए जान पाना मुश्किल है वैसे नारी व्यथा भी। निपुणिका पान की दूकान लगाती है, गाहक बतरस करने के लिए ज़्यादा आते हैं, पान खाने के लिए कम। बाणभट्ट उत्तेजित होते हैं, उसे कहीं अन्यत्र ले जाने की यानी उद्धार की बात करते हैं। सामाजिक सुधार, नारी-उद्धार बहुत अच्छे शब्द हैं। उनकी नीयत बहुत अच्छी है, सुधारक और उद्धारक, सदाशयी होते हैं, किन्तु उद्धारणीया वस्तुस्थिति जानती है–

"भट्ट मुझे किसी बात का पछतावा नहीं है। मैं जो हूँ उसके सिवा और कुछ हो ही नहीं सकती थी। मैं पश्चात्ताप करूँ तो जिस नरक में पड़ी हूँ वहाँ भी स्थान नहीं मिलेगा।"

इस निरीह जैसे वाक्य का मतलब, इसका सामाजिक निहितार्थ–आप कहें वास्तविकता खुलती है बाणभट्ट के मर्म में–

"निपुणिका की अन्तिम बात मेरे मर्म में चुभ गई। वह अगर पश्चात्ताप करती है तो जिस नरक में पड़ी है, वहाँ भी स्थान नहीं मिलेगा। वह कुलभ्रष्टा स्त्री है, उसके सद्गुणों का समाज में क्या मूल्य है? दुर्गुणों की तो फिर भी कुछ न कुछ पूछ है ही।"

जिन्हें हम नारी का दुर्गुण समझते हैं, वह निपुणिका जैसी नारी के अस्तित्व का साधन है। दुर्गुण उसकी अनिवार्यता है। और जो अनिवार्य है वह अनैतिक नहीं हो सकता। इस सूत्र के सहारे निपुणिका 'सेवासदन' की सुमन, प्रेमचन्द की ही एक कहानी 'घासवाली' की नायिका की कोटि में आती है। 'बाणभट्ट की आत्मकथा' में उत्सव का वर्णन करते हुए द्विवेदी जी का बाण–जो नारी-सौन्दर्य को सर्वाधिक प्रभावोत्पादिनी शक्ति मानता है, सोचता है, "सम्पत्ति नारी सौन्दर्य से भी बड़ी शक्ति है तभी उसने नारी-सौन्दर्य को तेजहीन और महिमा से नीचे गिरा दिया है।"

द्विवेदी जी नारी-शरीर को देव-मन्दिर कहते हैं और एक स्थान पर 'बाणभट्ट की आत्मकथा' में ही लिखा है कि जिन स्त्रियों को कुलटा समझा जाता है, उनमें एक प्रकार का दैवीत्व होता है। यह बात सामान्यतः समझ में नहीं आती। स्त्री की उदारता को ही

प्रायः कुलटात्व समझ लिया जाता है। भवभूति द्विवेदी जी का समर्थन करते—'यथा स्त्रीणां तथा वाचां साधुत्वे दुर्जनो जनः' यों ही तो नहीं लिखा होगा।

'पुनर्नवा' की चन्द्रा मानो नारी विषयक इन प्रवादों की प्रतीक-पात्र हो। उसकी सच्चाई ही सबसे बड़ा प्रतिरोध है। दमित, दलित, शोषित अगर अपना सच प्रकट कर दे तो झूठ अपने आप प्रकट हो जाए।

"यहाँ जिन स्त्रियों को लोग भली मानते हैं, उनमें से कुछ को मैं अच्छी तरह जानती हूँ। वे केवल निर्जीव रूढ़ियों का पालन करती हैं। उनका भीतर और बाहर सदा साफ़ नहीं होता। वे छिपाने की कला अवश्य जानती हैं। चन्द्रा को वह कला नहीं आती, इसीलिए वह कुलटा कहलाती है।"

द्विवेदी जी को अनेक लोग भावप्रवण विचारक मानते हैं। भाव-प्रवण वे हैं किन्तु उनके लेखन में पुष्ट तर्कसंहति हैं। वे पात्रों और उनके विचारों का कील-काँटा चुस्त-दुरुस्त रखते हैं। कुलटात्व में दैवीत्व के विचार की संगति में कुलटा की इस परिभाषा एवं पहचान पर गौर कीजिए। उनके उपन्यासों पर विचार करने वालों को कथानक में इस चुस्ती-दुरुस्ती पर ध्यान देना होगा, अस्तु।

द्विवेदी जी के चिन्तन और उनकी रचनाओं में मानवीयता की व्याप्ति है। भाव-बोध की ऐसी संकीर्ण-रहितता का गहरा सम्बन्ध उस इतिहास-बोध से है जिसमें वे महाकाल के कुंठ-नृत्य की बात करते हैं। द्विवेदी जी की भौतिक विज्ञान की जानकारी का स्रोत रवीन्द्रनाथ का भौतिक वैज्ञानिक बोध है। उन्होंने रवीन्द्रनाथ की अनेक कविताओं का ही अनुवाद हिन्दी में नहीं किया है, उनके विचारों और चिन्तन का भी किया है। नामोल्लेख के साथ भी और नामोल्लेख के बिना भी। परवर्ती लेखन में वे भारतीय एवं पाश्चात्य भाषा-शास्त्रियों से प्रभावित हुए। उनका उल्लेख करना नहीं भूलते। जानकारी बटोरने में वे आजीवन-अन्तिम दिनों तक किशोरवय के प्रतिभाशाली छात्रों की तरह जिज्ञासु बने रहे। अपने विद्यार्थियों से कहते—तुम लोगों से बातें करके नई बातों की जानकारी मिलती है। ज्ञानार्जन में ऐसे सजग व्यक्ति बहुत कम दिखलाई पड़ते हैं। लेकिन ज्ञान बटोरने के बाद वे जिस ढंग से उसका नियोजन करते हैं वह उनकी मौलिक क्षमता है। अभिव्यक्ति में उन पर किसी का कोई प्रभाव नहीं मिलेगा। उसका सम्बन्ध उनकी जातीय विशेषता और जीवनानुभव से और इस प्रक्रिया में अर्जित संचित संस्कारों से है। आपको याद होगा कि संस्कार और आचरण विधि की चर्चा में पहले कहीं तुलसीदास का नाम आया था। बटोरी हुई जानकारी की अभिव्यक्ति की मौलिकता में बाबा लासानी हैं।

सामग्री बटोरना परिश्रम का काम है किन्तु उसे व्यवस्थित करना तो उसे ऐतिहासिक रूप देना है। वस्तु की स्थापना रूप-गठन में होती है। साहित्य में वस्तु भाषा के नाट्य से संवेदित होती है। नाट्य रूप है। रूप वस्तु का आकार है। रचनाकार, रचनाप्रक्रिया में एक भूमिका पाठक और आलोचक की भी अदा करता है। जो रच रहा है उसे देख और परख भी रहा है। कहें कि देखते-परखते ही रच रहा है। और इस प्रक्रिया में वह अकेले ही नहीं रच रहा है। भाषा के माध्यम से पूरी जातीय एवं मानवीय संवेदना सक्रिय है रचने में। रचना मनोवेग के झटके का फल नहीं है। जगत-जीवन के कितने संचित ज्ञात-अज्ञात संस्कार

और बोध एकाग्र होकर काम करते हैं—परस्पर में विलीन होकर। द्विवेदी जी इसी को समाधि कहते हैं—विधाता की रचना की बात हो तो महाभूत समाधि—

तं वेधा विदधे नूनं महाभूत समाधिना

रचना-समाधि वस्तुतः सकर्मक रसदशा है। रचना-समाधि समष्टि का कैवल्य है। आचार्य शुक्ल के शब्दों में रसदशा लोकसत्ता में अपनी सत्ता को विलीन कर देना है। क्या सामाजिक को रसदशा में, समाधि की स्थिति में पहुँचाने के पूर्व या साथ-साथ रचनाकार स्वयं रसदशा में होता है?—महान् संगीतकारों को सुनते और आचार्य हजारीप्रसाद द्विवेदी को सुनते समय ऐसा लगता था। द्विवेदी जी को पढ़ते समय ऐसा लगता है। मैंने उनको लिखते समय नहीं देखा। कम लोगों ने देखा होगा। मेरा मतलब है वे भाषण देते, बोलते समय भी रचना-समाधि में होते थे, लेकिन लेखन की रचना समाधि में नहीं देखा।

III

निबन्ध शुरू करते ही पंडितजी पाठक का विश्वास पा लेते हैं। कैसे? निबन्ध बातचीत की तरह शुरू होता है। पाठक को श्रोता या सामाजिक बना लेते हैं शुरू से ही। वह सामने होता है, सम्बोधित। वे पाठक के सामने ऊँचे आसन पर नहीं होते। आचार्य शुक्ल की तरह। शुरुआत निहायत मामूली बात या किसी ऐसी स्थिति से होती है जिसे देखा, सुना, भोगा या समझा जा सकता है। किसी किताबी या शास्त्रीय उल्लेख से नहीं। किसी का उद्धरण देकर वे अपनी बात नहीं शुरू करते। मानो बात पाठक श्रोता से मिलकर उठाई जा रही हो। बात किसी निजी घटना से शुरू की जा रही है तो भी वह कोई मामूली बात होगी—जैसे बेटी ने पूछा—नाखून क्यों बढ़ते हैं! या मैं जहाँ बैठकर लिख रहा हूँ उसके आगे-पीछे, दायें-बायें शिरीष के अनेक पेड़ हैं। 'आम फिर बौरा गए' शुरू होता है 'बसन्त पंचमी में अभी देर है, पर आम अभी से बौरा गए'—मानो किसी आत्मीय को सूचना दी जा रही है, पत्र में। पाठक आत्मीय बनकर श्रोता, सामाजिक बनता है और यह जो पाठक के साथ समतल भूमि पर बैठकर आराम से बातचीत करने का भाव है, वह द्विवेदी जी के समूचे लेखन में बराबर बना रहता है। बातचीत द्विवेदी जी का मैं करता है। यह मैं रचनाकार द्विवेदी जी का अभिनेता है। उपन्यासों में द्विवेदी जी 'कथा मुख' के माध्यम से अपने लिए किसी प्राचीन पांडुलिपि या कथालेख को, पोथा को मुखौटा बनाते हैं। निबन्धों में मैं प्रायः वचन रचना के द्वारा पाठकों से यह आत्मीयता अर्जित करता चलता है। 'वचन रचना' द्विवेदी जी द्वारा व्याख्यायित तुलसीदास का शब्द-संयोग है। परशुराम ने राम की महिमा समझकर उनकी स्तुति की—

विनय सील करुना गुन आगर। जयति वचन रचना अति नागर॥

राम के वचन मृदु गूढ़ थे। उन्हें सुनकर परशुराम की बुद्धि के पटल खुल गए। रामकथा के सिद्ध गायकों ने राम के बोलने का अंकन अद्भुत मर्यादा एवं गौरव की रक्षा करते हुए किया है। यह अलग से विचार करने का विषय है कि वाल्मीकि, कालिदास, भवभूति, तुलसी, निराला ने रामवचन की प्रस्तुति कैसे की है। रामचरितमानस में परशुराम

ने मृदु गूढ़ कहा है। सौभाग्यवश द्विवेदी जी ने इस मृदु-गूढ़ को समझाया है—"श्रोता को उचित आदर देकर उसे वक्तव्य के प्रति उन्मुख करना मृदुता है।"

विप्र वंस की असि प्रभुताई। अभय होइ जो तुमहिं डराई॥

यह वाणी मृदु थी। परन्तु यह वाणी गूढ़ भी थी। गूढ़ इसलिए थी कि श्रोताओं के मन पर अपने संस्कारों के अनुकूल विभिन्न अर्थ देने में समर्थ थी। राम ने क्रोधित एवं अहंकारी परशुराम से विनयपूर्वक बात की थी। लेकिन बात का ढंग ऐसा था कि वह परशुराम को सचेत, आगाह भी करता था।

हम तो सदैव ब्राह्मणों से डरते हैं, लेकिन हम क्षत्रिय हैं। अगर किसी ने युद्ध के लिए ललकार दिया तो उससे लड़ने के सिवा और कोई रास्ता नहीं है—जउ रन हमहिं पचारइ कोऊ। लरहिं सुखेन काल किन होऊ॥ व्यंजना यह कि मैं तो आपसे डरता हूँ किन्तु कहीं आपने मुझे युद्ध के लिए ललकार दिया तो लड़ना ही पड़ेगा फिर क्या होगा यह सोच लीजिए—यह विनम्रता की वाणी, धमकी भी है। मृदु-गूढ़ है। यह आत्मविश्वास की विनम्रता है। सक्षम की मर्यादाप्रियता है। दिनकर के शब्दों में गरलधारी भुजंग की क्षमा जैसी है। द्विवेदी जी ने इस लेख में (सुगम अगम मृदु मंजु कठोरे), विशेषतः चित्रकूट में सभा में होने वाले संवाद को आधार बनाकर तुलसी की भाषा को अवसरोचित प्रयोग की भाषा बताया है। इस प्रसंग के औचित्य व्यावहारिकता, मर्यादा एवं नीतिप्रियता पर आचार्य शुक्ल रीझे हैं।

अवसर-अनुकूलता की व्याप्ति विशाल है। वह जीवन के अनेकविध जटिल प्रसंगों को समेटती है। और यह जटिल विविधता अन्तर्विरोधों, परस्पर-विरोधों, निज- प्रतिवादों से भरी हुई है। तुलसीदास की भाषा को मानस में वर्णित सभी स्थितियों, प्रसंगों को ध्यान में रखकर अवसरोचित कहा गया है। अपवाद वहाँ भी ढूँढे गए हैं, यह अलग बात है। रामोन्मुखता का रुख राम-विरोधियों के प्रति औचित्य की रक्षा सब जगह नहीं कर पाता।

हजारीप्रसाद द्विवेदी वचन-रचना की अवसरानुकूलता में तुलसीदास नहीं थे। लेकिन अपने समय में वे अग्रगण्य वचन-रचनाकार थे—मृदुता में विनम्रता में और गूढ़ता में। व्यंग्य उनका क्षेत्र नहीं था। लेकिन उनके व्यंग्य की धजा विशिष्ट है। अपने को झुकाकर बात मनवा लेना, प्रतिपक्षी को विनयी मानकर उससे अपनी बात मनवा लेना। निबन्धों में उनके 'मैं' की जो वचन भंगिमाएँ दिखती हैं वे उनके व्यक्तित्व, उनके शील की अभिव्यक्ति है।

द्विवेदी जी के लेखन में ऐसे स्थल कम मिलेंगे जहाँ वे कोई बात आग्रहपूर्वक कहते हों। वे इस दृष्टि से सत्याग्रही नहीं हैं। कारण कि अपनी ही बात को सत्य मानने का आग्रह उनमें नहीं दिखता। वे सत्य को अविरोधी मानते हैं। इससे उनकी शैली में एक ऐसी विनम्रता आ गई है जो उन्हें चमकने, प्रभावित करने, अपनी बात को दूसरों से ऊपर रखने से दूर रखती है। भरसक अपने को पीछे रखना। द्विवेदी जी ने लखनऊ विश्वविद्यालय में साहित्य का मर्म पर कई भाषण दिए। उसका प्रारम्भ—

"मित्रो, साहित्य के मर्मार्थ पर बहुत विचार हुआ है। मुझे अपने विनीत वक्तव्य को आपके सम्मुख उपस्थित करते समय इस बात का लेशमात्र भी भ्रम नहीं है कि आपको कोई

नयी बात सुना सकूँगा, या कम-से-कम पुरानी बात को नयी-सी बनाकर आपका मनोरंजन कर सकूँगा।"[6]

अहंकार के कई रूप होते हैं। अहंकार का सबसे घृणित रूप दुर्बल को सताना उसके अधिकार को छीनना या युद्ध है। अहंकार, अपने को बढ़ा-चढ़ाकर दिखाना होता है। कुछ लोगों में वह इतना अनायास होता है कि उनका स्वभाव बन जाता है। ऐसे चरित्रों का पं. जी या तो मृदु विरोध करते हैं या उनको मृदुहास्य का आलम्बन बनाते हैं। व्यक्तित्व की विकलांगता (हाथ-पाँव की नहीं, व्यवहार-बर्ताव या आदत की) को पं. जी मृदु हास्य का आलम्बन तो बनाते हैं किन्तु चरित्र के प्रति तिरस्कार या उपेक्षा का नहीं बल्कि एक विशेष प्रकार की प्रीति, विस्मय या विनोद व्यंजित करते हैं। यों भी वे मानवीय दुर्बलताओं पर क्रुद्ध कम होते थे, क्षुब्ध ज़्यादा। ज़्यादातर ऐसे लोगों के प्रति सहानुभूति का ही भाव प्रकट करते थे। विपत्तिग्रस्त या संकट में पड़े हुए बुरे आदमी पर भी हँसते हुए या उसकी निन्दा करते हुए उन्हें कभी नहीं देखा गया। अहंकार के हानि रहित रूपों में रस लेने की उनमें दुर्लभ क्षमता थी–'बाणभट्ट की आत्मकथा' का द्रविड-वृद्ध और देवदारु में मुड़कट्टा को रद्दे पर रद्दे देने वाले वे पं. जी जिनके मुँह से गायत्री आल्हा जैसी सुनाई पड़ती थी, इसके उदाहरण हैं। उनके दिगन्त प्रसरित अट्टहास, मूँछों में रुकती हुई हँसी, लोचन-जल रह लोचन कोने वाली परदुखकातरता और उनका मृदु-विरोध, मृदुहास एक ही व्यक्तित्व के अन्तस्सम्बद्ध आयाम हैं। उन्हें बड़ों को, विद्वानों को सम्मान देना, समवयस्कों का समादर करना और आयु में कम, परिचितों, अपरिचितों के प्रति उपेक्षा का उलटा जिसके लिए मुझे शब्द नहीं मिल रहा है, अविस्मरणीय ध्यान देना आता था। मिलते ही, देखते ही, चरणस्पर्श करते ही, दूर से ही कुछ ऐसा बोल देते कि हम सब-कुछ पा लेते। उनको गए आज (2009 ई.), तीस वर्ष हो गए हैं। आज भी लगता है कि उनके साथ बिताए हुए क्षण, बीते नहीं। वे हमारे जीवन को सार्थक बनाने वाले अमृत-क्षण थे।

पं. जी भोजन कर रहे थे, उनके साथ मैं भी। पं. जी ने भोजन कर लिया। रुक गए। मैं भी रुक गया। उन्होंने पूछा–'अरे भाई तुम क्यों रुक गए। तुम लड़के हो और खाओ।' मैंने कहा, 'पं. जी ज़्यादा खा लेता हूँ। सोचा है कम खाऊँगा तो स्वास्थ्य ठीक रहेगा।' पं. जी ने पूछा–'कब से ऐसा सोचा है?' मैंने कहा, 'आज से।', 'मैं तो पिछले तीस वर्षों से रोज सोचता हूँ, आज से कम खाऊँगा, लेकिन कम नहीं हो पाता। आज खाओ कल फिर संकल्प कर लेना कम खाने का।'

मनुष्य का मन जीवन-जगत की स्थितियों के संघात से बनता है, मनोविकार जीवन में आचरण का रूप धारण करते हैं। लेखक उन्हें शब्द-रूप देने का उद्यम करता है। जीवन-लीला के रूप उनके निबन्धों में नाट्य का तत्त्व समाविष्ट कर देते हैं। द्विवेदी जी के अनेक निबन्धों का मंचन हो सकता है। 'आम फिर बौरा गए' जैसे निबन्ध का तो 'बैले' हो सकता है। ऐसा नाट्य जिसमें हमारे सांस्कृतिक इतिहास के कुछ दृश्य मंच पर उतारे जा सकते हैं। नाट्य परसाई के निबन्धों में बहुत हैं। मैंने उनकी कहानियों के ही नहीं, उनके निबन्धों का भी मंचन देखा है। लेकिन निबन्धों में समाविष्ट सांस्कृतिक इतिहास के पृष्ठों की दृश्यता द्विवेदी जी के यहाँ ध्यातव्य है। निबन्धों में लोकवार्ता,. नाट्य के रूप में गम्भीर चिन्तन

द्विवेदी जी के निबन्धों की विशिष्टता है। अनेक युगों की लोकसंस्कृति के जीवन-दृश्य निबन्धों में साक्षात् हो जाते हैं। लोकजीवन, सांस्कृतिक दृश्य, दार्शनिक चिन्तन, अतीत, वर्तमान और भविष्य की आशा-निराशा उनके निबन्धों में मानो फेंट दिए गए हैं। दृश्यता, जीवन्तता का वाचक, निदेशक, प्रस्तोता, अभिनेता, उनका 'मैं' है। लोकवार्त्ता, सांस्कृतिक दृश्य, विद्वत्ता, दार्शनिक चिन्तन—सब 'मैं' के भाव-बोध की भट्ठी में गलकर और नये रूप में आपके सामने आते हैं। अतीत, अतीत नहीं रह जाता, आपका वार्तालापी, पंडितजी की तरह आपके साथ चाय पीनेवाला, दिगन्त अट्टहास करने वाला बन जाता है। और इन सबके साथ वह आपको महाकाल के कुंठ नृत्य का दर्शन भी कराता है—अट्टहास और चाय के धोके में मत रहिएगा—वह भटकाते-भटकाते कहीं किसी बीहड़ मुकाम पर ले जाएगा। ऐसा बीहड़ जिसका बीहड़पन आपको आकृष्ट करे, जोखिम में पड़कर आप कुछ नया अनुभव प्राप्त करें जो आपको सार्थकता की अनुभूति कराए। इस अनुभव में नैतिक, सौन्दर्यात्मक यानी मानवीय समग्रता होती है। द्विवेदी जी अनेक सकारात्मक मूल्यबोधक शब्दों का प्रयोग प्रायः करते हैं। किन्तु वे नकारात्मक प्रवृत्तियों की उपेक्षा नहीं करते। उनका प्रसिद्ध कथन है, 'मैं बालू से तेल निकालने का प्रयास करता हूँ, यदि मुझे बालू अच्छा लगे।' इसीलिए उनकी मानववादिता सरलीकृत मानववादिता नहीं। वे सरलीकरण का भ्रम ज़रूर पैदा करते हैं। अनेक बार पाठक और विचारक सहजता को सरलता समझ लेते हैं। सच्ची बात तो यह है कि द्विवेदी जी के निबन्ध प्रायः किसी समस्या से उलझकर, उसके अपूर्व विचारित पक्ष को प्रस्तुत करके आगे बढ़ते रहते हैं। बीहड़ के अनुभव से अर्जित कृतज्ञ-सार्थकता की अभिव्यक्ति के उदाहरण में 'चारुचन्द्रलेख' के एक प्रसंग की याद दिलाई जा सकती है—

अलहना (सेवक) के साथ पहाड़ियों पर चलते हुए सातवाहन मार्ग नहीं समझ पा रहे हैं। नीचे एक दृढ़ शिलाखंड था। मैं उसी पर गिरा। मैं एक मोटी लता से उलझ गया था। शिलाखंड पर पिच्छिल काई जमी हुई थी। लता की उलझन ने मुझे फिसलने से बचा लिया। उलझना हर समय बुरा नहीं होता।

मैनसिंह ने पूछा—रस्सी पकड़कर ऊपर उठ सकेंगे महाराज?

सातवाहन ने कहा—ऊपर उठूँ, उठ सकूँगा।"[7]

अन्ततोगत्वा सातवाहन का कथन "ऊपर उठ सकता हूँ। सारा सत्व उमड़ आया है। ऊर्ध्वमूगच्छन्ति सत्त्वस्थाः।

निबन्धों में उलझनें चिन्तन की प्रक्रिया का निर्गाण करती हैं। निबन्धों का मार्ग सपाट नहीं है। अधिकांश निबन्धकार अतीत के सुरम्य में फँस जाते हैं। अतीत के सुरम्य से द्विवेदी जी की वर्तमान-विषमता से टक्कर होती है। वर्तमान की विषमता अतीत की विषमता की भी खोज करती है। शिल्प की बात तो अलग—संवेदना के स्तर पर द्विवेदी जी के निबन्ध भरपूर होते हैं। जटिलता की उलझन में द्विवेदी जी के निबन्ध मुक्तिबोध की कविताओं की तरह हैं। अभिव्यक्ति का ढंग ज़रूर बिलकुल अलग है। मुक्तासंग द्विवेदी जी के निबन्धों में भी पर्याप्त है। कोई बात कहते-कहते पं. जी कौन-सी, कहाँ की बात कहने लगें, कुछ ठिकाना नहीं। वसन्त में आम्रमंजरी की शोभा की बात करते-करते बिच्छू की

और फिर देवासुर-संग्राम की बात करने लगें। अशोक की सौन्दर्य समृद्धि का अशेष चित्रण करते-करते सामन्ती व्यवस्था के द्वारा शोषित जनता के ससार रक्त-कणों की बात करने लगें। बात बहुत दूर की–दूर को कौड़ी लाना मालूम पड़ती है। लेकिन आखिरकार सम्बद्ध लगती है–इतना सुसम्बद्ध कि मालूम हो जाता है कि इसके पहले इस सुसम्बद्धता पर विचार ही नहीं किया गया था। जो बात जितनी सुदूर देश-काल से जोड़ी जाती है, वह उतनी ही गहरे सम्बद्ध और प्रासंगिक एवं मार्मिक लगती है। मानो देश-काल की दूरी आत्मीय के वियोग में संचित भाव-राशि हो। जो था–सम्बद्ध था वह आत्मीय तत्त्व इतना दूर, अनजाना-सा था। ज्ञान भी मानो अपने नये तत्त्वों के परिचय से उन्हें आत्मीय बनाकर धन्य होता है। एक कवि की पंक्ति याद आती है–

सेब धरती पर गिरा
ज्ञान कितना आतुर था
मनुष्य का आत्मीय बनने के लिए।

निबन्ध का विकास, पाठक की समझदारी के विकास के साथ होता जाता है। विकास रैखिक नहीं होता। रचनात्मक विकास रैखिक हो ही नहीं सकता। क्योंकि वह एकायामी नहीं होता। वह सर्वांगीण एवं समवर्तिता की परिधि के विस्तार में होता है। द्विवेदी जी के शिल्प की, जिसे 'कहन' कहना ज़्यादा संगत है; विशेषता है कि वे समझाते हुए कभी पकड़ में नहीं आते। हमेशा अपने को ही नहीं अपनी बात को भी धीमी दबी ज़बान से और पीछे देखते हुए बात करते हैं। जिसे समझा रहे हैं शायद वह बड़ा समझदार है। समझानेवाला निबन्धकार बेसमझ या कमसमझ है। वह समझा नहीं रहा है। दबी ज़बान में कुछ कहने का साहस कर रहा है। इसके साथ वार्ता-रंजन का, ठेठ पुरबिये किसान, तुलसीदास और संस्कृत-साहित्य का कथन-कौशल कथावाचक का रंजक ढंग। समझ आस्वाद बन जाती है। निबन्ध-पाठ ज्ञानात्मक संवेदन, रसास्वाद की प्रक्रिया बन जाता है। दबी ज़बान से कुछ कहने का संकोच रचना-छल या शैली बन जाता है और प्रस्तुत को अधिक सुनिश्चित और प्रामाणिक बनाता है। निबन्धकार के व्यक्तित्व को उद्घाटित तो करता ही है। यह संकोची रचना-छल निबन्धकार के पांडित्य से अन्ततः पाठक को अभिभूत कर लेता है। पंडितजी के निबन्ध ज्ञानान्वित होते हैं ज्ञान-बोझिल नहीं। जानकारी सहजता में लुप्त रहती है। रहती है दिखलाई नहीं पड़ती–बजती नहीं। 'नाखून क्यों बढ़ते हैं' की शुरुआती पंक्ति–'अल्पज्ञ पिता बड़ा दयनीय जीव होता है।' यह दयनीय अल्पज्ञ पिता निबन्धकार है। उसी की छोटी लड़की ने पूछा था–नाखून क्यों बढ़ते हैं? अल्पज्ञता प्रस्थान-बिन्दु है ज्ञान-अर्जन की प्रक्रिया का। फिर पाठक निबन्धकार के साथ-साथ ज्ञानार्जन की यात्रा पर निकल पड़ता है। दूसरा पैराग्राफ शुरू होता है–'कुछ लाख वर्षों की बात है जब मनुष्य जंगली था, वनमानुष जैसा। तब उसे नाखून की ज़रूरत थी। फिर धीरे-धीरे हथियारों का विकास होता गया, दधीचि की हड्डी से हथियार ही बना था, फिर लोहे के हथियार आए, फिर बारूद-बम आदि। नाखून से बम की चर्चा मनुष्य के सहस्रों वर्षों के इतिहास की यात्रा है, आदिम साम्यवादी युग से आज तक के इतिहास की यात्रा है। जानकारी का यह विशाल फलक पाठक अनायास बातों-बातों में पार कर लेता है।

बातों-बातों का मुहावरा यहाँ बिलकुल चुस्त-दुरुस्त ठीक बैठता है। निबन्धकार लिख रहा है लेकिन मालूम नहीं पड़ता कि उसने लिखा है। निबन्ध मानो कहा गया हो–वक्ता की अनेक भंगिमाओं के साथ। पंडित हजारीप्रसाद द्विवेदी का गम्भीर लेखन जितना ही गम्भीर है, सहजता के कारण उतना ही वाचिक।

निस्सन्देह निबन्ध लिखित है। वाचिकता का गुण उसमें 'कहन' से आया है।

नाखून बढ़ने, कटने बच्चों पर उनके बढ़ने-कटने का असर–इसका वर्णन निबन्धकार यों करता है–

"मेरी छोटी लड़की ने जब उस दिन पूछ दिया कि आदमी के नाखून क्यों बढ़ते हैं तो मैं कुछ सोच ही नहीं सका। हर तीसरे दिन नाखून बढ़ जाते हैं, बच्चे कुछ दिन तक अगर उन्हें बढ़ने दें तो माँ-बाप अकसर उन्हें डाँटा करते हैं। पर कोई नहीं जानता कि ये अभागे नाखून क्यों इस प्रकार बढ़ा करते हैं। काट दीजिए, वे चुपचाप दंड स्वीकार कर लेंगे, पर निर्लज्ज अपराधी की भाँति फिर छूटते ही सेंध पर हाज़िर।"

उद्धृत अंश में निबन्धकार छोटी बेटी, नाखून, बच्चों को लेकर एक छोटी-मोटी कथा और नाटक रचता है। नाखूनों को पात्र बना दिया गया है। वे अभागे हैं, निर्लज्ज अपराधी हैं लेकिन पक्के हैं कि छूटते ही सेंध पर हाज़िर। भाषा की भंगिमा और पात्रों की मनःस्थिति और भंगिमाओं में समताल है। चरित्रों और भाषा-व्यवहार में पूरबीपन है। यह पूरबीपन–व्यावहारिक और भाषायी साधन है, आत्मीयता और सहजता का। जानकारी को बोझिल न बनाने, उसे तटस्थ न रखकर आत्मीय, वैयक्तिक बनाने की क्षमता द्विवेदी जी के निबन्धों की महत्त्वपूर्ण विशेषता है।

द्विवेदी जी की लेखन-शैली या शिल्प की प्रवृत्तियाँ मानो उनके जीवन-आचार की प्रवृत्तियाँ हैं। निबन्धों के विन्यास में तर्क-पद्धति भारतीय है। उनकी जिस विनम्रता की बात हम उनके व्यक्तित्व और लेखन में करते है–वह निबन्धों में विरोधी पक्ष की बातें सहानुभूति और धैर्यपूर्वक सुनने और समझने में दिखलाई पड़ती है। उनकी पक्षधरता उतराती नहीं। वे विरोधी पक्ष पर न व्यंग्य-प्रहार करते हैं, न हड़बड़ी में अपने पक्ष को प्रतिष्ठित करने की आतुरता में उसे कम करके जल्दी-जल्दी निपटाते हैं। विरोधी तर्कों को चलता करके जल्दी छुट्टी नहीं ले लेते। अपनी बात को संकोचपूर्वक प्रस्तुत करना उनसे सीखिए। कभी-कभी वे अपने पक्ष के लोगों को सावधान करते हैं कि विरोधी पक्ष को अनुचित या गलत न कहो, हो सकता है वह ठीक हो। हमीं गलत हों। इस दृष्टि से देखें तो आचार्य हजारीप्रसाद द्वितेदी हिन्दी के दुर्लभ जनतान्त्रिक और विरोधी के विचारों का सम्मान करनेवाले लेखक हैं।

एक हिन्दी-विरोधी का पक्ष है–

"हिन्दी भारतीय भाषाओं में से एक है, उसको राष्ट्रभाषा या राजभाषा मान लेने से दूसरी भाषाओं के प्रति उपेक्षा और अन्याय होगा जो आगे चलकर उनके विकास में बाधा पहुँचाने को बाध्य है।"[8]

इस पर द्विवेदी जी की टिप्पणी–"हमें स्पष्ट रूप से स्वीकार करना चाहिए कि हिन्दी-प्रचार का काम सबके लिए है। अगर उसके बिना भी देश का काम आसानी से चल सकता हो तो हम कभी नहीं चाहेंगे कि किसी भी देशी भाषा के क्षेत्र में वह लादी जाए।

अब तक ऐसा कुछ उपाय नहीं सुझाया गया है कि जो एक भारतीय भाषा के बिना भी देश की एकता बनाए रखने में समर्थ हो। मुझे लगता है कि कहीं हमसे बहुत बड़ी गलती हुई है। भारतवर्ष की सारी भूमि को हमने सबकी भूमि समझने की भावना को तो थोड़ा-बहुत अपना लिया है परन्तु भारतवर्ष की सभी भाषाओं को अपनी भाषा समझने की बुद्धि विकसित नहीं की है।

भारतवर्ष की मिट्टी तो हमारी मृण्मय सम्पत्ति है–मिट्टी की सम्पदा। किन्तु यहाँ की भाषाएँ और साहित्य हमारी चिन्मय सम्पत्ति है। वह सबकी है। सभी भाषाएँ सबकी हैं। जब तक यह बुद्धि नहीं आती तब तक आशंकाएँ दूर नहीं होंगी।"[9]

यह भारतीय संस्कृति के प्रेमी हिन्दी वाले का वास्तविक स्वर है। इसके बिना न हिन्दी की उन्नति का कोई रास्ता है और न किसी अन्य भारतीय भाषा का। भाषा और मिट्टी का अभेद ध्यातव्य है। यह देश-प्रेम को केवल विचारों में नहीं आचरण में अपनाने की आवश्यकता का अनुभव-स्वर है।

भाव-बोध की यह व्यापकता और दूरगामिता विरोध के प्रति समझदारी और अपनी बात को भी परखते रहने के शिल्प का रूप लेती है।

हिन्दी का विरोध करने वाले कहते हैं कि अंग्रेजी को राष्ट्रभाषा बना देना चाहिए। अंग्रेजी के न रहने से देश टूट जाएगा। हिन्दी में न कोई साहित्य है न साहित्य पैदा करने की क्षमता है। ऐसे कहने वालों के प्रति हिन्दी वालों को क्रोध आता है। द्विवेदी जी क्रोधी हिन्दी वालों से कहते हैं–

"मैं इतना अवश्य कहना चाहता हूँ कि आप सदा इस बात को ध्यान में रखें कि इन बातों के कहने वाले बाहर के लोग नहीं हैं, वे अपने ही आदमी हैं। उनकी बातें ध्यान से सुनने के योग्य हैं और बात से नहीं, काम से यह सिद्ध कर देना है कि उनकी आशंकाएँ निर्मूल है और दुश्चिन्ताएँ अतिरिक्त सावधानी की उपज हैं।"[10]

यह किसी हिन्दी-हितैषी की रणनीति नहीं है, यह निबन्धकार के व्यक्तित्व का स्वभाव है। असहमत को विरोधी न समझना बल्कि उसकी तरह से स्थिति को समझने का प्रयास करना। अपने को पहले से ही सही और विपक्ष को गलत मानकर बहस करना अनाचार है। सिद्धान्त पूर्वनिर्धारित नहीं होता। वह अन्त में सिद्ध होता है। भाषा के प्रति ही नहीं, जो लोग उनका व्यक्तिगत विरोध करते थे, उनके साथ भी द्विवेदी जी का व्यवहार इसी तरह था। काशी में डॉ. जगन्नाथ शर्मा, डॉ. विश्वनाथ प्रसाद मिश्र, पं. चन्द्रबली पांडे को द्विवेदी जी समुचित आदर देते थे। उनके चरणों की ओर देखते हुए करबद्ध प्रणाम करते थे। हमने उन लोगों के प्रति कभी कोई अनादर का शब्द द्विवेदी जी से नहीं सुना। एकाध बार खीझ कर व्यंग्य–व्यंग्य नहीं विनोद ज़रूर करते थे।

द्विवेदी जी के निबन्धों के लिए वाचिक एवं भाषण की शैली सर्वाधिक उपयुक्त है। हिन्दी लेखन में वाचिकता की परम्परा सर्वोत्कृष्ट रूप में भारतेन्दु-मंडल के साहित्यकारों में है। हमारे दौर में वाचिकता का उत्तम रूप द्विवेदी जी के लेखन में मिलता है। व्यंग्य-साहित्य में परसाई के यहाँ। द्विवेदी जी वाचन से ही अपनी विस्तृत जानकारी और पांडित्य को विषय-विन्यास में फेंट लेते हैं। डॉ. रामविलास शर्मा ने व्यंग्य में उन्हें कहीं कथावाचक

कहा है। कथावाचक को अपना वाचन ऐसा बनाना पड़ता है कि लोग उसे सुनते रहें–उसे सुनते तब रहेंगे जब विषय में रुचि बनी रहेगी। सिद्धान्तकार या सेमीनारों के बुद्धिजीवियों के सामने यह समस्या नहीं रहती। उनका परफार्मेन्स लाइव, सामाजिक-समक्ष नहीं होता–प्रतिक्रिया व्यक्त करते हुए सामाजिक सामने नहीं होते। वे सामाजिक से बहुत ऊपर–उनकी पहुँच, निगाह से भी ऊपर-ऊपर रह सकते हैं। लेकिन जिस आदमी को बोलते-लिखते समय सामाजिक का भी ध्यान रहता है उसे अपने वाचन-लेखन में ऐसा शिल्प लाना पड़ता है कि लोग उसकी बात सुनते रहें। समस्या एक और भी है। शिल्प और कथ्य का सम्बन्ध भी द्वन्द्वात्मक है। अगर आपने कथ्य को सस्ता या चलताऊ बनाकर वाचन परोस दिया, सिर्फ़ सामाजिक की पसन्द-नापसन्द को ध्यान में रखकर, तो आपका वाचन निरर्थक होगा। इसलिए रुचि का ध्यान भी सापेक्षता एवं सर्जनात्मकता की परिधि में होता है। जो लोग कला को प्रयोजन-निरपेक्ष नहीं मानते-समझते, जिन्हें वाचन या लेखन के द्वारा सामाजिक-श्रोता की रुचि में परिवर्तन करना होता है, कोई युगान्तरकारी परिवर्तन लाना होता है, वे ऊपर-ऊपर उड़ ही नहीं सकते। इसीलिए बुद्ध, ईसा, गांधी और सन्त कवियों की वाणी सहज और लोक-वार्ता, दृष्टान्तों से भरपूर होती है। इस तरह से देखें तो द्विवेदी जी के लेखन और वाचन में एक कथावाचक मौजूद रहता है। उनके लेखन का एक अंश ज़रूर ऐसा है जिसमें यह कथावाचक कम दिखाई पड़ता है–जब वे साहित्यिक सिद्धान्तों की व्याख्या करते हैं, या किसी सूत्र या उक्ति के सिद्धान्तीकरण में प्रवृत्त होते हैं–जैसे कालिदास की लालित्य योजना में, करण विनिगम, यथा भावानुप्रवेश, आनन्द पर विचार करते समय। बीच-बीच में वहाँ भी कथावाचक झाँकता रहता है।

द्विवेदी जी अपने कथावाचक को जानते-पहचानते थे। वे यह भी जानते थे कि लोग उनकी कथावाचन-शैली को लेकर व्यंग्य-विनोद करते हैं। अपने भाषण के बारे में वे मजे लेकर बातें करते। कभी-कभी ऐसा होता कि एक दिन में कई भाषण देना होता। हम लोग उनका प्रत्येक भाषण सुनने का प्रयास करते। अनेक भाषण देने में एक भाषण की बातों को अन्य भाषणों में दोहराना पड़ता। अब श्रोता हर भाषण सुने तो उसे दोहराने-तिहराने का पता चल जाएगा। वे हमें डाँटकर दूसरा-तीसरा भाषण सुनने से रोकना चाहते–'कहाँ पीछे-पीछे लगे हो। अरे भाई जो यहाँ बोला हूँ वही वहाँ भी बोलूँगा–जाओ पढ़ाई-लिखाई करो।' मैं भाषण नहीं दे पाता था। बोलना शुरू करते ही या तो शर्माने लगता या अनावश्यक रूप से उत्तेजित हो उठता। एक तो राष्ट्रीय स्वयंसेवक संघ का पूर्व-संस्कार दूसरे सबसे अच्छे वक्ता के रूप में विख्यात होने की, कहलाने की आतुरता। एक दिन गुरुवर गम्भीरता से बोले–'तुमने मेरे भाषण सुने हैं?"

पंडितजी, मैं तो आपका कोई भाषण छोड़ता ही नहीं।

"कैसा बोलता हूँ?"

मैं क्या उत्तर देता। "पंडितजी आप तो इतना अच्छा बोलते हैं। सब लोग आपके भाषणों की तारीफ करते हैं। आप जैसा प्रभावशाली भाषण कोई और नहीं दे पाता। आप बोलते ही दूसरे लोक में पहुँचा देते हैं।" बोलते-बोलते संकोच और वाचालता के बीच हाँफने लगा। पंडितजी गम्भीरता से बोले–

"तुम अच्छे-से-अच्छा भाषण दो—कुछ लोग ऐसे ज़रूर होंगे जो कहेंगे 'बेकार बोला'। तुम खराब से खराब बोलो। एकाध लोग ज़रूर मिलेंगे जो कहेंगे आज आप अच्छा बोले। इसलिए बोलते समय जो बोलना है उसका ध्यान रखो। तारीफ़-बुराई का ध्यान नहीं।

लगा कि पं. जी ने बोलते समय कहीं मुझे देखा लिया है या मेरे बारे में सुन लिया है। मेरी ही मनःस्थिति को ध्यान रखकर यह बात बताई।

पं. हजारीप्रसाद द्विवेदी मोहक वक्ता थे। मोहक वक्ता की भारी माँग होती है। हर समय नई बात कहना असम्भव है ऐसे वक्ताओं के लिए। फिर वक्तृता की वाचिक, आंगिक रूढ़ियाँ अपने आप विकसित हो जाती हैं। जैसे वे बोलना धीमे से शुरू करते। धीमे-धीमे स्वर में ओज भरता। भाषण में विनोद, हास्य, लघु वार्ता, कविता-पंक्तियाँ आतीं। स्वर का आरोह-अवरोह मन्द्रता आती। आवेश में वाक्य टूटता फिर जुड़ता। भाषणों में परिचित शैली में अनेक बार की कही गई बातों की पुनरुक्तियाँ होतीं। इन्हीं को द्विवेदी जी ने ठाकुर प्रसाद सिंह से मारीशस में 'लटके' कहा था। अपनी लटकेबाजी का उन्हें बोध था। वे इसे सहज स्वीकार भी करते थे। निबन्धों में भाषणों जैसी स्वर-लीला या देह-भाषा की भूमिका नहीं हो सकती थी। लेकिन शिल्प की आवृत्तियों, प्रवृत्तियों का उपयोग अनिवार्य था। और इनसे भाषण वाली मोहकता निबन्धों में पठनीयता बन जाती है। पं. जी के निबन्ध लिखित होने के बावजूद कहे हुए लगते हैं। पाठक को सीधे संप्रेषित होते हैं।

निबन्ध की शुरुआत आत्मीय स्वर में होती है। आसपास की चीजों, व्यक्तियों या बच्चों के संस्मरण किसी पूर्व कथा, पर्व, उत्सव या अवसर के उल्लेख से। यह स्वर आत्मीय कई कारणों से बनता है। शुरू में ही चमत्कार या पाठक के सामने असाधारणत्व की भांगिमा के अभाव के कारण। मैं कोई नई या खास बात नहीं कहने जा रहा हूँ, पुरानी बातों को नए ढंग से भी नहीं कहने जा रहा हूँ, इस अवसर पर या इस विषय पर बोलने के लिए आपको किसी विद्वान् को बुलाना चाहिए था। ऐसे ही एक समय में एक और अनजान व्यक्ति को बुला लिया गया था। वही स्थिति मेरी भी है जैसी शुरुआत। पाठक को शुरू में ही चमत्कृत या अपनी गरिमा से दबा देने वाले लेखक या वक्ता, सामाजिक या पाठक के मन में प्रायः प्रच्छन्न विरोध का भाव पैदा कर देते हैं। पंडितजी की प्रारंभिक विनम्रता और सहजता प्रायः नाट्यधर्मी होती। यानी उनके स्वभाव को प्रकट कर देने वाली होती। भाषण और निबन्ध दोनों की शुरुआत धीमे संकोच के स्वर में। यह उन्हें श्रोता, पाठक की निकटता प्रदान करती। बाद में पंडितजी की विद्वत्ता एवं वाग्मिता, आत्मीयता श्रोता-पाठकों पर जादू करती। ऐसा कि पंडितजी को परफार्मर वक्ता कहने वालों की संख्या कम नहीं है। लेकिन वह परफार्मेन्स ऐसा होता था कि पाठक सामाजिक को हमेशा लगता रहता था कि यह परफार्मेन्स नहीं है। पाठक-सामाजिक अभिनय या लीला से नहीं प्रभावित होता—अभिनय या लीला के पार जीवन-अनुभव की निजता पहचान कर प्रभावित होता है। लीला या अभिनय, ज़्यादा से ज़्यादा साधन है। पंडितजी के लेखन एवं भाषण में ही नहीं, सामान्य जीवन के व्यवहार में भी कलात्मकता के अभाव का बोध हमेशा बना रहता था। औपचारिकता का अभाव जो प्रशासनिक आचार में नियमों या क़ायदे-कानून के अपरिचय और उपेक्षा तक पहुँचता था। द्विवेदी जी को जीवन में इसका ख़ामियाजा भी भुगतना पड़ा।

निबन्ध वार्तालाप की शैली में हैं। यह शैली हिन्दी गद्य में भारतेन्दु से प्राप्त हुई। श्रोता से सीधे बातचीत का भाव, उससे संवाद, निबन्ध को नाटकीयता से युक्त करता है। व्यक्तिगत जीवन के दृष्टांत, उदारहण निबन्ध में नया मोड़ पैदा करते हैं। पंडितजी की निज प्रतिवाद की वृत्ति उनके निबन्धों में वार्तालाप शैली को अधिक सहज अनौपचारिक, जीवंत बनाती है मानो कोई बात कहकर फिर किसी कारण से उससे विपरीत भिन्न या उलटी बात कहने का हक़ उन्हें हासिल हो। यह कि अभी जो बात हमने कह दी थी उसमें अतिव्याप्ति है, ज़्यादा सोचकर कहे तो यह बात यूँ कही जानी चाहिए। मतलब यह कि आपके (श्रोता) के सामने मैं कोई बहुत तैयारी करके, आगा- पीछा सोचकर चिन्तन-मंथन करके बातें नहीं कह (लिख) रहा हूँ। बातें जैसे-जैसे मन में आती-जाती रहती हैं दर्ज करता जा रहा हूँ। सामान्य से बात करते समय हम जैसा कहते हैं—अब आपसे क्या छिपाऊँ आपस क्या पर्दा जैसी मुद्रा। यह पाठकीय आत्मीयता पाने का अधिकार और आधार है।

द्विवेदी जी के लेखकीय और सामान्य (गैर लेखकीय) व्यक्तित्व की अभिव्यक्ति-शैली में लगभग अभेद था। कोई बात कहते तो अक्सर उस बात के भिन्न पहलू या स्थिति का भी उल्लेख कर देते। इससे बात का प्रतिवाद तो हो जाता लेकिन साथ ही बात की एकांगिता, इकहरापन या अत्याग्रह बिखर जाता। इसे वाक्संयम या अपनी कही हुई बात को खुद परखते रहने की क्षमता भी कहा जाना चाहिए। मतलब कि यह अभिव्यक्ति की कला-शैली है लेकिन इस शैली का सम्बन्ध द्विवेदी जी के व्यक्तित्व की आन्तरिक निर्मिति—उनकी जीवन दृष्टि से भी है। एक बार अपने अध्ययन-कक्ष के बारे में बता रहे थे। वह स्टोर था जिसमें वे अकेले में बैठकर लिखते-पढ़ते थे। विषय से सम्बद्ध साहित्य बिखरा रहता। बोले—"उस कमरे में चिड़िया का पूत भी पंख नहीं मार सकता।" फिर थोड़ा रुककर बोले चिड़िया का पूत तो खैर कभी-कभार आ जाता है।

"कुट अर्थात् घड़े से उत्पन्न होने के कारण प्रतापी अगस्त्य मुनि भी 'कुटज' कहे जाते हैं।'' इसके बाद का वाक्य 'घड़े से तो क्या उत्पन्न हुए होंगे। कोई और बात होगी" इसी प्रकार—

'यद्यपि कवियों की भाँति हर फूल-पत्ते को देखकर मुग्ध होने लायक हृदय विधाता ने नहीं दिया है, पर नितान्त ठूँठ भी नहीं हूँ।"[11]

जब वे इसी शैली में कई फेरे लपटते हैं, तब स्मृत एवं उल्लिखित से आत्मीयता एवं दुलार का ठेठ व्यक्तित्व सामने आता है। निष्प्रयोजन (जिसे वे प्रयोजनातीत कहते है) आत्मीयता की प्रगाढ़ता से भाररहित सत्त्व या जिसे हम देवत्व कहते है, व्यक्त होता है। राग भी (महाराग प्रयोजनातीत होकर) सत्त्वस्थ होने का साधन बनता है राग भी सत्त्व में विलीन होता है और विकार भी निर्मलता में।

''बार-बार मन विश्वास करने को उतारू हो जाता है कि यक्ष बहाना मात्र है, कालिदास ही कभी 'शापेनास्तंगितमहिमा' होकर रामगिरि पहुँचे थे, अपने ही हाथों इस कुटज पुष्प का अर्घ्य देकर उन्होंने मेघ की अभ्यर्थना की थी। शिवालिक की इस अनुत्युच्च पर्वत-शृंखला की भाँति रामगिरि पर भी उस समय और कोई फूल नहीं मिला होगा। कुटज ने उनके सन्तप्त चित्त को सहारा दिया था—बड़भागी फूल है यह। धन्य हो कुटज, तुम गाढ़े

के साथी हो। उत्तर ओर सिर उठाकर देखता हूँ, सुदूर तक ऊँची काली पर्वत-शृंखला छायी हुई है और एकाध सफेद बादल के बच्चे उससे लिपटे खेल रहे हैं। मैं भी इन पुष्पों का अर्घ्य उन्हें चढ़ा दूँ? पर काहे वास्ते? लेकिन बुरा भी क्या है?"[12]

'पर काहे वास्ते? लेकिन बुरा भी क्या है?' कालिदास की भाँति कुटज का अर्घ्य चढ़ाने का विचार फिर उसका प्रतिवाद क्यों—क्यों और किसके लिए—दोनों का मिश्र भाव काहे वास्ते? फिर उसका प्रतिवाद 'लेकिन बुरा भी क्या है?' और इस प्रश्न के साथ विचार-सूत्र समाप्त। दो-दो प्रश्नवाचक प्रतिवाद, साथ-साथ निषेध का निषेध, आगे नया सूत्र शुरू—कुटज के ये सुन्दर फूल बहुत बुरे तो नहीं हैं?

कालिदास, कुटज, पर्वत-शृंखला, सफेद बादल के बच्चे—इन सबके बीच निबन्धकार का मैं भी आ गया। उसकी इच्छा पुष्पों का अर्घ्य चढ़ा देने की हो गई। मैं के साथ भी यानी कालिदास की ही तरह। कालिदास अगर कहीं सचमुच पंडित जी को मिल जाते तो क्या होता, सोचकर ही रोमांच हो जाता है। पं.जी आजीवन कालिदास के साथ रहते-रहते भी उन्हें ही खोजते रहे हैं, उनकी कविता के उपवन में। 'कभी ऐ हक़ीक़ते मुन्तज़र नज़र आ लिबासे मज़ाज में'।

कालिदास का यह कुटज-साहचर्य विशिष्ट है, निबन्धकार के जीवन-प्रसंग के सन्दर्भ में। कालिदास का यक्ष निर्वासित था। निबन्धकार भी निर्वासित-विस्थापित था। कुटज गाढ़े का साथी है। ''कालिदास ही कभी शापेनास्तंगित महिमा होकर रामगिरि पहुंचे थे, अपने ही हाथों इस कुटज पुष्प का अर्घ्य देकर उन्होंने मेघ की अभ्यर्थना की थी'' निर्वासित-विस्थापित निबन्धकार का भी गाढ़े में कुटज साथ दे रहा है। यह सादृश्य निबन्धकार को एक और दिशा में प्रेरित करता है। यक्ष की एक प्रिया भी तो थी, मैं भी इन पुष्पों का अर्घ्य उन्हें चढ़ा दूँ? मन कर रहा है। 'पर काहे वास्ते'? यह प्रश्न नहीं उत्तर है। उत्तर को गुरुदेव विदित नहीं करना चाहते। कालिदास ने भी अपने अर्घ्यदान के आलम्बन को कहाँ बताया था! यह 'पर काहे वास्ते'? का दुलार भरा रहस्य रोमांसगर्भी टुकड़ा यों ही नहीं है। गाढ़े में कुटज ही साथ नहीं दे रहा है। अनाम प्रिय की स्मृति भी साथ दे रही है। सहारा देने वाला, पाने वाला, साधन कुटज, सब बड़भागी हैं। पर काहे वास्ते निषेध का बोधक नहीं, विधेय का उद्घाटक है। इसी के साथ पढ़िए—'पर' का प्रतिवाद—लेकिन बुरा भी क्या है। निषेध का निषेध हुआ तो विधेय हो गया। आगे मेरी बुद्धि न जा पाएगी, न जाना चाहती है। माता जी उस समय कहाँ थीं? बच्चे लिपटे खेल रहे हैं। निबन्धकार के बच्चों की याद से जुड़े हैं।

लेखन में द्विवेदी जी (घटना-प्रसंगों की दृष्टि से) आत्मकथात्मक बहुत कम होते हैं। विरोधियों की आलोचना करना उनके स्वभाव में नहीं था। दुखी ज़रूर होते थे। 'कुटज' में व्यंग्य के माध्यम से आलोचना कुटज के गुण-कथन में रूपान्तरित हो गई है।

''कुटज क्या केवल जी रहा है? वह दूसरे के द्वार पर भीख माँगने नहीं जाता। कोई निकट आ गया तो भय के मारे अधमरा नहीं हो जाता, नीति और धर्म का उपदेश नहीं देता फिरता, अपनी उन्नति के लिए अफसरों का जूता नहीं चाटता फिरता दूसरों को अपमानित करने के लिए ग्रहों की खुशामद नहीं करता, आत्मोन्नति के हेतु नीलम नहीं धारण करता, अँगूठियों की लड़ी नहीं पहनता।''[13]

नीलम और अँगूठियाँ धारण करने वाले सज्जन काशी वि. विद्यालय के हिन्दी विभाग में हैं। इन दुर्गुणों से रहित कुटज है जो 'जीता है और शान से जीता है—काहे वास्ते...? काहे वास्ते फिर आया। कुटज प्रसन्न और आत्मविश्वासी मन से रचा गया निबन्ध है। विस्थापित हजारीप्रसाद द्विवेदी स्थापित हो गए हैं, पंजाब ने उनका अप्रत्याशित स्वागत किया है। स्वल्प बहु नहीं हुआ है, बहु भी मिल गया है। तथापि विस्थापन का दंश है। आत्मविश्वास के साथ वह दंश भी मौजूद है, उल्लिखित नहीं है। अकथित है।

यह दंश चारुचन्द्रलेख में घुंडकेश्वर पात्र की सृष्टि करता है जो दिल्ली जाकर सीदी मौला के विरुद्ध षड्यंत्र रचते हैं। सीदी मौला को हाथी के पाँव तले कुचलवा देना चाहते है और अन्ततोगत्वा (उपन्यास में नहीं) इतिहास में, कामयाब भी हो जाते हैं।

घुंडकेश्वर का भी कोई मूल होगा। दक्षिण के किसी सम्प्रदाय में। पं.जी प्रायः 'नामूलं लिख्यते' का पालन करते हैं। यह संयोग हो सकता है कि घुंडकेश्वर और गुंडेश में ध्वनि-साम्य है। फिर भी मुझे व्यक्तिगत रूप से आहत निबन्धकार के इस दंश से उपजा हुआ विवरण अच्छा नहीं लगता। यह द्विवेदी जी के लेखकीय व्यक्तित्व का स्वाभाविक रूप नहीं, अपवाद है। सहज रूप यही है कि वे खलनायक, प्रतिनायक की सृष्टि नहीं कर पाते। किसी के दोष के बारे में कुछ कहना ही पड़े तो उसे घुमाकर इस तरह कहना कि दोष की धार पैनी न रहे—उनकी प्रवृत्ति है। "घर में काम-काज करने वाली दासी 'कुटकारिका' और 'कुटहारिका' कही ही जा सकती है। एक जरा गलत ढंग की दासी 'कुटनी' भी कही जाती है।" पं. जी के बारे में प्रसिद्ध था कि वे प्रशंसा तो खुलकर करते थे लेकिन आलोचना ऐसे करते थे कि वह आलोचना न लगे। किसी ने उनकी इस शैली को जीह देहरी द्वार शैली कहा भी था जिसमें प्रकाश दोनों ओर रहता है, पड़ता है। मान लीजिए वे किसी पुस्तक के बारे में कहना चाहते हैं कि यह पुस्तक परीक्षापयोगी है, गम्भीर पाठकों के काम की नहीं तो कहेंगे—'कुछ लोग कह सकते हैं कि पुस्तक में घूम-फिरकर वही बातें कही गई हैं जो पहले से ही विदित हैं और कोई नई बात नहीं कही गई है। बात ठीक हो सकती है लेकिन ऐसा न होने पर पुस्तक सामान्य विद्यार्थियों के काम की न रह जाती।' द्विवेदी जी आलोचना और सम्मति में अन्तर करते थे। सम्मति देते समय प्रायः वे प्रशंसा ही या पुस्तक के बारे में अच्छी बातें ही कहते थे। जो किताब अच्छी लगती, आलोचना भी प्रायः उसी की करते थे। अपने विद्यार्थियों की किताबों पर वे ज़रूर आलोचनात्मक टिप्पणियाँ करते थे, प्रोत्साहन के साथ-साथ।

III

19वीं शताब्दी से प्राचीन भारत को समकालीन दृष्टि से देखने और समझने-समझाने का काम शुरू हुआ। इसका अधिकांश श्रेय पश्चिमी प्राच्यविदों को है। वे भारत के अतीत को जानना चाहते थे। शांतिनिकेतन में द्विवेदी जी इस काम में दीक्षित हुए। संस्कृत, प्राकृत, पालि, अपभ्रंश के विद्वान् तो वे थे ही। बंगाली भाषा और साहित्य भी उनके लिए अपनी भाषा और अपना साहित्य बन गया। शांतिनिकेतन में उन्हें संकीर्णतारहित

उदार विश्वदृष्टि मिली। सबसे बड़ी बात यह कि उनके संवेदन के ढाँचे का आधार यानी निरन्न-निर्वस्त्र जनता की यातना समय के साथ घटी नहीं, बनी रही और बढ़ती रही। जिसे वे महान उद्देश्य कहते हैं, जीवन की सार्थकता कहते हैं, दलित द्राक्षा के समान स्वयं को ढालकर निश्शेष कर देना कहते हैं—उसमें वह यातना स्थित है। पं. हजारीप्रसाद द्विवेदी की वह निजी यातना है, आरोपित या केवल बोधात्मक नहीं। वह केवल बुद्धिजीवी की जिज्ञासा-पीड़ा नहीं है। जिज्ञासा पीड़ा यातना का एक आयाम है। उनके लेखन की सहजता और वाचिकता उसी संवेदना का रूप है—यह अभिव्यक्ति-शैली उस लेखक, संस्कृतिकर्मी, राजनीतिक की होगी जिसके भावबोध में दलित जन की यातना बनी हुई है।

सहजता अन्ततोगत्वा दलित-मूक, कातर जन तक पहुँचने का प्रयास, भाषा का रूप है। उनके लेखन की वाचकता सिर्फ़ तेवर नहीं है।

चंडीगढ़ में द्विवेदी जी ने मिथक की अवधारणा पर काम किया। 'मिथ' के लिए हिन्दी में 'मिथक' में शब्द उन्हीं का बनाया और प्रचलित किया हुआ है। अवधारणा के रूप में मिथक पर काम चंडीगढ़ में किया लेकिन वे शुरू से आखिर तक मिथकों की व्याख्या करने में तल्लीन रहे। उन्होंने 'आम फिर बौरा गए' में ही घोषित कर दिया था कि वे लोक-प्रवादों लोक-वर्ताओं आदि को महत्त्वहीन नहीं मानते। उनके सभी उपन्यास मिथकों, लोकवार्ताओं की युगीन व्याख्या करते हैं। किसी ने उनके भाषण और लेखन के बारे में कहा था—द्विवेदी जी इतना अधिक प्रभावित इसलिए करते हैं क्योंकि वे मिथक-भाषा का प्रयोग-उपयोग करते हैं। मिथक का राजनीति में सबसे प्रभावशाली उपयोग गांधी ने किया है। रामराज के मिथक का। मिथक जाति की सार-भाषा है। रामराज का जो प्रभाव जनता पर पड़ता है, वह प्रभाव किसी अन्य प्रकार के भाषा-प्रयोग से नहीं पड़ सकता। इसके लिए पुरातन और आधुनिक की विश्वसनीय समझ होनी चाहिए और फिर दोनों सूत्रबद्ध करने—सूत्रबद्ध नहीं दोनों को मिलाकर एक शब्द-मंत्र बना देने की क्षमता होनी चाहिए। वह दृष्टि जो शताब्दियों के अतीत में वर्तमान और वर्तमान में अतीत—और फिर सबको समेटे इतिहासधारा। महाकाल का कुंठ नृत्य।

काल का बोध कर्म से होता है। काल तो मनोविकार, अरूप है। अवधारणा मात्र है। कर्म से उसका पता चलता है। 'कालहिं कर्महिं' लिखते समय तुलसी के मन में क्या बात रही होगी। कर्म के रूप में व्याप्त काल और इतिहास हमारे जीवन में व्याप्त हैं। परस्पर-सम्बद्ध। द्विवेदी जी के चिन्तन में यह बात आधारभूत है। हिन्दी साहित्य पर बात वे देश काल की सीमा में करते हैं, फिर भी वे जोर देते हैं कि बिना भारतीय साहित्य को देखे हिन्दी साहित्य नहीं समझा जा सकता। वह इतिहास द्वारा ऐसा सिला है कि एक टाँका उत्तर भारत में मिलता है तो दूसरा उड़ीसा में आश्चर्य नहीं तीसरा केरल में मिले। इस प्रवृत्ति के अनेक उदारहण उनके लेखन, भाषण में, बातचीत में मिलते है। 'हर्षचरित में एक शब्द आता है—'चैल चक्र' इस शब्द को लेकर राय कृष्णदास, डा. वासुदेवशरण अग्रवाल और द्विवेदी जी बहुत समय तक उलझे रहे। एक दिन किसी बैलगाड़ी हाँकने वाले के मुँह से द्विवेदी जी ने सुना 'चेल चकवा'। उसने बताया बैलगाड़ी के चक्के में धुरी के पास तेल में

डुबोकर जो कपड़ा लगाया जाता है उसे 'चेल चकवा' कहते है। आचार्य सुनकर सचमुच नाच उठे। वाह! महीनों तक अनेक भाव मुद्राओं में झूम-झूम कर पं. जी अर्थोद्घाटन का रोमांच बाँटते रहे।

मध्यकाल में और हम लोगों के बचपन के समय तक कई जातियों के विशिष्ट नाच और गान होते थे। धोबियों का नाच, अहीरों का नाच, 'पूर्व कथित चमारों' का गान। द्विवेदी जी ने एक बार उनका एक गीत 'धन-धरती तोहार, उन्हीं लोगों की धुन में गाकर सुनाया। पं.जी गाते नहीं थे–एकाध बार बहुत प्रसन्न भाव में–विनोदपूर्वक नकल करते हुए, जिसे वे टूँगा उतारना कहते थे, गाते सुना है। सो उन्होंने यह गीत सुनाया। फिर कई वेद-मंत्र उसी लय में सुनाए। बोले–लगता है वेद-गान की यह पद्धति (पूर्व कथित) चमार-गान में बची है। और तो और हम लोग भी इसे कल्पना को ज़रूरत से ज़्यादा खींचना समझते थे, लेकिन बात उतनी ऐतिहासिक प्रामाणिकता की नहीं, लोकप्रचलित, वार्ताओं, गानों, विश्वासों, मिथकों की व्याख्या और उनकी सहायता से इतिहास के लुप्त स्रोतों, पद्धतियों के उपयोग की है। अशोक के फूल, आप फिर बौरा गए, कुटज आदि निबन्धो में ही नहीं, हिन्दी साहित्य के इतिहास-लेखन, विशेषतः आदिकाल में उनकी यह खोजी प्रवृत्ति दिखलाई पड़ती है। इसका उपयोग राजनीति में कैसा हो सकता है इसका उदाहरण–

देवरिया के नेता (शायद समाजवादी पार्टी के) श्री गेंदा सिंह सांसद हुए थे। एक बार भाषण में जनता को क्रान्ति समझा रहे थे। भाषण में कहा (गेंदा सिंह ने), "क्रान्ति के विचार को दुबेदी जी ने बहुत अच्छी तरह समझाया है–चिलम बदल दो तो क्रान्ति नहीं है, आग नई ले आओ तब भी क्रान्ति नहीं नारियल बदलने से भी नहीं। अरे पूरा हुक्का बदल दो तब क्रान्ति हुई। हुक्का बदलकर नया हुक्का लाओगे तब उसमें तमाखू, टिक्की, आग-पानी सब नया लाना पड़ेगा। यही क्रान्ति है।

विचारों को सामान्य जनता के बोध-स्तर से समझना-समझाना, उनके जीवन-सन्दर्भ में उन शब्द विचारों को दृश्य बनाकर परिचित कराना–यह पुनराविष्कार है, उन्हें जीवन-सन्दर्भ देना है। तब वे विचार आत्मीय होते हैं। विचारों को दृश्य बनाने का मतलब, जीवन-दृश्यों, स्थितियों में उनको पहचानना और शब्द-रूपों में अन्तरित करना। द्विवेदी जी कहते हैं कि अतीत को देखना चाहते हैं और पंख नहीं हैं। दूसरी ओर वे अतीत के घटना-दृश्यों का ऐसा वर्णन-चित्रण करते हैं, मानो देख रहे हों–

"मैंने साफ देखा; मुर्शिदाबाद की सड़कों पर मुसलमान वंशोद्भूत साधक हरिदास भावावेश में हरिनाम संकीर्तन करते जा रहे हैं और जल्लाद उन पर अविश्रान्त भाव से दंड-प्रहार करते जा रहे, चेहरे पर ज़रा भी शिकन नहीं पड़ती। शान्त और मोहक तेज बढ़ता ही जा रहा है। (इसके बाद दर्शक निबन्धकार की स्थिति) मैं स्तब्ध निर्वाक्।"

यह देखना है और पाठक को दिखाना भी है। यह अतीत को समझना भी और समझाना भी है। कहते हैं कि सर्जना समझ की प्रक्रिया है।

रचना तो अन्ततोगत्वा समझने की ही प्रक्रिया है। और समझाना–वह भी समझने की ही प्रक्रिया है। रचनाकार जानते हैं कि रचना-प्रक्रिया सत्य और सौन्दर्य के निरंतर उद्घाटित

होने की प्रक्रिया है। रचनाकार और पाठक का अन्तर अहंकार के कारण बीच में आता है। मुझे कभी-कभी लगता है–पाठक का अहंकार भी आड़े आता है। आलोचक समीक्षक का तो अक्सर। सर्जक और पाठक के बीच एक मायावरण पड़ा रहता है बस!

शिल्प, शैली, रूप-विधान सब समझने-समझाने की प्रक्रिया हैं। रचना-प्रक्रिया निरन्तर देखने-समझने की प्रक्रिया है। द्विवेदी जी के उपन्यास अतीत में देखने, समझने-समझाने की ही प्रक्रिया में रचनाएँ बनते हैं। अतीत के बारे में उनकी जानकारी, उनकी संवेदना में औत्सुक्य–द्विवेदी जी का प्रिय कालिदास का शब्द पर्युत्सकी भाव जगाता होगा और वे उसे रचनाधर्मिता की प्रक्रिया में साक्षात् बनाते होंगे। रचनाधर्मिता की केमिस्ट्री में अतीत-वर्तमान, संवेदना, बोध-विक्षोभ सब गहन संश्लिष्ट होकर सघन अखंड हो जाते होंगे। उस अखंड के ही विखंडन की आवाज़ आजकल जोर से सुनाई पड़ रही है। अतीत और वर्तमान का द्वन्द्व-बोध तो प्रस्थान है। रचना में क्रियमाण होते समय वह परम व्यापक, परस्पर गुणित और अन्ततोगत्वा अखंड बन जाता है। यह कोई अगम रहस्य नहीं। पाठकीय आस्वाद और रचनाकर्मी के संवेद्य में अन्तर केवल पक्ष का मालूम पड़ता है। रचना-प्रक्रिया में ही रचना की आस्वाद-प्रक्रिया भी चलती रहती है–द्वौ सुपर्णौ वाली–एक ही के दो रूपों–भोक्ता और द्रष्टा की बात है।

अपने समय की शायद ही कोई समस्या हो, उल्लेखनीय समाचार शीर्षक हो जिस पर द्विवेदी जी ने कलम न चलाई हो। इस दृष्टि से वे निबन्ध-साहित्य को विषय विस्तार देने वाले निबन्धकार हैं। वे देश-काल को समस्या की तात्कालिकता में भी पकड़ने वाले रचनाकार हैं। तात्कालिकता को ऐतिहासिक नेपथ्य के बिना पकड़ा ही नहीं जा सकता। यह बात उनके निबन्धों से प्रकट होती है। विषय-व्यापकता की दृष्टि से उनकी तुलना केवल हरिशंकर परसाई से की जा सकती है। परसाई ने यद्यपि अतीत से सम्बन्धित विषयों-व्यक्तियों पर प्रसंगगर्भी स्वतंत्र निबन्ध नहीं लिखे हैं, अतीत की संस्कृति को पुनर्निर्मित नहीं की है लेकिन अतीत के मिथक, पौराणिक कथाएँ, पात्र उनके निंबन्धों में भरपूर बिखरे रचे-बसे है। कबीर, तुलसी, राम, नारद, भीम, धृतराष्ट्र, विक्रम, बैताल ग़ालिब, गांधी आदि से परसाई का साहित्य भरा है। विषय-वस्तु की यह विशालता मूलतः संवेदन की व्याप्ति है जो हर समस्या एवं विषय पर विक्षुब्ध होकर रचनात्मक प्रतिक्रिया व्यक्त करती है। ज्ञान, संवेदन, शब्द-कर्म में पर्यवसित होता है। विषय-विस्तार केवल कलमघिस्सूपन नहीं है। उसके लिए भी मजबूत दिमाग़ और मजबूत कलाई और उँगलियाँ चाहिएँ लेकिन वह कलम से ज़्यादा सभ्यता-समीक्षा एवं संवेदना की व्याप्ति और विवेक, विक्षोम का विषय है। पंडितजी का एक निबन्ध है लड़ाई खत्म हो गई–

"मार्च में मैं अस्वस्थ हो गया और मार्च में ही इतिहास की गति में तेजी आ गई। न जाने मेरे स्वास्थ्य और इतिहास में क्या सम्बन्ध है कि जब इतिहास ज़रा वेग पकड़ता है तभी मेरे शरीर के नाना जाति के कीटाणुओ में भी हलचल पैदा हो जाती है।"

काल की अरूप अवधारणा को सरूप एवं सगुण बनाते हुए मानव-कर्म। जिससे निबन्धकार द्विवेदी जी का तादात्म्य है। आगे लिखा भी है–"हाय रे भाग्य! इतिहास-विधाता की सड़क क्या मेरी धमनियों में ही गुजरती है।" इतिहास-विधाता की सड़क का

निबन्धकार की धमनियों में से गुजरने का कारण है। यह अनथक लेखन, अपने रचनाकार को सुदूर काल और विशाल देश के अनहद्दी मैदान में पटक देता है।

निज प्रतिवाद के विषय में पंडितजी सचेत थे। वे किसी चिन्तक-लेखक का एक वाक्य अक्सर उद्धृत करते—मुझे अपनी बात को काटने का अधिकार ज़रूर मिलना चाहिए—आई मस्ट हैव राइट टू कंट्राडिक्ट माइसेल्फ। यह अनाग्रह सत्य के प्रति आग्रह की प्रतिबद्धता के कारण है। वे अपने को अनेकांतवादी भी कहते थे। सच पूछिए तो यह विचारक की निष्पक्षता और निरहंकार का लक्षण है। कहीं-न-कहीं यह प्रवृत्ति अपनी बात पर विश्वास और तर्कसंगति की दृढ़ता से उत्पन्न आत्मविश्वास का भी द्योतक है। जब आप अन्तर्विरोधों की उपेक्षा करते हैं और विरोधी की बातों को महत्त्व नहीं देते तो विचारक के रूप में, दुराग्रही, गलत और राजनीति के क्षेत्र में अदूरदर्शी और जनतंत्र-विरोधी होते हैं। समाज-कल्याण की दृष्टि से समाजवादी सत्ताएँ लोकहित करती रही हैं किन्तु विरोधी पक्ष की बात सुनने की दृष्टि से बहुत पिछड़ी। यही बात आपातकाल की राजनीति पर भी लागू होती है। द्विवेदी जी के पाठकों की संख्या बहुत बड़ी है। वे हिन्दी के अतीव लोकप्रिय गद्यकारों में से हैं। इस अर्जित लोकप्रियता का कुछ-न-कुछ कारण होना चाहिए। आपको कोई लेखक क्यों अच्छा लगता है? यह बात अच्छे लगने के अन्य क्षेत्रों में भी लागू होती है, जब आप उसमें कुछ ऐसा पाते हैं जो अन्य लेखकों में नहीं मिलता या कम मिलता है। द्विवेदी जी के निबन्धों को आप पढ़ें। पढ़ने के बाद आपको उस विषय पर सोचने-समझने, या आस्वाद की कोई नई सामग्री मिलेगी। आप अनुभव करेंगे कि इस विषय को इस तरह किसी अन्य ने प्रस्तुत नहीं किया था। इस अनन्यता से पाठक का ममत्त्व, अपनापा मिलता है। अशोक के फूल, कुटज, देवदारु, हिन्दी भाषा और साहित्य की समस्याएँ, नाखून क्यों बढ़ते हैं, ठाकुर जी की बटोर, मेरी जन्मभूमि, भीष्म को क्षमा नहीं किया गया निबन्धों को पढ़ने वाले मेरी बात की पुष्टि करेंगे। विषय वस्तु की नवीनता, कहन की नवीनता अनन्यता के बग़ैर नहीं आ सकती। कहन से कुछ और बातें लगी हैं।

पाठक का चमत्कृत होना एक बात है और प्रभावित होना दूसरी बात। प्रभावित का ठीक अर्थ समझने के लिए 'राम की शक्ति पूजा' की भावित नयनों से सजल गिरे दो मुक्त दल..., का स्मरण करना ठीक होगा। सचमुच के लेखक रचना में लेखक नहीं, मित्र या आत्मीय लगते हैं, लेखक के तेवर अदृष्ट होते हैं। आतुर लेखक अपने अस्तित्व का, लेखक होने का बोध बराबर पाठकों को कराते हैं। वे अपनी विलक्षणता से पाठक को अधिक-से-अधिक चमत्कृत करते हैं। वे रचना के मायालोक में पाठक का प्रवेश नहीं करा पाते। लोकप्रियता या आत्मीयता इस तरह के कहने से नहीं मिलती। जो सहज नहीं, वह सुन्दर नहीं हो सकता।

सहज में आन्तरिक संगति होती है। पंडितजी के बारे में अक्सर कहा जाता है कि वे लिखते समय (भाषण देते समय भी) पांडित्य का बोझ पल भर में उतारकर फेंक देते थे।

पांडित्य बना रहता है फिर भी पांडित्य का बोझ कैसे उतर जाता है? बोझ उतर जाता है तो पंडित का व्यक्तित्व हल्का हो जाता है—हल्का यानी भारहीन। भारहीन सत्त्व का लक्षण है। लेकिन यह बात बाद में। हिन्दी साहित्य में द्विवेदी युग से ही एक प्रवृत्ति देखने

में आती है। लेखक, पाठकों को नई बातों को और अज्ञात, अल्पज्ञात पुरानी बातों को भी समझाकर व्याख्यायित करके प्रस्तुत करते हैं। द्विवेदी युग के ही उत्कृष्ट निबन्धकार पं. रामचन्द्र शुक्ल अपने निबन्धों में सूत्र प्रस्तुत करते हैं फिर उसे नाना प्रकार से व्याख्यायित करते हैं, अपने शब्दों में, दृष्टान्त देकर उसे पाठक के जीवन-संदर्भ में रखते हैं। शायद प्राचीन भारत की सूत्र एवं वार्तिक, टीका की परम्परा से यह प्रवृत्ति जुड़ती हो। रामचन्द्र शुक्ल पौरस्त्य और पाश्चात्य अवधारणा को खुद समझने और पाठकों को समझाने की प्रक्रिया में निबंध लिखते हैं और आलोचना भी। इसीलिए कठिन विषय उनके लेखन में अवधार्य हो जाता है, दत्तचित्त पाठकों की समझ में आ जाता है। यही बात हम चन्द्रधर शर्मा गुलेरी (जिनका नाम पं. रामचन्द्र शुक्ल से पहले आना चाहिए था), पं. हजारीप्रसाद द्विवेदी, डॉ. रामविलास शर्मा और बहुत दूर तक पं. नन्द दुलारे वाजपेयी, डॉ. नगेन्द्र और डॉ. नामवर सिंह की आलोचना में भी दिखलाई पड़ती है। आजकल के आलोचक, अन्य लेखक नई अवधारणाओं को जीवन-सन्दर्भ में नहीं प्रस्तुत कर पाते। इससे शक होता है कि वे खुद भी उन अवधारणाओं को समझते नही हैं, उनका उपयोग पाठक को चमत्कृत करने के लिए करते हैं।

यह व्याख्या, समझना, समझाना लेखकीय नैतिकता और जिम्मेदारी भी है। यह खोज भी है, वर्तमान के विषम यथार्थ को समझना भी है और उससे मुक्त भविष्य के निर्माण के स्वप्न और संघर्ष में लेखकीय योगदान है।

पंडितजी के लेखन का पूर्णांश नहीं तो अधिकांश भारत की सांस्कृतिक व्याख्या और उसकी पुनर्निर्मिति है। पुनर्निर्मित यानी वर्तमान के आग्रहों द्वारा पुनर्निर्मित। इस पुनर्गठन को सर्वथा नवान्तरण नहीं कह सकते क्योंकि अतीत, अतीत रहकर ही पुनर्गठित होता है, उसमें कोई विजातीय या अनुपस्थित अंश नहीं आता। उसकी निहित सभावनाएँ ही नया रूप धारण करती हैं। जो अंश बदल नहीं सकता वह नष्ट हो जाता है। अनुमानतः वह नष्ट होने से ज़्यादा कहीं उपेक्षित चिपका पड़ा रहता है।

पंडितजी की व्याख्या वाली पद्धति के कुछ उदाहरण देना उचित होगा।

"कहते हैं कि शिव ने जब उल्लासातिरेक में उद्दाम नर्त्तन किया था तो उनके शिष्य तंडुमुनि ने उसे याद कर लिया था। उन्होंने जिस नृत्य का प्रवर्तन किया उसे ताण्डव कहा जाता है। तांडव अर्थात् तंडुमुनि द्वारा प्रवर्तित रस-भाव-विवर्जित नृत्य? (नृत्त)'' (देवदारु से) इतना पूर्वविदित है, यद्यपि अधिकांश हिन्दी पाठकों का ज्ञान-वर्धन करता है। किन्तु इसकी यह व्याख्या पूर्वकथन नहीं व्याख्या है–''तांडव की महिमा आनन्दोन्मुखी एकाग्रता में है। समाधि भी एकाग्रता चाहती है।" आगे–

"बाह्य प्रकृति के दुर्वार आकर्षण को छिन्न करने का उल्लास तांडव है। अन्तः प्रकृति के असंयत फिंकाव को नियंत्रित करने के उल्लास का नाम समाधि है।''

निबन्धकार ने लिखा था–"क्या यों ही समाधि लगाने के लिए महादेव ने 'देवदारुद्रुम वेदिका' को ही पसन्द किया था। कालिदास के श्लोक का सन्दर्भ है।

स देवदारु द्रुम वेदिकायां शार्दूलचर्म व्यवधानवत्याम्
आसीनमासन्नशरीरपातस्त्रियम्बकं संयमिनं ददर्श (3.44 कु. सं.)

जहाँ तक मेरी जानकारी है यह सवाल पहले किसी कालिदास-विशेषज्ञ ने नहीं उठाया है कि शंकर ने देवदारुद्रुमवेदिका पर समाधि क्यों लगाई? सवाल उठाना बहुत बड़ी बात है। सीधा सवाल उठाकर सीधा जवाब देना और बड़ी बात है। और सवाल का जवाब पंडितजी देते हैं। मनुष्य की जय-यात्रा वाला बहुप्रयुक्त बिम्ब उनके काम आता है। तृणांकुर गुरुत्वाकर्षण के भार को पार कर ऊपर उठता है। देवदारु भी वैसे ऊपर उठा है। और इतना ही नहीं उसकी उठान में वे संयम, अनुशासन, छन्द देखते हैं–देखते हैं या खोजते हैं– "प्रत्येक शाखा की झबरीली टहनियाँ कँटीले पत्तों के ऐसे लहरदार छंदों का वितान तानती हैं कि छाया चेरी-सी अनुगमन करती है। जिस आचार्य ने परिपाटी विहित शिष्ट जनानुमोदित 'सज्जा' को 'छाया' का नाम दिया था वह ज़रूर इस पेड़ की शोभा से प्रभावित हुआ था– विपुल व्योम की ओर एकाग्रीभूत मनोहर छन्द...गुरुत्वाकर्षण के जड़-वेग को अभिभूत करने की कैसी स्पर्द्धा है–उल्लासकर अभिव्यक्ति है।"

यह हुआ देवदारु–जड़ गुरुत्वाकर्षण को पछाड़ने के लिए एकाग्रीभवन का प्रतीक– और शंकर की समाधि एकाग्रता का प्रतीक–दोनों उर्ध्वमुखी। देवदारु जड़ प्रकृति की एकाग्रता का और समाधि अन्तर्मन की एकाग्रता का। और "यह यों ही समाधि लगाने के लिए महादेव ने देवदारु द्रुम वेदिका को पसन्द नहीं किया था।"–यह 'तुक' होना है। दोनों में तुक है। लेकिन केवल बाह्‌य साम्य नहीं, अर्थसंगति भी। मेरी सीमित जानकारी में देवदारु द्रुम की वेदिका में शिव समाधि की यह औचित्य-संगति कालिदास के श्लोक की मौलिक व्याख्या है। इसमें केवल शब्दार्थ की परम्परा का ज्ञान ही नहीं, व्याख्याकार का अपना पर्यवेक्षण है। उस पर्यवेक्षण से अर्थपरम्परा में कुछ नया जोड़ना है। इसी को पाश्चात्य आलोचक अर्थ-विस्तार कहते होंगे। साहित्य में भाव-विस्तार किए बिना अर्थ-विस्तार का कोई अर्थ नहीं। यह वस्तुतः कालिदास की काव्य-पंक्ति के काव्यार्थ का विस्तार है। शब्दों के अर्थ की स्मृति-परम्परा का ज्ञान द्विवेदी जी का अचूक साधन है। जीवन-जगत् के पर्यवेक्षण से वे उस स्मृति-परम्परा का विकास करते हैं। यह काम जितना कठिन है, उतना ही महत्त्वपूर्ण। इसके बिना आलोचना निरर्थक है।

पंडितजी सत्यनारायण-पोथी के दक्षिणा-भोगी पोंगा कथावाचक नहीं थे। वे भारतीय संस्कृति-कथा के मौलिक व्याख्याकार थे। नाथ-सिद्धों, कबीर, तुलसीदास और सबसे बढ़कर कालिदास-साहित्य में प्रयुक्त अनेकानेक शब्दों में नई अर्थवत्ता भरकर उन्होंने उनका काव्यार्थ-विस्तार किया है। पाश्चात्य समीक्षा के अनेक अवधारणात्मक पक्षों का भी। द्विवेदी जी के आलोचनात्मक लेखन का यह केन्द्रीय एवं मौलिक पक्ष है। द्विवेदी जी की व्याख्या की विश्वसनीयता का प्रधान कारण यह है कि वे सूत्र को सामान्य जीवन-सन्दर्भ में समझाते हैं। अवधारणा तो अरूप है, शब्दबद्ध है और शब्द केवल ध्वनि-रूप होते हैं, दृश्य नहीं। द्विवेदी जी व्याख्या करते समय केवल शास्त्र में नहीं ले जाते। वे पाठक को सूत्र का अर्थ पाठक की ही दुनिया में दिखलाते हैं। वे अर्थ का अवतार कराते हैं पाठक-लोक में।

भक्तों के भगवान और काव्यार्थ दोनों जगत् में व्याप्त रहते हैं। अर्थ का अवतार सहृदयों के चित्त में होता है। अपने प्रिय कवि कालिदास द्वारा प्रयुक्त अनेक शब्दों के अर्थ का उद्‌घाटन उन्होंने 'कालिदास की लालित्य योजना' में किया है, खुद लालित्य शब्द

का भी। द्विवेदी जी के लेखन का सर्वाधिक प्रभाव उनकी व्याख्या का पड़ा है। क्योंकि वह सौन्दर्य की क्षण-क्षण में नवता की सृष्टि की क्षमता को प्रमाणित करती है। द्विवेदी जी द्वारा प्रयुक्त एक महत्त्वपूर्ण शब्द है 'पुनर्नवा'। शब्द कालिदास का ही है। 'क्लेशः हि फलेन पुनर्नवतां विधत्ते'। उनका उपन्यास भी है इस नाम से। और द्विवेदी जी ने प्राचीन साहित्य और संस्कृति को पुनर्नवता प्रदान की है। इस विषय में वे हिन्दी के दुर्लभ लेखकों की विरल पंक्ति में हैं। प्राचीन साहित्य और संस्कृति की सिर्फ़ सूचना नहीं–उसे सर्जना में प्रस्तुत करना। किसी कालजयी रचना के कुछ सूत्रों के आधार पर एक अन्य कालजयी रचना की सृष्टि। प्राचीन साहित्य में उल्लिखित, उपलब्ध किसी पुष्प, वृक्ष, शब्द, पात्र, घटना, उपदेश को लेकर समूची परम्परा को खंगाल कर उसको रूपान्तरित, युगांन्तरित एवं व्यक्तित्वांतरित कर देना। अशोक, कुटज, देवदारु, शिरीष, बाणभट्ट, कबीर–इन सबका पुनर्नवीकरण हुआ उनके द्वारा। पुनर्नवीकरण नया संस्करण नहीं उनका पुनर्जन्म है। अशोक, देवदारु, कुटज–संस्कृत और अन्य भारतीय भाषाओं में शताब्दियों की यात्रा करके अपने परिजनों, परिसरों के साथ हमारे पास लाए गए हैं और बड़ी बात यह कि वे अब हिन्दी जगत् के प्राणी हैं। यह द्विवेदी जी के साहित्य, विशेषतः निबन्धों का कारनामा है।

विषय-वस्तु की दृष्टि से द्विवेदी जी के निबन्धों को सर्वग्राही कहा जा सकता है। उनका निबन्ध-साहित्य मात्रा में विपुल एवं बहुवस्तुस्पर्शी है। निबन्ध है भी सर्वग्राही विधा। द्विवेदी जी शुद्ध या वस्तु की दृष्टि से अपवर्जी साहित्यकार नहीं थे। वे पत्रकार भी थे। सामाजिक समस्याओं–राजनीति, आचरण, विज्ञान, साम्प्रदायिकता, छुआछूत अशिक्षा, नारी पराधीनता, दलित चेतना, क्षेत्रीयता, भाषा की अस्मिता, विश्वविद्यालयों की शिक्षा-प्रणाली, ज्योतिष (फलित-गाणित), पशु-पक्षी, वनस्पति, पर्यावरण, नदी, ऋतुएँ, कला-विनोद, संगीत, चित्र, नृत्यमूर्ति, स्थापत्य आदि विषयों पर उन्होंने पर्याप्त लिखा है, सच तो यह है कि ऐसा विषय ढूँढ़ना पड़ेगा जिस पर उन्होंने अपनी लेखनी न चलाई हो। वे निरन्तर सजग, पर्यवेक्षक निबन्धकार थे। इन निबन्धों में उनका अगाध पांडित्य, चिन्तन-मनन, विवेक एवं संवेदन, शिल्प–सब घुला-मिला, संश्लिष्ट है। ऐसा संश्लिष्ट है कि प्रायः प्रत्येक रचना अखंड और अपने आप में पूर्ण है। अगाध पांडित्य बहु-विध जानकारी के बावजूद बिखराव नहीं, रचनात्मक सघनता है। किसी अंश को आप अलग तो कर सकते हैं किन्तु अनावश्यक नहीं कह सकते। संवेदन-सूत्र शिल्प से अन्तर्ग्रथित है। असीम जीवन-जगत् की स्थितियों (रूप-तरंगों) को परस्पर फेंटकर रचना-सामग्री के रूप में अन्तरित कर दिया गया है। वे संवेदन की धार पर खराद कर साँचे में ढाल दी गई हैं। इसी साँचे को उनके निबन्धों का रूप कह सकते हैं।

द्विवेदी जी के निबन्ध जानकारियों के भंडार एवं स्रोत हैं। अन्तिम समय तक वे कोई नई बात पढ़ते या सुनते ही बच्चों की तरह खुश हो जाते थे। क्लास में कोई छात्र कोई नई सूचना या जानकारी दे दे–चाहे उससे उनकी बात कटती भी हो तो वे उसकी प्रशंसा बार-बार करते। निबन्ध ज्ञान का भंडार होने के बावजूद पाठक के लिए सहज ग्राह्य होता है, आरोपित नहीं लगता, चमत्कृत करता भी है तो अन्ततोगत्वा प्रभावित ज़्यादा करता है।

इसका कारण है जानकारियों की रचनात्मक प्रस्तुति। पंडितजी एक श्लोक उद्धृत करते थे–'काम अपने बाणों को अधिक मर्मंतुद बनाने के लिए पहले लक्ष्य-स्थल को स्निग्ध करता है।'

उनका निबन्धकार अपने कथ्य को संप्रेषित करने के पूर्व पाठक के मन का रंजन, अनुकूलन करता है। यह रंजन, अनुकूलन उनका शिल्प है, उनकी भाषा की भंगिमा है और यह उनके कहन की विशेषता है जो जानकारियों को आरोपित नहीं सहज ग्राह्य बनाती है, ज्ञान शास्त्रीय न रहकर सर्जनात्मक बन जाता है। किताबी न रहकर जीवनानुभव बन जाता है। अतीत भी वर्तमान-सा जीवन्त बन जाता है। यह विशेषता उनके सभी लेखन-रूपों में पाई जाती है–आलोचना में भी। यहाँ निबन्ध की बात की जा रही है।

द्विवेदी जी के निबन्धों की शुरुआत सामान्य, विनम्र एवं सहज ढंग से होती है। धीरे-धीरे उसमें दुर्लभ जानकारियों का प्रवेश होता रहता है। पूर्व अपरिचित जानकारियों का प्रवेश निबन्ध में अगर तटस्थ ढंग से–बिना किसी आत्मीय शैली के हो तो वे पाठक को अभिभूत, चमत्कृत करेंगी। चमत्कृत करेंगी तो भावित नहीं करेंगी। तब वह रचना साहित्यिक नहीं शास्त्रीय होगी। द्विवेदी जी की कहन जानकारियों को साहित्य बनाए रखती है। उनका पांडित्य पाठक पर बोझ नहीं लादता। वस्तुतः जब पाठक-आलोचक कहता है कि द्विवेदी जी पांडित्य का बोझ पलभर में उतारकर सहज बने रहते हैं तो वह निबन्धकार से ज़्यादा अपनी बात कहता है। इसमें पंडितजी की देसिल (पढ़िए भोजपुरिल) भाषा बहुत सहायता करती है। भाषण करते समय पंडितजी की देह-भाषा को ध्यान में रखें तो जिस किसी ने 'भाषा- भंगिमा' के शब्द-संयोग का आविष्कार किया है, उसकी तारीफ़ करनी पड़ेगी। 'आम फिर बौरा गए' निबन्ध शुरू होता है–

''वसन्त पंचमी में अभी देर, पर आम अभी से बौरा गए। हर साल ही मेरी आँखें इन्हें खोजती हैं। बचपन में सुना था कि बसन्त पंचमी के पहले अगर आम्र मंजरी दिख जाय तो उसे हथेली पर रगड़ लेना चाहिएः क्योंकि ऐसी हथेली साल भर तक बिच्छू के जहर को आसानी से उतार देती है,'' आदि।

इसके बाद–

"बिच्छू ऐसा प्राणी है जो आदिम सृष्टि के समय जैसा था आज भी प्रायः वैसा ही है। जल-प्रलय के पहले वाली चट्टानों की दरारों में इसका जैसा शरीर पाया गया है, आज भी वैसा ही है। कम जन्तु इतने अपरिवर्तनशील रहे होंगे। इधर आम में जितना परिवर्तन हुआ है उतना बहुत कम वस्तुओं में हुआ होगा। पंडित लोग कहते हैं कि आम शब्द 'अम्र' या 'अम्ल' शब्द का रूपान्तर है। 'अम्र' अर्थात् खट्टा आम शुरू-शुरू में अपनी खटाई के लिए ही प्रसिद्ध था। वैदिक आर्य लोगों में इस फल की कोई विशेष कदर नहीं थी। वहाँ तो स्वाद उदुम्बरम या जायकेदार गूलर ही बड़ा फल था। लेकिन अमृत शब्द कुछ इसी आम्र का अम्रित खट्टा बना हुआ से बना-बिगड़ा शब्द होगा। बाद में आम्र संसार का सबसे मीठा फल बन गया और अंम्रित अमृत बन गया।''

आपने देखा (प्राणिविज्ञान, वनस्पति-इतिहास) शब्दों की व्युत्पत्ति-सम्बन्धी कितनी जानकारियाँ दी गईं। एक तो इन जानकारियों को देने वाली पंक्तियों के वाक्य सहज,

छोटे-छोटे थे। उसमें 'विशेष कदर, 'जायकेदार गूलर', 'बना-बिगड़ा' जैसे शब्द शब्द-संयोग है। और इस सबके बाद–"अपना-अपना भाग्य है। शब्दों के भी भाग्य होते हैं। परन्तु यह सब अनुमान ही अनुमान है। सच हो भी सकता है, नहीं भी हो सकता है। पंडितों से कौन लड़ता फिरे" सारी पूर्वोक्त विद्वत्ता को देसी मुहावरे में लपेटकर सामान्य मानो पूर्व परिचित बना लिया गया और उसकी चामत्कारिकता को निज-प्रतिवाद की वैयक्तिक प्रवृत्ति से दूर भी कर दिया गया। पहले कथन फिर बाद में उसका निषेध–"परन्तु यह सब सच भी हो सकता है, नहीं भी हो सकता है।"

यह निज-प्रतिवाद या दुविधा, प्रश्न को सन्तुष्ट यानी समाप्त नहीं करती, उसे खुला छोड़ देती है। आज की शब्दावली में कहें–विमर्श को आगे बढ़ाती है, इस दृष्टि से द्विवेदी जी निर्णय, निष्कर्ष के नहीं, चिन्तन-प्रक्रिया के लेखक हैं। उनके चिन्तन का निष्कर्ष भी प्रायः होता है कि कोई निर्णय, निष्कर्ष, सिद्धान्त अन्तिम नहीं होता। श्रेय उसे आगे बढ़ाने में हैं। पंडितजी मार्क्सवादी नहीं हैं लेकिन मार्क्सवाद का यह सिद्धान्त कि ज्ञान पूर्ण नहीं होता–उनके चिन्तन की अनुकूलता में है। और यहाँ यह भी स्मरण कर लेना प्रासंगिक है कि चिन्तन की यह प्रवृत्ति उनकी वैयक्तिक शालीनता, विनम्रता और सहजता की भी संगति में है।

पं. हजारीप्रसाद द्विवेदी का लेखकीय व्यक्तित्व आचार्य रामचन्द्र शुक्ल से अधिक क्षेत्रीय है। चिन्तन एवं दृष्टि की विशालता का इस स्थानीयता से विरोध नहीं (यद्यपि आचार्य शुक्ल के गद्य में अवधी की तरावट खूब है–बात न्यूनाधिक मात्रा की है)। इस बात को और स्पष्ट किया जा सकता है साहित्य और राजनीति के क्षेत्रों के उदारहणों से। प्रेमचन्द हिन्दी के क्या पूरे देश के शायद सर्वाधिक अन्तर्राष्ट्रीय ख्याति के कथाकार हैं। किन्तु उनकी रचनाओं का देश-काल बहुत सीमित है। उनकी रचनाओं के प्रसिद्ध पात्रों और घटनाओं का देश पूर्वी उत्तर प्रदेश, विशेषतः कानपुर के पूर्व और बनारस के पश्चिम का क्षेत्र है। एकाध रचना इसका अपवाद हो सकती है, किन्तु अधिकांश और प्रसिद्ध रचनाओं का देश पूर्वी उत्तर प्रदेश है ही, यही बात काल के बारे में भी है–'कर्बला जैसी एकाध अपेक्षाकृत कम प्रसिद्ध रचनाएँ अपवाद हैं। प्रेमचन्द का रचना-समय साथ ही रचनाओं की स्थितियों, घटनाओं का समय 1916-36 के बीच का लगभग 20 साल का समय/क्षेत्रीय विशेषता, मानवीय स्थितियों में घटित एवं चित्रित होकर ऐतिहासिक सार्वभौमिकता बन जाती है। यही बात तिलक, गांधी, जवाहरलाल नेहरू, रवि ठाकुर के बारे में भी है। सो, क्षेत्रीयता विशेषता के आधार पर अखिल भारतीयता और मानवता हमारे स्वाधीनता आन्दोलन की प्रवृत्ति है। इसी सन्दर्भ में पं. हजारीप्रसाद द्विवेदी के व्यक्तित्व और कृतित्व की बात की जा रही है।

खान-पान, रहन-सहन, पोशाक आदि की बात तो यथाप्रसंग की जा चुकी है। यह क्षेत्रीयता भाषा में महत्त्वपूर्ण भूमिका निभाती है। विस्मयकारी पांडित्य और आश्चर्यचकित कर देने वाली विदग्धता, क्षेत्रीय भाषा-भंगिमा में ढलकर आत्मीय और प्रिय बन जाते हैं। द्विवेदी जी के व्यक्तित्व-कृतित्व का भोजपुरियापन स्वयं एक मिथक बनकर उनके पाठक को मार्मिकता और अपनापा प्रदान करता है।

द्विवेदी जी के एक निबन्ध 'वसन्त आ गया है' की एक पंक्ति उद्धृत कर रहा हूँ। सन्दर्भ दे दूँगा नहीं तो आप यकीन नहीं कर पाएँगे कि आचार्य हजारीप्रसाद द्विवेदी का वाक्य है–

"**पढ़ा हूँ,** हिन्दुस्तान के जवानों में कोई उमंग नहीं है।"[14]

पढ़ा है की जगह पढ़ा हूँ। भोजपुरी में बोलते हैं–मैं भी भाषा-विज्ञान पढ़ा हूँ। कमलेश्वर ने लक्ष्मी नारायण लाल की हिन्दी का मज़ाक उड़ाते हुए उनको इस रूप में बोलते उद्धृत किया था। द्विवेदी जी की भाषा की साधना पर डॉ. भगवान सिंह सहित अनेक लोगों ने प्रश्नचिह्न लगाए हैं। शायद लेखन-वेग में पंडितजी के, संस्कृत काव्य-भाषा और भोजपुरी बोली के संस्कार हिन्दी में प्रकट हो जाते थे। द्विवेदी जी अपनी इस प्रवृत्ति को जानते थे। ध्यान दिलाया जाए तो ऐसा विनोद करते थे कि सुनने वालों के साथ वे भी ठठाकर हँसते और सब-कुछ धो-बह जाता। त्रिलोचन शास्त्री ने एक दिन कहा–आपके गुरु जी 'रंगीना लिखते हैं।' मैंने कहा–'आप बेमतलब की बात कर रहे हैं। पंडितजी ने रंगीन लिखा होगा।' उन्होंने कहा 'मेघदूत–एक पुरानी कहानी' में 'रत्नच्छायाव्यतिकरद्रवप्रेक्ष्यये तत्परस्ता' वाले श्लोक की व्याख्या देखिएगा। खोलकर देखा तो सचमुच था–'रंगीना प्रभारश्मि'। पंडितजी से कहा तो मुस्करा कर बोले रंगीन को आकार दे दिया है इतना भी नहीं समझते। बाद में ठीक कर दिया। प्रूफ़ की ग़लती रही होगी।

द्विवेदी जी के वाक्यों में भोजपुरी तरावट होती है। ढाँचा तो खड़ीबोली का ही होता है ('पढ़ा हूँ' जैसा वाक्य अपवाद है, विद्यार्थी जीवन में काशी में पढ़ते समय पत्रों में ऐसे वाक्य अपेक्षाकृत अधिक संख्या में मिलते हैं)। अव्यय, संयुक्त क्रियाओं, देशी क्रियापदों, संज्ञा पदों आदि के प्रयोग से उनके वाक्यों में भोजपुरीपन आता है। यह प्रभाव प्रायः कहन की झोंक में पैदा होता है। 'झोंक' मतलब यह कि यह भोजपुरीपन कहन के प्रवाह में आता है, जिससे स्वाभाविकता एवं आत्मीयता–पाठक से निकटता पैदा होती है। जो भोजपुरी-भाषी पाठक नहीं भी हैं, वे इस प्रवाह से प्रभावित होते हैं। यह प्रवाह-प्रयोग असावधानी का भी संकेत करता है–जैसे 'सिर्फ़ पाँच को ही'।[15] जिस प्रवाह की बात की जा रही है वह 'बाणभट्ट की आत्मकथा' में तो बाणभट्ट की शैली का आभास देता है किन्तु निबंधों में भावोत्तेजना का, चाहें तो भाव दीप्ति कहें। प्रवाह का वेग व्यंजित करता है कि निबन्धकार के मन में जो भाव है, उससे वह खुद कितना संवेदित हैं। यह रोध-तिरस्कार कथ्य की गरिमा का द्योतक बन जाता है–निबन्धकार के भाव-विगलित पांडित्य का। भाषण देते समय वह द्विवेदी जी की देह-भाषा और गम्भीरघोष वाणी से कई गुणित प्रभावी हो जाता था।

"सुन्दरियों के आसिंजनकारी नूपुर वाले चरणों के मृदु आघात से वह फूलता था, कोमल कपोलों पर कर्णावतंस के रूप में झूलता था और चचंल नील अलकों की अचंचल शोभा को सौ गुना बढ़ा देता था। वह महादेव के मन में क्षोभ पैदा करता था, मर्यादा पुरुषोत्तम के चित्त में सीता का भ्रम पैदा करता था और मनोजन्मा देवता के एक इशारे पर कन्धे पर से ही फूट (फूल) पड़ता था। अशोक किसी कुशल अभिनेता के समान झम् से रंगमंच पर आता है और दर्शकों को अभिभूत करके खप् से निकल जाता है।"

अंतिम वाक्य में—'रंगमंच पर झम् से आना और खप् से निकल जाना' ठेठ क्षेत्रीय प्रयोग है। झम् में ध्वनि-संगीत का कोलाहल है, खप् में स्थिति के अनुरोध से अशक्त चुपचाप चले जाना है।

कहाँ आसिंजन, मृदुआघात, कर्णावतंस, चंचल नील अलक, मर्यादा पुरुषोत्तम, मनोजन्मा और कहाँ इस अलौकिक तत्समी लोकोत्तर में झम् से आने और खप् से निकल जाने का संयोग। हिन्दी गद्य में लोकोत्तर और देसिल का ऐसा संयोग द्विवेदी जी के यहाँ मिलता है, और किसके यहाँ मिलता है—मुझे नहीं मालूम। यह भाषा-प्रयोग द्विवेदी जी के पूरे सांस्कृतिक, रचनात्मक व्यक्तित्व, साथ ही जीवन-आचारी व्यक्तित्व की संगति में है। लोकोत्तर को लोक से, वैदिक, संस्कृत, प्राकृत-अपभ्रंश को देसी से मिलाते रहना, सुदूर अतीत को वर्तमान से, समृद्ध की संगति में रहकर भी विपन्न से आत्मीयता। लोक के संयोग से लोकोत्तर पूर्वाधिक गरिमामय हो उठता है। आत्मीय होकर अधिक समझ में आता है। सरस, प्रेरक, सुखद हो उठता है—

"स्वर्ग को जीतनेवाला कठोर धनुष (कामदेव का) जो धरती पर गिरा तो कोमल फूलों में बदल गया। स्वर्गीय वस्तुएँ धरती से मिले बिना सुन्दर नहीं होतीं।"[16]

भाषा की लय और अर्थ-संगति बनी रहे, इसके लिए द्विवेदी जी निरन्तर प्रयोग कर सकते हैं—इस वाक्य में इज़हार शब्द का प्रयोग देखिए—

शुष्कता की अन्तर्निरुद्ध सत्ता का इज़हार करनेवाली रक्ताभ रेती।

दुमदार लंडूरे, मुड़कट्टे, फक्कड़ता—पंडितजी के बहुप्रयुक्त शब्द हैं। ठूँठ के साथ 'प्रायः नितान्त' तत्सम लगता है। कुटज का गुल्म 'झबरा' है। आजकल हम लोगों का संवेदन 'भोथरा' गया है। उनकी भावुकता को 'दचका' लगता है। गायत्री आल्हा जैसी लग सकती है। विद्या मुँह से 'फचाफच' निकलती है।

उद्देश्य है, जो कुछ जानकारी है उसे पाठक का अपना बना देना। ज्ञान संवेदना बनकर आत्मीय होता है। पंडितजी का क्षेत्रीय भोजपुरिया व्यक्तित्व (प्रधानतः) उर्दू, अंग्रेजी आदि शब्द-ज्ञान को पाठकीय संवेदना में अन्तरित करने का साधन बनता है। पंडितजी के निबन्ध इस प्रक्रिया से सरस होते हैं। वाचिक मुद्राएँ और देह-भाषा पाठ से कुछ अधिक भी देती हैं। इसी क्रम में संगीत की और अभिनय की भी बात की जा सकती है। संगीत अपनी अर्थ-सम्पदा अपने ढंग से और (अभिनय भी) प्रदान करता है। मेरे विचार से सर्वाधिक प्रभावशाली अर्थ-सम्पदा संगीत सौंपता है। वह संवेदना को मूर्तन का विशिष्ट आधार तो नहीं देता लेकिन उसे अमूर्त बनाकर अधिक व्यापक और गम्भीर बनाता है। श्रोता को अधिक स्पेस देकर अधिक चिंतक बना देता है। साहित्य के ज्ञानात्मक संवेदन और अन्य रूपों के संवेदन (संगीत आदि) की तुलना की जाए तो निष्कर्ष क्या होगा? क्या इनसे प्राप्त रस-दशाओं में कोई तारतम्य होता है?

भाषा-विविधता की ही तरह निबन्धों में अनेक साहित्य-रूपों का यथाप्रसंग उपयोग-प्रयोग है। ज़्यादातर लोकवार्त्ताओं और उन्हीं की शैली में अपने अनुभवों, संस्मरणों का। रेणु ने 'गप्प रसाना' शब्द का प्रयोग किया है। पं. हजारीप्रसाद द्विवेदी गप्प रसाने की मौज में किसी साहित्य-रूप का इस्तेमाल कर सकते हैं। 'देवदारु' में मुड़कटवा को परास्त करने

वाले पंडितजी, जिनके मुँह से गायत्री आल्हा जैसी लगती है, गतिशील चिन्तन में इक्केवालों का युद्धंदेहि का तेवर, 'आम फिर बौरा गए' में अनेक पौराणिक कथाएँ, कर्णाटराजप्रिया का कवियों के 'तेषां मूर्ध्नि ददामि वामचरणं' का प्रसंग, 'नाखून क्यो बढ़ते हैं' की शुरुआत ही छोटी बच्ची के प्रश्न पूछने से होती है–गम्भीर-से-गम्भीर विषय को भी वे गप्प रसाने की शैली में लिखते हैं। कथा के अलावा उनके निबन्धों में संस्कृत, प्राकृत, अपभ्रंश, बांङ्ला, हिन्दी कविताओं की पंक्तियाँ सूत्रों को समेटने या प्रस्तावित करने का काम कहानियों की मनोरंजकता के साथ करती हैं। अपनी बात कहने की भारतीय साहित्य में एक चिराचरित पद्धति रही है–प्रश्न के उत्तर के रूप में विचार प्रस्तुत करना। पंडितजी, निबन्धों में इन प्रश्नवाही प्रसंगों का उल्लेख खूब करते हैं। इतने रूप धरने वाले लेखक हिन्दी गद्य में कम मिलेंगे–

ज्यूँ-ज्यूँ वेषां हरि मिलैं त्यूँ-त्यूँ रूप धराउँ।

पता नहीं वह कब गप्प रसाते-रसाते कब रचनाकार की भूमिका से हटकर खुद पाठक बनकर रचना का मज़ा लेने लगें और मज़ा लेने की आड़ में निबन्ध-पाठक को नया सूत्र पकड़ा दे। धर्मशास्त्र की पोथियों की गवाही पर कुछ जानकारी दे रहे थे–'धर्मशास्त्र की पोथियों में लिखा है कि वसन्त पंचमी के दिन मदन देवता की पूजा करने से स्वयं श्रीकृष्णचन्द्रजी प्रसन्न होते हैं" और कब इस जानकारी पर टिप्पणी करने लगें। 'यह और मज़ेदार बात निकली', 'मजे की बात तो यह है' उनका बहुप्रयुक्त पदबन्ध है। इसी जगह पर एक पाठकीय टिप्पणी और है, "और ऐसे मौकों पर जिस व्यक्ति का पहुँचना नितांत आवश्यक होता है वे नारद मुनि भी वहाँ पहुँच गए।"

संयुक्त-क्रियाओं के प्रयोग की शैली से भी पंडितजी का अपनी बात को दबाकर कहने का स्वभाव प्रकट होता है। संयुक्त-क्रियाएँ खड़ीबोली की बहुत बड़ी विशेषता और क्षमता हैं। वे क्रिया-रूपों का सश्लेष करके बोध का ऐसा समुच्चय प्रस्तुत करती हैं, जिनमें नाना अर्थ-छायाएँ उजागर होती हैं। फिराक गोरखपुरी उदाहरण देते थे अपनी यह पंक्ति पढ़कर–

'चाँद सितारों की जाली बुनकर रख देते हैं'।

द्विवेदी जी की संयुक्त क्रियाएँ दो काम करती हैं–एक तो भोजपुरी की छटा बिखेरती हैं–'अनुमान कर सका हूँ,' 'यह पढ़ा हूँ' की तर्ज़ पर है लेकिन ग्राम्य नहीं। अनुमान कर सकता हूँ से भिन्नार्थक भी है। एक उदाहरण और–'बाधा देते हुए बताए गए हैं।' बाधा देते हैं या नहीं, बाधा देते बताए गए हैं–यह वक्तव्य को शिथिल बनाने, वक्तव्य की तथ्यता की ज़िम्मेदारी से बचने और अन्ततः लेखक के संकोच और मुँहदुब्बरपन की विशेषता प्रकट करता है। द्विवेदी जी के गद्य में ऐसे शिथिलताविधायक संयुक्त-क्रियाओं वाले वाक्य प्रायः मिलते हैं। इतने प्रायः कि यह उनके गद्य की विशेषता कही जा सकती है।

"क्या केतुओं की संख्या 'जानी जा सकती है?"–प्रश्नवाचक में अनिश्चयवाचक मिला हुआ।

एक वाक्य है–"शायद ठीक ही सुझाया है।" ठीक के पहले शायद अनिश्चय का द्योतक है और बाद में ही निश्चय का।

'उम्मीद की जानी चाहिए'। उम्मीद नहीं करते हैं, 'उम्मीद की जानी चाहिए' यह उम्मीद करना नहीं है। उम्मीद करने का औचित्य-कथन है। आप करते हैं या नहीं, ठीक-ठीक नहीं मालूम।

ऐसा नहीं है कि पं. हजारीप्रसाद द्विवेदी अपनी बात को बलपूर्वक नहीं कहते हैं। 'हिन्दी साहित्य की भूमिका' के प्रथम पृष्ठ पर ही है।

"मैं इन दोनों बातों का प्रतिवाद करता हूँ।"

"यह कहने का साहस करता हूँ।"

इसके लगभग फौरन बाद की पंक्ति है–

लेकिन ज़ोर देकर कहना चाहता हूँ कि अगर इस्लाम न आया होता तो इस साहित्य का बारह आना वैसा ही होता जैसा आज है।

लेकिन 'हिन्दी साहित्य की भूमिका' प्रारंभिक (दूसरी) रचना है। और ऐसे आग्रही वाक्य द्विवेदी जी के लेखन में बहुत कम है। हमने एक बार डॉ. नगेन्द्र और उनकी गद्य-शैलियों की तुलना करके निष्कर्ष निकाला था कि द्विवेदी जी 'भी' वादी लेखक हैं डॉ. साहब 'ही' वादी।

वे अपने कथन को आग्रह से बचाते रहते हैं। वे अपने को अनेकान्तवादी कहते थे। ऐसा नहीं है कि वे आग्रह नहीं करते लेकिन कभी-कभी ही। यह उनके व्यक्तिगत स्वभाव में भी था। एक बार पता नहीं किस मूड में थे (क्योंकि ऐसी बात वे सामान्यतः नहीं करते थे), कहने लगे कि "जनम भर मैं यही सोचता रहा कि मेरे किसी काम से, कथन से किसी को हानि या कष्ट न हो।" मुझे उनकी आग्रहहीन शैली उनके संकोची स्वभाव की ही अभिव्यक्ति लगती है। लेकिन इसका एक और रूप भी है, जो मनोरंजक है। हम लोग (पंडितजी के विद्यार्थी–जिनके नेता डॉ. नामवर सिंह थे और हैं) आपस में पंडितजी की शैली के बारे में खुलकर बातें करते, मज़े ले-लेकर। द्विवेदी जी किसी खराब किताब की भूमिका लिखने से मना तो करेंगे नहीं, कैसी लिखेंगे इसकी मिसाल या कल्पना नामवर जी यों करते–

"मैंने श्री रामदीन चौबे (कल्पित नाम) की अत्यन्त परिश्रम से लिखी हुई पुस्तक 'हिन्दी साहित्य में रीति काल का महत्त्व' मनोयोग से पढ़ी। निस्सन्देह पुस्तक महत्त्वपूर्ण है। इसमें कई बातें ऐसी हैं जिनकी ओर इसके पहले विद्वानों का उतना ध्यान नहीं गया था, जितना कि जाना चाहिए था। पुस्तक प्रारम्भिक कक्षाओं के छात्रों के लिए भी उपयोगी है। कुछ लोग कह सकते हैं कि पुस्तक में तथ्यों को तोड़ा-मरोड़ा गया है और कई वाक्य शुद्ध नहीं हैं किन्तु इनसे पुस्तक की उपादेयता की विशेष क्षति नहीं हुई है। यह उनकी पाँचवी रचना है। आशा की जानी चाहिए कि वे इसी प्रकार साहित्य-सेवा में संलग्न रहेंगे।"

इस शैली को कुछ लोगों ने द्विवेदी जी की 'जीह देहरी द्वार' शैली कहा है जिसका उल्लेख कर चुके हैं।

लेकिन यह उनके निबन्धों की नहीं, सम्मति प्रदान करने की शैली है। द्विवेदी जी सम्मति और समीक्षा में अन्तर करते थे। वे सम्मति को मिठाई बाँटना या प्रसाद बाँटना कहते थे। निबन्धों की बात अलग है।

निबन्धों के सूत्र वक्तव्य से शुरू होते हैं। सूत्र का विस्तार या उपवृंहण विचारगर्भी अनुभव-स्थितियों की सरणियों के ताने-बाने से होता है, गम्भीर विचारपरक निबन्धों—जैसे आचार्य रामचन्द्र शुक्ल के निबन्धो की तरह विचार-तन्तुओं से नहीं। द्विवेदी जी लेखन से बातचीत या गप्प रसाने का काम लेते हैं। गम्भीर-से-गम्भीर विचार भी आत्मीय अनुभव के रूप में सहज हो जाते हैं। उनका गद्य वार्तालाप—नाट्यधर्मी संवादात्मकता की शैली में होता है। मानो वे गम्भीर विचार लेखन न कर रहे हों अपने अनुभव सुना रहे हों। उनका गद्य, विशेषतः निबधों का गद्य वाचिक शैली का उत्कृष्ट उदारहण है। यहाँ एकाध उदारहण दे कर अपनी बात पुष्ट करना चाहूँगा—वे धूमकेतुओं पर लिख रहे हैं। ज्योतिषियों ने हिसाब लगाकर बताया कि पृथ्वी की बराबरी करने में बुध को इक्कीस गुना भारी होना पड़ेगा। द्विवेदी जी ने लिखा—मैं सोचने लगा था कि इस बार भी कुछ नया गुल खिलेगा। केतुओं की संख्या किसी ने 101, बताई किसी ने एक सहस्र। द्विवेदी ने सूचना दी—''मौजी ज्योतिषी नारद ने कहा था—है तो एक ही लेकिन बहुरुपिया'' इतना बताने के बाद मौजी निबन्धकार ने लिखा (कहा!) 'होगा'। जिससे मतलब है उसके बारे में हमसे क्या मतलब की मुद्रा अपनाना—भारतीय पारिवारिक मानसिकता की पारम्परिक मुद्रा है। वैसे यह विरक्ति नहीं, सम्पृक्ति का बोधक है।

एक सूत्र का विस्तार करते-करते अन्त में एक वाक्य प्रायः छोटा सा जड़ दिया जाता है, जो लगता है कि पता नहीं कहाँ से क्यों आ गया है। मानो वह वाक्य सूत्र को छोड़कर अगले सूत्र को पकड़ने के लिए आया हो, लेकिन वह बहुत कुछ और कहने से बचने के लिए आया है जिसका मतलब यह कि यद्यपि बहुत कुछ कहा नहीं जा रहा है लेकिन है बहुत कथनीय। पाठक को अपने आप उस सूत्र के सहारे उस बहुत-कुछ को जानने-समझने का संकेत है वह छोटा वाक्य।

''जो सत्य है वह सर्जना-शक्ति के हिरण्य पात्र में मुँह बन्द किए ढका ही रह जाता है। एक पर एक गप्पों की परतें जमती जा रही हैं। सारी चमक सीपी की चमक में चाँदी देखने की तरह मन का अभ्यास मात्र है। गप्प कहाँ नहीं है? मगर छोड़िए भी।''[17]

संस्कृत और भोजपुरी के ठेठ देसी शब्दों के प्रयोग पर कुछ और बात करना उचित लगता है। संस्कृत शब्दों का उपयुक्त प्रयोग करना हिन्दी लिखते समय सभी संस्कृतज्ञों को नहीं आता। हिन्दी खड़ीबोली कविता में तत्सम शब्दों का सर्वाधिक रचनात्मक प्रयोग प्रसाद एवं निराला ने किया है। प्रसाद ने प्राचीन साहित्य का ज्ञान अध्ययन से अर्जित किया था। काशी हिन्दू विश्वविद्यालय के हिन्दी विभाग के अध्यापक आचार्य केशवप्रसाद मिश्र उनके मित्र थे। उनके साहित्य के ऐतिहासिक स्रोतों का अनुसंधान अभी नहीं हो पाया है। निराला संस्कृत शब्दों के नाद एवं अर्थ के आधार पर रचनात्मक प्रयोग में संस्कृत के कालजयी कवियों के समान हैं। गद्य में संस्कृत शब्दों की ऐसी उपयुक्तता पं. चन्द्रधर शर्मा गुलेरी और पं. हजारीप्रसाद द्विवेदी में मिलती है—गुलेरी जी के विद्वत्तापरक निबन्धों में, द्विवेदी जी के रचनात्मक साहित्य में। द्विवेदी जी संस्कृत शब्दों की व्याख्या करने में विशेष रुचि लेते हैं। वे उन शब्दों के सन्दर्भ को उद्घाटित करके उनका अर्थ हृदयंगम करा देते हैं। प्राचीन साहित्य के अर्थ की खोज द्विवेदी जी के साहित्य में निरंतर बनी रही। उनके रचनात्मक

शब्द-संयोग आधुनिक अर्थ-छायाएँ बिखरेते हैं। संस्कृत में स्मृति शब्द जाना-पहचाना है। परम्परा शब्द भी। द्विवेदी जी ने स्मृति-परम्परा लिखकर इन दोनों के संयोग से एक नए अर्थ को जन्म दिया जो आधुनिक इतिहास-दर्शन के काम का है। द्विवेदी जी ने बाणभट्ट की मानसिक-प्रक्रिया का चित्र खींचते हुए लिखा—स्मृति के अन्तराल में लुकता-छिपता भट्टिनी का म्लान-मुख—यह 'स्मृति का अन्तराल' नया भाव-देश है। करुणा शब्द प्राचीन शब्द है—लेकिन भट्टिनी का 'करुणा-दीप्त मुख' अभूतपूर्व है। ये शब्द-रचनाएँ आधुनिक भाव-व्यायाम का चित्रण-निदर्शन करती हैं और साहित्य के भाव-विस्तार का प्रमाण हैं। कुज्झटिकाच्छन्न पहले का हो सकता है किन्तु कुज्झटिकाच्छन्न अतीत द्विवेदी जी की देन है। रक्त के ससार कण तत्सम शब्दावली में 'ब्लड-सेल्स' को सारवान् बनाता है। यह शब्द-संयोग मध्यकालीन सामंती-व्यवस्था में सामान्य जनता के शोषण के सन्दर्भ में प्रयुक्त हुआ है। शिरीष भरे भादो में निर्घात फूलता है। यमराज का 'निर्दय-तारल्य।' भगवान महाकाल का 'कुंठ-नृत्य।' ये शब्द-रचनाएँ हिन्दी साहित्य के भाव-आधार और चिन्तन-फलक का विस्तार करती हैं। जब आप इन तत्सम शब्दों को नया संदर्भ देते हैं तब आप नए सन्दर्भों को यानी आधुनिक जीवन को परिभाषित करते हैं। उनकी पहचान पाठकों को सुलभ कराते हैं। यह काम विचार-पुष्ट सर्जना का है। लेकिन इसके लिए एक बात और ज़रूरी है—ऐसी शब्द-संयोग रचना वही कर सकता है जिसे उन तत्सम शब्दों की अर्थ-व्याप्ति और परम्परा का सम्यक् ज्ञान हो। तभी प्रयुक्त होने वाली शब्द-रचना निर्दोष एवं पर्याप्त हो पाएगी। जिन शब्द-संयोगों के उदारहण दिए गए हैं, वे आधुनिक भाव-बोध की पहचान कराते हैं, अभूतपूर्व हैं और उन्हें किसी अन्य शब्द-संयोग से अदला-बदला नहीं जा सकता। सर्जना की पहचान ही है कि उसका रूप-परिवर्तन करके आप उसे अच्युत नहीं रख सकते, जैसे कविता की भाषा, अच्छे गद्य की भाषा। द्विवेदी जी ने भारतीय संस्कृति—साहित्य, मिथक, लोकवार्ता की व्याख्या की है, हमारे लिए उन्हें परिभाषित किया है, उनकी पहचान बनाई है। भाषा मिथक का सर्वाधिक व्यावहारिक रूप है। उन्होंने सांस्कृतिक पहचान की प्रक्रिया में भाषा गढ़ी है। जिस प्रकार उन्होंने अशोक, कुटज, शिरीष, देवदारु, हिमालय, कालिदास, कबीर, तुलसीदास की नई ऐतिहासिक पहचान कराई, उनकी मिथक- व्याख्या की, उनकी छवि का विस्तार करके उन्हें हमारा अपना—हिन्दी जाति का बनाया, उसी प्रकार भाषा का भी पुनर्नवीकरण किया।

रजनी-दिन नित्य चला ही किया

गुरुवर आचार्य हजारीप्रसाद द्विवेदी का कवि रूप अपेक्षाकृत अल्पज्ञात है। उनकी कोई कविता किसी पत्रिका में प्रकाशित मैंने नहीं देखी है। 'कवि' (संपादक : विष्णुचन्द्र शर्मा) में उन्होंने भवानीप्रसाद मिश्र की कविताओं पर अपने विचार कविता के रूप में प्रकट किए थे। वह कविता में लिखी हुई आलोचना है। हलके मूड में कभी-कभी वे अपनी कविताएँ सुनाते थे। उनके शिष्यों ने भी उनकी कविताओं को गम्भीरता से नहीं लिया। डॉ. नामवर सिंह ने 'आलोचना' का सम्पादन शुरू किया तो द्विवेदी जी उनसे मजाक में कहते–"मैंने भी कविताएँ लिखी हैं। मुझसे क्यों नहीं माँगते?" एक बार डॉ. नित्यानन्द तिवारी और हम साथ-साथ बैठे थे। पंडितजी ने नामवर जी से कहा–"मेरी कविताएँ 'आलोचना' में क्यों नहीं छापते?" मैंने कहा–"नामवर जी, इतनी खराब कविताएँ आप छापते हैं, पंडितजी की कविताएँ भी छाप दीजिए।" आचार्यश्री ने अट्टहास किया। वत्सल एवं कृत्रिम क्रोध में कहा–"मेरी कविताएँ अच्छी हैं, उनकी बुराई मत करो।" बाद में नित्यानन्द जी ने आश्चर्यपूर्वक पूछा–"आप द्विवेदी जी से ऐसी बात कर लेते हैं!" शिवप्रसाद सिंह भी पंडितजी से उनकी कविताओं के बारे में इसी तरह बात करते। नामवर जी ने उनकी कविताएँ नहीं छापीं। लेकिन एक बार भोपाल में 'इप्टा' के एक युवक गायक से पंडितजी की एक कविता सुनकर मैं चकित रह गया। कविता की प्रारम्भिक पंक्तियाँ हैं–

रजनी-दिन नित्य चला ही किया मैं अनन्त की गोद में खेला हुआ
चिरकाल न वास कहीं भी किया किसी आँधी से नित्य धकेला हुआ
न थका न रुका न हटा न झुका किसी फक्कड़ बाबा का चेला हुआ
मद चूता रहा तन मस्त बना अलबेला मैं ऐसा अकेला हुआ।

'इप्टा' (भारतीय जन नाट्य मंच) के किशोर गायक ने इस गीत को ऐसी लय में बाँधा था कि इस कविता में मुझे नया अर्थ मिला। मुझे याद पड़ता है कि गायक गुहा नियोगी थे जो किसी कॉलेज में अंग्रेज़ी के अध्यापक, कवि और प्रगतिशील लेखक संघ के कार्यकर्ता हैं। अशोक वाजपेयी ने बताया कि द्विवेदीजी की इस कविता की धुन भारत भवन में उन्होंने तैयार कराई थी। छन्द सवैया है किन्तु मध्यकालीन स्वर-सन्निधि से उत्पन्न शब्द-मैत्री बिलकुल टूटी है। लगता है, रीति को भावनाओं की धकापेल ने तोड़-फोड़ दिया है। सवैया में 'फक्कड़ बाबा का चेला हुआ' और 'किसी आँधी से नित्य धकेला हुआ' बिलकुल नया स्वर है। यह विनोद का नहीं, अनुभव की तीव्रता का अदमित स्वर है जो सिर्फ़ पुरानी सवैया रीति को तोड़ ही नहीं रहा है, एक नई लय का प्रवर्तन कर रहा है। यह खड़खड़ाहट

वीररसात्मक सवैयों की कड़कड़ाहट या गर्जना नहीं है, वैयक्तिकता का नया स्वर है। नरेन्द्र शर्मा, बच्चन, अंचल से भिन्न।

किन्तु कवि हजारीप्रसाद द्विवेदी ने इस रौ में कविताएँ नहीं लिखीं। लिखीं भी तो, यह अनगढ़पन एकाध विनोदपरक कविताओं में ही दिखलाई पड़ा—उनका विनोद प्रायः आत्म-व्यंग्य के रूप में आता था—

जोरि जोरि अच्छर निचोरि चोरि औरन सों सरस कबित्त नवराग कौ गढ़ैया हौं,
पंडित प्रसिद्ध पंडिताई बिना जानै कछू तीसकम बत्तिसेक वेद को पढ़ैया हौं।
टाँय टाँय जानौं, कूकि कूकि पहिचानौं तत्त्व चिकिर चिकिर करि सर कौ चढ़ैया हौं,
भाइयो भगिनीयो बताइए विचारि आजु शुक बनौं पिक बनौ या कि गौरैया हौं।।

तीसकम बत्तिसेक—तीस कम बत्तीस में (32-30=2) दो वेद पढ़ने वाला यानी द्विवेदी। तीसरी और चौथी पंक्ति में यथा क्रमत्व है—''टाँय टाँय' शुक की बोली, 'कूकि कूकि' कोयल की और चिकिर चिकिर गौरैया की है। कवित्त में रीतिकालीन विदग्धता मौजूद है। सिर्फ़ आत्म-हास और उसकी खड़खड़ाहट नई है। इसे भी फक्कड़पन के ही अन्तर्गत समझना चाहिए।

इस रौ में पंडितजी ने और कविताएँ भी लिखी होंगी। एक कविता तो मैंने सुनी है। पंजाब विश्वविद्यालय से 60 वर्ष में सेवा-निवृत्त होने पर कविता लिखी थी। उसमें 'खूब बना रस छका' और 'व्योमकेश दरवेश चलो अब'* जैसे टुकड़े थे। 'बनारस में श्लेष और व्योमकेश की दरवेशी।' फक्कड़पन की बात।

द्विवेदी जी मूलतः जीवन की विसंगतियों, अनिश्चय, अस्थिरता आदि से अत्यधिक संवेदित, उद्वेलित होते थे। जीवन संघर्ष-संकुल था। निम्न-मध्यवर्गीय ब्राह्मण परिवार में जन्म, अभावग्रस्त सुविधावंचित विद्यार्थी-जीवन, पारिवारिक जिम्मेदारियाँ, यश-सम्मान के साथ-साथ काशी-निष्कासन भी। काशी से शान्तिनिकेतन, शान्तिनिकेतन से काशी, काशी से चंडीगढ़, चंडीगढ़ से फिर काशी और काशी से फिर लखनऊ। सो, फक्कड़पन जीवनदृष्टि भी थी, अपने को सँभालने का आश्वासन भी था—

रजनी-दिन नित्य चला ही किया मैं अनन्त की गोद में खेला हुआ
चिरकाल न वास कहीं भी किया किसी आँधी से नित्य धकेला हुआ।

द्विवेदी जी ने एक कविता देवेन्द्र सत्यार्थी पर लिखी है। भोजपुरी लोकगान की तर्ज़ पर। देवेन्द्र सत्यार्थी लोकगीतों को एकत्र करते थे अकेले घूम-घूमकर। यह फक्कड़पन का काम था, इसीलिए द्विवेदी जी को पसन्द था—

पउलों तोरी चिठिया बजवलों बधौआ कि सत्यार्थी भइया रे।
तोरी डगर अकेल की सत्यार्थी भइया रे।

लोकगान के संग्रही कविवर रामनरेश त्रिपाठी से भी पंडितजी की पटती थी।

फक्कड़पन से कबीर की याद आना स्वाभाविक है। कबीर को यह विशेषण द्विवेदी जी ने ही दिया है। इस फक्कड़पन में गहरी, आन्तरिक यातना छिप जाती है। कबीर का

* पढ़ा पढ़ाया लिखा लिखाया अब क्या करना बाकी।
व्योमकेश दरवेश चलो अब गंगा तट एकाकी।।

समाधान विषम था। लोग जलते हैं तो जलाशय में जाकर आग बुझाते हैं। कबीर की समस्या विषम थी। जलाशय उनकी आग बुझाने के बदले स्वयं जलने लगता था।

मों देख्यौं जलहर जलै सन्तो कहाँ बुझाऊँ।

यह फक्कड़पन महँगा सौदा है। यह घरफूँक मस्ती है। जो दुनिया अपनी नहीं है, अपनी नहीं हो सकती, उसे त्याग देने से निश्चिंतता आती है। बहुत कुछ 'पूस की रात' के हरखू की फसल जलकर राख हो जाने के बाद वाली निश्चिंतता। द्विवेदी जी के छत-फाड़ अट्टहास का सम्बन्ध उसी से है। द्विवेदी जी को ऐसा फक्कड़पन जिसमें भी दिखता था, आत्मीयता की अनुभूति होती थी। उनके उपन्यासों, निबन्धों में ऐसे फक्कड़ चरित्र और जीव बिखरे पड़े हैं। सीदी मौला, अघोर भैरव, कुटज, शिरीष आदि इसी तरह के हैं। द्विवेदी जी का बहुप्रयुक्त पदबन्ध, 'दलित द्राक्षा के समान, सब-कुछ लुटा देने की क्षमता' का सम्बन्ध भी उनके फक्कड़पन से है। यह फक्कड़पन, स्वाधीनता के लिए संघर्ष करने वाला समाज ही अपने अन्दर पैदा कर सकता था—या किसी आदर्श के लिए सब-कुछ लुटाकर सुख पाने वाली साधना, जैसे कि भक्ति की साधना। द्विवेदी जी स्वाधीनता-आन्दोलन के दौर के कबीर-प्रेमी थे।

ब्रजभाषा की कविताएँ बहुत कुछ रीतिमुक्त कवियों के ढर्रे की हैं, जिसमें स्वदेश-प्रेम और सामाजिक रूढ़ियों से संतप्त जनों के प्रति कवि की करुणा बही है। प्रेमपरक कविताओं में प्रेम के उदात्त पक्ष का चित्रण और प्रेम के नाम पर ओछे आचरण करने वालों का तिरस्कार किया गया है। विषय राधा-रानी और मनमोहन हैं, किन्तु प्रेम का यह दृष्टिकोण वही है जो आगे चलकर 'बाणभट्ट की आत्मकथा' और अन्य उपन्यासों में मिलता है—ऐसा प्रेम जो मानव-जीवन को सार्थक कर देता है, मनुष्य को जड़ता से मुक्त करके उच्च भूमि पर स्थित कर देता है।

प्रिय को सामने पाकर संकोच हो आना सच्चे प्रेमी का स्वभाव है। लम्पट, प्रेम का प्रदर्शन तो करते ही हैं अवसर भी नहीं चूकते। हिन्दी कविता में संकोच-आचरण प्रायः नारियों द्वारा चित्रित किया गया है। द्विवेदी जी ने शृंगारपरक कविताओं में ऐसी सलज्ज संकोचपूर्ण स्थितियों का चित्रण और उनके कारण मन की हूक का मार्मिक चित्रण किया है—

आगे खरौ लखि नन्द कौ लाल हमने सखि पैंड तजे री
कुंजन ओट चली सकुचाइ उपाइ लगाइ तहौं तिन घेरी
मैं निदरे सखि रूप अनूपम कान्हर हू पर आँखि तरेरी
पै परी फास अरी मुसुकानि की प्रान बचाइ न लाख बचे री

यह अनुभाव-सरणि मंडन या ठाकुर की तर्ज़ पर है।

द्विवेजी जी रीतिकालीन कविताओं को सिर्फ़ दरबारी नहीं मानते थे। वे रीतिकालीन कविताओं में लोक-जीवन का चित्रण भी पाते थे। प्रेम-व्यापार सिर्फ़ सामंतों के जीवन में नहीं होता, लोक-सामान्य जीवन में प्रेम, मन के स्वास्थ्य और जीवन की स्वाभाविकता का परिचायक है। द्विवेदी जी की ब्रजभाषा में रचित शृंगारी कविताएँ ज़्यादातर इसी तरह की हैं।

द्विवेदी जी की कविताओं में, उनके निबन्धों की ही भाँति, सर्वत्र एक विनोद-भाव मिलता है। गम्भीर चिन्तन और व्यापक अध्ययन को सहज तौर पर हलके-फुलके ढंग से

पाठक श्रोता पर बोझ डाले बिना प्रकट करना उनके व्यक्तित्व और लेखक की विशेषता और क्षमता है। इस विशेषता और क्षमता का सम्बन्ध भी फक्कड़पन से ही है। द्विवेदी जी लोकवादी विशेषण को पसन्द नहीं करते थे, क्योंकि वे लोकवाद का संस्कृत में क्या अर्थ होता है, समझते थे। लेकिन वे महत्त्व सबसे अधिक लोक को देते थे। वे बोलियों, लोक-साहित्य, लोकधुनों और जन-प्रचलित लोक-साहित्य-रूपों पर अतीव गम्भीरता से विचार करते थे। एक दलित जाति का प्रचलित गीत है—'करौ जिन जारी हे गिरवरधारी'। यह गीत चमड़े का काम करने वाली दलित जाति एक विशेष लय में गाती है। पंडितजी पहले इस पंक्ति को उसी लय में गाते, फिर वैदिक मंत्र उसी लय में। निष्कर्ष प्रस्तुत करते कि इस जाति की इस गीत-लय में वेद-पाठ की लय सुरक्षित है। लोकगान की परम्परा में।

सो गम्भीर कथ्य को विनोद भाव से प्रस्तुत करने की भी धुनें हैं। उनमें एक प्रसिद्ध धुन नजीर अकबराबादी ने प्रयुक्त की है—'क्या-क्या कहूँ मैं कृष्ण कन्हैया का बालपन'।

काली घटा बढ़ती चली आती है गगन पर,
झुक झूम-झूम पेड़ हैं अलमस्त मगन, पर—
साहित्य का सेवक किसी मसले में है उलझा,
सुलझाना चाहता है पै पाता नहीं सुलझा।
ऐसे ही समय आके कोई डाकिया हरिहर,
'पंडितजी' कह पुकार उठा रूम के बाहर।
बुकपोस्ट के बंडल हैं कई, पाँच-सात-दस
इन पोथों में शायद ही हो रस का दरस-परस।
फिर एक-एक को समालोचक है खोलता,
कुंचन ललाट पर है और होठ डोलता।
'उँह मारिए गोली, वही अनुरोध लेख का,
कुछ देख-रेख का तथा कुछ मीन-मेष का।'
फिर खोलता है एक सुविख्यात-सा परचा,
सर्वत्र धूम जिसकी है सर्वत्र ही चरचा।
पहला ही पृष्ठ देख के कुछ उन्मना हुआ,
दो-चार और देख के दिल चुनमुना हुआ।
फिर एक पृष्ठ और, हाथ माथे पै गया।
आँखें गईं पथरा जो पृष्ठ खोले है नया!
पढ़-पढ़ के ले रहा है उसाँसें हज़ारहा,
आकाश मगर शान से बरसे ही जा रहा।
पारे का सा दरियाव चहूँ ओर उछलता,
बच्चों का दल उसे है लूटने को मचलता।
टूप-टाप टूप-टाप टूप-टाप टूप-टाप,
बच्चे क्या, मचल जाएँ जो बच्चों के बड़े बाप...

इस कविता की शब्दावली पर ग़ौर कीजिए। कविता 1940 के आसपास लिखी गई होगी। 1950 से पहले तो निश्चित। द्विवेदी जी ने 1950 में शान्तिनिकेतन छोड़ दिया था। संवेदना गैररोमांटिक है और शब्दावली रोज़मर्रा की। पात्र कल्पित नहीं। डाकिया हरिहर है। 'पंडितजी' कह पुकार उठा रूम के बाहर। बुकपोस्ट में पाँच, सात, दस बंडल हैं–साहित्य की पोथियों के। किन्तु–इन पोथों में शायद ही हो रस का दरस-परस।' उधर आकाश शाम से बरसे जा रहा है। चहुँ ओर पारे का दरियाव उछल रहा है, इस उपमा पर ग़ौर कीजिए। बरसात की बूँदों के लिए अछूती है। और नाद-बिंब की यह आवृत्ति जो कविता की एक पूरी पंक्ति बन जाती है–'टूप-टाप, टूप-टाप, टूप-टाप, टूप-टाप'। अनौपचारिक वार्तालाप यानी बतरस का मज़ा देती हुई इस कविता का कथ्य क्या है?

सारी उमर लेखक ने की ज्योतिष की पढ़ाई,
पर बम्बई वाले ने फतह कर ली लड़ाई।
बंगाल के इस बोलपुर में कटी उमर,
खजाना मगर तिलिस्म का पहुँचा है अमृतसर।
दिन तीन ही में काले हो जाएँ सफेद केश,
ऐसा गया का एक करामाती है दरवेश।
मस्तानी दवा जो है इटावे से चल पड़ी,
क्या वह भी न मिल सकती है लेखक को इस घड़ी।
चटकीले बहुत से पड़े विज्ञापनों के ठाट,
मैनेजरों ने हैं दिए पन्ने सभी ही पाट।
देख इश्तिहार चूर्ण का मोदक वरास्व (?) का,
दिलखुश का, सेंट-सोप का और कोकशास्त्र का।
यह झीन-सीन गेंद का आश्चर्य मलहम का,
सब चूर-चूर हो गया अभिमान कलम का।

कविता में लय का प्रवाह अनवरुद्ध नहीं है, प्रसंग के अनुसार दीर्घ, ह्रस्व का विधान करना पड़ता है, कहीं देर तक ठहरना पड़ता है, कहीं जल्दी से दौड़ जाना पड़ता है, जैसे 'मैनेजरों ने हैं दिए पन्ने सभी ही पाट' में मैनेजरों के 'ने' पर ठहरना है और 'देख इश्तिहार चूर्ण' में 'ख' के साथ इश्तिहार के 'इ' को मिलाकर 'खि' पढ़ने से प्रवाह बनेगा। शास्त्र को व्यवहार से जीवित रखना होगा। खैर!

साहित्यिक पत्रिका या पुस्तक में 'चटकीले बहुत से पड़े विज्ञापनों के ठाट'। 'मैनेजरों ने हैं दिए पन्ने सभी ही पाट'। आजकल हम लोग जिस उपभोक्ता-संस्कृति की बात करते हैं, टाइम्स ऑफ इंडिया, हिन्दुस्तान टाइम्स, इंडिया टुडे, यहाँ तक कि हिन्दी के दैनिक हिन्दुस्तान, नवभारत टाइम्स आदि में प्रथम पृष्ठ पर नेताओं के फोटुओं की जगह मॉडेल्स ने ले ली है, भारतीय संस्कृति का खजुराहो संस्करण छाया हुआ है, उसकी शुरुआत हो चुकी थी और ज्योतिषाचार्य पं. हजारीप्रसाद द्विवेदी ने उस पर कविता भी लिख दी थी। विज्ञापनी संस्कृति के कारण साहित्य की दुर्दशा को चित्रित करने वाली खड़ीबोली हिन्दी की और शायद उर्दू की भी यह पहली कविता है।

ठाठ व्यक्तिपरक निबन्ध का है। वही, मामूली-सी बात से शुरुआत करके, विविध प्रसंगों से बहलाते-फुसलाते बतरस, अनौपचारिक आत्मीय ढंग से किसी निर्णायक ऐतिहासिक मुद्दे पर पहुँचा देना। कविता में निबन्ध की विधा का उपयोग करना मामूली बात नहीं। इसे कविता से गद्य में कर दें तो यह परसाई के व्यंग्य-निबन्ध जैसा हो जाएगा। लेकिन वाचन-लय से उत्पन्न प्रभाव त्यागकर कहानी का प्रभाव ज़्यादा ग्रहण कर लेगा। इस विज्ञापनी संस्कृति से घाटा साहित्यकार को है–'सब चूर-चूर हो गया अभिमान कलम का'।

द्विवेदी जी ने संस्कृत और अपभ्रंश में भी कविता की है। कविता क्या की है, हाथ आजमाया है। पन्त जी की या मंडन की कविताओं का ऐसा अनुवाद किया है कि वे अनुवाद नहीं लगतीं। पन्त की प्रसिद्ध पंक्तियों–

छोड़ द्रुमों की मृदु छाया
तोड़ प्रकृति से भी माया
बाले तेरे बाल-जाल में कैसे उलझा दूँ लोचन।

का संस्कृत अनुवाद यों किया है–

त्यक्त्वा द्रुमाणमिह मंजुलाम्नां विहाय मायांप्रकृतेरुदाराम्
बाले सुजाले तवकुंतलानां कथं प्रबध्नामिविलोचने मे

द्विवेदी जी दूसरों की पंक्तियों को सन्दर्भ में बिठलाकर ग्रहण कर लेते हैं और अपनी पंक्तियाँ दूसरों के हवाले कर देते हैं। उनकी रचनाओं में यह कौशल ऐसा रचा-बसा है कि कई बार इस बात का पता लगाना मुश्किल हो जाता है कि पंक्तियाँ किसकी हैं। 'चारुचन्द्रलेख' में वर्णन है–"रानी की दृष्टि युगलमूर्ति की ओर गई। हम दोनों ने साष्टांग प्रणाम किया। बाहर नाटी माता की मधुर स्तुति सुनाई पड़ी–

गताऽहं कालिंदीं गृहसलिलया नेतुमनसा
घनघोरैर्मेघैर्गगनमभितौ मेदुरमभूत्।
भृशं धारासारैरपतमसहाया क्षितितले
ज्यत्वङ्के गृहणान्पटुनटकलः कोऽपि चपलः।

जानकार ही समझेगा कि ये पंक्तियाँ ब्रजभाषा कवि मंडल के सवैये का अनुवाद है–

अलि हौं तो गई जमुना जल को सो कहा कहौ वीर विपति परी।
घहराय कै कारी घटा उनई इतनेई में गागर सीस धरी॥
रपट्यो पग घाट चढ्यो न गयो कवि मंडन ह्वै कै बिहाल गिरी।
चीर जीवहु नन्द को बारो अरी! गहि बाँह गरीब ने ठाढ़ी करी॥

'पुनर्नवा' में मंजुला ने देवरात को पत्र लिखा है। पत्र में अपभ्रंश दोहा है–

दुल्लह जण अणुराउगरु लज्ज परब्बंसु प्राणु।
सहि मणु विसम सिणेह बसु-मरणु सरणु णहु आणु॥

यह दोहा द्विवेदी जी की ही रचना है। मैंने त्रिलोचन शास्त्री और नामवर जी से बारहा पूछा कि बाणभट्ट की आत्मकथा का वस्तु-संकेतक यह श्लोक कहाँ से उद्धृत है। स्रोत का पता नहीं चलता।

जलौघमग्ना सचराचराधरा
विषाणकोट्याऽखिलविश्वमूर्त्तिना।
समुद्धृता येन बराहरूपिणा।
स मे स्वयंभूर्भगवान् प्रसीदतु॥

अनुमानतः यह भी आचार्य द्विवेदी की रचना है। द्विवेदी जी मन में मौज उठने पर संस्कृत, हिन्दी, खड़ीबोली, अपभ्रंश, भोजपुरी–किसी में रचना करते थे। भाषा आयोग के सदस्य के रूप में गवाही लेने के बाद सी.वी. रमन पर श्लोक लिखा था–मुझे पूरा नहीं याद है–स्मृति से लिख रहा हूँ–

मनोहरां तांमांग्लमनोभवां
....
स एष सी.बी.रमणो महात्मा
हा हंत नीबीरमणोबभूव।

हिन्दी के प्रति रमण महोदय के मन में जो अवज्ञा थी उससे आहत होकर पंडितजी ने लिखा होगा।

द्विवेदी जी की बिखरी लुप्तप्राय छोटी-बड़ी रचनाओं की खोज की जानी चाहिए। उन्हें संकलन में शामिल किया जाना चाहिए। समाधिस्थ शिव का चित्रण करने वाली कालिदास की पंक्तियों का हिन्दी में पद्यानुवाद किया था। पहली पंक्ति है–

बैठे संयमी त्रिलोचन शिव

द्विवेदी जी स्वप्नजीवी थे, यथार्थ-द्रष्टा भी। उनकी दो वैचारिक कविताएँ (आप चाहें तो विचार कविताएँ भी कह लीजिए) निबन्ध के रूप में (नवें खंड) छपी हैं। 'रे कवि एक बार सम्हल' और 'बोलो, काव्य के मर्मज्ञ'। इसमें उन्होंने अपनी दुविधा का बयान किया है, कल्पना में भारत का स्वर्णिम अतीत है और आँखों के सामने वर्तमान की दुर्दशा।

'मन में रमे हैं पूर्व युग के स्वर्ण मणिमय सौध' किन्तु 'आँखें देखती हैं ठठरियों के ठाठ, चिथड़ों के घृणास्पद दूह'।

अपने इस व्यक्तित्व के बारे में लिखते हैं–

मैं हूँ स्वयं निज प्रतिवाद...मैं हूँ उभयतो विभ्रष्ट, अधर कलंक रंक त्रिशंकु।

यथार्थ देखकर कवि कहता है–

सत्यानाश हो उस विधि व्यवस्था का
कि जिसने चूसना ही है सिखाया मनुज को नरारक्त का,
विध्वंस हो उस नीति का जिसने कि झूठी मानसिक उन्मादना को
नाम दे देकर महामहिमा-समन्वित बाँध रखा है
मनुज को दीनता के पाश में।

कविता में आगे सामान्य जन को अपार सम्भावनाओं वाला बताया गया है–तू धूल में लिपटे हुए जनों को क्या समझता है। ये हिमालय की जड़ खोद सकते हैं, जलधि को पाट सकते हैं–

कि अरे इन खुफ़्तगानेख़ाक को तू क्या समझता है
कि ये जड़ खोद सकते हैं हिमालाय की, पाट सकते जलधि को

वंचित, अभावग्रस्त जन की शक्ति पर इतना भरोसा। कविता पर कम भरोसा। इतने बड़े-बड़े सरस्वती-पुत्रों की कविता क्या कर पाई! वाल्मीकि, व्यास, कालिदास की कविता से मनुष्य-समाज में हिंसा, घृणा, पाशविकता कम हुई? नहीं, फिर सारा काव्य व्यर्थ है–

फिर क्यों काव्य का अभिमान?
फिर क्यों व्यर्थ अभिसम्पात?
फिर क्यों यह अरण्य-निनाद?
फिर क्यों कलमकण्डूयन
वृथा वाग्जाल! व्यर्थ प्रयास!

यह निराशा उस चिंतक कवि की है, जो बार-बार मनुष्य की जय-यात्रा की बात करता है। मनुष्य की जय-यात्रा और कवि की व्यर्थता दोनों साथ-साथ हैं। इसीलिए वे भावुक और एकांगी नहीं हैं। द्विवेदी जी इकहरे चिंतक कवि नहीं। वे मानव-इतिहास और व्यक्तित्व की सफलता-विफलता को साथ-साथ देखते हैं। विरोधी भाव-दशा में वे विरोधी बातें करते जान पड़ते हैं, किन्तु यह वह मानवीय संवेदना है जो इतिहास की द्वन्द्वात्मकता पर नज़र रखती है और युग-बोध की धार पर खराद कर नए मनुष्य को गढ़ने का प्रयास करती है। द्विवेदी जी की काव्य-दृष्टि मनुष्य की उच्चता और नीचता दोनों को देखती है। इसीलिए कविताओं में संवेदना और समझ का संयोग है।

द्विवेदी जी ने कहानियाँ भी लिखी हैं। आकार में वे लघुकथा की कोटि में आएँगी। कहानियाँ सोद्दिष्ट और नैतिकतावादी हैं। विषम जीवन-जगत् में परोपकार और त्याग बलिदान से मानवता का रास्ता दिखाने वाले पात्र हैं। ज़्यादातर पात्र दलित हैं नारी-पात्रों में निउनिया जैसी। उन विपन्न और अनादर पाने वाले नारी-पात्रों में कितने त्याग और बलिदान की कितनी भावना है, उसे दिखाने के लिए कहानियाँ लिखी गई हैं। ज़्यादातर पात्र एकायामी हैं उनमें चारित्रिक विविधता नहीं। शायद इसीलिए द्विवेदी जी की कहानियों ने पाठकों का ध्यान नहीं खींचा। उनका निबन्धकार रूप और उपन्यासकार रूप उनके कहानीकार पर हावी हो गया होगा।

द्विवेदी जी ने मध्यकालीन साहित्य का अवगाहन तो किया ही था। 'पुरातन प्रबन्ध संग्रह' का अनुवाद भी किया था। 'पुरातन प्रबन्ध संग्रह' का संकलन-काल 14वीं शताब्दी है। इसमें जो प्रबन्ध संग्रहीत हैं वे और भी प्राचीन होंगे। द्विवेदी जी के उपन्यास 'चारुचन्द्रलेख' की कथा की मूल कहानी 'पुरातन प्रबन्ध संग्रह' से ली गई है। द्विवेदी जी ने मध्यकालीन रोमाचंक अख्यानों के शिल्प का ऐसा सर्जनात्मक उपयोग किया है कि वह आज का नवीनतम कथा-शिल्प बन गया है। जादुई यथार्थ का शिल्प। इस शिल्प का सर्वाधिक उपयोग 'चारुचन्द्रलेख' में किया गया है।

ज्ञान की सर्जना

द्विवेदी जी जीवन-जगत् की दार्शनिक व्यवस्था ढूँढ़ने में तत्पर रहे। उनमें जीवन-जगत् के विभिन्न रूपों के प्रति तीव्र जिज्ञासा थी। घटनाओं, स्थितियों, जड़चेतन के विविध रूपों के प्रति बालकों जैसी आश्चर्यचकित हो जाने की क्षमता। दर्शन जड़ और चेतन के सम्बन्ध की व्याख्या करता है–जिसे हम विश्वबोध कहते हैं। फिर उस विश्वबोध के आलोक में जीवन-आचरण का रूप निर्धारित होता है, जिसे जीवन-दर्शन कहते हैं। द्विवेदी जी ने प्राचीन और आधुनिक वाङ्मय में उपलब्ध चिन्तन-प्रणालियों को समझने-समझाने का उद्योग किया। 'कबीर', 'नाथ-सम्प्रदाय', 'सहज साधना', 'सिक्ख गुरुओं का पुण्य स्मरण' में 'मध्यकालीन धर्म-साधना' में प्रधानतः निर्गुण साधना और 'सूर साहित्य' में सगुण साधना की दार्शनिक पृष्ठभूमि की व्याख्या की गई है। इन साधनाओं के पीछे के तर्क जाल को स्पष्ट किया गया है। प्राचीन को प्रायः दो ढंग से समझा-बूझा जाता है। एक तो यह कि 5वीं सदी को आप 5वीं सदी के बोध से देखें, दूसरा है 5वीं सदी को 22वीं सदी के विकसित बोध से देखें जो असम्भव तो नहीं लेकिन मुश्किल है। कभी-कभी आधुनिक-बोध से देखने वाले प्राचीन को ऐसा देखते हैं मानो 5वीं सदी 22वीं सदी हो। यह बहुत भ्रामक होता है। द्विवेदी जी प्राचीन को आधुनिक दृष्टि से तो देखते हैं किन्तु उस समय के बोध और उसकी शक्ति के साथ उसकी सीमा बताना नहीं भूलते। इससे उनके द्वारा खोजे गए निष्कर्ष विश्वसनीय होते हैं। वे पाठक के भाव-बोध में इतना स्वीकार्य हो जाते हैं कि घुल-मिल जाते हैं।

जगत् और जीवन में व्याप्त व्यवस्था और जड़-चेतन के सम्बन्ध की खोज में द्विवेदी जी के अध्ययन-मनन में बढ़ोतरी होती रही है। और यह खोज उनके शोध-परक ग्रन्थों एवं सर्जनात्मक साहित्य में निरंतर जारी रही है। द्विवेदी जी अतीत और वर्तमान को जोड़ते हैं, उनका अन्तर्भेदन करके एक-दूसरे को सामने रखते हैं। अतीत और वर्तमान को इतिहास की एक अखंड इकाई बना देते हैं। अतीत और वर्तमान परस्पर दोनों भाव-बोध की एक तीसरी आँख के दृश्य बन जाते हैं। इस तीसरी आँख को द्विवेदी जी त्रिलोचन की आँख कहते हैं, जो अतीत-वर्तमान को एक साथ देखती है और भविष्य का संकेत भी देती है–इसी अर्थ में द्विवेदी जी शिव को काल एवं इतिहास का देवता कहते थे।

प्रथमतः प्राचीन धार्मिक साधनाओं और उनकी दार्शनिक पृष्ठभूमि को द्विवेदी जी भरसक उन्हीं की दृष्टि से देखने का उद्यम करते हैं। अपने देश-काल में उस पृष्ठभूमि की

क्या भूमिका थी, यह उसकी शब्दावली की व्याख्या करके समझाते हैं और फिर उसकी आधुनिक संगति बिठाते हैं। उनके चिन्तन को उन्हीं के बोध से समझाकर फिर आधुनिक आशयों को व्यक्त करते हैं। इस प्रक्रिया में वे प्राचीन और आधुनिकता के दुभाषिए बनते हैं। शताब्दियों के चिन्तन-सूत्र का संधान करते हैं और प्राचीन साहित्य की धार्मिक, दार्शनिक, सांस्कृतिक, विशेषतः साहित्यिक शब्दावली एवं मिथकों के प्रामाणिक व्याख्याता– हिन्दी के अद्वितीय प्रामाणिक व्याख्याता बनते हैं। उनके द्वारा लिखित विपुल साहित्य को पढ़ने का अर्थ होता है भारत की दीर्घसंचित सांस्कृतिक चिन्ता धारा के प्रवाह में अवगाहन करना। उनका साहित्य प्राचीन भारतीय सांस्कृतिक धरोहर का शब्दकोष है। उनके द्वारा प्रयुक्त और व्याख्यायित पारिभाषिक शब्दों की व्याख्या को जोड़ दिया जाए तो वह भारतीय-संस्कृति का कोश होगा।

भारत की अधिकांश ज्ञात धार्मिक साधनाएँ इस विचार पर आधारित हैं कि मूल तत्त्व किसी कारण दो में विभक्त हो गया। क्यों? लीला के लिए इच्छा का उदय होने पर, जगत् के प्राणियों का रंजन करने के लिए। अद्वैत में जीव ब्रह्म, शैव में शिव एवं शक्ति–साधना इन दोनों को पुनः मिलाने की है। इसकी नाना विधियाँ हैं। अनेकानेक साधना-अनुभवों का ब्यौरा है। हिन्दी में सगुण भक्ति दर्शन और साहित्य पर अपेक्षाकृत अधिक काम हुआ है। निर्गुण भक्ति दर्शन और साधना-प्रक्रिया पर अपेक्षाकृत कम। द्विवेदी जी का निर्गुण भक्ति-चिन्तन और साहित्य में विशिष्ट योगदान है। उनके लेखन में मुख्यधारा से छिटके, अलग पड़े अज्ञात-प्राय-उपेक्षित साधना पंथों, सम्प्रदायों पर विशेष बल देने का आग्रह निरन्तर मिलता है। वे यह भी बताते हैं कि जिन्हें अब तक उपेक्षित समझा गया है, उनका कितना बड़ा योगदान हिन्दी जाति की भाव-भूमि और संस्कृति के निर्माण में है, वह हिन्दी जाति को भारत की अन्य जातीयताओं के सांस्कृतिक जीवन से जोड़ता है। 'हिन्दी साहित्य की भूमिका' और 'कबीर' प्रतिवादी रचनाएँ हैं। स्पष्ट रूप से वे आचार्य रामचन्द्र शुक्ल की स्थापनाओं का प्रतिवाद करती हैं–निर्गुण भक्ति दर्शन की पृष्ठभूमि और साहित्य-आस्वाद के क्षेत्र में।

संधान की चिन्तन-प्रक्रिया में द्विवेदी जी अगवाह रास्ता (शॉर्टकट) नहीं अपनाते। वे इतिहास-यात्रा में भी अगवाह रास्ते को उपयोगी नहीं मानते। जगह-जगह समस्याओं से उलझते चलते हैं। समस्या की भूमिका पर बल देते हैं कि समस्या के उद्गम और उसके इतिहास का पता चलने से वास्तविकता का पता चलेगा। हिन्दी साहित्य के इतिहास की पहली पुस्तक का नाम ही है–'हिन्दी साहित्य की भूमिका' और प्रथम अध्याय है– भारतीय चिन्ता का स्वाभाविक विकास।' हिन्दी साहित्य को पूरे भारत के पारम्परिक बहु-विध चिन्तनपरिप्रेक्ष्य में देखने का हिन्दी साहित्य में प्रथम मौलिक उद्यम।

फिर 'कबीर' में भारत की विभिन्न जातियों, प्रधानतः जुलाहा जाति के पुराण सन्दर्भित उद्गम और प्राच्यविदों द्वारा खोजे गए विवरणों में उपलब्ध सूचनाओं के आधार पर कबीर की हिन्दू मुसलमान, ब्राह्मण-जुलाहा आदि परस्पर विरोधी बातों को खोलने का उद्यम। कबीर पर विचार करते हुए नाथ-सिद्धों की साधना-प्रक्रिया की शब्दावली की व्याख्या, अन्य साधनाओं के परस्पर-प्रभाव पर प्रकाश और उनकी समानता-असमानता की खोज और

निष्कर्ष। इसी तरह 'सहज साधना' और 'सिख गुरुओं का पुण्य स्मरण' में भी। उपस्थापन शैली इतनी सरस और आत्मीय न हो तो पाठक की कौन कहे लेखक अपने पाठकीय श्रम से मूर्च्छित हो जाए।

द्विवेदी जी के अध्ययन-मनन की गम्भीरता सहजता में व्यक्त होती है। वे दार्शनिक, राजनैतिक, आर्थिक और सांस्कृतिक समस्याओं का समाधान एक साथ ढूँढ़ते हैं। समस्याओं के आधार को पहचानते और उनका निदान ढूँढ़ते हैं। उनके लेखन में चिन्तन की व्यापकता और गम्भीरता के साथ समावेशिता और सहजता बढ़ती गई है। उनकी अन्तिम कृति 'अनामदास का पोथा' में मानो सबका समाहार हो गया है। 'सहज साधना' में वे योरोपीय राजनीतिक चिन्तन को विकास-क्रम और सृष्टि के उद्‌भव-विकास का क्रम दोनों साथ-साथ और वह भी पारदर्शी भाषा में प्रस्तुत करते हैं। मानवतावाद, राष्ट्रीयतावाद। और राष्ट्रीयतावाद की कोख से उपजे साम्राज्यवाद के विकास-क्रम का सारांश (समरी) प्रस्तुत करते हैं। साम्राज्यवाद की अमानवीयता और उसकी आत्मघाती मानसिकता स्पष्ट करते हैं। फिर दर्शन के मूल क्षेत्र, जड़-चेतन के द्वन्द्व का ऐतिहासिक ब्यौरा पेश करते हुए अपने बहुप्रयुक्त पद 'मनुष्य की जय-यात्रा' की भूमिका तैयार करते हैं। सम्भवतः मनुष्य की जय-यात्रा की अवधारणा रवीन्द्रनाथ ठाकुर का प्रभाव है। मुख्य बात यह है कि मनुष्य की जय-यात्रा के चेतना-प्रवाह की उद्‌गम-भूमि भौतिक है। उसका सम्बन्ध आधुनिक भौतिकी की खोज से है–

मनुष्य की इच्छा की उद्‌गम स्थिति क्या है?

"न जाने किस पुण्य-क्षण में किसी अज्ञात काल के अज्ञात मुहूर्त में हमारा यह ग्रह पिण्ड, जिसका नाम पृथ्वी दिया गया है, सूर्य-मंडल से टूट गया था। उस समय यह ज्वलन्त गैसों से भरा था...उसके बाद लाखों वर्ष तक यह पिंड ठंडा होता रहा...चक्कर मारता रहा। लाखों वर्षों तक तप्त धातुओं की लहाछेह वर्षा होती रही...तब से आज तक यह विचित्र धरती-पिंड विपुल आकाश में निस्सहाय घूम रहा है। धीरे-धीरे दुर्दान्त वेग कम हो गया, और सबसे आश्चर्य की बात यह हुई कि एकदम उस नवीन वस्तु का आविर्भाव हुआ, जिसे हम जीव कहते हैं; जीव नहीं, जीव-कण।"[18]

इस जीव-कण की विशेषता-अभूतपूर्वता यह थी कि वह जड़ शक्ति की सबसे बड़ी शक्ति, गुरुत्वाकर्षण–नीचे की ओर खींच लेने वाली शाक्ति से स्वतंत्र थी। एक मृदुल तृणांकुर धरती में से अपना सिर ऊपर उठाकर तना रहता है। यह चेतन् का जड़ से आदि विद्रोह था। मनुष्य इस जड़-चेतन के द्वन्द्व को सँभाले है। यद्यपि वह चेतन का उत्कृष्ट रूप है किन्तु उसमें जड़त्व भी है और अवसर पाकर जोर मारता है, चेतन को परास्त कर देता है।

"इस चेतन में इच्छा है। वह जड़ के नियमों के पूर्णतः अधीन नहीं। इच्छा-शाक्ति का उन्मेष होने से पूर्व प्रकृति अपने-आप लुढ़कती-पुढ़कती, घिसटती-घिसटती चल रही थी। मनुष्य ने उसकी कार्य-कारण-परम्परा की नीरन्ध्र ठोस भूमिका में दरार किया। उसमें इच्छा शक्ति का प्रवेश कराया। अब तक जो कुछ जैसा था, वैसा होने को बाध्य था। मनुष्य ने कहा–जैसा है, वैसा नहीं, जैसा होना चाहिए वैसा।"

यह प्रकृति का संस्कृति में विकसित होना है। आगे द्विवेदी जी कारण-कार्य को परिभाषित करते हुए बताते हैं, "अव्यक्त कार्य कारण है और व्यक्त कारण को कार्य कहते हैं। प्रकृति के लोकहित में मानव-रुचि के अनुसार परिवर्तित रूप को संस्कृति कहते हैं।" उनके चिन्तन में द्वन्द्वात्यकता बनी रहती है।

प्रश्न यह है कि इच्छा-शक्ति के उन्मेष का कारण क्या है? जड़ से चेतन का उद्‌भव कैसे हुआ? इस बिन्दु पर आदर्शवादी और भौतिकवादी दर्शन पृथक् होते हैं। आदर्शवादी किसी चेतन सत्ता को प्राथमिक मानते हैं जबकि भौतिकवादी भूत को सनातन। जगत् किसी की इच्छा से नहीं उत्पन्न हुआ है। इसलिए इस प्रश्न पर जितना संघर्ष भौतिकवादियों को करना पड़ता है, आदर्शवादियों को नहीं। रहस्य दोनों के लिए है।

रहस्य में अज्ञात की खोज दोनों को करनी है। किन्तु आदर्शवादी के लिए वह अज्ञात पूर्ण है, उसको जान लेने से सब-कुछ जान लिया जाएगा। भौतिकवादी के लिए ज्ञेय भी अपूर्ण है। बहुत कुछ जान लेने से भी अज्ञात बना रहेगा। आदर्शवादी इस रहस्य-पुरुष, अज्ञात की ओट में बहुत-कुछ दौड़ने-थकने से बच जाता है। भौतिकवादी नहीं बच सकता। निश्चित हो तो ज्ञानी को राहत मिल जाएगी। लेकिन साध्य ज्ञान हो तो दौड़ना—संधान नहीं रुकेगा। रहस्य-भावना जिज्ञासा पैदा करती है। द्विवेदी जी आदर्शवादी चिन्तक हैं। वे द्वन्द्वात्मकता बरकरार रखते हैं, जिज्ञासा भी। किन्तु एक परम-चरम शक्ति की सत्ता मानते हैं और उसे चिन्तन का सहारा बनाते हैं। उनकी यह चरम-परम सत्ता बीच-बीच में काम नहीं आती, कभी-कभी सन्देह की लपेट में आ जाती है, यह अलग बात है। इस पूर्ण सत्ता पर सन्देह द्वन्द्वात्मकता के कारण पैदा होता है। वह भी उनके कथा-साहित्य में, जिसमें जीवन को व्यावहारिक रूप में, विविध जटिल प्रसंगों में देखा गया है।

"आधुनिक मनुष्य कहता है—यह (इच्छा शक्ति) एक रहस्य है, 'मिस्ट्री' है। परन्तु सचमुच ही यह मिस्ट्री है या मिस्ट्री का रहस्य जिसका कोई समाधान न मिलता हो? कमल की पँखुडियाँ एक-एक करके खुल रही हैं—ठीक है; पर क्या यों ही खुल रही हैं? क्या भीतर सें फट पड़ने वाली व्याकुलता किसी के इंगित पर नहीं प्रकट होती है? क्या ऊपर से सूर्य की रश्मियाँ धीरे-धीरे नहीं उतर रही है? एक तरफ अवतार हो रहा है, दूसरी तरफ उद्धार। एक तरफ अवतार का अनुग्रह और उद्धार का आग्रह ही क्या सृष्टि-लीला नहीं है?"[19]

'अवतार' और 'अनुग्रह' की अवधारणा मानवीय है। जड़ में चेतन को ढूँढ़ने का ऐसा (द्वन्द्व-प्रक्रिया से विहीन) प्रयास आरोपण है। द्विवेदी जी की एतद्विषयक धारणा बद्धमूल है। इसे उन्होंने कई प्रकार से, कई जगह प्रकट किया है—विवरण से, चित्रण से। कथा-साहित्य में अनेक सत्पात्रों के मुख से कहलवाया है। भौतिक शास्त्री रहस्य में सौन्दर्य पाते हैं लेकिन वे इसमें कोई उद्‌देश्य नहीं ढूँढ़ते। द्विवेदी जी सौन्दर्य के रहस्य में उद्‌देश्य मानते हैं।

"मैं जब निर्झर को वेगपूर्वक नीचे की ओर दौड़ता देखता हूँ, तो मन में उठता है। क्यों इतनी व्याकुलता है इसमें? किससे मिलने के लिए यह दुष्कर अभिसार-यात्रा शुरू हुई है? प्रथम मेघ-वर्षण के समय जब धरती के आँचल में छिपे हुए बीज अंकुर के रूप में फूट पड़ते

हैं तो मेरा हृदय हाय-हाय कर उठता है। किस अज्ञात प्रियतम के लिए यह कसमसाहट है? कौन है वह जिसे पाने के लिए अग-जग में व्याप्त प्राण-शक्ति व्याकुल हो उठी है? मैं व्याकुल हो उठता हूँ दादा, जब देखता हूँ कि इन पर्वतों पर फैली विशाल जलराशि रूप से, रंग से, गंध से, न जाने किस अज्ञात प्रियतम के लिए आँख बिछाए बैठी है! क्या यह सारा आयोजन केवल बात की बात है? क्या इसका कोई प्रयोजन नहीं है?"[20]

प्रकृति-सौंदर्य ही नहीं, मानव-सौंदर्य, उसका कर्म-सौन्दर्य भी द्विवेदी जी के चित्त में किसी कर्ता सत्ता को जानने की व्याकुलता उत्पन्न करती है–निर्गुणपंथी सूफियों की यह व्याकुलता इक़बाल के इस शेर में व्यक्त हुई है–

कभी ऐ हक़ीक़तेमुन्तज़र नज़र आ लिबासेमजाज़ में
कि हज़ारों सिजदे तड़प रहे हैं मेरी जबीनेनियाज़ में।

चरम-सत्ता का सगुण मानवीय सम्बन्धो में बँधा रूप इसी व्याकुल चित्त की उपज या अवतार है।

विश्व चाहे जितना मिथ्या, नाशवान् अस्थिर हो, वह है और दिखलाई पड़ता है, इसलिए उसके अस्तित्व का कोई-न-कोई कारण तो होना चाहिए। इसका उत्तर सभी को देना पड़ता है। आदर्शवादी देते हैं। उत्तर देते समय तर्क का ढाँचा वह दृश्यमान् जगत से ही लेने पर विवश हैं। जगत् मिथ्या है, लेकिन है। जैसे रस्सी है, लेकिन दिखलाई पड़ता है सर्प। लेकिन सर्प भी तो है, मिथ्या है। काम की बात यह है कि द्विवेदी जी जिन सिद्धान्तों की विवेचना करते हैं, उनके जड़-चेतन के सम्बन्ध को हिन्दी-पाठकों के सामने सहज भाषा में प्रस्तुत करते हैं।

सवाल है–मूल सत्ता ने विश्व-प्रपंच कैसे किया? 'एकोऽहंबहु' की रचना-प्रक्रिया क्या है? अनादि का आदिम द्विधा-विभाजन कैसे हुआ?

जब कुछ नहीं होता, यानी प्रलय काल में (प्रलय काल में सब-कुछ परम तत्त्व में समाहित या लीन होता है) परम शिव में कार्य-कारण का कर्त्तृत्व नहीं होता। परम शिव को जब सृष्टि करने की इच्छा होती है तो वे इच्छा होने के कारण सगुण हो जाते हैं। यह इच्छा क्यों होती है, कोई नहीं जानता। यह इच्छा (सिसृक्षा) ही शक्ति है। परम शिव सगुण शिव होकर शिव एवं शक्ति में द्विधा रूप होकर कार्य करते हैं। शक्ति ही कुंडली या कुंडलिनी है। यह समस्त विश्व में व्याप्त है। इसी की सहायता से सगुण शिव विश्व-प्रपंच के लिए अपनी इच्छा को क्रियान्वित करते हैं।

वेदान्तियों की माया मिथ्या की जननी है। वह जगत् रूप को प्रकट करती है और जीव को ब्रह्म से पृथक् होने का भ्रम उत्पन्न करती है। किन्तु शक्ति माया की तरह मिथ्या नहीं वह परम शिव की इच्छा है। विश्व में व्याप्त-महाकुंडलिनी ही व्यष्टि में व्याप्त कुंडलिनी है। गोरक्षमत का महत्त्वपूर्ण सिद्धान्त है–'जाइ-जोइ पिण्डे सोइ ब्रह्मंडे।' जो कुछ ब्रह्मांड में है, वह सब पिंड में है। जिस प्रक्रिया से ब्रह्मांड बना है उसी से पिंड। पिंड (शरीर) को साधने की प्रक्रिया ब्रह्मांड को साधने की प्रक्रिया है। आसन, प्राणायाम, जप, मंत्र, ध्यान, धारणा, समाधि सब पिंड को और प्रकारान्तर से ब्रह्मांड को साधने की प्रक्रिया है। इस प्रक्रिया की विविध सम्प्रदायों में, विविध ज्ञात, अल्प ज्ञात, अज्ञात साधना-विधियाँ हैं जिनका द्विवेदी जी

ने संधान किया है और हिन्दी में समझाया है। हिन्दी में–हिन्दी पाठकों को प्रबुद्ध करने वाली सहज, समर्थ व आत्मीय भाषा में। जिस भाषा के वे अप्रतिम लेखक हैं।

हठ योग की साधना पर पातंजल योग का गहरा प्रभाव है। इसमें शरीर की बनावट की भी जानकारी ज़रूरी है। मेरुदंड के नीचे पायु और उपस्थ के बीच स्वयंभू लिंग है। इसमें अग्निचक्र है। इसी चक्र में स्वयं लिंग को साढ़े तीन वलयों में लपेटे कुंडली है। इसे उद्‌बुद्ध करके विभिन्न चक्रों से गुजरते हुए सहस्रार में पहुँचाना योगी का लक्ष्य है। सहस्रार या ब्रह्मरंध्र में शिव का निवास है। सो कुंडली या कुंडलिनी रूपा शक्ति को शिव से मिला देना योगी की साधना का लक्ष्य है। इस प्रकार परम शिव में शक्ति को योगी पुनः समाविष्ट कर देता है, उनके आद्य द्विधा-विभाजन का चक्र पूरा हो जाता है।

योगी शरीर की साधना से चंचल तत्त्वों को अचंचल बनाकर साधना को सफल बनाता या सिद्धि प्राप्त करता है। बिन्दु अर्थात् शुक्र, वायु, मन और वाणी–ये साधना में हठयोग का ही अंग हैं। इनमें से किसी को भी सिद्ध कर लेने से शेष की सिद्धि अनायास हो जाती है।

द्विवेदी जी ने नाथ सम्प्रदय और शैव, शाक्त साधनाओं पर बहुत काम किया है, किन्तु वे इनका पर्यवसान या इनकी सार्थकता हृदय की साधना में मानते हैं। भक्ति सहज का पर्याय या योग की सार्थकता है। भक्ति का क्षेत्र मानवीय सम्बन्धों की व्याप्ति है। सहज केवल अनुमान नहीं वह भाव है। शरीर की साधना का (जोइ जोइ पिंडे सो ब्रह्मंडे) पर्यवसान हृदय की साधना (भाव-भगति) में कैसे होता है? द्विवेदी जी ने इसकी प्रक्रिया या तर्क का सेतु निर्मित किया है। अपने लेखन में वे तर्क-सेतु की चर्चा बार-बार करते हैं। गहरे और व्यापक अध्ययन के साथ-साथ चिन्तन-मनन में वह सेतु उन्होंने रचा है। यहाँ उसकी संक्षिप्त रूपरेखा प्रस्तुत करने का प्रयास किया जा रहा है। वे 'नामूलं लिख्यते किंचित्' के संकल्पी हैं। जो कुछ पढ़ा उसकी पहले अपने अनुभव-संसार से सही कराई। उसे सहज भाषा में पाठकों के सामने प्रस्तुत किया। जब तक खुद अनुभव न बने तब तक आप्तवाक्य भी विश्वसनीय नहीं बनते, भाषा में सहजता नहीं आती। द्विवेदी जी अपने को अतीत और वर्तमान के बीच फँसा हुआ उभयतोभ्रष्ट कहते हैं किन्तु हैं वे अतीत और वर्तमान के सांस्कृतिक सेतु। हिन्दी में वे इस दृष्टि से अतुलनीय हैं।

शुक्र, वायु, मन और वाणी–इनका जैसा संघात मानव-शरीर में है, अन्य प्राणियों के शरीर में नहीं। मानव-शरीर में अधिक तत्त्वों का संश्लेष है। इसीलिए वह अन्य प्राणियों की अपेक्षा अधिक सक्षम और सिद्धि का साधन है। हठयोग की साधना के प्रवर्त्तक गोरक्षनाथ ने इस शरीर की जानकारी को–छह चक्रों षोडश आधार, पाँच व्योम, एक खम्भा, नौ दरवाजों पाँच मालिकों को जानने को आवश्यक माना है। इन्हें जाने बिना योग-सिद्धि कैसे मिल सकती है?

पर तत्त्व जड़ और चेतन दोनों रूपों में व्याप्त है। पर तत्त्व ही में वेदान्त का ब्रह्म और योगियों और शैवों का शिव है। यही सिसृक्षा से द्वैत हो गई। जड़ तत्त्व निश्चेष्ट, निस्पन्द है। केवल है। वह इच्छा रहित है। चेतन तत्त्व चल रहा है, हिल रहा है, सोच रहा है, समझ रहा है, उसमें इच्छा है। पहला रूप सत् है दूसरा सत् भी है चित् भी। एक और रूप है ब्रह्म का या शिव का जो आनन्द रूप है। सच्चिदानन्द है।

शिव में सृष्टि करने की इच्छा होती है। क्यों होती है, कोई नहीं जानता। योगियों के यहाँ यह इच्छा ही शक्ति का तत्त्व है। वह चिद्रूपा है। वेदान्त के ब्रह्म को इच्छा तो होगी नहीं लेकिन ब्रह्म का जीव में रूपान्तरण माया के कारण होता है। 'शक्ति' माया नहीं। वह जगत् प्रपंच रचकर भी शिव में मिलने को व्याकुल रहती है। योगी उसी शक्ति को शिव में मिलाकर दोनों को पुनः एकरूप कर समरसता प्राप्त करता है। वेदान्ती माया के मिथ्यात्व का ज्ञान प्राप्त करके जीव को उपाधियों से मुक्त करके मुक्ति प्राप्त करता है।

यह आनन्द सहज-समाधि है। ज्ञानियों की मुक्ति है। यह अनुभवैकगम्य है। अकथनीय है। वैयक्तिक साधना का फल है। समष्टि व्यष्टि में फलीभूत होता है।

भक्ति ने इस आनन्द का रूप-परिवर्तन किया है। उसे मानव-भाव-सम्बद्ध किया है—पर तत्त्व को मानवीय सम्बन्धों का आलम्बन और आश्रय, और सगुण रूप में अवतारी बनाकर। सगुण भक्ति-शास्त्र अवतार का कारण, लीला से चित्तरंजन या दुष्टों का विनाश बताते हैं। ये दोनों कारण पर तत्त्व को सामाजिक ऐतिहासिक बना देते है—'जब-जब होइ धरम कै हानी' में 'जब-जब' और 'धरम' कालातीत नहीं, ऐतिहासिक संकेत करने वाले पद हैं। द्विवेदी जी ने तुलसी विषयक निबन्धों ने 'रचि महेस 'निज' मानस राखा' में इसकी व्याख्या की है। द्विवेदी जी ने शिव की शक्ति—सिसृक्षा की व्याख्या में ज़्यादा ध्यान दिया है और शिव की सिसृक्षा को साहित्यकार (विशेषतः कालिदास) की सिसृक्षा से जोड़ा है। समरूप किया है। समाधि को भी कवि-सिसृक्षा के चित्त से जोड़ा है। समाधि पद का प्रयोग कालिदास का है। द्विवेदी जी ने उसकी व्याख्या की है, उसे परिभाषित किया है।

योगी को समाधि में परम पद प्राप्त होता है, रचनाकार को निर्दोष रचना में। रचना-प्रक्रिया भी योग है। चित्तवृत्ति-निरोध से आत्मस्थ होता है रचनाकर। यह आत्म भक्तों और रचनाकारों के यहाँ भाव से युक्त होता है। आचार्य शुक्ल ने कविता को 'भाव-योग' कहा। बौद्धों का नैरात्म्य, आत्मा का निषेध करे-न-करे लेकिन उनके यहाँ करुणा का जो महत्त्व है वह उन्हें लोक से जोड़ता है। आत्मा की सत्ता पर मौन रहने वाले बुद्ध करुणावतार हैं। और सरहपा ने जगत् को शून्य तरुवर कहा लेकिन उस तरुवर में करुणा के पुष्प लगते हैं।

'आत्म' और 'करुणा' निरन्तर समावेशी होते गए हैं। आचार्य रामचन्द्र शुक्ल, पं. हजारीप्रसाद द्विवेदी और प्रसाद, निराला और मुक्तिबोध ने इन शब्दों को अर्थव्याप्ति दी है। उसका अध्ययन स्वतंत्र रूप से करने का क्षेत्र है।

गोरखनाथ की साधना में भाव को स्थान नहीं लोक का ध्यान है। उनका हठयोग भाव से संयुक्त होता है कबीर की साधना एवं कविता में। परम तत्त्व की खोज का पर्यवसान भक्ति में होता है। भक्ति के आचार्य 'अथातो ब्रह्म जिज्ञासा' में जिज्ञासा का अर्थ अनुरक्ति मानते हैं—सा परानुरक्ति ईश्वरे।

कबीरदास परम प्रिय के प्रति भाव को शून्यचक्र में कुंडलिनी को पहुँचा देने से अधिक बड़ी प्राप्ति मानते हैं। वे चक्र-साधना को भक्ति का साधन मानते हैं। भक्ति के बिना हठयोग की साधना और सिद्धि दोनों व्यर्थ हैं—'बजर परै यह मथुरा नगरी कान्ह पियासा जाई रे' या 'एक दहेणी दही जमाया दुसरी परि गइ साढ़ी रे। न्यौति जिमाऊँ निज

करहा को छारि मुनिस की दाढ़ी रे'—ध्यान से समाधि लग गई। मैं तो उस छोरा (कान्ह) को निमन्त्रित करके साढ़ीवाली दही जिमाऊँगी। मुनीशों की दाढ़ी में धूल पड़े। कबीर में हठयोग की साधना का पर्यवसान और भक्ति का नवोदय होता है। कबीर द्वारा कर्मकांड, वर्णव्यवस्था, भौतिक सफलता का अहंकार आदि की तुच्छता का तर्क-आधार भक्ति है। कबीर के यहाँ जो काल-अकाल का द्वन्द्व है; उसका शमन भक्ति के द्वारा होता है। कबीर की भक्ति पारलौकिक और लौकिक दोनों समस्याओं का समाधान और एक वैकल्पिक आचरण-संहिता भी प्रस्तुत करती है। यह परदुखकातर जन के काम की है।

द्विवेदी जी कबीर के भक्त-रूप को प्रधान मानते हैं, और उसे प्रधान बनाए रखने के लिए ही कवि और समाज-सुधारक रूप को दूसरे दर्जे पर रखते हैं। द्विवेदी जी के चिन्तन में भक्ति का महत्त्व है। वह जीवन में व्यापक है। वे पारिवारिकता, सामाजिकता और वैयक्तिक सुख, सार्थकता एवं सदाचार के लिए भक्ति-भावना को बहुमूल्य मानते हैं। भक्ति का आनन्द अनिर्वचनीय है। वह प्रयोजनातीत है और प्रयोजन वाला भी। यों कहें कि भक्ति लोक-जीवन में अलौकिक आनन्द देने की साधना-पद्धति है। वह सहज है। कर्मकांड को अनावश्यक बना देने वाली है। उसके कारण ही मनुष्य फक्कड़, मस्त, लापरवाह बन सकता है। कबीर उसके प्रतिमान हैं। द्विवेदी जी के कथा-साहित्य में कबीर के अनेक प्रतिनिधि पात्र मिल जाते हैं। भक्ति-विषयक उनका चिन्तन निबन्धों एवं कथा-साहित्य में प्राप्त उक्तियों में उपलब्ध है।

द्विवेदी जी का चिन्तन उनके निबन्धों में तो व्यक्त हुआ ही है कथा-साहित्य में भी वह चित्रित हुआ है— स्थितियों, पात्रों के संवादों और स्वगतों के माध्यम से। उनके साहित्य में भक्ति को प्रायः वैयक्तिक साधना के ही रूप में चित्रित किया गया है, लेकिन लोक-कल्याण का अचूक मार्ग ढूँढ़ने के लिए सघंर्ष करने वाले पात्रों और उनकी साधनाओं में भी भक्ति का रूप है। 'चारुचन्द्र लेख' और 'अनामदास का पोथा' इस विषय में विशेष विचारणीय हैं।

मनुष्य के लिए सर्वसुखी युग कैसे लाया जाए। मनुष्य इसके लिए कितनी दीर्घकालीन अथक साधना करता आया है। मानव-इतिहास का स्वर्णयुग कब आएगा। ज़्यादा महत्त्वपूर्ण बात है कैसे आएगा? दैवीकृपा से? किसी चमत्कार से? या निरन्तर सतत संघर्ष से?

प्राचीन साधनाएँ वैयक्तिक हैं। हठयोग, अद्वैत, बौद्ध, जैनमत आदि परमपद, मुक्ति, निर्वाण व्यक्ति को दिलाते हैं।

'चारुचन्द्रलेख' के योगी नागनाथ कोटिबेधी रस सिद्ध करना चाहते हैं। क्यों? किसलिए?

नागनाथ ने उत्तर दिया, ''शुभे, संसार में बड़ा दुख है, रोग है, शोक है, दरिद्रता है, मोह है। मैं व्याकुल हूँ। अगर समस्त जगत् का दुःख मुझे मिल जाता तो मैं अनन्तकाल तक नरक भोगने के लिए तैयार हो जाता।[21]

चन्द्रलेखा—"क्या ऐसा रस बन सकता है जो एक ही मात्रा से करोड़-करोड़ मनुष्यों को रोग से, शोक से, और मोह से मुक्त कर दे? इस नश्वर काया के भीतर क्या कोई ऐसा रासायनिक परिवर्तन सम्भव है, जिससे इसका क्षण-विध्वंसी धर्म रुक जाए? और यदि सब लोग रोग, जरा और मृत्यु से छूट जाएँ तो क्या वे अस्थिर विषयों के पीछे भागने से विरत हो जाएँगे?"[22]

"उन्होंने (शिवावतार गुरु गोरक्षनाथ ने) वायु के संयमन से शरीर को अजर-अमर बनाने की विधि सिखाई है। उन्होंने ही पारद से अमोघ-रस सिद्धि होने की विधि बताई है।...जगत् के दुःख-कातर प्राणियों के उपकार के लिए तुम अपने समस्त संकल्प-विकल्पों का परित्याग करो।"

चन्द्रलेखा समस्त स्त्री-लक्षणों से मंडित है। उसी के हाथ से ऐसा कोटिबेधी रस तैयार हो सकता है। चन्द्रलेखा झिझकती है। वह सातवाहन की रानी है। किन्तु कंकाल को देखकर सोचती है–"यह किसी दिन सुन्दर मनुष्य रहा होगा। इसी मृत्यु पर विजय पाना है। स्त्री लक्षण उसके शस्त्र हैं" और उसका मन झूम उठा, "अब कोई स्त्री विधवा न होगी, कोई माता निपूती न होगी, कोई बालिका अनाथ न होगी। चन्द्रलेखा मृत्यु विजय के दुष्कर कार्य का निमित्त बनेगी।"[23]

'चारुचन्द्रलेख' की इस कथा (नागनाथ और चन्द्रलेखा द्वारा कोटिबेधी रस तैयार करने की) का मूल रूप 'पुरातन प्रबन्ध संग्रह' में है किन्तु वहाँ जगत्-कल्याण या दुख कातर प्राणियों की चर्चा नहीं है। मूल कथा में इसका यह उद्देश्य द्विवेदी द्वारा जोड़ा गया है, मनुष्य की जय-यात्रा की दीर्घकालिकता या अनन्तता को कम करने के रास्ते का संकेत देने के लिए। बाद में इस रास्ते को असफल दिखाया जाता है, इसकी असफलता प्रकट की जाती है। कोटिबेधी रस तैयार नहीं होता नागनाथ के मानसिक विचलन से। 'चारुचन्द्रलेख' में द्विवेदी जी ने हठयोग, मंत्र के अनेक साधना-रूपों और क्रियाओं को आधुनिक मनोविज्ञान के आलोक में चित्रित किया है, समझाया-बुझाया है। नागनाथ में मानसिक ग्रन्थियाँ हैं। चन्द्रलेखा में भी। बत्तीस लक्षणों से युक्त नारी का महत्त्व द्विवेदी जी के चिन्तन में यह है कि सौन्दर्य अगर सामाजिक चेतना से सक्रिय होकर लोकमंगलकारी हो जाए तो सिद्धि प्राप्ति आसान हो जाती है। त्रिपुरभैरवी का आदेश है कि नागनाथ को स्त्री-गुरु की महिमा समझनी चाहिए। वैराग्य, सिद्धि नहीं प्रदान कर सकता। बत्तीस लक्षणों से युक्त चन्द्रलेखा को गुरु बनाना होगा। इस बात पर चन्द्रलेखा का मन विद्रोह कर उठता है–'क्या स्त्री शरीर इतना महत्त्वपूर्ण है। यह बत्तीस लक्षण-बन्धन क्या है? शरीर के अगों का संकोचन-विकोचन ही न?" गुरु का महत्त्व तब तक समझ में नहीं आता जब तक आप द्विवेदी जी का यह विचार न ध्यान में रखें कि गुरु वह है जिसका सान्निध्य पाकर चित्त विक्षुब्ध हो उठे किसी बड़ी सिद्धि को पाने के लिए। गुरु की यह परिभाषा कबीर पर तो घटित ही होती है–मुक्तिबोध की कविता 'अँधेरे में' में रक्तालोक स्नात पुरुष को रहस्यमय अभिव्यक्ति और बाद में गुरु (वह मेरी गुरु है यद्यपि मैं पलातक) कहने पर भी।

'चारुचन्द्रलेख' का कथानक अतीत को उपलब्ध ज्ञान के आलोक में गठित करता है। द्विवेदी जी इसी को आधुनिकता कहते हैं। यह सिर्फ़ संयोग नहीं कि इस उपन्यास के शिल्प में जादुई यथार्थ का उपयोग हिन्दी में पहली बार हुआ है।

वैराग्य और सौन्दर्य का यह द्वन्द्व द्विवेदी जी के चिन्तन और उनकी 'जय-यात्रा' में बहुत सुलझी-उलझी स्थितियाँ पैदा करता है। बहरहाल! कोटिबेधी रस तैयार नहीं हो पाता। केवल एक की साधना से जीवन और जगत् को दुःख से मुक्ति नहीं मिल सकती।

"माया से लड़ाई करना बेकार है। समस्त संसार अपने ही कर्मों से रच-पचकर मर रहा है। देखो गोरक्ष, इससे उद्धार पाने का कोई अगवाह रास्ता नहीं है। तुम अगवाह रास्ते का सन्धान छोड़ दो।"

'अगवाह' शब्द हिन्दी साहित्य में पहली बार प्रयुक्त हुआ है। अंग्रेजी में जिसे शॉर्टकट करते हैं–उसके अर्थ में। अगवाह पूर्वी हिन्दी, भोजपुरी-अवधी का शब्द। यह जय-यात्रा की अवधारणा को समझने का मूल्यबोधक पद है।

अगवाह रास्ता नहीं है। यह मध्यकालीन तंत्र-मंत्र, हठयोग समाधि, जादू-टोना कर्मकांड अंधविश्वास, मानवेतर पारलैकिक शाक्तियों की सहायता से लोक को सुखी बनाने के प्रयत्नों का अस्वीकार है। मध्यकालीन कथा-प्रयोग से ही मध्यकालीनता का निषेध। इस क्षेत्र में द्विवेदी जी अकेले हैं। मध्यकालीनता और अंधविश्वास किसी विचारधारात्मक झटके से नहीं निषिद्ध होते। उन्हें अपनी बात कहने-सुनने का पूरा अवसर दिया जाता है कथा में। यहाँ जानबूझकर नारी-सौन्दर्य की अर्थ-व्याप्ति के अनेक पक्षों को नहीं उठाया जा रहा है। द्विवेदी जी के यहाँ नारी-सौन्दर्य के लौकिक, माँसल और उदात्त, सात्त्विक रूपों की चर्चा नहीं की जा रही है। त्रिपुर भैरवी का यह कथन द्विवेदी जी का अपना कथन मालूम पड़ता है–"वैराग्य से सिद्धि नहीं प्राप्त होगी नारी-सौन्दर्य जगत् के मांगल्य का विधायक है।" यह सौन्दर्य शारीरिक है और शारीरिक से ज़्यादा मानसिक, नारी में पुरुष और पुरुष में नारी सहस्थित है। मानसिक से और ऊपर जाकर यह आध्यात्मिक अनुभूति का साधन बनती है।

लेकिन अगवाह रास्ता नहीं है तो कौन सा रास्ता है? वह रास्ता इतिहास का है–अनवरत संघर्ष का। मनुष्य की जय-यात्रा उद्देश्य कहने को है, वस्तुतः वह प्रक्रिया है।

अगवाह रास्ते का विकल्प इतिहास का रास्ता है। इतिहास का रास्ता जय-यात्रा का रास्ता हो, यह सुनिश्चित नहीं। वह मनुष्य की सूझ-बूझ, उसके विवेक एवं उद्यम पर निर्भर है। द्विवेदी जी के लेखन में इतिहास-विधाता का कुंठनृत्य दुर्धर्ष है। वह सब-कुछ को रौंदता जाता है। दो बातें तय हैं–एक तो सब-कुछ बदलेगा और दूसरा विशुद्ध कुछ नहीं है। सब अवमिश्र है। यानी सबका प्रभाव सब पर पड़ता है–एवरी थिंग इज कनेक्टेड विद एवरी थिंग एल्स। इतिहास की यह दृष्टि ही द्विवेदी जी को इतना संकीर्णता-विरोधी एवं सहिष्णु चिन्तक बनाती है। सहिष्णु माने दूसरों, विरोधियों की बातों को सुनने, विचारणीय मानने और मान्य होने पर सहमत होने की क्षमता।

द्विवेदी जी के स्त्री-चरित्रों भट्टिनी, निउनिया, मृणाल, चन्द्रलेखा, मैना, जाबाला, सबमें लोकहित में संघर्ष करने की प्रवृत्ति है। सौन्दर्य लोकहित में संघर्षरत हो–द्विवेदी जी का सिद्धि-मंत्र है। सौन्दर्य रूपगत एवं कर्मगत और मानसिक। यहाँ ज्ञान, इच्छा और कर्म का यथेष्ट संश्लेष होता है जो त्रिपुर सुन्दरी का रूप है। सकर्मक ज्ञानात्मक संवेदन की धारणा त्रिपुर सुन्दरी का लोकावतार है।

'अनामदास का पोथा' में द्विवेदी जी का हठयोग-चिन्तन उपनिषद्-चिन्तन में घुल-मिलकर विराटतर होता है। व्यष्टि और समष्टि परस्पर घुल-मिलकर एक हो जाते हैं। अंतिम

कथा-कृति में व्यक्ति और इतिहास एक होकर विश्वात्मा में समाहित हो जाते हैं। इस चिन्तन का व्याकरण है। एकैकतत्त्ववाद, समावेशी तत्त्ववाद में बदल जाता है। आप चाहे जिसको प्रधान मानकर चलें, गन्तव्य समान होता है। वायु प्राण है। आत्मा ब्रह्म। 'जोइ-जोइ पिंडे सोइ ब्रह्मंडे' सिद्धान्त का विकास अगले चरण में होता है। पिंड के चार इन्द्रिय—वाणी, चक्षु, श्रोत, मन ये सब प्राण के अधीन हैं। ब्रह्मांड के चार देवता—अग्नि, सूर्य, चन्द्र और जल। वे चारों वायु के अधीन हैं। रैक्व वायु को सबका कारण मानता है। सौन्दर्य के प्रति उसका मनोवेग आदिम, निरीह है। ऐसा करने से स्थितियों, घटनाओं और रूप का मन पर सीधी प्रतिक्रिया होती है जो विकास के आवरण से, विशिष्ट विचारधारा से धुँधली नहीं होती, साक्षात् होती है प्रथमानुभव, प्रथम उन्मेष की भाँति। जाबाला का जो प्रभाव ऋषि कुमार रैक्व पर पड़ता है वह लिंग, सामाजिक विधि-निषेध से निरपेक्ष, अकुंठ और निबन्ध है। वह अनुभव है—अनभै साँचा। रैक्व बार-बार शुभा को ही प्रमाण मानता है—तुम कैसे समझोगे, तुमने तो शुभा को देखा ही नहीं, तुम कैसे जानागे, तुमको तो शुभा ने बताया ही नहीं। नागनाथ चन्द्रलेखा को गुरु बनाने से चूक गए थे। रैक्व को शुभा के रूप में गुरु मिल गए। बात सुनने में चाहे जैसी लगे लेकिन कबीरदास पर गुरु के बाणों का जो प्रभाव पड़ा था, जो विह्वलता आई थी, वह रैक्व पर शुभा के रूप का प्रभाव जैसा ही था—पहले देख चुके हैं न कि द्विवेदी जी के मतानुसार—गुरु वह है जो विह्वल कर दे—ज्ञान के प्रति।

उपनिषद् कथा में द्विवेदी जी मोड़ कहाँ लाते हैं? आधुनिक भाव-बोध कहाँ लाते हैं? रैक्व तो परम तत्त्व की जिज्ञासा में रत थे। उसी जिज्ञासा-समाधान की प्रक्रिया में एक आनुषंगिक जिज्ञासा उदित हो गई। विनश्वर वस्तुएँ इतनी मोहक कैसे होती हैं? जिज्ञासा तो अनश्वर की थी। नश्वर की जिज्ञासा हो गई। एक सूत्र और मिला—तपस्या का आवश्यक अंग है सत्संग। सत्संग एकान्त में नहीं हो सकता। तपस्या को भी समाज चाहिए और शुभा में भी कुछ कमी है। गुरु की दी ही हुई विह्वलता समाप्त नहीं हो जाती, वह विह्वलता के नए रूप गढ़ती है, विह्वलता के विषय खोजती है। शुभा तो देवलोक की प्राणी है—विह्वलता शुभा के रथ के सारथी की मृत्यु और उसकी पत्नी और बच्चे की अनाथता से पैदा होती है। और शुभा भी अज्ञानी जान पड़ती है। अन्त में वह भी चन्द्रलेखा, भट्टिनी की ही भाँति लोकहित में काम करती है।

सौन्दर्य व्यक्ति को प्रभावित करता है किन्तु वह स्वयं छन्द का प्रभाव है। छन्द अनुकूल गति और यति की लय है। वह अनुकूल संकोचन-विकोचन, प्रस्पन्द-निष्पन्द का प्रभाव है। सौन्दर्य विश्वात्मा का छन्द है। इससे चराचर जड़-चेतन सब अनुशासित हैं। उसी से विश्व-रचना के उद्देश्य का संकेत मिलता है। यह सौन्दर्य जो द्विवेदी के यहाँ इतिहास से सम्बद्ध होता है। द्विवेदी जी का इतिहास केवल मानव से सम्बद्ध नहीं। उसका सरोकार समस्त जड़-चेतन संसार से है। द्विवेदी जी जड़ के सहजात धर्म की तलाश करना चाहते हैं। जड़ का सहजात धर्म वस्तुतः आधुनिक भौतिकी और रसायन शास्त्र का विषय है। इस विषय में मुझे आइंस्टीन का यह कथन कि—विज्ञान मनुष्य का नवीन धर्म है और सौन्दर्य अनन्त रहस्य-लोक प्रस्तुत करता है, प्रासंगिक लगता है।

"जड़ तत्त्व का (भी) स्वभाव है, उसका कोई सहजात धर्म है, जिसे हम पूरा जान नहीं पाए हैं। इसलिए जड़ तत्त्व को ही यथार्थ और वास्तव मानने वाले थोड़ी देर ले जाकर हमे अँधेरे में छोड़ देते हैं।"

'जड़ का सहजात धर्म' द्विवेदी जी के चिन्तन एवं मनुष्य की जय-यात्रा में महत्त्वपूर्ण पद है। इसके भी सहारे वे पिंड और ब्रह्मांड की समता का संकेत करते हैं। 'चारुचन्द्र लेख' के सीदी मौला रसायन शास्त्री हैं। आज की भाषा में केमिस्ट। उनका एक कथन ध्यातव्य है। उपन्यास में कथन सीदी मौला का है, विचार द्विवेदी जी के समझिए–

"मैं थोड़ा-बहुत रसायन-विद्या का जानकार हूँ–मैं ताँबे को सोने में बदल सकता हूँ और सोने को ताँबे में भी बदल सकता हूँ। मूर्ख धनिक ताँबे और सोने में भेद समझते हैं। भेद कुछ भी नहीं है महाराज! ताँबा भी कुछ परमाणुओं से बनता है और सोना भी कुछ परमाणुओं से बना है। मूर्ख यह नहीं जानता कि शक्ति किस प्रक्रिया से इन परमाणुओं का संघटन करती है। कुछ विशेष वस्तुओं के योग से ताँबे के परमाणुओं का संघटन बदल जाता है और उस प्रकार का हो जाता है जैसा कि सोने के परमाणुओं का हुआ करता है। मात्रा का ठीक-ठीक होना बहुत आवश्यक है। एक ही प्रकार की प्रक्रिया से, एक प्रकार के योग से सुवर्ण कभी सिद्ध भी हो जाता है, कभी नहीं भी होता। केवल अन्तर्यामी देवता ही जानते हैं कि कब मात्रा ठीक होगी और कब नहीं होगी। वे जानते अवश्य हैं और किसी-न-किसी दिन जब मनुष्य अधिक साधना करेगा तो जो अन्तर्यामी देवता बुद्धि रूप में अभिव्यक्त हो रहे हैं, वे उसे उचित मात्रा का भी ज्ञान करा देंगे। उन्होंने अभी अपने आपको पूर्णतया अभिव्यक्त नहीं किया है। जिस दिन वे अणु-परमाणु में व्याप्त आद्याशक्ति के संघटन-विधान को जानने वाले के रूप में प्रकट होंगे, उस दिन तुम देखोगे महाराज कि आज के सिद्ध जिन सिद्धियों को बहुत महत्त्वपूर्ण मानते हैं उन्हें बच्चों का खेल माना जाने लगेगा।"[24]

अन्तर्यामी देवता बुद्धि रूप में अभिव्यक्त हो रहे हैं–इतिहास का भाववादी दृष्टिकोण है, जो पहले है वही अभिव्यक्त हो रहा है। अगर नहीं हो रहा है तो साधना की कमी है, साधना में कोई बाधक तत्त्व काम कर रहा है। यह दृष्टिकोण भविष्यवादी या जय-यात्रावादी नहीं है। साधना शर्त है। शर्त पूरी होने पर ही जय-मात्रा होगी। अणु-परमाणुओं के संघटन-विधान की जानकारी से ही आज यानी 2009-10 में पिंड और ब्रह्मांड के रहस्य खुल रहे हैं। पिंड ज्ञान प्राप्त करता है, इच्छा करता है, फिर कर्म (साधना) से मुक्त होता है अज्ञान से। द्विवेदी जी व्यष्टि की साधना और समष्टि की (लोकहित की) साधना को एक करते हैं। मुक्तिबोध के शब्दों में 'सबका और प्रत्येक का'।

'अनामदास का पोथा' में वैश्वानर की उपासना का प्रतिपादन है। मूलतः प्रेमकथा अपनी व्याप्ति में दलित, वंचित, अकाल-पीड़ित जनों को भी लाती है। लोकताप से तप्त होने को ही सच्चा तप मानती है। "सम्पूर्ण विश्व का रूप ही नर रूप में आराध्य है। खंड दृष्टि से नहीं, पूर्ण दृष्टि से देखना ही वैश्वानर की उपासना है।" औषस्ति ऋषि वैश्वानर आत्मा की खोज में लगे केकय देश के राजा अश्वपति की कथा सुनाकर रैक्व से वैश्वानर की व्याख्या करते हैं–

"समूचा विश्व एक पुरुषोत्तम का रूप है। यह जड़धरित्री, सप्राण वनस्पति, जीवन्त जन्तु और बुद्धिमान मनुष्य उस एक की ही विभिन्न अभिव्यक्ति हैं। लय भी, प्राण भी, आकाश भी, सूर्य भी, चन्द्र भी। जो ऐसा समझकर सेवा में प्रवृत्त होता है, उसमें अहंकार नहीं होता।"

अहंकार का न होना ही सहज समाधि है। परम पद है। इसे निस्स्वार्थ सेवा, अर्थात् लोकहित कार्य से प्राप्त किया जा सकता है। इसके विभिन्न रूप हो सकते हैं। अनामदास का पोथा में अकालग्रस्त भूखी जनता के लिए जंगली गूलर और शहद मुहैया करने वाले मामा वैश्वानर की उपासना में प्रवृत्त हैं। भगवती उसे परमार्थ का साधक और अपने से बड़ा तत्त्व ज्ञानी मानती हैं।

उपनिषदों में परम तत्त्व की खोज है। अन्तिम सत्य की जो अन्त में, सबके बाद बना रहता है। द्विवेदी जी उपन्यास में उसकी भी व्याख्या करते हैं। वहाँ भी पिंड और ब्रह्मांड की समतुल्यता है। पिण्ड=ब्रह्मांड। वायु=प्राण। चक्षु=सूर्य। अग्नि=वाणी। जल=श्रोत। वायु और प्राण संवर्गी हैं। लयस्थान हैं। इनमें अन्य सब लीन होते हैं। ये सबको खा जाते हैं। अन्नाद हैं। इन्हें नहीं खाया जाता। विश्व की विराट शक्ति भोक्ता भी है और द्रष्टा भी। जो यह जानता है वही भोक्ता और द्रष्टा होता है। इस शक्ति की नर भावना वैश्वानर है। व्यष्टि वैश्वानर का ही अंग है। वह वैश्वानर का रूप भी है।

व्यष्टि-समष्टि का यह द्वन्द्व और यह एकात्म सीमा और असीम के सम्बन्ध के मेल में है। यहाँ स्वार्थ-परमार्थ में अभेद है। यह लोकहित, आत्महित का ही रूप है; भक्ति, भगवान का—जो गृहस्थ के जीवन में पारिवारिक सम्बन्धों में अभिव्यक्त होता है। द्विवेदी जी के साहित्य में यही प्रकृति-प्रेम अशोक के फूल, कुटज, शिरीष के फूल, आम फिर बौरा गए आदि में भी है। द्विवेदी जी के यहाँ ये जीवित सत्ता है—जड़ से चेतन हो गए हैं और द्विवेदी जी से आत्मीय सम्बन्धों में बँध गए हैं, ये ऐतिहासिक-सामाजिक पात्र के रूप में सक्रिय, चित्रित-वर्णित है। अशोक के फूल, कुटज, शिरीष, आम वनस्पति हैं किन्तु द्विवेदी जी के निबंधों में ये भारतीय जीवन की इतिहास-गाथा में सक्रिय पात्र के रूप में पहचाने गए हैं। इन (सजीव) सक्रिय पात्रों के मनोविकार हैं, उनकी प्रतिक्रियाएँ हैं। इनके आधार पर वे आत्मीयता अर्जित करते हैं। भारतीय-जन के वे आत्मीय हैं। उसकी अस्मिता के घटक। उन्हें भारतीय परम्परा और संस्कृति के इतिहास एवं भारतीय जन से अलग कर दीजिए तो भारतीयता सकल नहीं रह जाएगी, विकल हो जाएगी। द्विवेदी जी के निबधों का यह जादू है। यह जादू भावबोध की व्याप्ति, जानकारी और जड़ में भी चेतनता फूँक देने वाली लोक-संग्रही-शैली से जगता है।

द्विवेदी जी के लेखन में दलित-द्राक्षा के समान अपने को समर्पित कर देना, यत्र-तत्र सर्वत्र आता है। यह वस्तुतः उनके चिन्तन का आचरण सम्बन्धी व्यावहारिक रूप है। वह जीवन को सार्थकता प्रदान करता है। व्यष्टि को समष्टि से एकात्म करता है। भारतीय साधना के सार का व्यावहारिक रूप है जो भक्ति-साधना के मेल में है। आधुनिक साधना इसी से जुड़ी या इसी का रूप है। इसमें सिद्धि अपने को भूल कर ही प्राप्त होती है। अपना यानी पृथक सत्ताबोध (अहंकार) से उबरकर किसी अन्य सत्ता या उद्देश्य में मन से जुड़

जाना। परमार्थ का स्वार्थ बन जाना। यह भाव-बोध करुणा के बहुत निकट पड़ता है। करुणा लोक-मैत्री के बिना नहीं मिलती। इसमें अहंकार का भार उतर जाता है। साधक सत्त्वस्थ हो जाता है। मानवीय भाव किसी महान् उद्‌देश्य का सहारा पाकर यह सत्त्वस्थ स्थिति प्राप्त करते हैं। सत्त्वस्थ अहंकार के भार को उतार चुका होता है, इसीलिए वह हल्का होकर ऊपर उठ जाता है–उर्ध्वं गच्छन्ति सत्त्वस्थाः। पारिवारिक सम्बन्धों के सहारे यह व्यक्ति को सहज प्राप्त हो जाता है। परम सत्ता को ऐसा ही साधन बनाने के लिए भक्त उससे मानवीय सम्बन्ध स्थापित करते हैं। स्वाधीनता आन्दोलन में भारत को माता बनाया गया। जनता-जनार्दन और दरिद्र-नारायण जैसे मिथकों को प्रतिष्ठित किया गया। किसी प्रिय के प्रति अपने को सम्पूर्ण भाव से निवेदित कर देने में सार्थकता का बोध–'महाराग' है जो महासुख का कारण है।

यह साधना भारत की पारम्परिक साधना है। आचार्य हजारीप्रसाद द्विवदी ने अपने अनुभव-सिद्ध लेखन-चिन्तन के माध्यम से इसकी खोज की है। भारत की सांस्कृतिक साधना की खोज। सीमा द्वारा अपनी सत्ता की ही असीमता की खोज–अनहद्‌दी मैदान में रमने के महासुख की खोज। अनहद्‌दी देश और काल। यह अनहद्‌दी–'जहं मन पवन न संचरै रवि ससि नाहिं पवेस' का अमर पद है। भाव-सम्बन्ध के सोपान से मनुष्य यह अमर पद अर्थात् काल में अकाल या कालातीतता प्राप्त करता है। यद् स्वल्पं तद् बहु।

परम्परा एवं आधुनिकता

पं. हजारीप्रसाद द्विवेदी विश्वविद्यालय में हिन्दी अध्यापक थे। अज्ञेय उनके मित्र थे, मुक्तिबोध, परसाई उनके प्रशंसक, साथ ही डॉ. नगेन्द्र उनके सहायक, मित्र, समर्थक। उस समय प्राध्यापकीय आलोचना हास्यास्पद और सर्जना-विरोधी मानी जाती थी (अब भी) हिन्दी का अध्यापक संकीर्ण। लेकिन पं. हजारीप्रसाद द्विवेदी आधुनिक साहित्यकारों के प्रेरणा-स्रोत थे। अशोक वाजपेयी ने द्विवेदी जी पर भारत भवन में समारोह आयोजित किया। एक भाषण में कहा–हिन्दी में आचार्य तो बहुत थे लेकिन हम सिर्फ़ आचार्य हजारीप्रसाद द्विवेदी को अपने काम का पाते थे। अपने काम यानी आधुनिक हिन्दी रचनाकारों के लिए प्रासंगिक। हिन्दी विभागों में आधुनिक रचनाकारों के लिए सर्वाधिक सन्दर्भवान आलोचक डॉ. नामवर सिंह हैं। वे द्विवेदी जी के ज्येष्ठ शिष्य हैं।

द्विवेदी जी को परम्परा का अप्रतिम व्याख्याता माना जाता रहा है। उनका लेखन परम्परा और आधुनिकता का सेतु था। उनके चिन्तन और लेखन में कुछ ऐसा रहा है जो इस दृष्टि से उन्हें विशिष्ट बनाता है।

परिवर्तन का बोध गहरा और व्यापक हो जाए तो अतीत, इतिहास और परम्परा को जानने-समझने की ज़रूरत बढ़ जाती है। मानव-समाज की यह द्वन्द्वात्मकता है कि आगे बढ़ने के वक्त हम पीछे देखते हैं। छलाँग मारने के वक्त कुछ पीछे जाते हैं। स्वाधीनता-आन्दोलन के चिन्तकों, नेताओं ने देश के लिए संघर्ष करने के दौरान, उसी प्रक्रिया में परंपरा से बहुत-कुछ लिया। तिलक ने गीतारहस्य लिखा, गांधी ने सत्याग्रह की प्रेरणा प्रह्लाद से ली, नेहरू ने भारत की खोज की और डॉ. लोहिया ने राम, कृष्ण, आदि पर चिन्तन किया। मौलाना आज़ाद कुरान के विशेषज्ञ थे। सो द्विवेदी जी का परम्परा-चिन्तन ऐतिहासिक प्रवाह का अंश है। उन्होंने लेखक–हिन्दी लेखक के रूप में इस क्षेत्र में योगदान किया है।

परम्परा के साथ–जोड़ के तोड़ में 'आधुनिकता' रखी जाती है। द्विवेदी जी का एक निबन्ध है–'आधुनिकता के सन्दर्भ में उपासना का स्वरूप' विरोधाभासी शीर्षक है। उपासना तो प्राचीनता-बोध का पद है। द्विवेदी जी उसकी खोज आधुनिकता में करते हैं। उनके यहाँ परम्परा और आधुनिकता परस्पर विरोधी नहीं, परस्पर-पूरक हैं। उनकी यह प्रवृत्ति-चिन्तन, अध्यापन और निर्देशन में भी थी। शिष्यों से कहते–प्राचीन को समझे बिना नए को कैसे जानोगे और नए को जाने बिना प्राचीन को कैसे समझोगे।

परम्परा और आधुनिकता एक प्रवाह में हैं।

परम्परा अतीत का पर्याय नहीं है। हमें परम्परा में अतीत नहीं, अतीत का कटा-छँटा अंश ही प्राप्त होता है।''एक पीढ़ी दूसरी पीढ़ी को हूबहू वही नहीं देती जो अपनी पूर्ववर्त्ती पीढ़ी से प्राप्त करती है। कुछ-न-कुछ छँटता रहता है, बदलता रहता है, जुड़ता रहता है, यह एक निरन्तर चलते रहने वाली प्रक्रिया है।''[25] परम्परा में संग्रह के साथ त्याग भी होता है। इसे और स्पष्ट करते हुए वे कहते हैं–

"काल-प्रवाह में बहती हुई, समकालीन से निखरती हुई, अनावश्यक बातों की छटनी करती हुई, नए उपादानों से बढ़ती और बदलती हुई वह जिस रूप में इस पीढ़ी को प्राप्त हुई है, वही आज का परम्परा प्राप्त रूप है। वह समूचे अतीत के रूपों को लिए-दिए यहाँ तक नहीं पहुँची है।"

परम्परा को जीवित प्रक्रिया कहने का यही निहितार्थ है। यह परम्परा की परिभाषा नहीं, परम्परा का बोध, उसे समझने की दृष्टि है। यह सारतः जागतिक, वैज्ञानिक, मानवीय दृष्टि है। यह परम्परा को ही नहीं, आधुनिकता को भी प्रकाशित करती है। क्योंकि आधुनिकता और कुछ नहीं ''उपलब्ध महनीय मूल्यों को नए सन्दर्भ में देखने की दृष्टि है।'' गतिशील प्रक्रिया वाली परम्परा और संरक्षणशील सम्प्रदाय में अन्तर है। सम्प्रदाय यत्नसिद्ध है और परम्परा सहज। आधुनिकता, सम्प्रदाय का विरोध करती है, क्योंकि वह मूल्यों को नए विकसित संदर्भों में जाँचती है।

द्विवेदी जी परम्परा और आधुनिकता को परस्पर-पूरक बताते हैं। परम्परा के बिना आधुनिकता सम्भव नहीं। आधुनिकता के बिना परम्परा अन्धी है। अपने समर्थन में द्विवेदी जी नीतिवाक्य उद्धृत करते है–

चलत्येकेन पादेन तिष्ठत्येकेन पादेन

उपर्युक्त पंक्तियों में द्विवेदी जी परम्परा और आधुनिकता को ही नहीं समझाते। व्याख्या-प्रक्रिया में सम्प्रदाय, नीतिवाक्य, 'दशानन' मिथक का अर्थोद्‌घाटन, अर्थ की खोज भी करते हैं। द्विवेदी जी का लेखन इस प्रकार की व्याख्याओं का महासागर है। वह शब्दों, प्रत्ययों का विश्वकोश है। किसी शब्द या धारणा पर वे समग्रता से विचार करते हैं। उसमें परस्पर-सम्बन्धता के अद्यावधि सूत्र नियोजित होते हैं। यही परम्परा उपलब्ध महनीय मूल्यों को नए सन्दर्भों में देखना और उन्हें प्रासंगिक बनाना है। द्विवेदी जी इसीलिए परम्परा और आधुनिकता के सेतु-पुरुष माने जाते हैं।

इस व्याख्या के संस्कार उन्हें कई स्थलों से मिले हैं।

मध्यकालीन मूल्यों और आधुनिक मूल्यों में अन्तर यह है कि हमारी दृष्टि जीवन की सार्थकता परलोक या जन्मान्तर में नहीं ढूँढ़ती, वह अपने को और समाज को इसी मर्त्यलोक में, इसी जीवन में सुखी बनाना चाहती है। यह भी मान लिया गया है कि मनुष्य सुखी या दुखी किसी दैवी शक्ति की इच्छा से नहीं होगा। उसे स्वयं प्रयत्न करना पड़ेगा। इस मान्यता ने दार्शनिक, धार्मिक, नैतिक विचारों और मानों में अकल्पनीय उलटफेर किया है। भौतिक वैज्ञानिक सफलताओं ने उसे आत्मविश्वासी और फिर निराश और सन्देहवादी भी बनाया है। समाज में विशेषतः भारत में नई बातें आई हैं, यहाँ भी क्रान्तिकारी परिवर्तन हुए हैं, साथ ही प्राचीन विचार और मध्यकालीन संस्कारग्रस्त आचरण

समाप्त नहीं हुए हैं—वस्तुतः आचरण में हम आधुनिक से ज़्यादा संरक्षणशील हैं। कहीं-कहीं तो ऐसा भी देखने में आता है कि आधुनिकता के परिणामस्वरूप लोगों ने प्राचीन आचरणसंहिता और कर्म-कांड को और अधिक मज़बूती से पकड़ लिया है। द्विवेदी जी आधुनिकता के दबाव पर विचार करते समय प्राचीन दबाव की वास्तविकता की अनदेखी नहीं करते और प्राचीनता के दबाव पर विचार या उसकी वकालत करते समय आधुनिकता के तर्कों की उपेक्षा नहीं करते। वे अपने पक्ष पर आग्रही नहीं होते, हाँ सामाजिक मांगल्य पर समझौता नहीं करते। इसीलिए संरक्षणशीलता और आधुनिकता—दोनों के पक्षधरों के बीच मान्य हैं। दोनों उनकी सदाशयता और तर्कों की मज़बूती के कायल होते हैं।

डॉ. नामवर सिंह ने 'दूसरी परम्परा की खोज' में बताया है कि शान्तिनिकेतन में एक विधवा अपनी कन्या का विवाह हिन्दू-विधि से कराना चाहती थी। किसी ने कह दिया कि विधवा नारी श्राद्ध नहीं कर सकती। गुरुदेव ने नए-नए आए काशी के ज्योतिषाचार्य पं. हजारीप्रसाद द्विवेदी को बुलवा भेजा। पूछा—'हिन्दुओं का हज़ारों वर्षों का इतिहास है, क्या उसमें पहली बार यह घटना हो रही है? पहले भी तो कभी ऐसी स्थिति आई होगी?" पं. जी घर आए। स्मृति-ग्रन्थों की छानबीन की। देखा कि पूर्वपक्ष में ऐसे बहुत से वचन हैं जो विधवा के इस अधिकार को स्वीकार करते हैं। लेकिन वचनों की संगति लगाते समय निष्कर्ष रूप में यही कहा गया है कि विधवा को ऐसा अधिकार नहीं है। जाकर गुरुदेव को बताया तो वे हँसकर बोले—"क्या पूर्वपक्ष के ऋषि कुछ कम पूज्य हैं, जिनका खंडन उत्तर पक्ष में किया गया है?" इस प्रश्न ने पं. जी को झकझोर दिया।"[26]

यानी मान्य में उसका प्रतिवादी या विकल्प भी समाविष्ट है। यह विचार द्विवेदी जी के चिन्तन में उनकी प्रवृत्ति या विशेषता बन गई है।

इस चिन्तन-प्रवृत्ति की हिन्दी में गहरी आवश्यकता थी। सीधी बात—आचार्य रामचन्द्र शुक्ल हिन्दी के श्रेष्ठ आलोचक हैं। द्विवेदी जी उन्हें आधुनिक भारतीय भाषाओं के आलोचकों में सर्वोपरि स्थान देने की बात करते हैं, किन्तु उनके लेखन में प्रतिवादी को कम जगह मिलती है। उनके काशीवासी तथाकथित अनुवर्तियों के यहाँ तो आग्रह-ही-आग्रह दिखलाई पड़ता है। शुक्ल-समर्थन प्रायः उनका कवच और हथियार दोनों का काम करता है।

ध्यान दें तो नेपथ्य में ही रहने वाली, अप्रकट आधार, उपेक्षित, प्रच्छन्न, दमित, दलित विचार (और जन) द्विवेदी जी के विचार-टेक बन गए हैं। थोड़ी देर तक बातें करने के बाद वे वहीं आ जाते हैं और उन्हीं की प्रतिज्ञा पर चिन्तन का मार्ग बनाते हैं। वे उनसे प्रतिबद्ध हैं। द्विवेदी जी के लेखन में ऐसे अनेक सूत्र हैं जो मेरे कथन का समर्थन करते हैं—

सत्य प्रच्छन्न होकर समाज में निवास कर रहा है। जो ज्ञात है उससे कहीं अधिक महत्त्वपूर्ण अज्ञात है। द्विवेदी जी की पुस्तक 'हिन्दी साहित्य : उद्भव और विकास' का समर्पण ध्यातव्य है—

"अपनी मूक सेवाओं से साहित्य को महान् और गतिशील बनाने वाले अगणित अख्यात और अज्ञात साहित्य-साधकों को यह पुस्तक समर्पित है जिनका नाम इतिहासकार नहीं जानता।"

जो उपेक्षित, अज्ञात रह गया है उसकी सेवाओं का स्मरण। अपराध-बोध नहीं, लेकिन जिसने योगदान किया है, उससे अनजान रहने की हुटुक या पछतावा और उसे खोज निकालने की इच्छा।

इसीलिए द्विवेदी जी परम्परा के खोजी हैं। परम्पराविषयक उनका चिन्तन वस्तुतः अतीत में छूटे, अनजाने उपेक्षित तत्त्वों की खोज और उन्हें शामिल करके परम्परा को कम अपूर्ण या अधिक पूर्ण प्रयासी बनाना है। खोज सिर्फ़ अतीत की नहीं, वर्तमान की भी और यथाम्भव भविष्य की भी। द्विवेदी जी परम्परा के विचार को अन्ततः सामाजिक मांगल्य से जो जोड़ देते हैं, वह परम्परा को भूत, भविष्य, वर्तमान—तीनों कालों से जोड़ देने के ही कारण।

परम्परा की पहचान कालक्रम से नहीं इतिहासबोध से होती है। इतिहासकार मानते हैं कि विगत शताब्दियों की ऐतिहासिक पहचान हम अब ज़्यादा अच्छी तरह इसलिए कर सकते हैं क्योंकि हम उनसे दूर हैं। दूरी पहचान बढ़ाती हैं, इस उलटबाँसी का कारण यह है कि इस फासले में हमें उस शताब्दी की पहचान करने के लिए कुछ नए उपकरण और नई सामग्री, सूचना मिल गई है। अब हम उस विशिष्ट काल-खंड को व्यापकतर परिप्रेक्ष्य में देख सकते हैं और उसकी प्रवृत्तियों का निर्माण करने वाले अनेक नए घटकों को जानते हैं। जो सत्य तब प्रच्छन्न होकर निवास कर रहा था अब उनमें से कुछ, बहुत-कुछ प्रकट हो गया है, उदाहरणार्थ अब पूर्वपक्ष के आचार्यों के वचनों को हम अस्वीकार्य नहीं मानते, उन पर नए सिरे से उत्तर पक्ष के आचार्यो के निर्णयों के दबाव से मुक्त होकर विचार कर सकते हैं।

''परम्परा यात्रा के बीच पड़ा हुआ अन्तिम पड़ाव है जबकि आधुनिकता आगे बढ़ा हुआ गतिशील कदम है। यह अन्तिम नामपट्ट निरन्तर आगे खिसकता जाता है। गतिशील 'अस्थायी अभिनय' में बदलता जाता है। अगला क़दम आप एक क़दम मजबूती से टिकाए बग़ैर नहीं बढ़ा सकते। दोनों इतिहासविधाता के पैर हैं।"

द्विवेदी जी ने संस्कृत भाषा में रचित पुराणों से भारतीय धर्म साधना, संस्कृति का इतिहास खोजते समय इस बात का ध्यान रखा कि ये पुराण आर्य-दृष्टि विशेषतः ब्राह्मण-दृष्टि से लिखे गए हैं। ठीक या पूरी बात समझने के लिए बाह्मण-दृष्टि से रचित पुराणों की बातों को बौद्ध और जैन ग्रन्थों की बातों से मिलाते या काटते-छाँटते चलना चाहिए और इसके बाद यह ध्यान भी कि ''बौद्ध और जैन ग्रन्थ भी विशेष दृष्टि से लिखे गए हैं।"

मतलब यह कि विशेष-दृष्टि से सिर्फ़ ब्राह्मण-ग्रन्थ ही नहीं लिखे गए हैं, बौद्ध-जैन ग्रन्थ भी विशेष-दृष्टि से लिखे गए हैं। द्विवेदी जी सत्य के पक्षधर और खोजी हैं, इसीलिए दो परस्पर-विरोधों के बीच किसी की भी बात को आँख मूँद कर नहीं मान सकते। इसी को उन्होंने अनासक्त दृष्टि कहा है—''हमारा सबसे प्रथम कर्तव्य है गम्भीर अध्ययन और अनासक्त दृष्टि की प्राप्ति।"

पूर्वपक्ष पर ध्यान देने का उद्देश्य अनासक्त दृष्टि से सत्य की खोज है। किसी उपेक्षित का उद्धार अपने आपमें कोई लक्ष्य नहीं, उसे प्रगति के लिए जानना ज़रूरी है। इसलिए वह ध्यातव्य है।

गुरुदेव रवीन्द्रनाथ के प्रश्न ने इतिहास और संस्कृति पर दृष्टिपात करने का अभूतपूर्व मार्ग खोल दिया। आर्य संस्कृति और आर्येतर संस्कृति का द्वन्द्व। ब्राह्मण और ब्राह्मणेतर चिन्तन का द्वन्द्व। द्वन्द्व विरोध और फिर एक-दूसरे से आदान-प्रदान और फिर यह दृष्टि सिर्फ़ इन्हीं तक सीमित नहीं रही। वस्तु, व्यक्ति, स्थिति, को देखने-परखने की चिन्तन-प्रवृत्ति बन गई। हिन्दी में ऐसे ज़्यादा लेखक नहीं मिलेंगे जिन्होंने आर्येतर जातियों और उनके प्रभाव पर इतने विस्तार से चर्चा की हो—असुर राक्षस, यक्ष, गन्धर्व, शक, हूण, यवन, आभीर आदि के योगदान का इतना उल्लेख किया हो। और फिर यह निष्कर्ष—कुछ भी विशुद्ध नहीं है, सबमें मिश्रण है, "आज हम जिसे हिन्दू, रीति-नीति कहते हैं वह अनेक आर्य्य और आर्य्येतर उपादानों का अद्भुत मिश्रण हैं।"[27]

इसके साथ यह ध्यान रखना ज़रूरी है कि मिश्रण को द्विवेदी जी क्षयिष्णुता नहीं मानते हैं, सांस्कृतिक समृद्धि मानते हैं। वे अतीत को परम्परा नहीं कहते। परम्परा में अतीत का सब-कुछ नहीं आगे बढ़ता, बहुत-कुछ छूट जाता है, बहुत-कुछ जुड़ जाता है और यह मिश्रित संस्कृति अखंड-अटूट है। इसकी सार्थकता सामाजिक मांगल्य में है।

आर्य्येतर उपादानों के मिश्रण, उनके जुड़ जाने या योगदान की बात वे अशोक, शिरीष, कुटज और वनस्पतियों पर लिखे कालजयी निबन्धों, हिन्दी साहित्य की प्रवृत्तियों और सामाजिक-ऐतिहासिक समस्याओं पर लिखे गए लेखों में भी निरन्तर करते हैं। इतिहास और संस्कृति को खोजने का यह दृष्टिकोण अनुसंधान-पद्धति है और संवेदना की व्याप्ति की क्षमता भी। जो है, उपलब्ध है, अपना माना जाता है, उससे जो अलग या विरोधी समझा जाता है, उसकी दृष्टि से, उसके पक्ष को अपनाकर स्थिति पर विचार करना। कहना न होगा कि इस उदात्त संस्कार के वे अप्रतिम हिन्दी आचार्य हैं। इससे उनको अभूतपूर्व यश मिला है, हानि भी हुई है। लेकिन हिन्दी भाषा और साहित्य के अध्ययन की दृष्टि और आस्वाद की क्षमता समृद्धतर हुई है। परम्परा और आधुनिकता की उनकी व्याख्या से हिन्दी का लाभ हुआ है।

स्वाधीनता आन्दोलन का दौर परम्परा की खोज का भी दौर है। भारत ने इस दौर में अपनी खोज की। उत्तरी भारत में तिलक का 'गीतारहस्य' इसका प्रतिमान है। डॉ. अम्बेडकर की युयुत्सु सकर्मकता इस खोज का फल है। खोज के लिए जिज्ञासा और फिर जानकारी की ज़रूरत। पं. हजारीप्रसाद द्विवेदी की 'हिन्दी साहित्य की भूमिका' का पहला अध्याय है—'हिन्दी साहित्य : भारतीय चिन्ता का स्वाभाविक विकास।' वस्तुतः यह स्वाभाविक विकास पूर्वपक्ष को उचित महत्त्व देने की प्रस्तावना ही है। हिन्दी साहित्य पर इस्लाम की विजय का उतना प्रभाव नहीं है कि वह परम्परा को अवरुद्ध कर दे। इस्लाम के आने के पूर्व की सांस्कृतिक प्रवृत्तियाँ बाद में भी सक्रिय रही हैं—'अगर इस्लाम नहीं आया होता तो भी इस साहित्य का बारह आना वैसा ही होता जैसा कि आज है।' यह परम्परा की खोज था, उसे नए आलोक में देखना था। यह नया देखना—देश की जनता की

आशा, आकांक्षाओं के सन्दर्भ में साहित्य की परम्परा को देखना था। जनता की आशा-आकांक्षाओ का मतलब दलित, अवर्ण जाति समूहों, अज्ञातप्राय-अल्पज्ञात पंथों, उनके विश्वासों-मिथकों, बौद्धों, जैनों आदि के सन्दर्भ में साहित्य की परम्परा को देखना था। त्रुटित परम्परा को अधिकाधिक अविच्छिन्न बनाने का उद्यम था।

रवीन्द्रनाथ का पूर्वपक्ष के आचार्यों का चित्रण हिन्दी साहित्य की परम्परा के संदर्भ में–हाशिये पर पड़ी हुई धाराओं के प्रति उपेक्षा बन गया, जिसे द्विवेदी जी ने हिन्दी साहित्य की इतिहास धारा से जोड़ा। फिर इसके बाद हिन्दी साहित्य का इतिहास पहले जैसा नहीं रह गया। वह पुनर्गठित हुआ।

द्विवेदी जी भक्ति-साधना और काव्य को भक्ति-पूर्व साधना और काव्य से जोड़ते हैं। भक्ति-साधना, बौद्ध साधना से छिन्न नहीं है। उत्तर भारत में, पूर्व, पश्चिम में नाथपंथी योगियों का प्रभाव था। ये महायान बौद्ध धर्म के उत्तराधिकारी थे।

एक और धारा–सूफ़ियों की धारा आई। सूफ़ी इस्लाम की कर्मकाण्डी साधना में लगभग वैसे ही थे जैसे ब्राह्मण धर्म के सामने नाथ-योगी।

"भारतवर्ष की वह धारा जो आचार-प्रधान वर्णाश्रम धर्म के विधानों के नीचे गुप्त रूप से बह रही थी एकाएक इस सधर्मी (अपने जैसे) को पाकर विशाल वेग से जाग पड़ी। निरंजन, नाथ आदि मार्गों की साधना पहले से ही निर्गुण ब्रह्म की ओर प्रवृत्त थी। इन दो धाराओं के संयोग से एक अभिनव साधना ने जन्म लिया। कबीर, दादू आदि इसी मार्ग के यात्री हैं।"[28]

'गुप्त रूप से बह रही थी' यानी प्रच्छन्न सत्य के रूप में बह रही थी। प्रकट में वर्चस्व नहीं था। बौद्ध, नाथपन्थी, सहजयानी, जैन आदि और सूफ़ी साधना का कोई सम्बन्ध इस्लाम के विजेता होने से नहीं है। अतएव यह चिन्ता धारा के स्वाभाविक विकास में है। इस्लाम न आया तो भी यह सब होता। सूफ़ी साधना बेशरा (शास्त्रवाह्य थी) कट्टर इस्लाम (बाशरा) है–शास्त्रनिष्ठ।

कबीरदास की भक्ति और कविता की भूमिका स्पष्ट दीख पड़ी। नाथ-सिद्धों और सूफ़ी साधकों के परस्पर-मेल में यह मेल-मिलाप, धर्म-दर्शन और सम्प्रदायों का ही नहीं था। इसका वास्तविक आधार भारत की व्यवस्था थी। वर्णाश्रम-व्यवस्था ने जिन लोगों को दबा रखा था–वे इसमें शामिल थे। निर्गुण भक्ति-साधना और कविता में अधिकांश दलित वर्ण के लोगों का होना अकारण नहीं था। वह ऐतिहासिक-सामाजिक अभिव्यक्ति थी। डॉ. नामवर सिंह ने दूसरी परम्परा की खोज में द्विवेदी जी को उद्धृत करते हुए लिखा है–"कबीर की विद्रोही भावना स्वयं उनकी सामाजिक स्थिति की स्वाभाविक उपज थी। ये दरिद्र और दलित थे इसलिए अन्त तक वे इस श्रेणी के प्रति की गई उपेक्षा को भूल न सके। उनकी नस-नस में इस अकारण दंड के विरुद्ध विद्रोह का भाव भरा था।"[29]

'अकारण दंड' का यातना-बोध भारत में अभी तक उन लोगों को होता है जिनके पास अन्याय से सिहर उठने की क्षमता है। दलितों को इस स्थिति में डालने का पाप ईश्वर ने नहीं किया है। समाज के व्यवस्थापकों ने किया है।

द्विवेदी जी द्वारा किए कबीर के नए मूल्यांकन को हिन्दी समाज ने अपना लिया। हिन्दी समाज का विवेक कभी-कभी चकित, अभिभूत कर देता है। आचार्य रामचन्द्र शुक्ल के प्रति आदर में कोई कमी नहीं, बल्कि उनका सम्मान निरंतर बढ़ता ही गया है, साथ ही कबीर का उनका मूल्यांकन सिरे से खारिज। इसी प्रकार छायावाद विशेषः निराला का भी। द्विवेदी जी ने हिन्दी साहित्य के इतिहास का पुनर्गठन किया। यह इतिहास का ही पुनर्गठन नहीं था। यह आलोचना में नई पद्धति का बरतना भी था। नई पद्धति, प्रयोग-परीक्षण। द्विवेदी जी द्वारा की गई कबीर-आलोचना ने हिन्दी समाज के पाठकों की रुचि और आस्वाद में युगान्तर किया।

यह काम परम्परा को–उपलब्ध ज्ञान को नए सन्दर्भों के आलोक में देखना था। क्योंकि आधुनिकता दृष्टि है।

कबीर (प्रकाशन काल–1943) में भारतवर्ष की जाति-व्यवस्था पर विस्तार से विचार किया गया है। जुलाहा जाति का इतिहास बताया गया है। भारतीय अनुश्रुतियों, इतिहास, पुराण में प्राप्त साक्ष्य और विदेशी विद्वानों के उल्लेखों का तालमेल बिठाकर निष्कर्ष निकाले गए हैं। जुलाहा और विभिन्न जातियों के रीतिरिवाजों, बसावट-क्षेत्रों आदि को परखा गया है। हिन्दी साहित्य में किसी कवि को लेकर भारतीय जाति व्यवस्था का ऐसा विशद विवेचन न कबीर के पहले हुआ था, न बाद में। हमारी परम्परा में एक ऐसी धारा भी है जहाँ हिन्दू-मुसलमान अलग-अलग नहीं हैं। इस बात को रेखांकित किया जाए कि यह धारा सवर्ण हिन्दुओं और उच्च सम्पन्न मुसलमानों के मेल की नहीं। पिछड़ी जातियों के हिन्दू-मुसलमानों की है। उन्हें एक में सहेजे है यह धारा।

बौद्ध, नाथ, सिद्ध, निर्गुण साधना और साहित्य की यह धारा पूर्वपक्ष है। आज यह उत्तर-पक्ष–उत्तर पक्ष से ज़्यादा, अन्त में सिद्ध होकर सिद्धान्त बन गई है या बनने जा रही है। इस संक्रमण का प्रवर्तन आचार्य हजारीप्रसाद द्विवेदी ने किया है। इसमें सिक्ख गुरुओं की साधना और साहित्य-महत्ता को भी जोड़ लीजिए और 'सन्देश-रासक' और 'हकायके हिन्दी' की भूमिकाओं को भी। यह हिन्दी साहित्य और उसके इतिहास को नई दृष्टि से ही नहीं, अखिल भारतीय और उससे आगे जाकर मानवीय दृष्टि से देखना था। यह विश्व कवि के सान्निध्य की साधना की सार्थकता थी। यह हिन्दी साहित्य के इतिहारा की जातीयता की पहचान थी। लेकिन उसे क्षेत्रीय संकीर्णता से बचाकर भक्ति-आन्दोलन की अखिल भारतीयता की फिर से प्रतिष्ठा थी।

"हमारी भाषा का पुराना साहित्य प्रान्तीय सीमाओं में बँधा नहीं है। आपको यदि हिन्दी साहित्य का अध्ययन करना है तो उसके पड़ोसी साहित्यों बंगला, उड़िया, गुजराती, नेपाली आदि के पुराने साहित्य–लिखित और अलिखित को जाने बिना आप घाटे में रहेंगे। यही बात बंगला, उड़िया, मराठी आदि के पुराने साहित्य के बारे में भी ठीक है।...हमारे देश का सांस्कृतिक इतिहास इस मज़बूती के साथ अदृश्य काल- विधाता के हाथों सी दिया गया है कि उसे प्रान्तीय सीमाओं में बाँधकर सोचा ही नहीं सकता।"[30]

अन्य हिन्दी आचार्यों से द्विवेदी जी की विशेषता यह रही कि वे हिन्दी पर विचार करते समय सिर्फ़ हिन्दी की नहीं सभी भारतीय भाषाओं और यथासम्भव संसार की भाषाओं के

बारे में—उनके सन्दर्भ में सोचते थे। इस दृष्टि से वे 'हिन्दी वाले' नहीं थे। प्रायः कहते—हिन्दी साहित्य, अंग्रेजी साहित्य नहीं होता—साहित्य, साहित्य होता है। द्विवेदी जी ने बताया केवल हिन्दी साहित्य ही अखिल भारतीय नहीं है, सभी भारतीय भाषाओं के साहित्य की यह विशेषता है।

परम्परा की यह पहचान परम्परा को उसकी व्यापकता में पहचान कर आधुनिक है। निस्सन्देह इस आधुनिकता का स्रोत स्वाधीनता आन्दोलन है। यह स्वाधीनता आन्दोलन ही है जिसने भक्ति-आन्दोलन और साहित्य की सांस्कृतिक धरोहर की पहचान कराई, उसे प्रासंगिक, सघन एवं आवश्यक बनाया।

द्विवेदी जी की पहली पुस्तक सूरदास पर है। सूरदास के विवेचन में उनके विरह-वर्णन की प्रशंसा आचार्य शुक्ल ने भी की है। द्विवेदी जी उस विरह-भावना में कुछ और ढूँढ़ लेते हैं। वह है—विरह की तीव्रता का आधार, जो लोक में तो है शास्त्रानुमोदित नहीं। ध्यातव्य है कि शास्त्र की उपेक्षा करने वाला प्रेम नारी साधिकाओं के यहाँ ही (अधिकांशतः) सूफ़ियों के यहाँ छोड़कर चित्रित है। चैतन्य महाप्रभु के यहाँ है तो वे राधा रूप के उपासक हैं। यह विरह-भाव द्विवेदी जी के यहाँ समाज के निचले वर्ग या केवल नारी-शरीर पाने के कारण, दमित, पीड़ित नारी और नारी-पराधीनता से जुड़ जाता है। द्विवेदी जी का प्रसिद्ध कथन याद आता है—सामान्यतः जिन नारियों को कुलटा कहा गया है, मुझे उनमें दैवीत्व दिखलाई पड़ता है। कुलटा असामाजिक है नहीं, उसे ऐसा समझा जाता है। वस्तुतः कुलटा के साथ शास्त्र का व्यवहार असामाजिक है। द्विवेदी जी सूरदास की विरह-भावना को वैष्णव मधुर भावना से जोड़कर उसे अखिल भारतीय साहित्यिक आयाम ही नहीं प्रदान करते उसे सामाजिक मांगल्येच्छा से पूरित करते हैं। वे कुछ अनदेखा, अनचीन्हा, चीन्हते हैं हिन्दी में पहली बार।

गोपियों, राधा का ही नहीं आंदाल, मीरा का लोक-लाज तजना, सारे सम्बन्धों को तोड़कर कृष्ण को भजना जयदेव, विद्यापति की नायिकाओं—सबकी शास्त्र-उपेक्षिता किन्तु लोकोन्मुखी विरह-वेदना समझ में आ जाती है। डॉ. नामवर सिंह ने इस प्रेमा-भक्ति को द्विवेदी जी की प्रधान भाव-प्रवृत्ति बताया है।

शास्त्र नियम बनाता है, व्यवस्था देता है। इस व्यवस्था-निर्माण का उद्‌देश्य समाज को उच्छृंखलता और स्वैराचार से सुरक्षित रखना है। अतएव ज़रूरी है। दिक्कत यह है कि शास्त्र सबको एक लाठी से हांकता है और समस्याएँ विशिष्ट होती हैं। शास्त्र को निरन्तर व्यवस्था देते समय, विशिष्ट स्थितियों में जूझते हुए प्राणियों का ध्यान रखना चाहिए और देश-काल के अनुसार शास्त्र को निरंतर अधिकाधिक संवेदनशील और समावेशी भी होते रहना चाहिए। यह द्विवेदी जी का पक्ष है। द्विवेदी जी के उपन्यासों में तो मानो उनके चिन्तन और इतिहास-निष्कर्षों की पुष्टि होती है। मानो वे उनके सिद्धान्तों के उदाहरण पात्र हों। उपन्यासों के प्रायः सभी तेजस्वी पात्र शास्त्र-व्यवस्था की उपेक्षा करनेवाले कठोर व्यवस्था के दोष-भाजन हैं।

स्वयं बाणभट्ट बंड है। नाटक-मंडली बनाने वाला—शिष्टों की दृष्टि में विद्वान् पूर्वजों के कुल को कलंकित करने वाला, बचपन से घुमन्तू, आवारा प्रायः अवर्णजन्मा वयस्कों के

साथ घर-द्वार छोड़कर निकल पड़ने वाला। आत्मकथा में वह प्रायः अपने को रज्जुमुक्त सांड, अभागा कहता है। राजकुल की सारी मर्यादाएँ तोड़कर अन्तःपुर में वेश बदलकर प्रवेश करने वाला–भट्टिनी का उद्धार करने के लिए।

शास्त्र की दृष्टि में व्यवहार अमर्यादित किन्तु सामाजिक मांगल्य से प्रेरित बाणभट्ट मानो पृथ्वी का उद्धार करने वाला महावराह का अवतार हो। प्रच्छन्न सत्य को अनावृत करके प्रकट करने वाला।

द्विवेदी जी के कथा-साहित्य के प्रायः सभी तेजस्वी पात्र व्यवहार में अनगढ़ हैं–अघोर भैरव, सीदी मौला, रैक्व। ये सत्यान्वेषी, प्राप्त समाधानों को अस्वीकृत करने वाले हैं। रैक्व की निरीहता, उसका अबोधपन, अनुभव (सौन्दर्यानुभव) ही उसके लिए सच है। वह उसी को प्रमाण मानता है अन्य को नहीं। आप्त की महत्ता उसे कोई और बाद में बताता है। सो वह अनभै साँचा का प्रतीक है। द्विवेदी जी का सर्जनात्मक साहित्य उनके साहित्येतिहास चिन्तन या सैद्धान्तिकी का साक्षात् उदाहरण है। अघोर भैरव नाथ-सिद्ध-साधना के प्रतीक है तो सीदी मौला इस्लाम-संश्लिष्ट नाथ योगियों की साधना के–कबीर के पूर्वज। ये पात्र तिलमिला देने वाले, व्यंग्य करने वाले और प्रतिष्ठान विरोधी हैं। कबीर, सरहपा की भाँति इतिहास की सार्थकता पर बीच-बीच में सन्देह पैदा कर देने वाले।

महामाया, निउनिया, चन्द्रा–ये तो नारी-पराधीनता की यातना से जीवन-आचरण में विद्रोह करने वाली सारतः आधुनिक, मानो नारी-चेतना की पात्र हैं।

बाणभट्ट की महामाया हिन्दी कथा-साहित्य की अभूतपूर्व अप्रतिम पात्र हैं। वे संन्यासिनी, भैरवी हैं किन्तु सामाजिक सरोकारों से जुड़ी जन-जागरण की प्रतीक। 7वीं शताब्दी में 20वीं शताब्दी की चेतना की प्रवक्ता। द्विवेदी जी के उपन्यासों में पात्रों–प्रतिष्ठान-विरोधी अनगढ़ पात्रों के व्यक्तित्व का आधार निहायत सजगता से गढ़ा जाता है। महामाया राज्यश्री की सौत है। महामाया नारी-पराधीनता से पीड़ित पात्र है। वह स्वयं अपहृता है, विवाह उनकी इच्छा के विरुद्ध मौखरि नरेश से करा दिया गया है। उसका वाग्दत्त पति विरह-साधना करता है। यह वही अघोर भैरव है जो 'बाणभट्ट की आत्मकथा' के प्रारंभिक अंश में वाम-साधना के दृश्य में है। शोषक वर्ग–सामन्त और धार्मिक प्रतिष्ठान, सामान्यजन को कैसी यातना देते थे इसका चित्रण द्विवेदी जी के कथा-साहित्य, विशेषतः नारी-पात्रों में मिलता है–ये पात्र मध्यकालीनता में आधुनिकता का ऐतिहासिक संकेत भर देते हैं–इससे ज़्यादा रचना में समा नहीं सकता था।

और चन्द्रा तो नारी-प्रतिरोध की सकर्मक पात्र है। कुलटात्व में दैवीत्व के समावेश की प्रतीक पात्र। चन्द्रा की कथा लोरिक की लोककथा का अंश है। चन्द्रा विवाहिता है। उसका पति नपुंसक है। वह लोरिक ('पुनर्नवा' के गोपाल आर्यक) से प्रेम करती है। लोरिक के साथ वह भाग जाती है। शास्त्र में नपुंसक पति की पत्नी के बारे में क्या आज्ञा दी गई है, हमें नहीं पता किन्तु चन्द्रा लोगों की दृष्टि में पुंश्चली असती और कुलटा है। उसकी व्यथा से न कोई परिचित है, न सहानुभूति रखता है। 'पुनर्नवा' में लोरिक के प्रति उसके आकर्षण को उचित-अनुचित से ज़्यादा स्वाभाविक चित्रित करने पर जोर है और यह कि सामाजिक

मर्यादा के नियमों को उसकी ओर उसकी जैसी अन्य लोगों की स्थिति की अनदेखी नहीं करनी चाहिए।

परम्परा का विकास उत्तरोत्तर समावेशी और अधिकाधिक लोगों को संरक्षण देने की प्रक्रिया से होता है। हाशिए पर पड़े लोगों को अपनाने में होता है। यह काम सिर्फ़ उदार बनने, दया करने से सम्भव नहीं, इसके लिए समझ का विकास करना ज़रूरी है। परम्परा समझ के साथ संवेदना का और फिर शास्त्र को पुनरालोकित करने से विकसित होती है। आधुनिकता समझ के सहारे आती है–आधुनिक भाव-बोध भी उसी को कहते हैं।

सांस्कृतिक जनतंत्र, राजनीतिक जनतंत्र से अधिक समावेशी होता है। राजनीतिक जनतंत्र विपक्ष या अल्पसंख्यक की उतनी परवाह नहीं करता। सांस्कृतिक जनतंत्र इस विषय में अधिक मानवतावादी है–जहाँ भी पीड़ा या व्यथा है, उसे दूर करने की चिन्ता करता है।

द्विवेदी जी के कथा-साहित्य में विद्रोही, प्रतिष्ठान-विरोधी या उपेक्षा भोग रहे पात्रों को मुक्ति और सार्थकता मिलती है–किसी महान प्रयोजनातीत के प्रति पूर्णभावेन समर्पित हो जाने से। यहाँ भक्ति साध्य और साधन दोनों बन जाती है। द्विवेदी जी ने लक्ष्य किया है कि अधिकांश भक्तों के जीवन के बारे में किंवदन्तियाँ प्रचलित हैं कि पहले वे किसी ग़लत प्रवृत्ति के शिकार थे। उसी ग़लत प्रवृत्ति से वे भगवान की शरण में आए चैतन्य होने पर। द्विवेदी जी को मंडन का यह सवैया बहुत प्रिय था–

अलि हौं तो गई जमुना जल को सो कहा कहौं बीर बिपत्ति परी
घहराय कै कारी घटा उनई इतनेई में गागर सीस धरी
रपट्यो पग घाट चढ्यो न गयो कवि मंडन ह्वै कै बिहाल गिरी
चिर जीवहु नंद को बारो अरी गहि बाँह गरीब ने ठाढ़ी करी

द्विवेदी जी इसकी व्याख्या करते समय, नायिका के फिसलकर गिर पड़ने और फिर कृष्ण द्वारा उसे उठाकर खड़ा करने के प्रतीकार्थ पर जोर देते। प्रिय हमारी गलतियों के द्वारा ही हमें सुधारने का उद्यम करता है। यदि कृष्ण का (प्रिय का) सहारा हो तो रपटकर गिर पड़ना उद्धार का साधन बन जाता है। द्विवेदी जी के उपन्यासों के लांछित किन्तु शास्त्र-बाह्य पात्र यही रास्ता पकड़ते हैं। यह अपने जीवन को सार्थकता देने और परम्परा का विकास–दोनों की प्रक्रिया है। जो प्राप्त है (परम्परा) उसी में से आगे (आधुनिकता) का रास्ता निकालना। विकसित ज्ञान-विज्ञान बोध (समझ) उसे नई दृष्टि प्रदान करता है–नया सन्दर्भ। युग-बोध अर्थात ऐतिहासिक बोध।

परम्परा और आधुनिकता द्विवेदी की दृष्टि में परस्पर-पूरक हैं।

परम्परा का विकास मानव-समाज के साथ-साथ उनके विचारों (विचारधाराओं) का भी आकलन करता रहता है। अन्तिम दिनों में द्विवेदी जी अनेकांतवाद के कायल हो चले थे। इस विषय में प्रगतिवादी आन्दोलन और साहित्य के विषय में उनकी राय विशेष रूप से विचारणीय है। वे मार्क्सवादी नहीं थे। लेकिन मार्क्सवाद के महत्त्व के प्रति पर्याप्त सचेत थे, क्योंकि निरन्न ओर निर्वस्त्र जनता का अनुभव उनका अपना अनुभव भी रहा था। उन्होंने प्रगतिवाद और प्रगतिशील में अन्तर किया है। उनकी सजग दृष्टि ने प्रगतिवादी

आन्दोलन में साम्प्रदायिकता की भनक सुन ली थी। जो लोग खुद साम्प्रदायिकता की बुराई करते नहीं थकते, उनमें साम्प्रदायिकता कैसे घुस जाती है, इसका उदाहरण प्रगतिवादी आन्दोलन है। द्विवेदी जी ने एक ओर प्रगतिवादी आन्दोलन को महान भक्ति-आन्दोलन जैसा कहा दूसरी ओर उसे आगाह भी किया।

"प्रगतिवादी आन्दोलन बहुत महान् उद्देश्य से चालित है। इसमें साम्प्रदायिक भाव का प्रवेश नहीं हुआ तो इसकी सम्भावनाएँ अत्यधिक हैं। भक्ति के महान् आन्दोलन के समय जिस प्रकार एक अदम्य दृढ़ आदर्श-निष्ठा दिखाई पड़ी थी, जो समाज को नए जीवन-दर्शन से चालित करने का संकल्प वहन करने के कारण अप्रतिरोध्य शक्ति के रूप में प्रकट हुई थी, उसी प्रकार यह आन्दोलन भी हो सकता है। भक्ति का महान् आन्दोलन साम्प्रदायिकता की चट्टान से टकराकर चूर्ण-विचूर्ण हो गया। इस आन्दोलन में भी एक प्रकार की साम्प्रदायिकता के चिह्न उगने लगे हैं। आशा करनी चाहिए कि वह बढ़ नहीं पाएगा और मनुष्य को सब प्रकार के शोषणों और बन्धनों से मुक्त करने की महिमामयी साधना सफल होगी।"[31]

द्विवेदी जी ने प्रगतिशील आन्दोलन और साहित्य के सम्बन्ध में यह उस समय लिखा था जब मार्क्सवाद को अभारतीय एवं पाश्चात्य जीवन-दर्शन कहा जाता था–अब भी कहा जाता है। द्विवेदी जी ने प्रगतिवादी आन्दोलन को मार्क्सवाद, कम्युनिस्ट पार्टी से जोड़कर भी देखा और उसे महान् भक्ति-आन्दोलन जैसी दृढ़ निष्ठा का आन्दोलन भी कहा। कबीर जैसा परस्पर-विरुद्ध लगने वाला विचार। भक्ति-आन्दोलन जैसी सम्भावना तो भक्ति-आन्दोलन की गड़बड़ी वाली आशंका भी। सम्भावना और आशंका साथ-साथ। समाजवाद मनुष्य को शोषण-मुक्त करने का संकल्प करता है। मनुष्य को शोषण से मुक्त करने का संकल्प करने वाले इतिहास-दर्शन में भारतीयता-अभारतीयता का सवाल कहाँ बाधा पहुँचाता है? बाधा की जो आशंका है, द्विवेदी जी उसका संकेत करते हैं।

मनुष्य को शोषण-मुक्त करने के प्रयास का अधिकार सभी विचारधाराओं को मिलना चाहिए और द्विवेदी जी की शुभकामना ध्यान से पढ़ने की चीज़ है। उनकी शुभकामना में प्रगतिवादी आन्दोलन की संभावित कमज़ोरी छिपी है–

ढ्ढ"मनुष्य को सब प्रकार के शोषणों और बन्धनों से मुक्त करने की महिमामयी साधना।"

समाजवाद आर्थिक शोषण की ही बात पर ज़ोर देता है। द्विवेदी जी सब प्रकार के शोषण से मुक्ति की बात करते हैं, सब प्रकार के बन्धनों से मुक्ति की बात करते हैं। उसमें वैचारिक, जनतांत्रिक, वैयक्तिक मुक्ति की बात भी शामिल करते हैं।

आचार्य हजारीप्रसाद द्विवेदी को आशीर्वादी पंडित समझने की भूल नहीं करनी चाहिए। मार्क्सवाद से प्रेरणा प्राप्त आन्दोलन और साहित्य-धारा को महान् भक्ति-आन्दोलन के सदृश देखना–देशज आधुनिकता का उत्कृष्ट उदाहरण है। उनकी देशज आधुनिकता में स्थानीयता तो है, किन्तु सीमाग्रह नहीं। द्विवेदी जी विचार, समझ और जानकारी सभी स्रोतों से प्राप्त करते हैं किन्तु उसको बरतते हैं निश्चित स्थानीय (भारतीय) सन्दर्भों में। उनकी देशज आधुनिकता में किसी प्रकार की अपवर्जिता नहीं, उसकी ऐतिहासिक स्थानीय उपयोगिता

और मंगलेच्छा का आग्रह है। प्रगतिवादी आन्दोलन में 'संकीर्णता के लिए' 'साम्प्रदायिकता' शब्द का प्रयोग साम्प्रदायिकता को आधुनिक सन्दर्भ देना है। वह अनुपेक्षणीय चेतावनी थी।

डॉ. नामवर सिंह, द्विवेदी जी को पुनर्नवीकरण का व्याख्याता-आचार्य कहते हैं। साहित्य के अर्थ की व्याख्या करके उसका विस्तार करना उनकी महत्त्वपूर्ण साहित्यिक देन है। इस दृष्टि से वे हिन्दी के विलक्षण व्याख्याता आलोचक हैं। अर्थ विस्तार का अर्थ पारम्परिक अर्थ में समकालीन, अद्यावधि भाव-बोध की खोज या पहचान है। उसका आधुनिक पाठ। द्विवेदी जी की विशेषता यह है कि उन्होंने कवि द्वारा प्रयुक्त रचनात्मक पदों की ऐसी व्याख्या की है कि वे आलोचना के उपकरण–सिर्फ़ उसी कवि के साहित्य के नहीं, साहित्य-मात्र के आलोचनात्मक प्रत्यय बन जाएँ। इस विषय में उनकी तुलना केवल आचार्य शुक्ल से की जा सकती है। आचार्य शुक्ल ने तुलसीदास के 'लोक' और 'मंगल' शब्द को मिलाकर आलोचनात्मक प्रत्यय 'लोक मंगल' का आविष्कार किया जो तुलसी ही नहीं साहित्य को समझने का साधन-शब्द है। द्विवेदी जी ने ऐसे अनेक पदों की व्याख्या 'कालिदास की लालित्य योजना' पुस्तक में की है। कालिदास का अति प्रसिद्ध श्लोक है–

रम्याणि वीक्ष्य मधुरांश्च निशम्य शब्दान्,
पर्युत्सकी भवति यत्सुखितोऽपि जन्तुः
तच्चेतसा स्मरति नूनमबोधपूर्वं
भावस्थिराणि जननान्तर सौहृदानि

इस श्लोक की व्याख्या से द्विवेदी जी ने साहित्य को समझने का सिद्धान्त खोजा–'अबोधपूर्वा स्मृति'। यह शब्द-संयोग कालिदास की रचना में व्यवहृत है। आचार्य हजारीप्रसाद द्विवेदी, व्याख्या की प्रक्रिया में सिद्धान्त की खोज करते हैं, ऐसा प्रतिपादन विश्वसनीय सिद्धान्तकार ही करते हैं। बहुत लोग तो विदेशी सिद्धान्तों का आडम्बर खड़ा करके भी उसे अपने साहित्य पर लागू नहीं कर पाते। सिद्धान्तकार बने रहते हैं, व्याख्याकार नहीं बन पाते।

व्याख्या करने में व्यक्तित्व का भी व्यायाम होता है। व्याख्या की प्रक्रिया में ही मनोविकारों का व्यायाम होता है। सम्बद्ध तथ्यों, विषयों और स्थिति की तर्क-सरणि निर्मित करनी पड़ती है। मनोविकारों का गम्भीर विश्लेषण किए बग़ैर आप साहित्य की व्याख्या नहीं कर सकते। आचार्य रामचन्द्र शुक्ल की आलोचना में उनके मनोविकारों के विश्लेषक निबन्धों का निर्णायक सहयोग है। पं. हजारीप्रसाद द्विवेदी ने मनोविकारों पर व्यवस्थित निबन्ध नहीं लिखे हैं। लेकिन उनके लेखन में मनोविकारों का गहरा विश्लेषण है। उन्हें एकत्र करके छपाया जाए तो उनकी मनोविकार-विश्लेषण की क्षमता का परिचय मिले।

कोई मानसिक-प्रक्रिया, बोध के परिवर्तन से नए रूप में किस प्रकार पुनर्घटित या पुनर्नवा होती है–मेरे विचार से इसे व्याख्यायित करना साहित्यिक परम्परा का विकास करना है–परम्परा का आधुनिकीकरण है।

कालिदास के युग में यह बात सिद्धान्त के रूप में स्वीकृत थी कि मनुष्य अनेक योनियों में घूमता हुआ दुर्लभ मानव-जन्म पाता है। उसकी आत्मा पर अनेक भाव जमे रहते हैं। सभी हर समय स्मरण नहीं आते, परन्तु सौन्दर्यधायक वस्तु के साक्षात्कार से वे किसी पुरानी स्मृति को उभार देते हैं। इस उभरी स्मृति को कालिदास अबोधपूर्वा कहते हैं।

इसे नैयायिकों की दृष्टि से देखा गया–नैयायिक इसे 'प्रमृष्टतत्ताक स्मृति' कहते हैं। प्रमृष्टतत्ताक का मतलब जिसमें से तत्तत् (उन-उन) वस्तुओं की विशिष्ट चेतना पुंछ (प्रमृष्ट) गई है।

लेकिन यह व्याख्या कालिदास एवं कालिदास युगीन बोध से की गई है। आज अनेक योनियों में घूमते मनुष्य की बात नहीं मानी जाती। फिर आज का पाठक इस श्लोक को कैसे समझे? द्विवेदी जी समझाते हैं–

'मनुष्य नाना योनियों में घूमता नहीं आया है, वह नाना रूपों में विकसित होता आया है। उसकी चित्तभूमि में अनेकानेक भग्न स्मृतियाँ सुरक्षित हैं। इन अबोध-पूर्वा स्मृतियों ने संस्कार पैदा किए हैं। सुन्दर का अनुभव कर पाना उसे अभिव्यक्त कर पाना एक दिन में नहीं हुआ। न जाने कितने युग-युगांतर के संस्कारों का समुच्चय है यह मानव-चित्त।

अर्थात् "कालिदास की बात इस अधुना गृहीत थीसिस (हमारे समय के बोध) के आलोक में भी उतनी ही महत्त्वपूर्ण है।"[32]

प्रमृष्टतत्ताक मानने वाले प्राचीन लोग मानव-चित्त के अतल गाम्भीर्य में वासना की स्थिति मानते थे। यह आवेगों, संवेगों, उद्वेगों का उत्स है। वासना स्थायी भावों का उत्स है। और स्थायी भाव रसास्वाद्य होते हैं। अनेकानेक संस्कारों का समुच्चय 'वासना' आज अवचेतन से तुलनीय है।

द्विवेदी जी ने व्याख्या से कालिदास के बोध वाले काव्यार्थ को हमारे युग का यानी हमारा काव्यार्थ बना दिया। बात इतनी ही नही हैं। जब हम प्राचीन को नए रूप में पाते हैं तब सिर्फ़ प्राचीन और नए का योग ही नहीं पाते। हम इतिहास को पा लेते हैं। इतिहास-प्रवाह हमारी चेतना में सिमट आता है। द्विवेदी जी मिथक-भाषा में कहते–'यह त्रिलोचन हो जाना है।' वे इतिहास को मनुष्य की तीसरी आँख कहते थे।

आचार्य हजारीप्रसाद द्विवेदी की इस अबोध-पूर्वा स्मृति के सिद्धान्त-आलोक में निराला कृत 'तुलसीदास' की कुछ पंक्तियों को देखा-समझा जा सकता है। चित्रकूट की प्रकृति को देखकर (कालिदास के 'वीक्ष्य') तुलसीदास की स्थिति–

केवल विस्मित मन, चिन्त्य नयन,
परिचित कुछ ज्यों भूला प्रिय जन–
ज्यों दूरदृष्टि की धूमिलतम, तट रेखा
हो मध्य 'तरंगाकुल' सागर
निश्शब्द स्वप्न संस्कारागर
जल में अस्फुट छवि छायाधर, यों देखा।

तुलसीदास का मन विस्मय से भर गया, नयन चिन्तापूरित। जैसे कोई प्रिय जन कुछ परिचित, कुछ विस्मृत हो। दूर से देखने पर जैसे अस्पष्ट धुँधली रेखा। उन धुँधली तट-रेखाओं के मध्य तरंगाकुल सागर। वह तरंगाकुल सागर निश्शब्द संस्कारों से पूरित स्वप्न जैसा। तरंगाकुल सागर देखने वाले का उद्वेलित हृदय भी है–सस्कारों से भरा हुआ। जैसे जल में छविधर बादल का प्रतिबिम्ब। अस्पष्ट दृष्ट।

कहता प्रति जड़ जंगम जीवन
भूले थे अब तक बन्धु प्रमन

यह हताश्वास मन, भारश्वास भर बहता।

प्रकृति (की प्रति-जड़ वस्तु), जंगम-जीवन अर्थात् मनुष्य से कहती है–बन्धु! अब तक तुम हमें भूले थे। भूलकर भी प्रमन थे–तुम्हें यह भी ध्यान नहीं था कि तुम अपने बन्धु को भूले हो। हमारा हताश्वास (आश्वासन-विहीन) मन केवल श्वास का भार ढो रहा है।

परिचित बन्धु सामने हो, याद न आ रहा हो, मन में यह भाव हो कि कुछ याद नहीं आ रहा है, उसकी प्रियता का अनुभव हो रहा हो, परिचय न हो रहा हो। आत्मीयता की अनुभूति सामान्यतः परिचय के बाद होती है यहाँ क्रम उलटा हो रहा है। उपस्थित व्यक्ति या वस्तु में प्रियता है। प्रियता-आधार समझ में नहीं आ रहा है। यह स्थिति अबोधपूर्वा स्मृति (वासना) की है। निराला की पंक्तियों के 'स्वप्न संस्कार' में इसी वासना की व्यंजना है। तर्क यह कि जब प्रियता है तब उसका आधार-परिचय (भावस्थिराणिजननांतर सौहृदानि) ज़रूर होगा।

'अबोधपूर्वा-स्मृति' कालिदास का शब्द-बन्ध उनकी कविता से उद्भूत, द्विवेदी का खोजा हुआ सिद्धान्त है जो निराला की कविता पर भी लागू हुआ। अन्यत्र भी काम आएगा। द्विवेदी जी के अध्यापन, भाषण, लेखन में ऐसे काव्यशास्त्रीय प्रत्यय अनेक हैं। मनोविश्लेषण के बिना ऐसी व्याख्याएँ सिद्धान्तों में नहीं पकतीं।

एक शब्द है 'हद' उसका विरोधी माना जाता है बेहद। कबीरदास ने एक दोहे में दोनों शब्दों का साथ-साथ प्रयोग किया है। द्विवेदी जी व्याख्या करते हैं–

"बेहद शब्द में साधारणतः यह भाव है कि जो हद न हो या हद के विरुद्ध हो। यह बात आंशिक रूप में ही सत्य है। वस्तुतः सीमा असीम से बाहर भी नहीं, उसकी विरोधी भी नहीं है; उसका अभाव तो एकदम नहीं। 'बेहद्द' वह है जो 'सीमा' और 'सीमाभाव' दोनों के परे है जो हद और ग़ैर-हद दोनों के ऊपर है।"

द्विवेदी जी बताते हैं कबीरदास का बेहद साधारण बेहद नहीं है। वह हद को अपने में सम्माविष्ट किए है। 'बेहद्द' में 'हद' भी है। अनुभव को और कबीरदास के अनुभव को सामान्य भाषा में व्याख्यायित करने का साहसपूर्ण प्रयास है। आप ध्यान दें इस प्रक्रिया में एक शब्द का उपयोग है–ग़ैर-हद। यह व्याख्याकार द्विवेदी जी का शब्द है, कबीर का नहीं।

हद में रहै सो मानवी, बेहद रहै सो साधु।
हद-बेहद दोनों तजै तिनका मता अगाधु॥

और ऐसी व्याख्याओं के आधार पर द्विवेदी जी का कबीर के विषय में यह मत–

"हिन्दी साहित्य के हज़ार वर्षों के इतिहास में कबीर जैसा व्यक्तित्व लेकर कोई लेखक नहीं उत्पन्न हुआ। महिमा में यह व्यक्तित्व केवल एक ही प्रतिद्वन्द्वी जानता है–तुलसीदास।"

लेकिन फिर दोनों का अन्तर ध्यान आया। जोड़ा–

"परन्तु तुलसीदास और कबीर के व्यक्तित्व में बड़ा अन्तर था। यद्यपि दोनों ही भक्त थे, सब-कुछ को फाड़-फटकार कर चल देने वाले तेज ने कबीर को हिन्दी साहित्य का अद्वितीय व्यक्तित्व बना दिया है। उनकी वाणियों में सब-कुछ को छाकर उनका सर्वजयी व्यक्तित्व विराजता रहता है।"[33]

यह कबीर को तुलसी पर वरीयता देना नहीं तो क्या है?

यह हिन्दी का दुर्भाग्य था कि पंडितजी तुलसीदास पर किताब पूरी न कर सके। वे तुलसी पर बहुत पहले से लिखना चाहते थे। शुरू-शुरू में 'बाणभट्ट की आत्मकथा' वाली शैली में। लेकिन जब लिखना शुरू किया तो वह शैली छोड़ दी। क्यों? अनुमान ही लगाया जा सकता है। लगता है तुलसी पर लिखना उन्हें बाणभट्ट पर लिखने से ज़्यादा मुश्किल लगता था। लिखना वे बहुत सहज शैली में चाहते थे। सहज लिखना तभी सम्भव था जब वे तुलसी को बिलकुल आत्मसात् कर लें। बाणभट्ट संस्कृत के रचनाकार थे। वे समाज के सभी वर्गों में हवा, पानी, मिट्टी, अन्न की तरह उतना नहीं मौजूद हैं, जितना तुलसी। पंडितजी बहुत दिनों से तुलसी को साध रहे थे। लगता है अन्तिम समय में सध गए थे। पंडितजी ने तुलसी पर जो लिखना शुरू किया था वह 'बाणभट्ट की आत्मकथा' की शैली में न होकर भी ऐसा था जैसे तुलसी का मन बोल रहा हो, तुलसी का मन मानस की कठोर रचनात्मक प्रक्रिया की संघर्षगाथा का सविस्तार छवि अंकन कर रहा हो–

'चार सौ वर्ष पहले तुलसीदास अवधपुरी में रामकथा लिखने बैठे थे। लिख सकेंगे? संशय और असमंजस से चित्त व्याकुल था। जीवन में उन्होंने केवल दुख ही सहा है। चारों ओर अपमान की चोटें पड़ी हैं! रामकथा पर बड़ा भरोसा है लेकिन मन का संशय नहीं जाता।

करन चहौं रघुपति गुन गाहा।
लघु मति मोरि चरित अवगाहा॥

"कैसे पार पाओगे मनसाराम! दुनिया इतनी सीधी नहीं है कि तुम्हारी बात सुन लेगी। अपने लिखो, अपने पढ़ो, यहाँ तक तो ठीक है–पर जहाँ बाहर ले गए कि गड़बड़ हुई। लोग क्या पसन्द करेंगे? दुनिया मानेगी? क्यों श्रम करना?"

इस उद्धरण में सबसे पहले ध्यान इस बात पर जाता है कि वाक्य बहुत छोटे-छोटे हैं और शब्द तद्भव हैं। सरल और सहज, जैसे गद्य में रामचरितमानस के बालकांड (प्रथम सोपान) की शैली अपना ली गई है। तुलसी का संशय जो छोटी-छोटी चौपाइयों में व्यक्त हुआ है, वही द्विवेदी जी के छोटे-छोटे गद्य-वाक्यों में–

"जे पर भनिति सुनत हरषाहीं।
ते वर पुरुष बहुत जग माहीं॥

नहीं भाई ऐसा साहस करना ठीक नहीं–

जो प्रबन्ध बुध नहि आदरहीं।
सो श्रम वृथा बाल कवि करहीं॥

क्या फ़ायदा होगा इस वृथा श्रम से? लेकिन मन नहीं मानता। राम गुणगान करने में हर्ज क्या है! सब एक ही तरह के नहीं होते।

पंडितजी तुलसी की चौपाइयों में, उनके मन की गति का क्रम और व्याप्ति देख रहे हैं। यह जिस रूप में देख रहे हैं वह उनके वाक्यों में रूपायित हो रहा है। यहाँ पंडितजी माध्यम मात्र हैं। 'मैं' से 'वह' बन गए हैं।

इस 'मैं' से 'वह' बनने की प्रक्रिया, व्यक्ति का रचनाकार या रचना का माध्यम बनने की प्रक्रिया है। पंडितजी इसे 'समाधि' कहते हैं। जब इसमें कमी रह जाती है तब समाधि

शिथिल रहती है। उन्होंने तुलसीदास की इस स्थिति तक पहुँचने की प्रक्रिया का चित्रण किया है। मानसेतर रचनाओं में तुलसीदास ने 'हौं' सर्वनाम या उत्तम पुरुष के अनुकूल क्रियापदों का प्रयोग गेय पदों में काफ़ी किया है–

'अबलौं नसानी अब न नसैहों' या 'कबहुँक हौं यहि रहनि रहौंगो' आदि। 'मानस' के प्रारम्भ में भी उत्तम पुरुष का प्रयोग कुछ दूर तक चलता है। तुलसीदास विनम्रता प्रकट करते हैं, बड़े कवियों की तुलना में अपनी असमर्थता बताते हैं; राम, भरत, देव-देवताओं की स्तुति करते हैं–उत्तम पुरुष का प्रयोग करते हुए। सबकी स्तुति करके अपने मन को बल देकर उन्होंने निश्चित कहा–

'जस मानस जेंहि बिधि भयउ जग प्रचार जेंहि हेतु।
अब सोइ कहउँ प्रसंग सब सुमिरि उमा वृषकेतु॥'

यह तुलसी के व्यक्ति का समाधि में आने से पूर्व का अन्तिम उत्तम पुरुष प्रयोग है। इसके बाद–

संभु प्रसाद सुमति हिय हुलसी।
रामचरित मानस कवि तुलसी॥
करइ मनोहर मति-अनुहारी।'

उत्तम पुरुष का प्रयोग रचना-समाधि लगने पर अन्य पुरुष में हो गया। द्विवेदी जी ने लिखा–

"इसी दिन शिव के प्रसाद से सुमति उत्पन्न हुई। तुलसी अपनी त्रुटियों के अहसास में मुक्त हुए। वे अब कवि हुए–समष्टि चेतना के साथ एकमेक। मानस के चौंतीसवें दोहे तक उनका 'मैं-पन' मुखर था। परन्तु 33वें दोहे के बाद ही इस स्थिति में परिवर्तन होने लगा। तुम्हें क्या करना है बाबा, यह किसी एक व्यक्ति की रचना तो होने नहीं जा रही है, यह तो विश्वात्मा शिव की रचना है–

राम-चरित-मानस मुनि-भावन।
बिरचेउ संभु सुहावन पावन॥'

ये शिव कौन हैं? इसके लिए द्विवेदी जी की कृति 'लालित्य तत्त्व' या 'कालिदास की लालित्य योजना' देखिए।

द्विवेदी जी ने बताया है कि तुलसी के दशरथ-सुत सामाजिक-ऐतिहासिक सत्ता हैं। वे परम सत्ता तो हैं ही, दशरथ-सुत के रूप में वे अपने युग के नायक, समाज-इतिहास के अनुरूप तुलसी द्वारा निर्मित सत्ता हैं। और पं. हजारीप्रसाद द्विवेदी तुलसी पर लिखते समय सहृदय हो जाते हैं। मानो तुलसी का हृदय उनका अपना हृदय हो जाता है। 'परकाय प्रवेश' या 'पर हृदय अधिग्रहण'।

'मैं हूँ स्वयं निज प्रतिवाद'

एक अतीत है, एक वर्तमान है। द्विवेदी जी अतीत और वर्तमान को साथ-साथ रखते हैं। वे अतीत को जीवंत देखना चाहते हैं। वे अतीत के जीवंत मनुष्य को भी देखना चाहते हैं। अनुसंधान, शोध और विद्वत्ता थोड़ी दूर तक सहायता करते हैं और वे क्षुब्ध होते हैं–''मेरा मन प्राचीन काल के कुज्झटिकाच्छन्न आकाश में दूर तक उड़ना चाहता है। हाय, पंख कहाँ है।''

फिर कल्पना के पंख से उड़ना पड़ता है। कल्पना की उड़ान में ऊर्जा अपने यथार्थ-अनुभव की होती है। द्विवेदी जी सब भूल सकते हैं, ऊँची से ऊँची उड़ान में भी निरन्न, निर्वस्त्र जनता और जन-सामान्य के विविध दुख नहीं भूल सकते। वे यथार्थ की अग्नि अर्थात् विषमता नहीं भूलते। और ठीक उस समय जब लगता है कि वे ऐसी कल्पना-उड़ान ले रहे हैं कि धरती बहुत धुँधली दिखलाई पड़ रही है या अदृश्य हो रही है तब वे ठीक धरती की विषम-भूमि की कठोरता से कल्पना को टक्कर देते हैं। 'अशोक के फूल' की द्विवेदी जी ने बड़ी महिमा गाई। सौंदर्य और स्वर्ण-युग की समृद्धि का प्रतीक अशोक का फूल। वर्णन चल रहा था, ''किसलय और कुसुमस्तबकों की मनोहर छाया के नीचे स्फटिक के आसन पर अपने प्रिय को बैठा सुन्दरियाँ अबीर, कुमकुम, चन्दन और पुष्प-सम्भार से पहले कंदर्प देवता की पूजा करती थीं, और बाद में सुकुमार भंगिमा से पति के चरणों पर वसन्त पुष्पों की अंजलि बिखेर देती थीं।'' कि निबन्धकार याद दिलाता है ''अशोक का वृक्ष जितना भी मनोहर हो, जितना भी रहस्यमय हो, जितना भी अलंकारमय हो, परन्तु है वह उस विशाल सामन्त-सभ्यता की परिष्कृत रुचि का ही प्रतीक जो साधारण प्रजा के परिश्रमों पर पली थी, उसके रक्त के स-सार कणों को खाकर बड़ी हुई थी और लाखों-करोड़ों की उपेक्षा से समृद्ध हुई थी।''

परस्पर-विरोधी को पहचानने में द्विवेदी जी शायद ही कभी चूकते हों। अनुमानतः हिन्दी में इस शब्द का प्रयोग उन्होंने ही पहले-पहल किया है : 1940 ई. में प्रकाशित *'कबीर'* पुस्तक में उन्होंने लिखा था, ''असम्भव व्यापार के लिए शायद ऐसी ही परस्पर-विरोधी कोटियों का मिलन-बिन्दु भगवान को अभीष्ट होता है।''

अशोक सुन्दर तो है किन्तु उसे सुन्दर कहने वाले और समझने वाले साधारण प्रजा के हित की उपेक्षा करने वाले, उनके रक्त के सार-कणों को खा लेने वाले थे। यह सौंदर्य-बोध की ऐतिहासिक समीक्षा है, नए सौंदर्यबोध का लक्षण है और कहीं न कहीं ''चाँद का मुँह टेढ़ा है'' के मेल में है।

द्विवेदी जी में नारी-सौंदर्य से अभिभूत होने की अतीव क्षमता है। वे सौंदर्य की शक्ति से परिचित हैं। इस पर अलग से बात होगी। किन्तु नारी-सौंदर्य की महती शक्ति से भी बड़ी किस शक्ति को मानते हैं, यह दृष्टव्य है। और, वह केवल उनकी द्वन्द्वात्मक दृष्टि को समझने के लिए नहीं, बल्कि उनकी भाव-बोधात्मक संरचना से परिचित होने के लिए ज़रूरी है। वह संरचना जो उनकी निजता है और जो उनके जीवनानुभावों की भूमि पर आधारित है। नारी-देह को द्विवेदी जी देवमन्दिर मानते हैं। उनके उपन्यास *'चारुचन्द्रलेख'* में प्रस्तावित है कि संसार का कल्याण करने की जैसी शक्ति नारी-सौंदर्य और नारीत्व में है वैसी और कहीं नहीं, ''मैं नारी-सौंदर्य को संसार की सबसे अधिक प्रभावोत्पादिनी शक्ति मानता हूँ।'' *'बाणभट्ट की आत्मकथा'* में फाल्गुन की पूर्णिमा के अवसर पर मदनोत्सव का जो वर्णन है वह *रत्नावली* और *'हर्षचरित'* से लिया गया है। वर्णन उत्तेजक है। द्विवेदी जी अपनी ओर से जो कुछ वर्णन करते हैं, वह भिन्न स्वर का है। सुन्दरी पण्य विलासिनियाँ मद को भी मदमत्त बना रही थीं। नारी-देह को देवमन्दिर कहने वाले द्विवेदी जी वर्णन करते हैं–''उनमें नारी-सुलभ सुकुमार भावना का लोप हो चुका था। वे उजड़े हुए देवमन्दिर की भाँति, रास्ते में फेंकी हुई प्रतिमा की भाँति, कीचड़ में धँसी हुई मालती लता की भाँति अपनी प्रतिष्ठा खो चुकी थीं। अपना सम्मान भूल चुकी थीं और अपनी शुचिता म्लान कर चुकी थीं।'' और फिर नारी-सौंदर्य से अभिभूत होने वाले भाव का यह यथार्थ बोध, ''मेरे मन में रह-रहकर यही ध्वनि निकलती रही कि नारी-सौंदर्य यहाँ वंध्य है, निष्फल है, ऊसर है। क्यों ऐसा हुआ? इस महान शक्तिशाली तत्त्व से बड़ी भी कोई शक्ति है क्या जिसने इसे इस तरह हीनदर्प बना दिया है? अवश्य होगी। मेरा अनुमान है–वह शक्ति सम्पत्ति ही हो सकती है।''

यथार्थ-बोध यानी यथार्थ-विषमताबोध। नारी-सौंदर्य और वंध्य का सन्दर्भ तो कालिदास से जुड़ जाएगा–''इयेष सा कर्त्तुमवंध्यरूपता'' (कु.सं.), किन्तु सम्पत्ति नारी- सौंदर्य से भी बड़ी शक्ति है। यह न तो कालिदास ने कहा है न बाणभट्ट ने। द्विवेदी जी ने कहा है और ठीक मौके पर कहा है। डॉ. रामविलास शर्मा ने कहा है कि सौंदर्य का एक विवादी स्वर होता है। भक्ति-कविता और प्रगतिशील कविता में यह विवादी स्वर महत्त्वपूर्ण है। यहाँ वही विवादी स्वर सुनाई पड़ रहा है।

नारी-देह को देवमन्दिर मानने वाले और नारी-सौंदर्य को सबसे अधिक प्रभावोत्पादिनी शक्ति मानने वाले रचनाकार द्विवेदी जी ने भट्टिनी, चन्द्रलेखा और जाबाला जैसी नायिकाएँ कल्पित की हैं। कालिदास की पार्वती द्विवेदी जी के लिए रूप एवं शील का प्रतिमान है। उन्होंने अनेक नारी-पात्रों के रूप में वस्तुतः पार्वती ही कल्पित की है, ऐसी पार्वती जो हमारे समय के इतिहास की उपज है। एक ओर उनका त्रैलोक्य को वशीभूत करने वाला रूप है, देव-कन्याओं जैसा शील हैं, दूसरी ओर आधुनिक युग का सन्देह वाला तर्क-वितर्क है। द्विवेदी जी के दो मन साफ़ तौर पर एक-दूसरे से टकराते हैं। एक अतीत का आस्वाद लेने वाला जो अतीत के सौंदर्य को साक्षात करना चाहता है, जो कालिदास, बाणभट्ट, श्रीहर्ष का सहचर, उनका व्याख्याता और वस्तुतः वर्तमान के लिए उनका दुभाषिया है। दूसरा मन केवल अतीत को नहीं, इतिहास की प्रक्रिया को देखता है। वर्तमान

अपना अतीत बनाते समय काफ़ी काँट-छाँट करके अतीत को अपने अनुकूल करता है। दूसरा मन ही अतीत-रस का विवादी है। अतीत-रस का विवादी नहीं, वस्तुतः वर्तमान की, विकसित मानवीय भावबोध से, अतीत पर टिप्पणी करने वाला, असहमति जताने वाला। कालिदास के परम प्रशंसक द्विवेदी जी कई जगह कालिदास से असहमत होते हैं। मदमत्त बना देनेवाली पण्यविलासिनियों के सौंदर्य के ही सन्दर्भ में वे *'मेघदूत' के* एक श्लोक के आधार पर उनका वर्णन करते हैं–

"मैं जिस रास्ते पर जा रहा हूँ वहाँ से कोई मदोन्मत्त उत्सवकारी दल निकल गया है। कालिदास ने उज्जयिनी में प्रातःकाल जो दृश्य देखा था, वह मैं स्थाण्वीश्वर में मध्याह्न को देख रहा हूँ। ठीक उसी प्रकार गमन के उत्कंपवश यहाँ भी सुन्दरियों के केश से मंदार-पुष्प झड़े हुए हैं, कान से सुनहरे कमल खिसककर भू-लुंठित हो रहे हैं, हृदयदेश पर बार-बार आघात करने वाले हारों से बड़े-बड़े गंधराज कुसुम टूटकर गिर गए हैं, परन्तु फिर भी मैं इसे प्रेमाभिसार का मार्ग नहीं समझ रहा हूँ।"

"ठीक उसी प्रकार" अतीत रस का छककर पान करने वाला मन है "परन्तु फिर भी" वर्तमान में स्थित होकर उससे तर्क करने वाला विवादी मन। जो लोग कालिदास के [illegible] द्विवेदी जी का भाव समझते हैं, वे ही उनकी असहमति का महत्त्व समझ सकेंगे।

एकाध स्थलों पर द्विवेदी जी अपने प्रिय कवि के भाव-चित्रों में कुछ और जोड़ने का प्रस्ताव करते हैं। भट्टिनी के निराश, उदास दुख का वर्णन करते हैं। द्विवेदी जी ने सौंदर्य को कितने रूपों में देखा है, यह अलग से एक स्वतंत्र विषय है। जब आप सौंदर्य को जीवन-स्थितियों में देखते हैं, तब वह विविधता प्राप्त करता है और अखंड भी वह असीम जीवन-सन्दर्भों में ही होता है। द्विवेदी जी अतीव संकोची लेखक थे। यह अनुभूति की तीव्रता ही रही होगी कि उन्होंने कालिदास को सम्बोधित करके कहा–

"हाय महाकवि, तुमने हँसी-खुशी में ही ज़िन्दगी काट दी। तुमने ऐसा करुण-मोहक स्मित देखा होता, तो दुनिया को बता सकते कि वह कैसा था।"

कैसा था वह करुण-मोहक स्मित जिसे कालिदास ने नहीं देखा था और जिसे हजारीप्रसाद द्विवेदी ने लिखा–

"भट्टिनी का ऐसा निराश मुख मैंने कभी नहीं देखा था। उनके दुख में भी भक्ति और विश्वास साथ रहते थे। यह कैसा विकट परिवर्तन है। मैंने कातरता के साथ उनकी ओर देखा। मेरी आँखों में अश्रु भर आए थे। एकाएक भट्टिनी के नेत्र मेरी ओर फिरे। उनका दयार्द्र हृदय मेरा मुख देखकर उमड़ पड़ा। एक मुहूर्त के लिए एक भीगी हँसी की रेखा उनके सूखे अधरों पर खेल गई और फिर अविरल अश्रुधारा बह चली।"

कालिदास ने निराश मुख का करुण-स्मित नहीं देखा था। कालिदास कितने महान् थे, यह मैं नहीं जानता। पंडितजी जानते थे। किन्तु कालिदास ने भीगी हँसी का चित्र नहीं खींचा है। देखा होता तो खींचते। द्विवेदी जी के वर्णन में परम्परा की मर्यादा और गौरव को वहन करने में सक्षम रचनाकार का ढंग है। देखा होता तो दुनिया को बता सकते। कालिदास ने नहीं देखा, देखा द्विवेदी जी ने। किन्तु वे कालिदास जैसा दुनिया को बता नहीं सकते। यह कालिदास के मर्मज्ञ पंडित की वचन-रचना है। इस रचना-छल को अलग से

कहने की ज़रूरत नहीं कि कालिदास को सम्बोधित करके यह सुझाव द्विवेदी जी खुद नहीं पेश कर रहे हैं। यह हिम्मत बाणभट्ट कर रहे हैं। द्विवेदी जी के बाणभट्ट।

करुण-मोहक-स्मित अन्तर्बाह्य का चित्र है। मनोविकारों का नया संश्लेष है। द्विवेदी जी के बाणभट्ट की कालिदास से शिकायत है–"हाय! महाकवि! तुमने हँसी-खुशी में ही जिन्दगी काट दी।" राजाओं के विलास और उनकी प्रियाओं के सुखद पक्ष पर अधिक ध्यान दिया। अन्तःपुर की नारियों के जीवन का एक अन्य पक्ष भी है। इस पर ध्यान नहीं दिया।

यानी द्विवेदी जी के बाणभट्ट सामन्ती व्यवस्था की अमानवीयता के उद्‌घाटक भी हैं। उस व्यवस्था का जो दुख कालिदास जैसे महान किन्तु दरबारी कवि से अवर्णित रह गया था, उसे उद्‌घाटित करते हैं। कुमार कृष्णवर्धन का कथन है–"सत्य इस समाज व्यवस्था में प्रच्छन्न होकर वास कर रहा है।" सत्य का जो अंश प्रच्छन्न रह जाता है उसे विद्वान्, वैज्ञानिक और कवि निरन्तर उद्‌घाटित करते चलते हैं। बाणभट्ट प्रच्छन्न सत्यांश को उद्‌घाटित कर रहे हैं। भट्टिनी के शब्दों में वे आर्यावर्त के द्वितीय कालिदास हैं। उन्हें कालिदास से सवाल-जवाब करने का अधिकार भी है। हर युग का बड़ा कवि अपने पुरखे कवियों से सवाल-जवाब कर सकता है। उनके रू-ब-रू खड़ा हो सकता है। हमारे समय के कवि नागार्जुन ने कालिदास से जवाब-तलब किया है–"कालिदास सच-सच बतलाना।" 'बाणभट्ट की आत्मकथा' के रचयिता ने भी यही किया है।

समाज-व्यवस्था में सत्य की प्रच्छन्नता का महत्त्वपूर्ण कारण सम्पत्ति और नारी की स्थिति एवं उनका परस्पर-सम्बन्ध है। द्विवेदी जी के लेखन में सौंदर्य-बोध का विवादी स्वर मुख्यतः इसी विक्षोभ पर आधारित है। 'बाणभट्ट की आत्मकथा' में वह सर्वाधिक स्पष्ट एवं मुखर हैं। बाणभट्ट के वक्तव्यों, चिन्तन और महामाया के उद्‌बोधक भाषणों में वह बार-बार आता है।

हम द्विवेदी जी की उस रचना-प्रवृत्ति पर विचार कर रहे थे जो परस्पर-विरोध को आँकती है। भट्टिनी को छोटे राजकुल से मुक्त करके बाणभट्ट अपने जीवन को सार्थक मानता है। वह भट्टिनी का अभिभावक या सेवक होने में गौरव अनुभव करता है। भट्टिनी के रूप, शील का वर्णन-चित्रण करने में द्विवेदी जी ने बाणभट्ट की शैली का खड़ी बोली हिन्दी-गद्य में मानो अवतार कराया है। महावराह का मिथक और पुस्तक के प्रारम्भ में वस्तु-निर्देशक सूत्र के रूप में–"जलौघमग्ना सचराचरा धरा। विषाणकोट्याखिलविश्वमूर्तिना। समुद्‌धृतायेन बराहरूपिणा। स स्वयंभूर्भगवानप्रसीदतु"–श्लोक का उपयोग ही इस मंतव्य के लिए किया गया है। इस विषय में ज़्यादा कहना-सुनना अनावश्यक है।

किन्तु इसी के साथ बाणभट्ट का यह चिन्तन भी है–

"भट्टिनी ने क्या कभी इन गरीबों की चिन्ता की है? मैंने एक भट्टिनी का उद्धार किया है सही, पर मुझे क्या मालूम है कि इस अन्तःपुर में और कितनी भट्टिनियाँ हैं और ऐसे अन्तःपुरों की संख्या यहीं तो समाप्त नहीं हो जाती।"

भट्टिनी, देवपुत्र तुवर मिलिंद की कन्या थीं। बाणभट्ट ने जब पहली बार जाना कि वे इतने प्रतापी शासक की कन्या हैं तो बोले–"तो देवी, क्या आप तत्रभवान् विषम

समर-विजयी, याह्लीक-विमर्दन, प्रत्यन्त-बाड़व देवपुत्र तुवर मिलिंद की कन्या हैं?'' बाणभट्ट ने और सोचा—"हिमालय के सिवा गंगा की धारा को कौन जन्म दे सकता है? महासमुद्र के सिवा कौस्तुभ मणि को कौन उत्पन्न कर सकता है? धरित्री के सिवा और कौन है जो सीता को जन्म दे सके?'' आदि।

आत्मकथा पढ़ने वाले को यह बताने की ज़रूरत नहीं कि भट्टिनी का सौंदर्य और शील, कितना अलौकिक एवं असामान्य है। उन्हीं के बारे में बाण यह भी सोचता है कि इस अन्तःपुर में कितनी भट्टिनियाँ हैं। बाण से ज़्यादा प्रकट और अधिक अर्थों को खोलने वाली बात महामाया कहती हैं—

"क्या निरीह प्रजा की बेटियाँ उनकी नयनतारा नहीं हुआ करतीं? क्या राजा और सेनापति की बेटियों का खो जाना ही संसार की बड़ी दुर्घटनाएँ हैं और आर्य सभासदो मेरी ओर देखो। मैं तुम्हारे देश की लाख-लाख अवमानिता, लांछिता और अकारण दंडिता बेटियों में से एक हूँ।...आप में से किसे नहीं मालूम कि महाराजाधिराज की चामरधारिणियाँ और करंकवाहिनियाँ इसी प्रकार भगाई हुई और खरीदी हुई कन्याएँ हैं। आर्य सभासदो, क्या इन अभागिनियों के पिता नहीं थे? क्या वे अपनी माताओं की नयनताराएँ नहीं थीं? क्या उनके माँ-बाप के हृदय में अपनी सन्तति के प्रति जो स्नेह-भावना थी, वह किसी सम्राट की स्नेह-भावना से कम थी?''

भट्टिनी को अतिविशिष्ट, अलौकिक एवं असामान्य बताया गया फिर उन्हें उनकी जैसी लाखों, सामान्य जनता की बेटियों से जोड़ दिया गया। द्विवेदी जी नारी-सौंदर्य को लोक-उद्धार का प्रधान साधक मानते हैं। लेकिन उस प्रसंग पर अन्यत्र विचार करेंगे। यहाँ यह दिखाना अभीष्ट है कि द्विवेदी जी बड़ी-से-बड़ी बात कहकर फिर उसी का प्रत्याख्यान भी करते हैं।

'चारुचन्द्रलेख' की नायिका चन्द्रलेखा बत्तीस लक्षणों से युक्त स्त्री है। यह बत्तीस लक्षणों से युक्त होना, 'चारुचन्द्रलेख' की कथा का आधार है, क्योंकि बत्तीस लक्षणों से युक्त स्त्री ही कोटिबेधी रस सिद्ध कर सकती है। बत्तीस लक्षणों से युक्त चन्द्रलेखा का वर्णन—

"तपस्वी ने सहज भाव से किन्तु गद्‌गद भाषा में कहा, ''देवि, अपूर्व देख रहा हूँ तुम्हारी शोभा। मेरी नस-नस आज उल्लास से चंचल है, बहत्तर सहस्त्र नाड़ियों में अपूर्व शक्ति-धारा प्रवाहित हो गई है। देवी, आज मेरे ग्रह-गण प्रसन्न हैं, आज सविता का उदय सार्थक है, आज गंगा की धारा सफलकाम है, आज मेरी सिद्धि मिल गई है। गुरु ने मुझे बताया था कि तुम्हारी सिद्धि का प्रथम सोपान सुलक्षणा किशोरी का दर्शन होगा। आज मुझे सिद्धि पाना सुगम जान पड़ रहा है—कौन कहता है देवी, तुम सामान्य कृषिबल-किशोरिका हो? यह उन्नत ललाट, यह कुंचित केश राशि, यह दक्षिणावर्त रोम-राजि और यह तिल-पुष्प के समान नासिका और घनी भृकुटियों के नीचे सघन अराल रेखा—ये तुम्हें सामान्य नारी नहीं रहने देंगे—स्वस्तिका और मत्स्य का यह युगपत सम्मिलन अपूर्व योग है। शंख, कमल और व्यजन के चिह्न केवल भगवती विमला के हाथ में प्रकट हुए थे—पद्‌म गर्भ के समान मणिबन्ध दुर्लभ लक्षण है।''

पुरोहित धीर शर्मा ने चन्द्रलेखा को देखकर कहा–"बेटा, अस्सी वर्ष के जीवन में प्रथम बार बत्तीस शुभ लक्षणों से समन्वित सौभाग्यवती नारी का दर्शन पा रहा हूँ। तुम्हारी कुल-कुंडलिनी जाग्रत है।"

लेकिन इन शुभ लक्षणों को एक और तरह से भी देखा गया है–

"वह बार-बार सुन रही है कि समस्त स्त्री लक्षणों का सन्निवेश दुर्लभ योग है। ये स्त्री लक्षण क्या हैं। कुछ शरीर चिह्न, कुछ संयोगप्राप्त वर्णसमुच्चय, कुछ आकस्मिक आकुंचन-विकुंचन। यही तो स्त्री लक्षण है। क्यों इनका समवाय दुर्लभ है? स्त्री अगर बड़ी है तो यों इन चिह्नों के कारण नहीं। चिह्नों को माहात्म्य देना क्या उचित है? चन्द्रलेखा समझ ही नहीं सकी कि स्त्री-शरीर को इतना महत्त्व क्यों दिया जा रहा है।"

जिन लक्षणों के कारण चन्द्रलेखा सिद्धयोगिनी है या सिद्धयोगिनीत्व को प्रकट करने वाले जो लक्षण हैं जिनसे युक्त नारी की सहायता से कोटिबेधी रस तैयार हो सकता है, वह कोटिबेधी रस जो प्राणिमात्र को सदैव के लिए परम आनन्द एवं सुख दे सकता है, वे लक्षण अपने-आपमें कुछ नहीं हैं, केवल कुछ संयोगप्राप्त वर्ण-समुच्चय के आकस्मिक आकुंचन-विकुंचन हैं। मानो मानव-क्लोन बनाने वाला कोई जेनेटिक वैज्ञानिक बोल रहा हो। सामुद्रिक विद्या का बिलकुल विरोधी भौतिक वैज्ञानिक स्वर। विवादी स्वर भौतिक विज्ञान का भी है। प्रकृति के क्रिया-कलापों में कोई उद्देश्य, कोई छन्द, कोई लय ढूँढ़ लेने का आग्रह वस्तुतः जड़ भौतिकता, मूल्य शून्य सृष्टि में मूलभूत तर्कहीनता (ऐब्सर्डिटी) के विचार का विवादी स्वर।

"मैं जब निर्झर को वेगपूर्वक नीचे की ओर दौड़ता देखता हूँ तो मन रो उठता है। क्यों इतनी व्याकुलता है इसमें? किससे मिलने के लिए यह दुष्कर अभिसार-यात्रा शुरू हुई है? प्रथम मेघ-वर्षण के समय जब धरती के आँचल में छिपे हुए बीज अंकुर के रूपों में फूट पड़ते हैं तो मेरा हृदय हाय-हाय कर उठता है। किस अज्ञात प्रियतम के लिए यह कसमसाहट है? कौन है वह जिसे पाने के लिए अग-जग में व्याप्त प्राण-शक्ति व्याकुल हो उठी है?...क्या यह सारा आयोजन केवल बात की बात है? क्या इसका कोई प्रयोजन नहीं है?"

चन्द्रमौलि का यह कथन सृष्टि के क्रिया-कलाप को निरुद्देश्य मानने का प्रतिवाद करता है। चन्द्रमौलि कालिदास का नाम है *'पुनर्नवा'* उपन्यास में। द्विवेदी जी इस बात को इतनी बार दुहराते हैं कि लगता है मानो यह उन्हीं का मत हो।

उद्देश्य क्या है यह वे नहीं बताते। यही कहते हैं–यह निरुद्देश्य नहीं है। आइन्स्टाइन का कथन याद आता है–"पता नहीं हम दुनिया में क्यों पैदा होते हैं? कभी-कभी लगता है मानो कोई उद्देश्य हो।" लेकिन आइन्स्टाइन सत्य को मानव निरपेक्ष मानते हैं। (*द रिलीजन ऑफ मैन* के परिशिष्ट में टैगोर से उनका वार्तालाप)

मुझे लगता है कि मनुष्य के देवत्व, संस्कृति, सौंदर्य-बोध का आग्रह और इन्हें जीवन-मूल्य मानना द्विवेदी जी के चिन्तन-लेखन का प्रबल पक्ष है और इसी की संगति में वे मनुष्य की जय यात्रा का गान करते हैं। द्विवेदी जी की जय यात्रा में इतिहास की ध्वंसक निर्ममता है। इतिहास का विकास (?) में केवल जय यात्रा नहीं उसके समानांतर

सबको रौंद डालने वाली, मनुष्य की उदात्त निर्मिति को निरंतर चकनाचूर करते रहने वाली एक ध्वंस यात्रा भी है। द्विवेदी जी परम प्रेयान्, श्रेयान् को केवल विजयी, सुखी, सन्तुष्ट लोगों के ही अनुभव से नहीं, दलित, वंचित, ध्वस्त जन-समूह के अनुभव से भी महसूस करते हैं। सचेत सौंदर्यबोध का उत्तरदायित्व है कि वह सौंदर्य-विरोधी तत्त्वों के प्रति सचेत रहे। उनकी शक्ति या उपस्थिति से आँखें मूँद लेने का नाम लिजलिजी भावुकता है। द्विवेदी जी के साहित्य से आशा का संचार होता हो, कर्म की प्रेरणा मिलती हो, मनुष्य की जय यात्रा का चित्र सामने प्रस्तुत होता हो किन्तु वे केवल आशावादी या भविष्यवादी रचनाकार नहीं हैं। अनिश्चय, शंका का भाव उनके साहित्य में आशा से कम नहीं। विचार करने पर अनिश्चय, आशंका का पलड़ा शायद थोड़ा भारी ही पड़ेगा। यह अकारण नहीं कि उनके दो प्रारम्भिक उपन्यासों का अन्त अनिश्चय एवं अंधकार में होता है। *'बाणभट्ट की आत्मकथा'* का अन्त आकस्मिक है। सारी परिस्थिति बाणभट्ट और भट्टिनी के साथ-साथ रहने की प्रस्तुत हो गई हैं। तभी अदृष्ट का बाण उन्हें झटके से अलग कर देता है। इसका वर्णन द्रष्टव्य है–

"मैंने भट्टिनी के साथ चलने का वचन दे दिया। उल्लसित होकर भट्टिनी ने और उनकी आज्ञा से मैंने साथ-ही-साथ महावराह को प्रणाम किया। महावराह ने गोपन हास्य से हमारे उल्लास का तिरस्कार किया होगा, क्योंकि निपुणिका का श्राद्ध समाप्त होते ही आचार्य भर्वुपाद ने मुझे पुरुषपुर जाने की आज्ञा दी...भट्टिनी ने सुना तो उनका मुख विवर्ण हो गया। झुकी हुई आँखों को और भी झुकाकर बोलीं "जल्दी ही लौटना।

मैंने कातर कंठ के साथ वाष्परुद्ध वाक्य को प्रयत्नपूर्वक दबा लिया। लेकिन अन्तरात्मा के अतल गह्वर से कोई चिल्ला उठा, "फिर क्या मिलना होगा।"

'चारुचन्द्रलेख' का अन्त भी अतीव आकस्मिक है। वहाँ सब-कुछ ठीक होने जा रहा है कि परन्तु घटनाचक्र बड़ी तेजी से चल पड़ा–

"जब तक मैं कुछ और सोचूँ तब तक भैरवपाद चिल्ला उठे, "भद्रकाली का अपहर्त्ता मिल गया है। मैनसिंह इस नरक के कीड़े को अपनी जगह भेज दो।"

बिजली की तरह मैनसिंह अक्षोभ्य भैरव के पीछे से झपटा और अपने विशाल कुंत की एक ही चोट में शाह को धराशायी बना दिया।...घने अन्धकार में विकट वन भूमि के मार्ग से हम लोग भागे। सोचने का अवसर ही नहीं मिला।"

कुछ लोगों का विचार है कि द्विवेदी जी कथा का अन्त करना नहीं जानते। वे कहते थे कि रवि बाबू के चित्रों में उँगलियाँ ठीक नहीं बन पातीं। रवि ठाकुर खुद मानते थे कि उन्हें नहीं सूझता कि उँगलियाँ कैसे चित्रित की जाएँ। क्या द्विवेदी जी अपने उपन्यासों का अन्त भी कल्पित नहीं कर पाते थे? डॉ. रामविलास शर्मा ने एक बार मुझसे कहा–"द्विवेदी जी के उपन्यासों की उठान बहुत अच्छी होती है, किन्तु वे अन्त तक उसे सँभाल नहीं पाते।" यह मुद्दा विचारणीय है।

बाणभट्ट के उपरि उद्धृत अंश में महावराह द्वारा गोपन हास्य से बाणभट्ट और भट्टिनी के उल्लास का तिरस्कार असमंजस में डालने वाला है। महावराह इस उपन्यास के केन्द्र में हैं। वे भट्टिनी के उपास्य हैं। आत्मकथा की वस्तु के मूल में है। वे 'बाणभट्ट की

आत्मकथा' के प्रेरक प्रतीक हैं। प्रतीकत्व स्पष्ट है। जैसे जलौघमग्ना धरा का उद्धार महावराह ने किया वैसे ही शक्तिशाली लंपट सामंत के आवास में क़ैद भट्टिनी का उद्धार बाणभट्ट ने किया। महावराह के प्रति भट्टिनी की अगाध भक्ति है। वे परमाराध्य हैं।

भट्टिनी, बाणभट्ट और महावराह–इनकी अन्तस्सम्बन्धता के आयाम द्विवेदी जी के मन और चिन्तन की गाँठें खोलती हैं। भक्ति या निष्ठा कोई जड़ या अरूप भाव नहीं है। वह जीवन-व्यवहार के अनेक रूप-खंडों का समुच्चय है। भाव अपने रूप को तोड़कर भी कैसे एकनिष्ठ बना रहता है–यह महावराह के प्रति भट्ट का व्यवहार बताता है। महावराह उपास्य हैं। उपास्य मन में रहता है, उपासक जगत् में। अघोरभैरव ने बाणभट्ट से पूछा था–भट्टिनी और महावराह दोनों में से किसी एक को ही बचाना है तो किसे बचाएगा। बाणभट्ट असमंजस में पड़ गए थे। लेकिन स्थिति ऐसी आई कि उन्हें किसी एक को ही बचाने का निर्णय लेना पड़ा। भट्टिनी गंगा में कूद पड़ी हैं। बाणभट्ट भी उन्हें बचाने के लिए नदी में कूद पड़े हैं। भट्ट क्लांत और थक गए हैं–

"मेरा शरीर क्रमशः क्लांत होता जा रहा था। कहीं ऐसा न हो कि क्लांति के कारण मैं शिथिल हो जाऊँ और भट्टिनी मेरी पीठ से खिसक जाए। मैंने अपने उत्तरीय से भट्टिनी को बाँधना चाहा। जब उत्तरीय भट्टिनी को भुजाओं में लपेटने लगा तो कुछ कठोर वस्तु का अनुभव हुआ। खींचकर देखता हूँ तो महावराह की मूर्ति है। हाय! जलौघमग्ना सचराचरा धरा के उद्धारकर्ता आज अपने भक्त को ही डुबा रहे हैं, यह कैसी विषम विडंबना है। भट्टिनी इस मूर्ति के कारण ही भारी लग रही थी और निरन्तर जो डूबती जा रही थी सो भी इसी के कारण...हे जलौघमग्ना सचराचरा धरा के उद्धारकर्ता...अविनय क्षमा हो, मैं तुम्हें गंगा की पवित्र धारा में विसर्जन कर रहा हूँ...फिर महावराह की मूर्ति मेरे हाथ से खिसक गई।" स्थितियाँ ऐसी भी हो सकती हैं कि उपास्य उपासक को डुबाने लगे। गंगा की धारा इतिहास की धारा है जो स्थितियों का प्रवाह है। उपासक अगर अन्ध और लकीर का फ़कीर है, स्थितियों के धाराप्रवाह के अनुसार अपने को अनुकूलित न कर सके तो उद्धारकर्ता ही उसे डुबो देगा या दोनों साथ-साथ डूबेंगे।

महावराह का मिथक बाणभट्ट की आत्मकथा में तोड़ा भी जाता है। महावराह के प्रति आस्था नहीं टूटती। मूर्ति विसर्जित होती है। मिथक टूटता है। टूटकर वस्तुतः अधिक सार्थक होता है।

विसर्जित होने के बाद महावराह का भी सम्भवतः नवावतार हुआ है। ये महावराह गोपन हास्य से बाणभट्ट और भट्टिनी के उल्लास का तिरस्कार भी कर सकते हैं। 'महावराह ने गोपन हास्य से हमारे उल्लास का तिरस्कार किया होगा'–यह पंक्ति ध्यानपूर्वक पढ़ी जानी चाहिए। इससे द्विवेदी जी के इतिहास-चिन्तन की गाँठ खुलती है। उपास्य सब-कुछ नहीं कर सकता। कुछ ऐसा है जिसे कर पाना या रोक पाना किसी के बस में नहीं। वरना भट्टिनी के महावराह गोपन हास्य से उपासक के उल्लास का तिरस्कार करें? *'बाणभट्ट की आत्मकथा'* के महावराह ने अदृष्ट को स्वीकार कर लिया है। मानो पाला बदल लिया है। तुलसी फिर याद आते हैं–राम से कहते हुए–

'तो सों कहा न होइ हा हा सो बुझै ये मोहि'

द्विवेदी जी के उपन्यासों में–'बाणभट्ट की *आत्मकथा' और 'चारुचन्द्रलेख'* में एक ओर तो मानव-महिमा का गान, उद्‌बोधन मिलता है। संस्कृति, देवत्व, असाध्य को सिद्ध करने का दुर्दमनीय अचिन्तित अलक्षित हस्तक्षेप मिलता है। द्विवेदी जी के प्रारम्भिक इन दो उपन्यासों में समाज को सुखी बनाने के लिए प्रेरक पात्रों की अग्निगर्भा वाणी का स्वर गूँजता है किन्तु उसका कथा में कोई प्रतिफलन नहीं दिखाई पड़ता। जिन मानवीय प्रयत्नों का इतना गुणगान किया जाता है उसका कोई परिणाम उपन्यास के कथानक पर क्यों नहीं दिखलाई पड़ता?

मेरे विचार से द्विवेदी जी का चिन्तन मूलतः दुविधाग्रस्त है। वे मनुष्य की जय यात्रा की घोषणा तो दोनों हाथ उठाकर करते हैं किन्तु मनुष्यता की विजय के प्रति आश्वस्त नहीं, आशंकित हैं। ऐतिहासिक विकास और अदृष्ट के हस्तक्षेप के द्वन्द्व उनके प्रारम्भिक दो उपन्यासों में मौजूद हैं, *'चारुचन्द्रलेख'* में *'बाणभट्ट की आत्मकथा'* से ज़्यादा। यह द्वन्द्व क्रमशः अन्तिम दो उपन्यासों में क्षीण होता गया है। विषमता-चित्रण भी। अन्तिम उपन्यास *'अनामदास का पोथा'* में द्वन्द्व सबसे कम है। द्वन्द्वात्मकता के छिटपुट प्रसंग या उक्तियाँ ज़रूर मिल जाती हैं।

वाल्मीकि, व्यास, कालिदास की कविता क्या कर पाई? क्या वह राक्षसी वृत्तियों को समाप्त कर पाई? कविता की मनोहर वाणी से परुषता, क्रूरता नहीं मिटी। फिर कविता के उद्यम का क्या आशय है–

"फिर क्यों काव्य का अभिमान? फिर क्यों व्यर्थ अभिसंपात? फिर क्यों यह अरण्य निनाद? फिर क्यों कलम कंडूयन, वृथा वाग्जाल, व्यर्थ प्रयास?"

हो इसी कर्म पर वज्रपात,
यदि धर्म रहे नत सदा माथ–वाली बात है।

यहाँ कविता सिर्फ़ कविता नहीं, वह समस्त मानवीय निर्माण-उद्यम का प्रतीक है। द्विवेदी जी की इतिहास के प्रति जो धारणा है उसमें जय यात्रा वांछनीय है, अनिवार्य नहीं। कर्म, साधना पर इतना बल वस्तुतः भविष्य के प्रति आशंका के कारण है। द्विवेदी जी का एक निबन्ध है "ततः किम्"। इसके बाद क्या? निबन्ध में वे प्राचीन विचारों और आधुनिक विचारों का अन्तर स्पष्ट करते हैं। मनुष्य की ऐतिहासिक उपलब्धियों का बखान करते हैं, किन्तु संयम और शक्ति-भावना की आवश्यकता पर बल देते हुए निबन्ध का अन्त इस प्रकार करते हैं–

"किस प्रकार इस संशयशील सुकुमार बुद्धितत्त्व को सन्तुष्ट किया जाए जो बुद्धि अध्यात्मवाद के नाम से ही बिदक उठती है? और सन्तुष्ट उसे करना ही होगा, नहीं तो मनुष्य का यह भीषण धावन और उत्प्लवन उसको ध्वस्त कर देगा। अपनी ही शक्ति पर आधृत उसका विश्वास भस्मासुर के समान उसे जलाकर खाक कर देगा। वर्तमान युग की यही विकट समस्या है।"

यह स्वर "जय यात्रा" का ही नहीं, ध्वंस यात्रा का भी है। जय यात्रा का स्वर आशा का है, ध्वंस यात्रा का स्वर आशंका का है। आशा का अधिकांश मन में है, आशंका का अधिकांश आँखों के सामने। द्विवेदी जी की आशंका विनाश की नहीं,

अनिश्चय की है। मानवीय प्रयत्नों का फल पूर्वनिश्चित नहीं। वह कुछ भी हो सकता है। वही भट्ट और भट्टिनी के उल्लास के प्रति महावराह द्वारा गोपन हास्य और तिरस्कार का भाव।

द्विवेदी जी इतिहास-विधाता की बात करते हैं। वे इतिहास-विधाता निर्मम हैं, सब-कुछ रौंद डालते हैं। द्विवेदी जी के परम प्रसिद्ध निबन्ध *अशोक के फूल* की पंक्तियाँ–

"आज जिसे हम बहुमूल्य संस्कृति मान रहे हैं, क्या ऐसी ही बनी रहेगी? सम्राटों-सामंतों ने जिस आचार-निष्ठा को इतना मोहक और मादक रूप दिया था, वह लुप्त हो गई; धर्माचार्यों ने जिस ज्ञान और वैराग्य को इतना महार्ध समझा था, वह समाप्त हो गया। मध्य युग के मुसलमान रईसों के अनुकरण पर जो रस-राशि उमड़ी थी, वह वाष्प की भाँति उड़ गई तो क्या यह मध्य युग के कंकाल से लिखा हुआ व्यावसायिक युग का कमल ऐसा ही बना रहेगा? महाकाल के प्रत्येक पदाघात से धरती धसकेगी। उसके कुंठ नृत्य की प्रत्येक चारिका कुछ-न-कुछ लपेटकर ले जाएगी। सब बदलेगा, सब विकृत होगा–सब नवीन बनेगा।"

सब नवीन बनेगा, इसे आप जय यात्रा समझें। जय यात्रा की प्रक्रिया है–बदलेगा, विकृत होगा–इसे ध्वंस समझें। बदलने की, ध्वंस की, विकृत होने की और फिर नवीन होने की प्रक्रिया को अगर आप जय यात्रा कहें तो अलग बात है। लेकिन यह सत्य है कि द्विवेदी जी के प्रारम्भिक दोनों उपन्यासों–*बाणभट्ट की आत्मकथा और चारुचन्द्रलेख* में इस जय यात्रा का कोई संकेत नहीं मिलता। दोनों उपन्यासों की समाप्ति अनिश्चय और अन्धकार में होती है।

इन उपन्यासों में कोई-न-कोई बेढब पात्र मिलता है जो पात्रों की सारी योजनाओं पर हँसता है और लोगों को प्रायः मूर्ख कहता है। वह बेपरवाह पात्र सभी प्रयत्नों, रूढ़ियों और उद्यमों की खिल्ली उड़ाता है, प्रायः ठठाकर हँसता है। *'बाणभट्ट की आत्मकथा'* में इस तरह के पात्र वाममार्गी कौलाचार्य अघोर भैरव हैं।

किन्तु महत्त्वपूर्ण बात यह है कि–"मैंने भीत-भीत भाव से कहा–बाबा यह क्या देखा मैंने? ऐसा ही होने वाला है क्या? बाबा बच्चों के समान विनोद करते हुए बोले, क्यों रे डरता है क्या?"

इसके बाद अघोर भैरव और बाणभट्ट का संवाद जितना मनोरंजक है उतना ही विचारोत्तेजक–

"ब्राह्मण है?

हाँ आर्य!

तेरी जाति ही डरपोक है। क्यों रे महावराह पर तेरा विश्वास नहीं है?

है आर्य।

तेरी जाति ही झूठी है। क्यों रे तू आत्मा को नित्य मानता है?

मानता हूँ आर्य।

पाखंडी! तेरे सब शास्त्र पाखंड सिखाते हैं। क्यों रे कार्मफल मानता है?

मानता हूँ आर्य!

तो अमंगल से क्यों डरता है? मिथ्याचारी है तू तो कुछ सच्ची बात सीख न!

क्या आर्य?

यही कि डरना नहीं चाहिए। जिस पर विश्वास करना चाहिए उस पर पूरा विश्वास करना चाहिए? चाहे परिणाम जो हो। जिसे मानना चाहिए, उसे अन्त तक मानना चाहिए।''

ब्राह्मण बाणभट्ट का पाखंड यह है कि एक ओर वह महावराह पर विश्वास करता है, आत्मा को नित्य मानता है, कर्म फल पर विश्वास करता है, दूसरी ओर डरता है। डरने का मतलब है महावराह को रक्षा करने में असमर्थ मानना। नदी में भट्टिनी और निउनिया के कूद पड़ने से उनकी मृत्यु से डरने का मतलब है आत्मा को नित्य न मानना। और यदि कर्म फल पर विश्वास है तो जो किया है उसका फल भोगने की अनिवार्यता से भयभीत होना मूर्खता और कायरता है। अघोर भैरव बाणभट्ट की इस मूर्खता, पाखंड और विश्वासहीनता को ब्राह्मणत्व का झूठापन समझते हैं। उनके विनोद करने का एक और कारण है–

''क्यों रे! उस लड़की पर तेरी ममता है न! क्यों रे बताता क्यों नहीं?''

फिर बाबा प्रश्न करते हैं कि महावराह की मूर्ति और भट्टिनी दो में से किसी एक को ही बचाना हो तो तू किसे बचाएगा? भट्ट के इस उत्तर से कि ''प्राण देकर मैं भट्टिनी को बचाऊँगा'' बाबा प्रसन्न होते हैं–

''अभागा, सारी जिन्दगी में तूने यही एक सच बात कही है। क्यों रे लजाता है? दुत पगले, उस मायाविनी के जाल में फँस रहा है?...तेरे मन में महावराह से अधिक पूज्य भावना उस लड़की के प्रति है। है न रे! फिर झूठ बोलेगा भाग्यहीन...देख रे, तेरे शास्त्र तुझे धोखा देते हैं। जो तेरे भीतर सत्य है उसे दबाने को कहते हैं, जो तेरे भीतर मोहन है उसे भुलाने को कहते हैं; जिसे तू पूजता है उसे छोड़ने को कहते हैं।''

अघोर भैरव कबीरदास के ''अनभै साँचा'' जैसा सोचते हैं। ''अनभै'' में दो अर्थ निहित हैं। अनुभव और अनभय यानी निर्भीक। जो अपना अनुभव है वही सच है, उसे निर्भीक होकर कहो, उस पर आचरण करो। इसी के चलते वे सीख देते हैं ''किसी से न डरना, गुरु से भी नहीं, मंत्र से भी नहीं, लोक से भी नहीं, वेद से भी नहीं।''

अघोर भैरव वाममार्गी कौलाचार्य हैं। वे शक्ति-साधना में विश्वास करते हैं। कर्मकांड और अभिचार को अलग कर दें तो वे मन की प्रवृत्तियों को दमित करने के विरोधी हैं। नारी शरीर-सम्पर्क और मदपान उनकी साधना में शामिल हैं। शरीर और मन को सन्तुष्ट रखने को साधना में बाधक नहीं, साधक समझते हैं। उनकी साधना और वाणी शुद्ध वैयक्तिक है, सामाजिक या समष्टि की कोई चेतना उनमें नहीं दिखलाई पड़ती। वे भक्त नहीं हैं इसीलिए अनभै साँचा तो हैं किन्तु कबीरदास का संयम और प्रेम की व्याकुलता उनमें नहीं।

अघोर भैरव के निडर होने का तर्क है–जो है और जो होगा उसे अंकुठ भाव से स्वीकार कर लेना। यदि भट्टिनी और निपुणिका को गंगा के प्रवाह में डूबना ही है तो उससे व्याकुल होना व्यर्थ है। भट्टिनी के प्रति राग है तो उसे स्वीकार और ग्रहण करना श्रेयस्कर है। महावराह की मूर्ति पूज्य हो भी तो उससे भट्टिनी के प्रति जैसी ममता नहीं हो सकती। महावराह की मूर्ति प्रतीकार्थ नहीं सिर्फ़ प्रतीक है। भट्टिनी जीवित सत्य है, आत्मीय,

बाणभट्ट का निजी सत्य। इस निजी सत्य की रक्षा के लिए हर वस्तु त्याज्य है—गुरु, लोक, मंत्र, वेद और महावराह की मूर्ति भी।

अघोर भैरव के पास भावी के किसी कालखंड के पूर्वदर्शन की शक्ति है, उसे निर्धारित करने की शक्ति नहीं। वे भावी नियंता नहीं। भविष्य तो अनिश्चित है, उसे देख लेना, जान लेना, उसे निर्धारित करना नहीं है। अघोर भैरव उसे नहीं देखते हैं, देखते बाणभट्ट हैं—वह भी मूर्च्छित अवस्था में। इस मूर्च्छा स्वप्न या आवेश-दशा से द्विवेदी जी अपने उपन्यासों में बहुत काम लेते हैं। उसका सम्बन्ध उपन्यासों के वस्तु-रूप के गठन से ज़्यादा है।

चारुचन्द्रलेख के सीदी मौला—कबीर के अग्रज हैं। ना काहू से दोस्ती ना काहू से बैर। फक्कड़, सबकी हँसी उड़ाने वाले। बात-बात में बड़े-से-बड़े आदमी को मूर्ख, भगोड़ा, कायर कहने वाले। उन्हें विषम, जीवन का, देशाटन का अपार अनुभव है। उनके चरित्र महत्त्व पर तो बात फिर कभी होगी, यहाँ यह निवेदन करना है कि वे भी अदृष्ट के अनिश्चय की बात करते हैं। वे पागलों की भाँति ठठाकर हँसते हैं। ज्ञान की उस भूमि पर स्थित हैं जहाँ से लोगों को डाँट-डपट सकते हैं। धक्कामार शैली में अज्ञात उद्घाटित कर सकते हैं। विद्याधर भट्ट कूटनीतिज्ञ, ज्योतिषी, राजकार्य में निपुण, अनुभवी हैं। सीदी मौला, विद्याधर भट्ट से कहते.हैं, "ज्योतिषी हो न! भविष्य बताया करते हो!" फिर घुंडकेश्वर के बारे में कहते हैं, "उस भाग्यहीन को नहीं मालूम कि विद्या माँगने से नहीं मिलती...मूर्ख यही नहीं समझ पाया कि देवी किसी बाहरी देवता का नाम नहीं है...एक दिन उसके अन्तस्तल में स्थित मन्दबुद्धि ने उसे धोखा दे दिया। उसने एकाएक आविष्कार किया कि मैं मुसलमान हूँ और धीर शर्मा पवित्र ब्राह्मण हैं"...फिर एकाएक ठठाकर हँसते हुए सीदी मौला ने कहा, "मूर्ख अभिचार के द्वारा सिद्धि प्राप्त करना चाहता है।"

सीदी मौला महाराज सातवाहन की मौजूदगी में ही ठठाकर हँस पड़े, विद्याधर से बोले, "तुम्हारी इसी विकल बुद्धि ने तो जयत्रिचन्द्र का सर्वनाश कर दिया। तुमने ठीक समय पर सलाह नहीं दी। देखता हूँ, अब सातवाहन को भी ले डूबोगे।"

आगे कथाकार ने वर्णित किया है, "इतने दृढ़ निश्चयी विद्याधर भट्ट क्षण भर में काले पड़ गए। ऐसा जान पड़ा कि धैर्य नामक वस्तु उनमें है ही नहीं। उनके हाथ-पैर बुरी तरह काँपने लगे।"

विद्याधर भट्ट काँपते हैं तो सीदी मौला को रस मिलता है। बुद्धिमान विद्याधर भट्ट विवर्ण, श्रीहीन, हतवाक् हुए तो सीदी मौला ने और भी क्रूर उपहास किया, बोले—

"धीर शर्मा मूर्ख है, किन्तु डरपोक नहीं है। वे लोग उसे पीटते हैं तो श्लोक बोलने लगता है, घसीटते हैं तब भी श्लोक बोलता है, बाँधते हैं तब भी श्लोक बोलता है। चुप रहो बाबा लेकिन वह तो अजब पोंगा है, श्लोक अगर दस शब्द का बोलेगा तो उसका अर्थ करेगा पचास शब्दों में।"

आगे चलकर सीदी मौला "कुटिल हँसी" हँसते हैं। कहते हैं—"सब भंड हैं...सबके सब चुगलखोर, चरित्रहीन, क्रूर, गँवार। नाश हो जाएगा इस सल्तनत का।" सीदी मौला की कुटिल हँसी "महावराह के गोपन हास्य" की तरह है। सीदी मौला कबीर के अग्रज हैं। बहुश्रुत, योगी, सूफ़ी, सिद्ध और मौला, हिन्दू-मुसलमान दोनों। सब पर हँसने वाले,

अहंकारियों को मूर्ख बताने वाले। न किसी के मित्र न किसी के शत्रु–फक्कड़ मस्त-मौला। हृदय की अपार मानवीय करुणा को टेढ़ी-मेढ़ी बानी उलटबाँसी में छिपाए।

अक्षोभ्य भैरव भी डाँटने-फटकारने वाले पात्र हैं। किन्तु वे मस्तमौला नहीं। वे माया-मोह के पाश में बद्ध हैं।

बीहड़ पात्रों की खास बात यह है कि ये सब ध्वंस, अनिश्चय या नाश की भविष्यवाणी करने वाले पात्र हैं। इनका स्वर प्रतिष्ठान-विरोधी है। लेकिन इस आयाम पर हम यहाँ बात नहीं करेंगे। ये प्रायः वैदिक या ब्राह्मणवादी परम्परा का विरोध करने वाले हैं। *'पुनर्नवा'* में शायद कोई पात्र ऐसा नहीं है। *'अनामदास का पोथा' के* जटिल मुनि तो सीदी मौला से भी अधिक कबीर-अग्रज हैं। वे ब्राह्मण नहीं हैं, क्योंकि ब्रह्म या वेद किसी के कायल नहीं हैं। जटिल मुनि रैक्व की ओर देखने लगे तो "रैक्व को लगा जैसे कोई भयंकर उल्का उनकी ओर बढ़ी जा रही है।" जटिल मुनि के बारे में बातें करने का मौका हमें फिर मिलेगा। वे अनिश्चय की बातें कम करते हैं, वेद या उपनिषदों के मार्ग का विकल्प अधिक प्रस्तुत करते हैं।

'चारुचन्द्रलेख' के कथानक पर ध्यान दें तो लगता है कि वह मानव-प्रयत्न की व्यर्थता का उपन्यास है। *'बाणभट्ट की आत्मकथा'* की समाप्ति प्रश्नवाचक चीख से, जो प्रश्नाकुलता कम अनिश्चय या निराशा अधिक है, होती है। उत्तरापथ में जनता को संगठित करने की बात ज़्यादा होती है, उस दिशा में कोई सफलता नहीं दिखलाई पड़ती। निपुणिका की मृत्यु हो जाती है। भट्ट और भट्टिनी एक-दूसरे से अलग हो जाते हैं। *'चारुचन्द्रलेख'* में सातवाहन और चन्द्रलेखा की भेंट ज़रूर हो जाती है। मैना आत्महत्या कर लेती है, सीदी मौला को हाथी के पैरों तले कुचला जाना है। नागनाथ की हत्या हो चुकी है। कोटिबेधी सिद्ध रस की साधना असफल हो चुकी है। समाप्ति के वाक्यों पर ध्यान दीजिए–

'महाराज सातवाहन से मिलने के लिए व्याकुल रानी का यही मिलन हुआ। उन्हें होश में लाने में थोड़ा विलंब हुआ। फिर बोधा ने मैना के आहत शरीर को उठा लिया और यह कहते हुए कि, "जल्दी महाराज, जल्दी भागिए" रानी को और मुझे घसीटते हुए वनस्थली में घुस गए। रानी पहले से ही थकी हुई थी, अब तो उनमें चलने की शक्ति ही नहीं थी। मैंने उन्हें बलात् पीठ पर लाद लिया। घने अन्धकार में विकट वनभूमि के मार्ग से हम लोग भागे। सोचने का अवसर ही नहीं मिला।"

मैंने ऐसा कोई उपन्यास, देशी या विदेशी नहीं पढ़ा है जिसका अन्त इस किंकर्त्तव्यविमूढ़ता, इस थकान एवं ऐसे अनिश्चय-अन्धकार में हुआ हो। मैं *'गोदान'* के अन्त को भूल नहीं रहा हूँ।

'बाणभट्ट की आत्मकथा' और *'चारुचन्द्रलेख'* में अनिश्चय और अ–पूर्वनिर्धारण की व्यंजना इसीलिए मुखर, स्पष्ट है क्योंकि दोनों उपन्यासों में सफलता मिलने ही वाली है कि स्थिति उलटे घूमकर बिल्कुल विपरीत हो जाती है। सफलता इतना निकट होकर अनिवार्य एवं आत्यंतिक असफलता में परिणत होती है। हाथ लगता है सिर्फ़ अनिश्चय।

'बाणभट्ट की आत्मकथा' के अन्तिम आधे पृष्ठ पर घटनाएँ तेजी से घटती हैं। आर्यावर्त की विपत्ति कट गई है। महामाया के शिष्य पुरुषपुर में एकत्र हो गए हैं। भट्टिनी

के पिता तुवरमिलिंद ने उन्हें संगठित करना शुरू कर दिया है। भारत के पार दस्युओं का पता नहीं चल रहा है। भट्टिनी, बाणभट्ट को अपने साथ पुरुषपुर चलकर जनता के बीच कार्य करने का प्रस्ताव रखती है कि आचार्य भुर्वपाद बाणभट्ट को अकेले पुरुषपुर जाने और भट्टिनी को स्थाण्वीश्वर में ही रुकने का आदेश दे देते हैं। कथा बाणभट्ट की कातर कंठ की चीख "फिर क्या मिलना होगा" से समाप्त हो जाती है।

बिलकुल यही स्थिति *'चारुचन्द्रलेख'* के अन्तिम एकाध पृष्ठों की है। अक्षोभ्य भैरव को दिए गए वचन पूरे होने के साथ ही शाह की हत्या मैना कर देती है। मैना भी आत्महत्या कर लेती है। रानी चन्द्रलेखा मिल जाती है। विचित्र विडंबना है जिस शाह की सहायता से दिल्ली के सुलतान से मोर्चा लेना था वही भद्रकाली का अपहर्ता था, उसी की हत्या करने से अक्षोभ्य भैरव को दिया गया वचन पूरा होना था। विडंबना के भीतर दारुण विडंबना यह कि भद्रकाली ने उसे पति रूप में स्वीकार कर लिया था। जिस भद्रकाली के अपहरण से अक्षोभ्य इतना विक्षुब्ध हुए थे वही परकटे पक्षी की तरह शाह पर गिर गई, ''हाय! पिताजी, मेरा सुहाग लूट लिया।''

वचन-पालन की सफलता ने सत्यानाश कर दिया। कथा का अन्त इन दो छोटे वाक्यों से–''घने अन्धकार में विकट वन-भूमि के मार्ग से हम लोग भागे। सोचने का अवसर ही नहीं मिला।'' यह 'अन्धकार', यह 'विकट वनभूमि' और 'सोचने के अवसर का न मिलना' सामान्य नहीं। मुझे लगता है कि मानव-इतिहास में छिपे अन्धकार और अनिश्चय का प्रतीक है। मानव इतिहास में छिपा अन्धकार। द्विवेदी जी उसकी खोज करते हैं।

आचार्य हजारीप्रसाद द्विवेदी चिन्तन-प्रक्रिया में निर्मम तार्किक हैं। यथार्थ की विषमता से आँखें न चुराने वाले। मानवीय मूल्यों में निष्ठा रखना, मनुष्य से बढ़कर कुछ नहीं मानना, लौकिक दृश्यों में अलौकिक संकेत पाना एक बात है, किन्तु मानव-नियति और मनुष्य के भविष्य के प्रति आश्वस्त, निश्चित होना बिलकुल दूसरी बात है। वस्तुतः मानवीय प्रयत्न, उद्यम, मूल्य, संघर्ष, आत्मत्याग, बलिदान बहुत कुछ आवश्यक ही इसीलिए हैं, क्योंकि मनुष्य का भविष्य पूर्व-निर्धारित नहीं है। ''ना जानौं कित मारसी'' सिर्फ़ व्यक्ति के लिए नहीं मानव-इतिहास के लिए भी है।

जड़, चेतना (सचेतन मनुष्य के उद्यम) से संचालित हो सकता है किन्तु वह स्वयं मानवीय नहीं होता। जड़ में चेतना नहीं, ऊर्जा होती है। ऊर्जा में विवेक नहीं होता। सारे मानवीय प्रयत्नों, उद्यमों के बावजूद जड़ता कब भारी पड़ जाए, कुछ ठीक निश्चित नहीं। द्विवेदी जी अपने चिन्तन में इस बात को अकसर समझाते हैं–गुरुत्वाकर्षण को, धरती के भार को पार करके तृणांकुर के ऊपर आकाश की ओर बढ़ने के रूपक से। स्वार्थ, जड़ प्राकृतिक या पाशविक मनोविकार इसी भारग्रस्त जड़ ऊर्जा के रूप हैं। सात्त्विक चेतन से इनका अनवरत संघर्ष हो रहा है। *'चारुचन्द्रलेख'* में महामाया और गोरखनाथ का नाटकीय संघर्ष इसी का रूप है। मनुष्य की जय यात्रा आशा मात्र है, निश्चित नहीं।

मानवीय सत्य, मानवीय प्रकृति का सत्य नहीं बन सका है। रवीन्द्रनाथ ठाकुर और आइन्स्टाइन के वार्तालाप का उल्लेख द्विवेदी जी इसी बात को रेखांकित करने के लिए करते हैं। रवीन्द्रनाथ सत्य को मानव-सापेक्ष मानते हैं। आइन्स्टाइन कहते हैं–''मनुष्य न रहे

तब भी पाइथागोरस का सिद्धान्त लागू रहेगा।" जड़-प्रकृति के नियम मानव-निरपेक्ष हैं। चेतना या संवेदना का सत्य और जड़-प्रकृति या ऊर्जा का सत्य भिन्न हैं।

'अशोक के फूल' में निबन्धकार तीन बार उदासी की बात करता है। अशोक के फूल को देखकर वह उदास हो जाता है। फिर उदासी का कारण विस्तार से बताता है। अशोक में भारत का सांस्कृतिक इतिहास लिपटा है। निबन्धकार उसे उद्घाटित करता है। अशोक भारत की सौंदर्य-चेतना का प्रतीक था। बहुत सम्मानित, बहुप्रयुक्त। वह कालिदास का दुलारा पुष्प है या मदन देवता के बाण का एक पुष्प। किन्तु इतिहास के रथ ने उसे रौंद डाला। आज अशोक का वह सम्मान नहीं। यहाँ तक कि उसकी पहचान तक खो गई है। कन्धे पर से फूट पड़ने वाले अशोक को भुलाकर एक निफूले वृक्ष को अशोक नाम दे दिया गया है। इतिहास का परिवर्तन-रथ कितना निर्मम है। यह सब वर्णित-चित्रित करने के बाद द्विवेदी जी कहते हैं–"मैं सचमुच उदास हूँ। यानी अकारण उदास नहीं हूँ। उदास होने का कारण इतिहास का परिवर्तन-चक्र है।"

"महाकाल के प्रत्येक पदाघात में धरती धसकेगी। उसके कुंठ नृत्य की प्रत्येक चारिका कुछ-न-कुछ लपेटकर ले जाएगी। सब बदलेगा, सब विकृत होगा–सब नवीन बनेगा।"

'अशोक के फूल' के इतिहास पर निबन्धकार क्षुब्ध है, उदास है। उसकी नस-नस से उल्लास की झंझा उत्थित होती है। 'अशोक के फूल' के इतिहास से विक्षुब्ध निबन्धकार का यह भावोच्छवास देखिए–

"भुलाया गया है अशोक। मेरा मन घुमड़-घुमड़कर भारतीय रस-साधना के पिछले हज़ारों वर्षों पर बरस जाना चाहता है। क्या यह मनोहर पुष्प भुलाने की चीज थी, सहृदयता क्या लुप्त हो गई थी? कविता क्या सो गई थी? मेरा मन यह सब मानने को तैयार नहीं है। जले पर नमक तो यह है कि एक तरंगायित पत्र वाले निफूले पेड़ को सारे उत्तर भारत में अशोक कहा जाने लगा याद भी किया तो अपमान करके।"

लेकिन खुद अशोक की क्या स्थिति है। इतिहास के इस मान-अपमान, उत्कर्ष-अपकर्ष, निबन्धकार के भावोच्छ्वास का उस पर क्या असर है?

"अशोक आज भी उसी मौज में है जिसमें आज से दो हज़ार वर्ष पहले था। कहीं भी तो कुछ नहीं बिगड़ा है। कुछ भी तो नहीं बदला है।"

अशोक पर मनुष्य के भावोच्छ्वास का कोई असर नहीं है। उसका खिलना, मुरझाना मानव-निरपेक्ष है। प्रकृति के जड़ नियम मनुष्य की भावनाओं की परवाह नहीं करते। इसलिए निबन्धकार का निष्कर्ष है–"उदास होना भी बेकार है" इस पर भी विशेष ध्यान दीजिए। आगे द्विवेदी जी इस "भी" को निकाल देते हैं। लिखते हैं–

"पुराने चित्त से इसको देखने वाला उदास होता है। वह अपने को पंडित समझता है। पंडिताई भी बोझ है–जितनी भी भारी होती है उतनी ही तेजी से डुबाती है। जब वह जीवन का भाग बन जाती है तब सहज हो जाती है।...अशोक का कुछ भी तो नहीं बिगड़ा है। कितनी मस्ती में झूम रहा है। कालिदास इसका रस ले सके थे–अपने ढंग से। मैं भी ले सकता हूँ अपने ढंग से। उदास होना बेकार है।"

बात यह है कि द्विवेदी जी के पास पंडिताई है और वे उसका बोझा उतारकर फेंक भी सकते हैं। अशोक के पास न पंडिताई है, न हृदय है, बदलने और नवीन होने की ज़रूरत मनुष्य को है, जड़ को नहीं। अब अगर इतिहास स्मृति है तो उसके ध्वंस का क्षोभ अनिवार्य है। नवीन के उल्लास में विगत के ध्वंस की यातना या कचोट चिपटी, चिपकी रहती है। जब पुरातन और नवीन, ध्वंस और निर्माण का क्रम सनातन है तो इसमें उल्लसित होने की बात क्या है–उस मनुष्य के लिए जिसका मन प्राचीन काल के कुज्झटिकाच्छन्न आकाश में दूर तक उड़ना चाहता है।

एक बात तो तय है कि मनुष्य के भावोच्छ्वास से जड़ प्रकृति स्वतंत्र है। दूसरी बात यह कि ध्वंस और निर्माण का रूप अनिश्चित है। उसे निर्धारित नहीं किया जा सकता। पहले से जाना नहीं जा सकता। अतीत और भविष्य दोनों कुज्झटिकाच्छन्न हैं। अतीत के आकाश में स्मृति को पंख चाहिए और भविष्य के आकाश में कल्पना को। अतीत में आशंका नहीं। भविष्य में आशंका अनुपेक्षणीय है। भविष्य की विकट भूमि में अनिश्चय और आशंका का अन्धकार है, किन्तु उस पर चलने के अलावा और कोई चारा नहीं।

'बाणभट्ट की आत्मकथा' के नायक के अनुसार "बाणभट्ट भी चिन्तित और उत्तेजित क्यों न हो यह घिनौना दृश्य संसार में बार-बार दिखाई देगा। महापुरुषों ने करुणा और मैत्री के अनेक उपदेश दिए हैं, भ्रातृ-भाव और जीव-दया के बहुत ग्रन्थ लिखे हैं, पर उन्हें सफलता नहीं मिली है। मैं निराशा से कातर हो उठा हूँ...।"

यह अनिश्चय, आशंका और अन्धकार द्विवेदी जी के चिन्तन एवं सृजन की आधारभूमि है। प्रस्थान-भूमि भी। प्रस्थान-भूमि इसलिए क्योंकि द्विवेदी जी यहीं रुकते नहीं। आधारभूमि इसलिए क्योंकि ये उनके चिन्तन-सृजन में विद्यमान रहते हैं। उनका चिन्तन और सृजन इस अनिश्चय और अन्धकार से जूझता है, इनसे मुक्ति के लिए घटपटाता और संघर्ष करता है। सौंदर्य, विशेषतः नारी-सौंदर्य मुक्ति का प्रधान साधन है।

इस अनिश्चय और अन्धकार का गहरा सम्बन्ध द्विवेदी जी के फक्कड़पन, अट्टहास और "रजनी दिन नित्य चला ही किया", "अलबेला मैं ऐसा अकेला हुआ" या "किसी फक्कड़ बाबा का चेला हुआ" से है। द्विवेदी जी के उपन्यासों में ठठाकर हँसने वाले सीदी मौला जैसे अनेक पात्र हैं। कबीरदास की धक्कामार शैली में बात करने वाले। कबीरदास पर बात शुरू करने से-ठीक पहले जल्दी में यह कह दिया जाए कि यही भूमि–"हँस रहा यह देख कोई नहीं भेला" (निराला) की है। द्विवेदी जी कबीरदास से यहीं जुड़ते हैं। यह बात कही जा चुकी है कि *'अनामदास का पोथा'* के जटिल मुमि और 'चारुचन्द्रलेख' के सीदी मौला कबीरदास के पूर्व रूप हैं।

अन्धकार, रास्ता न मिलना एवं अनिश्चय, व्यवस्था का नियम न जान पाने से पैदा होते हैं। ये नया रास्ता ढूँढ़ने और नई व्यवस्था कायम करने की मनोभूमि हैं। कबीरदास की विह्वलता, विकलता राम से अलग होने के कारण है। कबीरदास यह भी कहते हैं कि वस्तुतः हम अलग हो ही नहीं सकते। यह बोध, ज्ञान-प्राप्ति का लक्षण है। कबीरदास की विकलता के इतने आयाम हैं कि वे चक्कर में डाल देते हैं। समस्या यह है कि जो कुछ दृश्य है वह असत्य है और जो सत्य है वह अदृश्य और अबूझ है। संसार मिथ्या है, सत्य

राम है। संसार दिखलाई पड़ता है। राम सत्य होते हुए भी दिखलाई नहीं पड़ते–"मैं का जानौं राम कूँ आँखिन कबहुँ न दीठ।" कोई ऐसी समस्या है जिसका समाधान नहीं। लोग जलते हैं तो जलहर (जलाशय) की ओर जाते हैं। उनके ताप का शमन हो जाता है। मैं अपना ताप बुझाने जलाशय की ओर जाता हूँ तो जलाशय ही जलने लगता है। संतो, मैं अपनी जलन कहाँ बुझाऊँ–

बिरह जलाई मैं जलौं जलती जलहरि जाउँ।
मो देख्या जलहरि जलै संतौ कहाँ बुझाउँ॥

मृत्यु तो निश्चित है। अनिश्चित है–मृत्यु कहाँ और कब होगी। "ना जानौं कित मारसी क्या घर क्या परदेस।"

अन्धकार अज्ञात का है। ज्ञात और अज्ञात के बीच है काल। इसीलिए काल सर्वग्रासी हो, माया उसका साधन हो लेकिन कालबोध चेताता है। वही संसार की नश्वरता का बोध कराता है और ज्ञानी को अनश्वरता, सत्य और राम के प्रति उन्मुख करता है। "भय बिन, होइ न प्रीति" का यही आशय है।

अज्ञानियों के प्रति हास्य कबीरदास के यहाँ भी काफ़ी है। ठठाकर हँसना नहीं। सिर्फ़ 'हाँसी' है। लेकिन उनकी लानत-मलामत से कबीरदास का काव्य भरा पड़ा है। कबीरदास के यहाँ एक शब्द है–भरम ग्यानी। "माहि लिखे भ्रम ग्यानी।" यमराज की बही में भ्रम ज्ञानियों के नाम लिखे हैं। ये भ्रम को ही ज्ञान समझते हैं। असली ज्ञान तो कालातीत होने, काल का मर्दन करने का है। बाकी सारा ज्ञान बेकार है। ज्योतिषी, वैद्य, विद्वान्, पंडित, मुल्ला सब-कुछ जानते हैं तो भी उन्हें मरना पड़ता है। धनी सम्पन्न, सुन्दर शरीर वालों को भी मरना पड़ता है–"अन्त तऊ मरना।" इसका उपाय किसी के पास नहीं। अतः ये ज्ञानी, भ्रम ग्यानी तो हैं ही, हास्यास्पद भी हैं। कबीर के व्यंग्य की भी भूमि यही है–चार योजन की भी बात नहीं जानते और बैकुंठ जाने की बात करते हैं–

जोजन चार परिमिति नहि जानैं
बातन ही बैकुंठ बखानैं

द्विवेदी जी के ठठाकर हँसने वाले, डाँटने-फटकारने वाले पात्र सीदी मौला अघोर भैरव, जटिन मुनि इसी तरह के पात्र हैं। मैं यह बात जोर देकर कहना चाहता हूँ कि द्विवेदी जी के इन प्रारम्भिक उपन्यासों में यह बात कबीर के आस्वाद से आई है और मारखेज से पहले की है। कबीर का यह आस्वाद द्विवेदी जी ने अपने जीवनानुभव और पर्यवेक्षण से अर्जित किया है, जिसकी विस्तार से चर्चा मैं अन्यत्र करूँगा। यहाँ मैं द्विवेदी जी के जीवनानुभवों की बात नहीं करना चाहता।

निश्चित है केवल मृत्यु। मृत्यु जितनी निश्चित है उतनी ही अनिश्चित है मृत्यु तक पहुँचने की स्थितियाँ। पूर्वघोषित मौत का खबरनामा "ए क्रॉनिकल ऑफ डेथ फोरटोल्ड" में मारखेज के यहाँ इस केन्द्रीय संवेदना का दबाव शिल्प पर पड़ा है, जहाँ हत्या का सुराग देने वाले पात्र अपने-अपने ढंग से यानी अनिश्चित ढंग से विवरण देते हैं। ज्ञान क्या है? मुक्तिबोध की एक पंक्ति है–"सुनते हैं वह (पूर्ण-ज्ञान) मृत्यु के उपरांत मिलता है।"

इस अनिश्चय और अन्धकार से जूझना है। मानव सभ्यता-संस्कृति का इतिहास इस जूझने का भी इतिहास है। कबीरदास जूझे थे। उनके ज्ञान का प्रेरक नश्वरता-बोध है। और ज्ञान भक्ति का साधन है। ज्ञान उनकी दृष्टि में सांसारिक वैभव को तुच्छ बना देता है। "का माँगौ कुछ थिर न रहाई। देखत नैन चला जग जाई।" सांसारिकता के जल में आग लगी है। यह आग कोई नहीं बुझा पाता। जो जलाशय दूसरों की आग बुझा देते हैं, वे कबीर की ज्वाला को और भड़का देते हैं।

मोहमाया से ग्रस्त अज्ञानी सत्य की न जिज्ञासा करते हैं न उसकी साधना। इसीलिए उनकी ज्वाला जल्दी शान्त हो जाती है। ज्वाला कबीर की भी शान्त होती है। वस्तुतः उनकी सारी साधना ही ज्वाला (सांसारिकता की नश्वरता) से ऊपर उठने की शमन की साधना है। कबीर के इन दो दोहों को आमने-सामने रखकर पढ़िए—

विरह जलाई मैं जलौं जलती जलहरि जाउँ।
मो देख्या जलहरि जलै सन्तौं कहाँ बुझाउँ॥

कबीर की विरहाग्नि, ज्ञानाग्नि यानी पूर्ण सत्य जान लेने की व्याकुलता है। दूसरा दोहा—

तन भीतर मन मानिया बाहरि कहा न जाइ
ज्वाला तैं फिरि जल भया बुझी बलंती लाइ

पूर्ण सत्य राम हैं। उनकी भक्ति ही परम श्रेय एवं नश्वरता के भास को नष्ट करने वाली है। वह सिर्फ़ यही नहीं यानी निषेधात्मक ही नहीं है। वह परम विधेय भी है। ज्वाला ही पलट कर जल बनती है।

अनिश्चय, अन्धकार, असत्य, नश्वरता से जूझने की कबीर-साधना वैयक्तिक है। वह वैयक्तिक साधना का ही आह्वान भी है। सामाजिक चेतना या सामाजिक समस्याओं का चित्रण हाशिए पर है। द्विवेदी जी के शब्दों में 'घलुए' की वस्तु है।

आचार्य हजारीप्रसाद द्विवेदी मध्यकालीन भक्त-साधक नहीं हैं। इस काल के मर्मज्ञ व्याख्याता भले हों। वे साहित्यकार हैं। उनके उपन्यासों पर विचार करते समय कबीर का स्मरण करने का उद्देश्य केवल यह संकेतित करना है कि कबीर जिन समस्याओं से टकराते हैं, उनमें कुछ से द्विवेदी जी भी टकराते हैं। असम्भव नहीं कि कबीर पर विचार करते हुए ही उन्होंने इन समस्याओं का अनुभव किया हो। (यद्यपि मेरा मन ऐसा नहीं मानता, इस पर मैंने ज़्यादा सोचा भी नहीं है।)

कबीर ने अनिश्चय, अन्धकार, नश्वरता के ताप से, रामभक्ति में शीतलता पाई थी। वे काल का मर्दन अकाल पुरुष से करते हैं। द्विवेदी जी के पास वह समाधान नहीं है। अन्तस्साधना और भक्ति दोनों का वे आधुनिक व्याख्यात रूप प्रस्तुत करते हैं समाधान के रूप में। किन्तु समाधान इतिहास के हवाले कर देते हैं। इतिहास यानी मनुष्य की संघर्ष-साधना। द्विवेदी जी के यहाँ इतिहास की साधना में भक्ति-पूर्व और भक्ति-साधना भी समाविष्ट है—आधुनिक व्याख्या के रूप में। कहते हैं उत्तर होता ही नहीं। वह केवल प्रश्न का विस्तार है।

लेकिन समस्याएँ दो तरह की हैं—एक तो वे जिनका समाधान अभी सम्भव नहीं दीखता। हो सकता है भविष्य में मनुष्य की चेतना-शक्ति का इतना विकास हो जाए कि

वह इनका समाधान कर ले, जैसे मृत्यु की समस्या, विश्व के निर्माण या निर्माता की समस्या, काल-यात्रा (काल की गति पलट देने या रोक देने की समस्या या शक्ति), इन्हें फिलहाल सनातन प्रश्न या समस्या कह सकते हैं। लेकिन अनेक समस्याएँ दूसरे प्रकार की हैं। उन्हें मानव-व्यवस्था के इतिहास ने ही पैदा किया है, जैसे भूख, जाति-पाँति, नारी-पराधीनता, रोग, युद्ध, शोषण-पीड़न आदि की समस्याएँ। इनका समाधान सम्भव है। द्विवेदी जी के उपन्यासों की बहुत बड़ी शक्ति दूसरे प्रकार की समस्याओं को प्रस्तुत करने में है। वे दोनों प्रकार की समस्याओं का अभूतपूर्व घोल प्रस्तुत करते हैं। इन्हें बहुत बड़े व्यापक कैनवास पर चित्रित करते हैं। इनके समाधान के संकेत भी प्रस्तुत करते हैं। यह द्विवेदी जी की मानवीय साधना का रूप है।

द्विवेदी जी किसी समस्या की उपेक्षा नहीं करते। वे मनुष्य की जय यात्रा का पथ प्रशस्त करने की साधना करते हैं। इसीलिए वे संकीर्ण या किसी एक विचारधारा के लेखक नहीं लगते। किन्तु एक विषय में वे आग्रही हैं। उनका कहना है कि हमें समाधान हर समस्या का करना है, किन्तु जिन समस्याओं का समाधान आज भी सम्भव है, जो सनातन नहीं हैं और जिन्हें व्यवस्था सुधारने से ही हम ठीक कर सकते हैं, उनका समाधान तत्काल होना चाहिए। इस पर उनका किसी से कोई समझौता नहीं। अन्न, वस्त्र, अधिकांश रोग, नारी-पराधीनता, वर्ण-विषमता आदि ऐसी ही समस्याएँ हैं। वे इतिहास में रहकर इतिहास पार करने की योजना बनाते हैं। किसी विशिष्ट विचारधारा में न अटने पर भी वे हमारे समय के महत्त्वपूर्ण मानवतावादी चिन्तक एवं रचनाकार हैं।

समाधान के रास्ते भी दो हैं। इतिहासबद्ध या इतिहास में रहकर भी उससे जूझने का रास्ता और अलौकिक शक्ति प्राप्त करके देशकाल को छलाँग जाने का रास्ता, द्विवेदी जी इसे अगवाह रास्ता कहते हैं। भोजपुरी में अगवाह शॉर्टकट को कहते हैं। इस चामत्कारिक शक्ति के संधान और इतिहास से जूझने के मार्ग को आमने-सामने रखकर द्विवेदी जी ने गम्भीर चिन्तन एवं चित्रण किया है। मेरे विचार से यह चिन्तन-चित्रण कथा-साहित्य में अद्वितीय है!

इतिहास-राजनीति

उपन्यासों में द्विवेदी जी इतिहास का जैसा उपयोग करते हैं उसमें काल रैखिक या क्रमबद्ध रूप में नहीं होता, काल का सर्जनात्मक उपयोग किया जाता है। उपन्यास ('अनामदास का पोथा' को छोड़कर) मध्यकालीन घटनाओं-स्थितियों, वातावरण पर आधारित हैं तो द्विवेदी जी ने मध्यकालीन सामान्य जनता के कालबोध को रचनात्मक रूप में अपना लिया है। मिथक-निर्माण में काल का वह रूप नहीं रह जाता जिसे आधुनिक काल में इतिहास-बोध कहते हैं। बच्चा जिस तरह खिलौना बनाते समय मिट्टी को इच्छानुसार मोड़ लेता है–लम्बा, गोल, पतला, मोटा कर देता है, उसी तरह मध्यकालीन लोकजीवन कथा को तोड़-मोड़ लेता था। द्विवेदी जी मध्यकालीन जीवन पर आधारित कथा कहते समय, उस समय की यह क्षमता-शैली अपनाने की छूट ले लेते हैं। याद रखना होगा कि द्विवेदी जी प्राकृत, अपभ्रंश कथा-साहित्य के रसिक हैं, उन्होंने 'पुरातन प्रबन्ध संग्रह' का अनुवाद किया, वे 'पृथ्वीराज रासो' के मर्मज्ञ हैं। यह कथा-साहित्य उनके उपन्यासों–विशेषतः 'चारुचन्द्रलेख' का स्रोत भी है। काल के विषय में सर्जक की भूमिका और बच्चों की निरीह किन्तु चामत्कारिक क्षमता में समतुल्यता होती है। जन्मदिवस पर मेरी बच्ची ने एक बार मुझे दिलासा देते हुए कहा–"बाबू जी, तुम बच्चे हो जाओगे तो तुम्हें भी गिफ्ट मिलेंगे।" उसके कालबोध में प्राणी सिर्फ़ बड़े-वृद्ध ही नहीं होते जाते–अल्पवयस्क भी होते जा सकते हैं।

मध्यकालीन कथाकार के लिए उसका उद्देश्य सर्वप्रधान है। यदि वह कबीरदास को सब सन्तों-साधकों से बड़ा मानता है, मनवाना चाहता है तो सबको पकड़ के ले आएगा–वह चाहे जिस देश-काल में हों, कबीरदास से मुठभेड़ में पराजित दिखाएगा। यह सब, द्विवेदी जी ने कथानक-रूढ़ियों पर विचार करते हुए दिखाया है और इन रूढ़ियों, प्रवृत्तियों को मध्यकालीनवत् अपनी रचनाओं में बरता है। लेकिन यह स्मरण रखना ज़रूरी है कि मध्यकालीन कथाकार के यहाँ वह सामान्य प्रवृत्ति थी। अपने समय के बोध की संगति में थी, जबकि द्विवेदी यहाँ यह शिल्प है–रचना-छल है। अवश्य ही कथ्य के सत्य को संवेदित करने के लिए।

यथार्थ शब्द पहली नज़र में इतना गहरा नहीं लगता। वह जो है उसकी ऊपरी सतह को प्रकट करने वाला लगता है। लेकिन यथा+अर्थ पर ध्यान जाय तो यथार्थ गहराता मालूम पड़ेगा। जो है सिर्फ़ वह नहीं, बल्कि उसका जो अर्थ मैं ग्रहण करता हूँ वह मेरा यथार्थ है। द्विवेदी जी ने अपने एक निबन्ध में 'लगना' क्रिया का जो अर्थ समझाया है, वह इस यथार्थ

से मिलता-जुलता है। सर्जक का यथार्थ वह है जो उसे लगता है। वह तटस्थ अपने आपमें कैसा है, उससे उतना लेना-देना नहीं। हमारा यथार्थ है वह, जो हमें हमारा मन, हमारी अन्तर्वृत्ति, हमें अपने अनुकूलित करके पेश करती है। यह घटनाओं-स्थितियों के बारे में भी लागू होता है और काल-बोध अर्थात् काल-क्रम (क्रोनोलाजी) के भी बारे में। आज इतिहास जिस रूप में काल को ग्रहण करता है, वह काल का एक रूप है, अकादमिक है, किताबी है, जब कि हमारा मन काल को अपनी तरह से तोड़ता-मरोड़ता है। सर्जना में काल तोड़-मोड़ दिया जा सकता है।

"आज हम सत्य का अर्थ घटना कर लेते हैं, तब भी उसके तिथि-क्रम मात्र से संतुष्ट न होकर, मनोवैज्ञानिक अन्वेषण के द्वारा, इतिहास की घटना के भीतर कुछ देखना चाहते हैं। उसके मूल में क्या रहस्य है? आत्मा की अनुभूति! हाँ उसी भाव के रूप-ग्रहण की चेष्टा सत्य या घटना बनकर प्रत्यक्ष होती है।"[34]

कहने को तो हमारे सामने दुनिया है लेकिन हम देखते वही हैं जो देख सकते हैं या देखना चाहते हैं।

घटनाएँ जिस रूप में घटित होती हैं, उनका एक अपना या निरपेक्ष रूप है जिसे देखने-दिखाने का उद्यम इतिहासशास्त्र करता है। कितना कर पाता है यह अलग बात है। शास्त्र की गरिमा व्यवस्था और प्रयास में है। उन घटनाओं का एक और रूप है, जिस रूप में वे हमारे संस्कार, आवेगों, इच्छाओं, स्वप्नों द्वारा निर्मित होती हैं। कभी-कभी इन दोनों में इतना अन्तर होता है कि उनकी समान भूमि अदृष्ट हो जाती है। घटनाएँ जिस रूप में मन में गढ़ ली जाती हैं—उससे हमारा भावात्मक यथार्थ बनता है। है वह यथार्थ। और यह संवेदनात्मक यथार्थ घटनाओं का निरपेक्षता के दबाव से कहीं अधिक प्रभावी होता है। मिथक, विश्वास, किंवदन्तियाँ, लोकवार्ताएँ एक प्रकार से जादुई यथार्थ के सगोत्र हैं। वस्तुएँ, स्थितियाँ जिस रूप में हमें लगती हैं उसी रूप में हम दर्ज कर दें तो वह जादुई यथार्थ की रचना होगी। पं. हजारीप्रसाद द्विवेदी के लेखन में यह पर्याप्त, प्रचुर है। जादुई यथार्थ के नाम से नहीं—यह नाम जब चालू हुआ है, उसके पहले के लेखन में—बाणभट्ट की आत्मकथा (प्रकाशन काल 1947) में।

बाणभट्ट की आत्मकथा और उससे ज़्यादा चारुचन्द्रलेख में ऐसी अतर्क्य स्थितियों का विवरण कई जगह है। अतर्क्य का मतलब यह कि जो सामान्य कारण-कार्य की संगति में नहीं है। लेकिन उन स्थितियों को आप मनोविश्लेषण की भूमि पर समझ-समझा सकते हैं—वहाँ प्रच्छन्न मनोविकार—अचेतन, अवचेतन मनोजगत् में अपना रूप धारण करता है—भिन्न स्तर पर सकर्मक होता है—स्वप्न, दिवास्वप्न फैंटेसी के रूप में घटित होता है। आगे बढ़कर कार्य-कारण की पृथक् परम्परा बना लेता है—अघोर भैरव ने संत्रस्त, अडिग बाणभट्ट का ललाट छू दिया। भ्रुओं के मध्य भाग को अपने अंगुष्ठ से दबाया फिर "मेरा सर चकरा गया। क्षण भर में मेरे सामने एक भयंकर दृश्य उपस्थित हो गया।" इसके आगे भयकारी स्थितियों की सरणि उपस्थित होती है। वर्णन में ये आकस्मिक घटनाएँ अघोर भैरव के स्पर्श करने से होती हैं। कोई नस है जिसे उत्तेजित करने से बाणभट्ट के मनोजगत् में ये घटनाएँ होती हैं। ये घटनाएँ वस्तुतः बाणभट्ट के मानसिक तनाव को

व्यक्त करती हैं, उसकी भाषा, व्याख्या हैं। वह उद्विग्नता, तनाव यथार्थ है। वह बाह्य स्थितियों से जुड़ा, उसकी उपज और परिणाम है। इसलिए वह अस्तित्वहीन नहीं। और उसका परिणाम बाणभट्ट के जीवन की घटनाओं पर किसी-न-किसी रूप में पड़ना अनिवार्य है।

मनोविकारों के उद्वेग का भरा-पूरा चित्र, यानी असामान्य, आकस्मिक घटनाओं का विवरण चारुचन्द्रलेख में मिलता है। इन असामान्य, आकस्मिक घटनाओं-स्थितियों का भी एक तर्क है। इनका भी नियम है। उसी नियम की खोज के बाद आधुनिक मनोचिकित्सक इलाज करते हैं। सच्ची बात तो यह है कि हमारे अवचेतन, अचेतन को ये असामान्य स्थितियाँ कहीं अधिक सच्चाई से संकेतित करती हैं। सिद्धयोगिनी की भूमिका में उतरने पर चन्द्रलेखा अन्य पुरुष में बोलने लगती है। वह अपने से अलग हो जाती है—अपने से अलगाव, आत्मनिर्वासन या परकीयीकरण का यह अप्रतिम प्रयोग है।

मनोवेगों की झंझा अपना देश-काल निर्मित करती है। स्वप्न और फैंटेसी भी यही करते हैं। मनोवेगों और मनोविकारों से उपजी इन घटनाओं-स्थितियों में द्विवेदी जी तंत्र-साधना की अनेक अवस्थाओं, या अन्तस्साधनात्मक अनुभूतियों, देवी-देवताओं की मानो व्याख्या करते हैं। इसमें ऐसा भी बहुत कुछ है जो मेरे जैसे पाठक के पल्ले नहीं पड़ता। कोटिबेधी रस तैयार करने की प्रक्रिया में चन्द्रलेखा के पत्नी व्यक्तित्व और सिद्धयोगिनी व्यक्तित्व में जो द्वन्द्व है वह मानसिक तनाव, मूर्च्छा-स्वप्न उत्पन्न करता है और वह आकाश मार्ग में उड़ती-उड़ती कहाँ-से-कहाँ पहुँचती रहती है। मूर्च्छा-स्वप्न के विवरण द्विवेदी जी ने बड़ी कुशलता से दिए हैं। स्वप्न के दौरान, आस-पास की घटनाएँ और लोगों के संवाद, स्वप्न-शृंखला में—स्वप्न रूपों में अन्तरित होते जाते हैं। स्वप्न के बाहर की वस्तु, स्वप्न से अनुकूलित होकर स्वप्न का अंश बनती जाती है—स्वप्न भंग तक। जिस मानसिक तनाव की बात हम कर रहे थे और जो स्वप्न की कारण भूमि है, उसका स्पष्ट उल्लेख चन्द्रलेखा करती है—

"फिर मैं स्वप्न देखने लगी। स्वप्न क्या, प्रत्यक्ष देख रही थी। मैं बेहोश थी। विचित्र दृश्य था। नागनाथ की कठोर तपस्या से द्रवीभूत अपने चित्त को मैंने प्रत्यक्ष देखा। वह ढरककर नागनाथ के हृदय में गिर जाना चाहता था। नागनाथ के हृदय के सब द्वार बन्द थे। फिर मैंने उसी द्रवित चित्त को महाराज के हृदय गह्वर में गिरते देखा। वहाँ सब रास्ते खुले थे। सारा द्रवित चित्त उसमें समाप्त हो जाता तो भी वह अगाध गिरि-गह्वर जैसा हृदय उफनता नहीं, पर मैंने थोड़ा बचा लिया। मुझे आशा थी किसी दिन नागनाथ का हृदय-द्वार खुलेगा और उसमें देने लायक मेरे पास कुछ रहना चाहिए...राजा से स्वतंत्र भाव से रहने की माँग इसी अज्ञात आकांक्षा का वाङ्मय रूप था।"[35]

मुक्तिबोध ने कहा था कि मनु, श्रद्धा और इड़ा की कहानी प्रेम के त्रिकोणात्मक रूप की आधुनिक कहानी है—प्रागैतिहासिक काल की नहीं। क्या वही बात नागनाथ, सातवाहन और चन्द्रलेखा की कहानी के बारे में नहीं कही जा सकती। यहाँ पूर्ण समर्पण पुरुष सातवाहन का है, आधा-अधूरा चन्द्रलेखा स्त्री का—यह विशेष ध्यातव्य है। पुरातन प्रबन्ध की कहानी से रची हुई यह फैंटेसी अपना दिक्-काल परिवर्तित करके नए अर्थ में गढ़ी गई

है। वस्तु का निदर्शन कथा के वाहृय सूत्र में नहीं, स्वप्न-विवरण में है। प्रच्छन्न सत्य स्वप्न में प्रकट है। 'पुरातन प्रबन्ध संग्रह' की एक जैन-कथा के आधार पर रचे गए इस कथानक के मनोविश्लेषणात्मक अध्ययन की दरकार है।

द्विवेदी जी के उपन्यास प्राचीन काल की घटनाओं या स्थितियों की कथा कहते हैं। वे ऐतिहासिक उपन्यास हैं। लेकिन वे ऐतिहासिक से ज़्यादा सांस्कृतिक हैं। वे ऐतिहासिक व्यक्तियों की कम, कथा-काल-खंड की सामाजिक, सांस्कृतिक, आर्थिक वातावरण और सम्बन्धों की झाँकियाँ ज़्यादा प्रस्तुत करते हैं। ये सम्बन्ध पात्रों की समस्याओं से बोध्य होते हैं। उपन्यासों के पात्र ऐसे हैं जिनके बारे में तथ्यों की जानकारी बहुत कम है, किन्तु तत्कालीन वातावरण के साँचे में ऐसे ढले हैं कि सजीव और ऐतिहासिक पात्रों से अधिक परिचित लगें। निउनिया, अघोर भैरव, रैक्व, जाबाला, शार्वलिक आदि ऐसे नाम हैं जिनका प्राचीन ग्रन्थों में नाम मिलता है, उनका थोड़ा-बहुत परिचय भी मिल जाता है, जैसे रैक्व, गोपाल आर्यक, हर्ष, कुमार कृष्णवर्धन आदि। किन्तु इनके बारे में पर्य्याप्त जानकारी नहीं मिलती। ये लगभग उल्लिखित पात्र मात्र हैं। इनके बारे में जानकारी कम मिलती है इसीलिए ये लेखकीय मन्तव्य को पूरा करने में ज़्यादा काम आते हैं। इनका रचनात्यक उपयोग ज़्यादा किया जा सकता है। इनमें कल्पना का अवकाश ज़्यादा है। नाम मिल गया है। इन्हें रूप देने का काम द्विवेदी जी करते हैं। जाने ये पहले भी जाते रहे होंगे, किन्तु हमारे सामने इन्हें लाने, हमारी रुचि और हमसे परिचित कराने का काम द्विवेदी जी के उपन्यासों ने किया है। इन्हीं के माध्यम से विवेच्य काल-खंड में हम अपने काल की अनेक-विध समस्याओं और सम्बन्ध-सूत्रों को भी पहचान पाते हैं। ये पात्र इतिहास-प्रवाह की निरन्तरता की पहचान कराते हैं। गल्पकथा और इतिहास-बोध की सार्थकता इसी में है।

द्विवेदी जी के उपन्यास राजनीतिक उपन्यास हैं—सांस्कृतिक भी। इन्हें नारी चेतना, दलित चेतना, साम्प्रदायिक एकता के भी उपन्यास कहा जा सकता है। प्रेम-कथा तो ये हैं ही। लेकिन कथा में राजनीति, संस्कृति, नारी-दलित व्यथा, साम्प्रदायिक एकता, प्रेम—सब परस्पर अविभाज्य हैं, सबको एक साथ फेंट दिया गया है।

कहने को राजनीति किसी-न-किसी रूप में चारों उपन्यासों में है। किन्तु सबसे अधिक 'बाणभट्ट की आत्मकथा' में है। फिर क्रमशः वह क्षीण होती गई है। 'चारुचन्द्रलेख' में तन्त्र-मंत्र, अन्तस्साधना को समाज और राजनीतिक घटनाओं के आमने-सामने रखकर अन्तस्साधना (के विकृत रूप) की व्यर्थता दिखाई गई है। इस दृष्टि से देखें तो द्विवेदी जी और रामचन्द्र शुक्ल सहमत दिखलाई पड़ेंगे। 'चारुचन्द्रलेख' में इन साधनाओं में सदाचार, संयम की आवश्यता पर बल देने वाले महान गुरु गोरक्षनाथ हैं और शास्त्र-निरपेक्ष साधना के साधक-समर्थक अघोर भैरव। इन गुह्य साधनाओं में नारी का शोषण, उनकी आकांक्षाओं की अपूर्ति और अन्त में असहायता चित्रित की गई है। भक्ति-आन्दोलन वैयक्तिक सार्थकता प्रदान करने के साथ-साथ जन-समूह को न्याय के लिए संगठित भी करता है। 'चारुचन्द्रलेख' में ही सीदी मौला आते हैं जो इतिहास में अल्पज्ञात सूफ़ी है। वे दिल्ली के अमीरों में लोकप्रिय थे। रसायन में माहिर थे और जलालुद्दीन खिलजी ने उनकी हत्या करवा

दी थी। सीदी मौला मुस्लिम अन्तस्साधक योगी और सूफ़ी, कबीर के पूर्वज पात्र हैं। वे सबकी हँसी उड़ाते हैं। निश्चयवाद के विरोधी।

द्विवेदी जी ने नाथ सिद्धों की साधना, हठयोग, षड्चक्र आदि पर बहुत लिखा है। सम्भवतः इसी कारण उनके सहज साधना के हिमायती और समाज-निरपेक्ष सिद्धियों के लिए की जाने वाली अन्तस्साधना के विरोधी रूप को ठीक-ठीक पहचाना और आँका नहीं गया है। 'चारुचन्द्रलेख' में तंत्र-मंत्र की साधना-विधियों और श्लोकों की भरमार देखकर लोग उपन्यास के इन अंशों के निर्णायक महत्त्व को नहीं आँकते—

''अमोघ वज्र (वज्रयानी साधक) अचकचाकर उठे—क्यों, क्या हुआ आचार्य आप इतने उद्विग्न क्यों हैं?

नवागत तपस्वी ने कहा—बड़ा अशुभ संवाद आया है अमोघ। इसिपत्तन (सारनाथ) का पवित्र विहार ध्वस्त हो गया। आततायियों ने उसमें आग लगा दी है। उनकी निर्दय सेना नालन्दा की ओर बढ़ रही है। हाय अमोघ! अब सद्धर्म का क्या होगा?

"सिद्धियों के पीछे परास्त होने का यही परिणाम हो सकता था।"[36]

गोरखनाथ का उद्‌बोधन-

"यह सुन्दरी साधना, यह महाचीनाचार, यह चक्र पूजा, यह महाविद्या सिद्धि आपको नहीं बचा सकती। ये सारे आचार आपके धर्म को नहीं बचा सकते, आपके शरीर को नहीं बचा सकते। शरीर ही नष्ट हो गया तो आपका इहलोक और परलोक नष्ट हो गए।"[37]

बाणभट्ट के परम्परा प्राप्त व्यक्तित्व में ही राजनीतिक सत्ता के विरोध की संभावना है। उसका जीवन भी, कम-से-कम प्रारंभिक जीवन कुल-परम्परा में बँधा हुआ नहीं है। द्विवेदी जी ने इन दोनों का रचना में पूरा उपयोग किया है। उसके व्यक्तित्व की संभावना से कथा का पल्लवन किया है। रचनाकार द्विवेदी जी संभावनाओं का विकास करने में अचूक हैं। दरबार में हर्ष द्वारा महाभुजंगोऽयम् का सूत्र, शुकनासोपदेश में राजनीति के विषय में कथन, बाणभट्ट के बचपन में नट आदि मित्रों की मण्डली—इस सबसे उन्होंने भट्टिनी का उद्धारकर्ता रूप विकसित किया है। यह रूप बाणभट्ट के परम्परा-प्राप्त रूपों की अनुकूलता में है। और उद्धारकर्ता का यह रूप समकालीन भारतीय राजनीति—स्वाधीनता संग्राम की भावभूमि के दबाव से विकसित हुआ है। रचना संतानवती होती है। शर्त है कि 7वीं शताब्दी के बाणभट्ट को 20वीं शताब्दी के हजारीप्रसाद द्विवेदी मिलें। भट्टिनी, बाणभट्ट को द्वितीय कालिदास कहती हैं—भट्टिनी यानी लेखक हजारीप्रसाद द्विवेदी। हजारीप्रसाद द्विवेदी अपने को द्वितीय बाणभट्ट नहीं कह सकते थे संकोचशील से—कह नहीं सकते थे, लेकिन थे।

और यह बीसवीं शताब्दी के बाणभट्ट का ही तेज था जो सम्राट हर्षवर्धन के महासंधिविग्रहक से कह सकता था कि आपको बाणभट्ट का पूरा परिचय नहीं मालूम, इशारा करने के पूर्व इशारा करने वाली आँखें ही नहीं रहेंगी। यह विशाल ब्रिटिश साम्राज्य से लड़ने वाली भारतीय चेतना का आत्मविश्वासी स्वर बोल रहा है। पुराना बाणभट्ट यह नहीं बोल सकता था।

द्विवेदी जी के उपन्यासों में राजनीतिक-सत्ता से अधिक चित्रण धार्मिक एवं सामाजिक सत्ता का है। सत्ता का विरोध है या विरोध की माँग स्थितियों में हैं। सत्ता के विरोध का

रूप रूढ़ियों का विरोध है। शास्त्र की जड़ता अपवाद निरपेक्ष है। शास्त्र की जड़ व्याख्या का काम धार्मिक एवं सामाजिक सत्ताधारी करते हैं। धर्म कर्मकाण्ड में और सामाजिक आचार रूढ़ि-पालन या गतानुगतिकता में सीमित हो गए हैं। जबकि समस्याएँ ऐसी भी होती हैं जो शास्त्रीयता में नहीं समातीं और सामाजिक रूढ़ि को तोड़ने की माँग करती हैं। दलित और दमित दबे रहते हैं। द्विवेदी जी इसी को सत्य का प्रच्छन्न रूप में स्थित होना कहते हैं। सत्य को दबाकर रखा गया है। इस दृष्टि से 'सत्य का मुँह स्वर्णपात्र से ढका है' की व्याख्या करें तो वह सम्पत्ति के सर्वग्राही रूप को प्रकट करेगी। वह सम्पत्ति जो द्विवेदी जी के शब्दों में नारी-सौन्दर्य से भी बड़ी शाक्ति है।

सामन्ती व्यवस्था की ग्राम-अर्थव्यवस्था में जातिप्रथा और रूढ़िग्रस्तता, दमन के प्रधान साधन होते हैं। केन्द्रीय राजनीतिक सत्ता की स्थिति तो बाहरी लुटेरों की होती है। इसलिए भी सामजिक-सम्बन्धों के चित्रण के लिए राजनीतिक व्यक्तियों का चरित्र-वर्णन बहुत काम का नहीं होता। जाति-धर्म और व्यवस्था की दुर्दम विषमता के चित्रण के लिए नारी पात्र और प्रेम-कथा कहीं ज़्यादा कारगर है। और द्विवेदी जी के उपन्यासों में चित्रित नारी-पात्रों का दलित और दमित होना महत्त्वपूर्ण है। वह इतना प्रभावी न होता, अगर उपन्यासों के प्रायः सभी नारी पात्र—उनमें भी उपनायिकाएँ-लांछिताएँ अपने बन्धनों को तोड़ने के लिए इतना प्रयत्नशील न होतीं। निउनिया, सुचरिता, चन्द्रा, मैना, महामाया आदि मध्ययुग की मध्यकालीनता के दमघोंटू वातावरण में नारी-समाज की मुक्ति का द्वार खोलने का उपक्रम करती हैं, ऐतिहासिक शाक्ति और सीमा के फ्रेम में। उनके चरित्र में नारीत्व और सत्ता से टक्कर होती है। अपने लिए वे उद्धार का मार्ग ढूँढ़ लेती हैं। उनका सामाजिक लांछन, देवता के चरणों में समर्पित होकर अलौकिकता और सार्थकता में पर्यवसित हो जाता है। द्विवेदी जी का विचार कि जिन स्त्रियों को कुलटा कहा जाता है, मुझे उनमें दैवीत्व दिखलाई पड़ता है—कथा-रचना में घटित होता है।

इनमें 'पुनर्नवा' की चन्द्रा पर विशेष ध्यान जाता है। सबसे पहले तो इसी बात पर ध्यान जाता है कि पं. हजारीप्रसाद द्विवेदी जैसे शान्तिनिकेतनी एवं नारी-शरीर को देव-मंदिर मानने वाले लेखक ने चन्द्रा जैसा चरित्र कैसे रचा? चन्द्रा अपने विवाहित पति को छोड़कर विवाहित लोरिक के साथ 'उढ़र' जाती है, भग जाती है। वह जैसे कोई मर्यादा जानती ही नहीं। वह छैछी (असती) है। लोरिक की ब्याहता पत्नी मैना से वह अपने बारे में बताती है—

"इस (चन्द्रा) को किसी महान् पिता की छाया नहीं मिली। विमाता स्वयं उन्मार्गगामिनी निकली। बचपन से मैं उद्दाम कामवासना के वातावरण में पली। मेरे शरीर में विधाता ने जाने कैसी आग जला दी थी। केवल वासना। केवल उन्मादना, केवल अन्ध पुंश्चल विकार।"[38]

ऐसा नारी-चरित्र शायद ही किसी अन्य हिन्दी लेखक ने रचा हो। मुझे सिर्फ़ 'मित्रो मरजानी' की याद आ रही है। मित्रो ब्याहता के साथ है। चन्द्रा ब्याहता को छोड़कर परपुरुष के साथ भग जाती है। चन्द्रा का पति नपुंसक है, मित्रो का ठंढा।

कबीरदास ऐसे नारी-पात्र से कहते—

दंत उखाँड़ू पापिनी जउ सन्तों ढिंग आव

20वीं सदी के लेखक पं. हजारीप्रसाद द्विवेदी कबीर जितने बड़े साधक और कवि हरगिज नहीं हैं लेकिन उनका ऐतिहासिक बोध अधिक व्यापक है। ऐतिहासिक विकास के कारण। कर्म-फल के सिद्धांत का बोझ हट जाने के कारण। साहित्य की जनतान्त्रिकता राजनैतिक जनतांत्रिकता से अधिक समावेशी अतएव अधिक मानवीय और व्यापक होती है। साहित्य केवल मर्यादा का, संयम का प्रशंसक नहीं होता, वह मर्यादा-बाह्य जन की व्यथा भी दर्ज करता है–जहाँ पीड़ा है, वहाँ पवित्रता है और वहाँ करुणा है।

द्विवेदी जी के उपन्यासों की वे नायिकाएँ जो प्रमुख पात्र हैं, प्रायः साँचे में ढली होती हैं। वे आदर्श की पुतलियाँ होती हैं–अपवाद चन्द्रलेखा है। वह भी सम्भवतः इच्छा का प्रतीक-पात्र होने के कारण। उपन्यासों के जीवन्त नारी-पात्र अपने समय के जीवन, नारी-जीवन, उसकी विसंगतियों-विडम्बना-यातना को प्रकट करने वाले अन्य नारी पात्र होते हैं। रचना का आधार कोई विसंगति या उसकी खोज होती है। ऐसी रचनात्मक विसंगति आदर्श के साँचे से अलग–नारी-पात्रों के चित्रण से पहचान में आती है। ये नारी-पात्र धर्म और समाज–दोनों के प्रतिष्ठान के विरुद्ध संघर्ष करती हैं। इनका संघर्ष सैद्धान्तिक या किताबी नहीं, सामान्य दैनन्दिन जीवन को चालित करने वाली निरंकुश रूढ़ियों से संघर्ष है, इसीलिए अनिवार्य एवं ऐतिहासिक है।

द्विवेदी जी के उपन्यासों में (और निबन्धों में भी) मध्ययुग का ऐतिहासिक अन्तर्विरोध, सामाजिक-सम्बन्धों की विसंगतियों के बीच उभरता है। पात्रों के मानसिक द्वन्द्व का आधार भी प्रायः वही होता है। समाधान की माँग भी उसी द्वन्द्व- भूमि से उभरती है। राजनीतिक सत्ता का संघर्ष मध्ययुगीन सामान्य जन के लिए उतना महत्त्व नहीं रखता। जैसे कभी-कभी सूखा, अकाल, आँधी, बाढ़ के कारण उलट-फेर और विनाश होता है वैसे ही राजसत्ता के परिवर्तन का असर पड़ता था थोड़ी देर के लिए। पूर्वी उत्तर प्रदेश में कहा जाता रहा है–असमानी (आसमानी), सुलपतानी पड़ जाए या दइउ (दैव) राजा (शासन) बाद। बाद इनसे बचे तो। सामाजिक रूढ़ियों की क्रूरता कितनी दारुण थी, इसकी जानकारी उपन्यासों में अनेक प्राप्त उद्बोधक भाषणों में नहीं मिलती। वे तो स्वाधीनता-संग्राम के दौरान जन-नायकों के भाषणों की वक्तृता हैं। सामाजिक सम्बन्धों की विसंगति मनुष्य को ही–विशेषतः दलित और नारी को ही असहाय, व्यथित बनाती है। उनकी विवश चीख ऐसी पंक्तियों में सुनाई पड़ती है–

"मैं जो हूँ उसके सिवा और कुछ हो ही नहीं सकती थी...मैं पश्चात्ताप करूँ तो जिस नरक में पड़ी हूँ, वहाँ भी स्थान नहीं मिलेगा।"

निउनिया के इन शब्दों की वास्तविकता खुलती है बाणभट्ट के मन में–

"वह अगर पश्चात्ताप करती है तो जिस नरक में पड़ी है वहाँ भी स्थान नहीं मिलेगा। वह कुल भ्रष्टा स्त्री है, उसके सद्गुणों का समाज में क्या मूल्य है? दुर्गुणों का तो फिर भी कुछ-न-कुछ है भी?"[39]

सामाजिक सम्बन्धों पर कुलभ्रष्टा का ऐसा मार्मिक उद्घाटक पाठ नारी-चेतना के साहित्य में आज भी दुर्लभ है।

आत्मकथा का विरतिवज्र नामक नवयुवक अपनी भोली मुग्धा विवाहिता को छोड़कर भिक्षु बन गया है। उसका पूर्व नाम अमितकान्ति था। माँ ने उसे पहचान लिया। वह माँ को भी उपदेश देता है—'संसार दुख है आर्य्ये।' इस पर मां की प्रतिक्रिया—

"अरे ओ मूढ़। रटी हुई बोली बोल रहा है तू। भण्ड है वह धर्मचार जो अपनी माता को भी पहचानने में लज्जा का अनुभव करता है। इस दुखमय संसार को और भी दुखमय बनाकर ही क्या तेरा सुख का राजमार्ग तैयार होगा?"[40]

ये वाक्य मार्मिक और उद्घाटक इसलिए हैं, क्योंकि ये वास्तविक जीवन-सन्दर्भ में पात्रों की मनःस्थिति की अभिव्यक्ति करते हैं।

सांस्कृतिक इतिहास की विसंगतियों के समाधान का प्रयास भी इतिहास-बोध के बिना नहीं हो सकता। 7वीं, 12वीं शताब्दियों में दलित और दमितजन के सामाजिक सम्बन्धों में सुधार 20, 21वीं शताब्दी जैसा नहीं हो सकता था। वह उस भक्ति-आन्दोलन द्वारा ही आंशिक रूप में सुधर सकता था जिसमें अवर्ण और नारी को समान रूप से साधना का अधिकार था। उस समय धार्मिक-सामाजिक सत्ता का विरोध धार्मिक स्तर पर ही किया जा सकता था जो सामाजिक सम्बन्धों पर भी दबाव डालता था—कबीर, नानक, दादू, जायसी, तुलसी, मीरा जिसके प्रवक्ता सन्त-भक्त गायक हैं।

पं. हजारीप्रसाद द्विवेदी वास्तविकता को अपने जीवनानुभव—महानगरों से दूर ठेठ गाँव के निम्न-मध्यवर्गीय किसान के जीवानुभव से देखते हैं। उनका आधारभूत जीवनानुभव अभावग्रस्त देहाती का है। विद्वान्, लेखक, श्रीमन्तों, सेठों, राजनीतिज्ञों का संसर्ग-अनुभव, आधारभूत अनुभव ढाँचे में ही स्थान ग्रहण करता है। उनके यहाँ लोक और वेद का द्वन्द्व और जड़शास्त्रीयता से उदार होने की माँग इसी अनुभव से पैदा होती है। प्रेम के क्षेत्र में, जीवन में आदर्श ही नहीं दिखलाई पड़ता। पातिव्रत्य और एकपत्नीव्रत ही नहीं दिखलाई पड़ता। सामन्ती व्यवस्था और भारत जैसे दीर्घ-कालीन सामन्ती व्यवस्था वाले देश में केवल आदर्श नारी-पुरुष सम्बन्धों की, आदर्श प्रेम की बात करना ही ढोंग है या आँखिन देखी की अनदेखी करना है। सामाजिक विधान और रूढ़ियों से मुक्त नारी-पुरुष सम्बन्ध की यातना और अग्निपरीक्षा, समाजानुमोदित सम्बन्ध से अधिक कठोर है। उसे अग्निपरीक्षा में अपना मानसिक सन्ताप और समाज की ताड़ना, अपयश, निष्कासन—सब सहना पड़ता है। इसीलिए भक्ति-साधना में दृढ़ता का प्रतीक वैधी से ज़्यादा वह मार्ग है, जिसमें लोकलाज-कुल की मर्यादा—सब तोड़ देनी पड़ती है। जड़ शास्त्रीयता का विरोध और रूढ़ि से मुक्ति, द्विवेदी जी के यहाँ सगुण और निर्गुण दोनों साधनाओं में समान रूप से महत्त्वपूर्ण है। भक्ति-साधना की यह विधि द्विवेदी जी के यहाँ लौकिक जीवन में भी लागू है। विधि-निषेध का अकारण विरोध नहीं। लेकिन प्रेम के लिए, प्रेम की मर्यादा का निषेध है। द्विवेदी जी प्रेम की मर्यादा के विधेयात्मक पक्ष के विरोधी नहीं, उसके सर्वात्मना पक्षधर हैं, उसकी अलौकिक सुख देने, मानव जीवन को धन्य करने की क्षमता से उल्लसित किन्तु जीवन को सार्थक-धन्य बनाने वाली निषेध-पद्धति के भी कायल हैं। मुख्य बात है उस लक्ष्य की पहचान जिसके प्रति मनुष्य अपने को दलित-द्राक्षा के समान निश्शेष समर्पित कर सकता है। वह मार्ग विधि और निषेध, निर्गुण और सगुण, विवाह और उद्वाह दोनों से हो सकता है।

भट्टिनी और निउनिया चन्द्रलेखा और मैना, मृणालमंजरी और चन्द्रा—दोनों की समाई उसमें है।

द्विवेदी जी के चारों उपन्यासों का कथानक प्रेम पर आधारित है। ये प्रेम-पात्र किसी-न-किसी रूप में अपनी परिस्थितियों से जूझते हुए रूढ़िभंजक हैं। आत्मकथा में तो प्रेम शब्द आता ही नहीं। हिन्दी साहित्य में सिर्फ़ एक ऐसी और प्रेम कहानी है 'तीसरी कसम', जिसमें प्रेम शब्द नहीं आता। प्रेम, सामाजिक-बन्धन और रूढ़ियों को तो तोड़ता ही है, उसी के चारों ओर अन्य सम्बन्ध, समस्याएँ घूमती हैं। प्रेम केन्द्रीय समस्या है। अन्य समस्याएँ और सम्बन्ध उसी से जुड़े हैं। कबीर के फक्कड़पन और चन्द्रा के विद्रोह—दोनों को रेखांकित किया गया है। यह अनिवार्य था इसलिए नैतिक था। यह नया ऐतिहासिक सौन्दर्य-बोध था। इसमें सौन्दर्यनुभव का उल्लास है। यह फक्कड़पना, यह विद्रोह-उल्लास 20वीं सदी के सौन्दर्यबोध का फल है, ऐतिहासिक है और 'चांद का मुँह टेढ़ा है' का सहधर्मी है। द्विवेदी जी के लेखन में—दलित एवं दमित समाजविषयक चिन्तन और सर्जना का अंकन है। जो हाशिए पर पड़े हैं, उनको उचित स्थान देने का आग्रह है। यह साहित्येतिहास, सामाजिक सम्बन्धों, धार्मिक-साधना के क्षेत्रों में भी दिखलाई पड़ता है। शास्त्रीय मर्यादाओं को बार-बार परखने और उन्हें अधिक समावेशी बनाने का आग्रह उनके लेखन में निरंतर है। 'सबआल्टर्न' की धारण इसकी संगति में है।

'अनामदास का पोथा', प्रेम से अधिक सौन्दर्य के आदिम बोध एवं आकर्षण की स्थिति का बिम्ब है। वह सौन्दर्य के आकर्षण का अलौकिक चित्र है। अलौकिक शब्द इतना प्रयुक्त हुआ है कि वह अपने अर्थ के अनुभव की अग्नि लगभग खो चुका है। द्विवेदी जी ने उस अलौकिक अनुभव के पुनर्नवीकरण के लिए कथानक-योजना की है। सांसारिक-सामाजिक मनोभावों से मुक्त वनवासी बटुक के हृदय पर नारी-सौन्दर्य का क्या प्रभाव पड़ता है? सूफ़ियों के यहाँ दर्पण का प्रतीक बार-बार आता है। हृदय का दर्पण जितना निर्मल होगा पारस-रूप का सौन्दर्य उतना ही स्पष्ट पड़ेगा। साधना में निर्मल का आशय है मनोविकार रहित। रैक्व के मन में मनोविकार हैं ही नहीं। उन्हें गुरु-चरणों के सरोज-रज से पोंछने की ज़रूरत ही नहीं। वह 'नारी' पद से परिचित है पदार्थ से नहीं। पद तो अरूप है, निराकार है—पदार्थ साकार है, सरूप है। रूप, साकार का साक्षात् होते ही पद सार्थक हो जाता है। रूप का प्रभाव, सौन्दर्य-अनुभव बनते ही असीम सर्वग्राही अलौकिक अभूतपूर्व हो जाता है। वह अस्तित्व की चेतना को सार्थक कर देता है। रैक्व के पास प्रयुक्त भाषा है ही नहीं। जैसे उसका अनुभव अभूतपूर्व है, वैसे ही उसकी भाषा। उसका भाषाहीन अनुभव, शुद्ध अनुभव है। उपयुक्त भाषा में ढलने को आतुर, भाषाहीन सौन्दर्य अनुभव—जो लिंग, सामाजिक बन्धन, पाप, पुण्य कुछ नहीं जानता। वह उद्दाम जैविक मन-तरंग जैसा मानवीय आकर्षण का आदिम रूप है। द्विवेदी जी ऐसा चित्र खींचने वाले हिन्दी के शायद पहले कथाकार हैं—इस योजना का नेपथ्य है।

अनामदास का पोथा में सौन्दर्यानुभव, भाषा, सामाजिक सम्बन्ध और विश्व-बोध—इन सबका संश्लेष है। काशी विश्वविद्यालय में हिन्दी व्याकरण के निर्देशक के साथ-साथ संस्कृत भाषा का चिन्तन, करुणा-दीप्त सौन्दर्य के साक्षात्कार के अनुभव से जुड़

गया। पद और पदार्थ के बीच की रिक्तता को अनुभव से पाटने का उपक्रम हुआ। बीच में एक ओर महत्त्वपूर्ण पद है—प्रत्यय—इस प्रत्यय के बिना पद, पदार्थ में नहीं ढलता। शुभा (जाबाला) पद है, शुभा का रूप-सौन्दर्य पदार्थ है और उसका व्यक्तित्व प्रत्यय।

रैक्व के लिए शुभा प्रमाण है। वह गुरु है। रैक्व अपने अनुभव को बताते समय श्रोता से कहता है—लेकिन तुम कैसे समझोगे? तुमने तो शुभा को देखा ही नहीं, तुमको तो शुभा ने बताया ही नहीं। शुभा अनभै साँचा का प्रतीक है। अनभै=अनुभव। जो हमारे मन ने ग्रहण किया—वह सच है। वही गुरु-ज्ञान है। बाकी सामाजिक रूढ़ियाँ, शास्त्र, दूसरों का सच है, हमारा नहीं। 'अनामदास का पोथा' में शुभा के भी व्यक्तित्व का विस्तार होता है। वह विस्तार भी अनुभव के आधार पर होता है।

प्रमाण की प्रतीक शुभा को भी पाप लगा है। क्यों—क्योंकि राजा जानश्रुति—शुभा के पिता के राज्य में अनेक लोग भूख-प्यास से व्याकुल हैं। राजा का रथचालक मर गया। उसकी पत्नी विधवा हो गई। बालक अनाथ हो गया। और इसकी चिन्ता न राजा को हुई न शुभा को। राजा जानश्रुति, ब्रह्म तत्त्व को जानने के लिए व्याकुल हैं। उधर प्रजा में त्राहि-त्राहि मची हुई है। और—

"तत्त्व-ज्ञान के पीछे जो व्यक्ति पागल है उसे इतना ध्यान तो रखना ही चाहिए। सर्वज्ञ, गुरु, पद, पदार्थ, प्रत्यय की प्रमाणरूपा शुभा भी अज्ञानी ही जान पड़ती है। इस दुखिया की बात भी वह नहीं सोच सकती।"[41]

शुभा का रूप, सौन्दर्यानुभव—अनुभव था, अतः सच था। रथचालक की पत्नी का वैधव्य, असहायता भी अनुभव है, अतः सच है। दोनों सच हैं तो तत्त्व-ज्ञान में लोक-पीड़ा की चिन्ता होनी चाहिए। लोक-पीड़ा से रहित ब्रह्मज्ञान अज्ञान है—यह आकाशधर्मा गुरु पं. हजारीप्रसाद द्विवेदी के लेखन का निष्कर्ष है यह कहने का साहस किसी अन्य विद्वान्-सर्जक ने किया है मुझे नहीं ज्ञात। यहाँ न ब्रह्मज्ञान की उपेक्षा है न लोक-पीड़ा की। यह ब्रह्मज्ञानी लोक-पीड़ा को ब्रह्मभाव में स्थान दे। 'अनामदास का पोथा' में यह सिद्धान्त है—अन्त में सिद्ध होता है। द्विवेदी जी के निज-प्रतिवादी लेखन की यह सिद्धि है। भारत के अन्तिम महान दार्शनिक और भक्ति के आद्य आचार्य रामानुज ने जगत को मिथ्या न कहकर ब्रह्म का शरीर कहा तो भक्ति साधकों में लोक-पीड़ा को स्थान मिला। आचार्य द्विवेदी का जीवन भक्ति-दर्शन एवं साधना की ऐतिहासिक व्याख्या है।

उनके लेखन में जातीय आग्रह कभी ओझल नहीं हुआ। वे संस्कृत, प्राकृत, अपभ्रंश, बांगला, अंग्रेज़ी साहित्य से परिचित थे। दृष्टिकोण परम उदार था लेकिन वह विद्वत्ता और उदारता अपनी भूमि पर स्थित थी। गाँधी के प्रसिद्ध कथन की याद आती है—मेरे मकान की खिड़कियाँ खुली रहें—बाहर से हवा मिले, किन्तु तेज आँधी में मेरे पाँव न उखड़ जाएँ। 20वीं सदी में चिन्तकों का एक ऐसा समुदाय था जो योरोपीय इतिहासकारों, विचारकों की हर बात को ज्यों-का-त्यों नहीं स्वीकार कर लेता था। आज जिसे देशज आधुनिकता कहते हैं, उसके प्रतीक व्यक्तित्व गाँधी हैं। अनेकानेक योरोपीय विचारधाराओं की बाढ़ के बीच उन्होंने राजनीतिक और सांस्कृतिक-दर्शन की देशी परम्परा का विकास किया। वे देश को जानते थे, देश उनके रक्त-हृदय और आत्मा में रचा-बसा था सो विचार-दृष्टि और आचरण

में भी। गांधी का योगदान यह भी है कि भारतीय चिन्ताधारा और भारतीय आचरण-संहिता–ज्ञान, इच्छा और क्रिया के संश्लिष्ट रूप को बचाए रखा और उसका ऐतिहासिक विकास किया, उसे संदर्भवान् एवं कारगर भी बनाया।

हिन्दी क्षेत्र में 20वीं सदी के प्रारंभिक दशकों में ज्ञान-विज्ञान की उपलब्धियों को हिन्दी भाषा में व्यक्त करने की प्रवृत्ति शुरू हुई, जिसके कारण आचार्य महावीर प्रसाद द्विवेदी का युग ज्ञान-साधना का युग बना (साहित्य ज्ञान राशि का संचित भंडार है)। इसमें पं. रामावतार शर्मा, पं. चन्द्रधर शर्मा गुलेरी आदि हैं। राजनीति में डा. राममनोहर लोहिया ने विदेशी विचारधाराओं–विशेषतः मार्क्सवाद के योरोपीय पक्ष से सतर्क करने का उद्योग किया। डॉ. नित्यानन्द तिवारी के अनुसार, 'हजारीप्रसाद द्विवेदी की प्रधान चिन्ता यह है कि जिस तरह पश्चिम के आधुनिक चिन्तकों की प्रधान प्रेरणा का स्रोत पश्चिमी मनीषा रही है, उसी प्रकार हमारी चिन्ता का प्रधान स्रोत भारतीय मनीषा क्यों नहीं हो सकती?"[42]

पं. किशोरीदास वाजपेयी ने भाषा के क्षेत्र में ऐसा कार्य किया। द्विवेदी जी पाश्चात्य शिक्षा-पद्धति से स्नातक नहीं हुए थे। संस्कृत विद्यार्थी के रूप में उनके संस्कारों ने काम किया होगा। उन्होंने विधिवत् व्यवस्थित तौर पर लेखकीय उद्योग नहीं किया। वे साहित्य-रचना को विलास मानते थे, कर्त्तव्य हरगिज़ नहीं। विलास यानी जिससे सुख मिले। जब जो महसूस किया, मन किया, उसे पढ़ा, सोचा और लिखा। जो लिखा रुचिपूर्वक। रुचि अपनी अस्मिता बनाए रखती है, वह स्वातंत्र्य, अवकाश (स्पेस) देती और बद्धता से बचाए रखती है।

पं. हजारीप्रसाद द्विवेदी परम्परा को समझ कर, उसके दोष को छाँटने का काम करते हैं। इसमें योरोपीय चिन्तन जितनी सहायता करता है उतनी ही सहायता लेते हैं। जगह-जगह उसका दृढ़तापूर्वक विरोध भी करते हैं। 'हिन्दी साहित्य की भूमिका' का पहला अध्याय है–'भारतीय चिन्ता का स्वाभाविक विकास।' रेखांकन भारतीय चिन्ता की निरन्तरता पर है। इस्लाम आया विजयी हुआ–इतना तो द्विवेदी जी मानते हैं, वे इस्लाम को विजय दृप्त कहते हैं। इस्लाम के गुणों पर कम हिन्दी लेखकों ने वैसा लिखा होगा। किन्तु राजनीतिक इतिहास में जो हुआ, वही साहित्य के इतिहास में भी हुआ–इस यांत्रिक विचार का वे दृढ़तापूर्वक विरोध करते हैं। आधुनिकता का लक्षण तर्कप्रवणता (नवोपलब्ध जानकारी की सम्मति में है। गतानुगतिकता में नहीं) है। वे भारतीय मध्यकाल को अन्धयुग नहीं मानते। अन्धयुग योरोप का मध्ययुग होगा। भारत का नहीं। वे भक्ति-आन्दोलन पर ईसाइयत के प्रभाव का दृढ़ विरोध करते हैं। भक्ति के उद्‌भव में वर्ण-व्यवस्था की भूमिका की व्याख्या करते हैं। भक्ति-आन्दोलन में वर्ण-व्यवस्था, शिल्पी वर्ग की भूमिका पर इरफ़ान हबीब का लेख 'कबीर' के प्रकाशन के दशकों बाद छपा। द्विवेदी जी ने प्रगतिशीलता और प्रगतिवादिता में अन्तर किया। प्रगतिशीलता को साहित्य के लिए हितकर बताते हुए, प्रगतिशील आन्दोलन की तुलना भक्ति-आन्दोलन से की। वे आधुनिक सौन्दर्य की निर्मिति करते हैं। सौन्दर्य को मानो चरित्र प्रदान करते हैं। ऐसा स्वतंत्र, निष्पक्ष चिन्तन, ऐसे आधुनिक विचारक का ही हो सकता है जो अपनी देसी भूमि पर खड़ा होकर सम्यक् दृष्टिपात करता है।